U0865162

招标采购
实用法规全书

第五版

王军 主编

TENDERING PURCHASING

Practical Regulations

法律出版社 LAW PRESS·CHINA
北京

图书在版编目(CIP)数据

招标采购实用法规全书 / 王军主编. -- 5 版. -- 北京 : 法律出版社, 2023
ISBN 978 - 7 - 5197 - 8013 - 5

Ⅰ. ①招… Ⅱ. ①王… Ⅲ. ①采购－招标投标法－汇编－中国 Ⅳ. ①D922.297.9

中国国家版本馆 CIP 数据核字(2023)第 107911 号

招标采购实用法规全书
ZHAOBIAO CAIGOU SHIYONG FAGUI QUANSHU

王 军 主编

责任编辑 陶玉霞
装帧设计 臧晓飞

出版发行 法律出版社
编辑统筹 法规出版分社
责任校对 张红蕊
责任印制 耿润瑜
经　　销 新华书店

开本 787 毫米×1092 毫米 1/16
印张 51.25　**字数** 1500 千
版本 2023 年 10 月第 5 版
印次 2023 年 10 月第 1 次印刷
印刷 三河市龙大印装有限公司

地址:北京市丰台区莲花池西里 7 号(100073)
网址:www.lawpress.com.cn
投稿邮箱:info@lawpress.com.cn
举报盗版邮箱:jbwq@lawpress.com.cn

销售电话:010 - 83938349
客服电话:010 - 83938350
咨询电话:010 - 63939796

书号:ISBN 978 - 7 - 5197 - 8013 - 5
定价:118.00 元

凡购买本社图书,如有印装错误,我社负责退换。电话:010 - 83938349

修 订 说 明

本书在首版后历经2016年、2018年、2021年共三次修订，屡受社会各界的关注。招标作为采购的重要形式之一，是规范市场运作和促进公平竞争的重要措施。随着招标采购相关法律法规的逐渐完善，在采购方式、采购组织形式、选定候选人等方面均进行了细化，如“评定分离”等新的模式也在各地逐渐探索，这就对采购人提出了更高的合规性要求，对投标方、监管方、代理机构等采购相关方要求有据可依、有章可循，对管理部门和经办人员的法律水准和综合能力提出了更多的挑战。招标采购涉及的行业众多，从业人员对相关法律法规是否掌握得足够全面，是能否做好招标采购工作的重要因素之一，这也正是本书重要的应用价值之所在。

本书以招标采购相关法律法规文件为主要内容，涵盖招标投标、政府采购的通用性规定，以及各行业招标采购相关的具体规定。本书不但收录了政府和社会资本合作（PPP）模式的相关文件，本次修订还顺应形势，增加了当下流行的生态环境导向型开发（EOD）模式相关文件。

在法规编排上，仍然按照对同一类法规，以效力级别为序，效力级别较高的文件在前；效力级别相同的，则按发布时间从新到旧排列，并兼顾逻辑顺序予以适当调整。由于本书篇幅有限，部分篇幅过大的附件未能随书一并收录，请读者谅解。

在此特别感谢北京市国首律师事务所在本书修订、汇编、出版等过程中提供的支持和帮助。国首律师事务所在法务方面的权威性和专业性为本次修订成书提供了保障。

本书可作为政府机关、企事业单位招标采购从业人员的工具书使用。书中不足之处，恳请读者指正！

编　　者

2023年9月

目　　录

第一部分　招标投标

---

① 考虑到近年来中央国家机关法规清理工作较为频繁,往往一次性地修改和废止大量文件,但修改的内容有时又只涉及每个文件的个别条文,此时只标注最近一次修改的时间难免让部分读者产生疑惑。因此,我们在本书目录中对有修改的文件,将其第一次公布的时间和最近一次修改的时间一并列出,在正文中收录的是最新修改后的文本。——编者注

第二部分　政府采购

第三部分　各行业招标采购

(一)住房建设

第四部分　政府和社会资本合作(PPP)

第一部分　招 标 投 标

（一）法律、行政法规、法规性文件

中华人民共和国招标投标法

（1999年8月30日第九届全国人民代表大会常务委员会第十一次会议通过
根据2017年12月27日第十二届全国人民代表大会常务委员会第三十一次会议
《关于修改〈中华人民共和国招标投标法〉、〈中华人民共和国计量法〉的决定》修正）

第一章　总　　则

第一条　为了规范招标投标活动，保护国家利益、社会公共利益和招标投标活动当事人的合法权益，提高经济效益，保证项目质量，制定本法。

第二条　在中华人民共和国境内进行招标投标活动，适用本法。

第三条　在中华人民共和国境内进行下列工程建设项目包括项目的勘察、设计、施工、监理以及与工程建设有关的重要设备、材料等的采购，必须进行招标：

（一）大型基础设施、公用事业等关系社会公共利益、公众安全的项目；

（二）全部或者部分使用国有资金投资或者国家融资的项目；

（三）使用国际组织或者外国政府贷款、援助资金的项目。

前款所列项目的具体范围和规模标准，由国务院发展计划部门会同国务院有关部门制订，报国务院批准。

法律或者国务院对必须进行招标的其他项目的范围有规定的，依照其规定。

第四条　任何单位和个人不得将依法必须进行招标的项目化整为零或者以其他任何方式规避招标。

第五条　招标投标活动应当遵循公开、公平、公正和诚实信用的原则。

第六条　依法必须进行招标的项目，其招标投标活动不受地区或者部门的限制。任何单位和个人不得违法限制或者排斥本地区、本系统以外的法人或者其他组织参加投标，不得以任何方式非法干涉招标投标活动。

第七条　招标投标活动及其当事人应当接受依法实施的监督。

有关行政监督部门依法对招标投标活动实施监督，依法查处招标投标活动中的违法行为。

对招标投标活动的行政监督及有关部门的具体职权划分，由国务院规定。

第二章　招　　标

第八条　招标人是依照本法规定提出招标项目、进行招标的法人或者其他组织。

第九条　招标项目按照国家有关规定需要履行项目审批手续的，应当先履行审批手续，取得批准。

招标人应当有进行招标项目的相应资金或者资金来源已经落实,并应当在招标文件中如实载明。

第十条 招标分为公开招标和邀请招标。

公开招标,是指招标人以招标公告的方式邀请不特定的法人或者其他组织投标。

邀请招标,是指招标人以投标邀请书的方式邀请特定的法人或者其他组织投标。

第十一条 国务院发展计划部门确定的国家重点项目和省、自治区、直辖市人民政府确定的地方重点项目不适宜公开招标的,经国务院发展计划部门或者省、自治区、直辖市人民政府批准,可以进行邀请招标。

第十二条 招标人有权自行选择招标代理机构,委托其办理招标事宜。任何单位和个人不得以任何方式为招标人指定招标代理机构。

招标人具有编制招标文件和组织评标能力的,可以自行办理招标事宜。任何单位和个人不得强制其委托招标代理机构办理招标事宜。

依法必须进行招标的项目,招标人自行办理招标事宜的,应当向有关行政监督部门备案。

第十三条 招标代理机构是依法设立、从事招标代理业务并提供相关服务的社会中介组织。

招标代理机构应当具备下列条件:

(一)有从事招标代理业务的营业场所和相应资金;

(二)有能够编制招标文件和组织评标的相应专业力量。

第十四条 招标代理机构与行政机关和其他国家机关不得存在隶属关系或者其他利益关系。

第十五条 招标代理机构应当在招标人委托的范围内办理招标事宜,并遵守本法关于招标人的规定。

第十六条 招标人采用公开招标方式的,应当发布招标公告。依法必须进行招标的项目的招标公告,应当通过国家指定的报刊、信息网络或者其他媒介发布。

招标公告应当载明招标人的名称和地址、招标项目的性质、数量、实施地点和时间以及获取招标文件的办法等事项。

第十七条 招标人采用邀请招标方式的,应当向三个以上具备承担招标项目的能力、资信良好的特定的法人或者其他组织发出投标邀请书。

投标邀请书应当载明本法第十六条第二款规定的事项。

第十八条 招标人可以根据招标项目本身的要求,在招标公告或者投标邀请书中,要求潜在投标人提供有关资质证明文件和业绩情况,并对潜在投标人进行资格审查;国家对投标人的资格条件有规定的,依照其规定。

招标人不得以不合理的条件限制或者排斥潜在投标人,不得对潜在投标人实行歧视待遇。

第十九条 招标人应当根据招标项目的特点和需要编制招标文件。招标文件应当包括招标项目的技术要求、对投标人资格审查的标准、投标报价要求和评标标准等所有实质性要求和条件以及拟签订合同的主要条款。

国家对招标项目的技术、标准有规定的,招标人应当按照其规定在招标文件中提出相应要求。

招标项目需要划分标段、确定工期的,招标人应当合理划分标段、确定工期,并在招标文件中载明。

第二十条 招标文件不得要求或者标明特定的生产供应者以及含有倾向或者排斥潜在投标人的其他内容。

第二十一条 招标人根据招标项目的具体情况,可以组织潜在投标人踏勘项目现场。

第二十二条 招标人不得向他人透露已获取招标文件的潜在投标人的名称、数量以及可能影响公平竞争的有关招标投标的其他情况。

招标人设有标底的,标底必须保密。

第二十三条 招标人对已发出的招标文件进行必要的澄清或者修改的,应当在招标文件要求提交投标文件截止时间至少十五日前,以书面形式通知所有招标文件收受人。该澄清或者修改的内容为招标文件的组成部分。

第二十四条 招标人应当确定投标人编制投标文件所需要的合理时间;但是,依法必须进行招标的项目,自招标文件开始发出之日起至投标人提交投标文件截止之日止,最短不得少于二十日。

第三章 投　　标

第二十五条 投标人是响应招标、参加投标竞争的法人或者其他组织。

依法招标的科研项目允许个人参加投标的,投标的个人适用本法有关投标人的规定。

第二十六条 投标人应当具备承担招标项目的能力;国家有关规定对投标人资格条件或者招标文件对投标人资格条件有规定的,投标人应当具备规定的资格条件。

第二十七条 投标人应当按照招标文件的要求编制投标文件。投标文件应当对招标文件提出的实质性要求和条件作出响应。

招标项目属于建设施工的,投标文件的内容应当包括拟派出的项目负责人与主要技术人员的简历、业绩和拟用于完成招标项目的机械设备等。

第二十八条 投标人应当在招标文件要求提交投标文件的截止时间前,将投标文件送达投标地点。招标人收到投标文件后,应当签收保存,不得开启。投标人少于三个的,招标人应当依照本法重新招标。

在招标文件要求提交投标文件的截止时间后送达的投标文件,招标人应当拒收。

第二十九条 投标人在招标文件要求提交投标文件的截止时间前,可以补充、修改或者撤回已提交的投标文件,并书面通知招标人。补充、修改的内容为投标文件的组成部分。

第三十条 投标人根据招标文件载明的项目实际情况,拟在中标后将中标项目的部分非主体、非关键性工作进行分包的,应当在投标文件中载明。

第三十一条 两个以上法人或者其他组织可以组成一个联合体,以一个投标人的身份共同投标。

联合体各方均应当具备承担招标项目的相应能力;国家有关规定或者招标文件对投标人资格条件有规定的,联合体各方均应当具备规定的相应资格条件。由同一专业的单位组成的联合体,按照资质等级较低的单位确定资质等级。

联合体各方应当签订共同投标协议,明确约定各方拟承担的工作和责任,并将共同投标协议连同投标文件一并提交招标人。联合体中标的,联合体各方应当共同与招标人签订合同,就中标项目向招标人承担连带责任。

招标人不得强制投标人组成联合体共同投标,不得限制投标人之间的竞争。

第三十二条 投标人不得相互串通投标报价,不得排挤其他投标人的公平竞争,损害招标人或者其他投标人的合法权益。

投标人不得与招标人串通投标,损害国家利益、社会公共利益或者他人的合法权益。

禁止投标人以向招标人或者评标委员会成员行贿的手段谋取中标。

第三十三条 投标人不得以低于成本的报价竞标,也不得以他人名义投标或者以其他方式弄虚作假,骗取中标。

第四章 开标、评标和中标

第三十四条 开标应当在招标文件确定的提交投标文件截止时间的同一时间公开进行;开标地点应当为招标文件中预先确定的地点。

第三十五条 开标由招标人主持,邀请所有投标人参加。

第三十六条 开标时,由投标人或者其推选的代表检查投标文件的密封情况,也可以由招标人委托的公证机构检查并公证;经确认无误后,由工作人员当众拆封,宣读投标人名称、投标价格和投标文件的其他主要内容。

招标人在招标文件要求提交投标文件的截止时间前收到的所有投标文件,开标时都应当当众予以拆封、宣读。

开标过程应当记录,并存档备查。

第三十七条 评标由招标人依法组建的评标委员会负责。

依法必须进行招标的项目,其评标委员会由招标人的代表和有关技术、经济等方面的专家组成,成员人数为五人以上单数,其中技术、经济等方面的专家不得少于成员总数的三分之二。

前款专家应当从事相关领域工作满八年并具有高级职称或者具有同等专业水平,由招标人从国务院有关部门或者省、自治区、直辖市人民政府有关部门提供的专家名册或者招标代理机构的专家库内的相关专业的专家名单中确定;一般招标项目可以采取随机抽取方式,特殊招标项目可以由招标人直接确定。

与投标人有利害关系的人不得进入相关项目的评标委员会;已经进入的应当更换。

评标委员会成员的名单在中标结果确定前应当保密。

第三十八条 招标人应当采取必要的措施,保证评标在严格保密的情况下进行。

任何单位和个人不得非法干预、影响评标的过程和结果。

第三十九条 评标委员会可以要求投标人对投标文件中含义不明确的内容作必要的澄清或者说明,但是澄清或者说明不得超出投标文件的范围或者改变投标文件的实质性内容。

第四十条 评标委员会应当按照招标文件确定的评标标准和方法,对投标文件进行评审和比较;设有标底的,应当参考标底。评标委员会完成评标后,应当向招标人提出书面评标报告,并推荐合格的中标候选人。

招标人根据评标委员会提出的书面评标报告和推荐的中标候选人确定中标人。招标人也可以授权评标委员会直接确定中标人。

国务院对特定招标项目的评标有特别规定的,从其规定。

第四十一条 中标人的投标应当符合下列条件之一:

(一)能够最大限度地满足招标文件中规定的各项综合评价标准;

(二)能够满足招标文件的实质性要求,并且经评审的投标价格最低;但是投标价格低于成本的除外。

第四十二条 评标委员会经评审,认为所有投标都不符合招标文件要求的,可以否决所有投标。

依法必须进行招标的项目的所有投标被否决的,招标人应当依照本法重新招标。

第四十三条 在确定中标人前,招标人不得与投标人就投标价格、投标方案等实质性内容进行谈判。

第四十四条 评标委员会成员应当客观、公正地履行职务,遵守职业道德,对所提出的评审意见承担个人责任。

评标委员会成员不得私下接触投标人,不得收受投标人的财物或者其他好处。

评标委员会成员和参与评标的有关工作人员不得透露对投标文件的评审和比较、中标候选人的推荐情况以及与评标有关的其他情况。

第四十五条 中标人确定后,招标人应当向中标人发出中标通知书,并同时将中标结果通知所有未中标的投标人。

中标通知书对招标人和中标人具有法律效力。中标通知书发出后,招标人改变中标结果的,或者中标人放弃中标项目的,应当依法承担法律责任。

第四十六条 招标人和中标人应当自中标通知书发出之日起三十日内,按照招标文件和中标人的投标文件订立书面合同。招标人和中标人不得再行订立背离合同实质性内容的其他协议。

招标文件要求中标人提交履约保证金的,中标人应当提交。

第四十七条 依法必须进行招标的项目,招标人应当自确定中标人之日起十五日内,向有关行政监督部门提交招标投标情况的书面报告。

第四十八条 中标人应当按照合同约定履行义务,完成中标项目。中标人不得向他人转让中标项目,也不得将中标项目肢解后分别向他人转让。

中标人按照合同约定或者经招标人同意,可以将中标项目的部分非主体、非关键性工作分包给他人完成。接受分包的人应当具备相应的资格条件,并不得再次分包。

中标人应当就分包项目向招标人负责，接受分包的人就分包项目承担连带责任。

第五章　法律责任

第四十九条　违反本法规定，必须进行招标的项目而不招标的，将必须进行招标的项目化整为零或者以其他任何方式规避招标的，责令限期改正，可以处项目合同金额千分之五以上千分之十以下的罚款；对全部或者部分使用国有资金的项目，可以暂停项目执行或者暂停资金拨付；对单位直接负责的主管人员和其他直接责任人员依法给予处分。

第五十条　招标代理机构违反本法规定，泄露应当保密的与招标投标活动有关的情况和资料的，或者与招标人、投标人串通损害国家利益、社会公共利益或者他人合法权益的，处五万元以上二十五万元以下的罚款；对单位直接负责的主管人员和其他直接责任人员处单位罚款数额百分之五以上百分之十以下的罚款；有违法所得的，并处没收违法所得；情节严重的，禁止其一年至二年内代理依法必须进行招标的项目并予以公告，直至由工商行政管理机关吊销营业执照；构成犯罪的，依法追究刑事责任。给他人造成损失的，依法承担赔偿责任。

前款所列行为影响中标结果的，中标无效。

第五十一条　招标人以不合理的条件限制或者排斥潜在投标人的，对潜在投标人实行歧视待遇的，强制要求投标人组成联合体共同投标的，或者限制投标人之间竞争的，责令改正，可以处一万元以上五万元以下的罚款。

第五十二条　依法必须进行招标的项目的招标人向他人透露已获取招标文件的潜在投标人的名称、数量或者可能影响公平竞争的有关招标投标的其他情况的，或者泄露标底的，给予警告，可以并处一万元以上十万元以下的罚款；对单位直接负责的主管人员和其他直接责任人员依法给予处分；构成犯罪的，依法追究刑事责任。

前款所列行为影响中标结果的，中标无效。

第五十三条　投标人相互串通投标或者与招标人串通投标的，投标人以向招标人或者评标委员会成员行贿的手段谋取中标的，中标无效，处中标项目金额千分之五以上千分之十以下的罚款，对单位直接负责的主管人员和其他直接责任人员处单位罚款数额百分之五以上百分之十以下的罚款；有违法所得的，并处没收违法所得；情节严重的，取消其一年至二年内参加依法必须进行招标的项目的投标资格并予以公告，直至由工商行政管理机关吊销营业执照；构成犯罪的，依法追究刑事责任。给他人造成损失的，依法承担赔偿责任。

第五十四条　投标人以他人名义投标或者以其他方式弄虚作假，骗取中标的，中标无效，给招标人造成损失的，依法承担赔偿责任；构成犯罪的，依法追究刑事责任。

依法必须进行招标的项目的投标人有前款所列行为尚未构成犯罪的，处中标项目金额千分之五以上千分之十以下的罚款，对单位直接负责的主管人员和其他直接责任人员处单位罚款数额百分之五以上百分之十以下的罚款；有违法所得的，并处没收违法所得；情节严重的，取消其一年至三年内参加依法必须进行招标的项目的投标资格并予以公告，直至由工商行政管理机关吊销营业执照。

第五十五条　依法必须进行招标的项目，招标人违反本法规定，与投标人就投标价格、投标方案等实质性内容进行谈判的，给予警告，对单位直接负责的主管人员和其他直接责任人员依法给予处分。

前款所列行为影响中标结果的，中标无效。

第五十六条　评标委员会成员收受投标人的财物或者其他好处的，评标委员会成员或者参加评标的有关工作人员向他人透露对投标文件的评审和比较、中标候选人的推荐以及与评标有关的其他情况的，给予警告，没收收受的财物，可以并处三千元以上五万元以下的罚款，对有所列违法行为的评标委员会成员取消担任评标委员会成员的资格，不得再参加任何依法必须进行招标的项目的评标；构成犯罪的，依法追究刑事责任。

第五十七条　招标人在评标委员会依法推荐的中标候选人以外确定中标人的，依法必须进行招标的项目在所有投标被评标委员会否决后自行确定中标人的，中标无效，责令改正，可以处中标项目金额千分之五以上千分之十以下的罚款;对单位直接负责的主管人员和其他直接责任人员依法给予处分。

第五十八条 中标人将中标项目转让给他人的,将中标项目肢解后分别转让给他人的,违反本法规定将中标项目的部分主体、关键性工作分包给他人的,或者分包人再次分包的,转让、分包无效,处转让、分包项目金额千分之五以上千分之十以下的罚款;有违法所得的,并处没收违法所得;可以责令停业整顿;情节严重的,由工商行政管理机关吊销营业执照。

第五十九条 招标人与中标人不按照招标文件和中标人的投标文件订立合同的,或者招标人、中标人订立背离合同实质性内容的协议的,责令改正;可以处中标项目金额千分之五以上千分之十以下的罚款。

第六十条 中标人不履行与招标人订立的合同的,履约保证金不予退还,给招标人造成的损失超过履约保证金数额的,还应当对超过部分予以赔偿;没有提交履约保证金的,应当对招标人的损失承担赔偿责任。

中标人不按照与招标人订立的合同履行义务,情节严重的,取消其二年至五年内参加依法必须进行招标的项目的投标资格并予以公告,直至由工商行政管理机关吊销营业执照。

因不可抗力不能履行合同的,不适用前两款规定。

第六十一条 本章规定的行政处罚,由国务院规定的有关行政监督部门决定。本法已对实施行政处罚的机关作出规定的除外。

第六十二条 任何单位违反本法规定,限制或者排斥本地区、本系统以外的法人或者其他组织参加投标的,为招标人指定招标代理机构的,强制招标人委托招标代理机构办理招标事宜的,或者以其他方式干涉招标投标活动的,责令改正;对单位直接负责的主管人员和其他直接责任人员依法给予警告、记过、记大过的处分,情节较重的,依法给予降级、撤职、开除的处分。

个人利用职权进行前款违法行为的,依照前款规定追究责任。

第六十三条 对招标投标活动依法负有行政监督职责的国家机关工作人员徇私舞弊、滥用职权或者玩忽职守,构成犯罪的,依法追究刑事责任;不构成犯罪的,依法给予行政处分。

第六十四条 依法必须进行招标的项目违反本法规定,中标无效的,应当依照本法规定的中标条件从其余投标人中重新确定中标人或者依照本法重新进行招标。

第六章 附 则

第六十五条 投标人和其他利害关系人认为招标投标活动不符合本法有关规定的,有权向招标人提出异议或者依法向有关行政监督部门投诉。

第六十六条 涉及国家安全、国家秘密、抢险救灾或者属于利用扶贫资金实行以工代赈、需要使用农民工等特殊情况,不适宜进行招标的项目,按照国家有关规定可以不进行招标。

第六十七条 使用国际组织或者外国政府贷款、援助资金的项目进行招标,贷款方、资金提供方对招标投标的具体条件和程序有不同规定的,可以适用其规定,但违背中华人民共和国的社会公共利益的除外。

第六十八条 本法自2000年1月1日起施行。

中华人民共和国招标投标法实施条例

(2011年12月20日国务院令第613号公布 根据2017年3月1日国务院令第676号《关于修改和废止部分行政法规的决定》第一次修订 根据2018年3月19日国务院令第726号《关于修改和废止部分行政法规的决定》第二次修订 根据2019年3月2日国务院令第709号《关于修改部分行政法规的决定》第三次修订)

第一章 总 则

第一条 为了规范招标投标活动,根据《中华人民共和国招标投标法》(以下简称招标投标法），制定本条例。

第二条　招标投标法第三条所称工程建设项目，是指工程以及与工程建设有关的货物、服务。

前款所称工程，是指建设工程，包括建筑物和构筑物的新建、改建、扩建及其相关的装修、拆除、修缮等；所称与工程建设有关的货物，是指构成工程不可分割的组成部分，且为实现工程基本功能所必需的设备、材料等；所称与工程建设有关的服务，是指为完成工程所需的勘察、设计、监理等服务。

第三条　依法必须进行招标的工程建设项目的具体范围和规模标准，由国务院发展改革部门会同国务院有关部门制订，报国务院批准后公布施行。

第四条　国务院发展改革部门指导和协调全国招标投标工作，对国家重大建设项目的工程招标投标活动实施监督检查。国务院工业和信息化、住房城乡建设、交通运输、铁道、水利、商务等部门，按照规定的职责分工对有关招标投标活动实施监督。

县级以上地方人民政府发展改革部门指导和协调本行政区域的招标投标工作。县级以上地方人民政府有关部门按照规定的职责分工，对招标投标活动实施监督，依法查处招标投标活动中的违法行为。县级以上地方人民政府对其所属部门有关招标投标活动的监督职责分工另有规定的，从其规定。

财政部门依法对实行招标投标的政府采购工程建设项目的政府采购政策执行情况实施监督。

监察机关依法对与招标投标活动有关的监察对象实施监察。

第五条　设区的市级以上地方人民政府可以根据实际需要，建立统一规范的招标投标交易场所，为招标投标活动提供服务。招标投标交易场所不得与行政监督部门存在隶属关系，不得以营利为目的。

国家鼓励利用信息网络进行电子招标投标。

第六条　禁止国家工作人员以任何方式非法干涉招标投标活动。

第二章　招　　标

第七条　按照国家有关规定需要履行项目审批、核准手续的依法必须进行招标的项目，其招标范围、招标方式、招标组织形式应当报项目审批、核准部门审批、核准。项目审批、核准部门应当及时将审批、核准确定的招标范围、招标方式、招标组织形式通报有关行政监督部门。

第八条　国有资金占控股或者主导地位的依法必须进行招标的项目，应当公开招标；但有下列情形之一的，可以邀请招标：

（一）技术复杂、有特殊要求或者受自然环境限制，只有少量潜在投标人可供选择；

（二）采用公开招标方式的费用占项目合同金额的比例过大。

有前款第二项所列情形，属于本条例第七条规定的项目，由项目审批、核准部门在审批、核准项目时作出认定；其他项目由招标人申请有关行政监督部门作出认定。

第九条　除招标投标法第六十六条规定的可以不进行招标的特殊情况外，有下列情形之一的，可以不进行招标：

（一）需要采用不可替代的专利或者专有技术；

（二）采购人依法能够自行建设、生产或者提供；

（三）已通过招标方式选定的特许经营项目投资人依法能够自行建设、生产或者提供；

（四）需要向原中标人采购工程、货物或者服务，否则将影响施工或者功能配套要求；

（五）国家规定的其他特殊情形。

招标人为适用前款规定弄虚作假的，属于招标投标法第四条规定的规避招标。

第十条　招标投标法第十二条第二款规定的招标人具有编制招标文件和组织评标能力，是指招标人具有与招标项目规模和复杂程度相适应的技术、经济等方面的专业人员。

第十一条　国务院住房城乡建设、商务、发展改革、工业和信息化等部门，按照规定的职责分工对招标代理机构依法实施监督管理。

第十二条 招标代理机构应当拥有一定数量的具备编制招标文件、组织评标等相应能力的专业人员。

第十三条 招标代理机构在招标人委托的范围内开展招标代理业务，任何单位和个人不得非法干涉。

招标代理机构代理招标业务，应当遵守招标投标法和本条例关于招标人的规定。招标代理机构不得在所代理的招标项目中投标或者代理投标，也不得为所代理的招标项目的投标人提供咨询。

第十四条 招标人应当与被委托的招标代理机构签订书面委托合同，合同约定的收费标准应当符合国家有关规定。

第十五条 公开招标的项目，应当依照招标投标法和本条例的规定发布招标公告、编制招标文件。

招标人采用资格预审办法对潜在投标人进行资格审查的，应当发布资格预审公告、编制资格预审文件。

依法必须进行招标的项目的资格预审公告和招标公告，应当在国务院发展改革部门依法指定的媒介发布。在不同媒介发布的同一招标项目的资格预审公告或者招标公告的内容应当一致。指定媒介发布依法必须进行招标的项目的境内资格预审公告、招标公告，不得收取费用。

编制依法必须进行招标的项目的资格预审文件和招标文件，应当使用国务院发展改革部门会同有关行政监督部门制定的标准文本。

第十六条 招标人应当按照资格预审公告、招标公告或者投标邀请书规定的时间、地点发售资格预审文件或者招标文件。资格预审文件或者招标文件的发售期不得少于5日。

招标人发售资格预审文件、招标文件收取的费用应当限于补偿印刷、邮寄的成本支出，不得以营利为目的。

第十七条 招标人应当合理确定提交资格预审申请文件的时间。依法必须进行招标的项目提交资格预审申请文件的时间，自资格预审文件停止发售之日起不得少于5日。

第十八条 资格预审应当按照资格预审文件载明的标准和方法进行。

国有资金占控股或者主导地位的依法必须进行招标的项目，招标人应当组建资格审查委员会审查资格预审申请文件。资格审查委员会及其成员应当遵守招标投标法和本条例有关评标委员会及其成员的规定。

第十九条 资格预审结束后，招标人应当及时向资格预审申请人发出资格预审结果通知书。未通过资格预审的申请人不具有投标资格。

通过资格预审的申请人少于3个的，应当重新招标。

第二十条 招标人采用资格后审办法对投标人进行资格审查的，应当在开标后由评标委员会按照招标文件规定的标准和方法对投标人的资格进行审查。

第二十一条 招标人可以对已发出的资格预审文件或者招标文件进行必要的澄清或者修改。澄清或者修改的内容可能影响资格预审申请文件或者投标文件编制的，招标人应当在提交资格预审申请文件截止时间至少3日前，或者投标截止时间至少15日前，以书面形式通知所有获取资格预审文件或者招标文件的潜在投标人；不足3日或者15日的，招标人应当顺延提交资格预审申请文件或者投标文件的截止时间。

第二十二条 潜在投标人或者其他利害关系人对资格预审文件有异议的，应当在提交资格预审申请文件截止时间2日前提出；对招标文件有异议的，应当在投标截止时间10日前提出。招标人应当自收到异议之日起3日内作出答复；作出答复前，应当暂停招标投标活动。

第二十三条 招标人编制的资格预审文件、招标文件的内容违反法律、行政法规的强制性规定，违反公开、公平、公正和诚实信用原则，影响资格预审结果或者潜在投标人投标的，依法必须进行招标的项目的招标人应当在修改资格预审文件或者招标文件后重新招标。

第二十四条 招标人对招标项目划分标段的，应当遵守招标投标法的有关规定，不得利用划分标段限制或者排斥潜在投标人。依法必须进行招标的项目的招标人不得利用划分标段规避招标。

第二十五条 招标人应当在招标文件中载明投标有效期。投标有效期从提交投标文件的截止之日起算。

第二十六条 招标人在招标文件中要求投标人提交投标保证金的,投标保证金不得超过招标项目估算价的2%。投标保证金有效期应当与投标有效期一致。

依法必须进行招标的项目的境内投标单位,以现金或者支票形式提交的投标保证金应当从其基本账户转出。

招标人不得挪用投标保证金。

第二十七条 招标人可以自行决定是否编制标底。一个招标项目只能有一个标底。标底必须保密。

接受委托编制标底的中介机构不得参加受托编制标底项目的投标,也不得为该项目的投标人编制投标文件或者提供咨询。

招标人设有最高投标限价的,应当在招标文件中明确最高投标限价或者最高投标限价的计算方法。招标人不得规定最低投标限价。

第二十八条 招标人不得组织单个或者部分潜在投标人踏勘项目现场。

第二十九条 招标人可以依法对工程以及与工程建设有关的货物、服务全部或者部分实行总承包招标。以暂估价形式包括在总承包范围内的工程、货物、服务属于依法必须进行招标的项目范围且达到国家规定规模标准的,应当依法进行招标。

前款所称暂估价,是指总承包招标时不能确定价格而由招标人在招标文件中暂时估定的工程、货物、服务的金额。

第三十条 对技术复杂或者无法精确拟定技术规格的项目,招标人可以分两阶段进行招标。

第一阶段,投标人按照招标公告或者投标邀请书的要求提交不带报价的技术建议,招标人根据投标人提交的技术建议确定技术标准和要求,编制招标文件。

第二阶段,招标人向在第一阶段提交技术建议的投标人提供招标文件,投标人按照招标文件的要求提交包括最终技术方案和投标报价的投标文件。

招标人要求投标人提交投标保证金的,应当在第二阶段提出。

第三十一条 招标人终止招标的,应当及时发布公告,或者以书面形式通知被邀请的或者已经获取资格预审文件、招标文件的潜在投标人。已经发售资格预审文件、招标文件或者已经收取投标保证金的,招标人应当及时退还所收取的资格预审文件、招标文件的费用,以及所收取的投标保证金及银行同期存款利息。

第三十二条 招标人不得以不合理的条件限制、排斥潜在投标人或者投标人。

招标人有下列行为之一的,属于以不合理条件限制、排斥潜在投标人或者投标人:

(一)就同一招标项目向潜在投标人或者投标人提供有差别的项目信息;

(二)设定的资格、技术、商务条件与招标项目的具体特点和实际需要不相适应或者与合同履行无关;

(三)依法必须进行招标的项目以特定行政区域或者特定行业的业绩、奖项作为加分条件或者中标条件;

(四)对潜在投标人或者投标人采取不同的资格审查或者评标标准;

(五)限定或者指定特定的专利、商标、品牌、原产地或者供应商;

(六)依法必须进行招标的项目非法限定潜在投标人或者投标人的所有制形式或者组织形式;

(七)以其他不合理条件限制、排斥潜在投标人或者投标人。

第三章 投　　标

第三十三条 投标人参加依法必须进行招标的项目的投标,不受地区或者部门的限制,任何单位和个人不得非法干涉。

第三十四条 与招标人存在利害关系可能影响招标公正性的法人、其他组织或者个人,不得参加投标。

单位负责人为同一人或者存在控股、管理关系的不同单位,不得参加同一标段投标或者未划分标段的同一招标项目投标。

违反前两款规定的,相关投标均无效。

第三十五条 投标人撤回已提交的投标文件,应当在投标截止时间前书面通知招标人。招标人已收取投标保证金的,应当自收到投标人书面撤回通知之日起5日内退还。

投标截止后投标人撤销投标文件的,招标人可以不退还投标保证金。

第三十六条 未通过资格预审的申请人提交的投标文件,以及逾期送达或者不按照招标文件要求密封的投标文件,招标人应当拒收。

招标人应当如实记载投标文件的送达时间和密封情况,并存档备查。

第三十七条 招标人应当在资格预审公告、招标公告或者投标邀请书中载明是否接受联合体投标。

招标人接受联合体投标并进行资格预审的,联合体应当在提交资格预审申请文件前组成。资格预审后联合体增减、更换成员的,其投标无效。

联合体各方在同一招标项目中以自己名义单独投标或者参加其他联合体投标的,相关投标均无效。

第三十八条 投标人发生合并、分立、破产等重大变化的,应当及时书面告知招标人。投标人不再具备资格预审文件、招标文件规定的资格条件或者其投标影响招标公正性的,其投标无效。

第三十九条 禁止投标人相互串通投标。

有下列情形之一的,属于投标人相互串通投标:

(一)投标人之间协商投标报价等投标文件的实质性内容;

(二)投标人之间约定中标人;

(三)投标人之间约定部分投标人放弃投标或者中标;

(四)属于同一集团、协会、商会等组织成员的投标人按照该组织要求协同投标;

(五)投标人之间为谋取中标或者排斥特定投标人而采取的其他联合行动。

第四十条 有下列情形之一的,视为投标人相互串通投标:

(一)不同投标人的投标文件由同一单位或者个人编制;

(二)不同投标人委托同一单位或者个人办理投标事宜;

(三)不同投标人的投标文件载明的项目管理成员为同一人;

(四)不同投标人的投标文件异常一致或者投标报价呈规律性差异;

(五)不同投标人的投标文件相互混装;

(六)不同投标人的投标保证金从同一单位或者个人的账户转出。

第四十一条 禁止招标人与投标人串通投标。

有下列情形之一的,属于招标人与投标人串通投标:

(一)招标人在开标前开启投标文件并将有关信息泄露给其他投标人;

(二)招标人直接或者间接向投标人泄露标底、评标委员会成员等信息;

(三)招标人明示或者暗示投标人压低或者抬高投标报价;

(四)招标人授意投标人撤换、修改投标文件;

(五)招标人明示或者暗示投标人为特定投标人中标提供方便;

(六)招标人与投标人为谋求特定投标人中标而采取的其他串通行为。

第四十二条 使用通过受让或者租借等方式获取的资格、资质证书投标的,属于招标投标法第三十三条规定的以他人名义投标。

投标人有下列情形之一的,属于招标投标法第三十三条规定的以其他方式弄虚作假的行为:

(一)使用伪造、变造的许可证件;
(二)提供虚假的财务状况或者业绩;
(三)提供虚假的项目负责人或者主要技术人员简历、劳动关系证明;
(四)提供虚假的信用状况;
(五)其他弄虚作假的行为。

第四十三条 提交资格预审申请文件的申请人应当遵守招标投标法和本条例有关投标人的规定。

第四章 开标、评标和中标

第四十四条 招标人应当按照招标文件规定的时间、地点开标。

投标人少于3个的,不得开标;招标人应当重新招标。

投标人对开标有异议的,应当在开标现场提出,招标人应当当场作出答复,并制作记录。

第四十五条 国家实行统一的评标专家专业分类标准和管理办法。具体标准和办法由国务院发展改革部门会同国务院有关部门制定。

省级人民政府和国务院有关部门应当组建综合评标专家库。

第四十六条 除招标投标法第三十七条第三款规定的特殊招标项目外,依法必须进行招标的项目,其评标委员会的专家成员应当从评标专家库内相关专业的专家名单中以随机抽取方式确定。任何单位和个人不得以明示、暗示等任何方式指定或者变相指定参加评标委员会的专家成员。

依法必须进行招标的项目的招标人非因招标投标法和本条例规定的事由,不得更换依法确定的评标委员会成员。更换评标委员会的专家成员应当依照前款规定进行。

评标委员会成员与投标人有利害关系的,应当主动回避。

有关行政监督部门应当按照规定的职责分工,对评标委员会成员的确定方式、评标专家的抽取和评标活动进行监督。行政监督部门的工作人员不得担任本部门负责监督项目的评标委员会成员。

第四十七条 招标投标法第三十七条第三款所称特殊招标项目,是指技术复杂、专业性强或者国家有特殊要求,采取随机抽取方式确定的专家难以保证胜任评标工作的项目。

第四十八条 招标人应当向评标委员会提供评标所必需的信息,但不得明示或者暗示其倾向或者排斥特定投标人。

招标人应当根据项目规模和技术复杂程度等因素合理确定评标时间。超过三分之一的评标委员会成员认为评标时间不够的,招标人应当适当延长。

评标过程中,评标委员会成员有回避事由、擅离职守或者因健康等原因不能继续评标的,应当及时更换。被更换的评标委员会成员作出的评审结论无效,由更换后的评标委员会成员重新进行评审。

第四十九条 评标委员会成员应当依照招标投标法和本条例的规定,按照招标文件规定的评标标准和方法,客观、公正地对投标文件提出评审意见。招标文件没有规定的评标标准和方法不得作为评标的依据。

评标委员会成员不得私下接触投标人,不得收受投标人给予的财物或者其他好处,不得向招标人征询确定中标人的意向,不得接受任何单位或者个人明示或者暗示提出的倾向或者排斥特定投标人的要求,不得有其他不客观、不公正履行职务的行为。

第五十条 招标项目设有标底的,招标人应当在开标时公布。标底只能作为评标的参考,不得以投标报价是否接近标底作为中标条件,也不得以投标报价超过标底上下浮动范围作为否决投标的条件。

第五十一条 有下列情形之一的,评标委员会应当否决其投标:
(一)投标文件未经投标单位盖章和单位负责人签字;
(二)投标联合体没有提交共同投标协议;

(三)投标人不符合国家或者招标文件规定的资格条件;

(四)同一投标人提交两个以上不同的投标文件或者投标报价,但招标文件要求提交备选投标的除外;

(五)投标报价低于成本或者高于招标文件设定的最高投标限价;

(六)投标文件没有对招标文件的实质性要求和条件作出响应;

(七)投标人有串通投标、弄虚作假、行贿等违法行为。

第五十二条 投标文件中有含义不明确的内容、明显文字或者计算错误,评标委员会认为需要投标人作出必要澄清、说明的,应当书面通知该投标人。投标人的澄清、说明应当采用书面形式,并不得超出投标文件的范围或者改变投标文件的实质性内容。

评标委员会不得暗示或者诱导投标人作出澄清、说明,不得接受投标人主动提出的澄清、说明。

第五十三条 评标完成后,评标委员会应当向招标人提交书面评标报告和中标候选人名单。中标候选人应当不超过 3 个,并标明排序。

评标报告应当由评标委员会全体成员签字。对评标结果有不同意见的评标委员会成员应当以书面形式说明其不同意见和理由,评标报告应当注明该不同意见。评标委员会成员拒绝在评标报告上签字又不书面说明其不同意见和理由的,视为同意评标结果。

第五十四条 依法必须进行招标的项目,招标人应当自收到评标报告之日起 3 日内公示中标候选人,公示期不得少于 3 日。

投标人或者其他利害关系人对依法必须进行招标的项目的评标结果有异议的,应当在中标候选人公示期间提出。招标人应当自收到异议之日起 3 日内作出答复;作出答复前,应当暂停招标投标活动。

第五十五条 国有资金占控股或者主导地位的依法必须进行招标的项目,招标人应当确定排名第一的中标候选人为中标人。排名第一的中标候选人放弃中标、因不可抗力不能履行合同、不按照招标文件要求提交履约保证金,或者被查实存在影响中标结果的违法行为等情形,不符合中标条件的,招标人可以按照评标委员会提出的中标候选人名单排序依次确定其他中标候选人为中标人,也可以重新招标。

第五十六条 中标候选人的经营、财务状况发生较大变化或者存在违法行为,招标人认为可能影响其履约能力的,应当在发出中标通知书前由原评标委员会按照招标文件规定的标准和方法审查确认。

第五十七条 招标人和中标人应当依照招标投标法和本条例的规定签订书面合同,合同的标的、价款、质量、履行期限等主要条款应当与招标文件和中标人的投标文件的内容一致。招标人和中标人不得再行订立背离合同实质性内容的其他协议。

招标人最迟应当在书面合同签订后 5 日内向中标人和未中标的投标人退还投标保证金及银行同期存款利息。

第五十八条 招标文件要求中标人提交履约保证金的,中标人应当按照招标文件的要求提交。履约保证金不得超过中标合同金额的 10%。

第五十九条 中标人应当按照合同约定履行义务,完成中标项目。中标人不得向他人转让中标项目,也不得将中标项目肢解后分别向他人转让。

中标人按照合同约定或者经招标人同意,可以将中标项目的部分非主体、非关键性工作分包给他人完成。接受分包的人应当具备相应的资格条件,并不得再次分包。

中标人应当就分包项目向招标人负责,接受分包的人就分包项目承担连带责任。

第五章 投诉与处理

第六十条 投标人或者其他利害关系人认为招标投标活动不符合法律、行政法规规定的,可以自知道或者应当知道之日起 10 日内向有关行政监督部门投诉。投诉应当有明确的请求和必要的证明材料。

就本条例第二十二条、第四十四条、第五十四条规定事项投诉的,应当先向招标人提出异议,异议答复期间不计算在前款规定的期限内。

第六十一条 投诉人就同一事项向两个以上有权受理的行政监督部门投诉的,由最先收到投诉的行政监督部门负责处理。

行政监督部门应当自收到投诉之日起 3 个工作日内决定是否受理投诉,并自受理投诉之日起 30 个工作日内作出书面处理决定;需要检验、检测、鉴定、专家评审的,所需时间不计算在内。

投诉人捏造事实、伪造材料或者以非法手段取得证明材料进行投诉的,行政监督部门应当予以驳回。

第六十二条 行政监督部门处理投诉,有权查阅、复制有关文件、资料,调查有关情况,相关单位和人员应当予以配合。必要时,行政监督部门可以责令暂停招标投标活动。

行政监督部门的工作人员对监督检查过程中知悉的国家秘密、商业秘密,应当依法予以保密。

第六章 法律责任

第六十三条 招标人有下列限制或者排斥潜在投标人行为之一的,由有关行政监督部门依照招标投标法第五十一条的规定处罚:

(一)依法应当公开招标的项目不按照规定在指定媒介发布资格预审公告或者招标公告;

(二)在不同媒介发布的同一招标项目的资格预审公告或者招标公告的内容不一致,影响潜在投标人申请资格预审或者投标。

依法必须进行招标的项目的招标人不按照规定发布资格预审公告或者招标公告,构成规避招标的,依照招标投标法第四十九条的规定处罚。

第六十四条 招标人有下列情形之一的,由有关行政监督部门责令改正,可以处 10 万元以下的罚款:

(一)依法应当公开招标而采用邀请招标;

(二)招标文件、资格预审文件的发售、澄清、修改的时限,或者确定的提交资格预审申请文件、投标文件的时限不符合招标投标法和本条例规定;

(三)接受未通过资格预审的单位或者个人参加投标;

(四)接受应当拒收的投标文件。

招标人有前款第一项、第三项、第四项所列行为之一的,对单位直接负责的主管人员和其他直接责任人员依法给予处分。

第六十五条 招标代理机构在所代理的招标项目中投标、代理投标或者向该项目投标人提供咨询的,接受委托编制标底的中介机构参加受托编制标底项目的投标或者为该项目的投标人编制投标文件、提供咨询的,依照招标投标法第五十条的规定追究法律责任。

第六十六条 招标人超过本条例规定的比例收取投标保证金、履约保证金或者不按照规定退还投标保证金及银行同期存款利息的,由有关行政监督部门责令改正,可以处 5 万元以下的罚款;给他人造成损失的,依法承担赔偿责任。

第六十七条 投标人相互串通投标或者与招标人串通投标的,投标人向招标人或者评标委员会成员行贿谋取中标的,中标无效;构成犯罪的,依法追究刑事责任;尚不构成犯罪的,依照招标投标法第五十三条的规定处罚。投标人未中标的,对单位的罚款金额按照招标项目合同金额依照招标投标法规定的比例计算。

投标人有下列行为之一的,属于招标投标法第五十三条规定的情节严重行为,由有关行政监督部门取消其 1 年至 2 年内参加依法必须进行招标的项目的投标资格:

(一)以行贿谋取中标;

(二)3 年内 2 次以上串通投标;

(三)串通投标行为损害招标人、其他投标人或者国家、集体、公民的合法利益,造成直接经济损失 30 万元以上;

（四）其他串通投标情节严重的行为。

投标人自本条第二款规定的处罚执行期限届满之日起 3 年内又有该款所列违法行为之一的，或者串通投标、以行贿谋取中标情节特别严重的，由工商行政管理机关吊销营业执照。

法律、行政法规对串通投标报价行为的处罚另有规定的，从其规定。

第六十八条 投标人以他人名义投标或者以其他方式弄虚作假骗取中标的，中标无效；构成犯罪的，依法追究刑事责任；尚不构成犯罪的，依照招标投标法第五十四条的规定处罚。依法必须进行招标的项目的投标人未中标的，对单位的罚款金额按照招标项目合同金额依照招标投标法规定的比例计算。

投标人有下列行为之一的，属于招标投标法第五十四条规定的情节严重行为，由有关行政监督部门取消其 1 年至 3 年内参加依法必须进行招标的项目的投标资格：

（一）伪造、变造资格、资质证书或者其他许可证件骗取中标；

（二）3 年内 2 次以上使用他人名义投标；

（三）弄虚作假骗取中标给招标人造成直接经济损失 30 万元以上；

（四）其他弄虚作假骗取中标情节严重的行为。

投标人自本条第二款规定的处罚执行期限届满之日起 3 年内又有该款所列违法行为之一的，或者弄虚作假骗取中标情节特别严重的，由工商行政管理机关吊销营业执照。

第六十九条 出让或者出租资格、资质证书供他人投标的，依照法律、行政法规的规定给予行政处罚；构成犯罪的，依法追究刑事责任。

第七十条 依法必须进行招标的项目的招标人不按照规定组建评标委员会，或者确定、更换评标委员会成员违反招标投标法和本条例规定的，由有关行政监督部门责令改正，可以处 10 万元以下的罚款，对单位直接负责的主管人员和其他直接责任人员依法给予处分；违法确定或者更换的评标委员会成员作出的评审结论无效，依法重新进行评审。

国家工作人员以任何方式非法干涉选取评标委员会成员的，依照本条例第八十条的规定追究法律责任。

第七十一条 评标委员会成员有下列行为之一的，由有关行政监督部门责令改正；情节严重的，禁止其在一定期限内参加依法必须进行招标的项目的评标；情节特别严重的，取消其担任评标委员会成员的资格：

（一）应当回避而不回避；

（二）擅离职守；

（三）不按照招标文件规定的评标标准和方法评标；

（四）私下接触投标人；

（五）向招标人征询确定中标人的意向或者接受任何单位或者个人明示或者暗示提出的倾向或者排斥特定投标人的要求；

（六）对依法应当否决的投标不提出否决意见；

（七）暗示或者诱导投标人作出澄清、说明或者接受投标人主动提出的澄清、说明；

（八）其他不客观、不公正履行职务的行为。

第七十二条 评标委员会成员收受投标人的财物或者其他好处的，没收收受的财物，处3000元以上 5 万元以下的罚款，取消担任评标委员会成员的资格，不得再参加依法必须进行招标的项目的评标；构成犯罪的，依法追究刑事责任。

第七十三条 依法必须进行招标的项目的招标人有下列情形之一的，由有关行政监督部门责令改正，可以处中标项目金额 10‰以下的罚款；给他人造成损失的，依法承担赔偿责任；对单位直接负责的主管人员和其他直接责任人员依法给予处分：

（一）无正当理由不发出中标通知书；

（二）不按照规定确定中标人；

（三）中标通知书发出后无正当理由改变中标结果；

（四）无正当理由不与中标人订立合同；

（五）在订立合同时向中标人提出附加条件。

第七十四条 中标人无正当理由不与招标人订立合同，在签订合同时向招标人提出附加条件，或者不按照招标文件要求提交履约保证金的，取消其中标资格，投标保证金不予退还。对依法必须进行招标的项目的中标人，由有关行政监督部门责令改正，可以处中标项目金额10‰以下的罚款。

第七十五条 招标人和中标人不按照招标文件和中标人的投标文件订立合同，合同的主要条款与招标文件、中标人的投标文件的内容不一致，或者招标人、中标人订立背离合同实质性内容的协议的，由有关行政监督部门责令改正，可以处中标项目金额5‰以上10‰以下的罚款。

第七十六条 中标人将中标项目转让给他人的，将中标项目肢解后分别转让给他人的，违反招标投标法和本条例规定将中标项目的部分主体、关键性工作分包给他人的，或者分包人再次分包的，转让、分包无效，处转让、分包项目金额5‰以上10‰以下的罚款；有违法所得的，并处没收违法所得；可以责令停业整顿；情节严重的，由工商行政管理机关吊销营业执照。

第七十七条 投标人或者其他利害关系人捏造事实、伪造材料或者以非法手段取得证明材料进行投诉，给他人造成损失的，依法承担赔偿责任。

招标人不按照规定对异议作出答复，继续进行招标投标活动的，由有关行政监督部门责令改正，拒不改正或者不能改正并影响中标结果的，依照本条例第八十一条的规定处理。

第七十八条 国家建立招标投标信用制度。有关行政监督部门应当依法公告对招标人、招标代理机构、投标人、评标委员会成员等当事人违法行为的行政处理决定。

第七十九条 项目审批、核准部门不依法审批、核准项目招标范围、招标方式、招标组织形式的，对单位直接负责的主管人员和其他直接责任人员依法给予处分。

有关行政监督部门不依法履行职责，对违反招标投标法和本条例规定的行为不依法查处，或者不按照规定处理投诉、不依法公告对招标投标当事人违法行为的行政处理决定的，对直接负责的主管人员和其他直接责任人员依法给予处分。

项目审批、核准部门和有关行政监督部门的工作人员徇私舞弊、滥用职权、玩忽职守，构成犯罪的，依法追究刑事责任。

第八十条 国家工作人员利用职务便利，以直接或者间接、明示或者暗示等任何方式非法干涉招标投标活动，有下列情形之一的，依法给予记过或者记大过处分；情节严重的，依法给予降级或者撤职处分；情节特别严重的，依法给予开除处分；构成犯罪的，依法追究刑事责任：

（一）要求对依法必须进行招标的项目不招标，或者要求对依法应当公开招标的项目不公开招标；

（二）要求评标委员会成员或者招标人以其指定的投标人作为中标候选人或者中标人，或者以其他方式非法干涉评标活动，影响中标结果；

（三）以其他方式非法干涉招标投标活动。

第八十一条 依法必须进行招标的项目的招标投标活动违反招标投标法和本条例的规定，对中标结果造成实质性影响，且不能采取补救措施予以纠正的，招标、投标、中标无效，应当依法重新招标或者评标。

第七章 附 则

第八十二条 招标投标协会按照依法制定的章程开展活动，加强行业自律和服务。

第八十三条 政府采购的法律、行政法规对政府采购货物、服务的招标投标另有规定的，从其规定。

第八十四条 本条例自2012年2月1日起施行。

政府投资条例

（2019 年 4 月 14 日国务院令第 712 号公布 自 2019 年 7 月 1 日起施行）

第一章 总 则

第一条 为了充分发挥政府投资作用，提高政府投资效益，规范政府投资行为，激发社会投资活力，制定本条例。

第二条 本条例所称政府投资，是指在中国境内使用预算安排的资金进行固定资产投资建设活动，包括新建、扩建、改建、技术改造等。

第三条 政府投资资金应当投向市场不能有效配置资源的社会公益服务、公共基础设施、农业农村、生态环境保护、重大科技进步、社会管理、国家安全等公共领域的项目，以非经营性项目为主。

国家完善有关政策措施，发挥政府投资资金的引导和带动作用，鼓励社会资金投向前款规定的领域。

国家建立政府投资范围定期评估调整机制，不断优化政府投资方向和结构。

第四条 政府投资应当遵循科学决策、规范管理、注重绩效、公开透明的原则。

第五条 政府投资应当与经济社会发展水平和财政收支状况相适应。

国家加强对政府投资资金的预算约束。政府及其有关部门不得违法违规举借债务筹措政府投资资金。

第六条 政府投资资金按项目安排，以直接投资方式为主；对确需支持的经营性项目，主要采取资本金注入方式，也可以适当采取投资补助、贷款贴息等方式。

安排政府投资资金，应当符合推进中央与地方财政事权和支出责任划分改革的有关要求，并平等对待各类投资主体，不得设置歧视性条件。

国家通过建立项目库等方式，加强对使用政府投资资金项目的储备。

第七条 国务院投资主管部门依照本条例和国务院的规定，履行政府投资综合管理职责。国务院其他有关部门依照本条例和国务院规定的职责分工，履行相应的政府投资管理职责。

县级以上地方人民政府投资主管部门和其他有关部门依照本条例和本级人民政府规定的职责分工，履行相应的政府投资管理职责。

第二章 政府投资决策

第八条 县级以上人民政府应当根据国民经济和社会发展规划、中期财政规划和国家宏观调控政策，结合财政收支状况，统筹安排使用政府投资资金的项目，规范使用各类政府投资资金。

第九条 政府采取直接投资方式、资本金注入方式投资的项目（以下统称政府投资项目），项目单位应当编制项目建议书、可行性研究报告、初步设计，按照政府投资管理权限和规定的程序，报投资主管部门或者其他有关部门审批。

项目单位应当加强政府投资项目的前期工作，保证前期工作的深度达到规定的要求，并对项目建议书、可行性研究报告、初步设计以及依法应当附具的其他文件的真实性负责。

第十条 除涉及国家秘密的项目外，投资主管部门和其他有关部门应当通过投资项目在线审批监管平台（以下简称在线平台），使用在线平台生成的项目代码办理政府投资项目审批手续。

投资主管部门和其他有关部门应当通过在线平台列明与政府投资有关的规划、产业政策等，公开政府投资项目审批的办理流程、办理时限等，并为项目单位提供相关咨询服务。

第十一条 投资主管部门或者其他有关部门应当根据国民经济和社会发展规划、相关领域专项规划、产业政策等，从下列方面对政府投资项目进行审查，作出是否批准的决定：

(一)项目建议书提出的项目建设的必要性;

(二)可行性研究报告分析的项目的技术经济可行性、社会效益以及项目资金等主要建设条件的落实情况;

(三)初步设计及其提出的投资概算是否符合可行性研究报告批复以及国家有关标准和规范的要求;

(四)依照法律、行政法规和国家有关规定应当审查的其他事项。

投资主管部门或者其他有关部门对政府投资项目不予批准的,应当书面通知项目单位并说明理由。

对经济社会发展、社会公众利益有重大影响或者投资规模较大的政府投资项目,投资主管部门或者其他有关部门应当在中介服务机构评估、公众参与、专家评议、风险评估的基础上作出是否批准的决定。

第十二条 经投资主管部门或者其他有关部门核定的投资概算是控制政府投资项目总投资的依据。

初步设计提出的投资概算超过经批准的可行性研究报告提出的投资估算10%的,项目单位应当向投资主管部门或者其他有关部门报告,投资主管部门或者其他有关部门可以要求项目单位重新报送可行性研究报告。

第十三条 对下列政府投资项目,可以按照国家有关规定简化需要报批的文件和审批程序:

(一)相关规划中已经明确的项目;

(二)部分扩建、改建项目;

(三)建设内容单一、投资规模较小、技术方案简单的项目;

(四)为应对自然灾害、事故灾难、公共卫生事件、社会安全事件等突发事件需要紧急建设的项目。

前款第三项所列项目的具体范围,由国务院投资主管部门会同国务院其他有关部门规定。

第十四条 采取投资补助、贷款贴息等方式安排政府投资资金的,项目单位应当按照国家有关规定办理手续。

第三章 政府投资年度计划

第十五条 国务院投资主管部门对其负责安排的政府投资编制政府投资年度计划,国务院其他有关部门对其负责安排的本行业、本领域的政府投资编制政府投资年度计划。

县级以上地方人民政府有关部门按照本级人民政府的规定,编制政府投资年度计划。

第十六条 政府投资年度计划应当明确项目名称、建设内容及规模、建设工期、项目总投资、年度投资额及资金来源等事项。

第十七条 列入政府投资年度计划的项目应当符合下列条件:

(一)采取直接投资方式、资本金注入方式的,可行性研究报告已经批准或者投资概算已经核定;

(二)采取投资补助、贷款贴息等方式的,已经按照国家有关规定办理手续;

(三)县级以上人民政府有关部门规定的其他条件。

第十八条 政府投资年度计划应当和本级预算相衔接。

第十九条 财政部门应当根据经批准的预算,按照法律、行政法规和国库管理的有关规定,及时、足额办理政府投资资金拨付。

第四章 政府投资项目实施

第二十条 政府投资项目开工建设,应当符合本条例和有关法律、行政法规规定的建设条件;不符合规定的建设条件的,不得开工建设。

国务院规定应当审批开工报告的重大政府投资项目,按照规定办理开工报告审批手续后方可开工建设。

第二十一条 政府投资项目应当按照投资主管部门或者其他有关部门批准的建设地点、建设规模和建设内容实施；拟变更建设地点或者拟对建设规模、建设内容等作较大变更的，应当按照规定的程序报原审批部门审批。

第二十二条 政府投资项目所需资金应当按照国家有关规定确保落实到位。

政府投资项目不得由施工单位垫资建设。

第二十三条 政府投资项目建设投资原则上不得超过经核定的投资概算。

因国家政策调整、价格上涨、地质条件发生重大变化等原因确需增加投资概算的，项目单位应当提出调整方案及资金来源，按照规定的程序报原初步设计审批部门或者投资概算核定部门核定；涉及预算调整或者调剂的，依照有关预算的法律、行政法规和国家有关规定办理。

第二十四条 政府投资项目应当按照国家有关规定合理确定并严格执行建设工期，任何单位和个人不得非法干预。

第二十五条 政府投资项目建成后，应当按照国家有关规定进行竣工验收，并在竣工验收合格后及时办理竣工财务决算。

政府投资项目结余的财政资金，应当按照国家有关规定缴回国库。

第二十六条 投资主管部门或者其他有关部门应当按照国家有关规定选择有代表性的已建成政府投资项目，委托中介服务机构对所选项目进行后评价。后评价应当根据项目建成后的实际效果，对项目审批和实施进行全面评价并提出明确意见。

第五章 监督管理

第二十七条 投资主管部门和依法对政府投资项目负有监督管理职责的其他部门应当采取在线监测、现场核查等方式，加强对政府投资项目实施情况的监督检查。

项目单位应当通过在线平台如实报送政府投资项目开工建设、建设进度、竣工的基本信息。

第二十八条 投资主管部门和依法对政府投资项目负有监督管理职责的其他部门应当建立政府投资项目信息共享机制，通过在线平台实现信息共享。

第二十九条 项目单位应当按照国家有关规定加强政府投资项目档案管理，将项目审批和实施过程中的有关文件、资料存档备查。

第三十条 政府投资年度计划、政府投资项目审批和实施以及监督检查的信息应当依法公开。

第三十一条 政府投资项目的绩效管理、建设工程质量管理、安全生产管理等事项，依照有关法律、行政法规和国家有关规定执行。

第六章 法律责任

第三十二条 有下列情形之一的，责令改正，对负有责任的领导人员和直接责任人员依法给予处分：

（一）超越审批权限审批政府投资项目；

（二）对不符合规定的政府投资项目予以批准；

（三）未按照规定核定或者调整政府投资项目的投资概算；

（四）为不符合规定的项目安排投资补助、贷款贴息等政府投资资金；

（五）履行政府投资管理职责中其他玩忽职守、滥用职权、徇私舞弊的情形。

第三十三条 有下列情形之一的，依照有关预算的法律、行政法规和国家有关规定追究法律责任：

（一）政府及其有关部门违法违规举借债务筹措政府投资资金；

（二）未按照规定及时、足额办理政府投资资金拨付；

（三）转移、侵占、挪用政府投资资金。

第三十四条 项目单位有下列情形之一的，责令改正，根据具体情况，暂停、停止拨付资金或者收回已拨付的资金，暂停或者停止建设活动，对负有责任的领导人员和直接责任人员依法给予处分：

（一）未经批准或者不符合规定的建设条件开工建设政府投资项目；

(二)弄虚作假骗取政府投资项目审批或者投资补助、贷款贴息等政府投资资金;

(三)未经批准变更政府投资项目的建设地点或者对建设规模、建设内容等作较大变更;

(四)擅自增加投资概算;

(五)要求施工单位对政府投资项目垫资建设;

(六)无正当理由不实施或者不按照建设工期实施已批准的政府投资项目。

第三十五条 项目单位未按照规定将政府投资项目审批和实施过程中的有关文件、资料存档备查,或者转移、隐匿、篡改、毁弃项目有关文件、资料的,责令改正,对负有责任的领导人员和直接责任人员依法给予处分。

第三十六条 违反本条例规定,构成犯罪的,依法追究刑事责任。

第七章 附 则

第三十七条 国防科技工业领域政府投资的管理办法,由国务院国防科技工业管理部门根据本条例规定的原则另行制定。

第三十八条 中国人民解放军和中国人民武装警察部队的固定资产投资管理,按照中央军事委员会的规定执行。

第三十九条 本条例自2019年7月1日起施行。

国务院办公厅印发国务院有关部门实施招标投标活动行政监督的职责分工意见的通知

(2000年5月3日 国办发〔2000〕34号)

各省、自治区、直辖市人民政府,国务院各部委、各直属机构:

中央机构编制委员会办公室《关于国务院有关部门实施招标投标活动行政监督的职责分工的意见》已经国务院同意,现印发给你们,请遵照执行。

关于国务院有关部门实施招标投标活动行政监督的职责分工的意见

(2000年3月4日 中央机构编制委员会办公室)

根据《中华人民共和国招标投标法》(以下简称《招标投标法》)和国务院有关部门"三定"规定,现就国务院有关部门实施招标投标(以下简称招投标)活动行政监督的职责分工,提出如下意见:

一、国家发展计划委员会指导和协调全国招投标工作,会同有关行政主管部门拟定《招标投标法》配套法规、综合性政策和必须进行招标的项目的具体范围、规模标准以及不适宜进行招标的项目,报国务院批准;指定发布招标公告的报刊、信息网络或其他媒介。有关行政主管部门根据《招标投标法》和国家有关法规、政策,可联合或分别制定具体实施办法。

二、项目审批部门在审批必须进行招标的项目可行性研究报告时,核准项目的招标方式(委托招标或自行招标)以及国家出资项目的招标范围(发包初步方案)。项目审批后,及时向有关行政主管部门通报所确定的招标方式和范围等情况。

三、对于招投标过程(包括招标、投标、开标、评标、中标)中泄露保密资料、泄露标底、串通招标、串通投标、歧视排斥投标等违法活动的监督执法,按现行的职责分工,分别由有关行政主管部门负责并受理投标人和其他利害关系人的投诉。按照这一原则,工业(含内贸)、水利、交通、铁道、民航、信息产业等行业和产业项目的招投标活动的监督执法,分别由经贸、水利、交通、铁道、民航、信息产业等行政主管部门负责;各类房屋建筑及其附属设施的建造和与其配套的线路、管道、设备的安装项目和市政工程项目的招投标活动的监督执法,由建设行政主管部门负责;进口机电设备采购项目的招投标活动的监督执法，由外经贸行政主管部门负责。有关行政主管部门须将监督过程中发现的问题，及时通知项目审批部门，项目审批部门根据情况依法暂停项目执行或者暂停资金拨付。

四、从事各类工程建设项目招标代理业务的招标代理机构的资格，由建设行政主管部门认定；从事与工程建设有关的进口机电设备采购招标代理业务的招标代理机构的资格，由外经贸行政主管部门认定；从事其他招标代理业务的招标代理机构的资格，按现行职责分工，分别由有关行政主管部门认定。

五、国家发展计划委员会负责组织国家重大建设项目稽察特派员，对国家重大建设项目建设过程中的工程招投标进行监督检查。

各有关部门要严格依照上述职责分工，各司其职，密切配合，共同做好招投标的监督管理工作。各省、自治区、直辖市人民政府可根据《招标投标法》的规定，从本地实际出发，制定招投标管理办法。

（二）部门规章

必须招标的工程项目规定

（2018 年 3 月 27 日国家发展和改革委员会令第 16 号公布
自 2018 年 6 月 1 日起施行）

第一条 为了确定必须招标的工程项目，规范招标投标活动，提高工作效率、降低企业成本、预防腐败，根据《中华人民共和国招标投标法》第三条的规定，制定本规定。

第二条 全部或者部分使用国有资金投资或者国家融资的项目包括：

（一）使用预算资金 200 万元人民币以上，并且该资金占投资额 10% 以上的项目；

（二）使用国有企业事业单位资金，并且该资金占控股或者主导地位的项目。

第三条 使用国际组织或者外国政府贷款、援助资金的项目包括：

（一）使用世界银行、亚洲开发银行等国际组织贷款、援助资金的项目；

（二）使用外国政府及其机构贷款、援助资金的项目。

第四条 不属于本规定第二条、第三条规定情形的大型基础设施、公用事业等关系社会公共利益、公众安全的项目，必须招标的具体范围由国务院发展改革部门会同国务院有关部门按照确有必要、严格限定的原则制订，报国务院批准。

第五条 本规定第二条至第四条规定范围内的项目，其勘察、设计、施工、监理以及与工程建设有关的重要设备、材料等的采购达到下列标准之一的，必须招标：

（一）施工单项合同估算价在 400 万元人民币以上；

（二）重要设备、材料等货物的采购，单项合同估算价在 200 万元人民币以上；

（三）勘察、设计、监理等服务的采购，单项合同估算价在 100 万元人民币以上。

同一项目中可以合并进行的勘察、设计、施工、监理以及与工程建设有关的重要设备、材料等的采购，合同估算价合计达到前款规定标准的，必须招标。

第六条 本规定自 2018 年 6 月 1 日起施行。

必须招标的基础设施和公用事业项目范围规定

（2018 年 6 月 6 日国家发展和改革委员会发布　发改法规规〔2018〕843 号）

第一条 为明确必须招标的大型基础设施和公用事业项目范围，根据《中华人民共和国招标投标法》和《必须招标的工程项目规定》，制定本规定。

第二条 不属于《必须招标的工程项目规定》第二条、第三条规定情形的大型基础设施、公用事业等关系社会公共利益、公众安全的项目，必须招标的具体范围包括：

（一）煤炭、石油、天然气、电力、新能源等能源基础设施项目；

（二）铁路、公路、管道、水运，以及公共航空和 A1 级通用机场等交通运输基础设施项目；

（三）电信枢纽、通信信息网络等通信基础设施项目；

（四）防洪、灌溉、排涝、引（供）水等水利基础设施项目；

（五）城市轨道交通等城建项目。

第三条 本规定自 2018 年 6 月 6 日起施行。

国家发展改革委办公厅关于进一步做好《必须招标的工程项目规定》和《必须招标的基础设施和公用事业项目范围规定》实施工作的通知

(2020 年 10 月 19 日 发改办法规〔2020〕770 号)

各省、自治区、直辖市、新疆生产建设兵团发展改革委、公共资源交易平台整合牵头部门:

为加强政策指导,进一步做好《必须招标的工程项目规定》(国家发展改革委 2018 年第 16 号令,以下简称"16 号令")和《必须招标的基础设施和公用事业项目范围规定》(发改法规规〔2018〕843 号,以下简称"843 号文")实施工作,现就有关事项通知如下:

一、准确理解依法必须招标的工程建设项目范围

(一)关于使用国有资金的项目。16 号令第二条第(一)项中"预算资金",是指《预算法》规定的预算资金,包括一般公共预算资金、政府性基金预算资金、国有资本经营预算资金、社会保险基金预算资金。第(二)项中"占控股或者主导地位",参照《公司法》第二百一十六条关于控股股东和实际控制人的理解执行,即"其出资额占有限责任公司资本总额百分之五十以上或者其持有的股份占股份有限公司股本总额百分之五十以上的股东;出资额或者持有股份的比例虽然不足百分之五十,但依其出资额或者持有的股份所享有的表决权已足以对股东会、股东大会的决议产生重大影响的股东";国有企业事业单位通过投资关系、协议或者其他安排,能够实际支配项目建设的,也属于占控股或者主导地位。项目中国有资金的比例,应当按照项目资金来源中所有国有资金之和计算。

(二)关于项目与单项采购的关系。16 号令第二条至第四条及 843 号文第二条规定范围的项目,其勘察、设计、施工、监理以及与工程建设有关的重要设备、材料等的单项采购分别达到 16 号令第五条规定的相应单项合同价估算标准的,该单项采购必须招标;该项目中未达到前述相应标准的单项采购,不属于 16 号令规定的必须招标范畴。

(三)关于招标范围列举事项。依法必须招标的工程建设项目范围和规模标准,应当严格执行《招标投标法》第三条和 16 号令、843 号文规定;法律、行政法规或者国务院对必须进行招标的其他项目范围有规定的,依照其规定。没有法律、行政法规或者国务院规定依据的,对 16 号令第五条第一款第(三)项中没有明确列举规定的服务事项、843 号文第二条中没有明确列举规定的项目,不得强制要求招标。

(四)关于同一项目中的合并采购。16 号令第五条规定的"同一项目中可以合并进行的勘察、设计、施工、监理以及与工程建设有关的重要设备、材料等的采购,合同估算价合计达到前款规定标准的,必须招标",目的是防止发包方通过化整为零方式规避招标。其中"同一项目中可以合并进行",是指根据项目实际,以及行业标准或行业惯例,符合科学性、经济性、可操作性要求,同一项目中适宜放在一起进行采购的同类采购项目。

(五)关于总承包招标的规模标准。对于 16 号令第二条至第四条规定范围内的项目,发包人依法对工程以及与工程建设有关的货物、服务全部或者部分实行总承包发包的,总承包中施工、货物、服务等各部分的估算价中,只要有一项达到 16 号令第五条规定相应标准,即施工部分估算价达到 400 万元以上,或者货物部分达到 200 万元以上,或者服务部分达到 100 万元以上,则整个总承包发包应当招标。

二、规范规模标准以下工程建设项目的采购

16 号令第二条至第四条及 843 号文第二条规定范围的项目,其施工、货物、服务采购的单项合同估算价未达到 16 号令第五条规定规模标准的,该单项采购由采购人依法自主选择采购方式,任何单位和个人不得违法干涉;其中,涉及政府采购的,按照政府采购法律法规规定执行。国有企业可以结合实际,建立健全规模标准以下工程建设项目采购制度,推进采购活动公开透明。

三、严格执行依法必须招标制度

各地方应当严格执行16号令和843号文规定的范围和规模标准，不得另行制定必须进行招标的范围和规模标准，也不得作出与16号令、843号文和本通知相抵触的规定，持续深化招标投标领域“放管服”改革，努力营造良好市场环境。

工程建设项目施工招标投标办法

（2003年3月8日国家发展计划委员会、建设部、铁道部、交通部、信息产业部、水利部、中国民用航空总局令第30号公布　根据2013年3月11日国家发展和改革委员会、工业和信息化部、财政部、住房和城乡建设部、交通运输部、铁道部、水利部、国家广播电影电视总局、中国民用航空局令第23号《关于废止和修改部分招标投标规章和规范性文件的决定》修订）

第一章　总　　则

第一条　为规范工程建设项目施工（以下简称工程施工）招标投标活动，根据《中华人民共和国招标投标法》、《中华人民共和国招标投标法实施条例》和国务院有关部门的职责分工，制定本办法。

第二条　在中华人民共和国境内进行工程施工招标投标活动，适用本办法。

第三条　工程建设项目符合《工程建设项目招标范围和规模标准规定》（国家计委令第3号）规定的范围和标准的，必须通过招标选择施工单位。

任何单位和个人不得将依法必须进行招标的项目化整为零或者以其他任何方式规避招标。

第四条　工程施工招标投标活动应当遵循公开、公平、公正和诚实信用的原则。

第五条　工程施工招标投标活动，依法由招标人负责。任何单位和个人不得以任何方式非法干涉工程施工招标投标活动。

施工招标投标活动不受地区或者部门的限制。

第六条　各级发展改革、工业和信息化、住房城乡建设、交通运输、铁道、水利、商务、民航等部门依照《国务院办公厅印发国务院有关部门实施招标投标活动行政监督的职责分工意见的通知》（国办发〔2000〕34号）和各地规定的职责分工，对工程施工招标投标活动实施监督，依法查处工程施工招标投标活动中的违法行为。

第二章　招　　标

第七条　工程施工招标人是依法提出施工招标项目、进行招标的法人或者其他组织。

第八条　依法必须招标的工程建设项目，应当具备下列条件才能进行施工招标：

（一）招标人已经依法成立；

（二）初步设计及概算应当履行审批手续的，已经批准；

（三）有相应资金或资金来源已经落实；

（四）有招标所需的设计图纸及技术资料。

第九条　工程施工招标分为公开招标和邀请招标。

第十条　按照国家有关规定需要履行项目审批、核准手续的依法必须进行施工招标的工程建设项目，其招标范围、招标方式、招标组织形式应当报项目审批部门审批、核准。项目审批、核准部门应当及时将审批、核准确定的招标内容通报有关行政监督部门。

第十一条　依法必须进行公开招标的项目，有下列情形之一的，可以邀请招标：

（一）项目技术复杂或有特殊要求，或者受自然地域环境限制，只有少量潜在投标人可供选择；

（二）涉及国家安全、国家秘密或者抢险救灾，适宜招标但不宜公开招标；

（三）采用公开招标方式的费用占项目合同金额的比例过大。

有前款第二项所列情形，属于本办法第十条规定的项目，由项目审批、核准部门在审批、核准项目时作出认定；其他项目由招标人申请有关行政监督部门作出认定。

全部使用国有资金投资或者国有资金投资占控股或者主导地位的并需要审批的工程建设项目的邀请招标，应当经项目审批部门批准，但项目审批部门只审批立项的，由有关行政监督部门审批。

第十二条 依法必须进行施工招标的工程建设项目有下列情形之一的，可以不进行施工招标：

（一）涉及国家安全、国家秘密、抢险救灾或者属于利用扶贫资金实行以工代赈需要使用农民工等特殊情况，不适宜进行招标；

（二）施工主要技术采用不可替代的专利或者专有技术；

（三）已通过招标方式选定的特许经营项目投资人依法能够自行建设；

（四）采购人依法能够自行建设；

（五）在建工程追加的附属小型工程或者主体加层工程，原中标人仍具备承包能力，并且其他人承担将影响施工或者功能配套要求；

（六）国家规定的其他情形。

第十三条 采用公开招标方式的，招标人应当发布招标公告，邀请不特定的法人或者其他组织投标。依法必须进行施工招标项目的招标公告，应当在国家指定的报刊和信息网络上发布。

采用邀请招标方式的，招标人应当向三家以上具备承担施工招标项目的能力、资信良好的特定的法人或者其他组织发出投标邀请书。

第十四条 招标公告或者投标邀请书应当至少载明下列内容：

（一）招标人的名称和地址；

（二）招标项目的内容、规模、资金来源；

（三）招标项目的实施地点和工期；

（四）获取招标文件或者资格预审文件的地点和时间；

（五）对招标文件或者资格预审文件收取的费用；

（六）对投标人的资质等级的要求。

第十五条 招标人应当按招标公告或者投标邀请书规定的时间、地点出售招标文件或资格预审文件。自招标文件或者资格预审文件出售之日起至停止出售之日止，最短不得少于五日。

招标人可以通过信息网络或者其他媒介发布招标文件，通过信息网络或者其他媒介发布的招标文件与书面招标文件具有同等法律效力，出现不一致时以书面招标文件为准，国家另有规定的除外。

对招标文件或者资格预审文件的收费应当限于补偿印刷、邮寄的成本支出，不得以营利为目的。对于所附的设计文件，招标人可以向投标人酌收押金；对于开标后投标人退还设计文件的，招标人应当向投标人退还押金。

招标文件或者资格预审文件售出后，不予退还。除不可抗力原因外，招标人在发布招标公告、发出投标邀请书后或者售出招标文件或资格预审文件后不得擅自终止招标。

第十六条 招标人可以根据招标项目本身的特点和需要，要求潜在投标人或者投标人提供满足其资格要求的文件，对潜在投标人或者投标人进行资格审查；国家对潜在投标人或者投标人的资格条件有规定的，依照其规定。

第十七条 资格审查分为资格预审和资格后审。

资格预审，是指在投标前对潜在投标人进行的资格审查。

资格后审，是指在开标后对投标人进行的资格审查。

进行资格预审的，一般不再进行资格后审，但招标文件另有规定的除外。

第十八条 采取资格预审的，招标人应当发布资格预审公告。资格预审公告适用本办法第十三条、第十四条有关招标公告的规定。

采取资格预审的，招标人应当在资格预审文件中载明资格预审的条件、标准和方法；采取资格后审的，招标人应当在招标文件中载明对投标人资格要求的条件、标准和方法。

招标人不得改变载明的资格条件或者以没有载明的资格条件对潜在投标人或者投标人进行资格审查。

第十九条 经资格预审后，招标人应当向资格预审合格的潜在投标人发出资格预审合格通知书，告知获取招标文件的时间、地点和方法，并同时向资格预审不合格的潜在投标人告知资格预审结果。资格预审不合格的潜在投标人不得参加投标。

经资格后审不合格的投标人的投标应予否决。

第二十条 资格审查应主要审查潜在投标人或者投标人是否符合下列条件：

（一）具有独立订立合同的权利；

（二）具有履行合同的能力，包括专业、技术资格和能力，资金、设备和其他物质设施状况，管理能力，经验、信誉和相应的从业人员；

（三）没有处于被责令停业，投标资格被取消，财产被接管、冻结，破产状态；

（四）在最近三年内没有骗取中标和严重违约及重大工程质量问题；

（五）国家规定的其他资格条件。

资格审查时，招标人不得以不合理的条件限制、排斥潜在投标人或者投标人，不得对潜在投标人或者投标人实行歧视待遇。任何单位和个人不得以行政手段或者其他不合理方式限制投标人的数量。

第二十一条 招标人符合法律规定的自行招标条件的，可以自行办理招标事宜。任何单位和个人不得强制其委托招标代理机构办理招标事宜。

第二十二条 招标代理机构应当在招标人委托的范围内承担招标事宜。招标代理机构可以在其资格等级范围内承担下列招标事宜：

（一）拟订招标方案，编制和出售招标文件、资格预审文件；

（二）审查投标人资格；

（三）编制标底；

（四）组织投标人踏勘现场；

（五）组织开标、评标，协助招标人定标；

（六）草拟合同；

（七）招标人委托的其他事项。

招标代理机构不得无权代理、越权代理，不得明知委托事项违法而进行代理。

招标代理机构不得在所代理的招标项目中投标或者代理投标，也不得为所代理的招标项目的投标人提供咨询；未经招标人同意，不得转让招标代理业务。

第二十三条 工程招标代理机构与招标人应当签订书面委托合同，并按双方约定的标准收取代理费；国家对收费标准有规定的，依照其规定。

第二十四条 招标人根据施工招标项目的特点和需要编制招标文件。招标文件一般包括下列内容：

（一）招标公告或投标邀请书；

（二）投标人须知；

（三）合同主要条款；

（四）投标文件格式；

（五）采用工程量清单招标的，应当提供工程量清单；

（六）技术条款；

（七）设计图纸；

（八）评标标准和方法；

（九）投标辅助材料。

招标人应当在招标文件中规定实质性要求和条件，并用醒目的方式标明。

第二十五条 招标人可以要求投标人在提交符合招标文件规定要求的投标文件外，提交备选投标方案，但应当在招标文件中作出说明，并提出相应的评审和比较办法。

第二十六条 招标文件规定的各项技术标准应符合国家强制性标准。

招标文件中规定的各项技术标准均不得要求或标明某一特定的专利、商标、名称、设计、原产地或生产供应者，不得含有倾向或者排斥潜在投标人的其他内容。如果必须引用某一生产供应者的技术标准才能准确或清楚地说明拟招标项目的技术标准时，则应当在参照后面加上"或相当于"的字样。

第二十七条 施工招标项目需要划分标段、确定工期的，招标人应当合理划分标段、确定工期，并在招标文件中载明。对工程技术上紧密相连、不可分割的单位工程不得分割标段。

招标人不得以不合理的标段或工期限制或者排斥潜在投标人或者投标人。依法必须进行施工招标的项目的招标人不得利用划分标段规避招标。

第二十八条 招标文件应当明确规定所有评标因素，以及如何将这些因素量化或者据以进行评估。

在评标过程中，不得改变招标文件中规定的评标标准、方法和中标条件。

第二十九条 招标文件应当规定一个适当的投标有效期，以保证招标人有足够的时间完成评标和与中标人签订合同。投标有效期从投标人提交投标文件截止之日起计算。

在原投标有效期结束前，出现特殊情况的，招标人可以书面形式要求所有投标人延长投标有效期。投标人同意延长的，不得要求或被允许修改其投标文件的实质性内容，但应当相应延长其投标保证金的有效期；投标人拒绝延长的，其投标失效，但投标人有权收回其投标保证金。因延长投标有效期造成投标人损失的，招标人应当给予补偿，但因不可抗力需要延长投标有效期的除外。

第三十条 施工招标项目工期较长的，招标文件中可以规定工程造价指数体系、价格调整因素和调整方法。

第三十一条 招标人应当确定投标人编制投标文件所需要的合理时间；但是，依法必须进行招标的项目，自招标文件开始发出之日起至投标人提交投标文件截止之日止，最短不得少于二十日。

第三十二条 招标人根据招标项目的具体情况，可以组织潜在投标人踏勘项目现场，向其介绍工程场地和相关环境的有关情况。潜在投标人依据招标人介绍情况作出的判断和决策，由投标人自行负责。

招标人不得单独或者分别组织任何一个投标人进行现场踏勘。

第三十三条 对于潜在投标人在阅读招标文件和现场踏勘中提出的疑问，招标人可以书面形式或召开投标预备会的方式解答，但需同时将解答以书面方式通知所有购买招标文件的潜在投标人。该解答的内容为招标文件的组成部分。

第三十四条 招标人可根据项目特点决定是否编制标底。编制标底的，标底编制过程和标底在开标前必须保密。

招标项目编制标底的，应根据批准的初步设计、投资概算，依据有关计价办法，参照有关工程定额，结合市场供求状况，综合考虑投资、工期和质量等方面的因素合理确定。

标底由招标人自行编制或委托中介机构编制。一个工程只能编制一个标底。

任何单位和个人不得强制招标人编制或报审标底，或干预其确定标底。

招标项目可以不设标底，进行无标底招标。

招标人设有最高投标限价的，应当在招标文件中明确最高投标限价或者最高投标限价的计算方法。招标人不得规定最低投标限价。

第三章　投　　标

第三十五条　投标人是响应招标、参加投标竞争的法人或者其他组织。招标人的任何不具独立法人资格的附属机构(单位),或者为招标项目的前期准备或者监理工作提供设计、咨询服务的任何法人及其任何附属机构(单位),都无资格参加该招标项目的投标。

第三十六条　投标人应当按照招标文件的要求编制投标文件。投标文件应当对招标文件提出的实质性要求和条件作出响应。

投标文件一般包括下列内容:

(一)投标函;

(二)投标报价;

(三)施工组织设计;

(四)商务和技术偏差表。

投标人根据招标文件载明的项目实际情况,拟在中标后将中标项目的部分非主体、非关键性工作进行分包的,应当在投标文件中载明。

第三十七条　招标人可以在招标文件中要求投标人提交投标保证金。投标保证金除现金外,可以是银行出具的银行保函、保兑支票、银行汇票或现金支票。

投标保证金不得超过项目估算价的百分之二,但最高不得超过八十万元人民币。投标保证金有效期应当与投标有效期一致。

投标人应当按照招标文件要求的方式和金额,将投标保证金随投标文件提交给招标人或其委托的招标代理机构。

依法必须进行施工招标的项目的境内投标单位,以现金或者支票形式提交的投标保证金应当从其基本账户转出。

第三十八条　投标人应当在招标文件要求提交投标文件的截止时间前,将投标文件密封送达投标地点。招标人收到投标文件后,应当向投标人出具标明签收人和签收时间的凭证,在开标前任何单位和个人不得开启投标文件。

在招标文件要求提交投标文件的截止时间后送达的投标文件,招标人应当拒收。

依法必须进行施工招标的项目提交投标文件的投标人少于三个的,招标人在分析招标失败的原因并采取相应措施后,应当依法重新招标。重新招标后投标人仍少于三个的,属于必须审批、核准的工程建设项目,报经原审批、核准部门审批、核准后可以不再进行招标;其他工程建设项目,招标人可自行决定不再进行招标。

第三十九条　投标人在招标文件要求提交投标文件的截止时间前,可以补充、修改、替代或者撤回已提交的投标文件,并书面通知招标人。补充、修改的内容为投标文件的组成部分。

第四十条　在提交投标文件截止时间后到招标文件规定的投标有效期终止之前,投标人不得撤销其投标文件,否则招标人可以不退还其投标保证金。

第四十一条　在开标前,招标人应妥善保管好已接收的投标文件、修改或撤回通知、备选投标方案等投标资料。

第四十二条　两个以上法人或者其他组织可以组成一个联合体,以一个投标人的身份共同投标。

联合体各方签订共同投标协议后,不得再以自己名义单独投标,也不得组成新的联合体或参加其他联合体在同一项目中投标。

第四十三条　招标人接受联合体投标并进行资格预审的,联合体应当在提交资格预审申请文件前组成。资格预审后联合体增减、更换成员的,其投标无效。

第四十四条　联合体各方应当指定牵头人,授权其代表所有联合体成员负责投标和合同实施阶段的主办、协调工作,并应当向招标人提交由所有联合体成员法定代表人签署的授权书。

第四十五条　联合体投标的,应当以联合体各方或者联合体中牵头人的名义提交投标保证金。以联合体中牵头人名义提交的投标保证金,对联合体各成员具有约束力。

第四十六条 下列行为均属投标人串通投标报价:

(一)投标人之间相互约定抬高或压低投标报价;

(二)投标人之间相互约定,在招标项目中分别以高、中、低价位报价;

(三)投标人之间先进行内部竞价,内定中标人,然后再参加投标;

(四)投标人之间其他串通投标报价的行为。

第四十七条 下列行为均属招标人与投标人串通投标:

(一)招标人在开标前开启投标文件并将有关信息泄露给其他投标人,或者授意投标人撤换、修改投标文件;

(二)招标人向投标人泄露标底、评标委员会成员等信息;

(三)招标人明示或者暗示投标人压低或抬高投标报价;

(四)招标人明示或者暗示投标人为特定投标人中标提供方便;

(五)招标人与投标人为谋求特定中标人中标而采取的其他串通行为。

第四十八条 投标人不得以他人名义投标。

前款所称以他人名义投标,指投标人挂靠其他施工单位,或从其他单位通过受让或租借的方式获取资格或资质证书,或者由其他单位及其法定代表人在自己编制的投标文件上加盖印章和签字等行为。

第四章 开标、评标和定标

第四十九条 开标应当在招标文件确定的提交投标文件截止时间的同一时间公开进行;开标地点应当为招标文件中确定的地点。

投标人对开标有异议的,应当在开标现场提出,招标人应当当场作出答复,并制作记录。

第五十条 投标文件有下列情形之一的,招标人应当拒收:

(一)逾期送达;

(二)未按招标文件要求密封。

有下列情形之一的,评标委员会应当否决其投标:

(一)投标文件未经投标单位盖章和单位负责人签字;

(二)投标联合体没有提交共同投标协议;

(三)投标人不符合国家或者招标文件规定的资格条件;

(四)同一投标人提交两个以上不同的投标文件或者投标报价,但招标文件要求提交备选投标的除外;

(五)投标报价低于成本或者高于招标文件设定的最高投标限价;

(六)投标文件没有对招标文件的实质性要求和条件作出响应;

(七)投标人有串通投标、弄虚作假、行贿等违法行为。

第五十一条 评标委员会可以书面方式要求投标人对投标文件中含义不明确、对同类问题表述不一致或者有明显文字和计算错误的内容作必要的澄清、说明或补正。评标委员会不得向投标人提出带有暗示性或诱导性的问题,或向其明确投标文件中的遗漏和错误。

第五十二条 投标文件不响应招标文件的实质性要求和条件的,评标委员会不得允许投标人通过修正或撤销其不符合要求的差异或保留,使之成为具有响应性的投标。

第五十三条 评标委员会在对实质上响应招标文件要求的投标进行报价评估时,除招标文件另有约定外,应当按下述原则进行修正:

(一)用数字表示的数额与用文字表示的数额不一致时,以文字数额为准;

(二)单价与工程量的乘积与总价之间不一致时,以单价为准。若单价有明显的小数点错位,应以总价为准,并修改单价。

按前款规定调整后的报价经投标人确认后产生约束力。

投标文件中没有列入的价格和优惠条件在评标时不予考虑。

第五十四条 对于投标人提交的优越于招标文件中技术标准的备选投标方案所产生的附加收益，不得考虑进评标价中。符合招标文件的基本技术要求且评标价最低或综合评分最高的投标人，其所提交的备选方案方可予以考虑。

第五十五条 招标人设有标底的，标底在评标中应当作为参考，但不得作为评标的唯一依据。

第五十六条 评标委员会完成评标后，应向招标人提出书面评标报告。评标报告由评标委员会全体成员签字。

依法必须进行招标的项目，招标人应当自收到评标报告之日起三日内公示中标候选人，公示期不得少于三日。

中标通知书由招标人发出。

第五十七条 评标委员会推荐的中标候选人应当限定在一至三人，并标明排列顺序。招标人应当接受评标委员会推荐的中标候选人，不得在评标委员会推荐的中标候选人之外确定中标人。

第五十八条 国有资金占控股或者主导地位的依法必须进行招标的项目，招标人应当确定排名第一的中标候选人为中标人。排名第一的中标候选人放弃中标、因不可抗力提出不能履行合同、不按照招标文件的要求提交履约保证金，或者被查实存在影响中标结果的违法行为等情形，不符合中标条件的，招标人可以按照评标委员会提出的中标候选人名单排序依次确定其他中标候选人为中标人。依次确定其他中标候选人与招标人预期差距较大，或者对招标人明显不利的，招标人可以重新招标。

招标人可以授权评标委员会直接确定中标人。

国务院对中标人的确定另有规定的，从其规定。

第五十九条 招标人不得向中标人提出压低报价、增加工作量、缩短工期或其他违背中标人意愿的要求，以此作为发出中标通知书和签订合同的条件。

第六十条 中标通知书对招标人和中标人具有法律效力。中标通知书发出后，招标人改变中标结果的，或者中标人放弃中标项目的，应当依法承担法律责任。

第六十一条 招标人全部或者部分使用非中标单位投标文件中的技术成果或技术方案时，需征得其书面同意，并给予一定的经济补偿。

第六十二条 招标人和中标人应当在投标有效期内并在自中标通知书发出之日起三十日内，按照招标文件和中标人的投标文件订立书面合同。招标人和中标人不得再行订立背离合同实质性内容的其他协议。

招标人要求中标人提供履约保证金或其他形式履约担保的，招标人应当同时向中标人提供工程款支付担保。

招标人不得擅自提高履约保证金，不得强制要求中标人垫付中标项目建设资金。

第六十三条 招标人最迟应当在与中标人签订合同后五日内，向中标人和未中标的投标人退还投标保证金及银行同期存款利息。

第六十四条 合同中确定的建设规模、建设标准、建设内容、合同价格应当控制在批准的初步设计及概算文件范围内；确需超出规定范围的，应当在中标合同签订前，报原项目审批部门审查同意。凡应报经审查而未报的，在初步设计及概算调整时，原项目审批部门一律不予承认。

第六十五条 依法必须进行施工招标的项目，招标人应当自发出中标通知书之日起十五日内，向有关行政监督部门提交招标投标情况的书面报告。

前款所称书面报告至少应包括下列内容：

（一）招标范围；

（二）招标方式和发布招标公告的媒介；

（三）招标文件中投标人须知、技术条款、评标标准和方法、合同主要条款等内容；

（四）评标委员会的组成和评标报告；

(五)中标结果。

第六十六条 招标人不得直接指定分包人。

第六十七条 对于不具备分包条件或者不符合分包规定的,招标人有权在签订合同或者中标人提出分包要求时予以拒绝。发现中标人转包或违法分包时,可要求其改正;拒不改正的,可终止合同,并报请有关行政监督部门查处。

监理人员和有关行政部门发现中标人违反合同约定进行转包或违法分包的,应当要求中标人改正,或者告知招标人要求其改正;对于拒不改正的,应当报请有关行政监督部门查处。

第五章 法律责任

第六十八条 依法必须进行招标的项目而不招标的,将必须进行招标的项目化整为零或者以其他任何方式规避招标的,有关行政监督部门责令限期改正,可以处项目合同金额千分之五以上千分之十以下的罚款;对全部或者部分使用国有资金的项目,项目审批部门可以暂停项目执行或者暂停资金拨付;对单位直接负责的主管人员和其他直接责任人员依法给予处分。

第六十九条 招标代理机构违法泄露应当保密的与招标投标活动有关的情况和资料的,或者与招标人、投标人串通损害国家利益、社会公共利益或者他人合法权益的,由有关行政监督部门处五万元以上二十五万元以下罚款,对单位直接负责的主管人员和其他直接责任人员处单位罚款数额百分之五以上百分之十以下罚款;有违法所得的,并处没收违法所得;情节严重的,有关行政监督部门可停止其一定时期内参与相关领域的招标代理业务,资格认定部门可暂停直至取消招标代理资格;构成犯罪的,由司法部门依法追究刑事责任。给他人造成损失的,依法承担赔偿责任。

前款所列行为影响中标结果,并且中标人为前款所列行为的受益人的,中标无效。

第七十条 招标人以不合理的条件限制或者排斥潜在投标人的,对潜在投标人实行歧视待遇的,强制要求投标人组成联合体共同投标的,或者限制投标人之间竞争的,有关行政监督部门责令改正,可处一万元以上五万元以下罚款。

第七十一条 依法必须进行招标项目的招标人向他人透露已获取招标文件的潜在投标人的名称、数量或者可能影响公平竞争的有关招标投标的其他情况的,或者泄露标底的,有关行政监督部门给予警告,可以并处一万元以上十万元以下的罚款;对单位直接负责的主管人员和其他直接责任人员依法给予处分;构成犯罪的,依法追究刑事责任。

前款所列行为影响中标结果的,中标无效。

第七十二条 招标人在发布招标公告、发出投标邀请书或者售出招标文件或资格预审文件后终止招标的,应当及时退还所收取的资格预审文件、招标文件的费用,以及所收取的投标保证金及银行同期存款利息。给潜在投标人或者投标人造成损失的,应当赔偿损失。

第七十三条 招标人有下列限制或者排斥潜在投标人行为之一的,由有关行政监督部门依照招标投标法第五十一条的规定处罚;其中,构成依法必须进行施工招标的项目的招标人规避招标的,依照招标投标法第四十九条的规定处罚:

(一)依法应当公开招标的项目不按照规定在指定媒介发布资格预审公告或者招标公告;

(二)在不同媒介发布的同一招标项目的资格预审公告或者招标公告的内容不一致,影响潜在投标人申请资格预审或者投标。

招标人有下列情形之一的,由有关行政监督部门责令改正,可以处10万元以下的罚款:

(一)依法应当公开招标而采用邀请招标;

(二)招标文件、资格预审文件的发售、澄清、修改的时限,或者确定的提交资格预审申请文件、投标文件的时限不符合招标投标法和招标投标法实施条例规定;

(三)接受未通过资格预审的单位或者个人参加投标;

(四)接受应当拒收的投标文件。

招标人有前款第一项、第三项、第四项所列行为之一的,对单位直接负责的主管人员和其他直接责任人员依法给予处分。

第七十四条 投标人相互串通投标或者与招标人串通投标的，投标人以向招标人或者评标委员会成员行贿的手段谋取中标的，中标无效，由有关行政监督部门处中标项目金额千分之五以上千分之十以下的罚款，对单位直接负责的主管人员和其他直接责任人员处单位罚款数额百分之五以上百分之十以下的罚款；有违法所得的，并处没收违法所得；情节严重的，取消其一至二年的投标资格，并予以公告，直至由工商行政管理机关吊销营业执照；构成犯罪的，依法追究刑事责任。给他人造成损失的，依法承担赔偿责任。投标人未中标的，对单位的罚款金额按照招标项目合同金额依照招标投标法规定的比例计算。

第七十五条 投标人以他人名义投标或者以其他方式弄虚作假，骗取中标的，中标无效，给招标人造成损失的，依法承担赔偿责任；构成犯罪的，依法追究刑事责任。

依法必须进行招标项目的投标人有前款所列行为尚未构成犯罪的，有关行政监督部门处中标项目金额千分之五以上千分之十以下的罚款，对单位直接负责的主管人员和其他直接责任人员处单位罚款数额百分之五以上百分之十以下的罚款；有违法所得的，并处没收违法所得；情节严重的，取消其一至三年投标资格，并予以公告，直至由工商行政管理机关吊销营业执照。投标人未中标的，对单位的罚款金额按照招标项目合同金额依照招标投标法规定的比例计算。

第七十六条 依法必须进行招标的项目，招标人违法与投标人就投标价格、投标方案等实质性内容进行谈判的，有关行政监督部门给予警告，对单位直接负责的主管人员和其他直接责任人员依法给予处分。

前款所列行为影响中标结果的，中标无效。

第七十七条 评标委员会成员收受投标人的财物或者其他好处的，没收收受的财物，可以并处三千元以上五万元以下的罚款，取消担任评标委员会成员的资格并予以公告，不得再参加依法必须进行招标的项目的评标；构成犯罪的，依法追究刑事责任。

第七十八条 评标委员会成员应当回避而不回避，擅离职守，不按照招标文件规定的评标标准和方法评标，私下接触投标人，向招标人征询确定中标人的意向或者接受任何单位或者个人明示或者暗示提出的倾向或者排斥特定投标人的要求，对依法应当否决的投标不提出否决意见，暗示或者诱导投标人作出澄清、说明或者接受投标人主动提出的澄清、说明，或者有其他不能客观公正地履行职责行为的，有关行政监督部门责令改正；情节严重的，禁止其在一定期限内参加依法必须进行招标的项目的评标；情节特别严重的，取消其担任评标委员会成员的资格。

第七十九条 依法必须进行招标的项目的招标人不按照规定组建评标委员会，或者确定、更换评标委员会成员违反招标投标法和招标投标法实施条例规定的，由有关行政监督部门责令改正，可以处10万元以下的罚款，对单位直接负责的主管人员和其他直接责任人员依法给予处分；违法确定或者更换的评标委员会成员作出的评审决定无效，依法重新进行评审。

第八十条 依法必须进行招标的项目的招标人有下列情形之一的，由有关行政监督部门责令改正，可以处中标项目金额千分之十以下的罚款；给他人造成损失的，依法承担赔偿责任；对单位直接负责的主管人员和其他直接责任人员依法给予处分：

（一）无正当理由不发出中标通知书；

（二）不按照规定确定中标人；

（三）中标通知书发出后无正当理由改变中标结果；

（四）无正当理由不与中标人订立合同；

（五）在订立合同时向中标人提出附加条件。

第八十一条 中标通知书发出后，中标人放弃中标项目的，无正当理由不与招标人签订合同的，在签订合同时向招标人提出附加条件或者更改合同实质性内容的，或者拒不提交所要求的履约保证金的，取消其中标资格，投标保证金不予退还；给招标人的损失超过投标保证金数额的，中标人应当对超过部分予以赔偿；没有提交投标保证金的，应当对招标人的损失承担赔偿责任。对依法必须进行施工招标的项目的中标人，由有关行政监督部门责令改正，可以处中标金额千分之十以下罚款。

第八十二条 中标人将中标项目转让给他人的，将中标项目肢解后分别转让给他人的，违法将中标项目的部分主体、关键性工作分包给他人的，或者分包人再次分包的，转让、分包无效，有关行政监督部门处转让、分包项目金额千分之五以上千分之十以下的罚款；有违法所得的，并处没收违法所得；可以责令停业整顿；情节严重的，由工商行政管理机关吊销营业执照。

第八十三条 招标人与中标人不按照招标文件和中标人的投标文件订立合同的，合同的主要条款与招标文件、中标人的投标文件的内容不一致，或者招标人、中标人订立背离合同实质性内容的协议的，有关行政监督部门责令改正；可以处中标项目金额千分之五以上千分之十以下的罚款。

第八十四条 中标人不履行与招标人订立的合同的，履约保证金不予退还，给招标人造成的损失超过履约保证金数额的，还应当对超过部分予以赔偿；没有提交履约保证金的，应当对招标人的损失承担赔偿责任。

中标人不按照与招标人订立的合同履行义务，情节严重的，有关行政监督部门取消其二至五年参加招标项目的投标资格并予以公告，直至由工商行政管理机关吊销营业执照。

因不可抗力不能履行合同的，不适用前两款规定。

第八十五条 招标人不履行与中标人订立的合同的，应当返还中标人的履约保证金并承担相应的赔偿责任；没有提交履约保证金的，应当对中标人的损失承担赔偿责任。

因不可抗力不能履行合同的，不适用前款规定。

第八十六条 依法必须进行施工招标的项目违反法律规定，中标无效的，应当依照法律规定的中标条件从其余投标人中重新确定中标人或者依法重新进行招标。

中标无效的，发出的中标通知书和签订的合同自始没有法律约束力，但不影响合同中独立存在的有关解决争议方法的条款的效力。

第八十七条 任何单位违法限制或者排斥本地区、本系统以外的法人或者其他组织参加投标的，为招标人指定招标代理机构的，强制招标人委托招标代理机构办理招标事宜的，或者以其他方式干涉招标投标活动的，有关行政监督部门责令改正；对单位直接负责的主管人员和其他直接责任人员依法给予警告、记过、记大过的处分，情节较重的，依法给予降级、撤职、开除的处分。

个人利用职权进行前款违法行为的，依照前款规定追究责任。

第八十八条 对招标投标活动依法负有行政监督职责的国家机关工作人员徇私舞弊、滥用职权或者玩忽职守，构成犯罪的，依法追究刑事责任；不构成犯罪的，依法给予行政处分。

第八十九条 投标人或者其他利害关系人认为工程建设项目施工招标投标活动不符合国家规定的，可以自知道或者应当知道之日起10日内向有关行政监督部门投诉。投诉应当有明确的请求和必要的证明材料。

第六章 附 则

第九十条 使用国际组织或者外国政府贷款、援助资金的项目进行招标，贷款方、资金提供方对工程施工招标投标活动的条件和程序有不同规定的，可以适用其规定，但违背中华人民共和国社会公共利益的除外。

第九十一条 本办法由国家发展改革委会同有关部门负责解释。

第九十二条 本办法自2003年5月1日起施行。

工程建设项目勘察设计招标投标办法

（2003年6月12日国家发展和改革委员会、建设部、交通部、信息产业部、水利部、民用航空总局、国家广播电影电视总局令第2号公布　根据2013年3月11日国家发展和改革委员会、工业和信息化部、财政部、住房和城乡建设部、交通运输部、铁道部、水利部、国家广播电影电视总局、中国民用航空局令第23号《关于废止和修改部分招标投标规章和规范性文件的决定》修订）

第一章　总　　则

第一条　为规范工程建设项目勘察设计招标投标活动，提高投资效益，保证工程质量，根据《中华人民共和国招标投标法》、《中华人民共和国招标投标法实施条例》，制定本办法。

第二条　在中华人民共和国境内进行工程建设项目勘察设计招标投标活动，适用本办法。

第三条　工程建设项目符合《工程建设项目招标范围和规模标准规定》（国家计委令第3号）规定的范围和标准的，必须依据本办法进行招标。

任何单位和个人不得将依法必须进行招标的项目化整为零或者以其他任何方式规避招标。

第四条　按照国家规定需要履行项目审批、核准手续的依法必须进行招标的项目，有下列情形之一的，经项目审批、核准部门审批、核准，项目的勘察设计可以不进行招标：

（一）涉及国家安全、国家秘密、抢险救灾或者属于利用扶贫资金实行以工代赈、需要使用农民工等特殊情况，不适宜进行招标；

（二）主要工艺、技术采用不可替代的专利或者专有技术，或者其建筑艺术造型有特殊要求；

（三）采购人依法能够自行勘察、设计；

（四）已通过招标方式选定的特许经营项目投资人依法能够自行勘察、设计；

（五）技术复杂或专业性强，能够满足条件的勘察设计单位少于三家，不能形成有效竞争；

（六）已建成项目需要改、扩建或者技术改造，由其他单位进行设计影响项目功能配套性；

（七）国家规定其他特殊情形。

第五条　勘察设计招标工作由招标人负责。任何单位和个人不得以任何方式非法干涉招标投标活动。

第六条　各级发展改革、工业和信息化、住房城乡建设、交通运输、铁道、水利、商务、广电民航等部门依照《国务院办公厅印发国务院有关部门实施招标投标活动行政监督的职责分工意见的通知》（国办发〔2000〕34号）和各地规定的职责分工，对工程建设项目勘察设计招标投标活动实施监督，依法查处招标投标活动中的违法行为。

第二章　招　　标

第七条　招标人可以依据工程建设项目的不同特点，实行勘察设计一次性总体招标；也可以在保证项目完整性、连续性的前提下，按照技术要求实行分段或分项招标。

招标人不得利用前款规定限制或者排斥潜在投标人或者投标。依法必须进行招标的项目的招标人不得利用前款规定规避招标。

第八条　依法必须招标的工程建设项目，招标人可以对项目的勘察、设计、施工以及与工程建设有关的重要设备、材料的采购，实行总承包招标。

第九条　依法必须进行勘察设计招标的工程建设项目，在招标时应当具备下列条件：

（一）招标人已经依法成立；

（二）按照国家有关规定需要履行项目审批、核准或者备案手续的，已经审批、核准或者备案；

（三）勘察设计有相应资金或者资金来源已经落实；

（四）所必需的勘察设计基础资料已经收集完成；

（五）法律法规规定的其他条件。

第十条 工程建设项目勘察设计招标分为公开招标和邀请招标。

国有资金投资占控股或者主导地位的工程建设项目，以及国务院发展和改革部门确定的国家重点项目和省、自治区、直辖市人民政府确定的地方重点项目，除符合本办法第十一条规定条件并依法获得批准外，应当公开招标。

第十一条 依法必须进行公开招标的项目，在下列情况下可以进行邀请招标：

（一）技术复杂、有特殊要求或者受自然环境限制，只有少量潜在投标人可供选择；

（二）采用公开招标方式的费用占项目合同金额的比例过大。

有前款第二项所列情形，属于按照国家有关规定需要履行项目审批、核准手续的项目，由项目审批、核准部门在审批、核准项目时作出认定；其他项目由招标人申请有关行政监督部门作出认定。

招标人采用邀请招标方式的，应保证有三个以上具备承担招标项目勘察设计的能力，并具有相应资质的特定法人或者其他组织参加投标。

第十二条 招标人应当按照资格预审公告、招标公告或者投标邀请书规定的时间、地点出售招标文件或者资格预审文件。自招标文件或者资格预审文件出售之日起至停止出售之日止，最短不得少于五日。

第十三条 进行资格预审的，招标人只向资格预审合格的潜在投标人发售招标文件，并同时向资格预审不合格的潜在投标人告知资格预审结果。

第十四条 凡是资格预审合格的潜在投标人都应被允许参加投标。

招标人不得以抽签、摇号等不合理条件限制或者排斥资格预审合格的潜在投标人参加投标。

第十五条 招标人应当根据招标项目的特点和需要编制招标文件。

勘察设计招标文件应当包括下列内容：

（一）投标须知；

（二）投标文件格式及主要合同条款；

（三）项目说明书，包括资金来源情况；

（四）勘察设计范围，对勘察设计进度、阶段和深度要求；

（五）勘察设计基础资料；

（六）勘察设计费用支付方式，对未中标人是否给予补偿及补偿标准；

（七）投标报价要求；

（八）对投标人资格审查的标准；

（九）评标标准和方法；

（十）投标有效期。

投标有效期，从提交投标文件截止日起计算。

对招标文件的收费应仅限于补偿印刷、邮寄的成本支出，招标人不得通过出售招标文件谋取利益。

第十六条 招标人负责提供与招标项目有关的基础资料，并保证所提供资料的真实性、完整性。涉及国家秘密的除外。

第十七条 对于潜在投标人在阅读招标文件和现场踏勘中提出的疑问，招标人可以书面形式或召开投标预备会的方式解答，但需同时将解答以书面方式通知所有招标文件收受人。该解答的内容为招标文件的组成部分。

第十八条 招标人可以要求投标人在提交符合招标文件规定要求的投标文件外，提交备选投标文件，但应当在招标文件中做出说明，并提出相应的评审和比较办法。

第十九条 招标人应当确定潜在投标人编制投标文件所需要的合理时间。

依法必须进行勘察设计招标的项目，自招标文件开始发出之日起至投标人提交投标文件截止之日止，最短不得少于二十日。

第二十条 除不可抗力原因外，招标人在发布招标公告或者发出投标邀请书后不得终止招标，也不得在出售招标文件后终止招标。

第三章 投 标

第二十一条 投标人是响应招标、参加投标竞争的法人或者其他组织。

在其本国注册登记，从事建筑、工程服务的国外设计企业参加投标的，必须符合中华人民共和国缔结或者参加的国际条约、协定中所作的市场准入承诺以及有关勘察设计市场准入的管理规定。

投标人应当符合国家规定的资质条件。

第二十二条 投标人应当按照招标文件或者投标邀请书的要求编制投标文件。投标文件中的勘察设计收费报价，应当符合国务院价格主管部门制定的工程勘察设计收费标准。

第二十三条 投标人在投标文件有关技术方案和要求中不得指定与工程建设项目有关的重要设备、材料的生产供应者，或者含有倾向或者排斥特定生产供应者的内容。

第二十四条 招标文件要求投标人提交投标保证金的，保证金数额不得超过勘察设计估算费用的百分之二，最多不超过十万元人民币。

依法必须进行招标的项目的境内投标单位，以现金或者支票形式提交的投标保证金应当从其基本账户转出。

第二十五条 在提交投标文件截止时间后到招标文件规定的投标有效期终止之前，投标人不得撤销其投标文件，否则招标人可以不退还投标保证金。

第二十六条 投标人在投标截止时间前提交的投标文件，补充、修改或撤回投标文件的通知，备选投标文件等，都必须加盖所在单位公章，并且由其法定代表人或授权代表签字，但招标文件另有规定的除外。

招标人在接收上述材料时，应检查其密封或签章是否完好，并向投标人出具标明签收人和签收时间的回执。

第二十七条 以联合体形式投标的，联合体各方应签订共同投标协议，连同投标文件一并提交招标人。

联合体各方不得再单独以自己名义，或者参加另外的联合体投同一个标。

招标人接受联合体投标并进行资格预审的，联合体应当在提交资格预审申请文件前组成。资格预审后联合体增减、更换成员的，其投标无效。

第二十八条 联合体中标的，应指定牵头人或代表，授权其代表所有联合体成员与招标人签订合同，负责整个合同实施阶段的协调工作。但是，需要向招标人提交由所有联合体成员法定代表人签署的授权委托书。

第二十九条 投标人不得以他人名义投标，也不得利用伪造、转让、无效或者租借的资质证书参加投标，或者以任何方式请其他单位在自己编制的投标文件代为签字盖章，损害国家利益、社会公共利益和招标人的合法权益。

第三十条 投标人不得通过故意压低投资额、降低施工技术要求、减少占地面积，或者缩短工期等手段弄虚作假，骗取中标。

第四章 开标、评标和中标

第三十一条 开标应当在招标文件确定的提交投标文件截止时间的同一时间公开进行；除不可抗力原因外，招标人不得以任何理由拖延开标，或者拒绝开标。

投标人对开标有异议的，应当在开标现场提出，招标人应当当场作出答复，并制作记录。

第三十二条 评标工作由评标委员会负责。评标委员会的组成方式及要求,按《中华人民共和国招标投标法》、《中华人民共和国招标投标法实施条例》及《评标委员会和评标方法暂行规定》(国家计委等七部委联合令第12号)的有关规定执行。

第三十三条 勘察设计评标一般采取综合评估法进行。评标委员会应当按照招标文件确定的评标标准和方法,结合经批准的项目建议书、可行性研究报告或者上阶段设计批复文件,对投标人的业绩、信誉和勘察设计人员的能力以及勘察设计方案的优劣进行综合评定。

招标文件中没有规定的标准和方法,不得作为评标的依据。

第三十四条 评标委员会可以要求投标人对其技术文件进行必要的说明或介绍,但不得提出带有暗示性或诱导性的问题,也不得明确指出其投标文件中的遗漏和错误。

第三十五条 根据招标文件的规定,允许投标人投备选标的,评标委员会可以对中标人所提交的备选标进行评审,以决定是否采纳备选标。不符合中标条件的投标人的备选标不予考虑。

第三十六条 投标文件有下列情况之一的,评标委员会应当否决其投标:

(一)未经投标单位盖章和单位负责人签字;

(二)投标报价不符合国家颁布的勘察设计取费标准,或者低于成本,或者高于招标文件设定的最高投标限价;

(三)未响应招标文件的实质性要求和条件。

第三十七条 投标人有下列情况之一的,评标委员会应当否决其投标:

(一)不符合国家或者招标文件规定的资格条件;

(二)与其他投标人或者与招标人串通投标;

(三)以他人名义投标,或者以其他方式弄虚作假;

(四)以向招标人或者评标委员会成员行贿的手段谋取中标;

(五)以联合体形式投标,未提交共同投标协议;

(六)提交两个以上不同的投标文件或者投标报价,但招标文件要求提交备选投标的除外。

第三十八条 评标委员会完成评标后,应当向招标人提出书面评标报告,推荐合格的中标候选人。

评标报告的内容应当符合《评标委员会和评标方法暂行规定》第四十二条的规定。但是,评标委员会决定否决所有投标的,应在评标报告中详细说明理由。

第三十九条 评标委员会推荐的中标候选人应当限定在一至三人,并标明排列顺序。

能够最大限度地满足招标文件中规定的各项综合评价标准的投标人,应当推荐为中标候选人。

第四十条 国有资金占控股或者主导地位的依法必须招标的项目,招标人应当确定排名第一的中标候选人为中标人。

排名第一的中标候选人放弃中标、因不可抗力提出不能履行合同,不按照招标文件要求提交履约保证金,或者被查实存在影响中标结果的违法行为等情形,不符合中标条件的,招标人可以按照评标委员会提出的中标候选人名单排序依次确定其他中标候选人为中标人。依次确定其他中标候选人与招标人预期差距较大,或者对招标人明显不利的,招标人可以重新招标。

招标人可以授权评标委员会直接确定中标人。

国务院对中标人的确定另有规定的,从其规定。

第四十一条 招标人应在接到评标委员会的书面评标报告之日起三日内公示中标候选人,公示期不少于三日。

第四十二条 招标人和中标人应当在投标有效期内并在自中标通知书发出之日起三十日内,按照招标文件和中标人的投标文件订立书面合同。

中标人履行合同应当遵守《合同法》以及《建设工程勘察设计管理条例》中勘察设计文件编制实施的有关规定。

第四十三条 招标人不得以压低勘察设计费、增加工作量、缩短勘察设计周期等作为发出中标通知书的条件,也不得与中标人再行订立背离合同实质性内容的其他协议。

第四十四条 招标人与中标人签订合同后五日内,应当向中标人和未中标人一次性退还投标保证金及银行同期存款利息。招标文件中规定给予未中标人经济补偿的,也应在此期限内一并给付。

招标文件要求中标人提交履约保证金的,中标人应当提交;经中标人同意,可将其投标保证金抵作履约保证金。

第四十五条 招标人或者中标人采用其他未中标人投标文件中技术方案的,应当征得未中标人的书面同意,并支付合理的使用费。

第四十六条 评标定标工作应当在投标有效期内完成,不能如期完成的,招标人应当通知所有投标人延长投标有效期。

同意延长投标有效期的投标人应当相应延长其投标担保的有效期,但不得修改投标文件的实质性内容。

拒绝延长投标有效期的投标人有权收回投标保证金。招标文件中规定给予未中标人补偿的,拒绝延长的投标人有权获得补偿。

第四十七条 依法必须进行勘察设计招标的项目,招标人应当在确定中标人之日起十五日内,向有关行政监督部门提交招标投标情况的书面报告。

书面报告一般应包括以下内容:

(一)招标项目基本情况;

(二)投标人情况;

(三)评标委员会成员名单;

(四)开标情况;

(五)评标标准和方法;

(六)否决投标情况;

(七)评标委员会推荐的经排序的中标候选人名单;

(八)中标结果;

(九)未确定排名第一的中标候选人为中标人的原因;

(十)其他需说明的问题。

第四十八条 在下列情况下,依法必须招标项目的招标人在分析招标失败的原因并采取相应措施后,应当依照本办法重新招标:

(一)资格预审合格的潜在投标人不足三个的;

(二)在投标截止时间前提交投标文件的投标人少于三个的;

(三)所有投标均被否决的;

(四)评标委员会否决不合格投标后,因有效投标不足三个使得投标明显缺乏竞争,评标委员会决定否决全部投标的;

(五)根据第四十六条规定,同意延长投标有效期的投标人少于三个的。

第四十九条 招标人重新招标后,发生本办法第四十八条情形之一的,属于按照国家规定需要政府审批、核准的项目,报经原项目审批、核准部门审批、核准后可以不再进行招标;其他工程建设项目,招标人可自行决定不再进行招标。

第五章 罚 则

第五十条 招标人有下列限制或者排斥潜在投标人行为之一的,由有关行政监督部门依照招标投标法第五十一条的规定处罚;其中,构成依法必须进行勘察设计招标的项目的招标人规避招标的,依照招标投标法第四十九条的规定处罚:

(一)依法必须公开招标的项目不按照规定在指定媒介发布资格预审公告或者招标公告;

(二)在不同媒介发布的同一招标项目的资格预审公告或者招标公告的内容不一致,影响潜在投标人申请资格预审或者投标。

第五十一条 招标人有下列情形之一的,由有关行政监督部门责令改正,可以处 10 万元以下的罚款:

(一)依法应当公开招标而采用邀请招标;

(二)招标文件、资格预审文件的发售、澄清、修改的时限,或者确定的提交资格预审申请文件、投标文件的时限不符合招标投标法和招标投标法实施条例规定;

(三)接受未通过资格预审的单位或者个人参加投标;

(四)接受应当拒收的投标文件。招标人有前款第一项、第三项、第四项所列行为之一的,对单位直接负责的主管人员和其他直接责任人员依法给予处分。

第五十二条 依法必须进行招标的项目的投标人以他人名义投标,利用伪造、转让、租借、无效的资质证书参加投标,或者请其他单位在自己编制的投标文件上代为签字盖章,弄虚作假,骗取中标的,中标无效。尚未构成犯罪的,处中标项目金额千分之五以上千分之十以下的罚款,对单位直接负责的主管人员和其他直接责任人员处单位罚款数额百分之五以上百分之十以下的罚款;有违法所得的,并处没收违法所得;情节严重的,取消其一年至三年内参加依法必须进行招标的项目的投标资格并予以公告,直至由工商行政管理机关吊销营业执照。

第五十三条 招标人以抽签、摇号等不合理的条件限制或者排斥资格预审合格的潜在投标人参加投标,对潜在投标人实行歧视待遇的,强制要求投标人组成联合体共同投标的,或者限制投标人之间竞争的,责令改正,可以处一万元以上五万元以下的罚款。

依法必须进行招标的项目的招标人不按照规定组建评标委员会,或者确定、更换评标委员会成员违反招标投标法和招标投标法实施条例规定的,由有关行政监督部门责令改正,可以处 10 万元以下的罚款,对单位直接负责的主管人员和其他直接责任人员依法给予处分;违法确定或者更换的评标委员会成员作出的评审结论无效,依法重新进行评审。

第五十四条 评标委员会成员有下列行为之一的,由有关行政监督部门责令改正;情节严重的,禁止其在一定期限内参加依法必须进行招标的项目的评标;情节特别严重的,取消其担任评标委员会成员的资格:

(一)不按照招标文件规定的评标标准和方法评标;

(二)应当回避而不回避;

(三)擅离职守;

(四)私下接触投标人;

(五)向招标人征询确定中标人的意向或者接受任何单位或者个人明示或者暗示提出的倾向或者排斥特定投标人的要求;

(六)对依法应当否决的投标不提出否决意见;

(七)暗示或者诱导投标人作出澄清、说明或者接受投标人主动提出的澄清、说明;

(八)其他不客观、不公正履行职务的行为。

第五十五条 招标人与中标人不按照招标文件和中标人的投标文件订立合同,责令改正,可以处中标项目金额千分之五以上千分之十以下的罚款。

第五十六条 本办法对违法行为及其处罚措施未做规定的,依据《中华人民共和国招标投标法》、《中华人民共和国招标投标法实施条例》和有关法律、行政法规的规定执行。

第六章 附 则

第五十七条 使用国际组织或者外国政府贷款、援助资金的项目进行招标,贷款方、资金提供方对工程勘察设计招标投标的条件和程序另有规定的,可以适用其规定,但违背中华人民共和国社会公共利益的除外。

第五十八条 本办法发布之前有关勘察设计招标投标的规定与本办法不一致的,以本办法为准。法律或者行政法规另有规定的,从其规定。

第五十九条 本办法由国家发展和改革委员会会同有关部门负责解释。

第六十条 本办法自 2003 年 8 月 1 日起施行。

工程建设项目货物招标投标办法

(2005年1月18日国家发展和改革委员会、建设部、铁道部、交通部、信息产业部、水利部、中国民用航空总局令第27号公布　根据2013年3月11日国家发展和改革委员会、工业和信息化部、财政部、住房和城乡建设部、交通运输部、铁道部、水利部、国家广播电影电视总局、中国民用航空局令第23号《关于废止和修改部分招标投标规章和规范性文件的决定》修订)

第一章　总　　则

第一条　为规范工程建设项目的货物招标投标活动,保护国家利益、社会公共利益和招标投标活动当事人的合法权益,保证工程质量,提高投资效益,根据《中华人民共和国招标投标法》、《中华人民共和国招标投标法实施条例》和国务院有关部门的职责分工,制定本办法。

第二条　本办法适用于在中华人民共和国境内工程建设项目货物招标投标活动。

第三条　工程建设项目符合《工程建设项目招标范围和规模标准规定》(原国家计委令第3号)规定的范围和标准的,必须通过招标选择货物供应单位。

任何单位和个人不得将依法必须进行招标的项目化整为零或者以其他任何方式规避招标。

第四条　工程建设项目货物招标投标活动应当遵循公开、公平、公正和诚实信用的原则。货物招标投标活动不受地区或者部门的限制。

第五条　工程建设项目货物招标投标活动,依法由招标人负责。

工程建设项目招标人对项目实行总承包招标时,未包括在总承包范围内的货物属于依法必须进行招标的项目范围且达到国家规定规模标准的,应当由工程建设项目招标人依法组织招标。

工程建设项目实行总承包招标时,以暂估价形式包括在总承包范围内的货物属于依法必须进行招标的项目范围且达到国家规定规模标准的,应当依法组织招标。

第六条　各级发展改革、工业和信息化、住房城乡建设、交通运输、铁道、水利、民航等部门依照国务院和地方各级人民政府关于工程建设项目行政监督的职责分工,对工程建设项目中所包括的货物招标投标活动实施监督,依法查处货物招标投标活动中的违法行为。

第二章　招　　标

第七条　工程建设项目招标人是依法提出招标项目、进行招标的法人或者其他组织。本办法第五条总承包中标人单独或者共同招标时,也为招标人。

第八条　依法必须招标的工程建设项目,应当具备下列条件才能进行货物招标:

(一)招标人已经依法成立;

(二)按照国家有关规定应当履行项目审批、核准或者备案手续的,已经审批、核准或者备案;

(三)有相应资金或者资金来源已经落实;

(四)能够提出货物的使用与技术要求。

第九条　依法必须进行招标的工程建设项目,按国家有关规定需要履行审批、核准手续的,招标人应当在报送的可行性研究报告、资金申请报告或者项目申请报告中将货物招标范围、招标方式(公开招标或邀请招标)、招标组织形式(自行招标或委托招标)等有关招标内容报项目审批、核准部门审批、核准。项目审批、核准部门应当将审批、核准的招标内容通报有关行政监督部门。

第十条　货物招标分为公开招标和邀请招标。

第十一条 依法应当公开招标的项目,有下列情形之一的,可以邀请招标:

(一)技术复杂、有特殊要求或者受自然环境限制,只有少量潜在投标人可供选择;

(二)采用公开招标方式的费用占项目合同金额的比例过大;

(三)涉及国家安全、国家秘密或者抢险救灾,适宜招标但不宜公开招标。

有前款第二项所列情形,属于按照国家有关规定需要履行项目审批、核准手续的依法必须进行招标的项目,由项目审批、核准部门认定;其他项目由招标人申请有关行政监督部门作出认定。

第十二条 采用公开招标方式的,招标人应当发布资格预审公告或者招标公告。依法必须进行货物招标的资格预审公告或者招标公告,应当在国家指定的报刊或者信息网络上发布。

采用邀请招标方式的,招标人应当向三家以上具备货物供应的能力、资信良好的特定的法人或者其他组织发出投标邀请书。

第十三条 招标公告或者投标邀请书应当载明下列内容:

(一)招标人的名称和地址;

(二)招标货物的名称、数量、技术规格、资金来源;

(三)交货的地点和时间;

(四)获取招标文件或者资格预审文件的地点和时间;

(五)对招标文件或者资格预审文件收取的费用;

(六)提交资格预审申请书或者投标文件的地点和截止日期;

(七)对投标人的资格要求。

第十四条 招标人应当按照资格预审公告、招标公告或者投标邀请书规定的时间、地点发售招标文件或者资格预审文件。自招标文件或者资格预审文件发售之日起至停止发售之日止,最短不得少于五日。

招标人可以通过信息网络或者其他媒介发布招标文件,通过信息网络或者其他媒介发布的招标文件与书面招标文件具有同等法律效力,出现不一致时以书面招标文件为准,但国家另有规定的除外。

对招标文件或者资格预审文件的收费应当限于补偿印刷、邮寄的成本支出,不得以营利为目的。

除不可抗力原因外,招标文件或者资格预审文件发出后,不予退还;招标人在发布招标公告、发出投标邀请书后或者发出招标文件或资格预审文件后不得终止招标。招标人终止招标的,应当及时发布公告,或者以书面形式通知被邀请的或者已经获取资格预审文件、招标文件的潜在投标人。已经发售资格预审文件、招标文件或者已经收取投标保证金的,招标人应当及时退还所收取的资格预审文件、招标文件的费用,以及所收取的投标保证金及银行同期存款利息。

第十五条 招标人可以根据招标货物的特点和需要,对潜在投标人或者投标人进行资格审查;国家对潜在投标人或者投标人的资格条件有规定的,依照其规定。

第十六条 资格审查分为资格预审和资格后审。

资格预审,是指招标人出售招标文件或者发出投标邀请书前对潜在投标人进行的资格审查。资格预审一般适用于潜在投标人较多或者大型、技术复杂货物的招标。

资格后审,是指在开标后对投标人进行的资格审查。资格后审一般在评标过程中的初步评审开始时进行。

第十七条 采取资格预审的,招标人应当发布资格预审公告。资格预审公告适用本办法第十二条、第十三条有关招标公告的规定。

第十八条 资格预审文件一般包括下列内容:

(一)资格预审公告;

(二)申请人须知;

（三）资格要求；

（四）其他业绩要求；

（五）资格审查标准和方法；

（六）资格预审结果的通知方式。

第十九条 采取资格预审的，招标人应当在资格预审文件中详细规定资格审查的标准和方法；采取资格后审的，招标人应当在招标文件中详细规定资格审查的标准和方法。

招标人在进行资格审查时，不得改变或补充载明的资格审查标准和方法或者以没有载明的资格审查标准和方法对潜在投标人或者投标人进行资格审查。

第二十条 经资格预审后，招标人应当向资格预审合格的潜在投标人发出资格预审合格通知书，告知获取招标文件的时间、地点和方法，并同时向资格预审不合格的潜在投标人告知资格预审结果。依法必须招标的项目通过资格预审的申请人不足三个的，招标人在分析招标失败的原因并采取相应措施后，应当重新招标。

对资格后审不合格的投标人，评标委员会应当否决其投标。

第二十一条 招标文件一般包括下列内容：

（一）招标公告或者投标邀请书；

（二）投标人须知；

（三）投标文件格式；

（四）技术规格、参数及其他要求；

（五）评标标准和方法；

（六）合同主要条款。

招标人应当在招标文件中规定实质性要求和条件，说明不满足其中任何一项实质性要求和条件的投标将被拒绝，并用醒目的方式标明；没有标明的要求和条件在评标时不得作为实质性要求和条件。对于非实质性要求和条件，应规定允许偏差的最大范围、最高项数，以及对这些偏差进行调整的方法。

国家对招标货物的技术、标准、质量等有规定的，招标人应当按照其规定在招标文件中提出相应要求。

第二十二条 招标货物需要划分标包的，招标人应合理划分标包，确定各标包的交货期，并在招标文件中如实载明。

招标人不得以不合理的标包限制或者排斥潜在投标人或者投标人。依法必须进行招标的项目的招标人不得利用标包划分规避招标。

第二十三条 招标人允许中标人对非主体货物进行分包的，应当在招标文件中载明。主要设备、材料或者供货合同的主要部分不得要求或者允许分包。

除招标文件要求不得改变标准货物的供应商外，中标人经招标人同意改变标准货物的供应商的，不应视为转包和违法分包。

第二十四条 招标人可以要求投标人在提交符合招标文件规定要求的投标文件外，提交备选投标方案，但应当在招标文件中作出说明。不符合中标条件的投标人的备选投标方案不予考虑。

第二十五条 招标文件规定的各项技术规格应当符合国家技术法规的规定。

招标文件中规定的各项技术规格均不得要求或标明某一特定的专利技术、商标、名称、设计、原产地或供应者等，不得含有倾向或者排斥潜在投标人的其他内容。如果必须引用某一供应者的技术规格才能准确或清楚地说明拟招标货物的技术规格时，则应当在参照后面加上"或相当于"的字样。

第二十六条 招标文件应当明确规定评标时包含价格在内的所有评标因素，以及据此进行评估的方法。

在评标过程中，不得改变招标文件中规定的评标标准、方法和中标条件。

第二十七条 招标人可以在招标文件中要求投标人以自己的名义提交投标保证金。投标保证金除现金外,可以是银行出具的银行保函、保兑支票、银行汇票或现金支票,也可以是招标人认可的其他合法担保形式。依法必须进行招标的项目的境内投标单位,以现金或者支票形式提交的投标保证金应当从其基本账户转出。

投标保证金不得超过项目估算价的百分之二,但最高不得超过八十万元人民币。投标保证金有效期应当与投标有效期一致。

投标人应当按照招标文件要求的方式和金额,在提交投标文件截止时间前将投标保证金提交给招标人或其委托的招标代理机构。

第二十八条 招标文件应当规定一个适当的投标有效期,以保证招标人有足够的时间完成评标和与中标人签订合同。投标有效期从招标文件规定的提交投标文件截止之日起计算。

在原投标有效期结束前,出现特殊情况的,招标人可以书面形式要求所有投标人延长投标有效期。投标人同意延长的,不得要求或被允许修改其投标文件的实质性内容,但应当相应延长其投标保证金的有效期;投标人拒绝延长的,其投标失效,但投标人有权收回其投标保证金及银行同期存款利息。

依法必须进行招标的项目同意延长投标有效期的投标人少于三个的,招标人在分析招标失败的原因并采取相应措施后,应当重新招标。

第二十九条 对于潜在投标人在阅读招标文件中提出的疑问,招标人应当以书面形式、投标预备会方式或者通过电子网络解答,但需同时将解答以书面方式通知所有购买招标文件的潜在投标人。该解答的内容为招标文件的组成部分。

除招标文件明确要求外,出席投标预备会不是强制性的,由潜在投标人自行决定,并自行承担由此可能产生的风险。

第三十条 招标人应当确定投标人编制投标文件所需的合理时间。依法必须进行招标的货物,自招标文件开始发出之日起至投标人提交投标文件截止之日止,最短不得少于二十日。

第三十一条 对无法精确拟定其技术规格的货物,招标人可以采用两阶段招标程序。

在第一阶段,招标人可以首先要求潜在投标人提交技术建议,详细阐明货物的技术规格、质量和其它特性。招标人可以与投标人就其建议的内容进行协商和讨论,达成一个统一的技术规格后编制招标文件。

在第二阶段,招标人应当向第一阶段提交了技术建议的投标人提供包含统一技术规格的正式招标文件,投标人根据正式招标文件的要求提交包括价格在内的最后投标文件。

招标人要求投标人提交投标保证金的,应当在第二阶段提出。

第三章 投 标

第三十二条 投标人是响应招标、参加投标竞争的法人或者其他组织。

法定代表人为同一个人的两个及两个以上法人,母公司、全资子公司及其控股公司,都不得在同一货物招标中同时投标。

违反前两款规定的,相关投标均无效。

一个制造商对同一品牌同一型号的货物,仅能委托一个代理商参加投标。

第三十三条 投标人应当按照招标文件的要求编制投标文件。投标文件应当对招标文件提出的实质性要求和条件作出响应。

投标文件一般包括下列内容:

(一)投标函;

(二)投标一览表;

(三)技术性能参数的详细描述;

(四)商务和技术偏差表;

(五)投标保证金;

(六)有关资格证明文件;

(七)招标文件要求的其他内容。

投标人根据招标文件载明的货物实际情况，拟在中标后将供货合同中的非主要部分进行分包的，应当在投标文件中载明。

第三十四条 投标人应当在招标文件要求提交投标文件的截止时间前，将投标文件密封送达招标文件中规定的地点。招标人收到投标文件后，应当向投标人出具标明签收人和签收时间的凭证，在开标前任何单位和个人不得开启投标文件。

在招标文件要求提交投标文件的截止时间后送达的投标文件，招标人应当拒收。

依法必须进行招标的项目，提交投标文件的投标人少于三个的，招标人在分析招标失败的原因并采取相应措施后，应当重新招标。重新招标后投标人仍少于三个，按国家有关规定需要履行审批、核准手续的依法必须进行招标的项目，报项目审批、核准部门审批、核准后可以不再进行招标。

第三十五条 投标人在招标文件要求提交投标文件的截止时间前，可以补充、修改、替代或者撤回已提交的投标文件，并书面通知招标人。补充、修改的内容为投标文件的组成部分。

第三十六条 在提交投标文件截止时间后，投标人不得撤销其投标文件，否则招标人可以不退还其投标保证金。

第三十七条 招标人应妥善保管好已接收的投标文件、修改或撤回通知、备选投标方案等投标资料，并严格保密。

第三十八条 两个以上法人或者其他组织可以组成一个联合体，以一个投标人的身份共同投标。

联合体各方签订共同投标协议后，不得再以自己名义单独投标，也不得组成或参加其他联合体在同一项目中投标；否则相关投标均无效。

联合体中标的，应当指定牵头人或代表，授权其代表所有联合体成员与招标人签订合同，负责整个合同实施阶段的协调工作。但是，需要向招标人提交由所有联合体成员法定代表人签署的授权委托书。

第三十九条 招标人接受联合体投标并进行资格预审的，联合体应当在提交资格预审申请文件前组成。资格预审后联合体增减、更换成员的，其投标无效。

招标人不得强制资格预审合格的投标人组成联合体。

第四章 开标、评标和定标

第四十条 开标应当在招标文件确定的提交投标文件截止时间的同一时间公开进行；开标地点应当为招标文件中确定的地点。

投标人或其授权代表有权出席开标会，也可以自主决定不参加开标会。

投标人对开标有异议的，应当在开标现场提出，招标人应当当场作出答复，并制作记录。

第四十一条 投标文件有下列情形之一的，招标人应当拒收：

（一）逾期送达；

（二）未按招标文件要求密封。

有下列情形之一的，评标委员会应当否决其投标：

（一）投标文件未经投标单位盖章和单位负责人签字；

（二）投标联合体没有提交共同投标协议；

（三）投标人不符合国家或者招标文件规定的资格条件；

（四）同一投标人提交两个以上不同的投标文件或者投标报价，但招标文件要求提交备选投标的除外；

（五）投标标价低于成本或者高于招标文件设定的最高投标限价；

（六）投标文件没有对招标文件的实质性要求和条件作出响应；

（七）投标人有串通投标、弄虚作假、行贿等违法行为。

依法必须招标的项目评标委员会否决所有投标的，或者评标委员会否决一部分投标后其他有效投标不足三个使得投标明显缺乏竞争，决定否决全部投标的，招标人在分析招标失败的原因并采取相应措施后,应当重新招标。

第四十二条 评标委员会可以书面方式要求投标人对投标文件中含义不明确、对同类问题表述不一致或者有明显文字和计算错误的内容作必要的澄清、说明或补正。评标委员会不得向投标人提出带有暗示性或诱导性的问题,或向其明确投标文件中的遗漏和错误。

第四十三条 投标文件不响应招标文件的实质性要求和条件的,评标委员会不得允许投标人通过修正或撤销其不符合要求的差异或保留,使之成为具有响应性的投标。

第四十四条 技术简单或技术规格、性能、制作工艺要求统一的货物,一般采用经评审的最低投标价法进行评标。技术复杂或技术规格、性能、制作工艺要求难以统一的货物,一般采用综合评估法进行评标。

第四十五条 符合招标文件要求且评标价最低或综合评分最高而被推荐为中标候选人的投标人,其所提交的备选投标方案方可予以考虑。

第四十六条 评标委员会完成评标后,应向招标人提出书面评标报告。评标报告由评标委员会全体成员签字。

第四十七条 评标委员会在书面评标报告中推荐的中标候选人应当限定在一至三人,并标明排列顺序。招标人应当接受评标委员会推荐的中标候选人,不得在评标委员会推荐的中标候选人之外确定中标人。

依法必须进行招标的项目,招标人应当自收到评标报告之日起三日内公示中标候选人,公示期不得少于三日。

第四十八条 国有资金占控股或者主导地位的依法必须进行招标的项目,招标人应当确定排名第一的中标候选人为中标人。排名第一的中标候选人放弃中标、因不可抗力提出不能履行合同、不按照招标文件要求提交履约保证金,或者被查实存在影响中标结果的违法行为等情形,不符合中标条件的,招标人可以按照评标委员会提出的中标候选人名单排序依次确定其他中标候选人为中标人。依次确定其他中标候选人与招标人预期差距较大,或者对招标人明显不利的,招标人可以重新招标。

招标人可以授权评标委员会直接确定中标人。

国务院对中标人的确定另有规定的,从其规定。

第四十九条 招标人不得向中标人提出压低报价、增加配件或者售后服务量以及其他超出招标文件规定的违背中标人意愿的要求,以此作为发出中标通知书和签订合同的条件。

第五十条 中标通知书对招标人和中标人具有法律效力。中标通知书发出后,招标人改变中标结果的,或者中标人放弃中标项目的,应当依法承担法律责任。

中标通知书由招标人发出,也可以委托其招标代理机构发出。

第五十一条 招标人和中标人应当在投标有效期内并在自中标通知书发出之日起三十日内,按照招标文件和中标人的投标文件订立书面合同。招标人和中标人不得再行订立背离合同实质性内容的其他协议。

招标文件要求中标人提交履约保证金或者其他形式履约担保的,中标人应当提交;拒绝提交的,视为放弃中标项目。招标人要求中标人提供履约保证金或其他形式履约担保的,招标人应当同时向中标人提供货物款支付担保。

履约保证金不得超过中标合同金额的10%。

第五十二条 招标人最迟应当在书面合同签订后五日内,向中标人和未中标的投标人一次性退还投标保证金及银行同期存款利息。

第五十三条 必须审批的工程建设项目,货物合同价格应当控制在批准的概算投资范围内;确需超出范围的,应当在中标合同签订前,报原项目审批部门审查同意。项目审批部门应当根据招标的实际情况,及时作出批准或者不予批准的决定;项目审批部门不予批准的,招标人应当自行平衡超出的概算。

第五十四条 依法必须进行货物招标的项目,招标人应当自确定中标人之日起十五日内,向有关行政监督部门提交招标投标情况的书面报告。

前款所称书面报告至少应包括下列内容:

(一)招标货物基本情况;

(二)招标方式和发布招标公告或者资格预审公告的媒介;

(三)招标文件中投标人须知、技术条款、评标标准和方法、合同主要条款等内容;

(四)评标委员会的组成和评标报告;

(五)中标结果。

第五章 罚 则

第五十五条 招标人有下列限制或者排斥潜在投标行为之一的,由有关行政监督部门依照招标投标法第五十一条的规定处罚;其中,构成依法必须进行招标的项目的招标人规避招标的,依照招标投标法第四十九条的规定处罚:

(一)依法应当公开招标的项目不按照规定在指定媒介发布资格预审公告或者招标公告;

(二)在不同媒介发布的同一招标项目的资格预审公告或者招标公告内容不一致,影响潜在投标人申请资格预审或者投标。

第五十六条 招标人有下列情形之一的,由有关行政监督部门责令改正,可以处 10 万元以下的罚款:

(一)依法应当公开招标而采用邀请招标;

(二)招标文件、资格预审文件的发售、澄清、修改的时限,或者确定的提交资格预审申请文件、投标文件的时限不符合招标投标法和招标投标法实施条例规定;

(三)接受未通过资格预审的单位或者个人参加投标;

(四)接受应当拒收的投标文件。招标人有前款第一项、第三项、第四项所列行为之一的,对单位直接负责的主管人员和其他直接责任人员依法给予处分。

第五十七条 评标委员会成员有下列行为之一的,由有关行政监督部门责令改正;情节严重的,禁止其在一定期限内参加依法必须进行招标的项目的评标;情节特别严重的,取消其担任评标委员会成员的资格:

(一)应当回避而不回避;

(二)擅离职守;

(三)不按照招标文件规定的评标标准和方法评标;

(四)私下接触投标人;

(五)向招标人征询确定中标人的意向或者接受任何单位或者个人明示或者暗示提出的倾向或者排斥特定投标人的要求;

(六)对依法应当否决的投标不提出否决意见;

(七)暗示或者诱导投标人作出澄清、说明或者接受投标人主动提出的澄清、说明;

(八)其他不客观、不公正履行职务的行为。

第五十八条 依法必须进行招标的项目的招标人有下列情形之一的,由有关行政监督部门责令改正,可以处中标项目金额千分之十以下的罚款;给他人造成损失的,依法承担赔偿责任;对单位直接负责的主管人员和其他直接责任人员依法给予处分:

(一)无正当理由不发出中标通知书;

(二)不按照规定确定中标人;

(三)中标通知书发出后无正当理由改变中标结果;

(四)无正当理由不与中标人订立合同;

(五)在订立合同时向中标人提出附加条件。

中标通知书发出后,中标人放弃中标项目的,无正当理由不与招标人签订合同的,在签订合同时向招标人提出附加条件或者更改合同实质性内容的,或者拒不提交所要求的履约保证金的,取消其中标资格,投标保证金不予退还;给招标人的损失超过投标保证金数额的,中标人应当对超过部分予以赔偿;没有提交投标保证金的,应当对招标人的损失承担赔偿责任。对依法必须进行招标的项目的中标人,由有关行政监督部门责令改正,可以处中标金额千分之十以下罚款。

第五十九条 招标人不履行与中标人订立的合同的,应当返还中标人的履约保证金,并承担相应的赔偿责任;没有提交履约保证金的,应当对中标人的损失承担赔偿责任。

因不可抗力不能履行合同的,不适用前款规定。

第六十条 中标无效的,发出的中标通知书和签订的合同自始没有法律约束力,但不影响合同中独立存在的有关解决争议方法的条款的效力。

第六章 附 则

第六十一条 不属于工程建设项目,但属于固定资产投资的货物招标投标活动,参照本办法执行。

第六十二条 使用国际组织或者外国政府贷款、援助资金的项目进行招标,贷款方、资金提供方对货物招标投标活动的条件和程序有不同规定的,可以适用其规定,但违背中华人民共和国社会公共利益的除外。

第六十三条 本办法由国家发展和改革委员会会同有关部门负责解释。

第六十四条 本办法自 2005 年 3 月 1 日起施行。

工程建设项目自行招标试行办法

(2000 年 7 月 1 日国家发展计划委员会令第 5 号公布 根据 2013 年 3 月 11 日国家发展和改革委员会、工业和信息化部、财政部、住房和城乡建设部、交通运输部、铁道部、水利部、国家广播电影电视总局、中国民用航空局令第 23 号《关于废止和修改部分招标投标规章和规范性文件的决定》修订)

第一条 为了规范工程建设项目招标人自行招标行为,加强对招标投标活动的监督,根据《中华人民共和国招标投标法》(以下简称招标投标法)、《中华人民共和国招标投标法实施条例》(以下简称招标投标法实施条例)和《国务院办公厅印发国务院有关部门实施招标投标活动行政监督的职责分工意见的通知》(国办发〔2000〕34 号),制定本办法。

第二条 本办法适用于经国家发展改革委审批、核准(含经国家发展改革委初审后报国务院审批)依法必须进行招标的工程建设项目的自行招标活动。

前款工程建设项目的招标范围和规模标准,适用《工程建设项目招标范围和规模标准规定》(国家计委第 3 号令)。

第三条 招标人是指依照法律规定进行工程建设项目的勘察、设计、施工、监理以及与工程建设有关的重要设备、材料等招标的法人。

第四条 招标人自行办理招标事宜,应当具有编制招标文件和组织评标的能力,具体包括:

(一)具有项目法人资格(或者法人资格);

(二)具有与招标项目规模和复杂程度相适应的工程技术、概预算、财务和工程管理等方面专业技术力量;

(三)有从事同类工程建设项目招标的经验;

(四)拥有 3 名以上取得招标职业资格的专职招标业务人员;

(五)熟悉和掌握招标投标法及有关法规规章。

第五条 招标人自行招标的,项目法人或者组建中的项目法人应当在向国家发展改革委上报项目可行性研究报告或者资金申请报告、项目申请报告时,一并报送符合本办法第四条规定的书面材料。

书面材料应当至少包括:

(一)项目法人营业执照、法人证书或者项目法人组建文件;

(二)与招标项目相适应的专业技术力量情况;

(三)取得招标职业资格的专职招标业务人员的基本情况;

(四)拟使用的专家库情况;

(五)以往编制的同类工程建设项目招标文件和评标报告,以及招标业绩的证明材料;

(六)其他材料。

在报送可行性研究报告或者资金申请报告、项目申请报告前,招标人确需通过招标方式或者其他方式确定勘察、设计单位开展前期工作的,应当在前款规定的书面材料中说明。

第六条 国家发展改革委审查招标人报送的书面材料,核准招标人符合本办法规定的自行招标条件的,招标人可以自行办理招标事宜。任何单位和个人不得限制其自行办理招标事宜,也不得拒绝办理工程建设有关手续。

第七条 国家发展改革委审查招标人报送的书面材料,认定招标人不符合本办法规定的自行招标条件的,在批复、核准可行性研究报告或者资金申请报告、项目申请报告时,要求招标人委托招标代理机构办理招标事宜。

第八条 一次核准手续仅适用于一个工程建设项目。

第九条 招标人不具备自行招标条件,不影响国家发展改革委对项目的审批或者核准。

第十条 招标人自行招标的,应当自确定中标人之日起十五日内,向国家发展改革委提交招标投标情况的书面报告。书面报告至少应包括下列内容:

(一)招标方式和发布资格预审公告、招标公告的媒介;

(二)招标文件中投标人须知、技术规格、评标标准和方法、合同主要条款等内容;

(三)评标委员会的组成和评标报告;

(四)中标结果。

第十一条 招标人不按本办法规定要求履行自行招标核准手续的或者报送的书面材料有遗漏的,国家发展改革委要求其补正;不及时补正的,视同不具备自行招标条件。

招标人履行核准手续中有弄虚作假情况的,视同不具备自行招标条件。

第十二条 招标人不按本办法提交招标投标情况的书面报告的,国家发展改革委要求补正;拒不补正的,给予警告,并视招标人是否有招标投标法第五章以及招标投标法实施条例第六章规定的违法行为,给予相应的处罚。

第十三条 任何单位和个人非法强制招标人委托招标代理机构或者其他组织办理招标事宜的,非法拒绝办理工程建设有关手续的,或者以其他任何方式非法干预招标人自行招标活动的,由国家发展改革委依据招标投标法以及招标投标法实施条例的有关规定处罚或者向有关行政监督部门提出处理建议。

第十四条 本办法自发布之日起施行。

工程建设项目申报材料增加招标内容和核准招标事项暂行规定

(2001 年 6 月 18 日国家发展计划委员会令第 9 号公布　根据 2013 年 3 月 11 日国家发展和改革委员会、工业和信息化部、财政部、住房和城乡建设部、交通运输部、铁道部、水利部、国家广播电影电视总局、中国民用航空局令第 23 号《关于废止和修改部分招标投标规章和规范性文件的决定》修订)

第一条 为了规范工程建设项目的招标活动,依据《中华人民共和国招标投标法》、《中华人民共和国招标投标法实施条例》,制定本规定。

第二条 本规定适用于《工程建设项目招标范围和规模标准规定》(国家发展计划委员会令第 3 号)中规定的依法必须进行招标且按照国家有关规定需要履行项目审批、核准手续的各类工程建设项目。

第三条　本规定第二条包括的工程建设项目，必须在报送的项目可行性研究报告或者资金申请报告、项目申请报告中增加有关招标的内容。

第四条　增加的招标内容包括：

（一）建设项目的勘察、设计、施工、监理以及重要设备、材料等采购活动的具体招标范围（全部或者部分招标）；

（二）建设项目的勘察、设计、施工、监理以及重要设备、材料等采购活动拟采用的招标组织形式（委托招标或者自行招标）；拟自行招标的，还应按照《工程建设项目自行招标试行办法》（国家发展计划委员会令第5号）规定报送书面材料；

（三）建设项目的勘察、设计、施工、监理以及重要设备、材料等采购活动拟采用的招标方式（公开招标或者邀请招标）；国家发展改革委确定的国家重点项目和省、自治区、直辖市人民政府确定的地方重点项目，拟采用邀请招标的，应对采用邀请招标的理由作出说明；

（四）其他有关内容。

报送招标内容时应附招标基本情况表。

第五条　属于下列情况之一的，建设项目可以不进行招标。但在报送可行性研究报告或者资金申请报告、项目申请报告中须提出不招标申请，并说明不招标原因：

（一）涉及国家安全、国家秘密、抢险救灾或者属于利用扶贫资金实行以工代赈、需要使用农民工等特殊情况，不适宜进行招标；

（二）建设项目的勘察、设计，采用不可替代的专利或者专有技术，或者其建筑艺术造型有特殊要求；

（三）承包商、供应商或者服务提供者少于三家，不能形成有效竞争；

（四）采购人依法能够自行建设、生产或者提供；

（五）已通过招标方式选定的特许经营项目投资人依法能够自行建设、生产或者提供；

（六）需要向原中标人采购工程、货物或者服务，否则将影响施工或者配套要求；

（七）国家规定的其他特殊情形。

第六条　经项目审批、核准部门审批、核准，工程建设项目因特殊情况可以在报送可行性研究报告或者资金申请报告、项目申请报告前先行开展招标活动，但应在报送的可行性研究报告或者资金申请报告、项目申请报告中予以说明。项目审批、核准部门认定先行开展的招标活动中有违背法律、法规的情形的，应要求其纠正。

第七条　在项目可行性研究报告或者资金申请报告、项目申请报告中增加的招标内容，作为附件与可行性研究报告或者资金申请报告、项目申请报告一同报送。

第八条　项目审批、核准部门应依据法律、法规规定的权限，对项目建设单位拟定的招标范围、招标组织形式、招标方式等内容提出是否予以审批、核准的意见。项目审批、核准部门对招标事项审批、核准意见格式见附表二。

第九条　审批、核准招标事项，按以下分工办理：

（一）应报送国家发展改革委审批和国家发展改革委核报国务院审批的建设项目，由国家发展改革委审批；

（二）应报送国务院行业主管部门审批的建设项目，由国务院行业主管部门审批；

（三）应报送地方人民政府发展改革部门审批和地方人民政府发展改革部门核报地方人民政府审批的建设项目，由地方人民政府发展改革部门审批；

（四）按照规定应报送国家发展改革委核准的建设项目，由国家发展改革委核准；

（五）按照规定应报送地方人民政府发展改革部门核准的建设项目，由地方人民政府发展改革部门核准。

第十条　使用国际金融组织或者外国政府资金的建设项目，资金提供方对建设项目报送招标内容有规定的，从其规定。

第十一条　项目建设单位在招标活动中对审批、核准的招标范围、招标组织形式、招标方式等作出改变的,应向原审批、核准部门重新办理有关审批、核准手续。

第十二条 项目审批、核准部门应将审批、核准建设项目招标内容的意见抄送有关行政监督部门。

第十三条 项目建设单位在报送招标内容中弄虚作假,或者在招标活动中违背项目审批、核准部门审批、核准事项,由项目审批、核准部门和有关行政监督部门依法处罚。

第十四条 本规定由国家发展改革委解释。

第十五条 本规定自发布之日起施行。

附表一

招标基本情况表

建设项目名称:

	招标范围		招标组织形式		招标方式		不采用招标方式	招标估算金额(万元)	备注
	全部招标	部分招标	自行招标	委托招标	公开招标	邀请招标			
勘察									
设计									
建筑工程									
安装工程									
监理									
设备									
重要材料									
其他									
情况说明: 建设单位盖章 年 月 日									

注:情况说明在表内填写不下,可附另页。

附表二

审批部门核准意见

建设项目名称：

	招标范围		招标组织形式		招标方式		不采用招标方式
	全部招标	部分招标	自行招标	委托招标	公开招标	邀请招标	
勘察							
设计							
建筑工程							
安装工程							
监理							
主要设备							
重要材料							
其他							
审批部门核准意见说明： 审批部门盖章 年　月　日							

注：审批部门在空格注明“核准”或者“不予核准”。

关于我委办理工程建设项目审批（核准）时核准招标内容的意见

（2005 年 4 月 27 日国家发展和改革委员会办公厅发布
发改办法规〔2005〕824 号　自 2005 年 7 月 1 日起施行）

《招标投标法》颁布实施后，国务院办公厅于 2000 年 5 月 3 日印发了《关于国务院有关部门实施招标投标活动行政监督的职责分工的意见》（国办发〔2000〕34 号），规定项目审批部门在审批依法必须进行招标的项目可行性研究报告时，核准项目的招标方式以及国家出资项目的招标范围。根据这一总体要求，我委于 2001 年 6 月 18 日发布了《工程建设项目可行性研究报告增加招标内容和核准招标事项暂行规定》（以下简称原国家发改委 9 号令），进一步明确招标内容核准的范围、程序以及部门职能分工。几年来，各司局对此比较重视，执行的效果总体是好的。

随着《行政许可法》和《国务院关于投资体制改革的决定》的颁布实施，招标内容的核准需要作相应的调整，主要体现在：一是原国家发改委 9 号令中只原则性地规定依法必须进行招标的项目属于需要核准招标内容的范围，目前需要进一步分为政府投资项目和企业投资项目，对政府投资项目继续实行审批制，对企业投资项目改为核准制或备案制，这样，对招标内容的核准就需要根据管理方式的改变相应调整；二是需要根据《招标投标法》和《行政许可法》的规定，进一步明确需要核准招标内容的企业投资项目范围；三是原国家发改委 9 号令中没有对我委内部司局核准招标内容时的职责分工、方式和程序等问题作出具体规定，目前很有必要予以细化。为了适应新形势的要求，提高投资监管和调控水平，现就加强和改进我委审批（核准）工程建设项目的招标内容核准工作，提出如下意见。

一、职责分工原则

按照职责分工,谁审批(核准)建设项目可行性研究报告、项目申请报告或资金申请报告,谁负责对项目招标内容进行核准。

(一)投资司负责全委招标内容核准工作的组织协调,以及投资司审批、核准项目招标内容的核准。

(二)其他有关司局负责本司局审批、核准项目招标内容的核准。

(三)法规司负责有关招标内容核准政策、规章的制定。

(四)稽察办负责招标内容执行情况的稽察,并将稽察情况通报投资司、法规司和其他有关司局。

(五)有关司局在办理国家鼓励项目进口设备免税和技改项目采购国产设备抵扣税确认书时,应对已核准项目的招标内容的执行情况进行认真审核。

二、核准招标内容的项目范围

(一)我委审批或者我委初审后报国务院审批的中央政府投资项目。

(二)向我委申请500万元人民币以上(含本数,下同)中央政府投资补助、转贷或者贷款贴息的地方政府投资项目或者企业投资项目。

(三)我委核准或者我委初核后报国务院核准的国家重点项目,具体包括:

1. 能源项目:(1)在主要河流上建设的水电项目和总装机容量25万千瓦以上水电项目;(2)抽水蓄能电站;(3)火电站;(4)核电站;(5)330千伏以上电压等级的电网项目;(6)国家规划矿区内的煤炭开发项目;(7)年产100万吨以上的新油田开发项目;(8)年产20亿立方米以上新气田项目;(9)进口液化天然气接收、储运设施;(10)跨省(区、市)干线输油管网项目;(11)跨省(区、市)或年输气能力5亿立方米以上的输气管网项目。

2. 交通运输项目:(1)跨省(区、市)或100公里以上铁路项目;(2)国道主干线、西部开发公路干线、国家高速公路网、跨省(区、市)的公路项目;(3)跨境、跨海湾、跨大江大河(通航段)的桥梁、隧道项目;(4)煤炭、矿石和油气专用泊位的新建港区及年吞吐能力200万吨以上港口项目;(5)集装箱专用码头项目;(6)新建机场项目;(7)总投资10亿元以上的扩建机场项目;(8)扩建军民合用机场项目;(9)内河航运千吨级以上通航建筑物项目。

3. 邮电通信项目:(1)国内干线传输网、国际电信传输电路、国际关口站、专用电信网的国际通信设施及其他涉及信息安全的电信基础设施项目;(2)国际关口站及其他涉及信息安全的邮政基础设施项目。

4. 水利项目:(1)大中型水库及国际河流和跨省(区、市)河流上的水库项目;(2)需要中央政府协调的国际河流、涉及跨省(区、市)水资源配置调整的项目。

5. 城市设施项目:(1)城市快速轨道交通;(2)跨省(区、市)日调水50万吨以上城市供水项目;(3)跨越大江大河、重要海湾的城市桥梁、隧道项目。

6. 公用事业项目:(1)大学城、医学城及其他园区性建设项目;(2)国家重点风景名胜区、国家自然保护区、国家重点文物保护单位区域内总投资5000万元以上旅游开发和资源保护设施,世界自然、文化遗产保护区内总投资3000万元以上项目;(3)f1赛车场;(4)大型主题公园。

7. 经国家批准的重大技术装备自主化依托工程项目。

三、核准招标内容的方式

(一)本意见第二条第(一)项所列项目,应当在可行性研究报告中包含招标内容,我委在审批可行性研究报告时核准相关招标内容。

(二)本意见第二条第(二)项所列项目中地方政府投资项目,地方政府审批部门在审批项目时核准相关招标内容;向我委提交资金申请报告时,应附核准的招标内容,我委在审批资金申请报告时复核招标内容。

(三)本意见第二条第(二)项所列项目中企业投资项目,向我委提交资金申请报告时,应附招标内容,我委在审批资金申请报告时核准招标内容。

(四)本意见第二条第(三)项所列项目,向我委提交项目申请报告时,应附招标内容,我委在核准或者初核项目申请报告时核准招标内容。

（五）向我委申请中央政府投资补助、转贷或者贷款贴息的地方政府投资项目或者企业投资项目，资金申请额不足500万人民币的，在资金申请报告中不须附招标内容，我委也不核准招标内容；但项目符合《工程建设项目招标范围和规模标准》（原国家发改委令第3号）规定范围和标准的，应当依法进行招标。

（六）使用国际金融组织或者外国政府贷款、援助资金的建设项目，贷款方、资金提供方对建设项目报送招标内容另有规定的，从其规定，但违背中华人民共和国社会公共利益的除外。

四、招标内容应包括的事项

招标内容应包括：

（一）建设项目的勘察、设计、施工、监理以及重要设备、材料等采购活动的具体招标范围（全部或者部分招标）。

（二）建设项目的勘察、设计、施工、监理以及重要设备、材料等采购活动拟采用的招标组织形式（委托招标或者自行招标）；拟自行招标的，还应按照《工程建设项目自行招标试行办法》（原国家发改委令第5号）规定报告书面材料。

（三）建设项目的勘察、设计、施工、监理以及重要设备、材料等采购活动拟采用的招标方式（公开招标或者邀请招标）；国家重点项目拟采用邀请招标的，应对采用邀请招标的理由作出说明。

五、核准招标内容的程序

（一）各有关司局审批、核准项目可行性研究报告、项目申请报告或资金申请报告时，按规定会签其他有关司局的，有关司局会签时应一并对相关招标内容提出会签意见。

（二）招标内容核准后，对招标内容的核准意见应包含在对可行性研究报告、项目申请报告或资金申请报告的批复中，具体内容按照本意见第四条的规定确定。

（三）有关司局核准招标内容后，应将包括招标内容核准意见的可行性研究报告、项目申请报告或者资金申请报告批复文件抄送投资司和稽察办（各一式五份）。

（四）项目建设单位在招标活动中对招标内容提出变更的，应向原核准招标内容的司局重新办理有关招标内容核准手续。

六、本意见自2005年7月1日起施行。

《标准施工招标资格预审文件》和《标准施工招标文件》暂行规定

（2007年11月1日国家发展和改革委员会、财政部、建设部、铁道部、交通部、信息产业部、水利部、民用航空总局、广播电影电视总局令第56号公布　根据2013年3月11日国家发展和改革委员会、工业和信息化部、财政部、住房和城乡建设部、交通运输部、铁道部、水利部、国家广播电影电视总局、中国民用航空局令第23号《关于废止和修改部分招标投标规章和规范性文件的决定》修订）

第一条　为了规范施工招标资格预审文件、招标文件编制活动，提高资格预审文件、招标文件编制质量，促进招标投标活动的公开、公平和公正，国家发展和改革委员会、财政部、建设部、铁道部、交通部、信息产业部、水利部、民用航空总局、广播电影电视总局联合编制了《标准施工招标资格预审文件》和《标准施工招标文件》（以下如无特别说明，统一简称为《标准文件》）。

第二条　本《标准文件》适用于依法必须招标的工程建设项目。

第三条　国务院有关行业主管部门可根据《标准施工招标文件》并结合本行业施工招标特点和管理需要，编制行业标准施工招标文件。行业标准施工招标文件重点对“专用合同条款”、“工程量清单”、“图纸”、“技术标准和要求”作出具体规定。

第四条　招标人应根据《标准文件》和行业标准施工招标文件（如有），结合招标项目具体特点和实际需要，按照公开、公平、公正和诚实信用原则编写施工招标资格预审文件或施工招标文件，并按规定执行政府采购政策。

第五条 行业标准施工招标文件和招标人编制的施工招标资格预审文件、施工招标文件，应不加修改地引用《标准施工招标资格预审文件》中的“申请人须知”（申请人须知前附表除外）、“资格审查办法”（资格审查办法前附表除外），以及《标准施工招标文件》中的“投标人须知”（投标人须知前附表和其他附表除外）、“评标办法”（评标办法前附表除外）、“通用合同条款”。

《标准文件》中的其他内容，供招标人参考。

第六条 行业标准施工招标文件中的“专用合同条款”可对《标准施工招标文件》中的“通用合同条款”进行补充、细化，除“通用合同条款”明确“专用合同条款”可作出不同约定外，补充和细化的内容不得与“通用合同条款”强制性规定相抵触，否则抵触内容无效。

第七条 “申请人须知前附表”和“投标人须知前附表”用于进一步明确“申请人须知”和“投标人须知”正文中的未尽事宜，招标人应结合招标项目具体特点和实际需要编制和填写，但不得与“申请人须知”和“投标人须知”正文内容相抵触，否则抵触内容无效。

第八条 “资格审查办法前附表”和“评标办法前附表”用于明确资格审查和评标的方法、因素、标准和程序。招标人应根据招标项目具体特点和实际需要，详细列明全部审查或评审因素、标准，没有列明的因素和标准不得作为资格审查或评标的依据。

第九条 招标人编制招标文件中的“专用合同条款”可根据招标项目的具体特点和实际需要，对《标准施工招标文件》中的“通用合同条款”进行补充、细化和修改，但不得违反法律、行政法规的强制性规定和平等、自愿、公平和诚实信用原则。

第十条 招标人编制的资格预审文件和招标文件不得违反公开、公平、公正、平等、自愿和诚实信用原则。

第十一条 国务院有关部门和地方人民政府有关部门应加强对招标人使用《标准文件》的指导和监督检查，及时总结经验和发现问题。

第十二条 需要就如何适用《标准文件》中不加修改地引用的内容作出解释的，按照国务院和地方人民政府部门职责分工，分别由有关部门负责。

第十三条 因出现新情况，需要对《标准文件》中不加修改地引用的内容作出解释或调整的，由国家发展和改革委员会会同国务院有关部门作出解释或调整。该解释和调整与《标准文件》具有同等效力。

第十四条 《标准文件》作为本规定的附件，与本规定同时发布施行。

附件：一、《中华人民共和国标准施工招标资格预审文件》（2007 年版）（略）

二、《中华人民共和国标准施工招标文件》（2007 年版）（略）

评标委员会和评标方法暂行规定

（2001 年 7 月 5 日国家发展计划委员会、国家经济贸易委员会、建设部、铁道部、交通部、信息产业部、水利部令第 12 号公布　根据 2013 年 3 月 11 日国家发展和改革委员会、工业和信息化部、财政部、住房和城乡建设部、交通运输部、铁道部、水利部、国家广播电影电视总局、中国民用航空局令第 23 号《关于废止和修改部分招标投标规章和规范性文件的决定》修订）

第一章　总　　则

第一条 为了规范评标活动，保证评标的公平、公正，维护招标投标活动当事人的合法权益，依照《中华人民共和国招标投标法》、《中华人民共和国招标投标法实施条例》，制定本规定。

第二条 本规定适用于依法必须招标项目的评标活动。

第三条 评标活动遵循公平、公正、科学、择优的原则。

第四条 评标活动依法进行,任何单位和个人不得非法干预或者影响评标过程和结果。

第五条 招标人应当采取必要措施,保证评标活动在严格保密的情况下进行。

第六条 评标活动及其当事人应当接受依法实施的监督。

有关行政监督部门依照国务院或者地方政府的职责分工,对评标活动实施监督,依法查处评标活动中的违法行为。

第二章 评标委员会

第七条 评标委员会依法组建,负责评标活动,向招标人推荐中标候选人或者根据招标人的授权直接确定中标人。

第八条 评标委员会由招标人负责组建。

评标委员会成员名单一般应于开标前确定。评标委员会成员名单在中标结果确定前应当保密。

第九条 评标委员会由招标人或其委托的招标代理机构熟悉相关业务的代表,以及有关技术、经济等方面的专家组成,成员人数为五人以上单数,其中技术、经济等方面的专家不得少于成员总数的三分之二。

评标委员会设负责人的,评标委员会负责人由评标委员会成员推举产生或者由招标人确定。评标委员会负责人与评标委员会的其他成员有同等的表决权。

第十条 评标委员会的专家成员应当从依法组建的专家库内的相关专家名单中确定。

按前款规定确定评标专家,可以采取随机抽取或者直接确定的方式。一般项目,可以采取随机抽取的方式;技术复杂、专业性强或者国家有特殊要求的招标项目,采取随机抽取方式确定的专家难以保证胜任的,可以由招标人直接确定。

第十一条 评标专家应符合下列条件:

(一)从事相关专业领域工作满八年并具有高级职称或者同等专业水平;

(二)熟悉有关招标投标的法律法规,并具有与招标项目相关的实践经验;

(三)能够认真、公正、诚实、廉洁地履行职责。

第十二条 有下列情形之一的,不得担任评标委员会成员:

(一)投标人或者投标人主要负责人的近亲属;

(二)项目主管部门或者行政监督部门的人员;

(三)与投标人有经济利益关系,可能影响对投标公正评审的;

(四)曾因在招标、评标以及其他与招标投标有关活动中从事违法行为而受过行政处罚或刑事处罚的。

评标委员会成员有前款规定情形之一的,应当主动提出回避。

第十三条 评标委员会成员应当客观、公正地履行职责,遵守职业道德,对所提出的评审意见承担个人责任。

评标委员会成员不得与任何投标人或者与招标结果有利害关系的人进行私下接触,不得收受投标人、中介人、其他利害关系人的财物或者其他好处,不得向招标人征询其确定中标人的意向,不得接受任何单位或者个人明示或者暗示提出的倾向或者排斥特定投标人的要求,不得有其他不客观、不公正履行职务的行为。

第十四条 评标委员会成员和与评标活动有关的工作人员不得透露对投标文件的评审和比较、中标候选人的推荐情况以及与评标有关的其他情况。

前款所称与评标活动有关的工作人员,是指评标委员会成员以外的因参与评标监督工作或者事务性工作而知悉有关评标情况的所有人员。

第三章 评标的准备与初步评审

第十五条 评标委员会成员应当编制供评标使用的相应表格,认真研究招标文件,至少应了解和熟悉以下内容:

（一）招标的目标；
（二）招标项目的范围和性质；
（三）招标文件中规定的主要技术要求、标准和商务条款；
（四）招标文件规定的评标标准、评标方法和在评标过程中考虑的相关因素。

第十六条 招标人或者其委托的招标代理机构应当向评标委员会提供评标所需的重要信息和数据，但不得带有明示或者暗示倾向或者排斥特定投标人的信息。

招标人设有标底的，标底在开标前应当保密，并在评标时作为参考。

第十七条 评标委员会应当根据招标文件规定的评标标准和方法，对投标文件进行系统地评审和比较。招标文件中没有规定的标准和方法不得作为评标的依据。

招标文件中规定的评标标准和评标方法应当合理，不得含有倾向或者排斥潜在投标人的内容，不得妨碍或者限制投标人之间的竞争。

第十八条 评标委员会应当按照投标报价的高低或者招标文件规定的其他方法对投标文件排序。以多种货币报价的，应当按照中国银行在开标日公布的汇率中间价换算成人民币。

招标文件应当对汇率标准和汇率风险作出规定。未作规定的，汇率风险由投标人承担。

第十九条 评标委员会可以书面方式要求投标人对投标文件中含义不明确、对同类问题表述不一致或者有明显文字和计算错误的内容作必要的澄清、说明或者补正。澄清、说明或者补正应以书面方式进行并不得超出投标文件的范围或者改变投标文件的实质性内容。

投标文件中的大写金额和小写金额不一致的，以大写金额为准；总价金额与单价金额不一致的，以单价金额为准，但单价金额小数点有明显错误的除外；对不同文字文本投标文件的解释发生异议的，以中文文本为准。

第二十条 在评标过程中，评标委员会发现投标人以他人的名义投标、串通投标、以行贿手段谋取中标或者以其他弄虚作假方式投标的，应当否决该投标人的投标。

第二十一条 在评标过程中，评标委员会发现投标人的报价明显低于其他投标报价或者在设有标底时明显低于标底，使得其投标报价可能低于其个别成本的，应当要求该投标人作出书面说明并提供相关证明材料。投标人不能合理说明或者不能提供相关证明材料的，由评标委员会认定该投标人以低于成本报价竞标，应当否决其投标。

第二十二条 投标人资格条件不符合国家有关规定和招标文件要求的，或者拒不按照要求对投标文件进行澄清、说明或者补正的，评标委员会可以否决其投标。

第二十三条 评标委员会应当审查每一投标文件是否对招标文件提出的所有实质性要求和条件作出响应。未能在实质上响应的投标，应当予以否决。

第二十四条 评标委员会应当根据招标文件，审查并逐项列出投标文件的全部投标偏差。

投标偏差分为重大偏差和细微偏差。

第二十五条 下列情况属于重大偏差：
（一）没有按照招标文件要求提供投标担保或者所提供的投标担保有瑕疵；
（二）投标文件没有投标人授权代表签字和加盖公章；
（三）投标文件载明的招标项目完成期限超过招标文件规定的期限；
（四）明显不符合技术规格、技术标准的要求；
（五）投标文件载明的货物包装方式、检验标准和方法等不符合招标文件的要求；
（六）投标文件附有招标人不能接受的条件；
（七）不符合招标文件中规定的其他实质性要求。

投标文件有上述情形之一的，为未能对招标文件作出实质性响应，并按本规定第二十三条规定作否决投标处理。招标文件对重大偏差另有规定的，从其规定。

第二十六条 细微偏差是指投标文件在实质上响应招标文件要求，但在个别地方存在漏项或者提供了不完整的技术信息和数据等情况，并且补正这些遗漏或者不完整不会对其他投标人造成不公平的结果。细微偏差不影响投标文件的有效性。

评标委员会应当书面要求存在细微偏差的投标人在评标结束前予以补正。拒不补正的，在详细评审时可以对细微偏差作不利于该投标人的量化，量化标准应当在招标文件中规定。

第二十七条 评标委员会根据本规定第二十条、第二十一条、第二十二条、第二十三条、第二十五条的规定否决不合格投标后，因有效投标不足三个使得投标明显缺乏竞争的，评标委员会可以否决全部投标。

投标人少于三个或者所有投标被否决的，招标人在分析招标失败的原因并采取相应措施后，应当依法重新招标。

第四章 详细评审

第二十八条 经初步评审合格的投标文件，评标委员会应当根据招标文件确定的评标标准和方法，对其技术部分和商务部分作进一步评审、比较。

第二十九条 评标方法包括经评审的最低投标价法、综合评估法或者法律、行政法规允许的其他评标方法。

第三十条 经评审的最低投标价法一般适用于具有通用技术、性能标准或者招标人对其技术、性能没有特殊要求的招标项目。

第三十一条 根据经评审的最低投标价法，能够满足招标文件的实质性要求，并且经评审的最低投标价的投标，应当推荐为中标候选人。

第三十二条 采用经评审的最低投标价法的，评标委员会应当根据招标文件中规定的评标价格调整方法，对所有投标人的投标报价以及投标文件的商务部分作必要的价格调整。

采用经评审的最低投标价法的，中标人的投标应当符合招标文件规定的技术要求和标准，但评标委员会无需对投标文件的技术部分进行价格折算。

第三十三条 根据经评审的最低投标价法完成详细评审后，评标委员会应当拟定一份“标价比较表”，连同书面评标报告提交招标人。“标价比较表”应当载明投标人的投标报价、对商务偏差的价格调整和说明以及经评审的最终投标价。

第三十四条 不宜采用经评审的最低投标价法的招标项目，一般应当采取综合评估法进行评审。

第三十五条 根据综合评估法，最大限度地满足招标文件中规定的各项综合评价标准的投标，应当推荐为中标候选人。

衡量投标文件是否最大限度地满足招标文件中规定的各项评价标准，可以采取折算为货币的方法、打分的方法或者其他方法。需量化的因素及其权重应当在招标文件中明确规定。

第三十六条 评标委员会对各个评审因素进行量化时，应当将量化指标建立在同一基础或者同一标准上，使各投标文件具有可比性。

对技术部分和商务部分进行量化后，评标委员会应当对这两部分的量化结果进行加权，计算出每一投标的综合评估价或者综合评估分。

第三十七条 根据综合评估法完成评标后，评标委员会应当拟定一份“综合评估比较表”，连同书面评标报告提交招标人。“综合评估比较表”应当载明投标人的投标报价、所作的任何修正、对商务偏差的调整、对技术偏差的调整、对各评审因素的评估以及对每一投标的最终评审结果。

第三十八条 根据招标文件的规定，允许投标人投备选标的，评标委员会可以对中标人所投的备选标进行评审，以决定是否采纳备选标。不符合中标条件的投标人的备选标不予考虑。

第三十九条 对于划分有多个单项合同的招标项目，招标文件允许投标人为获得整个项目合同而提出优惠的，评标委员会可以对投标人提出的优惠进行审查，以决定是否将招标项目作为一个整体合同授予中标人。将招标项目作为一个整体合同授予的，整体合同中标人的投标应当最有利于招标人。

第四十条 评标和定标应当在投标有效期内完成。不能在投标有效期内完成评标和定标的，招标人应当通知所有投标人延长投标有效期。拒绝延长投标有效期的投标人有权收回投标保证金。同意延长投标有效期的投标人应当相应延长其投标担保的有效期，但不得修改投标文件的实质性内容。因延长投标有效期造成投标人损失的,招标人应当给予补偿,但因不可抗力需延长投标有效期的除外。

招标文件应当载明投标有效期。投标有效期从提交投标文件截止日起计算。

第五章 推荐中标候选人与定标

第四十一条 评标委员会在评标过程中发现的问题,应当及时作出处理或者向招标人提出处理建议,并作书面记录。

第四十二条 评标委员会完成评标后,应当向招标人提出书面评标报告,并抄送有关行政监督部门。评标报告应当如实记载以下内容:

(一)基本情况和数据表;

(二)评标委员会成员名单;

(三)开标记录;

(四)符合要求的投标一览表;

(五)否决投标的情况说明;

(六)评标标准、评标方法或者评标因素一览表;

(七)经评审的价格或者评分比较一览表;

(八)经评审的投标人排序;

(九)推荐的中标候选人名单与签订合同前要处理的事宜;

(十)澄清、说明、补正事项纪要。

第四十三条 评标报告由评标委员会全体成员签字。对评标结论持有异议的评标委员会成员可以书面方式阐述其不同意见和理由。评标委员会成员拒绝在评标报告上签字且不陈述其不同意见和理由的,视为同意评标结论。评标委员会应当对此作出书面说明并记录在案。

第四十四条 向招标人提交书面评标报告后,评标委员会应将评标过程中使用的文件、表格以及其他资料应当即时归还招标人。

第四十五条 评标委员会推荐的中标候选人应当限定在一至三人,并标明排列顺序。

第四十六条 中标人的投标应当符合下列条件之一:

(一)能够最大限度满足招标文件中规定的各项综合评价标准;

(二)能够满足招标文件的实质性要求,并且经评审的投标价格最低;但是投标价格低于成本的除外。

第四十七条 招标人不得与投标人就投标价格、投标方案等实质性内容进行谈判。

第四十八条 国有资金占控股或者主导地位的项目,招标人应当确定排名第一的中标候选人为中标人。排名第一的中标候选人放弃中标、因不可抗力提出不能履行合同,或者招标文件规定应当提交履约保证金而在规定的期限内未能提交,或者被查实存在影响中标结果的违法行为等情形,不符合中标条件的,招标人可以按照评标委员会提出的中标候选人名单排序依次确定其他中标候选人为中标人。依次确定其他中标候选人与招标人预期差距较大,或者对招标人明显不利的,招标人可以重新招标。

招标人可以授权评标委员会直接确定中标人。

国务院对中标人的确定另有规定的,从其规定。

第四十九条 中标人确定后,招标人应当向中标人发出中标通知书,同时通知未中标人,并与中标人在投标有效期内以及中标通知书发出之日起30日之内签订合同。

第五十条 中标通知书对招标人和中标人具有法律约束力。中标通知书发出后,招标人改变中标结果或者中标人放弃中标的,应当承担法律责任。

第五十一条 招标人应当与中标人按照招标文件和中标人的投标文件订立书面合同。招标人与中标人不得再行订立背离合同实质性内容的其他协议。

第五十二条 招标人与中标人签订合同后5日内,应当向中标人和未中标的投标人退还投标保证金。

第六章 罚 则

第五十三条 评标委员会成员有下列行为之一的,由有关行政监督部门责令改正;情节严重的,禁止其在一定期限内参加依法必须进行招标的项目的评标;情节特别严重的,取消其担任评标委员会成员的资格:

(一)应当回避而不回避;

(二)擅离职守;

(三)不按照招标文件规定的评标标准和方法评标;

(四)私下接触投标人;

(五)向招标人征询确定中标人的意向或者接受任何单位或者个人明示或者暗示提出的倾向或者排斥特定投标人的要求;

(六)对依法应当否决的投标不提出否决意见;

(七)暗示或者诱导投标人作出澄清、说明或者接受投标人主动提出的澄清、说明;

(八)其他不客观、不公正履行职务的行为。

第五十四条 评标委员会成员收受投标人的财物或者其他好处的,评标委员会成员或者与评标活动有关的工作人员向他人透露对投标文件的评审和比较、中标候选人的推荐以及与评标有关的其他情况的,给予警告,没收收受的财物,可以并处三千元以上五万元以下的罚款;对有所列违法行为的评标委员会成员取消担任评标委员会成员的资格,不得再参加任何依法必须进行招标项目的评标;构成犯罪的,依法追究刑事责任。

第五十五条 招标人有下列情形之一的,责令改正,可以处中标项目金额千分之十以下的罚款;给他人造成损失的,依法承担赔偿责任;对单位直接负责的主管人员和其他直接责任人员依法给予处分:

(一)无正当理由不发出中标通知书;

(二)不按照规定确定中标人;

(三)中标通知书发出后无正当理由改变中标结果;

(四)无正当理由不与中标人订立合同;

(五)在订立合同时向中标人提出附加条件。

第五十六条 招标人与中标人不按照招标文件和中标人的投标文件订立合同的,合同的主要条款与招标文件、中标人的投标文件的内容不一致,或者招标人、中标人订立背离合同实质性内容的协议的,由有关行政监督部门责令改正,可以处中标项目金额千分之五以上千分之十以下的罚款。

第五十七条 中标人无正当理由不与招标人订立合同,在签订合同时向招标人提出附加条件,或者不按照招标文件要求提交履约保证金的,取消其中标资格,投标保证金不予退还。对依法必须进行招标的项目的中标人,由有关行政监督部门责令改正,可以处中标项目金额10‰以下的罚款。

第七章 附 则

第五十八条 依法必须招标项目以外的评标活动,参照本规定执行。

第五十九条 使用国际组织或者外国政府贷款、援助资金的招标项目的评标活动,贷款方、资金提供方对评标委员会与评标方法另有规定的,适用其规定,但违背中华人民共和国的社会公共利益的除外。

第六十条 本规定颁布前有关评标机构和评标方法的规定与本规定不一致的,以本规定为准。法律或者行政法规另有规定的,从其规定。

第六十一条 本规定由国家发展改革委会同有关部门负责解释。

第六十二条 本规定自发布之日起施行。

评标专家和评标专家库管理暂行办法

(2003年2月22日国家发展和改革委员会令第29号公布 根据2013年3月11日国家发展和改革委员会、工业和信息化部、财政部、住房和城乡建设部、交通运输部、铁道部、水利部、国家广播电影电视总局、中国民用航空局令第23号《关于废止和修改部分招标投标规章和规范性文件的决定》修订)

第一条 为加强对评标专家的监督管理,健全评标专家库制度,保证评标活动的公平、公正,提高评标质量,根据《中华人民共和国招标投标法》(简称为《招标投标法》)、《中华人民共和国招标投标法实施条例》(简称《招标投标法实施条例》),制定本办法。

第二条 本办法适用于评标专家的资格认定、入库及评标专家库的组建、使用、管理活动。

第三条 评标专家库由省级(含,下同)以上人民政府有关部门或者依法成立的招标代理机构依照《招标投标法》、《招标投标法实施条例》以及国家统一的评标专家专业分类标准和管理办法的规定自主组建。

评标专家库的组建活动应当公开,接受公众监督。

第四条 省级人民政府、省级以上人民政府有关部门、招标代理机构应当加强对其所建评标专家库及评标专家的管理,但不得以任何名义非法控制、干预或者影响评标专家的具体评标活动。

第五条 政府投资项目的评标专家,必须从政府或者政府有关部门组建的评标专家库中抽取。

第六条 省级人民政府、省级以上人民政府有关部门组建评标专家库,应当有利于打破地区封锁,实现评标专家资源共享。

省级人民政府和国务院有关部门应当组建跨部门、跨地区的综合评标专家库。

第七条 入选评标专家库的专家,必须具备如下条件:

(一)从事相关专业领域工作满八年并具有高级职称或同等专业水平;

(二)熟悉有关招标投标的法律法规;

(三)能够认真、公正、诚实、廉洁地履行职责;

(四)身体健康,能够承担评标工作;

(五)法规规章规定的其他条件。

第八条 评标专家库应当具备下列条件:

(一)具有符合本办法第七条规定条件的评标专家,专家总数不得少于500人;

(二)有满足评标需要的专业分类;

(三)有满足异地抽取、随机抽取评标专家需要的必要设施和条件;

(四)有负责日常维护管理的专门机构和人员。

第九条 专家入选评标专家库,采取个人申请和单位推荐两种方式。采取单位推荐方式的,应事先征得被推荐人同意。

个人申请书或单位推荐书应当存档备查。个人申请书或单位推荐书应当附有符合本办法第七条规定条件的证明材料。

第十条 组建评标专家库的省级人民政府、政府部门或者招标代理机构,应当对申请人或被推荐人进行评审,决定是否接受申请或者推荐,并向符合本办法第七条规定条件的申请人或被推荐人颁发评标专家证书。

评审过程及结果应做成书面记录,并存档备查。

组建评标专家库的政府部门,可以对申请人或者被推荐人进行必要的招标投标业务和法律知识培训。

第十一条 组建评标专家库的省级人民政府、政府部门或者招标代理机构,应当为每位入选专家建立档案，详细记载评标专家评标的具体情况。

第十二条 组建评标专家库的省级人民政府、政府部门或者招标代理机构，应当建立年度考核制度，对每位入选专家进行考核。评标专家因身体健康、业务能力及信誉等原因不能胜任评标工作的，停止担任评标专家，并从评标专家库中除名。

第十三条 评标专家享有下列权利：

（一）接受招标人或其招标代理机构聘请，担任评标委员会成员；

（二）依法对投标文件进行独立评审，提出评审意见，不受任何单位或者个人的干预；

（三）接受参加评标活动的劳务报酬；

（四）国家规定的其他权利。

第十四条 评标专家负有下列义务：

（一）有《招标投标法》第三十七条、《招标投标法实施条例》第四十六条和《评标委员会和评标方法暂行规定》第十二条规定情形之一的，应当主动提出回避；

（二）遵守评标工作纪律，不得私下接触投标人，不得收受投标人或者其他利害关系人的财物或者其他好处，不得透露对投标文件的评审和比较、中标候选人的推荐情况以及与评标有关的其他情况；

（三）客观公正地进行评标；

（四）协助、配合有关行政监督部门的监督、检查；

（五）国家规定的其他义务。

第十五条 评标专家有下列情形之一的，由有关行政监督部门责令改正；情节严重的，禁止其在一定期限内参加依法必须进行招标的项目的评标；情节特别严重的，取消其担任评标委员会成员的资格：

（一）应当回避而不回避；

（二）擅离职守；

（三）不按照招标文件规定的评标标准和方法评标；

（四）私下接触投标人；

（五）向招标人征询确定中标人的意向或者接受任何单位或者个人明示或者暗示提出的倾向或者排斥特定投标人的要求；

（六）对依法应当否决的投标不提出否决意见；

（七）暗示或者诱导投标人作出澄清、说明或者接受投标人主动提出的澄清、说明；

（八）其他不客观、不公正履行职务的行为。

评标委员会成员收受投标人的财物或者其他好处的，评标委员会成员或者与评标活动有关的工作人员向他人透露对投标文件的评审和比较、中标候选人的推荐以及与评标有关的其他情况的，给予警告，没收收受的财物，可以并处三千元以上五万元以下的罚款；对有所列违法行为的评标委员会成员取消担任评标委员会成员的资格，不得再参加任何依法必须进行招标项目的评标；构成犯罪的，依法追究刑事责任。

第十六条 组建评标专家库的政府部门或者招标代理机构有下列情形之一的，由有关行政监督部门给予警告；情节严重的，暂停直至取消招标代理机构相应的招标代理资格：

（一）组建的评标专家库不具备本办法规定条件的；

（二）未按本办法规定建立评标专家档案或对评标专家档案作虚假记载的；

（三）以管理为名，非法干预评标专家的评标活动的。

法律法规对前款规定的行为处罚另有规定的，从其规定。

第十七条 依法必须进行招标的项目的招标人不按照规定组建评标委员会，或者确定、更换评标委员会成员违反《招标投标法》和《招标投标法实施条例》规定的，由有关行政监督部门责令改正，可以处十万元以下的罚款，对单位直接负责的主管人员和其他直接责任人员依法给予处分；违法确定或者更换的评标委员会成员作出的评审结论无效，依法重新进行评审。

政府投资项目的招标人或其委托的招标代理机构不遵守本办法第五条的规定，不从政府或者政府有关部门组建的评标专家库中抽取专家的,评标无效;情节严重的,由政府有关部门依法给予警告。

第十八条 本办法由国家发展改革委负责解释。

第十九条 本办法自2003年4月1日起实施。

工程建设项目招标投标活动投诉处理办法

(2004年7月6日国家发展和改革委员会、建设部、铁道部、交通部、信息产业部、水利部、民用航空总局令第11号公布 根据2013年3月11日国家发展和改革委员会、工业和信息化部、财政部、住房和城乡建设部、交通运输部、铁道部、水利部、国家广播电影电视总局、中国民用航空局令第23号《关于废止和修改部分招标投标规章和规范性文件的决定》修订)

第一条 为保护国家利益、社会公共利益和招标投标当事人的合法权益,建立公平、高效的工程建设项目招标投标活动投诉处理机制,根据《中华人民共和国招标投标法》、《中华人民共和国招标投标法实施条例》,制定本办法。

第二条 本办法适用于工程建设项目招标投标活动的投诉及其处理活动。

前款所称招标投标活动,包括招标、投标、开标、评标、中标以及签订合同等各阶段。

第三条 投标人或者其他利害关系人认为招标投标活动不符合法律、法规和规章规定的,有权依法向有关行政监督部门投诉。

前款所称其他利害关系人是指投标人以外的,与招标项目或者招标活动有直接和间接利益关系的法人、其他组织和自然人。

第四条 各级发展改革、工业和信息化、住房城乡建设、水利、交通运输、铁道、商务、民航等招标投标活动行政监督部门,依照《国务院办公厅印发国务院有关部门实施招标投标活动行政监督的职责分工的意见的通知》(国办发〔2000〕34号)和地方各级人民政府规定的职责分工,受理投诉并依法做出处理决定。

对国家重大建设项目(含工业项目)招标投标活动的投诉,由国家发展改革委受理并依法做出处理决定。对国家重大建设项目招标投标活动的投诉,有关行业行政监督部门已经收到的,应当通报国家发展改革委,国家发展改革委不再受理。

第五条 行政监督部门处理投诉时,应当坚持公平、公正、高效原则,维持国家利益、社会公共利益和招标投标当事人的合法权益。

第六条 行政监督部门应当确定本部门内部负责受理投诉的机构及其电话、传真、电子信箱和通讯地址,并向社会公布。

第七条 投诉人投诉时,应当提交投诉书。投诉书应当包括下列内容:

(一)投诉人的名称、地址及有效联系方式;

(二)被投诉人的名称、地址及有效联系方式;

(三)投诉事项的基本事实;

(四)相关请求及主张;

(五)有效线索和相关证明材料。

对招标投标法实施条例规定应先提出异议的事项进行投诉的,应当附提出异议的证明文件。已向有关行政监督部门投诉的,应当一并说明。

投诉人是法人的,投诉书必须由其法定代表人或者授权代表签字并盖章;其他组织或者自然人投诉的,投诉书必须由其主要负责人或者投诉人本人签字,并附有效身份证明复印件。

投诉书有关材料是外文的,投诉人应当同时提供其中文译本。

第八条 投诉人不得以投诉为名排挤竞争对手,不得进行虚假、恶意投诉,阻碍招标投标活动的正常进行。

第九条 投诉人认为招标投标活动不符合法律行政法规规定的,可以在知道或者应当知道之日起十日内提出书面投诉。依照有关行政法规提出异议的，异议答复期间不计算在内。

第十条 投诉人可以自己直接投诉，也可以委托代理人办理投诉事务。代理人办理投诉事务时，应将授权委托书连同投诉书一并提交给行政监督部门。授权委托书应当明确有关委托代理权限和事项。

第十一条 行政监督部门收到投诉书后，应当在三个工作日内进行审查，视情况分别做出以下处理决定。

（一）不符合投诉处理条件的，决定不予受理，并将不予受理的理由书面告知投诉人；

（二）对符合投诉处理条件，但不属于本部门受理的投诉，书面告知投诉人向其他行政监督部门提出投诉。

对于符合投诉处理条件并决定受理的，收到投诉书之日即为正式受理。

第十二条 有下列情形之一的投诉，不予受理：

（一）投诉人不是所投诉招标投标活动的参与者，或者与投诉项目无任何利害关系；

（二）投诉事项不具体，且未提供有效线索，难以查证的；

（三）投诉书未署具投诉人真实姓名、签字和有效联系方式的；以法人名义投诉的，投诉书未经法定代表人签字并加盖公章的；

（四）超过投诉时效的；

（五）已经作出处理决定，并且投诉人没有提出新的证据；

（六）投诉事项应先提出异议没有提出异议、已进入行政复议或行政诉讼程序的。

第十三条 行政监督部门负责投诉处理的工作人员，有下列情形之一的，应当主动回避：

（一）近亲属是被投诉人、投诉人，或者是被投诉人、投诉人的主要负责人；

（二）在近三年内本人曾经在被投诉人单位担任高级管理职务；

（三）与被投诉人、投诉人有其他利害关系，可能影响对投诉事项公正处理的。

第十四条 行政监督部门受理投诉后，应当调取、查阅有关文件，调查、核实有关情况。

对情况复杂、涉及面广的重大投诉事项，有权受理投诉的行政监督部门可以会同其他有关的行政监督部门进行联合调查，共同研究后由受理部门做出处理决定。

第十五条 行政监督部门调查取证时，应当由两名以上行政执法人员进行，并做笔录，交被调查人签字确认。

第十六条 在投诉处理过程中，行政监督部门应当听取被投诉人的陈述和申辩，必要时可通知投诉人和被投诉人进行质证。

第十七条 行政监督部门负责处理投诉的人员应当严格遵守保密规定，对于在投诉处理过程中所接触到的国家秘密、商业秘密应当予以保密，也不得将投诉事项透露给与投诉无关的其他单位和个人。

第十八条 行政监督部门处理投诉，有权查阅、复制有关文件、资料，调查有关情况，相关单位和人员应当予以配合。必要时，行政监督部门可以责令暂停招标投标活动。

对行政监督部门依法进行的调查，投诉人、被投诉人以及评标委员会成员等与投诉事项有关的当事人应当予以配合，如实提供有关资料及情况，不得拒绝、隐匿或者伪报。

第十九条 投诉处理决定做出前，投诉人要求撤回投诉的，应当以书面形式提出并说明理由，由行政监督部门视以下情况，决定是否准予撤回：

（一）已经查实有明显违法行为的，应当不准撤回，并继续调查直至做出处理决定；

（二）撤回投诉不损害国家利益、社会公共利益或者其他当事人合法权益的，应当准予撤回，投诉处理过程终止。投诉人不得以同一事实和理由再提出投诉。

第二十条 行政监督部门应当根据调查和取证情况，对投诉事项进行审查，按照下列规定做出处理决定：

（一）投诉缺乏事实根据或者法律依据的，或者投诉人捏造事实、伪造材料或者以非法手段取得证明材料进行投诉的，驳回投诉；

（二）投诉情况属实，招标投标活动确实存在违法行为的，依据《中华人民共和国招标投标法》、《中华人民共和国招标投标法实施条例》及其他有关法规、规章做出处罚。

第二十一条 负责受理投诉的行政监督部门应当自受理投诉之日起三十个工作日内,对投诉事项做出处理决定,并以书面形式通知投诉人、被投诉人和其他与投诉处理结果有关的当事人。需要检验、检测、鉴定、专家评审的,所需时间不计算在内。

第二十二条 投诉处理决定应当包括下列主要内容:

(一)投诉人和被投诉人的名称、住址;

(二)投诉人的投诉事项及主张;

(三)被投诉人的答辩及请求;

(四)调查认定的基本事实;

(五)行政监督部门的处理意见及依据。

第二十三条 行政监督部门应当建立投诉处理档案,并做好保存和管理工作,接受有关方面的监督检查。

第二十四条 行政监督部门在处理投诉过程中,发现被投诉人单位直接负责的主管人员和其他直接责任人员有违法、违规或者违纪行为的,应当建议其行政主管机关、纪检监察部门给予处分;情节严重构成犯罪的,移送司法机关处理。

对招标代理机构有违法行为,且情节严重的,依法暂停直至取消招标代理资格。

第二十五条 当事人对行政监督部门的投诉处理决定不服或者行政监督部门逾期未做处理的,可以依法申请行政复议或者向人民法院提起行政诉讼。

第二十六条 投诉人故意捏造事实、伪造证明材料或者以非法手段取得证明材料进行投诉,给他人造成损失的,依法承担赔偿责任。

第二十七条 行政监督部门工作人员在处理投诉过程中徇私舞弊、滥用职权或者玩忽职守,对投诉人打击报复的,依法给予行政处分;构成犯罪的,依法追究刑事责任。

第二十八条 行政监督部门在处理投诉过程中,不得向投诉人和被投诉人收取任何费用。

第二十九条 对于性质恶劣、情节严重的投诉事项,行政监督部门可以将投诉处理结果在有关媒体上公布,接受舆论和公众监督。

第三十条 本办法由国家发展改革委会同国务院有关部门解释。

第三十一条 本办法自2004年8月1日起施行。

违反规定插手干预工程建设领域行为处分规定

(2010年7月8日监察部、人力资源和社会保障部令第22号公布施行)

第一条 为进一步促进行政机关公务员廉洁从政,规范工程建设秩序,惩处违反规定插手干预工程建设领域行为,确保工程建设项目安全、廉洁、高效运行,根据《中华人民共和国行政监察法》、《中华人民共和国公务员法》和《行政机关公务员处分条例》等有关法律、行政法规,制定本规定。

第二条 本规定适用于副科级以上行政机关公务员。

第三条 本规定所称违反规定插手干预工程建设领域行为,是指行政机关公务员违反法律、法规、规章或者行政机关的决定、命令,利用职权或者职务上的影响,向相关部门、单位或者有关人员以指定、授意、暗示等方式提出要求,影响工程建设正常开展或者干扰正常监管、执法活动的行为。

第四条 违反规定插手干预工程建设项目决策,有下列情形之一,索贿受贿、为自己或者他人谋取私利的,给予记过或者记大过处分;情节较重的,给予降级或者撤职处分;情节严重的,给予开除处分:

(一)要求有关部门允许未经审批、核准或者备案的工程建设项目进行建设的;

(二)要求建设单位对未经审批、核准或者备案的工程建设项目进行建设的;

（三）要求有关部门审批或者核准违反产业政策、发展规划、市场准入标准以及未通过节能评估和审查、环境影响评价审批等不符合有关规定的工程建设项目的；

（四）要求有关部门或者单位违反技术标准和有关规定，规划、设计项目方案的；

（五）违反规定以会议或者集体讨论决定方式安排工程建设有关事项的；

（六）有其他违反规定插手干预工程建设项目决策行为的。

第五条 违反规定插手干预工程建设项目招标投标活动，有下列情形之一，索贿受贿、为自己或者他人谋取私利的，给予记过或者记大过处分；情节较重的，给予降级或者撤职处分；情节严重的，给予开除处分：

（一）要求有关部门对依法应当招标的工程建设项目不招标，或者依法应当公开招标的工程建设项目实行邀请招标的；

（二）要求有关部门或者单位将依法必须进行招标的工程建设项目化整为零，或者假借保密工程、抢险救灾等特殊工程的名义规避招标的；

（三）为招标人指定招标代理机构并办理招标事宜的；

（四）影响工程建设项目投标人资格的确定或者评标、中标结果的；

（五）有其他违反规定插手干预工程建设项目招标投标活动行为的。

第六条 违反规定插手干预土地使用权、矿业权审批和出让，有下列情形之一，索贿受贿、为自己或者他人谋取私利的，给予记过或者记大过处分；情节较重的，给予降级或者撤职处分；情节严重的，给予开除处分：

（一）要求有关部门对应当实行招标拍卖挂牌出让的土地使用权采用划拨、协议方式供地的；

（二）要求有关部门或者单位采用合作开发、招商引资、历史遗留问题等名义或者使用先行立项、先行选址定点确定用地者等手段规避招标拍卖挂牌出让的；

（三）影响土地使用权招标拍卖挂牌出让活动中竞买人的确定或者招标拍卖挂牌出让结果的；

（四）土地使用权出让金确定后，要求有关部门违反规定批准减免、缓缴土地使用权出让金的；

（五）要求有关部门为不符合供地政策的工程建设项目批准土地，或者为不具备发放国有土地使用证书条件的工程建设项目发放国有土地使用证书的；

（六）要求有关部门违反规定审批或者出让探矿权、采矿权的；

（七）有其他违反规定插手干预土地使用权、矿业权审批和出让行为的。

第七条 违反规定插手干预城乡规划管理活动，有下列情形之一，索贿受贿、为自己或者他人谋取私利的，给予记过或者记大过处分；情节较重的，给予降级或者撤职处分；情节严重的，给予开除处分：

（一）要求有关部门违反规定改变城乡规划的；

（二）要求有关部门违反规定批准调整土地用途、容积率等规划设计条件的；

（三）有其他违反规定插手干预城乡规划管理活动行为的。

第八条 违反规定插手干预房地产开发与经营活动，有下列情形之一，索贿受贿、为自己或者他人谋取私利的，给予记过或者记大过处分；情节较重的，给予降级或者撤职处分；情节严重的，给予开除处分：

（一）要求有关部门同意不具备房地产开发资质或者资质等级不相符的企业从事房地产开发与经营活动的；

（二）要求有关部门为不符合商品房预售条件的开发项目发放商品房预售许可证的；

（三）对未经验收或者验收不合格的房地产开发项目，要求有关部门允许其交付使用的；

（四）有其他违反规定插手干预房地产开发用地、立项、规划、建设和销售等行为的。

第九条 违反规定插手干预工程建设实施和工程质量监督管理，有下列情形之一，索贿受贿、为自己或者他人谋取私利的，给予记过或者记大过处分；情节较重的，给予降级或者撤职处

分;情节严重的,给予开除处分:

(一)要求建设单位或者勘察、设计、施工等单位转包、违法分包工程建设项目,或者指定生产商、供应商、服务商的;

(二)要求试验检测单位弄虚作假的;

(三)要求项目单位违反规定压缩工期、赶进度,导致发生工程质量事故或者严重工程质量问题的;

(四)在对工程建设实施和工程质量进行监督管理过程中,对有关行政监管部门或者中介机构施加影响,导致发生工程质量事故或者严重工程质量问题的;

(五)有其他违反规定插手干预工程建设实施和工程质量监督管理行为的。

第十条 违反规定插手干预工程建设安全生产,有下列情形之一,索贿受贿、为自己或者他人谋取私利的,给予记过或者记大过处分;情节较重的,给予降级或者撤职处分;情节严重的,给予开除处分:

(一)要求有关部门为不具备安全生产条件的单位发放安全生产许可证的;

(二)对有关行政监管部门进行的工程建设安全生产监督管理活动施加影响,导致发生生产安全事故的;

(三)有其他违反规定插手干预工程建设安全生产行为的。

第十一条 违反规定插手干预工程建设环境保护工作,有下列情形之一,索贿受贿、为自己或者他人谋取私利的,给予记过或者记大过处分;情节较重的,给予降级或者撤职处分;情节严重的,给予开除处分:

(一)要求有关部门降低建设项目环境影响评价等级、拆分审批、超越审批权限审批环境影响评价文件的;

(二)对有关行政监管部门进行的环境保护监督检查活动施加影响,导致建设项目中防治污染或者防治生态破坏的设施不能与工程建设项目主体工程同时设计、同时施工、同时投产使用的;

(三)有其他违反规定插手干预工程建设环境保护工作行为的。

第十二条 违反规定插手干预工程建设项目物资采购和资金安排使用管理,有下列情形之一,索贿受贿、为自己或者他人谋取私利的,给予记过或者记大过处分;情节较重的,给予降级或者撤职处分;情节严重的,给予开除处分:

(一)要求有关部门违反招标投标法和政府采购法的有关规定,进行物资采购的;

(二)要求有关部门对不符合预算要求、工程进度需要的工程建设项目支付资金,或者对符合预算要求、工程进度需要的工程建设项目不及时支付资金的;

(三)有其他违反规定插手干预物资采购和资金安排使用管理行为的。

第十三条 有本规定第四条至第十二条行为之一,虽未索贿受贿、为自己或者他人谋取私利,但给国家和人民利益以及公共财产造成较大损失,或者给本地区、本部门造成严重不良影响的,给予记过或者记大过处分;情节较重的,给予降级或者撤职处分;情节严重的,给予开除处分。

第十四条 利用职权或者职务上的影响,干预有关部门对工程建设领域中的违法违规行为进行查处的,给予记过或者记大过处分;情节较重的,给予降级或者撤职处分;情节严重的,给予开除处分。

第十五条 受到处分的人员对处分决定不服的,依照《中华人民共和国行政监察法》、《中华人民共和国公务员法》、《行政机关公务员处分条例》等有关规定,可以申请复核或者申诉。

第十六条 有违反规定插手干预工程建设领域行为,应当给予党纪处分的,移送党的纪律检查机关处理;涉嫌犯罪的,移送司法机关依法追究刑事责任。

第十七条 下列人员有本规定第四条至第十四条行为之一的,依照本规定给予处分:

(一)法律、法规授权的具有公共事务管理职能的组织以及国家行政机关依法委托的组织中副科级或者相当于副科级以上工作人员;

(二)企业、事业单位、社会团体中由行政机关任命的副科级或者相当于副科级以上人员。

第十八条 本规定由监察部、人力资源社会保障部负责解释。

第十九条 本规定自公布之日起施行。

电子招标投标办法

（2013年2月4日国家发展和改革委员会、工业和信息化部、监察部、住房和城乡建设部、交通运输部、铁道部、水利部、商务部令第20号公布 自2013年5月1日起施行）

第一章 总 则

第一条 为了规范电子招标投标活动，促进电子招标投标健康发展，根据《中华人民共和国招标投标法》、《中华人民共和国招标投标法实施条例》（以下分别简称招标投标法、招标投标法实施条例），制定本办法。

第二条 在中华人民共和国境内进行电子招标投标活动，适用本办法。

本办法所称电子招标投标活动是指以数据电文形式，依托电子招标投标系统完成的全部或者部分招标投标交易、公共服务和行政监督活动。

数据电文形式与纸质形式的招标投标活动具有同等法律效力。

第三条 电子招标投标系统根据功能的不同，分为交易平台、公共服务平台和行政监督平台。

交易平台是以数据电文形式完成招标投标交易活动的信息平台。公共服务平台是满足交易平台之间信息交换、资源共享需要，并为市场主体、行政监督部门和社会公众提供信息服务的信息平台。行政监督平台是行政监督部门和监察机关在线监督电子招标投标活动的信息平台。

电子招标投标系统的开发、检测、认证、运营应当遵守本办法及所附《电子招标投标系统技术规范》（以下简称技术规范）。

第四条 国务院发展改革部门负责指导协调全国电子招标投标活动，各级地方人民政府发展改革部门负责指导协调本行政区域内电子招标投标活动。各级人民政府发展改革、工业和信息化、住房城乡建设、交通运输、铁道、水利、商务等部门，按照规定的职责分工，对电子招标投标活动实施监督，依法查处电子招标投标活动中的违法行为。

依法设立的招标投标交易场所的监管机构负责督促、指导招标投标交易场所推进电子招标投标工作，配合有关部门对电子招标投标活动实施监督。

省级以上人民政府有关部门对本行政区域内电子招标投标系统的建设、运营，以及相关检测、认证活动实施监督。

监察机关依法对与电子招标投标活动有关的监察对象实施监察。

第二章 电子招标投标交易平台

第五条 电子招标投标交易平台按照标准统一、互联互通、公开透明、安全高效的原则以及市场化、专业化、集约化方向建设和运营。

第六条 依法设立的招标投标交易场所、招标人、招标代理机构以及其他依法设立的法人组织可以按行业、专业类别，建设和运营电子招标投标交易平台。国家鼓励电子招标投标交易平台平等竞争。

第七条 电子招标投标交易平台应当按照本办法和技术规范规定，具备下列主要功能：

（一）在线完成招标投标全部交易过程；

（二）编辑、生成、对接、交换和发布有关招标投标数据信息；

（三）提供行政监督部门和监察机关依法实施监督和受理投诉所需的监督通道；

（四）本办法和技术规范规定的其他功能。

第八条 电子招标投标交易平台应当按照技术规范规定，执行统一的信息分类和编码标准，为各类电子招标投标信息的互联互通和交换共享开放数据接口、公布接口要求。

电子招标投标交易平台接口应当保持技术中立,与各类需要分离开发的工具软件相兼容对接,不得限制或者排斥符合技术规范规定的工具软件与其对接。

第九条 电子招标投标交易平台应当允许社会公众、市场主体免费注册登录和获取依法公开的招标投标信息,为招标投标活动当事人、行政监督部门和监察机关按各自职责和注册权限登录使用交易平台提供必要条件。

第十条 电子招标投标交易平台应当依照《中华人民共和国认证认可条例》等有关规定进行检测、认证,通过检测、认证的电子招标投标交易平台应当在省级以上电子招标投标公共服务平台上公布。

电子招标投标交易平台服务器应当设在中华人民共和国境内。

第十一条 电子招标投标交易平台运营机构应当是依法成立的法人,拥有一定数量的专职信息技术、招标专业人员。

第十二条 电子招标投标交易平台运营机构应当根据国家有关法律法规及技术规范,建立健全电子招标投标交易平台规范运行和安全管理制度,加强监控、检测,及时发现和排除隐患。

第十三条 电子招标投标交易平台运营机构应当采用可靠的身份识别、权限控制、加密、病毒防范等技术,防范非授权操作,保证交易平台的安全、稳定、可靠。

第十四条 电子招标投标交易平台运营机构应当采取有效措施,验证初始录入信息的真实性,并确保数据电文不被篡改、不遗漏和可追溯。

第十五条 电子招标投标交易平台运营机构不得以任何手段限制或者排斥潜在投标人,不得泄露依法应当保密的信息,不得弄虚作假、串通投标或者为弄虚作假、串通投标提供便利。

第三章 电子招标

第十六条 招标人或者其委托的招标代理机构应当在其使用的电子招标投标交易平台注册登记,选择使用除招标人或招标代理机构之外第三方运营的电子招标投标交易平台的,还应当与电子招标投标交易平台运营机构签订使用合同,明确服务内容、服务质量、服务费用等权利和义务,并对服务过程中相关信息的产权归属、保密责任、存档等依法作出约定。

电子招标投标交易平台运营机构不得以技术和数据接口配套为由,要求潜在投标人购买指定的工具软件。

第十七条 招标人或者其委托的招标代理机构应当在资格预审公告、招标公告或者投标邀请书中载明潜在投标人访问电子招标投标交易平台的网络地址和方法。依法必须进行公开招标项目的上述相关公告应当在电子招标投标交易平台和国家指定的招标公告媒介同步发布。

第十八条 招标人或者其委托的招标代理机构应当及时将数据电文形式的资格预审文件、招标文件加载至电子招标投标交易平台,供潜在投标人下载或者查阅。

第十九条 数据电文形式的资格预审公告、招标公告、资格预审文件、招标文件等应当标准化、格式化,并符合有关法律法规以及国家有关部门颁发的标准文本的要求。

第二十条 除本办法和技术规范规定的注册登记外,任何单位和个人不得在招标投标活动中设置注册登记、投标报名等前置条件限制潜在投标人下载资格预审文件或者招标文件。

第二十一条 在投标截止时间前,电子招标投标交易平台运营机构不得向招标人或者其委托的招标代理机构以外的任何单位和个人泄露下载资格预审文件、招标文件的潜在投标人名称、数量以及可能影响公平竞争的其他信息。

第二十二条 招标人对资格预审文件、招标文件进行澄清或者修改的,应当通过电子招标投标交易平台以醒目的方式公告澄清或者修改的内容,并以有效方式通知所有已下载资格预审文件或者招标文件的潜在投标人。

第四章 电子投标

第二十三条 电子招标投标交易平台的运营机构,以及与该机构有控股或者管理关系可能影响招标公正性的任何单位和个人,不得在该交易平台进行的招标项目中投标和代理投标。

第二十四条 投标人应当在资格预审公告、招标公告或者投标邀请书载明的电子招标投标交易平台注册登记,如实递交有关信息,并经电子招标投标交易平台运营机构验证。

第二十五条 投标人应当通过资格预审公告、招标公告或者投标邀请书载明的电子招标投标交易平台递交数据电文形式的资格预审申请文件或者投标文件。

第二十六条 电子招标投标交易平台应当允许投标人离线编制投标文件,并且具备分段或者整体加密、解密功能。

投标人应当按照招标文件和电子招标投标交易平台的要求编制并加密投标文件。

投标人未按规定加密的投标文件,电子招标投标交易平台应当拒收并提示。

第二十七条 投标人应当在投标截止时间前完成投标文件的传输递交,并可以补充、修改或者撤回投标文件。投标截止时间前未完成投标文件传输的,视为撤回投标文件。投标截止时间后送达的投标文件,电子招标投标交易平台应当拒收。

电子招标投标交易平台收到投标人送达的投标文件,应当即时向投标人发出确认回执通知,并妥善保存投标文件。在投标截止时间前,除投标人补充、修改或者撤回投标文件外,任何单位和个人不得解密、提取投标文件。

第二十八条 资格预审申请文件的编制、加密、递交、传输、接收确认等,适用本办法关于投标文件的规定。

第五章 电子开标、评标和中标

第二十九条 电子开标应当按照招标文件确定的时间,在电子招标投标交易平台上公开进行,所有投标人均应当准时在线参加开标。

第三十条 开标时,电子招标投标交易平台自动提取所有投标文件,提示招标人和投标人按招标文件规定方式按时在线解密。解密全部完成后,应当向所有投标人公布投标人名称、投标价格和招标文件规定的其他内容。

第三十一条 因投标人原因造成投标文件未解密的,视为撤销其投标文件;因投标人之外的原因造成投标文件未解密的,视为撤回其投标文件,投标人有权要求责任方赔偿因此遭受的直接损失。部分投标文件未解密的,其他投标文件的开标可以继续进行。

招标人可以在招标文件中明确投标文件解密失败的补救方案,投标文件应按照招标文件的要求作出响应。

第三十二条 电子招标投标交易平台应当生成开标记录并向社会公众公布,但依法应当保密的除外。

第三十三条 电子评标应当在有效监控和保密的环境下在线进行。

根据国家规定应当进入依法设立的招标投标交易场所的招标项目,评标委员会成员应当在依法设立的招标投标交易场所登录招标项目所使用的电子招标投标交易平台进行评标。

评标中需要投标人对投标文件澄清或者说明的,招标人和投标人应当通过电子招标投标交易平台交换数据电文。

第三十四条 评标委员会完成评标后,应当通过电子招标投标交易平台向招标人提交数据电文形式的评标报告。

第三十五条 依法必须进行招标的项目中标候选人和中标结果应当在电子招标投标交易平台进行公示和公布。

第三十六条 招标人确定中标人后,应当通过电子招标投标交易平台以数据电文形式向中标人发出中标通知书,并向未中标人发出中标结果通知书。

招标人应当通过电子招标投标交易平台,以数据电文形式与中标人签订合同。

第三十七条 鼓励招标人、中标人等相关主体及时通过电子招标投标交易平台递交和公布中标合同履行情况的信息。

第三十八条 资格预审申请文件的解密、开启、评审、发出结果通知书等,适用本办法关于投标文件的规定。

第三十九条 投标人或者其他利害关系人依法对资格预审文件、招标文件、开标和评标结果提出异议，以及招标人答复，均应当通过电子招标投标交易平台进行。

第四十条 招标投标活动中的下列数据电文应当按照《中华人民共和国电子签名法》和招标文件的要求进行电子签名并进行电子存档：

（一）资格预审公告、招标公告或者投标邀请书；

（二）资格预审文件、招标文件及其澄清、补充和修改；

（三）资格预审申请文件、投标文件及其澄清和说明；

（四）资格审查报告、评标报告；

（五）资格预审结果通知书和中标通知书；

（六）合同；

（七）国家规定的其他文件。

第六章 信息共享与公共服务

第四十一条 电子招标投标交易平台应当依法及时公布下列主要信息：

（一）招标人名称、地址、联系人及联系方式；

（二）招标项目名称、内容范围、规模、资金来源和主要技术要求；

（三）招标代理机构名称、资格、项目负责人及联系方式；

（四）投标人名称、资质和许可范围、项目负责人；

（五）中标人名称、中标金额、签约时间、合同期限；

（六）国家规定的公告、公示和技术规范规定公布和交换的其他信息。

鼓励招标投标活动当事人通过电子招标投标交易平台公布项目完成质量、期限、结算金额等合同履行情况。

第四十二条 各级人民政府有关部门应当按照《中华人民共和国政府信息公开条例》等规定，在本部门网站及时公布并允许下载下列信息：

（一）有关法律法规规章及规范性文件；

（二）取得相关工程、服务资质证书或货物生产、经营许可证的单位名称、营业范围及年检情况；

（三）取得有关职称、职业资格的从业人员的姓名、电子证书编号；

（四）对有关违法行为作出的行政处理决定和招标投标活动的投诉处理情况；

（五）依法公开的工商、税务、海关、金融等相关信息。

第四十三条 设区的市级以上人民政府发展改革部门会同有关部门，按照政府主导、共建共享、公益服务的原则，推动建立本地区统一的电子招标投标公共服务平台，为电子招标投标交易平台、招标投标活动当事人、社会公众和行政监督部门、监察机关提供信息服务。

第四十四条 电子招标投标公共服务平台应当按照本办法和技术规范规定，具备下列主要功能：

（一）链接各级人民政府及其部门网站，收集、整合和发布有关法律法规规章及规范性文件、行政许可、行政处理决定、市场监管和服务的相关信息；

（二）连接电子招标投标交易平台、国家规定的公告媒介，交换、整合和发布本办法第四十一条规定的信息；

（三）连接依法设立的评标专家库，实现专家资源共享；

（四）支持不同电子认证服务机构数字证书的兼容互认；

（五）提供行政监督部门和监察机关依法实施监督、监察所需的监督通道；

（六）整合分析相关数据信息，动态反映招标投标市场运行状况、相关市场主体业绩和信用情况。

属于依法必须公开的信息，公共服务平台应当无偿提供。

公共服务平台应同时遵守本办法第八条至第十五条规定。

第四十五条 电子招标投标交易平台应当按照本办法和技术规范规定，在任一电子招标投标公共服务平台注册登记，并向电子招标投标公共服务平台及时提供本办法第四十一条规定的信息，以及双方协商确定的其他信息。

电子招标投标公共服务平台应当按照本办法和技术规范规定，开放数据接口、公布接口要求，与电子招标投标交易平台及时交换招标投标活动所必需的信息，以及双方协商确定的其他信息。

电子招标投标公共服务平台应当按照本办法和技术规范规定，开放数据接口、公布接口要求，与上一层级电子招标投标公共服务平台连接并注册登记，及时交换本办法第四十四条规定的信息，以及双方协商确定的其他信息。

电子招标投标公共服务平台应当允许社会公众、市场主体免费注册登录和获取依法公开的招标投标信息，为招标人、投标人、行政监督部门和监察机关按各自职责和注册权限登录使用公共服务平台提供必要条件。

第七章 监督管理

第四十六条 电子招标投标活动及相关主体应当自觉接受行政监督部门、监察机关依法实施的监督、监察。

第四十七条 行政监督部门、监察机关结合电子政务建设，提升电子招标投标监督能力，依法设置并公布有关法律法规规章、行政监督的依据、职责权限、监督环节、程序和时限、信息交换要求和联系方式等相关内容。

第四十八条 电子招标投标交易平台和公共服务平台应当按照本办法和技术规范规定，向行政监督平台开放数据接口、公布接口要求，按有关规定及时对接交换和公布有关招标投标信息。

行政监督平台应当开放数据接口，公布数据接口要求，不得限制和排斥已通过检测认证的电子招标投标交易平台和公共服务平台与其对接交换信息，并参照执行本办法第八条至第十五条的有关规定。

第四十九条 电子招标投标交易平台应当依法设置电子招标投标工作人员的职责权限，如实记录招标投标过程、数据信息来源，以及每一操作环节的时间、网络地址和工作人员，并具备电子归档功能。

电子招标投标公共服务平台应当记录和公布相关交换数据信息的来源、时间并进行电子归档备份。

任何单位和个人不得伪造、篡改或者损毁电子招标投标活动信息。

第五十条 行政监督部门、监察机关及其工作人员，除依法履行职责外，不得干预电子招标投标活动，并遵守有关信息保密的规定。

第五十一条 投标人或者其他利害关系人认为电子招标投标活动不符合有关规定的，通过相关行政监督平台进行投诉。

第五十二条 行政监督部门和监察机关在依法监督检查招标投标活动或者处理投诉时，通过其平台发出的行政监督或者行政监察指令，招标投标活动当事人和电子招标投标交易平台、公共服务平台的运营机构应当执行，并如实提供相关信息，协助调查处理。

第八章 法律责任

第五十三条 电子招标投标系统有下列情形的，责令改正；拒不改正的，不得交付使用，已经运营的应当停止运营。

（一）不具备本办法及技术规范规定的主要功能；

（二）不向行政监督部门和监察机关提供监督通道；

（三）不执行统一的信息分类和编码标准；

（四）不开放数据接口、不公布接口要求；

（五）不按照规定注册登记、对接、交换、公布信息；

（六）不满足规定的技术和安全保障要求；

（七）未按照规定通过检测和认证。

第五十四条 招标人或者电子招标投标系统运营机构存在以下情形的，视为限制或者排斥潜在投标人，依照招标投标法第五十一条规定处罚。

（一）利用技术手段对享有相同权限的市场主体提供有差别的信息；

（二）拒绝或者限制社会公众、市场主体免费注册并获取依法必须公开的招标投标信息；

（三）违规设置注册登记、投标报名等前置条件；

（四）故意与各类需要分离开发并符合技术规范规定的工具软件不兼容对接；

（五）故意对递交或者解密投标文件设置障碍。

第五十五条 电子招标投标交易平台运营机构有下列情形的，责令改正，并按照有关规定处罚。

（一）违反规定要求投标人注册登记、收取费用；

（二）要求投标人购买指定的工具软件；

（三）其他侵犯招标投标活动当事人合法权益的情形。

第五十六条 电子招标投标系统运营机构向他人透露已获取招标文件的潜在投标人的名称、数量、投标文件内容或者对投标文件的评审和比较以及其他可能影响公平竞争的招标投标信息，参照招标投标法第五十二条关于招标人泄密的规定予以处罚。

第五十七条 招标投标活动当事人和电子招标投标系统运营机构协助招标人、投标人串通投标的，依照招标投标法第五十三条和招标投标法实施条例第六十七条规定处罚。

第五十八条 招标投标活动当事人和电子招标投标系统运营机构伪造、篡改、损毁招标投标信息，或者以其他方式弄虚作假的，依照招标投标法第五十四条和招标投标法实施条例第六十八条规定处罚。

第五十九条 电子招标投标系统运营机构未按照本办法和技术规范规定履行初始录入信息验证义务，造成招标投标活动当事人损失的，应当承担相应的赔偿责任。

第六十条 有关行政监督部门及其工作人员不履行职责，或者利用职务便利非法干涉电子招标投标活动的，依照有关法律法规处理。

第九章 附 则

第六十一条 招标投标协会应当按照有关规定，加强电子招标投标活动的自律管理和服务。

第六十二条 电子招标投标某些环节需要同时使用纸质文件的，应当在招标文件中明确约定；当纸质文件与数据电文不一致时，除招标文件特别约定外，以数据电文为准。

第六十三条 本办法未尽事宜，按照有关法律、法规、规章执行。

第六十四条 本办法由国家发展和改革委员会会同有关部门负责解释。

第六十五条 技术规范作为本办法的附件，与本办法具有同等效力。

第六十六条 本办法自2013年5月1日起施行。

附件：《电子招标投标系统技术规范——第1部分》（略）

招标公告和公示信息发布管理办法

（2017年11月23日国家发展和改革委员会令第10号公布
自2018年1月1日起施行）

第一条 为规范招标公告和公示信息发布活动，保证各类市场主体和社会公众平等、便捷、准确地获取招标信息，根据《中华人民共和国招标投标法》《中华人民共和国招标投标法实施条例》等有关法律法规规定，制定本办法。

第二条 本办法所称招标公告和公示信息，是指招标项目的资格预审公告、招标公告、中标候选人公示、中标结果公示等信息。

第三条 依法必须招标项目的招标公告和公示信息，除依法需要保密或者涉及商业秘密的内容外，应当按照公益服务、公开透明、高效便捷、集中共享的原则，依法向社会公开。

第四条 国家发展改革委根据招标投标法律法规规定，对依法必须招标项目招标公告和公示信息发布媒介的信息发布活动进行监督管理。

省级发展改革部门对本行政区域内招标公告和公示信息发布活动依法进行监督管理。省级人民政府另有规定的，从其规定。

第五条 依法必须招标项目的资格预审公告和招标公告，应当载明以下内容：

（一）招标项目名称、内容、范围、规模、资金来源；

（二）投标资格能力要求，以及是否接受联合体投标；

（三）获取资格预审文件或招标文件的时间、方式；

（四）递交资格预审文件或投标文件的截止时间、方式；

（五）招标人及其招标代理机构的名称、地址、联系人及联系方式；

（六）采用电子招标投标方式的，潜在投标人访问电子招标投标交易平台的网址和方法；

（七）其他依法应当载明的内容。

第六条 依法必须招标项目的中标候选人公示应当载明以下内容：

（一）中标候选人排序、名称、投标报价、质量、工期（交货期），以及评标情况；

（二）中标候选人按照招标文件要求承诺的项目负责人姓名及其相关证书名称和编号；

（三）中标候选人响应招标文件要求的资格能力条件；

（四）提出异议的渠道和方式；

（五）招标文件规定公示的其他内容。

依法必须招标项目的中标结果公示应当载明中标人名称。

第七条 依法必须招标项目的招标公告和公示信息应当根据招标投标法律法规，以及国家发展改革委会同有关部门制定的标准文件编制，实现标准化、格式化。

第八条 依法必须招标项目的招标公告和公示信息应当在“中国招标投标公共服务平台”或者项目所在地省级电子招标投标公共服务平台（以下统一简称“发布媒介”）发布。

第九条 省级电子招标投标公共服务平台应当与“中国招标投标公共服务平台”对接，按规定同步交互招标公告和公示信息。对依法必须招标项目的招标公告和公示信息，发布媒介应当与相应的公共资源交易平台实现信息共享。

“中国招标投标公共服务平台”应当汇总公开全国招标公告和公示信息，以及本办法第八条规定的发布媒介名称、网址、办公场所、联系方式等基本信息，及时维护更新，与全国公共资源交易平台共享，并归集至全国信用信息共享平台，按规定通过“信用中国”网站向社会公开。

第十条 拟发布的招标公告和公示信息文本应当由招标人或其招标代理机构盖章，并由主要负责人或其授权的项目负责人签名。采用数据电文形式的，应当按规定进行电子签名。

招标人或其招标代理机构发布招标公告和公示信息，应当遵守招标投标法律法规关于时限的规定。

第十一条 依法必须招标项目的招标公告和公示信息鼓励通过电子招标投标交易平台录入后交互至发布媒介核验发布，也可以直接通过发布媒介录入并核验发布。

按照电子招标投标有关数据规范要求交互招标公告和公示信息文本的，发布媒介应当自收到起 12 小时内发布。采用电子邮件、电子介质、传真、纸质文本等其他形式提交或者直接录入招标公告和公示信息文本的，发布媒介应当自核验确认起 1 个工作日内发布。核验确认最长不得超过 3 个工作日。

招标人或其招标代理机构应当对其提供的招标公告和公示信息的真实性、准确性、合法性负责。发布媒介和电子招标投标交易平台应当对所发布的招标公告和公示信息的及时性、完整性负责。

发布媒介应当按照规定采取有效措施，确保发布招标公告和公示信息的数据电文不被篡改、不遗漏和至少10年内可追溯。

第十二条 发布媒介应当免费提供依法必须招标项目的招标公告和公示信息发布服务，并允许社会公众和市场主体免费、及时查阅前述招标公告和公示的完整信息。

第十三条 发布媒介应当通过专门栏目发布招标公告和公示信息，并免费提供信息归类和检索服务，对新发布的招标公告和公示信息作醒目标识，方便市场主体和社会公众查阅。

发布媒介应当设置专门栏目，方便市场主体和社会公众就其招标公告和公示信息发布工作反映情况、提出意见，并及时反馈。

第十四条 发布媒介应当实时统计本媒介招标公告和公示信息发布情况，及时向社会公布，并定期报送相应的省级以上发展改革部门或省级以上人民政府规定的其他部门。

第十五条 依法必须招标项目的招标公告和公示信息除在发布媒介发布外，招标人或其招标代理机构也可以同步在其他媒介公开，并确保内容一致。

其他媒介可以依法全文转载依法必须招标项目的招标公告和公示信息，但不得改变其内容，同时必须注明信息来源。

第十六条 依法必须招标项目的招标公告和公示信息有下列情形之一的，潜在投标人或者投标人可以要求招标人或其招标代理机构予以澄清、改正、补充或调整：

（一）资格预审公告、招标公告载明的事项不符合本办法第五条规定，中标候选人公示载明的事项不符合本办法第六条规定；

（二）在两家以上媒介发布的同一招标项目的招标公告和公示信息内容不一致；

（三）招标公告和公示信息内容不符合法律法规规定。

招标人或其招标代理机构应当认真核查，及时处理，并将处理结果告知提出意见的潜在投标人或者投标人。

第十七条 任何单位和个人认为招标人或其招标代理机构在招标公告和公示信息发布活动中存在违法违规行为的，可以依法向有关行政监督部门投诉、举报；认为发布媒介在招标公告和公示信息发布活动中存在违法违规行为的，根据有关规定可以向相应的省级以上发展改革部门或其他有关部门投诉、举报。

第十八条 招标人或其招标代理机构有下列行为之一的，由有关行政监督部门责令改正，并视情形依照《中华人民共和国招标投标法》第四十九条、第五十一条及有关规定处罚：

（一）依法必须公开招标的项目不按照规定在发布媒介发布招标公告和公示信息；

（二）在不同媒介发布的同一招标项目的资格预审公告或者招标公告的内容不一致，影响潜在投标人申请资格预审或者投标；

（三）资格预审公告或者招标公告中有关获取资格预审文件或者招标文件的时限不符合招标投标法律法规规定；

（四）资格预审公告或者招标公告中以不合理的条件限制或者排斥潜在投标人。

第十九条 发布媒介在发布依法必须招标项目的招标公告和公示信息活动中有下列情形之一的，由相应的省级以上发展改革部门或其他有关部门根据有关法律法规规定，责令改正；情节严重的，可以处1万元以下罚款：

（一）违法收取费用；

（二）无正当理由拒绝发布或者拒不按规定交互信息；

（三）无正当理由延误发布时间；

（四）因故意或重大过失导致发布的招标公告和公示信息发生遗漏、错误；

（五）违反本办法的其他行为。

其他媒介违规发布或转载依法必须招标项目的招标公告和公示信息的，由相应的省级以上发展改革部门或其他有关部门根据有关法律法规规定，责令改正；情节严重的，可以处1万元以下罚款。

第二十条 对依法必须招标项目的招标公告和公示信息进行澄清、修改，或者暂停、终止招标活动，采取公告形式向社会公布的，参照本办法执行。

第二十一条 使用国际组织或者外国政府贷款、援助资金的招标项目，贷款方、资金提供方对招标公告和公示信息的发布另有规定的，适用其规定。

第二十二条 本办法所称以上、以下包含本级或本数。

第二十三条 本办法由国家发展改革委负责解释。

第二十四条 本办法自2018年1月1日起施行。《招标公告发布暂行办法》（国家发展计划委第4号令）和《国家计委关于指定发布依法必须招标项目招标公告的媒介的通知》（计政策〔2000〕868号）同时废止。

(三)规范性文件

关于取消工程建设项目招标代理机构资格认定加强事中事后监管的通知

(2017年12月28日住房城乡建设部办公厅发布　建办市〔2017〕77号)

各省、自治区住房城乡建设厅,直辖市建委,新疆生产建设兵团建设局:

为贯彻落实《全国人民代表大会常务委员会关于修改〈中华人民共和国招标投标法〉、〈中华人民共和国计量法〉的决定》,深入推进工程建设领域"放管服"改革,加强工程建设项目招标代理机构(以下简称招标代理机构)事中事后监管,规范工程招标代理行为,维护建筑市场秩序,现将有关事项通知如下:

一、停止招标代理机构资格申请受理和审批。自2017年12月28日起,各级住房城乡建设部门不再受理招标代理机构资格认定申请,停止招标代理机构资格审批。

二、建立信息报送和公开制度。招标代理机构可按照自愿原则向工商注册所在地省级建筑市场监管一体化工作平台报送基本信息。信息内容包括:营业执照相关信息、注册执业人员、具有工程建设类职称的专职人员、近3年代表性业绩、联系方式。上述信息统一在我部全国建筑市场监管公共服务平台(以下简称公共服务平台)对外公开,供招标人根据工程项目实际情况选择参考。

招标代理机构对报送信息的真实性和准确性负责,并及时核实其在公共服务平台的信息内容。信息内容发生变化的,应当及时更新。任何单位和个人如发现招标代理机构报送虚假信息,可向招标代理机构工商注册所在地省级住房城乡建设主管部门举报。工商注册所在地省级住房城乡建设主管部门应当及时组织核实,对涉及非本省市工程业绩的,可商请工程所在地省级住房城乡建设主管部门协助核查,工程所在地省级住房城乡建设主管部门应当给予配合。对存在报送虚假信息行为的招标代理机构,工商注册所在地省级住房城乡建设主管部门应当将其弄虚作假行为信息推送至公共服务平台对外公布。

三、规范工程招标代理行为。招标代理机构应当与招标人签订工程招标代理书面委托合同,并在合同约定的范围内依法开展工程招标代理活动。招标代理机构及其从业人员应当严格按照招标投标法、招标投标法实施条例等相关法律法规开展工程招标代理活动,并对工程招标代理业务承担相应责任。

四、强化工程招投标活动监管。各级住房城乡建设主管部门要加大房屋建筑和市政基础设施招标投标活动监管力度,推进电子招投标,加强招标代理机构行为监管,严格依法查处招标代理机构违法违规行为,及时归集相关处罚信息并向社会公开,切实维护建筑市场秩序。

五、加强信用体系建设。加快推进省级建筑市场监管一体化工作平台建设,规范招标代理机构信用信息采集、报送机制,加大信息公开力度,强化信用信息应用,推进部门之间信用信息共享共用。加快建立失信联合惩戒机制,强化信用对招标代理机构的约束作用,构建"一处失信、处处受制"的市场环境。

六、加大投诉举报查处力度。各级住房城乡建设主管部门要建立健全公平、高效的投诉举报处理机制,严格按照《工程建设项目招标投标活动投诉处理办法》,及时受理并依法处理房屋建筑和市政基础设施领域的招投标投诉举报,保护招标投标活动当事人的合法权益,维护招标投标活动的正常市场秩序。

七、推进行业自律。充分发挥行业协会对促进工程建设项目招标代理行业规范发展的重要作用。支持行业协会研究制定从业机构和从业人员行为规范,发布行业自律公约,加强对招标代理机构和从业人员行为的约束和管理。鼓励行业协会开展招标代理机构资信评价和从业人员培训工作,提升招标代理服务能力。

各级住房城乡建设主管部门要高度重视招标代理机构资格认定取消后的事中事后监管工作,完善工作机制,创新监管手段,加强工程建设项目招标投标活动监管,依法严肃查处违法违规行为,促进招投标活动有序开展。

电子招标投标系统检测认证管理办法(试行)

(2015年8月4日国家认证认可监督管理委员会、国家发展和改革委员会、
工业和信息化部、住房和城乡建设部、交通运输部、水利部、商务部印发
国认证联〔2015〕53号 自2015年9月1日起施行)

第一章 总 则

第一条 为了规范电子招标投标系统检测认证活动,根据《中华人民共和国产品质量法》、《中华人民共和国招标投标法》及其实施条例、《中华人民共和国认证认可条例》、《电子招标投标办法》等法律法规规章的规定,制定本办法。

第二条 本办法所称电子招标投标系统是指按照《电子招标投标办法》及所附《电子招标投标系统技术规范》(以下简称《技术规范》)相关要求建设和运营,由软件、硬件及软、硬件的组合产品所组成的电子招标投标交易平台、公共服务平台和行政监督平台。

第三条 本办法所称检测认证,是指基于实验室依照相关要求对电子招标投标系统进行符合性检测结果,由第三方认证机构评价和证明电子招标投标系统能够持续符合相关要求的合格评定活动。

第四条 国家发展和改革委员会(以下简称国家发展改革委)负责指导协调全国电子招标投标活动,会同工业和信息化部、住房城乡建设部、交通运输部、水利部、商务部等有关部门编制电子招标投标系统检测技术规范,作为本办法附件一并印发。

国家认证认可监督管理委员会(以下简称国家认监委)、国家发展改革委会同工业和信息化部、住房城乡建设部、交通运输部、水利部、商务部等有关部门依法建立电子招标投标系统检测认证制度。

国家认监委负责电子招标投标系统检测认证工作的组织实施、监督管理和综合协调。

省级以上人民政府发展改革、工业和信息化、住房城乡建设、交通运输、水利、商务等部门负责对检测认证结果建立采信和运用的监督机制。

第五条 国家认监委牵头组建电子招标投标系统检测认证技术委员会,对涉及电子招标投标系统检测认证技术的重大问题进行研究和审议,为建立完善电子招标投标系统(以下简称招标投标系统)检测认证制度提供技术支撑。

第二章 检 测

第六条 负责招标投标系统日常运营的机构(以下简称运营机构)向认证机构提出检测认证委托,并在认证机构签约的实验室名录中自主选择符合本办法规定的实验室进行检测。运营机构应当与其委托的实验室签订检测委托合同,合同应当包括检测范围、检测内容、检测费用、检测期限、出具检测报告的时间,以及技术保密事项等内容。

第七条 运营机构应当依据所签订的合同向委托的实验室提供以下资料:

(一)受检招标投标系统的检测需求、设计方案、使用维护等相关说明;

(二)受检招标投标系统能够实现的基本功能定位、网络结构拓扑图及运行环境软硬件配置说明;

(三)受检招标投标系统符合《电子招标投标办法》及《技术规范》规定的要求,并能在线完成招标投标交易或公共服务流程的证明材料以及平台标识代码;

(四)受检招标投标系统与电子招标投标公共服务平台和行政监督平台实现对接并具备数据交换功能的证明材料;

(五)受检招标投标系统符合国家有关招标投标法律法规并与实际运营的招标投标系统相一致的声明。

第八条 实验室应当依法经过资质认定,符合《检验检测机构资质认定评审准则》的要求,并具备从事招标投标系统检测工作的相关技术能力。

实验室检测人员应当通过专业能力培训,掌握招标投标系统相关的标准、技术要求和认证规则要求,具备招标投标系统检测能力。

认证机构应在其网站上公布与其签约且符合上述要求的招标投标系统检测实验室名录,并交互至国家电子招标投标公共服务平台。

第九条 实验室应当依照本办法及《电子招标投标系统检测技术规范》(以下简称《检测规范》)等确定的检测内容、要求和程序进行检测。

招标投标系统检测应当包括数据项、业务规则、功能、接口、性能、安全性、可靠性、易用性、运行环境等内容,并对招标投标系统的需求、设计和使用等相关文档进行审核。

第十条 实验室发现受检招标投标系统不具备检测条件或者招标投标系统中有部分检测项不符合《检测规范》要求的,运营机构应当在修改或者重新设计后再次进行检测。运营机构可以根据招标投标系统建设情况和实际需要,请实验室提前进行部分检测,但实验室只对受检招标投标系统一次性出具最终检测报告。

第十一条 实验室应当确保检测结果的真实、准确,并对检测全过程做出完整记录,归档留存,保证检测过程和结果具有可追溯性,配合认证机构对获证招标投标系统进行跟踪检查。

第十二条 招标投标系统经检测合格后,实验室应当按照有关规定,向运营机构出具数据电文形式且经过电子签名的检测报告,并交互至省级以上电子招标投标公共服务平台公布。检测报告至少包括以下内容:

(一)受检招标投标系统名称、版本及运行环境;

(二)受检招标投标系统的建设、运营和开发机构身份、资格和相关负责人姓名;

(三)检测时限、范围;

(四)检测工具及环境说明;

(五)实验室名称、检测人员;

(六)检测内容、检测方法及检测依据;

(七)受检招标投标系统可以实现的全部功能以及与电子招标投标公共服务平台和行政监督平台实现对接并具备数据交换功能的验证证明及平台标识代码;

(八)运营机构提供的受检招标投标系统符合国家有关招标投标法律法规并与实际运营招标投标系统相一致的声明;

(九)检测结论。

实验室对其作出的检测报告以及结论负责。

第十三条 招标投标系统检测合格后,运营机构应当在获得认证证书前自行组织招标投标系统试运行。招标投标系统试运行期限从出具检测报告之日起计算,不少于两个月但不得超过半年,在试运行期限内应当达到至少 3 个成功运行的案例。

招标投标系统试运行期间,实验室应当依据合同对招标投标系统整改给予支持和配合,并提供相关证明材料。招标投标系统试运行结束后,运营机构应当编写招标投标系统试运行报告,报告主要包括以下内容:

(一)验证和记录招标投标系统实际试运行过程、与电子招标投标公共服务平台和行政监督平台的对接和数据交换情况,招标投标系统存在问题和整改情况等;

(二)根据《技术规范》的要求,为保证招标投标系统持续符合技术标准及招标投标法律法规规定所制订的技术、管理措施及风险防范措施的文件。

第三章 认 证

第十四条 运营机构可以自主选择和委托符合本办法规定的认证机构对其招标投标系统进行认证,并与认证机构签订认证委托合同。合同应当包括认证内容、认证方法、认证费用、认证时限,以及技术保密事项等内容。

第十五条 运营机构应当向认证机构提交以下材料:

(一)认证委托书,包括运营机构及其相关专业负责人的身份、资格等证明材料;

(二)招标投标系统检测报告及相关附件;

(三)招标投标系统试运行报告;

(四)保证招标投标系统合法、安全、规范运营及数据真实性、可靠性的技术措施和管理制度,运营岗位人员和职责设置方案;

(五)用户投诉及监管部门处理情况;

(六)认证机构要求的其他材料。

第十六条 认证机构应当依法经国家认监委批准,符合国家标准中关于产品认证机构技术能力的通用要求,并具备从事招标投标系统认证活动的相关技术能力。

认证人员应当通过专业能力培训,掌握招标投标系统相关的标准、技术规范、检测规范和认证规则要求。

从事招标投标系统认证活动的认证机构名录由国家认监委公布,并交互至国家电子招标投标公共服务平台。

第十七条 认证机构依据招标投标系统检测认证技术委员会相关要求,制定认证规则,经检测认证技术委员会审议后发布实施,并于认证规则发布后30日内报国家认监委备案。

第十八条 认证机构受理运营机构的认证委托后,应当按照认证规则要求,对运营机构提交的招标投标系统检测报告、招标投标系统试运行报告、持续性符合措施进行文件审查,并可根据情况对招标投标系统的持续符合保证能力进行现场审查。

符合认证要求的,认证机构出具数据电文形式和纸质形式的认证证书,并将数据电文形式认证证书交互至省级以上电子招标投标公共服务平台公布。不符合认证要求的,认证机构应当以书面形式告知其原因。

第十九条 认证机构应当对认证全过程作出完整记录,并归档留存,保证认证过程和结果具有可追溯性。

认证机构对其作出的认证结论负责。

第二十条 认证机构应当在认证证书有效期内对获证招标投标系统及运营机构每年至少实施一次跟踪检查,以确保获证招标投标系统能够持续符合认证要求。

第二十一条 认证机构通过省级以上电子招标投标公共服务平台公开认证规则、收费标准、获证招标投标系统和运营机构等信息,接受社会的监督和查询。

第二十二条 认证机构应当定期向国家认监委报送招标投标系统检测认证的实施情况及认证证书暂停、撤销或者注销的信息。

第四章 认证证书和认证标志

第二十三条 认证证书至少包括以下内容:

(一)认证委托人名称,地址;

(二)招标投标系统名称、型号版本和网址;

(三)运营机构名称、注册地址、受审核地址;

(四)认证依据的标准、技术要求;

(五)认证模式;

(六)证书编号;

(七)发证日期、换证日期和有效期;

（八）发证机构的名称、印章及其标志；

（九）发证机构法定代表人或者其授权签字人的签字；

（十）其他需要标注的内容。

第二十四条 认证证书有效期为三年。有效期届满前6个月内，认证委托人应当办理重新认证。

第二十五条 在认证证书有效期内，招标投标系统功能、架构、运行环境等发生重大变更、出现重大事故，或者由于运营机构原因导致无法持续与电子招标投标公共服务平台和行政监督平台进行数据交换时，运营机构应当及时向认证机构报告，认证机构根据实际情况可以作出变更、注销、暂停、撤销或者重新认证的决定，并对外公布。

第二十六条 有下列情形之一的，运营机构应当向认证机构提出变更认证证书的申请，认证机构作出相应处理：

（一）获证招标投标系统名称或者网址发生变更的；

（二）运营机构名称、地址发生变更的；

（三）认证委托人名称、地址发生变更的；

（四）本办法及《检测规范》、认证规则等发生变化的；

（五）认证机构规定的其他应当变更的情形。

第二十七条 有下列情形之一的，认证机构应当注销认证证书：

（一）认证证书有效期届满，运营机构未申请延续使用的；

（二）获证招标投标系统不再运营的；

（三）运营机构申请注销的；

（四）其他依法应当注销的情形。

第二十八条 有下列情形之一的，认证机构应当按照认证规则规定的期限暂停认证证书：

（一）获证招标投标系统适用的认证依据或者认证规则发生变化，运营机构在规定期限内未达到变化后要求的；

（二）运营机构无正当理由拒绝接受跟踪检查，或者在跟踪检查中被发现违反有关规定的；

（三）跟踪检查中发现获证招标投标系统发生变更且不能持续符合认证要求的；

（四）运营机构申请暂停的；

（五）其他依法应当暂停的情形。

第二十九条 有下列情形之一的，认证机构应当撤销认证证书：

（一）跟踪检查中发现实际运营的招标投标系统与办理检测认证时运营机构提供的招标投标系统不一致的；

（二）认证证书暂停期间，运营机构未采取整改纠正措施或者整改后仍不合格的；

（三）运营机构以欺骗、贿赂等不正当手段获得检测报告和认证证书的；

（四）其他依法应当撤销的情形。

第三十条 招标投标系统认证标志的式样由基本图案和认证机构识别信息组成。认证标志的基本式样如下图所示，其中ABCDE代表认证机构简称。

ABCDE

认证标志应当嵌入到获证招标投标系统中，并在获证招标投标系统及运营机构网站首页予以明示，同时在标志下方标明获证日期和有效期。

电子认证标志由认证机构发放和管理。

第三十一条 运营机构应当建立认证标志使用管理制度，对认证标志的使用情况如实记录并存档，按照认证规则的规定在其招标投标系统网站、广告、产品介绍等宣传材料中正确使用和标注认证标志。

第三十二条 任何单位和个人不得伪造、变造、冒用、买卖和转让认证证书和认证标志。

第三十三条 认证机构发布的认证规则、出具的认证证书、对外公布的认证处理决定及相关检测报告应同时交互至国家电子招标投标公共服务平台。

第五章 监督管理

第三十四条 任何单位和个人不得强制要求招标投标系统增加违反法律法规的服务功能，并作为在一定地域、行业注册登记、运营、招标投标系统对接和数据交换的前置条件。

第三十五条 国家认监委组织开展招标投标系统检测认证专项监督检查，包括对认证机构、实验室的监督检查和获证招标投标系统的质量抽查等。发现违法违规行为的，依法查处，并通报有关部门。

第三十六条 社会公众和电子招标投标当事人对检测认证过程中的违法违规行为可以向国家认监委投诉、举报。国家认监委应当依法处理，并将处理决定交互至国家电子招标投标公共服务平台。

第三十七条 认证委托人对认证机构的认证活动和认证决定有异议的，可以向认证机构提出申诉。对认证机构处理结果仍有异议的，可以向国家认监委申诉或者投诉。

第六章 附 则

第三十八条 本办法施行前已经投入运营的招标投标系统，按照本办法要求进行检测认证期间，运营机构应当采取必要措施保证招标投标系统安全运营。

第三十九条 招标投标行政监督部门应当按照《电子招标投标办法》及《技术规范》的要求建设行政监督平台。行政监督平台的检测认证参照本办法执行。

电子招标投标交易平台与有关行业行政监督平台对接时，应当符合有关法律、行政法规和部门规章以及行业行政监督部门的规定。

第四十条 本办法由国家认监委、国家发展改革委会同有关部门负责解释。

第四十一条 本办法自2015年9月1日起施行。

附件：电子招标投标系统检测技术规范（略）

关于扎实开展国家电子招标投标试点工作的通知

（2015年7月8日国家发展和改革委员会、工业和信息化部、住房和城乡建设部、交通运输部、水利部、商务部发布 发改法规〔2015〕1544号）

各省、自治区、直辖市及计划单列市、副省级省会城市、新疆生产建设兵团发展改革委、工信委（经委）、通信管理局、住房城乡建设厅（建委、局）、交通厅（局）、水利厅（局）、商务厅（局），各地区铁路监管局，中国招标投标协会，各有关公共资源交易管理机构：

为落实党中央国务院关于加快完善现代市场体系的要求，在招投标领域探索实行"互联网+监管"模式，深入贯彻实施《电子招标投标办法》，不断提高电子招标投标的广度和深度，促进招标投标市场健康可持续发展，现就扎实开展国家电子招标投标试点工作通知如下：

一、试点总体目标

电子招标投标试点的总体目标是，贯彻落实党的十八大和十八届三中、四中全会精神，坚持招标投标与互联网相融合，坚持制度创新和技术创新相结合，通过试点推动建成一批符合《电子招标投标办法》要求的电子招标投标交易平台、公共服务平台和行政监督平台，鼓励、引导和带动交易平台市场化、专业化发展，架构形成全国互联互通的电子招标投标系统网络，建立健全招标投标市场信息公开共享服务体系，促进招标投标行政监督部门转变职能、创新监管方式，实现招标投标行业转型升级和市场规范化发展。

二、试点类型和期限

按照积极稳妥、分步推进、分类指导的原则，电子招标投标试点分为政府综合试点和交易平台试点。其中，政府综合试点根据各地区落实电子招标投标制度情况，电子招标投标系统建设运营基础，以及部门和地区推荐和申报，分批开展。本批试点在总结深圳市、昆明市先行先试经验基础上，将试点范围扩大到浙江省、福建省、湖北省、湖南省、甘肃省、广州市、宜宾市，各部门和各地区可以根据实际情况继续推荐和申报。交易平台试点由各地方、有关行业协会根据《电子招标投标办法》及其技术规范推荐，在国家发展改革委会同有关部门指导下组织实施，确保公开透明规范。

本批电子招标投标试点的期限为本通知发布之日起至2016年12月30日。

三、试点主要任务

政府综合试点侧重探索建立电子招标投标信息公开共享服务体系和创新招标投标监管体制机制，为电子招标投标交易平台市场化竞争、实现互联互通信息公开共享、规范市场秩序创造良好环境。试点的重点任务：一是构建规范的电子招标投标系统。引导各类主体按照市场化和专业化方向有序建设和运营交易平台，加快建立公共服务平台和行政监督平台，确保本地区各类电子招标投标平台符合《电子招标投标办法》规定的功能定位，依法合规运营，并推动平台之间功能分离、互联互通和信息共享。二是创新招标投标监管方式。推动本地区招标投标行政监督由现场监督转变为在线监督，更好发挥社会监督作用，运用大数据加强和改进监督方式，实现预警纠错、事中事后监督、在线投诉举报处理，建立招标采购全过程的动态监管机制。三是营造良好制度环境。加强电子招标投标制度宣传贯彻和能力建设，完善本地区电子招标投标配套制度和政策措施，组织对不适应电子招标投标发展的规章规范性文件进行全面清理，通过电子招标投标系统向社会公开，并在线接受咨询和意见建议。

交易平台试点侧重探索电子招标投标交易平台的技术创新、优化流程、规范程序、专业运营、统一标准，实现与内部信息管理系统和外部公共信息服务系统对接并交换信息，降低交易成本，提高交易效率，确保交易安全，促进公平有序竞争。

四、工作要求

（一）认真组织实施，确保取得实效。各试点单位要按照《电子招标投标办法》等有关规定和本通知要求，制定详细工作方案，明确工作机构、工作任务和时间进度要求，认真组织实施，并注重及时总结试点经验，争取形成一批电子招标投标创新成果。本批政府综合试点应每半年向国家发展改革委和有关部门报送工作进展情况，2016年12月提交总结报告。

（二）强化协同联动，实现互联共享。各政府综合试点之间，以及政府综合试点与交易平台试点之间，要加强协同配合，形成工作合力。政府综合试点区域内的电子招标投标公共服务平台和行政监督平台应当按规定开放数据接口，允许依法建立的各类交易平台对接交换数据。试点交易平台应当在试点期间通过检测认证，并与国家电子招标投标公共服务平台对接，实现互联互通和数据共享。对于交易平台请求接入政府综合试点区域内有关公共服务平台和行政监督平台，符合有关法律、行政法规、部门规章规定的，有关部门应当依法予以支持并提供便利。有关招标投标协会应当按照有关规定，加强电子招标投标活动的自律管理和技术保障服务。

（三）加强督促指导，做好总结验收。国家发展改革委、工业和信息化部、住房城乡建设部、交通运输部、水利部、商务部等部门将根据职责分工，对试点单位和电子招标投标平台建设运营活动进行监督。国家发展改革委加强指导协调，会同有关部门协调解决试点工作中的重大问题，总结、转化、推广试点经验和成果，督促检查试点工作，对试点不力的单位，进行提醒通报，对通报后仍达不到试点工作要求的，取消试点称号。试点结束后组织验收，验收合格且取得典型创新成果和经验的，转为创新示范点，并向社会公布。

关于进一步规范电子招标投标系统建设运营的通知

（2014年8月25日国家发展和改革委员会、工业和信息化部、
住房和城乡建设部、交通运输部、水利部、商务部发布　发改法规〔2014〕1925号）

国务院各部门、各直属机构，各省、自治区、直辖市及计划单列市、副省级省会城市、新疆生产建设兵团发展改革委、工信委（经委）、通信管理局、住房城乡建设厅（建委、局）、交通厅（局）、水利厅（局）、商务厅（局）、国资委（局）、广播影视局，各铁路局，民航各地区管理局，各计划单列企业集团：

《电子招标投标办法》（国家发展改革委等八部委第20号令，以下简称《办法》）以及《关于做好〈电子招标投标办法〉贯彻实施工作的指导意见》（发改法规〔2013〕1284号，以下简称《指导意见》）发布实施以来，电子招标投标取得积极进展，但实践中仍存在平台监督和交易功能不分、互联互通和信息共享不够、交易平台市场竞争不充分、监督手段滞后与监管越位并存等问题，市场主体反映强烈。为进一步规范电子招标投标系统建设运营，促进电子招标投标健康有序发展，现就有关事项通知如下：

一、交易平台要实现公平竞争、确保合规运营

（一）准确功能定位。交易平台由招标投标交易场所、招标人以及其他法人建设运营，支持招标代理机构、软件开发企业等第三方主体独立建设运营。政府部门投资并参与建设的交易平台仅用于政府自行投资项目，并且政府部门应委托第三方运营。招标投标交易场所建设兼具监督功能的平台，应当将监督功能交由行政监督部门和公共资源交易监管机构独立运营。

（二）鼓励平等竞争。交易平台要按照市场化、专业化、集约化方向建设运营。除按照《办法》进行检测认证和注册登记外，任何单位和个人不得对交易平台的建设运营设置或者变相设置行政许可或者备案。行政监督部门和公共资源交易监管机构不得为招标人统一规定或者强制使用指定的交易平台，也不得限制和排斥市场主体建设运营的交易平台与公共服务和行政监督平台对接以及交换信息。

（三）依法合规运营。交易平台在功能设置、技术标准、安全保障、运营管理等方面要严格执行《办法》有关规定。交易平台可自主确定经营模式，按照“谁使用、谁付费”的原则进行服务收费，但不得通过绑定工具软件收费。招标投标交易场所建设运营的交易平台不得利用其优势地位巧立名目乱收费。

二、公共服务平台要加强信息集成、实现资源共享

（一）落实责任主体。公共服务平台特指由设区的市级以上人民政府发展改革部门会同有关部门推动建立的信息集中共享平台。要按照2016年底前基本形成公共服务平台体系的目标，制定出台公共服务平台管理办法和技术规范，推动建立本地区跨部门、跨行业的统一的公共服务平台，并按规定与国家公共服务平台对接交互信息。鼓励和支持社会资本参与建设运营公共服务平台。

（二）确保公益属性。公共服务平台要立足公益性，满足电子招标投标系统之间信息交换、资源共享需求，为市场主体、行政监督部门和社会公众提供信息服务。公共服务平台应当设置行政监督通道，或者加载行政监督功能，但不得具备交易功能。已经建成或者准备建设的公共服务平台不符合《办法》、《指导意见》和本通知要求的，必须按照规定改造。

（三）实现互联互通。国家、省和市三级公共服务平台之间以及与其连接的交易平台、行政监督平台要按照规定实现互联互通、信息共享，并作为检测认证的重要条件，以此打破市场信息的分割封锁。鼓励具备条件的地方推动建立全省统一、终端覆盖市县的公共服务平台。

三、行政监督平台要体现简政放权、做到高效透明

（一）明确目标要求。各有关招标投标活动监督部门要结合电子政务建设，在2016年底前基本建成行政监督平台，实现在线监督。行政监督平台可以单独建设，也可以通过在公共服务平台中加载行政监督功能。支持设区的市级以上地方人民政府发展改革部门会同有关部门建设本地

区统一的行政监督平台。国务院各部门可探索建立全国统一的本系统、本行业的行政监督平台,实现监管政策规定的一体化。

(二)独立规范运行。拟新建的行政监督平台可以具备一定公共服务功能,但不得与交易平台合并建设和运营,也不得具备任何交易功能。已经建成的行政监督平台兼具交易功能的,应按照《办法》、《指导意见》和本通知要求,将监督功能和交易功能分别交由不同的主体负责,保证在线监督的独立性和公正性。

(三)依法设置监督功能。有关招标投标活动监督部门应当按照《招标投标法》及其实施条例的规定设立行政监督环节,不得在行政监督平台和其他任何平台中擅自增设招标投标活动的审批、核准、备案功能以及其他监管方式的控制功能。不得以限定运营主体、接口或者技术标准等方式,限制或者排斥通过检测认证的其他交易平台和公共服务平台与其对接并交互信息。

四、建成运营的系统要抓紧改造并通过检测认证

(一)明确改造时限。电子招标投标系统三大平台的运营机构和相关监管部门应在2015年底之前,全面完成对已有平台的改造,确保平台定位准确、功能独立、运营规范、标准统一、接口开放、安全可靠、高效便捷。

(二)通过检测认证。待国家发展改革委会同有关部门起草的《电子招标投标系统检测认证管理办法》及检测认证规范发布后,即对电子招标投标系统进行检测、认证。

(三)规范与发展并举。各省级发展改革部门要会同有关部门,在规范电子招标投标系统建设运营的同时,结合本地实际研究制定促进电子招标投标发展的工作方案,明确总体目标和年度计划,并采取有效措施抓好落实。

特此通知。

招标师职业资格制度暂行规定

(2013年3月4日人力资源和社会保障部、国家发展和改革委员会印发
人社部发〔2013〕19号)

第一章 总 则

第一条 为加强招标专业技术人员管理,提高招标专业技术人员职业素质,规范招标活动,根据《中华人民共和国招标投标法》、《中华人民共和国招标投标法实施条例》和国家职业资格证书制度有关规定,制定本规定。

第二条 本规定适用于依照法律、法规规定,在项目采购中从事招标活动的专业技术人员。

第三条 国家对依法从事招标工作的专业技术人员,实行准入类职业资格制度,纳入全国专业技术人员职业资格证书制度统一规划。

第四条 本规定所称招标师,是指经考试取得招标师资格证书,并依法注册后,从事招标活动的专业技术人员。

第五条 招标专业人员职业资格分为招标师和高级招标师。高级招标师的评价办法另行制定。

招标师英文译为:Tenderer

第六条 人力资源社会保障部、国家发展改革委共同负责招标师制度的政策制定,并按照职责分工对该制度的实施进行指导、监督和检查。

各省、自治区、直辖市人力资源社会保障行政主管部门和发展改革部门,按照职责分工负责本行政区域内招标师职业资格制度的实施与监督管理。

第二章 考 试

第七条 招标师职业资格实行全国统一大纲、统一命题、统一组织的考试制度。考试原则上

每年举行一次。

第八条 国家发展改革委负责拟定考试科目、考试大纲、考试试题，建立和管理考试试题库，提出考试合格标准建议。具体工作委托中国招标投标协会承担。

第九条 人力资源社会保障部组织专家审定考试科目、考试大纲和考试试题，会同国家发展改革委确定考试合格标准，并对考试工作进行指导、监督和检查。

第十条 凡中华人民共和国公民，遵守国家法律、法规，恪守职业道德，并符合下列条件之一的，可申请参加招标师资格考试：

（一）取得经济学、工学、法学或者管理学类专业大学专科学历，工作满 6 年，其中从事招标专业工作满 4 年；

（二）取得经济学、工学、法学或者管理学类专业大学本科学历，工作满 4 年，其中从事招标专业工作满 3 年；

（三）取得含经济学、工学、法学或者管理学类专业在内的双学士学位或者研究生班毕业，工作满 3 年，其中从事招标专业工作满 2 年；

（四）取得经济学、工学、法学或者管理学类专业硕士学位，工作满 2 年，其中从事招标专业工作满 1 年；

（五）取得经济学、工学、法学或者管理学类专业博士学位，从事招标专业工作满 1 年；

（六）取得其他学科门类上述学历或者学位的，其从事招标专业工作的年限相应增加 2 年。

第十一条 招标师职业资格考试合格，由人力资源社会保障部、国家发展改革委委托省、自治区、直辖市人力资源社会保障行政主管部门颁发人力资源社会保障部统一印制，人力资源社会保障部、国家发展改革委共同用印的《中华人民共和国招标师职业资格证书》（以下简称《资格证书》），该证书在全国范围内有效。

第十二条 对以不正当手段取得《资格证书》的，按照《专业技术人员资格考试违纪违规行为处理规定》（人力资源社会保障部令第 12 号）处理。

第三章 注 册

第十三条 国家对招标师资格实行注册执业管理制度。取得《资格证书》的人员，经过注册方可以招标师名义执业。

第十四条 国家发展改革委是招标师资格的注册审批部门。省、自治区、直辖市人民政府发展改革部门负责招标师资格注册的初步审查工作。

第十五条 取得招标师资格证书并申请注册的人员，应当受聘于一个具有招标项目或者代理机构资质的单位，并通过聘用单位所在地（聘用单位属企业的，通过本企业向工商注册所在地）的发展改革部门，向省、自治区、直辖市人民政府发展改革部门提交注册申请材料。

第十六条 省、自治区、直辖市发展改革部门在收到申请人的申请材料后，对申请材料不齐全或者不符合法定形式的，应当当场或者在 5 个工作日内，一次告知申请人需要补正的全部内容，逾期不告知的，自收到申请材料之日起即为受理。

对受理或者不予受理的注册申请，均应出具加盖省、自治区、直辖市发展改革部门专用印章和注明日期的书面凭证。

第十七条 省、自治区、直辖市发展改革部门自受理注册申请之日起 20 个工作日内，按规定条件和程序完成申报材料的初审工作，并将申报材料和审查意见报国家发展改革委审核。

国家发展改革委自收到省级发展改革部门报送的注册申请人的申请材料和初步审查意见之日起，20 个工作日内作出是否批准的决定。

在规定的期限内不能作出决定的，应将延长的期限和理由告知申请人。对作出不予批准决定的，应当书面说明理由，并告知申请人享有依法申请行政复议或者提起行政诉讼的权利。

第十八条 国家发展改革委自作出批准决定之日起 10 个工作日内，将批准决定颁发或送达批准注册的申请人，并核发统一制作的《中华人民共和国招标师注册证》。

第十九条 注册证的每一注册有效期为 3 年。注册证在有效期限内是招标师的执业凭证，由招标师本人保管、使用。

第二十条 申请初始注册者,应当自取得招标师资格证书之日起1年内提出注册申请。逾期申请初始注册时,须符合本规定继续教育要求。

初始注册、延续注册、变更注册、注销注册和不予注册等注册管理的具体办法,由国家发展改革委另行规定。

第二十一条 继续教育是招标师延续注册、重新申请注册和逾期初始注册的必备条件。在每个注册期内,招标师应按规定完成本专业的继续教育。

第二十二条 国家发展改革委建立招标师电子网络信息平台,为申请注册的人员提供注册申请、信息查询等服务,加强招标师信用管理,及时向社会公告招标师注册信息和信用信息。

第二十三条 招标师注册的初步审查部门和注册审批部门,应当严格执行《中华人民共和国行政许可法》有关规定。

第四章 执 业

第二十四条 招标师应当在一个招标项目单位或者具有招标代理机构资质的单位,开展与该单位资质许可范围和本人注册的专业范围相适应的招标执业活动。

第二十五条 招标师的执业范围:

(一)策划招标方案,组织实施和指导管理招标全过程,处理异议,协助解决争议;

(二)招标活动的咨询和评估;

(三)协助订立和管理招标合同;

(四)国家规定的其他招标采购业务。

第二十六条 招标师的执业能力:

(一)掌握招标采购有关法律、法规、规章、政策、标准规范以及技术经济知识,分析、判断和解决相关专业问题;

(二)组织策划、实施和管理招标全过程,编写、审核有关招标文件及合同,协助指导与管理招标合同的谈判、订立和履行,运用电子信息技术组织招标活动;

(三)了解国际、国内招标行业发展状况,开展招标专业技术研究、交流、咨询等工作。

第二十七条 招标活动中形成的相关文件,应当由招标师签字,并承担相应法律责任。

第五章 权利和义务

第二十八条 招标师享有下列权利:

(一)使用招标师称谓;

(二)在规定的执业范围内从事招标执业活动;

(三)对违反相关法律、法规和技术标准的行为提出劝告,并可以向相关招标行政监督部门报告;

(四)接受继续教育;

(五)获得与执业责任相应的劳动报酬;

(六)对侵犯本人执业权利的行为进行申诉。

第二十九条 招标师履行下列义务:

(一)遵守法律、法规和有关管理规定,恪守职业道德;

(二)执行招标法律、法规、规章及有关技术标准;

(三)履行岗位职责,保证招标执业活动质量,并承担相应责任;

(四)保守知悉的国家秘密和聘用单位的商业、技术秘密;

(五)不得允许他人以本人名义执业;

(六)不断更新知识,提高招标工作能力;

(七)协助注册管理部门开展相关工作。

第六章 附 则

第三十条 通过考试取得招标师资格证书,并符合《经济专业技术人员职务试行条例》有关规定的人员,用人单位可根据工作需要择优聘任其经济师专业职务。

通过考试取得招标师职业资格证书是申请评定本专业高级经济师职称的必备条件。

第三十一条 招标代理机构配备招标师的数量、招标师签字的文件种类、继续教育等注册执业的具体要求和管理办法,由国家发展改革委另行规定。

第三十二条 本规定施行前,依据原人事部、国家发展改革委印发的《〈招标采购专业技术人员职业水平评价暂行规定〉和〈招标师职业水平考试实施办法〉》(国人部发〔2007〕63 号)要求,通过考试取得《中华人民共和国招标师职业水平证书》的人员,可按照本规定要求申请注册执业。注册执业的具体办法由国家发展改革委另行通知。

第三十三条 本规定自发布之日起施行。

招标师职业资格考试实施办法

(2013 年 3 月 4 日人力资源和社会保障部、国家发展和改革委员会印发
人社部发〔2013〕19 号)

第一条 人力资源社会保障部、国家发展改革委共同委托人力资源社会保障部人事考试中心和中国招标投标协会,承担招标师职业资格考试的具体考务工作。

各省、自治区、直辖市人力资源社会保障行政主管部门和发展改革部门共同负责本地区的考试工作,具体职责分工由各地协商确定。

第二条 国家发展改革委委托中国招标投标协会成立招标师资格考试专家委员会。该委员会负责招标师职业资格考试大纲的编写和命题工作,承担考试试题库的建设工作。

第三条 招标师资格考试科目为招标采购专业知识与法律法规、招标采购项目管理、招标采购专业实务和招标采购合同管理 4 个科目。

考试成绩实行 4 年为一个周期的滚动管理办法,在连续的 4 个考试年度内参加应试科目的考试并合格,方可取得招标师资格证书。

第四条 招标师资格考试分 4 个半天进行。招标采购专业知识与法律法规和招标采购项目管理 2 个科目的考试时间均为 2.5 小时;招标采购专业实务和招标采购合同管理 2 个科目的考试时间为 3 小时。

第五条 符合《招标师职业资格制度暂行规定》(以下简称《暂行规定》)有关报名条件的人员,均可报名参加招标师资格考试。

第六条 符合《暂行规定》中考试报名条件,并具备下列一项条件的,可免试招标采购项目管理和招标采购合同管理 2 个科目,只参加招标采购专业知识与法律法规和招标采购专业实务 2 个科目的考试。

(一)2012 年 12 月 31 日前,取得高级经济师或者高级工程师职称;

(二)通过全国统一考试取得监理工程师、造价工程师,或者注册咨询工程师(投资)资格证书的。

第七条 为保证招标师资格考试科目名称调整的平稳过渡,在 2014 年度考试报名时,应按如下要求进行:

(一)在 2013 年,已按照原人事部、国家发展改革委《招标师职业水平考试实施办法》规定的科目要求参加考试,且部分科目合格的人员,在 2014 年度可继续按照原科目要求参加其他剩余科目的考试。在 2014 年,仍未取得招标师资格证书的人员,应在 2015 年按照本办法第三条规定和要求参加 4 个新科目的考试。

(二)在 2014 年度首次参加招标师资格考试的人员,应当按照本办法第三条规定的 4 个科目

报名参加考试,其考试成绩按4年为一个滚动周期的办法管理;符合本办法第六条规定的可免试相应科目,其考试成绩按2年为一个滚动周期的办法管理。

自2015年起,招标师资格考试报名均应当按照本办法规定的科目和相关要求进行。

第八条 参加考试由本人提出申请,携带相关证明材料,到当地考试管理机构报名。考试管理机构按照规定的程序和报名条件审查合格后,核发准考证。参加考试人员凭准考证在指定的日期、时间、地点参加考试。

中央和国务院各部门及所属单位、中央管理企业的人员按属地原则报名参加考试。

第九条 考点原则上设在省会城市和直辖市的高、中等学校或者高考定点学校。如确需在其他城市设置考点,须经人力资源社会保障部和国家发展改革委批准。考试日期原则上定为每年第二季度。

第十条 坚持考试与培训分开的原则。凡参与考试工作(包括试题命制与组织管理等)的人员,不得参加考试,不得参与或举办与考试内容有关的培训工作。应考人员参加培训坚持自愿原则。

第十一条 考试管理部门和考务实施机构,应严格执行考试工作的各项规章制度,遵守考试纪律,切实做好试卷命制、印刷、发送和保管过程中的保密工作,遵守保密制度,严防泄密。

第十二条 对违反考试纪律和有关规定的人员,按照《专业技术人员资格考试违纪违规行为处理规定》(人力资源社会保障部第12号令)处理。

招标投标违法行为记录公告暂行办法

(2008年6月18日国家发展和改革委员会、工业和信息化部、监察部、财政部、住房和城乡建设部、交通运输部、铁道部、水利部、商务部、国务院法制办公室印发
发改法规〔2008〕1531号 自2009年1月1日起施行)

第一章 总 则

第一条 为贯彻《国务院办公厅关于进一步规范招投标活动的若干意见》(国办发〔2004〕56号),促进招标投标信用体系建设,健全招标投标失信惩戒机制,规范招标投标当事人行为,根据《招标投标法》等相关法律规定,制定本办法。

第二条 对招标投标活动当事人的招标投标违法行为记录进行公告,适用本办法。

本办法所称招标投标活动当事人是指招标人、投标人、招标代理机构以及评标委员会成员。

本办法所称招标投标违法行为记录,是指有关行政主管部门在依法履行职责过程中,对招标投标当事人违法行为所作行政处理决定的记录。

第三条 国务院有关行政主管部门按照规定的职责分工,建立各自的招标投标违法行为记录公告平台,并负责公告平台的日常维护。

国家发展改革委会同国务院其他有关行政主管部门制定公告平台管理方面的综合性政策和相关规定。

省级人民政府有关行政主管部门按照规定的职责分工,建立招标投标违法行为记录公告平台,并负责公告平台的日常维护。

第四条 招标投标违法行为记录的公告应坚持准确、及时、客观的原则。

第五条 招标投标违法行为记录公告不得公开涉及国家秘密、商业秘密、个人隐私的记录。但是,经权利人同意公开或者行政机关认为不公开可能对公共利益造成重大影响的涉及商业秘密、个人隐私的违法行为记录,可以公开。

第二章 违法行为记录的公告

第六条 国务院有关行政主管部门和省级人民政府有关行政主管部门(以下简称"公告部门")应自招标投标违法行为行政处理决定作出之日起20个工作日内对外进行记录公告。

省级人民政府有关行政主管部门公告的招标投标违法行为行政处理决定应同时抄报相应国务院行政主管部门。

第七条 对招标投标违法行为所作出的以下行政处理决定应给予公告：

（一）警告；

（二）罚款；

（三）没收违法所得；

（四）暂停或者取消招标代理资格；

（五）取消在一定时期内参加依法必须进行招标的项目的投标资格；

（六）取消担任评标委员会成员的资格；

（七）暂停项目执行或追回已拨付资金；

（八）暂停安排国家建设资金；

（九）暂停建设项目的审查批准；

（十）行政主管部门依法作出的其他行政处理决定。

第八条 违法行为记录公告的基本内容为：被处理招标投标当事人名称（或姓名）、违法行为、处理依据、处理决定、处理时间和处理机关等。

公告部门可将招标投标违法行为行政处理决定书直接进行公告。

第九条 违法行为记录公告期限为六个月。公告期满后，转入后台保存。

依法限制招标投标当事人资质（资格）等方面的行政处理决定，所认定的限制期限长于六个月的，公告期限从其决定。

第十条 公告部门负责建立公告平台信息系统，对记录信息数据进行追加、修改、更新，并保证公告的违法行为记录与行政处理决定的相关内容一致。

公告平台信息系统应具备历史公告记录查询功能。

第十一条 公告部门应对公告记录所依据的招标投标违法行为行政处理决定书等材料妥善保管、留档备查。

第十二条 被公告的招标投标当事人认为公告记录与行政处理决定的相关内容不符的，可向公告部门提出书面更正申请，并提供相关证据。

公告部门接到书面申请后，应在5个工作日内进行核对。公告的记录与行政处理决定的相关内容不一致的，应当给予更正并告知申请人；公告的记录与行政处理决定的相关内容一致的，应当告知申请人。

公告部门在作出答复前不停止对违法行为记录的公告。

第十三条 行政处理决定在被行政复议或行政诉讼期间，公告部门依法不停止对违法行为记录的公告，但行政处理决定被依法停止执行的除外。

第十四条 原行政处理决定被依法变更或撤销的，公告部门应当及时对公告记录予以变更或撤销，并在公告平台上予以声明。

第三章 监督管理

第十五条 有关行政主管部门应依法加强对招标投标违法行为记录被公告当事人的监督管理。

第十六条 招标投标违法行为记录公告应逐步实现互联互通、互认共用，条件成熟时建立统一的招标投标违法行为记录公告平台。

第十七条 公告的招标投标违法行为记录应当作为招标代理机构资格认定，依法必须招标项目资质审查、招标代理机构选择、中标人推荐和确定、评标委员会成员确定和评标专家考核等活动的重要参考。

第十八条 有关行政主管部门及其工作人员在违法行为记录的提供、收集和公告等工作中有玩忽职守、弄虚作假或者徇私舞弊等行为的，由其所在单位或者上级主管机关予以通报批评，并依纪依法追究直接责任人和有关领导的责任；构成犯罪的，移送司法机关依法追究刑事责任。

第四章　附　　则

第十九条　各省、自治区、直辖市发展改革部门可会同有关部门根据本办法制定具体实施办法。

第二十条　本办法由国家发展改革委会同国务院有关部门负责解释。

第二十一条　本办法自2009年1月1日起施行。

关于进一步贯彻落实招标投标违法行为记录公告制度的通知

（2010年3月29日国家发展和改革委员会、工业和信息化部、监察部、财政部、住房和城乡建设部、交通运输部、铁道部、水利部、商务部、国务院法制办公室发布　发改法规〔2010〕628号）

各省、自治区、直辖市发展改革委、工业和信息化主管部门、通信管理局、监察厅、财政厅、住房城乡建设厅（建委、建设交通委）、交通厅、水利厅、商务主管部门、法制办、各铁路局、民航各地区管理局：

严格落实招标投标违法行为记录公告制度是工程建设领域突出问题专项治理工作的一项重要任务。《招标投标违法行为记录公告暂行办法》（发改法规〔2008〕1531号，以下简称《暂行办法》）自2009年1月1日颁布实施以来，各地认真贯彻落实，推进招标投标市场诚信建设取得积极成效。但是，总体进展尚不平衡，一些地方至今尚未建立公告平台，一些地方虽建立了公告平台却没有按照规定及时进行公告，影响了违法行为记录公告制度实施效果。为进一步贯彻落实中共中央办公厅、国务院办公厅《关于开展工程建设领域突出问题专项治理工作的意见》（中办发〔2009〕27号）、中央治理工程建设领域突出问题工作领导小组《工程建设领域突出问题专项治理工作实施方案》（中治工发〔2009〕2号）和《规范工程建设项目决策行为和招标投标活动指导意见》（中治工发〔2009〕3号）部署和要求，切实发挥招标投标违法行为记录公告制度的失信惩戒作用，促进招标投标市场信用体系建设，现将有关事项通知如下：

一、抓紧建立违法行为记录公告平台。2010年5月底前，各省级有关行政主管部门要按照《暂行办法》要求，在本部门网站上建立招标投标违法行为记录公告平台，并做好公告平台维护和管理工作；已经建立的，进一步规范和完善公告平台，逐步实现互联互通、互认共用；条件成熟的建立统一的违法行为记录公告平台。要加强对市、县级招标投标违法行为记录公告平台建设的指导和督促，争取今年年底前，建立起国务院有关部门，以及省、市、县四级公告平台。结合开展工程建设领域突出问题专项治理工作，将招标投标违法行为记录公告平台制度落实与工程建设领域项目信息公开和诚信体系建设相结合，促进信息共享。

二、依法公告违法行为记录。各省级有关行政主管部门要以落实中央工程建设领域突出问题专项治理工作部署为契机，加大监督检查工作力度，按照规定的职责分工，严肃查处招标投标违法违规行为。对于依法应当公告的违法行为，应及时在公告平台上公告。严格按照《暂行办法》规定的程序和要求发布公告，确保公告准确和客观。各省级有关行政主管部门公告的招标投标违法行为行政处理决定，须按要求及时抄报相应国务院行政主管部门。国务院有关行政主管部门将选取一批典型案件进行公告，并加强对本系统违法行为记录公告工作的指导，建立系统公告记录信息通报制度。

三、加大招标投标失信惩戒力度。各地可以结合本地实际，进一步健全失信惩戒制度，将公告的招标投标违法行为记录作为招标代理机构资格认定、依法必须招标项目投标人资格审查、招标代理机构选择、中标人推荐和确定、评标委员会成员确定和评标专家考核等活动的重要依据。

各地要按照中央工程建设领域突出问题专项治理工作统一部署，采取有效措施，全面落实招标投标违法行为记录公告制度。2010年上半年，国家发展改革委、监察部将会同国务院有关部门对各地贯彻落实情况进行监督检查，重点检查公告平台建立和运行情况。对没有建立公告平台，或者不按照规定及时公告违法行为记录的地方，要进行通报。

关于监察机关和有关行政监督部门在查处工程建设招标投标违法违纪案件工作中加强协作配合的通知

(2008年10月9日监察部、国家发展和改革委员会、工业和信息化部、财政部、住房和城乡建设部、交通运输部、铁道部、水利部、商务部、国务院法制办公室发布 监发〔2008〕8号)

各省、自治区、直辖市监察厅(局、委)、发展改革委、信息产业厅(局、委、办)、通信管理局、财政厅(局)、建设厅(委)、交通厅(局)、水利(水务)厅(局)、商务厅(局),各铁路局,新疆生产建设兵团监察局、发展改革委、信息产业局、财务局、建设局、交通局、水利局,商务局,计划单列市财政局:

为及时有效地查处工程建设招标投标活动中的违法违纪案件,促进招标投标法律法规的贯彻实施,进一步遏制工程建设领域腐败现象,惩处工程建设招标投标活动中的违法违纪行为,现就监察机关和有关行政监督部门在查处工程建设招标投标违法违纪案件工作中加强协作配合的有关问题通知如下:

一、各级监察机关与发展改革、工业信息、财政、建设、交通运输、水利、商务、铁道等有关行政监督部门(以下简称有关行政监督部门)依照《中华人民共和国行政监察法》、《中华人民共和国招标投标法》和《国务院办公厅印发国务院有关部门实施招标投标活动行政监督的职责分工意见的通知》(国办发〔2000〕34号)等有关规定,充分发挥各自的职能作用,在查处工程建设招标投标违法违纪案件工作中加强协作配合,并可以根据需要召开联席会议研究有关问题,建立相应的沟通、协调机制。

二、有关行政监督部门在查处工程建设招标投标违法违纪案件中,发现监察对象违法违纪线索的,应当将线索及时移送同级监察机关。监察机关对移送的线索,应当依法依纪进行初步审查。对决定不予立案的,应当说明原因,并书面告知有关行政监督部门;对立案查处的,应当及时将调查处理结果书面告知有关行政监督部门。

三、监察机关在办理监察事项过程中,发现有关单位或者人员有涉嫌违反招标投标法律法规的行为,属于有关行政监督部门管辖范围的,应当将有关情况及材料及时移送相关的同级行政监督部门处理。有关行政监督部门应当及时将处理情况书面告知监察机关。

四、对于工程建设招标投标违法违纪案件,监察机关和有关行政监督部门根据职责分工和具体情况,可以共同立案查处,也可以分别立案查处。在查处工程建设招标投标违法违纪案件工作中,监察机关与有关行政监督部门或者有关行政监督部门之间需要协助配合的,相关单位应当予以协助配合。

五、监察机关和有关行政监督部门共同立案查处的工程建设招标投标违法违纪案件,由相关单位的有关人员共同组成联合调查组,按照法定职权开展调查。案件调查终结后,由参加调查的相关单位共同研究写出调查报告。需要给予处分的,由参与调查的监察机关负责落实;需要给予行政处罚的,由参与调查的有关行政监督部门负责落实。

六、移送的违法违纪案件材料应当包括以下内容:

(一)本单位或者主管单位同意移送的意见;

(二)案件的来源及立案材料;

(三)案件调查报告;

(四)有关证据材料;

(五)其他需要移送的材料。

七、监察机关和有关行政监督部门查处工程建设招标投标违法违纪案件,发现涉嫌犯罪的,应当及时移送司法机关依法处理。

八、地方各级监察机关和有关行政监督部门要按照本通知的要求,及时建立查处工程建设招标投标违法违纪案件工作的协作配合机制。在执行过程中有哪些问题和建议，请及时向国务院监察机关和各自的上级主管部门报告。

关于在招标投标活动中对失信被执行人实施联合惩戒的通知

（2016年8月30日最高人民法院、国家发展和改革委员会、工业和信息化部、住房和城乡建设部、交通运输部、水利部、商务部、国家铁路局、中国民用航空局发布　法〔2016〕285号）

为贯彻党的十八届三中、四中、五中全会精神，落实《中央政法委关于切实解决人民法院执行难问题的通知》（政法〔2005〕52号）、《国务院关于促进市场公平竞争维护市场正常秩序的若干意见》（国发〔2014〕20号）、《国务院关于印发社会信用体系建设规划纲要（2014—2020年）的通知》（国发〔2014〕21号）、《关于对失信被执行人实施联合惩戒的合作备忘录》（发改财金〔2016〕141号）要求，加快推进社会信用体系建设，健全跨部门失信联合惩戒机制，促进招标投标市场健康有序发展，现就在招标投标活动中对失信被执行人实施联合惩戒的有关事项通知如下。

一、充分认识在招标投标活动中实施联合惩戒的重要性

诚实信用是招标投标活动的基本原则之一。在招标投标活动中对失信被执行人开展联合惩戒，有利于规范招标投标活动中当事人的行为，促进招标投标市场健康有序发展；有利于建立健全"一处失信，处处受限"的信用联合惩戒机制，推进社会信用体系建设；有利于维护司法权威，提升司法公信力，在全社会形成尊重司法，诚实守信的良好氛围。各有关单位要进一步提高认识，在招标投标活动中对失信被执行人实施联合惩戒，有效应用失信被执行人信息，推动招标投标活动规范、高效、透明。

二、联合惩戒对象

联合惩戒对象为被人民法院列为失信被执行人的下列人员：投标人、招标代理机构、评标专家以及其他招标从业人员。

三、失信被执行人信息查询内容及方式

（一）查询内容

失信被执行人（法人或者其他组织）的名称、统一社会信用代码（或组织机构代码）、法定代表人或者负责人姓名；失信被执行人（自然人）的姓名、性别、年龄、身份证号码；生效法律文书确定的义务和被执行人的履行情况；失信被执行人失信行为的具体情形；执行依据的制作单位和文号、执行案号、立案时间、执行法院；人民法院认为应当记载和公布的不涉及国家秘密、商业秘密、个人隐私的其他事项。

（二）推送及查询方式

最高人民法院将失信被执行人信息推送到全国信用信息共享平台和"信用中国"网站，并负责及时更新。

招标人、招标代理机构、有关单位应当通过"信用中国"网站（www. creditchina. gov. cn）或各级信用信息共享平台查询相关主体是否为失信被执行人，并采取必要方式做好失信被执行人信息查询记录和证据留存。投标人可通过"信用中国"网站查询相关主体是否为失信被执行人。

国家公共资源交易平台、中国招标投标公共服务平台、各省级信用信息共享平台通过全国信用信息共享平台共享失信被执行人信息，各省级公共资源交易平台通过国家公共资源交易平台共享失信被执行人信息，逐步实现失信被执行人信息推送、接收、查询、应用的自动化。

四、联合惩戒措施

各相关部门应依据《中华人民共和国民事诉讼法》《中华人民共和国招标投标法》《中华人民共和国招标投标法实施条例》《最高人民法院关于公布失信被执行人名单信息的若干规定》等相关法律法规，依法对失信被执行人在招标投标活动中采取限制措施。

（一）限制失信被执行人的投标活动

依法必须进行招标的工程建设项目，招标人应当在资格预审公告、招标公告、投标邀请书及资格预审文件、招标文件中明确规定对失信被执行人的处理方法和评标标准，在评标阶段，招标人或者招标代理机构、评标专家委员会应当查询投标人是否为失信被执行人，对属于失信被执行人的投标活动依法予以限制。

两个以上的自然人、法人或者其他组织组成一个联合体，以一个投标人的身份共同参加投标活动的，应当对所有联合体成员进行失信被执行人信息查询。联合体中有一个或一个以上成员属于失信被执行人的，联合体视为失信被执行人。

（二）限制失信被执行人的招标代理活动

招标人委托招标代理机构开展招标事宜的，应当查询其失信被执行人信息，鼓励优先选择无失信记录的招标代理机构。

（三）限制失信被执行人的评标活动

依法建立的评标专家库管理单位在对评标专家聘用审核及日常管理时，应当查询有关失信被执行人信息，不得聘用失信被执行人为评标专家。对评标专家在聘用期间成为失信被执行人的，应及时清退。

（四）限制失信被执行人招标从业活动

招标人、招标代理机构在聘用招标从业人员前，应当明确规定对失信被执行人的处理办法，查询相关人员的失信被执行人信息，对属于失信被执行人的招标从业人员应按照规定进行处理。

以上限制自失信被执行人从最高人民法院失信被执行人信息库中删除之时起终止。

五、工作要求

（一）有关单位要根据本《通知》，共同推动在招标投标活动中对失信被执行人开展联合惩戒工作，指导、督促各地、各部门落实联合惩戒工作要求，确保联合惩戒工作规范有序进行。

（二）有关单位应在规范招标投标活动中，建立相关单位和个人违法失信行为信用记录，通过全国信用信息共享平台、国家公共资源交易平台和中国招标投标公共服务平台实现信用信息交换共享和动态更新，并按照有关规定及时在“信用中国”网站予以公开。

（三）有关单位应当妥善保管失信被执行人信息，不得用于招标投标以外的事项，不得泄露企业经营秘密和相关个人隐私。

关于建立清理和规范招标投标有关规定长效机制的意见

（2015 年 4 月 15 日国家发展和改革委员会、工业和信息化部、住房和城乡建设部、交通运输部、水利部、商务部、国务院法制办公室发布　发改法规〔2015〕787 号）

按照党的十八大和十八届三中、四中全会精神，以及《国务院办公厅转发发展改革委法制办监察部关于做好招标投标法实施条例贯彻实施工作意见的通知》（国办发〔2012〕21 号）要求，为促进招标投标市场健康有序发展，维护公平竞争的市场秩序，经国务院同意，现就建立清理和规范招标投标有关规定长效机制提出以下意见。

一、充分认识做好相关工作的重要性和紧迫性

《中华人民共和国招标投标法》、《中华人民共和国招标投标法实施条例》颁布实施后，按照党中央、国务院的部署，各地区、各有关部门根据“谁制定、谁清理”的原则，对全国范围内招标投标有关规章和规范性文件进行了全面清理，修改或废止了一大批不符合上位法、不适应经济社会发展需要、妨碍公平竞争的规定，促进了全国招标投标制度体系的统一。但是，清理范围不全面、内容不彻底、违反上位法的规定边清理边出台等情况仍较为突出，文件内容彼此矛盾和违法设置行政审批、备案、收费以及违规干预市场主体自主权等问题尚未根本解决，导致市场主体合法权利受限、负担加重，严重影响市场在资源配置中起决定性作用的发挥，而且容易滋生腐败，社会各方面反映强烈，亟需建立清理和规范招标投标有关规定的长效机制，切实理顺政府与市场的关系,维护招标投标法律制度统一,营造公平竞争的市场环境,推动形成统一开放、竞争有序的现代市场体系。

二、建立招标投标规定定期清理和目录管理机制

(一)建立定期清理机制。按照国办发〔2012〕21号文件要求,省级人民政府发展改革部门要商同级政府法制工作机构以及其他有关部门,根据实际情况建立招标投标规定定期清理工作机制,每3年至少组织进行一次全面清理,坚决纠正违法通过规章和规范性文件设置审批事项和收费项目、以备案名义变相实施审批、干预交易主体自主权的行为,清理各个文件中与法律法规相冲突的内容。清理过程和结果应当向社会公开,接受社会监督。对于有关地方和部门以“红头文件”设置行政许可,限制市场竞争,以及违法实施行业保护和地区封锁,并拒不纠正的,有关机关应当依法处理。

(二)实行目录管理。省级人民政府发展改革部门要会同同级政府法制工作机构,对本地区(包括省、市、县三级)经清理后保留的招标投标规章和规范性文件进行汇编,拟订目录,在省级人民政府发展改革部门和政府法制工作机构门户网站公示,公示时间不得少于20个工作日,以便政府部门、市场主体、社会公众在公示期间提出异议或补充完善建议。根据各方面意见建议补充调整完善并与有关部门确认后形成的正式目录,应报省级人民政府批准,通过省级人民政府网站或省级人民政府发展改革部门和政府法制工作机构门户网站向社会公布,并动态更新。未列入目录的规章和规范性文件,一律不得作为行政监管依据。

三、推进招标投标规定信息公开

(三)加强信息公开。各级招标投标行政监督部门应当制定本部门现行有效招标投标规章和规范性文件目录,连同文件全文在本部门门户网站、本级电子招标投标行政监督平台和公共服务平台、统一规范的公共资源交易平台上向社会公开。国家电子招标投标公共服务平台通过各级公共服务平台互联共享,发布全国招标投标法律法规规章及规范性文件信息。

(四)畅通意见反馈渠道。各级招标投标行政监督部门应当在有关门户网站、电子招标投标行政监督平台以及有关电子公共服务平台上建立招标投标有关规定投诉举报栏目,便于市场主体以及社会公众在线提出咨询和有关意见建议。对属于本部门的规定,相关行政监督部门应当认真研究,对存在问题的内容尽快予以修改或废止;对不属于本部门的规定,要及时转有关部门处理。办理情况应当及时向提出意见建议的市场主体反馈。

四、完善招标投标规定审查和后评估机制

(五)规范公众征求意见程序。各级招标投标行政监督部门新制定或修改招标投标规章和规范性文件,必须通过本级公共服务平台、行政监督平台和本部门门户网站统一向社会公开征求意见,征求意见时间不得少于20个工作日,并做好意见整理和反馈。对于社会公众意见比较集中的,应当组织专题论证。在报送本级政府法制工作机构审查时应对征求公众意见情况进行说明。

(六)加大备案审查力度。县级以上地方人民政府招标投标行政监督部门应当将本部门发布的招标投标有关规范性文件报本级政府法制工作机构登记、编号、备案。相关政府法制工作机构应当对备案文件进行实质审查,做到有件必备、有错必究,重点审查违反上位法,擅自设置审批事项、增加审批环节,以注册、登记、备案为名变相审批,干预当事人自主权,搞地方或行业保护,增加企业负担等内容,切实维护招标投标制度统一。

(七)建立后评估制度。各级招标投标行政监督部门对于实施超过3年的招标投标规定应组织后评估,鼓励委托有关行业协会、咨询机构、科研院校等社会组织进行第三方评估,并及时根据评估情况修改完善有关招标投标规定。

建立清理和规范招标投标有关规定的长效机制,是健全招标投标法律制度体系、规范和发展招标投标市场的重要保障。各地方、各有关部门要高度重视,尽快按照本意见要求建立招标投标规定清理和规范长效机制并组织实施。国家发展改革委将会同有关部门加强指导协调,定期进行监督检查。

国家发展改革委等部门关于严格执行招标投标法规制度进一步规范招标投标主体行为的若干意见

（2022年7月18日　发改法规规〔2022〕1117号）

各省、自治区、直辖市、新疆生产建设兵团发展改革委、工业和信息化主管部门、公安厅（局）、住房城乡建设厅（委、局）、交通运输厅（局、委）、水利（水务）厅（局）、农业农村厅（局、委）、商务厅（局）、审计厅（局）、广播电视局、能源局、招标投标指导协调工作牵头部门、公共资源交易平台整合工作牵头部门，各省、自治区、直辖市通信管理局，审计署各特派员办事处、国家能源局各派出机构、各地区铁路监管局、民航各地区管理局，全国公共资源交易平台、中国招标投标公共服务平台：

招标投标制度是社会主义市场经济体制的重要组成部分，对于充分发挥市场在资源配置中的决定性作用，更好发挥政府作用，深化投融资体制改革，提高国有资金使用效益，预防惩治腐败具有重要意义。近年来，各地区、各部门认真执行《招标投标法》及配套法规规章，全社会依法招标投标意识不断增强，招标投标活动不断规范，在维护国家利益、社会公共利益和招标投标活动当事人合法权益方面发挥了重要作用。但是当前招标投标市场还存在不少突出问题，招标人主体责任落实不到位，各类不合理限制和隐性壁垒尚未完全消除，规避招标、虚假招标、围标串标、有关部门及领导干部插手干预等违法行为仍然易发高发，招标代理服务水平参差不齐，一些评标专家不公正、不专业，导致部分项目中标结果不符合实际需求或者实施效果不佳，制约了招标投标制度竞争择优功能的发挥。为全面贯彻党的十九大和十九届历次全会精神，按照第十九届中央纪委第六次全会、国务院第五次廉政工作会议部署，现就严格执行招标投标法规制度、进一步规范招标投标各方主体行为提出以下意见。

一、强化招标人主体责任

（一）依法落实招标自主权。切实保障招标人在选择招标代理机构、编制招标文件、在统一的公共资源交易平台体系内选择电子交易系统和交易场所、组建评标委员会、委派代表参加评标、确定中标人、签订合同等方面依法享有的自主权。任何单位和个人不得以任何方式为招标人指定招标代理机构，不得违法限定招标人选择招标代理机构的方式，不得强制具有自行招标能力的招标人委托招标代理机构办理招标事宜。任何单位不得设定没有法律、行政法规依据的招标文件审查等前置审批或审核环节。对实行电子招标投标的项目，取消招标文件备案或者实行网上办理。

（二）严格执行强制招标制度。依法经项目审批、核准部门确定的招标范围、招标方式、招标组织形式，未经批准不得随意变更。依法必须招标项目拟不进行招标的、依法应当公开招标的项目拟邀请招标的，必须符合法律法规规定情形并履行规定程序；除涉及国家秘密或者商业秘密的外，应当在实施采购前公示具体理由和法律法规依据。不得以支解发包、化整为零、招小送大、设定不合理的暂估价或者通过虚构涉密项目、应急项目等形式规避招标；不得以战略合作、招商引资等理由搞“明招暗定”“先建后招”的虚假招标；不得通过集体决策、会议纪要、函复意见、备忘录等方式将依法必须招标项目转为采用谈判、询比、竞价或者直接采购等非招标方式。对于涉及应急抢险救灾、疫情防控等紧急情况，以及重大工程建设项目经批准增加的少量建设内容，可以按照《招标投标法》第六十六条和《招标投标法实施条例》第九条规定不进行招标，同时强化项目单位在资金使用、质量安全等方面责任。不得随意改变法定招标程序；不得采用抽签、摇号、抓阄等违规方式直接选择投标人、中标候选人或中标人。除交易平台暂不具备条件等特殊情形外，依法必须招标项目应当实行全流程电子化交易。

（三）规范招标文件编制和发布。招标人应当高质量编制招标文件，鼓励通过市场调研、专家咨询论证等方式，明确招标需求，优化招标方案；对于委托招标代理机构编制的招标文件，应当认真组织审查，确保合法合规、科学合理、符合需求；对于涉及公共利益、社会关注度较高的项目，以及技术复杂、专业性强的项目，鼓励就招标文件征求社会公众或行业意见。依法必须招标项目的招标文件，应当使用国家规定的标准文本，根据项目的具体特点与实际需要编制。招标文件中资质、业绩等投标人资格条件要求和评标标准应当以符合项目具体特点和满足实际需要为限度审慎设置，不得通过设置不合理条件排斥或者限制潜在投标人。依法必须招标项目不得提出注册地址、所有制性质、市场占有率、特定行政区域或者特定行业业绩、取得非强制资质认证、设立本地分支机构、本地缴纳税收社保等要求，不得套用特定生产供应者的条件设定投标人资格、技术、商务条件。简化投标文件形式要求，一般不得将装订、纸张、明显的文字错误等列为否决投标情形。鼓励参照《公平竞争审查制度实施细则》，建立依法必须招标项目招标文件公平竞争审查机制。鼓励建立依法必须招标项目招标文件公示或公开制度。严禁设置投标报名等没有法律法规依据的前置环节。

（四）规范招标人代表条件和行为。招标人应当选派或者委托责任心强、熟悉业务、公道正派的人员作为招标人代表参加评标，并遵守利益冲突回避原则。严禁招标人代表私下接触投标人、潜在投标人、评标专家或相关利害关系人；严禁在评标过程中发表带有倾向性、误导性的言论或者暗示性的意见建议，干扰或影响其他评标委员会成员公正独立评标。招标人代表发现其他评标委员会成员不按照招标文件规定的评标标准和方法评标的，应当及时提醒、劝阻并向有关招标投标行政监督部门（以下简称行政监督部门）报告。

（五）加强评标报告审查。招标人应当在中标候选人公示前认真审查评标委员会提交的书面评标报告，发现异常情形的，依照法定程序进行复核，确认存在问题的，依照法定程序予以纠正。重点关注评标委员会是否按照招标文件规定的评标标准和方法进行评标；是否存在对客观评审因素评分不一致，或者评分畸高、畸低现象；是否对可能低于成本或者影响履约的异常低价投标和严重不平衡报价进行分析研判；是否依法通知投标人进行澄清、说明；是否存在随意否决投标的情况。加大评标情况公开力度，积极推进评分情况向社会公开、投标文件被否决原因向投标人公开。

（六）畅通异议渠道。招标人是异议处理的责任主体，应当畅通异议渠道，在招标公告和公示信息中公布受理异议的联系人和联系方式，在法定时限内答复和处理异议，积极引导招标投标活动当事人和利害关系人按照法定程序维护自身权益。实行电子招标投标的，应当支持系统在线提出异议、跟踪处理进程、接收异议答复。不得故意拖延、敷衍，无故回避实质性答复，或者在作出答复前继续进行招标投标活动。

（七）落实合同履约管理责任。招标人应当高度重视合同履约管理，健全管理机制，落实管理责任。依法必须招标项目的招标人应当按照《公共资源交易领域基层政务公开标准指引》要求，及时主动公开合同订立信息，并积极推进合同履行及变更信息公开。加强对依法必须招标项目合同订立、履行及变更的行政监督，强化信用管理，防止“阴阳合同”“低中高结”等违法违规行为发生，及时依法查处违法违规行为。

（八）加强招标档案管理。招标人应当按照有关规定加强招标档案管理，及时收集、整理、归档招标投标交易和合同履行过程中产生的各种文件资料和信息数据，并采取有效措施确保档案的完整和安全，不得篡改、损毁、伪造或者擅自销毁招标档案。加快推进招标档案电子化、数字化。招标人未按照规定进行归档，篡改、损毁、伪造、擅自销毁招标档案，或者在依法开展的监督检查中不如实提供招标档案的，由行政监督部门责令改正。

（九）强化内部控制管理。招标人应当建立健全招标投标事项集体研究、合法合规性审查等议事决策机制，积极发挥内部监督作用；对招标投标事项管理集中的部门和岗位实行分事行权、分岗设权、分级授权，强化内部控制。依法必须招标项目应当在组织招标前，按照权责匹配原则落实主要负责人和相关负责人。鼓励招标人建立招标项目绩效评价机制和招标采购专业化队伍，加大对招标项目管理人员的问责问效力度，将招标投标活动合法合规性、交易结果和履约绩效与履职评定、奖励惩处挂钩。

二、坚决打击遏制违法投标和不诚信履约行为

（十）严格规范投标和履约行为。投标人应当严格遵守有关法律法规和行业标准规范，依法诚信参加投标,自觉维护公平竞争秩序。不得通过受让、租借或者挂靠资质投标;不得伪造、变造资质、资格证书或者其他许可证件,提供虚假业绩、奖项、项目负责人等材料,或者以其他方式弄虚作假投标;不得与招标人、招标代理机构或其他投标人串通投标;不得与评标委员会成员私下接触,或向招标人、招标代理机构、交易平台运行服务机构、评标委员会成员、行政监督部门人员等行贿谋取中标;不得恶意提出异议、投诉或者举报,干扰正常招标投标活动。中标人不得无正当理由不与招标人订立合同,在签订合同时向招标人提出附加条件,不按照招标文件要求提交履约保证金或履约保函,或者将中标项目转包、违法分包。

(十一)加大违法投标行为打击力度。密切关注中标率异常低、不以中标为目的投标的"陪标专业户"。重点关注投标人之间存在关联关系、不同投标人高级管理人员之间存在交叉任职、人员混用或者亲属关系、经常性"抱团"投标等围标串标高风险迹象。严厉打击操纵投标或出借资质等行为导致中标率异常高的"标王"及其背后的违法犯罪团伙。经查实存在违法行为的,行政监督部门严格依法实施行政处罚,并按照规定纳入信用记录;对其中负有责任的领导人员和直接责任人员,需要给予党纪、政务处分或组织处理的,移交有关机关、单位依规依纪依法处理;涉嫌犯罪的,及时向有关机关移送。不得以行政约谈、内部处理等代替行政处罚,不得以行政处罚代替刑事处罚。

三、加强评标专家管理

(十二)严肃评标纪律。评标专家应当认真、公正、诚实、廉洁、勤勉地履行专家职责,按时参加评标,严格遵守评标纪律。评标专家与投标人有利害关系的,应当主动提出回避;不得对其他评标委员会成员的独立评审施加不当影响;不得私下接触投标人,不得收受投标人、中介人、其他利害关系人的财物或者其他好处,不得接受任何单位或者个人明示或者暗示提出的倾向或者排斥特定投标人的要求;不得透露评标委员会成员身份和评标项目;不得透露对投标文件的评审和比较、中标候选人的推荐情况、在评标过程中知悉的国家秘密和商业秘密以及与评标有关的其他情况;不得故意拖延评标时间,或者敷衍塞责随意评标;不得在合法的评标劳务费之外额外索取、接受报酬或者其他好处;严禁组建或者加入可能影响公正评标的微信群、QQ 群等网络通讯群组。招标人、招标代理机构、投标人发现评标专家有违法行为的,应当及时向行政监督部门报告。行政监督部门对评标专家违法行为应当依法严肃查处,并通报评标专家库管理单位、评标专家所在单位和入库审查单位,不得简单以暂停或者取消评标专家资格代替行政处罚;暂停或者取消评标专家资格的决定应当公开,强化社会监督;涉嫌犯罪的,及时向有关机关移送。

(十三)提高评标质量。评标委员会成员应当遵循公平、公正、科学、择优的原则,认真研究招标文件,根据招标文件规定的评标标准和方法,对投标文件进行系统地评审和比较。评标过程中发现问题的,应当及时向招标人提出处理建议;发现招标文件内容违反有关强制性规定或者招标文件存在歧义、重大缺陷导致评标无法进行时,应当停止评标并向招标人说明情况;发现投标文件中含义不明确、对同类问题表述不一致、有明显文字和计算错误、投标报价可能低于成本影响履约的,应当先请投标人作必要的澄清、说明,不得直接否决投标;有效投标不足三个的,应当对投标是否明显缺乏竞争和是否需要否决全部投标进行充分论证,并在评标报告中记载论证过程和结果;发现违法行为的,以及评标过程和结果受到非法影响或者干预的,应当及时向行政监督部门报告。招标人既要重视发挥评标专家的专业和经验优势,又要通过科学设置评标标准和方法,引导专家在专业技术范围内规范行使自由裁量权;根据招标项目实际需要,合理设置专家抽取专业,并保证充足的评标时间。积极探索完善智能辅助评标等机制,减轻专家不必要的工作量。鼓励有条件的地方和单位探索招标人按照工作价值灵活确定评标劳务费支付标准的新机制。

(十四)强化评标专家动态管理。充分依托省级人民政府组建的综合评标专家库和国务院有关部门组建的评标专家库,建立健全对评标专家的入库审查、岗前培训、继续教育、考核评价和廉洁教育等管理制度。加强专家库及评标专家信息保密管理,除依法配合有关部门调查外,任何单位和个人不得泄露相关信息。严格规范评标专家抽取工作,做到全程留痕、可追溯。评标专家库管理单位应当建立评标专家动态考核机制,将专家依法客观公正履职情况作为主要考核内容,根据考核情况及时清退不合格专家。

(十五)严格规范和优化评标组织方式。积极推广网络远程异地评标,打破本地评标专家"小圈子",推动优质专家资源跨省市、跨行业互联共享。评标场所应当封闭运行,配备专门装置设备,严禁评标期间评标委员会成员与外界的一切非正常接触和联系,实现所有人员的语言、行为、活动轨迹全过程可跟踪、可回溯。有关部门应当规范隔夜评标管理,落实行政监督责任;评标场所应当为隔夜评标提供便利条件,做好配套服务保障。

四、规范招标代理服务行为

(十六)切实规范招标代理行为。招标代理机构及其从业人员应当依法依规、诚信自律经营,严禁采取行贿、提供回扣或者输送不正当利益等非法手段承揽业务;对于招标人、投标人、评标专家等提出的违法要求应当坚决抵制、及时劝阻,不得背离职业道德无原则附和;不得泄露应当保密的与招标投标活动有关的情况和资料;不得以营利为目的收取高额的招标文件等资料费用;招标代理活动结束后,及时向招标人提交全套招标档案资料,不得篡改、损毁、伪造或擅自销毁;不得与招标人、投标人、评标专家、交易平台运行服务机构等串通损害国家利益、社会公共利益和招标投标活动当事人合法权益。

(十七)加强招标代理机构及从业人员管理。行政监督部门应当加强对在本地区执业的招标代理机构及从业人员的动态监管,将招标代理行为作为"双随机、一公开"监管的重点内容,纳入跨部门联合抽查范围,对参与围标串标等扰乱市场秩序的行为严格依法实施行政处罚,并按照规定纳入信用记录。加强招标代理行业自律建设,鼓励行业协会完善招标代理服务标准规范,开展招标代理机构信用评价和从业人员专业技术能力评价,为招标人选择招标代理机构提供参考,推动提升招标代理服务能力。

五、进一步落实监督管理职责

(十八)健全监管机制。各地行政监督部门要按照职责分工,畅通投诉渠道,依法处理招标投标违法行为投诉,投诉处理结果反馈当事人的同时按规定向社会公开,接受社会监督;合理利用信访举报及时发现违法问题线索,鼓励建立内部举报人制度,对举报严重违法行为和提供重要线索的有功人员予以奖励和保护;建立投诉举报案件定期统计分析制度,聚焦突出问题,开展专项整治。积极适应招标投标全流程电子化新形势,加快推进"互联网+监管",充分依托行政监督平台在线获取交易信息、履行监管职责;不断探索完善智慧监管手段,及时预警、发现和查证违法行为;加强电子招标投标信息的防伪溯源监督管理,防止招标投标电子文件伪造、篡改、破坏等风险发生。健全各行政监督部门协同监管和信息共享机制,监管执法过程中涉及其他部门职责的,及时移交有关部门处理或联合处理,着力解决多头处理、职责交叉、不同行业间行政处罚裁量权标准不一致等问题,提高执法水平和效率。指导公共资源交易平台坚持公共服务定位,健全内部控制机制,切实守住廉洁和安全底线,自觉接受行政监督,并积极配合支持行政监督部门履行职责。加强对行政监督部门及其工作人员的监督约束,严禁以规范和监管之名行违规审批、插手干预、地方保护、行业垄断之实。

(十九)加大监管力度。各地行政监督部门要进一步深化"放管服"改革,切实将监管重心从事前审批核准向事中事后全程监管转移。全面推行"双随机一公开"监管,提升监管主动性和覆盖面。坚决克服监管执法中的地方保护、行业保护,以零容忍态度打击招标投标违法行为,对影响恶劣的案件依法从严从重处罚并通报曝光。招标人发生违法行为的,依法严肃追究负有责任的主管人员和直接责任人员的法律责任,不得以他人插手干预招标投标活动为由减轻或免除责任。与公安机关建立有效的协调联动机制,加大对围标串标等违法犯罪行为的打击力度。加强与纪检监察机关、审计机关协作配合,按照规定做好招标投标领域违规违纪违法问题线索移交,对收到的问题线索认真核查处理。加强地方监管执法力量建设,鼓励监管体制改革创新,推动人财物更多投入到监管一线,加强监管的技术保障和资源保障。

(二十)健全信用体系。加快推进招标投标领域信用体系建设,构建以信用为基础、衔接标前标中标后各环节的新型监管机制。严格执行具有一定社会影响的行政处罚决定依法公开的规定,并及时推送至全国信用信息共享平台和公共资源交易平台,同步通过"信用中国"网站依法公示。坚持行政监督、社会监督和行业自律相结合,科学建立招标投标市场主体信用评价指标和标准,推动信用信息在招标投标活动中的合理规范应用。对违法失信主体依法依规实施失信惩戒,情节严重的依法实施市场禁入措施。

各地招标投标指导协调工作牵头部门和行政监督部门要进一步强化政治站位,认真履职尽责,推动招标投标法规制度切实执行,大力营造公开、公平、公正和诚实信用的市场环境。国家发展改革委会同国务院有关部门加强对各地招标投标工作的指导协调和典型经验复制推广,适时开展专项督查检查,对监管职责不履行、责任落实不到位的地方和单位,视情进行督办、通报、向有关方面提出问责建议。

本意见自2022年9月1日起施行,有效期至2027年8月31日。

国家发展改革委等部门关于完善招标投标交易担保制度进一步降低招标投标交易成本的通知

(2023年1月6日 发改法规〔2023〕27号)

各省、自治区、直辖市、新疆生产建设兵团发展改革委、工业和信息化主管部门、住房城乡建设厅(委、局)、交通运输厅(局、委)、水利厅(局)、农业农村厅(局、委)、商务厅(局)、国资委、广播电视局、能源局、招标投标指导协调工作牵头部门、公共资源交易平台整合工作牵头部门,各省、自治区、直辖市通信管理局,国家能源局各派出机构、各地区铁路监管局、民航各地区管理局、各银保监局,全国公共资源交易平台、中国招标投标公共服务平台:

为深入贯彻落实《国务院关于印发扎实稳住经济一揽子政策措施的通知》(国发〔2022〕12号)要求,加快推动招标投标交易担保制度改革,降低招标投标市场主体特别是中小微企业交易成本,保障各方主体合法权益,优化招标投标领域营商环境,现就完善招标投标交易担保制度、进一步降低招标投标交易成本有关要求通知如下:

一、严格规范招标投标交易担保行为。招标人、招标代理机构以及其他受委托提供保证金代收代管服务的平台和服务机构应当严格遵守招标投标交易担保规定,严禁巧立名目变相收取没有法律法规依据的保证金或其他费用。招标人应当同时接受现金保证金和银行保函等非现金交易担保方式,在招标文件中规范约定招标投标交易担保形式、金额或比例、收退时间等。依法必须招标项目的招标人不得强制要求投标人、中标人缴纳现金保证金。

二、全面推广保函(保险)。鼓励招标人接受担保机构的保函、保险机构的保单等其他非现金交易担保方式缴纳投标保证金、履约保证金、工程质量保证金。投标人、中标人在招标文件约定范围内,可以自行选择交易担保方式,招标人、招标代理机构和其他任何单位不得排斥、限制或拒绝。鼓励使用电子保函,降低电子保函费用。任何单位和个人不得为投标人、中标人指定出具保函、保单的银行、担保机构或保险机构。

三、规范保证金收取和退还。招标人、招标代理机构以及其他受委托提供保证金代收代管服务的平台和服务机构应当严格按照法律规定、招标文件和合同中明确约定的保证金收退的具体方式和期限,及时退还保证金。任何单位不得非法扣押、拖欠、侵占、挪用各类保证金。以现金形式提交保证金的,应当同时退还保证金本金和银行同期存款利息。

四、清理历史沉淀保证金。2023年3月底前,各地方政府有关部门、各有关单位和企业组织开展清理历史沉淀保证金专项行动,按照"谁收取、谁清理、谁退还"的原则,督促招标人、招标代理机构以及其他受委托提供保证金代收代管服务的平台和服务机构全面清理投标保证金、履约保证金、工程质量保证金等各类历史沉淀保证金,做到应退尽退。各地政府有关部门、各有关单位和企业要每年定期开展历史沉淀保证金清理工作,并通过相关公共服务平台网络、窗口或门户网站向社会公开清理结果。

五、鼓励减免政府投资项目投标保证金。2023年3月底前,各省级招标投标指导协调工作牵头部门应当会同各有关行政监督部门，制定出台鼓励本地区政府投资项目招标人全面或阶段性停止收取投标保证金，或者分类减免投标保证金的政策措施，并完善保障招标人合法权益的配套机制。

六、鼓励实行差异化缴纳投标保证金。对于政府投资项目以外的依法必须招标项目和非依法必须招标项目，各地要制定相应政策，鼓励招标人根据项目特点和投标人诚信状况，在招标文件中明确减免投标保证金的措施。鼓励招标人对无失信记录的中小微企业或信用记录良好的投标人，给予减免投标保证金的优惠待遇。鼓励国有企事业单位招标人制定实施分类减免投标保证金的相关措施。企事业单位实行集中招标采购制度的，可以探索试行与集中招标采购范围对应的集中交易担保机制，避免投标人重复提供投标保证金。

七、加快完善招标投标交易担保服务体系。依托公共资源交易平台、招标投标公共服务平台、电子招标投标交易平台、信用信息共享平台等，依法依规公开市场主体资质资格、业绩、行为信用信息和担保信用信息等，为招标人减免投标保证金提供客观信息依据。推动建立银行、担保机构和保险机构间的招标投标市场主体履约信用信息共享机制，鼓励各类银行、担保机构、保险机构和电子招标投标交易平台对符合条件的投标人、中标人简化交易担保办理流程、降低服务手续费用。依法依规对银行、担保机构和保险机构加强信用监管，严格防范并依法惩戒交易担保违法失信行为。

各地要充分认识完善招标投标交易担保制度、降低招标投标交易成本的重要意义，切实提高政治站位，结合实际制定落实本通知的实施方案或具体措施，并于 2023 年 5 月底前将落实本通知的有关工作安排、阶段性进展和成效，以及历史沉淀保证金清理情况报送国家发展改革委。国务院各有关部门要加强对本行业、本系统降低招标投标交易成本工作的指导督促，及时研究解决地方工作过程中反映的问题。

第二部分　政府采购

(一)法律、行政法规、法规性文件

中华人民共和国政府采购法

(2002年6月29日第九届全国人民代表大会常务委员会第二十八次会议通过
根据2014年8月31日第十二届全国人民代表大会常务委员会第十次会议
《关于修改〈中华人民共和国保险法〉等五部法律的决定》修正)

目　　录

第一章　总　　则

第一条　为了规范政府采购行为,提高政府采购资金的使用效益,维护国家利益和社会公共利益,保护政府采购当事人的合法权益,促进廉政建设,制定本法。

第二条　在中华人民共和国境内进行的政府采购适用本法。

本法所称政府采购,是指各级国家机关、事业单位和团体组织,使用财政性资金采购依法制定的集中采购目录以内的或者采购限额标准以上的货物、工程和服务的行为。

政府集中采购目录和采购限额标准依照本法规定的权限制定。

本法所称采购,是指以合同方式有偿取得货物、工程和服务的行为,包括购买、租赁、委托、雇用等。

本法所称货物,是指各种形态和种类的物品,包括原材料、燃料、设备、产品等。

本法所称工程,是指建设工程,包括建筑物和构筑物的新建、改建、扩建、装修、拆除、修缮等。

本法所称服务,是指除货物和工程以外的其他政府采购对象。

第三条　政府采购应当遵循公开透明原则、公平竞争原则、公正原则和诚实信用原则。

第四条　政府采购工程进行招标投标的,适用招标投标法。

第五条 任何单位和个人不得采用任何方式,阻挠和限制供应商自由进入本地区和本行业的政府采购市场。

第六条 政府采购应当严格按照批准的预算执行。

第七条 政府采购实行集中采购和分散采购相结合。集中采购的范围由省级以上人民政府公布的集中采购目录确定。

属于中央预算的政府采购项目,其集中采购目录由国务院确定并公布;属于地方预算的政府采购项目,其集中采购目录由省、自治区、直辖市人民政府或者其授权的机构确定并公布。

纳入集中采购目录的政府采购项目,应当实行集中采购。

第八条 政府采购限额标准,属于中央预算的政府采购项目,由国务院确定并公布;属于地方预算的政府采购项目,由省、自治区、直辖市人民政府或者其授权的机构确定并公布。

第九条 政府采购应当有助于实现国家的经济和社会发展政策目标,包括保护环境,扶持不发达地区和少数民族地区,促进中小企业发展等。

第十条 政府采购应当采购本国货物、工程和服务。但有下列情形之一的除外:

(一)需要采购的货物、工程或者服务在中国境内无法获取或者无法以合理的商业条件获取的;

(二)为在中国境外使用而进行采购的;

(三)其他法律、行政法规另有规定的。

前款所称本国货物、工程和服务的界定,依照国务院有关规定执行。

第十一条 政府采购的信息应当在政府采购监督管理部门指定的媒体上及时向社会公开发布,但涉及商业秘密的除外。

第十二条 在政府采购活动中,采购人员及相关人员与供应商有利害关系的,必须回避。供应商认为采购人员及相关人员与其他供应商有利害关系的,可以申请其回避。

前款所称相关人员,包括招标采购中评标委员会的组成人员,竞争性谈判采购中谈判小组的组成人员,询价采购中询价小组的组成人员等。

第十三条 各级人民政府财政部门是负责政府采购监督管理的部门,依法履行对政府采购活动的监督管理职责。

各级人民政府其他有关部门依法履行与政府采购活动有关的监督管理职责。

第二章 政府采购当事人

第十四条 政府采购当事人是指在政府采购活动中享有权利和承担义务的各类主体,包括采购人、供应商和采购代理机构等。

第十五条 采购人是指依法进行政府采购的国家机关、事业单位、团体组织。

第十六条 集中采购机构为采购代理机构。设区的市、自治州以上人民政府根据本级政府采购项目组织集中采购的需要设立集中采购机构。

集中采购机构是非营利事业法人,根据采购人的委托办理采购事宜。

第十七条 集中采购机构进行政府采购活动,应当符合采购价格低于市场平均价格、采购效率更高、采购质量优良和服务良好的要求。

第十八条 采购人采购纳入集中采购目录的政府采购项目,必须委托集中采购机构代理采购;采购未纳入集中采购目录的政府采购项目,可以自行采购,也可以委托集中采购机构在委托的范围内代理采购。

纳入集中采购目录属于通用的政府采购项目的,应当委托集中采购机构代理采购;属于本部门、本系统有特殊要求的项目,应当实行部门集中采购;属于本单位有特殊要求的项目,经省级以上人民政府批准,可以自行采购。

第十九条 采购人可以委托集中采购机构以外的采购代理机构,在委托的范围内办理政府采购事宜。

采购人有权自行选择采购代理机构,任何单位和个人不得以任何方式为采购人指定采购代理机构。

第二十条　采购人依法委托采购代理机构办理采购事宜的，应当由采购人与采购代理机构签订委托代理协议，依法确定委托代理的事项，约定双方的权利义务。

第二十一条　供应商是指向采购人提供货物、工程或者服务的法人、其他组织或者自然人。

第二十二条　供应商参加政府采购活动应当具备下列条件：

（一）具有独立承担民事责任的能力；

（二）具有良好的商业信誉和健全的财务会计制度；

（三）具有履行合同所必需的设备和专业技术能力；

（四）有依法缴纳税收和社会保障资金的良好记录；

（五）参加政府采购活动前三年内，在经营活动中没有重大违法记录；

（六）法律、行政法规规定的其他条件。

采购人可以根据采购项目的特殊要求，规定供应商的特定条件，但不得以不合理的条件对供应商实行差别待遇或者歧视待遇。

第二十三条　采购人可以要求参加政府采购的供应商提供有关资质证明文件和业绩情况，并根据本法规定的供应商条件和采购项目对供应商的特定要求，对供应商的资格进行审查。

第二十四条　两个以上的自然人、法人或者其他组织可以组成一个联合体，以一个供应商的身份共同参加政府采购。

以联合体形式进行政府采购的，参加联合体的供应商均应当具备本法第二十二条规定的条件，并应当向采购人提交联合协议，载明联合体各方承担的工作和义务。联合体各方应当共同与采购人签订采购合同，就采购合同约定的事项对采购人承担连带责任。

第二十五条　政府采购当事人不得相互串通损害国家利益、社会公共利益和其他当事人的合法权益；不得以任何手段排斥其他供应商参与竞争。

供应商不得以向采购人、采购代理机构、评标委员会的组成人员、竞争性谈判小组的组成人员、询价小组的组成人员行贿或者采取其他不正当手段谋取中标或者成交。

采购代理机构不得以向采购人行贿或者采取其他不正当手段谋取非法利益。

第三章　政府采购方式

第二十六条　政府采购采用以下方式：

（一）公开招标；

（二）邀请招标；

（三）竞争性谈判；

（四）单一来源采购；

（五）询价；

（六）国务院政府采购监督管理部门认定的其他采购方式。

公开招标应作为政府采购的主要采购方式。

第二十七条　采购人采购货物或者服务应当采用公开招标方式的，其具体数额标准，属于中央预算的政府采购项目，由国务院规定；属于地方预算的政府采购项目，由省、自治区、直辖市人民政府规定；因特殊情况需要采用公开招标以外的采购方式的，应当在采购活动开始前获得设区的市、自治州以上人民政府采购监督管理部门的批准。

第二十八条　采购人不得将应当以公开招标方式采购的货物或者服务化整为零或者以其他任何方式规避公开招标采购。

第二十九条　符合下列情形之一的货物或者服务，可以依照本法采用邀请招标方式采购：

（一）具有特殊性，只能从有限范围的供应商处采购的；

（二）采用公开招标方式的费用占政府采购项目总价值的比例过大的。

第三十条　符合下列情形之一的货物或者服务，可以依照本法采用竞争性谈判方式采购：

（一）招标后没有供应商投标或者没有合格标的或者重新招标未能成立的；

(二)技术复杂或者性质特殊,不能确定详细规格或者具体要求的;
(三)采用招标所需时间不能满足用户紧急需要的;
(四)不能事先计算出价格总额的。

第三十一条 符合下列情形之一的货物或者服务,可以依照本法采用单一来源方式采购:
(一)只能从唯一供应商处采购的;
(二)发生了不可预见的紧急情况不能从其他供应商处采购的;
(三)必须保证原有采购项目一致性或者服务配套的要求,需要继续从原供应商处添购,且添购资金总额不超过原合同采购金额百分之十的。

第三十二条 采购的货物规格、标准统一、现货货源充足且价格变化幅度小的政府采购项目,可以依照本法采用询价方式采购。

第四章 政府采购程序

第三十三条 负有编制部门预算职责的部门在编制下一财政年度部门预算时,应当将该财政年度政府采购的项目及资金预算列出,报本级财政部门汇总。部门预算的审批,按预算管理权限和程序进行。

第三十四条 货物或者服务项目采取邀请招标方式采购的,采购人应当从符合相应资格条件的供应商中,通过随机方式选择三家以上的供应商,并向其发出投标邀请书。

第三十五条 货物和服务项目实行招标方式采购的,自招标文件开始发出之日起至投标人提交投标文件截止之日止,不得少于二十日。

第三十六条 在招标采购中,出现下列情形之一的,应予废标:
(一)符合专业条件的供应商或者对招标文件作实质响应的供应商不足三家的;
(二)出现影响采购公正的违法、违规行为的;
(三)投标人的报价均超过了采购预算,采购人不能支付的;
(四)因重大变故,采购任务取消的。
废标后,采购人应当将废标理由通知所有投标人。

第三十七条 废标后,除采购任务取消情形外,应当重新组织招标;需要采取其他方式采购的,应当在采购活动开始前获得设区的市、自治州以上人民政府采购监督管理部门或者政府有关部门批准。

第三十八条 采用竞争性谈判方式采购的,应当遵循下列程序:
(一)成立谈判小组。谈判小组由采购人的代表和有关专家共三人以上的单数组成,其中专家的人数不得少于成员总数的三分之二。
(二)制定谈判文件。谈判文件应当明确谈判程序、谈判内容、合同草案的条款以及评定成交的标准等事项。
(三)确定邀请参加谈判的供应商名单。谈判小组从符合相应资格条件的供应商名单中确定不少于三家的供应商参加谈判,并向其提供谈判文件。
(四)谈判。谈判小组所有成员集中与单一供应商分别进行谈判。在谈判中,谈判的任何一方不得透露与谈判有关的其他供应商的技术资料、价格和其他信息。谈判文件有实质性变动的,谈判小组应当以书面形式通知所有参加谈判的供应商。
(五)确定成交供应商。谈判结束后,谈判小组应当要求所有参加谈判的供应商在规定时间内进行最后报价,采购人从谈判小组提出的成交候选人中根据符合采购需求、质量和服务相等且报价最低的原则确定成交供应商,并将结果通知所有参加谈判的未成交的供应商。

第三十九条 采取单一来源方式采购的,采购人与供应商应当遵循本法规定的原则,在保证采购项目质量和双方商定合理价格的基础上进行采购。

第四十条 采取询价方式采购的,应当遵循下列程序:
(一)成立询价小组。询价小组由采购人的代表和有关专家共三人以上的单数组成,其中专家的人数不得少于成员总数的三分之二。询价小组应当对采购项目的价格构成和评定成交的标准等事项作出规定。

（二）确定被询价的供应商名单。询价小组根据采购需求，从符合相应资格条件的供应商名单中确定不少于三家的供应商，并向其发出询价通知书让其报价。

（三）询价。询价小组要求被询价的供应商一次报出不得更改的价格。

（四）确定成交供应商。采购人根据符合采购需求、质量和服务相等且报价最低的原则确定成交供应商，并将结果通知所有被询价的未成交的供应商。

第四十一条 采购人或者其委托的采购代理机构应当组织对供应商履约的验收。大型或者复杂的政府采购项目，应当邀请国家认可的质量检测机构参加验收工作。验收方成员应当在验收书上签字，并承担相应的法律责任。

第四十二条 采购人、采购代理机构对政府采购项目每项采购活动的采购文件应当妥善保存，不得伪造、变造、隐匿或者销毁。采购文件的保存期限为从采购结束之日起至少保存十五年。

采购文件包括采购活动记录、采购预算、招标文件、投标文件、评标标准、评估报告、定标文件、合同文本、验收证明、质疑答复、投诉处理决定及其他有关文件、资料。

采购活动记录至少应当包括下列内容：

（一）采购项目类别、名称；

（二）采购项目预算、资金构成和合同价格；

（三）采购方式，采用公开招标以外的采购方式的，应当载明原因；

（四）邀请和选择供应商的条件及原因；

（五）评标标准及确定中标人的原因；

（六）废标的原因；

（七）采用招标以外采购方式的相应记载。

第五章 政府采购合同

第四十三条 政府采购合同适用合同法。采购人和供应商之间的权利和义务，应当按照平等、自愿的原则以合同方式约定。

采购人可以委托采购代理机构代表其与供应商签订政府采购合同。由采购代理机构以采购人名义签订合同的，应当提交采购人的授权委托书，作为合同附件。

第四十四条 政府采购合同应当采用书面形式。

第四十五条 国务院政府采购监督管理部门应当会同国务院有关部门，规定政府采购合同必须具备的条款。

第四十六条 采购人与中标、成交供应商应当在中标、成交通知书发出之日起三十日内，按照采购文件确定的事项签订政府采购合同。

中标、成交通知书对采购人和中标、成交供应商均具有法律效力。中标、成交通知书发出后，采购人改变中标、成交结果的，或者中标、成交供应商放弃中标、成交项目的，应当依法承担法律责任。

第四十七条 政府采购项目的采购合同自签订之日起七个工作日内，采购人应当将合同副本报同级政府采购监督管理部门和有关部门备案。

第四十八条 经采购人同意，中标、成交供应商可以依法采取分包方式履行合同。

政府采购合同分包履行的，中标、成交供应商就采购项目和分包项目向采购人负责，分包供应商就分包项目承担责任。

第四十九条 政府采购合同履行中，采购人需追加与合同标的相同的货物、工程或者服务的，在不改变合同其他条款的前提下，可以与供应商协商签订补充合同，但所有补充合同的采购金额不得超过原合同采购金额的百分之十。

第五十条 政府采购合同的双方当事人不得擅自变更、中止或者终止合同。

政府采购合同继续履行将损害国家利益和社会公共利益的，双方当事人应当变更、中止或者终止合同。有过错的一方应当承担赔偿责任，双方都有过错的，各自承担相应的责任。

第六章　质疑与投诉

第五十一条　供应商对政府采购活动事项有疑问的，可以向采购人提出询问，采购人应当及时作出答复，但答复的内容不得涉及商业秘密。

第五十二条　供应商认为采购文件、采购过程和中标、成交结果使自己的权益受到损害的，可以在知道或者应知其权益受到损害之日起七个工作日内，以书面形式向采购人提出质疑。

第五十三条　采购人应当在收到供应商的书面质疑后七个工作日内作出答复，并以书面形式通知质疑供应商和其他有关供应商，但答复的内容不得涉及商业秘密。

第五十四条　采购人委托采购代理机构采购的，供应商可以向采购代理机构提出询问或者质疑，采购代理机构应当依照本法第五十一条、第五十三条的规定就采购人委托授权范围内的事项作出答复。

第五十五条　质疑供应商对采购人、采购代理机构的答复不满意或者采购人、采购代理机构未在规定的时间内作出答复的，可以在答复期满后十五个工作日内向同级政府采购监督管理部门投诉。

第五十六条　政府采购监督管理部门应当在收到投诉后三十个工作日内，对投诉事项作出处理决定，并以书面形式通知投诉人和与投诉事项有关的当事人。

第五十七条　政府采购监督管理部门在处理投诉事项期间，可以视具体情况书面通知采购人暂停采购活动，但暂停时间最长不得超过三十日。

第五十八条　投诉人对政府采购监督管理部门的投诉处理决定不服或者政府采购监督管理部门逾期未作处理的，可以依法申请行政复议或者向人民法院提起行政诉讼。

第七章　监督检查

第五十九条　政府采购监督管理部门应当加强对政府采购活动及集中采购机构的监督检查。

监督检查的主要内容是：

（一）有关政府采购的法律、行政法规和规章的执行情况；

（二）采购范围、采购方式和采购程序的执行情况；

（三）政府采购人员的职业素质和专业技能。

第六十条　政府采购监督管理部门不得设置集中采购机构，不得参与政府采购项目的采购活动。

采购代理机构与行政机关不得存在隶属关系或者其他利益关系。

第六十一条　集中采购机构应当建立健全内部监督管理制度。采购活动的决策和执行程序应当明确，并相互监督、相互制约。经办采购的人员与负责采购合同审核、验收人员的职责权限应当明确，并相互分离。

第六十二条　集中采购机构的采购人员应当具有相关职业素质和专业技能，符合政府采购监督管理部门规定的专业岗位任职要求。

集中采购机构对其工作人员应当加强教育和培训；对采购人员的专业水平、工作实绩和职业道德状况定期进行考核。采购人员经考核不合格的，不得继续任职。

第六十三条　政府采购项目的采购标准应当公开。

采用本法规定的采购方式的，采购人在采购活动完成后，应当将采购结果予以公布。

第六十四条　采购人必须按照本法规定的采购方式和采购程序进行采购。

任何单位和个人不得违反本法规定，要求采购人或者采购工作人员向其指定的供应商进行采购。

第六十五条　政府采购监督管理部门应当对政府采购项目的采购活动进行检查，政府采购当事人应当如实反映情况，提供有关材料。

第六十六条　政府采购监督管理部门应当对集中采购机构的采购价格、节约资金效果、服务质量、信誉状况、有无违法行为等事项进行考核,并定期如实公布考核结果。

第六十七条 依照法律、行政法规的规定对政府采购负有行政监督职责的政府有关部门,应当按照其职责分工,加强对政府采购活动的监督。

第六十八条 审计机关应当对政府采购进行审计监督。政府采购监督管理部门、政府采购各当事人有关政府采购活动,应当接受审计机关的审计监督。

第六十九条 监察机关应当加强对参与政府采购活动的国家机关、国家公务员和国家行政机关任命的其他人员实施监察。

第七十条 任何单位和个人对政府采购活动中的违法行为,有权控告和检举,有关部门、机关应当依照各自职责及时处理。

第八章 法律责任

第七十一条 采购人、采购代理机构有下列情形之一的,责令限期改正,给予警告,可以并处罚款,对直接负责的主管人员和其他直接责任人员,由其行政主管部门或者有关机关给予处分,并予通报:

(一)应当采用公开招标方式而擅自采用其他方式采购的;

(二)擅自提高采购标准的;

(三)以不合理的条件对供应商实行差别待遇或者歧视待遇的;

(四)在招标采购过程中与投标人进行协商谈判的;

(五)中标、成交通知书发出后不与中标、成交供应商签订采购合同的;

(六)拒绝有关部门依法实施监督检查的。

第七十二条 采购人、采购代理机构及其工作人员有下列情形之一,构成犯罪的,依法追究刑事责任;尚不构成犯罪的,处以罚款,有违法所得的,并处没收违法所得,属于国家机关工作人员的,依法给予行政处分:

(一)与供应商或者采购代理机构恶意串通的;

(二)在采购过程中接受贿赂或者获取其他不正当利益的;

(三)在有关部门依法实施的监督检查中提供虚假情况的;

(四)开标前泄露标底的。

第七十三条 有前两条违法行为之一影响中标、成交结果或者可能影响中标、成交结果的,按下列情况分别处理:

(一)未确定中标、成交供应商的,终止采购活动;

(二)中标、成交供应商已经确定但采购合同尚未履行的,撤销合同,从合格的中标、成交候选人中另行确定中标、成交供应商;

(三)采购合同已经履行的,给采购人、供应商造成损失的,由责任人承担赔偿责任。

第七十四条 采购人对应当实行集中采购的政府采购项目,不委托集中采购机构实行集中采购的,由政府采购监督管理部门责令改正;拒不改正的,停止按预算向其支付资金,由其上级行政主管部门或者有关机关依法给予其直接负责的主管人员和其他直接责任人员处分。

第七十五条 采购人未依法公布政府采购项目的采购标准和采购结果的,责令改正,对直接负责的主管人员依法给予处分。

第七十六条 采购人、采购代理机构违反本法规定隐匿、销毁应当保存的采购文件或者伪造、变造采购文件的,由政府采购监督管理部门处以二万元以上十万元以下的罚款,对其直接负责的主管人员和其他直接责任人员依法给予处分;构成犯罪的,依法追究刑事责任。

第七十七条 供应商有下列情形之一的,处以采购金额千分之五以上千分之十以下的罚款,列入不良行为记录名单,在一至三年内禁止参加政府采购活动,有违法所得的,并处没收违法所得,情节严重的,由工商行政管理机关吊销营业执照;构成犯罪的,依法追究刑事责任:

(一)提供虚假材料谋取中标、成交的;

(二)采取不正当手段诋毁、排挤其他供应商的;

(三)与采购人、其他供应商或者采购代理机构恶意串通的;

(四)向采购人、采购代理机构行贿或者提供其他不正当利益的;

(五)在招标采购过程中与采购人进行协商谈判的;

(六)拒绝有关部门监督检查或者提供虚假情况的。

供应商有前款第(一)至(五)项情形之一的,中标、成交无效。

第七十八条 采购代理机构在代理政府采购业务中有违法行为的,按照有关法律规定处以罚款,可以在一至三年内禁止其代理政府采购业务,构成犯罪的,依法追究刑事责任。

第七十九条 政府采购当事人有本法第七十一条、第七十二条、第七十七条违法行为之一,给他人造成损失的,并应依照有关民事法律规定承担民事责任。

第八十条 政府采购监督管理部门的工作人员在实施监督检查中违反本法规定滥用职权,玩忽职守,徇私舞弊的,依法给予行政处分;构成犯罪的,依法追究刑事责任。

第八十一条 政府采购监督管理部门对供应商的投诉逾期未作处理的,给予直接负责的主管人员和其他直接责任人员行政处分。

第八十二条 政府采购监督管理部门对集中采购机构业绩的考核,有虚假陈述,隐瞒真实情况的,或者不作定期考核和公布考核结果的,应当及时纠正,由其上级机关或者监察机关对其负责人进行通报,并对直接负责的人员依法给予行政处分。

集中采购机构在政府采购监督管理部门考核中,虚报业绩,隐瞒真实情况的,处以二万元以上二十万元以下的罚款,并予以通报;情节严重的,取消其代理采购的资格。

第八十三条 任何单位或者个人阻挠和限制供应商进入本地区或者本行业政府采购市场的,责令限期改正;拒不改正的,由该单位、个人的上级行政主管部门或者有关机关给予单位责任人或者个人处分。

第九章 附 则

第八十四条 使用国际组织和外国政府贷款进行的政府采购,贷款方、资金提供方与中方达成的协议对采购的具体条件另有规定的,可以适用其规定,但不得损害国家利益和社会公共利益。

第八十五条 对因严重自然灾害和其他不可抗力事件所实施的紧急采购和涉及国家安全和秘密的采购,不适用本法。

第八十六条 军事采购法规由中央军事委员会另行制定。

第八十七条 本法实施的具体步骤和办法由国务院规定。

第八十八条 本法自 2003 年 1 月 1 日起施行。

中华人民共和国政府采购法实施条例

(2015 年 1 月 30 日国务院令第 658 号公布
自 2015 年 3 月 1 日起施行)

第一章 总 则

第一条 根据《中华人民共和国政府采购法》(以下简称政府采购法),制定本条例。

第二条 政府采购法第二条所称财政性资金是指纳入预算管理的资金。

以财政性资金作为还款来源的借贷资金,视同财政性资金。

国家机关、事业单位和团体组织的采购项目既使用财政性资金又使用非财政性资金的,使用财政性资金采购的部分,适用政府采购法及本条例;财政性资金与非财政性资金无法分割采购的,统一适用政府采购法及本条例。

政府采购法第二条所称服务,包括政府自身需要的服务和政府向社会公众提供的公共服务。

第三条 集中采购目录包括集中采购机构采购项目和部门集中采购项目。

技术、服务等标准统一，采购人普遍使用的项目，列为集中采购机构采购项目；采购人本部门、本系统基于业务需要有特殊要求，可以统一采购的项目，列为部门集中采购项目。

第四条 政府采购法所称集中采购，是指采购人将列入集中采购目录的项目委托集中采购机构代理采购或者进行部门集中采购的行为；所称分散采购，是指采购人将采购限额标准以上的未列入集中采购目录的项目自行采购或者委托采购代理机构代理采购的行为。

第五条 省、自治区、直辖市人民政府或者其授权的机构根据实际情况，可以确定分别适用于本行政区域省级、设区的市级、县级的集中采购目录和采购限额标准。

第六条 国务院财政部门应当根据国家的经济和社会发展政策，会同国务院有关部门制定政府采购政策，通过制定采购需求标准、预留采购份额、价格评审优惠、优先采购等措施，实现节约能源、保护环境、扶持不发达地区和少数民族地区、促进中小企业发展等目标。

第七条 政府采购工程以及与工程建设有关的货物、服务，采用招标方式采购的，适用《中华人民共和国招标投标法》及其实施条例；采用其他方式采购的，适用政府采购法及本条例。

前款所称工程，是指建设工程，包括建筑物和构筑物的新建、改建、扩建及其相关的装修、拆除、修缮等；所称与工程建设有关的货物，是指构成工程不可分割的组成部分，且为实现工程基本功能所必需的设备、材料等；所称与工程建设有关的服务，是指为完成工程所需的勘察、设计、监理等服务。

政府采购工程以及与工程建设有关的货物、服务，应当执行政府采购政策。

第八条 政府采购项目信息应当在省级以上人民政府财政部门指定的媒体上发布。采购项目预算金额达到国务院财政部门规定标准的，政府采购项目信息应当在国务院财政部门指定的媒体上发布。

第九条 在政府采购活动中，采购人员及相关人员与供应商有下列利害关系之一的，应当回避：

（一）参加采购活动前3年内与供应商存在劳动关系；

（二）参加采购活动前3年内担任供应商的董事、监事；

（三）参加采购活动前3年内是供应商的控股股东或者实际控制人；

（四）与供应商的法定代表人或者负责人有夫妻、直系血亲、三代以内旁系血亲或者近姻亲关系；

（五）与供应商有其他可能影响政府采购活动公平、公正进行的关系。

供应商认为采购人员及相关人员与其他供应商有利害关系的，可以向采购人或者采购代理机构书面提出回避申请，并说明理由。采购人或者采购代理机构应当及时询问被申请回避人员，有利害关系的被申请回避人员应当回避。

第十条 国家实行统一的政府采购电子交易平台建设标准，推动利用信息网络进行电子化政府采购活动。

第二章 政府采购当事人

第十一条 采购人在政府采购活动中应当维护国家利益和社会公共利益，公正廉洁，诚实守信，执行政府采购政策，建立政府采购内部管理制度，厉行节约，科学合理确定采购需求。

采购人不得向供应商索要或者接受其给予的赠品、回扣或者与采购无关的其他商品、服务。

第十二条 政府采购法所称采购代理机构，是指集中采购机构和集中采购机构以外的采购代理机构。

集中采购机构是设区的市级以上人民政府依法设立的非营利事业法人，是代理集中采购项目的执行机构。集中采购机构应当根据采购人委托制定集中采购项目的实施方案，明确采购规程，组织政府采购活动，不得将集中采购项目转委托。集中采购机构以外的采购代理机构，是从事采购代理业务的社会中介机构。

第十三条 采购代理机构应当建立完善的政府采购内部监督管理制度，具备开展政府采购业务所需的评审条件和设施。

采购代理机构应当提高确定采购需求,编制招标文件、谈判文件、询价通知书,拟订合同文本和优化采购程序的专业化服务水平,根据采购人委托在规定的时间内及时组织采购人与中标或者成交供应商签订政府采购合同,及时协助采购人对采购项目进行验收。

第十四条 采购代理机构不得以不正当手段获取政府采购代理业务,不得与采购人、供应商恶意串通操纵政府采购活动。

采购代理机构工作人员不得接受采购人或者供应商组织的宴请、旅游、娱乐,不得收受礼品、现金、有价证券等,不得向采购人或者供应商报销应当由个人承担的费用。

第十五条 采购人、采购代理机构应当根据政府采购政策、采购预算、采购需求编制采购文件。

采购需求应当符合法律法规以及政府采购政策规定的技术、服务、安全等要求。政府向社会公众提供的公共服务项目,应当就确定采购需求征求社会公众的意见。除因技术复杂或者性质特殊,不能确定详细规格或者具体要求外,采购需求应当完整、明确。必要时,应当就确定采购需求征求相关供应商、专家的意见。

第十六条 政府采购法第二十条规定的委托代理协议,应当明确代理采购的范围、权限和期限等具体事项。

采购人和采购代理机构应当按照委托代理协议履行各自义务,采购代理机构不得超越代理权限。

第十七条 参加政府采购活动的供应商应当具备政府采购法第二十二条第一款规定的条件,提供下列材料:

(一)法人或者其他组织的营业执照等证明文件,自然人的身份证明;

(二)财务状况报告,依法缴纳税收和社会保障资金的相关材料;

(三)具备履行合同所必需的设备和专业技术能力的证明材料;

(四)参加政府采购活动前 3 年内在经营活动中没有重大违法记录的书面声明;

(五)具备法律、行政法规规定的其他条件的证明材料。

采购项目有特殊要求的,供应商还应当提供其符合特殊要求的证明材料或者情况说明。

第十八条 单位负责人为同一人或者存在直接控股、管理关系的不同供应商,不得参加同一合同项下的政府采购活动。

除单一来源采购项目外,为采购项目提供整体设计、规范编制或者项目管理、监理、检测等服务的供应商,不得再参加该采购项目的其他采购活动。

第十九条 政府采购法第二十二条第一款第五项所称重大违法记录,是指供应商因违法经营受到刑事处罚或者责令停产停业、吊销许可证或者执照、较大数额罚款等行政处罚。

供应商在参加政府采购活动前 3 年内因违法经营被禁止在一定期限内参加政府采购活动,期限届满的,可以参加政府采购活动。

第二十条 采购人或者采购代理机构有下列情形之一的,属于以不合理的条件对供应商实行差别待遇或者歧视待遇:

(一)就同一采购项目向供应商提供有差别的项目信息;

(二)设定的资格、技术、商务条件与采购项目的具体特点和实际需要不相适应或者与合同履行无关;

(三)采购需求中的技术、服务等要求指向特定供应商、特定产品;

(四)以特定行政区域或者特定行业的业绩、奖项作为加分条件或者中标、成交条件;

(五)对供应商采取不同的资格审查或者评审标准;

(六)限定或者指定特定的专利、商标、品牌或者供应商;

(七)非法限定供应商的所有制形式、组织形式或者所在地;

(八)以其他不合理条件限制或者排斥潜在供应商。

第二十一条 采购人或者采购代理机构对供应商进行资格预审的,资格预审公告应当在省级以上人民政府财政部门指定的媒体上发布。已进行资格预审的，评审阶段可以不再对供应商资格进行审查。资格预审合格的供应商在评审阶段资格发生变化的，应当通知采购人和采购代理机构。

资格预审公告应当包括采购人和采购项目名称、采购需求、对供应商的资格要求以及供应商提交资格预审申请文件的时间和地点。提交资格预审申请文件的时间自公告发布之日起不得少于5个工作日。

第二十二条 联合体中有同类资质的供应商按照联合体分工承担相同工作的，应当按照资质等级较低的供应商确定资质等级。

以联合体形式参加政府采购活动的，联合体各方不得再单独参加或者与其他供应商另外组成联合体参加同一合同项下的政府采购活动。

第三章 政府采购方式

第二十三条 采购人采购公开招标数额标准以上的货物或者服务，符合政府采购法第二十九条、第三十条、第三十一条、第三十二条规定情形或者有需要执行政府采购政策等特殊情况的，经设区的市级以上人民政府财政部门批准，可以依法采用公开招标以外的采购方式。

第二十四条 列入集中采购目录的项目，适合实行批量集中采购的，应当实行批量集中采购，但紧急的小额零星货物项目和有特殊要求的服务、工程项目除外。

第二十五条 政府采购工程依法不进行招标的，应当依照政府采购法和本条例规定的竞争性谈判或者单一来源采购方式采购。

第二十六条 政府采购法第三十条第三项规定的情形，应当是采购人不可预见的或者非因采购人拖延导致的；第四项规定的情形，是指因采购艺术品或者因专利、专有技术或者因服务的时间、数量事先不能确定等导致不能事先计算出价格总额。

第二十七条 政府采购法第三十一条第一项规定的情形，是指因货物或者服务使用不可替代的专利、专有技术，或者公共服务项目具有特殊要求，导致只能从某一特定供应商处采购。

第二十八条 在一个财政年度内，采购人将一个预算项目下的同一品目或者类别的货物、服务采用公开招标以外的方式多次采购，累计资金数额超过公开招标数额标准的，属于以化整为零方式规避公开招标，但项目预算调整或者经批准采用公开招标以外方式采购除外。

第四章 政府采购程序

第二十九条 采购人应当根据集中采购目录、采购限额标准和已批复的部门预算编制政府采购实施计划，报本级人民政府财政部门备案。

第三十条 采购人或者采购代理机构应当在招标文件、谈判文件、询价通知书中公开采购项目预算金额。

第三十一条 招标文件的提供期限自招标文件开始发出之日起不得少于5个工作日。

采购人或者采购代理机构可以对已发出的招标文件进行必要的澄清或者修改。澄清或者修改的内容可能影响投标文件编制的，采购人或者采购代理机构应当在投标截止时间至少15日前，以书面形式通知所有获取招标文件的潜在投标人；不足15日的，采购人或者采购代理机构应当顺延提交投标文件的截止时间。

第三十二条 采购人或者采购代理机构应当按照国务院财政部门制定的招标文件标准文本编制招标文件。

招标文件应当包括采购项目的商务条件、采购需求、投标人的资格条件、投标报价要求、评标方法、评标标准以及拟签订的合同文本等。

第三十三条 招标文件要求投标人提交投标保证金的，投标保证金不得超过采购项目预算金额的2%。投标保证金应当以支票、汇票、本票或者金融机构、担保机构出具的保函等非现金形式提交。投标人未按照招标文件要求提交投标保证金的，投标无效。

采购人或者采购代理机构应当自中标通知书发出之日起5个工作日内退还未中标供应商的

投标保证金，自政府采购合同签订之日起5个工作日内退还中标供应商的投标保证金。

竞争性谈判或者询价采购中要求参加谈判或者询价的供应商提交保证金的，参照前两款的规定执行。

第三十四条 政府采购招标评标方法分为最低评标价法和综合评分法。

最低评标价法，是指投标文件满足招标文件全部实质性要求且投标报价最低的供应商为中标候选人的评标方法。综合评分法，是指投标文件满足招标文件全部实质性要求且按照评审因素的量化指标评审得分最高的供应商为中标候选人的评标方法。

技术、服务等标准统一的货物和服务项目，应当采用最低评标价法。

采用综合评分法的，评审标准中的分值设置应当与评审因素的量化指标相对应。

招标文件中没有规定的评标标准不得作为评审的依据。

第三十五条 谈判文件不能完整、明确列明采购需求，需要由供应商提供最终设计方案或者解决方案的，在谈判结束后，谈判小组应当按照少数服从多数的原则投票推荐3家以上供应商的设计方案或者解决方案，并要求其在规定时间内提交最后报价。

第三十六条 询价通知书应当根据采购需求确定政府采购合同条款。在询价过程中，询价小组不得改变询价通知书所确定的政府采购合同条款。

第三十七条 政府采购法第三十八条第五项、第四十条第四项所称质量和服务相等，是指供应商提供的产品质量和服务均能满足采购文件规定的实质性要求。

第三十八条 达到公开招标数额标准，符合政府采购法第三十一条第一项规定情形，只能从唯一供应商处采购的，采购人应当将采购项目信息和唯一供应商名称在省级以上人民政府财政部门指定的媒体上公示，公示期不得少于5个工作日。

第三十九条 除国务院财政部门规定的情形外，采购人或者采购代理机构应当从政府采购评审专家库中随机抽取评审专家。

第四十条 政府采购评审专家应当遵守评审工作纪律，不得泄露评审文件、评审情况和评审中获悉的商业秘密。

评标委员会、竞争性谈判小组或者询价小组在评审过程中发现供应商有行贿、提供虚假材料或者串通等违法行为的，应当及时向财政部门报告。

政府采购评审专家在评审过程中受到非法干预的，应当及时向财政、监察等部门举报。

第四十一条 评标委员会、竞争性谈判小组或者询价小组成员应当按照客观、公正、审慎的原则，根据采购文件规定的评审程序、评审方法和评审标准进行独立评审。采购文件内容违反国家有关强制性规定的，评标委员会、竞争性谈判小组或者询价小组应当停止评审并向采购人或者采购代理机构说明情况。

评标委员会、竞争性谈判小组或者询价小组成员应当在评审报告上签字，对自己的评审意见承担法律责任。对评审报告有异议的，应当在评审报告上签署不同意见，并说明理由，否则视为同意评审报告。

第四十二条 采购人、采购代理机构不得向评标委员会、竞争性谈判小组或者询价小组的评审专家作倾向性、误导性的解释或者说明。

第四十三条 采购代理机构应当自评审结束之日起2个工作日内将评审报告送交采购人。采购人应当自收到评审报告之日起5个工作日内在评审报告推荐的中标或者成交候选人中按顺序确定中标或者成交供应商。

采购人或者采购代理机构应当自中标、成交供应商确定之日起2个工作日内，发出中标、成交通知书，并在省级以上人民政府财政部门指定的媒体上公告中标、成交结果，招标文件、竞争性谈判文件、询价通知书随中标、成交结果同时公告。

中标、成交结果公告内容应当包括采购人和采购代理机构的名称、地址、联系方式，项目名称和项目编号，中标或者成交供应商名称、地址和中标或者成交金额，主要中标或者成交标的的名称、规格型号、数量、单价、服务要求以及评审专家名单。

第四十四条 除国务院财政部门规定的情形外，采购人、采购代理机构不得以任何理由组织重新评审。采购人、采购代理机构按照国务院财政部门的规定组织重新评审的，应当书面报告本级人民政府财政部门。

采购人或者采购代理机构不得通过对样品进行检测、对供应商进行考察等方式改变评审结果。

第四十五条 采购人或者采购代理机构应当按照政府采购合同规定的技术、服务、安全标准组织对供应商履约情况进行验收，并出具验收书。验收书应当包括每一项技术、服务、安全标准的履约情况。

政府向社会公众提供的公共服务项目，验收时应当邀请服务对象参与并出具意见，验收结果应当向社会公告。

第四十六条 政府采购法第四十二条规定的采购文件，可以用电子档案方式保存。

第五章 政府采购合同

第四十七条 国务院财政部门应当会同国务院有关部门制定政府采购合同标准文本。

第四十八条 采购文件要求中标或者成交供应商提交履约保证金的，供应商应当以支票、汇票、本票或者金融机构、担保机构出具的保函等非现金形式提交。履约保证金的数额不得超过政府采购合同金额的10%。

第四十九条 中标或者成交供应商拒绝与采购人签订合同的，采购人可以按照评审报告推荐的中标或者成交候选人名单排序，确定下一候选人为中标或者成交供应商，也可以重新开展政府采购活动。

第五十条 采购人应当自政府采购合同签订之日起2个工作日内，将政府采购合同在省级以上人民政府财政部门指定的媒体上公告，但政府采购合同中涉及国家秘密、商业秘密的内容除外。

第五十一条 采购人应当按照政府采购合同规定，及时向中标或者成交供应商支付采购资金。

政府采购项目资金支付程序，按照国家有关财政资金支付管理的规定执行。

第六章 质疑与投诉

第五十二条 采购人或者采购代理机构应当在3个工作日内对供应商依法提出的询问作出答复。

供应商提出的询问或者质疑超出采购人对采购代理机构委托授权范围的，采购代理机构应当告知供应商向采购人提出。

政府采购评审专家应当配合采购人或者采购代理机构答复供应商的询问和质疑。

第五十三条 政府采购法第五十二条规定的供应商应知其权益受到损害之日，是指：

（一）对可以质疑的采购文件提出质疑的，为收到采购文件之日或者采购文件公告期限届满之日；

（二）对采购过程提出质疑的，为各采购程序环节结束之日；

（三）对中标或者成交结果提出质疑的，为中标或者成交结果公告期限届满之日。

第五十四条 询问或者质疑事项可能影响中标、成交结果的，采购人应当暂停签订合同，已经签订合同的，应当中止履行合同。

第五十五条 供应商质疑、投诉应当有明确的请求和必要的证明材料。供应商投诉的事项不得超出已质疑事项的范围。

第五十六条 财政部门处理投诉事项采用书面审查的方式，必要时可以进行调查取证或者组织质证。

对财政部门依法进行的调查取证，投诉人和与投诉事项有关的当事人应当如实反映情况，并提供相关材料。

第五十七条 投诉人捏造事实、提供虚假材料或者以非法手段取得证明材料进行投诉的，财政部门应当予以驳回。

财政部门受理投诉后,投诉人书面申请撤回投诉的,财政部门应当终止投诉处理程序。

第五十八条 财政部门处理投诉事项,需要检验、检测、鉴定、专家评审以及需要投诉人补正材料的,所需时间不计算在投诉处理期限内。

财政部门对投诉事项作出的处理决定,应当在省级以上人民政府财政部门指定的媒体上公告。

第七章 监督检查

第五十九条 政府采购法第六十三条所称政府采购项目的采购标准,是指项目采购所依据的经费预算标准、资产配置标准和技术、服务标准等。

第六十条 除政府采购法第六十六条规定的考核事项外,财政部门对集中采购机构的考核事项还包括:

(一)政府采购政策的执行情况;

(二)采购文件编制水平;

(三)采购方式和采购程序的执行情况;

(四)询问、质疑答复情况;

(五)内部监督管理制度建设及执行情况;

(六)省级以上人民政府财政部门规定的其他事项。

财政部门应当制定考核计划,定期对集中采购机构进行考核,考核结果有重要情况的,应当向本级人民政府报告。

第六十一条 采购人发现采购代理机构有违法行为的,应当要求其改正。采购代理机构拒不改正的,采购人应当向本级人民政府财政部门报告,财政部门应当依法处理。

采购代理机构发现采购人的采购需求存在以不合理条件对供应商实行差别待遇、歧视待遇或者其他不符合法律、法规和政府采购政策规定内容,或者发现采购人有其他违法行为的,应当建议其改正。采购人拒不改正的,采购代理机构应当向采购人的本级人民政府财政部门报告,财政部门应当依法处理。

第六十二条 省级以上人民政府财政部门应当对政府采购评审专家库实行动态管理,具体管理办法由国务院财政部门制定。

采购人或者采购代理机构应当对评审专家在政府采购活动中的职责履行情况予以记录,并及时向财政部门报告。

第六十三条 各级人民政府财政部门和其他有关部门应当加强对参加政府采购活动的供应商、采购代理机构、评审专家的监督管理,对其不良行为予以记录,并纳入统一的信用信息平台。

第六十四条 各级人民政府财政部门对政府采购活动进行监督检查,有权查阅、复制有关文件、资料,相关单位和人员应当予以配合。

第六十五条 审计机关、监察机关以及其他有关部门依法对政府采购活动实施监督,发现采购当事人有违法行为的,应当及时通报财政部门。

第八章 法律责任

第六十六条 政府采购法第七十一条规定的罚款,数额为10万元以下。

政府采购法第七十二条规定的罚款,数额为5万元以上25万元以下。

第六十七条 采购人有下列情形之一的,由财政部门责令限期改正,给予警告,对直接负责的主管人员和其他直接责任人员依法给予处分,并予以通报:

(一)未按照规定编制政府采购实施计划或者未按照规定将政府采购实施计划报本级人民政府财政部门备案;

(二)将应当进行公开招标的项目化整为零或者以其他任何方式规避公开招标;

(三)未按照规定在评标委员会、竞争性谈判小组或者询价小组推荐的中标或者成交候选人中确定中标或者成交供应商；

（四）未按照采购文件确定的事项签订政府采购合同；

（五）政府采购合同履行中追加与合同标的相同的货物、工程或者服务的采购金额超过原合同采购金额10%；

（六）擅自变更、中止或者终止政府采购合同；

（七）未按照规定公告政府采购合同；

（八）未按照规定时间将政府采购合同副本报本级人民政府财政部门和有关部门备案。

第六十八条 采购人、采购代理机构有下列情形之一的，依照政府采购法第七十一条、第七十八条的规定追究法律责任：

（一）未依照政府采购法和本条例规定的方式实施采购；

（二）未依法在指定的媒体上发布政府采购项目信息；

（三）未按照规定执行政府采购政策；

（四）违反本条例第十五条的规定导致无法组织对供应商履约情况进行验收或者国家财产遭受损失；

（五）未依法从政府采购评审专家库中抽取评审专家；

（六）非法干预采购评审活动；

（七）采用综合评分法时评审标准中的分值设置未与评审因素的量化指标相对应；

（八）对供应商的询问、质疑逾期未作处理；

（九）通过对样品进行检测、对供应商进行考察等方式改变评审结果；

（十）未按照规定组织对供应商履约情况进行验收。

第六十九条 集中采购机构有下列情形之一的，由财政部门责令限期改正，给予警告，有违法所得的，并处没收违法所得，对直接负责的主管人员和其他直接责任人员依法给予处分，并予以通报：

（一）内部监督管理制度不健全，对依法应当分设、分离的岗位、人员未分设、分离；

（二）将集中采购项目委托其他采购代理机构采购；

（三）从事营利活动。

第七十条 采购人员与供应商有利害关系而不依法回避的，由财政部门给予警告，并处2000元以上2万元以下的罚款。

第七十一条 有政府采购法第七十一条、第七十二条规定的违法行为之一，影响或者可能影响中标、成交结果的，依照下列规定处理：

（一）未确定中标或者成交供应商的，终止本次政府采购活动，重新开展政府采购活动。

（二）已确定中标或者成交供应商但尚未签订政府采购合同的，中标或者成交结果无效，从合格的中标或者成交候选人中另行确定中标或者成交供应商；没有合格的中标或者成交候选人的，重新开展政府采购活动。

（三）政府采购合同已签订但尚未履行的，撤销合同，从合格的中标或者成交候选人中另行确定中标或者成交供应商；没有合格的中标或者成交候选人的，重新开展政府采购活动。

（四）政府采购合同已经履行，给采购人、供应商造成损失的，由责任人承担赔偿责任。

政府采购当事人有其他违反政府采购法或者本条例规定的行为，经改正后仍然影响或者可能影响中标、成交结果或者依法被认定为中标、成交无效的，依照前款规定处理。

第七十二条 供应商有下列情形之一的，依照政府采购法第七十七条第一款的规定追究法律责任：

（一）向评标委员会、竞争性谈判小组或者询价小组成员行贿或者提供其他不正当利益；

（二）中标或者成交后无正当理由拒不与采购人签订政府采购合同；

（三）未按照采购文件确定的事项签订政府采购合同；

（四）将政府采购合同转包；

（五）提供假冒伪劣产品；

(六)擅自变更、中止或者终止政府采购合同。

供应商有前款第一项规定情形的,中标、成交无效。评审阶段资格发生变化,供应商未依照本条例第二十一条的规定通知采购人和采购代理机构的,处以采购金额5‰的罚款,列入不良行为记录名单,中标、成交无效。

第七十三条 供应商捏造事实、提供虚假材料或者以非法手段取得证明材料进行投诉的,由财政部门列入不良行为记录名单,禁止其1至3年内参加政府采购活动。

第七十四条 有下列情形之一的,属于恶意串通,对供应商依照政府采购法第七十七条第一款的规定追究法律责任,对采购人、采购代理机构及其工作人员依照政府采购法第七十二条的规定追究法律责任:

(一)供应商直接或者间接从采购人或者采购代理机构处获得其他供应商的相关情况并修改其投标文件或者响应文件;

(二)供应商按照采购人或者采购代理机构的授意撤换、修改投标文件或者响应文件;

(三)供应商之间协商报价、技术方案等投标文件或者响应文件的实质性内容;

(四)属于同一集团、协会、商会等组织成员的供应商按照该组织要求协同参加政府采购活动;

(五)供应商之间事先约定由某一特定供应商中标、成交;

(六)供应商之间商定部分供应商放弃参加政府采购活动或者放弃中标、成交;

(七)供应商与采购人或者采购代理机构之间、供应商相互之间,为谋求特定供应商中标、成交或者排斥其他供应商的其他串通行为。

第七十五条 政府采购评审专家未按照采购文件规定的评审程序、评审方法和评审标准进行独立评审或者泄露评审文件、评审情况的,由财政部门给予警告,并处2000元以上2万元以下的罚款;影响中标、成交结果的,处2万元以上5万元以下的罚款,禁止其参加政府采购评审活动。

政府采购评审专家与供应商存在利害关系未回避的,处2万元以上5万元以下的罚款,禁止其参加政府采购评审活动。

政府采购评审专家收受采购人、采购代理机构、供应商贿赂或者获取其他不正当利益,构成犯罪的,依法追究刑事责任;尚不构成犯罪的,处2万元以上5万元以下的罚款,禁止其参加政府采购评审活动。

政府采购评审专家有上述违法行为的,其评审意见无效,不得获取评审费;有违法所得的,没收违法所得;给他人造成损失的,依法承担民事责任。

第七十六条 政府采购当事人违反政府采购法和本条例规定,给他人造成损失的,依法承担民事责任。

第七十七条 财政部门在履行政府采购监督管理职责中违反政府采购法和本条例规定,滥用职权、玩忽职守、徇私舞弊的,对直接负责的主管人员和其他直接责任人员依法给予处分;直接负责的主管人员和其他直接责任人员构成犯罪的,依法追究刑事责任。

第九章 附 则

第七十八条 财政管理实行省直接管理的县级人民政府可以根据需要并报经省级人民政府批准,行使政府采购法和本条例规定的设区的市级人民政府批准变更采购方式的职权。

第七十九条 本条例自2015年3月1日起施行。

关于《中华人民共和国政府采购法实施条例》第十八条第二款法律适用的通知

（2015 年 10 月 21 日国家税务总局办公厅发布 税总办发〔2015〕190 号）

国家税务总局办公厅各省、自治区、直辖市和计划单列市国家税务局，局内各单位：

财政部办公厅近日印发了《关于〈中华人民共和国政府采购法实施条例〉第十八条第二款法律适用的函》（财办库〔2015〕295 号），对《中华人民共和国政府采购法实施条例》第十八条第二款进行了解释说明。该规定同样适用于税务总局机关和国税系统，请各单位认真遵照执行。

附件：

财政部办公厅关于《中华人民共和国政府采购法实施条例》第十八条第二款法律适用的函

（2015 年 9 月 7 日 财办库〔2015〕295 号）

深圳市财政委员会：

你单位《关于咨询〈政府采购法实施条例〉第十八条第二款法律适用问题的函》（深财购函〔2015〕2282 号）收悉。经研究，现函复如下：

为促进政府采购公平竞争，加强采购项目的实施监管，《中华人民共和国政府采购法实施条例》第十八条规定，“除单一来源采购项目外，为采购项目提供整体设计、规范编制或者项目管理、监理、检测等服务的供应商，不得再参加该采购项目的其他采购活动。”其中，“其他采购活动”指为采购项目提供整体设计、规范编制和项目管理、监理、检测等服务之外的采购活动。因此，同一供应商可以同时承担项目的整体设计、规范编制和项目管理、监理、检测等服务。

特此函复。

财政部关于《中华人民共和国政府采购法实施条例》第十九条第一款“较大数额罚款”具体适用问题的意见

（2022 年 1 月 5 日 财库〔2022〕3 号）

各省、自治区、直辖市、计划单列市财政厅（局），新疆生产建设兵团财政局：

《中华人民共和国政府采购法实施条例》施行以来，部分地方财政部门、市场主体反映《中华人民共和国政府采购法实施条例》第十九条第一款“较大数额罚款”在执行过程中标准不一、差异较大。为贯彻落实国务院关于进一步优化营商环境的要求，维护政府采购市场秩序，规范行政执法行为，经研究并会商有关部门，现提出以下意见：

《中华人民共和国政府采购法实施条例》第十九条第一款规定的“较大数额罚款”认定为 200 万元以上的罚款，法律、行政法规以及国务院有关部门明确规定相关领域“较大数额罚款”标准高于 200 万元的，从其规定。

本意见自 2022 年 2 月 8 日起施行，此前颁布的有关规定与本意见不一致的，按照本意见执行。

中华人民共和国预算法

（1994年3月22日第八届全国人民代表大会第二次会议通过　根据2014年8月31日第十二届全国人民代表大会常务委员会第十次会议《关于修改〈中华人民共和国预算法〉的决定》第一次修正　根据2018年12月29日第十三届全国人民代表大会常务委员会第七次会议《关于修改〈中华人民共和国产品质量法〉等五部法律的决定》第二次修正）

目　　录

第一章　总　　则

第一条　为了规范政府收支行为，强化预算约束，加强对预算的管理和监督，建立健全全面规范、公开透明的预算制度，保障经济社会的健康发展，根据宪法，制定本法。

第二条　预算、决算的编制、审查、批准、监督，以及预算的执行和调整，依照本法规定执行。

第三条　国家实行一级政府一级预算，设立中央，省、自治区、直辖市，设区的市、自治州，县、自治县、不设区的市、市辖区，乡、民族乡、镇五级预算。

全国预算由中央预算和地方预算组成。地方预算由各省、自治区、直辖市总预算组成。

地方各级总预算由本级预算和汇总的下一级总预算组成；下一级只有本级预算的，下一级总预算即指下一级的本级预算。没有下一级预算的，总预算即指本级预算。

第四条　预算由预算收入和预算支出组成。

政府的全部收入和支出都应当纳入预算。

第五条　预算包括一般公共预算、政府性基金预算、国有资本经营预算、社会保险基金预算。

一般公共预算、政府性基金预算、国有资本经营预算、社会保险基金预算应当保持完整、独立。政府性基金预算、国有资本经营预算、社会保险基金预算应当与一般公共预算相衔接。

第六条　一般公共预算是对以税收为主体的财政收入，安排用于保障和改善民生、推动经济社会发展、维护国家安全、维持国家机构正常运转等方面的收支预算。

中央一般公共预算包括中央各部门（含直属单位，下同）的预算和中央对地方的税收返还、转移支付预算。

中央一般公共预算收入包括中央本级收入和地方向中央的上解收入。中央一般公共预算支出包括中央本级支出、中央对地方的税收返还和转移支付。

第七条　地方各级一般公共预算包括本级各部门（含直属单位，下同）的预算和税收返还、转移支付预算。

地方各级一般公共预算收入包括地方本级收入、上级政府对本级政府的税收返还和转移支付、下级政府的上解收入。地方各级一般公共预算支出包括地方本级支出、对上级政府的上解支出、对下级政府的税收返还和转移支付。

第八条 各部门预算由本部门及其所属各单位预算组成。

第九条 政府性基金预算是对依照法律、行政法规的规定在一定期限内向特定对象征收、收取或者以其他方式筹集的资金，专项用于特定公共事业发展的收支预算。

政府性基金预算应当根据基金项目收入情况和实际支出需要，按基金项目编制，做到以收定支。

第十条 国有资本经营预算是对国有资本收益作出支出安排的收支预算。

国有资本经营预算应当按照收支平衡的原则编制，不列赤字，并安排资金调入一般公共预算。

第十一条 社会保险基金预算是对社会保险缴款、一般公共预算安排和其他方式筹集的资金，专项用于社会保险的收支预算。

社会保险基金预算应当按照统筹层次和社会保险项目分别编制，做到收支平衡。

第十二条 各级预算应当遵循统筹兼顾、勤俭节约、量力而行、讲求绩效和收支平衡的原则。

各级政府应当建立跨年度预算平衡机制。

第十三条 经人民代表大会批准的预算，非经法定程序，不得调整。各级政府、各部门、各单位的支出必须以经批准的预算为依据，未列入预算的不得支出。

第十四条 经本级人民代表大会或者本级人民代表大会常务委员会批准的预算、预算调整、决算、预算执行情况的报告及报表，应当在批准后二十日内由本级政府财政部门向社会公开，并对本级政府财政转移支付安排、执行的情况以及举借债务的情况等重要事项作出说明。

经本级政府财政部门批复的部门预算、决算及报表，应当在批复后二十日内由各部门向社会公开，并对部门预算、决算中机关运行经费的安排、使用情况等重要事项作出说明。

各级政府、各部门、各单位应当将政府采购的情况及时向社会公开。

本条前三款规定的公开事项，涉及国家秘密的除外。

第十五条 国家实行中央和地方分税制。

第十六条 国家实行财政转移支付制度。财政转移支付应当规范、公平、公开，以推进地区间基本公共服务均等化为主要目标。

财政转移支付包括中央对地方的转移支付和地方上级政府对下级政府的转移支付，以为均衡地区间基本财力、由下级政府统筹安排使用的一般性转移支付为主体。

按照法律、行政法规和国务院的规定可以设立专项转移支付，用于办理特定事项。建立健全专项转移支付定期评估和退出机制。市场竞争机制能够有效调节的事项不得设立专项转移支付。

上级政府在安排专项转移支付时，不得要求下级政府承担配套资金。但是，按照国务院的规定应当由上下级政府共同承担的事项除外。

第十七条 各级预算的编制、执行应当建立健全相互制约、相互协调的机制。

第十八条 预算年度自公历一月一日起，至十二月三十一日止。

第十九条 预算收入和预算支出以人民币元为计算单位。

第二章 预算管理职权

第二十条 全国人民代表大会审查中央和地方预算草案及中央和地方预算执行情况的报告；批准中央预算和中央预算执行情况的报告；改变或者撤销全国人民代表大会常务委员会关于预算、决算的不适当的决议。

全国人民代表大会常务委员会监督中央和地方预算的执行；审查和批准中央预算的调整方案；审查和批准中央决算；撤销国务院制定的同宪法、法律相抵触的关于预算、决算的行政法规、决定和命令；撤销省、自治区、直辖市人民代表大会及其常务委员会制定的同宪法、法律和行政法规相抵触的关于预算、决算的地方性法规和决议。

第二十一条 县级以上地方各级人民代表大会审查本级总预算草案及本级总预算执行情况

的报告;批准本级预算和本级预算执行情况的报告;改变或者撤销本级人民代表大会常务委员会关于预算、决算的不适当的决议;撤销本级政府关于预算、决算的不适当的决定和命令。

县级以上地方各级人民代表大会常务委员会监督本级总预算的执行;审查和批准本级预算的调整方案;审查和批准本级决算;撤销本级政府和下一级人民代表大会及其常务委员会关于预算、决算的不适当的决定、命令和决议。

乡、民族乡、镇的人民代表大会审查和批准本级预算和本级预算执行情况的报告;监督本级预算的执行;审查和批准本级预算的调整方案;审查和批准本级决算;撤销本级政府关于预算、决算的不适当的决定和命令。

第二十二条 全国人民代表大会财政经济委员会对中央预算草案初步方案及上一年预算执行情况、中央预算调整初步方案和中央决算草案进行初步审查,提出初步审查意见。

省、自治区、直辖市人民代表大会有关专门委员会对本级预算草案初步方案及上一年预算执行情况、本级预算调整初步方案和本级决算草案进行初步审查,提出初步审查意见。

设区的市、自治州人民代表大会有关专门委员会对本级预算草案初步方案及上一年预算执行情况、本级预算调整初步方案和本级决算草案进行初步审查,提出初步审查意见,未设立专门委员会的,由本级人民代表大会常务委员会有关工作机构研究提出意见。

县、自治县、不设区的市、市辖区人民代表大会常务委员会对本级预算草案初步方案及上一年预算执行情况进行初步审查,提出初步审查意见。县、自治县、不设区的市、市辖区人民代表大会常务委员会有关工作机构对本级预算调整初步方案和本级决算草案研究提出意见。

设区的市、自治州以上各级人民代表大会有关专门委员会进行初步审查、常务委员会有关工作机构研究提出意见时,应当邀请本级人民代表大会代表参加。

对依照本条第一款至第四款规定提出的意见,本级政府财政部门应当将处理情况及时反馈。

依照本条第一款至第四款规定提出的意见以及本级政府财政部门反馈的处理情况报告,应当印发本级人民代表大会代表。

全国人民代表大会常务委员会和省、自治区、直辖市、设区的市、自治州人民代表大会常务委员会有关工作机构,依照本级人民代表大会常务委员会的决定,协助本级人民代表大会财政经济委员会或者有关专门委员会承担审查预算草案、预算调整方案、决算草案和监督预算执行等方面的具体工作。

第二十三条 国务院编制中央预算、决算草案;向全国人民代表大会作关于中央和地方预算草案的报告;将省、自治区、直辖市政府报送备案的预算汇总后报全国人民代表大会常务委员会备案;组织中央和地方预算的执行;决定中央预算预备费的动用;编制中央预算调整方案;监督中央各部门和地方政府的预算执行;改变或者撤销中央各部门和地方政府关于预算、决算的不适当的决定、命令;向全国人民代表大会、全国人民代表大会常务委员会报告中央和地方预算的执行情况。

第二十四条 县级以上地方各级政府编制本级预算、决算草案;向本级人民代表大会作关于本级总预算草案的报告;将下一级政府报送备案的预算汇总后报本级人民代表大会常务委员会备案;组织本级总预算的执行;决定本级预算预备费的动用;编制本级预算的调整方案;监督本级各部门和下级政府的预算执行;改变或者撤销本级各部门和下级政府关于预算、决算的不适当的决定、命令;向本级人民代表大会、本级人民代表大会常务委员会报告本级总预算的执行情况。

乡、民族乡、镇政府编制本级预算、决算草案;向本级人民代表大会作关于本级预算草案的报告;组织本级预算的执行;决定本级预算预备费的动用;编制本级预算的调整方案;向本级人民代表大会报告本级预算的执行情况。

经省、自治区、直辖市政府批准,乡、民族乡、镇本级预算草案、预算调整方案、决算草案,可以由上一级政府代编,并依照本法第二十一条的规定报乡、民族乡、镇的人民代表大会审查和批准。

第二十五条 国务院财政部门具体编制中央预算、决算草案;具体组织中央和地方预算的执行;提出中央预算预备费动用方案;具体编制中央预算的调整方案;定期向国务院报告中央和地方预算的执行情况。

地方各级政府财政部门具体编制本级预算、决算草案；具体组织本级总预算的执行；提出本级预算预备费动用方案；具体编制本级预算的调整方案；定期向本级政府和上一级政府财政部门报告本级总预算的执行情况。

第二十六条 各部门编制本部门预算、决算草案；组织和监督本部门预算的执行；定期向本级政府财政部门报告预算的执行情况。

各单位编制本单位预算、决算草案；按照国家规定上缴预算收入，安排预算支出，并接受国家有关部门的监督。

第三章 预算收支范围

第二十七条 一般公共预算收入包括各项税收收入、行政事业性收费收入、国有资源（资产）有偿使用收入、转移性收入和其他收入。

一般公共预算支出按照其功能分类，包括一般公共服务支出，外交、公共安全、国防支出，农业、环境保护支出，教育、科技、文化、卫生、体育支出，社会保障及就业支出和其他支出。

一般公共预算支出按照其经济性质分类，包括工资福利支出、商品和服务支出、资本性支出和其他支出。

第二十八条 政府性基金预算、国有资本经营预算和社会保险基金预算的收支范围，按照法律、行政法规和国务院的规定执行。

第二十九条 中央预算与地方预算有关收入和支出项目的划分、地方向中央上解收入、中央对地方税收返还或者转移支付的具体办法，由国务院规定，报全国人民代表大会常务委员会备案。

第三十条 上级政府不得在预算之外调用下级政府预算的资金。下级政府不得挤占或者截留属于上级政府预算的资金。

第四章 预 算 编 制

第三十一条 国务院应当及时下达关于编制下一年预算草案的通知。编制预算草案的具体事项由国务院财政部门部署。

各级政府、各部门、各单位应当按照国务院规定的时间编制预算草案。

第三十二条 各级预算应当根据年度经济社会发展目标、国家宏观调控总体要求和跨年度预算平衡的需要，参考上一年预算执行情况、有关支出绩效评价结果和本年度收支预测，按照规定程序征求各方面意见后，进行编制。

各级政府依据法定权限作出决定或者制定行政措施，凡涉及增加或者减少财政收入或者支出的，应当在预算批准前提出并在预算草案中作出相应安排。

各部门、各单位应当按照国务院财政部门制定的政府收支分类科目、预算支出标准和要求，以及绩效目标管理等预算编制规定，根据其依法履行职能和事业发展的需要以及存量资产情况，编制本部门、本单位预算草案。

前款所称政府收支分类科目，收入分为类、款、项、目；支出按其功能分类分为类、款、项，按其经济性质分类分为类、款。

第三十三条 省、自治区、直辖市政府应当按照国务院规定的时间，将本级总预算草案报国务院审核汇总。

第三十四条 中央一般公共预算中必需的部分资金，可以通过举借国内和国外债务等方式筹措，举借债务应当控制适当的规模，保持合理的结构。

对中央一般公共预算中举借的债务实行余额管理，余额的规模不得超过全国人民代表大会批准的限额。

国务院财政部门具体负责对中央政府债务的统一管理。

第三十五条 地方各级预算按照量入为出、收支平衡的原则编制，除本法另有规定外，不列赤字。

经国务院批准的省、自治区、直辖市的预算中必需的建设投资的部分资金,可以在国务院确定的限额内,通过发行地方政府债券举借债务的方式筹措。举借债务的规模,由国务院报全国人民代表大会或者全国人民代表大会常务委员会批准。省、自治区、直辖市依照国务院下达的限额举借的债务,列入本级预算调整方案,报本级人民代表大会常务委员会批准。举借的债务应当有偿还计划和稳定的偿还资金来源,只能用于公益性资本支出,不得用于经常性支出。

除前款规定外,地方政府及其所属部门不得以任何方式举借债务。

除法律另有规定外,地方政府及其所属部门不得为任何单位和个人的债务以任何方式提供担保。

国务院建立地方政府债务风险评估和预警机制、应急处置机制以及责任追究制度。国务院财政部门对地方政府债务实施监督。

第三十六条 各级预算收入的编制,应当与经济社会发展水平相适应,与财政政策相衔接。

各级政府、各部门、各单位应当依照本法规定,将所有政府收入全部列入预算,不得隐瞒、少列。

第三十七条 各级预算支出应当依照本法规定,按其功能和经济性质分类编制。

各级预算支出的编制,应当贯彻勤俭节约的原则,严格控制各部门、各单位的机关运行经费和楼堂馆所等基本建设支出。

各级一般公共预算支出的编制,应当统筹兼顾,在保证基本公共服务合理需要的前提下,优先安排国家确定的重点支出。

第三十八条 一般性转移支付应当按照国务院规定的基本标准和计算方法编制。专项转移支付应当分地区、分项目编制。

县级以上各级政府应当将对下级政府的转移支付预计数提前下达下级政府。

地方各级政府应当将上级政府提前下达的转移支付预计数编入本级预算。

第三十九条 中央预算和有关地方预算中应当安排必要的资金,用于扶助革命老区、民族地区、边疆地区、贫困地区发展经济社会建设事业。

第四十条 各级一般公共预算应当按照本级一般公共预算支出额的百分之一至百分之三设置预备费,用于当年预算执行中的自然灾害等突发事件处理增加的支出及其他难以预见的开支。

第四十一条 各级一般公共预算按照国务院的规定可以设置预算周转金,用于本级政府调剂预算年度内季节性收支差额。

各级一般公共预算按照国务院的规定可以设置预算稳定调节基金,用于弥补以后年度预算资金的不足。

第四十二条 各级政府上一年预算的结转资金,应当在下一年用于结转项目的支出;连续两年未用完的结转资金,应当作为结余资金管理。

各部门、各单位上一年预算的结转、结余资金按照国务院财政部门的规定办理。

第五章 预算审查和批准

第四十三条 中央预算由全国人民代表大会审查和批准。

地方各级预算由本级人民代表大会审查和批准。

第四十四条 国务院财政部门应当在每年全国人民代表大会会议举行的四十五日前,将中央预算草案的初步方案提交全国人民代表大会财政经济委员会进行初步审查。

省、自治区、直辖市政府财政部门应当在本级人民代表大会会议举行的三十日前,将本级预算草案的初步方案提交本级人民代表大会有关专门委员会进行初步审查。

设区的市、自治州政府财政部门应当在本级人民代表大会会议举行的三十日前,将本级预算草案的初步方案提交本级人民代表大会有关专门委员会进行初步审查,或者送交本级人民代表大会常务委员会有关工作机构征求意见。

县、自治县、不设区的市、市辖区政府应当在本级人民代表大会会议举行的三十日前,将本级预算草案的初步方案提交本级人民代表大会常务委员会进行初步审查。

第四十五条 县、自治县、不设区的市、市辖区、乡、民族乡、镇的人民代表大会举行会议审查预算草案前，应当采用多种形式，组织本级人民代表大会代表，听取选民和社会各界的意见。

第四十六条 报送各级人民代表大会审查和批准的预算草案应当细化。本级一般公共预算支出，按其功能分类应当编列到项；按其经济性质分类，基本支出应当编列到款。本级政府性基金预算、国有资本经营预算、社会保险基金预算支出，按其功能分类应当编列到项。

第四十七条 国务院在全国人民代表大会举行会议时，向大会作关于中央和地方预算草案以及中央和地方预算执行情况的报告。

地方各级政府在本级人民代表大会举行会议时，向大会作关于总预算草案和总预算执行情况的报告。

第四十八条 全国人民代表大会和地方各级人民代表大会对预算草案及其报告、预算执行情况的报告重点审查下列内容：

（一）上一年预算执行情况是否符合本级人民代表大会预算决议的要求；

（二）预算安排是否符合本法的规定；

（三）预算安排是否贯彻国民经济和社会发展的方针政策，收支政策是否切实可行；

（四）重点支出和重大投资项目的预算安排是否适当；

（五）预算的编制是否完整，是否符合本法第四十六条的规定；

（六）对下级政府的转移性支出预算是否规范、适当；

（七）预算安排举借的债务是否合法、合理，是否有偿还计划和稳定的偿还资金来源；

（八）与预算有关重要事项的说明是否清晰。

第四十九条 全国人民代表大会财政经济委员会向全国人民代表大会主席团提出关于中央和地方预算草案及中央和地方预算执行情况的审查结果报告。

省、自治区、直辖市、设区的市、自治州人民代表大会有关专门委员会，县、自治县、不设区的市、市辖区人民代表大会常务委员会，向本级人民代表大会主席团提出关于总预算草案及上一年总预算执行情况的审查结果报告。

审查结果报告应当包括下列内容：

（一）对上一年预算执行和落实本级人民代表大会预算决议的情况作出评价；

（二）对本年度预算草案是否符合本法的规定，是否可行作出评价；

（三）对本级人民代表大会批准预算草案和预算报告提出建议；

（四）对执行年度预算、改进预算管理、提高预算绩效、加强预算监督等提出意见和建议。

第五十条 乡、民族乡、镇政府应当及时将经本级人民代表大会批准的本级预算报上一级政府备案。县级以上地方各级政府应当及时将经本级人民代表大会批准的本级预算及下一级政府报送备案的预算汇总，报上一级政府备案。

县级以上地方各级政府将下一级政府依照前款规定报送备案的预算汇总后，报本级人民代表大会常务委员会备案。国务院将省、自治区、直辖市政府依照前款规定报送备案的预算汇总后，报全国人民代表大会常务委员会备案。

第五十一条 国务院和县级以上地方各级政府对下一级政府依照本法第五十条规定报送备案的预算，认为有同法律、行政法规相抵触或者有其他不适当之处，需要撤销批准预算的决议的，应当提请本级人民代表大会常务委员会审议决定。

第五十二条 各级预算经本级人民代表大会批准后，本级政府财政部门应当在二十日内向本级各部门批复预算。各部门应当在接到本级政府财政部门批复的本部门预算后十五日内向所属各单位批复预算。

中央对地方的一般性转移支付应当在全国人民代表大会批准预算后三十日内正式下达。中央对地方的专项转移支付应当在全国人民代表大会批准预算后九十日内正式下达。

省、自治区、直辖市政府接到中央一般性转移支付和专项转移支付后，应当在三十日内正式下达到本行政区域县级以上各级政府。

县级以上地方各级预算安排对下级政府的一般性转移支付和专项转移支付，应当分别在本级人民代表大会批准预算后的三十日和六十日内正式下达。

对自然灾害等突发事件处理的转移支付,应当及时下达预算;对据实结算等特殊项目的转移支付,可以分期下达预算,或者先预付后结算。

县级以上各级政府财政部门应当将批复本级各部门的预算和批复下级政府的转移支付预算,抄送本级人民代表大会财政经济委员会、有关专门委员会和常务委员会有关工作机构。

第六章 预算执行

第五十三条 各级预算由本级政府组织执行,具体工作由本级政府财政部门负责。

各部门、各单位是本部门、本单位的预算执行主体,负责本部门、本单位的预算执行,并对执行结果负责。

第五十四条 预算年度开始后,各级预算草案在本级人民代表大会批准前,可以安排下列支出:

(一)上一年度结转的支出;

(二)参照上一年同期的预算支出数额安排必须支付的本年度部门基本支出、项目支出,以及对下级政府的转移性支出;

(三)法律规定必须履行支付义务的支出,以及用于自然灾害等突发事件处理的支出。

根据前款规定安排支出的情况,应当在预算草案的报告中作出说明。

预算经本级人民代表大会批准后,按照批准的预算执行。

第五十五条 预算收入征收部门和单位,必须依照法律、行政法规的规定,及时、足额征收应征的预算收入。不得违反法律、行政法规规定,多征、提前征收或者减征、免征、缓征应征的预算收入,不得截留、占用或者挪用预算收入。

各级政府不得向预算收入征收部门和单位下达收入指标。

第五十六条 政府的全部收入应当上缴国家金库(以下简称国库),任何部门、单位和个人不得截留、占用、挪用或者拖欠。

对于法律有明确规定或者经国务院批准的特定专用资金,可以依照国务院的规定设立财政专户。

第五十七条 各级政府财政部门必须依照法律、行政法规和国务院财政部门的规定,及时、足额地拨付预算支出资金,加强对预算支出的管理和监督。

各级政府、各部门、各单位的支出必须按照预算执行,不得虚假列支。

各级政府、各部门、各单位应当对预算支出情况开展绩效评价。

第五十八条 各级预算的收入和支出实行收付实现制。

特定事项按照国务院的规定实行权责发生制的有关情况,应当向本级人民代表大会常务委员会报告。

第五十九条 县级以上各级预算必须设立国库;具备条件的乡、民族乡、镇也应当设立国库。

中央国库业务由中国人民银行经理,地方国库业务依照国务院的有关规定办理。

各级国库应当按照国家有关规定,及时准确地办理预算收入的收纳、划分、留解、退付和预算支出的拨付。

各级国库库款的支配权属于本级政府财政部门。除法律、行政法规另有规定外,未经本级政府财政部门同意,任何部门、单位和个人都无权冻结、动用国库库款或者以其他方式支配已入国库的库款。

各级政府应当加强对本级国库的管理和监督,按照国务院的规定完善国库现金管理,合理调节国库资金余额。

第六十条 已经缴入国库的资金,依照法律、行政法规的规定或者国务院的决定需要退付的,各级政府财政部门或者其授权的机构应当及时办理退付。按照规定应当由财政支出安排的事项,不得用退库处理。

第六十一条 国家实行国库集中收缴和集中支付制度,对政府全部收入和支出实行国库集中收付管理。

第六十二条 各级政府应当加强对预算执行的领导，支持政府财政、税务、海关等预算收入的征收部门依法组织预算收入，支持政府财政部门严格管理预算支出。

财政、税务、海关等部门在预算执行中，应当加强对预算执行的分析；发现问题时应当及时建议本级政府采取措施予以解决。

第六十三条 各部门、各单位应当加强对预算收入和支出的管理，不得截留或者动用应当上缴的预算收入，不得擅自改变预算支出的用途。

第六十四条 各级预算预备费的动用方案，由本级政府财政部门提出，报本级政府决定。

第六十五条 各级预算周转金由本级政府财政部门管理，不得挪作他用。

第六十六条 各级一般公共预算年度执行中有超收收入的，只能用于冲减赤字或者补充预算稳定调节基金。

各级一般公共预算的结余资金，应当补充预算稳定调节基金。

省、自治区、直辖市一般公共预算年度执行中出现短收，通过调入预算稳定调节基金、减少支出等方式仍不能实现收支平衡的，省、自治区、直辖市政府报本级人民代表大会或者其常务委员会批准，可以增列赤字，报国务院财政部门备案，并应当在下一年度预算中予以弥补。

第七章 预算调整

第六十七条 经全国人民代表大会批准的中央预算和经地方各级人民代表大会批准的地方各级预算，在执行中出现下列情况之一的，应当进行预算调整：

（一）需要增加或者减少预算总支出的；

（二）需要调入预算稳定调节基金的；

（三）需要调减预算安排的重点支出数额的；

（四）需要增加举借债务数额的。

第六十八条 在预算执行中，各级政府一般不制定新的增加财政收入或者支出的政策和措施，也不制定减少财政收入的政策和措施；必须作出并需要进行预算调整的，应当在预算调整方案中作出安排。

第六十九条 在预算执行中，各级政府对于必须进行的预算调整，应当编制预算调整方案。预算调整方案应当说明预算调整的理由、项目和数额。

在预算执行中，由于发生自然灾害等突发事件，必须及时增加预算支出的，应当先动支预备费；预备费不足支出的，各级政府可以先安排支出，属于预算调整的，列入预算调整方案。

国务院财政部门应当在全国人民代表大会常务委员会举行会议审查和批准预算调整方案的三十日前，将预算调整初步方案送交全国人民代表大会财政经济委员会进行初步审查。

省、自治区、直辖市政府财政部门应当在本级人民代表大会常务委员会举行会议审查和批准预算调整方案的三十日前，将预算调整初步方案送交本级人民代表大会有关专门委员会进行初步审查。

设区的市、自治州政府财政部门应当在本级人民代表大会常务委员会举行会议审查和批准预算调整方案的三十日前，将预算调整初步方案送交本级人民代表大会有关专门委员会进行初步审查，或者送交本级人民代表大会常务委员会有关工作机构征求意见。

县、自治县、不设区的市、市辖区政府财政部门应当在本级人民代表大会常务委员会举行会议审查和批准预算调整方案的三十日前，将预算调整初步方案送交本级人民代表大会常务委员会有关工作机构征求意见。

中央预算的调整方案应当提请全国人民代表大会常务委员会审查和批准。县级以上地方各级预算的调整方案应当提请本级人民代表大会常务委员会审查和批准；乡、民族乡、镇预算的调整方案应当提请本级人民代表大会审查和批准。未经批准，不得调整预算。

第七十条 经批准的预算调整方案，各级政府应当严格执行。未经本法第六十九条规定的程序，各级政府不得作出预算调整的决定。

对违反前款规定作出的决定，本级人民代表大会、本级人民代表大会常务委员会或者上级政府应当责令其改变或者撤销。

第七十一条 在预算执行中，地方各级政府因上级政府增加不需要本级政府提供配套资金的专项转移支付而引起的预算支出变化，不属于预算调整。

接受增加专项转移支付的县级以上地方各级政府应当向本级人民代表大会常务委员会报告有关情况；接受增加专项转移支付的乡、民族乡、镇政府应当向本级人民代表大会报告有关情况。

第七十二条 各部门、各单位的预算支出应当按照预算科目执行。严格控制不同预算科目、预算级次或者项目间的预算资金的调剂，确需调剂使用的，按照国务院财政部门的规定办理。

第七十三条 地方各级预算的调整方案经批准后，由本级政府报上一级政府备案。

第八章 决　　算

第七十四条 决算草案由各级政府、各部门、各单位，在每一预算年度终了后按照国务院规定的时间编制。

编制决算草案的具体事项，由国务院财政部门部署。

第七十五条 编制决算草案，必须符合法律、行政法规，做到收支真实、数额准确、内容完整、报送及时。

决算草案应当与预算相对应，按预算数、调整预算数、决算数分别列出。一般公共预算支出应当按其功能分类编列到项，按其经济性质分类编列到款。

第七十六条 各部门对所属各单位的决算草案，应当审核并汇总编制本部门的决算草案，在规定的期限内报本级政府财政部门审核。

各级政府财政部门对本级各部门决算草案审核后发现有不符合法律、行政法规规定的，有权予以纠正。

第七十七条 国务院财政部门编制中央决算草案，经国务院审计部门审计后，报国务院审定，由国务院提请全国人民代表大会常务委员会审查和批准。

县级以上地方各级政府财政部门编制本级决算草案，经本级政府审计部门审计后，报本级政府审定，由本级政府提请本级人民代表大会常务委员会审查和批准。

乡、民族乡、镇政府编制本级决算草案，提请本级人民代表大会审查和批准。

第七十八条 国务院财政部门应当在全国人民代表大会常务委员会举行会议审查和批准中央决算草案的三十日前，将上一年度中央决算草案提交全国人民代表大会财政经济委员会进行初步审查。

省、自治区、直辖市政府财政部门应当在本级人民代表大会常务委员会举行会议审查和批准本级决算草案的三十日前，将上一年度本级决算草案提交本级人民代表大会有关专门委员会进行初步审查。

设区的市、自治州政府财政部门应当在本级人民代表大会常务委员会举行会议审查和批准本级决算草案的三十日前，将上一年度本级决算草案提交本级人民代表大会有关专门委员会进行初步审查，或者送交本级人民代表大会常务委员会有关工作机构征求意见。

县、自治县、不设区的市、市辖区政府财政部门应当在本级人民代表大会常务委员会举行会议审查和批准本级决算草案的三十日前，将上一年度本级决算草案送交本级人民代表大会常务委员会有关工作机构征求意见。

全国人民代表大会财政经济委员会和省、自治区、直辖市、设区的市、自治州人民代表大会有关专门委员会，向本级人民代表大会常务委员会提出关于本级决算草案的审查结果报告。

第七十九条 县级以上各级人民代表大会常务委员会和乡、民族乡、镇人民代表大会对本级决算草案，重点审查下列内容：

（一）预算收入情况；

（二）支出政策实施情况和重点支出、重大投资项目资金的使用及绩效情况；

（三）结转资金的使用情况；

（四）资金结余情况；
（五）本级预算调整及执行情况；
（六）财政转移支付安排执行情况；
（七）经批准举借债务的规模、结构、使用、偿还等情况；
（八）本级预算周转金规模和使用情况；
（九）本级预备费使用情况；
（十）超收收入安排情况，预算稳定调节基金的规模和使用情况；
（十一）本级人民代表大会批准的预算决议落实情况；
（十二）其他与决算有关的重要情况。

县级以上各级人民代表大会常务委员会应当结合本级政府提出的上一年度预算执行和其他财政收支的审计工作报告，对本级决算草案进行审查。

第八十条 各级决算经批准后，财政部门应当在二十日内向本级各部门批复决算。各部门应当在接到本级政府财政部门批复的本部门决算后十五日内向所属单位批复决算。

第八十一条 地方各级政府应当将经批准的决算及下一级政府上报备案的决算汇总，报上一级政府备案。

县级以上各级政府应当将下一级政府报送备案的决算汇总后，报本级人民代表大会常务委员会备案。

第八十二条 国务院和县级以上地方各级政府对下一级政府依照本法第八十一条规定报送备案的决算，认为有同法律、行政法规相抵触或者有其他不适当之处，需要撤销批准该项决算的决议的，应当提请本级人民代表大会常务委员会审议决定；经审议决定撤销的，该下级人民代表大会常务委员会应当责成本级政府依照本法规定重新编制决算草案，提请本级人民代表大会常务委员会审查和批准。

第九章 监 督

第八十三条 全国人民代表大会及其常务委员会对中央和地方预算、决算进行监督。

县级以上地方各级人民代表大会及其常务委员会对本级和下级预算、决算进行监督。

乡、民族乡、镇人民代表大会对本级预算、决算进行监督。

第八十四条 各级人民代表大会和县级以上各级人民代表大会常务委员会有权就预算、决算中的重大事项或者特定问题组织调查，有关的政府、部门、单位和个人应当如实反映情况和提供必要的材料。

第八十五条 各级人民代表大会和县级以上各级人民代表大会常务委员会举行会议时，人民代表大会代表或者常务委员会组成人员，依照法律规定程序就预算、决算中的有关问题提出询问或者质询，受询问或者受质询的有关的政府或者财政部门必须及时给予答复。

第八十六条 国务院和县级以上地方各级政府应当在每年六月至九月期间向本级人民代表大会常务委员会报告预算执行情况。

第八十七条 各级政府监督下级政府的预算执行；下级政府应当定期向上一级政府报告预算执行情况。

第八十八条 各级政府财政部门负责监督本级各部门及其所属各单位预算管理有关工作，并向本级政府和上一级政府财政部门报告预算执行情况。

第八十九条 县级以上政府审计部门依法对预算执行、决算实行审计监督。

对预算执行和其他财政收支的审计工作报告应当向社会公开。

第九十条 政府各部门负责监督检查所属各单位的预算执行，及时向本级政府财政部门反映本部门预算执行情况，依法纠正违反预算的行为。

第九十一条 公民、法人或者其他组织发现有违反本法的行为，可以依法向有关国家机关进行检举、控告。

接受检举、控告的国家机关应当依法进行处理，并为检举人、控告人保密。任何单位或者个人不得压制和打击报复检举人、控告人。

第十章 法律责任

第九十二条 各级政府及有关部门有下列行为之一的，责令改正，对负有直接责任的主管人员和其他直接责任人员追究行政责任：

(一)未依照本法规定，编制、报送预算草案、预算调整方案、决算草案和部门预算、决算以及批复预算、决算的；

(二)违反本法规定，进行预算调整的；

(三)未依照本法规定对有关预算事项进行公开和说明的；

(四)违反规定设立政府性基金项目和其他财政收入项目的；

(五)违反法律、法规规定使用预算预备费、预算周转金、预算稳定调节基金、超收收入的；

(六)违反本法规定开设财政专户的。

第九十三条 各级政府及有关部门、单位有下列行为之一的，责令改正，对负有直接责任的主管人员和其他直接责任人员依法给予降级、撤职、开除的处分：

(一)未将所有政府收入和支出列入预算或者虚列收入和支出的；

(二)违反法律、行政法规的规定，多征、提前征收或者减征、免征、缓征应征预算收入的；

(三)截留、占用、挪用或者拖欠应当上缴国库的预算收入的；

(四)违反本法规定，改变预算支出用途的；

(五)擅自改变上级政府专项转移支付资金用途的；

(六)违反本法规定拨付预算支出资金，办理预算收入收纳、划分、留解、退付，或者违反本法规定冻结、动用国库库款或者以其他方式支配已入国库库款的。

第九十四条 各级政府、各部门、各单位违反本法规定举借债务或者为他人债务提供担保，或者挪用重点支出资金，或者在预算之外及超预算标准建设楼堂馆所的，责令改正，对负有直接责任的主管人员和其他直接责任人员给予撤职、开除的处分。

第九十五条 各级政府有关部门、单位及其工作人员有下列行为之一的，责令改正，追回骗取、使用的资金，有违法所得的没收违法所得，对单位给予警告或者通报批评；对负有直接责任的主管人员和其他直接责任人员依法给予处分：

(一)违反法律、法规的规定，改变预算收入上缴方式的；

(二)以虚报、冒领等手段骗取预算资金的；

(三)违反规定扩大开支范围、提高开支标准的；

(四)其他违反财政管理规定的行为。

第九十六条 本法第九十二条、第九十三条、第九十四条、第九十五条所列违法行为，其他法律对其处理、处罚另有规定的，依照其规定。

违反本法规定，构成犯罪的，依法追究刑事责任。

第十一章 附则

第九十七条 各级政府财政部门应当按年度编制以权责发生制为基础的政府综合财务报告，报告政府整体财务状况、运行情况和财政中长期可持续性，报本级人民代表大会常务委员会备案。

第九十八条 国务院根据本法制定实施条例。

第九十九条 民族自治地方的预算管理，依照民族区域自治法的有关规定执行；民族区域自治法没有规定的，依照本法和国务院的有关规定执行。

第一百条 省、自治区、直辖市人民代表大会或者其常务委员会根据本法，可以制定有关预算审查监督的决定或者地方性法规。

第一百零一条 本法自1995年1月1日起施行。1991年10月21日国务院发布的《国家预算管理条例》同时废止。

国务院办公厅关于印发整合建立统一的公共资源交易平台工作方案的通知

（2015 年 8 月 10 日 国办发〔2015〕63 号）

各省、自治区、直辖市人民政府，国务院各部委、各直属机构：

《整合建立统一的公共资源交易平台工作方案》已经国务院同意，现印发给你们，请认真贯彻执行。

整合建立统一的公共资源交易平台工作方案

为深入贯彻党的十八大和十八届二中、三中、四中全会精神，落实《国务院机构改革和职能转变方案》部署，现就整合建立统一的公共资源交易平台制定以下工作方案。

一、充分认识整合建立统一的公共资源交易平台的重要性

近年来，地方各级政府积极推进工程建设项目招标投标、土地使用权和矿业权出让、国有产权交易、政府采购等公共资源交易市场建设，对于促进和规范公共资源交易活动，加强反腐倡廉建设发挥了积极作用。但由于公共资源交易市场总体上仍处于发展初期，各地在建设运行和监督管理中暴露出不少突出问题：各类交易市场分散设立、重复建设，市场资源不共享；有些交易市场职能定位不准，运行不规范，公开性和透明度不够，违法干预交易主体自主权；有些交易市场存在乱收费现象，市场主体负担较重；公共资源交易服务、管理和监督职责不清，监管缺位、越位和错位现象不同程度存在。这些问题严重制约了公共资源交易市场的健康有序发展，加剧了地方保护和市场分割，不利于激发市场活力，亟需通过创新体制机制加以解决。

整合工程建设项目招标投标、土地使用权和矿业权出让、国有产权交易、政府采购等交易市场，建立统一的公共资源交易平台，有利于防止公共资源交易碎片化，加快形成统一开放、竞争有序的现代市场体系；有利于推动政府职能转变，提高行政监管和公共服务水平；有利于促进公共资源交易阳光操作，强化对行政权力的监督制约，推进预防和惩治腐败体系建设。

二、指导思想和基本原则

（一）指导思想。全面贯彻党的十八大和十八届二中、三中、四中全会精神，按照党中央、国务院决策部署，发挥市场在资源配置中的决定性作用和更好发挥政府作用，以整合共享资源、统一制度规则、创新体制机制为重点，以信息化建设为支撑，加快构筑统一的公共资源交易平台体系，着力推进公共资源交易法制化、规范化、透明化，提高公共资源配置的效率和效益。

（二）基本原则。

坚持政府推动、社会参与。政府要统筹推进公共资源交易平台整合，完善管理规则，优化市场环境，促进公平竞争。鼓励通过政府购买服务等方式，引导社会力量参与平台服务供给，提高服务质量和效率。

坚持公共服务、资源共享。立足公共资源交易平台的公共服务职能定位，整合公共资源交易信息、专家和场所等资源，加快推进交易全过程电子化，实现交易全流程公开透明和资源共享。

坚持转变职能、创新监管。按照管办分离、依法监管的要求，进一步减少政府对交易活动的行政干预，强化事中事后监管和信用管理，创新电子化监管手段，健全行政监督和社会监督相结合的监督机制。

坚持统筹推进、分类指导。充分考虑行业特点和地区差异，统筹推进各项工作，加强分类指导，增强政策措施的系统性、针对性和有效性。

三、整合范围和整合目标

（三）整合范围。整合分散设立的工程建设项目招标投标、土地使用权和矿业权出让、国有产权交易、政府采购等交易平台,在统一的平台体系上实现信息和资源共享,依法推进公共资源交易高效规范运行。积极有序推进其他公共资源交易纳入统一平台体系。民间投资的不属于依法必须招标的项目,由建设单位自主决定是否进入统一平台。

统一的公共资源交易平台由政府推动建立,坚持公共服务职能定位,实施统一的制度规则、共享的信息系统、规范透明的运行机制,为市场主体、社会公众、行政监管部门等提供综合服务。

(四)整合目标。2016 年 6 月底前,地方各级政府基本完成公共资源交易平台整合工作。2017 年 6 月底前,在全国范围内形成规则统一、公开透明、服务高效、监督规范的公共资源交易平台体系,基本实现公共资源交易全过程电子化。在此基础上,逐步推动其他公共资源进入统一平台进行交易,实现公共资源交易平台从依托有形场所向以电子化平台为主转变。

四、有序整合资源

(五)整合平台层级。各省级政府应根据经济发展水平和公共资源交易市场发育状况,合理布局本地区公共资源交易平台。设区的市级以上地方政府应整合建立本地区统一的公共资源交易平台。县级政府不再新设公共资源交易平台,已经设立的应整合为市级公共资源交易平台的分支机构;个别需保留的,由省级政府根据县域面积和公共资源交易总量等实际情况,按照便民高效原则确定,并向社会公告。法律法规要求在县级层面开展交易的公共资源,当地尚未设立公共资源交易平台的,原交易市场可予以保留。鼓励整合建立跨行政区域的公共资源交易平台。各省级政府应积极创造条件,通过加强区域合作、引入竞争机制、优化平台结构等手段,在坚持依法监督前提下探索推进交易主体跨行政区域自主选择公共资源交易平台。

(六)整合信息系统。制定国家电子交易公共服务系统技术标准和数据规范,为全国公共资源交易信息的集中交换和共享提供制度和技术保障。各省级政府应整合本地区分散的信息系统,依据国家统一标准建立全行政区域统一、终端覆盖市县的电子交易公共服务系统。鼓励电子交易系统市场化竞争,各地不得限制和排斥市场主体依法建设运营的电子交易系统与电子交易公共服务系统对接。各级公共资源交易平台应充分发挥电子交易公共服务系统枢纽作用,通过连接电子交易和监管系统,整合共享市场信息和监管信息等。加快实现国家级、省级、市级电子交易公共服务系统互联互通。中央管理企业有关电子招标采购交易系统应与国家电子交易公共服务系统连接并按规定交换信息,纳入公共资源交易平台体系。

(七)整合场所资源。各级公共资源交易平台整合应充分利用现有政务服务中心、公共资源交易中心、建设工程交易中心、政府集中采购中心或其他交易场所,满足交易评标(评审)活动、交易验证以及有关现场业务办理需要。整合过程中要避免重复建设,严禁假借场所整合之名新建楼堂馆所。在统一场所设施标准和服务标准条件下,公共资源交易平台不限于一个场所。对于社会力量建设并符合标准要求的场所,地方各级政府可以探索通过购买服务等方式加以利用。

(八)整合专家资源。进一步完善公共资源评标专家和评审专家分类标准,各省级政府应按照全国统一的专业分类标准,整合本地区专家资源。推动实现专家资源及专家信用信息全国范围内互联共享,有条件的地方要积极推广专家远程异地评标、评审。评标或评审时,专家应采取随机方式确定,任何单位和个人不得以明示、暗示等任何方式指定或者变相指定专家。

五、统一规则体系

(九)完善管理规则。发展改革委要会同国务院有关部门制定全国统一的公共资源交易平台管理办法,规范平台运行、管理和监督。国务院有关部门要根据工程建设项目招标投标、土地使用权和矿业权出让、国有产权交易、政府采购等法律法规和交易特点,制定实施全国分类统一的平台交易规则和技术标准。各省级政府要根据全国统一的规则和办法,结合本地区实际,制定平台服务管理细则,完善服务流程和标准。

(十)开展规则清理。各省级政府要对本地区各级政府和有关部门发布的公共资源交易规则进行清理。对违法设置审批事项、以备案名义变相实施审批、干预交易主体自主权以及与法律法规相冲突的内容,要坚决予以纠正。清理过程和结果应在省级公共资源交易平台进行公告,接受社会监督。

六、完善运行机制

(十一)推进信息公开共享。建立健全公共资源交易信息和信用信息公开共享制度。各级公共资源交易平台应加大信息公开力度,依法公开交易公告、资格审查结果、成交信息、履约信息以及有关变更信息等。加快建立市场信息共享数据库和验证互认机制。对市场主体通过公共资源交易平台电子交易公共服务系统实现登记注册共享的信息,相应行政区域内有关行政监督部门和其他公共资源交易平台不得要求企业重复登记、备案和验证,逐步推进全国范围内共享互认。各级行政监管部门要履行好信息公开职能,公开有关公共资源交易项目审核、市场主体和中介机构资质资格、行政处罚等监管信息。公共资源交易平台应依托统一的社会信用代码,建立公共资源交易市场主体信用信息库,并将相关信息纳入国家统一的信用信息平台,实现市场主体信用信息交换共享。加强公共资源交易数据统计分析、综合利用和风险监测预警,为市场主体、社会公众和行政监管部门提供信息服务。

(十二)强化服务功能。按照简政放权、放管结合、优化服务的改革方向,简化交易环节,提高工作效率,完善公共资源交易平台服务功能,公开服务流程、工作规范和监督渠道,整治各种乱收费行为,切实降低市场主体交易成本、减轻相关负担。建立市场主体以及第三方参与的社会评价机制,对平台提供公共服务情况进行考核评价。各级公共资源交易平台不得取代依法设立的政府集中采购机构的法人地位、法定代理权以及依法设立的其他交易机构和代理机构从事的相关服务,不得违法从事或强制指定招标、拍卖等中介服务,不得行使行政审批、备案等管理职能,不得强制非公共资源交易项目在平台交易,不得通过设置注册登记、设立分支机构、资质验证、投标(竞买)许可、强制担保等限制性条件阻碍或者排斥其他地区市场主体进入本地区公共资源交易市场。凡是采取审核招标及拍卖文件、出让方案等实施行政审批,或者以备案名义变相实施行政审批的,一律限期取消。公共资源交易平台应与依法设立的相关专业服务机构加强业务衔接,保证法定职能正常履行。

七、创新监管体制

(十三)完善监管体制机制。按照决策权、执行权、监督权既相互制约又相互协调的要求,深化公共资源交易管理体制改革,推进公共资源交易服务、管理与监督职能相互分离,完善监管机制,防止权力滥用。发展改革部门会同有关部门要加强对公共资源交易平台工作的指导和协调。各级招标投标行政监督、财政、国土资源、国有资产监督管理等部门要按照职责分工,加强对公共资源交易活动的监督执法,依法查处公共资源交易活动中的违法违规行为。健全行政监督部门与监察、审计部门协作配合机制,严肃查处领导干部利用职权违规干预和插手公共资源交易活动的腐败案件。审计部门要加强对公共资源交易及平台运行的审计监督。

(十四)转变监督方式。各级行政主管部门要运用大数据等手段,实施电子化行政监督,强化对交易活动的动态监督和预警。将市场主体信用信息和公共资源交易活动信息作为实施监管的重要依据,健全守信激励和失信惩戒机制。对诚实守信主体参与公共资源交易活动要依法给予奖励,对失信主体参与公共资源交易活动要依法予以限制,对严重违法失信主体实行市场禁入。健全专家选聘与退出机制,建立专家黑名单制度,强化专家责任追究。加强社会监督,完善投诉处理机制,公布投诉举报电话,及时处理平台服务机构违法违规行为。发挥行业组织作用,建立公共资源交易平台服务机构和人员自律机制。

八、强化实施保障

(十五)加强组织领导。各地区、各部门要充分认识整合建立统一的公共资源交易平台的重要性,加强领导,周密部署,有序推进整合工作。建立由发展改革委牵头,工业和信息化部、财政部、国土资源部、环境保护部、住房城乡建设部、交通运输部、水利部、商务部、卫生计生委、国资委、税务总局、林业局、国管局、铁路局、民航局等部门参加的部际联席会议制度,统筹指导和协调全国公共资源交易平台整合工作,适时开展试点示范。各省级政府要根据本方案要求,建立相应工作机制,对行政区域内已有的各类公共资源交易平台进行清理,限期提出具体实施方案。在公共资源交易平台清理整合工作完成前,要保障原交易市场正常履行职能,实现平稳过渡。

(十六)严格督促落实。地方各级政府要将公共资源交易平台整合工作纳入目标管理考核,定期对本地区工作落实情况进行检查并通报有关情况。发展改革委要会同国务院有关部门加强对本方案执行情况的督促检查,协调解决工作中遇到的问题,确保各项任务措施落实到位。

国务院办公厅关于进一步加强政府采购管理工作的意见

(2009年4月10日　国办发〔2009〕35号)

各省、自治区、直辖市人民政府,国务院各部委、各直属机构:

近年来,各地区、各部门认真贯彻落实《中华人民共和国政府采购法》(以下简称《政府采购法》),不断加强制度建设、规范采购行为,政府采购在提高资金使用效益,维护国家和社会公益,以及防范腐败、支持节能环保和促进自主创新等方面取得了显著成效。但是,个别单位规避政府采购,操作执行环节不规范,运行机制不完善,监督处罚不到位,部分政府采购效率低价格高等问题仍然比较突出,一些违反法纪、贪污腐败的现象时有发生,造成财政资金损失浪费。为切实解决这些问题,全面深化政府采购制度改革,经国务院同意,现就进一步加强政府采购管理工作提出以下意见:

一、坚持应采尽采,进一步强化和实现依法采购

财政部门要依据政府采购需要和集中采购机构能力,研究完善政府集中采购目录和产品分类。各地区、各部门要加大推进政府采购工作的力度,扩大政府采购管理实施范围,对列入政府采购的项目应全部依法实施政府采购。尤其是要加强对部门和单位使用纳入财政管理的其他资金或使用以财政性资金作为还款来源的借(贷)款进行采购的管理;要加强工程项目的政府采购管理,政府采购工程项目除招标投标外均按《政府采购法》规定执行。

各部门、各单位要认真执行政府采购法律制度规定的工作程序和操作标准,合理确定采购需求,及时签订合同、履约验收和支付资金,不得以任何方式干预和影响采购活动。属政府集中采购目录项目要委托集中采购机构实施;达到公开招标限额标准的采购项目,未经财政部门批准不得采取其他采购方式,并严格按规定向社会公开发布采购信息,实现采购活动的公开透明。

二、坚持管采分离,进一步完善监管和运行机制

加强政府采购监督管理与操作执行相分离的体制建设,进一步完善财政部门监督管理和集中采购机构独立操作运行的机制。

财政部门要严格采购文件编制、信息公告、采购评审、采购合同格式和产品验收等环节的具体标准和程序要求;要建立统一的专家库、供应商产品信息库,逐步实现动态管理和加强违规行为的处罚;要会同国家保密部门制定保密项目采购的具体标准、范围和工作要求,防止借采购项目保密而逃避或简化政府采购的行为。

集中采购机构要严格按照《政府采购法》规定组织采购活动,规范集中采购操作行为,增强集中采购目录执行的严肃性、科学性和有效性。在组织实施中不得违反国家规定收取采购代理费用和其他费用,也不得将采购单位委托的集中采购项目再委托给社会代理机构组织实施采购。要建立健全内部监督管理制度,实现采购活动不同环节之间权责明确、岗位分离。要重视和加强专业化建设,优化集中采购实施方式和内部操作程序,实现采购价格低于市场平均价格、采购效率更高、采购质量优良和服务良好。

在集中采购业务代理活动中要适当引入竞争机制,打破现有集中采购机构完全按行政隶属关系接受委托业务的格局,允许采购单位在所在区域内择优选择集中采购机构,实现集中采购活动的良性竞争。

三、坚持预算约束,进一步提高政府采购效率和质量

各部门、各单位要按照《政府采购法》的规定和财政部门预算管理的要求,将政府采购项目全部编入部门预算,做好政府采购预算和采购计划编报的相互衔接工作,确保采购计划严格按政府采购预算的项目和数额执行。

要采取有效措施,加强监管部门、采购单位和采购代理机构间的相互衔接,通过改进管理水平和操作执行质量,不断提高采购效率。财政部门要改进管理方式,提高审批效率,整合优化采购环节,制定标准化工作程序,建立各种采购方式下的政府采购价格监测机制和采购结果社会公开披露制度，实现对采购活动及采购结果的有效监控。集中采购机构要提高业务技能和专业化操作水平，通过优化采购组织形式，科学制定价格参数和评价标准，完善评审程序，缩短采购操作时间，建立政府采购价格与市场价格的联动机制，实现采购价格和采购质量最优。

四、坚持政策功能，进一步服务好经济和社会发展大局

政府采购应当有助于实现国家的经济和社会发展政策目标。强化政府采购的政策功能作用，是建立科学政府采购制度的客观要求。各地区、各部门要从政府采购政策功能上支持国家宏观调控，贯彻好扩大内需、调整结构等经济政策，认真落实节能环保、自主创新、进口产品审核等政府采购政策；进一步扩大政府采购政策功能范围，积极研究支持促进中小企业发展等政府采购政策。加大强制采购节能产品和优先购买环保产品的力度，凡采购产品涉及节能环保和自主创新产品的，必须执行财政部会同有关部门发布的节能环保和自主创新产品政府采购清单（目录）。要严格审核进口产品的采购，凡国内产品能够满足需求的都要采购国内产品。财政部门要加强政策实施的监督，跟踪政策实施情况，建立采购效果评价体系，保证政策规定落到实处。

五、坚持依法处罚，进一步严肃法律制度约束

各级财政、监察、审计、预防腐败部门要加强对政府采购的监督管理，严格执法检查，对违法违规行为要依法追究责任并以适当方式向社会公布，对情节严重的要依法予以处罚。

要通过动态监控体系及时发现、纠正和处理采购单位逃避政府采购和其他违反政府采购制度规定的行为，追究相关单位及人员的责任。要完善评审专家责任处罚办法，对评审专家违反政府采购制度规定、评审程序和评审标准，以及在评审工作中敷衍塞责或故意影响评标结果等行为，要严肃处理。要加快供应商诚信体系建设，对供应商围标、串标和欺诈等行为依法予以处罚并向社会公布。要加快建立对采购单位、评审专家、供应商、集中采购机构和社会代理机构的考核评价制度和不良行为公告制度，引入公开评议和社会监督机制。严格对集中采购机构的考核，考核结果要向同级人民政府报告。加强对集中采购机构整改情况的跟踪监管，对集中采购机构的违法违规行为，要严格按照法律规定予以处理。

六、坚持体系建设，进一步推进电子化政府采购

加强政府采购信息化建设，是深化政府采购制度改革的重要内容，也是实现政府采购科学化、精细化管理的手段。各地区要积极推进政府采购信息化建设，利用现代电子信息技术，实现政府采购管理和操作执行各个环节的协调联动。财政部门要切实加强对政府采购信息化建设工作的统一领导和组织，科学制订电子化政府采购体系发展建设规划，以管理功能完善、交易公开透明、操作规范统一、网络安全可靠为目标，建设全国统一的电子化政府采购管理交易平台，逐步实现政府采购业务交易信息共享和全流程电子化操作。要抓好信息系统推广运行的组织工作，制定由点到面、协调推进的实施计划。

七、坚持考核培训，进一步加强政府采购队伍建设

各地区、各部门要继续加强政府采购从业人员的职业教育、法制教育和技能培训，增强政府采购从业人员依法行政和依法采购的观念，建立系统的教育培训制度。财政部要会同有关部门研究建立政府采购从业人员执业资格制度，对采购单位、集中采购机构、社会代理机构和评审专家等从业人员实行持证上岗和执业考核，推动政府采购从业人员职业化的进程。集中采购机构要建立内部岗位标准和考核办法，形成优胜劣汰的良性机制，不断提高集中采购机构专业化操作水平。

各地区、各部门要全面把握新时期、新形势下完善政府采购制度的新要求，进一步提高对深化政府采购制度改革重要性的认识，切实加大推进政府采购管理工作的力度，加强对政府采购工作的组织领导，着力协调和解决政府采购管理中存在的突出问题，推进政府采购工作健康发展。

国务院办公厅关于建立政府强制采购节能产品制度的通知

(2007年7月30日　国办发〔2007〕51号)

各省、自治区、直辖市人民政府,国务院各部委、各直属机构:

《国务院关于加强节能工作的决定》(国发〔2006〕28号)和《国务院关于印发节能减排综合性工作方案的通知》(国发〔2007〕15号)提出,为切实加强政府机构节能工作,发挥政府采购的政策导向作用,建立政府强制采购节能产品制度,在积极推进政府机构优先采购节能(包括节水)产品的基础上,选择部分节能效果显著、性能比较成熟的产品,予以强制采购。经国务院同意,现就有关问题通知如下:

一、充分认识建立政府强制采购节能产品制度的重要意义

近年来,各级国家机关、事业单位和团体组织(以下统称政府机构)在政府采购活动中,积极采购、使用节能产品,大大降低了能耗水平,对在全社会形成节能风尚起到了良好的引导作用。同时也要看到,由于认识不够到位,措施不够配套,工作力度不够等原因,在一些地区和部门,政府机构采购节能产品的比例还比较低。目前,政府机构人均能耗、单位建筑能耗均高于社会平均水平,节能潜力较大,有责任、有义务严格按照规定采购节能产品,模范地做好节能工作。建立健全和严格执行政府强制采购节能产品制度,是贯彻落实《中华人民共和国政府采购法》以及国务院加强节能减排工作要求的有力措施,不仅有利于降低政府机构能耗水平,节约财政资金,而且有利于促进全社会做好节能减排工作。从短期看,使用节能产品可能会增加一次性投入,但从长远的节能效果看,经济效益是明显的。各地区、各部门和有关单位要充分认识政府强制采购节能产品的重要意义,增强执行制度的自觉性,采取措施大力推动政府采购节能产品工作。

二、明确政府强制采购节能产品的总体要求

各级政府机构使用财政性资金进行政府采购活动时,在技术、服务等指标满足采购需求的前提下,要优先采购节能产品,对部分节能效果、性能等达到要求的产品,实行强制采购,以促进节约能源,保护环境,降低政府机构能源费用开支。建立节能产品政府采购清单管理制度,明确政府优先采购的节能产品和政府强制采购的节能产品类别,指导政府机构采购节能产品。

采购单位应在政府采购招标文件(含谈判文件、询价文件)中载明对产品的节能要求、对节能产品的优惠幅度,以及评审标准和方法等,以体现优先采购的导向。拟采购产品属于节能产品政府采购清单规定必须强制采购的,应当在招标文件中明确载明,并在评审标准中予以充分体现。同时,采购招标文件不得指定特定的节能产品或供应商,不得含有倾向性或者排斥潜在供应商的内容,以达到充分竞争、择优采购的目的。

三、科学制定节能产品政府采购清单

节能产品政府采购清单由财政部、发展改革委负责制订。列入节能产品政府采购清单中的产品由财政部、发展改革委从国家采信的节能产品认证机构认证的节能产品中,根据节能性能、技术水平和市场成熟程度等因素择优确定,并在中国政府采购网、发展改革委门户网、中国节能节水认证网等媒体上定期向社会公布。

优先采购的节能产品应该符合下列条件:一是产品属于国家采信的节能产品认证机构认证的节能产品,节能效果明显;二是产品生产批量较大,技术成熟,质量可靠;三是产品具有比较健全的供应体系和良好的售后服务能力;四是产品供应商符合政府采购法对政府采购供应商的条件要求。

在优先采购的节能产品中,实行强制采购的按照以下原则确定:一是产品具有通用性,适合集中采购,有较好的规模效益;二是产品节能效果突出,效益比较显著;三是产品供应商数量充足,一般不少于5家,确保产品具有充分的竞争性,采购人具有较大的选择空间。

财政部、发展改革委要根据上述要求,在近几年开展的优先采购节能产品工作的基础上,抓紧修订、公布新的节能产品政府采购清单,并组织好节能产品采购工作。

四、规范节能产品政府采购清单管理

节能产品政府采购清单是实施政府优先采购和强制采购的重要依据，财政部、发展改革委要建立健全制定、公布和调整机制，做到制度完备、范围明确、操作规范、方法科学，确保政府采购节能产品公开、公正、公平进行。要对节能产品政府采购清单实行动态管理，定期调整。建立健全专家咨询论证、社会公示制度。采购清单和调整方案正式公布前，要在中国政府采购网等指定的媒体上对社会公示，公示时间不少于 15 个工作日。对经公示确实不具备条件的产品，不列入采购清单。建立举报制度、奖惩制度，明确举报方式、受理机构和奖惩办法，接受社会监督。

五、加强组织领导和督促检查

各有关部门要按照职责分工，明确责任和任务，确保政府强制采购节能产品制度的贯彻落实。财政部、发展改革委要加强与有关部门的沟通协商，共同研究解决政策实施中的问题。要完善节能产品政府采购信息发布和数据统计工作，及时掌握采购工作进展情况。要加强对节能产品政府采购工作的指导，积极开展调查研究，多方听取意见，及时发现问题，研究提出对策。要督促进入优先采购和强制采购产品范围的生产企业建立健全质量保证体系，认真落实国家有关产品质量、标准、检验等要求，确保节能等性能和质量持续稳定。质检总局要加强对节能产品认证机构的监管，督促其认真履行职责，提高认证质量和水平。国家采信的节能产品认证机构和相关检测机构应当严格按照国家有关规定，客观公正地开展认证和检测工作，并对纳入政府优先采购和强制采购清单的节能产品实施有效的跟踪调查。对于不能持续符合认证要求的，认证机构应当暂停生产企业使用直至撤销认证证书，并及时报告财政部和发展改革委。

各级财政部门要切实加强对政府采购节能产品的监督检查，加大对违规采购行为的处罚力度。对未按强制采购规定采购节能产品的单位，财政部门要及时采取有效措施责令其改正。拒不改正的，属于采购单位责任的，财政部门要给予通报批评，并不得拨付采购资金；属于政府采购代理机构责任的，财政部门要依法追究相关单位和责任人员的责任。

（二）部门规章

政府购买服务管理办法

（2020年1月3日财政部令第102号公布　自2020年3月1日起施行）

第一章　总　　则

第一条　为规范政府购买服务行为，促进转变政府职能，改善公共服务供给，根据《中华人民共和国预算法》《中华人民共和国政府采购法》《中华人民共和国合同法》等法律、行政法规的规定，制定本办法。

第二条　本办法所称政府购买服务，是指各级国家机关将属于自身职责范围且适合通过市场化方式提供的服务事项，按照政府采购方式和程序，交由符合条件的服务供应商承担，并根据服务数量和质量等因素向其支付费用的行为。

第三条　政府购买服务应当遵循预算约束、以事定费、公开择优、诚实信用、讲求绩效原则。

第四条　财政部负责制定全国性政府购买服务制度，指导和监督各地区、各部门政府购买服务工作。

县级以上地方人民政府财政部门负责本行政区域政府购买服务管理。

第二章　购买主体和承接主体

第五条　各级国家机关是政府购买服务的购买主体。

第六条　依法成立的企业、社会组织（不含由财政拨款保障的群团组织），公益二类和从事生产经营活动的事业单位，农村集体经济组织，基层群众性自治组织，以及具备条件的个人可以作为政府购买服务的承接主体。

第七条　政府购买服务的承接主体应当符合政府采购法律、行政法规规定的条件。

购买主体可以结合购买服务项目的特点规定承接主体的具体条件，但不得违反政府采购法律、行政法规，以不合理的条件对承接主体实行差别待遇或者歧视待遇。

第八条　公益一类事业单位、使用事业编制且由财政拨款保障的群团组织，不作为政府购买服务的购买主体和承接主体。

第三章　购买内容和目录

第九条　政府购买服务的内容包括政府向社会公众提供的公共服务，以及政府履职所需辅助性服务。

第十条　以下各项不得纳入政府购买服务范围：

（一）不属于政府职责范围的服务事项；

（二）应当由政府直接履职的事项；

（三）政府采购法律、行政法规规定的货物和工程，以及将工程和服务打包的项目；

（四）融资行为；

（五）购买主体的人员招、聘用，以劳务派遣方式用工，以及设置公益性岗位等事项；

（六）法律、行政法规以及国务院规定的其他不得作为政府购买服务内容的事项。

第十一条　政府购买服务的具体范围和内容实行指导性目录管理，指导性目录依法予以公开。

第十二条　政府购买服务指导性目录在中央和省两级实行分级管理，财政部和省级财政部门分别制定本级政府购买服务指导性目录，各部门在本级指导性目录范围内编制本部门政府购买服务指导性目录。

省级财政部门根据本地区情况确定省以下政府购买服务指导性目录的编制方式和程序。

第十三条 有关部门应当根据经济社会发展实际、政府职能转变和基本公共服务均等化、标准化的要求，编制、调整指导性目录。

编制、调整指导性目录应当充分征求相关部门意见，根据实际需要进行专家论证。

第十四条 纳入政府购买服务指导性目录的服务事项，已安排预算的，可以实施政府购买服务。

第四章 购买活动的实施

第十五条 政府购买服务应当突出公共性和公益性，重点考虑、优先安排与改善民生密切相关，有利于转变政府职能、提高财政资金绩效的项目。

政府购买的基本公共服务项目的服务内容、水平、流程等标准要素，应当符合国家基本公共服务标准相关要求。

第十六条 政府购买服务项目所需资金应当在相关部门预算中统筹安排，并与中期财政规划相衔接，未列入预算的项目不得实施。

购买主体在编报年度部门预算时，应当反映政府购买服务支出情况。政府购买服务支出应当符合预算管理有关规定。

第十七条 购买主体应当根据购买内容及市场状况、相关供应商服务能力和信用状况等因素，通过公平竞争择优确定承接主体。

第十八条 购买主体向个人购买服务，应当限于确实适宜实施政府购买服务并且由个人承接的情形，不得以政府购买服务名义变相用工。

第十九条 政府购买服务项目采购环节的执行和监督管理，包括集中采购目录及标准、采购政策、采购方式和程序、信息公开、质疑投诉、失信惩戒等，按照政府采购法律、行政法规和相关制度执行。

第二十条 购买主体实施政府购买服务项目绩效管理，应当开展事前绩效评估，定期对所购服务实施情况开展绩效评价，具备条件的项目可以运用第三方评价评估。

财政部门可以根据需要，对部门政府购买服务整体工作开展绩效评价，或者对部门实施的资金金额和社会影响大的政府购买服务项目开展重点绩效评价。

第二十一条 购买主体及财政部门应当将绩效评价结果作为承接主体选择、预算安排和政策调整的重要依据。

第五章 合同及履行

第二十二条 政府购买服务合同的签订、履行、变更，应当遵循《中华人民共和国合同法》的相关规定。

第二十三条 购买主体应当与确定的承接主体签订书面合同，合同约定的服务内容应当符合本办法第九条、第十条的规定。

政府购买服务合同应当明确服务的内容、期限、数量、质量、价格，资金结算方式，各方权利义务事项和违约责任等内容。

政府购买服务合同应当依法予以公告。

第二十四条 政府购买服务合同履行期限一般不超过 1 年；在预算保障的前提下，对于购买内容相对固定、连续性强、经费来源稳定、价格变化幅度小的政府购买服务项目，可以签订履行期限不超过 3 年的政府购买服务合同。

第二十五条 购买主体应当加强政府购买服务项目履约管理，开展绩效执行监控，及时掌握项目实施进度和绩效目标实现情况，督促承接主体严格履行合同，按照合同约定向承接主体支付款项。

第二十六条 承接主体应当按照合同约定提供服务，不得将服务项目转包给其他主体。

第二十七条 承接主体应当建立政府购买服务项目台账，依照有关规定或合同约定记录保存并向购买主体提供项目实施相关重要资料信息。

第二十八条 承接主体应当严格遵守相关财务规定，规范管理和使用政府购买服务项目资金。

承接主体应当配合相关部门对资金使用情况进行监督检查与绩效评价。

第二十九条 承接主体可以依法依规使用政府购买服务合同向金融机构融资。

购买主体不得以任何形式为承接主体的融资行为提供担保。

第六章 监督管理和法律责任

第三十条 有关部门应当建立健全政府购买服务监督管理机制。购买主体和承接主体应当自觉接受财政监督、审计监督、社会监督以及服务对象的监督。

第三十一条 购买主体、承接主体及其他政府购买服务参与方在政府购买服务活动中，存在违反政府采购法律法规行为的，依照政府采购法律法规予以处理处罚；存在截留、挪用和滞留资金等财政违法行为的，依照《中华人民共和国预算法》《财政违法行为处罚处分条例》等法律法规追究法律责任；涉嫌犯罪的，移送司法机关处理。

第三十二条 财政部门、购买主体及其工作人员，存在违反本办法规定的行为，以及滥用职权、玩忽职守、徇私舞弊等违法违纪行为的，按照《中华人民共和国预算法》《中华人民共和国公务员法》《中华人民共和国监察法》《财政违法行为处罚处分条例》等国家有关规定追究相应责任；涉嫌犯罪的，移送司法机关处理。

第七章 附 则

第三十三条 党的机关、政协机关、民主党派机关、承担行政职能的事业单位和使用行政编制的群团组织机关使用财政性资金购买服务的，参照本办法执行。

第三十四条 涉密政府购买服务项目的实施，按照国家有关规定执行。

第三十五条 本办法自2020年3月1日起施行。财政部、民政部、工商总局2014年12月15日颁布的《政府购买服务管理办法（暂行）》（财综〔2014〕96号）同时废止。

政府采购信息发布管理办法

（2019年11月27日财政部令第101号公布 自2020年3月1日起施行）

第一条 为了规范政府采购信息发布行为，提高政府采购透明度，根据《中华人民共和国政府采购法》《中华人民共和国政府采购法实施条例》等有关法律、行政法规，制定本办法。

第二条 政府采购信息发布，适用本办法。

第三条 本办法所称政府采购信息，是指依照政府采购有关法律制度规定应予公开的公开招标公告、资格预审公告、单一来源采购公示、中标（成交）结果公告、政府采购合同公告等政府采购项目信息，以及投诉处理结果、监督检查处理结果、集中采购机构考核结果等政府采购监管信息。

第四条 政府采购信息发布应当遵循格式规范统一、渠道相对集中、便于查找获得的原则。

第五条 财政部指导和协调全国政府采购信息发布工作，并依照政府采购法律、行政法规有关规定，对中央预算单位的政府采购信息发布活动进行监督管理。

地方各级人民政府财政部门（以下简称财政部门）对本级预算单位的政府采购信息发布活动进行监督管理。

第六条 财政部对中国政府采购网进行监督管理。省级（自治区、直辖市、计划单列市）财政部门对中国政府采购网省级分网进行监督管理。

第七条 政府采购信息应当按照财政部规定的格式编制。

第八条 中央预算单位政府采购信息应当在中国政府采购网发布，地方预算单位政府采购信息应当在所在行政区域的中国政府采购网省级分网发布。

除中国政府采购网及其省级分网以外，政府采购信息可以在省级以上财政部门指定的其他媒体同步发布。

第九条 财政部门、采购人和其委托的采购代理机构（以下统称发布主体）应当对其提供的政府采购信息的真实性、准确性、合法性负责。

中国政府采购网及其省级分网和省级以上财政部门指定的其他媒体（以下统称指定媒体）应当对其收到的政府采购信息发布的及时性、完整性负责。

第十条 发布主体发布政府采购信息不得有虚假和误导性陈述，不得遗漏依法必须公开的事项。

第十一条 发布主体应当确保其在不同媒体发布的同一政府采购信息内容一致。

在不同媒体发布的同一政府采购信息内容、时间不一致的，以在中国政府采购网或者其省级分网发布的信息为准。同时在中国政府采购网和省级分网发布的，以在中国政府采购网上发布的信息为准。

第十二条 指定媒体应当采取必要措施，对政府采购信息发布主体的身份进行核验。

第十三条 指定媒体应当及时发布收到的政府采购信息。

中国政府采购网或者其省级分网应当自收到政府采购信息起1个工作日内发布。

第十四条 指定媒体应当加强安全防护，确保发布的政府采购信息不被篡改、不遗漏，不得擅自删除或者修改信息内容。

第十五条 指定媒体应当向发布主体免费提供信息发布服务，不得向市场主体和社会公众收取信息查阅费用。

第十六条 采购人或者其委托的采购代理机构未依法在指定媒体上发布政府采购项目信息的，依照政府采购法实施条例第六十八条追究法律责任。

采购人或者其委托的采购代理机构存在其他违反本办法规定行为的，由县级以上财政部门依法责令限期改正，给予警告，对直接负责的主管人员和其他直接责任人员，建议其行政主管部门或者有关机关依法依规处理，并予通报。

第十七条 指定媒体违反本办法规定的，由实施指定行为的省级以上财政部门依法责令限期改正，对直接负责的主管人员和其他直接责任人员，建议其行政主管部门或者有关机关依法依规处理，并予通报。

第十八条 财政部门及其工作人员在政府采购信息发布活动中存在懒政怠政、滥用职权、玩忽职守、徇私舞弊等违法违纪行为的，依照《中华人民共和国政府采购法》《中华人民共和国公务员法》《中华人民共和国监察法》《中华人民共和国政府采购法实施条例》等国家有关规定追究相应责任；涉嫌犯罪的，依法移送有关国家机关处理。

第十九条 涉密政府采购项目信息发布，依照国家有关规定执行。

第二十条 省级财政部门可以根据本办法制定具体实施办法。

第二十一条 本办法自2020年3月1日起施行。财政部2004年9月11日颁布实施的《政府采购信息公告管理办法》（财政部令第19号）同时废止。

政府采购质疑和投诉办法

（2017年12月26日财政部令第94号公布 自2018年3月1日起施行）

第一章 总 则

第一条 为了规范政府采购质疑和投诉行为，保护参加政府采购活动当事人的合法权益，根据《中华人民共和国政府采购法》《中华人民共和国政府采购法实施条例》和其他有关法律法规规定，制定本办法。

第二条 本办法适用于政府采购质疑的提出和答复、投诉的提起和处理。

第三条 政府采购供应商（以下简称供应商）提出质疑和投诉应当坚持依法依规、诚实信用原则。

第四条 政府采购质疑答复和投诉处理应当坚持依法依规、权责对等、公平公正、简便高效原则。

第五条 采购人负责供应商质疑答复。采购人委托采购代理机构采购的，采购代理机构在委托授权范围内作出答复。

县级以上各级人民政府财政部门（以下简称财政部门）负责依法处理供应商投诉。

第六条 供应商投诉按照采购人所属预算级次，由本级财政部门处理。

跨区域联合采购项目的投诉，采购人所属预算级次相同的，由采购文件事先约定的财政部门负责处理，事先未约定的，由最先收到投诉的财政部门负责处理；采购人所属预算级次不同的，由预算级次最高的财政部门负责处理。

第七条 采购人、采购代理机构应当在采购文件中载明接收质疑函的方式、联系部门、联系电话和通讯地址等信息。

县级以上财政部门应当在省级以上财政部门指定的政府采购信息发布媒体公布受理投诉的方式、联系部门、联系电话和通讯地址等信息。

第八条 供应商可以委托代理人进行质疑和投诉。其授权委托书应当载明代理人的姓名或者名称、代理事项、具体权限、期限和相关事项。供应商为自然人的，应当由本人签字；供应商为法人或者其他组织的，应当由法定代表人、主要负责人签字或者盖章，并加盖公章。

代理人提出质疑和投诉，应当提交供应商签署的授权委托书。

第九条 以联合体形式参加政府采购活动的，其投诉应当由组成联合体的所有供应商共同提出。

第二章 质疑提出与答复

第十条 供应商认为采购文件、采购过程、中标或者成交结果使自己的权益受到损害的，可以在知道或者应知其权益受到损害之日起7个工作日内，以书面形式向采购人、采购代理机构提出质疑。

采购文件可以要求供应商在法定质疑期内一次性提出针对同一采购程序环节的质疑。

第十一条 提出质疑的供应商（以下简称质疑供应商）应当是参与所质疑项目采购活动的供应商。

潜在供应商已依法获取其可质疑的采购文件的，可以对该文件提出质疑。对采购文件提出质疑的，应当在获取采购文件或者采购文件公告期限届满之日起7个工作日内提出。

第十二条 供应商提出质疑应当提交质疑函和必要的证明材料。质疑函应当包括下列内容：

（一）供应商的姓名或者名称、地址、邮编、联系人及联系电话；

（二）质疑项目的名称、编号；

（三）具体、明确的质疑事项和与质疑事项相关的请求；

（四）事实依据；

（五）必要的法律依据；

（六）提出质疑的日期。

供应商为自然人的，应当由本人签字；供应商为法人或者其他组织的，应当由法定代表人、主要负责人，或者其授权代表签字或者盖章，并加盖公章。

第十三条 采购人、采购代理机构不得拒收质疑供应商在法定质疑期内发出的质疑函，应当在收到质疑函后7个工作日内作出答复，并以书面形式通知质疑供应商和其他有关供应商。

第十四条 供应商对评审过程、中标或者成交结果提出质疑的，采购人、采购代理机构可以组织原评标委员会、竞争性谈判小组、询价小组或者竞争性磋商小组协助答复质疑。

第十五条 质疑答复应当包括下列内容：

（一）质疑供应商的姓名或者名称；

（二）收到质疑函的日期、质疑项目名称及编号；

（三）质疑事项、质疑答复的具体内容、事实依据和法律依据；

（四）告知质疑供应商依法投诉的权利；

（五）质疑答复人名称；

（六）答复质疑的日期。

质疑答复的内容不得涉及商业秘密。

第十六条 采购人、采购代理机构认为供应商质疑不成立，或者成立但未对中标、成交结果构成影响的，继续开展采购活动；认为供应商质疑成立且影响或者可能影响中标、成交结果的，按照下列情况处理：

（一）对采购文件提出的质疑，依法通过澄清或者修改可以继续开展采购活动的，澄清或者修改采购文件后继续开展采购活动；否则应当修改采购文件后重新开展采购活动。

（二）对采购过程、中标或者成交结果提出的质疑，合格供应商符合法定数量时，可以从合格的中标或者成交候选人中另行确定中标、成交供应商的，应当依法另行确定中标、成交供应商；否则应当重新开展采购活动。

质疑答复导致中标、成交结果改变的，采购人或者采购代理机构应当将有关情况书面报告本级财政部门。

第三章 投诉提起

第十七条 质疑供应商对采购人、采购代理机构的答复不满意，或者采购人、采购代理机构未在规定时间内作出答复的，可以在答复期满后15个工作日内向本办法第六条规定的财政部门提起投诉。

第十八条 投诉人投诉时，应当提交投诉书和必要的证明材料，并按照被投诉采购人、采购代理机构（以下简称被投诉人）和与投诉事项有关的供应商数量提供投诉书的副本。投诉书应当包括下列内容：

（一）投诉人和被投诉人的姓名或者名称、通讯地址、邮编、联系人及联系电话；

（二）质疑和质疑答复情况说明及相关证明材料；

（三）具体、明确的投诉事项和与投诉事项相关的投诉请求；

（四）事实依据；

（五）法律依据；

（六）提起投诉的日期。

投诉人为自然人的，应当由本人签字；投诉人为法人或者其他组织的，应当由法定代表人、主要负责人，或者其授权代表签字或者盖章，并加盖公章。

第十九条 投诉人应当根据本办法第七条第二款规定的信息内容，并按照其规定的方式提起投诉。

投诉人提起投诉应当符合下列条件：

（一）提起投诉前已依法进行质疑；

（二）投诉书内容符合本办法的规定；

（三）在投诉有效期限内提起投诉；

（四）同一投诉事项未经财政部门投诉处理；

（五）财政部规定的其他条件。

第二十条 供应商投诉的事项不得超出已质疑事项的范围，但基于质疑答复内容提出的投诉事项除外。

第四章　投诉处理

第二十一条　财政部门收到投诉书后，应当在5个工作日内进行审查，审查后按照下列情况处理：

（一）投诉书内容不符合本办法第十八条规定的，应当在收到投诉书5个工作日内一次性书面通知投诉人补正。补正通知应当载明需要补正的事项和合理的补正期限。未按照补正期限进行补正或者补正后仍不符合规定的，不予受理。

（二）投诉不符合本办法第十九条规定条件的，应当在3个工作日内书面告知投诉人不予受理，并说明理由。

（三）投诉不属于本部门管辖的，应当在3个工作日内书面告知投诉人向有管辖权的部门提起投诉。

（四）投诉符合本办法第十八条、第十九条规定的，自收到投诉书之日起即为受理，并在收到投诉后8个工作日内向被投诉人和其他与投诉事项有关的当事人发出投诉答复通知书及投诉书副本。

第二十二条　被投诉人和其他与投诉事项有关的当事人应当在收到投诉答复通知书及投诉书副本之日起5个工作日内，以书面形式向财政部门作出说明，并提交相关证据、依据和其他有关材料。

第二十三条　财政部门处理投诉事项原则上采用书面审查的方式。财政部门认为有必要时，可以进行调查取证或者组织质证。

财政部门可以根据法律、法规规定或者职责权限，委托相关单位或者第三方开展调查取证、检验、检测、鉴定。

质证应当通知相关当事人到场，并制作质证笔录。质证笔录应当由当事人签字确认。

第二十四条　财政部门依法进行调查取证时，投诉人、被投诉人以及与投诉事项有关的单位及人员应当如实反映情况，并提供财政部门所需要的相关材料。

第二十五条　应当由投诉人承担举证责任的投诉事项，投诉人未提供相关证据、依据和其他有关材料的，视为该投诉事项不成立；被投诉人未按照投诉答复通知书要求提交相关证据、依据和其他有关材料的，视同其放弃说明权利，依法承担不利后果。

第二十六条　财政部门应当自收到投诉之日起30个工作日内，对投诉事项作出处理决定。

第二十七条　财政部门处理投诉事项，需要检验、检测、鉴定、专家评审以及需要投诉人补正材料的，所需时间不计算在投诉处理期限内。

前款所称所需时间，是指财政部门向相关单位、第三方、投诉人发出相关文书、补正通知之日至收到相关反馈文书或材料之日。

财政部门向相关单位、第三方开展检验、检测、鉴定、专家评审的，应当将所需时间告知投诉人。

第二十八条　财政部门在处理投诉事项期间，可以视具体情况书面通知采购人和采购代理机构暂停采购活动，暂停采购活动时间最长不得超过30日。

采购人和采购代理机构收到暂停采购活动通知后应当立即中止采购活动，在法定的暂停期限结束前或者财政部门发出恢复采购活动通知前，不得进行该项采购活动。

第二十九条　投诉处理过程中，有下列情形之一的，财政部门应当驳回投诉：

（一）受理后发现投诉不符合法定受理条件；

（二）投诉事项缺乏事实依据，投诉事项不成立；

（三）投诉人捏造事实或者提供虚假材料；

（四）投诉人以非法手段取得证明材料。证据来源的合法性存在明显疑问，投诉人无法证明其取得方式合法的，视为以非法手段取得证明材料。

第三十条　财政部门受理投诉后，投诉人书面申请撤回投诉的，财政部门应当终止投诉处理程序，并书面告知相关当事人。

第三十一条 投诉人对采购文件提起的投诉事项,财政部门经查证属实的,应当认定投诉事项成立。经认定成立的投诉事项不影响采购结果的,继续开展采购活动;影响或者可能影响采购结果的,财政部门按照下列情况处理:

(一)未确定中标或者成交供应商的,责令重新开展采购活动。

(二)已确定中标或者成交供应商但尚未签订政府采购合同的,认定中标或者成交结果无效,责令重新开展采购活动。

(三)政府采购合同已经签订但尚未履行的,撤销合同,责令重新开展采购活动。

(四)政府采购合同已经履行,给他人造成损失的,相关当事人可依法提起诉讼,由责任人承担赔偿责任。

第三十二条 投诉人对采购过程或者采购结果提起的投诉事项,财政部门经查证属实的,应当认定投诉事项成立。经认定成立的投诉事项不影响采购结果的,继续开展采购活动;影响或者可能影响采购结果的,财政部门按照下列情况处理:

(一)未确定中标或者成交供应商的,责令重新开展采购活动。

(二)已确定中标或者成交供应商但尚未签订政府采购合同的,认定中标或者成交结果无效。合格供应商符合法定数量时,可以从合格的中标或者成交候选人中另行确定中标或者成交供应商的,应当要求采购人依法另行确定中标、成交供应商;否则责令重新开展采购活动。

(三)政府采购合同已经签订但尚未履行的,撤销合同。合格供应商符合法定数量时,可以从合格的中标或者成交候选人中另行确定中标或者成交供应商的,应当要求采购人依法另行确定中标、成交供应商;否则责令重新开展采购活动。

(四)政府采购合同已经履行,给他人造成损失的,相关当事人可依法提起诉讼,由责任人承担赔偿责任。

投诉人对废标行为提起的投诉事项成立的,财政部门应当认定废标行为无效。

第三十三条 财政部门作出处理决定,应当制作投诉处理决定书,并加盖公章。投诉处理决定书应当包括下列内容:

(一)投诉人和被投诉人的姓名或者名称、通讯地址等;

(二)处理决定查明的事实和相关依据,具体处理决定和法律依据;

(三)告知相关当事人申请行政复议的权利、行政复议机关和行政复议申请期限,以及提起行政诉讼的权利和起诉期限;

(四)作出处理决定的日期。

第三十四条 财政部门应当将投诉处理决定书送达投诉人和与投诉事项有关的当事人,并及时将投诉处理结果在省级以上财政部门指定的政府采购信息发布媒体上公告。

投诉处理决定书的送达,参照《中华人民共和国民事诉讼法》关于送达的规定执行。

第三十五条 财政部门应当建立投诉处理档案管理制度,并配合有关部门依法进行的监督检查。

第五章 法律责任

第三十六条 采购人、采购代理机构有下列情形之一的,由财政部门责令限期改正;情节严重的,给予警告,对直接负责的主管人员和其他直接责任人员,由其行政主管部门或者有关机关给予处分,并予通报:

(一)拒收质疑供应商在法定质疑期内发出的质疑函;

(二)对质疑不予答复或者答复与事实明显不符,并不能作出合理说明;

(三)拒绝配合财政部门处理投诉事宜。

第三十七条 投诉人在全国范围12个月内三次以上投诉查无实据的,由财政部门列入不良行为记录名单。

投诉人有下列行为之一的,属于虚假、恶意投诉,由财政部门列入不良行为记录名单,禁止其1至3年内参加政府采购活动:

（一）捏造事实；

（二）提供虚假材料；

（三）以非法手段取得证明材料。证据来源的合法性存在明显疑问，投诉人无法证明其取得方式合法的，视为以非法手段取得证明材料。

第三十八条 财政部门及其工作人员在履行投诉处理职责中违反本办法规定及存在其他滥用职权、玩忽职守、徇私舞弊等违法违纪行为的，依照《中华人民共和国政府采购法》《中华人民共和国公务员法》《中华人民共和国行政监察法》《中华人民共和国政府采购法实施条例》等国家有关规定追究相应责任；涉嫌犯罪的，依法移送司法机关处理。

第六章 附 则

第三十九条 质疑函和投诉书应当使用中文。质疑函和投诉书的范本，由财政部制定。

第四十条 相关当事人提供外文书证或者外国语视听资料的，应当附有中文译本，由翻译机构盖章或者翻译人员签名。

相关当事人向财政部门提供的在中华人民共和国领域外形成的证据，应当说明来源，经所在国公证机关证明，并经中华人民共和国驻该国使领馆认证，或者履行中华人民共和国与证据所在国订立的有关条约中规定的证明手续。

相关当事人提供的在香港特别行政区、澳门特别行政区和台湾地区内形成的证据，应当履行相关的证明手续。

第四十一条 财政部门处理投诉不得向投诉人和被投诉人收取任何费用。但因处理投诉发生的第三方检验、检测、鉴定等费用，由提出申请的供应商先行垫付。投诉处理决定明确双方责任后，按照"谁过错谁负担"的原则由承担责任的一方负担；双方都有责任的，由双方合理分担。

第四十二条 本办法规定的期间开始之日，不计算在期间内。期间届满的最后一日是节假日的，以节假日后的第一日为期间届满的日期。期间不包括在途时间，质疑和投诉文书在期满前交邮的，不算过期。

本办法规定的"以上""以下"均含本数。

第四十三条 对在质疑答复和投诉处理过程中知悉的国家秘密、商业秘密、个人隐私和依法不予公开的信息，财政部门、采购人、采购代理机构等相关知情人应当保密。

第四十四条 省级财政部门可以根据本办法制定具体实施办法。

第四十五条 本办法自2018年3月1日起施行。财政部2004年8月11日发布的《政府采购供应商投诉处理办法》（财政部令第20号）同时废止。

政府采购货物和服务招标投标管理办法

（2017年7月11日财政部令第87号公布 自2017年10月1日起施行）

第一章 总 则

第一条 为了规范政府采购当事人的采购行为，加强对政府采购货物和服务招标投标活动的监督管理，维护国家利益、社会公共利益和政府采购招标投标活动当事人的合法权益，依据《中华人民共和国政府采购法》（以下简称政府采购法）、《中华人民共和国政府采购法实施条例》（以下简称政府采购法实施条例）和其他有关法律法规规定，制定本办法。

第二条 本办法适用于在中华人民共和国境内开展政府采购货物和服务（以下简称货物服务）招标投标活动。

第三条 货物服务招标分为公开招标和邀请招标。

公开招标，是指采购人依法以招标公告的方式邀请非特定的供应商参加投标的采购方式。

邀请招标，是指采购人依法从符合相应资格条件的供应商中随机抽取3家以上供应商，并以投标邀请书的方式邀请其参加投标的采购方式。

第四条 属于地方预算的政府采购项目，省、自治区、直辖市人民政府根据实际情况，可以确定分别适用于本行政区域省级、设区的市级、县级公开招标数额标准。

第五条 采购人应当在货物服务招标投标活动中落实节约能源、保护环境、扶持不发达地区和少数民族地区、促进中小企业发展等政府采购政策。

第六条 采购人应当按照行政事业单位内部控制规范要求，建立健全本单位政府采购内部控制制度，在编制政府采购预算和实施计划、确定采购需求、组织采购活动、履约验收、答复询问质疑、配合投诉处理及监督检查等重点环节加强内部控制管理。

采购人不得向供应商索要或者接受其给予的赠品、回扣或者与采购无关的其他商品、服务。

第七条 采购人应当按照财政部制定的《政府采购品目分类目录》确定采购项目属性。按照《政府采购品目分类目录》无法确定的，按照有利于采购项目实施的原则确定。

第八条 采购人委托采购代理机构代理招标的，采购代理机构应当在采购人委托的范围内依法开展采购活动。

采购代理机构及其分支机构不得在所代理的采购项目中投标或者代理投标，不得为所代理的采购项目的投标人参加本项目提供投标咨询。

第二章 招 标

第九条 未纳入集中采购目录的政府采购项目，采购人可以自行招标，也可以委托采购代理机构在委托的范围内代理招标。

采购人自行组织开展招标活动的，应当符合下列条件：

（一）有编制招标文件、组织招标的能力和条件；

（二）有与采购项目专业性相适应的专业人员。

第十条 采购人应当对采购标的的市场技术或者服务水平、供应、价格等情况进行市场调查，根据调查情况、资产配置标准等科学、合理地确定采购需求，进行价格测算。

第十一条 采购需求应当完整、明确，包括以下内容：

（一）采购标的需实现的功能或者目标，以及为落实政府采购政策需满足的要求；

（二）采购标的需执行的国家相关标准、行业标准、地方标准或者其他标准、规范；

（三）采购标的需满足的质量、安全、技术规格、物理特性等要求；

（四）采购标的的数量、采购项目交付或者实施的时间和地点；

（五）采购标的需满足的服务标准、期限、效率等要求；

（六）采购标的的验收标准；

（七）采购标的的其他技术、服务等要求。

第十二条 采购人根据价格测算情况，可以在采购预算额度内合理设定最高限价，但不得设定最低限价。

第十三条 公开招标公告应当包括以下主要内容：

（一）采购人及其委托的采购代理机构的名称、地址和联系方法；

（二）采购项目的名称、预算金额，设定最高限价的，还应当公开最高限价；

（三）采购人的采购需求；

（四）投标人的资格要求；

（五）获取招标文件的时间期限、地点、方式及招标文件售价；

（六）公告期限；

（七）投标截止时间、开标时间及地点；

（八）采购项目联系人姓名和电话。

第十四条 采用邀请招标方式的，采购人或者采购代理机构应当通过以下方式产生符合资格条件的供应商名单，并从中随机抽取3家以上供应商向其发出投标邀请书：

（一）发布资格预审公告征集；

（二）从省级以上人民政府财政部门（以下简称财政部门）建立的供应商库中选取；

（三）采购人书面推荐。

采用前款第一项方式产生符合资格条件供应商名单的，采购人或者采购代理机构应当按照资格预审文件载明的标准和方法，对潜在投标人进行资格预审。

采用第一款第二项或者第三项方式产生符合资格条件供应商名单的，备选的符合资格条件供应商总数不得少于拟随机抽取供应商总数的两倍。

随机抽取是指通过抽签等能够保证所有符合资格条件供应商机会均等的方式选定供应商。随机抽取供应商时，应当有不少于两名采购人工作人员在场监督，并形成书面记录，随采购文件一并存档。

投标邀请书应当同时向所有受邀请的供应商发出。

第十五条 资格预审公告应当包括以下主要内容：

（一）本办法第十三条第一至四项、第六项和第八项内容；

（二）获取资格预审文件的时间期限、地点、方式；

（三）提交资格预审申请文件的截止时间、地点及资格预审日期。

第十六条 招标公告、资格预审公告的公告期限为 5 个工作日。公告内容应当以省级以上财政部门指定媒体发布的公告为准。公告期限自省级以上财政部门指定媒体最先发布公告之日起算。

第十七条 采购人、采购代理机构不得将投标人的注册资本、资产总额、营业收入、从业人员、利润、纳税额等规模条件作为资格要求或者评审因素，也不得通过将除进口货物以外的生产厂家授权、承诺、证明、背书等作为资格要求，对投标人实行差别待遇或者歧视待遇。

第十八条 采购人或者采购代理机构应当按照招标公告、资格预审公告或者投标邀请书规定的时间、地点提供招标文件或者资格预审文件，提供期限自招标公告、资格预审公告发布之日起计算不得少于 5 个工作日。提供期限届满后，获取招标文件或者资格预审文件的潜在投标人不足 3 家的，可以顺延提供期限，并予公告。

公开招标进行资格预审的，招标公告和资格预审公告可以合并发布，招标文件应当向所有通过资格预审的供应商提供。

第十九条 采购人或者采购代理机构应当根据采购项目的实施要求，在招标公告、资格预审公告或者投标邀请书中载明是否接受联合体投标。如未载明，不得拒绝联合体投标。

第二十条 采购人或者采购代理机构应当根据采购项目的特点和采购需求编制招标文件。招标文件应当包括以下主要内容：

（一）投标邀请；

（二）投标人须知（包括投标文件的密封、签署、盖章要求等）；

（三）投标人应当提交的资格、资信证明文件；

（四）为落实政府采购政策，采购标的需满足的要求，以及投标人须提供的证明材料；

（五）投标文件编制要求、投标报价要求和投标保证金交纳、退还方式以及不予退还投标保证金的情形；

（六）采购项目预算金额，设定最高限价的，还应当公开最高限价；

（七）采购项目的技术规格、数量、服务标准、验收等要求，包括附件、图纸等；

（八）拟签订的合同文本；

（九）货物、服务提供的时间、地点、方式；

（十）采购资金的支付方式、时间、条件；

（十一）评标方法、评标标准和投标无效情形；

（十二）投标有效期；

（十三）投标截止时间、开标时间及地点；

（十四）采购代理机构代理费用的收取标准和方式；

（十五）投标人信用信息查询渠道及截止时点、信用信息查询记录和证据留存的具体方式、信用信息的使用规则等；

（十六）省级以上财政部门规定的其他事项。

对于不允许偏离的实质性要求和条件，采购人或者采购代理机构应当在招标文件中规定，并以醒目的方式标明。

第二十一条 采购人或者采购代理机构应当根据采购项目的特点和采购需求编制资格预审文件。资格预审文件应当包括以下主要内容：

（一）资格预审邀请；

（二）申请人须知；

（三）申请人的资格要求；

（四）资格审核标准和方法；

（五）申请人应当提供的资格预审申请文件的内容和格式；

（六）提交资格预审申请文件的方式、截止时间、地点及资格审核日期；

（七）申请人信用信息查询渠道及截止时点、信用信息查询记录和证据留存的具体方式、信用信息的使用规则等内容；

（八）省级以上财政部门规定的其他事项。

资格预审文件应当免费提供。

第二十二条 采购人、采购代理机构一般不得要求投标人提供样品，仅凭书面方式不能准确描述采购需求或者需要对样品进行主观判断以确认是否满足采购需求等特殊情况除外。

要求投标人提供样品的，应当在招标文件中明确规定样品制作的标准和要求、是否需要随样品提交相关检测报告、样品的评审方法以及评审标准。需要随样品提交检测报告的，还应当规定检测机构的要求、检测内容等。

采购活动结束后，对于未中标人提供的样品，应当及时退还或者经未中标人同意后自行处理；对于中标人提供的样品，应当按照招标文件的规定进行保管、封存，并作为履约验收的参考。

第二十三条 投标有效期从提交投标文件的截止之日起算。投标文件中承诺的投标有效期应当不少于招标文件中载明的投标有效期。投标有效期内投标人撤销投标文件的，采购人或者采购代理机构可以不退还投标保证金。

第二十四条 招标文件售价应当按照弥补制作、邮寄成本的原则确定，不得以营利为目的，不得以招标采购金额作为确定招标文件售价的依据。

第二十五条 招标文件、资格预审文件的内容不得违反法律、行政法规、强制性标准、政府采购政策，或者违反公开透明、公平竞争、公正和诚实信用原则。

有前款规定情形，影响潜在投标人投标或者资格预审结果的，采购人或者采购代理机构应当修改招标文件或者资格预审文件后重新招标。

第二十六条 采购人或者采购代理机构可以在招标文件提供期限截止后，组织已获取招标文件的潜在投标人现场考察或者召开开标前答疑会。

组织现场考察或者召开答疑会的，应当在招标文件中载明，或者在招标文件提供期限截止后以书面形式通知所有获取招标文件的潜在投标人。

第二十七条 采购人或者采购代理机构可以对已发出的招标文件、资格预审文件、投标邀请书进行必要的澄清或者修改，但不得改变采购标的和资格条件。澄清或者修改应当在原公告发布媒体上发布澄清公告。澄清或者修改的内容为招标文件、资格预审文件、投标邀请书的组成部分。

澄清或者修改的内容可能影响投标文件编制的，采购人或者采购代理机构应当在投标截止时间至少 15 日前，以书面形式通知所有获取招标文件的潜在投标人；不足 15 日的，采购人或者采购代理机构应当顺延提交投标文件的截止时间。

澄清或者修改的内容可能影响资格预审申请文件编制的，采购人或者采购代理机构应当在提交资格预审申请文件截止时间至少 3 日前，以书面形式通知所有获取资格预审文件的潜在投标人；不足 3 日的，采购人或者采购代理机构应当顺延提交资格预审申请文件的截止时间。

第二十八条 投标截止时间前，采购人、采购代理机构和有关人员不得向他人透露已获取招标文件的潜在投标人的名称、数量以及可能影响公平竞争的有关招标投标的其他情况。

第二十九条 采购人、采购代理机构在发布招标公告、资格预审公告或者发出投标邀请书后，除因重大变故采购任务取消情况外，不得擅自终止招标活动。

终止招标的，采购人或者采购代理机构应当及时在原公告发布媒体上发布终止公告，以书面形式通知已经获取招标文件、资格预审文件或者被邀请的潜在投标人，并将项目实施情况和采购任务取消原因报告本级财政部门。已经收取招标文件费用或者投标保证金的，采购人或者采购代理机构应当在终止采购活动后 5 个工作日内，退还所收取的招标文件费用和所收取的投标保证金及其在银行产生的孳息。

第三章　投　　标

第三十条 投标人，是指响应招标、参加投标竞争的法人、其他组织或者自然人。

第三十一条 采用最低评标价法的采购项目，提供相同品牌产品的不同投标人参加同一合同项下投标的，以其中通过资格审查、符合性审查且报价最低的参加评标；报价相同的，由采购人或者采购人委托评标委员会按照招标文件规定的方式确定一个参加评标的投标人，招标文件未规定的采取随机抽取方式确定，其他投标无效。

使用综合评分法的采购项目，提供相同品牌产品且通过资格审查、符合性审查的不同投标人参加同一合同项下投标的，按一家投标人计算，评审后得分最高的同品牌投标人获得中标人推荐资格；评审得分相同的，由采购人或者采购人委托评标委员会按照招标文件规定的方式确定一个投标人获得中标人推荐资格，招标文件未规定的采取随机抽取方式确定，其他同品牌投标人不作为中标候选人。

非单一产品采购项目，采购人应当根据采购项目技术构成、产品价格比重等合理确定核心产品，并在招标文件中载明。多家投标人提供的核心产品品牌相同的，按前两款规定处理。

第三十二条 投标人应当按照招标文件的要求编制投标文件。投标文件应当对招标文件提出的要求和条件作出明确响应。

第三十三条 投标人应当在招标文件要求提交投标文件的截止时间前，将投标文件密封送达投标地点。采购人或者采购代理机构收到投标文件后，应当如实记载投标文件的送达时间和密封情况，签收保存，并向投标人出具签收回执。任何单位和个人不得在开标前开启投标文件。

逾期送达或者未按照招标文件要求密封的投标文件，采购人、采购代理机构应当拒收。

第三十四条 投标人在投标截止时间前，可以对所递交的投标文件进行补充、修改或者撤回，并书面通知采购人或者采购代理机构。补充、修改的内容应当按照招标文件要求签署、盖章、密封后，作为投标文件的组成部分。

第三十五条 投标人根据招标文件的规定和采购项目的实际情况，拟在中标后将中标项目的非主体、非关键性工作分包的，应当在投标文件中载明分包承担主体，分包承担主体应当具备相应资质条件且不得再次分包。

第三十六条 投标人应当遵循公平竞争的原则，不得恶意串通，不得妨碍其他投标人的竞争行为，不得损害采购人或者其他投标人的合法权益。

在评标过程中发现投标人有上述情形的，评标委员会应当认定其投标无效，并书面报告本级财政部门。

第三十七条 有下列情形之一的，视为投标人串通投标，其投标无效：

（一）不同投标人的投标文件由同一单位或者个人编制；

（二）不同投标人委托同一单位或者个人办理投标事宜；

（三）不同投标人的投标文件载明的项目管理成员或者联系人员为同一人；

（四）不同投标人的投标文件异常一致或者投标报价呈规律性差异；

（五）不同投标人的投标文件相互混装；

（六）不同投标人的投标保证金从同一单位或者个人的账户转出。

第三十八条 投标人在投标截止时间前撤回已提交的投标文件的,采购人或者采购代理机构应当自收到投标人书面撤回通知之日起5个工作日内,退还已收取的投标保证金,但因投标人自身原因导致无法及时退还的除外。

采购人或者采购代理机构应当自中标通知书发出之日起5个工作日内退还未中标人的投标保证金,自采购合同签订之日起5个工作日内退还中标人的投标保证金或者转为中标人的履约保证金。

采购人或者采购代理机构逾期退还投标保证金的,除应当退还投标保证金本金外,还应当按中国人民银行同期贷款基准利率上浮20%后的利率支付超期资金占用费,但因投标人自身原因导致无法及时退还的除外。

第四章 开标、评标

第三十九条 开标应当在招标文件确定的提交投标文件截止时间的同一时间进行。开标地点应当为招标文件中预先确定的地点。

采购人或者采购代理机构应当对开标、评标现场活动进行全程录音录像。录音录像应当清晰可辨,音像资料作为采购文件一并存档。

第四十条 开标由采购人或者采购代理机构主持,邀请投标人参加。评标委员会成员不得参加开标活动。

第四十一条 开标时,应当由投标人或者其推选的代表检查投标文件的密封情况;经确认无误后,由采购人或者采购代理机构工作人员当众拆封,宣布投标人名称、投标价格和招标文件规定的需要宣布的其他内容。

投标人不足3家的,不得开标。

第四十二条 开标过程应当由采购人或者采购代理机构负责记录,由参加开标的各投标人代表和相关工作人员签字确认后随采购文件一并存档。

投标人代表对开标过程和开标记录有疑义,以及认为采购人、采购代理机构相关工作人员有需要回避的情形的,应当场提出询问或者回避申请。采购人、采购代理机构对投标人代表提出的询问或者回避申请应当及时处理。

投标人未参加开标的,视同认可开标结果。

第四十三条 公开招标数额标准以上的采购项目,投标截止后投标人不足3家或者通过资格审查或符合性审查的投标人不足3家的,除采购任务取消情形外,按照以下方式处理:

(一)招标文件存在不合理条款或者招标程序不符合规定的,采购人、采购代理机构改正后依法重新招标;

(二)招标文件没有不合理条款、招标程序符合规定,需要采用其他采购方式采购的,采购人应当依法报财政部门批准。

第四十四条 公开招标采购项目开标结束后,采购人或者采购代理机构应当依法对投标人的资格进行审查。

合格投标人不足3家的,不得评标。

第四十五条 采购人或者采购代理机构负责组织评标工作,并履行下列职责:

(一)核对评审专家身份和采购人代表授权函,对评审专家在政府采购活动中的职责履行情况予以记录,并及时将有关违法违规行为向财政部门报告;

(二)宣布评标纪律;

(三)公布投标人名单,告知评审专家应当回避的情形;

(四)组织评标委员会推选评标组长,采购人代表不得担任组长;

(五)在评标期间采取必要的通讯管理措施,保证评标活动不受外界干扰;

(六)根据评标委员会的要求介绍政府采购相关政策法规、招标文件;

(七)维护评标秩序,监督评标委员会依照招标文件规定的评标程序、方法和标准进行独立评审,及时制止和纠正采购人代表、评审专家的倾向性言论或者违法违规行为;

(八)核对评标结果,有本办法第六十四条规定情形的,要求评标委员会复核或者书面说明理由,评标委员会拒绝的,应予记录并向本级财政部门报告;

(九)评审工作完成后,按照规定向评审专家支付劳务报酬和异地评审差旅费,不得向评审专家以外的其他人员支付评审劳务报酬;

(十)处理与评标有关的其他事项。

采购人可以在评标前说明项目背景和采购需求,说明内容不得含有歧视性、倾向性意见,不得超出招标文件所述范围。说明应当提交书面材料,并随采购文件一并存档。

第四十六条 评标委员会负责具体评标事务,并独立履行下列职责:

(一)审查、评价投标文件是否符合招标文件的商务、技术等实质性要求;

(二)要求投标人对投标文件有关事项作出澄清或者说明;

(三)对投标文件进行比较和评价;

(四)确定中标候选人名单,以及根据采购人委托直接确定中标人;

(五)向采购人、采购代理机构或者有关部门报告评标中发现的违法行为。

第四十七条 评标委员会由采购人代表和评审专家组成,成员人数应当为5人以上单数,其中评审专家不得少于成员总数的三分之二。

采购项目符合下列情形之一的,评标委员会成员人数应当为7人以上单数:

(一)采购预算金额在1000万元以上;

(二)技术复杂;

(三)社会影响较大。

评审专家对本单位的采购项目只能作为采购人代表参与评标,本办法第四十八条第二款规定情形除外。采购代理机构工作人员不得参加由本机构代理的政府采购项目的评标。

评标委员会成员名单在评标结果公告前应当保密。

第四十八条 采购人或者采购代理机构应当从省级以上财政部门设立的政府采购评审专家库中,通过随机方式抽取评审专家。

对技术复杂、专业性强的采购项目,通过随机方式难以确定合适评审专家的,经主管预算单位同意,采购人可以自行选定相应专业领域的评审专家。

第四十九条 评标中因评标委员会成员缺席、回避或者健康等特殊原因导致评标委员会组成不符合本办法规定的,采购人或者采购代理机构应当依法补足后继续评标。被更换的评标委员会成员所作出的评标意见无效。

无法及时补足评标委员会成员的,采购人或者采购代理机构应当停止评标活动,封存所有投标文件和开标、评标资料,依法重新组建评标委员会进行评标。原评标委员会所作出的评标意见无效。

采购人或者采购代理机构应当将变更、重新组建评标委员会的情况予以记录,并随采购文件一并存档。

第五十条 评标委员会应当对符合资格的投标人的投标文件进行符合性审查,以确定其是否满足招标文件的实质性要求。

第五十一条 对于投标文件中含义不明确、同类问题表述不一致或者有明显文字和计算错误的内容,评标委员会应当以书面形式要求投标人作出必要的澄清、说明或者补正。

投标人的澄清、说明或者补正应当采用书面形式,并加盖公章,或者由法定代表人或其授权的代表签字。投标人的澄清、说明或者补正不得超出投标文件的范围或者改变投标文件的实质性内容。

第五十二条 评标委员会应当按照招标文件中规定的评标方法和标准,对符合性审查合格的投标文件进行商务和技术评估,综合比较与评价。

第五十三条 评标方法分为最低评标价法和综合评分法。

第五十四条 最低评标价法,是指投标文件满足招标文件全部实质性要求,且投标报价最低的投标人为中标候选人的评标方法。

技术、服务等标准统一的货物服务项目,应当采用最低评标价法。

采用最低评标价法评标时,除了算术修正和落实政府采购政策需进行的价格扣除外,不能对投标人的投标价格进行任何调整。

第五十五条 综合评分法,是指投标文件满足招标文件全部实质性要求,且按照评审因素的量化指标评审得分最高的投标人为中标候选人的评标方法。

评审因素的设定应当与投标人所提供货物服务的质量相关,包括投标报价、技术或者服务水平、履约能力、售后服务等。资格条件不得作为评审因素。评审因素应当在招标文件中规定。

评审因素应当细化和量化,且与相应的商务条件和采购需求对应。商务条件和采购需求指标有区间规定的,评审因素应当量化到相应区间,并设置各区间对应的不同分值。

评标时,评标委员会各成员应当独立对每个投标人的投标文件进行评价,并汇总每个投标人的得分。

货物项目的价格分值占总分值的比重不得低于30%;服务项目的价格分值占总分值的比重不得低于10%。执行国家统一定价标准和采用固定价格采购的项目,其价格不列为评审因素。

价格分应当采用低价优先法计算,即满足招标文件要求且投标价格最低的投标报价为评标基准价,其价格分为满分。其他投标人的价格分统一按照下列公式计算:

投标报价得分 = (评标基准价/投标报价) × 100

评标总得分 = F1 × A1 + F2 × A2 + …… + Fn × An

F1、F2……Fn 分别为各项评审因素的得分;

A1、A2、……An 分别为各项评审因素所占的权重(A1 + A2 + …… + An = 1)。

评标过程中,不得去掉报价中的最高报价和最低报价。

因落实政府采购政策进行价格调整的,以调整后的价格计算评标基准价和投标报价。

第五十六条 采用最低评标价法的,评标结果按投标报价由低到高顺序排列。投标报价相同的并列。投标文件满足招标文件全部实质性要求且投标报价最低的投标人为排名第一的中标候选人。

第五十七条 采用综合评分法的,评标结果按评审后得分由高到低顺序排列。得分相同的,按投标报价由低到高顺序排列。得分且投标报价相同的并列。投标文件满足招标文件全部实质性要求,且按照评审因素的量化指标评审得分最高的投标人为排名第一的中标候选人。

第五十八条 评标委员会根据全体评标成员签字的原始评标记录和评标结果编写评标报告。评标报告应当包括以下内容:

(一)招标公告刊登的媒体名称、开标日期和地点;

(二)投标人名单和评标委员会成员名单;

(三)评标方法和标准;

(四)开标记录和评标情况及说明,包括无效投标人名单及原因;

(五)评标结果,确定的中标候选人名单或者经采购人委托直接确定的中标人;

(六)其他需要说明的情况,包括评标过程中投标人根据评标委员会要求进行的澄清、说明或者补正,评标委员会成员的更换等。

第五十九条 投标文件报价出现前后不一致的,除招标文件另有规定外,按照下列规定修正:

(一)投标文件中开标一览表(报价表)内容与投标文件中相应内容不一致的,以开标一览表(报价表)为准;

(二)大写金额和小写金额不一致的,以大写金额为准;

(三)单价金额小数点或者百分比有明显错位的,以开标一览表的总价为准,并修改单价;

(四)总价金额与按单价汇总金额不一致的,以单价金额计算结果为准。

同时出现两种以上不一致的,按照前款规定的顺序修正。修正后的报价按照本办法第五十一条第二款的规定经投标人确认后产生约束力,投标人不确认的,其投标无效。

第六十条 评标委员会认为投标人的报价明显低于其他通过符合性审查投标人的报价,有可能影响产品质量或者不能诚信履约的，应当要求其在评标现场合理的时间内提供书面说明，必要时提交相关证明材料；投标人不能证明其报价合理性的，评标委员会应当将其作为无效投标处理。

第六十一条 评标委员会成员对需要共同认定的事项存在争议的，应当按照少数服从多数的原则作出结论。持不同意见的评标委员会成员应当在评标报告上签署不同意见及理由，否则视为同意评标报告。

第六十二条 评标委员会及其成员不得有下列行为：

（一）确定参与评标至评标结束前私自接触投标人；

（二）接受投标人提出的与投标文件不一致的澄清或者说明，本办法第五十一条规定的情形除外；

（三）违反评标纪律发表倾向性意见或者征询采购人的倾向性意见；

（四）对需要专业判断的主观评审因素协商评分；

（五）在评标过程中擅离职守，影响评标程序正常进行的；

（六）记录、复制或者带走任何评标资料；

（七）其他不遵守评标纪律的行为。

评标委员会成员有前款第一至五项行为之一的，其评审意见无效，并不得获取评审劳务报酬和报销异地评审差旅费。

第六十三条 投标人存在下列情况之一的，投标无效：

（一）未按照招标文件的规定提交投标保证金的；

（二）投标文件未按招标文件要求签署、盖章的；

（三）不具备招标文件中规定的资格要求的；

（四）报价超过招标文件中规定的预算金额或者最高限价的；

（五）投标文件含有采购人不能接受的附加条件的；

（六）法律、法规和招标文件规定的其他无效情形。

第六十四条 评标结果汇总完成后，除下列情形外，任何人不得修改评标结果：

（一）分值汇总计算错误的；

（二）分项评分超出评分标准范围的；

（三）评标委员会成员对客观评审因素评分不一致的；

（四）经评标委员会认定评分畸高、畸低的。

评标报告签署前，经复核发现存在以上情形之一的，评标委员会应当当场修改评标结果，并在评标报告中记载；评标报告签署后，采购人或者采购代理机构发现存在以上情形之一的，应当组织原评标委员会进行重新评审，重新评审改变评标结果的，书面报告本级财政部门。

投标人对本条第一款情形提出质疑的，采购人或者采购代理机构可以组织原评标委员会进行重新评审，重新评审改变评标结果的，应当书面报告本级财政部门。

第六十五条 评标委员会发现招标文件存在歧义、重大缺陷导致评标工作无法进行，或者招标文件内容违反国家有关强制性规定的，应当停止评标工作，与采购人或者采购代理机构沟通并作书面记录。采购人或者采购代理机构确认后，应当修改招标文件，重新组织采购活动。

第六十六条 采购人、采购代理机构应当采取必要措施，保证评标在严格保密的情况下进行。除采购人代表、评标现场组织人员外，采购人的其他工作人员以及与评标工作无关的人员不得进入评标现场。

有关人员对评标情况以及在评标过程中获悉的国家秘密、商业秘密负有保密责任。

第六十七条 评标委员会或者其成员存在下列情形导致评标结果无效的，采购人、采购代理机构可以重新组建评标委员会进行评标，并书面报告本级财政部门，但采购合同已经履行的除外：

（一）评标委员会组成不符合本办法规定的；

（二）有本办法第六十二条第一至五项情形的；

（三）评标委员会及其成员独立评标受到非法干预的；

（四）有政府采购法实施条例第七十五条规定的违法行为的。

有违法违规行为的原评标委员会成员不得参加重新组建的评标委员会。

第五章 中标和合同

第六十八条 采购代理机构应当在评标结束后2个工作日内将评标报告送采购人。

采购人应当自收到评标报告之日起5个工作日内，在评标报告确定的中标候选人名单中按顺序确定中标人。中标候选人并列的，由采购人或者采购人委托评标委员会按照招标文件规定的方式确定中标人；招标文件未规定的，采取随机抽取的方式确定。

采购人自行组织招标的，应当在评标结束后5个工作日内确定中标人。

采购人在收到评标报告5个工作日内未按评标报告推荐的中标候选人顺序确定中标人，又不能说明合法理由的，视同按评标报告推荐的顺序确定排名第一的中标候选人为中标人。

第六十九条 采购人或者采购代理机构应当自中标人确定之日起2个工作日内，在省级以上财政部门指定的媒体上公告中标结果，招标文件应当随中标结果同时公告。

中标结果公告内容应当包括采购人及其委托的采购代理机构的名称、地址、联系方式，项目名称和项目编号，中标人名称、地址和中标金额，主要中标标的的名称、规格型号、数量、单价、服务要求，中标公告期限以及评审专家名单。

中标公告期限为1个工作日。

邀请招标采购人采用书面推荐方式产生符合资格条件的潜在投标人的，还应当将所有被推荐供应商名单和推荐理由随中标结果同时公告。

在公告中标结果的同时，采购人或者采购代理机构应当向中标人发出中标通知书；对未通过资格审查的投标人，应当告知其未通过的原因；采用综合评分法评审的，还应当告知未中标人本人的评审得分与排序。

第七十条 中标通知书发出后，采购人不得违法改变中标结果，中标人无正当理由不得放弃中标。

第七十一条 采购人应当自中标通知书发出之日起30日内，按照招标文件和中标人投标文件的规定，与中标人签订书面合同。所签订的合同不得对招标文件确定的事项和中标人投标文件作实质性修改。

采购人不得向中标人提出任何不合理的要求作为签订合同的条件。

第七十二条 政府采购合同应当包括采购人与中标人的名称和住所、标的、数量、质量、价款或者报酬、履行期限及地点和方式、验收要求、违约责任、解决争议的方法等内容。

第七十三条 采购人与中标人应当根据合同的约定依法履行合同义务。

政府采购合同的履行、违约责任和解决争议的方法等适用《中华人民共和国合同法》。

第七十四条 采购人应当及时对采购项目进行验收。采购人可以邀请参加本项目的其他投标人或者第三方机构参与验收。参与验收的投标人或者第三方机构的意见作为验收书的参考资料一并存档。

第七十五条 采购人应当加强对中标人的履约管理，并按照采购合同约定，及时向中标人支付采购资金。对于中标人违反采购合同约定的行为，采购人应当及时处理，依法追究其违约责任。

第七十六条 采购人、采购代理机构应当建立真实完整的招标采购档案，妥善保存每项采购活动的采购文件。

第六章 法律责任

第七十七条 采购人有下列情形之一的，由财政部门责令限期改正；情节严重的，给予警告，对直接负责的主管人员和其他直接责任人员由其行政主管部门或者有关机关依法给予处分，并予以通报；涉嫌犯罪的，移送司法机关处理：

（一）未按照本办法的规定编制采购需求的；
（二）违反本办法第六条第二款规定的；
（三）未在规定时间内确定中标人的；
（四）向中标人提出不合理要求作为签订合同条件的。

第七十八条 采购人、采购代理机构有下列情形之一的，由财政部门责令限期改正，情节严重的，给予警告，对直接负责的主管人员和其他直接责任人员，由其行政主管部门或者有关机关给予处分，并予通报；采购代理机构有违法所得的，没收违法所得，并可以处以不超过违法所得3倍、最高不超过3万元的罚款，没有违法所得的，可以处以1万元以下的罚款：
（一）违反本办法第八条第二款规定的；
（二）设定最低限价的；
（三）未按照规定进行资格预审或者资格审查的；
（四）违反本办法规定确定招标文件售价的；
（五）未按规定对开标、评标活动进行全程录音录像的；
（六）擅自终止招标活动的；
（七）未按照规定进行开标和组织评标的；
（八）未按照规定退还投标保证金的；
（九）违反本办法规定进行重新评审或者重新组建评标委员会进行评标的；
（十）开标前泄露已获取招标文件的潜在投标人的名称、数量或者其他可能影响公平竞争的有关招标投标情况的；
（十一）未妥善保存采购文件的；
（十二）其他违反本办法规定的情形。

第七十九条 有本办法第七十七条、第七十八条规定的违法行为之一，经改正后仍然影响或者可能影响中标结果的，依照政府采购法实施条例第七十一条规定处理。

第八十条 政府采购当事人违反本办法规定，给他人造成损失的，依法承担民事责任。

第八十一条 评标委员会成员有本办法第六十二条所列行为之一的，由财政部门责令限期改正；情节严重的，给予警告，并对其不良行为予以记录。

第八十二条 财政部门应当依法履行政府采购监督管理职责。财政部门及其工作人员在履行监督管理职责中存在懒政怠政、滥用职权、玩忽职守、徇私舞弊等违法违纪行为的，依照政府采购法、《中华人民共和国公务员法》、《中华人民共和国行政监察法》、政府采购法实施条例等国家有关规定追究相应责任；涉嫌犯罪的，移送司法机关处理。

第七章　附　　则

第八十三条 政府采购货物服务电子招标投标、政府采购货物中的进口机电产品招标投标有关特殊事宜，由财政部另行规定。

第八十四条 本办法所称主管预算单位是指负有编制部门预算职责，向本级财政部门申报预算的国家机关、事业单位和团体组织。

第八十五条 本办法规定按日计算期间的，开始当天不计入，从次日开始计算。期限的最后一日是国家法定节假日的，顺延到节假日后的次日为期限的最后一日。

第八十六条 本办法所称的“以上”、“以下”、“内”、“以内”，包括本数；所称的“不足”，不包括本数。

第八十七条 各省、自治区、直辖市财政部门可以根据本办法制定具体实施办法。

第八十八条 本办法自2017年10月1日起施行。财政部2004年8月11日发布的《政府采购货物和服务招标投标管理办法》（财政部令第18号）同时废止。

政府采购非招标采购方式管理办法

(2013年12月19日财政部令第74号公布 自2014年2月1日起施行)

第一章 总 则

第一条 为了规范政府采购行为,加强对采用非招标采购方式采购活动的监督管理,维护国家利益、社会公共利益和政府采购当事人的合法权益,依据《中华人民共和国政府采购法》(以下简称政府采购法)和其他法律、行政法规的有关规定,制定本办法。

第二条 采购人、采购代理机构采用非招标采购方式采购货物、工程和服务的,适用本办法。

本办法所称非招标采购方式,是指竞争性谈判、单一来源采购和询价采购方式。

竞争性谈判是指谈判小组与符合资格条件的供应商就采购货物、工程和服务事宜进行谈判,供应商按照谈判文件的要求提交响应文件和最后报价,采购人从谈判小组提出的成交候选人中确定成交供应商的采购方式。

单一来源采购是指采购人从某一特定供应商处采购货物、工程和服务的采购方式。

询价是指询价小组向符合资格条件的供应商发出采购货物询价通知书,要求供应商一次报出不得更改的价格,采购人从询价小组提出的成交候选人中确定成交供应商的采购方式。

第三条 采购人、采购代理机构采购以下货物、工程和服务之一的,可以采用竞争性谈判、单一来源采购方式采购;采购货物的,还可以采用询价采购方式:

(一)依法制定的集中采购目录以内,且未达到公开招标数额标准的货物、服务;

(二)依法制定的集中采购目录以外、采购限额标准以上,且未达到公开招标数额标准的货物、服务;

(三)达到公开招标数额标准、经批准采用非公开招标方式的货物、服务;

(四)按照招标投标法及其实施条例必须进行招标的工程建设项目以外的政府采购工程。

第二章 一般规定

第四条 达到公开招标数额标准的货物、服务采购项目,拟采用非招标采购方式的,采购人应当在采购活动开始前,报经主管预算单位同意后,向设区的市、自治州以上人民政府财政部门申请批准。

第五条 根据本办法第四条申请采用非招标采购方式采购的,采购人应当向财政部门提交以下材料并对材料的真实性负责:

(一)采购人名称、采购项目名称、项目概况等项目基本情况说明;

(二)项目预算金额、预算批复文件或者资金来源证明;

(三)拟申请采用的采购方式和理由。

第六条 采购人、采购代理机构应当按照政府采购法和本办法的规定组织开展非招标采购活动,并采取必要措施,保证评审在严格保密的情况下进行。

任何单位和个人不得非法干预、影响评审过程和结果。

第七条 竞争性谈判小组或者询价小组由采购人代表和评审专家共3人以上单数组成,其中评审专家人数不得少于竞争性谈判小组或者询价小组成员总数的2/3。采购人不得以评审专家身份参加本部门或本单位采购项目的评审。采购代理机构人员不得参加本机构代理的采购项目的评审。

达到公开招标数额标准的货物或者服务采购项目,或者达到招标规模标准的政府采购工程,竞争性谈判小组或者询价小组应当由5人以上单数组成。

采用竞争性谈判、询价方式采购的政府采购项目,评审专家应当从政府采购评审专家库内相关专业的专家名单中随机抽取。技术复杂、专业性强的竞争性谈判采购项目,通过随机方式难以确定合适的评审专家的,经主管预算单位同意,可以自行选定评审专家。技术复杂、专业性强的竞争性谈判采购项目,评审专家中应当包含1名法律专家。

第八条 竞争性谈判小组或者询价小组在采购活动过程中应当履行下列职责:

(一)确认或者制定谈判文件、询价通知书;

(二)从符合相应资格条件的供应商名单中确定不少于3家的供应商参加谈判或者询价;

(三)审查供应商的响应文件并作出评价;

(四)要求供应商解释或者澄清其响应文件;

(五)编写评审报告;

(六)告知采购人、采购代理机构在评审过程中发现的供应商的违法违规行为。

第九条 竞争性谈判小组或者询价小组成员应当履行下列义务:

(一)遵纪守法,客观、公正、廉洁地履行职责;

(二)根据采购文件的规定独立进行评审,对个人的评审意见承担法律责任;

(三)参与评审报告的起草;

(四)配合采购人、采购代理机构答复供应商提出的质疑;

(五)配合财政部门的投诉处理和监督检查工作。

第十条 谈判文件、询价通知书应当根据采购项目的特点和采购人的实际需求制定,并经采购人书面同意。采购人应当以满足实际需求为原则,不得擅自提高经费预算和资产配置等采购标准。

谈判文件、询价通知书不得要求或者标明供应商名称或者特定货物的品牌,不得含有指向特定供应商的技术、服务等条件。

第十一条 谈判文件、询价通知书应当包括供应商资格条件、采购邀请、采购方式、采购预算、采购需求、采购程序、价格构成或者报价要求、响应文件编制要求、提交响应文件截止时间及地点、保证金交纳数额和形式、评定成交的标准等。

谈判文件除本条第一款规定的内容外,还应当明确谈判小组根据与供应商谈判情况可能实质性变动的内容,包括采购需求中的技术、服务要求以及合同草案条款。

第十二条 采购人、采购代理机构应当通过发布公告、从省级以上财政部门建立的供应商库中随机抽取或者采购人和评审专家分别书面推荐的方式邀请不少于3家符合相应资格条件的供应商参与竞争性谈判或者询价采购活动。

符合政府采购法第二十二条第一款规定条件的供应商可以在采购活动开始前加入供应商库。财政部门不得对供应商申请入库收取任何费用,不得利用供应商库进行地区和行业封锁。

采取采购人和评审专家书面推荐方式选择供应商的,采购人和评审专家应当各自出具书面推荐意见。采购人推荐供应商的比例不得高于推荐供应商总数的50%。

第十三条 供应商应当按照谈判文件、询价通知书的要求编制响应文件,并对其提交的响应文件的真实性、合法性承担法律责任。

第十四条 采购人、采购代理机构可以要求供应商在提交响应文件截止时间之前交纳保证金。保证金应当采用支票、汇票、本票、网上银行支付或者金融机构、担保机构出具的保函等非现金形式交纳。保证金数额应当不超过采购项目预算的2%。

供应商为联合体的,可以由联合体中的一方或者多方共同交纳保证金,其交纳的保证金对联合体各方均具有约束力。

第十五条 供应商应当在谈判文件、询价通知书要求的截止时间前,将响应文件密封送达指定地点。在截止时间后送达的响应文件为无效文件,采购人、采购代理机构或者谈判小组、询价小组应当拒收。

供应商在提交询价响应文件截止时间前,可以对所提交的响应文件进行补充、修改或者撤回,并书面通知采购人、采购代理机构。补充、修改的内容作为响应文件的组成部分。补充、修改的内容与响应文件不一致的,以补充、修改的内容为准。

第十六条 谈判小组、询价小组在对响应文件的有效性、完整性和响应程度进行审查时,可以要求供应商对响应文件中含义不明确、同类问题表述不一致或者有明显文字和计算错误的内容等作出必要的澄清、说明或者更正。供应商的澄清、说明或者更正不得超出响应文件的范围或者改变响应文件的实质性内容。

谈判小组、询价小组要求供应商澄清、说明或者更正响应文件应当以书面形式作出。供应商的澄清、说明或者更正应当由法定代表人或其授权代表签字或者加盖公章。由授权代表签字的，应当附法定代表人授权书。供应商为自然人的，应当由本人签字并附身份证明。

第十七条 谈判小组、询价小组应当根据评审记录和评审结果编写评审报告，其主要内容包括：

（一）邀请供应商参加采购活动的具体方式和相关情况，以及参加采购活动的供应商名单；

（二）评审日期和地点，谈判小组、询价小组成员名单；

（三）评审情况记录和说明，包括对供应商的资格审查情况、供应商响应文件评审情况、谈判情况、报价情况等；

（四）提出的成交候选人的名单及理由。

评审报告应当由谈判小组、询价小组全体人员签字认可。谈判小组、询价小组成员对评审报告有异议的，谈判小组、询价小组按照少数服从多数的原则推荐成交候选人，采购程序继续进行。对评审报告有异议的谈判小组、询价小组成员，应当在报告上签署不同意见并说明理由，由谈判小组、询价小组书面记录相关情况。谈判小组、询价小组成员拒绝在报告上签字又不书面说明其不同意见和理由的，视为同意评审报告。

第十八条 采购人或者采购代理机构应当在成交供应商确定后 2 个工作日内，在省级以上财政部门指定的媒体上公告成交结果，同时向成交供应商发出成交通知书，并将竞争性谈判文件、询价通知书随成交结果同时公告。成交结果公告应当包括以下内容：

（一）采购人和采购代理机构的名称、地址和联系方式；

（二）项目名称和项目编号；

（三）成交供应商名称、地址和成交金额；

（四）主要成交标的的名称、规格型号、数量、单价、服务要求；

（五）谈判小组、询价小组成员名单及单一来源采购人员名单。

采用书面推荐供应商参加采购活动的，还应当公告采购人和评审专家的推荐意见。

第十九条 采购人与成交供应商应当在成交通知书发出之日起 30 日内，按照采购文件确定的合同文本以及采购标的、规格型号、采购金额、采购数量、技术和服务要求等事项签订政府采购合同。

采购人不得向成交供应商提出超出采购文件以外的任何要求作为签订合同的条件，不得与成交供应商订立背离采购文件确定的合同文本以及采购标的、规格型号、采购金额、采购数量、技术和服务要求等实质性内容的协议。

第二十条 采购人或者采购代理机构应当在采购活动结束后及时退还供应商的保证金，但因供应商自身原因导致无法及时退还的除外。未成交供应商的保证金应当在成交通知书发出后 5 个工作日内退还，成交供应商的保证金应当在采购合同签订后 5 个工作日内退还。

有下列情形之一的，保证金不予退还：

（一）供应商在提交响应文件截止时间后撤回响应文件的；

（二）供应商在响应文件中提供虚假材料的；

（三）除因不可抗力或谈判文件、询价通知书认可的情形以外，成交供应商不与采购人签订合同的；

（四）供应商与采购人、其他供应商或者采购代理机构恶意串通的；

（五）采购文件规定的其他情形。

第二十一条 除资格性审查认定错误和价格计算错误外，采购人或者采购代理机构不得以任何理由组织重新评审。采购人、采购代理机构发现谈判小组、询价小组未按照采购文件规定的评定成交的标准进行评审的，应当重新开展采购活动，并同时书面报告本级财政部门。

第二十二条 除不可抗力等因素外,成交通知书发出后,采购人改变成交结果,或者成交供应商拒绝签订政府采购合同的,应当承担相应的法律责任。

成交供应商拒绝签订政府采购合同的,采购人可以按照本办法第三十六条第二款、第四十九条第二款规定的原则确定其他供应商作为成交供应商并签订政府采购合同,也可以重新开展采购活动。拒绝签订政府采购合同的成交供应商不得参加对该项目重新开展的采购活动。

第二十三条 在采购活动中因重大变故,采购任务取消的,采购人或者采购代理机构应当终止采购活动,通知所有参加采购活动的供应商,并将项目实施情况和采购任务取消原因报送本级财政部门。

第二十四条 采购人或者采购代理机构应当按照采购合同规定的技术、服务等要求组织对供应商履约的验收,并出具验收书。验收书应当包括每一项技术、服务等要求的履约情况。大型或者复杂的项目,应当邀请国家认可的质量检测机构参加验收。验收方成员应当在验收书上签字,并承担相应的法律责任。

第二十五条 谈判小组、询价小组成员以及与评审工作有关的人员不得泄露评审情况以及评审过程中获悉的国家秘密、商业秘密。

第二十六条 采购人、采购代理机构应当妥善保管每项采购活动的采购文件。采购文件包括采购活动记录、采购预算、谈判文件、询价通知书、响应文件、推荐供应商的意见、评审报告、成交供应商确定文件、单一来源采购协商情况记录、合同文本、验收证明、质疑答复、投诉处理决定以及其他有关文件、资料。采购文件可以电子档案方式保存。

采购活动记录至少应当包括下列内容:

(一)采购项目类别、名称;

(二)采购项目预算、资金构成和合同价格;

(三)采购方式,采用该方式的原因及相关说明材料;

(四)选择参加采购活动的供应商的方式及原因;

(五)评定成交的标准及确定成交供应商的原因;

(六)终止采购活动的,终止的原因。

第三章　竞争性谈判

第二十七条 符合下列情形之一的采购项目,可以采用竞争性谈判方式采购:

(一)招标后没有供应商投标或者没有合格标的,或者重新招标未能成立的;

(二)技术复杂或者性质特殊,不能确定详细规格或者具体要求的;

(三)非采购人所能预见的原因或者非采购人拖延造成采用招标所需时间不能满足用户紧急需要的;

(四)因艺术品采购、专利、专有技术或者服务的时间、数量事先不能确定等原因不能事先计算出价格总额的。

公开招标的货物、服务采购项目,招标过程中提交投标文件或者经评审实质性响应招标文件要求的供应商只有两家时,采购人、采购代理机构按照本办法第四条经本级财政部门批准后可以与该两家供应商进行竞争性谈判采购,采购人、采购代理机构应当根据招标文件中的采购需求编制谈判文件,成立谈判小组,由谈判小组对谈判文件进行确认。符合本款情形的,本办法第三十三条、第三十五条中规定的供应商最低数量可以为两家。

第二十八条 符合本办法第二十七条第一款第一项情形和第二款情形,申请采用竞争性谈判采购方式时,除提交本办法第五条第一至三项规定的材料外,还应当提交下列申请材料:

(一)在省级以上财政部门指定的媒体上发布招标公告的证明材料;

(二)采购人、采购代理机构出具的对招标文件和招标过程是否有供应商质疑及质疑处理情况的说明;

(三)评标委员会或者3名以上评审专家出具的招标文件没有不合理条款的论证意见。

第二十九条 从谈判文件发出之日起至供应商提交首次响应文件截止之日止不得少于3个

工作日。

提交首次响应文件截止之日前,采购人、采购代理机构或者谈判小组可以对已发出的谈判文件进行必要的澄清或者修改,澄清或者修改的内容作为谈判文件的组成部分。澄清或者修改的内容可能影响响应文件编制的,采购人、采购代理机构或者谈判小组应当在提交首次响应文件截止之日 3 个工作日前,以书面形式通知所有接收谈判文件的供应商,不足 3 个工作日的,应当顺延提交首次响应文件截止之日。

第三十条 谈判小组应当对响应文件进行评审,并根据谈判文件规定的程序、评定成交的标准等事项与实质性响应谈判文件要求的供应商进行谈判。未实质性响应谈判文件的响应文件按无效处理,谈判小组应当告知有关供应商。

第三十一条 谈判小组所有成员应当集中与单一供应商分别进行谈判,并给予所有参加谈判的供应商平等的谈判机会。

第三十二条 在谈判过程中,谈判小组可以根据谈判文件和谈判情况实质性变动采购需求中的技术、服务要求以及合同草案条款,但不得变动谈判文件中的其他内容。实质性变动的内容,须经采购人代表确认。

对谈判文件作出的实质性变动是谈判文件的有效组成部分,谈判小组应当及时以书面形式同时通知所有参加谈判的供应商。

供应商应当按照谈判文件的变动情况和谈判小组的要求重新提交响应文件,并由其法定代表人或授权代表签字或者加盖公章。由授权代表签字的,应当附法定代表人授权书。供应商为自然人的,应当由本人签字并附身份证明。

第三十三条 谈判文件能够详细列明采购标的的技术、服务要求的,谈判结束后,谈判小组应当要求所有继续参加谈判的供应商在规定时间内提交最后报价,提交最后报价的供应商不得少于 3 家。

谈判文件不能详细列明采购标的的技术、服务要求,需经谈判由供应商提供最终设计方案或解决方案的,谈判结束后,谈判小组应当按照少数服从多数的原则投票推荐 3 家以上供应商的设计方案或者解决方案,并要求其在规定时间内提交最后报价。

最后报价是供应商响应文件的有效组成部分。

第三十四条 已提交响应文件的供应商,在提交最后报价之前,可以根据谈判情况退出谈判。采购人、采购代理机构应当退还退出谈判的供应商的保证金。

第三十五条 谈判小组应当从质量和服务均能满足采购文件实质性响应要求的供应商中,按照最后报价由低到高的顺序提出 3 名以上成交候选人,并编写评审报告。

第三十六条 采购代理机构应当在评审结束后 2 个工作日内将评审报告送采购人确认。

采购人应当在收到评审报告后 5 个工作日内,从评审报告提出的成交候选人中,根据质量和服务均能满足采购文件实质性响应要求且最后报价最低的原则确定成交供应商,也可以书面授权谈判小组直接确定成交供应商。采购人逾期未确定成交供应商且不提出异议的,视为确定评审报告提出的最后报价最低的供应商为成交供应商。

第三十七条 出现下列情形之一的,采购人或者采购代理机构应当终止竞争性谈判采购活动,发布项目终止公告并说明原因,重新开展采购活动:

(一)因情况变化,不再符合规定的竞争性谈判采购方式适用情形的;

(二)出现影响采购公正的违法、违规行为的;

(三)在采购过程中符合竞争要求的供应商或者报价未超过采购预算的供应商不足 3 家的,但本办法第二十七条第二款规定的情形除外。

第四章 单一来源采购

第三十八条 属于政府采购法第三十一条第一项情形,且达到公开招标数额的货物、服务项目,拟采用单一来源采购方式的,采购人、采购代理机构在按照本办法第四条报财政部门批准之前,应当在省级以上财政部门指定媒体上公示,并将公示情况一并报财政部门。公示期不得少于

5个工作日，公示内容应当包括：

（一）采购人、采购项目名称和内容；

（二）拟采购的货物或者服务的说明；

（三）采用单一来源采购方式的原因及相关说明；

（四）拟定的唯一供应商名称、地址；

（五）专业人员对相关供应商因专利、专有技术等原因具有唯一性的具体论证意见，以及专业人员的姓名、工作单位和职称；

（六）公示的期限；

（七）采购人、采购代理机构、财政部门的联系地址、联系人和联系电话。

第三十九条 任何供应商、单位或者个人对采用单一来源采购方式公示有异议的，可以在公示期内将书面意见反馈给采购人、采购代理机构，并同时抄送相关财政部门。

第四十条 采购人、采购代理机构收到对采用单一来源采购方式公示的异议后，应当在公示期满后5个工作日内，组织补充论证，论证后认为异议成立的，应当依法采取其他采购方式；论证后认为异议不成立的，应当将异议意见、论证意见与公示情况一并报相关财政部门。

采购人、采购代理机构应当将补充论证的结论告知提出异议的供应商、单位或者个人。

第四十一条 采用单一来源采购方式采购的，采购人、采购代理机构应当组织具有相关经验的专业人员与供应商商定合理的成交价格并保证采购项目质量。

第四十二条 单一来源采购人员应当编写协商情况记录，主要内容包括：

（一）依据本办法第三十八条进行公示的，公示情况说明；

（二）协商日期和地点，采购人员名单；

（三）供应商提供的采购标的成本、同类项目合同价格以及相关专利、专有技术等情况说明；

（四）合同主要条款及价格商定情况。

协商情况记录应当由采购全体人员签字认可。对记录有异议的采购人员，应当签署不同意见并说明理由。采购人员拒绝在记录上签字又不书面说明其不同意见和理由的，视为同意。

第四十三条 出现下列情形之一的，采购人或者采购代理机构应当终止采购活动，发布项目终止公告并说明原因，重新开展采购活动：

（一）因情况变化，不再符合规定的单一来源采购方式适用情形的；

（二）出现影响采购公正的违法、违规行为的；

（三）报价超过采购预算的。

第五章 询 价

第四十四条 询价采购需求中的技术、服务等要求应当完整、明确，符合相关法律、行政法规和政府采购政策的规定。

第四十五条 从询价通知书发出之日起至供应商提交响应文件截止之日止不得少于3个工作日。

提交响应文件截止之日前，采购人、采购代理机构或者询价小组可以对已发出的询价通知书进行必要的澄清或者修改，澄清或者修改的内容作为询价通知书的组成部分。澄清或者修改的内容可能影响响应文件编制的，采购人、采购代理机构或者询价小组应当在提交响应文件截止之日3个工作日前，以书面形式通知所有接收询价通知书的供应商，不足3个工作日的，应当顺延提交响应文件截止之日。

第四十六条 询价小组在询价过程中，不得改变询价通知书所确定的技术和服务等要求、评审程序、评定成交的标准和合同文本等事项。

第四十七条 参加询价采购活动的供应商，应当按照询价通知书的规定一次报出不得更改的价格。

第四十八条 询价小组应当从质量和服务均能满足采购文件实质性响应要求的供应商中，按照报价由低到高的顺序提出3名以上成交候选人，并编写评审报告。

第四十九条 采购代理机构应当在评审结束后2个工作日内将评审报告送采购人确认。

采购人应当在收到评审报告后5个工作日内，从评审报告提出的成交候选人中，根据质量和服务均能满足采购文件实质性响应要求且报价最低的原则确定成交供应商，也可以书面授权询价小组直接确定成交供应商。采购人逾期未确定成交供应商且不提出异议的，视为确定评审报告提出的最后报价最低的供应商为成交供应商。

第五十条 出现下列情形之一的，采购人或者采购代理机构应当终止询价采购活动，发布项目终止公告并说明原因，重新开展采购活动：

（一）因情况变化，不再符合规定的询价采购方式适用情形的；

（二）出现影响采购公正的违法、违规行为的；

（三）在采购过程中符合竞争要求的供应商或者报价未超过采购预算的供应商不足3家的。

第六章 法律责任

第五十一条 采购人、采购代理机构有下列情形之一的，责令限期改正，给予警告；有关法律、行政法规规定处以罚款的，并处罚款；涉嫌犯罪的，依法移送司法机关处理：

（一）未按照本办法规定在指定媒体上发布政府采购信息的；

（二）未按照本办法规定组成谈判小组、询价小组的；

（三）在询价采购过程中与供应商进行协商谈判的；

（四）未按照政府采购法和本办法规定的程序和要求确定成交候选人的；

（五）泄露评审情况以及评审过程中获悉的国家秘密、商业秘密的。

采购代理机构有前款情形之一，情节严重的，暂停其政府采购代理机构资格3至6个月；情节特别严重或者逾期不改正的，取消其政府采购代理机构资格。

第五十二条 采购人有下列情形之一的，责令限期改正，给予警告；有关法律、行政法规规定处以罚款的，并处罚款：

（一）未按照政府采购法和本办法的规定采用非招标采购方式的；

（二）未按照政府采购法和本办法的规定确定成交供应商的；

（三）未按照采购文件确定的事项签订政府采购合同，或者与成交供应商另行订立背离合同实质性内容的协议的；

（四）未按规定将政府采购合同副本报本级财政部门备案的。

第五十三条 采购人、采购代理机构有本办法第五十一条、第五十二条规定情形之一，且情节严重或者拒不改正的，其直接负责的主管人员和其他直接责任人员属于国家机关工作人员的，由任免机关或者监察机关依法给予处分，并予通报。

第五十四条 成交供应商有下列情形之一的，责令限期改正，情节严重的，列入不良行为记录名单，在1至3年内禁止参加政府采购活动，并予以通报：

（一）未按照采购文件确定的事项签订政府采购合同，或者与采购人另行订立背离合同实质性内容的协议的；

（二）成交后无正当理由不与采购人签订合同的；

（三）拒绝履行合同义务的。

第五十五条 谈判小组、询价小组成员有下列行为之一的，责令改正，给予警告；有关法律、行政法规规定处以罚款的，并处罚款；涉嫌犯罪的，依法移送司法机关处理：

（一）收受采购人、采购代理机构、供应商、其他利害关系人的财物或者其他不正当利益的；

（二）泄露评审情况以及评审过程中获悉的国家秘密、商业秘密的；

（三）明知与供应商有利害关系而不依法回避的；

（四）在评审过程中擅离职守，影响评审程序正常进行的；

（五）在评审过程中有明显不合理或者不正当倾向性的；

（六）未按照采购文件规定的评定成交的标准进行评审的。

评审专家有前款情形之一，情节严重的，取消其政府采购评审专家资格，不得再参加任何政府采购项目的评审，并在财政部门指定的政府采购信息发布媒体上予以公告。

第五十六条 有本办法第五十一条、第五十二条、第五十五条违法行为之一，并且影响或者可能影响成交结果的，应当按照下列情形分别处理：

（一）未确定成交供应商的，终止本次采购活动，依法重新开展采购活动；

（二）已确定成交供应商但采购合同尚未履行的，撤销合同，从合格的成交候选人中另行确定成交供应商，没有合格的成交候选人的，重新开展采购活动；

（三）采购合同已经履行的，给采购人、供应商造成损失的，由责任人依法承担赔偿责任。

第五十七条 政府采购当事人违反政府采购法和本办法规定，给他人造成损失的，应当依照有关民事法律规定承担民事责任。

第五十八条 任何单位或者个人非法干预、影响评审过程或者结果的，责令改正；该单位责任人或者个人属于国家机关工作人员的，由任免机关或者监察机关依法给予处分。

第五十九条 财政部门工作人员在实施监督管理过程中违法干预采购活动或者滥用职权、玩忽职守、徇私舞弊的，依法给予处分；涉嫌犯罪的，依法移送司法机关处理。

第七章 附 则

第六十条 本办法所称主管预算单位是指负有编制部门预算职责，向同级财政部门申报预算的国家机关、事业单位和团体组织。

第六十一条 各省、自治区、直辖市人民政府财政部门可以根据本办法制定具体实施办法。

第六十二条 本办法自 2014 年 2 月 1 日起施行。

公共资源交易平台管理暂行办法

（2016 年 6 月 24 日国家发展和改革委员会、工业和信息化部、
财政部、国土资源部、环境保护部、住房和城乡建设部、交通运输部、
水利部、商务部、国家卫生和计划生育委员会、国务院国有资产监督管理委员会、
国家税务总局、国家林业局、国家机关事务管理局令第 39 号公布
自 2016 年 8 月 1 日起施行）

第一章 总 则

第一条 为规范公共资源交易平台运行，提高公共资源配置效率和效益，加强对权力运行的监督制约，维护国家利益、社会公共利益和交易当事人的合法权益，根据有关法律法规和《国务院办公厅关于印发整合建立统一的公共资源交易平台工作方案的通知》（国办发〔2015〕63 号），制定本办法。

第二条 本办法适用于公共资源交易平台的运行、服务和监督管理。

第三条 本办法所称公共资源交易平台是指实施统一的制度和标准、具备开放共享的公共资源交易电子服务系统和规范透明的运行机制，为市场主体、社会公众、行政监督管理部门等提供公共资源交易综合服务的体系。

公共资源交易是指涉及公共利益、公众安全的具有公有性、公益性的资源交易活动。

第四条 公共资源交易平台应当立足公共服务职能定位，坚持电子化平台的发展方向，遵循开放透明、资源共享、高效便民、守法诚信的运行服务原则。

第五条 公共资源交易平台要利用信息网络推进交易电子化，实现全流程透明化管理。

第六条 国务院发展改革部门会同国务院有关部门统筹指导和协调全国公共资源交易平台相关工作。

设区的市级以上地方人民政府发展改革部门或政府指定的部门会同有关部门负责本行政区域的公共资源交易平台指导和协调等相关工作。

各级招标投标、财政、国土资源、国有资产等行政监督管理部门按照规定的职责分工，负责公共资源交易活动的监督管理。

第二章 平台运行

第七条 公共资源交易平台的运行应当遵循相关法律法规和国务院有关部门制定的各领域统一的交易规则，以及省级人民政府颁布的平台服务管理细则。

第八条 依法必须招标的工程建设项目招标投标、国有土地使用权和矿业权出让、国有产权交易、政府采购等应当纳入公共资源交易平台。

国务院有关部门和地方人民政府结合实际，推进其他各类公共资源交易纳入统一平台。纳入平台交易的公共资源项目，应当公开听取意见，并向社会公布。

第九条 公共资源交易平台应当按照国家统一的技术标准和数据规范，建立公共资源交易电子服务系统，开放对接各类主体依法建设的公共资源电子交易系统和政府有关部门的电子监管系统。

第十条 公共资源交易项目的实施主体根据交易标的专业特性，选择使用依法建设和运行的电子交易系统。

第十一条 公共资源交易项目依法需要评标、评审的，应当按照全国统一的专家专业分类标准，从依法建立的综合评标、政府采购评审等专家库中随机抽取专家，法律法规另有规定的除外。

有关行政监督管理部门按照规定的职责分工，对专家实施监督管理。

鼓励有条件的地方跨区域选择使用专家资源。

第十二条 公共资源交易平台应当按照省级人民政府规定的场所设施标准，充分利用已有的各类场所资源，为公共资源交易活动提供必要的现场服务设施。

市场主体依法建设的交易场所符合省级人民政府规定标准的，可以在现有场所办理业务。

第十三条 公共资源交易平台应当建立健全网络信息安全制度，落实安全保护技术措施，保障平台平稳运行。

第三章 平台服务

第十四条 公共资源交易平台的服务内容、服务流程、工作规范、收费标准和监督渠道应当按照法定要求确定，并通过公共资源交易电子服务系统向社会公布。

第十五条 公共资源交易平台应当推行网上预约和服务事项办理。确需在现场办理的，实行窗口集中，简化流程，限时办结。

第十六条 公共资源交易平台应当将公共资源交易公告、资格审查结果、交易过程信息、成交信息、履约信息等，通过公共资源交易电子服务系统依法及时向社会公开。涉及国家秘密、商业秘密、个人隐私以及其他依法应当保密的信息除外。

公共资源交易平台应当无偿提供依法必须公开的信息。

第十七条 交易服务过程中产生的电子文档、纸质资料以及音视频等，应当按照规定的期限归档保存。

第十八条 公共资源交易平台运行服务机构及其工作人员不得从事以下活动：

（一）行使任何审批、备案、监管、处罚等行政监督管理职能；

（二）违法从事或强制指定招标、拍卖、政府采购代理、工程造价等中介服务；

（三）强制非公共资源交易项目进入平台交易；

（四）干涉市场主体选择依法建设和运行的公共资源电子交易系统；

（五）非法扣押企业和人员的相关证照资料；

（六）通过设置注册登记、设立分支机构、资质验证、投标（竞买）许可、强制担保等限制性条件阻碍或者排斥其他地区市场主体进入本地区公共资源交易市场；

（七）违法要求企业法定代表人到场办理相关手续；

（八）其他违反法律法规规定的情形。

第十九条 公共资源交易平台运行服务机构提供公共服务确需收费的,不得以营利为目的。根据平台运行服务机构的性质,其收费分别纳入行政事业性收费和经营服务性收费管理,具体收费项目和收费标准按照有关规定执行。属于行政事业性收费的,按照本级政府非税收入管理的有关规定执行。

第二十条 公共资源交易平台运行服务机构发现公共资源交易活动中有违法违规行为的,应当保留相关证据并及时向有关行政监督管理部门报告。

第四章 信息资源共享

第二十一条 各级行政监督管理部门应当将公共资源交易活动当事人资质资格、信用奖惩、项目审批和违法违规处罚等信息,自作出行政决定之日起7个工作日内上网公开,并通过相关电子监管系统交换至公共资源交易电子服务系统。

第二十二条 各级公共资源交易平台应当依托统一的社会信用代码,记录公共资源交易过程中产生的市场主体和专家信用信息,并通过国家公共资源交易电子服务系统实现信用信息交换共享和动态更新。

第二十三条 国务院发展改革部门牵头建立国家公共资源交易电子服务系统,与省级公共资源交易电子服务系统和有关部门建立的电子系统互联互通,实现市场主体信息、交易信息、行政监管信息的集中交换和同步共享。

第二十四条 省级人民政府应当搭建全行政区域统一、终端覆盖市县的公共资源交易电子服务系统,对接国家公共资源交易电子服务系统和有关部门建立的电子系统,按照有关规定交换共享信息。有关电子招标投标、政府采购等系统应当分别与国家电子招标投标公共服务系统、政府采购管理交易系统对接和交换信息。

第二十五条 公共资源交易电子服务系统应当分别与投资项目在线审批监管系统、信用信息共享系统对接,交换共享公共资源交易相关信息、项目审批核准信息和信用信息。

第二十六条 市场主体已经在公共资源电子交易系统登记注册,并通过公共资源交易电子服务系统实现信息共享的,有关行政监督管理部门和公共资源交易平台运行服务机构不得强制要求其重复登记、备案和验证。

第二十七条 公共资源交易电子服务系统应当支持不同电子认证数字证书的兼容互认。

第二十八条 公共资源交易平台和有关行政监督管理部门在公共资源交易数据采集、汇总、传输、存储、公开、使用过程中,应加强数据安全管理。涉密数据的管理,按照有关法律规定执行。

第五章 监督管理

第二十九条 各级行政监督管理部门按照规定的职责分工,加强对公共资源交易活动的事中事后监管,依法查处违法违规行为。

对利用职权违规干预和插手公共资源交易活动的国家机关或国有企事业单位工作人员,依纪依法予以处理。

各级审计部门应当对公共资源交易平台运行依法开展审计监督。

第三十条 设区的市级以上地方人民政府应当推动建立公共资源交易电子监管系统,实现对项目登记,公告发布,开标评标或评审、竞价,成交公示,交易结果确认,投诉举报,交易履约等交易全过程监控。

公共资源交易电子服务系统和其对接的公共资源电子交易系统应当实时向监管系统推送数据。

第三十一条 建立市场主体公共资源交易活动事前信用承诺制度,要求市场主体以规范格式向社会作出公开承诺,并纳入交易主体信用记录,接受社会监督。

第三十二条 各级行政监督管理部门应当将公共资源交易主体信用信息作为市场准入、项目审批、资质资格审核的重要依据。

建立行政监督管理部门、司法机关等部门联合惩戒机制,对在公共资源交易活动中有不良行为记录的市场主体，依法限制或禁止其参加招标投标、国有土地使用权出让和矿业权出让、国有产权交易、政府采购等公共资源交易活动。

建立公共资源交易相关信息与同级税务机关共享机制，推进税收协作。

第三十三条 各级行政监督管理部门应当运用大数据技术，建立公共资源交易数据关联比对分析机制，开展监测预警，定期进行效果评估，及时调整监管重点。

第三十四条 各级行政监督管理部门应当建立联合抽查机制，对有效投诉举报多或有违法违规记录情况的市场主体，加大随机抽查力度。

行政监督管理部门履行监督管理职责过程中，有权查阅、复制公共资源交易活动有关文件、资料和数据。公共资源交易平台运行服务机构应当如实提供相关情况。

第三十五条 建立由市场主体以及第三方参与的社会评价机制，对所辖行政区域公共资源交易平台运行服务机构提供公共服务情况进行评价。

第三十六条 市场主体或社会公众认为公共资源交易平台运行服务机构及其工作人员存在违法违规行为的，可以依法向政府有关部门投诉、举报。

第三十七条 公共资源交易领域的行业协会应当发挥行业组织作用，加强自律管理和服务。

第六章 法律责任

第三十八条 公共资源交易平台运行服务机构未公开服务内容、服务流程、工作规范、收费标准和监督渠道，由政府有关部门责令限期改正。拒不改正的，予以通报批评。

第三十九条 公共资源交易平台运行服务机构及其工作人员违反本办法第十八条禁止性规定的，由政府有关部门责令限期改正，并予以通报批评。情节严重的，依法追究直接责任人和有关领导的责任。构成犯罪的，依法追究刑事责任。

第四十条 公共资源交易平台运行服务机构违反本办法第十九条规定收取费用的，由同级价格主管部门会同有关部门责令限期改正。拒不改正的，依照《中华人民共和国价格法》、《价格违法行为行政处罚规定》等给予处罚，并予以公示。

第四十一条 公共资源交易平台运行服务机构未按照本办法规定在公共资源交易电子服务系统公开、交换、共享信息的，由政府有关部门责令限期改正。拒不改正的，对直接负责的主管人员和其他直接责任人员依法给予处分，并予以通报。

第四十二条 公共资源交易平台运行服务机构限制市场主体建设的公共资源电子交易系统对接公共资源交易电子服务系统的，由政府有关部门责令限期改正。拒不改正的，对直接负责的主管人员和其他直接责任人员依法给予处分，并予以通报。

第四十三条 公共资源交易平台运行服务机构及其工作人员向他人透露依法应当保密的公共资源交易信息的，由政府有关部门责令限期改正，并予以通报批评。情节严重的，依法追究直接责任人和有关领导的责任。构成犯罪的，依法追究刑事责任。

第四十四条 有关行政监督管理部门、公共资源交易平台运行服务机构及其工作人员徇私舞弊、滥用职权、弄虚作假、玩忽职守，未依法履行职责的，依法给予处分；构成犯罪的，依法追究刑事责任。

第七章 附 则

第四十五条 公共资源电子交易系统是根据工程建设项目招标投标、土地使用权和矿业权出让、国有产权交易、政府采购等各类交易特点，按照有关规定建设、对接和运行，以数据电文形式完成公共资源交易活动的信息系统。

公共资源交易电子监管系统是指政府有关部门在线监督公共资源交易活动的信息系统。

公共资源交易电子服务系统是指联通公共资源电子交易系统、监管系统和其他电子系统，实现公共资源交易信息数据交换共享，并提供公共服务的枢纽。

第四十六条 公共资源交易平台运行服务机构是指由政府推动设立或政府通过购买服务等

方式确定的，通过资源整合共享方式，为公共资源交易相关市场主体、社会公众、行政监督管理部门等提供公共服务的单位。

第四十七条 本办法由国务院发展改革部门会同国务院有关部门负责解释。

第四十八条 本办法自2016年8月1日起实施。

政府采购框架协议采购方式管理暂行办法

（2022年1月14日财政部令第110号公布 自2022年3月1日起施行）

第一章 总 则

第一条 为了规范多频次、小额度采购活动，提高政府采购项目绩效，根据《中华人民共和国政府采购法》、《中华人民共和国政府采购法实施条例》等法律法规规定，制定本办法。

第二条 本办法所称框架协议采购，是指集中采购机构或者主管预算单位对技术、服务等标准明确、统一，需要多次重复采购的货物和服务，通过公开征集程序，确定第一阶段入围供应商并订立框架协议，采购人或者服务对象按照框架协议约定规则，在入围供应商范围内确定第二阶段成交供应商并订立采购合同的采购方式。

前款所称主管预算单位是指负有编制部门预算职责，向本级财政部门申报预算的国家机关、事业单位和团体组织。

第三条 符合下列情形之一的，可以采用框架协议采购方式采购：

（一）集中采购目录以内品目，以及与之配套的必要耗材、配件等，属于小额零星采购的；

（二）集中采购目录以外，采购限额标准以上，本部门、本系统行政管理所需的法律、评估、会计、审计等鉴证咨询服务，属于小额零星采购的；

（三）集中采购目录以外，采购限额标准以上，为本部门、本系统以外的服务对象提供服务的政府购买服务项目，需要确定2家以上供应商由服务对象自主选择的；

（四）国务院财政部门规定的其他情形。

前款所称采购限额标准以上，是指同一品目或者同一类别的货物、服务年度采购预算达到采购限额标准以上。

属于本条第一款第二项情形，主管预算单位能够归集需求形成单一项目进行采购，通过签订时间、地点、数量不确定的采购合同满足需求的，不得采用框架协议采购方式。

第四条 框架协议采购包括封闭式框架协议采购和开放式框架协议采购。

封闭式框架协议采购是框架协议采购的主要形式。除法律、行政法规或者本办法另有规定外，框架协议采购应当采用封闭式框架协议采购。

第五条 集中采购目录以内品目以及与之配套的必要耗材、配件等，采用框架协议采购的，由集中采购机构负责征集程序和订立框架协议。

集中采购目录以外品目采用框架协议采购的，由主管预算单位负责征集程序和订立框架协议。其他预算单位确有需要的，经其主管预算单位批准，可以采用框架协议采购方式采购。其他预算单位采用框架协议采购方式采购的，应当遵守本办法关于主管预算单位的规定。

主管预算单位可以委托采购代理机构代理框架协议采购，采购代理机构应当在委托的范围内依法开展采购活动。

集中采购机构、主管预算单位及其委托的采购代理机构，本办法统称征集人。

第六条 框架协议采购遵循竞争择优、讲求绩效的原则，应当有明确的采购标的和定价机制，不得采用供应商符合资格条件即入围的方法。

第七条 框架协议采购应当实行电子化采购。

第八条 集中采购机构采用框架协议采购的，应当拟定采购方案，报本级财政部门审核后实施。主管预算单位采用框架协议采购的，应当在采购活动开始前将采购方案报本级财政部门备案。

第二章 一般规定

第九条 封闭式框架协议采购是指符合本办法第三条规定情形,通过公开竞争订立框架协议后,除经过框架协议约定的补充征集程序外,不得增加协议供应商的框架协议采购。

封闭式框架协议的公开征集程序,按照政府采购公开招标的规定执行,本办法另有规定的,从其规定。

第十条 开放式框架协议采购是指符合本条第二款规定情形,明确采购需求和付费标准等框架协议条件,愿意接受协议条件的供应商可以随时申请加入的框架协议采购。开放式框架协议的公开征集程序,按照本办法规定执行。

符合下列情形之一的,可以采用开放式框架协议采购:

(一)本办法第三条第一款第一项规定的情形,因执行政府采购政策不宜淘汰供应商的,或者受基础设施、行政许可、知识产权等限制,供应商数量在3家以下且不宜淘汰供应商的;

(二)本办法第三条第一款第三项规定的情形,能够确定统一付费标准,因地域等服务便利性要求,需要接纳所有愿意接受协议条件的供应商加入框架协议,以供服务对象自主选择的。

第十一条 集中采购机构或者主管预算单位应当确定框架协议采购需求。框架协议采购需求在框架协议有效期内不得变动。

确定框架协议采购需求应当开展需求调查,听取采购人、供应商和专家等意见。面向采购人和供应商开展需求调查时,应当选择具有代表性的调查对象,调查对象一般各不少于3个。

第十二条 框架协议采购需求应当符合以下规定:

(一)满足采购人和服务对象实际需要,符合市场供应状况和市场公允标准,在确保功能、性能和必要采购要求的情况下促进竞争;

(二)符合预算标准、资产配置标准等有关规定,厉行节约,不得超标准采购;

(三)按照《政府采购品目分类目录》,将采购标的细化到底级品目,并细分不同等次、规格或者标准的采购需求,合理设置采购包;

(四)货物项目应当明确货物的技术和商务要求,包括功能、性能、材料、结构、外观、安全、包装、交货期限、交货的地域范围、售后服务等;

(五)服务项目应当明确服务内容、服务标准、技术保障、服务人员组成、服务交付或者实施的地域范围,以及所涉及的货物的质量标准、服务工作量的计量方式等。

第十三条 集中采购机构或者主管预算单位应当在征集公告和征集文件中确定框架协议采购的最高限制单价。征集文件中可以明确量价关系折扣,即达到一定采购数量,价格应当按照征集文件中明确的折扣降低。在开放式框架协议中,付费标准即为最高限制单价。

最高限制单价是供应商第一阶段响应报价的最高限价。入围供应商第一阶段响应报价(有量价关系折扣的,包括量价关系折扣,以下统称协议价格)是采购人或者服务对象确定第二阶段成交供应商的最高限价。

确定最高限制单价时,有政府定价的,执行政府定价;没有政府定价的,应当通过需求调查,并根据需求标准科学确定,属于本办法第十条第二款第一项规定情形的采购项目,需要订立开放式框架协议的,与供应商协商确定。

货物项目单价按照台(套)等计量单位确定,其中包含售后服务等相关服务费用。服务项目单价按照单位采购标的价格或者人工单价等确定。服务项目所涉及的货物的费用,能够折算入服务项目单价的应当折入,需要按实结算的应当明确结算规则。

第十四条 框架协议应当包括以下内容:

(一)集中采购机构或者主管预算单位以及入围供应商的名称、地址和联系方式;

(二)采购项目名称、编号;

(三)采购需求以及最高限制单价;

(四)封闭式框架协议第一阶段的入围产品详细技术规格或者服务内容、服务标准,协议价格;

(五)入围产品升级换代规则;
(六)确定第二阶段成交供应商的方式;
(七)适用框架协议的采购人或者服务对象范围,以及履行合同的地域范围;
(八)资金支付方式、时间和条件;
(九)采购合同文本,包括根据需要约定适用的简式合同或者具有合同性质的凭单、订单;
(十)框架协议期限;
(十一)入围供应商清退和补充规则;
(十二)协议方的权利和义务;
(十三)需要约定的其他事项。

第十五条 集中采购机构或者主管预算单位应当根据工作需要和采购标的市场供应及价格变化情况,科学合理确定框架协议期限。货物项目框架协议有效期一般不超过1年,服务项目框架协议有效期一般不超过2年。

第十六条 集中采购机构或者主管预算单位应当根据框架协议约定,组织落实框架协议的履行,并履行下列职责:

(一)为第二阶段合同授予提供工作便利;
(二)对第二阶段最高限价和需求标准执行情况进行管理;
(三)对第二阶段确定成交供应商情况进行管理;
(四)根据框架协议约定,在质量不降低、价格不提高的前提下,对入围供应商因产品升级换代、用新产品替代原入围产品的情形进行审核;
(五)建立用户反馈和评价机制,接受采购人和服务对象对入围供应商履行框架协议和采购合同情况的反馈与评价,并将用户反馈和评价情况向采购人和服务对象公开,作为第二阶段直接选定成交供应商的参考;
(六)公开封闭式框架协议的第二阶段成交结果;
(七)办理入围供应商清退和补充相关事宜。

第十七条 采购人或者服务对象采购框架协议约定的货物、服务,应当将第二阶段的采购合同授予入围供应商,但是本办法第三十七条另有规定的除外。

同一框架协议采购应当使用统一的采购合同文本,采购人、服务对象和供应商不得擅自改变框架协议约定的合同实质性条款。

第十八条 货物项目框架协议的入围供应商应当为入围产品生产厂家或者生产厂家唯一授权供应商。入围供应商可以委托一家或者多家代理商,按照框架协议约定接受采购人合同授予,并履行采购合同。入围供应商应当在框架协议中提供委托协议和委托的代理商名单。

第十九条 入围供应商有下列情形之一,尚未签订框架协议的,取消其入围资格;已经签订框架协议的,解除与其签订的框架协议:

(一)恶意串通谋取入围或者合同成交的;
(二)提供虚假材料谋取入围或者合同成交的;
(三)无正当理由拒不接受合同授予的;
(四)不履行合同义务或者履行合同义务不符合约定,经采购人请求履行后仍不履行或者仍未按约定履行的;
(五)框架协议有效期内,因违法行为被禁止或限制参加政府采购活动的;
(六)框架协议约定的其他情形。

被取消入围资格或者被解除框架协议的供应商不得参加同一封闭式框架协议补充征集,或者重新申请加入同一开放式框架协议。

第二十条 封闭式框架协议入围供应商无正当理由,不得主动放弃入围资格或者退出框架协议。

开放式框架协议入围供应商可以随时申请退出框架协议。集中采购机构或者主管预算单位应当在收到退出申请2个工作日内,发布入围供应商退出公告。

第二十一条 征集人应当建立真实完整的框架协议采购档案，妥善保存每项采购活动的采购文件资料。除征集人和采购人另有约定外，合同授予的采购文件资料由采购人负责保存。

采购档案可以采用电子形式保存，电子档案和纸质档案具有同等效力。

第三章 封闭式框架协议采购

第一节 封闭式框架协议的订立

第二十二条 征集人应当发布征集公告。征集公告应当包括以下主要内容：

（一）征集人的名称、地址、联系人和联系方式；

（二）采购项目名称、编号，采购需求以及最高限制单价，适用框架协议的采购人或者服务对象范围，能预估采购数量的，还应当明确预估采购数量；

（三）供应商的资格条件；

（四）框架协议的期限；

（五）获取征集文件的时间、地点和方式；

（六）响应文件的提交方式、提交截止时间和地点，开启方式、时间和地点；

（七）公告期限；

（八）省级以上财政部门规定的其他事项。

第二十三条 征集人应当编制征集文件。征集文件应当包括以下主要内容：

（一）参加征集活动的邀请；

（二）供应商应当提交的资格材料；

（三）资格审查方法和标准；

（四）采购需求以及最高限制单价；

（五）政府采购政策要求以及政策执行措施；

（六）框架协议的期限；

（七）报价要求；

（八）确定第一阶段入围供应商的评审方法、评审标准、确定入围供应商的淘汰率或者入围供应商数量上限和响应文件无效情形；

（九）响应文件的编制要求，提交方式、提交截止时间和地点，开启方式、时间和地点，以及响应文件有效期；

（十）拟签订的框架协议文本和采购合同文本；

（十一）确定第二阶段成交供应商的方式；

（十二）采购资金的支付方式、时间和条件；

（十三）入围产品升级换代规则；

（十四）用户反馈和评价机制；

（十五）入围供应商的清退和补充规则；

（十六）供应商信用信息查询渠道及截止时点、信用信息查询记录和证据留存的具体方式、信用信息的使用规则等；

（十七）采购代理机构代理费用的收取标准和方式；

（十八）省级以上财政部门规定的其他事项。

第二十四条 供应商应当按照征集文件要求编制响应文件，对响应文件的真实性和合法性承担法律责任。

供应商响应的货物和服务的技术、商务等条件不得低于采购需求，货物原则上应当是市场上已有销售的规格型号，不得是专供政府采购的产品。对货物项目每个采购包只能用一个产品进行响应，征集文件有要求的，应当同时对产品的选配件、耗材进行报价。服务项目包含货物的，响应文件中应当列明货物清单及质量标准。

第二十五条 确定第一阶段入围供应商的评审方法包括价格优先法和质量优先法。

价格优先法是指对满足采购需求且响应报价不超过最高限制单价的货物、服务，按照响应报价从低到高排序，根据征集文件规定的淘汰率或者入围供应商数量上限，确定入围供应商的评审方法。

质量优先法是指对满足采购需求且响应报价不超过最高限制单价的货物、服务进行质量综合评分，按照质量评分从高到低排序，根据征集文件规定的淘汰率或者入围供应商数量上限，确定入围供应商的评审方法。货物项目质量因素包括采购标的的技术水平、产品配置、售后服务等，服务项目质量因素包括服务内容、服务水平、供应商的履约能力、服务经验等。质量因素中的可量化指标应当划分等次，作为评分项；质量因素中的其他指标可以作为实质性要求，不得作为评分项。

有政府定价、政府指导价的项目，以及对质量有特别要求的检测、实验等仪器设备，可以采用质量优先法，其他项目应当采用价格优先法。

第二十六条 对耗材使用量大的复印、打印、实验、医疗等仪器设备进行框架协议采购的，应当要求供应商同时对 3 年以上约定期限内的专用耗材进行报价。评审时应当考虑约定期限的专用耗材使用成本，修正仪器设备的响应报价或者质量评分。

征集人应当在征集文件、框架协议和采购合同中规定，入围供应商在约定期限内，应当以不高于其报价的价格向适用框架协议的采购人供应专用耗材。

第二十七条 确定第一阶段入围供应商时，提交响应文件和符合资格条件、实质性要求的供应商应当均不少于 2 家，淘汰比例一般不得低于 20%，且至少淘汰一家供应商。

采用质量优先法的检测、实验等仪器设备采购，淘汰比例不得低于 40%，且至少淘汰一家供应商。

第二十八条 入围结果公告应当包括以下主要内容：

（一）采购项目名称、编号；

（二）征集人的名称、地址、联系人和联系方式；

（三）入围供应商名称、地址及排序；

（四）最高入围价格或者最低入围分值；

（五）入围产品名称、规格型号或者主要服务内容及服务标准，入围单价；

（六）评审小组成员名单；

（七）采购代理服务收费标准及金额；

（八）公告期限；

（九）省级以上财政部门规定的其他事项。

第二十九条 集中采购机构或者主管预算单位应当在入围通知书发出之日起 30 日内和入围供应商签订框架协议，并在框架协议签订后 7 个工作日内，将框架协议副本报本级财政部门备案。

框架协议不得对征集文件确定的事项以及入围供应商的响应文件作实质性修改。

第三十条 征集人应当在框架协议签订后 3 个工作日内通过电子化采购系统将入围信息告知适用框架协议的所有采购人或者服务对象。

入围信息应当包括所有入围供应商的名称、地址、联系方式、入围产品信息和协议价格等内容。入围产品信息应当详细列明技术规格或者服务内容、服务标准等能反映产品质量特点的内容。

征集人应当确保征集文件和入围信息在整个框架协议有效期内随时可供公众查阅。

第三十一条 除剩余入围供应商不足入围供应商总数 70% 且影响框架协议执行的情形外，框架协议有效期内，征集人不得补充征集供应商。

征集人补充征集供应商的，补充征集规则应当在框架协议中约定，补充征集的条件、程序、评审方法和淘汰比例应当与初次征集相同。补充征集应当遵守原框架协议的有效期。补充征集期间，原框架协议继续履行。

第二节 采购合同的授予

第三十二条 确定第二阶段成交供应商的方式包括直接选定、二次竞价和顺序轮候。

直接选定方式是确定第二阶段成交供应商的主要方式。除征集人根据采购项目特点和提高绩效等要求,在征集文件中载明采用二次竞价或者顺序轮候方式外,确定第二阶段成交供应商应当由采购人或者服务对象依据入围产品价格、质量以及服务便利性、用户评价等因素,从第一阶段入围供应商中直接选定。

第三十三条　二次竞价方式是指以框架协议约定的入围产品、采购合同文本等为依据,以协议价格为最高限价,采购人明确第二阶段竞价需求,从入围供应商中选择所有符合竞价需求的供应商参与二次竞价,确定报价最低的为成交供应商的方式。

进行二次竞价应当给予供应商必要的响应时间。

二次竞价一般适用于采用价格优先法的采购项目。

第三十四条　顺序轮候方式是指根据征集文件中确定的轮候顺序规则,对所有入围供应商依次授予采购合同的方式。

每个入围供应商在一个顺序轮候期内,只有一次获得合同授予的机会。合同授予顺序确定后,应当书面告知所有入围供应商。除清退入围供应商和补充征集外,框架协议有效期内不得调整合同授予顺序。

顺序轮候一般适用于服务项目。

第三十五条　以二次竞价或者顺序轮候方式确定成交供应商的,征集人应当在确定成交供应商后2个工作日内逐笔发布成交结果公告。

成交结果单笔公告可以在省级以上财政部门指定的媒体上发布,也可以在开展框架协议采购的电子化采购系统发布,发布成交结果公告的渠道应当在征集文件或者框架协议中告知供应商。单笔公告应当包括以下主要内容:

(一)采购人的名称、地址和联系方式;

(二)框架协议采购项目名称、编号;

(三)成交供应商名称、地址和成交金额;

(四)成交标的名称、规格型号或者主要服务内容及服务标准、数量、单价;

(五)公告期限。

征集人应当在框架协议有效期满后10个工作日内发布成交结果汇总公告。汇总公告应当包括前款第一项、第二项内容和所有成交供应商的名称、地址及其成交合同总数和总金额。

第三十六条　框架协议采购应当订立固定价格合同。

根据实际采购数量和协议价格确定合同总价的,合同中应当列明实际采购数量或者计量方式,包括服务项目用于计算合同价的工日数、服务工作量等详细工作量清单。采购人应当要求供应商提供能证明其按照合同约定数量或者工作量清单履约的相关记录或者凭证,作为验收资料一并存档。

第三十七条　采购人证明能够以更低价格向非入围供应商采购相同货物,且入围供应商不同意将价格降至非入围供应商以下的,可以将合同授予非入围供应商。

采购项目适用前款规定的,征集人应当在征集文件中载明并在框架协议中约定。

采购人将合同授予非入围供应商的,应当在确定成交供应商后1个工作日内,将成交结果抄送征集人,由征集人按照单笔公告要求发布成交结果公告。采购人应当将相关证明材料和采购合同一并存档备查。

第四章　开放式框架协议采购

第三十八条　订立开放式框架协议的,征集人应当发布征集公告,邀请供应商加入框架协议。征集公告应当包括以下主要内容:

(一)本办法第二十二条第一项至四项和第二十三条第二项至三项、第十三项至十六项内容;

(二)订立开放式框架协议的邀请;

(三)供应商提交加入框架协议申请的方式、地点,以及对申请文件的要求;

（四）履行合同的地域范围、协议方的权利和义务、入围供应商的清退机制等框架协议内容；

（五）采购合同文本；

（六）付费标准，费用结算及支付方式；

（七）省级以上财政部门规定的其他事项。

第三十九条 征集公告发布后至框架协议期满前，供应商可以按照征集公告要求，随时提交加入框架协议的申请。征集人应当在收到供应商申请后7个工作日内完成审核，并将审核结果书面通知申请供应商。

第四十条 征集人应当在审核通过后2个工作日内，发布入围结果公告，公告入围供应商名称、地址、联系方式及付费标准，并动态更新入围供应商信息。

征集人应当确保征集公告和入围结果公告在整个框架协议有效期内随时可供公众查阅。

第四十一条 征集人可以根据采购项目特点，在征集公告中申明是否与供应商另行签订书面框架协议。申明不再签订书面框架协议的，发布入围结果公告，视为签订框架协议。

第四十二条 第二阶段成交供应商由采购人或者服务对象从第一阶段入围供应商中直接选定。

供应商履行合同后，依据框架协议约定的凭单、订单以及结算方式，与采购人进行费用结算。

第五章 法律责任

第四十三条 主管预算单位、采购人、采购代理机构违反本办法规定的，由财政部门责令限期改正；情节严重的，给予警告，对直接负责的主管人员和其他责任人员，由其行政主管部门或者有关机关依法给予处分，并予以通报。

第四十四条 违反本办法规定，经责令改正后仍然影响或者可能影响入围结果或者成交结果的，依照政府采购法等有关法律、行政法规处理。

第四十五条 供应商有本办法第十九条第一款第一项至三项情形之一，以及无正当理由放弃封闭式框架协议入围资格或者退出封闭式框架协议的，依照政府采购法等有关法律、行政法规追究法律责任。

第四十六条 政府采购当事人违反本办法规定，给他人造成损失的，依法承担民事责任。

第四十七条 财政部门及其工作人员在履行监督管理职责中存在滥用职权、玩忽职守、徇私舞弊等违法违纪行为的，依法追究相应责任。

第六章 附 则

第四十八条 除本办法第三十五条规定外，本办法规定的公告信息，应当在省级以上财政部门指定的媒体上发布。

第四十九条 本办法规定按日计算期间的，开始当天不计入，从次日开始计算。期限的最后一日是国家法定节假日的，顺延到节假日后的次日为期限的最后一日。

第五十条 本办法所称的“以上”、“以下”、“内”、“以内”、“不少于”、“不超过”，包括本数；所称的“不足”、“低于”，不包括本数。

第五十一条 各省、自治区、直辖市财政部门可以根据本办法制定具体实施办法。

第五十二条 本办法自2022年3月1日起施行。

财政部关于开展政府采购意向公开工作的通知

（2020年3月2日 财库〔2020〕10号）

各中央预算单位，各省、自治区、直辖市、计划单列市财政厅（局），新疆生产建设兵团财政局：

为进一步提高政府采购透明度，优化政府采购营商环境，根据《深化政府采购制度改革方案》和《财政部关于促进政府采购公平竞争优化营商环境的通知》(财库〔2019〕38 号)有关要求，现就政府采购意向公开有关工作安排通知如下：

一、高度重视采购意向公开工作

推进采购意向公开是优化政府采购营商环境的重要举措。做好采购意向公开工作有助于提高政府采购透明度，方便供应商提前了解政府采购信息，对于保障各类市场主体平等参与政府采购活动，提升采购绩效，防范抑制腐败具有重要作用。各地区、各部门要充分认识此项工作的重要意义，高度重视、精心组织，认真做好采购意向公开工作。

二、关于采购意向公开工作推进步骤

采购意向公开工作遵循"试点先行，分步实施"的原则。2020 年在中央预算单位和北京市、上海市、深圳市市本级预算单位开展试点。对 2020 年 7 月 1 日起实施的采购项目，中央预算单位和北京市、上海市、深圳市市本级预算单位应当按规定公开采购意向。各试点地区应根据地方实际尽快推进其他各级预算单位采购意向公开。其他地区可根据地方实际确定采购意向公开时间，原则上省级预算单位 2021 年 1 月 1 日起实施的采购项目，省级以下各级预算单位 2022 年 1 月 1 日起实施的采购项目，应当按规定公开采购意向；具备条件的地区可适当提前开展采购意向公开工作。

三、关于采购意向公开的主体和渠道

采购意向由预算单位负责公开。中央预算单位的采购意向在中国政府采购网(www.ccgp.gov.cn)中央主网公开，地方预算单位的采购意向在中国政府采购网地方分网公开，采购意向也可在省级以上财政部门指定的其他媒体同步公开。主管预算单位可汇总本部门、本系统所属预算单位的采购意向集中公开，有条件的部门可在其部门门户网站同步公开本部门、本系统的采购意向。

四、关于采购意向公开的内容

采购意向按采购项目公开。除以协议供货、定点采购方式实施的小额零星采购和由集中采购机构统一组织的批量集中采购外，按项目实施的集中采购目录以内或者采购限额标准以上的货物、工程、服务采购均应当公开采购意向。

采购意向公开的内容应当包括采购项目名称、采购需求概况、预算金额、预计采购时间等，政府采购意向公开参考文本见附件。其中，采购需求概况应当包括采购标的名称，采购标的需实现的主要功能或者目标，采购标的数量，以及采购标的需满足的质量、服务、安全、时限等要求。采购意向应当尽可能清晰完整，便于供应商提前做好参与采购活动的准备。采购意向仅作为供应商了解各单位初步采购安排的参考，采购项目实际采购需求、预算金额和执行时间以预算单位最终发布的采购公告和采购文件为准。

五、关于采购意向公开的依据和时间

采购意向由预算单位定期或者不定期公开。部门预算批复前公开的采购意向，以部门预算"二上"内容为依据；部门预算批复后公开的采购意向，以部门预算为依据。预算执行中新增采购项目应当及时公开采购意向。采购意向公开时间应当尽量提前，原则上不得晚于采购活动开始前 30 日公开采购意向。因预算单位不可预见的原因急需开展的采购项目，可不公开采购意向。

六、工作要求

各中央预算单位要加强采购活动的计划性，按照本通知要求及时、全面公开采购意向。各中央主管预算单位应当做好统筹协调工作，及时安排部署，加强对本部门所属预算单位的督促和指导，确保所属预算单位严格按规定公开采购意向，做到不遗漏、不延误。

各省级财政部门要根据本通知要求抓紧制定具体工作方案，对本地区采购意向公开工作进行布置，着重加强对市县级预算单位政府采购意向公开工作的指导，并在中国政府采购网地方分网设置相关专栏，确保本地区各级预算单位按要求完成采购意向公开工作。

各地区、各部门要认真总结采购意向公开工作中好的做法和经验，对推进过程中遇到的新情况、新问题，要研究完善有关举措，并及时向财政部反映。财政部将结合政府采购透明度评估工作，对采购意向公开情况进行检查并对检查结果予以通报。

特此通知。

附件：政府采购意向公开参考文本(略)

（三）规范性文件

政府采购评审专家管理办法

（2016年11月18日财政部发布　财库〔2016〕198号　自2017年1月1日起施行）

第一章　总　　则

第一条　为加强政府采购评审活动管理，规范政府采购评审专家（以下简称评审专家）评审行为，根据《中华人民共和国政府采购法》（以下简称《政府采购法》）、《中华人民共和国政府采购法实施条例》（以下简称《政府采购法实施条例》）等法律法规及有关规定，制定本办法。

第二条　本办法所称评审专家，是指经省级以上人民政府财政部门选聘，以独立身份参加政府采购评审，纳入评审专家库管理的人员。评审专家选聘、解聘、抽取、使用、监督管理适用本办法。

第三条　评审专家实行统一标准、管用分离、随机抽取的管理原则。

第四条　财政部负责制定全国统一的评审专家专业分类标准和评审专家库建设标准，建设管理国家评审专家库。

省级人民政府财政部门负责建设本地区评审专家库并实行动态管理，与国家评审专家库互联互通、资源共享。

各级人民政府财政部门依法履行对评审专家的监督管理职责。

第二章　评审专家选聘与解聘

第五条　省级以上人民政府财政部门通过公开征集、单位推荐和自我推荐相结合的方式选聘评审专家。

第六条　评审专家应当具备以下条件：

（一）具有良好的职业道德，廉洁自律，遵纪守法，无行贿、受贿、欺诈等不良信用记录；

（二）具有中级专业技术职称或同等专业水平且从事相关领域工作满8年，或者具有高级专业技术职称或同等专业水平；

（三）熟悉政府采购相关政策法规；

（四）承诺以独立身份参加评审工作，依法履行评审专家工作职责并承担相应法律责任的中国公民；

（五）不满70周岁，身体健康，能够承担评审工作；

（六）申请成为评审专家前三年内，无本办法第二十九条规定的不良行为记录。

对评审专家数量较少的专业，前款第（二）项、第（五）项所列条件可以适当放宽。

第七条　符合本办法第六条规定条件，自愿申请成为评审专家的人员（以下简称申请人），应当提供以下申请材料：

（一）个人简历、本人签署的申请书和承诺书；

（二）学历学位证书、专业技术职称证书或者具有同等专业水平的证明材料；

（三）证明本人身份的有效证件；

（四）本人认为需要申请回避的信息；

（五）省级以上人民政府财政部门规定的其他材料。

第八条　申请人应当根据本人专业或专长申报评审专业。

第九条　省级以上人民政府财政部门对申请人提交的申请材料、申报的评审专业和信用信息进行审核,符合条件的选聘为评审专家,纳入评审专家库管理。

第十条 评审专家工作单位、联系方式、专业技术职称、需要回避的信息等发生变化的,应当及时向相关省级以上人民政府财政部门申请变更相关信息。

第十一条 评审专家存在以下情形之一的,省级以上人民政府财政部门应当将其解聘:

(一)不符合本办法第六条规定条件;

(二)本人申请不再担任评审专家;

(三)存在本办法第二十九条规定的不良行为记录;

(四)受到刑事处罚。

第三章 评审专家抽取与使用

第十二条 采购人或者采购代理机构应当从省级以上人民政府财政部门设立的评审专家库中随机抽取评审专家。

评审专家库中相关专家数量不能保证随机抽取需要的,采购人或者采购代理机构可以推荐符合条件的人员,经审核选聘入库后再随机抽取使用。

第十三条 技术复杂、专业性强的采购项目,通过随机方式难以确定合适评审专家的,经主管预算单位同意,采购人可以自行选定相应专业领域的评审专家。

自行选定评审专家的,应当优先选择本单位以外的评审专家。

第十四条 除采用竞争性谈判、竞争性磋商方式采购,以及异地评审的项目外,采购人或者采购代理机构抽取评审专家的开始时间原则上不得早于评审活动开始前2个工作日。

第十五条 采购人或者采购代理机构应当在评审活动开始前宣布评审工作纪律,并将记载评审工作纪律的书面文件作为采购文件一并存档。

第十六条 评审专家与参加采购活动的供应商存在下列利害关系之一的,应当回避:

(一)参加采购活动前三年内,与供应商存在劳动关系,或者担任过供应商的董事、监事,或者是供应商的控股股东或实际控制人;

(二)与供应商的法定代表人或者负责人有夫妻、直系血亲、三代以内旁系血亲或者近姻亲关系;

(三)与供应商有其他可能影响政府采购活动公平、公正进行的关系。

评审专家发现本人与参加采购活动的供应商有利害关系的,应当主动提出回避。采购人或者采购代理机构发现评审专家与参加采购活动的供应商有利害关系的,应当要求其回避。

除本办法第十三条规定的情形外,评审专家对本单位的政府采购项目只能作为采购人代表参与评审活动。

各级财政部门政府采购监督管理工作人员,不得作为评审专家参与政府采购项目的评审活动。

第十七条 出现评审专家缺席、回避等情形导致评审现场专家数量不符合规定的,采购人或者采购代理机构应当及时补抽评审专家,或者经采购人主管预算单位同意自行选定补足评审专家。无法及时补足评审专家的,采购人或者采购代理机构应当立即停止评审工作,妥善保存采购文件,依法重新组建评标委员会、谈判小组、询价小组、磋商小组进行评审。

第十八条 评审专家应当严格遵守评审工作纪律,按照客观、公正、审慎的原则,根据采购文件规定的评审程序、评审方法和评审标准进行独立评审。

评审专家发现采购文件内容违反国家有关强制性规定或者采购文件存在歧义、重大缺陷导致评审工作无法进行时,应当停止评审并向采购人或者采购代理机构书面说明情况。

评审专家应当配合答复供应商的询问、质疑和投诉等事项,不得泄露评审文件、评审情况和在评审过程中获悉的商业秘密。

评审专家发现供应商具有行贿、提供虚假材料或者串通等违法行为的,应当及时向财政部门报告。

评审专家在评审过程中受到非法干预的,应当及时向财政、监察等部门举报。

第十九条 评审专家应当在评审报告上签字,对自己的评审意见承担法律责任。对需要共同认定的事项存在争议的，按照少数服从多数的原则做出结论。对评审报告有异议的，应当在评审报告上签署不同意见并说明理由，否则视为同意评审报告。

第二十条 评审专家名单在评审结果公告前应当保密。评审活动完成后，采购人或者采购代理机构应当随中标、成交结果一并公告评审专家名单，并对自行选定的评审专家做出标注。

各级财政部门、采购人和采购代理机构有关工作人员不得泄露评审专家的个人情况。

第二十一条 采购人或者采购代理机构应当于评审活动结束后5个工作日内，在政府采购信用评价系统中记录评审专家的职责履行情况。

评审专家可以在政府采购信用评价系统中查询本人职责履行情况记录，并就有关情况作出说明。

省级以上人民政府财政部门可根据评审专家履职情况等因素设置阶梯抽取概率。

第二十二条 评审专家应当于评审活动结束后5个工作日内，在政府采购信用评价系统中记录采购人或者采购代理机构的职责履行情况。

第二十三条 集中采购目录内的项目，由集中采购机构支付评审专家劳务报酬；集中采购目录外的项目，由采购人支付评审专家劳务报酬。

第二十四条 省级人民政府财政部门应当根据实际情况，制定本地区评审专家劳务报酬标准。中央预算单位参照本单位所在地或评审活动所在地标准支付评审专家劳务报酬。

第二十五条 评审专家参加异地评审的，其往返的城市间交通费、住宿费等实际发生的费用，可参照采购人执行的差旅费管理办法相应标准向采购人或集中采购机构凭据报销。

第二十六条 评审专家未完成评审工作擅自离开评审现场，或者在评审活动中有违法违规行为的，不得获取劳务报酬和报销异地评审差旅费。评审专家以外的其他人员不得获取评审劳务报酬。

第四章　评审专家监督管理

第二十七条 评审专家未按照采购文件规定的评审程序、评审方法和评审标准进行独立评审或者泄露评审文件、评审情况的，由财政部门给予警告，并处2000元以上2万元以下的罚款；影响中标、成交结果的，处2万元以上5万元以下的罚款，禁止其参加政府采购评审活动。

评审专家与供应商存在利害关系未回避的，处2万元以上5万元以下的罚款，禁止其参加政府采购评审活动。

评审专家收受采购人、采购代理机构、供应商贿赂或者获取其他不正当利益，构成犯罪的，依法追究刑事责任；尚不构成犯罪的，处2万元以上5万元以下的罚款，禁止其参加政府采购评审活动。

评审专家有上述违法行为的，其评审意见无效；有违法所得的，没收违法所得；给他人造成损失的，依法承担民事责任。

第二十八条 采购人、采购代理机构发现评审专家有违法违规行为的，应当及时向采购人本级财政部门报告。

第二十九条 申请人或评审专家有下列情形的，列入不良行为记录：

（一）未按照采购文件规定的评审程序、评审方法和评审标准进行独立评审；

（二）泄露评审文件、评审情况；

（三）与供应商存在利害关系未回避；

（四）收受采购人、采购代理机构、供应商贿赂或者获取其他不正当利益；

（五）提供虚假申请材料；

（六）拒不履行配合答复供应商询问、质疑、投诉等法定义务；

（七）以评审专家身份从事有损政府采购公信力的活动。

第三十条 采购人或者采购代理机构未按照本办法规定抽取和使用评审专家的，依照《政府采购法》及有关法律法规追究法律责任。

第三十一条 财政部门工作人员在评审专家管理工作中存在滥用职权、玩忽职守、徇私舞弊等违法违纪行为的，依照《政府采购法》、《公务员法》、《行政监察法》、《政府采购法实施条例》等国家有关规定追究相应责任；涉嫌犯罪的，移送司法机关处理。

第五章 附 则

第三十二条 参加评审活动的采购人代表、采购人依法自行选定的评审专家管理参照本办法执行。

第三十三条 国家对评审专家抽取、选定另有规定的，从其规定。

第三十四条 各省级人民政府财政部门，可以根据本办法规定，制定具体实施办法。

第三十五条 本办法由财政部负责解释。

第三十六条 本办法自2017年1月1日起施行。财政部、监察部2003年11月17日发布的《政府采购评审专家管理办法》（财库〔2003〕119号）同时废止。

政府采购竞争性磋商采购方式管理暂行办法

（2014年12月31日财政部发布 财库〔2014〕214号）

第一章 总 则

第一条 为了规范政府采购行为，维护国家利益、社会公共利益和政府采购当事人的合法权益，依据《中华人民共和国政府采购法》（以下简称政府采购法）第二十六条第一款第六项规定，制定本办法。

第二条 本办法所称竞争性磋商采购方式，是指采购人、政府采购代理机构通过组建竞争性磋商小组（以下简称磋商小组）与符合条件的供应商就采购货物、工程和服务事宜进行磋商，供应商按照磋商文件的要求提交响应文件和报价，采购人从磋商小组评审后提出的候选供应商名单中确定成交供应商的采购方式。

第三条 符合下列情形的项目，可以采用竞争性磋商方式开展采购：

（一）政府购买服务项目；

（二）技术复杂或者性质特殊，不能确定详细规格或者具体要求的；

（三）因艺术品采购、专利、专有技术或者服务的时间、数量事先不能确定等原因不能事先计算出价格总额的；

（四）市场竞争不充分的科研项目，以及需要扶持的科技成果转化项目；

（五）按照招标投标法及其实施条例必须进行招标的工程建设项目以外的工程建设项目。

第二章 磋商程序

第四条 达到公开招标数额标准的货物、服务采购项目，拟采用竞争性磋商采购方式的，采购人应当在采购活动开始前，报经主管预算单位同意后，依法向设区的市、自治州以上人民政府财政部门申请批准。

第五条 采购人、采购代理机构应当按照政府采购法和本办法的规定组织开展竞争性磋商，并采取必要措施，保证磋商在严格保密的情况下进行。

任何单位和个人不得非法干预、影响磋商过程和结果。

第六条 采购人、采购代理机构应当通过发布公告、从省级以上财政部门建立的供应商库中随机抽取或者采购人和评审专家分别书面推荐的方式邀请不少于3家符合相应资格条件的供应商参与竞争性磋商采购活动。

符合政府采购法第二十二条第一款规定条件的供应商可以在采购活动开始前加入供应商库。财政部门不得对供应商申请入库收取任何费用，不得利用供应商库进行地区和行业封锁。

采取采购人和评审专家书面推荐方式选择供应商的，采购人和评审专家应当各自出具书面推荐意见。采购人推荐供应商的比例不得高于推荐供应商总数的50%。

第七条 采用公告方式邀请供应商的,采购人、采购代理机构应当在省级以上人民政府财政部门指定的政府采购信息发布媒体发布竞争性磋商公告。竞争性磋商公告应当包括以下主要内容:

(一)采购人、采购代理机构的名称、地点和联系方法;

(二)采购项目的名称、数量、简要规格描述或项目基本概况介绍;

(三)采购项目的预算;

(四)供应商资格条件;

(五)获取磋商文件的时间、地点、方式及磋商文件售价;

(六)响应文件提交的截止时间、开启时间及地点;

(七)购项目联系人姓名和电话。

第八条 竞争性磋商文件(以下简称磋商文件)应当根据采购项目的特点和采购人的实际需求制定,并经采购人书面同意。采购人应当以满足实际需求为原则,不得擅自提高经费预算和资产配置等采购标准。

磋商文件不得要求或者标明供应商名称或者特定货物的品牌,不得含有指向特定供应商的技术、服务等条件。

第九条 磋商文件应当包括供应商资格条件、采购邀请、采购方式、采购预算、采购需求、政府采购政策要求、评审程序、评审方法、评审标准、价格构成或者报价要求、响应文件编制要求、保证金交纳数额和形式以及不予退还保证金的情形、磋商过程中可能实质性变动的内容、响应文件提交的截止时间、开启时间及地点以及合同草案条款等。

第十条 从磋商文件发出之日起至供应商提交首次响应文件截止之日止不得少于10日。

磋商文件售价应当按照弥补磋商文件制作成本费用的原则确定,不得以营利为目的,不得以项目预算金额作为确定磋商文件售价依据。磋商文件的发售期限自开始之日起不得少于5个工作日。

提交首次响应文件截止之日前,采购人、采购代理机构或者磋商小组可以对已发出的磋商文件进行必要的澄清或者修改,澄清或者修改的内容作为磋商文件的组成部分。澄清或者修改的内容可能影响响应文件编制的,采购人、采购代理机构应当在提交首次响应文件截止时间至少5日前,以书面形式通知所有获取磋商文件的供应商;不足5日的,采购人、采购代理机构应当顺延提交首次响应文件截止时间。

第十一条 供应商应当按照磋商文件的要求编制响应文件,并对其提交的响应文件的真实性、合法性承担法律责任。

第十二条 采购人、采购代理机构可以要求供应商在提交响应文件截止时间之前交纳磋商保证金。磋商保证金应当采用支票、汇票、本票或者金融机构、担保机构出具的保函等非现金形式交纳。磋商保证金数额应当不超过采购项目预算的2%。供应商未按照磋商文件要求提交磋商保证金的,响应无效。

供应商为联合体的,可以由联合体中的一方或者多方共同交纳磋商保证金,其交纳的保证金对联合体各方均具有约束力。

第十三条 供应商应当在磋商文件要求的截止时间前,将响应文件密封送达指定地点。在截止时间后送达的响应文件为无效文件,采购人、采购代理机构或者磋商小组应当拒收。

供应商在提交响应文件截止时间前,可以对所提交的响应文件进行补充、修改或者撤回,并书面通知采购人、采购代理机构。补充、修改的内容作为响应文件的组成部分。补充、修改的内容与响应文件不一致的,以补充、修改的内容为准。

第十四条 磋商小组由采购人代表和评审专家共3人以上单数组成,其中评审专家人数不得少于磋商小组成员总数的2/3。采购人代表不得以评审专家身份参加本部门或本单位采购项目的评审。采购代理机构人员不得参加本机构代理的采购项目的评审。

采用竞争性磋商方式的政府采购项目,评审专家应当从政府采购评审专家库内相关专业的专家名单中随机抽取。符合本办法第三条第四项规定情形的项目,以及情况特殊、通过随机方式难以确定合适的评审专家的项目,经主管预算单位同意,可以自行选定评审专家。技术复杂、专业性强的采购项目,评审专家中应当包含1名法律专家。

第十五条 评审专家应当遵守评审工作纪律,不得泄露评审情况和评审中获悉的商业秘密。

磋商小组在评审过程中发现供应商有行贿、提供虚假材料或者串通等违法行为的,应当及时向财政部门报告。

评审专家在评审过程中受到非法干涉的,应当及时向财政、监察等部门举报。

第十六条 磋商小组成员应当按照客观、公正、审慎的原则,根据磋商文件规定的评审程序、评审方法和评审标准进行独立评审。未实质性响应磋商文件的响应文件按无效响应处理,磋商小组应当告知提交响应文件的供应商。

磋商文件内容违反国家有关强制性规定的,磋商小组应当停止评审并向采购人或者采购代理机构说明情况。

第十七条 采购人、采购代理机构不得向磋商小组中的评审专家作倾向性、误导性的解释或者说明。

采购人、采购代理机构可以视采购项目的具体情况,组织供应商进行现场考察或召开磋商前答疑会,但不得单独或分别组织只有一个供应商参加的现场考察和答疑会。

第十八条 磋商小组在对响应文件的有效性、完整性和响应程度进行审查时,可以要求供应商对响应文件中含义不明确、同类问题表述不一致或者有明显文字和计算错误的内容等作出必要的澄清、说明或者更正。供应商的澄清、说明或者更正不得超出响应文件的范围或者改变响应文件的实质性内容。

磋商小组要求供应商澄清、说明或者更正响应文件应当以书面形式作出。供应商的澄清、说明或者更正应当由法定代表人或其授权代表签字或者加盖公章。由授权代表签字的,应当附法定代表人授权书。供应商为自然人的,应当由本人签字并附身份证明。

第十九条 磋商小组所有成员应当集中与单一供应商分别进行磋商,并给予所有参加磋商的供应商平等的磋商机会。

第二十条 在磋商过程中,磋商小组可以根据磋商文件和磋商情况实质性变动采购需求中的技术、服务要求以及合同草案条款,但不得变动磋商文件中的其他内容。实质性变动的内容,须经采购人代表确认。

对磋商文件作出的实质性变动是磋商文件的有效组成部分,磋商小组应当及时以书面形式同时通知所有参加磋商的供应商。

供应商应当按照磋商文件的变动情况和磋商小组的要求重新提交响应文件,并由其法定代表人或授权代表签字或者加盖公章。由授权代表签字的,应当附法定代表人授权书。供应商为自然人的,应当由本人签字并附身份证明。

第二十一条 磋商文件能够详细列明采购标的的技术、服务要求的,磋商结束后,磋商小组应当要求所有实质性响应的供应商在规定时间内提交最后报价,提交最后报价的供应商不得少于3家。

磋商文件不能详细列明采购标的的技术、服务要求,需经磋商由供应商提供最终设计方案或解决方案的,磋商结束后,磋商小组应当按照少数服从多数的原则投票推荐3家以上供应商的设计方案或者解决方案,并要求其在规定时间内提交最后报价。

最后报价是供应商响应文件的有效组成部分。符合本办法第三条第四项情形的,提交最后报价的供应商可以为2家。

第二十二条 已提交响应文件的供应商,在提交最后报价之前,可以根据磋商情况退出磋商。采购人、采购代理机构应当退还退出磋商的供应商的磋商保证金。

第二十三条 经磋商确定最终采购需求和提交最后报价的供应商后,由磋商小组采用综合评分法对提交最后报价的供应商的响应文件和最后报价进行综合评分。

综合评分法,是指响应文件满足磋商文件全部实质性要求且按评审因素的量化指标评审得分最高的供应商为成交候选供应商的评审方法。

第二十四条 综合评分法评审标准中的分值设置应当与评审因素的量化指标相对应。磋商文件中没有规定的评审标准不得作为评审依据。

评审时,磋商小组各成员应当独立对每个有效响应的文件进行评价、打分,然后汇总每个供应商每项评分因素的得分。

综合评分法货物项目的价格分值占总分值的比重(即权值)为30%至60%,服务项目的价格分值占总分值的比重(即权值)为10%至30%。采购项目中含不同采购对象的,以占项目资金比例最高的采购对象确定其项目属性。符合本办法第三条第三项的规定和执行统一价格标准的项目,其价格不列为评分因素。有特殊情况需要在上述规定范围外设定价格分权重的,应当经本级人民政府财政部门审核同意。

综合评分法中的价格分统一采用低价优先法计算,即满足磋商文件要求且最后报价最低的供应商的价格为磋商基准价,其价格分为满分。其他供应商的价格分统一按照下列公式计算:

磋商报价得分=(磋商基准价/最后磋商报价)×价格权值×100

项目评审过程中,不得去掉最后报价中的最高报价和最低报价。

第二十五条 磋商小组应当根据综合评分情况,按照评审得分由高到低顺序推荐3名以上成交候选供应商,并编写评审报告。符合本办法第二十一条第三款情形的,可以推荐2家成交候选供应商。评审得分相同的,按照最后报价由低到高的顺序推荐。评审得分且最后报价相同的,按照技术指标优劣顺序推荐。

第二十六条 评审报告应当包括以下主要内容:

(一)邀请供应商参加采购活动的具体方式和相关情况;

(二)响应文件开启日期和地点;

(三)获取磋商文件的供应商名单和磋商小组成员名单;

(四)评审情况记录和说明,包括对供应商的资格审查情况、供应商响应文件评审情况、磋商情况、报价情况等;

(五)提出的成交候选供应商的排序名单及理由。

第二十七条 评审报告应当由磋商小组全体人员签字认可。磋商小组成员对评审报告有异议的,磋商小组按照少数服从多数的原则推荐成交候选供应商,采购程序继续进行。对评审报告有异议的磋商小组成员,应当在报告上签署不同意见并说明理由,由磋商小组书面记录相关情况。磋商小组成员拒绝在报告上签字又不书面说明其不同意见和理由的,视为同意评审报告。

第二十八条 采购代理机构应当在评审结束后2个工作日内将评审报告送采购人确认。

采购人应当在收到评审报告后5个工作日内,从评审报告提出的成交候选供应商中,按照排序由高到低的原则确定成交供应商,也可以书面授权磋商小组直接确定成交供应商。采购人逾期未确定成交供应商且不提出异议的,视为确定评审报告提出的排序第一的供应商为成交供应商。

第二十九条 采购人或者采购代理机构应当在成交供应商确定后2个工作日内,在省级以上财政部门指定的政府采购信息发布媒体上公告成交结果,同时向成交供应商发出成交通知书,并将磋商文件随成交结果同时公告。成交结果公告应当包括以下内容:

(一)采购人和采购代理机构的名称、地址和联系方式;

(二)项目名称和项目编号;

(三)成交供应商名称、地址和成交金额;

(四)主要成交标的的名称、规格型号、数量、单价、服务要求;

(五)磋商小组成员名单。

采用书面推荐供应商参加采购活动的,还应当公告采购人和评审专家的推荐意见。

第三十条 采购人与成交供应商应当在成交通知书发出之日起30日内,按照磋商文件确定的合同文本以及采购标的、规格型号、采购金额、采购数量、技术和服务要求等事项签订政府采购合同。

采购人不得向成交供应商提出超出磋商文件以外的任何要求作为签订合同的条件,不得与成交供应商订立背离磋商文件确定的合同文本以及采购标的、规格型号、采购金额、采购数量、技术和服务要求等实质性内容的协议。

第三十一条 采购人或者采购代理机构应当在采购活动结束后及时退还供应商的磋商保证金，但因供应商自身原因导致无法及时退还的除外。未成交供应商的磋商保证金应当在成交通知书发出后5个工作日内退还，成交供应商的磋商保证金应当在采购合同签订后5个工作日内退还。

有下列情形之一的，磋商保证金不予退还：

（一）供应商在提交响应文件截止时间后撤回响应文件的；

（二）供应商在响应文件中提供虚假材料的；

（三）除因不可抗力或磋商文件认可的情形以外，成交供应商不与采购人签订合同的；

（四）供应商与采购人、其他供应商或者采购代理机构恶意串通的；

（五）磋商文件规定的其他情形。

第三十二条 除资格性检查认定错误、分值汇总计算错误、分项评分超出评分标准范围、客观分评分不一致、经磋商小组一致认定评分畸高、畸低的情形外，采购人或者采购代理机构不得以任何理由组织重新评审。采购人、采购代理机构发现磋商小组未按照磋商文件规定的评审标准进行评审的，应当重新开展采购活动，并同时书面报告本级财政部门。

采购人或者采购代理机构不得通过对样品进行检测、对供应商进行考察等方式改变评审结果。

第三十三条 成交供应商拒绝签订政府采购合同的，采购人可以按照本办法第二十八条第二款规定的原则确定其他供应商作为成交供应商并签订政府采购合同，也可以重新开展采购活动。拒绝签订政府采购合同的成交供应商不得参加对该项目重新开展的采购活动。

第三十四条 出现下列情形之一的，采购人或者采购代理机构应当终止竞争性磋商采购活动，发布项目终止公告并说明原因，重新开展采购活动：

（一）因情况变化，不再符合规定的竞争性磋商采购方式适用情形的；

（二）出现影响采购公正的违法、违规行为的；

（三）除本办法第二十一条第三款规定的情形外，在采购过程中符合要求的供应商或者报价未超过采购预算的供应商不足3家的。

第三十五条 在采购活动中因重大变故，采购任务取消的，采购人或者采购代理机构应当终止采购活动，通知所有参加采购活动的供应商，并将项目实施情况和采购任务取消原因报送本级财政部门。

第三章 附 则

第三十六条 相关法律制度对政府和社会资本合作项目采用竞争性磋商采购方式另有规定的，从其规定。

第三十七条 本办法所称主管预算单位是指负有编制部门预算职责，向同级财政部门申报预算的国家机关、事业单位和团体组织。

第三十八条 本办法自发布之日起施行。

关于政府采购竞争性磋商采购方式管理暂行办法有关问题的补充通知

（2015年6月30日财政部发布 财库〔2015〕124号）

党中央有关部门，国务院各部委、各直属机构，全国人大常委会办公厅，全国政协办公厅，高法院，高检院，各民主党派中央，有关人民团体，各省、自治区、直辖市、计划单列市财政厅（局），新疆生产建设兵团财务局，各集中采购机构：

为了深入推进政府采购制度改革和政府购买服务工作，促进实现“物有所值”价值目标，提高政府采购效率,现就《财政部关于印发〈政府采购竞争性磋商采购方式管理暂行办法〉的通知》(财库〔2014〕214 号)有关问题补充通知如下:

采用竞争性磋商采购方式采购的政府购买服务项目(含政府和社会资本合作项目),在采购过程中符合要求的供应商(社会资本)只有 2 家的,竞争性磋商采购活动可以继续进行。采购过程中符合要求的供应商(社会资本)只有 1 家的,采购人(项目实施机构)或者采购代理机构应当终止竞争性磋商采购活动,发布项目终止公告并说明原因,重新开展采购活动。

请遵照执行。

政府采购促进中小企业发展管理办法

(2020 年 12 月 18 日财政部、工业和信息化部发布
财库〔2020〕46 号　自 2021 年 1 月 1 日起施行)

第一条　为了发挥政府采购的政策功能,促进中小企业健康发展,根据《中华人民共和国政府采购法》、《中华人民共和国中小企业促进法》等有关法律法规,制定本办法。

第二条　本办法所称中小企业,是指在中华人民共和国境内依法设立,依据国务院批准的中小企业划分标准确定的中型企业、小型企业和微型企业,但与大企业的负责人为同一人,或者与大企业存在直接控股、管理关系的除外。

符合中小企业划分标准的个体工商户,在政府采购活动中视同中小企业。

第三条　采购人在政府采购活动中应当通过加强采购需求管理,落实预留采购份额、价格评审优惠、优先采购等措施,提高中小企业在政府采购中的份额,支持中小企业发展。

第四条　在政府采购活动中,供应商提供的货物、工程或者服务符合下列情形的,享受本办法规定的中小企业扶持政策:

(一)在货物采购项目中,货物由中小企业制造,即货物由中小企业生产且使用该中小企业商号或者注册商标;

(二)在工程采购项目中,工程由中小企业承建,即工程施工单位为中小企业;

(三)在服务采购项目中,服务由中小企业承接,即提供服务的人员为中小企业依照《中华人民共和国劳动合同法》订立劳动合同的从业人员。

在货物采购项目中,供应商提供的货物既有中小企业制造货物,也有大型企业制造货物的,不享受本办法规定的中小企业扶持政策。

以联合体形式参加政府采购活动,联合体各方均为中小企业的,联合体视同中小企业。其中,联合体各方均为小微企业的,联合体视同小微企业。

第五条　采购人在政府采购活动中应当合理确定采购项目的采购需求,不得以企业注册资本、资产总额、营业收入、从业人员、利润、纳税额等规模条件和财务指标作为供应商的资格要求或者评审因素,不得在企业股权结构、经营年限等方面对中小企业实行差别待遇或者歧视待遇。

第六条　主管预算单位应当组织评估本部门及所属单位政府采购项目,统筹制定面向中小企业预留采购份额的具体方案,对适宜由中小企业提供的采购项目和采购包,预留采购份额专门面向中小企业采购,并在政府采购预算中单独列示。

符合下列情形之一的,可不专门面向中小企业预留采购份额:

(一)法律法规和国家有关政策明确规定优先或者应当面向事业单位、社会组织等非企业主体采购的;

(二)因确需使用不可替代的专利、专有技术,基础设施限制,或者提供特定公共服务等原因,只能从中小企业之外的供应商处采购的;

(三)按照本办法规定预留采购份额无法确保充分供应、充分竞争,或者存在可能影响政府采购目标实现的情形;

(四)框架协议采购项目;

（五）省级以上人民政府财政部门规定的其他情形。

除上述情形外，其他均为适宜由中小企业提供的情形。

第七条 采购限额标准以上，200 万元以下的货物和服务采购项目、400 万元以下的工程采购项目，适宜由中小企业提供的，采购人应当专门面向中小企业采购。

第八条 超过 200 万元的货物和服务采购项目、超过 400 万元的工程采购项目中适宜由中小企业提供的，预留该部分采购项目预算总额的 30% 以上专门面向中小企业采购，其中预留给小微企业的比例不低于 60%。预留份额通过下列措施进行：

（一）将采购项目整体或者设置采购包专门面向中小企业采购；

（二）要求供应商以联合体形式参加采购活动，且联合体中中小企业承担的部分达到一定比例；

（三）要求获得采购合同的供应商将采购项目中的一定比例分包给一家或者多家中小企业。

组成联合体或者接受分包合同的中小企业与联合体内其他企业、分包企业之间不得存在直接控股、管理关系。

第九条 对于经主管预算单位统筹后未预留份额专门面向中小企业采购的采购项目，以及预留份额项目中的非预留部分采购包，采购人、采购代理机构应当对符合本办法规定的小微企业报价给予 6%—10%（工程项目为 3%—5%）的扣除，用扣除后的价格参加评审。适用招标投标法的政府采购工程建设项目，采用综合评估法但未采用低价优先法计算价格分的，评标时应当在采用原报价进行评分的基础上增加其价格得分的 3%—5% 作为其价格分。

接受大中型企业与小微企业组成联合体或者允许大中型企业向一家或者多家小微企业分包的采购项目，对于联合协议或者分包意向协议约定小微企业的合同份额占到合同总金额 30% 以上的，采购人、采购代理机构应当对联合体或者大中型企业的报价给予 2%—3%（工程项目为 1%—2%）的扣除，用扣除后的价格参加评审。适用招标投标法的政府采购工程建设项目，采用综合评估法但未采用低价优先法计算价格分的，评标时应当在采用原报价进行评分的基础上增加其价格得分的 1%—2% 作为其价格分。组成联合体或者接受分包的小微企业与联合体内其他企业、分包企业之间存在直接控股、管理关系的，不享受价格扣除优惠政策。

价格扣除比例或者价格分加分比例对小型企业和微型企业同等对待，不作区分。具体采购项目的价格扣除比例或者价格分加分比例，由采购人根据采购标的相关行业平均利润率、市场竞争状况等，在本办法规定的幅度内确定。

第十条 采购人应当严格按照本办法规定和主管预算单位制定的预留采购份额具体方案开展采购活动。预留份额的采购项目或者采购包，通过发布公告方式邀请供应商后，符合资格条件的中小企业数量不足 3 家的，应当中止采购活动，视同未预留份额的采购项目或者采购包，按照本办法第九条有关规定重新组织采购活动。

第十一条 中小企业参加政府采购活动，应当出具本办法规定的《中小企业声明函》（附 1），否则不得享受相关中小企业扶持政策。任何单位和个人不得要求供应商提供《中小企业声明函》之外的中小企业身份证明文件。

第十二条 采购项目涉及中小企业采购的，采购文件应当明确以下内容：

（一）预留份额的采购项目或者采购包，明确该项目或相关采购包专门面向中小企业采购，以及相关标的及预算金额；

（二）要求以联合体形式参加或者合同分包的，明确联合协议或者分包意向协议中中小企业合同金额应当达到的比例，并作为供应商资格条件；

（三）非预留份额的采购项目或者采购包，明确有关价格扣除比例或者价格分加分比例；

（四）规定依据本办法规定享受扶持政策获得政府采购合同的，小微企业不得将合同分包给大中型企业，中型企业不得将合同分包给大型企业；

（五）采购人认为具备相关条件的，明确对中小企业在资金支付期限、预付款比例等方面的优惠措施；

（六）明确采购标的对应的中小企业划分标准所属行业；

（七）法律法规和省级以上人民政府财政部门规定的其他事项。

第十三条 中标、成交供应商享受本办法规定的中小企业扶持政策的，采购人、采购代理机构应当随中标、成交结果公开中标、成交供应商的《中小企业声明函》。

适用招标投标法的政府采购工程建设项目，应当在公示中标候选人时公开中标候选人的《中小企业声明函》。

第十四条 对于通过预留采购项目、预留专门采购包、要求以联合体形式参加或者合同分包等措施签订的采购合同，应当明确标注本合同为中小企业预留合同。其中，要求以联合体形式参加采购活动或者合同分包的，应当将联合协议或者分包意向协议作为采购合同的组成部分。

第十五条 鼓励各地区、各部门在采购活动中允许中小企业引入信用担保手段，为中小企业在投标（响应）保证、履约保证等方面提供专业化服务。鼓励中小企业依法合规通过政府采购合同融资。

第十六条 政府采购监督检查、投诉处理及政府采购行政处罚中对中小企业的认定，由货物制造商或者工程、服务供应商注册登记所在地的县级以上人民政府中小企业主管部门负责。

中小企业主管部门应当在收到财政部门或者有关招标投标行政监督部门关于协助开展中小企业认定函后10个工作日内做出书面答复。

第十七条 各地区、各部门应当对涉及中小企业采购的预算项目实施全过程绩效管理，合理设置绩效目标和指标，落实扶持中小企业有关政策要求，定期开展绩效监控和评价，强化绩效评价结果应用。

第十八条 主管预算单位应当自2022年起向同级财政部门报告本部门上一年度面向中小企业预留份额和采购的具体情况，并在中国政府采购网公开预留项目执行情况（附2）。未达到本办法规定的预留份额比例的，应当作出说明。

第十九条 采购人未按本办法规定为中小企业预留采购份额，采购人、采购代理机构未按照本办法规定要求实施价格扣除或者价格分加分的，属于未按照规定执行政府采购政策，依照《中华人民共和国政府采购法》等国家有关规定追究法律责任。

第二十条 供应商按照本办法规定提供声明函内容不实的，属于提供虚假材料谋取中标、成交，依照《中华人民共和国政府采购法》等国家有关规定追究相应责任。

适用招标投标法的政府采购工程建设项目，投标人按照本办法规定提供声明函内容不实的，属于弄虚作假骗取中标，依照《中华人民共和国招标投标法》等国家有关规定追究相应责任。

第二十一条 财政部门、中小企业主管部门及其工作人员在履行职责中违反本办法规定及存在其他滥用职权、玩忽职守、徇私舞弊等违法违纪行为的，依照《中华人民共和国政府采购法》、《中华人民共和国公务员法》、《中华人民共和国监察法》、《中华人民共和国政府采购法实施条例》等国家有关规定追究相应责任；涉嫌犯罪的，依法移送有关国家机关处理。

第二十二条 对外援助项目、国家相关资格或者资质管理制度另有规定的项目，不适用本办法。

第二十三条 关于视同中小企业的其他主体的政府采购扶持政策，由财政部会同有关部门另行规定。

第二十四条 省级财政部门可以会同中小企业主管部门根据本办法的规定制定具体实施办法。

第二十五条 本办法自2021年1月1日起施行。《财政部 工业和信息化部关于印发〈政府采购促进中小企业发展暂行办法〉的通知》（财库〔2011〕181号）同时废止。

附：1. 中小企业声明函（略）

2. 面向中小企业预留项目执行情况公告（略）

政府采购进口产品管理办法

（2007 年 12 月 27 日财政部发布 财库〔2007〕119 号）

第一章 总 则

第一条 为了贯彻落实《国务院关于实施〈国家中长期科学和技术发展规划纲要（2006－2020 年）〉若干配套政策的通知》（国发〔2006〕6 号），推动和促进自主创新政府采购政策的实施，规范进口产品政府采购行为，根据《中华人民共和国政府采购法》等法律法规规定，制定本办法。

第二条 国家机关、事业单位和团体组织（以下统称采购人）使用财政性资金以直接进口或委托方式采购进口产品（包括已进入中国境内的进口产品）的活动，适用本办法。

第三条 本办法所称进口产品是指通过中国海关报关验放进入中国境内且产自关境外的产品。

第四条 政府采购应当采购本国产品，确需采购进口产品的，实行审核管理。

第五条 采购人采购进口产品时，应当坚持有利于本国企业自主创新或消化吸收核心技术的原则，优先购买向我方转让技术、提供培训服务及其他补偿贸易措施的产品。

第六条 设区的市、自治州以上人民政府财政部门（以下简称为财政部门）应当依法开展政府采购进口产品审核活动，并实施监督管理。

第二章 审 核 管 理

第七条 采购人需要采购的产品在中国境内无法获取或者无法以合理的商业条件获取，以及法律法规另有规定确需采购进口产品的，应当在获得财政部门核准后，依法开展政府采购活动。

第八条 采购人报财政部门审核时，应当出具以下材料：

（一）《政府采购进口产品申请表》（详见附 1）；

（二）关于鼓励进口产品的国家法律法规政策文件复印件；

（三）进口产品所属行业的设区的市、自治州以上主管部门出具的《政府采购进口产品所属行业主管部门意见》（详见附 2）；

（四）专家组出具的《政府采购进口产品专家论证意见》（详见附 3）。

第九条 采购人拟采购的进口产品属于国家法律法规政策明确规定鼓励进口产品的，在报财政部门审核时，应当出具第八条第（一）款、第（二）款材料。

第十条 采购人拟采购的进口产品属于国家法律法规政策明确规定限制进口产品的，在报财政部门审核时，应当出具第八条第（一）款、第（三）款和第（四）款材料。

采购人拟采购国家限制进口的重大技术装备和重大产业技术的，应当出具发展改革委的意见。采购人拟采购国家限制进口的重大科学仪器和装备的，应当出具科技部的意见。

第十一条 采购人拟采购其他进口产品的，在报财政部门审核时，应当出具第八条第（一）款材料，并同时出具第（三）款或者第（四）款材料。

第十二条 本办法所称专家组应当由五人以上的单数组成，其中，必须包括一名法律专家，产品技术专家应当为非本单位并熟悉该产品的专家。

采购人代表不得作为专家组成员参与论证。

第十三条 参与论证的专家不得作为采购评审专家参与同一项目的采购评审工作。

第三章 采 购 管 理

第十四条 政府采购进口产品应当以公开招标为主要方式。因特殊情况需要采用公开招标以外的采购方式的，按照政府采购有关规定执行。

第十五条 采购人及其委托的采购代理机构在采购进口产品的采购文件中应当载明优先采购向我国企业转让技术、与我国企业签订消化吸收再创新方案的供应商的进口产品。

第十六条 采购人因产品的一致性或者服务配套要求,需要继续从原供应商处添购原有采购项目的,不需要重新审核,但添购资金总额不超过原合同采购金额的10%。

第十七条 政府采购进口产品合同履行中,采购人确需追加与合同标的相同的产品,在不改变合同其他条款的前提下,且所有补充合同的采购金额不超过原合同采购金额的10%的,可以与供应商协商签订补充合同,不需要重新审核。

第十八条 政府采购进口产品合同应当将维护国家利益和社会公共利益作为必备条款。合同履行过程中出现危害国家利益和社会公共利益问题的,采购人应当立即终止合同。

第十九条 采购人或者其委托的采购代理机构应当依法加强对进口产品的验收工作,防止假冒伪劣产品。

第二十条 采购人申请支付进口产品采购资金时,应当出具政府采购进口产品相关材料和财政部门的审核文件。否则不予支付资金。

第四章 监 督 检 查

第二十一条 采购人未获得财政部门采购进口产品核准,有下列情形之一的,责令限期改正,并给予警告,对直接负责的主管人员和其他直接责任人员,由其行政主管部门或者有关机关给予处分,并予通报:

(一)擅自采购进口产品的;

(二)出具不实申请材料的;

(三)违反本办法规定的其他情形。

第二十二条 采购代理机构在代理政府采购进口产品业务中有违法行为的,给予警告,可以按照有关法律规定并处罚款;情节严重的,可以依法取消其进行相关业务的资格;构成犯罪的,依法追究刑事责任。

第二十三条 供应商有下列情形之一的,处以采购金额5‰以上10‰以下的罚款,列入不良行为记录名单,在1-3年内禁止参加政府采购活动,有违法所得的,并处没收违法所得,情节严重的,由工商行政管理机关吊销营业执照;涉嫌犯罪的,移送司法机关处理:

(一)提供虚假材料谋取中标、成交的;

(二)采取不正当手段诋毁、排挤其他供应商的;

(三)与采购人、其他供应商或者采购代理机构恶意串通的;

(四)向采购人、采购代理机构行贿或者提供其他不正当利益的;

(五)在招标采购过程中与采购人进行协商谈判的;

(六)拒绝有关部门监督检查或者提供虚假情况的。

供应商有前款第(一)至(五)项情形之一的,中标、成交无效。

第二十四条 专家出具不实论证意见的,按照有关法律规定追究法律责任。

第五章 附 则

第二十五条 采购人采购进口产品的,应当同时遵守国家其他有关法律法规的规定。涉及进口机电产品招标投标的,应当按照国际招标有关办法执行。

第二十六条 本办法未作出规定的,按照政府采购有关规定执行。

第二十七条 涉及国家安全和秘密的项目不适用本办法。

第二十八条 本办法自印发之日起施行。

附:1. 政府采购进口产品申请表(略)

2. 政府采购进口产品所属行业主管部门意见(略)

3. 政府采购进口产品专家论证意见(略)

关于政府采购进口产品管理有关问题的通知

（2008年7月9日财政部办公厅发布 财办库〔2008〕248号）

各省、自治区、直辖市、计划单列市财政厅（局）、新疆生产建设兵团财务局，党中央有关部门办公厅（室），国务院各部委、各直属机构办公厅（室），全国人大常委会办公厅秘书局，全国政协办公厅机关事务管理局，高法院办公厅，高检院办公厅，有关人民团体办公厅（室）：

财政部于2007年12月印发了《政府采购进口产品管理办法》（财库〔2007〕119号）。该办法印发后，各地采取措施贯彻落实，对规范政府部门采购进口产品行为发挥了积极作用。但在实际工作中，也反映了一些具体操作性问题，经与海关总署研究，现就进口产品采购中有关问题规定如下：

一、关于办法适用范围

根据《中华人民共和国政府采购法》的规定，财库〔2007〕119号文件的适用范围为，各级国家机关、事业单位和团体组织使用财政性资金采购省级以上人民政府公布的政府集中采购目录以内或者采购限额标准以上的进口产品。

二、关于关境和海关特殊监管区域产品认定

根据《中华人民共和国海关法》（以下简称海关法）的规定，我国现行关境是指适用海关法的中华人民共和国行政管辖区域，不包括香港、澳门和台湾金马等单独关境地区。

保税区、出口加工区、保税港区、珠澳跨境工业区珠海园区、中哈霍尔果斯国际边境合作中心中方配套区、综合保税区等区域，为海关特殊监管区域，这些区域仅在关税待遇及贸易管制方面实施不同于我国关境内其他地区的特殊政策，但仍属于中华人民共和国关境内区域，由海关按照海关法去实施监管。因此，凡在海关特殊监管区域内企业生产或加工（包括从境外进口料件）销往境内其他地区的产品，不作为政府采购项下进口产品。对从境外进入海关特殊监管区域，再经办理报关手续后从海关特殊监管区进入境内其他地区的产品，应当认定为进口产品。

三、关于已在境内多次流转进口产品认定

对经过多次流转、无法提供报关单证的产品，应按照以下方法进行查证：

（一）通过正常渠道进口的产品，无论在境内流转多少次，尽管中间商业环节没有保留进口报关单证，但通过层层倒推，最终可以找到进口代理商或者进口收货人，从而可以向海关查询进口报关记录。这种方法一般适用于生产设备、机械、汽车等大宗商品。

（二）通过走私违法方式进口的产品，由于未进行进口申报，不存在进口报关记录，因此，应当通过商品或者其包装上的原产地标识等其他证据来间接证明其为境外生产的产品。

四、关于行业主管部门意见

财库〔2007〕119号文件规定的国家限制进口产品，是指商务部、发展改革委、科技部等部门制订的相关目录。采购人采购产品属于国家限制进口产品时，除需要向设区的市、自治州以上人民政府财政部门（以下简称财政部门）出具专家论证意见外，还要同时出具产品所属行业主管部门的意见，其中，产品属于国家限制进口的重大技术装备和重大产业技术的，应当出具发展改革委的意见；属于国家限制进口的重大科学仪器和装备的，应当出具科技部的意见。当采购人的行政主管部门也是采购产品所属行业主管部门时，以产品所属行业主管部门出具意见。当采购人的行政主管部门与采购产品所属行业主管部门不一致时，仍以产品所属行业主管部门出具的意见为有效意见。

五、关于采购执行问题

采购人采购进口产品时，必须在采购活动开始前向财政部门提出申请并获得财政部门审核同意后，才能开展采购活动。在采购活动开始前没有获得财政部门同意而开展采购活动的，视同为拒绝采购进口产品，应当在采购文件中明确作出不允许进口产品参加的规定。未在采购文件中明确规定不允许进口产品参加的，也视为拒绝进口产品参加。采购活动组织开始后才报经财政部门审核同意的采购活动，属于违规行为。

财政部门审核同意购买进口产品的，应当在采购文件中明确规定可以采购进口产品，但如果因信息不对称等原因，仍有满足需求的国内产品要求参与采购竞争的，采购人及其委托的采购代理机构不得对其加以限制，应当按照公平竞争原则实施采购。

六、关于政府集中采购执行

对于实行协议供货的政府集中采购目录产品，集中采购机构在组织采购时，可以不限制进口产品入围，但采购人在采购入围进口产品前，需要报经财政部门审核同意。对于非协议供货的政府集中采购目录产品，采购人没有出具财政部门同意采购进口产品审核意见的，集中采购机构一律不得为其组织采购进口产品。

对于政府集中采购目录内的、采购量小且采购次数多的经常性产品，可以实行批量审核，即采购人向财政部门提出一揽子采购进口产品清单的申请、所需证明材料和采购计划，经财政部门审核同意后，在本年内随时按规定组织购买，无需再逐一申请报批。

七、关于论证专家问题

进口产品专家论证意见原则上由采购人自行组织，其论证专家应当是熟悉该产品，并且与采购人或采购代理机构没有经济和行政隶属等关系。因进口产品论证与采购文件评审不同，进口产品论证专家可以不从财政部门建立的专家库中抽取专家作为进口产品论证专家，凡从财政部门专家库中抽取的专家，应当告知被抽取专家其论证内容和相应的责任。财政部门应当制定相应的论证专家考核标准和监督办法，加强对论证专家的管理，确保论证意见科学准确，原则上不得承担或组织其专家论证工作。

八、关于资金支付问题

采购人向财政部门申请支付政府采购进口产品资金时，应当提供财政部门审核同意文件、采购合同和产品报关单等材料，以确保所采购的产品规格、数量金额等与审批或采购文件规定的一致，否则不予支付。

九、关于文件执行时间衔接

财库〔2007〕119 号文件规定，自 2007 年 12 月 27 日印发之日起施行。对于在该日期前已经通过公开招标等方式确定采购货物涉及进口产品的，在该日期前采购程序已经启动或启动后采购项目经财政部门批准需重新招标或采用其他采购方式的，不需要办理进口产品审核手续。

中央国家机关政府采购中心竞争性谈判操作规程（试行）

（2015 年 5 月 30 日中央国家机关政府采购中心发布）

第一章　总　　则

第一条　为规范竞争性谈判采购行为，中央国家机关政府采购中心（以下简称采购中心）根据《中华人民共和国政府采购法》、《中华人民共和国政府采购法实施条例》、《政府采购非招标采购方式管理办法》等法律法规规定，制定本规程。

第二条　采购中心受采购人委托采用竞争性谈判采购方式进行采购的，适用本规程。

第三条　本规程所述竞争性谈判是指谈判小组与符合资格条件的供应商就采购货物、工程和服务事宜进行谈判，供应商按照谈判文件的要求提交响应文件和最后报价，采购人从谈判小组提出的成交候选人中确定成交供应商的采购方式。

第二章　确定采购方式

第四条　竞争性谈判采购方式由采购人按照相关法律法规规定的条件确定，应招标采购或不具备法律法规规定的竞争性谈判采购方式条件的，应当按照法律规定采用其他采购方式。

第五条　采购人委托采购中心组织实施竞争性谈判采购项目，应提交相应材料：拟采用竞争性谈判采购方式的项目委托书、采购需求（技术参数、数量、预算、时限和履约地等）及供应商产生方式、所推荐供应商名单(如有)。

第六条 公开招标限额以上拟采用竞争性谈判采购方式的采购项目,采购人应提供财政部门的审批证明。

属于政府采购法第三十条第一项规定情形的,应执行本规程的相关规定。通过招标,实质性响应的供应商只有两家时,应由采购人向财政部门提出转为竞争性谈判采购方式,经书面批准后可按照竞争性谈判方式组织实施。

第七条 招标限额以下拟采用竞争性谈判采购方式的,应至少包含以下情形之一:

(一)技术复杂或性质特殊,不能确定详细规格或者具体要求的;

(二)艺术品采购、专利、专有技术或服务的时间、数量事先不能确定并计算出价格总额的。

第三章 编制谈判文件

第八条 采购需求应当完整、明确,符合法律法规以及政府采购政策规定的技术、服务、安全等要求。因技术复杂或者性质特殊,不能确定详细规格或者具体要求的,应当就确定采购需求征求相关供应商、专家的意见。

第九条 谈判文件可由采购中心业务处代拟,也可事先组建竞争性谈判小组(以下简称谈判小组),由谈判小组拟定。

第十条 谈判文件由采购中心业务处代拟的,向受邀供应商发出前,应经采购人书面确认同意。

第十一条 谈判文件由谈判小组拟定的,应按照本规程第二十三条、第二十四条规定组建谈判小组,由谈判小组提出书面意见,并拟定谈判文件。

第十二条 谈判文件应按照采购中心范本要求编制,内容包括:供应商资格条件、采购邀请、采购方式、预算金额、采购需求、谈判程序、报价构成及要求、响应文件编制要求、响应文件提交截止时间及地点、保证金(如有)缴纳数额和形式、评定成交标准、谈判文件实质性变动处理原则等。

由招标方式转为竞争性谈判方式的,应当根据招标文件中的采购需求编制谈判文件,不得变更实质性内容。

第四章 确定谈判供应商

第十三条 由招标方式转为竞争性谈判方式的,按规定履行审批手续后,可直接邀请实质性响应原招标项目的供应商参加竞争性谈判项目。

第十四条 参加竞争性谈判的供应商的选取应通过以下方式:

(一)通过中央政府采购网等指定媒体发布供应商征集公告,公告时间不少于5个工作日;

(二)从供应商库相应类别中随机抽取;

(三)采购人和谈判专家分别书面推荐。

参加项目的供应商总数不得少于三家。未通过以上方式受邀的供应商不得参加谈判项目。货物类采购项目的供应商家数应当以生产制造商为准进行计算。系统集成等由多种产品组成的项目,应当按照产品数量和金额比例的有关规定,确定供应商家数。

第十五条 采购人、评审专家推荐供应商参加竞争性谈判的,应出具书面推荐意见和提交以下材料(格式见附件1):所推荐供应商的企业介绍、资质水平、联系人及联系方式、与被推荐供应商无利益关系的承诺书。属采购人推荐的,推荐材料应加盖采购人公章。

第十六条 采购人推荐供应商比例不应高于参加谈判供应商总数的一半。采购人和谈判专家应独立推荐,如推荐供应商有重合,且采购人推荐供应商比例高于参加谈判供应商总数一半情形下,重合推荐的供应商可视为系谈判专家推荐,并可忽略计入采购人推荐数量。

第十七条 从供应商库相应类别中随机抽取供应商的,采购人应预先书面提出拟抽取的供应商数量。抽取供应商的基本条件应以谈判文件为准,不得额外设定限制性条件。

非协议供货和定点采购品目,或协议供货和定点采购品目达到限额以上标准的,抽取范围不得仅限于协议供货和定点采购供应商。

第十八条 供应商随机抽取工作由采购人在电子化平台上完成,抽取情况应进行登记。抽取结束后,采购人应向采购中心提交签字确认的抽取结果(格式见附件2)。

供应商原则上只抽取一次。采购人在随机抽取后,应逐一查验随机抽取的供应商是否满足本规程第二十一条规定。因不满足相应条件,需要重新抽取供应商的,应由采购人向采购中心提交列明理由的书面申请。采购中心应就重新抽取理由进行审查,不合理的申请理由将不被采纳,维持原抽取结果;合理的申请理由,经审查同意并签字确认后方可重新抽取。抽取记录、结果、申请及审查情况应作为业务档案存档。

第十九条 采用原定供应商确定方式不能产生参加竞争性谈判所需足够数量供应商,而需改用或新增其他供应商确定方式的,应按本规程第十四条规定的供应商确定方式,由采购人向采购中心提出书面申请,经同意后重新确定。该情形下原已确定供应商仍有效。

第二十条 供应商因故不能参加项目,并由此导致供应商数量不足三家或采购人推荐供应商比例超出本规程第十六条规定的,采购中心应及时告知采购人,并按照本规程第十四条规定确定递补供应商。

第二十一条 受邀请的供应商应当具备政府采购法第二十二条第一款规定的条件及谈判文件中明确的供应商的资格条件。

第二十二条 谈判文件应在确定受邀供应商名单后2个工作日内发出,并告知供应商应至少在谈判开始之日3天前,将参加谈判回执单发回。因故推迟谈判时间的,应及时通知所有受邀供应商,保证其制作响应文件时间不少于3个工作日。

第五章 组建谈判小组

第二十三条 采购中心应根据项目情况组建竞争性谈判小组。

谈判小组由采购人代表和谈判专家共3人(含)以上单数组成:达到公开招标限额的应为5人(含)以上单数组成;其中,300万元(含)以上项目,谈判小组人数不少于7人以上单数。谈判小组中专家人数不少于总人数2/3,采购人代表不得以谈判专家身份参加谈判。

第二十四条 专家应从政府采购评审专家库中随机抽取确定。

由于技术复杂、专业性强等原因,抽取专家无法满足项目需要时,应按财政部《政府采购评审专家管理办法》和《关于使用政府采购评审专家监管系统有关事宜的通知》有关要求,由采购人推荐专家。

第二十五条 采购人应至少在需求论证或正式谈判前1个工作日,以书面形式确定谈判代表及参会纪检人员名单,加盖单位公章,于谈判时提交采购中心。

第六章 谈判流程

第二十六条 召开准备会。谈判前,谈判小组应先召开准备会,由采购中心工作人员介绍谈判流程和有关规定。

第二十七条 确认谈判文件。谈判文件由采购中心代拟的,谈判小组应在正式谈判前书面确认谈判文件。未经确认的谈判文件不得使用。

第二十八条 供应商确认。从供应商库以随机抽取方式确定受邀供应商的,谈判小组应在正式谈判前以书面形式确认受邀供应商名单。

第二十九条 收取响应文件及拆封。递交响应文件截止时间后,谈判小组清点核对数量,检查响应文件密封情况,请供应商书面确认后,现场拆封。

第三十条 初步审查。谈判小组对响应文件的有效性、完整性和响应程度进行审查,记录有关情况,并拟定谈判策略,提出谈判问题。

第三十一条 正式谈判。谈判小组应就同一个问题给予所有供应商平等谈判机会,分别与每个供应商就技术、报价组成和合同条款等进行充分的谈判,确定供应商所提供的产品质量和服务是否能满足采购文件规定的实质性要求。

谈判小组应要求供应商对相关问题作出解答和澄清，对谈判文件出现实质性变动的重新响应，对要求补正的必要材料等事项做出回复，并以谈判纪要（格式见附件3）的形式全面准确记录上述谈判过程。供应商提交的谈判纪要，经谈判代表签字后生效。谈判小组应给予供应商必要的答复时间，但一般不多于2小时。谈判纪要应作为评审报告的附件。

第三十二条 无效处理。经谈判，对于无签字盖章、高于预算限价、不满足*号条款等未实质性响应情形，且不具备补正材料条件的响应文件按无效处理，并应及时告知供应商。

第三十三条 谈判文件修改（如有）。谈判小组在谈判过程中，认为谈判文件不能完整、明确列明采购需求，需要由供应商提供最终设计方案或者解决方案的，经采购人代表确认，可变更采购需求中技术、服务要求以及合同草案条款等内容；也可在谈判结束后，由谈判小组按照少数服从多数的原则投票推荐3家以上供应商的设计方案或者解决方案，并要求其在规定时间内提交最后报价。

谈判文件更改的，谈判小组应提出书面修改意见，签字确认后将修改意见书面通知所有参与谈判供应商，并由供应商签字确认。因谈判文件修改，需要推迟谈判时间的，应当及时通知所有参加谈判的供应商，并按照本规程第二十三、二十四条规定重新抽取谈判专家组成新的谈判小组，另行组织谈判。

第三十四条 二次报价邀请。谈判小组应在商务、技术和服务条件谈判后，邀请能满足采购文件所规定实质性要求的质量和服务的所有供应商进行二次报价，并告知供应商二次报价截止时间及二次报价文件编写有关规范。原则上，二次报价为最终报价。

出现多家供应商报价最低且相同时，应组织报价最低的供应商只对价格重新报价，直至报价最低供应商仅为一家。

第三十五条 二次报价提交。谈判小组应给予供应商提交二次报价（格式见附件4）的必要时间，但一般不超过1小时。未在规定时间提交最终报价文件的供应商，视为自动放弃最终报价权利，谈判小组按照其第一次报价内容进行评审。最终报价文件一经提交不得撤回或修改。

第三十六条 二次报价有效性。二次报价文件由供应商授权代表签字确认后生效，二次报价文件必须密封提交。未密封的，谈判小组应责令供应商重新密封提交。

第三十七条 确定成交候选人。谈判小组应从质量和服务均能满足谈判文件实质性要求的供应商中，按照最后报价由低到高的顺序，提出至少3名成交候选人。

第三十八条 拟定、签署评审报告。谈判小组应根据谈判情况编写评审报告，报告应包括：

（一）邀请供应商参加采购活动的具体方式和相关情况，以及参加采购活动的供应商名单；

（二）评审日期和地点，谈判小组成员名单；

（三）评审情况记录和说明，包括对供应商的资格审查情况、供应商响应文件评审情况、谈判情况、报价情况等；

（四）提出的成交候选人的名单及理由。

第三十九条 谈判过程中，谈判文件的修改、谈判纪要、对供应商提出的澄清修改要求、评审报告等书面文件内容应经谈判小组超过半数同意方可通过。有不同意见的，可另附书面意见说明原因；未单独以书面形式说明原因的，视为同意。竞争性谈判小组成员对自己的评审意见承担法律责任。

第七章 结果确认、公示及其他相关事项

第四十条 采购中心应自评审结束之日起2个工作日内将评审报告送交采购人，采购人应自收到评审报告之日起5个工作日内在评审报告推荐的成交候选人中按顺序确定成交供应商。

第四十一条 采购中心应自采购人确定成交供应商之日起2个工作日内发出成交通知书，并在指定媒体及信息发布平台公告成交结果，竞争性谈判文件随成交结果同时公告。

成交结果公告应包括以下内容：

（一）采购人及采购中心名称、地址和联系方式以及项目名称和编号；

（二）成交供应商名称、地址和成交金额；

（三）主要成交标的名称、规格型号、基本配置、数量、单价、服务要求等；
（四）谈判小组成员名单；
（五）谈判文件及相应实质性变动文件。

第八章　附　　则

第四十二条　本规程由采购中心负责解释和修订。

第四十三条　采购中心2010年发布的《竞争性谈判采购项目操作流程试行办法》废止。本规程自发布之日起实行。

附件1：竞争性谈判供应商推荐表（略）
附件2：供应商随机抽取情况表（略）
附件3：竞争性谈判纪要（略）
附件4：二次报价表（略）

中央国家机关政府采购中心开标评标管理办法（试行）

（2013年6月14日中央国家机关政府采购中心发布　国机采办〔2013〕11号）

第一章　总　　则

第一条　为加强中央国家机关政府采购中心（以下简称采购中心）开标评标活动的管理，规范开标评标行为，推进公开透明，依照《中华人民共和国政府采购法》、《政府采购货物和服务招标投标管理办法》和《财政部关于进一步规范政府采购评审工作有关问题的通知》等有关规定，制定本办法。

第二条　本办法适用于采购中心组织的公开招标、邀请招标等采购项目的开标评标活动，包括采购中心组织实施单个项目招标、协议供货和定点采购项目，不包括适用《招标投标法》的工程类项目。

开标评标活动由项目评审处负责组织实施。

第三条　开标评标活动原则上在采购中心开标评标室进行，各采购处应在发布采购文件前通知项目评审处，由项目评审处统一安排评标场所。需在其它场所进行开标评标活动的，由项目评审处向办公室申请预算，填写《开标评标室使用申请表》（见附件1），经中心领导同意后方可进行。

第四条　凡在采购中心开标评标室进行的开标评标活动，应进行录音录像，实施全程监控，录音录像资料作为采购项目文件随其它文件一并存档。

第五条　在采购项目开标过程中，可通过中央政府采购网进行音视频直播。

第二章　项 目 交 接

第六条　采购文件发布后10日内，采购处项目负责人、经办人应将采购项目的全部材料移交项目评审处，并填写《采购项目交接登记表》（见附件2）。如果采购项目在开标前发生变更，采购处应及时将相关材料再次移交项目评审处。

第七条　项目评审处明确采购项目负责人、办理人（以下简称项目经办人）负责采购项目的开标评标的组织工作。

第八条　采购项目移交时，《采购项目交接登记表》由采购处、项目评审处的处长和项目经办人分别签字确认。

第九条　采购项目交接材料包括：项目委托书、技术需求书、征求意见、各供应商反馈意见、专家论证意见、意见采纳情况、采购公告及审批表、采购文件及审批表、项目变更、需要说明的其他事项等书面材料。

第十条 项目评审处经办人应熟悉项目文件，认为不能进入开评标程序的，及时反馈采购监管处，由采购监管处与采购处沟通处理。

第三章 评审委员会组建

第十一条 项目评审处提前3个工作日填写《中央国家机关政府采购中心评审专家抽取申请表》(见附件3)报采购监管处，采购监管处应于评标开始前1个工作日按照评审专家抽取的有关规定抽取评审专家。

第十二条 采购人需要派代表参加评审的，应按要求填写《采购人评标代表推荐表》(见附件4)，并送采购中心项目评审处核验。

第十三条 项目评审处负责组织评审专家准时参加评审活动。到规定开始评标时间后，出现评审专家临时缺席、回避等情形导致评审现场专家数量不符合法定标准的，项目评审处应及时与采购监管处联系补抽专家；如无法及时补齐专家，则要停止评审工作，封存采购文件和所有投标或响应文件，择期重新组建评审委员会进行评审。项目评审处要将补抽专家或重新组建评审委员会的情况进行书面记录，随其他文件一并存档。

第四章 开 标

第十四条 项目评审处的项目经办人应在接受投标开始时间半小时前到达开标现场，并完成以下准备工作：

(一)开启监控设备、计算机、投影、音响、打印机等设备，检查设备运行情况。

(二)播放专题宣传片。

(三)摆放相关资料。

第十五条 签到

(一)投标开始后，项目评审处应当组织投标人在《投标人签到表》(见附件5)上签到，检查投标人代表相应身份证明和法定代表人授权委托书，接受投标文件。如需收取投标保证金的采购项目，由办公室财务人员负责在现场组织收取。

(二)采购人派出的纪检监察人员应当填写《监督人员签到表》(见附件6)，经项目评审处核实人员身份后进入开标现场。

(三)投标截止后，《投标人签到表》和《投标保证金收取表》(见附件7)交项目经办人。

第十六条 开标

(一)项目经办人按照主持程序宣布开标正式开始。

(二)介绍项目情况、监管部门人员、采购人派出的纪检监察人员、公证人员等。

(三)宣布开标纪律。

(四)推选监标人。项目经办人宣布在投标人中推选不少于2名代表作为监标人，推选出的监标人应在指定位置就座。

第十七条 名单公布。项目经办人宣布唱标人、记录人、监标人名单，其中唱标人、记录人为项目评审处人员。项目经办人、唱标人在指定位置就座。

第十八条 检查文件。监标人检查投标文件的密封情况，并如实报告投标文件的检查结果，其他投标人如有异议须当场举手提出。

第十九条 公布预算(标底)。招标文件未公布采购预算(标底)的，由项目经办人在唱标前现场公布本项目的采购预算(标底)。采购人提供的采购预算(标底)应当加盖采购单位公章，公布前应该密封完好，现场拆封。采购预算(标底)未加盖采购单位公章、未密封的，项目经办人应当拒绝公布，并中止开标唱标。采购预算或标底与采购项目委托函不一致的，以现场公布的为准。

第二十条 组织唱标。唱标人按《投标人签到表》的签到顺序逐个开启投标一览表，依次进行唱标，并当场以投影显示或板书等方式向所有投标人公示，记录人如实填写《唱标记录表》(见附件8)，其中投标人报价部分必须唱两次，报价大小写不一致的，以大写为准。协议供货和定点采购项目可不在现场逐一唱标,但应向所有投标人发送电子邮件或采取网上开标等方式公开开标信息。

第二十一条 核实报价。投标人代表核实《唱标记录表》,确认唱标结果无误后,投标人代表按唱标顺序依次签字确认,同时唱标人、记录人、监标人对唱标结果和开标过程的合法性进行签字确认。

第二十二条 开标结束

(一)项目经办人宣布开标结束,播放专题宣传片。

(二)投标人代表退场。

(三)封存投标文件。

第五章 评 标

第二十三条 项目评审处的项目经办人应在评标前半小时前到达评标现场,并完成以下准备工作:

(一)开启监控设备、计算机、投影、音响、打印机等设备,检查设备运行情况。

(二)播放有关专题宣传片。

(三)摆放相关资料(招标文件、补充文件、评分细则、评标专家誓词、评标打分表格、评标报告、文具等)。

(四)领取专家劳务费。

第二十四条 签到

由项目评审处组织评审专家填写《评审专家签到表》(见附件9),经核实身份后发放评审证件;对未能按时到达评审现场的专家,应要求其写明理由;对于迟到时间2小时以上的评审专家,可拒绝该专家参与项目评审。

第二十五条 介绍项目情况。由项目评审处的采购项目经办人简要介绍项目情况:项目名称、开标情况、预算及分包情况等。采购人需要在评审前介绍项目背景和技术需求的,应当事先提交书面介绍材料,介绍内容不得存在歧视性、倾向性意见,不得超出采购文件所述范围,书面介绍材料作为采购项目文件随其他文件一并存档。

第二十六条 宣布纪律。项目经办人现场宣读《评标现场纪律》(见附件10)和《评审工作应当回避的情形》(见附件11)。

第二十七条 收存手机。项目评审处提醒现场所有人员将手机关闭或调成静音状态交由工作人员统一保管,拒不上交的,项目评审处可拒绝其参加评审工作,报监管处并经中心领导同意后向财政部门报告。

第二十八条 推选组长。专家自我介绍并推选评审组长。评审组长由评审成员在专家范围内(不含采购人代表和经济类专家)民主推选产生。

第二十九条 专家宣誓。评审组长带领评审成员宣读《评审专家誓词》(见附件12)并签字。

第三十条 发放文件。项目评审处项目经办人现场拆封投标文件,交由评审委员会。

第三十一条 专家评审。项目评审处现场宣读《评审工作步骤和要求》(见附件13)。评审专家应以科学、诚实、客观、公正的态度参加政府采购的评审工作,在评审过程中不受任何干扰,严格按照招标文件、评标方法的规定进行评标。评委之间不得互相询问,应根据自己的学识和能力,独立、负责地提出评审意见,并对自己的评审意见承担责任。

第三十二条 文件解释。评审委员会因对采购文件有不同理解或要求解释采购文件的,项目评审处项目经办人应及时报告,并组织解释。项目评审处工作人员不得参与专家讨论。

第三十三条 评审澄清。评审委员会如需要投标人对投标或响应文件有关事项作出澄清的,应当给予投标人必要的反馈时间,但澄清事项不得超出投标或响应文件的范围,不得实质性改变投标或响应文件的内容,不得通过澄清等方式对投标人实行差别对待。

第三十四条 复核结果。项目评审处项目经办人应提醒并要求评审成员对打分情况进行复核,特别是对排名第一的、报价最低的、投标或相应文件被认定为无效的情形,应对其商务、服务、技术及价格等各方面情况进行重点复核;同时将评审成员对每家投标人的打分情况在评标现场进行公示并作纵向比较,对畸高、畸低的重大差异评分可以提示评审委员会复核或书面说明理由。

第三十五条 撰写报告。《评标报告》(见附件14)应当对评审过程进行如实记录,内容包括项目初审、废标情况及原因、投标人分项得分表、投标人得分汇总表、中标候选人排序等;评审委员会要在采购项目招标失败时,出具招标文件是否存在不合理条款的论证意见。《评标报告》由评审组长或评审组长委托的其他评审成员起草,经评审成员确认后签字。

第三十六条 专家评价。项目评审处项目经办人应如实填写《评审专家评审活动记录表》(见附件15),从评审纪律、专业素质、评审公正性、评审态度等方面对专家进行评价,对评审中发现有明显问题的专家,应及时向采购监管处和采购中心领导反映,报请财政部处理。

第三十七条 整理资料。评审结束后,由项目评审处项目经办人整理开标评标资料、招投标文件等,经确认无误后,发放保管的手机,并收回评审证件,发放专家劳务费。

第三十八条 确认结果。评审结束后,项目评审处项目经办人应于1个工作日内将《评审结果确认表》(见附件16)、评标报告正文和得分汇总表复印件发送采购人,并要求采购人在5个工作日内确认采购结果;采购人超过15天不予确认采购结果的,应向采购人发送催促函。

第三十九条 呈报结果。采购人确认采购结果后,项目评审处应于1个工作日填写《评审结果审批表》(见附件17),对项目实施情况、评审结果按规定报批。

第四十条 发布公告。采购监管处发布中标公告或废标公告,公告期限不少于7个工作日。在发布中标公告的同时,项目评审处向中标供应商发布中标通知书,向未中标供应商发布未中标通知书。

第六章 开标评标现场管理

第四十一条 开标现场参加人员包括:采购人评标代表、纪检监察人员和其他采购人代表,财政、监察、审计等监管部门人员,采购中心有关人员,各投标人代表及相关媒体等。因受场地限制,各投标人代表(含授权代表)控制在2人以内。

第四十二条 评标现场参加人员包括:评审专家、采购人评标代表、采购人派出的纪检监察人员,财政、监察、审计等监管部门人员,项目评审处项目经办人,其他人员不得进入。采购人派出的纪检监察人员进入评审现场,人数不得超过2人,须持有采购人所在单位开具的介绍信。

第四十三条 评审委员会如需要投标人对投标或响应文件有关事项作出现场澄清的,或者根据招标文件要求,需要投标人进行现场讲标的,投标人代表应按项目评审处项目经办人的安排进入评审现场。

第四十四条 投标人代表、除采购人评标代表和纪检监察人员以外的其他采购人代表及相关媒体,经预约可在采购中心设置的监控室进行视频监督。

第七章 特殊情况处理

第四十五条 评审委员会成员对需要共同认定的事项存在争议的,按照少数服从多数的原则做出结论。持不同意见的评审委员会成员应当在评审报告上签署不同意见并说明理由,否则视为同意。

第四十六条 评审委员会发现采购文件存在歧义、重大缺陷导致评审工作无法进行,或者采购文件内容违反国家有关规定的,要停止评审工作并书面说明情况,项目评审处负责将评审委员会意见报采购中心领导。

第四十七条 评审结果汇总完成后,采购人和评审委员会均不得修改评审结果或者要求重新评审。如出现资格性检查认定错误、分值汇总计算错误、分项评分超出评分标准范围、客观分评分不一致、经评审委员会一致认定评分畸高、畸低的情形,项目评审处项目经办人应要求评审委员会现场修改评审结果,并在评审报告中明确记载。

第八章 纪 律

第四十八条 参加开标评标活动的人员必须服从项目评审处安排，禁止使用手机，不得在现场随意走动、不得随便进出会场、不得随便发表议论或大声喧哗。

第四十九条 评审委员会成员和评审工作有关人员不得干预或者影响正常评审工作，不得明示或者暗示其倾向性、引导性意见，不得修改或细化采购文件确定的评审程序、评审方法、评审因素和评审标准，不得接受供应商主动提出的澄清和解释，不得征询采购人代表的倾向性意见，不得协商评分，不得记录、复制或带走任何评审资料。

第五十条 项目评审处要严格遵守评标有关规定，不得擅自离开评审现场；发现违法违规行为和评审现场异常情况，应及时向采购监管处、中心领导报告。

第五十一条 项目评审处应严格依法组织好开标评标活动，加强与采购处（室）、采购人的沟通，做好开标评标各环节的衔接工作，保证开标评标的顺利进行。

第九章 附 则

第五十二条 采用竞争性谈判、询价、单一来源等其它方式的采购项目参照本办法执行。

第五十三条 本办法由采购中心综合业务处会同项目评审处负责解释。

第五十四条 本办法自发布之日起施行。

附件：（略）

中央预算单位变更政府采购方式审批管理办法

（2015年1月15日财政部发布 财库〔2015〕36号 自2015年3月1日起施行）

第一章 总 则

第一条 为了加强中央预算单位政府采购管理，规范中央预算单位变更政府采购方式审批管理工作，根据《中华人民共和国政府采购法》、《政府采购非招标采购方式管理办法》及政府采购相关制度规定，制定本办法。

第二条 中央预算单位达到公开招标数额标准的货物、服务采购项目，需要采用公开招标以外采购方式的，应当在采购活动开始前，按照本办法规定申请变更政府采购方式。

本办法所称公开招标以外的采购方式，是指邀请招标、竞争性谈判、竞争性磋商、单一来源采购、询价以及财政部认定的其他采购方式。

第三条 变更政府采购方式申请应当由中央主管预算单位向财政部提出。财政部应当按照政府采购法和本办法规定进行审批。

第四条 中央主管预算单位应当加强对本部门所属预算单位变更政府采购方式工作的指导和监督。中央预算单位应当提交完整、明确、合规的申请材料，并对申请材料的真实性负责。

第二章 变更方式申请

第五条 中央预算单位应当建立和完善采购方式变更内部管理制度，明确采购、财务、业务相关部门（岗位）责任。业务部门应当结合工作实际，根据经费预算和资产配置等采购标准，提出合理采购需求。采购部门（岗位）应当组织财务、业务等相关部门（岗位），根据采购需求和相关行业、产业发展状况，对拟申请采用采购方式的理由及必要性进行内部会商。会商意见应当由相关部门（岗位）人员共同签字认可。

第六条 中央预算单位申请单一来源采购方式，符合政府采购法第三十一条第一项情形的，在进行单位内部会商前，应先组织3名以上专业人员对只能从唯一供应商处采购的理由进行论证。专业人员论证意见应当完整、清晰和明确，意见不明确或者含混不清的，属于无效意见，不作为审核依据。专业人员论证意见中应当载明专业人员姓名、工作单位、职称、联系电话和身份证号码。专业人员不能与论证项目有直接利害关系，不能是本单位或者潜在供应商及其关联单位的工作人员。

第七条 中央预算单位申请采用公开招标以外采购方式的，应当提交以下材料：

（一）中央主管预算单位出具的变更采购方式申请公文，公文中应当载明以下内容：中央预算单位名称、采购项目名称、项目概况等项目基本情况说明，拟申请采用的采购方式和理由，联系人及联系电话等。申请变更为单一来源采购方式的，还需提供拟定的唯一供应商名称、地址；

（二）项目预算金额、预算批复文件或者资金来源证明；

（三）单位内部会商意见。申请变更为单一来源采购方式的，如符合政府采购法第三十一条第一项情形，还需提供专业人员论证意见。

第八条 非中央预算单位所能预见的原因或者非中央预算单位拖延造成采用招标所需时间不能满足需要而申请变更采购方式的，中央预算单位应当提供项目紧急原因的说明材料。

第九条 中央预算单位因采购任务涉及国家秘密需要变更采购方式的，应当提供由国家保密机关出具的本项目为涉密采购项目的证明文件。

第十条 中央预算单位符合《政府采购非招标采购方式管理办法》第二十七条第一款第一项情形和第二款情形，申请采用竞争性谈判采购方式的；公开招标过程中提交投标文件或者经评审实质性响应招标文件要求的供应商只有一家时，申请单一来源采购方式的，除按照本办法第七条第一项和第二项要求提供有关申请材料外，还应当提供以下材料：

（一）在中国政府采购网发布招标公告的证明材料；

（二）中央预算单位、采购代理机构出具的对招标文件和招标过程没有供应商质疑的说明材料；

（三）评标委员会或3名以上评审专家出具的招标文件没有不合理条款的论证意见。

第十一条 中央主管预算单位在同一预算年度内，对所属多个预算单位因相同采购需求和原因采购同一品目的货物或者服务，拟申请采用同一种采购方式的，可统一组织一次内部会商后，向财政部报送一揽子方式变更申请。

第十二条 中央预算单位一般应通过“政府采购计划管理系统”报送采购方式变更申请，对系统中已导入政府采购预算的，不再提供部门预算批复文件复印件。因采购任务涉及国家秘密需要变更采购方式的，应当通过纸质文件报送。

第十三条 中央预算单位申请采用单一来源采购方式，符合政府采购法第三十一条第一项情形的，在向财政部提出变更申请前，经中央主管预算单位同意后，在中国政府采购网上进行公示，并将公示情况一并报财政部。

因采购任务涉及国家秘密需要变更为单一来源采购方式的，可不进行公示。

第十四条 中央预算单位申请变更为单一来源采购方式的申请前公示，公示期不得少于5个工作日，公示材料为单一来源采购征求意见公示文书和专业人员论证意见。因公开招标过程中提交投标文件或者经评审实质性响应招标文件要求的供应商只有一家时，申请采用单一来源采购方式的，公示材料还包括评审专家和代理机构分别出具的招标文件无歧视性条款、招标过程未受质疑相关意见材料。

单一来源采购征求意见公示文书内容应包括：中央预算单位、采购项目名称和内容；公示的期限；拟采购的唯一供应商名称；中央主管预算单位、财政部政府采购监管部门的联系地址、联系人和联系电话。

第十五条 任何供应商、单位或者个人对采用单一来源采购方式公示有异议的，可以在公示期内将书面意见反馈给中央预算单位，并同时抄送中央主管预算单位和财政部。

第十六条 中央预算单位收到对采用单一来源采购方式公示的异议后，应当在公示期满5个工作日内，组织补充论证，论证后认为异议成立的，应当依法采取其他采购方式；论证后认为异议不成立的，应当将异议意见、论证意见与公示情况一并报财政部。

第三章　审 批 管 理

第十七条　财政部收到变更采购方式申请后应当及时审查，并按下列情形限时办结：

（一）变更政府采购方式申请的理由和申请材料符合政府采购法和本办法规定的，财政部应当在收到材料之日起，7 个工作日内予以批复。

（二）申请材料不符合本办法规定的，财政部应当在 3 个工作日内通知中央主管预算单位修改补充。办结日期以财政部重新收到申报材料时算起。

（三）变更政府采购方式申请的理由不符合政府采购法规定的，财政部应当在收到材料之日起，3 个工作日内予以答复，并将不予批复的理由告知中央主管预算单位。

第十八条　中央预算单位应当按照财政部的批复文件，依法开展政府采购活动，未经批准，擅自采用公开招标以外采购方式的，财政部将依据政府采购法及有关法律法规予以处理。

第四章　附　　则

第十九条　中央预算单位采购限额标准以上公开招标数额标准以下的货物、工程和服务，以及达到招标规模标准依法可不进行招标的政府采购工程建设项目，需要采用公开招标以外采购方式的，由单位根据《政府采购非招标采购方式管理办法》及有关制度规定，自主选择相应采购方式。

第二十条　本办法自 2015 年 3 月 1 日起实施。原《中央单位变更政府采购方式审批管理暂行办法》（财库〔2009〕48 号）、《财政部关于对中央单位申请单一来源采购实行审核前公示相关问题的通知》（财库〔2011〕130 号）停止执行。

中央预算单位批量集中采购管理暂行办法

（2013 年 8 月 21 日财政部发布　财库〔2013〕109 号　自 2013 年 9 月 1 日起施行）

第一条　为了深化政府集中采购改革，进一步规范政府采购行为，提高财政资金使用效益，根据党中央、国务院厉行节约反对浪费要求和政府采购有关法律制度规定，制定本办法。

第二条　列入国务院公布的《中央预算单位政府集中采购目录及标准》中的集中采购机构采购品目应当逐步实施批量集中采购，中央预算单位要严格执行批量集中采购相关规定。对已纳入批量集中采购范围，因时间紧急或零星特殊采购不能通过批量集中采购的品目，中央预算单位可报经主管预算单位同意后通过协议供货方式采购，但各部门协议供货采购数量不得超过同类品目上年购买总数的 10%。

第三条　实行批量集中采购的通用办公设备、家具的经费预算应当严格执行《中央行政单位通用办公设备家具购置费预算标准（试行）》（财行〔2011〕78 号）规定，用于科研、测绘等特殊用途的专用办公设备、家具及其他采购品目经费预算应当按财政部批复的部门预算执行。

第四条　财政部定期公布批量集中采购品目，集中采购机构应当按照相关工作安排，综合考虑预算标准、办公需要、市场行情及产业发展等因素，提出相应品目完整、明确、符合国家法律法规及政府采购政策要求的采购需求技术服务标准报财政部。财政部在组织完成对相关技术服务标准的论证后发布中央预算单位批量集中采购品目基本配置标准（以下简称基本配置标准）。

第五条　中央预算单位应当执行基本配置标准，并根据预算及实际工作需要，确定当次采购品目不同的档次或规格。部分主管预算单位因特殊原因需要另行制定本部门统一执行的通用或专用办公设备等配置标准的，应当按基本配置标准规范确定相应配置指标，且相关指标不得指向特定的品牌或供应商。同时，还应明确专用办公设备等品目的预算金额上限。

第六条　中央预算单位应当加强对批量集中采购工作的计划安排，协调处理好采购周期、采购数量与品目配备时限的关系。应当认真组织填报批量集中采购计划，保证品目名称、配置标准、采购数量、配送地点和最终用户联系方式等内容的准确完整。各主管预算单位应于当月十日前向财政部报送本部门批量集中采购汇总计划，并明确当期采购工作的部门联系人。

第七条　集中采购机构应当广泛征求中央预算单位、供应商及相关专家意见，科学合理编制采购文件。应当根据每期不同品目的需求特点及计划数量，依法采用公开招标、询价等采购方式，于二十五个工作日内完成采购活动。应当及时将中标供应商名称、中标产品完整的技术服务标准等信息在中国政府采购网和各集中采购机构网站上公告。因需求特殊等原因导致采购活动失败的，应当及时通知相关中央预算单位调整需求标准，并重新组织采购。

第八条　中央预算单位应当通过中国政府采购网或各集中采购机构网站查询相关中标信息，严格按照计划填报数量和当期中标结果，及时与中标供应商或授权供货商签订采购合同。验收时，应当根据中标公告中的技术服务标准，认真核对送货时间、产品配置技术指标等内容并填写验收书。验收后，应当按照合同约定及时付款。对中标供应商在履约过程中存在的违约问题，应当通过验收书或其他书面形式向集中采购机构反映。

第九条　集中采购机构应当根据采购文件约定，督促供应商在中标通知公告发出后二十个工作日内，将中标产品送到中央预算单位指定地点。应当统一协调处理合同签订、产品送达、产品验收及款项支付等履约过程中出现的问题，分清责任。对于中央预算单位在验收书上或书面反映的产品质量、服务问题，应当及时组织核查或第三方检测机构检测，并按采购文件及有关合同的约定追究中标供应商赔偿责任。

第十条　各主管预算单位应当加强对本部门批量集中采购工作的管理，建立健全配置标准的制定和适用、协议供货方式审核、合同签订及验收付款等内部管理制度。应当指定专人配合集中采购机构统一协调处理计划执行、合同签订、产品验收及款项支付等事宜，对未按规定超标准采购及规避批量集中采购等行为，应当追究相关人员责任。

第十一条　集中采购机构应当切实做好批量集中采购执行工作。应当按照财政部推进批量集中采购工作安排，及时拟定包括需求标准、评审方式、合同草案条款及采购方式适用标准等内容的实施方案，并按照实施方案组织好采购活动，协调处理履约相关问题，保障批量集中采购活动规范、优质、高效的协调推进。应当将违约处理情况和季度批量集中采购执行情况报财政部备案。

第十二条　财政部应当加强对批量集中采购工作的组织监督管理，将批量集中采购工作纳入集中采购机构的业务考核范围。对主管预算单位及所属单位规避批量集中采购、不执行采购计划以及无故延期付款等行为应当及时进行通报批评。应当根据集中采购机构提供的报告，对中标供应商虚假承诺或拒不按合同履约的行为进行严肃处理。

第十三条　本办法自 2013 年 9 月 1 日起施行。《关于进一步推进中央单位批量集中采购试点工作的通知》（财办库〔2011〕87 号）、《关于完善台式计算机和打印机批量集中采购试点工作的补充通知》（财办库〔2012〕340 号）同时废止。

关于中央预算单位实施批量集中采购工作的通知

（2013 年 9 月 4 日财政部办公厅发布　财办库〔2013〕334 号）

党中央有关部门办公厅（室），国务院各部委、各直属机构办公厅（室），全国人大常委会办公厅，全国政协办公厅，高法院办公厅，高检院办公厅，中共中央直属机关采购中心、中央国家机关政府采购中心、全国人大机关采购中心：

为进一步深化政府集中采购工作，规范政府采购行为，根据《中央预算单位批量集中采购管理暂行办法》（财库〔2013〕109 号）的有关规定，现就中央预算单位实施批量集中采购工作的有关事项通知如下：

一、批量集中采购范围

中央预算单位采购满足办公需求的台式计算机、打印机、便携式计算机、复印机、传真机、扫描仪、复印纸、空调机和碎纸机原则上全部纳入批量集中采购范围，用于科研、测绘等工作的专用台式计算机、便携式计算机也纳入批量集中采购范围。其中，台式计算机不包括低泄射计算机、无盘工作站、图形工作站、工控机；便携式计算机不包括移动图形工作站、加固型笔记本等特殊用途设备；空调机不包括用于机房、基站等特殊场所的空调机；打印机不包括便携式打印机等。

二、采购计划填报时间

台式计算机、打印机和便携式计算机的采购计划按月填报，当月填报下月计划。复印机、传真机、扫描仪、复印纸、空调机和碎纸机的采购计划按季填报，每季度最后一个月填报下一季度计划。各主管预算单位应于当月 10 日前将所属单位采购计划审核汇总后报送至财政部。

三、采购流程图和配置参考

中央预算单位批量集中采购工作基本流程图、中央预算单位批量集中采购问题反馈处理流程图以及《20××年中央预算单位批量集中采购品目配置参考》（以下简称《配置参考》），详见中国政府采购网（http://www.ccgp.gov.cn/）“中央单位批量集中采购”专栏。《配置参考》将定期在政府采购计划管理系统中更新，不再另行发文通知。

四、本通知自印发之日起施行。台式计算机、打印机的采购计划按规定时间报送，新推开批量集中采购品目的采购计划，各主管预算单位于 2013 年 12 月 10 日前开始汇总报送。

各单位在填报时如遇口径等问题，请及时与财政部国库司政府采购管理一处联系，电话：010－68552389，也可与主管预算单位联系。

如遇中标供应商不按合同约定供货、服务或产品质量不合格等问题，请及时与集中采购机构联系。中央国家机关政府采购中心电话 010－83084967、010－63099478（空调），中共中央直属机关采购中心电话 010－82273286。

如遇系统软件操作问题，请及时与北京用友政务软件有限公司联系，电话：400－6550－933［分机号：33713、33714、33715、33716、33717、33718］。

关于进一步做好政府采购信息公开工作有关事项的通知

（2017 年 4 月 25 日财政部发布　财库〔2017〕86 号）

党中央有关部门，国务院各部委、各直属机构，全国人大常委会办公厅，全国政协办公厅，高法院，高检院，各民主党派中央，有关人民团体，各省、自治区、直辖市、计划单列市财政厅（局），新疆生产建设兵团财务局：

近年来，各地区、各部门落实建立政府采购全过程信息公开机制的要求，信息公开工作取得了积极进展，但也存在部分地区政府采购信息公开平台建设不到位、一些单位信息发布不及时不全面等问题。为了切实提高政府采购透明度，现就进一步做好政府采购信息公开工作有关事项通知如下：

一、推进各地区政府采购信息发布网络平台建设

（一）加强中国政府采购网地方分网建设。中国政府采购网（www.ccgp.gov.cn）是财政部依法指定的、向世界贸易组织秘书处备案的唯一全国性政府采购信息发布网络媒体，中国政府采购网地方分网（以下简称地方分网）是其有机组成部分。省级（含计划单列市，下同）财政部门是地方分网建设管理的第一责任主体，应当切实做好地方分网的建设维护工作，把地方分网建成本地区政府采购信息的统一发布平台。

（二）规范地方分网域名管理。省级财政部门应当严格执行中国政府采购网统一域名制度，使用财政部指定域名建设地方分网。地方分网采用双域名的，应当确保财政部指定域名可以正常访问，不得以其他网络媒体替代地方分网。

（三）提升地方分网服务功能。各地区要做好地方分网的升级改造和安全防护，改进栏目设置，完善地方分网信息发布和查询使用功能，确保数据安全和运行稳定。要建立健全地方分网与公共资源交易平台的信息互联互通机制，实现与公共资源交易电子服务系统之间的信息共享。

二、完整全面发布政府采购信息

（四）严格执行政府采购信息发布制度。各地区、各部门应当按照《政府采购法》、《政府采购法实施条例》和《财政部关于做好政府采购信息公开工作的通知》（财库〔2015〕135号）规定，认真做好政府采购信息公开工作。采购人或者其委托的采购代理机构应当切实做好采购项目公告、采购文件、采购项目预算金额、采购结果、采购合同等采购项目信息公开工作，实现政府采购项目的全过程信息公开。对于采购项目预算金额、更正事项、采购合同、公共服务项目采购需求和验收结果等信息公开薄弱环节，应当进一步完善相关工作机制，切实履行公开责任。各级财政部门应当严格按照财库〔2015〕135号文件规定的时间、内容等要求，及时完整公开投诉和监督检查处理决定、集中采购机构考核结果以及违法失信行为记录等监管处罚信息。

（五）推进协议供货和定点采购等信息公开。集中采购机构应当切实推进协议供货和定点采购信息公开，自2017年9月1日开始，除按照规定在中国政府采购网及地方分网公开入围采购阶段的相关信息外，还应当公开具体成交记录，包括采购人和成交供应商的名称、成交金额以及成交标的的名称、规格型号、数量、单价等。电子卖场、电子商城、网上超市等的具体成交记录，也应当予以公开。

三、健全政府采购信息发布工作机制

（六）加强政府采购信息公开内控管理。采购人和集中采购机构应当将政府采购信息公开作为本部门、本单位政务信息公开工作的重要内容，列入主动公开基本目录，嵌入内控管理环节，确保政府采购信息发布的及时、完整、准确。

（七）严格政府采购信息发布和推送机制。中央预算单位的政府采购信息应当在中国政府采购网中央主网（以下简称中央主网）发布，地方预算单位的政府采购信息应当在地方分网发布。地方分网应当按照财库〔2015〕135号文件的规定向中央主网推送信息。

四、加强对政府采购信息公开工作的考核与监督

（八）加强监督检查。各级财政部门应当加大对政府采购信息公开情况的监督检查力度，将信息公开情况作为对集中采购机构考核和对采购人、社会代理机构监督检查的重点内容，进一步完善考核与检查指标体系，对监督检查中发现的信息公开违法违规行为依法追究责任。

（九）实施动态监管和大数据分析。各级财政部门应当将政府采购项目全流程信息公开纳入动态监管范围，重点加强对单一来源公示、采购文件、采购结果和采购合同等信息的比对，运用大数据分析技术开展对采购项目执行情况和信息公开情况的核查和动态监管，不断推进信息公开工作。

（十）开展第三方评估。从2017年开始，财政部将委托社会力量开展对政府采购透明度的第三方评估，重点围绕政府采购信息发布平台建设管理、信息发布和信息推送的及时性完整性等情况进行综合评估，并对评估结果予以通报。

关于做好事业单位政府购买服务改革工作的意见

（2016年11月30日财政部、中央编办发布　财综〔2016〕53号）

各省、自治区、直辖市人民政府，国务院各部委、各直属机构：

推广政府购买服务是党中央、国务院作出的重要决策，对于创新公共服务提供方式，促进政府职能转变，提高公共服务质量和效率具有重要意义。事业单位是提供公共服务的重要力量，在促进经济社会发展、改善人民群众生活等方面发挥着重要作用，但也存在一些事业单位政事不分、事企不分，服务质量和效率不高等问题。为做好事业单位政府购买服务改革工作，通过政府购买服务改革支持事业单位分类改革和转型发展，增强事业单位提供公共服务能力，经国务院同意，现提出如下意见。

一、总体要求

（一）指导思想。全面贯彻党的十八大、十八届三中、四中、五中、六中全会和习近平总书记系列重要讲话精神，认真落实党中央、国务院决策部署，通过推进事业单位政府购买服务改革，推动政府职能转变，深化简政放权、放管结合、优化服务改革，改进政府提供公共服务方式，支持事业单位改革，促进公益事业发展，切实提高公共服务质量和水平。

（二）基本原则。一是坚持分类施策。依据现行政策，事业单位分为承担行政职能事业单位、公益一类事业单位、公益二类事业单位、生产经营类事业单位四类，按其类别及职能，合理定位参与政府购买服务的角色作用，明确相应要求。二是坚持问题导向。针对事业单位存在的问题，加快转变政府职能，创新财政支持方式，将政府购买服务作为推动事业单位改革发展的重要措施，强化事业单位公益属性，增强服务意识，激发内在活力。三是坚持公开透明。遵循公开、公平、公正原则推进事业单位政府购买服务改革，注重规范操作，鼓励竞争择优，营造良好的改革环境。四是坚持统筹协调。做好政府购买服务改革与事业单位分类改革有关经费保障、机构编制、人事制度、收入分配、养老保险等方面政策的衔接，形成改革合力。五是坚持稳妥推进。充分考虑事业单位改革的复杂性和艰巨性，对事业单位政府购买服务改革给予必要的支持政策，妥善处理改革发展稳定的关系，确保事业单位政府购买服务改革工作顺利推进。

（三）总体目标。到2020年底，事业单位政府购买服务改革工作全面推开，事业单位提供公共服务的能力和水平明显提升；现由公益二类事业单位承担并且适宜由社会力量提供的服务事项，全部转为通过政府购买服务方式提供；通过政府购买服务，促进建立公益二类事业单位财政经费保障与人员编制管理的协调约束机制。

二、分类定位

（一）完全或主要承担行政职能的事业单位可以比照政府行政部门，作为政府购买服务的购买主体。部分承担行政职能的事业单位完成剥离行政职能改革后，应当根据新的分类情况执行相应的政府购买服务政策。不承担行政职能的事业单位不属于政府购买服务的购买主体，因履职需要购买辅助性服务的，应当按照政府采购法律制度有关规定执行。

（二）承担义务教育、基础性科研、公共文化、公共卫生及基层的基本医疗服务等基本公益服务，不能或不宜由市场配置资源的公益一类事业单位，既不属于政府购买服务的购买主体，也不属于承接主体，不得参与承接政府购买服务。有关行政主管部门应当加强对所属公益一类事业单位的经费保障和管理，强化公益属性，有效发挥政府举办事业单位提供基本公共服务的职能作用。

（三）承担高等教育、非营利医疗等公益服务，可部分由市场配置资源的公益二类事业单位，可以作为政府购买服务的承接主体。现由公益二类事业单位承担并且适宜由社会力量提供的服务事项，应当纳入政府购买服务指导性目录，并根据条件逐步转为通过政府购买服务方式提供。有关行政主管部门应当创造条件积极支持公益二类事业单位与其他社会力量公平竞争参与承接政府购买服务，激发事业单位活力，增强提供公共服务能力。

（四）生产经营类事业单位可以作为政府购买服务的承接主体，在参与承接政府购买服务时，应当与社会力量平等竞争。

（五）尚未分类的事业单位，待明确分类后按上述定位实施改革。

三、主要措施

（一）推行政府向公益二类事业单位购买服务。2020年底前，凡是公益二类事业单位承担并且适宜由社会力量提供的服务事项，应当将财政拨款改为政府购买服务，可以由其行政主管部门直接委托给事业单位并实行合同化管理。其中，采取直接委托购买服务项目，属于政府采购集中采购目录以内或者采购限额标准以上的，通过单一来源采购方式实施；已经采用竞争性购买方式的，应当继续实行。政府新增用于公益二类事业单位的支出，应当优先通过政府购买服务方式安排。积极推进采用竞争择优方式向事业单位购买服务，逐步减少向公益二类事业单位直接委托的购买服务事项。

（二）探索建立与政府购买服务制度相适应的财政支持和人员编制管理制度。实施政府向事业单位购买服务的行政主管部门，应当将相关经费预算由事业单位调整至部门本级管理。积极探索建立事业单位财政经费与人员编制协调约束机制，创新事业单位财政经费与人员编制管理,推动事业单位改革逐步深入。

(三)将现由事业单位承担并且适宜由社会力量提供的服务事项纳入政府购买服务指导性目录。各行政主管部门要结合政府购买服务指导性目录编制工作,细化由本部门事业单位承担并且适宜由社会力量提供的服务事项,报经同级财政、机构编制等部门审核后纳入部门指导性目录,作为政府向事业单位购买服务的依据。

(四)落实税收等相关优惠政策。购买主体应当结合政府向事业单位购买服务项目特点和相关经费预算,综合物价、工资、税费等因素,合理测算安排项目所需支出。事业单位承接政府购买服务取得的收入,应当纳入事业单位预算统一核算,依法纳税并享受相关税收优惠等政策。税后收入由事业单位按相关政策规定进行支配。

(五)加强合同履约管理。购买主体应当做好对项目执行情况的跟踪,及时了解掌握购买项目实施进度及资金运作情况,督促承接服务的事业单位严格履行合同,确保服务质量,提高服务对象满意度。承接服务的事业单位履行合同约定后,购买主体应当及时组织对合同履行情况进行检查验收。购买主体向承接主体支付购买服务资金,应当根据合同约定和国库集中支付制度规定办理。

(六)推进绩效管理。购买主体应当会同财政部门建立全过程预算绩效管理机制,依据确定的绩效目标开展绩效管理。购买主体要结合购买服务合同履行情况,推进政府购买事业单位服务绩效评价工作,将绩效评价结果作为确定事业单位后续年度参与承接政府购买服务的考量因素,健全对事业单位的激励约束机制,提高财政资金使用效益和公共服务提供质量及效率。积极探索推进第三方评价。

(七)强化监督管理。各级财政部门要将政府向事业单位购买服务工作纳入财政监督范围,加强监督检查与绩效评价相结合,加大监督力度,保障政府购买服务工作规范开展。参与承接政府购买服务的事业单位应当自觉接受财政、审计和社会监督。

(八)做好信息公开。各级政府部门向事业单位购买服务,应当按照《中华人民共和国政府采购法》、《中华人民共和国政府信息公开条例》等相关规定,及时公开政府购买服务项目实施全过程相关信息,自觉接受社会监督。凡通过单一来源采购方式实施的政府向事业单位购买服务项目,要严格履行审批程序,需要事前公示的要按要求做好公示。积极推进政府向事业单位购买服务绩效信息公开。

四、工作要求

(一)落实工作责任。各省(区、市)财政、机构编制等部门要按照本意见要求,结合本地区实际制定事业单位政府购买服务改革工作实施方案,周密部署,认真组织做好本地区改革工作。各省(区、市)实施方案应于2016年12月底前送财政部、中央编办备案。各有关部门要做好本部门事业单位政府购买服务改革工作,指导推进本系统事业单位政府购买服务改革。

(二)扎实有效推进。2016年,财政部、中央编办将会同教育部、食品药品监管总局、中国残联在抓好典型项目政府购买服务改革试点工作中,认真探索政府向事业单位购买服务的有效做法和经验,及时研究完善相关政策;其他部门和地方要积极做好事业单位政府购买服务改革相关准备工作。2017年开始,各有关部门要根据本部门所属事业单位实际情况,推进事业单位政府购买服务改革,逐步增加公益二类事业单位实行政府购买服务的项目和金额;各省(区、市)要按照本地区改革实施方案,扎实推进事业单位政府购买服务改革,及时总结经验,完善政策,确保2020年底前完成本意见确定的事业单位政府购买服务改革目标任务。

(三)加强调研督导。事业单位政府购买服务改革涉及面广、政策性强,社会普遍关注,直接关系事业单位人员切身利益,各地区、各部门要切实加强对改革工作的领导,深入基层调研指导,及时研究并妥善处理改革中遇到的矛盾和问题。财政、机构编制部门要加强改革工作沟通协调,组织做好改革工作督导、专题调研、政策培训和经验推广,确保改革工作平稳有序推进。

关于进一步加强政府采购需求和履约验收管理的指导意见

（2016年11月25日财政部发布　财库〔2016〕205号）

党中央有关部门，国务院各部委、各直属机构，全国人大常委会办公厅，全国政协办公厅，高法院、高检院，各民主党派中央，有关人民团体，各省、自治区、直辖市、计划单列市财政厅（局），新疆生产建设兵团财务局：

近年来，各地区、各部门认真贯彻政府采购结果导向改革要求，落实《中华人民共和国政府采购法》及其实施条例有关规定，不断加强政府采购需求和履约验收管理，取得了初步成效。但从总体上看，政府采购需求和履约验收管理还存在认识不到位、责任不清晰、措施不细化等问题。为了进一步提高政府采购需求和履约验收管理的科学化、规范化水平，现就有关工作提出以下意见：

一、高度重视政府采购需求和履约验收管理

依法加强政府采购需求和履约验收管理，是深化政府采购制度改革、提高政府采购效率和质量的重要保证。科学合理确定采购需求是加强政府采购源头管理的重要内容，是执行政府采购预算、发挥采购政策功能、落实公平竞争交易规则的重要抓手，在采购活动整体流程中具有承上启下的重要作用。严格规范开展履约验收是加强政府采购结果管理的重要举措，是保证采购质量、开展绩效评价、形成闭环管理的重要环节，对实现采购与预算、资产及财务等管理工作协调联动具有重要意义。各地区、各部门要充分认识政府采购需求和履约验收管理的重要性和必要性，切实加强政府采购活动的源头和结果管理。

二、科学合理确定采购需求

（一）采购人负责确定采购需求。采购人负责组织确定本单位采购项目的采购需求。采购人委托采购代理机构编制采购需求的，应当在采购活动开始前对采购需求进行书面确认。

（二）采购需求应当合规、完整、明确。采购需求应当符合国家法律法规规定，执行国家相关标准、行业标准、地方标准等标准规范，落实政府采购支持节能环保、促进中小企业发展等政策要求。除因技术复杂或者性质特殊，不能确定详细规格或者具体要求外，采购需求应当完整、明确。必要时，应当就确定采购需求征求相关供应商、专家的意见。采购需求应当包括采购对象需实现的功能或者目标，满足项目需要的所有技术、服务、安全等要求，采购对象的数量、交付或实施的时间和地点，采购对象的验收标准等内容。采购需求描述应当清楚明了、规范表述、含义准确，能够通过客观指标量化的应当量化。

（三）加强需求论证和社会参与。采购人可以根据项目特点，结合预算编制、相关可行性论证和需求调研情况对采购需求进行论证。政府向社会公众提供的公共服务项目，采购人应当就确定采购需求征求社会公众的意见。需求复杂的采购项目可引入第三方专业机构和专家，吸纳社会力量参与采购需求编制及论证。

（四）严格依据采购需求编制采购文件及合同。采购文件及合同应当完整反映采购需求的有关内容。采购文件设定的评审因素应当与采购需求对应，采购需求相关指标有区间规定的，评审因素应当量化到相应区间。采购合同的具体条款应当包括项目的验收要求、与履约验收挂钩的资金支付条件及时间、争议处理规定、采购人及供应商各自权利义务等内容。采购需求、项目验收标准和程序应当作为采购合同的附件。

三、严格规范开展履约验收

（五）采购人应当依法组织履约验收工作。采购人应当根据采购项目的具体情况，自行组织项目验收或者委托采购代理机构验收。采购人委托采购代理机构进行履约验收的，应当对验收结果进行书面确认。

（六）完整细化编制验收方案。采购人或其委托的采购代理机构应当根据项目特点制定验收方案，明确履约验收的时间、方式、程序等内容。技术复杂、社会影响较大的货物类项目，可以根据需要设置出厂检验、到货检验、安装调试检验、配套服务检验等多重验收环节；服务类项目，可根据项目特点对服务期内的服务实施情况进行分期考核，结合考核情况和服务效果进行验收；工程类项目应当按照行业管理部门规定的标准、方法和内容进行验收。

（七）完善验收方式。对于采购人和使用人分离的采购项目，应当邀请实际使用人参与验收。采购人、采购代理机构可以邀请参加本项目的其他供应商或第三方专业机构及专家参与验收，相关验收意见作为验收书的参考资料。政府向社会公众提供的公共服务项目，验收时应当邀请服务对象参与并出具意见，验收结果应当向社会公告。

（八）严格按照采购合同开展履约验收。采购人或者采购代理机构应当成立验收小组，按照采购合同的约定对供应商履约情况进行验收。验收时，应当按照采购合同的约定对每一项技术、服务、安全标准的履约情况进行确认。验收结束后，应当出具验收书，列明各项标准的验收情况及项目总体评价，由验收双方共同签署。验收结果应当与采购合同约定的资金支付及履约保证金返还条件挂钩。履约验收的各项资料应当存档备查。

（九）严格落实履约验收责任。验收合格的项目，采购人应当根据采购合同的约定及时向供应商支付采购资金、退还履约保证金。验收不合格的项目，采购人应当依法及时处理。采购合同的履行、违约责任和解决争议的方式等适用《中华人民共和国合同法》。供应商在履约过程中有政府采购法律法规规定的违法违规情形的，采购人应当及时报告本级财政部门。

四、工作要求

（十）强化采购人对采购需求和履约验收的主体责任。采购人应当切实做好需求编制和履约验收工作，完善内部机制、强化内部监督、细化内部流程，把采购需求和履约验收嵌入本单位内控管理流程，加强相关工作的组织、人员和经费保障。

（十一）加强采购需求和履约验收的业务指导。各级财政部门应当按照结果导向的改革要求，积极研究制定通用产品需求标准和采购文件标准文本，探索建立供应商履约评价制度，推动在政府采购评审中应用履约验收和绩效评价结果。

（十二）细化相关制度规定。各地区、各部门可根据本意见精神，研究制定符合本地区、本部门实际情况的具体办法和工作细则，切实加强政府采购活动中的需求和履约验收管理。

关于加强政府采购活动内部控制管理的指导意见

（2016 年 6 月 29 日财政部发布　财库〔2016〕99 号）

党中央有关部门，国务院各部委、各直属机构，全国人大常委会办公厅，全国政协办公厅，高法院，高检院，各民主党派中央，有关人民团体，中央国家机关政府采购中心，中共中央直属机关采购中心，全国人大机关采购中心，各省、自治区、直辖市、计划单列市财政厅（局）、政府采购中心，新疆生产建设兵团财务局、政府采购中心：

加强对政府采购活动的内部控制管理，是贯彻《中共中央关于全面推进依法治国若干重大问题的决定》的重要举措，也是深化政府采购制度改革的内在要求，对落实党风廉政建设主体责任、推进依法采购具有重要意义。近年来，一些采购人、集中采购机构和政府采购监管部门积极探索建立政府采购活动内部控制制度，取得了初步成效，但总体上还存在体系不完整、制度不健全、发展不平衡等问题。为了进一步规范政府采购活动中的权力运行，强化内部流程控制，促进政府采购提质增效，现提出如下意见：

一、总体要求

（一）指导思想。

贯彻党的十八大和十八届三中、四中、五中全会精神，按照“四个全面”战略布局，适应政府职能转变和构建现代财政制度需要，落实政府采购法律法规要求，执行《行政事业单位内部控制规范（试行）》（财会〔2012〕21 号）和《财政部关于全面推进行政事业单位内部控制建设的指导意见》（财会〔2015〕24 号）相关规定，坚持底线思维和问题导向，创新政府采购管理手段，切实加强政府采购活动中的权力运行监督，有效防范舞弊和预防腐败，提升政府采购活动的组织管理水平和财政资金使用效益，提高政府采购公信力。

（二）基本原则。

1. 全面管控与突出重点并举。将政府采购内部控制管理贯穿于政府采购执行与监管的全流程、各环节，全面控制，重在预防。抓住关键环节、岗位和重大风险事项，从严管理，重点防控。

2. 分工制衡与提升效能并重。发挥内部机构之间，相关业务、环节和岗位之间的相互监督和制约作用，合理安排分工，优化流程衔接，提高采购绩效和行政效能。

3. 权责对等与依法惩处并行。在政府采购执行与监管过程中贯彻权责一致原则，因权定责、权责对应。严格执行法律法规的问责条款，有错必究、失责必惩。

（三）主要目标。

以“分事行权、分岗设权、分级授权”为主线，通过制定制度、健全机制、完善措施、规范流程，逐步形成依法合规、运转高效、风险可控、问责严格的政府采购内部运转和管控制度，做到约束机制健全、权力运行规范、风险控制有力、监督问责到位，实现对政府采购活动内部权力运行的有效制约。

二、主要任务

（一）落实主体责任。

采购人应当做好政府采购业务的内部归口管理和所属单位管理，明确内部工作机制，重点加强对采购需求、政策落实、信息公开、履约验收、结果评价等的管理。

集中采购机构应当做好流程控制，围绕委托代理、编制采购文件和拟订合同文本、执行采购程序、代理采购绩效等政府采购活动的重点内容和环节加强管理。

监管部门应当强化依法行政意识，围绕放管服改革要求，重点完善采购方式审批、采购进口产品审核、投诉处理、监督检查等内部管理制度和工作规程。

（二）明确重点任务。

1. 严防廉政风险。牢固树立廉洁是政府采购生命线的根本理念，把纪律和规矩挺在前面。针对政府采购岗位设置、流程设计、主体责任、与市场主体交往等重点问题，细化廉政规范、明确纪律规矩，形成严密、有效的约束机制。

2. 控制法律风险。切实提升采购人、集中采购机构和监管部门的法治观念，依法依规组织开展政府采购活动，提高监管水平，切实防控政府采购执行与监管中的法律风险。

3. 落实政策功能。准确把握政府采购领域政策功能落实要求，严格执行政策规定，切实发挥政府采购在实现国家经济和社会发展政策目标中的作用。

4. 提升履职效能。落实精简、统一、效能的要求，科学确定事权归属、岗位责任、流程控制和授权关系，推进政府采购流程优化、执行顺畅，提升政府采购整体效率、效果和效益。

三、主要措施

（一）明晰事权，依法履职尽责。采购人、采购代理机构和监管部门应当根据法定职责开展工作，既不能失职不作为，也不得越权乱作为。

1. 实施归口管理。采购人应当明确内部归口管理部门，具体负责本单位、本系统的政府采购执行管理。归口管理部门应当牵头建立本单位政府采购内部控制制度，明确本单位相关部门在政府采购工作中的职责与分工，建立政府采购与预算、财务（资金）、资产、使用等业务机构或岗位之间沟通协调的工作机制，共同做好编制政府采购预算和实施计划、确定采购需求、组织采购活动、履约验收、答复询问质疑、配合投诉处理及监督检查等工作。

2. 明确委托代理权利义务。委托采购代理机构采购的，采购人应当和采购代理机构依法签订政府采购委托代理协议，明确代理采购的范围、权限和期限等具体事项。采购代理机构应当严格按照委托代理协议开展采购活动，不得超越代理权限。

3. 强化内部监督。采购人、集中采购机构和监管部门应当发挥内部审计、纪检监察等机构的监督作用，加强对采购执行和监管工作的常规审计和专项审计。畅通问题反馈和受理渠道，通过检查、考核、设置监督电话或信箱等多种途径查找和发现问题，有效分析、预判、管理、处置风险事项。

（二）合理设岗，强化权责对应。合理设置岗位，明确岗位职责、权限和责任主体，细化各流程、各环节的工作要求和执行标准。

1. 界定岗位职责。采购人、集中采购机构和监管部门应当结合自身特点，对照政府采购法律、法规、规章及制度规定，认真梳理不同业务、环节、岗位需要重点控制的风险事项，划分风险等级，建立制度规则、风险事项等台账，合理确定岗位职责。

2. 不相容岗位分离。采购人、集中采购机构应当建立岗位间的制衡机制，采购需求制定与内部审核、采购文件编制与复核、合同签订与验收等岗位原则上应当分开设置。

3. 相关业务多人参与。采购人、集中采购机构对于评审现场组织、单一来源采购项目议价、合同签订、履约验收等相关业务，原则上应当由 2 人以上共同办理，并明确主要负责人员。

4. 实施定期轮岗。采购人、集中采购机构和监管部门应当按规定建立轮岗交流制度，按照政府采购岗位风险等级设定轮岗周期，风险等级高的岗位原则上应当缩短轮岗年限。不具备轮岗条件的应当定期采取专项审计等控制措施。建立健全政府采购在岗监督、离岗审查和项目责任追溯制度。

（三）分级授权，推动科学决策。明确不同级别的决策权限和责任归属，按照分级授权的决策模式，建立与组织机构、采购业务相适应的内部授权管理体系。

1. 加强所属单位管理。主管预算单位应当明确与所属预算单位在政府采购管理、执行等方面的职责范围和权限划分，细化业务流程和工作要求，加强对所属预算单位的采购执行管理，强化对政府采购政策落实的指导。

2. 完善决策机制。采购人、集中采购机构和监管部门应当建立健全内部政府采购事项集体研究、合法性审查和内部会签相结合的议事决策机制。对于涉及民生、社会影响较大的项目，采购人在制定采购需求时，还应当进行法律、技术咨询或者公开征求意见。监管部门处理政府采购投诉应当建立健全法律咨询机制。决策过程要形成完整记录，任何个人不得单独决策或者擅自改变集体决策。

3. 完善内部审核制度。采购人、集中采购机构确定采购方式、组织采购活动，监管部门办理审批审核事项、开展监督检查、做出处理处罚决定等，应当依据法律制度和有关政策要求细化内部审核的各项要素、审核标准、审核权限和工作要求，实行办理、复核、审定的内部审核机制，对照要求逐层把关。

（四）优化流程，实现重点管控。加强对采购活动的流程控制，突出重点环节，确保政府采购项目规范运行。

1. 增强采购计划性。采购人应当提高编报与执行政府采购预算、实施计划的系统性、准确性、及时性和严肃性，制定政府采购实施计划执行时间表和项目进度表，有序安排采购活动。

2. 加强关键环节控制。采购人、集中采购机构应当按照有关法律法规及业务流程规定，明确政府采购重点环节的控制措施。未编制采购预算和实施计划的不得组织采购，无委托代理协议不得开展采购代理活动，对属于政府采购范围未执行政府采购规定、采购方式或程序不符合规定的及时予以纠正。

3. 明确时限要求。采购人、集中采购机构和监管部门应当提高政府采购效率，对信息公告、合同签订、变更采购方式、采购进口产品、答复询问质疑、投诉处理以及其他有时间要求的事项，要细化各个节点的工作时限，确保在规定时间内完成。

4. 强化利益冲突管理。采购人、集中采购机构和监管部门应当厘清利益冲突的主要对象、具体内容和表现形式，明确与供应商等政府采购市场主体、评审专家交往的基本原则和界限，细化处理原则、处理方式和解决方案。采购人员及相关人员与供应商有利害关系的，应当严格执行回避制度。

5. 健全档案管理。采购人、集中采购机构和监管部门应当加强政府采购记录控制，按照规定妥善保管与政府采购管理、执行相关的各类文件。

四、保障措施

采购人、集中采购机构和监管部门要深刻领会政府采购活动中加强内部控制管理的重要性和必要性，结合廉政风险防控机制建设、防止权力滥用的工作要求，准确把握政府采购工作的内在规律，加快体制机制创新，强化硬的制度约束，切实提高政府采购内部控制管理水平。

（一）加强组织领导。建立政府采购内部控制管理工作的领导、协调机制，做好政府采购内部控制管理各项工作。要严格执行岗位分离、轮岗交流等制度，暂不具备条件的要创造条件逐步落实，确不具备条件的基层单位可适当放宽要求。集中采购机构以外的采购代理机构可以参照本意见建立和完善内部控制管理制度，防控代理执行风险。

（二）加快建章立制。抓紧梳理和评估本部门、本单位政府采购执行和监管中存在的风险，明确标准化工作要求和防控措施，完善内部管理制度，形成较为完备的内部控制体系。

（三）完善技术保障。运用信息技术落实政府采购内部控制管理措施，政府采购管理交易系统及采购人内部业务系统应当重点强化人员身份验证、岗位业务授权、系统操作记录、电子档案管理等系统功能建设。探索大数据分析在政府采购内部控制管理中的应用，将信息数据科学运用于项目管理、风险控制、监督预警等方面。

（四）强化运行监督。建立内部控制管理的激励约束机制，将内部控制制度的建设和执行情况纳入绩效考评体系，将日常评价与重点监督、内部分析和外部评价相结合，定期对内部控制的有效性进行总结，加强评估结果应用，不断改进内部控制管理体系。财政部门要将政府采购内部控制制度的建设和执行情况作为政府采购监督检查和对集中采购机构考核的重要内容，加强监督指导。

关于规范政府采购行政处罚有关问题的通知

（2015 年 8 月 20 日财政部发布　财库〔2015〕150 号）

各省、自治区、直辖市、计划单列市财政厅（局）：

根据《中华人民共和国政府采购法》和《中华人民共和国政府采购法实施条例》的有关规定，为推进政府采购诚信体系建设，建立统一规范、竞争有序的政府采购市场机制，现就规范政府采购行政处罚有关问题通知如下：

一、各级人民政府财政部门在政府采购行政处罚工作中要做到证据确凿充分，适用法律法规正确。依法保障当事人的陈述权、申辩权和要求听证权，做到处罚程序合法。市级以上财政部门应做好行政复议案件的受理与处理工作，依法纠正错误的行政处罚。

二、各级人民政府财政部门依法对参加政府采购活动的供应商、采购代理机构、评审专家作出的禁止参加政府采购活动、禁止代理政府采购业务、禁止参加政府采购评审活动等行政处罚决定，要严格按照相关法律法规条款的规定进行处罚，相关行政处罚决定在全国范围内生效。

三、各级人民政府财政部门要依法公开对政府采购供应商、采购代理机构、评审专家的行政处罚决定，并按规定将相关信息上传至中国政府采购网开设的“政府采购严重违法失信行为记录名单”，推动建立政府采购供应商、采购代理机构、评审专家不良行为记录制度，加强对政府采购违法失信行为的曝光和惩戒。

关于在网上竞价活动中进一步贯彻落实批量集中采购和进口产品管理等有关问题的通知

（2015 年 7 月 27 日中央国家机关政府采购中心发布　国机采字〔2015〕16 号）

各采购单位：

为进一步贯彻落实《财政部关于印发〈中央预算单位批量集中采购管理暂行办法〉的通知》（财库〔2013〕109 号）、《财政部办公厅关于中央预算单位实施批量集中采购工作的通知》（财办库〔2013〕334 号)、《财政部关于印发〈政府采购进口产品管理办法〉的通知》(财库〔2007〕119 号)及《财政部关于政府采购进口产品管理有关问题的通知》(财办库〔2008〕248 号)规定,现就有关问题通知如下:

一、中央预算单位凡采购纳入批量集中采购范围的台式计算机、打印机、便携式计算机、复印机、复印纸、空调机,用于科研、测绘等工作的专用台式计算机、便携式计算机也纳入批量集中采购范围。其中,台式计算机不包括无盘工作站、图形工作站、工控机;便携式计算机不包括移动图形工作站、加固型笔记本等特殊用途设备;空调机不包括用于机房、基站等特殊场所的空调机;打印机不包括便携式打印机等,应当严格按照《财政部关于印发〈中央预算单位批量集中采购管理暂行办法〉的通知》(财库〔2013〕109 号)、《财政部办公厅关于中央预算单位实施批量集中采购工作的通知》(财办库〔2013〕334 号)文件规定执行。

对纳入批量集中采购范围的产品不得进行网上竞价采购。

对已纳入批量集中采购范围,因时间紧急或零星特殊采购不能通过批量集中采购的品目,中央预算单位可报经主管预算单位同意后通过协议供货方式采购,但各部门协议供货采购数量不得超过同类品目上年购买总数的 10%。

二、中央预算单位凡采购进口产品时,应当严格按照《财政部关于印发〈政府采购进口产品管理办法〉的通知》(财库〔2007〕119 号)及《财政部关于政府采购进口产品管理有关问题的通知》(财办库〔2008〕248 号)文件规定执行。未经批准的进口产品不得网上竞价采购。

特此通知

关于做好政府采购信息公开工作的通知

(2015 年 7 月 17 日财政部发布 财库〔2015〕135 号)

党中央有关部门,国务院各部委、各直属机构,全国人大常委会办公厅,全国政协办公厅,高法院,高检院,各民主党派中央,有关人民团体,各省、自治区、直辖市、计划单列市财政厅(局),新疆生产建设兵团财务局:

为深入贯彻落实党的十八届三中、四中全会精神,按照深化财税体制改革、实施公开透明预算制度的总体部署,根据《中华人民共和国政府采购法》、《中华人民共和国政府采购法实施条例》、《中华人民共和国政府信息公开条例》、《党政机关厉行节约反对浪费条例》等法律法规的规定,现就依法做好政府采购信息公开工作有关事项通知如下:

一、高度重视政府采购信息公开工作

公开透明是政府采购管理制度的重要原则。做好政府采购信息公开工作,既是全面深化改革、建立现代财政制度的必然要求,也是加强改进社会监督,提升政府公信力的重要举措,对于规范政府采购行为,维护政府采购活动的公开、公平和公正具有重要意义。《中华人民共和国预算法》、《中华人民共和国政府采购法实施条例》和《党政机关厉行节约反对浪费条例》从不同层面和角度提出了提高政府采购透明度、推进信息公开、加强社会监督的新要求,并确定了政府采购全过程信息公开的目标导向。各地区、各部门要依法公开政府采购项目信息,并按照财政预决算公开的要求,公布本单位政府采购预算安排及执行的总体情况,实现从采购预算到采购过程及采购结果的全过程信息公开。各地区、各部门要高度重视,充分认识政府采购信息公开工作的重要性和紧迫性,认真做好政府采购信息公开工作,将政府采购活动置于阳光之下,管好"乱伸的权力之手"。

二、认真做好政府采购信息公开工作

(一)总体要求。

建立健全责任明确的工作机制、简便顺畅的操作流程和集中统一的发布渠道,确保政府采购信息发布的及时、完整、准确,实现政府采购信息的全流程公开透明。

(二)公开范围及主体。

1. 采购项目信息,包括采购项目公告、采购文件、采购项目预算金额、采购结果等信息,由采购人或者其委托的采购代理机构负责公开；

2. 监管处罚信息，包括财政部门作出的投诉、监督检查等处理决定，对集中采购机构的考核结果，以及违法失信行为记录等信息，由财政部门负责公开；

3. 法律、法规和规章规定应当公开的其他政府采购信息，由相关主体依法公开。

（三）公开渠道。

中央预算单位的政府采购信息应当在财政部指定的媒体上公开，地方预算单位的政府采购信息应当在省级（含计划单列市，下同）财政部门指定的媒体上公开。财政部指定的政府采购信息发布媒体包括中国政府采购网（www. ccgp. gov. cn）、《中国财经报》（《中国政府采购报》）、《中国政府采购杂志》、《中国财政杂志》等。省级财政部门应当将中国政府采购网地方分网作为本地区指定的政府采购信息发布媒体之一。

为了便于政府采购当事人获取信息，在其他政府采购信息发布媒体公开的政府采购信息应当同时在中国政府采购网发布。对于预算金额在500万元以上的地方采购项目信息，中国政府采购网各地方分网应当通过数据接口同时推送至中央主网发布（相关标准规范和说明详见中国政府采购网）。政府采购违法失信行为信息记录应当在中国政府采购网中央主网发布。

（四）政府采购项目信息的公开要求。

1. 公开招标公告、资格预审公告。

招标公告的内容应当包括采购人和采购代理机构的名称、地址和联系方法，采购项目的名称、数量、简要规格描述或项目基本概况介绍，采购项目预算金额，采购项目需要落实的政府采购政策，投标人的资格要求，获取招标文件的时间、地点、方式及招标文件售价，投标截止时间、开标时间及地点，采购项目联系人姓名和电话。

资格预审公告的内容应当包括采购人和采购代理机构的名称、地址和联系方法；采购项目名称、数量、简要规格描述或项目基本概况介绍；采购项目预算金额；采购项目需要落实的政府采购政策；投标人的资格要求，以及审查标准、方法；获取资格预审文件的时间、地点、方式；投标人应当提供的资格预审申请文件的组成和格式；提交资格预审申请文件的截止时间及资格审查日期、地点；采购项目联系人姓名和电话。

招标公告、资格预审公告的公告期限为5个工作日。

2. 竞争性谈判公告、竞争性磋商公告和询价公告。

竞争性谈判公告、竞争性磋商公告和询价公告的内容应当包括采购人和采购代理机构的名称、地址和联系方法，采购项目的名称、数量、简要规格描述或项目基本概况介绍，采购项目预算金额，采购项目需要落实的政府采购政策，对供应商的资格要求，获取谈判、磋商、询价文件的时间、地点、方式及文件售价，响应文件提交的截止时间、开启时间及地点，采购项目联系人姓名和电话。

竞争性谈判公告、竞争性磋商公告和询价公告的公告期限为3个工作日。

3. 采购项目预算金额。

采购项目预算金额应当在招标公告、资格预审公告、竞争性谈判公告、竞争性磋商公告和询价公告等采购公告，以及招标文件、谈判文件、磋商文件、询价通知书等采购文件中公开。采购项目的预算金额以财政部门批复的部门预算中的政府采购预算为依据；对于部门预算批复前进行采购的项目，以预算"二上数"中的政府采购预算为依据。对于部门预算已列明具体采购项目的，按照部门预算中具体采购项目的预算金额公开；部门预算未列明采购项目的，应当根据工作实际对部门预算进行分解，按照分解后的具体采购项目预算金额公开。对于部门预算分年度安排但不宜按年度拆分的采购项目，应当公开采购项目的采购年限、概算总金额和当年安排数。

4. 中标、成交结果。

中标、成交结果公告的内容应当包括采购人和采购代理机构名称、地址、联系方式；项目名称和项目编号；中标或者成交供应商名称、地址和中标或者成交金额；主要中标或者成交标的的名称、规格型号、数量、单价、服务要求或者标的的基本概况；评审专家名单。协议供货、定点采购项目还应当公告入围价格、价格调整规则和优惠条件。采用书面推荐供应商参加采购活动的，还应当公告采购人和评审专家的推荐意见。

中标、成交结果应当自中标、成交供应商确定之日起 2 个工作日内公告，公告期限为 1 个工作日。

5. 采购文件。

招标文件、竞争性谈判文件、竞争性磋商文件和询价通知书应当随中标、成交结果同时公告。中标、成交结果公告前采购文件已公告的，不再重复公告。

6. 更正事项。

采购人或者采购代理机构对已发出的招标文件、资格预审文件，以及采用公告方式邀请供应商参与的竞争性谈判文件、竞争性磋商文件进行必要的澄清或者修改的，应当在原公告发布媒体上发布更正公告，并以书面形式通知所有获取采购文件的潜在供应商。采购信息更正公告的内容应当包括采购人和采购代理机构名称、地址、联系方式，原公告的采购项目名称及首次公告日期，更正事项、内容及日期，采购项目联系人和电话。

澄清或者修改的内容可能影响投标文件、资格预审申请文件、响应文件编制的，采购人或者采购代理机构发布澄清公告并以书面形式通知潜在供应商的时间，应当在投标截止时间至少 15 日前、提交资格预审申请文件截止时间至少 3 日前，或者提交首次响应文件截止之日 3 个工作日前；不足上述时间的，应当顺延提交投标文件、资格预审申请文件或响应文件的截止时间。

7. 采购合同。

政府采购合同应当自合同签订之日起 2 个工作日内公告。批量集中采购项目应当公告框架协议。政府采购合同中涉及国家秘密、商业秘密的部分可以不公告，但其他内容应当公告。政府采购合同涉及国家秘密的内容，由采购人依据《保守国家秘密法》等法律制度规定确定。采购合同中涉及商业秘密的内容，由采购人依据《反不正当竞争法》、《最高人民法院关于适用〈中华人民共和国民事诉讼法〉若干问题的意见》（法发〔1992〕22 号）等法律制度的规定，与供应商在合同中约定。其中，合同标的名称、规格型号、单价及合同金额等内容不得作为商业秘密。合同中涉及个人隐私的姓名、联系方式等内容，除征得权利人同意外，不得对外公告。

2015 年 3 月 1 日以后签订的政府采购合同，未按要求公告的，应当于 2015 年 10 月 31 日以前补充公告。

8. 单一来源公示。

达到公开招标数额标准，符合《中华人民共和国政府采购法》第三十一条第一项规定情形，只能从唯一供应商处采购的，采购人、采购代理机构应当在省级以上财政部门指定媒体上进行公示。公示内容应当包括采购人、采购项目名称；拟采购的货物或者服务的说明、拟采购的货物或者服务的预算金额；采用单一来源方式的原因及相关说明；拟定的唯一供应商名称、地址；专业人员对相关供应商因专利、专有技术等原因具有唯一性的具体论证意见，以及专业人员的姓名、工作单位和职称；公示的期限；采购人、采购代理机构、财政部门的联系地址、联系人和联系电话。公示期限不得少于 5 个工作日。

9. 终止公告。

依法需要终止招标、竞争性谈判、竞争性磋商、询价、单一来源采购活动的，采购人或者采购代理机构应当发布项目终止公告并说明原因。

10. 政府购买公共服务项目。

对于政府向社会公众提供的公共服务项目，除按有关规定公开相关采购信息外，采购人还应当就确定采购需求在指定媒体上征求社会公众的意见，并将验收结果于验收结束之日起 2 个工作日内向社会公告。

（五）监管处罚信息的公开要求。

财政部门作出的投诉、监督检查等处理决定公告的内容应当包括相关当事人名称及地址、投诉涉及采购项目名称及采购日期、投诉事项或监督检查主要事项、处理依据、处理结果、执法机关名称、公告日期等。投诉或监督检查处理决定应当自完成并履行有关报审程序后 5 个工作日内公告。

财政部门对集中采购机构的考核结果公告的内容应当包括集中采购机构名称、考核内容、考核方法、考核结果、存在问题、考核单位等。考核结果应当自完成并履行有关报审程序后5个工作日内公告。

供应商、采购代理机构和评审专家的违法失信行为记录公告的内容应当包括当事人名称、违法失信行为的具体情形、处理依据、处理结果、处理日期、执法机关名称等。供应商、采购代理机构和评审专家的违法失信行为信息月度记录应当不晚于次月10日前公告。

三、工作要求

(一)加强组织领导。各级财政部门、各部门、各单位要建立政府采购信息公开工作机制,落实责任分工,切实履行政府采购信息公开的责任和义务。省级财政部门要加强对本地区政府采购信息公开工作的指导和督促,指定并管理政府采购信息公开媒体,确保政府采购信息公开工作落到实处。

(二)落实技术保障。各级财政部门要及时做好相关信息系统和网络媒体的升级改造,创新信息公开方式,完善信息公开功能,提高政府采购信息公开的自动化水平,为政府采购信息公开和社会监督创造便利条件。中国政府采购网地方分网应当在2015年8月31日以前完成主要技术改造工作,确保合同公开等新的信息公开要求落到实处。

(三)强化监督检查。各级财政部门要将政府采购信息公开作为监督检查的重要内容,对采购人、采购代理机构未依法发布政府采购项目信息的,要依照《中华人民共和国政府采购法》第七十一条、第七十八条和《中华人民共和国政府采购法实施条例》第六十八条等规定追究法律责任。

(四)做好跟踪回应。各地区、各部门要主动回应信息公开工作中出现的情况和问题,做好预判、预案和跟踪,主动发声,及时解惑。各政府采购信息发布媒体要以高度负责的精神做好政府采购信息公开工作,及时、完整、准确地免费刊登信息。

关于报送政府采购严重违法失信行为信息记录的通知

(2014年12月19日财政部办公厅发布　财办库〔2014〕526号)

各省、自治区、直辖市、计划单列市财政厅(局):

为推进社会信用体系建设,加强对政府采购违法失信行为记录的曝光和惩戒,进一步规范政府采购市场主体行为,维护政府采购市场秩序,根据《中华人民共和国政府采购法》、《国务院关于促进市场公平竞争维护市场正常秩序的若干意见》(国发〔2014〕20号)及《社会信用体系建设规划纲要(2014－2020年)》(国发〔2014〕21号)等相关规定,结合政府采购工作实际,财政部决定参与中央多部委开展的不良信用记录联合发布活动,启动建设"政府采购严重违法失信行为记录名单"专栏,在中国政府采购网上集中发布全国政府采购严重违法失信行为信息记录,现就有关事项通知如下:

一、政府采购严重违法失信行为的适用情形

供应商、采购代理机构在三年内受到财政部门作出下列情形之一的行政处罚,列入政府采购严重违法失信行为记录名单。

(一)三万元以上罚款;

(二)在一至三年内禁止参加政府采购活动(处罚期限届满的除外);

(三)在一至三年内禁止代理政府采购业务(处罚期限届满的除外);

(四)撤销政府采购代理机构资格(仅针对《政府采购法》第78条修改前作出的处罚决定)。

二、政府采购严重违法失信行为信息记录的主要内容

政府采购严重违法失信行为信息记录应包括以下主要内容:企业名称、企业地址、严重违法失信行为的具体情形、处罚结果、处罚依据、处罚日期和执法单位等。

三、政府采购严重违法失信行为信息记录的报送要求

地方各级财政部门应认真梳理近三年内本级作出上述行政处罚类的案件信息，按照附件格式整理形成本级的政府采购严重违法失信行为信息记录，随处罚文件一并以电子版形式报送上级财政部门。省级财政部门负责汇总本省三年内有效的政府采购严重违法失信行为信息记录，收集相应的处罚文件，于 2014 年 12 月 30 日前以电子版形式一并报送财政部。

自 2015 年 1 月 1 日起，省级财政部门负责本省政府采购严重违法失信行为信息记录的发布管理工作，及时汇总相关信息，确保自行政处罚决定形成或变更之日起 20 个工作日内，在中国政府采购网“政府采购严重违法失信行为记录名单”的专栏中完成信息发布工作。信息公布期限一般为 3 年，处罚期限届满的，相关信息记录从专栏中予以删除。

联系单位：财政部国库司政府采购管理一处

附件：政府采购严重违法失信行为信息记录（略）

关于支持和规范社会组织承接政府购买服务的通知

（2014 年 10 月 24 日财政部、民政部发布 财综〔2014〕87 号）

各省、自治区、直辖市、计划单列市财政厅（局）、民政厅（局），新疆生产建设兵团财务局、民政局：

为全面贯彻落实党的十八届三中全会精神，加快转变政府职能，推广政府购买服务，激发社会组织活力，根据《中共中央关于全面深化改革若干重大问题的决定》、《国务院办公厅关于政府向社会力量购买服务的指导意见》（国办发〔2013〕96 号）有关要求，现就支持和规范社会组织承接政府购买服务有关工作通知如下：

一、充分认识社会组织在政府购买服务中的重要作用

党的十八届三中全会提出，适合由社会组织提供的公共服务和解决的事项，交由社会组织承担，对社会组织承接政府购买服务工作提出了新的更高要求。

改革开放以来，我国社会组织稳步发展，秉持非营利性、公益性和公共性原则，在教育科技、健康卫生、文化体育、社会福利、社会治理等公共服务领域发挥了重要作用，已成为社会治理和社会事业的重要主体。充分发挥社会组织在公共服务供给中的独特功能和积极作用，有利于加快转变政府职能，创新公共服务供给方式，提高公共服务供给水平和效率；有利于培育和引导社会组织，加快形成政社分开、权责明确、依法自治的现代社会组织体制；有利于推动整合利用社会资源，增强公众参与意识，激发社会发展活力。

随着政府购买服务工作的推进，社会组织承接政府公共服务能力不足的问题日益显现。突出表现为，社会组织在数量、规模等方面相对滞后，专业素质不够高，内部治理不健全，政社不分、管办一体、责任不清，独立运作能力较弱，社会公信力偏低，筹集和整合社会资源能力不强，这些问题成为影响社会组织承接政府购买服务工作的重要因素。各地要认真贯彻落实党的十八届三中全会精神，按照国办发〔2013〕96 号文件的要求，在推广政府购买服务改革中，将提升社会组织公共服务能力作为开展政府购买服务的基础性工作，支持和引导社会组织健康有序发展，充分发挥社会组织在承接政府购买服务中的主体作用。

二、加大对社会组织承接政府购买服务的支持力度

（一）加强社会组织培育发展。加快培育一批独立公正、行为规范、运作有序、公信力强、适应社会主义市场经济发展要求的社会组织。重点培育和优先发展行业协会商会类、科技类、公益慈善类、城乡社区服务类社会组织。统筹利用现有公共服务设施，以适当方式为社会组织开展服务创造必要条件，大力支持社会组织积极参与政府购买公共服务活动。各地要根据本地区经济社会发展情况和社会组织需要，为社会组织充分发挥作用给予政策支持和引导，提升社会组织自主发展、自我管理、筹资和社会服务等能力。鼓励采取孵化培育、人员培训、项目指导、公益创投等多种途径和方式，提升社会组织承接政府购买服务的能力。

（二）按照突出公共性和公益性原则，逐步扩大承接政府购买服务的范围和规模。充分发挥社会组织在公共服务供给中的独特功能和作用，在购买民生保障、社会治理、行业管理等公共服务项目时，同等条件下优先向社会组织购买。在民生保障领域，重点购买社会事业、社会福利、社会救助等服务项目。在社会治理领域，重点购买社区服务、社会工作、法律援助、特殊群体服务、矛盾调解等服务项目。在行业管理领域，重点购买行业规范、行业评价、行业统计、行业标准、职业评价、等级评定等服务项目。公平对待社会组织承接政府购买服务，鼓励社会组织进入法律法规未禁入的公共服务行业和领域，形成公共服务供给的多元化发展格局，满足人民群众多样化需求。

（三）探索多种有效方式，加大社会组织承接政府购买服务支持力度。按照政府采购法和国办发〔2013〕96号文件规定，采用公开招标、邀请招标、竞争性谈判、单一来源采购等方式确定承接主体，有针对性的培育和发展一批社会组织，促进社会组织的发展。有条件的地方可推广利用财政资金支持社会组织参与服务示范项目，逐步加大政府向社会组织购买服务的力度，适合采取市场化方式提供、社会组织能够承担的公共服务，都可以由社会组织参与、承接，所需资金按照预算管理要求在财政预算安排中统筹考虑。引导、支持社会组织募集资金参与服务。贯彻落实国家对社会组织各项税收优惠政策，符合条件的社会组织按照有关税收法律法规规定，享受相关税收优惠。

三、进一步建立健全社会组织承接政府购买服务信用记录管理机制

（一）社会组织承接政府购买服务应当具备以下条件：具有独立承担民事责任的能力；具有开展工作所必需的条件，具有固定的办公场所，有必要的专职工作人员；具有健全的法人治理结构，完善的内部管理、信息公开和民主监督制度；有完善的财务核算和资产管理制度，有依法缴纳税收、社会保险费的良好记录；近三年内无重大违法记录；法律、行政法规规定的其他条件。

（二）社会组织在承接政府购买服务时，应当按要求提供登记证书、年检结论、年度报告、财务审计报告、依法缴纳税收和社会保险费，无重大违法记录的声明等相关证明材料，供购买主体审查。购买主体可根据购买内容的特点规定社会组织的特定条件，但不得对承接主体实行歧视性差别待遇。

（三）按照公开、公正、公平原则，推进社会组织登记管理和承接政府购买服务的信息公开和信息共享，加强政府向社会组织购买服务的绩效管理和绩效评价。建立健全由购买主体、服务对象及专业机构组成的综合性评价机制。各级财政部门要配合购买主体及相关机构加强政府购买服务活动的监管和绩效评价，在推广政府购买服务过程中，对守信社会组织予以支持和激励，对失信社会组织予以限制和禁止。各级民政部门要建立完善社会组织信用体系，协助核实社会组织的资质及相关条件，及时收录承接政府购买服务的社会组织绩效评价结果和对违法社会组织的处罚决定等内容，每年按时向社会公布社会组织名录和信用记录。有关部门要将社会组织承接政府购买服务情况纳入年检、评估和执法工作体系，加大对违法违规行为的执法监管力度。

四、切实做好社会组织承接政府购买服务的组织实施

各地要建立健全部门联动机制，统筹规划、协调指导政府向社会组织购买服务工作。及时披露、公开信息，鼓励社会监督，充分调动社会参与的积极性。要结合实际，制定支持和规范社会组织承接政府购买服务的具体政策，确保工作落到实处，取得成效。切实加强调查研究，认真总结好经验、好做法，及时发现并解决政府向社会组织购买服务工作中出现的问题。

执行中遇到的新情况和重大问题，以及有关意见和建议，请及时报送财政部、民政部。

关于公共资源交易中心开展政府采购活动有关问题的通知

（2014年10月11日财政部发布　财库〔2014〕165号）

各省、自治区、直辖市、计划单列市财政厅（局）、公共资源交易中心（办公室）、集中采购中心：

政府采购活动应遵循政府采购法的规定。近期，一些公共资源交易中心（以下简称交易中心）开展政府采购工作业务时，违法改变政府采购法定评审程序、干预评审结果、乱收费，以及在交易中心建设中存在"管采不分"等问题。为规范交易中心的政府采购活动，进一步加强政府采购监督管理，依据《中华人民共和国政府采购法》等法律法规规定，现就有关事项通知如下：

一、进入交易中心的政府采购活动，应当严格遵守《中华人民共和国政府采购法》及政府采购货物服务招标投标管理、信息公告和评审管理等有关制度规定，规范采购文件编制、信息发布、专家抽取、项目评审、质疑投诉、档案管理等行为，保证政府采购的公开、公平和公正。交易中心在政府采购活动中，不得改变采购人、采购代理机构和供应商等主体的法定权利义务，不得在法定程序外新设登记、报名、备案、资格审核等程序，限制或阻止采购代理机构、供应商进入本地的政府采购市场；不得违规组织对评审活动进行现场监督，干预政府采购评审结果。

二、交易中心在政府采购活动中应遵循非营利性的原则，不得对采购代理机构、供应商违规收取费用，也不得要求采购代理机构或采购人对现场监督人员支付评审费、劳务费等报酬，增加政府采购成本。集中采购机构应保留独立的法人地位，依法承担相应的法律责任，体现集中采购机构的公益性特征。

三、各级财政部门应依法履行对政府采购活动的监督管理职责，对进入交易中心的政府采购项目执行情况加强监督检查，依法受理供应商投诉，对违反政府采购法律法规的行为进行处理和处罚。对纳入交易中心的集中采购机构要加强考核与指导，促进落实政府采购政策功能等要求。要进一步落实"管采分离"的政府采购管理体制，财政部门不得违法采取授权、委托或者共同管理等方式，将政府采购的监管职责交由其他机构行使。对涉及政府采购活动的违法违规问题，交易中心应向政府采购监督管理部门如实反映情况，配合做好监督检查和投诉处理工作。

四、交易中心要对照政府采购法律法规和本通知规定开展自查，对存在的问题进行清理和整改。各级财政部门要切实加强对交易中心政府采购活动的业务指导和监督管理，督促交易中心做好清理整改工作。财政部将组织专项检查，对清理和整改不落实、不到位的单位予以通报。

关于加强中央预算单位批量集中采购管理有关事项的通知

（2014 年 9 月 19 日财政部发布　财库〔2014〕120 号）

党中央有关部门，国务院各部委、各直属机构，全国人大常委会办公厅，全国政协办公厅，高法院，高检院，有关人民团体，中共中央直属机关采购中心、中央国家机关政府采购中心、全国人大机关采购中心，国家税务总局集中采购中心、海关总署物资装备采购中心、中国人民银行集中采购中心、公安部警用装备采购中心：

为进一步深化中央预算单位批量集中采购工作，强化合同和履约管理，提高采购效率，推动落实《中央预算单位批量集中采购管理暂行办法》（财库〔2013〕109 号）和《关于中央预算单位实施批量集中采购工作的通知》（财办库〔2013〕334 号），现就批量集中采购执行中有关事项通知如下：

一、批量集中采购品目的适用范围遵循国务院办公厅定期发布的政府集中采购目录及标准。自 2014 年 12 月 1 日起，传真机、扫描仪、碎纸机不再纳入批量集中采购范围。

二、集中采购机构可以根据采购品目的不同需求特点和计划数量，灵活选择采购方式，不断提高批量集中采购效率和服务质量。采购活动无法在预定时间内完成的，集中采购机构应当以适当方式通知中央预算单位；出现采购活动失败情形的，集中采购机构应当在中国政府采购网上公告后重新组织采购；因采购需求原因无法重新组织采购的，集中采购机构应当及时通知中央预算单位修改采购需求。

三、集中采购机构拟定的采购文件应当包含其与中标（成交）供应商签订的框架协议和采购人与中标（成交）供应商签订的采购合同文本，并对签订框架协议、采购合同以及送货的时间做出明确的约定。框架协议应当列明集中采购机构和中标（成交）供应商的权利和义务；采购合同签订、履行的期限和要求；无正当理由不依法签订合同或不履行合同义务的责任和救济措施等。采购合同文本应当详细列明中央预算单位、中标（成交）供应商及其授权供应商的权利和义务、产品名称、数量、质量、价格、履行期限以及地点和方式、违约责任、争议解决方法等内容。

四、集中采购机构应当在中标（成交）结果公告之日起3个工作日内，与中标（成交）供应商签订框架协议。中标（成交）供应商无正当理由拒不签订框架协议的，集中采购机构可以与排位在中标（成交）供应商之后第一位的候选供应商签订框架协议，并予公告，同时将有关情况报财政部处理。

五、框架协议签订后，中标（成交）供应商或其授权供应商应当在中标（成交）结果公告之日起5个工作日内，主动与中央预算单位联系，根据采购文件约定的内容签订采购合同，并在中标（成交）结果公告之日起20个工作日内完成送货。因中央预算单位原因未在规定期限内签订合同的，供应商应当将书面催告文件提交集中采购机构协调处理，经协调后中央预算单位仍拒不签约的，供应商可以依法不再与其签订采购合同。采购合同签订后，中央预算单位不履行合同义务或履行义务不符合约定的，中标（成交）供应商可以依法解除合同，并依照法律规定及合同约定追究对方的违约责任，同时将相关情况书面反馈给集中采购机构。

六、因中标（成交）供应商原因未在规定期限内签订采购合同的，中央预算单位应当将书面催告文件提交集中采购机构协调处理，经协调后，供应商仍拒不签约的，中央预算单位可以依法不再与其签订采购合同，并在预算金额内通过协议供货购买。采购合同签订后，中标（成交）供应商不履行合同义务或履行义务不符合约定的，中央预算单位可以依法解除合同，并依照法律规定及合同约定追究对方的违约责任，同时将相关情况书面反馈给集中采购机构。

七、集中采购机构应当根据框架协议，加强对批量集中采购项目的执行管理，督促中央预算单位、中标（成交）供应商在规定时间内签订采购合同，督促中标（成交）供应商在规定时间内完成送货，协调处理合同签订、履约过程中出现的问题，提请财政部对中央预算单位、供应商的违法违规问题进行处理。

八、集中采购机构不依法签订框架协议或者中央预算单位不依法签订采购合同的，财政部将依据《中华人民共和国政府采购法》第71条的规定，责令限期改正，给予警告。中标（成交）供应商不依法签订框架协议或者采购合同、拒绝履行框架协议或者合同义务的，财政部将依据《政府采购货物和服务招标投标管理办法》（财政部令第18号）第75条、《政府采购非招标采购方式管理办法》（财政部令第74号）第54条的规定，将中标（成交）供应商列入不良行为记录名单，在一至三年内禁止其参加政府采购活动，并予以通报。

九、本通知自2014年12月1日起施行。各单位在填报计划时如遇口径等政策问题，请及时与财政部国库司政府采购管理一处联系。如遇供应商送货等履约问题，请及时与集中采购机构联系。如遇系统软件操作问题请及时与中软公司联系。

财政部国库司政府采购管理一处010－68553724；中央国家机关政府采购中心010－83084967，63099478（空调）；中共中央直属机关采购中心010－82273285；中软公司4008101996。

关于政府采购支持监狱企业发展有关问题的通知

（2014年6月10日财政部、司法部发布　财库〔2014〕68号）

党中央有关部门，国务院各部委、各直属机构，全国人大常委会办公厅，全国政协办公厅，高法院，高检院，有关人民团体，中央国家机关政府采购中心，中共中央直属机关采购中心，全国人大机关采购中心，各省、自治区、直辖市、计划单列市财政厅（局）、司法厅（局），新疆生产建设兵团财务局、司法局、监狱管理局：

政府采购支持监狱和戒毒企业（以下简称监狱企业）发展对稳定监狱企业生产，提高财政资金使用效益，为罪犯和戒毒人员提供长期可靠的劳动岗位，提高罪犯和戒毒人员的教育改造质量，减少重新违法犯罪，确保监狱、戒毒场所安全稳定，促进社会和谐稳定具有十分重要的意义。为进一步贯彻落实国务院《关于解决监狱企业困难的实施方案的通知》（国发〔2003〕7号）文件精神，发挥政府采购支持监狱企业发展的作用，现就有关事项通知如下：

一、监狱企业是指由司法部认定的为罪犯、戒毒人员提供生产项目和劳动对象，且全部产权属于司法部监狱管理局、戒毒管理局、直属煤矿管理局，各省、自治区、直辖市监狱管理局、戒毒管理局，各地（设区的市）监狱、强制隔离戒毒所、戒毒康复所，以及新疆生产建设兵团监狱管理局、戒毒管理局的企业。监狱企业参加政府采购活动时，应当提供由省级以上监狱管理局、戒毒管理局（含新疆生产建设兵团）出具的属于监狱企业的证明文件。

二、在政府采购活动中，监狱企业视同小型、微型企业，享受预留份额、评审中价格扣除等政府采购促进中小企业发展的政府采购政策。向监狱企业采购的金额，计入面向中小企业采购的统计数据。

三、各地区、各部门要积极通过预留采购份额支持监狱企业。有制服采购项目的部门，应加强对政府采购预算和计划编制工作的统筹，预留本部门制服采购项目预算总额的30%以上，专门面向监狱企业采购。省级以上政府部门组织的公务员考试、招生考试、等级考试、资格考试的试卷印刷项目原则上应当在符合有关资质的监狱企业范围内采购。各地在免费教科书政府采购工作中，应当根据符合教科书印制资质的监狱企业情况，提出由监狱企业印刷的比例要求。

四、各地区可以结合本地区实际，对监狱企业生产的办公用品、家具用具、车辆维修和提供的保养服务、消防设备等，提出预留份额等政府采购支持措施，加大对监狱企业产品的采购力度。

五、各地区、各部门要高度重视，加强组织管理和监督，做好政府采购支持监狱企业发展的相关工作。有关部门要加强监管，确保面向监狱企业采购的工作依法依规进行。各监狱企业要不断提高监狱企业产品的质量和服务水平，为做好监狱企业产品政府采购工作提供有力保障。

关于推进和完善服务项目政府采购有关问题的通知

（2014年4月14日财政部发布 财库〔2014〕37号）

党中央有关部门，国务院各部委、各直属机构，全国人大常委会办公厅，全国政协办公厅，高法院，高检院，有关人民团体，各省、自治区、直辖市、计划单列市财政厅（局），新疆生产建设兵团财务局：

为贯彻落实党的十八届三中全会《中共中央关于全面深化改革若干重大问题的决定》精神，大力推进政府购买服务工作，根据《政府采购法》、《国务院办公厅关于政府向社会力量购买服务的指导意见》（国办发〔2013〕96号）等有关规定，现将推进和完善服务项目政府采购有关事项通知如下：

一、分类推进服务项目政府采购工作

根据现行政府采购品目分类，按照服务受益对象将服务项目分为三类：

第一类为保障政府部门自身正常运转需要向社会购买的服务。如公文印刷、物业管理、公车租赁、系统维护等。

第二类为政府部门为履行宏观调控、市场监管等职能需要向社会购买的服务。如法规政策、发展规划、标准制定的前期研究和后期宣传、法律咨询等。

第三类为增加国民福利、受益对象特定，政府向社会公众提供的公共服务。包括：以物为对象的公共服务，如公共设施管理服务、环境服务、专业技术服务等；以人为对象的公共服务，如教育、医疗卫生和社会服务等。

要按照"方式灵活、程序简便、竞争有序、结果评价"的原则，针对服务项目的不同特点，探索与之相适应的采购方式、评审制度与合同类型，建立健全适应服务项目政府采购工作特点的新机制。

二、加强政府采购服务项目采购需求管理

推进制定完整、明确、符合国家法律法规以及政府采购政策规定的服务采购需求标准。第一类中列入政府集中采购目录的服务项目，采购需求标准由集中采购机构提出。其他服务项目的采购需求标准由采购人（购买主体）提出。采购人、集中采购机构制定采购需求标准时，应当广泛征求相关供应商(承接主体)、专家意见。对于第三类服务项目,还应当征求社会公众的意见。各省级财政部门可以根据实际情况,分品目制定发布适用于本行政区域的服务项目采购需求标准。

加强采购需求制定相关的内控管理。采购人、集中采购机构应当明确相关岗位的职责和权限,确保政府采购需求制定与内部审批、采购文件准备与验收等不相容岗位分设。

三、灵活开展服务项目政府采购活动

简化采购方式变更的审核程序。采购人要按照政府采购法律制度规定,根据服务项目的采购需求特点,选择适用采购方式。对于采购需求处于探索阶段或不具备竞争条件的第三类服务项目,符合《政府采购法》第二十七条规定申请适用公开招标以外的采购方式的,财政部门要简化申请材料要求,也可以改变现行一事一批的管理模式,实行一揽子批复。

积极探索新的政府采购合同类型。各地各部门可以根据政府采购服务项目的需求特点,灵活采用购买、委托、租赁、雇用等各种合同方式,探索研究金额不固定、数量不固定、期限不固定、特许经营服务等新型合同类型。各省级财政部门可在此基础上制定发布相应的合同范本。

积极培育政府购买服务供给市场。对于有服务区域范围要求、但本地区供应商无法形成有效竞争的服务项目,采购人可以采取将大额项目拆分采购、新增项目向其他供应商采购等措施,促进建立良性的市场竞争关系。采购需求具有相对固定性、延续性且价格变化幅度小的服务项目,在年度预算能保障的前提下,采购人可以签订不超过三年履行期限的政府采购合同。

四、严格服务项目政府采购履约验收管理

完善服务项目履约验收管理制度。采购人或者集中采购机构应当按照采购合同规定组织履约验收,并出具验收书,验收书应当包括每一项服务要求的履约情况。第二类服务项目,供应商提交的服务成果应当在政府部门内部公开。第三类服务项目,验收时可以邀请第三方评价机构参与并出具意见,验收结果应当向社会公告。以人为对象的公共服务项目,验收时还应按一定比例邀请服务对象参与并出具意见。

鼓励引入政府采购履约担保制度。对于金额较大、履约周期长、社会影响面广或者对供应商有较高信誉要求的服务项目,可以探索运用市场化手段,引入政府采购信用担保,通过履约担保促进供应商保证服务效果,提高服务水平。

五、推进政府采购服务项目绩效评价

建立绩效评价与后续采购相衔接的管理制度。按照全过程预算绩效管理制度要求,加强服务项目政府采购绩效评价,对项目的资金节约、政策效能、透明程度以及专业化水平进行综合、客观评价。对于服务项目验收或者绩效评价结果优秀的供应商,在同类项目的采购中同等条件下可以优先考虑。

各地各部门应当根据上述原则和要求,积极推进和完善服务项目政府采购工作。各地可根据实际,研究制定符合本地条件的服务项目政府采购的具体操作程序和办法,确保服务采购环节的顺畅高效。

关于使用政府采购评审专家监管系统有关事宜的通知

(2013年11月25日财政部办公厅发布　财办库〔2013〕375号)

党中央有关部门办公厅(室),国务院各部委、各直属机构办公厅(室),全国人大常委会办公厅秘书局,全国政协办公厅机关事务管理局,高法院办公厅,高检院办公厅,有关人民团体办公厅(室),新疆生产建设兵团财务局,中共中央直属机关采购中心,中央国家机关政府采购中心,全国人大机关采购中心,国家税务总局集中采购中心、海关总署物资装备采购中心、中国人民银行集中采购中心、公安部警用装备采购中心:

根据《政府采购货物和服务招标投标管理办法》(财政部令第18号)和《政府采购评审专家管理办法》(财库〔2013〕119号)有关规定,结合中央单位政府采购工作实际,财政部开发了新的政府采购评审专家监管系统（以下简称专家库）。现就使用专家库的有关事项通知如下：

一、财政部负责专家库的建设、管理和维护，各中央预算单位、政府集中采购机构及预算单位委托的社会代理机构（以下简称抽取单位）具体负责专家的抽取工作。

二、各中央预算单位的政府采购项目所需评审专家，原则上从专家库中抽取。因工作需要，中央驻京外单位可以从所在地市级或其上一级财政部门专家库中抽取评审专家。采购项目有特殊需要的，经财政部国库司备案后，抽取单位可以在异地财政部门专家库中抽取评审专家。

三、抽取单位应当使用数字安全证书（Ukey）登录中国政府采购网（http://www.ccgp.gov.cn/）专家库，网上抽取评审专家。各单位请从中国政府采购网专家库中下载专家库用户注册表和数字安全证书申请表，并按照相关规定办理申请、变更手续，各单位 Ukey 数量原则上为 2 个。

四、抽取单位应在开标、竞争性谈判以及询价开始前两个工作日内抽取评审专家。专家库中相应品目没有抽取单位所需专家，或者专家数量达不到采购单位所需数量时，经财政部国库司核实后，所需专家或者不足部分可以由抽取单位以不低于 1:3 的比例向财政部国库司推荐并提供相关资料。财政部国库司审核后将合格专家入库供单位抽取。

五、抽取单位抽取专家时应当准确设置专家抽取条件及相关信息，主要包括项目名称、采购方式、公告链接地址、各类专家人数、评审品目、专家所在区域等。采用公开招标和邀请招标方式的必须填写在中国政府采购网已发布的采购公告链接地址。抽取单位应当结合评审项目需要，注意选择抽取专家的所在区域。

六、抽取单位设置完成专家抽取条件后，系统将随机选中符合条件的专家并自动通过语音方式通知被抽中的专家。如抽取专家人数未达到所需数量，抽取单位可在相近品目或上一级品目中补抽专家。在距离评审活动开始前 30 分钟，专家库将自动解密评审专家抽取结果，抽取单位应及时打印专家抽取名单，认真核对评审专家身份，并将专家抽取名单随采购文件一起存档。

七、各抽取单位应当明确责任，建立评审专家抽取内部管理制度，并做好专家信息保密工作。

八、本通知自印发之日起施行。《关于中央单位政府采购评审专家库管理使用有关问题的通知》（财办库〔2004〕80 号）同时废止。

九、系统操作手册和操作教学视频见中国政府采购网“财政部政府采购评审专家监管系统”栏目。对于评审专家抽取和使用过程中遇到的问题，抽取单位应及时向中国政府采购网网站或财政部国库司反映。

联系人：（略）

关于进一步规范政府采购评审工作有关问题的通知

（2012 年 6 月 11 日财政部发布　财库〔2012〕69 号）

党中央有关部门，国务院各部委、各直属机构，全国人大常委会办公厅，全国政协办公厅，高法院，高检院，有关人民团体，各省、自治区、直辖市、计划单列市财政厅（局），新疆生产建设兵团财务局，中央国家机关政府采购中心，中共中央直属机关采购中心，全国人大机关采购中心，国家税务总局集中采购中心，海关总署物资装备采购中心，中国人民银行集中采购中心：

近年来，各地区、各部门认真落实《政府采购法》等法律法规，政府采购评审工作的规范化水平逐步提高，但也还存在着评审程序不够完善、工作职责不够明晰、权利义务不对称等问题，亟需进一步明确和规范。为加强评审工作管理，明确评审工作相关各方的职责，提高评审工作质量，现将有关事项通知如下：

一、依法组织政府采购评审工作

采购人和采购代理机构，评标委员会、竞争性谈判小组和询价小组（以下简称评审委员会）成员要严格遵守政府采购相关法律制度，依法履行各自职责，公正、客观、审慎地组织和参与评审工作。

评审委员会成员要依法独立评审，并对评审意见承担个人责任。评审委员会成员对需要共同认定的事项存在争议的，按照少数服从多数的原则做出结论。持不同意见的评审委员会成员应当在评审报告上签署不同意见并说明理由，否则视为同意。

采购人、采购代理机构要确保评审活动在严格保密的情况下进行。在采购结果确定前，采购人、采购代理机构对评审委员会名单负有保密责任。评审委员会成员、采购人和采购代理机构工作人员、相关监督人员等与评审工作有关的人员，对评审情况以及在评审过程中获悉的国家秘密、商业秘密负有保密责任。

采购人、采购代理机构和评审委员会在评审工作中，要依法相互监督和制约，并自觉接受各级财政部门的监督。对非法干预评审工作等违法违规行为，应当及时向财政部门报告。

二、切实履行政府采购评审职责

采购人、采购代理机构要依法细化评审工作程序，组建评审委员会，并按规定程序组织评审。要核实评审委员会成员身份，告知回避要求，宣布评审工作纪律和程序，介绍政府采购相关政策法规；要根据评审委员会的要求解释采购文件，组织供应商澄清；要对评审数据进行校对、核对，对畸高、畸低的重大差异评分可以提示评审委员会复核或书面说明理由；要对评审专家的专业技术水平、职业道德素质和评审工作等情况进行评价，并向财政部门反馈。省级以上政府集中采购机构和政府采购甲级代理机构，应当对评审工作现场进行全过程录音录像，录音录像资料作为采购项目文件随其他文件一并存档。

评审委员会成员要根据政府采购法律法规和采购文件所载明的评审方法、标准进行评审。要熟悉和理解采购文件，认真阅读所有供应商的投标或响应文件，对所有投标或响应文件逐一进行资格性、符合性检查，按采购文件规定的评审方法和标准，进行比较和评价；对供应商的价格分等客观评分项的评分应当一致，对其他需要借助专业知识评判的主观评分项，应当严格按照评分细则公正评分。

评审委员会如需要供应商对投标或响应文件有关事项作出澄清的，应当给予供应商必要的反馈时间，但澄清事项不得超出投标或响应文件的范围，不得实质性改变投标或响应文件的内容，不得通过澄清等方式对供应商实行差别对待。评审委员会要对评分汇总情况进行复核，特别是对排名第一的、报价最低的、投标或相应文件被认定为无效的情形进行重点复核，并根据评审结果推荐中标或成交候选供应商，或者根据采购人委托协议规定直接确定中标或成交供应商，起草并签署评审报告。评审委员会要在采购项目招标失败时，出具招标文件是否存在不合理条款的论证意见，要协助采购人、采购代理机构、财政部门答复质疑或处理投诉事项。

三、严肃政府采购评审工作纪律

采购人委派代表参加评审委员会的，要向采购代理机构出具授权函。除授权代表外，采购人可以委派纪检监察等相关人员进入评审现场，对评审工作实施监督，但不得超过 2 人。采购人需要在评审前介绍项目背景和技术需求的，应当事先提交书面介绍材料，介绍内容不得存在歧视性、倾向性意见，不得超出采购文件所述范围，书面介绍材料作为采购项目文件随其他文件一并存档。评审委员会应当推选组长，但采购人代表不得担任组长。

评审委员会成员要严格遵守评审时间，主动出具身份证明，遵守评审工作纪律和评审回避的相关规定。在评审工作开始前，将手机等通讯工具或相关电子设备交由采购人或采购代理机构统一保管，拒不上交的，采购人或采购代理机构可以拒绝其参加评审工作并向财政部门报告。

评审委员会成员和评审工作有关人员不得干预或者影响正常评审工作，不得明示或者暗示其倾向性、引导性意见，不得修改或细化采购文件确定的评审程序、评审方法、评审因素和评审标准，不得接受供应商主动提出的澄清和解释，不得征询采购人代表的倾向性意见，不得协商评分，不得记录、复制或带走任何评审资料。评审结果汇总完成后，采购人、采购代理机构和评审委员会均不得修改评审结果或者要求重新评审，但资格性检查认定错误、分值汇总计算错误、分项评分超出评分标准范围、客观分评分不一致、经评审委员会一致认定评分畸高、畸低的情形除外。出现上述除外情形的，评审委员会应当现场修改评审结果，并在评审报告中明确记载。

采购人、采购代理机构要加强评审现场管理，与评审工作无关的人员不得进入评审现场。各级财政部门对评审活动相关各方违反评审工作纪律及要求的行为，要依法严肃处理。

四、妥善处理评审中的特殊情形

财政部门要建立政府采购评审专家库资源共享机制，采购项目有特殊需要的，采购人或采购代理机构可以在异地财政部门专家库抽取专家，但应事前向本级财政部门备案。中央驻京外单位可以从所在地市级或其上一级财政部门专家库中抽取评审专家，所在地市级或其上一级财政部门应当予以配合。

评审专家库中相应专业类型专家不足的，采购人或采购代理机构应当按照不低于1:3的比例向财政部门提供专家名单，经审核入库后随机抽取使用。出现评审专家临时缺席、回避等情形导致评审现场专家数量不符合法定标准的，采购人或采购代理机构要按照有关程序及时补抽专家，继续组织评审。如无法及时补齐专家，则要立即停止评审工作，封存采购文件和所有投标或响应文件，择期重新组建评审委员会进行评审。采购人或采购代理机构要将补抽专家或重新组建评审委员会的情况进行书面记录，随其他文件一并存档。

评审委员会发现采购文件存在歧义、重大缺陷导致评审工作无法进行，或者采购文件内容违反国家有关规定的，要停止评审工作并向采购人或采购代理机构书面说明情况，采购人或采购代理机构应当修改采购文件后重新组织采购活动；发现供应商提供虚假材料、串通等违法违规行为的，要及时向采购人或采购代理机构报告。

参与政府采购活动的供应商对评审过程或者结果提出质疑的，采购人或采购代理机构可以组织原评审委员会协助处理质疑事项，并依据评审委员会出具的意见进行答复。质疑答复导致中标或成交结果改变的，采购人或采购代理机构应当将相关情况报财政部门备案。

关于加强中央预算单位政府采购管理有关事项的通知

（2012年5月8日财政部发布 财库〔2012〕49号）

党中央有关部门，国务院各部委、各直属机构，全国人大常委会办公厅，全国政协办公厅，高法院，高检院，有关人民团体，新疆生产建设兵团，中央国家机关政府采购中心，中共中央直属机关采购中心，全国人大机关采购中心，中国人民银行集中采购中心，国家税务总局集中采购中心，海关总署物资装备采购中心：

近年来，各中央单位认真贯彻执行《中华人民共和国政府采购法》及相关制度规定，在规范政府采购行为、提高财政资金使用效益、落实政府采购政策功能等方面取得了明显成效。但一些单位不编政府采购预算、超预算超标准采购、规避集中采购以及不严格执行采购程序等问题仍然存在。为贯彻落实中共中央办公厅、国务院办公厅关于进一步做好党政机关厉行节约工作的通知精神，进一步规范中央单位政府采购行为，充分发挥政府采购功能作用，现就加强中央单位政府采购管理的有关事项通知如下：

一、加强和改进政府采购预算管理

中央单位要全面编制政府采购预算，大力推进部门预算细化工作。凡纳入国务院公布的《中央单位政府集中采购目录及标准》（以下简称《集中采购目录及标准》）范围内的集中采购品目和采购限额标准以上项目，都应当按照预算编制文件要求，在部门预算中列明货物、工程和服务的政府采购金额。通用办公设备家具的政府采购预算要根据《财政部关于印发〈中央行政单位通用办公设备家具购置费预算标准（试行）〉的通知》（财行〔2011〕78号）规定编制，其他项目的政府采购预算要根据厉行节约的原则并结合同类项目历史成交结果编制。

中央单位应当严格按照财政部批复的部门预算开展政府采购活动，年度执行中的政府采购预算调整要按规定程序报财政部审核批复。主管部门向财政部申请变更所属单位政府采购方式和采购进口产品等事项时，必须提供相关预算批复文件。对于年初部门预算下达前需要变更政府采购方式和采购进口产品的，由主管部门向财政部国库司提出书面申请，国库司根据财政部部门司审核同意的预算资金落实情况进行办理。对于已经财政部部门司核准概算的中长期预算项目下不同年度的采购项目，国库司在办理政府采购方式变更、进口产品审核时可按同一采购项目处理。

二、强化政府采购计划管理

中央单位在开展政府采购活动前必须按照政府采购预算编制政府采购计划，所有使用财政性资金及配套资金开展的政府采购活动，均要编制采购计划并细化到政府采购项目和品目。对于纳入批量集中采购范围的办公设备、办公用品等品目采购，要按照《关于进一步推进中央单位批量集中采购试点工作的通知》（财办库〔2011〕87号）要求编制批量采购计划。

中央单位要加强内部需求管理，强化政府采购计划管理中的购置费预算标准审核，对于尚无购置费预算标准的政府采购项目，要结合工作实际需要及历史成交结果进行审核，严禁配备明显超出机关办公基本需求的高档、高配置产品。对于纳入批量集中采购范围的品目，原则上应当根据财政部制定的配置参考确定采购需求，确因特殊需要且预算金额在财政部规定金额以上的采购项目，可以经主管部门同意后确定本次采购项目的特殊配置标准。但不得突破购置费预算标准，不得以特殊用途为由超出预算标准和规避批量集中采购。

三、严格执行政府集中采购规定

中央单位应当严格执行《集中采购目录及标准》，凡纳入《集中采购目录及标准》中的集中采购机构采购品目，应当委托集中采购机构采购，部门集中采购品目中包含集中采购机构采购品目的，也应当委托集中采购机构采购。集中采购机构采购品目达到公开招标限额标准的，中央单位应当委托集中采购机构进行公开招标，严禁通过协议供货或者其他方式化整为零规避公开招标。

对于已纳入批量集中采购范围的品目采购，主管部门要建立内部审核机制，严格控制通过协议供货方式采购的数量，确保本部门（含所属单位，下同）本年度通过协议供货采购的数量不超过规定比例。

四、规范政府采购程序和行为

中央单位要严格按照政府采购法和《政府采购货物服务招标投标管理办法》（财政部令第18号）及其他相关制度规定组织政府采购招标活动。符合公开招标的采购项目必须按规定程序进行招标，对于同一预算年度内的同一政府采购项目，不得对其相同品目或者相同类别的货物和服务进行拆分，以非公开招标方式进行采购。对个别中央单位有能力自行组织招标采购的，必须报经主管部门批准。严禁在招标文件中列示歧视性条款，不得提出与采购项目无关或过高的资质和业绩要求，参与评标的采购人代表不得引导或干预评标。

中央单位要严格执行政府采购方式审批制度，对未经批准擅自变更采购方式的项目，财政部将不予支付资金。主管部门要严格控制单一来源采购，加强专家论证管理，防止滥用单一来源采购方式。对确需采用单一来源方式采购的，应当按照《财政部关于对中央单位申请单一来源采购实行审核前公示相关问题的通知》（财库〔2011〕130号）的规定执行。

中央单位要加强合同履约管理，做到采购、验收和项目使用单位相分离，严禁出现无故拖延和拒绝验收、不按国库集中支付规定支付资金等行为。

五、进一步落实政府采购政策功能

中央单位要继续带头实施政府采购支持节能环保、采购正版软件以及采购本国产品等政府采购政策。对涉及节能产品和环境标志产品的招标采购项目，要在采购文件中明确优先采购和强制采购的措施，载明对投标产品的相关要求。要严格执行政府采购进口产品管理规定，原则上国内产业已经成熟的产品不得采购进口产品。采购进口产品数量较多的部门，应建立本部门的专家复核制度，对所属单位申请采购进口产品的项目严格把关。

中央单位要根据《中华人民共和国招标投标法实施条例》要求，对实行招标投标的工程建设项目，也要严格执行保护环境、促进中小企业发展以及采购本国产品等政府采购政策。

主管部门要严格按照《财政部　工业和信息化部关于印发政府采购促进中小企业发展暂行管理办法的通知》（财库〔2011〕181号）的规定，统筹安排本部门政府采购促进中小企业发展的各项工作，确保面向中小企业采购的预留采购份额、评审优惠等政策措施的落实，并在财政部指定的政府采购发布媒体公开面向中小企业采购的项目执行情况。

六、切实履行政府采购管理监督责任

主管部门要加大对本部门政府采购工作的管理力度，明确本部门政府采购管理的责任单位，建立健全内部管理制度，加强部门内部政府采购信息化建设，强化对政府采购预算编制、计划申报、批量集中采购以及政策功能实施等工作的执行和管理。要督促所属单位严格执行批量集中采购等政府采购招标结果，及时签订采购合同并按时验收采购产品。

财政部将加强对中央单位政府采购工作的监督检查，完善与审计、监察部门的协作配合机制，开展对政府采购（含政府采购工程建设项目）预算执行情况、政策执行情况的定期检查和专项检查工作，逐步建立日常检查和重点抽查相结合的监督检查机制，并针对监督检查出的问题进行严肃处理。

关于明确政府采购保证金和行政处罚罚款上缴事项的通知

（2011年1月20日财政部发布　财库〔2011〕15号）

党中央有关部门，国务院各部委、各直属机构，全国人大常委会办公厅，全国政协办公厅，高法院，高检院，有关人民团体，新疆生产建设兵团财务局，中央国家机关政府采购中心，中共中央直属机关采购中心，全国人大机关采购中心：

为了加强政府采购活动的监督管理，根据《中华人民共和国政府采购法》和《罚款决定与罚款收缴分离实施办法》（国务院令第235号）等有关规定，现就政府采购保证金和行政处罚罚款上缴渠道有关问题通知如下：

一、关于保证金的上缴

在中央政府采购活动中，供应商出现政府采购相关规定和采购文件约定不予退还保证金（投标保证金和履约保证金）的情形，由集中采购机构、采购人按照就地缴库程序，将不予退还的保证金上缴中央国库。

二、关于行政处罚罚款的上缴

在中央政府采购活动中，政府采购相关方违反政府采购有关规定被财政部处以罚款的行政处罚，由被处罚人按照就地缴库程序将所罚款项上缴中央国库。

三、关于就地缴库程序

上述资金的性质属政府非税收入，缴款人应根据属地原则到财政部驻该地区财政监察专员办事处领取《一般缴款书》，通过填写《一般缴款书》将资金缴入中央国库。一般缴款书的填写方式：预算科目名称填“其他一般罚没收入（103050199）”；收款单位一栏：财政机关填财政部，预算级次填中央级，收款国库填写实际收纳款项的国库名称（国家金库总库或国家金库××省分库）。

国务院法制办公室对政府采购工程项目法律适用及申领施工许可证问题的答复

（2015年8月3日　国法秘财函〔2015〕736号）

财政部办公厅：

你厅《关于提请对政府采购工程项目的法律适用及申领施工许可证问题进行立法解释的函》（财办库〔2015〕211号）收悉。经研究，现函复如下：

按照招标投标法实施条例第二条的规定，建筑物和构筑物的新建、改建、扩建及其相关的装修、拆除、修缮属于依法必须进行招标的项目。据此，与建筑物和构筑物的新建、改建、扩建无关的单独的装修、拆除、修缮不属于依法必须进行招标的项目。政府采购此类项目时，应当按照政府采购法实施条例第二十五条的规定，采用竞争性谈判或者单一来源方式进行采购。依法通过竞争性谈判或者单一来源方式确定供应商的政府采购建设工程项目,符合建筑法规定的申请领取施工许可证条件的,应当颁发施工许可证,不应当以未进入有形市场进行招标为由拒绝颁发施工许可证。

财政部办公厅关于未达到公开招标数额标准政府采购项目采购方式适用等问题的函

(2015年5月28日 财办库〔2015〕111号)

山西财政厅:

《山西省财政厅关于未达到公开招标数额标准符合政府采购法第三十一条第一项规定情形的政府采购项目可否采用单一来源方式采购的请示》(晋财购〔2015〕16号)收悉。经研究,现答复如下:

根据《中华人民共和国政府采购法》第二十七条规定,未达到公开招标数额标准符合政府采购法第三十一条第一项规定情形只能从唯一供应商处采购的政府采购项目,可以依法采用单一来源采购方式。此类项目在采购活动开始前,无需获得设区的市、自治州以上人民政府采购监督管理部门的批准,也不用按照政府采购法实施条例第三十八条的规定在省级以上财政部门指定媒体上公示。对于此类采购项目,采购人、采购代理机构应当严格按照《政府采购非招标采购方式管理办法》(财政部令第74号)的有关规定,组织具有相关经验的专业人员与供应商商定合理的成交价格并保证采购项目质量,做好协商情况记录。

对于未达到公开招标数额标准的政府采购项目,采购人要建立和完善内部管理制度,强化采购、财务和业务部门(岗位)责任,结合采购项目具体情况,依法选择适用的采购方式,防止随意采用和滥用采购方式。

关于促进政府采购公平竞争优化营商环境的通知

(2019年7月26日财政部发布 财库〔2019〕38号)

各中央预算单位,各省、自治区、直辖市、计划单列市财政厅(局),新疆生产建设兵团财政局:

为贯彻落实中央深改委审议通过的《深化政府采购制度改革方案》和《国务院办公厅关于聚焦企业关切进一步推动优化营商环境政策落实的通知》(国办发〔2018〕104号)有关要求,构建统一开放、竞争有序的政府采购市场体系,现就促进政府采购领域公平竞争、优化营商环境相关事项通知如下:

一、全面清理政府采购领域妨碍公平竞争的规定和做法

各地区、各部门应当严格落实《中华人民共和国政府采购法》等相关法律法规的要求,依法保障各类市场主体平等参与政府采购活动的权利。要全面清理政府采购领域妨碍公平竞争的规定和做法,重点清理和纠正以下问题:

(一)以供应商的所有制形式、组织形式或者股权结构,对供应商实施差别待遇或者歧视待遇,对民营企业设置不平等条款,对内资企业和外资企业在中国境内生产的产品、提供的服务区别对待;

(二)除小额零星采购适用的协议供货、定点采购以及财政部另有规定的情形外,通过入围方式设置备选库、名录库、资格库作为参与政府采购活动的资格条件,妨碍供应商进入政府采购市场;

(三)要求供应商在政府采购活动前进行不必要的登记、注册,或者要求设立分支机构,设置或者变相设置进入政府采购市场的障碍;

(四)设置或者变相设置供应商规模、成立年限等门槛,限制供应商参与政府采购活动;

(五)要求供应商购买指定软件,作为参加电子化政府采购活动的条件;

(六)不依法及时、有效、完整发布或者提供采购项目信息,妨碍供应商参与政府采购活动;

(七)强制要求采购人采用抓阄、摇号等随机方式或者比选方式选择采购代理机构,干预采购人自主选择采购代理机构;

(八)设置没有法律法规依据的审批、备案、监管、处罚、收费等事项;

(九)除《政府采购货物和服务招标投标管理办法》第六十八条规定的情形外,要求采购人采用随机方式确定中标、成交供应商;

(十)违反法律法规相关规定的其他妨碍公平竞争的情形。

各地区、各部门要抓紧清理政府采购领域妨碍公平竞争的规定和做法,有关清理结果要及时向社会公开,并于2019年10月31日前报送财政部。

二、严格执行公平竞争审查制度

各地区、各部门制定涉及市场主体的政府采购制度办法,要严格执行公平竞争审查制度,充分听取市场主体和相关行业协会商会意见,评估对市场竞争的影响,防止出现排除、限制市场竞争问题。重点审查制度办法是否设置不合理和歧视性的准入条件排斥潜在供应商参与政府采购活动,是否设置没有法律法规依据的行政审批或者具有审批性质的备案,是否违规给予特定供应商优惠待遇等。经审查认为不具有排除、限制竞争效果的,可以颁布实施;具有排除、限制竞争效果的,应当不予出台或者调整至符合相关要求后出台;未经公平竞争审查的,不得出台。

在政府采购相关制度办法实施过程中,应当定期或者适时评估其对全国统一市场和公平竞争的影响,对妨碍统一市场和公平竞争的,要及时修改完善或者予以废止。

三、加强政府采购执行管理

优化采购活动办事程序。对于供应商法人代表已经出具委托书的,不得要求供应商法人代表亲自领购采购文件或者到场参加开标、谈判等。对于采购人、采购代理机构可以通过互联网或者相关信息系统查询的信息,不得要求供应商提供。除必要的原件核对外,对于供应商能够在线提供的材料,不得要求供应商同时提供纸质材料。对于供应商依照规定提交各类声明函、承诺函的,不得要求其再提供有关部门出具的相关证明文件。

细化采购活动执行要求。采购人允许采用分包方式履行合同的,应当在采购文件中明确可以分包履行的具体内容、金额或者比例。采购人、采购代理机构对投标(响应)文件的格式、形式要求应当简化明确,不得因装订、纸张、文件排序等非实质性的格式、形式问题限制和影响供应商投标(响应)。实现电子化采购的,采购人、采购代理机构应当向供应商免费提供电子采购文件;暂未实现电子化采购的,鼓励采购人、采购代理机构向供应商免费提供纸质采购文件。

规范保证金收取和退还。采购人、采购代理机构应当允许供应商自主选择以支票、汇票、本票、保函等非现金形式缴纳或提交保证金。收取投标(响应)保证金的,采购人、采购代理机构约定的到账(保函提交)截止时间应当与投标(响应)截止时间一致,并按照规定及时退还供应商。收取履约保证金的,应当在采购合同中约定履约保证金退还的方式、时间、条件和不予退还的情形,明确逾期退还履约保证金的违约责任。采购人、采购代理机构不得收取没有法律法规依据的保证金。

及时支付采购资金。政府采购合同应当约定资金支付的方式、时间和条件,明确逾期支付资金的违约责任。对于满足合同约定支付条件的,采购人应当自收到发票后30日内将资金支付到合同约定的供应商账户,不得以机构变动、人员更替、政策调整等为由延迟付款,不得将采购文件和合同中未规定的义务作为向供应商付款的条件。

完善对供应商的利益损害赔偿和补偿机制。采购人和供应商应当在政府采购合同中明确约定双方的违约责任。对于因采购人原因导致变更、中止或者终止政府采购合同的,采购人应当依照合同约定对供应商受到的损失予以赔偿或者补偿。

四、加快推进电子化政府采购

推进采购项目电子化实施。要加快完善电子化政府采购平台的网上交易功能,实现在线发布采购公告、提供采购文件、提交投标(响应)文件,实行电子开标、电子评审。逐步建立电子化政府采购平台与财政业务、采购单位内部管理等信息系统的衔接,完善和优化合同签订、履约验收、信用评价、用户反馈、提交发票、资金支付等线上流程。

加快实施“互联网+政府采购”行动。积极推进电子化政府采购平台和电子卖场建设,建立健全统一的技术标准和数据规范,逐步实现全国范围内的互联互通,推动与公共资源交易平台数据共享,提升供应商参与政府采购活动的便利程度。

五、进一步提升政府采购透明度

加强政府采购透明度建设。完善政府采购信息发布平台服务功能。中国政府采购网及地方分网等政府采购信息发布平台应当提供便捷、免费的在线检索服务,向市场主体无偿提供所有依法公开的政府采购信息。推进开标活动对外公开,在保证正常开标秩序的前提下,允许除投标人及其代表之外的其他人员观摩开标活动。

推进采购意向公开。采购意向包括主要采购项目、采购内容及需求概况、预算金额、预计采购时间等。为便于供应商提前了解采购信息,各地区、各部门应当创造条件积极推进采购意向公开(涉密信息除外)。自2020年起,选择部分中央部门和地方开展公开采购意向试点。在试点基础上,逐步实现各级预算单位采购意向公开。

六、完善政府采购质疑投诉和行政裁决机制

畅通供应商质疑投诉渠道。研究建立与“互联网+政府采购”相适应的快速裁决通道,为供应商提供标准统一、高效便捷的维权服务。对供应商提出的质疑和投诉,采购人、采购代理机构和各级财政部门应当依法及时答复和处理。完善质疑答复内部控制制度,有条件的采购人和集中采购机构应当实现政府采购质疑答复岗位与操作执行岗位相分离,进一步健全政府采购质疑投诉处理机制。

依法依规实施行政处罚。各级财政部门实施政府采购行政处罚,应当依法保障当事人的告知权、陈述权、申辩权、听证权等,保证程序合法。坚持处罚和教育相结合的原则,正确适用和区分从轻处罚、减轻处罚和不予处罚情形,作出的行政处罚应与违法行为的事实、性质、情节以及社会危害程度相当。

各地区、各部门要充分认识维护政府采购公平竞争市场秩序、优化政府采购营商环境的重要意义,加强组织领导,明确工作责任,周密安排部署,强化监督检查,确保各项要求落实到位。

本通知自2019年9月1日起施行。

中央国家机关政府集中采购目录实施方案(2020年版)

(2020年3月12日中央国家机关政府采购中心发布)

为贯彻落实深化政府采购制度改革方案精神,进一步做好中央国家机关政府集中采购工作,根据政府采购法律法规和《国务院办公厅关于印发中央预算单位政府集中采购目录及标准(2020年版)的通知》(国办发〔2019〕55号)(以下简称目录)要求,制定本实施方案。

一、目录主要变化

(一)为落实“放管服”改革精神,强化采购人主体责任,部门集中采购项目不再列入目录,由各中央部门自行确定,报财政部备案后实施。

(二)集中采购机构采购项目,新增“互联网接入服务”,在“办公家具”品目备注中增加“铝制或铝制为主家具”的表述。

(三)公开招标数额标准中,将原“政府采购工程公开招标数额标准按照国务院有关规定执行”,调整为“政府采购工程以及与工程建设有关的货物、服务公开招标数额标准按照国务院有关规定执行”。

二、执行方式

(一)货物类

1. 台式计算机、便携式计算机、复印机、打印设备、空调机(包括分体变频壁挂机、分体变频柜机、分体定速壁挂机、分体定速柜机)。符合批量集中采购配置标准的,应执行批量集中采购。各单位应按批量集中采购配置标准的要求编报采购计划,报送一级预算单位。一级预算单位每月10日前汇总本系统批量集中采购计划,通过“中央政府采购网”采购人平台报送中央国家机关政府采购中心(以下简称国采中心),国采中心统一组织采购。不符合批量集中采购配置标准或因时间紧急、零星特殊采购不能通过批量集中采购的品目,各单位报经主管预算单位同意后,单项或批量金额在100万元(含)以上的,作为单独项目委托国采中心按照法律法规规定的方式执行,其中,预算金额在200万元(含)以上的,采用公开招标方式。单项或批量金额在100万元以下的,可按照电子卖场采购通知执行。其中,预算金额在50万元以下的,可选择通过电子卖场直购、比价、反拍等方式执行,50万元(含)以上的,必须组织比价或反拍。电子卖场无所需产品的,可选择电子竞价采购方式。各部门电子卖场(含电子竞价)采购数量不得超过同类品目上年购买总数的30%。

2. 服务器、多功能一体机、扫描仪、投影仪、复印纸、打印用通用耗材。预算金额在100万元(含)以上的,作为单独项目委托国采中心按照法律法规规定的方式执行,其中,预算金额在200万元(含)以上的,采用公开招标方式。预算金额在100万元以下的,按照电子卖场采购通知执行。其中,预算金额在50万元以下的,可选择通过电子卖场直购、比价、反拍等方式执行;50万元(含)以上的,必须组织比价或反拍;电子卖场无所需产品的,可选择电子竞价采购方式。

3. 计算机软件、计算机网络设备、视频会议系统及会议室音频系统、空调机(指精密空调、机房空调等商用空调)。预算金额在100万元(含)以上的,作为单独项目委托国采中心按照法律法规规定的方式执行,其中,预算金额在200万元(含)以上的,采用公开招标方式。预算金额在100万元以下的,按照对应品目协议供货通知执行,协议供货无所需产品的,可选择电子竞价采购方式。

4. 乘用车、客车。预算金额在200万元(含)以上的,作为单独项目委托国采中心采用公开招标方式执行。预算金额在200万元以下的,按照该品目协议供货通知及有关规定执行。新车购置以及原有车辆的报废更新,应按相关主管部门规定执行。

5. 电梯。预算金额在200万元(含)以上的,作为单独项目委托国采中心采用公开招标、邀请招标等方式执行。预算金额在200万元以下的,按照该品目定点采购通知执行。

6. 办公家具。预算金额在100万元(含)以上的,作为单独项目委托国采中心按照法律法规规定的方式执行,其中,预算金额在200万元(含)以上的,采用公开招标方式。预算金额在100万元以下的,按照该品目定点采购通知执行。

(二)工程类

1. 限额内工程。投资预算金额在120万元(含)以上的建设工程项目(适用招标投标法的建设工程项目除外),委托国采中心按照法律法规规定的方式执行。其中,预算金额在定点采购标准范围内的,按照该品目定点采购通知执行。

2. 装修、拆除、修缮工程。投资预算金额在120万元(含)以上的,与建筑物、构筑物新建、改建、扩建无关的单独装修、拆除、修缮工程,委托国采中心按照法律法规规定的方式执行。其中,预算金额在定点采购标准范围内的,按照该品目定点采购通知执行。

(三)服务类

1. 印刷服务。预算金额在100万元(含)以上的,作为单独项目委托国采中心按照法律法规规定的方式执行,其中,预算金额在200万元(含)以上的,采用公开招标方式。预算金额在100万元以下的,按照对应品目定点采购通知执行。

2. 车辆维修保养及加油、机动车保险。按照对应品目定点采购通知执行。

3. 物业管理服务。预算金额在200万元(含)以上的,作为单独项目委托国采中心采用公开招标方式执行。预算金额在200万元以下的,按照该品目政府集中采购有关通知执行。

4. 云计算服务。预算金额在100万元(含)以上的,作为单独项目委托国采中心按照法律法规规定的方式执行,其中,预算金额在200万元(含)以上的,采用公开招标方式。

5. 互联网接入服务。预算金额在200万元(含)以上的,作为单独项目委托国采中心采用公开招标方式执行。预算金额在200万元以下的,按照该品目定点采购通知执行。

6. 工程造价咨询服务。预算金额在100万元(含)以上的,作为单独项目委托国采中心采用公开招标、邀请招标等方式执行,预算金额在100万元以下的,按照该品目定点采购通知执行。

7. 工程监理服务。预算金额在100万元(含)以上的,作为单独项目委托国采中心采用公开招标、邀请招标等方式执行,预算金额在100万元以下的,按照该品目定点采购通知执行。

三、执行要求

(一)履行采购人主体责任。各采购单位应当切实履行在采购活动中的主体责任,对采购需求和采购结果负责。在确定采购需求前,应当认真开展采购需求调查,根据国家经济和社会发展政策、部门预算及绩效目标、采购管理制度、市场情况编写采购需求;确定采购方式时,应当根据需求特点合理选择,依法依规采用邀请招标、竞争性谈判、竞争性磋商等非公开招标方式,避免因过度公开招标影响采购执行效率;项目完成后,应当严格按照采购合同开展履约验收工作,确保采购结果实现相关的绩效和政策目标。国采中心将继续加强各品目采购需求标准体系建设,为各单位编制采购需求提供参考;不断完善电子卖场、协议供货、定点采购等小额分散采购项目供应商履约管理机制,加强单独委托项目履约服务,协助各单位开展履约验收工作。

(二)落实政策功能。各采购单位应当积极落实节约能源、保护环境、扶持不发达地区和少数民族地区、促进中小企业发展等政府采购政策。国采中心将不断完善采购文件范本,将政府采购相关政策要求嵌入采购需求,并要素化为各采购品目具体的技术、服务指标,优化评价权重设计,为各单位落实政策功能提供参考;加强政府采购政策实施的电子化工具运用,在电子卖场中积极探索特色场馆、加挂标识、搜索排序等技术手段,保障采购政策实施效果。

(三)完善内控管理。各部门主管预算单位应当积极发挥本部门(本系统)政府采购监督管理职责,建立健全本部门(本系统)政府采购内控管理机制,各采购单位应当加强对采购各环节的内部控制和风险管理。国采中心将进一步优化升级电子交易系统,交易信息按照统一格式在网上公示,接受社会监督,同时,将系统发现的采购人规避公开招标和批量集中采购、采购价格畸高等异常情况及时推送至各部门主管预算单位,通过技术手段,帮助各单位加强内控管理。

(四)其他有关事项。相关品目采购执行方式、限额标准等,将根据政策制度变化及时调整,具体执行通知详见中央政府采购网“通知公告”专栏。关于涉密政府采购项目、工程建设项目招投标等采购服务事宜,将另行通知。

各单位在执行过程中遇到的情况、问题以及意见建议,可通过国采中心微信公众号、国采监管服务微信群或联系电话等渠道反馈。

关于印发《政府采购公告和公示信息格式规范(2020年版)》的通知

(2020年3月18日财政部办公厅发布　财办库〔2020〕50号)

各中央预算单位办公厅(室),各省、自治区、直辖市、计划单列市财政厅(局),新疆生产建设兵团财政局:

为规范政府采购公告和公示信息发布行为,提高政府采购活动透明度,财政部研究制定了《政府采购公告和公示信息格式规范(2020年版)》,现印发给你们,请遵照执行。

各部门、各地区要高度重视政府采购信息公开工作,督促指导采购单位和采购代理机构自2020年7月1日起按照本格式规范编制发布政府采购信息。执行中如遇政策问题,请及时向财政部国库司反馈。

政府采购公告和公示信息格式规范
（2020 年版）

目　录

政府采购意向公告

（单位名称）________年____（至）____月政府采购意向

为便于供应商及时了解政府采购信息，根据《财政部关于开展政府采购意向公开工作的通知》（财库〔2020〕10 号）等有关规定，现将（单位名称）________年____（至）____月采购意向公开如下：

序号	采购项目名称	采购需求概况	预算金额（万元）	预计采购时间（填写到月）	备注
	（填写具体采购项目的名称）	（填写采购标的名称，采购标的需实现的主要功能或者目标，采购标的数量，以及采购标的需满足的质量、服务、安全、时限等要求）	（精确到万元）	（填写到月）	（其他需要说明的情况）
	……				
	……				

本次公开的采购意向是本单位政府采购工作的初步安排，具体采购项目情况以相关采购公告和采购文件为准。

（单位名称）
年　　月　　日

资格预审公告

项目概况

（采购标的）招标项目的潜在资格预审申请人应在（地址）领取资格预审文件，并于________年____月____日____点____分（北京时间）前提交申请文件。

一、项目基本情况

项目编号（或招标编号、政府采购计划编号、采购计划备案文号等，如有）：

项目名称：

采购方式：□公开招标　□邀请招标
预算金额：
最高限价（如有）：
采购需求：（包括但不限于标的的名称、数量、简要技术需求或服务要求等）
合同履行期限：
本项目（是/否）接受联合体投标。

二、申请人的资格要求：

1. 满足《中华人民共和国政府采购法》第二十二条规定；
2. 落实政府采购政策需满足的资格要求：（如属于专门面向中小企业采购的项目，供应商应为中小微企业、监狱企业、残疾人福利性单位）；
3. 本项目的特定资格要求：（如项目接受联合体投标，对联合体应提出相关资格要求；如属于特定行业项目，供应商应当具备特定行业法定准入要求）。

三、领取资格预审文件

时间：________年____月____日至________年____月____日（提供期限自本公告发布之日起不得少于5个工作日），每天上午____至____，下午____至____（北京时间，法定节假日除外）
地点：
方式：

四、资格预审申请文件的组成及格式

（可详见附件）

五、资格预审的审查标准及方法

六、拟邀请参加投标的供应商数量

□采用随机抽取的方式邀请____家供应商参加投标。如通过资格预审供应商数量少于拟邀请供应商数量，采用下列方式（□1或□2）。（适用于邀请招标）

1. 如通过资格预审供应商数量少于拟邀请供应商数量，但不少于三家则邀请全部通过资格预审供应商参加投标。
2. 如通过资格预审供应商数量少于拟邀请供应商数量，则重新组织招标活动。

□邀请全部通过资格预审供应商参加投标。（适用于公开招标）

七、申请文件提交

应在________年____月____日____点____分（北京时间）前，将申请文件提交至________。

八、资格预审日期

资格预审日期为申请文件提交截止时间至________年____月____日前

九、公告期限

自本公告发布之日起5个工作日。

十、其他补充事宜

十一、凡对本次资格预审提出询问，请按以下方式联系

1. 采购人信息

名　　称：________________________
地　　址：________________________
联系方式：________________________

2. 采购代理机构信息（如有）

名　　称：________________________
地　　址：________________________

联系方式:______________________

3.项目联系方式

项目联系人:(组织本项目采购活动的具体工作人员姓名)

电　　话:______________________

(说明:1.采用竞争性谈判、竞争性磋商、询价等非招标方式采购过程中,如需要使用资格预审的,可参照上述格式发布公告。2.格式规范文本中标注斜体的部分是对文件相关内容提示或说明,下同。)

招标公告

项目概况 (采购标的)招标项目的潜在投标人应在(地址)获取招标文件,并于_______年____月____日____点____分(北京时间)前递交投标文件。

一、项目基本情况

项目编号(或招标编号、政府采购计划编号、采购计划备案文号等,如有):

项目名称:

预算金额:

最高限价(如有):

采购需求:(包括但不限于标的的名称、数量、简要技术需求或服务要求等)

合同履行期限:

本项目(是/否)接受联合体投标。

二、申请人的资格要求:

1.满足《中华人民共和国政府采购法》第二十二条规定;

2.落实政府采购政策需满足的资格要求:(如属于专门面向中小企业采购的项目,供应商应为中小微企业、监狱企业、残疾人福利性单位);

3.本项目的特定资格要求:(如项目接受联合体投标,对联合体应提出相关资格要求;如属于特定行业项目,供应商应当具备特定行业法定准入要求)。

三、获取招标文件

时间:_______年____月____日至_______年____月____日(提供期限自本公告发布之日起不得少于5个工作日),每天上午____至____,下午____至____(北京时间,法定节假日除外)

地点:

方式:

售价:

四、提交投标文件截止时间、开标时间和地点

_______年____月____日____点____分(北京时间)(自招标文件开始发出之日起至投标人提交投标文件截止之日止,不得少于20日)

地点:

五、公告期限

自本公告发布之日起5个工作日。

六、其他补充事宜

七、对本次招标提出询问,请按以下方式联系

1.采购人信息

名　　称:______________________

地　　址:________________________

联系方式:________________________

2. 采购代理机构信息(如有)

名　　称:________________________

地　　址:________________________

联系方式:________________________

3. 项目联系方式

项目联系人:(组织本项目采购活动的具体工作人员姓名)

电　　话:________________________

竞争性谈判(竞争性磋商、询价)公告

项目概况

(采购标的)采购项目的潜在供应商应在(地址)获取采购文件,并于________年____月____日____点____分(北京时间)前提交响应文件。

一、项目基本情况

项目编号(或招标编号、政府采购计划编号、采购计划备案文号等,如有):

项目名称:

采购方式:□竞争性谈判　□竞争性磋商　□询价

预算金额:

最高限价(如有):

采购需求:(包括但不限于标的的名称、数量、简要技术需求或服务要求等)

合同履行期限:

本项目(是/否)接受联合体。

二、申请人的资格要求:

1. 满足《中华人民共和国政府采购法》第二十二条规定;

2. 落实政府采购政策需满足的资格要求:(如属于专门面向中小企业采购的项目,供应商应为中小微企业、监狱企业、残疾人福利性单位);

3. 本项目的特定资格要求:(如项目接受联合体投标,对联合体应提出相关资格要求;如属于特定行业项目,供应商应当具备特定行业法定准入要求)。

三、获取采购文件

时间:________年____月____日至________年____月____日(磋商文件的发售期限自开始之日起不得少于5个工作日),每天上午____至____,下午____至____(北京时间,法定节假日除外)

地点:

方式:

售价:

四、响应文件提交

截止时间:________年____月____日____点____分(北京时间)(从磋商文件开始发出之日起至供应商提交首次响应文件截止之日止不得少于10日;从谈判文件开始发出之日起至供应商提交首次响应文件截止之日止不得少于3个工作日;从询价通知书开始发出之日起至供应商提交响应文件截止之日止不得少于3个工作日)

地点:

五、开启(竞争性磋商方式必须填写)

时间:________年____月____日____点____分(北京时间)

地点:

六、公告期限

自本公告发布之日起 3 个工作日。

七、其他补充事宜

八、凡对本次采购提出询问，请按以下方式联系

1. 采购人信息

名　　称：________________

地　　址：________________

联系方式：________________

2. 采购代理机构信息（如有）

名　　称：________________

地　　址：________________

联系方式：________________

3. 项目联系方式

项目联系人：（组织本项目采购活动的具体工作人员姓名）

电　　话：________________

中标（成交）结果公告

一、项目编号（或招标编号、政府采购计划编号、采购计划备案文号等，如有）：

二、项目名称：

三、中标（成交）信息

供应商名称：

供应商地址：

中标（成交）金额：（可填写下浮率、折扣率或费率）

四、主要标的信息

货物类	服务类	工程类
名称： 品牌（如有）： 规格型号： 数量： 单价：	名称： 服务范围： 服务要求： 服务时间： 服务标准：	名称： 施工范围： 施工工期： 项目经理： 执业证书信息：

五、评审专家（单一来源采购人员）名单：

六、代理服务收费标准及金额：

七、公告期限

自本公告发布之日起 1 个工作日。

八、其他补充事宜

九、凡对本次公告内容提出询问，请按以下方式联系

1. 采购人信息

名　　称：________________

地　　址：________________

联系方式：________________

2. 采购代理机构信息(如有)

名　　称:________________

地　　址:________________

联系方式:________________

3. 项目联系方式

项目联系人:(组织本项目采购活动的具体工作人员姓名)

电　　话:________________

十、附件

1. 采购文件(已公告的可不重复公告)

2. 被推荐供应商名单和推荐理由(适用于邀请招标、竞争性谈判、询价、竞争性磋商采用书面推荐方式产生符合资格条件的潜在供应商的)

3. 中标、成交供应商为中小企业的,应公告其《中小企业声明函》

4. 中标、成交供应商为残疾人福利性单位的,应公告其《残疾人福利性单位声明函》

5. 中标、成交供应商为注册地在国家级贫困县域内物业公司的,应公告注册所在县扶贫部门出具的聘用建档立卡贫困人员具体数量的证明。

更 正 公 告

一、项目基本情况

原公告的采购项目编号(或招标编号、政府采购计划编号、采购计划备案文号等,如有):________________

原公告的采购项目名称:________________

首次公告日期:________________

二、更正信息

更正事项:□采购公告　□采购文件　□采购结果

更正内容:(采购结果更正,还需同时在附件中公告变更后的中标(成交)供应商的相关信息)

更正日期:________________

三、其他补充事宜

四、凡对本次公告内容提出询问,请按以下方式联系

1. 采购人信息

名　　称:________________

地　　址:________________

联系方式:________________

2. 采购代理机构信息(如有)

名　　称:________________

地　　址:________________

联系方式:________________

3. 项目联系方式

项目联系人:(组织本项目采购活动的具体工作人员姓名)

电　　话:________________

五、附件(适用于更正中标、成交供应商)

1. 中标、成交供应商为中小企业的,应公告其《中小企业声明函》

2. 中标、成交供应商为残疾人福利性单位的,应公告其《残疾人福利性单位声明函》

3. 中标、成交供应商为注册地在国家级贫困县域内物业公司的,应公告注册所在县扶贫部门出具的聘用建档立卡贫困人员具体数量的证明。

终 止 公 告

一、项目基本情况

采购项目编号(或招标编号、政府采购计划编号、采购计划备案文号等,如有):____________________

采购项目名称:____________________

二、项目终止的原因

三、其他补充事宜

四、凡对本次公告内容提出询问,请按以下方式联系

1. 采购人信息

名　　称:____________________

地　　址:____________________

联系方式:____________________

2. 采购代理机构信息(如有)

名　　称:____________________

地　　址:____________________

联系方式:____________________

3. 项目联系方式

项目联系人:(组织本项目采购活动的具体工作人员姓名)

电　　话:____________________

合 同 公 告

一、合同编号:____________________

二、合同名称:____________________

三、项目编号(或招标编号、政府采购计划编号、采购计划备案文号等,如有):____________________

四、项目名称:____________________

五、合同主体

采购人(甲方):____________________

地　址:____________________

联系方式:____________________

供应商(乙方):____________________

地　址:____________________

联系方式:____________________

六、合同主要信息

主要标的名称:____________________

规格型号(或服务要求):____________________

主要标的数量:____________________

主要标的单价:____________________

合同金额:____________________

履约期限、地点等简要信息:____________________

采购方式:(如公开招标、竞争性磋商、单一来源采购等)

七、合同签订日期:______________________

八、合同公告日期:______________________

九、其他补充事宜:______________________

附件:上传合同(采购人应当按照《政府采购法实施条例》有关要求,将政府采购合同中涉及国家秘密、商业秘密的内容删除后予以公开)

公共服务项目验收结果公告

一、合同编号:______________________

二、合同名称:______________________

三、项目编号(或招标编号、政府采购计划编号、采购计划备案文号等,如有):______________________

四、项目名称:______________________

五、合同主体

采购人(甲方):______________________

地　址:______________________

联系方式:______________________

供应商(乙方):______________________

地　址:______________________

联系方式:______________________

六、合同主要信息

服务内容:______________________

服务要求:______________________

服务期限:______________________

服务地点:______________________

七、验收日期:______________________

八、验收组成员(应当邀请服务对象参与):______________________

九、验收意见:______________________

十、其他补充事宜:______________________

单一来源采购公示

一、项目信息

采购人:______________________

项目名称:______________________

拟采购的货物或服务的说明:______________________

拟采购的货物或服务的预算金额:______________________

采用单一来源采购方式的原因及说明:______________________

二、拟定供应商信息

名称:______________________

地址:______________________

三、公示期限

________年____月____日至________年____月____日(公示期限不得少于5个工作日)

四、其他补充事宜:______________________

五、联系方式

1. 采购人

联 系 人:______________________

联系地址:______________________

联系电话：____________________

2. 财政部门

联 系 人：____________________

联系地址：____________________

联系电话：____________________

3. 采购代理机构（如有）

联 系 人：____________________

联系地址：____________________

联系电话：____________________

六、附件

专业人员论证意见（格式见附件）

附件

单一来源采购方式专业人员论证意见

专业人员信息	姓名：	
	职称：	
	工作单位：	
项目信息	项目名称：	
	供应商名称：	
专业人员论证意见	（专业人员论证意见应当完整、清晰和明确地表达从唯一供应商处采购的理由）	
专业人员签字		日期：______年____月____日

注：本表格中专业人员论证意见由专业人员手工填写。

投诉处理结果公告

一、项目编号（或招标编号、政府采购计划编号、采购计划备案文号等，如有）：____________________

二、项目名称：____________________

三、相关当事人

投诉人：____________________

地　址：____________________

被投诉人：____________________

地　址：____________________

相关供应商：____________________

地　址：____________________

当事人：____________________

地　址：____________________

四、基本情况

五、处理依据及结果

六、其他补充事宜

(执法机关名称)
年　　月　　日

监督检查处理结果公告

一、项目编号(或招标编号、政府采购计划编号、采购计划备案文号等,如有):________________________

二、项目名称:______________________

三、相关当事人

当事人1:______________________

地　址:______________________

当事人2:______________________

地　址:______________________

……

四、基本情况

五、处理依据及结果

六、其他补充事宜

(执法机关名称)
年　　月　　日

集中采购机构考核结果公告

一、考核单位名称:______________________

二、被考核单位名称:______________________

三、考核内容

四、考核方法

五、工作成效及存在问题

六、考核结果

七、其他补充事宜

年　　月　　日

第三部分　各行业招标采购

（一）住房建设

建筑工程方案设计招标投标管理办法

（2008年3月21日住房和城乡建设部发布　根据2019年3月18日
《住房城乡建设部关于修改有关文件的通知》修正）

第一章　总　　则

第一条　为规范建筑工程方案设计招标投标活动，提高建筑工程方案设计质量，体现公平有序竞争，根据《中华人民共和国建筑法》、《中华人民共和国招标投标法》及相关法律、法规和规章，制定本办法。

第二条　在中华人民共和国境内从事建筑工程方案设计招标投标及其管理活动的，适用本办法。

学术性的项目方案设计竞赛或不对某工程项目下一步设计工作的承接具有直接因果关系的“创意征集”等活动，不适用本办法。

第三条　本办法所称建筑工程方案设计招标投标，是指在建筑工程方案设计阶段，按照有关招标投标法律、法规和规章等规定进行的方案设计招标投标活动。

第四条　按照国家规定需要政府审批的建筑工程项目，有下列情形之一的，经有关部门批准，可以不进行招标：

（一）涉及国家安全、国家秘密的；

（二）涉及抢险救灾的；

（三）主要工艺、技术采用特定专利、专有技术，或者建筑艺术造型有特殊要求的；

（四）技术复杂或专业性强，能够满足条件的设计机构少于三家，不能形成有效竞争的；

（五）项目的改、扩建或者技术改造，由其他设计机构设计影响项目功能配套性的；

（六）法律、法规规定可以不进行设计招标的其他情形。

第五条　国务院建设主管部门负责全国建筑工程方案设计招标投标活动统一监督管理。县级以上人民政府建设主管部门依法对本行政区域内建筑工程方案设计招标投标活动实施监督管理。

建筑工程方案设计招标投标管理流程图详见附件一。

第六条　建筑工程方案设计应按照科学发展观，全面贯彻适用、经济，在可能条件下注意美观的原则。建筑工程设计方案要与当地经济发展水平相适应，积极鼓励采用节能、节地、节水、节材、环保技术的建筑工程设计方案。

第七条　建筑工程方案设计招标投标活动应遵循公开、公平、公正、择优和诚实信用的原则。

第八条 建筑工程方案设计应严格执行《建设工程质量管理条例》、《建设工程勘察设计管理条例》和国家强制性标准条文；满足现行的建筑工程建设标准、设计规范（规程）和本办法规定的相应设计文件编制深度要求。

第二章 招 标

第九条 建筑工程方案设计招标方式分为公开招标和邀请招标。

全部使用国有资金投资或者国有资金投资占控股或者主导地位的建筑工程项目，以及国务院发展和改革部门确定的国家重点项目和省、自治区、直辖市人民政府确定的地方重点项目，除符合本办法第四条及第十条规定条件并依法获得批准外，应当公开招标。

第十条 依法必须进行公开招标的建筑工程项目，在下列情形下可以进行邀请招标：

（一）项目的技术性、专业性强，或者环境资源条件特殊，符合条件的潜在投标人数量有限的；

（二）如采用公开招标，所需费用占建筑工程项目总投资额比例过大的；

（三）受自然因素限制，如采用公开招标，影响建筑工程项目实施时机的；

（四）法律、法规规定不宜公开招标的。

招标人采用邀请招标的方式，应保证有三个以上具备承担招标项目设计能力，并具有相应资质的机构参加投标。

第十一条 根据设计条件及设计深度，建筑工程方案设计招标类型分为建筑工程概念性方案设计招标和建筑工程实施性方案设计招标两种类型。

招标人应在招标公告或者投标邀请函中明示采用何种招标类型。

第十二条 建筑工程方案设计招标时应当具备下列条件：

（一）按照国家有关规定需要履行项目审批手续的，已履行审批手续，取得批准；

（二）设计所需要资金已经落实；

（三）设计基础资料已经收集完成；

（四）符合相关法律、法规规定的其他条件。

建筑工程概念性方案设计招标和建筑工程实施性方案设计招标的招标条件详见本办法附件二。

第十三条 公开招标的项目，招标人应当在指定的媒介发布招标公告。大型公共建筑工程的招标公告应当按照有关规定在指定的全国性媒介发布。

第十四条 招标人填写的招标公告或投标邀请函应当内容真实、准确和完整。

招标公告或投标邀请函的主要内容应当包括：工程概况、招标方式、招标类型、招标内容及范围、投标人承担设计任务范围、对投标人资质、经验及业绩的要求、投标人报名要求、招标文件工本费收费标准、投标报名时间、提交资格预审申请文件的截止时间、投标截止时间等。

建筑工程方案设计招标公告和投标邀请函样本详见本办法附件三。

第十五条 招标人应当按招标公告或者投标邀请函规定的时间、地点发出招标文件或者资格预审文件。自招标文件或者资格预审文件发出之日起至停止发出之日止，不得少于5个工作日。

第十六条 大型公共建筑工程项目或投标人报名数量较多的建筑工程项目招标可以实行资格预审。采用资格预审的，招标人应在招标公告中明示，并发出资格预审文件。招标人不得通过资格预审排斥潜在投标人。

对于投标人数量过多，招标人实行资格预审的情形，招标人应在招标公告中明确进行资格预审所需达到的投标人报名数量。招标人未在招标公告中明确或实际投标人报名数量未达到招标公告中规定的数量时，招标人不得进行资格预审。

资格预审必须由专业人员评审。资格预审不采用打分的方式评审，只有“通过”和“未通过”之分。如果通过资格预审投标人的数量不足三家，招标人应修订并公布新的资格预审条件，重新进行资格预审，直至三家或三家以上投标人通过资格预审为止。特殊情况下，招标人不能重新制定新的资格预审条件的,必须依据国家相关法律、法规规定执行。

建筑工程方案设计招标资格预审文件样本详见本办法附件四。

第十七条 招标人应当根据建筑工程特点和需要编制招标文件。招标文件包括以下方面内容:

(一)投标须知;

(二)投标技术文件要求;

(三)投标商务文件要求;

(四)评标、定标标准及方法说明;

(五)设计合同授予及投标补偿费用说明。

招标人应在招标文件中明确执行国家规定的设计收费标准或提供投标人设计收费的统一计算基价。

对政府或国有资金投资的大型公共建筑工程项目,招标人应当在招标文件中明确参与投标的设计方案必须包括有关使用功能、建筑节能、工程造价、运营成本等方面的专题报告。

设计招标文件中的投标须知样本、招标技术文件编写内容及深度要求、投标商务文件内容等分别详见本办法附件五、附件六和附件七。

第十八条 各级建设主管部门对招标投标活动实施监督。

第十九条 概念性方案设计招标或者实施性方案设计招标的中标人应按招标文件要求承担方案及后续阶段的设计和服务工作。但中标人为中华人民共和国境外企业的,若承担后续阶段的设计和服务工作应按照《关于外国企业在中华人民共和国境内从事建设工程设计活动的管理暂行规定》(建市〔2004〕78 号)执行。

如果招标人只要求中标人承担方案阶段设计,而不再委托中标人承接或参加后续阶段工程设计业务的,应在招标公告或投标邀请函中明示,并说明支付中标人的设计费用。采用建筑工程实施性方案设计招标的,招标人应按照国家规定方案阶段设计付费标准支付中标人。采用建筑工程概念性方案设计招标的,招标人应按照国家规定方案阶段设计付费标准的 80% 支付中标人。

第三章 投 标

第二十条 参加建筑工程项目方案设计的投标人应具备下列主体资格:

(一)在中华人民共和国境内注册的企业,应当具有建设主管部门颁发的建筑工程设计资质证书或建筑专业事务所资质证书,并按规定的等级和范围参加建筑工程项目方案设计投标活动。

(二)注册在中华人民共和国境外的企业,应当是其所在国或者所在地区的建筑设计行业协会或组织推荐的会员。其行业协会或组织的推荐名单应由建设单位确认。

(三)各种形式的投标联合体各方应符合上述要求。招标人不得强制投标人组成联合体共同投标,不得限制投标人组成联合体参与投标。

招标人可以根据工程项目实际情况,在招标公告或投标邀请函中明确投标人其他资格条件。

第二十一条 采用国际招标的,不应人为设置条件排斥境内投标人。

第二十二条 投标人应按照招标文件确定的内容和深度提交投标文件。

第二十三条 招标人要求投标人提交备选方案的,应当在招标文件中明确相应的评审和比选办法。

凡招标文件中未明确规定允许提交备选方案的,投标人不得提交备选方案。如投标人擅自提交备选方案的,招标人应当拒绝该投标人提交的所有方案。

第二十四条 建筑工程概念性方案设计投标文件编制一般不少于二十日,其中大型公共建筑工程概念性方案设计投标文件编制一般不少于四十日;建筑工程实施性方案设计投标文件编制一般不少于四十五日。招标文件中规定的编制时间不符合上述要求的,建设主管部门对招标文件不予备案。

第四章　开标、评标、定标

第二十五条　开标应在招标文件规定提交投标文件截止时间的同一时间公开进行；除不可抗力外，招标人不得以任何理由拖延开标，或者拒绝开标。

建筑工程方案设计招标开标程序详见本办法附件八。

第二十六条　投标文件出现下列情形之一的，其投标文件作为无效标处理，招标人不予受理：

（一）逾期送达的或者未送达指定地点的；

（二）投标文件未按招标文件要求予以密封的；

（三）违反有关规定的其他情形。

第二十七条　招标人或招标代理机构根据招标建筑工程项目特点和需要组建评标委员会，其组成应当符合有关法律、法规和本办法的规定：

（一）评标委员会的组成应包括招标人以及与建筑工程项目方案设计有关的建筑、规划、结构、经济、设备等专业专家。大型公共建筑工程项目应增加环境保护、节能、消防专家。评委应以建筑专业专家为主，其中技术、经济专家人数应占评委总数的三分之二以上；

（二）评标委员会人数为5人以上单数组成，其中大型公共建筑工程项目评标委员会人数不应少于9人；

（三）大型公共建筑工程或具有一定社会影响的建筑工程，以及技术特别复杂、专业性要求特别高的建筑工程，采取随机抽取确定的专家难以胜任的，经主管部门批准，招标人可以从设计类资深专家库中直接确定，必要时可以邀请外地或境外资深专家参加评标。

第二十八条　评标委员会必须严格按照招标文件确定的评标标准和评标办法进行评审。评委应遵循公平、公正、客观、科学、独立、实事求是的评标原则。

评审标准主要包括以下方面：

（一）对方案设计符合有关技术规范及标准规定的要求进行分析、评价；

（二）对方案设计水平、设计质量高低、对招标目标的响应度进行综合评审；

（三）对方案社会效益、经济效益及环境效益的高低进行分析、评价；

（四）对方案结构设计的安全性、合理性进行分析、评价；

（五）对方案投资估算的合理性进行分析、评价；

（六）对方案规划及经济技术指标的准确度进行比较、分析；

（七）对保证设计质量、配合工程实施，提供优质服务的措施进行分析、评价；

（八）对招标文件规定废标或被否决的投标文件进行评判。

评标方法主要包括记名投票法、排序法和百分制综合评估法等，招标人可根据项目实际情况确定评标方法。评标方法及实施步骤详见本办法附件九。

第二十九条　设计招标投标评审活动应当符合以下规定：

（一）招标人应确保评标专家有足够时间审阅投标文件，评审时间安排应与工程的复杂程度、设计深度、提交有效标的投标人数量和投标人提交设计方案的数量相适应。

（二）评审应由评标委员会负责人主持，负责人应从评标委员会中确定一名资深技术专家担任，并从技术评委中推荐一名评标会议纪要人。

（三）评标应严格按照招标文件中规定的评标标准和办法进行，除了有关法律、法规以及国家标准中规定的强制性条文外，不得引用招标文件规定以外的标准和办法进行评审。

（四）在评标过程中，当评标委员会对投标文件有疑问，需要向投标人质疑时，投标人可以到场解释或澄清投标文件有关内容。

（五）在评标过程中，一旦发现投标人有对招标人、评标委员会成员或其他有关人员施加不正当影响的行为，评标委员会有权拒绝该投标人的投标。

（六）投标人不得以任何形式干扰评标活动，否则评标委员会有权拒绝该投标人的投标。

（七）对于国有资金投资或国家融资的有重大社会影响的标志性建筑，招标人可以邀请人大代表、政协委员和社会公众代表列席，接受社会监督。但列席人员不发表评审意见，也不得以任何方式干涉评标委员会独立开展评标工作。

第三十条 大型公共建筑工程项目如有下列情况之一的，招标人可以在评标过程中对其中有关规划、安全、技术、经济、结构、环保、节能等方面进行专项技术论证：

（一）对于重要地区主要景观道路沿线，设计方案是否适合周边地区环境条件兴建的；

（二）设计方案中出现的安全、技术、经济、结构、材料、环保、节能等有重大不确定因素的；

（三）有特殊要求，需要进行设计方案技术论证的。

一般建筑工程项目，必要时，招标人也可进行涉及安全、技术、经济、结构、材料、环保、节能中的一个或多个方面的专项技术论证，以确保建筑方案的安全性和合理性。

第三十一条 投标文件有下列情形之一的，经评标委员会评审后按废标处理或被否决：

（一）投标文件中的投标函无投标人公章（有效签署）、投标人的法定代表人有效签章及未有相应资格的注册建筑师有效签章的；或者投标人的法定代表人授权委托人没有经有效签章的合法、有效授权委托书原件的；

（二）以联合体形式投标，未向招标人提交共同签署的联合体协议书的；

（三）投标联合体通过资格预审后在组成上发生变化的；

（四）投标文件中标明的投标人与资格预审的申请人在名称和组织结构上存在实质性差别的；

（五）未按招标文件规定的格式填写，内容不全，未响应招标文件的实质性要求和条件的，经评标委员会评审未通过的；

（六）违反编制投标文件的相关规定，可能对评标工作产生实质性影响的；

（七）与其他投标人串通投标，或者与招标人串通投标的；

（八）以他人名义投标，或者以其他方式弄虚作假的；

（九）未按招标文件的要求提交投标保证金的；

（十）投标文件中承诺的投标有效期短于招标文件规定的；

（十一）在投标过程中有商业贿赂行为的；

（十二）其他违反招标文件规定实质性条款要求的。

评标委员会对投标文件确认为废标的，应当由三分之二以上评委签字确认。

第三十二条 有下列情形之一的，招标人应当依法重新招标：

（一）所有投标均做废标处理或被否决的；

（二）评标委员会界定为不合格标或废标后，因有效投标人不足3个使得投标明显缺乏竞争，评标委员会决定否决全部投标的；

（三）同意延长投标有效期的投标人少于3个的。

符合前款第一种情形的，评标委员会应在评标纪要上详细说明所有投标均做废标处理或被否决的理由。

招标人依法重新招标的，应对有串标、欺诈、行贿、压价或弄虚作假等违法或严重违规行为的投标人取消其重新投标的资格。

第三十三条 评标委员会按如下规定向招标人推荐合格的中标候选人：

（一）采取公开和邀请招标方式的，推荐1至3名；

（二）招标人也可以委托评标委员会直接确定中标人；

（三）经评标委员会评审，认为各投标文件未最大程度响应招标文件要求，重新招标时间又不允许的，经评标委员会同意，评委可以以记名投票方式，按自然多数票产生3名或3名以上投标人进行方案优化设计。评标委员会重新对优化设计方案评审后，推荐合格的中标候选人。

第三十四条 各级建设主管部门应在评标结束后15天内在指定媒介上公开排名顺序，并对推荐中标方案、评标专家名单及各位专家评审意见进行公示，公示期为5个工作日。

第三十五条 推荐中标方案在公示期间没有异议、异议不成立、没有投诉或投诉处理后没有发现问题的，招标人应当根据招标文件中规定的定标方法从评标委员会推荐的中标候选方案中

确定中标人。定标方法主要包括:

(一)招标人委托评标委员会直接确定中标人。

(二)招标人确定评标委员会推荐的排名第一的中标候选人为中标人。排名第一的中标候选人放弃中标、因不可抗力提出不能履行合同、招标文件规定应当提交履约保证金而在规定的期限内未提交的,或者存在违法行为被有关部门依法查处,且其违法行为影响中标结果的,招标人可以确定排名第二的中标候选人为中标人。如排名第二的中标候选人也发生上述问题,依次可确定排名第三的中标候选人为中标人。

(三)招标人根据评标委员会的书面评标报告,组织审查评标委员会推荐的中标候选方案后,确定中标人。

第三十六条 依法必须进行设计招标的项目,招标人应当在确定中标人之日起15日内,向有关建设主管部门提交招标投标情况的书面报告。

建筑工程方案设计招标投标情况书面报告的主要内容详见本办法附件十。

第五章 其 他

第三十七条 招标人和中标人应当自中标通知书发出之日起30日内,依据《中华人民共和国合同法》及有关工程设计合同管理规定的要求,按照不违背招标文件和中标人的投标文件内容签订设计委托合同,并履行合同约定的各项内容。合同中确定的建设标准、建设内容应当控制在经审批的可行性报告规定范围内。

国家制定的设计收费标准上下浮动20%是签订建筑工程设计合同的依据。招标人不得以压低设计费、增加工作量、缩短设计周期等作为发出中标通知书的条件,也不得与中标人再订立背离合同实质性内容的其他协议。如招标人违反上述规定,其签订的合同效力按《中华人民共和国合同法》有关规定执行,同时建设主管部门对设计合同不予备案,并依法予以处理。

招标人应在签订设计合同起7个工作日内,将设计合同报项目所在地建设或规划主管部门备案。

第三十八条 对于达到设计招标文件要求但未中标的设计方案,招标人应给予不同程度的补偿。

(一)采用公开招标,招标人应在招标文件中明确其补偿标准。若投标人数量过多,招标人可在招标文件中明确对一定数量的投标人进行补偿。

(二)采用邀请招标,招标人应给予每个未中标的投标人经济补偿,并在投标邀请函中明确补偿标准。

招标人可根据情况设置不同档次的补偿标准,以便对评标委员会评选出的优秀设计方案给予适当鼓励。

第三十九条 境内外设计企业在中华人民共和国境内参加建筑工程设计招标的设计收费,应按照同等国民待遇原则,严格执行中华人民共和国的设计收费标准。

工程设计中采用投标人自有专利或者专有技术的,其专利和专有技术收费由招标人和投标人协商确定。

第四十条 招标人应保护投标人的知识产权。投标人拥有设计方案的著作权(版权)。未经投标人书面同意,招标人不得将交付的设计方案向第三方转让或用于本招标范围以外的其他建设项目。

招标人与中标人签署设计合同后,招标人在该建设项目中拥有中标方案的使用权。中标人应保护招标人一旦使用其设计方案不能受到来自第三方的侵权诉讼或索赔,否则中标人应承担由此而产生的一切责任。

招标人或者中标人使用其他未中标人投标文件中的技术成果或技术方案的,应当事先征得该投标人的书面同意,并按规定支付使用费。未经相关投标人书面许可,招标人或者中标人不得擅自使用其他投标人投标文件中的技术成果或技术方案。

联合体投标人合作完成的设计方案,其知识产权由联合体成员共同所有。

第四十一条　设计单位应对其提供的方案设计的安全性、可行性、经济性、合理性、真实性及合同履行承担相应的法律责任。

由于设计原因造成工程项目总投资超出预算的，建设单位有权依法对设计单位追究责任。但设计单位根据建设单位要求，仅承担方案设计，不承担后续阶段工程设计业务的情形除外。

第四十二条　各级建设主管部门应加强对建设单位、招标代理机构、设计单位及取得执业资格注册人员的诚信管理。在设计招标投标活动中对招标代理机构、设计单位及取得执业资格注册人员的各种失信行为和违法违规行为记录在案，并建立招标代理机构、设计单位及取得执业资格注册人员的诚信档案。

第四十三条　各级政府部门不得干预正常的招标投标活动和无故否决依法按规定程序评出的中标方案。

各级政府相关部门应加强监督国家和地方建设方针、政策、标准、规范的落实情况，查处不正当竞争行为。

在建筑工程方案设计招标投标活动中，对违反《中华人民共和国招标投标法》、《工程建设项目勘察设计招标投标办法》和本办法规定的，建设主管部门应当依法予以处理。

第六章　附　　则

第四十四条　本办法所称大型公共建筑工程一般指建筑面积 2 万平方米以上的办公建筑、商业建筑、旅游建筑、科教文卫建筑、通信建筑以及交通运输用房等。

第四十五条　使用国际组织或者外国政府贷款、援助资金的建筑工程进行设计招标时，贷款方、资金提供方对招标投标的条件和程序另有规定的，可以适用其规定，但违背中华人民共和国社会公共利益的除外。

第四十六条　各省、自治区、直辖市建设主管部门可依据本办法制定实施细则。

第四十七条　本办法自 2008 年 5 月 1 日起施行。

附件：（略）

房屋建筑和市政基础设施工程施工招标投标管理办法

（2001 年 6 月 1 日建设部令第 89 号公布　根据 2018 年 9 月 28 日住房和城乡建设部令第 43 号《关于修改〈房屋建筑和市政基础设施工程施工招标投标管理办法〉的决定》第一次修正　根据 2019 年 3 月 13 日住房和城乡建设部令第 47 号《关于修改部分部门规章的决定》第二次修正）

第一章　总　　则

第一条　为了规范房屋建筑和市政基础设施工程施工招标投标活动，维护招标投标当事人的合法权益，依据《中华人民共和国建筑法》、《中华人民共和国招标投标法》等法律、行政法规，制定本办法。

第二条　依法必须进行招标的房屋建筑和市政基础设施工程（以下简称工程），其施工招标投标活动，适用本办法。

本办法所称房屋建筑工程，是指各类房屋建筑及其附属设施和与其配套的线路、管道、设备安装工程及室内外装修工程。

本办法所称市政基础设施工程，是指城市道路、公共交通、供水、排水、燃气、热力、园林、环卫、污水处理、垃圾处理、防洪、地下公共设施及附属设施的土建、管道、设备安装工程。

第三条　国务院建设行政主管部门负责全国工程施工招标投标活动的监督管理。

县级以上地方人民政府建设行政主管部门负责本行政区域内工程施工招标投标活动的监督管理。具体的监督管理工作，可以委托工程招标投标监督管理机构负责实施。

第四条　任何单位和个人不得违反法律、行政法规规定，限制或者排斥本地区、本系统以外的法人或者其他组织参加投标,不得以任何方式非法干涉施工招标投标活动。

第五条 施工招标投标活动及其当事人应当依法接受监督。

建设行政主管部门依法对施工招标投标活动实施监督,查处施工招标投标活动中的违法行为。

第二章 招 标

第六条 工程施工招标由招标人依法组织实施。招标人不得以不合理条件限制或者排斥潜在投标人,不得对潜在投标人实行歧视待遇,不得对潜在投标人提出与招标工程实际要求不符的过高的资质等级要求和其他要求。

第七条 工程施工招标应当具备下列条件:

(一)按照国家有关规定需要履行项目审批手续的,已经履行审批手续;

(二)工程资金或者资金来源已经落实;

(三)有满足施工招标需要的设计文件及其他技术资料;

(四)法律、法规、规章规定的其他条件。

第八条 工程施工招标分为公开招标和邀请招标。

依法必须进行施工招标的工程,全部使用国有资金投资或者国有资金投资占控股或者主导地位的,应当公开招标,但经国家计委或者省、自治区、直辖市人民政府依法批准可以进行邀请招标的重点建设项目除外;其他工程可以实行邀请招标。

第九条 工程有下列情形之一的,经县级以上地方人民政府建设行政主管部门批准,可以不进行施工招标:

(一)停建或者缓建后恢复建设的单位工程,且承包人未发生变更的;

(二)施工企业自建自用的工程,且该施工企业资质等级符合工程要求的;

(三)在建工程追加的附属小型工程或者主体加层工程,且承包人未发生变更的;

(四)法律、法规、规章规定的其他情形。

第十条 依法必须进行施工招标的工程,招标人自行办理施工招标事宜的,应当具有编制招标文件和组织评标的能力:

(一)有专门的施工招标组织机构;

(二)有与工程规模、复杂程度相适应并具有同类工程施工招标经验、熟悉有关工程施工招标法律法规的工程技术、概预算及工程管理的专业人员。

不具备上述条件的,招标人应当委托工程招标代理机构代理施工招标。

第十一条 招标人自行办理施工招标事宜的,应当在发布招标公告或者发出投标邀请书的5日前,向工程所在地县级以上地方人民政府建设行政主管部门备案,并报送下列材料:

(一)按照国家有关规定办理审批手续的各项批准文件;

(二)本办法第十一条所列条件的证明材料,包括专业技术人员的名单、职称证书或者执业资格证书及其工作经历的证明材料;

(三)法律、法规、规章规定的其他材料。

招标人不具备自行办理施工招标事宜条件的,建设行政主管部门应当自收到备案材料之日起5日内责令招标人停止自行办理施工招标事宜。

第十二条 全部使用国有资金投资或者国有资金投资占控股或者主导地位,依法必须进行施工招标的工程项目,应当进入有形建筑市场进行招标投标活动。

政府有关管理机关可以在有形建筑市场集中办理有关手续,并依法实施监督。

第十三条 依法必须进行施工公开招标的工程项目,应当在国家或者地方指定的报刊、信息网络或者其他媒介上发布招标公告,并同时在中国工程建设和建筑业信息网上发布招标公告。

招标公告应当载明招标人的名称和地址,招标工程的性质、规模、地点以及获取招标文件的办法等事项。

第十四条 招标人采用邀请招标方式的,应当向3个以上符合资质条件的施工企业发出投标邀请书。

投标邀请书应当载明本办法第十四条第二款规定的事项。

第十五条 招标人可以根据招标工程的需要,对投标申请人进行资格预审,也可以委托工程招标代理机构对投标申请人进行资格预审。实行资格预审的招标工程,招标人应当在招标公告或者投标邀请书中载明资格预审的条件和获取资格预审文件的办法。

资格预审文件一般应当包括资格预审申请书格式、申请人须知,以及需要投标申请人提供的企业资质、业绩、技术装备、财务状况和拟派出的项目经理与主要技术人员的简历、业绩等证明材料。

第十六条 经资格预审后,招标人应当向资格预审合格的投标申请人发出资格预审合格通知书,告知获取招标文件的时间、地点和方法,并同时向资格预审不合格的投标申请人告知资格预审结果。

在资格预审合格的投标申请人过多时,可以由招标人从中选择不少于 7 家资格预审合格的投标申请人。

第十七条 招标人应当根据招标工程的特点和需要,自行或者委托工程招标代理机构编制招标文件。招标文件应当包括下列内容:

(一)投标须知,包括工程概况,招标范围,资格审查条件,工程资金来源或者落实情况,标段划分,工期要求,质量标准,现场踏勘和答疑安排,投标文件编制、提交、修改、撤回的要求,投标报价要求,投标有效期,开标的时间和地点,评标的方法和标准等;

(二)招标工程的技术要求和设计文件;

(三)采用工程量清单招标的,应当提供工程量清单;

(四)投标函的格式及附录;

(五)拟签订合同的主要条款;

(六)要求投标人提交的其他材料。

第十八条 依法必须进行施工招标的工程,招标人应当在招标文件发出的同时,将招标文件报工程所在地的县级以上地方人民政府建设行政主管部门备案,但实施电子招标投标的项目除外。建设行政主管部门发现招标文件有违反法律、法规内容的,应当责令招标人改正。

第十九条 招标人对已发出的招标文件进行必要的澄清或者修改的,应当在招标文件要求提交投标文件截止时间至少 15 日前,以书面形式通知所有招标文件收受人,并同时报工程所在地的县级以上地方人民政府建设行政主管部门备案,但实施电子招标投标的项目除外。该澄清或者修改的内容为招标文件的组成部分。

第二十条 招标人设有标底的,应当依据国家规定的工程量计量规则及招标文件规定的计价方法和要求编制标底,并在开标前保密。一个招标工程只能编制一个标底。

第二十一条 招标人对于发出的招标文件可以酌收工本费。其中的设计文件,招标人可以酌收押金。对于开标后将设计文件退还的,招标人应当退还押金。

第三章 投 标

第二十二条 施工招标的投标人是响应施工招标、参与投标竞争的施工企业。

投标人应当具备相应的施工企业资质,并在工程业绩、技术能力、项目经理资格条件、财务状况等方面满足招标文件提出的要求。

第二十三条 投标人对招标文件有疑问需要澄清的,应当以书面形式向招标人提出。

第二十四条 投标人应当按照招标文件的要求编制投标文件,对招标文件提出的实质性要求和条件作出响应。

招标文件允许投标人提供备选标的,投标人可以按照招标文件的要求提交替代方案,并作出相应报价作备选标。

第二十五条 投标文件应当包括下列内容:

(一)投标函;

(二)施工组织设计或者施工方案;

(三)投标报价;

(四)招标文件要求提供的其他材料。

第二十六条 招标人可以在招标文件中要求投标人提交投标担保。投标担保可以采用投标保函或者投标保证金的方式。投标保证金可以使用支票、银行汇票等,一般不得超过投标总价的2%,最高不得超过50万元。

投标人应当按照招标文件要求的方式和金额,将投标保函或者投标保证金随投标文件提交招标人。

第二十七条 投标人应当在招标文件要求提交投标文件的截止时间前,将投标文件密封送达投标地点。招标人收到投标文件后,应当向投标人出具标明签收人和签收时间的凭证,并妥善保存投标文件。在开标前,任何单位和个人均不得开启投标文件。在招标文件要求提交投标文件的截止时间后送达的投标文件,为无效的投标文件,招标人应当拒收。

提交投标文件的投标人少于3个的,招标人应当依法重新招标。

第二十八条 投标人在招标文件要求提交投标文件的截止时间前,可以补充、修改或者撤回已提交的投标文件。补充、修改的内容为投标文件的组成部分,并应当按照本办法第二十八条第一款的规定送达、签收和保管。在招标文件要求提交投标文件的截止时间后送达的补充或者修改的内容无效。

第二十九条 两个以上施工企业可以组成一个联合体,签订共同投标协议,以一个投标人的身份共同投标。联合体各方均应当具备承担招标工程的相应资质条件。相同专业的施工企业组成的联合体,按照资质等级低的施工企业的业务许可范围承揽工程。

招标人不得强制投标人组成联合体共同投标,不得限制投标人之间的竞争。

第三十条 投标人不得相互串通投标,不得排挤其他投标人的公平竞争,损害招标人或者其他投标人的合法权益。

投标人不得与招标人串通投标,损害国家利益、社会公共利益或者他人的合法权益。

禁止投标人以向招标人或者评标委员会成员行贿的手段谋取中标。

第三十一条 投标人不得以低于其企业成本的报价竞标,不得以他人名义投标或者以其他方式弄虚作假,骗取中标。

第四章 开标、评标和中标

第三十二条 开标应当在招标文件确定的提交投标文件截止时间的同一时间公开进行;开标地点应当为招标文件中预先确定的地点。

第三十三条 开标由招标人主持,邀请所有投标人参加。开标应当按照下列规定进行:

由投标人或者其推选的代表检查投标文件的密封情况,也可以由招标人委托的公证机构进行检查并公证。经确认无误后,由有关工作人员当众拆封,宣读投标人名称、投标价格和投标文件的其他主要内容。

招标人在招标文件要求提交投标文件的截止时间前收到的所有投标文件,开标时都应当当众予以拆封、宣读。

开标过程应当记录,并存档备查。

第三十四条 在开标时,投标文件出现下列情形之一的,应当作为无效投标文件,不得进入评标:

(一)投标文件未按照招标文件的要求予以密封的;

(二)投标文件中的投标函未加盖投标人的企业及企业法定代表人印章的,或者企业法定代表人委托代理人没有合法、有效的委托书(原件)及委托代理人印章的;

(三)投标文件的关键内容字迹模糊、无法辨认的;

(四)投标人未按照招标文件的要求提供投标保函或者投标保证金的;

(五)组成联合体投标的,投标文件未附联合体各方共同投标协议的。

第三十五条 评标由招标人依法组建的评标委员会负责。

依法必须进行施工招标的工程,其评标委员会由招标人的代表和有关技术、经济等方面的专家组成,成员人数为5人以上单数,其中招标人、招标代理机构以外的技术、经济等方面专家不得少于成员总数的三分之二。评标委员会的专家成员,应当由招标人从建设行政主管部门及其他有关政府部门确定的专家名册或者工程招标代理机构的专家库内相关专业的专家名单中确定。确定专家成员一般应当采取随机抽取的方式。

与投标人有利害关系的人不得进入相关工程的评标委员会。评标委员会成员的名单在中标结果确定前应当保密。

第三十六条 建设行政主管部门的专家名册应当拥有一定数量规模并符合法定资格条件的专家。省、自治区、直辖市人民政府建设行政主管部门可以将专家数量少的地区的专家名册予以合并或者实行专家名册计算机联网。

建设行政主管部门应当对进入专家名册的专家组织有关法律和业务培训,对其评标能力、廉洁公正等进行综合评估,及时取消不称职或者违法违规人员的评标专家资格。被取消评标专家资格的人员,不得再参加任何评标活动。

第三十七条 评标委员会应当按照招标文件确定的评标标准和方法,对投标文件进行评审和比较,并对评标结果签字确认;设有标底的,应当参考标底。

第三十八条 评标委员会可以用书面形式要求投标人对投标文件中含义不明确的内容作必要的澄清或者说明。投标人应当采用书面形式进行澄清或者说明,其澄清或者说明不得超出投标文件的范围或者改变投标文件的实质性内容。

第三十九条 评标委员会经评审,认为所有投标文件都不符合招标文件要求的,可以否决所有投标。

依法必须进行施工招标工程的所有投标被否决的,招标人应当依法重新招标。

第四十条 评标可以采用综合评估法、经评审的最低投标价法或者法律法规允许的其他评标方法。

采用综合评估法的,应当对投标文件提出的工程质量、施工工期、投标价格、施工组织设计或者施工方案、投标人及项目经理业绩等,能否最大限度地满足招标文件中规定的各项要求和评价标准进行评审和比较。以评分方式进行评估的,对于各种评比奖项不得额外计分。

采用经评审的最低投标价法的,应当在投标文件能够满足招标文件实质性要求的投标人中,评审出投标价格最低的投标人,但投标价格低于其企业成本的除外。

第四十一条 评标委员会完成评标后,应当向招标人提出书面评标报告,阐明评标委员会对各投标文件的评审和比较意见,并按照招标文件中规定的评标方法,推荐不超过3名有排序的合格的中标候选人。招标人根据评标委员会提出的书面评标报告和推荐的中标候选人确定中标人。

使用国有资金投资或者国家融资的工程项目,招标人应当按照中标候选人的排序确定中标人。当确定中标的中标候选人放弃中标或者因不可抗力提出不能履行合同的,招标人可以依序确定其他中标候选人为中标人。

招标人也可以授权评标委员会直接确定中标人。

第四十二条 有下列情形之一的,评标委员会可以要求投标人作出书面说明并提供相关材料:

(一)设有标底的,投标报价低于标底合理幅度的;

(二)不设标底的,投标报价明显低于其他投标报价,有可能低于其企业成本的。

经评标委员会论证,认定该投标人的报价低于其企业成本的,不能推荐为中标候选人或者中标人。

第四十三条 招标人应当在投标有效期截止时限30日前确定中标人。投标有效期应当在招标文件中载明。

第四十四条 依法必须进行施工招标的工程,招标人应当自确定中标人之日起15日内,向工程所在地的县级以上地方人民政府建设行政主管部门提交施工招标投标情况的书面报告。书

面报告应当包括下列内容:

(一)施工招标投标的基本情况,包括施工招标范围、施工招标方式、资格审查、开评标过程和确定中标人的方式及理由等。

(二)相关的文件资料,包括招标公告或者投标邀请书、投标报名表、资格预审文件、招标文件、评标委员会的评标报告(设有标底的,应当附标底)、中标人的投标文件。委托工程招标代理的,还应当附工程施工招标代理委托合同。

前款第二项中已按照本办法的规定办理了备案的文件资料,不再重复提交。

第四十五条 建设行政主管部门自收到书面报告之日起5日内未通知招标人在招标投标活动中有违法行为的,招标人可以向中标人发出中标通知书,并将中标结果通知所有未中标的投标人。

第四十六条 招标人和中标人应当自中标通知书发出之日起30日内,按照招标文件和中标人的投标文件订立书面合同;招标人和中标人不得再行订立背离合同实质性内容的其他协议。

中标人不与招标人订立合同的,投标保证金不予退还并取消其中标资格,给招标人造成的损失超过投标保证金数额的,应当对超过部分予以赔偿;没有提交投标保证金的,应当对招标人的损失承担赔偿责任。

招标人无正当理由不与中标人签订合同,给中标人造成损失的,招标人应当给予赔偿。

第四十七条 招标文件要求中标人提交履约担保的,中标人应当提交。招标人应当同时向中标人提供工程款支付担保。

第五章 罚 则

第四十八条 有违反《招标投标法》行为的,县级以上地方人民政府建设行政主管部门应当按照《招标投标法》的规定予以处罚。

第四十九条 招标投标活动中有《招标投标法》规定中标无效情形的,由县级以上地方人民政府建设行政主管部门宣布中标无效,责令重新组织招标,并依法追究有关责任人责任。

第五十条 应当招标未招标的,应当公开招标未公开招标的,县级以上地方人民政府建设行政主管部门应当责令改正,拒不改正的,不得颁发施工许可证。

第五十一条 招标人不具备自行办理施工招标事宜条件而自行招标的,县级以上地方人民政府建设行政主管部门应当责令改正,处1万元以下的罚款。

第五十二条 评标委员会的组成不符合法律、法规规定的,县级以上地方人民政府建设行政主管部门应当责令招标人重新组织评标委员会。

第五十三条 招标人未向建设行政主管部门提交施工招标投标情况书面报告的,县级以上地方人民政府建设行政主管部门应当责令改正。

第六章 附 则

第五十四条 工程施工专业分包、劳务分包采用招标方式的,参照本办法执行。

第五十五条 招标文件或者投标文件使用两种以上语言文字的,必须有一种是中文;如对不同文本的解释发生异议的,以中文文本为准。用文字表示的金额与数字表示的金额不一致的,以文字表示的金额为准。

第五十六条 涉及国家安全、国家秘密、抢险救灾或者属于利用扶贫资金实行以工代赈、需要使用农民工等特殊情况,不适宜进行施工招标的工程,按照国家有关规定可以不进行施工招标。

第五十七条 使用国际组织或者外国政府贷款、援助资金的工程进行施工招标,贷款方、资金提供方对招标投标的具体条件和程序有不同规定的,可以适用其规定,但违背中华人民共和国的社会公共利益的除外。

第五十八条 本办法由国务院建设行政主管部门负责解释。

第五十九条 本办法自发布之日起施行。1992年12月30日建设部颁布的《工程建设施工招标投标管理办法》(建设部令第23号)同时废止。

招标拍卖挂牌出让国有建设用地使用权规定

(2002 年 5 月 9 日国土资源部令第 11 号公布
2007 年 9 月 28 日国土资源部令第 39 号修订 自 2007 年 11 月 1 日起施行)

第一条 为规范国有建设用地使用权出让行为,优化土地资源配置,建立公开、公平、公正的土地使用制度,根据《中华人民共和国物权法》、《中华人民共和国土地管理法》、《中华人民共和国城市房地产管理法》和《中华人民共和国土地管理法实施条例》,制定本规定。

第二条 在中华人民共和国境内以招标、拍卖或者挂牌出让方式在土地的地表、地上或者地下设立国有建设用地使用权的,适用本规定。

本规定所称招标出让国有建设用地使用权,是指市、县人民政府国土资源行政主管部门(以下简称出让人)发布招标公告,邀请特定或者不特定的自然人、法人和其他组织参加国有建设用地使用权投标,根据投标结果确定国有建设用地使用权人的行为。

本规定所称拍卖出让国有建设用地使用权,是指出让人发布拍卖公告,由竞买人在指定时间、地点进行公开竞价,根据出价结果确定国有建设用地使用权人的行为。

本规定所称挂牌出让国有建设用地使用权,是指出让人发布挂牌公告,按公告规定的期限将拟出让宗地的交易条件在指定的土地交易场所挂牌公布,接受竞买人的报价申请并更新挂牌价格,根据挂牌期限截止时的出价结果或者现场竞价结果确定国有建设用地使用权人的行为。

第三条 招标、拍卖或者挂牌出让国有建设用地使用权,应当遵循公开、公平、公正和诚信的原则。

第四条 工业、商业、旅游、娱乐和商品住宅等经营性用地以及同一宗地有两个以上意向用地者的,应当以招标、拍卖或者挂牌方式出让。

前款规定的工业用地包括仓储用地,但不包括采矿用地。

第五条 国有建设用地使用权招标、拍卖或者挂牌出让活动,应当有计划地进行。

市、县人民政府国土资源行政主管部门根据经济社会发展计划、产业政策、土地利用总体规划、土地利用年度计划、城市规划和土地市场状况,编制国有建设用地使用权出让年度计划,报经同级人民政府批准后,及时向社会公开发布。

第六条 市、县人民政府国土资源行政主管部门应当按照出让年度计划,会同城市规划等有关部门共同拟订拟招标拍卖挂牌出让地块的出让方案,报经市、县人民政府批准后,由市、县人民政府国土资源行政主管部门组织实施。

前款规定的出让方案应当包括出让地块的空间范围、用途、年限、出让方式、时间和其他条件等。

第七条 出让人应当根据招标拍卖挂牌出让地块的情况,编制招标拍卖挂牌出让文件。

招标拍卖挂牌出让文件应当包括出让公告、投标或者竞买须知、土地使用条件、标书或者竞买申请书、报价单、中标通知书或者成交确认书、国有建设用地使用权出让合同文本。

第八条 出让人应当至少在投标、拍卖或者挂牌开始日前 20 日,在土地有形市场或者指定的场所、媒介发布招标、拍卖或者挂牌公告,公布招标拍卖挂牌出让宗地的基本情况和招标拍卖挂牌的时间、地点。

第九条 招标拍卖挂牌公告应当包括下列内容:

(一)出让人的名称和地址;

(二)出让宗地的面积、界址、空间范围、现状、使用年期、用途、规划指标要求;

(三)投标人、竞买人的资格要求以及申请取得投标、竞买资格的办法;

(四)索取招标拍卖挂牌出让文件的时间、地点和方式;

(五)招标拍卖挂牌时间、地点、投标挂牌期限、投标和竞价方式等;

(六)确定中标人、竞得人的标准和方法;
(七)投标、竞买保证金;
(八)其他需要公告的事项。

第十条 市、县人民政府国土资源行政主管部门应当根据土地估价结果和政府产业政策综合确定标底或者底价。

标底或者底价不得低于国家规定的最低价标准。

确定招标标底,拍卖和挂牌的起叫价、起始价、底价,投标、竞买保证金,应当实行集体决策。

招标标底和拍卖挂牌的底价,在招标开标前和拍卖挂牌出让活动结束之前应当保密。

第十一条 中华人民共和国境内外的自然人、法人和其他组织,除法律、法规另有规定外,均可申请参加国有建设用地使用权招标拍卖挂牌出让活动。

出让人在招标拍卖挂牌出让公告中不得设定影响公平、公正竞争的限制条件。挂牌出让的,出让公告中规定的申请截止时间,应当为挂牌出让结束日前 2 天。对符合招标拍卖挂牌公告规定条件的申请人,出让人应当通知其参加招标拍卖挂牌活动。

第十二条 市、县人民政府国土资源行政主管部门应当为投标人、竞买人查询拟出让土地的有关情况提供便利。

第十三条 投标、开标依照下列程序进行:

(一)投标人在投标截止时间前将标书投入标箱。招标公告允许邮寄标书的,投标人可以邮寄,但出让人在投标截止时间前收到的方为有效。

标书投入标箱后,不可撤回。投标人应当对标书和有关书面承诺承担责任。

(二)出让人按照招标公告规定的时间、地点开标,邀请所有投标人参加。由投标人或者其推选的代表检查标箱的密封情况,当众开启标箱,点算标书。投标人少于三人的,出让人应当终止招标活动。投标人不少于三人的,应当逐一宣布投标人名称、投标价格和投标文件的主要内容。

(三)评标小组进行评标。评标小组由出让人代表、有关专家组成,成员人数为五人以上的单数。

评标小组可以要求投标人对投标文件作出必要的澄清或者说明,但是澄清或者说明不得超出投标文件的范围或者改变投标文件的实质性内容。

评标小组应当按照招标文件确定的评标标准和方法,对投标文件进行评审。

(四)招标人根据评标结果,确定中标人。

按照价高者得的原则确定中标人的,可以不成立评标小组,由招标主持人根据开标结果,确定中标人。

第十四条 对能够最大限度地满足招标文件中规定的各项综合评价标准,或者能够满足招标文件的实质性要求且价格最高的投标人,应当确定为中标人。

第十五条 拍卖会依照下列程序进行:

(一)主持人点算竞买人;
(二)主持人介绍拍卖宗地的面积、界址、空间范围、现状、用途、使用年期、规划指标要求、开工和竣工时间以及其他有关事项;
(三)主持人宣布起叫价和增价规则及增价幅度。没有底价的,应当明确提示;
(四)主持人报出起叫价;
(五)竞买人举牌应价或者报价;
(六)主持人确认该应价或者报价后继续竞价;
(七)主持人连续三次宣布同一应价或者报价而没有再应价或者报价的,主持人落槌表示拍卖成交;
(八)主持人宣布最高应价或者报价者为竞得人。

第十六条 竞买人的最高应价或者报价未达到底价时,主持人应当终止拍卖。

拍卖主持人在拍卖中可以根据竞买人竞价情况调整拍卖增价幅度。

第十七条 挂牌依照以下程序进行:

(一)在挂牌公告规定的挂牌起始日,出让人将挂牌宗地的面积、界址、空间范围、现状、用途、使用年期、规划指标要求、开工时间和竣工时间、起始价、增价规则及增价幅度等,在挂牌公告规定的土地交易场所挂牌公布;

(二)符合条件的竞买人填写报价单报价;

(三)挂牌主持人确认该报价后,更新显示挂牌价格;

(四)挂牌主持人在挂牌公告规定的挂牌截止时间确定竞得人。

第十八条 挂牌时间不得少于10日。挂牌期间可根据竞买人竞价情况调整增价幅度。

第十九条 挂牌截止应当由挂牌主持人主持确定。挂牌期限届满,挂牌主持人现场宣布最高报价及其报价者,并询问竞买人是否愿意继续竞价。有竞买人表示愿意继续竞价的,挂牌出让转入现场竞价,通过现场竞价确定竞得人。挂牌主持人连续三次报出最高挂牌价格,没有竞买人表示愿意继续竞价的,按照下列规定确定是否成交:

(一)在挂牌期限内只有一个竞买人报价,且报价不低于底价,并符合其他条件的,挂牌成交;

(二)在挂牌期限内有两个或者两个以上的竞买人报价的,出价最高者为竞得人;报价相同的,先提交报价单者为竞得人,但报价低于底价者除外;

(三)在挂牌期限内无应价者或者竞买人的报价均低于底价或者均不符合其他条件的,挂牌不成交。

第二十条 以招标、拍卖或者挂牌方式确定中标人、竞得人后,中标人、竞得人支付的投标、竞买保证金,转作受让地块的定金。出让人应当向中标人发出中标通知书或者与竞得人签订成交确认书。

中标通知书或者成交确认书应当包括出让人和中标人或者竞得人的名称,出让标的,成交时间、地点、价款以及签订国有建设用地使用权出让合同的时间、地点等内容。

中标通知书或者成交确认书对出让人和中标人或者竞得人具有法律效力。出让人改变竞得结果,或者中标人、竞得人放弃中标宗地、竞得宗地的,应当依法承担责任。

第二十一条 中标人、竞得人应当按照中标通知书或者成交确认书约定的时间,与出让人签订国有建设用地使用权出让合同。中标人、竞得人支付的投标、竞买保证金抵作土地出让价款;其他投标人、竞买人支付的投标、竞买保证金,出让人必须在招标拍卖挂牌活动结束后5个工作日内予以退还,不计利息。

第二十二条 招标拍卖挂牌活动结束后,出让人应在10个工作日内将招标拍卖挂牌出让结果在土地有形市场或者指定的场所、媒介公布。

出让人公布出让结果,不得向受让人收取费用。

第二十三条 受让人依照国有建设用地使用权出让合同的约定付清全部土地出让价款后,方可申请办理土地登记,领取国有建设用地使用权证书。

未按出让合同约定缴清全部土地出让价款的,不得发放国有建设用地使用权证书,也不得按出让价款缴纳比例分割发放国有建设用地使用权证书。

第二十四条 应当以招标拍卖挂牌方式出让国有建设用地使用权而擅自采用协议方式出让的,对直接负责的主管人员和其他直接责任人员依法给予处分;构成犯罪的,依法追究刑事责任。

第二十五条 中标人、竞得人有下列行为之一的,中标、竞得结果无效;造成损失的,应当依法承担赔偿责任:

(一)提供虚假文件隐瞒事实的;

(二)采取行贿、恶意串通等非法手段中标或者竞得的。

第二十六条 国土资源行政主管部门的工作人员在招标拍卖挂牌出让活动中玩忽职守、滥用职权、徇私舞弊的,依法给予处分;构成犯罪的,依法追究刑事责任。

第二十七条 以招标拍卖挂牌方式租赁国有建设用地使用权的,参照本规定执行。

第二十八条 本规定自2007年11月1日起施行。

招标拍卖挂牌出让国有土地使用权规范(试行)

(2006年5月31日国土资源部发布 国土资发〔2006〕114号
自2006年8月1日起施行)

目 次

前言

为完善国有土地使用权出让制度,规范国有土地使用权招标拍卖挂牌出让行为,统一程序和标准,优化土地资源配置,推进土地市场建设,根据《中华人民共和国土地管理法》、《中华人民共和国城市房地产管理法》、《中华人民共和国城镇国有土地使用权出让和转让暂行条例》、《招标拍卖挂牌出让国有土地使用权规定》等规定,制定本规范。

本规范的附录B为招标拍卖挂牌出让公告应当使用的文本格式,附录A、附录C、附录D、附录E、附录F、附录G、附录H、附录I、附录J为招标拍卖挂牌出让活动中所需其他文本的示范格式。

本规范由国土资源部提出并归口。

本规范起草单位:国土资源部土地利用管理司,国土资源部土地整理中心,辽宁省国土资源厅,江苏省国土资源厅,福建省国土资源厅,山东省国土资源厅,广东省国土资源厅,深圳市国土资源和房产管理局。

本规范主要起草人员:廖永林、冷宏志、岳晓武、雷爱先、高永、谢量雄、宋玉波、黄启才、潘光明、涂高坤、王联珠、牟傲风、叶卫东、钟松忆、林立森、申亮、陈梅英、周旭、沈飞、张防。

本规范参加起草人员(以姓氏笔画为序):于世专、马尚、王薇、车长志、邓岳方、叶元蓬、叶东、任钊洪、关文荣、刘显棋、刘祥元、刘瑞平、朱育德、闫洪溪、严政、吴永高、吴迪、吴海洋、张万中、张英奇、李延荣、李晓娟、李晓斌、束克欣、杨玉芳、杨江正、肖建军、陈永真、陈国庆、林君衡、罗演广、祝军、胡立兵、胡红兵、赵春华、郝吉虎、高志云、徐建设、秦水龙、钱友根、梁红、黄文波、韩建国、韩洪伟、靳薇、潘洪篙、魏成、魏莉华。

本规范由国土资源部负责解释。

1 适用范围

在中华人民共和国境内以招标、拍卖或者挂牌方式出让国有土地使用权,适用本规范;以招标、拍卖或者挂牌方式租赁国有土地使用权、出让国有土地他项权利,参照本规范执行。以招标、拍卖或者挂牌方式转让国有土地使用权,以及依法以招标、拍卖或者挂牌方式流转农民集体建设用地使用权,可参照本规范执行。

2 引用的标准和文件

下列标准和文件所包含的条文,通过在本规范中引用而构成本规范的条文。本规范颁布时,所示版本均为有效。使用本规范的各方应使用下列各标准和文件的最新版本。

GB/T 18508—2001《城镇土地估价规程》

国土资发〔2000〕303 号《国有土地使用权出让合同示范文本》

国土资发〔2001〕255 号《全国土地分类》

国土资发〔2004〕232 号《工业建设项目用地控制指标》

3 依据

(1)《中华人民共和国土地管理法》

(2)《中华人民共和国城市房地产管理法》

(3)《中华人民共和国城市规划法》

(4)《中华人民共和国行政许可法》

(5)《中华人民共和国合同法》

(6)《中华人民共和国城镇国有土地使用权出让和转让暂行条例》

(7)《建立健全教育、制度、监督并重的惩治和预防腐败体系实施纲要》(中发〔2005〕3 号)

(8)《国务院关于加强国有土地资产管理的通知》(国发〔2001〕15 号)

(9)《国务院关于深化改革严格土地管理的决定》(国发〔2004〕28 号)

(10)《中共中央纪委监察部关于领导干部利用职权违反规定干预和插手建设工程招投标、经营性土地使用权出让、房地产开发与经营等市场经济活动,为个人和亲友谋取私利的处理规定》(中纪发〔2004〕3 号)

(11)《招标拍卖挂牌出让国有土地使用权规定》(国土资源部令第 11 号)

4 总则

4.1 招标拍卖挂牌出让国有土地使用权内涵

本规范所称招标出让国有土地使用权,是指市、县国土资源管理部门发布招标公告或者发出投标邀请书,邀请特定或者不特定的法人、自然人和其他组织参加国有土地使用权投标,根据投标结果确定土地使用者的行为。

本规范所称拍卖出让国有土地使用权,是指市、县国土资源管理部门发布拍卖公告,由竞买人在指定时间、地点进行公开竞价,根据出价结果确定土地使用者的行为。

本规范所称挂牌出让国有土地使用权,是指市、县国土资源管理部门发布挂牌公告,按公告规定的期限将拟出让宗地的交易条件在指定的土地交易场所挂牌公布,接受竞买人的报价申请并更新挂牌价格,根据挂牌期限截止时的出价结果或现场竞价结果确定土地使用者的行为。

4.2 招标拍卖挂牌出让国有土地使用权原则

(1)公开、公平、公正;

(2)诚实信用。

4.3 招标拍卖挂牌出让国有土地使用权范围

(1)供应商业、旅游、娱乐和商品住宅等各类经营性用地以及有竞争要求的工业用地;

(2)其他土地供地计划公布后同一宗地有两个或者两个以上意向用地者的;

(3)划拨土地使用权改变用途,《国有土地划拨决定书》或法律、法规、行政规定等明确应当收回土地使用权,实行招标拍卖挂牌出让的;

(4)划拨土地使用权转让,《国有土地划拨决定书》或法律、法规、行政规定等明确应当收回土地使用权,实行招标拍卖挂牌出让的;

(5)出让土地使用权改变用途,《国有土地使用权出让合同》约定或法律、法规、行政规定等明确应当收回土地使用权,实行招标拍卖挂牌出让的;

(6)法律、法规、行政规定明确应当招标拍卖挂牌出让的其他情形。

4.4 招标拍卖挂牌出让国有土地使用权组织实施

4.4.1 实施主体

国有土地使用权招标拍卖挂牌出让由市、县国土资源管理部门组织实施。

4.4.2 组织方式

市、县国土资源管理部门实施招标拍卖挂牌出让国有土地使用权活动,可以根据实际情况选择以下方式:

(1)市、县国土资源管理部门自行办理;

(2)市、县国土资源管理部门指定或授权下属事业单位具体承办;

(3)市、县国土资源管理部门委托具有相应资质的交易代理中介机构承办。

4.4.3 协调决策机构

国有土地使用权出让实行集体决策。市、县国土资源管理部门根据实际情况,可以成立国有土地使用权出让协调决策机构,负责协调解决出让中的相关问题,集体确定有关事项。

4.4.4 土地招标拍卖挂牌主持人

国有土地使用权招标拍卖挂牌出让活动,应当由符合国土资源部确定的土地招标拍卖挂牌主持人条件并取得资格的人员主持进行。

4.4.5 招标拍卖挂牌出让程序

(1)公布出让计划,确定供地方式;

(2)编制、确定出让方案;

(3)地价评估,确定出让底价;

(4)编制出让文件;

(5)发布出让公告;

(6)申请和资格审查;

(7)招标拍卖挂牌活动实施;

(8)签订出让合同,公布出让结果;

(9)核发《建设用地批准书》,交付土地;

(10)办理土地登记;

(11)资料归档。

4.5 地方补充规定

地方可对本规范做出补充规定或实施细则,并报上一级国土资源管理部门备案。

5 公布出让计划,确定供地方式

5.1 市、县国土资源管理部门应当将经批准的国有土地使用权出让计划向社会公布。有条件的地方可以根据供地进度安排,分阶段将国有土地使用权出让计划细化落实到地段、地块,并将相关信息及时向社会公布。国有土地使用权出让计划以及细化的地段、地块信息应当同时在中国土地市场网(www.landchina.com)上公布。

5.2 市、县国土资源管理部门公布国有土地使用权出让计划、细化的地段、地块信息,应当同时明确用地者申请用地的途径和方式,公开接受用地申请。

5.3 需要使用土地的单位和个人(以下简称意向用地者)应当根据公布的国有土地使用权出让计划、细化的地段、地块信息以及自身用地需求,向市、县国土资源管理部门提出用地申请。

5.4 用地预申请

为充分了解市场需求情况,科学合理安排供地规模和进度,有条件的地方,可以建立用地预申请制度。单位和个人对列入招标拍卖挂牌出让计划内的具体地块有使用意向的,可以提出用地预申请,并承诺愿意支付的土地价格。市、县国土资源管理部门认为其承诺的土地价格和条件可以接受的,应当根据土地出让计划和土地市场情况,适时组织实施招标拍卖挂牌出让活动,并通知提出该宗地用地预申请的单位或个人参加。提出用地预申请的单位、个人,应当参加该宗地竞投或竞买,且报价不得低于其承诺的土地价格。

5.5 根据意向用地者申请情况,符合4.3规定条件的土地使用权出让,应当采取招标拍卖挂牌方式。对不能确定是否符合4.3规定条件的具体宗地,可由国有土地使用权出让协调决策机构集体认定。

对具有综合目标或特定社会、公益建设条件、开发建设要求较高、仅有少数单位和个人可能有受让意向的土地使用权出让,可以采取招标方式,按照综合条件最佳者得的原则确定受让人;其他的土地使用权出让,应当采取招标、拍卖或挂牌方式,按照价高者得的原则确定受让人。

采用招标方式出让国有土地使用权的,应当采取公开招标方式。对土地使用者有严格的限制和特别要求的,可以采用邀请招标方式。

6 编制、确定出让方案

6.1 编制招标拍卖挂牌出让方案

市、县国土资源管理部门应当会同城市规划管理等有关部门,依据国有土地使用权出让计划、城市规划等,编制国有土地使用权招标拍卖挂牌出让方案。

国有土地使用权招标拍卖挂牌出让方案应当包括:拟出让地块的具体位置、四至、用途、面积、年限、土地使用条件、供地时间、供地方式、建设时间等。属于综合用地的,应明确各类具体用途、所占面积及其各自的出让年期。对于各用途不动产之间可以分割,最终使用者为不同单位、个人的,应当按照综合用地所包含的具体土地用途分别确定出让年期;对于多种用途很难分割、最终使用者唯一的,也可以统一按照综合用地最高出让年限50年确定出让年期。

6.2 招标拍卖挂牌出让方案报批

国有土地使用权招标拍卖挂牌出让方案应按规定报市、县人民政府批准。

7 地价评估,确定出让底价

7.1 地价评估

市、县国土资源管理部门应当根据拟出让地块的条件和土地市场情况,依据《城镇土地估价规程》,组织对拟出让地块的正常土地市场价格进行评估。

地价评估由市、县国土资源管理部门或其所属事业单位组织进行,根据需要也可以委托具有土地估价资质的土地或不动产评估机构进行。

7.2 确定底价

有底价出让的,市、县国土资源管理部门或国有土地使用权出让协调决策机构应当根据土地估价结果、产业政策和土地市场情况等,集体决策,综合确定出让底价和投标、竞买保证金。招标出让的,应当同时确定标底;拍卖和挂牌出让的,应当同时确定起叫价、起始价等。

标底、底价确定后,在出让活动结束之前应当保密,任何单位和个人不得泄露。

8 编制出让文件

市、县国土资源管理部门应当根据经批准的招标拍卖挂牌出让方案,组织编制国有土地使用权招标拍卖挂牌出让文件。

8.1 招标出让文件应当包括:

(1)招标出让公告或投标邀请书

(2)招标出让须知

(3)标书

(4)投标申请书

(5)宗地界址图

(6)宗地规划指标要求

(7)中标通知书

(8)国有土地使用权出让合同

(9)其他相关文件

8.2 拍卖出让文件应当包括:

(1)拍卖出让公告

(2)拍卖出让须知

(3)竞买申请书

(4)宗地界址图

(5)宗地规划指标要求

(6)成交确认书

(7)国有土地使用权出让合同

(8)其他相关文件

8.3 挂牌出让文件应当包括:

(1)挂牌出让公告

(2)挂牌出让须知

(3)竞买申请书

(4)挂牌竞买报价单

(5)宗地界址图

(6)宗地规划指标要求

(7)成交确认书

(8)国有土地使用权出让合同

(9)其他相关文件

9 发布出让公告

9.1 发布公告

国有土地使用权招标拍卖挂牌出让公告应当由市、县国土资源管理部门发布。出让公告应当通过中国土地市场网和当地土地有形市场发布,也可同时通过报刊、电视台等媒体公开发布。

出让公告应当至少在招标拍卖挂牌活动开始前20日发布,以首次发布的时间为起始日。

经批准的出让方案已明确招标、拍卖、挂牌具体方式的,应当发布具体的"国有土地使用权招标出让公告"、"国有土地使用权拍卖出让公告"或"国有土地使用权挂牌出让公告";经批准的出让方案未明确招标、拍卖、挂牌具体方式的,可以发布"国有土地使用权公开出让公告",发布公开出让公告的,应当明确根据申请截止时的申请情况确定具体的招标、拍卖或挂牌方式。

出让公告可以是单宗地的公告,也可以是多宗地的联合公告。

9.2 公告内容

9.2.1 招标出让公告应当包括以下内容:

(1)出让人的名称、地址、联系电话等,授权或指定下属事业单位以及委托代理机构进行招

标的,还应注明其机构的名称、地址和联系电话等;

(2)招标地块的位置、面积、用途、开发程度、规划指标要求、土地使用年限和建设时间等;

(3)投标人的资格要求及申请取得投标资格的办法;

(4)获取招标文件的时间、地点及方式;

(5)招标活动实施时间、地点,投标期限、地点和方式等;

(6)确定中标人的标准和方法;

(7)支付投标保证金的数额、方式和期限;

(8)其他需要公告的事项。

9.2.2 拍卖出让公告应当包括以下内容:

(1)出让人的名称、地址、联系电话等,授权或指定下属事业单位以及委托代理机构进行拍卖的,还应注明其名称、地址和联系电话等;

(2)拍卖地块的位置、面积、用途、开发程度、规划指标要求、土地使用年限和建设时间等;

(3)竞买人的资格要求及申请取得竞买资格的办法;

(4)获取拍卖文件的时间、地点及方式;

(5)拍卖会的地点、时间和竞价方式;

(6)支付竞买保证金的数额、方式和期限;

(7)其他需要公告的事项。

9.2.3 挂牌出让公告应当包括以下内容:

(1)出让人的名称、地址、联系电话等,授权或指定下属事业单位以及委托代理机构进行挂牌的,还应注明其机构名称、地址和联系电话等;

(2)挂牌地块的位置、面积、用途、开发程度、规划指标要求、土地使用年限和建设时间等;

(3)竞买人的资格要求及申请取得竞买资格的办法;

(4)获取挂牌文件的时间、地点及方式;

(5)挂牌地点和起止时间;

(6)支付竞买保证金的数额、方式和期限;

(7)其他需要公告的事项。

9.3 公告调整

公告期间,出让公告内容发生变化的,市、县国土资源管理部门应当按原公告发布渠道及时发布补充公告。涉及土地使用条件变更等影响土地价格的重大变动,补充公告发布时间距招标拍卖挂牌活动开始时间少于20日的,招标拍卖挂牌活动相应顺延。

发布补充公告的,市、县国土资源管理部门应当书面通知已报名的申请人。

10 申请和资格审查

10.1 申请人

国有土地使用权招标拍卖挂牌出让的申请人,可以是中华人民共和国境内外的法人、自然人和其他组织,但法律法规对申请人另有限制的除外。

申请人可以单独申请,也可以联合申请。

10.2 申请

申请人应在公告规定期限内交纳出让公告规定的投标、竞买保证金,并根据申请人类型,持相应文件向出让人提出竞买、竞投申请:

(1)法人申请的,应提交下列文件:

①申请书;

②法人单位有效证明文件;

③法定代表人的有效身份证明文件;

④申请人委托他人办理的,应提交授权委托书及委托代理人的有效身份证明文件;

⑤保证金交纳凭证;

⑥招标拍卖挂牌文件规定需要提交的其他文件。

(2)自然人申请的,应提交下列文件:

①申请书;

②申请人有效身份证明文件;

③申请人委托他人办理的,应提交授权委托书及委托代理人的身份证明文件;

④保证金交纳凭证;

⑤招标拍卖挂牌文件规定需要提交的其他文件。

(3)其他组织申请的,应提交下列文件:

①申请书;

②表明该组织合法存在的文件或有效证明;

③表明该组织负责人身份的有效证明文件;

④申请人委托他人办理的,应提交授权委托书及委托代理人的身份证明文件;

⑤保证金交纳凭证;

⑥招标拍卖挂牌文件规定需要提交的其他文件。

(4)境外申请人申请的,应提交下列文件:

①申请书;

②境外法人、自然人、其他组织的有效身份证明文件;

③申请人委托他人办理的,应提交授权委托书及委托代理的有效身份证明文件;

④保证金交纳凭证;

⑤招标拍卖挂牌文件规定需要提交的其他文件。

上述文件中,申请书必须用中文书写,其他文件可以使用其他语言,但必须附中文译本,所有文件的解释以中文译本为准。

(5)联合申请的,应提交下列文件:

①联合申请各方共同签署的申请书;

②联合申请各方的有效身份证明文件;

③联合竞买、竞投协议,协议要规定联合各方的权利、义务,包括联合各方的出资比例,并明确签订《国有土地使用权出让合同》时的受让人;

④申请人委托他人办理的,应提交授权委托书及委托代理人的有效身份证明文件;

⑤保证金交纳凭证;

⑥招标拍卖挂牌文件规定需要提交的其他文件。

(6)申请人竞得土地后,拟成立新公司进行开发建设的,应在申请书中明确新公司的出资构成、成立时间等内容。出让人可以根据招标拍卖挂牌出让结果,先与竞得人签订《国有土地使用权出让合同》,在竞得人按约定办理完新公司注册登记手续后,再与新公司签订《国有土地使用权出让合同变更协议》;也可按约定直接与新公司签订《国有土地使用权出让合同》。

10.3 受理申请及资格审查

出让人应当对出让公告规定的时间内收到的申请进行审查。经审查,有下列情形之一的,为无效申请:

(1)申请人不具备竞买资格的;

(2)未按规定交纳保证金的;

(3)申请文件不齐全或不符合规定的;

(4)委托他人代理但委托文件不齐全或不符合规定的;

(5)法律法规规定的其他情形。

经审查,符合规定条件的,应当确认申请人的投标或竞买资格,并通知其参加招标拍卖挂牌活动。采用招标或拍卖方式的,取得投标或竞买资格者不得少于3个。

10.4 出让人应当对申请人的情况进行保密。

10.5 申请人对招标拍卖挂牌文件有疑问的,可以书面或者口头方式向出让人咨询,出让人应当为申请人咨询以及查询出让地块有关情况提供便利。根据需要,出让人可以组织申请人对拟出让地块进行现场踏勘。

11 招标拍卖挂牌活动实施——招标

11.1 投标

市、县国土资源管理部门应当按照出让公告规定的时间、地点组织招标投标活动。投标活动应当由土地招标拍卖挂牌主持人主持进行。

投标开始前,招标主持人应当现场组织开启标箱,检查标箱情况后加封。

投标人应当在规定的时间将标书及其他文件送达指定的投标地点,经招标人登记后,将标书投入标箱。

招标公告允许邮寄投标文件的,投标人可以邮寄,但以招标人在投标截止时间前收到的方为有效。招标人登记后,负责在投标截止时间前将标书投入标箱。

投标人投标后,不可撤回投标文件,并对投标文件和有关书面承诺承担责任。投标人可以对已提交的投标文件进行补充说明,但应在招标文件要求提交投标文件的截止时间前书面通知招标人并将补充文件送达至投标地点。

11.2 开标

招标人按照招标出让公告规定的时间、地点开标,邀请所有投标人参加。开标应当由土地招标拍卖挂牌主持人主持进行。招标主持人邀请投标人或其推选的代表检查标箱的密封情况,当众开启标箱。

标箱开启后,招标主持人应当组织逐一检查标箱内的投标文件,经确认无误后,由工作人员当众拆封,宣读投标人名称、投标价格和投标文件的其他主要内容。

开标过程应当记录。

11.3 评标

按照价高者得的原则确定中标人的,可以不成立评标小组。按照综合条件最佳者得的原则确定中标人的,招标人应当成立评标小组进行评标。

11.3.1 评标小组由出让人、有关专家组成,成员人数为 5 人以上的单数。有条件的地方,可建立土地评标专家库,每次评标前随机从专家库中抽取评标小组专家成员。

11.3.2 招标人应当采取必要的措施,保证评标在严格保密的情况下进行。

11.3.3 评标小组可以要求投标人对投标文件中含义不明确的内容做出必要的澄清或者说明,但澄清或者说明不得超出投标文件的范围或者改变投标文件的实质性内容。

11.3.4 评标小组对投标文件进行有效性审查。有下列情形之一的,为无效投标文件:

(1)投标文件未密封的;

(2)投标文件未加盖投标人印鉴,也未经法定代表人签署的;

(3)投标文件不齐备、内容不全或不符合规定的;

(4)投标人对同一个标的有两个或两个以上报价的;

(5)委托投标但委托文件不齐全或不符合规定的;

(6)评标小组认为投标文件无效的其他情形。

11.3.5 评标要求

评标小组应当按照招标文件确定的评标标准和方法,对投标文件进行综合评分,根据综合评分结果确定中标候选人。

评标小组应当根据评标结果,按照综合评分高低确定中标候选人排序,但低于底价或标底者除外。同时有两个或两个以上申请人的综合评分相同的,按报价高低排名,报价也相同的,可以由综合评分相同的申请人通过现场竞价确定排名顺序。投标人的投标价均低于底价或投标条件均不能够满足标底要求的,投标活动终止。

11.4 定标

招标人应当根据评标小组推荐的中标候选人确定中标人。招标人也可以授权评标小组直接确定中标人。

按照价高者得的原则确定中标人的,由招标主持人根据开标结果,直接宣布报价最高且不低于底价者为中标人。有两个或两个以上申请人的报价相同且同为最高报价的,可以由相同报价的申请人在限定时间内再行报价,或者采取现场竞价方式确定中标人。

11.5 发出《中标通知书》

确定中标人后,招标人应当向中标人发出《中标通知书》,并同时将中标结果通知其他投标人。

《中标通知书》应包括招标人与中标人的名称,出让标的,成交时间、地点、价款,以及双方签订《国有土地使用权出让合同》的时间、地点等内容。

《中标通知书》对招标人和中标人具有法律效力,招标人改变中标结果,或者中标人不按约定签订《国有土地使用权出让合同》、放弃中标宗地的,应当承担法律责任。

12 招标拍卖挂牌活动实施——拍卖

12.1 市、县国土资源管理部门应当按照出让公告规定的时间、地点组织拍卖活动。拍卖活动应当由土地招标拍卖挂牌主持人主持进行。

12.2 拍卖会按下列程序进行:

(1)拍卖主持人宣布拍卖会开始;

(2)拍卖主持人宣布竞买人到场情况;

设有底价的,出让人应当现场将密封的拍卖底价交给拍卖主持人,拍卖主持人现场开启密封件。

(3)拍卖主持人介绍拍卖地块的位置、面积、用途、使用年限、规划指标要求、建设时间等;

(4)拍卖主持人宣布竞价规则;

拍卖主持人宣布拍卖宗地的起叫价、增价规则和增价幅度,并明确提示是否设有底价。在拍卖过程中,拍卖主持人可根据现场情况调整增价幅度。

(5)拍卖主持人报出起叫价,宣布竞价开始;

(6)竞买人举牌应价或者报价;

(7)拍卖主持人确认该竞买人应价或者报价后继续竞价;

(8)拍卖主持人连续三次宣布同一应价或报价而没有人再应价或出价,且该价格不低于底价的,拍卖主持人落槌表示拍卖成交,拍卖主持人宣布最高应价者为竞得人。成交结果对拍卖人、竞得人和出让人均具有法律效力。最高应价或报价低于底价的,拍卖主持人宣布拍卖终止。

12.3 签订《成交确认书》

确定竞得人后,拍卖人与竞得人当场签订《成交确认书》。拍卖人或竞得人不按规定签订《成交确认书》的,应当承担法律责任。竞得人拒绝签订《成交确认书》也不能对抗拍卖成交结果的法律效力。

《成交确认书》应包括拍卖人与竞得人的名称,出让标的,成交时间、地点、价款,以及双方签订《国有土地使用权出让合同》的时间、地点等内容。

《成交确认书》对拍卖人和竞得人具有法律效力,拍卖人改变拍卖结果的,或者竞得人不按约定签订《国有土地使用权出让合同》、放弃竞得宗地的,应当承担法律责任。

拍卖过程应当制作拍卖笔录。

13 招标拍卖挂牌活动实施——挂牌

市、县国土资源管理部门应当按照出让公告规定的时间、地点组织挂牌活动。挂牌活动应当由土地招标拍卖挂牌主持人主持进行。

13.1 公布挂牌信息

在挂牌公告规定的挂牌起始日,挂牌人将挂牌宗地的位置、面积、用途、使用年期、规划指标要求、起始价、增价规则及增价幅度等,在挂牌公告规定的土地交易地点挂牌公布。挂牌时间不得少于10个工作日。

13.2 竞买人报价

符合条件的竞买人应当填写报价单报价。有条件的地方,可以采用计算机系统报价。

竞买人报价有下列情形之一的,为无效报价:

(1)报价单未在挂牌期限内收到的;

(2)不按规定填写报价单的;

(3)报价单填写人与竞买申请文件不符的;

(4)报价不符合报价规则的;

(5)报价不符合挂牌文件规定的其他情形。

13.3 确认报价

挂牌主持人确认该报价后,更新显示挂牌价格,继续接受新的报价。有两个或两个以上竞买人报价相同的,先提交报价单者该挂牌价格的出价人。

13.4 挂牌截止

挂牌截止应当由挂牌主持人主持确定。设有底价的,出让应当在挂牌截止前将密封的挂牌底价交给挂牌主持人,挂牌主人现场打开密封件。在公告规定的挂牌截止时间,竞买人应当席挂牌现场,挂牌主持人宣布最高报价及其报价者,并询问竞买是否愿意继续竞价。

13.4.1 挂牌主持人连续三次报出最高挂牌价格,没有竞买人表示愿意继续竞价的,挂牌主持人宣布挂牌活动结束,并按下列规确定挂牌结果:

(1)最高挂牌价格不低于底价的,挂牌主持人宣布挂牌出让成交,最高挂牌价格的出价人为竞得人;

(2)最高挂牌价格低于底价的,挂牌主持人宣布挂牌出让不成交。

13.4.2 有竞买人表示愿意继续竞价的,即属于挂牌截止时有两个或两个以上竞买人要求报价的情形,挂牌主持人应当宣布挂牌出让转入现场竞价,并宣布现场竞价的时间和地点,通过现场竞价确定竞得人。

13.5 现场竞价

现场竞价应当由土地招标拍卖挂牌主持人主持进行,取得该宗地挂牌竞买资格的竞买人均可参加现场竞价。现场竞价按下列程序举行:

(1)挂牌主持人应当宣布现场竞价的起始价、竞价规则和增价幅度,并宣布现场竞价开始。现场竞价的起始价为挂牌活动截止时的最高报价增加一个加价幅度后的价格。

(2)参加现场竞价的竞买人按照竞价规则应价或报价。

(3)挂牌主持人确认该竞买人应价或者报价后继续竞价。

(4)挂牌主持人连续三次宣布同一应价或报价而没有人再应价或出价,且该价格不低于底价的,挂牌主持人落槌表示现场竞价成交,宣布最高应价或报价者为竞得人。成交结果对竞得人和出让人均具有法律效力。最高应价或报价低于底价的,挂牌主持人宣布现场竞价终止。

在现场竞价中无人参加竞买或无人应价或出价的,以挂牌截止时出价最高者为竞得人,但低于挂牌出让底价者除外。

13.6 签订《成交确认书》

确定竞得人后,挂牌人与竞得人当场签订《成交确认书》。挂牌人或竞得人不按规定签订《成交确认书》的,应当承担法律责任。竞得人拒绝签订《成交确认书》也不能对抗挂牌成交结果的法律效力。

《成交确认书》应包括挂牌人与竞得人的名称,出让标的,成交时间、地点、价款,以及双方签订《国有土地使用权出让合同》的时间、地点等内容。

《成交确认书》对挂牌人和竞得人具有法律效力,挂牌人改变挂牌结果的,或者竞得人不按规定签订《国有土地使用权出让合同》、放弃竞得宗地的,应当承担法律责任。

挂牌过程应当制作挂牌笔录。

14 签订出让合同,公布出让结果

14.1 签订《国有土地使用权出让合同》

招标拍卖挂牌出让活动结束后,中标人、竞得人应按照《中标通知书》或《成交确认书》的约定,与出让人签订《国有土地使用权出让合同》。

14.2 中标人、竞得人支付的投标、竞买保证金,在中标或竞得后转作受让地块的定金。其他投标人、竞买人交纳的投标、竞买保证金,出让人应在招标拍卖挂牌活动结束后5个工作日内予以退还,不计利息。

14.3 公布出让结果

招标拍卖挂牌活动结束后10个工作日内,出让人应当将招标拍卖挂牌出让结果通过中国土地市场网以及土地有形市场等指定场所向社会公布。

公布出让结果应当包括土地位置、面积、用途、开发程度、土地级别、容积率、出让年限、供地方式、受让人、成交价格和成交时间等内容。

出让人公布出让结果,不得向受让人收取费用。

15 核发《建设用地批准书》,交付土地

市、县国土资源管理部门向受让人核发《建设用地批准书》,并按照《国有土地使用权出让合同》、《建设用地批准书》确定的时间和条件将出让土地交付给受让人。

16 办理土地登记

受让人按照《国有土地使用权出让合同》约定付清全部国有土地使用权出让金,依法申请办理土地登记,领取《国有土地使用证》,取得国有土地使用权。

17 资料归档

出让手续全部办结后,市、县国土资源管理部门应当对宗地出让过程中的用地申请、审批、招标拍卖挂牌活动、签订合同等各环节相关资料、文件进行整理,并按规定归档。应归档的宗地出让资料包括:

(1)申请人的申请材料;
(2)宗地条件及相关资料;
(3)宗地评估资料;
(4)宗地出让底价及集体决策记录;
(5)宗地招标拍卖挂牌出让方案;
(6)宗地出让方案批复文件;
(7)招标拍卖挂牌出让文件;
(8)招标拍卖挂牌活动实施过程的记录资料;
(9)《中标通知书》或《成交确认书》;
(10)《国有土地使用权出让合同》及出让结果公布资料;
(11)其他应归档的材料。

附录 A 国有土地使用权出让预申请书示范文本(略)
附录 B 国有土地使用权出让公告文本格式(略)
附录 C 国有土地使用权出让须知示范文本(略)

附录 D 投标〔竞买〕申请书示范文本

投标〔竞买〕申请书

________国土资源局：

经认真阅读编号为________地块的招标〔拍卖〕〔挂牌〕出让文件，我方完全接受并愿意遵守你局国有土地使用权招标〔拍卖〕〔挂牌〕出让文件中的规定和要求，对所有文件均无异议。

我方现正式申请参加你局于________年____月____日在________（地点）举行的________地块国有土地使用权招标〔拍卖〕〔挂牌〕活动。

我方愿意按招标〔拍卖〕〔挂牌〕出让文件规定，交纳投标〔竞买〕保证金人民币____________万元（大写）（￥________）。

若能中标〔竞得〕该地块，我方保证按照国有土地使用权招标〔拍卖〕〔挂牌〕出让文件的规定和要求履行全部义务。

若我方在国有土地使用权招标〔拍卖〕〔挂牌〕出让活动中，出现不能按期付款或有其他违约行为，我方愿意承担全部法律责任，并赔偿由此产生的损失。

特此申请和承诺。

附件：

1. ________________；
2. ________________；

……

申 请 人：________（加盖公章）

法定代表人（或授权委托代理人）签名：________

联 系 人：______________________

地　　址：______________________

邮政编码：______________________

电　　话：______________________

申请日期：________年____月____日

附录 E 投标〔竞买〕资格确认书示范文本

投标〔竞买〕资格确认书

________（投标〔竞买〕人名称）：

你方提交的对________号地块的投标〔竞买〕申请书及相关文件资料收悉。经审查，你方已按规定交纳了投标〔竞买〕保证金，所提交文件资料符合我方本次招标〔拍卖〕〔挂牌〕出让文件的规定和要求，现确认你方具备参加本次国有土地使用权投标〔拍卖竞买〕〔挂牌竞买〕资格。请持此《投标〔竞买〕资格确认书》参加我局于________年____月____日____时在________（地点）举行的国有土地使用权招标〔拍卖〕〔挂牌〕活动。

________国土资源局

________年____月____日

附录 F 国有土地使用权招标出让投标书示范文本

国有土地使用权招标出让投标书

________国土资源局：

经认真阅读________号地块招标出让文件和现场踏勘，我方完全接受招标出让文件中的规定和要求，愿意以人民币________万元(大写)(￥________)的价格竞投该地块国有土地使用权。按照招标文件规定，我方随本标书一同提交以下文件：

(1)________________；

(2)________________；

……

我方承诺，所提交的标书及相关文件真实准确。

我方已按招标出让文件的规定，交纳了人民币________万元(大写)(￥________)的投标保证金。我方承诺，在接到你局发出的《中标通知书》后，将按约定及时签订《国有土地使用权出让合同》。如果我方未在规定期限内签订《国有土地使用权出让合同》，或不能按《国有土地使用权出让合同》约定交付全部中标价款，或违反招标文件的规定，或不履行本投标书承诺等，均可被视为违约，你局可不退还我方交纳的投标保证金。

在《中标通知书》发出后、《国有土地使用权出让合同》签订及履行以前，本标书为你局与我方之间具有法律约束力的文件。

其他需要说明的事项：________________

投 标 人：________(加盖公章)
法定代表人(或授权委托代理人)签名：________
联 系 人：________________
地　　址：________________
邮政编码：________________
电　　话：________________
投标日期：________年____月____日

附录 G 国有土地使用权挂牌出让竞买报价单示范文本

国有土地使用权挂牌出让竞买报价单

竞买人编号：________

地块编号		由竞买人填写
竞买报价	人民币________万元(大写) ￥________	
竞 买 人	名称：(加盖公章)	
法定代表人(或授权委托代理人)	(签名)	
收到报价时间	______年____月____日____时____分	由挂牌主持人填写
挂牌主持人	(签名)	
确认时间	______年____月____日____时____分	

附录 H 授权委托书示范文本

授权委托书

<table>
<tr><td colspan="2">委 托 人</td><td colspan="2">受 托 人</td></tr>
<tr><td>姓 名</td><td></td><td>姓 名</td><td></td></tr>
<tr><td>性 别</td><td></td><td>性 别</td><td></td></tr>
<tr><td>出生日期</td><td></td><td>出生日期</td><td></td></tr>
<tr><td>工作单位</td><td></td><td>工作单位</td><td></td></tr>
<tr><td>职 务</td><td></td><td>职 务</td><td></td></tr>
<tr><td rowspan="2">证件号码</td><td>身份证( ) 护照( )</td><td rowspan="2">证件号码</td><td>身份证( ) 护照( )</td></tr>
<tr><td></td><td></td></tr>
<tr><td colspan="4">本人授权________(受托人)代表本人参加________年____月____日在________(地点)举办的编号为________地块的国有土地使用权招标〔拍卖〕〔挂牌〕出让活动,代表本人签订《国有土地使用权出让合同》等具有法律意义的文件、凭证等。
受托人在该地块招标〔拍卖〕〔挂牌〕出让活动中所做出的承诺、签署的合同或文件,本人均予以承认,并承担由此产生的法律后果。
委托人(签名):________
________年____月____日</td></tr>
<tr><td>备注</td><td colspan="3">兹证明本委托书确系本单位法定代表人________亲自签署。
(单位公章)
________年____月____日</td></tr>
</table>

附录 I 中标通知书示范文本

中标通知书

________(中标人名称):

现确定你方为编号________地块的国有土地使用权招标出让中标人,有关事项通知如下:

该地块中标单价为每平方米人民币________元(大写)(¥________),总价为人民币________万元(大写)(¥________)。其中,出让金单价为每平方米人民币________元(大写)(¥________),总价为人民币________万元(大写)(¥________)。

本《中标通知书》一经签发,即视为成交。你方交纳的投标保证金,自动转作受让地块的定金。你方应当于________年____月____日之前,持本《中标通知书》到________(地点)与________国土资源局签订《国有土地使用权出让合同》。不按期签订《国有土地使用权出让合同》的,视为你方放弃中标资格,你方应承担相应法律责任。

本《中标通知书》一式____份,招标人执____份,中标人执____份。

特此通知。

招标人:________(加盖公章)

________年____月____日

附录J 成交确认书示范文本

成交确认书

在________年____月____日________（地点）举办的国有土地使用权拍卖〔挂牌〕出让活动中，________（竞得人）竞得编号________地块的国有土地使用权。现将有关事项确认如下：

该地块成交单价为每平方米人民币________元（大写）（￥________），总价为人民币________万元（大写）（￥________）。其中，出让金单价为每平方米人民币________元（大写）（￥________），总价为人民币________万元（大写）（￥________）。

竞得人交纳的竞买保证金，自动转作受让地块的定金。________（竞得人）应当于________年____月____日之前，持本《成交确认书》到________（地点）与________国土资源局签订《国有土地使用权出让合同》。不按期签订《国有土地使用权出让合同》的，视为竞得人放弃竞得资格，竞得人应承担相应法律责任。

本《成交确认书》一式____份，拍卖〔挂牌〕人执____份，竞得人执____份。

特此确认。

拍卖〔挂牌〕人：________

竞 得 人：________

________年____月____日

关于坚持和完善土地招标拍卖挂牌出让制度的意见

（2011年5月11日国土资源部发布 国土资发〔2011〕63号）

各省、自治区、直辖市国土资源厅（国土环境资源厅、国土资源局、国土资源和房屋管理局、规划和国土资源管理局），副省级城市国土资源主管部门，新疆生产建设兵团国土资源局：

去年以来，各地按照中央和部关于房地产市场调控政策要求，在坚持土地招标拍卖挂牌（以下简称招拍挂）制度基础上，积极探索创新城市住房用地出让政策，促进地价房价合理调整，取得了积极成效。为进一步落实《国务院办公厅关于进一步做好房地产市场调控工作有关问题的通知》（国办发〔2011〕1号）的要求，完善招拍挂的供地政策，加强土地出让政策在房地产市场调控中的积极作用，现提出以下意见。

一、正确把握土地招拍挂出让政策的调控作用

国有土地使用权招拍挂出让制度是市场配置国有经营性建设用地的基本制度。它充分体现了公开公平公正竞争和诚实信用的市场基本原则，建立了反映市场供求关系、资源稀缺程度、环境损害成本的价格形成机制，完全符合社会主义市场经济体制的基本方向。坚持国有经营性建设用地招拍挂出让制度和在房地产市场运行正常条件下按“价高者得”原则取得土地，符合市场优化配置土地资源的基本原则，符合法律政策要求，同时在抑制行政权力干预市场，从源头上防治土地出让领域腐败中发挥了重要作用。

当前，部分城市商品住房价格居高不下，户型结构和保障性安居工程用地布局不合理，少数规划的商品住房优质地块和二三线城市商品住房土地出让存在着地价非理性上涨的可能。为进一步落实中央关于房地产市场调控各项政策和工作要求，积极主动发挥招拍挂出让土地政策的稳定市场、优化结构、促进地价房价合理调整、保障住房用地的作用，当前和今后一个时期，各级国土资源主管部门必须从完善土地市场机制、健全土地宏观调控体系、实施节约优先战略的基本要求出发，以“保民生、促稳定”为重点，坚持土地招拍挂出让基本制度，创新和完善有效实现中央调控政策要求的土地出让政策和措施，主动解决商品住房建设项目供地、开发利用和监管中出现的新情况、新问题，实现土地经济效益与社会综合效益的统一、市场配置与宏观调控的统一，促进城市房地产市场健康发展。

二、完善住房用地招拍挂计划公示制度

市、县在向社会公布年度住房用地出让计划的基础上，建立计划出让地块开发建设的宗地条件公布机制，根据出让进度安排，进一步细化拟出让地块、地段的规划和土地使用条件，定期向社会发布细化的商品住房和保障性安居工程各类房屋建设用地信息，同时明确意向用地者申请用地的途径和方式，公开接受用地申请。单位和个人对列入出让计划的具体地块有使用意向并提出符合规定的申请后，应及时组织实施土地招拍挂出让。公示保障性安居工程项目划拨用地时，一并向社会公示申请用地单位，接受社会监督。

三、调整完善土地招拍挂出让政策

各地要根据当地土地市场、住房建设发展阶段，对需要出让的宗地，选择恰当的土地出让方式和政策，落实政府促进土地合理布局，节约集约利用，有效合理调整地价房价，保障民生，稳定市场预期的目标。

（一）限定房价或地价，以挂牌或拍卖方式出让政策性住房用地。

以“限房价、竞地价”方式出让土地使用权的，市、县国土资源主管部门应在土地出让前，会同住房建设、物价、规划行政主管部门，按相关政策规定确定住房销售条件，根据拟出让宗地所在区域商品住房销售价格水平，合理确定拟出让宗地的控制性房屋销售价格上限和住房套型面积标准，以此作为土地使用权转让的约束性条件，一并纳入土地出让方案，报经政府批准后，以挂牌、拍卖方式公开出让土地使用权，符合条件、承诺地价最高且不低于底价的为土地使用权竞得人。出让成交后，竞得人接受的宗地控制性房屋销售价格、成交地价、土地使用权转让条件及违约处罚条款等，均应在成交确认书和出让合同中明确。

以“限地价、竞房价”方式出让土地使用权的，市、县国土资源主管部门应在土地出让前，根据拟出让宗地的征地拆迁安置补偿费、土地前期开发成本、同一区域基准地价和市场地价水平、土地使用权转让条件、房屋销售价格和政府确定的房价控制目标等因素，综合确定拟出让宗地的出让价格，同时应确定房价的最高控制价（应低于同区域、同条件商品住房市场价），一并纳入土地出让方案，报经政府批准后，以挂牌、拍卖方式公开出让土地使用权，按照承诺销售房价最低者（开发商售房时的最高售价）确定为土地竞得人。招拍挂成交后，竞得人承诺的销售房价、成交地价、土地使用权转让条件及违约处罚条款等，均应在成交确认书和出让合同中明确。

（二）限定配建保障性住房建设面积，以挂牌或拍卖方式出让商品住房用地。

以“商品住房用地中配建保障性住房”方式出让土地使用权的，市、县国土资源主管部门应会同住房建设、规划、房屋管理和住房保障等部门确定拟出让宗地配建廉租房、经济适用房等保障性住房的面积、套数、建设进度、政府收回条件、回购价格及土地面积分摊办法等，纳入出让方案，经政府批准后，写入出让公告及文件，组织实施挂牌、拍卖。土地出让成交后，成交价款和竞得人承诺配建的保障性住房事项一并写入成交确认书和出让合同。

（三）对土地开发利用条件和出让地价进行综合评定，以招标方式确定土地使用权人。

以“土地利用综合条件最佳”为标准出让土地使用权，市、县国土资源主管部门应依据规划条件和土地使用标准按照宗地所在区域条件、政府对开发建设的要求，制定土地出让方案和评标标准，在依法确定土地出让底价的基础上，将土地价款及交付时间、开发建设周期、建设要求、土地节约集约程度、企业以往出让合同履行情况等影响土地开发利用的因素作为评标条件，合理确定各因素权重，会同有关部门制定标书，依法依纪，发布公告，组织招投标。经综合评标，以土地利用综合条件最佳确定土地使用者。确定中标人后，应向社会公示并将上述土地开发利用条件写入中标通知书和出让合同。

四、大力推进土地使用权出让网上运行

出让国有建设用地使用权涉及的出让公告、出让文件、竞买人资格、成交结果等，都应在部门户网站和各地国土资源主管部门的网上公开发布。积极推行国有经营性建设用地网上挂牌出让方式。市、县国土资源主管部门可以通过网上发布出让公告信息，明确土地开发利用、竞买人资格和违约处罚等条件，组织网上报价竞价并确定竞得人。网上挂牌出让成交后，市、县国土资源主管部门要按照国有土地招拍挂出让规范，及时与竞得人签订纸质件的成交确认书和出让合同。对竞得人需要进行相关资料审查的，建立网上成交后的审查制度，发现受让人存在违法违规行为或不具有竞买资格时，挂牌出让不成交，应重新组织出让，并对违规者进行处罚。

五、完善土地招拍挂出让合同

市、县国土资源主管部门要依据现行土地管理法律政策，对附加各类开发建设销售条件的政策性商品住房用地的出让，增加出让合同条款，完善出让合同内容，严格供后监管。政策性商品住房用地出让成交后，竞得人或中标人应当按照成交确认书或中标通知书的要求，按时与国土资源主管部门签订出让合同。建房套数、套型、面积比例、容积率、项目开竣工时间、销售对象条件、房屋销售价格上限、受让人承诺的销售房价、土地转让条件、配建要求等规划、建设、土地使用条件以及相应的违约责任，应当在土地出让合同或住房建设和销售合同中明确。

为保证政策性商品住房用地及时开发利用，市、县国土资源主管部门可以在出让合同中明确约定不得改变土地用途和性质、不得擅自提高或降低规定的建设标准、保障性住房先行建设和先行交付、不得违规转让土地使用权等内容，对违反规定或约定的，可在出让合同中增加"收回土地使用权并依法追究责任"等相关内容。

各地应当加强对政策性商品住房用地出让合同履行情况的监督检查，对违反合同约定的，应会同有关部门依法处罚，追究违约责任。

各省级国土资源主管部门要切实加强对市、县住房供地政策制度和组织实施工作的指导和监管，及时发现和解决出现的问题。也可按照本意见，探索其他用途土地出让方式和土地出让各环节的制度创新，进一步完善国有土地使用权招拍挂出让制度，保障和促进中央关于房地产市场调控政策的落实。

关于严格实行经营性土地使用权招标拍卖挂牌出让的通知

（2002年8月26日国土资源部、监察部发布　国土资发〔2002〕265号）

各省、自治区、直辖市国土资源厅（国土环境资源厅、国土资源和房屋管理局、房屋土地资源管理局、规划和国土资源局）、监察厅，计划单列市国土资源行政主管部门、监察局，解放军土地管理局，新疆生产建设兵团国土资源局：

《国务院关于加强国有土地资产管理的通知》（国发〔2001〕15号）下发以来，全国国有土地使用权招标拍卖挂牌出让工作取得了明显成效。但是，各地工作进展不平衡，本应用市场机制配置土地的，一些领导仍然行政干预土地供应方式，没有实行经营性土地使用权招标拍卖挂牌出让，致使国有土地使用权招标拍卖挂牌出让制度不落实。为全面贯彻落实中央纪委第七次全会和国务院第四次廉政工作会议精神，严格实行商业、旅游、娱乐和商品住宅等各类经营性土地（以下简称经营性土地）使用权以招标、拍卖或者挂牌的方式出让，加强廉政建设，现就有关问题通知如下：

一、通过招标拍卖挂牌方式出让国有土地使用权是从源头防治土地供应环节产生腐败的有效措施

由于土地资产数额巨大，并且具有价值增值性和供给稀缺性等特点，土地供应环节成为腐败分子非法牟取暴利的重点领域。分析土地批租领域发生的腐败现象，实质就是在土地资源配置上，特别是在经营性土地的配置上，个别腐败分子违背市场规律，利用行政职权，搞权钱交易和"暗箱操作"，攫取巨额的地价差额。国有土地使用权招标拍卖挂牌出让制度充分体现了公开、公平、公正的市场经济原则，抑制权力进入市场，减少了人为因素对土地配置的干预和影响，从制度和源头上保证了土地批租领域的廉政建设。

党中央、国务院对此高度重视。今年，中央纪委部署从源头防治腐败任务时明确提出，要实行经营性土地使用权出让招标拍卖制度；国务院第四次廉政工作会议明确要求：今年，各地区、各部门都要实行经营性土地出让招标拍卖制度。为此，各级人民政府土地行政主管部门一定要统一思想，充分认识招标拍卖挂牌出让国有土地使用权的重要意义。对经营性土地使用权全部实行招标、拍卖或者挂牌出让，并将其作为国土资源管理的重要制度和行政纪律，切实抓好落实。

二、规范领导干部从政行为，严禁干预土地资源配置

要适应社会主义市场经济发展的要求，进一步转变政府职能，必须充分发挥市场配置土地资源的基础作用，经营性土地使用权出让必须通过市场机制来运作。各级领导干部不得干预经营性土地使用权的招标拍卖挂牌出让。严禁用行政手段，以打招呼、批条子等各种形式指定供地对象、供地位置、供地面积、供地用途、供地方式和供地价格等。经营性土地使用权出让必须进入市场，全部实行招标、拍卖或者挂牌出让。如果领导干部继续搞个人审批，无论有没有权钱交易的行为，都属于违反纪律。

三、强化政府土地的集中统一管理，保证土地使用权招标拍卖挂牌出让制度的落实

坚持土地的集中统一管理，严格控制土地供应总量，实行土地集中统一供应是保证土地使用权招标拍卖挂牌出让制度落实，避免多头供地、恶性竞争的基本前提。各类工业园、科技园、开发区用地和各单位使用的原划拨土地改变为商业、旅游、娱乐、商品住宅项目用地的，必须由当地人民政府土地行政主管部门统一管理、统一供应。出让的每幅地块位置、面积、用途、年限和其他条件，由市、县人民政府土地行政主管部门会同城市规划、建设、房产管理部门拟定方案，报经有批准权的人民政府批准后，由市、县人民政府土地行政主管部门集中统一组织实施。

四、加大土地供应的信息披露力度，创造市场竞争的环境

土地供应信息在更广泛的领域公开，不仅是政府提供服务的重要职责，也是创造有效需求，形成市场竞争环境的重要保证。市、县人民政府土地行政主管部门要根据当地社会经济发展计划、土地利用总体规划、土地利用年度计划、城市规划和土地市场状况制定土地使用权出让计划，报同级人民政府批准后实施。土地使用权出让计划及土地供应信息要在有关媒体向社会广泛公布，防止“暗箱操作”。

五、严格依法规范土地使用权招标拍卖挂牌出让，确保土地交易的公开、公平、公正

国有土地使用权招标拍卖挂牌出让必须严格按照《招标拍卖挂牌出让国有土地使用权规定》（国土资源部令第11号）的规范要求执行。市、县人民政府土地行政主管部门要定期及时向社会公开发布国有土地使用权出让计划。经营性土地使用权必须以招标、拍卖或者挂牌方式出让，其他土地的供应计划公布后，同一宗地有两个以上意向用地者的，也应当采取招标、拍卖或者挂牌方式出让。招标拍卖挂牌底价必须根据土地估价结果和政府产业政策集体决策，并严格保密。要统一土地使用权招标拍卖挂牌出让文件，严格规范土地使用权招标拍卖挂牌出让程序。各地要积极采取有效措施，全面落实《招标拍卖挂牌出让国有土地使用权规定》，确保土地使用权招标拍卖挂牌出让的规范、有序进行，促进土地市场的健康发展。

六、加强监督检查，防治土地批租领域的腐败

各级土地行政主管部门和监察机关要加强对经营性土地使用权招标拍卖挂牌出让的监督检查。对经营性土地使用权规避招标拍卖挂牌，仍采取协议出让和划拨的；对单位和个人擅自先行立项、先行选址定点、先行确定地价的；对在土地使用权招标拍卖挂牌出让中弄虚作假、徇私舞弊的；对领导干部干预和插手土地使用权招标拍卖挂牌出让等违纪违法行为，都要严厉追究主管部门及有关人员的责任。应当给予党纪处分的，移送党的纪律检查机关处理；涉嫌犯罪的，移送司法机关处理。

今年年底前，国土资源部和监察部要对各地的经营性土地使用权招标拍卖挂牌出让工作进行联合检查。重点检查土地使用权招标拍卖挂牌出让制度的落实和协议出让土地使用权的情况。

建设工程质量保证金管理办法

（2017年6月20日住房和城乡建设部、财政部发布
建质〔2017〕138号　自2017年7月1日起施行）

第一条　为规范建设工程质量保证金管理，落实工程在缺陷责任期内的维修责任，根据《中华人民共和国建筑法》《建设工程质量管理条例》《国务院办公厅关于清理规范工程建设领域保证金的通知》和《基本建设财务管理规则》等相关规定，制定本办法。

第二条　本办法所称建设工程质量保证金（以下简称保证金）是指发包人与承包人在建设工程承包合同中约定，从应付的工程款中预留，用以保证承包人在缺陷责任期内对建设工程出现的缺陷进行维修的资金。

缺陷是指建设工程质量不符合工程建设强制性标准、设计文件，以及承包合同的约定。

缺陷责任期一般为1年，最长不超过2年，由发、承包双方在合同中约定。

第三条　发包人应当在招标文件中明确保证金预留、返还等内容，并与承包人在合同条款中对涉及保证金的下列事项进行约定：

（一）保证金预留、返还方式；

（二）保证金预留比例、期限；

（三）保证金是否计付利息，如计付利息，利息的计算方式；

（四）缺陷责任期的期限及计算方式；

（五）保证金预留、返还及工程维修质量、费用等争议的处理程序；

（六）缺陷责任期内出现缺陷的索赔方式；

（七）逾期返还保证金的违约金支付办法及违约责任。

第四条　缺陷责任期内，实行国库集中支付的政府投资项目，保证金的管理应按国库集中支付的有关规定执行。其他政府投资项目，保证金可以预留在财政部门或发包方。缺陷责任期内，如发包方被撤销，保证金随交付使用资产一并移交使用单位管理，由使用单位代行发包人职责。

社会投资项目采用预留保证金方式的，发、承包双方可以约定将保证金交由第三方金融机构托管。

第五条　推行银行保函制度，承包人可以银行保函替代预留保证金。

第六条　在工程项目竣工前，已经缴纳履约保证金的，发包人不得同时预留工程质量保证金。

采用工程质量保证担保、工程质量保险等其他保证方式的，发包人不得再预留保证金。

第七条　发包人应按照合同约定方式预留保证金，保证金总预留比例不得高于工程价款结算总额的3%。合同约定由承包人以银行保函替代预留保证金的，保函金额不得高于工程价款结算总额的3%。

第八条　缺陷责任期从工程通过竣工验收之日起计。由于承包人原因导致工程无法按规定期限进行竣工验收的，缺陷责任期从实际通过竣工验收之日起计。由于发包人原因导致工程无法按规定期限进行竣工验收的，在承包人提交竣工验收报告90天后，工程自动进入缺陷责任期。

第九条　缺陷责任期内，由承包人原因造成的缺陷，承包人应负责维修，并承担鉴定及维修费用。如承包人不维修也不承担费用，发包人可按合同约定从保证金或银行保函中扣除，费用超出保证金额的，发包人可按合同约定向承包人进行索赔。承包人维修并承担相应费用后，不免除对工程的损失赔偿责任。

由他人原因造成的缺陷，发包人负责组织维修，承包人不承担费用，且发包人不得从保证金中扣除费用。

第十条　缺陷责任期内，承包人认真履行合同约定的责任，到期后，承包人向发包人申请返还保证金。

第十一条 发包人在接到承包人返还保证金申请后，应于14天内会同承包人按照合同约定的内容进行核实。如无异议，发包人应当按照约定将保证金返还给承包人。对返还期限没有约定或者约定不明确的，发包人应当在核实后14天内将保证金返还承包人，逾期未返还的，依法承担违约责任。发包人在接到承包人返还保证金申请后14天内不予答复，经催告后14天内仍不予答复，视同认可承包人的返还保证金申请。

第十二条 发包人和承包人对保证金预留、返还以及工程维修质量、费用有争议的，按承包合同约定的争议和纠纷解决程序处理。

第十三条 建设工程实行工程总承包的，总承包单位与分包单位有关保证金的权利与义务的约定，参照本办法关于发包人与承包人相应权利与义务的约定执行。

第十四条 本办法由住房城乡建设部、财政部负责解释。

第十五条 本办法自2017年7月1日起施行，原《建设工程质量保证金管理办法》（建质〔2016〕295号）同时废止。

住房城乡建设领域违法违规行为举报管理办法

（2014年11月19日住房和城乡建设部发布
建稽〔2014〕166号 自2015年1月1日起施行）

第一条 为规范住房城乡建设领域违法违规行为举报管理，保障公民、法人和其他组织行使举报的权利，依法查处违法违规行为，依据住房城乡建设有关法律、法规，制定本办法。

第二条 本办法所称住房城乡建设领域违法违规行为是指违反住房保障、城乡规划、标准定额、房地产市场、建筑市场、城市建设、村镇建设、工程质量安全、建筑节能、住房公积金、历史文化名城和风景名胜区等方面法律法规的行为。

第三条 各级住房城乡建设主管部门及法律法规授权的管理机构（包括地方人民政府按照职责分工独立设置的城乡规划、房地产市场、建筑市场、城市建设、园林绿化等主管部门和住房公积金、风景名胜区等法律法规授权的管理机构，以下统称主管部门）应当设立并向社会公布违法违规行为举报信箱、网站、电话、传真等，明确专门机构（以下统称受理机构）负责举报受理工作。

第四条 向住房城乡建设部反映违法违规行为的举报，由部稽查办公室归口管理，有关司予以配合。

第五条 举报受理工作坚持属地管理、分级负责、客观公正、便民高效的原则。

第六条 举报人应提供被举报人姓名或单位名称、项目名称、具体位置、违法违规事实及相关证据等。

鼓励实名举报，以便核查有关情况。

第七条 受理机构应在收到举报后进行登记，并在7个工作日内区分下列情形予以处理：

（一）举报内容详细，线索清晰，属于受理机构法定职责或检举下一级主管部门的，由受理机构直接办理。

（二）举报内容详细，线索清晰，属于下级主管部门法定职责的，转下一级主管部门办理；受理机构可进行督办。

（三）举报内容不清，线索不明的，暂存待查。如举报人继续提供有效线索的，区分情形处理。

（四）举报涉及党员领导干部及其他行政监察对象违法违纪行为的，转送纪检监察部门调查处理。

第八条 对下列情形之一的举报，受理机构不予受理，登记后予以存档：

（一）不属于住房城乡建设主管部门职责范围的；

（二）未提供被举报人信息或无具体违法违规事实的；

（三）同一举报事项已经受理，举报人再次举报，但未提供新的违法违规事实的；

（四）已经或者依法应当通过诉讼、仲裁和行政复议等法定途径解决的；

(五)已信访终结的。

第九条 举报件应自受理之日起60个工作日内办结。

上级主管部门转办的举报件,下级主管部门应当按照转办的时限要求办结,并按期上报办理结果;情况复杂的,经上级主管部门批准,可适当延长办理时限,延长时限不得超过30个工作日。实施行政处罚的,依据相关法律法规规定执行。

第十条 上级主管部门应对下级主管部门报送的办理结果进行审核。凡有下列情形之一的,应退回重新办理:

(一)转由被举报单位办理的;

(二)对违法违规行为未作处理或处理不当、显失公正的;

(三)违反法定程序的。

第十一条 举报件涉及重大疑难问题的,各级主管部门可根据实际情况组织集体研判,供定性和处理参考。

第十二条 上级主管部门应当加强对下级主管部门受理举报工作的监督检查,必要时可进行约谈或现场督办。

第十三条 对存在违法违规行为的举报,依法作出处理决定后,方可结案。

第十四条 举报人署名或提供联系方式的,承办单位应当采取书面或口头等方式回复处理情况,并做好相关记录。

第十五条 举报件涉及两个以上行政区域,处理有争议的,由共同的上一级主管部门协调处理或直接调查处理。

第十六条 受理机构应建立举报档案管理制度。

第十七条 受理机构应定期统计分析举报办理情况。

第十八条 各级主管部门应建立违法违规行为预警预报制度。对举报受理工作的情况和典型违法违规案件以适当方式予以通报。

第十九条 负责办理举报的工作人员,严禁泄露举报人的姓名、身份、单位、地址和联系方式等情况;严禁将举报情况透露给被举报人及与举报办理无关人员;严禁私自摘抄、复制、扣压、销毁举报材料,不得故意拖延时间;凡与举报事项有利害关系的工作人员应当回避。

对于违反规定者,根据情节及其造成的后果,依法给予行政处分;构成犯罪的,依法追究刑事责任。

第二十条 任何单位和个人不得打击、报复举报人。对于违反规定者,按照有关规定处理;构成犯罪的,依法追究刑事责任。

第二十一条 举报应当实事求是。对于借举报捏造事实,诬陷他人或者以举报为名,制造事端,干扰主管部门正常工作的,应当依照法律、法规规定处理。

第二十二条 各省、自治区、直辖市主管部门可以结合本地区实际,制定实施办法。

第二十三条 本办法自2015年1月1日起施行。2002年7月11日建设部发布的《建设领域违法违规行为举报管理办法》(建法〔2002〕185号)同时废止。

建筑工程施工许可管理办法

(2014年6月25日住房和城乡建设部令第18号发布　根据2018年9月28日住房和城乡建设部令第42号《关于修改〈建筑工程施工许可管理办法〉的决定》第一次修正　根据2021年3月30日住房和城乡建设部令第52号《关于修改〈建筑工程施工许可管理办法〉等三部规章的决定》第二次修正)

第一条 为了加强对建筑活动的监督管理,维护建筑市场秩序,保证建筑工程的质量和安全,根据《中华人民共和国建筑法》,制定本办法。

第二条 在中华人民共和国境内从事各类房屋建筑及其附属设施的建造、装修装饰和与其配套的线路、管道、设备的安装,以及城镇市政基础设施工程的施工,建设单位在开工前应当依照本办法的规定,向工程所在地的县级以上地方人民政府住房城乡建设主管部门(以下简称发证机关)申请领取施工许可证。

工程投资额在30万元以下或者建筑面积在300平方米以下的建筑工程,可以不申请办理施工许可证。省、自治区、直辖市人民政府住房城乡建设主管部门可以根据当地的实际情况,对限额进行调整,并报国务院住房城乡建设主管部门备案。

按照国务院规定的权限和程序批准开工报告的建筑工程,不再领取施工许可证。

第三条 本办法规定应当申请领取施工许可证的建筑工程未取得施工许可证的,一律不得开工。

任何单位和个人不得将应当申请领取施工许可证的工程项目分解为若干限额以下的工程项目,规避申请领取施工许可证。

第四条 建设单位申请领取施工许可证,应当具备下列条件,并提交相应的证明文件:

(一)依法应当办理用地批准手续的,已经办理该建筑工程用地批准手续。

(二)依法应当办理建设工程规划许可证的,已经取得建设工程规划许可证。

(三)施工场地已经基本具备施工条件,需要征收房屋的,其进度符合施工要求。

(四)已经确定施工企业。按照规定应当招标的工程没有招标,应当公开招标的工程没有公开招标,或者肢解发包工程,以及将工程发包给不具备相应资质条件的企业的,所确定的施工企业无效。

(五)有满足施工需要的资金安排、施工图纸及技术资料,建设单位应当提供建设资金已经落实承诺书,施工图设计文件已按规定审查合格。

(六)有保证工程质量和安全的具体措施。施工企业编制的施工组织设计中有根据建筑工程特点制定的相应质量、安全技术措施。建立工程质量安全责任制并落实到人。专业性较强的工程项目编制了专项质量、安全施工组织设计,并按照规定办理了工程质量、安全监督手续。

县级以上地方人民政府住房城乡建设主管部门不得违反法律法规规定,增设办理施工许可证的其他条件。

第五条 申请办理施工许可证,应当按照下列程序进行:

(一)建设单位向发证机关领取《建筑工程施工许可证申请表》。

(二)建设单位持加盖单位及法定代表人印鉴的《建筑工程施工许可证申请表》,并附本办法第四条规定的证明文件,向发证机关提出申请。

(三)发证机关在收到建设单位报送的《建筑工程施工许可证申请表》和所附证明文件后,对于符合条件的,应当自收到申请之日起七日内颁发施工许可证;对于证明文件不齐全或者失效的,应当当场或者五日内一次告知建设单位需要补正的全部内容,审批时间可以自证明文件补正齐全后作相应顺延;对于不符合条件的,应当自收到申请之日起七日内书面通知建设单位,并说明理由。

建筑工程在施工过程中,建设单位或者施工单位发生变更的,应当重新申请领取施工许可证。

第六条 建设单位申请领取施工许可证的工程名称、地点、规模,应当符合依法签订的施工承包合同。

施工许可证应当放置在施工现场备查,并按规定在施工现场公开。

第七条 施工许可证不得伪造和涂改。

第八条 建设单位应当自领取施工许可证之日起三个月内开工。因故不能按期开工的,应当在期满前向发证机关申请延期,并说明理由;延期以两次为限,每次不超过三个月。既不开工又不申请延期或者超过延期次数、时限的,施工许可证自行废止。

第九条 在建的建筑工程因故中止施工的,建设单位应当自中止施工之日起一个月内向发证机关报告,报告内容包括中止施工的时间、原因、在施部位、维修管理措施等,并按照规定做好建筑工程的维护管理工作。

建筑工程恢复施工时，应当向发证机关报告；中止施工满一年的工程恢复施工前，建设单位应当报发证机关核验施工许可证。

第十条 发证机关应当将办理施工许可证的依据、条件、程序、期限以及需要提交的全部材料和申请表示范文本等，在办公场所和有关网站予以公示。

发证机关作出的施工许可决定，应当予以公开，公众有权查阅。

第十一条 发证机关应当建立颁发施工许可证后的监督检查制度，对取得施工许可证后条件发生变化、延期开工、中止施工等行为进行监督检查，发现违法违规行为及时处理。

第十二条 对于未取得施工许可证或者为规避办理施工许可证将工程项目分解后擅自施工的，由有管辖权的发证机关责令停止施工，限期改正，对建设单位处工程合同价款1%以上2%以下罚款；对施工单位处3万元以下罚款。

第十三条 建设单位采用欺骗、贿赂等不正当手段取得施工许可证的，由原发证机关撤销施工许可证，责令停止施工，并处1万元以上3万元以下罚款；构成犯罪的，依法追究刑事责任。

第十四条 建设单位隐瞒有关情况或者提供虚假材料申请施工许可证的，发证机关不予受理或者不予许可，并处1万元以上3万元以下罚款；构成犯罪的，依法追究刑事责任。

建设单位伪造或者涂改施工许可证的，由发证机关责令停止施工，并处1万元以上3万元以下罚款；构成犯罪的，依法追究刑事责任。

第十五条 依照本办法规定，给予单位罚款处罚的，对单位直接负责的主管人员和其他直接责任人员处单位罚款数额5%以上10%以下罚款。

单位及相关责任人受到处罚的，作为不良行为记录予以通报。

第十六条 发证机关及其工作人员，违反本办法，有下列情形之一的，由其上级行政机关或者监察机关责令改正；情节严重的，对直接负责的主管人员和其他直接责任人员，依法给予行政处分：

（一）对不符合条件的申请人准予施工许可的；

（二）对符合条件的申请人不予施工许可或者未在法定期限内作出准予许可决定的；

（三）对符合条件的申请不予受理的；

（四）利用职务上的便利，收受他人财物或者谋取其他利益的；

（五）不依法履行监督职责或者监督不力，造成严重后果的。

第十七条 建筑工程施工许可证由国务院住房城乡建设主管部门制定格式，由各省、自治区、直辖市人民政府住房城乡建设主管部门统一印制。

施工许可证分为正本和副本，正本和副本具有同等法律效力。复印的施工许可证无效。

第十八条 本办法关于施工许可管理的规定适用于其他专业建筑工程。有关法律、行政法规有明确规定的，从其规定。

《建筑法》第八十三条第三款规定的建筑活动，不适用本办法。

军事房屋建筑工程施工许可的管理，按国务院、中央军事委员会制定的办法执行。

第十九条 省、自治区、直辖市人民政府住房城乡建设主管部门可以根据本办法制定实施细则。

第二十条 本办法自2014年10月25日起施行。1999年10月15日建设部令第71号发布、2001年7月4日建设部令第91号修正的《建筑工程施工许可管理办法》同时废止。

建筑市场诚信行为信息管理办法

（2007年1月12日建设部发布 建市〔2007〕9号）

第一条 为进一步规范建筑市场秩序，健全建筑市场诚信体系，加强对建筑市场各方主体的监管，营造诚实守信的市场环境，根据《建筑法》、《招标投标法》、《建设工程勘察设计管理条例》、《建设工程质量管理条例》、《建设工程安全生产管理条例》等有关法律法规，制定本办法。

第二条 本办法所称建筑市场各方主体是指建设项目的建设单位和参与工程建设活动的勘察、设计、施工、监理、招标代理、造价咨询、检测试验、施工图审查等企业或单位以及相关从业人员。

第三条 本办法所称诚信行为信息包括良好行为记录和不良行为记录。

良好行为记录指建筑市场各方主体在工程建设过程中严格遵守有关工程建设的法律、法规、规章或强制性标准,行为规范,诚信经营,自觉维护建筑市场秩序,受到各级建设行政主管部门和相关专业部门的奖励和表彰,所形成的良好行为记录。

不良行为记录是指建筑市场各方主体在工程建设过程中违反有关工程建设的法律、法规、规章或强制性标准和执业行为规范,经县级以上建设行政主管部门或其委托的执法监督机构查实和行政处罚,形成的不良行为记录。《全国建筑市场各方主体不良行为记录认定标准》由建设部制定和颁布。

第四条 建设部负责制定全国统一的建筑市场各方主体的诚信标准;负责指导建立建筑市场各方主体的信用档案;负责建立和完善全国联网的统一的建筑市场信用管理信息平台;负责对外发布全国建筑市场各方主体诚信行为记录信息;负责指导对建筑市场各方主体的信用评价工作。

各省、自治区和直辖市建设行政主管部门负责本地区建筑市场各方主体的信用管理工作,采集、审核、汇总和发布所属各市、县建设行政主管部门报送的各方主体的诚信行为记录,并将符合《全国建筑市场各方主体不良行为记录认定标准》的不良行为记录及时报送建设部。报送内容应包括:各方主体的基本信息、在建筑市场经营和生产活动中的不良行为表现、相关处罚决定等。

各市、县建设行政主管部门按照统一的诚信标准和管理办法,负责对本地区参与工程建设的各方主体的诚信行为进行检查、记录,同时将不良行为记录信息及时报送上级建设行政主管部门。

中央管理企业和工商注册不在本地区的企业的诚信行为记录,由其项目所在地建设行政主管部门负责采集、审核、记录、汇总和公布,逐级上报,同时向企业工商注册所在地的建设行政主管部门通报,建立和完善其信用档案。

第五条 各级建设行政主管部门要明确分管领导和承办机构人员,落实责任制,加强对各方主体不良行为的监督检查以及不良行为记录真实性的核查,负责收集、整理、归档、保全不良行为事实的证据和资料,不良行为记录报表要真实、完整、及时报送。

第六条 行业协会要协助政府部门做好诚信行为记录、信息发布和信用评价等工作,推进建筑市场动态监管;要完善行业内部监督和协调机制,建立以会员单位为基础的自律维权信息平台,加强行业自律,提高企业及其从业人员的诚信意识。

第七条 各省、自治区、直辖市建设行政主管部门应按照《全国建筑市场各方主体不良行为记录认定标准》,自行或通过市、县建设行政主管部门及其委托的执法监督机构,结合建筑市场检查、工程质量安全监督以及政府部门组织的各类执法检查、督查和举报、投诉等工作,采集不良行为记录,并建立与工商、税务、纪检、监察、司法、银行等部门的信息共享机制。

第八条 各省、自治区、直辖市建设行政主管部门应根据行政处罚情况,及时公布各方主体的不良行为信息,形成政府监管、行业自律、社会监督的有效约束机制。

第九条 各地建设行政主管部门要通过资源整合和组织协调,完善建筑市场和工程现场联动的业务监管体系,在健全建筑市场综合监管信息系统的基础上,建立向社会开放的建筑市场诚信信息平台,做好诚信信息的发布工作。诚信信息平台的建设可依托各地有形建筑市场(建设工程交易中心)的资源条件,避免重复建设和资源浪费。

第十条 信行为记录实行公布制度。

诚信行为记录由各省、自治区、直辖市建设行政主管部门在当地建筑市场诚信信息平台上统一公布。其中,不良行为记录信息的公布时间为行政处罚决定做出后 7 日内,公布期限一般为 6 个月至 3 年;良好行为记录信息公布期限一般为 3 年,法律、法规另有规定的从其规定。公布内容应与建筑市场监管信息系统中的企业、人员和项目管理数据库相结合，形成信用档案，内部长期保留。

属于《全国建筑市场各方主体不良行为记录认定标准》范围的不良行为记录除在当地发布外，还将由建设部统一在全国公布，公布期限与地方确定的公布期限相同，法律、法规另有规定的从其规定。各省、自治区、直辖市建设行政主管部门将确认的不良行为记录在当地发布之日起7日内报建设部。

通过与工商、税务、纪检、监察、司法、银行等部门建立的信息共享机制，获取的有关建筑市场各方主体不良行为记录的信息，省、自治区、直辖市建设行政主管部门也应参照本规定在本地区统一公布。

各地建筑市场综合监管信息系统，要逐步与全国建筑市场诚信信息平台实现网络互联、信息共享和实时发布。

第十一条 对发布有误的信息，由发布该信息的省、自治区和直辖市建设行政主管部门进行修正，根据被曝光单位对不良行为的整改情况，调整其信息公布期限，保证信息的准确和有效。

省、自治区和直辖市建设行政主管部门负责审查整改结果，对整改确有实效的，由企业提出申请，经批准，可缩短其不良行为记录信息公布期限，但公布期限最短不得少于3个月，同时将整改结果列于相应不良行为记录后，供有关部门和社会公众查询；对于拒不整改或整改不力的单位，信息发布部门可延长其不良行为记录信息公布期限。

行政处罚决定经行政复议、行政诉讼以及行政执法监督被变更或被撤消，应及时变更或删除该不良记录，并在相应诚信信息平台上予以公布，同时应依法妥善处理相关事宜。

第十二条 各省、自治区、直辖市建设行政主管部门应加强信息共享，推进各地诚信信息平台的互联互通，逐步开放诚信行为信息，维护建筑市场的统一、开放、竞争、有序。

第十三条 各级建设行政主管部门，应当依据国家有关法律、法规和规章，按照诚信激励和失信惩戒的原则，逐步建立诚信奖惩机制，在行政许可、市场准入、招标投标、资质管理、工程担保与保险、表彰评优等工作中，充分利用已公布的建筑市场各方主体的诚信行为信息，依法对守信行为给予激励，对失信行为进行惩处。在健全诚信奖惩机制的过程中，要防止利用诚信奖惩机制设置新的市场壁垒和地方保护。

第十四条 各级建设行政主管部门应按照管理权限和属地管理原则建立建筑市场各方主体的信用档案，将信用记录信息与建筑市场监管综合信息系统数据库相结合，实现数据共享和管理联动。

第十五条 各省、自治区、直辖市和计划单列市建设行政主管部门可结合本地区实际情况，依据地方性法规对本办法和认定标准加以补充，制订具体实施细则。

第十六条 各级建设行政主管部门要按照《最高人民检察院、建设部、交通部、水利部关于在工程建设领域开展行贿犯罪档案试点工作的通知》（高检会〔2004〕2号）要求，准确把握建立工程建设领域行贿犯罪档案查询系统的内容和要求，认真履行职责，加强领导，密切配合，做好工程建设领域行贿犯罪档案查询试点工作，将其纳入建筑市场信用体系建设工作中，逐步建立健全信用档案管理制度和失信惩戒制度。

第十七条 对参与工程建设的其他单位（如建筑材料、设备和构配件生产供应单位等）和实行个人注册执业制度的各类从业人员的诚信行为信息，可参照本办法进行管理。

第十八条 本办法由建设部负责解释。

第十九条 本办法自发布之日起施行。

附件：全国建筑市场各方主体不良行为记录认定标准（略）

建筑工程设计招标投标管理办法

（2017年1月24日住房和城乡建设部令第33号公布　自2017年5月1日起施行）

第一条　为规范建筑工程设计市场，提高建筑工程设计水平，促进公平竞争，繁荣建筑创作，根据《中华人民共和国建筑法》、《中华人民共和国招标投标法》、《建设工程勘察设计管理条例》和《中华人民共和国招标投标法实施条例》等法律法规，制定本办法。

第二条　依法必须进行招标的各类房屋建筑工程，其设计招标投标活动，适用本办法。

第三条　国务院住房城乡建设主管部门依法对全国建筑工程设计招标投标活动实施监督。

县级以上地方人民政府住房城乡建设主管部门依法对本行政区域内建筑工程设计招标投标活动实施监督，依法查处招标投标活动中的违法违规行为。

第四条　建筑工程设计招标范围和规模标准按照国家有关规定执行，有下列情形之一的，可以不进行招标：

（一）采用不可替代的专利或者专有技术的；

（二）对建筑艺术造型有特殊要求，并经有关主管部门批准的；

（三）建设单位依法能够自行设计的；

（四）建筑工程项目的改建、扩建或者技术改造，需要由原设计单位设计，否则将影响功能配套要求的；

（五）国家规定的其他特殊情形。

第五条　建筑工程设计招标应当依法进行公开招标或者邀请招标。

第六条　建筑工程设计招标可以采用设计方案招标或者设计团队招标，招标人可以根据项目特点和实际需要选择。

设计方案招标，是指主要通过对投标人提交的设计方案进行评审确定中标人。

设计团队招标，是指主要通过对投标人拟派设计团队的综合能力进行评审确定中标人。

第七条　公开招标的，招标人应当发布招标公告。邀请招标的，招标人应当向3个以上潜在投标人发出投标邀请书。

招标公告或者投标邀请书应当载明招标人名称和地址、招标项目的基本要求、投标人的资质要求以及获取招标文件的办法等事项。

第八条　招标人一般应当将建筑工程的方案设计、初步设计和施工图设计一并招标。确需另行选择设计单位承担初步设计、施工图设计的，应当在招标公告或者投标邀请书中明确。

第九条　鼓励建筑工程实行设计总包。实行设计总包的，按照合同约定或者经招标人同意，设计单位可以不通过招标方式将建筑工程非主体部分的设计进行分包。

第十条　招标文件应当满足设计方案招标或者设计团队招标的不同需求，主要包括以下内容：

（一）项目基本情况；

（二）城乡规划和城市设计对项目的基本要求；

（三）项目工程经济技术要求；

（四）项目有关基础资料；

（五）招标内容；

（六）招标文件答疑、现场踏勘安排；

（七）投标文件编制要求；

（八）评标标准和方法；

（九）投标文件送达地点和截止时间；

（十）开标时间和地点；

（十一）拟签订合同的主要条款；

（十二）设计费或者计费方法；

（十三）未中标方案补偿办法。

第十一条 招标人应当在资格预审公告、招标公告或者投标邀请书中载明是否接受联合体投标。采用联合体形式投标的，联合体各方应当签订共同投标协议，明确约定各方承担的工作和责任，就中标项目向招标人承担连带责任。

第十二条 招标人可以对已发出的招标文件进行必要的澄清或者修改。澄清或者修改的内容可能影响投标文件编制的，招标人应当在投标截止时间至少15日前，以书面形式通知所有获取招标文件的潜在投标人，不足15日的，招标人应当顺延提交投标文件的截止时间。

潜在投标人或者其他利害关系人对招标文件有异议的，应当在投标截止时间10日前提出。招标人应当自收到异议之日起3日内作出答复；作出答复前，应当暂停招标投标活动。

第十三条 招标人应当确定投标人编制投标文件所需要的合理时间，自招标文件开始发出之日起至投标人提交投标文件截止之日止，时限最短不少于20日。

第十四条 投标人应当具有与招标项目相适应的工程设计资质。境外设计单位参加国内建筑工程设计投标的，按照国家有关规定执行。

第十五条 投标人应当按照招标文件的要求编制投标文件。投标文件应当对招标文件提出的实质性要求和条件作出响应。

第十六条 评标由评标委员会负责。

评标委员会由招标人代表和有关专家组成。评标委员会人数为5人以上单数，其中技术和经济方面的专家不得少于成员总数的2/3。建筑工程设计方案评标时，建筑专业专家不得少于技术和经济方面专家总数的2/3。

评标专家一般从专家库随机抽取，对于技术复杂、专业性强或者国家有特殊要求的项目，招标人也可以直接邀请相应专业的中国科学院院士、中国工程院院士、全国工程勘察设计大师以及境外具有相应资历的专家参加评标。

投标人或者与投标人有利害关系的人员不得参加评标委员会。

第十七条 有下列情形之一的，评标委员会应当否决其投标：

（一）投标文件未按招标文件要求经投标人盖章和单位负责人签字；

（二）投标联合体没有提交共同投标协议；

（三）投标人不符合国家或者招标文件规定的资格条件；

（四）同一投标人提交两个以上不同的投标文件或者投标报价，但招标文件要求提交备选投标的除外；

（五）投标文件没有对招标文件的实质性要求和条件作出响应；

（六）投标人有串通投标、弄虚作假、行贿等违法行为；

（七）法律法规规定的其他应当否决投标的情形。

第十八条 评标委员会应当按照招标文件确定的评标标准和方法，对投标文件进行评审。

采用设计方案招标的，评标委员会应当在符合城乡规划、城市设计以及安全、绿色、节能、环保要求的前提下，重点对功能、技术、经济和美观等进行评审。

采用设计团队招标的，评标委员会应当对投标人拟从事项目设计的人员构成、人员业绩、人员从业经历、项目解读、设计构思、投标人信用情况和业绩等进行评审。

第十九条 评标委员会应当在评标完成后，向招标人提出书面评标报告，推荐不超过3个中标候选人，并标明顺序。

第二十条 招标人应当公示中标候选人。采用设计团队招标的，招标人应当公示中标候选人投标文件中所列主要人员、业绩等内容。

第二十一条 招标人根据评标委员会的书面评标报告和推荐的中标候选人确定中标人。招标人也可以授权评标委员会直接确定中标人。

采用设计方案招标的，招标人认为评标委员会推荐的候选方案不能最大限度满足招标文件规定的要求的，应当依法重新招标。

第二十二条 招标人应当在确定中标人后及时向中标人发出中标通知书，并同时将中标结果通知所有未中标人。

第二十三条 招标人应当自确定中标人之日起15日内，向县级以上地方人民政府住房城乡建设主管部门提交招标投标情况的书面报告。

第二十四条 县级以上地方人民政府住房城乡建设主管部门应当自收到招标投标情况的书面报告之日起5个工作日内，公开专家评审意见等信息，涉及国家秘密、商业秘密的除外。

第二十五条 招标人和中标人应当自中标通知书发出之日起30日内，按照招标文件和中标人的投标文件订立书面合同。

第二十六条 招标人、中标人使用未中标方案的，应当征得提交方案的投标人同意并付给使用费。

第二十七条 国务院住房城乡建设主管部门，省、自治区、直辖市人民政府住房城乡建设主管部门应当加强建筑工程设计评标专家和专家库的管理。

建筑专业专家库应当按建筑工程类别细化分类。

第二十八条 住房城乡建设主管部门应当加快推进电子招标投标，完善招标投标信息平台建设，促进建筑工程设计招标投标信息化监管。

第二十九条 招标人以不合理的条件限制或者排斥潜在投标人的，对潜在投标人实行歧视待遇的，强制要求投标人组成联合体共同投标的，或者限制投标人之间竞争的，由县级以上地方人民政府住房城乡建设主管部门责令改正，可以处1万元以上5万元以下的罚款。

第三十条 招标人澄清、修改招标文件的时限，或者确定的提交投标文件的时限不符合本办法规定的，由县级以上地方人民政府住房城乡建设主管部门责令改正，可以处10万元以下的罚款。

第三十一条 招标人不按照规定组建评标委员会，或者评标委员会成员的确定违反本办法规定的，由县级以上地方人民政府住房城乡建设主管部门责令改正，可以处10万元以下的罚款，相应评审结论无效，依法重新进行评审。

第三十二条 招标人有下列情形之一的，由县级以上地方人民政府住房城乡建设主管部门责令改正，可以处中标项目金额10‰以下的罚款；给他人造成损失的，依法承担赔偿责任；对单位直接负责的主管人员和其他直接责任人员依法给予处分：

（一）无正当理由未按本办法规定发出中标通知书；

（二）不按照规定确定中标人；

（三）中标通知书发出后无正当理由改变中标结果；

（四）无正当理由未按本办法规定与中标人订立合同；

（五）在订立合同时向中标人提出附加条件。

第三十三条 投标人以他人名义投标或者以其他方式弄虚作假，骗取中标的，中标无效，给招标人造成损失的，依法承担赔偿责任；构成犯罪的，依法追究刑事责任。

投标人有前款所列行为尚未构成犯罪的，由县级以上地方人民政府住房城乡建设主管部门处中标项目金额5‰以上10‰以下的罚款，对单位直接负责的主管人员和其他直接责任人员处单位罚款数额5%以上10%以下的罚款；有违法所得的，并处没收违法所得；情节严重的，取消其1年至3年内参加依法必须进行招标的建筑工程设计招标的投标资格，并予以公告，直至由工商行政管理机关吊销营业执照。

第三十四条 评标委员会成员收受投标人的财物或者其他好处的，评标委员会成员或者参加评标的有关工作人员向他人透露对投标文件的评审和比较、中标候选人的推荐以及与评标有关的其他情况的，由县级以上地方人民政府住房城乡建设主管部门给予警告，没收收受的财物，可以并处3000元以上5万元以下的罚款。

评标委员会成员有前款所列行为的，由有关主管部门通报批评并取消担任评标委员会成员的资格，不得再参加任何依法必须进行招标的建筑工程设计招标投标的评标；构成犯罪的，依法追究刑事责任。

第三十五条 评标委员会成员违反本办法规定，对应当否决的投标不提出否决意见的，由县级以上地方人民政府住房城乡建设主管部门责令改正；情节严重的，禁止其在一定期限内参加依法必须进行招标的建筑工程设计招标投标的评标；情节特别严重的，由有关主管部门取消其担任评标委员会成员的资格。

第三十六条 住房城乡建设主管部门或者有关职能部门的工作人员徇私舞弊、滥用职权或者玩忽职守，构成犯罪的，依法追究刑事责任；不构成犯罪的，依法给予行政处分。

第三十七条 市政公用工程及园林工程设计招标投标参照本办法执行。

第三十八条 本办法自2017年5月1日起施行。2000年10月18日建设部颁布的《建筑工程设计招标投标管理办法》（建设部令第82号）同时废止。

关于进一步加强房屋建筑和市政工程项目招标投标监督管理工作的指导意见

（2012年4月18日住房和城乡建设部发布　建市〔2012〕61号）

各省、自治区住房和城乡建设厅，直辖市建委（建设交通委），新疆生产建设兵团建设局：

为全面贯彻《招标投标法实施条例》，深入落实工程建设领域突出问题专项治理有关要求，进一步规范房屋建筑和市政工程项目（以下简称房屋市政工程项目）招标投标活动，严厉打击招标投标过程中存在的规避招标、串通投标、以他人名义投标、弄虚作假等违法违规行为，维护建筑市场秩序，保障工程质量和安全，现就加强房屋市政工程项目招标投标监管有关重点工作提出如下意见。

一、依法履行招标投标监管职责，做好招标投标监管工作

招标投标活动是房屋市政工程项目建设的重要环节，加强招标投标监管是住房城乡建设主管部门履行建筑市场监管职责，规范建筑市场秩序，确保工程质量安全的重要手段。各地住房城乡建设主管部门要认真贯彻落实《招标投标法实施条例》，在全面清理现有规定的同时，抓紧完善配套法规和相关制度。按照法律法规等规定，依法履行房屋市政工程项目招标投标监管职责，合理配置监管资源，重点加强政府和国有投资房屋市政工程项目招标投标监管，探索优化非国有投资房屋市政工程项目的监管方式。加强招标投标过程监督和标后监管，形成“两场联动”监管机制，依法查处违法违规行为。加强有形市场（招标投标交易场所）建设，推进招标投标监管工作的规范化、标准化和信息化。加强与纪检监察部门的联动，加强管理、完善制度、堵塞漏洞。探索引入社会监督机制，建立招标投标特邀监督员、社会公众旁听等制度，提高招标投标工作的透明度。

二、加快推行电子招标投标，提高监管效率

电子招标投标是一种新型工程交易方式，有利于降低招标投标成本，方便各方当事人，提高评标效率，减少人为因素干扰，遏制弄虚作假行为，增加招标投标活动透明度，保证招标投标活动的公开、公平和公正，预防和减少腐败现象的发生。各省级住房城乡建设主管部门要充分认识推行电子招标投标的重要意义，统一规划，稳步推进，避免重复建设。可依托有形市场，按照科学、安全、高效、透明的原则，健全完善房屋市政工程项目电子招标投标系统。通过推行电子招标投标，实现招标投标交易、服务、监管和监察的全过程电子化。电子招标投标应当包括招标投标活动各类文件无纸化、工作流程网络化、计算机辅助评标、异地远程评标、招标投标档案电子化管理、电子监察等。各地住房城乡建设主管部门在积极探索完善电子招标投标系统的同时，应当逐步实现与行业注册人员、企业和房屋市政工程项目等数据库对接，不断提高监管效率。

各地住房城乡建设主管部门应当在电子招标投标系统功能建设、维护等方面给予政策、资金、人员和设施等支持，确保电子招标投标系统建设稳步推进。

三、建立完善综合评标专家库，探索开展标后评估制度

住房城乡建设部在2012年底前建立全国房屋市政工程项目综合评标专家库，研究制定评标专家特别是资深和稀缺专业评标专家标准及管理使用办法。各省级住房城乡建设主管部门应当按照我部的统一部署和要求，在2013年6月底前将本地区的房屋市政工程项目评标专家库与全国房屋市政工程项目综合评标专家库对接，逐步实现评标专家资源共享和评标专家异地远程评标，为招标人跨地区乃至在全国范围内选择评标专家提供服务。

各地住房城乡建设主管部门要研究出台评标专家管理和使用办法，健全完善对评标专家的入库审查、考核培训、动态监管和抽取监督等管理制度，加强对评标专家的管理，严格履行对评标专家的监管职责。研究建立住房城乡建设系统标后评估制度，推选一批"品德正、业务精、经验足、信誉好"的资深评标专家，对评标委员会评审情况和评标报告进行抽查和后评估，查找分析专家评标过程中存在的突出问题，提出评价建议，不断提高评标质量。对于不能胜任评标工作或者有不良行为记录的评标专家，应当暂停或者取消其评标专家资格；对于有违法违规行为、不能公正履行职责的评标专家，应当依法从严查处、清出。

四、利用好现有资源，充分发挥有形市场作用

招标投标监管是建筑市场监管的源头，有形市场作为房屋市政工程项目交易服务平台，对于加强建筑市场交易活动管理和施工现场质量安全行为管理，促进"两场联动"具有重要意义。各地住房城乡建设主管部门要从实际出发，充分利用有形市场现有场地、人员、设备、信息及专业管理经验等资源，进一步完善有形市场服务功能，加强有形市场设施建设，为房屋市政工程项目招标投标活动和建筑市场监管、工程项目建设实施和质量安全监督、诚信体系建设等提供数据信息支持，为建设工程招标投标活动提供优良服务。各地住房城乡建设主管部门要按照《关于开展工程建设领域突出问题专项治理工作的意见》（中办发〔2009〕27号）提出的"统一进场、集中交易、行业监管、行政监察"要求，加强对有形市场的管理，创新考核机制，强化对有形市场建设的监督、指导，严格规范有形市场的收费，坚决取消不合理的收费项目，及时研究、解决实际工作中遇到的困难和问题，继续做好与纪检监察及其他有关部门的协调配合工作。

五、加强工程建设项目招标代理机构资格管理，规范招标投标市场秩序

依据《招标投标法》及相关规定，从事工程建设项目招标代理业务的机构，应当依法取得国务院住房城乡建设主管部门或者省级人民政府住房城乡建设主管部门认定的工程建设项目招标代理机构资格，并在其资格许可的范围内从事相应的工程建设项目招标代理业务。各地住房城乡建设主管部门要依法严格执行工程建设项目招标代理机构资格市场准入和清出制度，加强对工程建设项目招标代理机构及其从业人员的动态监管，严肃查处工程建设项目招标代理机构挂靠出让资格、泄密、弄虚作假、串通投标等违法行为。对于有违法违规行为的工程建设项目招标代理机构和从业人员，要按照《关于印发〈建筑市场诚信行为信息管理办法〉的通知》（建市〔2007〕9号）和《关于印发〈全国建筑市场注册执业人员不良行为记录认定标准〉（试行）的通知》（建办市〔2011〕38号）要求，及时记入全国建筑市场主体不良行为记录，通过全国建筑市场诚信信息平台向全社会公布，营造"诚信激励、失信惩戒"的市场氛围。

各地住房城乡建设主管部门要加强工程建设项目招标代理合同管理。工程建设项目招标代理机构与招标人签订的书面委托代理合同应当明确招标代理项目负责人，项目负责人应当是具有工程建设类注册执业资格的本单位在职人员。工程建设项目招标代理机构从业人员应当具备相应能力，办理工程建设项目招标代理业务应当实行实名制，并对所代理业务承担相应责任。工程建设项目招标代理合同应当报当地住房城乡建设主管部门备案。

六、加强招标公告管理，加大招标投标过程公开公示力度

公开透明是从源头预防和遏制腐败的治本之策，是实现招标投标"公开、公平、公正"的重要途径。各地住房城乡建设主管部门应当加强招标公告管理，房屋市政工程项目招标人应当通过有形市场发布资格预审公告或者招标公告。有形市场应当建立与法定招标公告发布媒介的有效链接。资格预审公告或招标公告内容应当真实合法，不得设定与招标项目的具体特点和实际需要不相适应的不合理条件限制和排斥潜在投标人。

各地住房城乡建设主管部门要进一步健全中标候选人公示制度，依法必须进行招标的项目，招标人应当在有形市场公示中标候选人。公示应当包括以下内容：评标委员会推荐的中标候选人名单及其排序;采用资格预审方式的,资格预审的结果;唱标记录;投标文件被判定为废标的投标人名称、废标原因及其依据;评标委员会对投标报价给予修正的原因、依据和修正结果;评标委员会成员对各投标人投标文件的评分;中标价和中标价中包括的暂估价、暂列金额等。

各地住房城乡建设主管部门要认真执行《招标投标法》、《招标投标法实施条例》等法律法规和本指导意见,不断总结完善招标投标监管成熟经验做法,狠抓制度配套落实,切实履行好房屋市政工程招标投标监管职责,不断规范招标投标行为,促进建筑市场健康发展。

关于加强房屋建筑和市政基础设施工程项目施工招标投标行政监督工作的若干意见

(2005 年 10 月 10 日建设部发布　建市〔2005〕208 号)

各省、自治区建设厅,直辖市建委,江苏省、山东省建管局,新疆生产建设兵团建设局,解放军总后营房部工程管理局,计划单列市建委:

近年来,各地建设行政主管部门以建立统一、开放、竞争、有序的建筑市场为目标,不断深化招标投标体制改革,完善招标投标法律法规,依法履行行政监督职能,健全建设工程交易中心的服务功能,使招标投标工作和建设工程交易中心建设取得了新的进展。为进一步规范房屋建筑和市政基础设施工程项目(以下简称工程项目)的施工招标投标活动,维护市场秩序,保证工程质量,根据《国务院办公厅关于进一步规范招投标活动的若干意见》(国办发〔2004〕56 号)精神,现就加强招标投标行政监督的有关工作提出如下意见。

一、明确招标人自行办理招标事宜的条件和监督程序

依法必须进行招标的工程项目,招标人自行办理施工招标事宜的,应当在发布招标公告或者发出投标邀请书的 5 日前,向建设行政主管部门备案,以证明其具备以下编制招标文件和组织评标的能力:具有项目法人资格或者法人资格;有从事同类工程招标的经验;有与招标项目规模和复杂程度相适应的工程技术、概预算、财务和工程管理等方面的专业技术力量,即招标人应当具有 3 名以上本单位的中级以上职称的工程技术经济人员,并熟悉和掌握招标投标有关法规,并且至少包括 1 名在本单位注册的造价工程师。

建设行政主管部门在收到招标人自行办理招标事宜的备案材料后,应当对照标准及时进行核查,发现招标人不具备自行办理招标事宜的条件或者在备案材料中弄虚作假的,应当依法责令其改正,并且要求其委托具有相应资格的工程建设项目招标代理机构(以下简称招标代理机构)代理招标。

二、完善资格审查制度

资格审查分为资格预审和资格后审,一般使用合格制的资格审查方式。

在工程项目的施工招标中,除技术特别复杂或者具有特殊专业技术要求的以外,提倡实行资格后审。实行资格预审的,提倡招标人邀请所有资格预审合格的潜在投标人(以下简称合格申请人)参加投标。

依法必须公开招标的工程项目的施工招标实行资格预审,并且采用经评审的最低投标价法评标的,招标人必须邀请所有合格申请人参加投标,不得对投标人的数量进行限制。

依法必须公开招标的工程项目的施工招标实行资格预审,并且采用综合评估法评标的,当合格申请人数量过多时,一般采用随机抽签的方法,特殊情况也可以采用评分排名的方法选择规定数量的合格申请人参加投标。其中,工程投资额 1000 万元以上的工程项目,邀请的合格申请人应当不少于 9 个;工程投资额 1000 万元以下的工程项目,邀请的合格申请人应当不少于 7 个。

实行资格后审的,招标文件应当设置专门的章节,明确合格投标人的条件、资格后审的评审标准和评审方法。

实行资格预审的,资格预审文件应当明确合格申请人的条件、资格预审的评审标准和评审方法、合格申请人过多时将采用的选择方法和拟邀请参加投标的合格申请人数量等内容。资格预审文件一经发出,不得擅自更改。确需更改的,应当将更改的内容通知所有已经获取资格预审文件的潜在投标人。

对潜在投标人或者投标人的资格审查必须充分体现公开、公平、公正的原则,不得提出高于招标工程实际情况所需要的资质等级要求。资格审查中还应当注重对拟选派的项目经理(建造师)的劳动合同关系、参加社会保险、正在施工和正在承接的工程项目等方面情况的审查。要严格执行项目经理管理规定的要求,一个项目经理(建造师)只宜担任一个施工项目的管理工作,当其负责管理的施工项目临近竣工,并已经向发包人提出竣工验收申请后,方可参加其他工程项目的投标。

三、深化对评标专家和评标活动的管理

各地要不断深化对已经建立的评标专家名册的管理,建立对评标专家的培训教育、定期考核和准入、清出制度。要强化对评标专家的职业道德教育和纪律约束,有组织、有计划地组织培训学习和交流研讨,提高评标专家的综合素质。对不能胜任评标工作或者有不良行为记录的评标专家,应当暂停或者取消其评标专家资格。

工程项目的评标专家应当从建设部或者省、自治区、直辖市建设行政主管部门组建的专家名册内抽取,抽取工作应当在建设工程交易中心内进行,并采取必要的保密措施,参与抽取的所有人员应当在抽取清单上签字。评标委员会中招标人的代表应当具备评标专家的相应条件。

评标工作应当在建设工程交易中心进行,有条件的地方应当建立评标监控系统。评标时间在1天以上的,应当采取必要的隔离措施,隔断评委与外界,尤其是与投标人的联系。提倡采用电子招标、电子投标和计算机辅助评标等现代化的手段,提高招标投标的效率和评标结果的准确性、公正性。

四、积极推行工程量清单计价方式招标

各地要进一步在国有资金投资的工程项目中推行《建设工程工程量清单计价规范》(以下简称《计价规范》)。工程量清单作为招标文件的重要组成部分,应当本着严格、准确的原则,依据《计价规范》的规定进行编制。

提倡在工程项目的施工招标中设立对投标报价的最高限价,以预防和遏制串通投标和哄抬标价的行为。招标人设定最高限价的,应当在投标截止日3天前公布。

五、探索实行科学、公正、合理的评标方法

各地要深化对经评审的最低投标价法、综合评估法等评标方法的研究,制定更加明确的标准,尤其要突出《计价规范》所要求的技术与经济密切结合的特点。

对于具有通用技术和性能标准的一般工程,当采用经评审的不低于成本的最低投标价法时,提倡对技术部分采用合格制评审的方法。对可能低于成本的投标,评标委员会不仅要审查投标报价是否存在漏项或者缺项,是否符合招标文件规定的要求,还应当从技术和经济相结合的角度,对工程内容是否完整,施工方法是否正确,施工组织和技术措施是否合理、可行,单价和费用的组成、工料机消耗及费用、利润的确定是否合理,主要材料的规格、型号、价格是否合理,有无具有说服力的证明材料等方面进行重点评审。在充分发挥招标投标机制实现社会资源合理分配的同时,要防止恶意的、不理性的"低价抢标"行为,维护正当的竞争秩序。

在推行经评审的最低投标价法的同时,除了要完善与评标程序、评标标准有关的规定外,还应当积极推行工程担保制度的实施,按市场规律建立风险防范机制。国有资金投资的工程项目实行担保的,应当由金融机构或者具有风险防范能力的专业担保机构实施担保。对于以价格低为理由,在合同履行中偷工减料、减少必要的安全施工措施和设施、拖延工期、拖欠农民工工资、降低工程质量标准等行为,要予以公开曝光,依法处理,并记入信用档案。

对于技术复杂的工程项目,可以采用综合评估的方法,但不能任意提高技术部分的评分比重,一般技术部分的分值权重不得高于40%,商务部分的分值权重不得少于60%。

所有的评标标准和方法必须在招标文件中详细载明,招标文件未载明评标的具体标准和方法的,或者评标委员会使用与招标文件规定不一致的评标标准和方法的,评标结果无效,应当依法重新评标或者重新招标。招标文件应当将投标文件存在重大偏差和应当废除投标的情形集中在一起进行表述,并要求表达清晰、含义明确。严禁针对某一投标人的特点,采取"量体裁衣"等手法确定评标的标准和方法,对这类行为应当视为对投标人实行歧视待遇,要按照法律、法规、规章的相关规定予以处理。

六、建立中标候选人的公示制度,加强对确定中标人的管理

各地应当建立中标候选人的公示制度。采用公开招标的,在中标通知书发出前,要将预中标人的情况在该工程项目招标公告发布的同一信息网络和建设工程交易中心予以公示,公示的时间最短应当不少于2个工作日。

确定中标人必须以评标委员会出具的评标报告为依据,严格按照法定的程序,在规定的时间内完成,并向中标人发出中标通知书。对于拖延确定中标人、随意更换中标人、向中标人提出额外要求甚至无正当理由拒不与中标人签署合同的招标人,要依法予以处理。

七、建立和完善各管理机构之间的联动机制,监督合同的全面履行

各地建设行政主管部门应当进一步建立和完善建筑市场与招标投标、资质和资格、工程造价、质量和安全监督等管理机构之间的相互联动机制,相互配合,加强对合同履行的监督管理,及时发现和严厉查处中标后随意更换项目经理(建造师)、转包、违法分包、任意进行合同变更、不合理地增加合同价款、拖延支付工程款、拖延竣工结算等违法、违规和违约行为,促进合同的全面履行,营造诚信经营、忠实履约的市场环境。同时,要建立工程信息和信用档案管理系统,及时、全面地掌握工程项目的进展情况和合同履约情况,对于发现的不良行为和违法行为,要及时予以查处,并计入相应责任单位和责任人的信用档案,向社会公布。

八、加强对招标代理机构的管理,维护招标代理市场秩序

招标代理机构必须遵循《民法通则》和《合同法》的规定,订立工程招标代理合同,严格履行民事代理责任。招标代理服务费原则上向招标人收取。

各地建设行政主管部门要在严格招标代理机构资格市场准入的基础上,加强对招标代理机构承接业务后的行为管理,重点是代理合同的签订、代理项目专职人员的落实、在代理过程中签字、盖章手续的履行等。应当尽快建立和实施对招标代理机构及其专职人员的清出制度,严厉打击挂靠,出让代理资格,通过采用虚假招标、串通投标等违法方式操纵招标结果,违反规定将代理服务费转嫁给投标人或者中标人,以及以赢利为目的高价出售资格预审文件和招标文件等行为。对上述行为,经查证核实的,除依法对招标代理机构进行处理外,还应当将负有直接和相关责任的专职人员清出招标代理机构。

各地工程招标投标行政监督机构和建设工程招标投标行业社团组织应当建立对招标代理机构专职人员的继续教育制度,通过不断的培训教育,提高其业务水平、综合素质和工程招标代理的服务质量。

各地建设行政主管部门要积极推动工程招标投标行业社团组织的建设,充分发挥行业社团组织的特点和优势,建立和完善工程招标投标行业自律机制,包括行业技术规范、行业行为准则以及行业创建活动等,规范和约束工程招标代理机构的行为,维护工程招标投标活动的秩序。

九、继续推进建设工程交易中心的建设与管理,充分发挥建设工程交易中心的作用

建设工程交易中心是经省级以上建设行政主管部门批准设立,为工程项目的交易活动提供服务的特殊场所,应当为非盈利性质的事业单位。各地建设行政主管部门要全面贯彻落实《国务院办公厅转发建设部、国家计委、监察部关于健全和规范有形建筑市场若干意见的通知》(国办发〔2002〕21号)要求,加强对建设工程交易中心的管理,继续做好与纪检监察及其他有关部门的协调工作,强化对建设工程交易中心的监督、指导和考核,及时研究、解决实际工作中遇到的困难和问题,完善服务设施,规范服务行为,提高服务质量。

建设工程交易中心要在充分发挥现有服务功能的基础上,积极拓展服务范围、服务内容和服务领域,为工程项目的交易活动提供全面、规范和高效的服务。当前要重点做好以下两个方面的工作:一是为全国建筑市场与工程项目招标投标的信用体系建设提供信息网络平台,为建筑市场参与各方提供真实、准确、便捷的信用状况服务,为营造诚实守信、失信必惩的建筑市场环境,提高整个行业的信用水平，推进建设领域诚信建设创造条件。各地可以以项目经理（建造师）的联网管理作为试点，取得经验后逐步向其他方面拓展。二是建立档案管理制度，加强对工程项目交易档案的管理，及时收集和整理建设工程交易活动中产生的各类文字、音像、图片资料和原始记录，并妥善保存档案资料。

十、切实加强工程项目施工招标投标活动的监督管理

各地建设行政主管部门要切实加强对工程项目施工招标投标活动的监督管理工作，依法履行好行政监督职能。

对于招标投标活动中的各个重要环节，应当通过完善方式、明确重点来实施有效的监督。在监督的对象上，要以国有资金投资的工程项目为重点，对非国有资金投资的工程项目的施工招标投标活动，可以转变方式，突出重点；在监督的主体上，要以招标人、招标代理机构和评标委员会为重点；在监督的方法上，除了全过程监督外，要进一步创新方法，将有针对性的过程监督和随机监督有机地结合起来，提高行政监督的效率和权威。同时，要注意发挥建设工程交易中心的作用，相互配合，形成合力，共同推进招标投标工作水平的提高。

要按照国家七部委颁发的《工程建设项目招标投标活动投诉处理办法》的要求，进一步加强招标投标活动中的投诉处理工作，建立和完善公正、高效的投诉处理机制，及时受理和妥善处理投诉，查处投诉处理中发现的违法行为。

招标投标监督管理机构是受建设行政主管部门委托，依法对工程项目的招标投标活动实施监督的职能机构，各地要积极、认真地解决好工程招标投标监督管理机构的编制、人员和经费等问题，为工程项目招标投标的监督提供保障，同时要加强工程招标投标监督管理机构的廉政建设和所属工作人员的教育和培训，提高依法监督和依法行政的水平。

住房和城乡建设部关于进一步加强房屋建筑和市政基础设施工程招标投标监管的指导意见

（2019 年 12 月 19 日　建市规〔2019〕11 号）

各省、自治区住房和城乡建设厅，直辖市住房和城乡建设（管）委，新疆生产建设兵团住房和城乡建设局：

工程招标投标制度在维护国家利益和社会公共利益、规范建筑市场行为、提高投资效益、促进廉政建设等方面发挥了重要作用。但是，当前工程招标投标活动中招标人主体责任缺失，串通投标、弄虚作假违法违规问题依然突出。为深入贯彻落实《国务院办公厅关于促进建筑业持续健康发展的意见》（国办发〔2017〕19 号）、《国务院办公厅转发住房城乡建设部关于完善质量保障体系提升建筑工程品质指导意见的通知》（国办函〔2019〕92 号），积极推进房屋建筑和市政基础设施工程招标投标制度改革，加强相关工程招标投标活动监管，严厉打击招标投标环节违法违规问题，维护建筑市场秩序，现提出如下意见。

一、夯实招标人的权责

（一）*落实招标人首要责任。*工程招标投标活动依法应由招标人负责，招标人自主决定发起招标，自主选择工程建设项目招标代理机构、资格审查方式、招标人代表和评标方法。夯实招标投标活动中各方主体责任，党员干部严禁利用职权或者职务上的影响干预招标投标活动。

（二）*政府投资工程鼓励集中建设管理方式。*实施相对集中专业化管理，采用组建集中建设机构或竞争选择企业实行代建的模式，严格控制工程项目投资，科学确定并严格执行合理的工程建设周期，保障工程质量安全，竣工验收后移交使用单位，提高政府投资工程的专业化管理水平。

二、优化招标投标方法

（三）*缩小招标范围。*社会投资的房屋建筑工程，建设单位自主决定发包方式，社会投资的市政基础设施工程依法决定发包方式。政府投资工程鼓励采用全过程工程咨询、工程总承包方式,减少招标投标层级,依据合同约定或经招标人同意,由总承包单位自主决定专业分包,招标人不得指定分包或肢解工程。

(四)探索推进评定分离方法。招标人应科学制定评标定标方法,组建评标委员会,通过资格审查强化对投标人的信用状况和履约能力审查,围绕高质量发展要求优先考虑创新、绿色等评审因素。评标委员会对投标文件的技术、质量、安全、工期的控制能力等因素提供技术咨询建议,向招标人推荐合格的中标候选人。由招标人按照科学、民主决策原则,建立健全内部控制程序和决策约束机制,根据报价情况和技术咨询建议,择优确定中标人,实现招标投标过程的规范透明,结果的合法公正,依法依规接受监督。

(五)全面推行电子招标投标。全面推行招标投标交易全过程电子化和异地远程评标,实现招标投标活动信息公开。积极创新电子化行政监督,招标投标交易平台应当与本地建筑市场监管平台实现数据对接,加快推动交易、监管数据互联共享,加大全国建筑市场监管公共服务平台工程项目数据信息的归集和共享力度。

(六)推动市场形成价格机制。实施工程造价供给侧结构性改革,鼓励地方建立工程造价数据库和发布市场化的造价指标指数,促进通过市场竞争形成合同价。对标国际,建立工程计量计价体系,完善工程材料、机械、人工等各类价格市场化信息发布机制。改进最高投标限价编制方式,强化招标人工程造价管控责任,推行全过程工程造价咨询。严格合同履约管理和工程变更,强化工程进度款支付和工程结算管理,招标人不得将未完成审计作为延期工程结算、拖欠工程款的理由。

三、加强招标投标过程监管

(七)加强招标投标活动监管。各级住房和城乡建设主管部门应按照"双随机、一公开"的要求,加大招标投标事中事后查处力度,严厉打击串通投标、弄虚作假等违法违规行为,维护建筑市场秩序。对围标串标等情节严重的,应纳入失信联合惩戒范围,直至清出市场。

(八)加强评标专家监管。各级住房和城乡建设主管部门要结合实际健全完善评标专家动态监管和抽取监督的管理制度,严格履行对评标专家的监管职责。建立评标专家考核和退出机制,对存在违法违规行为的评标专家,应取消其评标专家资格,依法依规严肃查处。

(九)强化招标代理机构市场行为监管。实行招标代理机构信息自愿报送和年度业绩公示制度,完善全过程工程咨询机构从事招标投标活动的监管。加强招标代理机构从业人员考核、评价,严格依法查处从业人员违法违规行为,信用评价信息向社会公开,实行招标代理机构"黑名单"制度,构建守信激励、失信惩戒机制。

(十)强化合同履约监管。加强建筑市场和施工现场"两场"联动,将履约行为纳入信用评价,中标人应严格按照投标承诺的技术力量和技术方案履约,对中标人拒不履行合同约定义务的,作为不良行为记入信用记录。

四、优化招标投标市场环境

(十一)加快推行工程担保制度。推行银行保函制度,在有条件的地区推行工程担保公司保函和工程保证保险。招标人要求中标人提供履约担保的,招标人应当同时向中标人提供工程款支付担保。对采用最低价中标的探索实行高保额履约担保。

(十二)加大信息公开力度。公开招标的项目信息,包括资格预审公告、招标公告、评审委员会评审信息、资格审查不合格名单、评标结果、中标候选人、定标方法、受理投诉的联系方式等内容,应在招标公告发布的公共服务平台、交易平台向社会公开,接受社会公众的监督。

(十三)完善建筑市场信用评价机制。积极开展建筑市场信用评价,健全招标人、投标人、招标代理机构及从业人员等市场主体信用档案,完善信用信息的分级管理制度,对存在严重失信行为的市场主体予以惩戒,推动建筑市场信用评价结果在招标投标活动中规范应用,严禁假借信用评价实行地方保护。

(十四)畅通投诉渠道,规范投诉行为。招标投标监管部门要建立健全公平、高效的投诉处理机制,及时受理并依法处理招标投标投诉,加大查处力度。要规范投诉行为,投诉书应包括投诉人和被投诉人的名称地址及有效联系方式、投诉的基本事实、相关请求及主张、有效线索和相关证明材料、已提出异议的证明文件。属于恶意投诉的，应追究其相应责任。

五、强化保障措施

（十五）强化组织领导。各地住房和城乡建设主管部门要高度重视建筑市场交易活动，创新工程招标投标监管机制，完善相关配套政策，加强对建筑市场交易活动的引导和支持，加强与发展改革、财政、审计等有关部门的沟通协调，切实解决招标投标活动中的实际问题。

（十六）推动示范引领。各地住房和城乡建设主管部门要积极推动工程建设项目招标投标改革，选择部分地区开展试点，及时总结试点做法，形成可复制、可推广的经验。试点中的问题和建议及时告住房和城乡建设部。

（十七）做好宣传引导。各地住房和城乡建设主管部门要通过多种形式及时宣传报道招标投标改革工作措施和取得的成效，加强舆论引导，争取社会公众和市场主体的支持，及时回应舆论关切，为顺利推进招标投标改革工作营造良好的舆论环境。

(二)水　　利

水利工程建设项目监理招标投标管理办法

(2002年12月25日水利部发布　水建管〔2002〕587号)

第一章　总　　则

第一条　为了规范水利工程建设项目监理招标投标活动,根据《水利工程建设项目招标投标管理规定》(水利部第14号令,以下简称《规定》)和国家有关规定,结合水利工程建设监理的特点,制定本办法。

第二条　本办法适用于水利工程建设项目(以下简称"项目")监理的招标投标活动。

第三条　项目符合《规定》第三条规定的范围与标准必须进行监理招标。

国家和水利部对项目技术复杂或者有特殊要求的水利工程建设项目监理另有规定的,从其规定。

第四条　项目监理招标一般不宜分标。如若分标,各监理标的监理合同估算价应当在50万元人民币以上。

项目监理分标的,应当利于管理和竞争,利于保证监理工作的连续性和相对独立性,避免相互交叉和干扰,造成监理责任不清。

第五条　水行政主管部门依法对项目监理招标投标活动进行行政监督。内容包括:

(一)监督检查招标人是否按照招标前提交备案的项目招标报告进行监理招标;

(二)可派员监督项目开标、评标、定标等活动,查处监理招标投标活动中违法违规行为;

(三)接受招标人依法备案的项目监理招标投标情况报告。

第六条　项目监理招标投标活动应当遵循公开、公平、公正和诚实信用的原则。项目监理招标工作由招标人负责,任何单位和个人不得以任何方式非法干涉项目监理招标投标活动。

第二章　招　　标

第七条　项目监理招标分为公开招标和邀请招标。

第八条　项目监理招标的招标人是该项目的项目法人。

第九条　招标人自行办理项目监理招标事宜时,应当按有关规定履行核准手续。

第十条　招标人委托招标代理机构办理招标事宜时,受委托的招标代理机构应符合水利工程建设项目招标代理有关规定的要求。

第十一条　项目监理招标应当具备下列条件:

(一)项目可行性研究报告或者初步设计已经批复;

(二)监理所需资金已经落实;

(三)项目已列入年度计划。

第十二条　项目监理招标宜在相应的工程勘察、设计、施工、设备和材料招标活动开始前完成。

第十三条　项目监理招标一般按照《规定》第十七条规定的程序进行。

第十四条　招标公告或者投标邀请书应当至少载明下列内容:

(一)招标人的名称和地址;

(二)监理项目的内容、规模、资金来源;

(三)监理项目的实施地点和服务期;

（四）获取招标文件或者资格预审文件的地点和时间；

（五）对招标文件或者资格预审文件收取的费用；

（六）对投标人的资质等级的要求。

第十五条 招标人应当对投标人进行资格审查。资格审查分为资格预审和资格后审。进行资格预审的，一般不再进行资格后审，但招标文件另有规定的除外。

第十六条 资格预审，是指在投标前对潜在投标人进行的资格审查。资格预审一般按照下列原则进行：

（一）招标人组建的资格预审工作组负责资格预审。

（二）资格预审工作组按照资格预审文件中规定的资格评审条件，对所有潜在投标人提交的资格预审文件进行评审。

（三）资格预审完成后，资格预审工作组应提交由资格预审工作组成员签字的资格预审报告，并由招标人存档备查。

（四）经资格预审后，招标人应当向资格预审合格的潜在投标人发出资格预审合格通知书，告知获取招标文件的时间、地点和方法，并同时向资格预审不合格的潜在投标人告知资格预审结果。

第十七条 资格后审，是指在开标后，招标人对投标人进行资格审查，提出资格审查报告，经参审人员签字由招标人存档备查，同时交评标委员会参考。

第十八条 资格审查应主要审查潜在投标人或者投标人是否符合下列条件：

（一）具有独立合同签署及履行的权利；

（二）具有履行合同的能力，包括专业、技术资格和能力，资金、设备和其他物质设施能力，管理能力，类似工程经验、信誉状况等；

（三）没有处于被责令停业，投标资格被取消，财产被接管、冻结等；

（四）在最近三年内没有骗取中标和严重违约及重大质量问题。

资格审查时，招标人不得以不合理的条件限制、排斥潜在投标人或者投标人，不得对潜在投标人或者投标人实行歧视待遇。任何单位和个人不得以行政手段或者其他不合理方式限制投标人的数量。

第十九条 招标文件应当包括下列内容：

（一）投标邀请书；

（二）投标人须知。投标人须知应当包括：招标项目概况，监理范围、内容和监理服务期，招标人提供的现场工作及生活条件（包括交通、通讯、住宿等）和试验检测条件，对投标人和现场监理人员的要求，投标人应当提供的有关资格和资信证明文件，投标文件的编制要求，提交投标文件的方式、地点和截止时间，开标日程安排，投标有效期等；

（三）书面合同书格式。大、中型项目的监理合同书、应当使用《水利工程建设监理合同示范文本》（GF—2000—0211），小型项目可参照使用；

（四）投标报价书、投标保证金和授权委托书、协议书和履约保函的格式；

（五）必要的设计文件、图纸和有关资料；

（六）投标报价要求及其计算方式；

（七）评标标准与方法；

（八）投标文件格式；

（九）其它辅助资料。

第二十条 依法必须进行招标的项目，自招标文件开始发出之日起至投标人提交投标文件截止之日止，最短不得少于 20 日。

第二十一条 招标文件一经发出，招标内容一般不得修改。招标文件的修改和澄清，应当于提交投标文件截止日期 15 日前书面通知所有潜在投标人。该修改和澄清的内容为招标文件的组成部分。

第二十二条 投标人少于 3 个的，招标人应当依法重新招标。

第二十三条　资格预审文件售价最高不得超过500元人民币。

第二十四条　招标文件售价应当按照《规定》第二十四条规定的标准控制。

第二十五条　投标保证金的金额一般按照招标文件售价的10倍控制。履约保证金的金额按照监理合同价的2%～5%控制,但最低不少于1万元人民币。

第三章　投　　标

第二十六条　投标人必须具有水利部颁发的水利工程建设监理资质证书,并具备下列条件:

(一)具有招标文件要求的资质等级和类似项目的监理经验与业绩;

(二)与招标项目要求相适应的人力、物力和财力;

(三)其他条件。

第二十七条　招标代理机构代理项目监理招标时,该代理机构不得参加或代理该项目监理的投标。

第二十八条　投标人应当按照招标文件的要求编制投标文件。投标文件一般包括下列内容:

(一)投标报价书;

(二)投标保证金;

(三)委托投标时,法定代表人签署的授权委托书;

(四)投标人营业执照、资质证书以及其它有效证明文件的复印件;

(五)监理大纲;

(六)项目总监理工程师及主要监理人员简历、业绩、学历证书、职称证书以及监理工程师资格证书和岗位证书等证明文件;

(七)拟用于本工程的设施设备、仪器;

(八)近3～5年完成的类似工程、有关方面对投标人的评价意见、以及获奖证明;

(九)投标人近3年财务状况;

(十)投标报价的计算和说明;

(十一)招标文件要求的其他内容。

第二十九条　监理大纲的主要内容应当包括:工程概况、监理范围、监理目标、监理措施、对工程的理解、项目监理机构组织机构、监理人员等。

第三十条　投标人应当在招标文件要求提交投标文件的截止时间前,将投标文件密封送达招标人。投标人的投标文件正本和副本应当分别包装,包装封套上加贴封条,加盖"正本"或"副本"标记。

第三十一条　投标人在招标文件要求提交投标文件截止时间之前,可以书面方式对投标文件进行修改、补充或者撤回,但应当符合招标文件的要求。

第三十二条　两个以上监理单位可以组成一个联合体,以一个投标人的身份投标。

联合体各方签订共同投标协议后,不得再以自己名义单独投标,也不得组成新的联合体或参加其他联合体在同一项目中投标。

招标人不得强制投标人组成联合体共同投标。

第三十三条　联合体参加资格预审并获通过的,其组成的任何变化都必须在提交投标文件截止之日前征得招标人的同意。如果变化后的联合体削弱了竞争,含有事先未经过资格预审或者资格预审不合格的法人,或者使联合体的资质降到资格预审文件中规定的最低标准下,招标人有权拒绝。

第三十四条　联合体各方必须指定牵头人,授权其代表所有联合体成员负责投标和合同实施阶段的主办、协调工作,并应当向招标人提交由所有联合体成员法定代表人签署的授权书。

第三十五条　联合体投标的,应当以联合体各方或者联合体中牵头人的名义提交投标保证金。

第三十六条　投标人应当对递交的资格预审文件、投标文件中有关资料的真实性负责。

第四章 评标标准与方法

第三十七条 项目监理评标标准和方法应当体现根据监理服务质量选择中标人的原则。评标标准和方法应当在招标文件中载明，在评标时不得另行制定或者修改、补充任何评标标准和方法。

项目监理招标不宜设置标底。

第三十八条 评标标准包括投标人的业绩和资信、项目总监理工程师的素质和能力、资源配置、监理大纲以及投标报价等五个方面。其重要程度宜分别赋予20%、25%、25%、20%、10%的权重，也可根据项目具体情况确定。

第三十九条 业绩和资信可以从以下几个方面设置评价指标：

（一）有关资质证书、营业执照等情况；

（二）人力、物力与财力资源；

（三）近3~5年完成或者正在实施的项目情况及监理效果；

（四）投标人以往的履约情况；

（五）近5年受到的表彰或者不良业绩记录情况；

（六）有关方面对投标人的评价意见等。

第四十条 项目总监理工程师的素质和能力可以从以下几个方面设置评价指标：

（一）项目总监理工程师的简历、监理资格；

（二）项目总监理工程师主持或者参与监理的类似工程项目及监理业绩；

（三）有关方面对项目总监理工程师的评价意见；

（四）项目总监理工程师月驻现场工作时间；

（五）项目总监理工程师的陈述情况等。

第四十一条 资源配置可以从以下几个方面设置评价指标：

（一）项目副总监理工程师、部门负责人的简历及监理资格；

（二）项目相关专业人员和管理人员的数量、来源、职称、监理资格、年龄结构、人员进场计划；

（三）主要监理人员的月驻现场工作时间；

（四）主要监理人员从事类似工程的相关经验；

（五）拟为工程项目配置的检测及办公设备；

（六）随时可调用的后备资源等。

第四十二条 监理大纲可以从以下几个方面设置评价指标：

（一）监理范围与目标；

（二）对影响项目工期、质量和投资的关键问题的理解程度；

（三）项目监理组织机构与管理的实效性；

（四）质量、进度、投资控制和合同、信息管理的方法与措施的针对性；

（五）拟定的监理质量体系文件等；

（六）工程安全监督措施的有效性。

第四十三条 投标报价可以从以下几个方面设置评价指标：

（一）监理服务范围、时限；

（二）监理费用结构、总价及所包含的项目；

（三）人员进场计划；

（四）监理费用报价取费原则是否合理。

第四十四条 评标方法主要为综合评分法、两阶段评标法和综合评议法，可根据工程规模和技术难易程度选择采用。大、中型项目或者技术复杂的项目宜采用综合评分法或者两阶段评标法，项目规模小或者技术简单的项目可采用综合评议法。

（一）综合评分法。根据评标标准设置详细的评价指标和评分标准，经评标委员会集体评审后,评标委员会分别对所有投标文件的各项评价指标进行评分,去掉最高分和最低分后,其余评委评分的算术和即为投标人的总得分。评标委员会根据投标人总得分的高低排序选择中标候选人1~3名。若候选人出现分值相同情况,则对分值相同的投标人改为投票法,以少数服从多数的方式,也可根据总监理工程师、监理大纲的得分高低决定次序选择中标候选人。

(二)两阶段评标法。对投标文件的评审分为两阶段进行。首先进行技术评审,然后进行商务评审。有关评审方法可采用综合评分法或综合评议法。评标委员会在技术评审结束之前,不得接触投标文件中商务部分的内容。

评标委员会根据确定的评审标准选出技术评审排序的前几名投标人,而后对其进行商务评审。根据规定的技术和商务权重,对这些投标人进行综合评价和比较,确定中标候选人1~3名。

(三)综合评议法。根据评标标准设置详细的评价指标,评标委员会成员对各个投标人进行定性比较分析,综合评议,采用投票表决的形式,以少数服从多数的方式,排序推荐中标候选人1~3名。

第五章　开标、评标和中标

第四十五条　开标时间、地点应当为招标文件中确定的时间、地点。开标工作人员至少有主持人、监标人、开标人、唱标人、记录人组成。招标人收到投标文件时,应当检查其密封性,进行登记并提供回执。已收投标文件应妥善保管,开标前不得开启。在招标文件要求提交投标文件的截止时间后送达的投标文件,应当拒收。

第四十六条　开标由招标人主持,邀请所有投标人参加。

投标人的法定代表人或者授权代表人应当出席开标会议。评标委员会成员不得出席开标会议。

第四十七条　开标人员应当在开标前检查出席开标会议的投标人法定代表人的证明文件或者授权代表人有关身份证明。法定代表人或者授权代表人应当在指定的登记表上签名报到。

第四十八条　开标一般按照《规定》第三十九条规定的程序进行。

第四十九条　属于下列情况之一的投标文件,招标人可以拒绝或者按无效标处理:

(一)投标人的法定代表人或者授权代表人未参加开标会议;

(二)投标文件未按照要求密封或者逾期送达;

(三)投标文件未加盖投标人公章或者未经法定代表人(或者授权代表人)签字(或者印鉴);

(四)投标人未按照招标文件要求提交投标保证金;

(五)投标文件字迹模糊导致无法确认涉及关键技术方案、关键工期、关键工程质量保证措施、投标价格;

(六)投标文件未按照规定的格式、内容和要求编制;

(七)投标人在一份投标文件中,对同一招标项目报有两个或者多个报价且没有确定的报价说明;

(八)投标人对同一招标项目递交两份或者多份内容不同的投标文件,未书面声明哪一个有效;

(九)投标文件中含有虚假资料;

(十)投标人名称与组织机构与资格预审文件不一致;

(十一)不符合招标文件中规定的其他实质性要求。

第五十条　评标由评标委员会负责。评标委员会的组成按照《规定》第四十条的规定进行。

第五十一条　评标专家的选择按照《规定》第四十一条、第四十二条的规定进行。

第五十二条　评标委员会成员实行回避制度,有下列情形之一的,应当主动提出回避并不得担任评标委员会成员:

(一)投标人或者投标人、代理人主要负责人的近亲属;

(二)项目主管部门或者行政监督部门的人员;

(三)在5年内与投标人或其代理人曾有工作关系;

（四）5 年内与投标人或其代理人有经济利益关系，可能影响对投标的公正评审的人员；

（五）曾因在招标、评标以及其他与招标投标有关活动中从事违法行为而受到行政处罚或者刑事处罚的人员。

第五十三条 招标人应当采取必要的措施，保证评标过程在严格保密的情况下进行。

第五十四条 评标工作一般按照以下程序进行：

（一）招标人宣布评标委员会成员名单并确定主任委员；

（二）招标人宣布有关评标纪律；

（三）在主任委员的主持下，根据需要，讨论通过成立有关专业组和工作组；

（四）听取招标人介绍招标文件；

（五）组织评标人员学习评标标准与方法；

（六）评标委员会对投标文件进行符合性和响应性评定；

（七）评标委员会对投标文件中的算术错误进行更正；

（八）评标委员会根据招标文件规定的评标标准与方法对有效投标文件进行评审；

（九）评标委员会听取项目总监理工程师陈述；

（十）经评标委员会讨论，并经二分之一以上成员同意，提出需投标人澄清的问题，并以书面形式送达投标人；

（十一）投标人对需书面澄清的问题，经法定代表人或者授权代表人签字后，作为投标文件的组成部分，在规定的时间内送达评标委员会；

（十二）评标委员会依据招标文件确定的评标标准与方法，对投标文件进行横向比较，确定中标候选人推荐顺序；

（十三）在评标委员会三分之二以上成员同意并在全体成员签字的情况下，通过评标报告。评标委员会成员必须在评标报告上签字。若有不同意见，应明确记载并由其本人签字，方可作为评标报告附件。

第五十五条 评标报告应当包括以下内容：

（一）招标项目基本情况；

（二）对投标人的业绩和资信的评价；

（三）对项目总监理工程师的素质和能力的评价；

（四）对资源配置的评价；

（五）对监理大纲的评价；

（六）对投标报价的评价；

（七）评标标准和方法；

（八）评审结果及推荐顺序；

（九）废标情况说明；

（十）问题澄清、说明、补正事项纪要；

（十一）其它说明；

（十二）附件。

第五十六条 评标委员会要求投标人对投标文件中含义不明确的内容作出必要的澄清或者说明，但澄清或说明不得改变投标文件提出的主要监理人员、监理大纲和投标报价等实质性内容。

第五十七条 评标委员会经评审，认为所有投标文件都不符合招标文件要求，可以否决所有投标，招标人应当重新招标，并报水行政主管部门备案。

第五十八条 评标委员会成员应当客观、公正地履行职责，遵守职业道德，对所提出的评审意见承担个人责任。

第五十九条 遵循根据监理服务质量选择中标人的原则，中标人应当是能够最大限度地满足招标文件中规定的各项综合评价标准的投标人。

第六十条 招标人可授权评标委员会直接确定中标人，也可根据评标委员会提出的书面评标报告和推荐的中标候选人顺序确定中标人。当招标人确定的中标人与评标委员会推荐的中标候选人顺序不一致时,应当有充足的理由,并按项目管理权限报水行政主管部门备案。

第六十一条 在确定中标人前,招标人不得与投标人就投标方案、投标价格等实质性内容进行谈判。自评标委员会提出书面评标报告之日起,招标人一般应在15日内确定中标人,最迟应在投标有效期结束日30个工作日前确定。

第六十二条 中标人确定后,招标人应当在招标文件规定的有效期内以书面形式向中标人发出中标通知书,并将中标结果通知所有未中标的投标人。招标人不得向中标人提出压低报价、增加工作量、延长服务期或其他违背中标人意愿的要求,以此作为发出中标通知书和签订合同的条件。

第六十三条 中标通知书对招标人和中标人具有法律效力。中标通知书发出后,招标人改变中标结果的,或者中标人放弃中标项目的,应当依法承担法律责任。

第六十四条 中标人收到中标通知书后,应当在签订合同前向招标人提交履约保证金。

第六十五条 招标人和中标人应当自中标通知书发出之日起在30日内,按照招标文件和中标人的投标文件订立书面合同。招标人和中标人不得再行订立背离合同实质性内容的其他协议。

第六十六条 当确定的中标人拒绝签订合同时,招标人可与确定的候补中标人签订合同。

第六十七条 中标人不得向他人转让中标项目,也不得将中标项目肢解后向他人转让。

第六十八条 招标人与中标人签订合同后5个工作日内,应当向中标人和未中标的投标人退还投标保证金。

第六十九条 在确定中标人后15日之内,招标人应当按项目管理权限向水行政主管部门提交招标投标情况的书面总结报告。书面总结报告至少应包括下列内容:

(一)开标前招标准备情况;

(二)开标记录;

(三)评标委员会的组成和评标报告;

(四)中标结果确定;

(五)附件:招标文件。

第七十条 由于招标人自身原因致使招标失败(包括未能如期签订合同),招标人应当按照投标保证金双倍的金额赔偿投标人,同时退还投标保证金。

第六章 附 则

第七十一条 在招标投标活动中出现的违法违规行为,按照《中华人民共和国招标投标法》和国务院的有关规定进行处罚。

第七十二条 使用国际组织或者外国政府贷款、援助资金的项目监理招标,贷款方、资金提供方对招标投标的具体条件和程序有不同规定的,可以从其规定,但违背中华人民共和国的社会公众利益的除外。

第七十三条 本办法由水利部负责解释。

第七十四条 本办法自发布之日起施行。

水利工程建设项目招标投标管理规定

(2001年10月29日水利部令第14号公布 自2002年1月1日起施行)

第一章 总 则

第一条 为加强水利工程建设项目招标投标工作的管理,规范招标投标活动,根据《中华人民共和国招标投标法》和国家有关规定,结合水利工程建设的特点,制定本规定。

第二条 本规定适用于水利工程建设项目的勘察设计、施工、监理以及与水利工程建设有关的重要设备、材料采购等的招标投标活动。

第三条 符合下列具体范围并达到规模标准之一的水利工程建设项目必须进行招标。

(一)具体范围

1. 关系社会公共利益、公共安全的防洪、排涝、灌溉、水力发电、引(供)水、滩涂治理、水土保持、水资源保护等水利工程建设项目;

2. 使用国有资金投资或者国家融资的水利工程建设项目;

3. 使用国际组织或者外国政府贷款、援助资金的水利工程建设项目。

(二)规模标准

1. 施工单项合同估算价在200万元人民币以上的;

2. 重要设备、材料等货物的采购,单项合同估算价在100万元人民币以上的;

3. 勘察设计、监理等服务的采购,单项合同估算价在50万元人民币以上的;

4. 项目总投资额在3000万元人民币以上,但分标单项合同估算价低于本项第1、2、3目规定的标准的项目原则上都必须招标。

第四条 招标投标活动应当遵循公开、公平、公正和诚实信用的原则。建设项目的招标工作由招标人负责,任何单位和个人不得以任何方式非法干涉招标投标活动。

第二章 行政监督与管理

第五条 水利部是全国水利工程建设项目招标投标活动的行政监督与管理部门,其主要职责是:

(一)负责组织、指导、监督全国水利行业贯彻执行国家有关招标投标的法律、法规、规章和政策;

(二)依据国家有关招标投标法律、法规和政策,制定水利工程建设项目招标投标的管理规定和办法;

(三)受理有关水利工程建设项目招标投标活动的投诉,依法查处招标投标活动中的违法违规行为;

(四)对水利工程建设项目招标代理活动进行监督;

(五)对水利工程建设项目评标专家资格进行监督与管理;

(六)负责国家重点水利项目和水利部所属流域管理机构(以下简称流域管理机构)主要负责人兼任项目法人代表的中央项目的招标投标活动的行政监督。

第六条 流域管理机构受水利部委托,对除第五条第六项规定以外的中央项目的招标投标活动进行行政监督。

第七条 省、自治区、直辖市人民政府水行政主管部门是本行政区域内地方水利工程建设项目招标投标活动的行政监督与管理部门,其主要职责是:

(一)贯彻执行有关招标投标的法律、法规、规章和政策;

(二)依照有关法律、法规和规章,制定地方水利工程建设项目招标投标的管理办法;

(三)受理管理权限范围内的水利工程建设项目招标投标活动的投诉,依法查处招标投标活动中的违法违规行为;

(四)对本行政区域内地方水利工程建设项目招标代理活动进行监督;

(五)组建并管理省级水利工程建设项目评标专家库;

(六)负责本行政区域内除第五条第六项规定以外的地方项目的招标投标活动的行政监督。

第八条 水行政主管部门依法对水利工程建设项目的招标投标活动进行行政监督,内容包括:

(一)接受招标人招标前提交备案的招标报告;

(二)可派员监督开标、评标、定标等活动。对发现的招标投标活动的违法违规行为,应当立

即责令改正,必要时可做出包括暂停开标或评标以及宣布开标、评标结果无效的决定,对违法的中标结果予以否决;

(三)接受招标人提交备案的招标投标情况书面总结报告。

第三章　招　　标

第九条　招标分为公开招标和邀请招标。

第十条　依法必须招标的项目中,国家重点水利项目、地方重点水利项目及全部使用国有资金投资或者国有资金投资占控股或者主导地位的项目应当公开招标,但有下列情况之一的,按第十一条的规定经批准后可采用邀请招标:

(一)属于第三条第二项第4目规定的项目;

(二)项目技术复杂,有特殊要求或涉及专利权保护,受自然资源或环境限制,新技术或技术规格事先难以确定的项目;

(三)应急度汛项目;

(四)其它特殊项目。

第十一条　符合第十条规定,采用邀请招标的,招标前招标人必须履行下列批准手续:

(一)国家重点水利项目经水利部初审后,报国家发展计划委员会批准;其他中央项目报水利部或其委托的流域管理机构批准;

(二)地方重点水利项目经省、自治区、直辖市人民政府水行政主管部门会同同级发展计划行政主管部门审核后,报本级人民政府批准;其它地方项目报省、自治区、直辖市人民政府水行政主管部门批准。

第十二条　下列项目可不进行招标,但须经项目主管部门批准:

(一)涉及国家安全、国家秘密的项目;

(二)应急防汛、抗旱、抢险、救灾等项目;

(三)项目中经批准使用农民投工、投劳施工的部分(不包括该部分中勘察设计、监理和重要设备、材料采购);

(四)不具备招标条件的公益性水利工程建设项目的项目建议书和可行性研究报告;

(五)采用特定专利技术或特有技术的;

(六)其它特殊项目。

第十三条　当招标人具备以下条件时,按有关规定和管理权限经核准可自行办理招标事宜:

(一)具有项目法人资格(或法人资格);

(二)具有与招标项目规模和复杂程度相适应的工程技术、概预算、财务和工程管理等方面专业技术力量;

(三)具有编制招标文件和组织评标的能力;

(四)具有从事同类工程建设项目招标的经验;

(五)设有专门的招标机构或者拥有3名以上专职招标业务人员;

(六)熟悉和掌握招标投标法律、法规、规章。

第十四条　当招标人不具备第十三条的条件时,应当委托符合相应条件的招标代理机构办理招标事宜。

第十五条　招标人申请自行办理招标事宜时,应当报送以下书面材料:

(一)项目法人营业执照、法人证书或者项目法人组建文件;

(二)与招标项目相适应的专业技术力量情况;

(三)内设的招标机构或者专职招标业务人员的基本情况;

(四)拟使用的评标专家库情况;

(五)以往编制的同类工程建设项目招标文件和评标报告,以及招标业绩的证明材料;

(六)其它材料。

第十六条　水利工程建设项目招标应当具备以下条件:

（一）勘察设计招标应当具备的条件

1. 勘察设计项目已经确定；

2. 勘察设计所需资金已落实；

3. 必需的勘察设计基础资料已收集完成。

（二）监理招标应当具备的条件

1. 初步设计已经批准；

2. 监理所需资金已落实；

3. 项目已列入年度计划。

（三）施工招标应当具备的条件

1. 初步设计已经批准；

2. 建设资金来源已落实，年度投资计划已经安排；

3. 监理单位已确定；

4. 具有能满足招标要求的设计文件，已与设计单位签订适应施工进度要求的图纸交付合同或协议；

5. 有关建设项目永久征地、临时征地和移民搬迁的实施、安置工作已经落实或已有明确安排。

（四）重要设备、材料招标应当具备的条件

1. 初步设计已经批准；

2. 重要设备、材料技术经济指标已基本确定；

3. 设备、材料所需资金已落实。

第十七条 招标工作一般按下列程序进行：

（一）招标前，按项目管理权限向水行政主管部门提交招标报告备案。报告具体内容应当包括：招标已具备的条件、招标方式、分标方案、招标计划安排、投标人资质（资格）条件、评标方法、评标委员会组建方案以及开标、评标的工作具体安排等；

（二）编制招标文件；

（三）发布招标信息（招标公告或投标邀请书）；

（四）发售资格预审文件；

（五）按规定日期接受潜在投标人编制的资格预审文件；

（六）组织对潜在投标人资格预审文件进行审核；

（七）向资格预审合格的潜在投标人发售招标文件；

（八）组织购买招标文件的潜在投标人现场踏勘；

（九）接受投标人对招标文件有关问题要求澄清的函件，对问题进行澄清，并书面通知所有潜在投标人；

（十）组织成立评标委员会，并在中标结果确定前保密；

（十一）在规定时间和地点，接受符合招标文件要求的投标文件；

（十二）组织开标评标会；

（十三）在评标委员会推荐的中标候选人中，确定中标人；

（十四）向水行政主管部门提交招标投标情况的书面总结报告；

（十五）发中标通知书，并将中标结果通知所有投标人；

（十六）进行合同谈判，并与中标人订立书面合同。

第十八条 采用公开招标方式的项目，招标人应当在国家发展计划委员会指定的媒介发布招标公告，其中大型水利工程建设项目以及国家重点项目、中央项目、地方重点项目同时还应当在《中国水利报》发布招标公告，公告正式媒介发布至发售资格预审文件（或招标文件）的时间间隔一般不少于10日。招标人应当对招标公告的真实性负责。招标公告不得限制潜在投标人的数量。

采用邀请招标方式的，招标人应当向3个以上有投标资格的法人或其它组织发出投标邀请书。

投标人少于3个的,招标人应当依照本规定重新招标。

第十九条 招标人应当根据国家有关规定,结合项目特点和需要编制招标文件。

第二十条 招标人应当对投标人进行资格审查,并提出资格审查报告,经参审人员签字后存档备查。

第二十一条 在一个项目中,招标人应当以相同条件对所有潜在投标人的资格进行审查,不得以任何理由限制或者排斥部分潜在投标人。

第二十二条 招标人对已发出的招标文件进行必要澄清或者修改的,应当在招标文件要求提交投标文件截止日期至少15日前,以书面形式通知所有投标人。该澄清或者修改的内容为招标文件的组成部分。

第二十三条 依法必须进行招标的项目,自招标文件开始发出之日起至投标人提交投标文件截止之日止,最短不应当少于20日。

第二十四条 招标文件应当按其制作成本确定售价,一般可按1000元至3000元人民币标准控制。

第二十五条 招标文件中应当明确投标保证金金额,一般可按以下标准控制:

(一)合同估算价10000万元人民币以上,投标保证金金额不超过合同估算价的千分之五;

(二)合同估算价3000万元至10000万元人民币之间,投标保证金金额不超过合同估算价的千分之六;

(三)合同估算价3000万元人民币以下,投标保证金金额不超过合同估算价的千分之七,但最低不得少于1万元人民币。

第四章 投 标

第二十六条 投标人必须具备水利工程建设项目所需的资质(资格)。

第二十七条 投标人应当按照招标文件的要求编写投标文件,并在招标文件规定的投标截止时间之前密封送达招标人。在投标截止时间之前,投标人可以撤回已递交的投标文件或进行更正和补充,但应当符合招标文件的要求。

第二十八条 投标人必须按招标文件规定投标,也可附加提出"替代方案",且应当在其封面上注明"替代方案"字样,供招标人选用,但不作为评标的主要依据。

第二十九条 两个或两个以上单位联合投标的,应当按资质等级较低的单位确定联合体资质(资格)等级。招标人不得强制投标人组成联合体共同投标。

第三十条 投标人在递交投标文件的同时,应当递交投标保证金。

招标人与中标人签订合同后5个工作日内,应当退还投标保证金。

第三十一条 投标人应当对递交的资质(资格)预审文件及投标文件中有关资料的真实性负责。

第五章 评标标准与方法

第三十二条 评标标准和方法应当在招标文件中载明,在评标时不得另行制定或修改、补充任何评标标准和方法。

第三十三条 招标人在一个项目中,对所有投标人评标标准和方法必须相同。

第三十四条 评标标准分为技术标准和商务标准,一般包含以下内容:

(一)勘察设计评标标准

1. 投标人的业绩和资信;

2. 勘察总工程师、设计总工程师的经历;

3. 人力资源配备;

4. 技术方案和技术创新;

5. 质量标准及质量管理措施;

6. 技术支持与保障;

7. 投标价格和评标价格；
8. 财务状况；
9. 组织实施方案及进度安排。
（二）监理评标标准
1. 投标人的业绩和资信；
2. 项目总监理工程师经历及主要监理人员情况；
3. 监理规划（大纲）；
4. 投标价格和评标价格；
5. 财务状况。
（三）施工评标标准
1. 施工方案（或施工组织设计）与工期；
2. 投标价格和评标价格；
3. 施工项目经理及技术负责人的经历；
4. 组织机构及主要管理人员；
5. 主要施工设备；
6. 质量标准、质量和安全管理措施；
7. 投标人的业绩、类似工程经历和资信；
8. 财务状况。
（四）设备、材料评标标准
1. 投标价格和评标价格；
2. 质量标准及质量管理措施；
3. 组织供应计划；
4. 售后服务；
5. 投标人的业绩和资信；
6. 财务状况。

第三十五条　评标方法可采用综合评分法、综合最低评标价法、合理最低投标价法、综合评议法及两阶段评标法。

第三十六条　施工招标设有标底的，评标标底可采用：
（一）招标人组织编制的标底 A；
（二）以全部或部分投标人报价的平均值作为标底 B；
（三）以标底 A 和标底 B 的加权平均值作为标底；
（四）以标底 A 值作为确定有效标的标准，以进入有效标内投标人的报价平均值作为标底。
施工招标未设标底的，按不低于成本价的有效标进行评审。

第六章　开标、评标和中标

第三十七条　开标由招标人主持，邀请所有投标人参加。

第三十八条　开标应当按招标文件中确定的时间和地点进行。开标人员至少由主持人、监标人、开标人、唱标人、记录人组成，上述人员对开标负责。

第三十九条　开标一般按以下程序进行：
（一）主持人在招标文件确定的时间停止接收投标文件，开始开标；
（二）宣布开标人员名单；
（三）确认投标人法定代表人或授权代表人是否在场；
（四）宣布投标文件开启顺序；
（五）依开标顺序，先检查投标文件密封是否完好，再启封投标文件；
（六）宣布投标要素，并作记录，同时由投标人代表签字确认；
（七）对上述工作进行纪录，存档备查。

第四十条　评标工作由评标委员会负责。评标委员会由招标人的代表和有关技术、经济、合同管理等方面的专家组成,成员人数为七人以上单数,其中专家(不含招标人代表人数)不得少于成员总数的三分之二。

第四十一条　公益性水利工程建设项目中,中央项目的评标专家应当从水利部或流域管理机构组建的评标专家库中抽取;地方项目的评标专家应当从省、自治区、直辖市人民政府水行政主管部门组建的评标专家库中抽取,也可从水利部或流域管理机构组建的评标专家库中抽取。

第四十二条　评标专家的选择应当采取随机的方式抽取。根据工程特殊专业技术需要,经水行政主管部门批准,招标人可以指定部分评标专家,但不得超过专家人数的三分之一。

第四十三条　评标委员会成员不得与投标人有利害关系。所指利害关系包括:是投标人或其代理人的近亲属;在5年内与投标人曾有工作关系;或有其他社会关系或经济利益关系。

评标委员会成员名单在招标结果确定前应当保密。

第四十四条　评标工作一般按以下程序进行:

(一)招标人宣布评标委员会成员名单并确定主任委员;

(二)招标人宣布有关评标纪律;

(三)在主任委员主持下,根据需要,讨论通过成立有关专业组和工作组;

(四)听取招标人介绍招标文件;

(五)组织评标人员学习评标标准和方法;

(六)经评标委员会讨论,并经二分之一以上委员同意,提出需投标人澄清的问题,以书面形式送达投标人;

(七)对需要文字澄清的问题,投标人应当以书面形式送达评标委员会;

(八)评标委员会按招标文件确定的评标标准和方法,对投标文件进行评审,确定中标候选人推荐顺序;

(九)在评标委员会三分之二以上委员同意并签字的情况下,通过评标委员会工作报告,并报招标人。评标委员会工作报告附件包括有关评标的往来澄清函、有关评标资料及推荐意见等。

第四十五条　招标人对有下列情况之一的投标文件,可以拒绝或按无效标处理:

(一)投标文件密封不符合招标文件要求的;

(二)逾期送达的;

(三)投标人法定代表人或授权代表人未参加开标会议的;

(四)未按招标文件规定加盖单位公章和法定代表人(或其授权人)的签字(或印鉴)的;

(五)招标文件规定不得标明投标人名称,但投标文件上标明投标人名称或有任何可能透露投标人名称的标记的;

(六)未按招标文件要求编写或字迹模糊导致无法确认关键技术方案、关键工期、关键工程质量保证措施、投标价格的;

(七)未按规定交纳投标保证金的;

(八)超出招标文件规定,违反国家有关规定的;

(九)投标人提供虚假资料的。

第四十六条　评标委员会经过评审,认为所有投标文件都不符合招标文件要求时,可以否决所有投标,招标人应当重新组织招标。对已参加本次投标的单位,重新参加投标不应当再收取招标文件费。

第四十七条　评标委员会应当进行秘密评审,不得泄露评审过程、中标候选人的推荐情况以及与评标有关的其他情况。

第四十八条　在评标过程中,评标委员会可以要求投标人对投标文件中含义不明确的内容采取书面方式作出必要的澄清或说明,但不得超出投标文件的范围或改变投标文件的实质性内容。

第四十九条　评标委员会经过评审,从合格的投标人中排序推荐中标候选人。

第五十条　中标人的投标应当符合下列条件之一:

（一）能够最大限度地满足招标文件中规定的各项综合评价标准；

（二）能够满足招标文件的实质性要求，并且经评审的投标价格合理最低；但投标价格低于成本的除外。

第五十一条 招标人可授权评标委员会直接确定中标人，也可根据评标委员会提出的书面评标报告和推荐的中标候选人顺序确定中标人。当招标人确定的中标人与评标委员会推荐的中标候选人顺序不一致时，应当有充足的理由，并按项目管理权限报水行政主管部门备案。

第五十二条 自中标通知书发出之日起30日内，招标人和中标人应当按照招标文件和中标人的投标文件订立书面合同，中标人提交履约保函。招标人和中标人不得另行订立背离招标文件实质性内容的其他协议。

第五十三条 招标人在确定中标人后，应当在15日之内按项目管理权限向水行政主管部门提交招标投标情况的书面报告。

第五十四条 当确定的中标人拒绝签订合同时，招标人可与确定的候补中标人签订合同，并按项目管理权限向水行政主管部门备案。

第五十五条 由于招标人自身原因致使招标工作失败（包括未能如期签订合同），招标人应当按投标保证金双倍的金额赔偿投标人，同时退还投标保证金。

第七章 附 则

第五十六条 在招标投标活动中出现的违法违规行为，按照《中华人民共和国招标投标法》和国务院的有关规定进行处罚。

第五十七条 各省、自治区、直辖市可以根据本规定，结合本地区实际制订相应的实施办法。

第五十八条 本规定由水利部负责解释。

第五十九条 本规定自2002年1月1日起施行，《水利工程建设项目施工招标投标管理规定》（水建〔1994〕130号1995年4月21日颁发，水政资〔1998〕51号1998年2月9日修正）同时废止。

水利工程建设标准强制性条文管理办法（试行）

（2012年12月16日水利部发布 水国科〔2012〕546号）

第一章 总 则

第一条 为规范和加强水利工程建设标准强制性条文管理工作，提高水利工程建设质量，保障工程安全，根据《中华人民共和国标准化法实施条例》、《建设工程质量管理条例》、《建设工程勘察设计管理条例》和《建设工程安全生产管理条例》等有关规定，制定本办法。

第二条 本办法适用于水利工程建设标准强制性条文（以下简称强制性条文）的编制、实施和监督等管理工作。水利工程建设国家标准除适用本办法外，还应遵照其他有关规定。

第三条 强制性条文是指水利工程建设标准中直接涉及人民生命财产安全、人身健康、水利工程安全、环境保护、能源和资源节约及其他公共利益等方面，在水利工程建设中必须强制执行的技术要求。

第四条 县级以上人民政府水行政主管部门或者流域管理机构按照“三定”方案的规定范围履行强制性条文的相关职责。水利部各有关司局和单位在各自职责范围内履行强制性条文的相关职责。水利标准化工作的主管机构、主持机构、主编单位等按照《水利标准化工作管理办法》的规定承担相关工作。

第五条 水利工程建设项目管理、勘测、设计、施工、监理、检测、运行以及质量监督等工作必须执行强制性条文。

第二章　强制性条文制定

第六条　强制性条文应从严制定,定性应明确、定量应有依据,便于实施和监督。

第七条　主编单位在标准送审材料中应提出强制性条文建议及理由。主持机构在送审稿审查时应对强制性条文进行初审并提出意见。

第八条　水利部水利水电规划设计总院会同有关单位组织专家,在标准报批稿审定前对强制性条文进行技术审查,并将审查意见报水利标准化业务主管机构。

第九条　水利标准化业务主管机构组织部标准化专家委员会审定强制性条文。

第十条　强制性条文在标准文本中应用黑体字明确列出。

第十一条　水利部定期开展强制性条文汇编工作。

第十二条　针对强制性条文执行过程中发现的问题,水利标准化业务主管机构应及时组织有关单位进行修订。

第三章　强制性条文实施

第十三条　各级水行政主管部门应负责强制性条文的实施管理,工程建设各方应严格执行强制性条文。

第十四条　水利标准化工作主持机构应加强强制性条文的宣贯培训工作。县级以上地方人民政府水行政主管部门应开展强制性条文的宣贯培训工作。宣贯培训应列入年度工作计划。

第十五条　项目法人依据法律法规、强制性条文组织工程建设,不得明示或者暗示设计单位或施工单位违反强制性条文,并对工程建设质量负责。

第十六条　勘测设计单位必须按照强制性条文开展工作,定期对强制性条文执行情况进行自查,并对其完成的成果质量负责。不符合强制性条文的勘测、设计等成果,不得批准。

第十七条　施工单位必须按照强制性条文、工程设计图纸进行施工,对建设工程的施工质量负责。

第十八条　监理单位必须按照强制性条文、设计文件和建设工程承包合同,对施工质量、安全实施监理,并对工程施工质量承担相关责任。

第十九条　检测单位必须按照强制性条文开展检测工作,并对其出具的检测成果质量承担相关责任。

第二十条　工程建设中拟采用的新技术、新工艺、新材料、新装备,应由拟采用单位提请,项目法人组织相关专家对其是否符合强制性条文进行专题技术论证,按程序履行审批手续。

第二十一条　水利工程建设项目法人、勘测、设计、施工、监理、检测、运行以及质量监督等单位,应在管理体系文件中明确设置执行、检查强制性条文的环节和要求。认证认可等中介服务机构,应把执行强制性条文作为管理体系的重要认证内容。

第二十二条　工程竣工验收前,水利工程建设项目法人、勘测、设计、施工、监理、检测、验收技术鉴定等单位,需分别对执行强制性条文情况进行检查,检查情况应作为验收资料的组成部分。

第四章　强制性条文监督检查

第二十三条　县级以上地方人民政府水行政主管部门负责对其管理的水利工程执行强制性条文的情况进行监督检查。流域管理机构负责对本流域内的水利工程执行强制性条文的情况进行监督检查。

第二十四条　县级以上人民政府水行政主管部门或者流域管理机构的设计质量监督机构或设计文件审查机构,对工程建设勘测、设计及其变更执行强制性条文的情况实施监督。

县级以上人民政府水行政主管部门或者流域管理机构的质量监督机构,对工程建设质量执行强制性条文的情况实施监督。

县级以上人民政府水行政主管部门或者流域管理机构的安全监督机构,对工程建设安全生产执行强制性条文的情况实施监督。

县级以上人民政府水行政主管部门或者流域管理机构的稽察机构，应将强制性条文执行情况作为稽察工作的主要内容。

第二十五条 强制性条文监督检查可以采取重点检查、抽查和专项检查的方式。

第二十六条 强制性条文监督检查的内容包括：

（一）质量管理体系文件中是否有明确要求执行和检查强制性条文的环节；

（二）有关工程技术人员是否熟悉、掌握强制性条文；

（三）工程项目的勘测、设计、施工、检测、验收等是否符合强制性条文的规定；

（四）工程项目采用的材料、设备是否符合强制性条文的规定；

（五）工程项目的质量、安全是否符合强制性条文的规定；

（六）工程中采用的导则、指南、手册、计算机软件的内容是否符合强制性条文的规定。

第二十七条 监督检查应提出监督检查报告。检查报告应包括被检查单位和项目、检查单位和人员、检查内容、检查程序和方法、检查结论等，并对监督检查过程中发现的问题提出处理意见。

第二十八条 实施监督检查的部门应督促被检查单位对涉及强制性条文问题及时进行整改。

第二十九条 水行政主管部门在处理水利工程重大质量与安全事故时，应邀请水利工程建设标准方面的专家参加，事故报告应包括强制性条文执行情况的内容。

第三十条 水利工程建设项目法人、勘测、设计、施工、监理、检测等单位违反强制性条文要求的，应按《建设工程质量管理条例》、《建设工程勘察设计管理条例》、《建设工程安全生产管理条例》等有关规定进行处理。

第五章 附 则

第三十一条 本办法由水利部负责解释。

第三十二条 本办法自发布之日起施行。

水利工程建设项目招标投标审计办法

（2007年12月29日水利部发布 水审计〔2007〕560号 自2008年4月1日起施行）

第一章 总 则

第一条 为了加强对水利工程建设项目招标投标的审计监督，规范水利招标投标行为，提高投资效益，根据《中华人民共和国审计法》、《中华人民共和国招标投标法》、《中华人民共和国政府采购法》等法律、法规，结合水利工作实际，制定本办法。

第二条 各级水利审计部门（以下简称“审计部门”）在本单位负责人领导下，依法对本单位及其所属单位水利工程建设项目的招标投标进行审计监督。

上级水利审计部门对下级单位的招标投标审计工作进行指导和监督。

第三条 本办法适用于《水利工程建设项目招标投标管理规定》所规定的水利工程建设项目的勘察设计、施工、监理以及与水利工程建设项目有关的重要设备、材料采购等的招标投标的审计监督。

第四条 审计部门根据工作需要，对水利工程建设项目的招标投标进行事前、事中、事后的审计监督，对重点水利建设项目的招标投标进行全过程跟踪审计，对有关招标投标的重要事项进行专项审计或审计调查。

第二章 审计职责

第五条 在招标投标审计中，审计部门具有以下职责：

（一）对招标人、招标代理机构及有关人员执行招标投标有关法律、法规和行业制度的情况进行审计监督；

（二）对招标项目评标委员会成员执行招标投标有关法律、法规和行业制度的情况进行审计监督；

（三）对属于审计监督对象的投标人及有关人员遵守招标投标有关法律、法规和行业制度的情况进行审计监督；

（四）对与招标投标项目有关的投资管理和资金运行情况进行审计监督；

（五）协同行政监督部门、行政监察部门查处招标投标中的违法违纪行为。

第三章　审计权限

第六条　在招标投标审计中，审计部门具有以下权限：

（一）有权参加招标人或其代理机构组织的开标、评标、定标等活动，招标人或其代理机构应当通知同级审计部门参加；

（二）有权要求招标人或其代理机构提供与招标投标活动有关的文件、资料，招标人或其代理机构应当按照审计部门的要求提供相关文件、资料；

（三）对招标人或其代理机构正在进行的违反国家法律、法规规定的招标投标行为，有权予以纠正或制止；

（四）有权向招标人、投标人、招标代理机构等调查了解与招标投标有关的情况；

（五）监督检查招标投标结果执行情况。

第四章　审计内容

第七条　审计部门对水利工程建设项目招标投标中的下列事项进行审计监督：

（一）招标项目前期工作是否符合水利工程建设项目管理规定，是否履行规定的审批程序；

（二）招标项目资金计划是否落实，资金来源是否符合规定；

（三）招标文件确定的水利工程建设项目的标准、建设内容和投资是否符合批准的设计文件；

（四）与招标投标有关的取费是否符合规定；

（五）招标人与中标人是否签订书面合同，所签合同是否真实、合法；

（六）与水利工程建设项目招标投标有关的其他经济事项。

第八条　审计部门会同行政监督部门、行政监察部门对招标投标中的下列事项进行审计监督：

（一）招标项目的招标方式、招标范围是否符合规定；

（二）招标人是否符合规定的招标条件，招标代理机构是否具有相应资质，招标代理合同是否真实、合法；

（三）招标项目的招标、投标、开标、评标和中标程序是否合法；

（四）招标项目评标委员会、评标专家的产生及人员组成、评标标准和评标方法是否符合规定；

（五）对招投标过程中泄露保密资料、泄露标底、串通招标、串通投标、规避招标、歧视排斥投标等违法行为进行审计监督；

（六）对勘察、设计、施工单位转包、违法分包和监理单位违法转让监理业务，以及无证或借用资质承接工程业务等违法违规行为进行审计监督。

第九条　审计部门和审计人员对招标投标工作中涉及保密的事项负有保密责任。

第五章　审计程序

第十条　招标人编制的年度招标工作计划，以及重大水利工程建设项目的招投标文件，应当报送同级审计部门备案。

第十一条　审计部门根据年度审计工作计划、招标人年度招标计划和招标项目具体情况，确定招标投标项目审计计划,经单位主管审计工作负责人批准后实施审计。

第十二条 审计部门根据审计项目计划确定的审计事项组成审计组,并应在实施审计三日前,向被审计单位送达审计通知书。

被审计单位以及与招标投标活动有关的单位、部门,应当配合审计部门的工作,并提供必要的工作条件。

第十三条 审计人员通过审查招标投标文件、合同、会计资料,以及向有关单位和个人进行调查等方式实施审计,并取得证明材料。

第十四条 审计组对招标投标事项实施审计后,应当向派出的审计部门提出审计报告。审计报告应当征求被审计单位的意见。被审计单位应当自接到审计报告之日起十日内,将其书面意见送交审计组或者审计部门。

第十五条 审计部门审定审计报告,对审计事项作出评价,出具审计意见书;对违反国家规定的招标投标行为,需要依法给予处理、处罚的,在职权范围内作出审计决定或者向有关主管部门提出处理、处罚意见。

被审计单位应当执行审计决定并将结果反馈审计部门;有关主管部门对审计部门提出的处理、处罚意见应及时进行研究,并将结果反馈审计部门。

第六章 罚 则

第十六条 被审计单位违反本办法,拒绝或者拖延提供与审计事项有关的资料,或者拒绝、阻碍审计的,审计部门责令改正;拒不改正的,可以通报批评,对负有直接责任的主管人员和其他直接责任人员提出给予行政处分的建议,被审计单位或者其主管单位、监察部门应当及时作出处理,并将结果抄送审计部门。

第十七条 被审计单位拒不执行审计决定的,对负有直接责任的主管人员和其他直接责任人员提出给予行政处分的建议,被审计单位或者其主管单位、监察部门应当及时作出处理,并将结果抄送审计部门。

第十八条 招标人、招标代理机构及其有关人员违反国家招标投标的法律、法规的,依照《中华人民共和国招标投标法》予以处理。

第十九条 审计人员滥用职权、徇私舞弊、玩忽职守,涉嫌犯罪的,依法移送司法机关处理;不构成犯罪的,给予行政处分。

第七章 附 则

第二十条 各省、自治区、直辖市水行政主管部门、流域机构、新疆生产建设兵团,可以根据本办法制定实施细则并报部备案。

第二十一条 本办法由水利部负责解释。

第二十二条 本办法自2008年4月1日起执行。

关于水利工程建设项目代建制管理的指导意见

(2015年2月17日水利部发布 水建管〔2015〕91号)

近年来,国家将水利作为基础设施建设和保障改善民生的重要领域,不断加大投入力度,大规模水利建设深入推进,项目点多面广量大,基层建设任务繁重,管理能力相对不足。在水利建设项目特别是基层中小型项目中推行代建制等新型建设管理模式,发挥市场机制作用,增强基层管理力量,实现专业化的项目管理十分必要。为积极、稳妥推进水利工程建设项目代建制,规范项目代建管理,根据《中共中央 国务院关于加快水利改革发展的决定》(中发〔2011〕1号)、《国务院关于投资体制改革的决定》(国发〔2004〕20号)等有关文件及规定,结合水利工程建设项目的特点,制定本指导意见。

(一)水利工程建设项目代建制,是指政府投资的水利工程建设项目通过招标等方式,选择具有水利工程建设管理经验、技术和能力的专业化项目建设管理单位(以下简称代建单位),负责项目的建设实施,竣工验收后移交运行管理单位的制度。

(二)水利工程建设项目代建制为建设实施代建,代建单位对水利工程建设项目施工准备至竣工验收的建设实施过程进行管理。

(三)实行代建制的项目(以下简称代建项目),代建单位按照合同约定,履行工程代建相关职责,对代建项目的工程质量、安全、进度和资金管理负责。地方政府负责协调落实地方配套资金和征地移民等工作,为工程建设创造良好的外部环境。

(四)代建项目应严格执行基本建设程序,落实项目法人责任制、招标投标制、建设监理制和合同管理制,遵守工程建设质量、安全、进度和资金管理有关规定。

(五)各级水行政主管部门按照规定权限负责管辖范围内水利工程建设项目代建制的监督管理工作,受理有关水利工程建设项目代建制实施的投诉,查处违法违规行为。

(六)代建单位应具备以下条件:

1. 具有独立的事业或企业法人资格。

2. 具有满足代建项目规模等级要求的水利工程勘测设计、咨询、施工总承包一项或多项资质以及相应的业绩,或者是由政府专门设立(或授权)的水利工程建设管理机构并具有同等规模等级项目的建设管理业绩;或者是承担过大型水利工程项目法人职责的单位。

3. 具有与代建管理相适应的组织机构、管理能力、专业技术与管理人员。

(七)近3年在承接的各类建设项目中发生过较大以上质量、安全责任事故或者有其他严重违法、违纪和违约等不良行为记录的单位不得承担项目代建业务。

(八)拟实施代建制的项目应在可行性研究报告中提出实行代建制管理的方案,经批复后在施工准备前选定代建单位。

(九)代建单位由项目主管部门或项目法人(以下简称项目管理单位)负责选定。招标选择代建单位应严格执行招标投标相关法律法规,并进入公共资源交易市场交易。不具备招标条件的,经项目主管部门同级政府批准,可采取其他方式选择代建单位。

(十)代建单位确定后,项目管理单位应与代建单位依法签订代建合同。代建合同内容应包括项目建设规模、内容、标准、质量、工期、投资和代建费用等控制指标,明确双方的责任、权利、义务、奖惩等法律关系及违约责任的认定与处理方式。代建合同应报项目管理单位上级水行政主管部门备案。

(十一)代建单位不得将所承担的项目代建工作转包或分包。代建单位可根据代建合同约定,对项目的勘察、设计、监理、施工和设备、材料采购等依法组织招标,不得以代建为理由规避招标。代建单位(包括与其有隶属关系或股权关系的单位)不得承担代建项目的施工以及设备、材料供应等工作。

(十二)项目管理单位的主要职责包括:

1. 选定代建单位,并与代建单位签订代建合同。

2. 落实建设资金,配合地方政府做好征地、移民、施工环境等相关工作。

3. 监督检查工程建设的质量、安全、进度和资金使用管理情况,并协助做好上级有关部门(单位)的稽察、检查、审计等工作。

4. 协调做好项目重大设计变更、概算调整相关文件编报工作。

5. 组织或参与工程阶段验收、专项验收和竣工验收。

6. 代建合同约定的其他职责。

(十三)代建单位的主要职责包括:

1. 根据代建合同约定,组织项目招投标,择优选择勘察设计、监理、施工单位和设备、材料供应商,负责项目实施过程中各项合同的洽谈与签订工作,对所签订的合同实行全过程管理。

2. 组织项目实施,抓好项目建设管理,对建设工期、施工质量、安全生产和资金管理等负责,依法承担项目建设单位的质量责任和安全生产责任。

3. 组织项目设计变更、概算调整相关文件编报工作。

4. 组织编报项目年度实施计划和资金使用计划,并定期向项目管理单位报送工程进度、质量、安全以及资金使用等情况。

5. 配合做好上级有关部门(单位)的稽察、检查、审计等工作。

6. 按照验收相关规定,组织项目分部工程、单位工程、合同工程验收,组织参建单位做好项目阶段验收、专项验收、竣工验收各项准备工作,按照基本建设财务管理相关规定,编报项目竣工财务决算。竣工验收后及时办理资产移交和竣工财务决算审批手续。

7. 代建合同约定的其他职责。

(十四)代建项目资金管理要严格执行国家有关法律法规和基本建设财务管理制度,落实财政部《关于切实加强政府投资项目代建制财政财务管理有关问题的指导意见》(财建〔2004〕300号)有关要求,做好代建项目建账核算工作,严格资金管理,确保专款专用。

(十五)实行代建制的项目,各级政府和项目管理单位应认真落实建设资金,确保资金足额及时到位,保障工程的顺利实施。代建项目建设资金的拨付按财政部门相关规定和合同约定执行。

(十六)代建管理费要与代建单位的代建内容、代建绩效挂钩,计入项目建设成本,在工程概算中列支。代建管理费由代建单位提出申请,由项目管理单位审核后,按项目实施进度和合同约定分期拨付。

(十七)代建项目实施完成并通过竣工验收后,经竣工决算审计确认,决算投资较代建合同约定项目投资有结余,按照财政部门相关规定,从项目结余资金中提取一定比例奖励代建单位。

(十八)代建单位未经批准擅自调整建设规模、内容和标准,擅自进行重大设计变更的,因管理不善致使工程未达到设计要求或者质量不合格的,按照代建合同约定和国家有关规定处理。代建项目决算投资超出代建合同约定项目投资的,按代建合同约定处理。

各地要高度重视水利工程建设项目代建管理工作,加强组织领导,明确责任分工,健全工作机制,完善各项制度,稳妥有序推进,注意积累经验。各省、自治区、直辖市水行政主管部门可依据本指导意见制定本行政区域水利工程建设项目代建管理的具体办法。本指导意见执行过程中如有意见和建议,请及时反馈水利部建设与管理司。

关于加强中小型水利工程建设管理防范廉政风险的指导意见

(2015 年 2 月 16 日水利部发布　水建管〔2015〕92 号)

部机关各司局,部直属各单位,各省、自治区、直辖市水利(水务)厅(局),各计划单列市水利(水务)局,新疆生产建设兵团水利局:

为进一步加强中小型水利工程(总投资 3000 万元以下的水利工程建设项目)建设管理,有效防范廉政风险,保障水利建设工程安全、资金安全、干部安全和生产安全,按照水利部《关于加强水利基层单位党风廉政建设的指导意见》要求,结合水利建设实际,提出如下意见。

一、深刻认识加强中小型水利工程建设管理、防范廉政风险的重要意义

近年来,随着大规模水利建设全面推进,中小型水利工程投资强度大幅度增加,已占全部水利投资 70% 以上,工程项目多、建设任务重、实施基层化、监管难度大,廉政风险不断加大。尤其与大型水利工程的建设管理相比,中小型水利工程建设监管力量不足,围标串标、转包和违法分包现象时有发生,少数地方甚至发生腐败窝案,严重扰乱了水利建设市场秩序,破坏了水利行业形象,影响到广大人民群众的切身利益。因此,加强中小型水利工程建设管理、防范廉政风险是保障大规模水利建设顺利实施的迫切要求,是保障工程建设“四个安全”的基本前提,是推进惩治和预防腐败体系建设的重要举措。必将有利于规范水利建设市场监管各项工作,加快构建统一开放、竞争有序的水利建设市场体系;有利于保障水利工程建设的质量和安全,充分发挥投资效益;有利于进一步深化水利工程建设领域突出问题专项治理工作,从源头上遏制中小型水利工程建设中各种违法违规和腐败行为。各级水行政主管部门要充分认识加强中小型水利工程建设管理、防范廉政风险工作的重要意义,切实增强使命感、责任感和紧迫感,采取有力措施,把中小型水利工程建成优质工程、廉洁工程。

二、采取有力措施加强中小型水利工程建设管理、防范廉政风险

各级水行政主管部门要以防范风险为重点、加强制度建设为基础、深化改革为动力、规范管理为手段、强化监督制约为保证,把加强中小型水利工程建设管理、防范廉政风险的各项措施落到实处。

(一)加强制度建设。注重从制度建设的源头上防范廉政风险,省级水行政主管部门对于国家投资计划由地方实行规模管理的水利建设项目,必须针对工程项目审批、投资计划管理、招标投标、建设实施、资金监管、工程验收等制定健全的规章制度,完善监督制约机制,堵塞制度漏洞,真正把权力关进制度的笼子,构建不敢腐、不能腐、不想腐的廉政风险防范长效机制。

(二)加大执行力度。坚持依法依规,提高各项规章制度执行力。水利部有关司局和省级水行政主管部门要切实加强对制度执行情况的监督指导,及时纠正有法不依、有令不行、有禁不止的行为,任何单位、任何个人不得搞特殊、搞变通、搞例外。省级水行政主管部门对本行政区域内水利工程建设管理贯彻执行法律法规、规章制度情况负总责,并督促市、县水行政主管部门贯彻落实。

(三)实行政企分开。水行政主管部门作为水利工程建设监管主体,不得直接履行项目法人职责;水行政主管部门工作人员在项目法人单位任职期间不得同时履行水行政管理职责,一律不得在施工、监理等企业兼职。与地方水行政主管部门有直接隶属关系的施工、监理等企业应尽快改制脱钩,未改制脱钩的原则上不得参与由该水行政主管部门直接管理水利工程的投标。

(四)落实建设资金。对于由地方实行投资规模管理的水利建设项目,项目批准立项时必须明确建设资金来源和具体数额,凡是建设资金来源不确定、配套资金筹措方案不落实的,不得批准立项、不得开工建设,严防形成"半拉子"工程,严防因资金缺口造成工程质量安全隐患。地方配套资金必须与中央补助投资同步安排并足额到位。对违规审批、未批先建、报大建小等行为,必须严肃查处。

(五)规范招标投标。凡是已建立公共资源交易市场的地方,依法招标的中小型水利工程建设项目必须全部进场交易,大力推行电子招标投标,加强标后动态监管,保证招标投标阳光透明、公平公正。严禁对外地、外行业市场主体设置歧视性条款,严禁以各种形式排斥或限制潜在投标人投标。对出借借用资质投标、围标串标、转包和违法分包行为,必须严肃查处。

(六)完善建管模式。对建设管理能力薄弱、工程技术人员不足的地方,要推行水利工程项目法人招标、代建制、设计施工总承包等模式,充分发挥市场机制作用,积极引入社会力量参与本地的中小型水利工程建设。招标限额以下的小型水利工程,在统一规划和建设标准、强化行业指导和监管、实行群众监督的前提下,推行项目申报、竞争立项、以奖代补、先建后补、村民自建等模式,由具备条件的乡镇、受益村组集体、农民用水合作组织、新型农业经营主体等组织实施。

(七)加强资金管理。项目法人必须把财经法规作为防范廉政风险的"高压线",确保各项支出有制度、有标准、有程序,确保水利建设资金实行专项管理、专账核算、专款专用。严禁大额现金支付工程款、白条抵库、虚假票据凭证入账,严禁以虚增工程量和申报虚假项目等方式套取资金,严禁以私设"账外账"、"小金库"、隐瞒收入等方式截留、挤占、挪用水利资金。各级水行政主管部门要主动与同级审计部门沟通协调,采取全面跟踪、联网审计等方式,共同建立水利资金动态监控和审计免疫机制,实现对资金资产全过程、全覆盖、全方位的监管。

(八)严格失信惩戒。各级水行政主管部门对市场主体的不良行为必须依法严肃查处,行政处罚决定必须在水利建设市场信用信息平台公布,在招标投标、行政审批等工作中必须查询和应用行贿犯罪档案等信用信息,对出借借用资质投标、围标串标、转包或违法分包、行贿受贿以及对重特大质量安全事故负有直接责任等严重失信的市场主体必须列入黑名单,采取市场禁入或限制等惩戒措施,使失信者在水利建设市场"一处失信,处处受制"。

(九)加强群众监督。小型农田水利、水土保持等小型水利工程建设,全面推行公示制,严格实行开工、完工、违规违纪“三公示”制度，及时公开工程进展情况。引导受益群众全过程参与和监督工程方案制定、建设实施和运行管理。

（十）强化监督检查。水利部有关司局和省级水行政主管部门必须强化水利建设项目监督检查、水利工程建设领域突出问题专项治理和水利建设管理稽察工作。对检查、稽察中发现的问题，地方水行政主管部门对落实整改负主要责任，必须限期整改到位；对问题严重的，要严肃追究责任，加大惩戒力度；对涉嫌违纪的问题线索，要及时移送纪检监察部门严肃查处。纪检监察机关也要注意从检查、稽察中发现违纪违法问题并及时予以查处，涉嫌犯罪的要移送司法机关处理。

三、加强组织实施

（一）落实工作责任。地方各级水行政主管部门要把加强中小型水利工程建设管理、防范廉政风险作为当前亟待加强的一项重要工作，建立主要领导负总责、分管领导具体抓、相关部门协同推进的工作机制，加强组织领导，建立问责机制，明确责任分工，层层抓好落实。

（二）制定实施意见。地方各级水行政主管部门要按照当地党委政府关于党风廉政建设和反腐败工作的统一部署，结合水利建设实际，提出贯彻本指导意见的实施意见，推进加强中小型水利工程建设管理、防范廉政风险工作制度化、规范化。实施意见要以问题为导向，具有针对性和可操作性。各省级水行政主管部门的实施意见，于2015年5月底前印发并抄送水利部。

（三）突出工作重点。各级水行政主管部门要重点从深化改革、健全制度、完善机制、规范流程和强化监管等方面加强中小型水利工程建设管理、防范廉政风险。要做好水利建设领域惩防体系建设，注重源头治理，努力做到关口前移、防范在先。针对当地中小型水利工程建设的自身特点，对问题多发、易发的项目类别和实施环节加大廉政风险防范力度。

（四）注重查办案件。要以“零容忍”态度严肃查处中小型水利工程建设管理中发生的违纪违法案件，严肃惩治腐败行为，注重从建设项目监督检查中发现案件线索，从工程质量和安全事故背后挖掘和查处违纪违法问题。大力开展警示教育，充分发挥查办案件的震慑作用。

关于推进水利工程建设项目招标投标进入公共资源交易市场的指导意见

（2012年5月2日水利部发布 水建管〔2012〕182号）

为深入贯彻落实《中共中央国务院关于加快水利改革发展的决定》精神，根据《中华人民共和国招标投标法》、《中华人民共和国招标投标法实施条例》等法律法规和有关规定，按照中央工程建设领域突出问题专项治理工作部署，结合水利实际，现就推进水利工程建设项目招标投标活动进入统一规范的公共资源交易市场（以下简称公共交易市场）提出如下意见。

一、充分认识水利工程建设项目招标投标进入公共交易市场的重要意义

水利工程建设项目招标投标进入公共交易市场，是贯彻落实《中华人民共和国招标投标法》、《中华人民共和国招标投标法实施条例》，深入推进工程建设领域突出问题专项治理、建立健全水利建设市场、保障大规模水利建设顺利实施的重要举措，有利于发挥市场配置公共资源的基础性作用，有利于规范水利工程建设项目招标投标活动，有利于从源头上预防腐败。各级水行政主管部门要增强政治意识、大局意识和责任意识，充分认识水利工程建设项目招标投标进入公共交易市场的重要意义，认真贯彻落实中央决策部署，切实抓好水利工程建设项目招标投标进入公共交易市场的各项工作。

二、总体要求和进场原则

（一）总体要求。深入贯彻落实《中华人民共和国招标投标法实施条例》，按照中央关于治理工程建设领域突出问题工作的统一部署，积极、稳妥、有序地推进水利工程建设项目招标投标进入公共交易市场，进一步加强组织领导和行业监管，切实保障水利建设市场交易更加公开透明、规范有序。

(二)进场原则。水利工程建设项目招标投标按照属地管理和权限管理原则进入公共交易市场进行交易。中央水利工程建设项目招标投标应进入工程所在地设区的市级以上地方人民政府组建的公共交易市场。地方水利工程建设项目招标投标由省级水行政主管部门根据当地实际情况确定进场要求。

三、工作目标

政府投资和使用国有资金、依法必须招标的水利工程建设项目招标投标,自 2012 年 7 月 1 日起逐步进入公共交易市场,其中大中型或总投资 3000 万元以上的水利工程建设项目招标投标应于 2013 年 1 月 1 日起全部进入公共交易市场,其他水利工程建设项目招标投标应于 2013 年 7 月 1 日起全部进入公共交易市场。具备条件的地方,鼓励水利工程建设项目招标投标及早进入公共交易市场。水利工程建设项目招标投标已经进入公共交易市场的地方,当地水行政主管部门应继续规范和完善交易活动。尚未建立公共交易市场的地方,水行政主管部门应积极做好水利工程建设项目招标投标进入公共交易市场的各项前期准备工作,待公共交易市场建立后,立即按照上述要求进场交易。

四、加强对招标投标活动的监督管理

(一)认真履行行政监督职责。各级水行政主管部门要按照《中华人民共和国招标投标法实施条例》等有关规定,加强水利工程建设项目招标投标进入公共交易市场的监管工作,切实履行好对水利工程建设项目招标投标的行政监督职能,按照职责分工对水利工程建设项目招标投标的审批核准备案情况、评标委员会成员确定方式、交易过程、履约实施等环节进行行业监管,依法查处违法违规行为,形成行业监督管理与市场综合管理分工明确、密切协作、运行有序的工作机制。

(二)落实项目法人的招标人主体责任。根据《中华人民共和国招标投标法》的要求,在水利工程建设项目招标投标进入公共交易市场后,项目法人作为招标人,应当依法履行招标人主体责任,自主选择代理机构、发布招标公告、组建评标委员会、定标等。各级水行政主管部门要在水利工程建设项目招标投标进入公共交易市场时,依法保障招标人主体责任的落实到位。任何单位不得指定招标代理机构或违法指定招标公告发布媒介;不得直接参与或非法干涉专家评标;不得违反规定乱收费;不得以任何形式或技术手段干涉招标投标活动。

(三)强化评标专家管理。省级以上水行政主管部门应按照《评标专家分类标准(试行)》(发改法规〔2010〕1538 号)的要求,建立健全水利行业评标专家库,进行专业分类,实现资源共享。依法必须进行招标的水利工程建设项目,其评标委员会的专家成员应当从水利行业评标专家库内相关专业的专家名单中以随机抽取方式确定。省级以上水行政主管部门负责水利行业评标专家库的资格审查、日常动态管理和维护;加强对水利工程评标专家的管理和监督,严格评标专家资格认定,建立健全对评标专家的培训、考核、评价和档案管理制度,根据实际需要和考核情况及时对评标专家进行补充和调整,实行动态管理。

(四)深入推进诚信体系建设。设区的市级以上人民政府水行政主管部门负责对进入公共交易市场进行水利工程建设项目招标投标活动的各方主体诚信行为进行检查,记录并公开信用信息,健全奖惩机制。

五、切实加强组织领导

各级水行政主管部门要加强组织领导,主动与公共交易市场管理机构沟通协调,建立健全工作机制,积极推进水利工程建设项目招标投标进入公共交易市场,确保招标投标活动规范有序。要定期对水利工程建设项目招标投标进入交易市场的交易情况进行检查评估,分析研究存在的问题,提出解决的意见和建议。

各地进入公共交易市场的情况、有关问题和建议,请及时报送水利部。

关于切实加强水利资金使用监督管理的意见

（2012年4月13日财政部、水利部发布 财农〔2012〕22号）

各省、自治区、直辖市财政厅（局）、水利（水务）厅（局）：

水利改革发展是当前和今后一个时期财政支农投入的重点领域。确保水利资金安全有效使用，不仅关系到财政资金的使用效益，而且关系到水利改革发展的成败。加强水利资金使用监督管理，是坚持关口前移、防范在先、从源头上防止腐败的重要举措，既是一项重要而紧迫的工作，又是一项长期而艰巨的任务。为全面贯彻落实《中共中央国务院关于加快水利改革发展的决定》（中发〔2011〕1号）和中央水利工作会议精神，推进水利资金的科学化精细化管理，切实加强水利资金使用监督管理，现提出如下意见：

一、全面加强水利资金使用监督管理

（一）明确目标任务。各级财政、水利部门要充分认识加强水利资金使用监督管理的重要性和紧迫性，增强主动性和自觉性，从制度建设、预算管理、监督检查、廉政风险防控等各个方面，切实采取有效措施，全面加强水利资金使用监督管理。逐步形成完备的水利资金管理制度体系，将各级财政安排的水利资金全部纳入监督管理范围，建立健全廉政风险防控管理机制。建立多元化监督体系，实现水利资金运行管理全过程监督。通过强化监督管理，使水利资金管理基础工作明显加强，科学化精细化管理水平明显提升，水利资金使用效益明显提高，数据不实、支出缓慢、虚假立项、骗取套取、挤占挪用资金等违规违纪行为大幅减少，水利资金分配、使用、管理的廉政风险得到有效防范和化解。

（二）突出监督管理重点。全面加强各级各类水利资金使用监督管理，重点加强对资金规模大、涉及范围广、与民生密切相关的水利项目资金的监督管理，按照各项资金使用管理制度，突出抓好大江大河治理、病险水库除险加固、中小河流治理、农村饮水安全工程、大中型灌区续建配套和节水改造、小型农田水利建设、农村水电增效扩容改造、防汛抗旱救灾、山洪灾害防治、公益性水利工程维修养护、中央水利建设基金、水资源管理等中央和省级重大水利项目资金监督管理。

二、不断完善水利资金管理制度

（三）健全水利资金管理制度体系。按照“依法行政、依法理财”和预算资金管理的有关要求，全面加强水利资金管理制度建设，建立健全覆盖资金分配、拨付、使用和项目立项、设计、实施、验收、后续管理等环节在内的，整个资金运行全过程的管理制度体系，确保每项水利资金都有相应的资金管理制度。加强中央和地方水利资金管理制度的衔接，各地要根据中央部门颁布实施的水利资金管理制度有关要求制定相应的实施细则。鼓励各地因地制宜积极探索和创新资金管理方式，并将实践证明行之有效的做法制度化、规范化。

（四）推进水利资金绩效评价。加强水利部门预算支出绩效评价，扩大水利项目支出绩效评价范围，突出抓好对重大水利专项资金的绩效评价。强化评价结果的运用，逐步将评价结果与预算编制、资金安排和改进预算管理相结合，将评价结果作为预算安排的重要依据。对于绩效评价不合格的水利项目，视情况采取扣减或收回项目资金等措施。

三、切实加强水利资金预算管理工作

（五）加强水利资金预算编制管理。紧紧围绕水利改革发展的重点任务和中心工作，建立与部门机构正常运转和日常工作任务合理需要相适应的基本支出保障体系。全面加强水利资金管理基础工作，建立完善基础信息数据库，推进项目支出标准体系建设和项目库建设，做好项目前期工作和项目支出预算细化工作。编细、编实、编准年初预算，提高预算年初到位率，保障各项重点支出需求，并将预算编制与预算执行、结转结余情况相挂钩。

（六）加快水利资金预算执行进度。健全完善水利资金预算执行管理机制，采取目标管理、定期通报、重点分析等方式，在保证资金安全、规范、高效使用的基础上，加快水利资金预算执行进度,不断提高预算执行的均衡性和有效性。各地要按要求,提前做好水利项目规划、立项、设计、方案编制等前期准备工作,加快工作节奏,提高预算工作效率。

四、加强水利项目资金监督管理

(七)推动水利资金整合。科学编制各类水利规划,根据财力可能,合理确定投资规模。认真落实涉农资金整合工作要求,从预算编制环节对水利资金进行全面清理,依据规划对性质相同、用途相近、使用分散的水利专项资金进行归并;从预算执行环节建立健全沟通协商机制,通过建立联席会议、成立领导小组、建立决策协商制度和征求意见等多种方式,促进水利资金统筹使用和政策衔接配合。要把整合统筹农田水利建设资金作为当前水利资金整合的重点,明确部门分工,加强协调配合,统筹安排和集中使用资金,支持大规模建设旱涝保收高标准农田。

(八)严格项目申报管理。地方各级财政、水利部门要严格按照有关水利项目资金申报要求,在规定的时间内组织项目申报,规范审批程序,把好申报材料质量关,并共同对申报材料的真实性、准确性、可行性、合法性负责。各地要积极创新工作方法,采取竞争立项、差额推荐、自下而上申报等方式遴选水利项目,保证遴选的公正、公开和公平。各地有明确投入要求的水利项目,在项目资金申报时须经同级财政部门同意,并由财政、水利部门联合上报。各地要严格履行申报项目时提出的地方投入承诺,确保资金落实到位。对承诺投入不到位的,应当限期落实承诺资金;拒不落实的,采取扣减以后年度资金规模等方式进行追责。

中央基建投资安排的水利项目以及财政专项资金管理办法另有规定的,按其相关规定执行。

(九)加强项目资金使用管理。建立健全检查、抽查、验收、总结、考评等管理制度,对水利项目资金使用全过程进行有效监管。各级财政、水利部门要采取日常监督检查与专项监督检查相结合的方式,对水利项目建设、资金使用管理、施工进度和支付进度等情况加强检查监督。水利建设项目建设方案一经审批,不得擅自变更。水利项目应当执行政府采购法和招标投标法的相关规定,强化采购监督,强化水利项目建设监理工作,依据现行规程规范,严格实施监理程序。严格规范水利建设项目资金使用拨付程序,明确责任主体,加快拨付进度。大力推进国库集中支付制度,切实做到专款专用,严禁截留、滞留、转移、挪用资金。积极推行预算审查制和决算评审制。鼓励有条件的地方,引入专业机构参与项目管理与绩效评价。发挥乡镇财政就地就近实施监管的优势,对各级财政安排的水利资金,以及其他部门、渠道下达的水利资金实行全面监管,加强现场巡查、督查工作。

(十)强化项目建后管理。项目实施完毕后,要及时组织验收、竣工财务决算审核审批,抓好项目实施后的跟踪问效和绩效考评工作,检查、抽查、验收不合格的项目必须限期整改。坚持"建设与管护并重"的原则,建立水利设施运行管护长效机制,明确管护主体,落实管护责任,积极筹措管护经费,确保水利设施长久发挥效益。加强项目档案管理,提高项目管理的信息化水平。

(十一)形成多元化监督格局。推进水利工程建设项目信息公开和诚信体系建设,大力推行水利项目公示制度。通过电视、广播、报刊、网络、村务公开栏等多种形式,将水利项目遴选程序、遴选结果、建设内容、资金来源、招投标情况、资金使用、监督电话等情况进行全面公示。发挥财政监督的职能作用,主动接受各方面的监督,开展多种形式的监督检查,确保水利资金管理使用的安全、合规和有效。

(十二)严肃处理各类违规违纪问题。在各级各类检查中发现的,或被媒体曝光并核实的水利资金使用不规范、项目建设管理混乱等问题,一经核实,必须严肃处理和限期整改到位。水利资金使用管理中违反财政资金拨付和预算管理规定的,依照《财政违法行为处罚处分条例》(国务院令第427号)及有关法律、法规进行处理。

关于进一步做好水利改革发展金融服务的意见

(2012年2月29日中国人民银行、国家发展和改革委员会、财政部、水利部、
中国银行业监督管理委员会、中国证券监督管理委员会、
中国保险监督管理委员会发布 银发〔2012〕51号)

中国人民银行上海总部,各分行、营业管理部,各省会(首府)城市中心支行,各副省级城市中心支行;各省、自治区、直辖市、计划单列市发展改革委、财政厅(局)、水利(水务)厅(局)、银监局、证监局、保监局,水利部各流域机构;交易商协会;国家开发银行、各政策性银行、国有商业银行、股份制商业银行、中国邮政储蓄银行:

为深入贯彻落实《中共中央 国务院关于加快水利改革发展的决定》(中发〔2011〕1号)和中央水利工作会议精神,进一步做好水利改革发展金融服务工作,现提出如下意见:

一、充分认识做好水利改革发展金融服务的重要意义

(一)水利是现代农业建设不可或缺的首要条件,是经济社会发展不可替代的基础支撑,是生态环境改善不可分割的保障系统,事关农业农村发展,事关经济社会发展全局,事关粮食、生态和国家安全。中发〔2011〕1号文件明确提出要把水利工作摆在党和国家事业发展更加突出的位置,推动水利实现跨越式发展。金融部门要认真学习、深入贯彻落实中发〔2011〕1号文件和中央水利工作会议精神,加强和发展改革、财政、水利等部门的协调配合,积极探索综合运用多种政策资源的有效模式,把水利作为国家基础设施建设的优先领域,把农田水利作为农村基础建设的重点任务,加大金融产品和服务模式创新,合理调配金融资源,优化信贷结构,全面改进和加强水利改革发展的金融支持和服务。

二、大力创新符合水利项目属性、模式和融资特点的金融产品和服务方式,进一步加大对水利建设的金融支持

(二)鼓励和支持符合条件的地方政府融资平台公司通过直接、间接融资方式,拓宽水利投融资渠道。各级地方政府要认真按照国务院以及有关部门关于地方融资平台公司整改要求,积极通过注入资本、财政补助以及重组增加水电站、城市供水等部分优质资产的方式,支持有实力的水利融资平台公司整改为一般公司类法人,对于经整改后符合条件的水利融资平台公司,银行业金融机构应积极予以支持,地方政府在出资范围内承担有限责任。对于在建的国家重点水利建设项目,地方政府、融资平台公司应按照有关要求通过增加抵押担保等风险缓释措施,在新增抵押担保合法合规足值的条件下,银行业金融机构要在依法合规的前提下采取有效措施予以支持。

(三)积极引入多元化投融资主体,创新项目融资方式,引导金融资源支持水利建设。积极发展BOT(建设—经营—转交)、TOT(转让经营权)、BT(建设—转交)等新型水利项目融资模式,通过有资质的水利项目建设方作为贷款主体,引导更多信贷资源支持水利建设。合理开发水能资源、旅游资源、生态资源、土地资源等各种资源,组建股份制水利企业,鼓励各类企业投资兴建经营性水利项目。鼓励和引导银行业金融机构加大对经营性水利项目的信贷支持,对能够用省(市)属水利工程经营性收益实现可持续经营的水利建设项目积极予以支持。

(四)大力创新金融产品和服务,加大对农田水利建设的支持力度。金融机构要积极配合国家组织开展的农村饮水安全工程、大中型灌区续建配套与节水改造、小型农田水利工程、节水灌溉等重点水利项目,积极做好金融支持和服务工作。加快小型农田水利工程与城乡互助型农业、订单农业等新型农业生产方式的结合,以农民专业合作组织、农业产业化龙头企业、种养殖大户等作为小型农田水利承贷主体,采取"合作社+农户"、"企业+基地+农户"等多种信贷模式,加大农田水利基本建设的金融支持。

三、督促和引导涉农金融机构在风险可控的前提下,全面加强和提升对水利改革发展的信贷支持和服务

(五)积极发挥政策性金融机构作用,加大对战略性、基础性、公益性水利建设项目的支持力

度。中国农业发展银行要在风险可控的前提下,立足自身职能定位,积极开展水利建设中长期政策性贷款业务。完善水利信贷管理制度,创新信贷管理模式,根据借款人的资信状况、偿债能力、贷款期内现金流量预测等合理确定贷款方式,按照水利建设项目的周期特点与风险特征合理确定水利建设贷款的利率和期限,加大对水利建设的信贷支持力度。

(六)支持大型商业银行在财务可持续的前提下,改进对水利改革发展的金融支持。国家开发银行要认真总结支持国家重点基础设施建设的实践经验,加大对重大水利项目、国家水利投资重点区域及水利建设薄弱环节的信贷支持力度。中国农业银行要加强和水利、农业等部门的沟通,及时了解水利项目储备和安排特点,积极参与对水利改革发展的金融支持和服务。中国邮政储蓄银行要利用贴近农村、网点众多的优势,积极提供对小型农田水利工程的信贷支持。鼓励其他大型商业银行积极支持列入政府年度水利建设投资计划、项目承贷主体合法,且取得有关部门审批(或核准、备案),土地、环评、节能审查等合法性手续完备的水利建设项目。

(七)积极引导地方法人金融机构创新体制机制、结合现有优惠政策,加大水利信贷投入。继续深化农村信用社改革,通过增资扩股等方式完善公司治理结构,增强农村信用社支持农田水利基础设施建设的资金实力。把对农田水利建设的信贷支持纳入涉农信贷导向效果评估范围,加大信贷导向力度。改进和完善鼓励县域法人金融机构将新增存款一定比例用于当地贷款的考核办法,引导县域法人金融机构将更多资金用于"三农"发展和农田水利建设。

四、积极拓展多元化投融资渠道支持水利改革发展

(八)支持符合条件的水利企业通过上市和发行债券进行直接融资。支持符合法定条件的水利企业首次公开发行股票并上市,支持符合法定条件的已上市水利企业通过公开增发、定向增发、发行上市公司债等方式再融资,鼓励已上市水利企业通过并购重组、定向增发等方式实现整体上市。支持符合条件的水利企业发行企业(公司)债券,扩大直接融资的规模和比重。加强债券市场产品创新和制度创新,鼓励符合条件的水利企业在银行间债券市场运用短期融资券、中期票据、中小企业集合票据和定向工具等多种债务融资工具融资;建立和完善中小水利企业直接债务融资担保机制,协调落实中小水利企业进行债务融资的风险缓释措施,积极鼓励符合条件的中小水利企业通过区域集优的方式发行中小企业集合票据。

(九)积极发展多种融资产品,拓宽水利项目融资渠道。支持银行业金融机构通过银团贷款分散大型水利项目风险。鼓励银行业金融机构联合融资租赁公司增强对水利建设的支持力度,发展大型水利基础设施设备和中小农田水利灌溉系统融资租赁服务。允许理财资金在依法合规的前提下投资有现金流、有收益的水利项目。积极稳妥探索水利建设贷款等涉农贷款资产证券化试点。

(十)引导民间资本投入水利建设。探索通过业主招标、承包租赁等方式,吸引民间资本投资建设农田水利、跨流域调水、水资源综合利用、水土保持等水利项目。鼓励政府部门以股权投资方式引导示范和带动社会资金投资水利建设。扩大与国际开发性金融机构的合作,积极引入战略投资者,加大水利建设资金投入。继续加大一事一议财政奖补力度,引导农民为改善生产生活条件兴修水利,促进形成政府与农民共同投入的良性机制。

五、严格加强水利建设项目和资金的监督管理

(十一)加强对不同类型水利投资建设项目的管理。及时编制各级水利重点工程综合规划和专项规划,定期公布水利建设重点项目范围,为银行业金融机构加大支持力度创造条件。对纳入国家和省级综合规划和专项规划的重点水利项目,要明确拟建项目的目标、任务、进度、责任主体,细化资金管理办法;对国家补助的农田水利项目,各地要立足当地实际,因地制宜探索各类农田水利建设管理体制机制;对引入民间投资的小型农田水利项目,按照"建用两利"的原则,明晰农田水利工程所有权,落实建设和管理责任;对吸引民间资本进入的经营性水利项目,要发挥各级水利主管部门的行政监督和市场监管职能,落实水利项目法人责任制,严把水利项目的立项审批、公开招标和工程建设质量,培育公平竞争的设计、监理、施工等建设市场。

(十二)完善水利项目信贷资金监督管理制度。尽快制定和完善水利项目信贷资金管理制度,强化对项目运营管理的监督管理。对重点水利项目,要在媒体发布招标公告,严格实行公开招标、全程审计，充分发挥中介机构评审、舆论监督、群众监督的综合作用。

（十三）严格管理政府主管的水利投融资企业。对政府水利投融资企业利用借贷资金进行定性和定量的综合绩效考核评价，建立水利项目借贷资金使用绩效评价制度。严格政府水利投融资企业的年度审计制度，加强融资后管理，加大监督和检查力度，杜绝违规违纪现象，切实防范政府债务风险。建立过失责任追究制度，对违反决策程序造成重大失误及违规进行投融资活动造成重大损失的责任人，给予责任追究。

六、积极探索综合运用多种政策资源的有效模式，建立金融支持水利改革发展的风险分散和政策保障机制

（十四）进一步拓宽水利建设项目的抵（质）押物范围和还款来源。允许以水利、水电、供排水资产等作为还款来源和合法抵押担保物，探索以水利项目收益相关的权利作为担保财产的可行性。允许水利建设贷款以项目自身收益、借款人其他经营性收入作为还款来源。经地方人民政府同意，地方水资源费、地方水利建设基金、土地出让收益中计提的用于农田水利建设的资金也可以作为还款来源。

（十五）综合运用多种货币政策工具，保持货币信贷适度增长，鼓励银行业金融机构加大对水利改革发展的金融支持力度。探索建立金融支持水利改革发展的专项信贷政策导向效果评估制度，发挥宏观信贷政策导向作用，建立银行业金融机构支持水利建设的政策约束激励机制。

（十六）加快建立发挥财政、金融、税收等多种政策资源，共同支持水利改革发展的有效结合模式。有条件的地方可根据不同水利工程的建设特点和项目性质，确定财政贴息的规模、期限和贴息率，发挥财政资金的导向作用。

（十七）积极探索建立风险补偿专项基金，完善融资担保风险补偿机制，加大融资担保对水利建设的支持力度。鼓励有条件的地方政府通过资本注入、风险补偿和奖励补助等多种方式，引导有实力的担保机构通过再担保、联合担保以及担保与保险相结合等多种方式，积极提供水利建设融资担保。鼓励保险公司开展水利保险，积极发挥保险的风险保障功能。

七、加强工作沟通协调和政策贯彻落实

（十八）积极争取和充分发挥地方政府作用，为金融支持水利改革发展提供良好环境。人民银行各分支机构要积极会同辖区发展改革、财政、水利、银监、证监、保监等部门，根据本指导意见精神，结合辖区实际，制定和完善金融支持水利改革发展的具体实施意见或办法，引导金融机构加大水利建设投入，切实抓好贯彻实施工作。

关于印发水利水电工程标准施工招标资格预审文件和水利水电工程标准施工招标文件的通知

（2009年12月29日水利部发布　水建管〔2009〕629号）

部直属各单位，各省、自治区、直辖市水利（水务）厅（局），各计划单列市水利（水务）局，新疆生产建设兵团水利局，各有关单位：

为加强水利水电工程施工招标管理，规范资格预审文件和招标文件编制工作，在国家发展和改革委员会等九部委联合编制的《标准施工招标资格预审文件》和《标准施工招标文件》（以下简称《标准文件》）基础上，结合水利水电工程特点和行业管理需要，我部组织编制了《水利水电工程标准施工招标资格预审文件》（2009年版）和《水利水电工程标准施工招标文件》（2009年版）（以下简称《水利水电工程标准文件》），现予发布，并就有关事项通知如下：

一、凡列入国家或地方投资计划的大中型水利水电工程使用《水利水电工程标准文件》，小型水利水电工程可参照使用。

二、《水利水电工程标准文件》发布后，2000年2月颁发的《水利水电工程施工合同和招标文件示范文本》（GF—2000—0208）同时废止，之前根据《水利水电工程施工合同和招标文件示范文本》(GF—2000—0208)完成招标工作的项目仍按原合同条款执行。

三、《水利水电工程标准文件》是《标准文件》在水利水电工程应用上的补充和细化,上述文件应结合使用,二者相同条款号若内容不一致时,采用《水利水电工程标准文件》。

四、《水利水电工程标准施工招标资格预审文件》中的"申请人须知"(申请人须知前附表及附件格式除外)、"资格审查办法"(资格审查办法前附表及附件格式除外),以及《水利水电工程标准施工招标文件》中的"投标人须知"(投标人须知前附表及附件格式除外)、"评标办法"(评标办法前附表及附件格式除外)、"通用合同条款",应不加修改地引用。

《水利水电工程标准文件》中的其他内容,供招标人参考。

五、"申请人须知前附表"和"投标人须知前附表"用于进一步明确"申请人须知"和"投标人须知"正文中的未尽事宜,招标人应结合招标项目具体特点和实际需要编制和填写,但不得与"申请人须知"和"投标人须知"正文内容相抵触,否则抵触内容无效。

六、"资格审查办法前附表"和"评标办法前附表"用于进一步补充、明确资格审查和评标的因素、标准。招标人应根据招标项目具体特点和实际需要,详细列明正文之外的审查或评审因素、标准,没有列明的因素和标准不得作为资格审查或评标的依据。

七、"专用合同条款"可根据招标项目的具体特点和实际需要,按其条款编号和内容对"通用合同条款"进行补充、细化,但除"通用合同条款"明确"专用合同条款"可作出不同约定外,补充和细化的内容不得与通用合同条款规定相抵触,不得违反法律、法规和行业规章的有关规定和平等、自愿、公平和诚实信用原则。

八、"技术标准和要求(合同技术条款)"是参考性的文本,招标人可根据工程项目的具体需要进行修改,但应注意与"通用合同条款"、"专用合同条款"以及"工程量清单"的衔接。

九、《水利水电工程标准文件》中须不加修改引用的内容,若确因工程的特殊条件需要改动时,应按项目的隶属关系报项目主管部门批准。

十、《水利水电工程标准文件》由水利部负责解释。

十一、《水利水电工程标准文件》自2010年2月1日起施行。

附件:1.《水利水电工程标准施工招标资格预审文件》(略)

2.《水利水电工程标准施工招标文件》(略)

关于进一步规范水利工程建设项目招投标活动的通知

(2004年10月11日水利部发布 办建管〔2004〕154号)

为深入贯彻党的十六届三中全会精神,进一步整顿和规范市场经济秩序,创造公开、公平、公正的市场经济环境,推动反腐败工作的深入开展,国务院办公厅印发了《关于进一步规范招投标活动的若干意见》(国办发〔2004〕56号,以下简称《意见》,见附件)。为贯彻落实《意见》,进一步规范水利工程建设项目招投标活动,现将有关事项通知如下:

一、认真学习,深刻领会

水利行业是全国最早引进并推行招标投标制度的行业之一。经过20多年的努力,目前水利工程限额以上施工招标投标率达到100%,监理招标投标率在90%以上,限额以上重要设备和材料采购招标投标率在80%以上,勘察(测)设计招投标正在稳步推进,与项目建设有关的科研及模型实验等专项招投标已经起步,招标代理也有了长足的发展,开创了水利工程建设项目招投标工作的新局面,取得了很大成绩。但是,在招投标活动中也存在着一些不容忽视的问题:少数项目化整为零、规避招标;有的自行制定一些违规的限制性条件,排斥潜在投标人;有的不按法定程序公开招标、开标、评标和定标,违规操作,暗箱操作;有的投标人串通投标,分割市场,或以虚假和其他不正当手段骗取中标,在中标后又转包或违法分包等。这些问题如果得不到有效解决,将不利于打破地区封锁和保护,不利于创造一个公开、公平、公正的市场经济环境,不利于保障国有资金有效使用,不利于约束招投标当事人的行为,不利于工程建设管理,乃至影响工程建设质量。

《意见》的颁发对进一步规范水利工程建设项目招投标活动，解决招投标活动中存在的问题是十分及时和必要的，有着十分重要的意义，各单位要认真学习，深刻领会。

二、加强行政监督，采取有效措施，进一步规范水利工程建设项目招投标活动

1. 健全规章制度。要根据国家有关法律法规统一要求，做好制度建设工作，维护制度的统一性和严肃性。要加快招投标规章和规范性文件的清理工作，修改或废止与《招标投标法》和《行政许可法》相抵触的规定和要求，并向社会公布。

2. 严密组织机构。行政监督部门、项目法人、质量监督部门、工程稽察部门等必须健全机构，明确职责。在招标过程中，要将招标标段审定权、标底确定权与评标权和决标权相对分离，同时建立健全监督机制，加大行政监督、社会监督的力度，减少随意性，增强科学性和诚信度，保证招标工作客观公正。

3. 公开招投标信息。公开是防止暗箱操作、治理腐败的有效手段。要实行公告制度，提高政府监管和社会监管能力。依法必须招标的水利工程建设项目的招标公告，必须按照《招标投标法》和《水利工程建设项目招标投标管理规定》（水利部令第 14 号）的要求在规定的媒介上发布。要按照《工程建设项目招标投标活动投诉处理办法》（国家发展和改革委员会、水利部等七部委令第 11 号），认真受理投诉，及时公告违纪违规招标投标行为的处理结果，维护招投标人的合法权益。

4. 制定科学评标办法。招标文件应当符合法律规定，符合项目法人要求和工程设计实际情况。评标办法要科学合理，鼓励和保证合理低价投标人中标，满足工程建设质量和工程进度控制的需要。科学理解和合理使用标底，有效控制和规范市场行为。科学进行商务和技术评价，形成包括专家独立评价、要素信息对比、专家小组讨论、评标委员会讨论、问题澄清和综合定性评价等程序完整、科学、高效的评标规则。科学进行综合定量评价，保证相对最优的候选人中标。

5. 规范评标专家管理。建立健全评标专家管理制度，严格评标专家资格认定，实行动态管理。严格实行回避制度，项目主管部门和行政监督部门的工作人员，不得作为评标专家和评标委员会成员参与评标，专家与各投标人不应有利益关系，项目法人委派的专家不准超过法定人数，不准违反规定自选专家。严明评标纪律，对评标专家在评标活动中违规违纪行为，要严肃查处。同时，采取切实有效监督措施，排除各种干扰，确保评标专家依据评标办法独立负责地进行评标，保证评标工作的公开、公平和公正。

6. 加大处罚力度。对招标投标活动中泄露保密资料、泄露标底、串通招标、串通投标、歧视和排斥潜在投标人等违法违纪行为，严肃查处。对将中标项目全部转让、肢节转让，违法将中标项目的部分主体、关键性工作分包或将中标项目层层分包，以及挂靠有资质或高资质并以其名义投标，或者从其他单位租借资质证书等行为，必须依法严肃处理。

各有关单位要加强对招投标工作的领导，及时总结经验，不断完善政策，协调、处理好招投标工作的新矛盾、新问题，切实加强水利工程建设项目招投标活动行政监督，进一步规范招投标活动。

附件：《关于进一步规范招投标活动的若干意见》（国办发〔2004〕56 号）（略）

水利部关于在营商环境创新试点城市暂时调整实施《水利工程建设项目招标投标管理规定》有关条款的通知

（2022 年 1 月 13 日 水建设〔2022〕15 号）

部机关各司局，部直属各单位，各省、自治区、直辖市水利（水务）厅（局），各计划单列市水利（水务）局，新疆生产建设兵团水利局，各有关单位：

根据《国务院关于开展营商环境创新试点工作的意见》（国发〔2021〕24 号），水利部决定，自即日起在营商环境创新试点城市暂时调整实施《水利工程建设项目招标投标管理规定》（水利部

令第14号)有关规定。现就有关事项通知如下:

一、暂时调整实施《水利工程建设项目招标投标管理规定》(水利部令第14号)第十六条第(三)项关于水利工程施工招标条件中"监理单位已确定"的规定,取消水利工程施工招标条件中"监理单位已确定"的条件。

二、暂时调整实施《水利工程建设项目招标投标管理规定》(水利部令第14号)第十八条第一款关于在正式媒介发布招标公告至发售资格预审文件(或招标文件)的时间间隔一般不少于10日的规定,在发布水利工程招标信息(招标公告或投标邀请书)时可同步发售资格预审文件(或招标文件)。

三、首批营商环境创新试点城市为北京、上海、重庆、杭州、广州、深圳6个城市,试点城市范围扩大事宜执行国务院有关工作安排。

四、有关地方人民政府水行政主管部门要根据上述调整,及时对本部门制定的规范性文件作相应调整,建立与试点要求相适应的管理制度。

五、试点中的重要情况,有关地方人民政府水行政主管部门要及时向水利部报告。水利部将按照国务院统一部署,结合试点情况,对具备条件的创新试点举措在全国范围推开。

(三)工　　信

通信工程建设项目招标投标管理办法

(2014年5月4日工业和信息化部令第27号公布
自2014年7月1日起施行)

第一章　总　　则

第一条　为了规范通信工程建设项目招标投标活动,根据《中华人民共和国招标投标法》(以下简称《招标投标法》)和《中华人民共和国招标投标法实施条例》(以下简称《实施条例》),制定本办法。

第二条　在中华人民共和国境内进行通信工程建设项目招标投标活动,适用本办法。

前款所称通信工程建设项目,是指通信工程以及与通信工程建设有关的货物、服务。其中,通信工程包括通信设施或者通信网络的新建、改建、扩建、拆除等施工;与通信工程建设有关的货物,是指构成通信工程不可分割的组成部分,且为实现通信工程基本功能所必需的设备、材料等;与通信工程建设有关的服务,是指为完成通信工程所需的勘察、设计、监理等服务。

依法必须进行招标的通信工程建设项目的具体范围和规模标准,依据国家有关规定确定。

第三条　工业和信息化部和各省、自治区、直辖市通信管理局(以下统称为"通信行政监督部门")依法对通信工程建设项目招标投标活动实施监督。

第四条　工业和信息化部鼓励按照《电子招标投标办法》进行通信工程建设项目电子招标投标。

第五条　工业和信息化部建立"通信工程建设项目招标投标管理信息平台"(以下简称"管理平台"),实行通信工程建设项目招标投标活动信息化管理。

第二章　招标和投标

第六条　国有资金占控股或者主导地位的依法必须进行招标的通信工程建设项目,应当公开招标;但有下列情形之一的,可以邀请招标:

(一)技术复杂、有特殊要求或者受自然环境限制,只有少量潜在投标人可供选择;

(二)采用公开招标方式的费用占项目合同金额的比例过大。

有前款第一项所列情形,招标人邀请招标的,应当向其知道或者应当知道的全部潜在投标人发出投标邀请书。

采用公开招标方式的费用占项目合同金额的比例超过1.5%,且采用邀请招标方式的费用明显低于公开招标方式的费用的,方可被认定为有本条第一款第二项所列情形。

第七条　除《招标投标法》第六十六条和《实施条例》第九条规定的可以不进行招标的情形外,潜在投标人少于3个的,可以不进行招标。

招标人为适用前款规定弄虚作假的,属于《招标投标法》第四条规定的规避招标。

第八条　依法必须进行招标的通信工程建设项目的招标人自行办理招标事宜的,应当自发布招标公告或者发出投标邀请书之日起2日内通过"管理平台"向通信行政监督部门提交《通信工程建设项目自行招标备案表》(见附录一)。

第九条　招标代理机构代理招标业务,适用《招标投标法》、《实施条例》和本办法关于招标人的规定。

第十条　公开招标的项目,招标人采用资格预审办法对潜在投标人进行资格审查的,应当发布资格预审公告、编制资格预审文件。招标人发布资格预审公告后,可不再发布招标公告。

依法必须进行招标的通信工程建设项目的资格预审公告和招标公告,除在国家发展和改革委员会依法指定的媒介发布外,还应当在"管理平台"发布。在不同媒介发布的同一招标项目的资格预审公告或者招标公告的内容应当一致。

第十一条 资格预审公告、招标公告或者投标邀请书应当载明下列内容:

(一)招标人的名称和地址;

(二)招标项目的性质、内容、规模、技术要求和资金来源;

(三)招标项目的实施或者交货时间和地点要求;

(四)获取招标文件或者资格预审文件的时间、地点和方法;

(五)对招标文件或者资格预审文件收取的费用;

(六)提交资格预审申请文件或者投标文件的地点和截止时间。

招标人对投标人的资格要求,应当在资格预审公告、招标公告或者投标邀请书中载明。

第十二条 资格预审文件一般包括下列内容:

(一)资格预审公告;

(二)申请人须知;

(三)资格要求;

(四)业绩要求;

(五)资格审查标准和方法;

(六)资格预审结果的通知方式;

(七)资格预审申请文件格式。

资格预审应当按照资格预审文件载明的标准和方法进行,资格预审文件没有规定的标准和方法不得作为资格预审的依据。

第十三条 招标人应当根据招标项目的特点和需要编制招标文件。招标文件一般包括下列内容:

(一)招标公告或者投标邀请书;

(二)投标人须知;

(三)投标文件格式;

(四)项目的技术要求;

(五)投标报价要求;

(六)评标标准、方法和条件;

(七)网络与信息安全有关要求;

(八)合同主要条款。

招标文件应当载明所有评标标准、方法和条件,并能够指导评标工作,在评标过程中不得作任何改变。

第十四条 招标人应当在招标文件中以显著的方式标明实质性要求、条件以及不满足实质性要求和条件的投标将被否决的提示;对于非实质性要求和条件,应当规定允许偏差的最大范围、最高项数和调整偏差的方法。

第十五条 编制依法必须进行招标的通信工程建设项目资格预审文件和招标文件,应当使用国家发展和改革委员会会同有关行政监督部门制定的标准文本及工业和信息化部制定的范本。

第十六条 勘察设计招标项目的评标标准一般包括下列内容:

(一)投标人的资质、业绩、财务状况和履约表现;

(二)项目负责人的资格和业绩;

(三)勘察设计团队人员;

(四)技术方案和技术创新;

(五)质量标准及质量管理措施;

（六）技术支持与保障；
（七）投标价格；
（八）组织实施方案及进度安排。
第十七条 监理招标项目的评标标准一般包括下列内容：
（一）投标人的资质、业绩、财务状况和履约表现；
（二）项目总监理工程师的资格和业绩；
（三）主要监理人员及安全监理人员；
（四）监理大纲；
（五）质量和安全管理措施；
（六）投标价格。
第十八条 施工招标项目的评标标准一般包括下列内容：
（一）投标人的资质、业绩、财务状况和履约表现；
（二）项目负责人的资格和业绩；
（三）专职安全生产管理人员；
（四）主要施工设备及施工安全防护设施；
（五）质量和安全管理措施；
（六）投标价格；
（七）施工组织设计及安全生产应急预案。
第十九条 与通信工程建设有关的货物招标项目的评标标准一般包括下列内容：
（一）投标人的资质、业绩、财务状况和履约表现；
（二）投标价格；
（三）技术标准及质量标准；
（四）组织供货计划；
（五）售后服务。
第二十条 评标方法包括综合评估法、经评审的最低投标价法或者法律、行政法规允许的其他评标方法。
鼓励通信工程建设项目使用综合评估法进行评标。
第二十一条 通信工程建设项目需要划分标段的，招标人应当在招标文件中载明允许投标人中标的最多标段数。
第二十二条 通信工程建设项目已确定投资计划并落实资金来源的，招标人可以将多个同类通信工程建设项目集中进行招标。
招标人进行集中招标的，应当遵守《招标投标法》、《实施条例》和本办法有关依法必须进行招标的项目的规定。
第二十三条 招标人进行集中招标的，应当在招标文件中载明工程或者有关货物、服务的类型、预估招标规模、中标人数量及每个中标人对应的中标份额等；对与工程或者有关服务进行集中招标的，还应当载明每个中标人对应的实施地域。
第二十四条 招标人可以对多个同类通信工程建设项目的潜在投标人进行集中资格预审。招标人进行集中资格预审的，应当发布资格预审公告，明确集中资格预审的适用范围和有效期限，并且应当预估项目规模，合理设定资格、技术和商务条件，不得限制、排斥潜在投标人。
招标人进行集中资格预审，应当遵守国家有关勘察、设计、施工、监理等资质管理的规定。
集中资格预审后，通信工程建设项目的招标人应当继续完成招标程序，不得直接发包工程；直接发包工程的，属于《招标投标法》第四条规定的规避招标。
第二十五条 招标人根据招标项目的具体情况，可以在发售招标文件截止之日后，组织潜在投标人踏勘项目现场和召开投标预备会。
招标人组织潜在投标人踏勘项目现场或者召开投标预备会的，应当向全部潜在投标人发出邀请。

第二十六条　投标人应当在招标文件要求提交投标文件的截止时间前,将投标文件送达投标地点。通信工程建设项目划分标段的,投标人应当在投标文件上标明相应的标段。

未通过资格预审的申请人提交的投标文件,以及逾期送达或者不按照招标文件要求密封的投标文件,招标人应当拒收。

招标人收到投标文件后,不得开启,并应当如实记载投标文件的送达时间和密封情况,存档备查。

第三章　开标、评标和中标

第二十七条　通信工程建设项目投标人少于 3 个的,不得开标,招标人在分析招标失败的原因并采取相应措施后,应当依法重新招标。划分标段的通信工程建设项目某一标段的投标人少于 3 个的,该标段不得开标,招标人在分析招标失败的原因并采取相应措施后,应当依法对该标段重新招标。

投标人认为存在低于成本价投标情形的,可以在开标现场提出异议,并在评标完成前向招标人提交书面材料。招标人应当及时将书面材料转交评标委员会。

第二十八条　招标人应当根据《招标投标法》和《实施条例》的规定开标,记录开标过程并存档备查。招标人应当记录下列内容:

(一)开标时间和地点;

(二)投标人名称、投标价格等唱标内容;

(三)开标过程是否经过公证;

(四)投标人提出的异议。

开标记录应当由投标人代表、唱标人、记录人和监督人签字。

因不可抗力或者其他特殊原因需要变更开标地点的,招标人应提前通知所有潜在投标人,确保其有足够的时间能够到达开标地点。

第二十九条　评标由招标人依法组建的评标委员会负责。

通信工程建设项目评标委员会的专家成员应当具备下列条件:

(一)从事通信相关领域工作满 8 年并具有高级职称或者同等专业水平。掌握通信新技术的特殊人才经工作单位推荐,可以视为具备本项规定的条件;

(二)熟悉国家和通信行业有关招标投标以及通信建设管理的法律、行政法规和规章,并具有与招标项目有关的实践经验;

(三)能够认真、公正、诚实、廉洁地履行职责;

(四)未因违法、违纪被取消评标资格或者未因在招标、评标以及其他与招标投标有关活动中从事违法行为而受过行政处罚或者刑事处罚;

(五)身体健康,能够承担评标工作。

工业和信息化部统一组建和管理通信工程建设项目评标专家库,各省、自治区、直辖市通信管理局负责本行政区域内评标专家的监督管理工作。

第三十条　依法必须进行招标的通信工程建设项目,评标委员会的专家应当从通信工程建设项目评标专家库内相关专业的专家名单中采取随机抽取方式确定;个别技术复杂、专业性强或者国家有特殊要求,采取随机抽取方式确定的专家难以保证胜任评标工作的招标项目,可以由招标人从通信工程建设项目评标专家库内相关专业的专家名单中直接确定。

依法必须进行招标的通信工程建设项目的招标人应当通过"管理平台"抽取评标委员会的专家成员,通信行政监督部门可以对抽取过程进行远程监督或者现场监督。

第三十一条　依法必须进行招标的通信工程建设项目技术复杂、评审工作量大,其评标委员会需要分组评审的,每组成员人数应为 5 人以上,且每组每个成员应对所有投标文件进行评审。评标委员会的分组方案应当经全体成员同意。

评标委员会设负责人的,其负责人由评标委员会成员推举产生或者由招标人确定。评标委员会其他成员与负责人享有同等的表决权。

第三十二条 评标委员会成员应当客观、公正地对投标文件提出评审意见,并对所提出的评审意见负责。

招标文件没有规定的评标标准和方法不得作为评标依据。

第三十三条 评标过程中,评标委员会收到低于成本价投标的书面质疑材料、发现投标人的综合报价明显低于其他投标报价或者设有标底时明显低于标底,认为投标报价可能低于成本的,应当书面要求该投标人作出书面说明并提供相关证明材料。招标人要求以某一单项报价核定是否低于成本的,应当在招标文件中载明。

投标人不能合理说明或者不能提供相关证明材料的,评标委员会应当否决其投标。

第三十四条 投标人以他人名义投标或者投标人经资格审查不合格的,评标委员会应当否决其投标。

部分投标人在开标后撤销投标文件或者部分投标人被否决投标后,有效投标不足3个且明显缺乏竞争的,评标委员会应当否决全部投标。有效投标不足3个,评标委员会未否决全部投标的,应当在评标报告中说明理由。

依法必须进行招标的通信工程建设项目,评标委员会否决全部投标的,招标人应当重新招标。

第三十五条 评标完成后,评标委员会应当根据《招标投标法》和《实施条例》的有关规定向招标人提交评标报告和中标候选人名单。

招标人进行集中招标的,评标委员会应当推荐不少于招标文件载明的中标人数量的中标候选人,并标明排序。

评标委员会分组的,应当形成统一、完整的评标报告。

第三十六条 评标报告应当包括下列内容:

(一)基本情况;

(二)开标记录和投标一览表;

(三)评标方法、评标标准或者评标因素一览表;

(四)评标专家评分原始记录表和否决投标的情况说明;

(五)经评审的价格或者评分比较一览表和投标人排序;

(六)推荐的中标候选人名单及其排序;

(七)签订合同前要处理的事宜;

(八)澄清、说明、补正事项纪要;

(九)评标委员会成员名单及本人签字、拒绝在评标报告上签字的评标委员会成员名单及其陈述的不同意见和理由。

第三十七条 依法必须进行招标的通信工程建设项目的招标人应当自收到评标报告之日起3日内通过"管理平台"公示中标候选人,公示期不得少于3日。

第三十八条 招标人应当根据《招标投标法》和《实施条例》的有关规定确定中标人。

招标人进行集中招标的,应当依次确定排名靠前的中标候选人为中标人,且中标人数量及每个中标人对应的中标份额等应当与招标文件载明的内容一致。招标人与中标人订立的合同中应当明确中标价格、预估合同份额等主要条款。

中标人不能履行合同的,招标人可以按照评标委员会提出的中标候选人名单排序依次确定其他中标候选人为中标人,也可以对中标人的中标份额进行调整,但应当在招标文件中载明调整规则。

第三十九条 在确定中标人之前,招标人不得与投标人就投标价格、投标方案等实质性内容进行谈判。

招标人不得向中标人提出压低报价、增加工作量、增加配件、增加售后服务量、缩短工期或其他违背中标人的投标文件实质性内容的要求。

第四十条 依法必须进行招标的通信工程建设项目的招标人应当自确定中标人之日起15日内,通过"管理平台"向通信行政监督部门提交《通信工程建设项目招标投标情况报告表》(见附录二)。

第四十一条　招标人应建立完整的招标档案,并按国家有关规定保存。招标档案应当包括下列内容:

(一)招标文件;

(二)中标人的投标文件;

(三)评标报告;

(四)中标通知书;

(五)招标人与中标人签订的书面合同;

(六)向通信行政监督部门提交的《通信工程建设项目自行招标备案表》、《通信工程建设项目招标投标情况报告表》;

(七)其他需要存档的内容。

第四十二条　招标人进行集中招标的,应当在所有项目实施完成之日起30日内通过"管理平台"向通信行政监督部门报告项目实施情况。

第四十三条　通信行政监督部门对通信工程建设项目招标投标活动实施监督检查,可以查阅、复制招标投标活动中有关文件、资料,调查有关情况,相关单位和人员应当配合。必要时,通信行政监督部门可以责令暂停招标投标活动。

通信行政监督部门的工作人员对监督检查过程中知悉的国家秘密、商业秘密,应当依法予以保密。

第四章　法律责任

第四十四条　招标人在发布招标公告、发出投标邀请书或者售出招标文件或资格预审文件后无正当理由终止招标的,由通信行政监督部门处以警告,可以并处1万元以上3万元以下的罚款。

第四十五条　依法必须进行招标的通信工程建设项目的招标人或者招标代理机构有下列情形之一的,由通信行政监督部门责令改正,可以处3万元以下的罚款:

(一)招标人自行招标,未按规定向通信行政监督部门备案;

(二)未通过"管理平台"确定评标委员会的专家;

(三)招标人未通过"管理平台"公示中标候选人;

(四)确定中标人后,未按规定向通信行政监督部门提交招标投标情况报告。

第四十六条　招标人有下列情形之一的,由通信行政监督部门责令改正,可以处3万元以下的罚款,对单位直接负责的主管人员和其他直接责任人员依法给予处分;对中标结果造成实质性影响,且不能采取补救措施予以纠正的,招标人应当重新招标或者评标:

(一)编制的资格预审文件、招标文件中未载明所有资格审查或者评标的标准和方法;

(二)招标文件中含有要求投标人多轮次报价、投标人保证报价不高于历史价格等违法条款;

(三)不按规定组建资格审查委员会;

(四)投标人数量不符合法定要求时未重新招标而直接发包;

(五)开标过程、开标记录不符合《招标投标法》、《实施条例》和本办法的规定;

(六)违反《实施条例》第三十二条的规定限制、排斥投标人;

(七)以任何方式要求评标委员会成员以其指定的投标人作为中标候选人、以招标文件未规定的评标标准和方法作为评标依据,或者以其他方式非法干涉评标活动,影响评标结果。

第四十七条　招标人进行集中招标或者集中资格预审,违反本办法第二十三条、第二十四条、第三十五条或者第三十八条规定的,由通信行政监督部门责令改正,可以处3万元以下的罚款。

第五章　附　　则

第四十八条　通信行政监督部门建立通信工程建设项目招标投标情况通报制度,定期通报通信工程建设项目招标投标总体情况、公开招标及招标备案情况、重大违法违约事件等信息。

第四十九条　本办法自2014年7月1日起施行。原中华人民共和国信息产业部2000年9月22日公布的《通信建设项目招标投标管理暂行规定》(中华人民共和国信息产业部令第2号)同时废止。

附录:(略)

通信工程建设项目评标专家及评标专家库管理办法

(2014年7月14日工业和信息化部印发　工信部通〔2014〕302号)

第一条　为了加强对通信工程建设项目评标专家及评标专家库的管理,提高评标质量,保证评标活动的公平、公正,根据《通信工程建设项目招标投标管理办法》(工业和信息化部令第27号),制定本办法。

第二条　本办法适用于通信工程建设项目评标专家(以下简称"评标专家")的管理及通信工程建设项目评标专家库(以下简称"评标专家库")的组建、使用、管理活动。

第三条　工业和信息化部负责评标专家及评标专家库的监督管理,其主要职责是:

(一)贯彻执行国家有关法律、法规,制定评标专家及评标专家库管理的规章制度;

(二)统一组建、维护、管理评标专家库;

(三)审核评标专家的入库申请;

(四)建立评标专家的个人档案,维护、管理评标专家信息;

(五)监督依法必须进行招标的通信工程建设项目的评标专家抽取过程,依法受理投诉,查处相关违法行为;

(六)法律、法规、规章规定的其他职责。

第四条　各省、自治区、直辖市通信管理局负责本行政区域内评标专家的监督管理,其主要职责是:

(一)贯彻执行国家有关法律、法规、规章;

(二)初审本行政区域内评标专家的入库申请;

(三)维护、管理本行政区域内的评标专家信息;

(四)监督本行政区域内依法必须进行招标的通信工程建设项目的评标专家抽取过程,依法受理投诉,查处本行政区域内相关违法行为;

(五)法律、法规、规章规定的其他职责。

第五条　工业和信息化部和各省、自治区、直辖市通信管理局统称为通信行政监督部门。

第六条　评标专家专业包括一级专业和二级专业(具体专业分类标准见附件1)。

第七条　评标专家应当具备下列条件:

(一)从事通信相关领域工作满8年并具有高级职称或者同等专业水平,掌握通信新技术的特殊人才经工作单位推荐,可以视为具备本项规定的条件;

(二)熟悉国家和通信行业有关招标投标以及通信建设管理的法律、法规和规章,并具有与招标项目有关的实践经验;

(三)能够认真、公正、诚实、廉洁地履行职责;

(四)未曾因违法、违纪被取消评标资格,未曾在招标、评标以及其他与招投标有关活动中从事违法、违纪行为而受到行政处罚或者刑事处罚;

(五)身体健康,能够承担评标工作。

前款第一项中"同等专业水平"是指本科毕业满12年、硕士毕业满6年、博士毕业满3年、副教授(副研究员)及以上职称;"掌握通信新技术的特殊人才经工作单位推荐"是指从事通信新技术相关工作满3年、具有硕士及以上学历、工作单位认可并推荐。

第八条　评标专家申请进入评标专家库的程序为:

(一)申请人通过"通信工程建设项目招标投标管理信息平台"(网址为http://txzb.miit.

gov.cn,以下简称“管理平台”)填写《通信工程建设项目评标专家库入库申请表》(见附件2)、选择申请专业(每个申请人最多可申请两个一级专业),并提供身份证原件扫描件、职称证书或学历证书原件扫描件、通信工程建设项目评标专家培训合格证书原件扫描件等材料,掌握通信新技术的特殊人才还需提供工作单位人事部门出具的证明文件扫描件。

(二)申请人工作单位或招标代理机构审核同意后,通过“管理平台”报通信行政监督部门初审或审核。

(三)申请人工作单位所在地通信管理局对申报材料进行初审,申请人工作单位为部直属事业单位或中央管理企业集团公司的,直接由工业和信息化部审核。

(四)工业和信息化部组织对申报材料进行审核,符合条件的申请人进入评标专家库。

(五)工业和信息化部定期向社会公布评标专家的名单及其专家编号。

第九条　从事通信工程建设项目招标代理业务的机构应当通过“管理平台”在评标专家库中选择并聘用足够数量的评标专家,组成本机构的评标专家子库。

招标代理机构选聘评标专家应当征得评标专家同意。

第十条　依法必须进行招标的通信工程建设项目,招标人或招标代理机构应当依据《通信工程建设项目招标投标管理办法》第三十条的规定随机抽取或直接确定评标专家。

招标人或招标代理机构随机抽取评标专家的,其具体程序为:

(一)招标人自行招标的,应当从评标专家库中抽取评标专家;招标人委托招标代理机构招标的,可以选择从招标代理机构的评标专家子库中抽取评标专家。

(二)招标人或招标代理机构设置专家地域、专业、数量等抽取条件。设置抽取条件后,可供抽取的专家总数不得少于拟抽取专家数量的5倍。

(三)“管理平台”随机抽取专家,招标人或招标代理机构逐一联系、确认评标专家是否出席,系统存档备查。

(四)评标专家需要回避或因其他原因不能出席的,招标人或招标代理机构应当继续随机抽取评标专家,直至确认出席的专家人数达到要求。

招标人或招标代理机构直接确定评标专家的,应当从评标专家库相关专业的专家名单中直接确定。

第十一条　有下列情形之一的,不得担任资格审查委员会和评标委员会成员:

(一)投标人主要负责人的近亲属;

(二)项目主管部门或通信行政监督部门的人员;

(三)与投标人有经济利益关系,可能影响公正评审。

评标专家有前款规定情形之一的,应当主动提出回避;未提出回避的,招标人和通信行政监督部门发现后,应当立即停止其参加资格审查或评标。

第十二条　招标人或招标代理机构确认评标专家出席资格审查或评标活动后,发生评标专家临时不能到场或需要回避等特殊情形的,应当按照原抽取方式补抽确定。

第十三条　评标专家享有下列权利:

(一)接受招标人或其委托的招标代理机构聘请,担任资格审查委员会或评标委员会的成员,参加资格审查或评标活动;

(二)依法对资格申请文件或投标文件进行独立评审,提出评审意见,不受任何单位或个人的干预和影响;

(三)向通信行政监督部门举报资格审查或评标活动存在的违法、违规或不公正行为;

(四)依法获取劳动报酬;

(五)对招标人或招标代理机构作出的履职评议进行申辩;

(六)法律、法规、规章规定的其他权利。

第十四条　评标专家承担下列义务:

(一)严格遵守国家和通信行业有关招标投标的法律、法规和规章,接受通信行政监督部门的监督管理,协助配合有关检查及投诉处理;

（二）准时参加资格审查或评标活动，并客观、公正地进行评审，遵守职业道德，不徇私舞弊，对所提出的评审意见承担责任；

（三）遵守评标工作纪律和保密规定，不得泄露与资格审查或评标有关信息，不得私下接触投标人及其利害关系人，不得收受他人的财物或其他好处；

（四）具有法定回避情形的，应主动提出回避；

（五）参加评标专家培训和继续教育；

（六）及时登录"管理平台"维护个人信息；

（七）法律、行政法规规定的其他义务。

第十五条 招标人或招标代理机构应当负担评标专家在资格审查或评标工作期间的食宿、交通等费用，并按有关规定支付评标专家报酬。

第十六条 评标专家工作单位应当对评标专家参加资格审查或评标活动、培训和继续教育给予支持。

第十七条 招标人或招标代理机构在抽取评标专家时，不得利用各种借口拒绝评标专家参加资格审查或评标，禁止违规挑选评标专家。评标专家抽取过程及专家名单应当保密。

第十八条 招标人或招标代理机构应当在资格审查或评标工作结束后，重新登录"管理平台"对评标专家的综合表现进行履职评议。

履职评议是指招标人或招标代理机构对评标专家的能力、态度、成效等进行评分，并填写相关评语。评标专家对履职评议无申辩的，该履职评议记入评标专家档案；评标专家对履职评议有申辩的，由通信行政监督部门作出判定。

第十九条 工业和信息化部委托有关机构对进入评标专家库的评标专家进行继续教育培训。

第二十条 评标专家的联系电话、职称等个人信息变更的，由评标专家自行登录"管理平台"进行信息更新。

评标专家的工作单位、专业等变更的，由评标专家工作单位或招标代理机构通过"管理平台"提交申请，评标专家工作单位所在地通信管理局审核通过后，对专家信息进行更新。

第二十一条 评标专家有下列情形之一的，通信行政监督部门核实后将暂停其参加资格审查和评标活动的资格6个月：

（一）连续三次被抽取但拒绝参加评标活动；

（二）无正当理由，承诺参加但未参加评标活动；

（三）评标出现重大疏漏或者错误；

（四）通信行政监督部门依法对投诉进行调查时，不予配合。

第二十二条 评标专家有下列情形之一的，工业和信息化部核实后将取消其参加资格审查或评标活动的资格：

（一）以虚假材料骗取进入评标专家库；

（二）无正当理由，中途退出评标活动；

（三）评标期间私下接触投标人；

（四）收受投标人的财物或其他好处；

（五）违反保密规定，泄露资格审查或评标情况；

（六）接受任何单位或者个人明示或暗示提出的倾向或排斥特定资格审查申请人或投标人要求；

（七）暗示或者诱导投标人对投标文件作出澄清、说明，影响评审公正性；

（八）自进入评标专家库之日起3年内未参加评标专家继续教育；

（九）被暂停资格审查和评标资格期满后，再次出现本办法第二十一条规定情形之一；

（十）曾因在招标、评标以及其他与招标有关活动中从事违法行为而受到行政处罚或刑事处罚。

第二十三条 评标专家有下列情形，本人申请不再担任评标专家的，注销其相关信息：

（一）因身体健康原因不能胜任评标工作的；

（二）工作调动不再适宜继续参与评标活动的；

（三）其他原因。

第二十四条　评标专家档案包括下列内容：

（一）评标专家个人情况，包括个人申请或推荐登记表以及有关证明材料，入选专家库的审查确认过程以及结果；

（二）评标专家评标情况及其履职评议；

（三）评标专家奖惩信息；

（四）参加继续教育情况。

第二十五条　通信行政监督部门可依据《招标投标违法行为记录公告暂行办法》，对评标专家的违法违纪行为予以公示。

第二十六条　通信行政监督部门及相关工作人员应当遵守有关信息保密的规定，并加强"管理平台"的安全防护，防止相关信息泄露。

第二十七条　本办法由工业和信息化部负责解释。

第二十八条　本办法自发布之日起施行，原信息产业部《通信建设项目招标投标管理实施细则》（信部规〔2001〕632号）同时废止。

附件1：通信工程建设项目评标专家专业分类标准

附件2：《通信工程建设项目评标专家库入库申请表》（略）

附件1：

通信工程建设项目评标专家专业分类标准

一级专业	二级专业	备　注
线路	光电缆	
	水底光电缆	
	用户接入	
管道		
传输设备	光电传输设备	WDM、OTN、SDH、PDH、PTN等
	光电接入设备	xPON、xDSL、MSAP、光收发器、协议转换器等
	同步设备	
	配线设备	ODF/DDF/MDF/光电交接箱/分线盒等
交换	固网交换	固网语音网、信令网、智能网等设备
	移动网电路域交换	移动核心语音网、信令网及智能网等设备
	移动网分组域交换	GPRS、3G分组域、IMS域中的核心网设备
数据	数据网	互联网络设备（骨干路由器等）、IP承载网设备（骨干路由器等）、ATM网设备（ATM交换机等）
	业务平台	移动增值业务平台、固网增值业务平台
	IT支撑系统	MSS管理支撑系统、BSS业务支撑系统、OSS运维支撑系统

续表

一级专业	二级专业	备　注
计算机网络	服务器及计算机终端	
	存储设备	磁盘阵列、磁带库等系统设备
	路由器及交换机	广域网互连设备、防火墙设备、局域网交换机设备、局域网负载分担设备等
	网络安全设备及产品	
	网络接入设备及配套	
	计算机软件	数据库系统软件及相关平台工具软件、各类中间件平台系统软件
微波		微波专业设备及天馈线
卫星		卫星专业设备及天馈线
电源		
移动	无线主设备	移动通信网的基站控制器、基站设备等
	室内分布系统	室内分布系统所用的功率放大器和合路器、功分器、滤波器、耦合器等无源器件
	无线局域网设备	无线局域网的接入点 AP、接入控制器 AC、宽带接入服务器、交换机等
	天馈系统	移动通信天线、馈线和相关器件等
	应急通信系统	应急通信系统设备
	铁塔	移动通信基站铁塔
概预算		
财务		
局房配套	楼宇智能化	
	消防	
	空调	
	走线架、槽道	
工程服务	线路施工	
	设备施工	
	有线设计	
	无线设计	
	电信监理	
	铁塔监理	
	系统集成	

工业和信息化部直属单位固定资产投资项目招标投标管理办法

（2019 年 1 月 2 日工业和信息化部印发　工信部规〔2019〕5 号）

第一章　总　　则

第一条　为了加强固定资产投资项目管理，规范招标投标活动，发挥投资效益，根据《中华人民共和国招标投标法》、《中华人民共和国招标投标法实施条例》和国家有关规定,制定本办法。

第二条　本办法适用于各省、自治区、直辖市通信管理局、工业和信息化部直属事业单位和部属高校(以下统称直属单位)全部或部分使用中央财政资金,由工业和信息化部审批的固定资产投资项目招标投标活动。

第三条　依法必须招标的固定资产投资项目的具体范围和规模标准,依据国家现行有关规定确定。

任何单位和个人不得将依法必须招标的固定资产投资项目化整为零或者以其他任何方式规避招标。

第四条　工业和信息化部对直属单位依法必须招标的固定资产投资项目招标投标活动进行审批、备案、管理。

第五条　工业和信息化部在直属单位固定资产投资项目中逐步推广电子招标投标,直属单位按照填报说明(另行发布)及时在线填报招标投标信息(填报网址:http://39.106.22.141/)。涉密项目除外。

第二章　招标和投标

第六条　依法必须招标的固定资产投资项目,应进行公开招标。有下列情形之一的,应在上报招标方案阶段提出,经由工业和信息化部审批后,可以邀请招标:

(一)技术复杂、有特殊要求或者受自然环境限制,只有少数潜在投标人可供选择;

(二)采用公开招标方式的费用占项目合同金额的比例过大。

第七条　有下列情形之一的,应在上报招标方案阶段提出,经由工业和信息化部审批,可以不进行招标:

(一)涉及国家安全、国家秘密;

(二)涉及防汛、抢险、救灾;

(三)属于利用扶贫资金实行以工代赈、需要使用农民工等特殊情况;

(四)需要采用不可替代的专利或者专有技术;

(五)采购人依法能够自行建设、生产或者提供;

(六)已通过招标方式选定的特许经营项目投资人依法能够自行建设、生产或者提供;

(七)需要向原中标人采购工程、货物或者服务,否则将影响施工或者功能配套要求;

(八)国家规定的其他特殊情形。

第八条　直属单位固定资产投资项目鼓励采用委托招标。委托的招标代理机构应具备承揽相应项目的经验和能力,信誉良好。

招标代理机构应依法在招标人委托的范围内开展招标代理业务,任何单位和个人不得非法干涉。

第九条　具备以下条件的直属单位,可以自行招标:

(一)具有与招标项目规模和复杂程度相适应的技术、经济和管理等方面专业技术力量;

(二)有编制招标文件、组织招标的能力和条件;

(三)熟悉和掌握招标投标法律及相关规定。

第十条　直属单位在上报项目可行性研究报告时,应包括项目招标方案。

在招标工作实施前,应制定详细的招标实施方案,并向工业和信息化部上报招标实施方案备案表。

实施过程中,确因情况变化需要调整招标方案的,应向工业和信息化部上报招标方案调整申请,经批准后方可实施。

第十一条　招标人应根据项目特点和需要编制招标文件,并对招标文件的质量负责。委托招标代理机构招标的,应向招标代理机构提供编制招标文件所需的项目情况及技术要求等材料。招标文件不得要求或者标明特定的生产供应者或者含有倾向性、歧视性内容。

第十二条　依法必须招标的固定资产投资项目的资格预审公告和招标公告,依照《招标公告

和公示信息发布管理办法》规定,应当载明以下内容:

(一)招标项目名称、内容、范围、规模、资金来源;

(二)投标资格能力要求,以及是否接受联合体投标;

(三)获取资格预审文件或招标文件的时间、方式;

(四)递交资格预审文件或投标文件的截止时间、方式;

(五)招标人及其招标代理机构的名称、地址、联系人及联系方式;

(六)采用电子招标投标方式的,潜在投标人访问电子招标投标交易平台的网址和方法;

(七)其他依法应当载明的内容。

第十三条 招标人应当确定投标人编制投标文件所需要的合理时间;依法必须招标的项目,招标文件发出之日起至截止提交投标文件的时限,依照《中华人民共和国招标投标法》有关规定执行。

第三章 开标、评标和中标

第十四条 开标应当在招标文件确定的提交投标文件截止时间的同一时间公开进行;开标地点应当为招标文件中预先确定的地点。

开标由招标人主持,邀请所有投标人参加。

第十五条 投标人少于 3 个的,不得开标,招标人在分析招标失败原因并采取相应措施后,应当依法重新招标。

重新招标后投标人仍少于 3 个的依法必须招标的固定资产投资项目,经工业和信息化部审批后,可终止该事项招标。

第十六条 招标人终止招标的,应当及时发布公告,或者以书面形式通知被邀请的或者已经获取资格预审文件、招标文件的潜在投标人。

第十七条 招标人应严格按规定组成评标委员会。成员人数为 5 人及以上单数,其中技术、经济等方面专家不得少于总数的 2/3。

技术、经济等方面专家应根据相关管理规定从有关行政监督部门统一建立的专家库中抽取。

第十八条 评标委员会根据招标文件中的评标标准和方法进行评标,并完成评标报告,提出中标人选或标明排序的中标候选人。

评标报告应包括以下内容:

(一)基本情况和数据表;

(二)评标委员会成员名单;

(三)开标记录;

(四)符合要求的投标一览表;

(五)废标情况说明;

(六)评标标准、评标方法或者评标因素一览表;

(七)经评审的价格或者评分比较一览表;

(八)经评审的投标人排序;

(九)推荐的中标候选人名单与签订合同前要处理的事宜;

(十)澄清、说明、补正事项纪要。

第十九条 依法必须招标的固定资产投资项目,招标人应当自收到评标报告之日起 3 日内公示中标候选人,公示期不得少于 3 日。

第二十条 依法必须招标的固定资产投资项目,依照《招标公告和公示信息发布管理办法》规定,中标候选人公示应当载明以下内容:

(一)中标候选人排序、名称、投标报价、质量、工期(交货期),以及评标情况;

(二)中标候选人按照招标文件要求承诺的项目负责人姓名及其相关证书名称和编号;

(三)中标候选人响应招标文件要求的资格能力条件;

(四)提出异议的渠道和方式;

（五）招标文件规定公示的其他内容。

依法必须招标的固定资产投资项目的中标结果公示应当载明中标人名称。

第二十一条 招标人依照《中华人民共和国招标投标法》、《中华人民共和国招标投标法实施条例》有关规定确定中标人。

第二十二条 招标人应及时向中标人发出《中标通知书》，并同时将中标结果通知所有未中标的投标人。

中标通知书应载明以下内容：

（一）中标人名称；

（二）中标项目名称及招标编号；

（三）中标内容；

（四）中标金额；

（五）中标后签约期限；

（六）招标人或招标代理机构名称及签发时间；

（七）其他需在中标通知书中注明的内容。

第二十三条 直属单位应当在《中标通知书》签发之日起30日内，按照招标文件和中标人的投标文件订立书面合同，不得再行订立背离合同实质性内容的其他协议。

第二十四条 依法必须招标的固定资产投资项目，直属单位在《中标通知书》发出之日起20日内，应向工业和信息化部上报招标情况报告。

第二十五条 直属单位应当按照合同约定履行相关权利义务，做好合同管理工作。有关合同履行情况应按有关规定及时上报。

第二十六条 直属单位应将招标投标相关文件和资料进行认真归档，并根据各类型项目的文档管理期限进行妥善保管。

第二十七条 招标投标活动中出现的异议，招标人应认真调查，并及时向异议方作出回复。

第二十八条 对违反本办法有关规定且情节较轻的，工业和信息化部予以通报；情节严重的，暂停受理该单位申报固定资产投资项目。

第二十九条 投标人存在串通投标、以他人名义投标、弄虚作假骗取中标及中标后不严格履行合同、非法转包和违规分包等行为的，工业和信息化部予以通报。

第四章 附 则

第三十条 本办法由工业和信息化部负责解释。

第三十一条 本办法自发布之日起施行。原《工业和信息化部直属单位固定资产投资项目招标投标管理办法（试行）》（工信部规〔2012〕165号）同时废止。

关于工业和通信业领域政府核准企业投资项目有关事项的通知

（2014年2月14日国家发展和改革委员会办公厅、工业和信息化部办公厅发布 发改办产业〔2014〕322号）

各省、自治区、直辖市及计划单列市、新疆生产建设兵团发展改革委、工业和信息化主管部门，有关中央企业：

为进一步转变职能，改进规范企业投资项目的核准行为，优化流程、提高效率，根据《国务院关于发布政府核准的投资项目目录（2013年本）的通知》（国发〔2013〕47号，以下简称《目录》）和《企业投资项目核准暂行办法》（修订中）的精神，现就《目录》中涉及国务院和国家发展改革委核准的信息产业、原材料、机械制造类及高新技术中的民用飞机（含直升机）制造等工业、通信业类项目管理有关事项通知如下：

一、由国家发展改革委核准的工业、通信业项目，核准前须征求工业和信息化部意见，工业和信息化部就项目是否符合行业规划及准入等方面提出书面意见。由国务院核准的项目，由国家发展改革委征求工业和信息化部意见后报国务院核准。

二、地方企业投资建设上述范围内的项目，省级发展改革委向国家发展改革委报送项目核准申请报告时，抄送工业和信息化部。计划单列企业集团和中央管理企业投资建设上述范围内的项目时，直接上报国家发展改革委，同时抄送工业和信息化部。国务院有关部门所属单位投资建设上述范围的项目，所属部门向国家发展改革委报送项目申请报告时，同时抄送工业和信息化部。

三、项目申请报告送国家发展改革委1式5份，送工业和信息化部1式3份。

四、国家发展改革委正式受理项目申请报告后，在启动咨询评估的同时征求工业和信息化部意见，工业和信息化部在收到征求意见函后7个工作日内，向国家发展改革委提出书面意见。

五、国家发展改革委对上述范围的项目核准文件，同时抄送工业和信息化部。

六、其他内容按照《企业投资项目核准暂行办法》执行。

(四)交 通 运 输

道路旅客运输班线经营权招标投标办法

(2008 年 7 月 22 日交通运输部令 2008 年第 8 号公布　自 2009 年 1 月 1 日起施行)

第一章　总　　则

第一条　为规范道路旅客运输班线经营权招标投标活动,公平配置道路旅客运输班线资源,引导道路旅客运输经营者提高运输安全水平和服务质量,保护社会公共利益和招标投标当事人的合法权益,依据《中华人民共和国招标投标法》、《中华人民共和国道路运输条例》及相关规定,制定本办法。

第二条　本办法适用于以招标投标的方式进行道路旅客运输班线(含定线旅游客运班线)经营权许可的活动。

本办法所称道路旅客运输班线经营权招标投标(以下简称客运班线招标投标),是指道路运输管理机构在不实行班线经营权有偿使用或者竞价的前提下,通过公开招标,对参加投标的道路旅客运输经营者(以下简称客运经营者)的质量信誉情况、企业规模、运力结构和经营该客运班线的安全保障措施、服务质量承诺、运营方案等因素进行综合评价,择优确定客运班线经营者的许可方式。

第三条　客运班线招标投标应当遵循公开、公平、公正和诚信的原则。

第四条　国家鼓励通过招标投标的方式配置客运班线经营权。

第五条　交通运输部主管全国客运班线招标投标工作。

县级以上人民政府交通运输主管部门负责组织领导本行政区域的客运班线招标投标工作。

县级以上道路运输管理机构负责具体实施客运班线招标投标工作。

第二章　招　　标

第六条　县级以上道路运输管理机构根据《中华人民共和国道路运输条例》规定的许可权限,对下列客运班线经营权可以采取招标投标的方式进行许可,并作为招标人组织开展招标工作:

(一)在确定被许可人之前,同一条客运班线有 3 个以上申请人申请的;

(二)根据道路运输发展规划和市场需求,道路运输管理机构决定开通的干线公路客运班线,或者在原干线公路客运线路上投放新的运力;

(三)根据双边或者多边政府协定开通的国际道路客运班线;

(四)已有的客运班线经营期限到期,原经营者不具备延续经营资格条件,需要重新许可的。

第七条　招标人可以将两条以上客运班线经营权作为一个招标项目进行招标投标。

第八条　客运班线招标投标应当采用公开招标方式,招标公告和招标结果应当向社会公布。

第九条　相关省级道路运输管理机构协商确定实施省际客运班线招标投标的,可以采取联合招标、各自分别招标等方式进行。一省不实行招标投标的,不影响另外一省实行招标投标。按照本办法的规定进行招标投标确定的经营者,相关道路运输管理机构应当予以认可,并按规定办理相关手续。

采取联合招标的,班线起讫地省级道路运输管理机构为共同招标人,由双方协商办理招标事宜。

第十条　通过招标投标方式许可的客运班线经营权的经营期限为 4 年到 8 年,新开发的客运班线经营权的经营期限为6年到8年,具体期限由招标人确定。

第十一条 对确定以招标投标方式进行行政许可的客运班线,在招标投标工作没有开始之前,申请人提出申请的,许可机关应当告知申请人该客运班线将以招标投标方式进行许可,并在6个月内完成招标投标工作。

第十二条 招标人可以自行选择具备法定条件的招标代理机构,委托其办理招标事宜。各地道路运输行业协会组织可以接受招标人的委托,具体承担与招标投标有关的事务性工作。

招标人具备相应能力的,可以自行办理招标事宜。任何单位和个人不得强制其委托招标代理机构办理招标事宜。

第十三条 对确定以招标投标方式实行行政许可的客运班线,招标人应当在其指定的报纸、网络等媒介上发布招标公告。招标公告应当包括以下内容:

(一)招标人名称、地址和联系方式;

(二)招标项目内容、要求和经营期限;

(三)中标人数量;

(四)投标人的资格条件;

(五)报名的方式、地点和截止时间等要求;

(六)报名时所需提交的材料和要求;

(七)其他需要公告的事项。

招标公告要求报名时所需提交的材料应当包括本办法第二十四条规定的内容。

第十四条 招标人应当根据有关规定和招标项目的特点、需要编制招标文件,招标文件应当包括下列内容:

(一)投标人须知;

(二)招标项目内容、要求和经营期限;

(三)中标人数量;

(四)投标文件的内容和编制要求;

(五)投标人参加投标所需提交的材料及要求。所需提交材料应当包括《道路旅客运输及客运站管理规定》要求的可行性报告、进站方案、运输服务质量承诺书;

(六)需提交投标文件的正副本数量以及提交要求、方式、地点和截止时间;

(七)缴纳履约保证金的要求及处置方法;

(八)开标的时间、地点;

(九)评分标准;

(十)中标合同文本;

(十一)其他应当说明的事项。

第十五条 招标人不得违背《道路旅客运输及客运站管理规定》的规定,提高、增设或者降低、减少条件限制投标人,也不得对投标人实行地域限制。

招标人不得限制投标人之间的竞争,不得强制投标人组成联合体共同投标。

第十六条 客运班线招标投标评分标准总分为200分,包括标前分80分和评标分120分。标前分的评分标准见附件。评标分中应当包括安全保障措施、车辆站场设施、运营方案、经营方式、服务承诺、服务质量保障措施等内容,具体评分项目和分值设置由省级道路运输管理机构根据下列要求设定:

(一)有利于引导客运经营者加强管理、规范经营;

(二)有利于引导客运经营者提高运输安全水平、服务水平和承担社会责任;

(三)有利于引导客运经营者节能减排;

(四)有利于引导客运经营者提高车辆技术装备水平;

(五)有利于促进规模化、集约化、公司化经营。

第十七条 招标人应当确定不少于10日的时间作为投标人的报名时间,该期间自招标公告发布之日起至报名截止日止。

第十八条 招标人应当根据投标人报名时提交的材料对投标人的资格条件进行审查。对其中已具备招标项目所要求的许可条件的，发售招标文件。

第十九条 招标人应当确定不少于30日的时间作为投标人编制投标文件所需要的时间，该期间自招标文件发售截止之日起至投标人提交投标文件截止之日止。

第二十条 在招标文件要求的提交投标文件截止时间后送达的投标文件，招标人应当拒收。

第二十一条 客运班线招标投标所发生的费用，应纳入各级运管机构正常的工作经费计划。

第三章 投　　标

第二十二条 投标人是响应招标，参加投标竞争的已具备或者拟申请招标项目所要求的道路客运经营范围的公民、法人或者其他组织。

第二十三条 两个以上法人或者其他组织可以组成一个联合体，以一个投标人的身份投标。联合体各方均应当符合第二十二条规定的条件，并不得再独立或者以筹建其他联合体的形式参加同一招标项目的投标。

联合体各方应当签订共同投标协议，约定各方拟承担的工作和责任，明确在中标后是否联合成立新的经营实体，并将共同投标协议连同投标文件一并提交招标人。

第二十四条 投标人应当在招标公告规定的期限内向招标人报名，并按照招标公告的要求提交以下材料：

（一）资格预审材料：包括《道路旅客运输及客运站管理规定》要求的除可行性报告、进站方案、运输服务质量承诺书之外的其他申请客运班线许可的材料。不具备招标项目所要求的道路客运经营范围的，应当同时提出申请，相关申请材料一并提交。

（二）标前分评定材料：包括最近两年企业客运质量信誉考核情况、自有营运客车数量、高级客车数量以及相关证明材料。

招标人已经准确掌握投标人上述有关情况的，可以不再要求投标人报送相应材料。

第二十五条 通过资格预审的投标人购买招标文件后，应当按照招标文件的要求编制投标文件。投标文件及相关材料由投标人的法定代表人签字并加盖单位印章，进行密封，并在招标文件要求提交投标文件的截止时间前，将投标文件送达指定地点。招标人收到投标文件后，应当签收保存。任何人和单位不得在开标之前开启。

投标文件正本、副本的内容应当保持一致。

联合体参加投标的投标文件及相关材料由各方法定代表人共同签字并加盖各方印章。

正在筹建成立经营实体的申请人的投标文件及相关材料由筹建负责人签字，不需加盖单位印章。

第二十六条 投标人在编制投标文件过程中，如果对招标文件的内容存有疑问，可以在领取投标文件之日起10日内以书面形式要求招标人进行解释。招标人在研究所有投标人提出的问题后，在提交投标文件截止时间至少15日前，以书面形式进行必要澄清或者修改，并发至所有投标人。澄清或者修改的内容作为招标文件的补充部分，与招标文件具有同等效力。

第二十七条 在提交投标文件截止时间前，投标人可以对已提交的投标文件进行修改、补充，也可以撤回投标文件，并书面通知招标人。

修改、补充的内容为投标文件的组成部分。修改、补充的内容应当在提交投标文件截止时间前按照第二十五条的规定提交给招标人。

第二十八条 投标人不得相互串通或者与招标人串通投标，不得排挤其他投标人的公平竞争。不得以他人名义投标或者以其他方式弄虚作假，骗取中标。

第二十九条 到提交投标文件截止时间止，投标人为3个以上的，按本办法规定进行开标和评标；投标人不足3个的，招标人可以重新组织招标或者按照有关规定进行许可。

第四章 开标、评标和中标

第三十条 省级道路运输管理机构应当建立客运班线招标投标评审专家库，公布并定期调

整评审专家。评审专家应当具备下列条件之一:

(一)各级交通运输主管部门、道路运输管理机构从事客货运输、财务、安全、技术管理工作5年以上并具备大专以上学历的工作人员;

(二)道路运输企业、高等院校、科研机构和道路运输中介组织中从事道路运输领域的管理、财务、安全、技术或者研究工作8年以上,并具有相应专业高级职称或者具有同等专业水平的人员。

第三十一条 招标人应当在开标前委派1名招标人代表并从评审专家库中随机抽取一定数量的评审专家组成评标委员会进行评标,评标委员会的成员人数应当为5人以上单数。评委名单在中标结果确定前应当保密。评委与投标人有利害关系的,不得进入本次评标委员会,已经进入的应当更换。

第三十二条 两个以上省级道路运输管理机构联合招标的,评标委员会由相关省级道路运输管理机构分别从各自的评审专家库中抽取的评审专家组成,每省的评审专家数量由相关方共同商定,每省应当各派1名招标人代表,但招标人代表总数不得超过评委总数的三分之一。

第三十三条 招标人应当在开标前对已取得招标文件的投标人提供的标前分评定材料进行核实,并完成标前分的评定工作。

第三十四条 开标应当在招标文件确定的提交投标文件截止时间的同一时间公开进行。开标地点应当为招标文件中预先确定的地点。

第三十五条 开标由招标人主持,邀请所有投标人的法定代表人(筹建负责人)或者其委托代理人参加。

第三十六条 开标时,由投标人或者其推选的代表检查所有投标文件的密封情况,也可以由招标人委托的公证机构检查并公证;经确认无误后,由工作人员当场拆封全部投标文件,并宣读投标人名称和投标文件的主要内容。

招标投标开标过程应当记录,并存档备查。

第三十七条 开标后,招标人应当组织评标委员会进行评标。评标必须在严格保密的条件下进行,禁止任何单位和个人非法干预、影响评标的过程和结果。评标过程应当遵守下列要求:

(一)评标场所必须具有保密条件;

(二)只允许评委、招标人指定的工作人员参加;

(三)所有参加评标的人员不得携带通讯工具;

(四)评标场所内不设电话机和上网的计算机。

第三十八条 在开标和评标过程中,有下列情况之一的,应当认定为废标:

(一)投标文件不符合招标文件规定的实质性要求,或者因缺乏相关内容而无法进行评标的;

(二)投标文件未按招标文件规定的要求正确署名与盖章的;

(三)投标文件附有招标人无法接受的条件的;

(四)投标文件的内容及有关材料不是真实有效的;

(五)投标文件正、副本的内容不符,影响评标的。

在排除废标后,投标人为3个以上的,继续进行招标投标工作;投标人不足3个的,招标人可以重新组织招标投标或者按有关规定进行许可。

第三十九条 评标委员会应当按以下程序进行评标:

(一)审查投标文件及相关材料,并对不明确的内容进行质询;

(二)招标人或者招标代理机构根据评委质询意见,要求投标人对投标文件中不明确的内容进行必要澄清和说明,但澄清和说明不得超出投标文件的范围或者改变投标文件的实质性内容;

(三)认定是否存在废标;

(四)评委按照招标文件确定的评分标准和方法,客观公正的评定投标人的评标分,并对所提出的评审意见承担个人责任。如果招标项目由两条以上客运班线组成,则分别确定每条客运班线的评标分后,取所有客运班线评标分的算术平均值为投标人在该招标项目的评标分;

(五)评委对招标人评定的标前分进行复核确认;

(六)在评委评定的评标分中,去掉一个最高分和一个最低分后,取算术平均值作为投标人在该招标项目的最终评标分。最终评标分加上标前分,作为投标人的评标总分;

(七)按照评标总分由高到低的原则推荐中标候选人和替补中标候选人。替补中标候选人为多个的,应当明确替补顺序。评标总分分数相同且影响评标结果的确定时,由评委现场投票表决确定中标候选人、替补中标候选人;

(八)出具书面评标报告,并经全体评委签字后,提交招标人。

第四十条 招标人、招标代理机构的工作人员和评委不得私下接触投标人,不得收受投标人的财物或者其他好处,在开标前不得向他人透露投标人提交的资格预审材料的有关内容,在任何时候不得透露对投标文件的评审和比较意见、中标候选人的推荐情况以及评标的其他情况,严禁发生任何可能影响公正评标的行为。

招标人或者监察部门发现评标委员会在评标过程中有不公正的行为时,可以向评标委员会提出质疑,评标委员会应当进行解释。经调查确有不公正行为的,由招标人另行组织评标委员会重新评标和确定中标人。

第四十一条 招标人应当根据评标委员会提交的书面评标报告和推荐意见确定中标人和替补中标人。

确定中标人后,招标人应当在7日内向中标人发出中标通知书,并将中标结果书面通知替补中标人和其他投标人。

第四十二条 招标人和中标人应当在中标通知书发出之日起30日内,签订中标合同并按照有关规定办理许可手续。

第四十三条 中标合同不得对招标文件及中标人的承诺进行实质性改变,并应当作为中标人取得的道路客运班线经营行政许可决定书的附件。

中标合同的违约责任条款内容不得与《中华人民共和国道路运输条例》中已明确的相应处罚规定相违背。

第四十四条 招标文件要求中标人缴纳履约保证金或者提交其开户银行出具的履约保函的,中标人应当于签订中标合同的同时予以缴纳或者提交。由于中标人原因逾期不签订中标合同或者不按要求缴纳履约保证金、提交履约保函的,视为自动放弃中标资格,其中标资格由替补中标人取得(替补中标人为多个的,按替补顺序依次替补,后同),并按上述规定办理有关手续。

招标人向中标人收取的履约保证金不得超过中标人所投入车辆购置价格的3%,且中标人交纳履约保证金(不含履约保函)达到30万元之后,如果再次中标取得其他客运班线经营权,不再向该招标人交纳履约保证金。

第四十五条 两个以上法人或者其他组织组成的联合体中标但不成立新的经营实体的,联合体各方应当共同与招标人签订中标合同,就中标项目向招标人承担连带责任。招标人应当根据中标合同分别为联合体各方办理道路客运班线经营行政许可手续,并分别颁发相关许可证件。

第四十六条 中标人在投标时申请招标项目所要求的道路客运经营范围的,道路运输管理机构应当按照有关规定予以办理客运经营许可的有关手续。

第四十七条 中标人不得转让中标的客运班线经营权,可以将中标客运班线经营权授予其分公司经营,但不得委托其子公司经营。

第四十八条 中标人注册地不在中标客运班线起点或者终点的,应当在起点县级以上城市注册分公司进行经营,注册地运管机构应当按照有关规定予以办理有关注册手续。

第四十九条 中标人应当在中标合同约定的时限内按中标方案投入运营。

第五章 监督和考核

第五十条 招标投标活动全过程应当自觉接受投标人、监察部门、交通运输主管部门、上级道路运输管理机构和社会的监督。交通运输主管部门和上级道路运输管理机构发现正在进行的招标投标活动严重违反相关法律、行政法规和本办法规定的,应当责令招标人中止招标活动。

第五十一条 招标人、评标委员会评委、招标工作人员、招标代理机构、投标人有违法违纪行为的，应当按《中华人民共和国招标投标法》的规定进行处理。

第五十二条 投标人有下列行为之一，投标无效；已经中标的，中标无效，中标资格由替补中标人取得。给招标人或者其他投标人造成损失的，依法承担赔偿责任。

（一）在投标过程中弄虚作假的；

（二）与投标人或者评标委员会评委相互串通，事先商定投标方案或者合谋使特定人中标的；

（三）向招标人或者评标委员会成员行贿或者提供其他不正当利益的。

第五十三条 已经提交投标文件的投标人在提交投标文件截止时间后无正当理由放弃投标的，在评定当年客运质量信誉等级时，每发生一次从总分中扣除30分。如果投标人在异地投标的，招标人应当将此情况通报投标人所在地道路运输管理机构。

第五十四条 招标人和中标人应当根据双方签订的中标合同履行各自的权利和义务。

招标人应当对中标人履行承诺情况进行定期或者不定期的检查，发现中标人不遵守服务质量承诺、不规范经营或者存在重大安全隐患的，应当要求中标人进行整改。整改不合格的，招标人依据中标合同的约定可以从履约保证金中扣除相应数额的违约金，直至收回该客运班线或者该客运车辆的经营权。

第五十五条 道路运输管理机构对中标人缴纳的履约保证金应当专户存放，不得挪用。

道路运输管理机构依据中标合同从履约保证金中扣除的相应数额的违约金，应当按照财务管理的相关规定进行管理。

道路运输管理机构按照合同约定从中标人履约保证金中扣除违约金后，中标人应当在招标人规定的时间内补交。逾期不交的，道路运输管理机构可以依据中标合同进行处理。

合同履行完毕后，道路运输管理机构应当及时将剩余的履约保证金本息归还中标人。

第五十六条 道路运输管理机构应当按照国家有关法律、行政法规和规章对中标人在经营期内的违法行为处以相应行政处罚。

第六章 附　　则

第五十七条 本办法自2009年1月1日起施行。

附件：道路旅客运输班线经营权招标投标标前分评分标准（略）

公路工程建设项目评标工作细则

（2017年9月21日交公路发〔2017〕142号发布 根据2022年9月30日《交通运输部关于修订〈公路工程建设项目评标工作细则〉的通知》修正）

第一章 总　　则

第一条 为规范公路工程建设项目评标工作，维护招标投标活动当事人的合法权益，依据《中华人民共和国招标投标法》《中华人民共和国招标投标法实施条例》、交通运输部《公路工程建设项目招标投标管理办法》及国家有关法律法规，制定本细则。

第二条 依法必须进行招标的公路工程建设项目，其评标活动适用本细则；国有资金占控股或者主导地位的依法必须进行招标的公路工程建设项目，采用资格预审的，其资格审查活动适用本细则；其他项目的评标及资格审查活动可参照本细则执行。

第三条 公路工程建设项目评标工作是指招标人依法组建的评标委员会根据国家有关法律、法规和招标文件，对投标文件进行评审，推荐中标候选人或者由招标人授权直接确定中标人的工作过程。

采用资格预审的公路工程建设项目，招标人应当按照有关规定组建资格审查委员会审查资格预审申请文件。资格审查委员会的专家抽取以及资格审查工作要求,应当适用本细则关于评标委员会以及评标工作的规定。

第四条 评标工作应当遵循公平、公正、科学、择优的原则。任何单位和个人不得非法干预或者影响评标过程和结果。

第五条 招标人应当采取必要措施,保证评标工作在严格保密的情况下进行,所有参与评标活动的人员均不得泄露评标的有关信息。

第六条 公路工程建设项目的招标人或者其指定机构应当对评标过程录音录像并存档备查。

第二章 职责分工

第七条 招标人负责组织评标工作并履行下列职责:

(一)按照国家有关规定组建评标委员会;办理评标专家的抽取、通知等事宜;为参与评标工作的招标人代表提供授权函;

(二)向评标委员会提供评标所必需的工作环境、资料和信息以及必要的服务;

(三)向评标委员会成员发放合理的评标劳务报酬;

(四)在招标投标情况书面报告中载明评标委员会成员在评标活动中的履职情况;

(五)保障评标工作的安全性和保密性。

公路工程建设项目实行委托招标的,招标代理机构应当在招标人委托的范围内组织评标工作,且遵守本细则关于招标人的规定。

第八条 评标委员会负责评标工作并履行下列职责:

(一)审查、评价投标文件是否符合招标文件的实质性要求;

(二)要求投标人对投标文件有关事项作出澄清或者说明(如需要);

(三)对投标文件进行比较和评价;

(四)撰写评标报告,推荐中标候选人,或者根据招标人授权直接确定中标人;

(五)在评标报告中记录评标监督人员、招标人代表或者其他工作人员有无干预正常评标活动或者其他不正当言行;

(六)向交通运输主管部门报告评标过程中发现的其他违法违规行为。

第九条 交通运输主管部门负责监督评标工作并履行下列职责:

(一)按照规定的招标监督职责分工,对评标委员会成员的确定方式、评标专家的抽取和评标活动进行监督;

(二)对评标程序、评标委员会使用的评标标准和方法进行监督;

(三)对招标人代表、评标专家和其他参加评标活动工作人员的不当言论或者违法违规行为及时制止和纠正;

(四)对招标人、招标代理机构、投标人以及评标委员会成员等当事人在评标活动中的违法违规行为进行行政处理并依法公告,同时将上述违法违规行为记入相应当事人的信用档案。

第三章 评标工作的组织与准备

第十条 评标由招标人依法组建的评标委员会负责。

评标委员会由评标专家和招标人代表共同组成,人数为五人以上单数。其中,评标专家人数不得少于成员总数的三分之二。评标专家由招标人按照交通运输部有关规定从评标专家库相关专业中随机抽取。

对于技术复杂、专业性强或者国家有特殊要求,采取随机抽取方式确定的评标专家难以保证胜任评标工作的特殊招标项目,招标人可以直接确定相应专业领域的评标专家。

投标文件采用双信封形式密封的,招标人不得组建两个评标委员会分别负责第一信封(商务文件和技术文件)和第二信封(报价文件)的评标工作。

第十一条 在评标委员会开始评标工作之前,招标人应当准备评标所必需的信息,主要包括招标文件、招标文件的澄清或者修改、开标记录、投标文件、资格预审文件。

第十二条 招标人协助评标委员会评标的,应当选派熟悉招标工作、政治素质高的人员,具体数量由招标人视工作量确定。评标委员会成员和招标人选派的协助评标人员应当实行回避制度。

属于下列情况之一的人员,不得进入评标委员会或者协助评标:

(一)负责招标项目监督管理的交通运输主管部门的工作人员;

(二)与投标人法定代表人或者授权参与投标的代理人有近亲属关系的人员;

(三)投标人的工作人员或者退休人员;

(四)与投标人有其他利害关系,可能影响评标活动公正性的人员;

(五)在与招标投标有关的活动中有过违法违规行为、曾受过行政处罚或者刑事处罚的人员。

招标人及其子公司、招标人下属单位、招标人的上级主管部门或者控股公司、招标代理机构的工作人员或者退休人员不得以专家身份参与本单位招标或者招标代理项目的评标。

第十三条 招标人协助评标的,应当在评标委员会开始评标工作的同时或者之前进行评标的协助工作。协助评标工作应当以招标文件规定的评标标准和方法为依据,主要内容包括:

(一)编制评标使用的相应表格;

(二)对投标报价进行算术性校核;

(三)列出投标文件相对于招标文件的所有偏差,并进行归类汇总;

(四)查询公路建设市场信用信息管理系统,对投标人的资质、业绩、主要人员资历和目前在岗情况、信用等级进行核实;

(五)通过相关网站对各类注册资格证书、安全生产考核合格证等证件进行查询核实;

(六)在评标过程中,对评标委员会各成员的评分表进行复核,统计汇总;对评标过程资料进行整理。

第十四条 招标人协助评标工作应当客观、准确,如实反映投标文件对招标文件规定的响应情况;不得故意遗漏或者片面摘录,不得对投标文件作出任何评价,不得在评标委员会对所有偏差定性之前透露存有偏差的投标人名称;不得明示或者暗示其倾向或者排斥特定投标人。

第四章 评标工作的实施

第十五条 评标工作现场应当处于通讯屏蔽状态,或者将评标委员会成员及现场工作人员的手机、电脑、录音录像等电子设备统一集中保管。

第十六条 评标工作应当按照以下程序进行:

(一)招标人代表出示加盖招标人单位公章的授权函及身份证,向评标委员会其他成员表明身份;

(二)招标人代表核对评标委员会其他成员的身份证;

(三)招标人代表宣布评标纪律;

(四)招标人代表公布已开标的投标人名单,并询问评标委员会成员有否回避的情形;评标委员会成员存在应当回避情形的,应当主动提出回避;

(五)招标人代表与评标委员会其他成员共同推选主任委员;

(六)评标委员会主任委员主持会议,要求招标人介绍项目概况、招标文件中与评标相关的关键内容及协助评标工作(如有)相关情况;

(七)评标委员会评标,完成并签署评标报告,将评标报告提交给招标人代表;

(八)招标人代表对评标报告进行形式检查,有本细则第三十三条规定情形的,提请评标委员会进行修改完善;

(九)评标报告经形式检查无误后,评标委员会主任委员宣布评标工作结束。

第十七条 投标文件采用双信封形式密封的,招标人应当合理安排第二信封(报价文件)公开开标的时间和地点,保证与第一信封(商务文件和技术文件)的评审工作有序衔接,避免泄露评标工作信息。

第十八条 评标过程中,评标委员会成员有回避事由、擅离职守或者因健康等原因不能继续评标的,应当及时更换。被更换的评标委员会成员作出的评审结论无效,由更换后的评标委员会成员重新进行评审。更换评标委员会成员的情况应当在评标报告中予以记录。

被更换的评标委员会成员如为评标专家库专家,招标人应当从原评标专家库中按照原方式抽取更换后的评标委员会成员,或者在符合法律规定的前提下相应减少评标委员会中招标人代表数量。

无法及时更换评标委员会成员导致评标委员会构成不满足法定要求的,评标委员会应当停止评标活动,已作出的评审结论无效。招标人封存所有投标文件和开标、评标资料,依法重新组建评标委员会进行评标。招标人应当将重新组建评标委员会的情况在招标投标情况书面报告中予以说明。

第十九条 评标委员会应当民主推荐一名主任委员,负责组织评标委员会成员开展评标工作。评标委员会主任委员与评标委员会的其他成员享有同等权利与义务。评标委员会应当保证各成员对所有投标文件的全面、客观、独立评审,确保评标工作质量。

第二十条 评标委员会应当首先听取招标人关于招标项目概况的介绍和协助评标工作内容(如有)的说明,并认真阅读招标文件,获取评标所需的重要信息和数据,主要包括以下内容:

(一)招标项目建设规模、技术标准和工程特点;

(二)招标文件规定的评标标准和方法;

(三)其它与评标有关的内容。

第二十一条 招标人协助评标的,评标委员会应当根据招标文件规定,对投标文件相对于招标文件的所有偏差依法逐类进行定性,对招标人提供的评标工作用表和评标内容进行认真核对,对与招标文件不一致、存在错误或者遗漏的内容要进行修正。

评标委员会应当对全部投标文件进行认真审查,招标人提供的协助评标工作内容及信息仅作为评标的参考。评标委员会不得以招标人在协助评标过程中未发现投标文件存有偏差或者招标人协助评标工作存在疏忽为由规避评标责任。

第二十二条 评标委员会应当按照招标文件规定的评标标准和方法,对投标文件进行评审和比较。招标文件没有规定的评标标准和方法不得作为评标的依据。

对于招标文件规定的评标标准和方法,评标委员会认为其违反法律、行政法规的强制性规定,违反公开、公平、公正和诚实信用原则,影响潜在投标人投标的,评标委员会应当停止评标工作并向招标人书面说明情况,招标人应当修改招标文件后重新招标。

评标委员会发现招标文件规定的评标标准和方法存在明显文字错误,且修改后不会影响评标结果的,评标委员会可以对其进行修改,并在评标报告说明修改的内容和修改原因。除此之外,评标委员会不得以任何理由修改评标标准和方法。

第二十三条 对于投标文件存在的偏差,评标委员会应当根据招标文件规定的评标标准和方法进行评审,依法判定其属于重大偏差还是细微偏差。凡属于招标文件评标标准和方法中规定的重大偏差,或者招标文件评标标准和方法中未做强制性规定,但出现了法律、行政法规规定的否决投标情形的,评标委员会应当否决投标人的投标文件。

由于评标标准和方法前后内容不一致或者部分条款存在易引起歧义、模糊的文字,导致难以界定投标文件偏差的性质,评标委员会应当按照有利于投标人的原则进行处理。

第二十四条 评标委员会应当根据《中华人民共和国招标投标法实施条例》第三十九条、第四十条、第四十一条的有关规定,对在评标过程中发现的投标人与投标人之间、投标人与招标人之间存在的串通投标的情形进行评审和认定;存在串通投标情形的,评标委员会应当否决其投标。

投标人以他人名义投标、以行贿手段谋取中标,或者投标弄虚作假的,评标委员会应当否决其投标。

第二十五条 评标过程中,投标文件中存在下列情形之一且评标委员会认为需要投标人作出必要澄清、说明的，应当书面通知该投标人进行澄清或者说明：

（一）投标文件中有含义不明确的内容或者明显文字错误；

（二）投标报价有算术性错误；

（三）投标报价可能低于成本价；

（四）招标文件规定的细微偏差。

评标委员会应当给予投标人合理的澄清、说明时间。

投标人的澄清、说明应当采用书面形式，按照招标文件规定的格式签署盖章，且不得超出投标文件的范围或者改变投标文件的实质性内容。投标人的澄清或者说明内容将视为投标文件的组成部分。投标标的、投标函文字报价、质量标准、履行期限均视为投标文件的实质性内容，评标委员会不得要求投标人进行澄清。

评标委员会不得暗示或者诱导投标人作出澄清、说明，不得接受投标人主动提出的澄清、说明。

第二十六条 投标报价有算术性错误的，评标委员会应当按照招标文件规定的原则对投标报价进行修正。对算术性修正结果，评标委员会应当按照本细则第二十五条规定的程序要求投标人进行书面澄清。投标人对修正结果进行书面确认的，修正结果对投标人具有约束力，其投标文件可继续参加评审。

投标人对算术性修正结果存有不同意见或者未做书面确认的，评标委员会应当重新复核修正结果。如果确认修正结果无误且投标人拒不按照要求对修正结果进行确认的，应当否决该投标人的投标；如果发现修正结果存在差错，应当及时作出调整并重新进行书面澄清。

第二十七条 评标委员会发现投标人的投标报价明显低于其他投标人报价或者在设有标底时明显低于标底的，应当按照本细则第二十五条规定的程序要求该投标人对相应投标报价作出书面说明，并提供相关证明材料。

如果投标人不能提供相关证明材料，或者提交的相关材料无法证明投标人可以按照其报价以及招标文件规定的质量标准和履行期限完成招标项目的，评标委员会应当认定该投标人以低于成本价竞标，并否决其投标。

第二十八条 除评标价和履约信誉评分项外，评标委员会成员对投标人商务和技术各项因素的评分一般不得低于招标文件规定该因素满分值的60%；评分低于满分值60%的，评标委员会成员应当在评标报告中作出说明。投标文件各项评分因素得分应以评标委员会各成员的打分平均值确定，评标委员会成员总数为七人以上时，该平均值以去掉一个最高分和一个最低分后计算。

第二十九条 在评标过程中，如有效投标不足3个，评标委员会应当对有效投标是否仍具有竞争性进行评审。评标委员会一致认为有效投标仍具有竞争性的，应当继续推荐中标候选人，并在评标报告中予以说明。评标委员会对有效投标是否仍具有竞争性无法达成一致意见的，应当否决全部投标。

第三十条 评标委员会成员对需要共同认定的事项存在争议的，应当按照少数服从多数的原则作出结论。持不同意见的评标委员会成员应当在评标报告上以书面形式说明其不同意见和理由并签字确认。评标委员会成员拒绝在评标报告上签字又不书面说明其不同意见和理由的，视为同意评标结果。

第三十一条 评审完成后，评标委员会主任委员应当组织编写书面评标报告。评标报告中推荐的中标候选人应当不超过3个，并标明排序。

第三十二条 评标报告应当载明下列内容：

（一）招标项目基本情况；

（二）评标委员会成员名单；

（三）监督人员名单；

（四）开标记录；

（五）符合要求的投标人名单；

(六)否决的投标人名单以及否决理由;
(七)串通投标情形的评审情况说明;
(八)评分情况;
(九)经评审的投标人排序;
(十)中标候选人名单;
(十一)澄清、说明事项纪要;
(十二)需要说明的其他事项;
(十三)评标附表。

对评标监督人员、招标人代表或者其他工作人员干预正常评标活动,以及对招标投标活动的其他不正当言行,评标委员会应当在评标报告第(十二)项内容中如实记录。

除第一款规定的第(一)、(三)、(四)项内容外,评标委员会所有成员应当在评标报告上逐页签字。

第三十三条 招标人代表收到评标委员会完成的评标报告后,应当对评标报告内容进行形式检查,发现问题应当及时告知评标委员会进行必要的修改完善。形式检查仅限于以下内容:

(一)评标报告正文以及所附文件、表格是否完整、清晰;
(二)报告正文和附表等内容是否有涂改,涂改处是否有做出涂改的评标委员会成员签名;
(三)投标报价修正和评分计算是否有算术性错误;
(四)评标委员会成员对客观评审因素评分是否一致;
(五)投标文件各项评分因素得分是否符合本细则第二十八条相关要求;
(六)评标委员会成员签字是否齐全。

形式检查并不免除评标委员会对评标工作应负的责任。

第三十四条 评标报告经形式检查无误后,评标委员会主任委员宣布评标工作结束。

第三十五条 评标结束后,如招标人发现提供给评标委员会的信息、数据有误或者不完整,或者由于评标委员会的原因导致评标结果出现重大偏差,招标人应当及时邀请原评标委员会成员按照招标文件规定的评标标准和方法对评标报告内容进行审查确认,并形成书面审查确认报告。

投标人或者其他利害关系人对招标项目的评标结果提出异议或者投诉的,评标委员会成员有义务针对异议或者投诉的事项进行审查确认,并形成书面审查确认报告。

审查确认过程应当接受交通运输主管部门的监督。审查确认改变评标结果的,招标人应当公示评标委员会重新推荐的中标候选人,并将审查确认报告作为招标投标情况书面报告的组成部分,报具有招标监督职责的交通运输主管部门备案。

第五章 纪　　律

第三十六条 评标委员会成员应当客观、公正、审慎地履行职责,遵守职业道德;应当依据评标办法规定的评审顺序和内容逐项完成评标工作,对本人提出的评审意见以及评分的公正性、客观性、准确性负责。

评标委员会成员不得对主观评审因素协商评分。

招标人不得向评标委员会作倾向性、误导性的解释或者说明。

第三十七条 评标委员会成员有依法获取劳务报酬的权利,但不得向招标人索取或者报销与评标工作无关的其他费用。

第三十八条 评标委员会向招标人提交书面评标报告后自动解散。评标工作中使用的文件、表格以及其他资料应当同时归还招标人。评标委员会成员不得记录、复制或者从评标现场带离任何评标资料。

第三十九条 评标委员会成员和其他参加评标活动的工作人员不得与任何投标人或者与投标人有利害关系的人进行私下接触,不得收受投标人和其他与投标有利害关系的人的财物或者其它好处。

在评标期间，评标委员会成员和其他参加评标活动的工作人员不得发表有倾向性或者诱导、影响其他评审成员的言论，不得对不同投标人采取不同的审查标准。

第四十条　评标委员会成员和其他参加评标活动的工作人员，不得向他人透露对投标文件的评审、中标候选人的推荐情况以及与评标有关的其它情况，且对在评标过程中获悉的国家秘密、商业秘密负有保密责任。

第四十一条　省级以上人民政府交通运输主管部门应当对评标专家实行动态监管，建立评标专家准入、诫勉、清退制度，健全对评标专家的评价机制，对评标专家的工作态度、业务水平、职业道德等进行全面考核。

第六章　附　　则

第四十二条　本细则由交通运输部负责解释。

第四十三条　使用国际组织或者外国政府贷款、援助资金的项目，贷款方、资金提供方对评标工作和程序有不同规定的，可以适用其规定，但违背中华人民共和国的社会公共利益的除外。

第四十四条　在公共资源交易平台开展评标工作的，评标职责分工、评标工作的准备与实施等均应当遵守本细则规定。

采用电子评标的，应当按照本细则和国家有关电子评标的规定执行。

第四十五条　本细则自2022年10月1日起施行，有效期5年。《交通运输部关于发布〈公路工程建设项目评标工作细则〉的通知》（交公路发〔2017〕142号）同时废止。

交通运输部部属单位政府采购管理办法

（2016年12月26日交通运输部发布　交财审发〔2016〕221号）

第一章　总　　则

第一条　为加强交通运输部政府采购管理，规范政府采购行为，提高政府采购资金的使用效益，根据《中华人民共和国政府采购法》（以下简称《政府采购法》）及其实施条例等有关法律法规，制定本办法。

第二条　纳入交通运输部部门预算管理的部属单位（以下称采购人），使用财政性资金实施的政府采购活动，适用本办法。

财政性资金是指纳入预算管理的资金。以财政性资金作为还款来源的借贷资金，视同财政性资金。

采购项目既使用财政性资金又使用非财政性资金的，使用财政性资金采购的部分，适用《政府采购法》及其实施条例；财政性资金与非财政性资金无法分割采购的，统一适用《政府采购法》及其实施条例。

第三条　本办法所称政府采购，是指采购人使用财政性资金采购依法制定的集中采购目录以内的或者采购限额标准以上的货物、工程和服务的行为。

第四条　政府采购应当遵循公开、公平、公正和诚实信用的原则。

第五条　政府采购实行集中采购和分散采购相结合的组织形式。

集中采购，是指采购人将列入集中采购目录的项目委托集中采购机构代理采购或者进行部门集中采购的行为。集中采购目录包括集中采购机构采购项目和部门集中采购项目。

分散采购是指采购人将采购限额标准以上的未列入集中采购目录的项目自行采购或者委托采购代理机构代理采购的行为。

本办法所指的集中采购是属于中央预算的政府采购项目，其集中采购目录由国务院确定并公布。

第六条　政府采购工程以及与工程建设有关的货物、服务，采用招标方式采购的，适用《中华人民共和国招标投标法》及其实施条例；采用其他方式采购的，适用《政府采购法》及其实施条例。

前款所称工程，是指建设工程，包括建筑物和构筑物的新建、改建、扩建及其相关的装修、拆除、修缮等；所称与工程建设有关的货物，是指构成工程不可分割的组成部分，且为实现工程基本功能所必需的设备、材料等；所称与工程建设有关的服务，是指为完成工程所需的勘察、设计、监理等服务。

政府采购工程以及与工程建设有关的货物、服务，应当执行政府采购政策。

第七条 政府采购项目评审专家的确定，应当按照财政部有关规定，由采购人或采购代理机构从政府采购评审专家库中随机抽取。

京外采购人确有特殊需要的，可以从所在地市级或上一级财政部门专家库抽取并向上级单位备案。采购项目有特殊需要的，经向财政部备案后，可以在异地财政部门专家库中抽取评审专家。

第二章 机构设置与职责分工

第八条 交通运输部设立部政府采购领导小组，作为政府采购的领导机构，由主管副部长和相关司局的领导组成。主要职责是：

（一）审定交通运输部政府采购管理办法及相关规章制度；

（二）根据国务院规定，审定调整部门集中采购项目；

（三）审定部门集中采购代理机构；

（四）审定部门集中采购年度计划；

（五）对政府采购管理工作中遇到的重大问题进行决策和协调；

（六）研究处理政府采购工作中重大违纪违规问题。

第九条 部财务审计司是交通运输部政府采购工作的具体管理部门，负责交通运输部政府采购的管理和监督工作。主要职责是：

（一）研究制定交通运输部政府采购管理办法及相关制度；

（二）指导、监督、检查采购人和交通运输部委托的集中采购机构的政府采购工作；

（三）组织编制、汇审、报送交通运输部年度政府采购预算；

（四）审核、报送采购人的采购计划、执行情况和统计报表，编报交通运输部政府采购信息统计报表；

（五）审核、报送采购人填报的备案和审批事项；

（六）组织部属单位政府采购人员的培训；

（七）按规定权限受理采购活动中的投诉事项；

（八）其他事项。

第十条 部门集中采购项目应通过交通运输部委托的集中采购机构进行采购。

本办法所称交通运输部委托的集中采购机构是指：经国家有关部门同意设立的交通运输部集中采购机构和交通运输部委托办理集中采购事宜的其他集中采购代理机构。

第十一条 政府采购日常管理工作归口采购人的政府采购部门负责。采购人在政府采购中的主要职责是：

（一）研究制定本单位政府采购管理办法；

（二）编报本单位政府采购预算和采购计划，并组织实施；

（三）提供采购清单及有关资料，参与集中采购的相关招标工作；

（四）组织实施本单位的分散采购工作；

（五）按规定上报变更采购方式、进口产品采购申请资料；

（六）按要求签订和履行采购合同；

（七）编报本单位政府采购执行情况；

（八）编报本单位政府采购统计信息报表；

（九）按要求公开政府采购信息。

第三章 政府采购方式

第十二条 政府采购采用公开招标、邀请招标、竞争性谈判、竞争性磋商、单一来源、询价和国务院政府采购监督管理部门认定的其他采购方式。

第十三条 政府采购货物和服务，单项或批量采购金额达到国务院规定需公开招标数额标准的，应当采用公开招标采购方式。

采购人不得将政府采购项目化整为零或采取其他方式规避公开招标，有关人员不得利用职权干预和插手招投标工作。

第十四条 符合下列情形之一的货物或者服务，可以采用邀请招标方式采购：

（一）具有特殊性，只能从有限范围的供应商处采购的；

（二）采用公开招标方式的费用占采购项目总价值的比例过大的。

第十五条 符合下列情形之一的货物或者服务，可以采用竞争性谈判方式采购：

（一）招标后没有供应商投标或者没有合格标的或者重新招标未能成立的；

（二）技术复杂或者要求特殊，不能确定详细规格或具体要求的；

（三）采购人不可预见的或者非因采购人拖延导致采用招标所需时间不能满足用户紧急需要的；

（四）因艺术品采购、专利、专有技术或者因服务的时间、数量事先不能确定等原因不能事先计算出价格总额的。

第十六条 符合下列情形之一，可以采用竞争性磋商方式采购：

（一）政府购买服务项目；

（二）技术复杂或者性质特殊，不能确定详细规格或者具体要求的；

（三）因艺术品采购、专利、专有技术或者服务的时间、数量事先不能确定等原因不能事先计算出价格总额的；

（四）市场竞争不充分的科研项目，以及需要扶持的科技成果转化项目；

（五）按照招标投标法及其实施条例必须进行招标的工程建设项目以外的工程建设项目。

第十七条 符合下列情形之一的货物或者服务，可以采用单一来源采购方式采购：

（一）因货物或者服务使用不可替代的专利、专有技术，或者公共服务项目具有特殊要求，导致只能从某一特定供应商处采购的；

（二）发生不可预见的紧急情况不能从其他供应商处采购的；

（三）因保证原有采购项目一致性或者服务配套的要求，需要继续从原有供应商处添购，且添购金额不超过原合同采购金额10%的。

第十八条 采购的货物规格、标准统一，现货货源充足且价格变化幅度小的政府采购项目，可按国家法律规定采用询价方式采购。

第四章 政府采购程序

第十九条 政府采购程序应根据政府采购有关法律、法规和规章要求进行。主要包括：编制政府采购预算，制定政府采购计划，明确采购组织方式和选定采购方式，组织采购，签订采购合同，验收和付款，结算记账，编报执行情况和统计信息报表，政府采购文件的归档和管理等。

第二十条 采购人在编制单位年度预算时，应将政府采购项目及资金预算在政府采购预算表中单列，根据部门预算编制的要求细化到具体采购品目，并按规定程序逐级上报财政部，经批准后组织实施。

预算执行中部门预算资金调剂需要明确政府采购预算的，应按预算调剂的有关程序和规定一并办理，由部报财政部审核批复。

第二十一条 除部门预算资金调剂情形外，预算执行中预算支出总金额不变但需要单独调剂政府采购预算的类别（货物、工程、服务）和金额，以及使用非财政拨款资金采购需要明确政府采购预算的,由采购人按程序逐级报送至部,经部审核后报财政部备案。

第二十二条 未列入政府采购预算的采购项目,不得实施采购。

第二十三条 采购人应在财政部批复部门预算后,按规定编制政府采购计划,并通过财政部政府采购计划管理系统逐级报送至部,经部审核后报财政部备案。

第二十四条 列入政府集中采购目录的采购项目,应该委托政府集中采购代理机构采购。因特殊情况需要实行单位自行采购的,采购人应当在采购活动开始前向部提出申请,经部审核转报财政部批准后方可实施。

第二十五条 列入政府集中采购目录且以协议供货形式采购的项目,采购人可按中央国家机关政府采购中心的规定,办理具体采购事宜。

第二十六条 列入批量集中采购目录中的品目,采购人应按规定上报本单位批量集中采购计划。实施品目以财政部的规定为准。

第二十七条 列入批量采购范围的,确因特殊情况需要采用协议供货方式紧急采购或采购特殊配置品目的,应报部批准。当年协议供货采购数量按财政部有关规定执行。

第二十八条 属于部门集中采购目录范围但因特殊情况需要实行单位自行采购的,应报部审核批准后方可实施。

第二十九条 集中采购机构采购应当遵循以下工作程序:

(一)采购人根据已批复的政府采购预算编制政府采购计划。

(二)签订委托代理协议。采购人与集中采购机构应当在集中采购开始前签订委托代理协议,按照平等自愿原则确定委托代理事项,约定双方在编制采购文件、确定评标办法与中标标准、组建评标委员会、评标、定标等方面的权利与义务。

集中采购委托代理协议可以按项目签订,也可以按年度签订一揽子协议。按年度签订一揽子协议后,个别具体项目有特殊要求的,可另行签订补充协议。

(三)制订操作方案。采购人与集中采购机构应根据协议供货或定点采购项目的具体情况协商制定操作方案。

(四)组织采购。集中采购机构应采用公开招标方式或经批准的其他采购方式,以及经备案或审批的操作方案开展采购活动。

(五)确定中标、成交结果。采购人应与集中采购机构协商确定中标或成交结果的处理事宜,并按相关规定发出中标或成交通知书、发布中标或成交公告。

(六)采购人应当自中标、成交通知书发出之日起 30 日内,与中标、成交供应商签订采购合同。

第三十条 部门集中采购应当遵循以下工作程序:

(一)细化部门集中采购项目。采购人应当根据交通运输部下达的政府采购预算,将本单位及所属单位实行部门集中采购的项目预算,逐级下达到所属单位采购人。

(二)编制计划。采购人按规定的程序和要求编制部门集中采购实施计划逐级上报交通运输部委托的集中采购机构,同时报部备案。

(三)制定方案。交通运输部委托的集中采购机构汇总部门集中采购实施计划后,制定具体操作方案。

(四)实施采购。交通运输部委托的集中采购机构根据委托代理协议,依法采用相应的采购方式组织采购活动。

(五)上述采购活动完成后,应当及时确定中标、成交供应商,向其发出中标或成交通知书,同时发布中标、成交公告。

(六)采购人在中标、成交通知书发出之日起 30 日内,应与中标、成交供应商签订采购合同。交通运输部委托的集中采购机构与采购人应按采购合同组织验收工作。

(七)集中采购项目采用协议供货的,比照中央国家机关政府采购中心和交通运输部委托的集中采购机构的有关规定办理。

第三十一条 属于单位自行采购的项目,采购人可以自行组织采购,也可以委托交通运输部委托的集中采购机构或其它政府采购代理机构代理采购。单位自行采购应当遵循以下工作程序：

（一）编制计划。采购人根据已批复的政府采购预算，按照规定的程序和要求，编制采购计划。

（二）实施采购。采购人依法采用相应的采购方式组织采购活动。委托政府采购代理机构采购的，应当签订委托代理协议。

（三）采购活动完成后，应当及时确定中标、成交供应商，向其发出中标或成交通知书，同时发布中标、成交公告。

（四）采购人应在中标、成交通知书发出之日起30日内，与中标、成交供应商签订采购合同。

第三十二条 因特殊情况对单项或批量采购金额达到公开招标数额标准的采购项目需要采用公开招标以外的采购方式的或因特殊情况需要采购非本国货物、工程或服务的，应分别报送采购方式变更申请和采购进口商品申请，经部审核转报财政部批准后方可实施。

采购人是中央高校、科研院所的，采购进口科研仪器设备实行备案制管理。

第三十三条 采购人应当优先采购本国货物、工程和服务。采购货物时应落实国家节能、环保产品政府强制采购和优先采购相关政策，按规定采购节能产品和环境标志产品。

第五章 政府采购合同和信息管理

第三十四条 政府采购应当依法签订政府采购书面合同。采购合同应当由采购人与中标、成交供应商签订，也可以根据具体组织形式委托相关集中采购机构与中标、成交供应商签订。

第三十五条 采购合同应当明确采购商品或服务的名称、数量、规格、质量、性能、价格（酬金）以及履行合同的时间、地点、方式和违约责任等内容。

第三十六条 采购人委托政府采购代理机构进行采购的，应当签订委托代理协议，确定委托代理事项，约定采购人和采购代理机构的权利和义务。采购代理机构以采购人名义签订采购合同的，委托代理协议作为采购合同附件。

第三十七条 在政府采购合同履行过程中，采购人需追加与合同标的相同的货物或者服务的，在不改变合同其他条款的前提下，可以与供应商协商签订补充合同，但所有补充合同的采购金额不得超过原合同采购金额的10%。

第三十八条 除经政府采购合同的双方当事人协商一致，已签合同不得擅自变更、中止或者终止。

第三十九条 采购人、集中采购机构和其他政府采购代理机构应当按照合同约定的技术、服务、安全标准，对履约情况进行验收，并出具验收书。验收书应当包括每一项技术、服务、安全标准的履约情况。大型或者复杂的政府采购项目，应当邀请国家认可的质量检测机构参加验收工作。

政府向社会公众提供的公共服务项目，验收时应当邀请服务对象参与并出具意见，验收结果应当向社会公开。

履约验收应当依据事先规定的标准和要求，凡符合事先确定标准的，即为验收合格。当事人对验收结论有异议的，应当请国家有关专业检测机构进行检测。

第四十条 采购人应按合同约定支付采购合同款。纳入财政直接支付范围的采购项目，采购人按照确定的合同和财政部有关要求，确认供应商已严格按照合同约定提供采购服务后，填报直接支付申请书，经财政部专员办审核无误后，按照合同约定将采购资金直接支付供应商。

未纳入财政直接支付范围的采购项目，由采购人按规定的资金管理渠道和合同约定付款。

第四十一条 采购人向财政部门申请支付政府采购进口产品资金时，应当提供财政部门审核同意文件、采购合同和产品报关单等材料，确保所采购的产品规格、数量金额等与审批或采购文件的规定一致，否则不予支付。

第四十二条 有下列情况之一的，财务部门可不予支付资金：

（一）采购方式和程序不符合规定的；

(二)未按规定在指定媒体公告信息的;

(三)未使用财政部监制的政府采购合同标准文本的,但有特殊规定的除外;

(四)列入集中采购目录而未实行集中采购的;

(五)其他不符合政府采购相关规定的情况。

第四十三条 采购人应加强对实施政府采购新增资产的核算和管理,对已交付办理验收手续的资产,应在验收当月办理新增资产的登记入账手续。

第四十四条 采购活动结束后,采购人应按规定编报政府采购计划执行情况。

采购人应在每年年末将本单位年度政府采购情况,按规定格式编制政府采购统计信息报表,并对政府采购预算执行情况进行统计、分析,撰写统计分析报告,按规定程序报部汇总审核后,报送财政部。

第四十五条 采购文件的保存期限从采购结束之日起至少15年,可以用电子档案方式保存。采购文件包括采购活动记录、采购预算、招标文件、投标文件、评标标准、评估报告、定标文件、合同文本、验收证明、质疑答复、投诉处理决定及其他有关文件、资料。

第四十六条 采购人应按照国家有关法律、法规和规章,在财政部指定的政府采购信息发布媒体上向社会公开披露采购项目信息。其中涉及国家机密和商业秘密的内容除外。

采购项目信息,包括采购项目公告、采购文件、采购项目预算金额、采购结果等信息。

国家有关法律、法规和规章规定应当公开的其他政府采购信息,由相关主体依法公开。

第四十七条 采购人的政府采购工作制度、办事程序和重大采购事项必须在单位内部公开。

第六章 监督检查

第四十八条 部依法对采购人的政府采购活动进行监督检查,依托中国政府采购网、政府采购计划管理系统等信息系统对采购执行情况实行动态监管,及时纠正违反本办法的各种采购行为。采购人应当积极接受行业主管部门的监督检查,如实报告有关情况,及时提供有关材料。

第四十九条 采购人应按照分事行权、分岗设权、分级授权的原则,建立健全政府采购活动内部控制制度,并依据本办法的有关规定,加强对本单位及所属单位政府采购活动的监督检查。

第五十条 监督检查的主要内容:

(一)政府采购制度的制定及执行情况;

(二)单位内部政府采购职责分工及履行情况;

(三)政府采购人员职业素质和专业技能;

(四)政府采购预算和计划的编制情况;

(五)政府采购项目具体实施情况;

(六)政府采购审批和备案事项的执行情况;

(七)政府采购信息统计上报及公告情况;

(八)政府采购档案的保管情况;

(九)政府采购方式、采购程序和评审专家的选用情况;

(十)政府采购合同的订立、履行和资金支付情况;

(十一)对供应商询问和质疑的处理情况;

(十二)国家有关法律、法规和规章制度的执行情况;

(十三)其他与政府采购工作相关的内容。

第五十一条 政府采购活动过程中的各方法律责任依据《政府采购法》及其实施条例的规定执行。

第七章 附则

第五十二条 采购人应依据本办法制定本单位政府采购管理工作的具体规定,并报部备案。

第五十三条 本办法自2017年1月1日起施行,有效期5年。原《关于印发交通部行政事业单位政府采购管理办法的通知》(交财发〔2007〕474号)同时废止。

公路工程建设项目招标投标管理办法

（2015 年 12 月 8 日交通运输部令 2015 年第 24 号公布 自 2016 年 2 月 1 日起施行）

第一章 总 则

第一条 为规范公路工程建设项目招标投标活动，完善公路工程建设市场管理体系，根据《中华人民共和国公路法》《中华人民共和国招标投标法》《中华人民共和国招标投标法实施条例》等法律、行政法规，制定本办法。

第二条 在中华人民共和国境内从事公路工程建设项目勘察设计、施工、施工监理等的招标投标活动，适用本办法。

第三条 交通运输部负责全国公路工程建设项目招标投标活动的监督管理工作。

省级人民政府交通运输主管部门负责本行政区域内公路工程建设项目招标投标活动的监督管理工作。

第四条 各级交通运输主管部门应当按照国家有关规定，推进公路工程建设项目招标投标活动进入统一的公共资源交易平台进行。

第五条 各级交通运输主管部门应当按照国家有关规定，推进公路工程建设项目电子招标投标工作。招标投标活动信息应当公开，接受社会公众监督。

第六条 公路工程建设项目的招标人或者其指定机构应当对资格审查、开标、评标等过程录音录像并存档备查。

第二章 招 标

第七条 公路工程建设项目招标人是提出招标项目、进行招标的项目法人或者其他组织。

第八条 对于按照国家有关规定需要履行项目审批、核准手续的依法必须进行招标的公路工程建设项目，招标人应当按照项目审批、核准部门确定的招标范围、招标方式、招标组织形式开展招标。

公路工程建设项目履行项目审批或者核准手续后，方可开展勘察设计招标；初步设计文件批准后，方可开展施工监理、设计施工总承包招标；施工图设计文件批准后，方可开展施工招标。

施工招标采用资格预审方式的，在初步设计文件批准后，可以进行资格预审。

第九条 有下列情形之一的公路工程建设项目，可以不进行招标：

（一）涉及国家安全、国家秘密、抢险救灾或者属于利用扶贫资金实行以工代赈、需要使用农民工等特殊情况；

（二）需要采用不可替代的专利或者专有技术；

（三）采购人自身具有工程施工或者提供服务的资格和能力，且符合法定要求；

（四）已通过招标方式选定的特许经营项目投资人依法能够自行施工或者提供服务；

（五）需要向原中标人采购工程或者服务，否则将影响施工或者功能配套要求；

（六）国家规定的其他特殊情形。

招标人不得为适用前款规定弄虚作假，规避招标。

第十条 公路工程建设项目采用公开招标方式的，原则上采用资格后审办法对投标人进行资格审查。

第十一条 公路工程建设项目采用资格预审方式公开招标的，应当按照下列程序进行：

（一）编制资格预审文件；

（二）发布资格预审公告，发售资格预审文件，公开资格预审文件关键内容；

（三）接收资格预审申请文件；

（四）组建资格审查委员会对资格预审申请人进行资格审查，资格审查委员会编写资格审查

报告;

(五)根据资格审查结果,向通过资格预审的申请人发出投标邀请书;向未通过资格预审的申请人发出资格预审结果通知书,告知未通过的依据和原因;

(六)编制招标文件;

(七)发售招标文件,公开招标文件的关键内容;

(八)需要时,组织潜在投标人踏勘项目现场,召开投标预备会;

(九)接收投标文件,公开开标;

(十)组建评标委员会评标,评标委员会编写评标报告、推荐中标候选人;

(十一)公示中标候选人相关信息;

(十二)确定中标人;

(十三)编制招标投标情况的书面报告;

(十四)向中标人发出中标通知书,同时将中标结果通知所有未中标的投标人;

(十五)与中标人订立合同。

采用资格后审方式公开招标的,在完成招标文件编制并发布招标公告后,按照前款程序第(七)项至第(十五)项进行。

采用邀请招标的,在完成招标文件编制并发出投标邀请书后,按照前款程序第(七)项至第(十五)项进行。

第十二条 国有资金占控股或者主导地位的依法必须进行招标的公路工程建设项目,采用资格预审的,招标人应当按照有关规定组建资格审查委员会审查资格预审申请文件。资格审查委员会的专家抽取以及资格审查工作要求,应当适用本办法关于评标委员会的规定。

第十三条 资格预审审查办法原则上采用合格制。

资格预审审查办法采用合格制的,符合资格预审文件规定审查标准的申请人均应当通过资格预审。

第十四条 资格预审审查工作结束后,资格审查委员会应当编制资格审查报告。资格审查报告应当载明下列内容:

(一)招标项目基本情况;

(二)资格审查委员会成员名单;

(三)监督人员名单;

(四)资格预审申请文件递交情况;

(五)通过资格审查的申请人名单;

(六)未通过资格审查的申请人名单以及未通过审查的理由;

(七)评分情况;

(八)澄清、说明事项纪要;

(九)需要说明的其他事项;

(十)资格审查附表。

除前款规定的第(一)、(三)、(四)项内容外,资格审查委员会所有成员应当在资格审查报告上逐页签字。

第十五条 资格预审申请人对资格预审审查结果有异议的,应当自收到资格预审结果通知书后 3 日内提出。招标人应当自收到异议之日起 3 日内作出答复;作出答复前,应当暂停招标投标活动。

招标人未收到异议或者收到异议并已作出答复的,应当及时向通过资格预审的申请人发出投标邀请书。未通过资格预审的申请人不具有投标资格。

第十六条 对依法必须进行招标的公路工程建设项目,招标人应当根据交通运输部制定的标准文本,结合招标项目具体特点和实际需要,编制资格预审文件和招标文件。

资格预审文件和招标文件应当载明详细的评审程序、标准和方法,招标人不得另行制定评审细则。

第十七条 招标人应当按照省级人民政府交通运输主管部门的规定,将资格预审文件及其澄清、修改,招标文件及其澄清、修改报相应的交通运输主管部门备案。

第十八条 招标人应当自资格预审文件或者招标文件开始发售之日起,将其关键内容上传至具有招标监督职责的交通运输主管部门政府网站或者其指定的其他网站上进行公开,公开内容包括项目概况、对申请人或者投标人的资格条件要求、资格审查办法、评标办法、招标人联系方式等,公开时间至提交资格预审申请文件截止时间2日前或者投标截止时间10日前结束。

招标人发出的资格预审文件或者招标文件的澄清或者修改涉及到前款规定的公开内容的,招标人应当在向交通运输主管部门备案的同时,将澄清或者修改的内容上传至前款规定的网站。

第十九条 潜在投标人或者其他利害关系人可以按照国家有关规定对资格预审文件或者招标文件提出异议。招标人应当对异议作出书面答复。未在规定时间内作出书面答复的,应当顺延提交资格预审申请文件截止时间或者投标截止时间。

招标人书面答复内容涉及影响资格预审申请文件或者投标文件编制的,应当按照有关澄清或者修改的规定,调整提交资格预审申请文件截止时间或者投标截止时间,并以书面形式通知所有获取资格预审文件或者招标文件的潜在投标人。

第二十条 招标人应当合理划分标段、确定工期,提出质量、安全目标要求,并在招标文件中载明。标段的划分应当有利于项目组织和施工管理、各专业的衔接与配合,不得利用划分标段规避招标、限制或者排斥潜在投标人。

招标人可以实行设计施工总承包招标、施工总承包招标或者分专业招标。

第二十一条 招标人结合招标项目的具体特点和实际需要,设定潜在投标人或者投标人的资质、业绩、主要人员、财务能力、履约信誉等资格条件,不得以不合理的条件限制、排斥潜在投标人或者投标人。

除《中华人民共和国招标投标法实施条例》第三十二条规定的情形外,招标人有下列行为之一的,属于以不合理的条件限制、排斥潜在投标人或者投标人:

(一)设定的资质、业绩、主要人员、财务能力、履约信誉等资格、技术、商务条件与招标项目的具体特点和实际需要不相适应或者与合同履行无关;

(二)强制要求潜在投标人或者投标人的法定代表人、企业负责人、技术负责人等特定人员亲自购买资格预审文件、招标文件或者参与开标活动;

(三)通过设置备案、登记、注册、设立分支机构等无法律、行政法规依据的不合理条件,限制潜在投标人或者投标人进入项目所在地进行投标。

第二十二条 招标人应当根据国家有关规定,结合招标项目的具体特点和实际需要,合理确定对投标人主要人员以及其他管理和技术人员的数量和资格要求。投标人拟投入的主要人员应当在投标文件中进行填报,其他管理和技术人员的具体人选由招标人和中标人在合同谈判阶段确定。对于特别复杂的特大桥梁和特长隧道项目主体工程和其他有特殊要求的工程,招标人可以要求投标人在投标文件中填报其他管理和技术人员。

本办法所称主要人员是指设计负责人、总监理工程师、项目经理和项目总工程师等项目管理和技术负责人。

第二十三条 招标人可以自行决定是否编制标底或者设置最高投标限价。招标人不得规定最低投标限价。

接受委托编制标底或者最高投标限价的中介机构不得参加该项目的投标,也不得为该项目的投标人编制投标文件或者提供咨询。

第二十四条 招标人应当严格遵守有关法律、行政法规关于各类保证金收取的规定,在招标文件中载明保证金收取的形式、金额以及返还时间。

招标人不得以任何名义增设或者变相增设保证金或者随意更改招标文件载明的保证金收取形式、金额以及返还时间。招标人不得在资格预审期间收取任何形式的保证金。

第二十五条 招标人在招标文件中要求投标人提交投标保证金的,投标保证金不得超过招标标段估算价的2%。投标保证金有效期应当与投标有效期一致。

依法必须进行招标的公路工程建设项目的投标人,以现金或者支票形式提交投标保证金的,应当从其基本账户转出。投标人提交的投标保证金不符合招标文件要求的,应当否决其投标。

招标人不得挪用投标保证金。

第二十六条 招标人应当按照国家有关法律法规规定,在招标文件中明确允许分包的或者不得分包的工程和服务,分包人应当满足的资格条件以及对分包实施的管理要求。

招标人不得在招标文件中设置对分包的歧视性条款。

招标人有下列行为之一的,属于前款所称的歧视性条款:

(一)以分包的工作量规模作为否决投标的条件;

(二)对投标人符合法律法规以及招标文件规定的分包计划设定扣分条款;

(三)按照分包的工作量规模对投标人进行区别评分;

(四)以其他不合理条件限制投标人进行分包的行为。

第二十七条 招标人应当在招标文件中合理划分双方风险,不得设置将应由招标人承担的风险转嫁给勘察设计、施工、监理等投标人的不合理条款。招标文件应当设置合理的价格调整条款,明确约定合同价款支付期限、利息计付标准和日期,确保双方主体地位平等。

第二十八条 招标人应当根据招标项目的具体特点以及本办法的相关规定,在招标文件中合理设定评标标准和方法。评标标准和方法中不得含有倾向或者排斥潜在投标人的内容,不得妨碍或者限制投标人之间的竞争。禁止采用抽签、摇号等博彩性方式直接确定中标候选人。

第二十九条 以暂估价形式包括在招标项目范围内的工程、货物、服务,属于依法必须进行招标的项目范围且达到国家规定规模标准的,应当依法进行招标。招标项目的合同条款中应当约定负责实施暂估价项目招标的主体以及相应的招标程序。

第三章 投 标

第三十条 投标人是响应招标、参加投标竞争的法人或者其他组织。

投标人应当具备招标文件规定的资格条件,具有承担所投标项目的相应能力。

第三十一条 投标人在投标文件中填报的资质、业绩、主要人员资历和目前在岗情况、信用等级等信息,应当与其在交通运输主管部门公路建设市场信用信息管理系统上填报并发布的相关信息一致。

第三十二条 投标人应当按照招标文件要求装订、密封投标文件,并按照招标文件规定的时间、地点和方式将投标文件送达招标人。

公路工程勘察设计和施工监理招标的投标文件应当以双信封形式密封,第一信封内为商务文件和技术文件,第二信封内为报价文件。

对公路工程施工招标,招标人采用资格预审方式进行招标且评标方法为技术评分最低标价法的,或者采用资格后审方式进行招标的,投标文件应当以双信封形式密封,第一信封内为商务文件和技术文件,第二信封内为报价文件。

第三十三条 投标文件按照要求送达后,在招标文件规定的投标截止时间前,投标人修改或者撤回投标文件的,应当以书面函件形式通知招标人。

修改投标文件的函件是投标文件的组成部分,其编制形式、密封方式、送达时间等,适用对投标文件的规定。

投标人在投标截止时间前撤回投标文件且招标人已收取投标保证金的,招标人应当自收到投标人书面撤回通知之日起5日内退还其投标保证金。

投标截止后投标人撤销投标文件的,招标人可以不退还投标保证金。

第三十四条 投标人根据招标文件有关分包的规定,拟在中标后将中标项目的部分工作进行分包的,应当在投标文件中载明。

投标人在投标文件中未列入分包计划的工程或者服务,中标后不得分包,法律法规或者招标文件另有规定的除外。

第四章 开标、评标和中标

第三十五条 开标应当在招标文件确定的提交投标文件截止时间的同一时间公开进行；开标地点应当为招标文件中预先确定的地点。

投标人少于3个的，不得开标，投标文件应当当场退还给投标人；招标人应当重新招标。

第三十六条 开标由招标人主持，邀请所有投标人参加。开标过程应当记录，并存档备查。投标人对开标有异议的，应当在开标现场提出，招标人应当当场作出答复，并制作记录。未参加开标的投标人，视为对开标过程无异议。

第三十七条 投标文件按照招标文件规定采用双信封形式密封的，开标分两个步骤公开进行：

第一步骤对第一信封内的商务文件和技术文件进行开标，对第二信封不予拆封并由招标人予以封存；

第二步骤宣布通过商务文件和技术文件评审的投标人名单，对其第二信封内的报价文件进行开标，宣读投标报价。未通过商务文件和技术文件评审的，对其第二信封不予拆封，并当场退还给投标人；投标人未参加第二信封开标的，招标人应当在评标结束后及时将第二信封原封退还投标人。

第三十八条 招标人应当按照国家有关规定组建评标委员会负责评标工作。

国家审批或者核准的高速公路、一级公路、独立桥梁和独立隧道项目，评标委员会专家应当由招标人从国家重点公路工程建设项目评标专家库相关专业中随机抽取；其他公路工程建设项目的评标委员会专家可以从省级公路工程建设项目评标专家库相关专业中随机抽取，也可以从国家重点公路工程建设项目评标专家库相关专业中随机抽取。

对于技术复杂、专业性强或者国家有特殊要求，采取随机抽取方式确定的评标专家难以保证胜任评标工作的特殊招标项目，可以由招标人直接确定。

第三十九条 交通运输部负责国家重点公路工程建设项目评标专家库的管理工作。

省级人民政府交通运输主管部门负责本行政区域公路工程建设项目评标专家库的管理工作。

第四十条 评标委员会应当民主推荐一名主任委员，负责组织评标委员会成员开展评标工作。评标委员会主任委员与评标委员会的其他成员享有同等权利与义务。

第四十一条 招标人应当向评标委员会提供评标所必需的信息，但不得明示或者暗示其倾向或者排斥特定投标人。

评标所必需的信息主要包括招标文件、招标文件的澄清或者修改、开标记录、投标文件、资格预审文件。招标人可以协助评标委员会开展下列工作并提供相关信息：

（一）根据招标文件，编制评标使用的相应表格；

（二）对投标报价进行算术性校核；

（三）以评标标准和方法为依据，列出投标文件相对于招标文件的所有偏差，并进行归类汇总；

（四）查询公路建设市场信用信息管理系统，对投标人的资质、业绩、主要人员资历和目前在岗情况、信用等级进行核实。

招标人不得对投标文件作出任何评价，不得故意遗漏或者片面摘录，不得在评标委员会对所有偏差定性之前透露存有偏差的投标人名称。

评标委员会应当根据招标文件规定，全面、独立评审所有投标文件，并对招标人提供的上述相关信息进行核查，发现错误或者遗漏的，应当进行修正。

第四十二条 评标委员会应当按照招标文件确定的评标标准和方法进行评标。招标文件没有规定的评标标准和方法不得作为评标的依据。

第四十三条 公路工程勘察设计和施工监理招标，应当采用综合评估法进行评标，对投标人的商务文件、技术文件和报价文件进行评分，按照综合得分由高到低排序，推荐中标候选人。评标价的评分权重不宜超过 10%，评标价得分应当根据评标价与评标基准价的偏离程度进行计算。

第四十四条 公路工程施工招标，评标采用综合评估法或者经评审的最低投标价法。综合评估法包括合理低价法、技术评分最低标价法和综合评分法。

合理低价法，是指对通过初步评审的投标人，不再对其施工组织设计、项目管理机构、技术能力等因素进行评分，仅依据评标基准价对评标价进行评分，按照得分由高到低排序，推荐中标候选人的评标方法。

技术评分最低标价法，是指对通过初步评审的投标人的施工组织设计、项目管理机构、技术能力等因素进行评分，按照得分由高到低排序，对排名在招标文件规定数量以内的投标人的报价文件进行评审，按照评标价由低到高的顺序推荐中标候选人的评标方法。招标人在招标文件中规定的参与报价文件评审的投标人数量不得少于 3 个。

综合评分法，是指对通过初步评审的投标人的评标价、施工组织设计、项目管理机构、技术能力等因素进行评分，按照综合得分由高到低排序，推荐中标候选人的评标方法。其中评标价的评分权重不得低于 50%。

经评审的最低投标价法，是指对通过初步评审的投标人，按照评标价由低到高排序，推荐中标候选人的评标方法。

公路工程施工招标评标，一般采用合理低价法或者技术评分最低标价法。技术特别复杂的特大桥梁和特长隧道项目主体工程，可以采用综合评分法。工程规模较小、技术含量较低的工程，可以采用经评审的最低投标价法。

第四十五条 实行设计施工总承包招标的，招标人应当根据工程地质条件、技术特点和施工难度确定评标办法。

设计施工总承包招标的评标采用综合评分法的，评分因素包括评标价、项目管理机构、技术能力、设计文件的优化建议、设计施工总承包管理方案、施工组织设计等因素，评标价的评分权重不得低于 50%。

第四十六条 评标委员会成员应当客观、公正、审慎地履行职责，遵守职业道德。评标委员会成员应当依据评标办法规定的评审顺序和内容逐项完成评标工作，对本人提出的评审意见以及评分的公正性、客观性、准确性负责。

除评标价和履约信誉评分项外，评标委员会成员对投标人商务和技术各项因素的评分一般不得低于招标文件规定该因素满分值的 60%；评分低于满分值 60% 的，评标委员会成员应当在评标报告中作出说明。

招标人应当对评标委员会成员在评标活动中的职责履行情况予以记录，并在招标投标情况的书面报告中载明。

第四十七条 招标人应当根据项目规模、技术复杂程度、投标文件数量和评标方法等因素合理确定评标时间。超过三分之一的评标委员会成员认为评标时间不够的，招标人应当适当延长。

评标过程中，评标委员会成员有回避事由、擅离职守或者因健康等原因不能继续评标的，应当及时更换。被更换的评标委员会成员作出的评审结论无效，由更换后的评标委员会成员重新进行评审。

根据前款规定被更换的评标委员会成员如为评标专家库专家，招标人应当从原评标专家库中按照原方式抽取更换后的评标委员会成员，或者在符合法律规定的前提下相应减少评标委员会中招标人代表数量。

第四十八条 评标委员会应当查询交通运输主管部门的公路建设市场信用信息管理系统，对投标人的资质、业绩、主要人员资历和目前在岗情况、信用等级等信息进行核实。若投标文件载明的信息与公路建设市场信用信息管理系统发布的信息不符，使得投标人的资格条件不符合招标文件规定的，评标委员会应当否决其投标。

第四十九条 评标委员会发现投标人的投标报价明显低于其他投标人报价或者在设有标底时明显低于标底的，应当要求该投标人对相应投标报价作出书面说明，并提供相关证明材料。

投标人不能证明可以按照其报价以及招标文件规定的质量标准和履行期限完成招标项目的，评标委员会应当认定该投标人以低于成本价竞标，并否决其投标。

第五十条 评标委员会应当根据《中华人民共和国招标投标法实施条例》第三十九条、第四十条、第四十一条的有关规定，对在评标过程中发现的投标人与投标人之间、投标人与招标人之间存在的串通投标的情形进行评审和认定。

第五十一条 评标委员会对投标文件进行评审后，因有效投标不足 3 个使得投标明显缺乏竞争的，可以否决全部投标。未否决全部投标的，评标委员会应当在评标报告中阐明理由并推荐中标候选人。

投标文件按照招标文件规定采用双信封形式密封的，通过第一信封商务文件和技术文件评审的投标人在 3 个以上的，招标人应当按照本办法第三十七条规定的程序进行第二信封报价文件开标；在对报价文件进行评审后，有效投标不足 3 个的，评标委员会应当按照本条第一款规定执行。

通过第一信封商务文件和技术文件评审的投标人少于 3 个的，评标委员会可以否决全部投标；未否决全部投标的，评标委员会应当在评标报告中阐明理由，招标人应当按照本办法第三十七条规定的程序进行第二信封报价文件开标，但评标委员会在进行报价文件评审时仍有权否决全部投标；评标委员会未在报价文件评审时否决全部投标的，应当在评标报告中阐明理由并推荐中标候选人。

第五十二条 评标完成后，评标委员会应当向招标人提交书面评标报告。评标报告中推荐的中标候选人应当不超过 3 个，并标明排序。

评标报告应当载明下列内容：

（一）招标项目基本情况；

（二）评标委员会成员名单；

（三）监督人员名单；

（四）开标记录；

（五）符合要求的投标人名单；

（六）否决的投标人名单以及否决理由；

（七）串通投标情形的评审情况说明；

（八）评分情况；

（九）经评审的投标人排序；

（十）中标候选人名单；

（十一）澄清、说明事项纪要；

（十二）需要说明的其他事项；

（十三）评标附表。

对评标监督人员或者招标人代表干预正常评标活动，以及对招标投标活动的其他不正当言行，评标委员会应当在评标报告第（十二）项内容中如实记录。

除第二款规定的第（一）、（三）、（四）项内容外，评标委员会所有成员应当在评标报告上逐页签字。对评标结果有不同意见的评标委员会成员应当以书面形式说明其不同意见和理由，评标报告应当注明该不同意见。评标委员会成员拒绝在评标报告上签字又不书面说明其不同意见和理由的，视为同意评标结果。

第五十三条 依法必须进行招标的公路工程建设项目，招标人应当自收到评标报告之日起 3 日内，在对该项目具有招标监督职责的交通运输主管部门政府网站或者其指定的其他网站上公示中标候选人，公示期不得少于 3 日，公示内容包括：

（一）中标候选人排序、名称、投标报价；

（二）中标候选人在投标文件中承诺的主要人员姓名、个人业绩、相关证书编号；

（三）中标候选人在投标文件中填报的项目业绩；

（四）被否决投标的投标人名称、否决依据和原因；

(五)招标文件规定公示的其他内容。

投标人或者其他利害关系人对依法必须进行招标的公路工程建设项目的评标结果有异议的,应当在中标候选人公示期间提出。招标人应当自收到异议之日起3日内作出答复;作出答复前,应当暂停招标投标活动。

第五十四条 除招标人授权评标委员会直接确定中标人外,招标人应当根据评标委员会提出的书面评标报告和推荐的中标候选人确定中标人。国有资金占控股或者主导地位的依法必须进行招标的公路工程建设项目,招标人应当确定排名第一的中标候选人为中标人。排名第一的中标候选人放弃中标、因不可抗力不能履行合同、不按照招标文件要求提交履约保证金,或者被查实存在影响中标结果的违法行为等情形,不符合中标条件的,招标人可以按照评标委员会提出的中标候选人名单排序依次确定其他中标候选人为中标人,也可以重新招标。

第五十五条 依法必须进行招标的公路工程建设项目,招标人应当自确定中标人之日起15日内,将招标投标情况的书面报告报对该项目具有招标监督职责的交通运输主管部门备案。

前款所称书面报告至少应当包括下列内容:

(一)招标项目基本情况;

(二)招标过程简述;

(三)评标情况说明;

(四)中标候选人公示情况;

(五)中标结果;

(六)附件,包括评标报告、评标委员会成员履职情况说明等。

有资格预审情况说明、异议及投诉处理情况和资格审查报告的,也应当包括在书面报告中。

第五十六条 招标人应当及时向中标人发出中标通知书,同时将中标结果通知所有未中标的投标人。

第五十七条 招标人和中标人应当自中标通知书发出之日起30日内,按照招标文件和中标人的投标文件订立书面合同,合同的标的、价格、质量、安全、履行期限、主要人员等主要条款应当与上述文件的内容一致。招标人和中标人不得再行订立背离合同实质性内容的其他协议。

招标人最迟应当在中标通知书发出后5日内向中标候选人以外的其他投标人退还投标保证金,与中标人签订书面合同后5日内向中标人和其他中标候选人退还投标保证金。以现金或者支票形式提交的投标保证金,招标人应当同时退还投标保证金的银行同期活期存款利息,且退还至投标人的基本账户。

第五十八条 招标文件要求中标人提交履约保证金的,中标人应当按照招标文件的要求提交。履约保证金不得超过中标合同金额的10%。招标人不得指定或者变相指定履约保证金的支付形式,由中标人自主选择银行保函或者现金、支票等支付形式。

第五十九条 招标人应当加强对合同履行的管理,建立对中标人主要人员的到位率考核制度。

省级人民政府交通运输主管部门应当定期组织开展合同履约评价工作的监督检查,将检查情况向社会公示,同时将检查结果记入中标人单位以及主要人员个人的信用档案。

第六十条 依法必须进行招标的公路工程建设项目,有下列情形之一的,招标人在分析招标失败的原因并采取相应措施后,应当依照本办法重新招标:

(一)通过资格预审的申请人少于3个的;

(二)投标人少于3个的;

(三)所有投标均被否决的;

(四)中标候选人均未与招标人订立书面合同的。

重新招标的,资格预审文件、招标文件和招标投标情况的书面报告应当按照本办法的规定重新报交通运输主管部门备案。

重新招标后投标人仍少于3个的,属于按照国家有关规定需要履行项目审批、核准手续的依法必须进行招标的公路工程建设项目,报经项目审批、核准部门批准后可以不再进行招标;其他项目可由招标人自行决定不再进行招标。

依照本条规定不再进行招标的,招标人可以邀请已提交资格预审申请文件的申请人或者已提交投标文件的投标人进行谈判,确定项目承担单位,并将谈判报告报对该项目具有招标监督职责的交通运输主管部门备案。

第五章　监督管理

第六十一条　各级交通运输主管部门应当按照《中华人民共和国招标投标法》《中华人民共和国招标投标法实施条例》等法律法规、规章以及招标投标活动行政监督职责分工,加强对公路工程建设项目招标投标活动的监督管理。

第六十二条　各级交通运输主管部门应当建立健全公路工程建设项目招标投标信用体系,加强信用评价工作的监督管理,维护公平公正的市场竞争秩序。

招标人应当将交通运输主管部门的信用评价结果应用于公路工程建设项目招标。鼓励和支持招标人优先选择信用等级高的从业企业。

招标人对信用等级高的资格预审申请人、投标人或者中标人,可以给予增加参与投标的标段数量,减免投标保证金,减少履约保证金、质量保证金等优惠措施。优惠措施以及信用评价结果的认定条件应当在资格预审文件和招标文件中载明。

资格预审申请人或者投标人的信用评价结果可以作为资格审查或者评标中履约信誉项的评分因素,各信用评价等级的对应得分应当符合省级人民政府交通运输主管部门有关规定,并在资格预审文件或者招标文件中载明。

第六十三条　投标人或者其他利害关系人认为招标投标活动不符合法律、行政法规规定的,可以自知道或者应当知道之日起10日内向交通运输主管部门投诉。

就本办法第十五条、第十九条、第三十六条、第五十三条规定事项投诉的,应当先向招标人提出异议,异议答复期间不计算在前款规定的期限内。

第六十四条　投诉人投诉时,应当提交投诉书。投诉书应当包括下列内容:

(一)投诉人的名称、地址及有效联系方式;

(二)被投诉人的名称、地址及有效联系方式;

(三)投诉事项的基本事实;

(四)异议的提出及招标人答复情况;

(五)相关请求及主张;

(六)有效线索和相关证明材料。

对本办法规定应先提出异议的事项进行投诉的,应当提交已提出异议的证明文件。未按规定提出异议或者未提交已提出异议的证明文件的投诉,交通运输主管部门可以不予受理。

第六十五条　投诉人就同一事项向两个以上交通运输主管部门投诉的,由具体承担该项目招标投标活动监督管理职责的交通运输主管部门负责处理。

交通运输主管部门应当自收到投诉之日起3个工作日内决定是否受理投诉,并自受理投诉之日起30个工作日内作出书面处理决定;需要检验、检测、鉴定、专家评审的,所需时间不计算在内。

投诉人缺乏事实根据或者法律依据进行投诉的,或者有证据表明投诉人捏造事实、伪造材料的,或者投诉人以非法手段取得证明材料进行投诉的,交通运输主管部门应当予以驳回,并对恶意投诉按照有关规定追究投诉人责任。

第六十六条　交通运输主管部门处理投诉,有权查阅、复制有关文件、资料,调查有关情况,相关单位和人员应当予以配合。必要时,交通运输主管部门可以责令暂停招标投标活动。

交通运输主管部门的工作人员对监督检查过程中知悉的国家秘密、商业秘密,应当依法予以保密。

第六十七条　交通运输主管部门对投诉事项作出的处理决定,应当在对该项目具有招标监督职责的交通运输主管部门政府网站上进行公告,包括投诉的事由、调查结果、处理决定、处罚依据以及处罚意见等内容。

第六章　法律责任

第六十八条　招标人有下列情形之一的，由交通运输主管部门责令改正，可以处三万元以下的罚款：

（一）不满足本办法第八条规定的条件而进行招标的；

（二）不按照本办法规定将资格预审文件、招标文件和招标投标情况的书面报告备案的；

（三）邀请招标不依法发出投标邀请书的；

（四）不按照项目审批、核准部门确定的招标范围、招标方式、招标组织形式进行招标的；

（五）不按照本办法规定编制资格预审文件或者招标文件的；

（六）由于招标人原因导致资格审查报告存在重大偏差且影响资格预审结果的；

（七）挪用投标保证金，增设或者变相增设保证金的；

（八）投标人数量不符合法定要求不重新招标的；

（九）向评标委员会提供的评标信息不符合本办法规定的；

（十）不按照本办法规定公示中标候选人的；

（十一）招标文件中规定的履约保证金的金额、支付形式不符合本办法规定的。

第六十九条　投标人在投标过程中存在弄虚作假、与招标人或者其他投标人串通投标、以行贿谋取中标、无正当理由放弃中标以及进行恶意投诉等投标不良行为的，除依照有关法律、法规进行处罚外，省级交通运输主管部门还可以扣减其年度信用评价分数或者降低年度信用评价等级。

第七十条　评标委员会成员未对招标人根据本办法第四十一条第二款（一）至（四）项规定提供的相关信息进行认真核查，导致评标出现疏漏或者错误的，由交通运输主管部门责令改正。

第七十一条　交通运输主管部门应当依法公告对公路工程建设项目招标投标活动中招标人、招标代理机构、投标人以及评标委员会成员等的违法违规或者恶意投诉等行为的行政处理决定，并将其作为招标投标不良行为信息记入相应当事人的信用档案。

第七章　附　　则

第七十二条　使用国际组织或者外国政府贷款、援助资金的项目进行招标，贷款方、资金提供方对招标投标的具体条件和程序有不同规定的，可以适用其规定，但违背中华人民共和国的社会公共利益的除外。

第七十三条　采用电子招标投标的，应当按照本办法和国家有关电子招标投标的规定执行。

第七十四条　本办法自2016年2月1日起施行。《公路工程施工招标投标管理办法》（交通部令2006年第7号）、《公路工程施工监理招标投标管理办法》（交通部令2006年第5号）、《公路工程勘察设计招标投标管理办法》（交通部令2001年第6号）和《关于修改〈公路工程勘察设计招标投标管理办法〉的决定》（交通运输部令2013年第3号）、《关于贯彻国务院办公厅关于进一步规范招投标活动的若干意见的通知》（交公路发〔2004〕688号）、《关于公路建设项目货物招标严禁指定材料产地的通知》（厅公路字〔2007〕224号）、《公路工程施工招标资格预审办法》（交公路发〔2006〕57号）、《关于加强公路工程评标专家管理工作的通知》（交公路发〔2003〕464号）、《关于进一步加强公路工程施工招标评标管理工作的通知》（交公路发〔2008〕261号）、《关于进一步加强公路工程施工招标资格审查工作的通知》（交公路发〔2009〕123号）、《关于改革使用国际金融组织或者外国政府贷款公路建设项目施工招标管理制度的通知》（厅公路字〔2008〕40号）、《公路工程勘察设计招标评标办法》（交公路发〔2001〕582号）、《关于认真贯彻执行公路工程勘察设计招标投标管理办法的通知》（交公路发〔2002〕303号）同时废止。

经营性公路建设项目投资人招标投标管理规定

（2007年10月16日交通部令2007年第8号公布 根据2015年6月24日交通运输部令2015年第13号《关于修改〈经营性公路建设项目投资人招标投标管理规定〉的决定》修正）

第一章 总 则

第一条 为规范经营性公路建设项目投资人招标投标活动，根据《中华人民共和国公路法》、《中华人民共和国招标投标法》和《收费公路管理条例》，制定本规定。

第二条 在中华人民共和国境内的经营性公路建设项目投资人招标投标活动，适用本规定。

本规定所称经营性公路是指符合《收费公路管理条例》的规定，由国内外经济组织投资建设，经批准依法收取车辆通行费的公路（含桥梁和隧道）。

第三条 经营性公路建设项目投资人招标投标活动应当遵循公开、公平、公正、诚信、择优的原则。

任何单位和个人不得非法干涉招标投标活动。

第四条 国务院交通主管部门负责全国经营性公路建设项目投资人招标投标活动的监督管理工作。主要职责是：

（一）根据有关法律、行政法规，制定相关规章和制度，规范和指导全国经营性公路建设项目投资人招标投标活动；

（二）监督全国经营性公路建设项目投资人招标投标活动，依法受理举报和投诉，查处招标投标活动中的违法行为；

（三）对全国经营性公路建设项目投资人进行动态管理，定期公布投资人信用情况。

第五条 省级人民政府交通主管部门负责本行政区域内经营性公路建设项目投资人招标投标活动的监督管理工作。主要职责是：

（一）贯彻执行有关法律、行政法规、规章，结合本行政区域内的实际情况，制定具体管理制度；

（二）确定下级人民政府交通主管部门对经营性公路建设项目投资人招标投标活动的监督管理职责；

（三）发布本行政区域内经营性公路建设项目投资人招标信息；

（四）负责组织对列入国家高速公路网规划和省级人民政府确定的重点经营性公路建设项目的投资人招标工作；

（五）指导和监督本行政区域内的经营性公路建设项目投资人招标投标活动，依法受理举报和投诉，查处招标投标活动中的违法行为。

第六条 省级以下人民政府交通主管部门的主要职责是：

（一）贯彻执行有关法律、行政法规、规章和相关制度；

（二）负责组织本行政区域内除第五条第（四）项规定以外的经营性公路建设项目投资人招标工作；

（三）按照省级人民政府交通主管部门的规定，对本行政区域内的经营性公路建设项目投资人招标投标活动进行监督管理。

第二章 招 标

第七条 需要进行投资人招标的经营性公路建设项目应当符合下列条件：

（一）符合国家和省、自治区、直辖市公路发展规划；

（二）符合《收费公路管理条例》第十八条规定的技术等级和规模；

（三）已经编制项目可行性研究报告。

第八条 招标人是依照本规定提出经营性公路建设项目、组织投资人招标工作的交通主管部门。

招标人可以自行组织招标或委托具有相应资格的招标代理机构代理有关招标事宜。

第九条 经营性公路建设项目投资人招标应当采用公开招标方式。

第十条 经营性公路建设项目投资人招标实行资格审查制度。资格审查方式采取资格预审或资格后审。

资格预审，是指招标人在投标前对潜在投标人进行资格审查。

资格后审，是指招标人在开标后对投标人进行资格审查。

实行资格预审的，一般不再进行资格后审，但招标文件另有规定的除外。

第十一条 资格审查的基本内容应当包括投标人的财务状况、注册资本、净资产、投融资能力、初步融资方案、从业经验和商业信誉等情况。

第十二条 经营性公路建设项目招标工作应当按照以下程序进行：

（一）发布招标公告；

（二）潜在投标人提出投资意向；

（三）招标人向提出投资意向的潜在投标人推介投资项目；

（四）潜在投标人提出投资申请；

（五）招标人向提出投资申请的潜在投标人详细介绍项目情况，可以组织潜在投标人踏勘项目现场并解答有关问题；

（六）实行资格预审的，由招标人向提出投资申请的潜在投标人发售资格预审文件；实行资格后审的，由招标人向提出投资申请的投标人发售招标文件；

（七）实行资格预审的，潜在投标人编制资格预审申请文件，并递交招标人；招标人应当对递交资格预审申请文件的潜在投标人进行资格审查，并向资格预审合格的潜在投标人发售招标文件；

（八）投标人编制投标文件，并提交招标人；

（九）招标人组织开标，组建评标委员会；

（十）实行资格后审的，评标委员会应当在开标后首先对投标人进行资格审查；

（十一）评标委员会进行评标，推荐中标候选人；

（十二）招标人确定中标人，并发出中标通知书；

（十三）招标人与中标人签订投资协议。

第十三条 招标人应通过国家指定的全国性报刊、信息网络等媒介发布招标公告。

采用国际招标的，应通过相关国际媒介发布招标公告。

第十四条 招标人应当参照国务院交通主管部门制定的经营性公路建设项目投资人招标资格预审文件范本编制资格预审文件，并结合项目特点和需要确定资格审查标准。

招标人应当组建资格预审委员会对递交资格预审申请文件的潜在投标人进行资格审查。资格预审委员会由招标人代表和公路、财务、金融等方面的专家组成，成员人数为七人以上单数。

第十五条 招标人应当参照国务院交通主管部门制定的经营性公路建设项目投资人招标文件范本，并结合项目特点和需要编制招标文件。

招标人编制招标文件时，应当充分考虑项目投资回收能力和预期收益的不确定性，合理分配项目的各类风险，并对特许权内容、最长收费期限、相关政策等予以说明。招标人编制的可行性研究报告应当作为招标文件的组成部分。

第十六条 招标人应当合理确定资格预审申请文件和投标文件的编制时间。

编制资格预审申请文件时间，自资格预审文件开始发售之日起至潜在投标人提交资格预审申请文件截止之日止，不得少于三十个工作日。

编制投标文件的时间，自招标文件开始发售之日起至投标人提交投标文件截止之日止，不得少于四十五个工作日。

第十七条 列入国家高速公路网规划和需经国务院投资主管部门核准的经营性公路建设项

目投资人招标投标活动,应当按照招标工作程序,及时将招标文件、资格预审结果、评标报告报国务院交通主管部门备案。国务院交通主管部门应当在收到备案文件七个工作日内,对不符合法律、法规规定的内容提出处理意见,及时行使监督职责。

其他经营性公路建设项目投资人招标投标活动的备案工作按照省级人民政府交通主管部门的有关规定执行。

第三章 投 标

第十八条 投标人是响应招标、参加投标竞争的国内外经济组织。

采用资格预审方式招标的,潜在投标人通过资格预审后,方可参加投标。

第十九条 投标人应当具备以下基本条件:

(一)总资产六亿元人民币以上,净资产二亿五千万元人民币以上;

(二)最近连续三年每年均为盈利,且年度财务报告应当经具有法定资格的中介机构审计;

(三)具有不低于项目估算的投融资能力,其中净资产不低于项目估算投资的百分之三十五;

(四)商业信誉良好,无重大违法行为。

招标人可以根据招标项目的实际情况,提高对投标人的条件要求。

第二十条 两个以上的国内外经济组织可以组成一个联合体,以一个投标人的身份共同投标。联合体各方均应符合招标人对投标人的资格审查标准。

以联合体形式参加投标的,应提交联合体各方签订的共同投标协议。共同投标协议应当明确约定联合体各方的出资比例、相互关系、拟承担的工作和责任。联合体中标的,联合体各方应当共同与招标人签订项目投资协议,并向招标人承担连带责任。

联合体的控股方为联合体主办人。

第二十一条 投标人应当按照招标文件的要求编制投标文件,投标文件应当对招标文件提出的实质性要求和条件作出响应。

第二十二条 招标文件明确要求提交投标担保的,投标人应按照招标文件要求的额度、期限和形式提交投标担保。投标人未按照招标文件的要求提交投标担保的,其提交的投标文件为废标。

投标担保的额度一般为项目投资的千分之三,但最高不得超过五百万元人民币。

第二十三条 投标人参加投标,不得弄虚作假,不得与其他投标人串通投标,不得采取商业贿赂以及其他不正当手段谋取中标,不得妨碍其他投标人投标。

第四章 开标与评标

第二十四条 开标应当在招标文件确定的提交投标文件截止时间的同一时间公开进行。

开标由招标人主持,邀请所有投标人代表参加。招标人对开标过程应当记录,并存档备查。

第二十五条 评标由招标人依法组建的评标委员会负责。评标委员会由招标人代表和公路、财务、金融等方面的专家组成,成员人数为七人以上单数。招标人代表的人数不得超过评标委员会总人数的三分之一。

与投标人有利害关系以及其他可能影响公正评标的人员不得进入相关项目的评标委员会,已经进入的应当更换。

评标委员会成员的名单在中标结果确定前应当保密。

第二十六条 评标委员会可以直接或者通过招标人以书面方式要求投标人对投标文件中含义不明确、对同类问题表述不一致或者有明显文字错误的内容作出必要的澄清或者说明,但是澄清或者说明不得超出或者改变投标文件的范围或者改变投标文件的实质性内容。

第二十七条 经营性公路建设项目投资人招标的评标办法应当采用综合评估法或者最短收费期限法。

采用综合评估法的,应当在招标文件中载明对收费期限、融资能力、资金筹措方案、融资经验、项目建设方案、项目运营、移交方案等评价内容的评分权重,根据综合得分由高到低推荐中标候选人。

采用最短收费期限法的,应当在投标人实质性响应招标文件的前提下,推荐经评审的收费期限最短的投标人为中标候选人,但收费期限不得违反国家有关法规的规定。

第二十八条 评标委员会完成评标后,应当向招标人提出书面评标报告,推荐一至三名中标候选人,并标明排名顺序。

评标报告需要由评标委员会全体成员签字。

第五章 中标与协议的签订

第二十九条 招标人应当确定排名第一的中标候选人为中标人。招标人也可以授权评标委员会直接确定中标人。

排名第一的中标候选人有下列情形之一的,招标人可以确定排名第二的中标候选人为中标人:

(一)自动放弃中标;

(二)因不可抗力提出不能履行合同;

(三)不能按照招标文件要求提交履约保证金;

(四)存在违法行为被有关部门依法查处,且其违法行为影响中标结果的。

如果排名第二的中标候选人存在上述情形之一,招标人可以确定排名第三的中标候选人为中标人。

三个中标候选人都存在本条第二款所列情形的,招标人应当依法重新招标。

招标人不得在评标委员会推荐的中标候选人之外确定中标人。

第三十条 提交投标文件的投标人少于三个或者因其他原因导致招标失败的,招标人应当依法重新招标。重新招标前,应当根据前次的招标情况,对招标文件进行适当调整。

第三十一条 招标人确定中标人后,应当在十五个工作日内向中标人发出中标通知书,同时通知所有未中标的投标人。

第三十二条 招标文件要求中标人提供履约担保的,中标人应当提供。担保的金额一般为项目资本金出资额的百分之十。

履约保证金应当在中标人履行项目投资协议后三十日内予以退还。其他形式的履约担保,应当在中标人履行项目投资协议后三十日内予以撤销。

第三十三条 招标人和中标人应当自中标通知书发出之日起三十个工作日内按照招标文件和中标人的投标文件订立书面投资协议。投资协议应包括以下内容:

(一)招标人与中标人的权利义务;

(二)履约担保的有关要求;

(三)违约责任;

(四)免责事由;

(五)争议的解决方式;

(六)双方认为应当规定的其他事项。

招标人应当在与中标人签订投资协议后五个工作日内向所有投标人退回投标担保。

第三十四条 中标人应在签订项目投资协议后九十日内到工商行政管理部门办理项目法人的工商登记手续,完成项目法人组建。

第三十五条 招标人与项目法人应当在完成项目核准手续后签订项目特许权协议。特许权协议应当参照国务院交通主管部门制定的特许权协议示范文本并结合项目的特点和需要制定。特许权协议应当包括以下内容:

(一)特许权的内容及期限;

(二)双方的权利及义务;

(三)项目建设要求;

(四)项目运营管理要求;
(五)有关担保要求;
(六)特许权益转让要求;
(七)违约责任;
(八)协议的终止;
(九)争议的解决;
(十)双方认为应规定的其他事项。

第六章 附 则

第三十六条 对招投标活动中的违法行为,应当按照国家有关法律、法规的规定予以处罚。

第三十七条 招标人违反本办法规定,以不合理的条件限制或者排斥潜在投标人,对潜在投标人实行歧视待遇的,由上级交通主管部门责令改正。

第三十八条 本规定自2008年1月1日起施行。

公路工程设计施工总承包管理办法

(2015年6月26日交通运输部令2015年第10号公布 自2015年8月1日起施行)

第一章 总 则

第一条 为促进公路工程设计与施工相融合,提高公路工程设计施工质量,推进现代工程管理,依据有关法律、行政法规,制定本办法。

第二条 公路新建、改建、扩建工程和独立桥梁、隧道(以下简称公路工程)的设计施工总承包,适用本办法。

本办法所称设计施工总承包(以下简称总承包),是指将公路工程的施工图勘察设计、工程施工等工程内容由总承包单位统一实施的承发包方式。

第三条 国家鼓励具备条件的公路工程实行总承包。

总承包可以实行项目整体总承包,也可以分路段实行总承包,或者对交通机电、房建及绿化工程等实行专业总承包。

项目法人可以根据项目实际情况,确定采用总承包的范围。

第四条 各级交通运输主管部门依据职责负责对公路工程总承包的监督管理。

交通运输主管部门应当对总承包合同相关当事方执行法律、法规、规章和强制性标准等情况进行督查,对初步设计、施工图设计、设计变更等进行管理。按照有关规定对总承包单位进行信用评价。

第二章 总承包单位选择及合同要求

第五条 总承包单位由项目法人依法通过招标方式确定。

项目法人负责组织公路工程总承包招标。

公路工程总承包招标应当在初步设计文件获得批准并落实建设资金后进行。

第六条 总承包单位应当具备以下要求:

(一)同时具备与招标工程相适应的勘察设计和施工资质,或者由具备相应资质的勘察设计和施工单位组成联合体;

(二)具有与招标工程相适应的财务能力,满足招标文件中提出的关于勘察设计、施工能力、业绩等方面的条件要求;

(三)以联合体投标的,应当根据项目的特点和复杂程度,合理确定牵头单位,并在联合体协议中明确联合体成员单位的责任和权利;

(四)总承包单位(包括总承包联合体成员单位,下同)不得是总承包项目的初步设计单位、代建单位、监理单位或以上单位的附属单位。

第七条 总承包招标文件的编制应当使用交通运输部统一制定的标准招标文件。

在总承包招标文件中,应当对招标内容、投标人的资格条件、报价组成、合同工期、分包的相关要求、勘察设计与施工技术要求、质量等级、缺陷责任期工程修复要求、保险要求、费用支付办法等作出明确规定。

第八条 总承包招标应当向投标人提供初步设计文件和相应的勘察资料,以及项目有关批复文件和前期咨询意见。

第九条 总承包投标文件应当结合工程地质条件和技术特点,按照招标文件要求编制。投标文件应当包括以下内容:

(一)初步设计的优化建议;

(二)项目实施与设计施工进度计划;

(三)拟分包专项工程;

(四)报价清单及说明;

(五)按招标人要求提供的施工图设计技术方案;

(六)以联合体投标的,还应当提交联合体协议;

(七)以项目法人和总承包单位的联合名义依法投保相关的工程保险的承诺。

第十条 招标人应当合理确定投标文件的编制时间,自招标文件开始发售之日起至投标人提交投标文件截止时间止,不得少于60天。

招标人应当根据项目实际情况,提出投标人在投标文件中提供施工图设计技术方案的具体要求。招标人在招标文件中明确中标人有权使用未中标人的技术方案的,一般应当同时明确给予相应的费用补偿。

第十一条 招标人应当根据工程地质条件、技术特点和施工难度确定评标方法。

评标专家抽取应当符合有关法律法规的规定。评标委员会应当包含勘察设计、施工等专家,总人数应当不少于9人。

第十二条 项目法人应当与中标单位签订总承包合同。

第十三条 项目法人和总承包单位应当在招标文件或者合同中约定总承包风险的合理分担。风险分担可以参照以下因素约定:

项目法人承担的风险一般包括:

(一)项目法人提出的工期调整、重大或者较大设计变更、建设标准或者工程规模的调整;

(二)因国家税收等政策调整引起的税费变化;

(三)钢材、水泥、沥青、燃油等主要工程材料价格与招标时基价相比,波动幅度超过合同约定幅度的部分;

(四)施工图勘察设计时发现的在初步设计阶段难以预见的滑坡、泥石流、突泥、涌水、溶洞、采空区、有毒气体等重大地质变化,其损失与处治费用可以约定由项目法人承担,或者约定项目法人和总承包单位的分担比例。工程实施中出现重大地质变化的,其损失与处治费用除保险公司赔付外,可以约定由总承包单位承担,或者约定项目法人与总承包单位的分担比例。因总承包单位施工组织、措施不当造成的上述问题,其损失与处治费用由总承包单位承担;

(五)其他不可抗力所造成的工程费用的增加。

除项目法人承担的风险外,其他风险可以约定由总承包单位承担。

第十四条 总承包费用或者投标报价应当包括相应工程的施工图勘察设计费、建筑安装工程费、设备购置费、缺陷责任期维修费、保险费等。总承包采用总价合同,除应当由项目法人承担的风险费用外,总承包合同总价一般不予调整。

项目法人应当在初步设计批准概算范围内确定最高投标限价。

第三章 总承包管理

第十五条 项目法人应当依据合同加强总承包管理,督促总承包单位履行合同义务,加强工程勘察设计管理和地质勘察验收，严格对工程质量、安全、进度、投资和环保等环节进行把关。

项目法人对总承包单位在合同履行中存在过失或偏差行为，可能造成重大损失或者严重影响合同目标实现的，应当对总承包单位法人代表进行约谈，必要时可以依据合同约定，终止总承包合同。

第十六条 采用总承包的项目，初步设计应当加大设计深度，加强地质勘察，明确重大技术方案，严格核定工程量和概算。

初步设计单位负责总承包项目初步设计阶段的勘察设计，按照项目法人要求对施工图设计或者设计变更进行咨询核查。

第十七条 总承包单位应当按照合同规定和工程施工需要，分阶段提交详勘资料和施工图设计文件，并按照审查意见进行修改完善。施工图设计应当符合经审批的初步设计文件要求，满足工程质量、耐久和安全的强制性标准和相关规定，经项目法人同意后，按照相关规定报交通运输主管部门审批。施工图设计经批准后方可组织实施。

第十八条 总承包单位依据总承包合同，对施工图设计及工程质量、安全、进度负总责。负责施工图勘察设计、工程施工和缺陷责任期工程修复工作，配合项目法人完成征地拆迁、地方协调、项目审计及交竣工验收等工作。

第十九条 项目法人根据建设项目的规模、技术复杂程度等要素，依据有关规定程序选择社会化的监理开展工程监理工作。监理单位应当依据有关规定和合同，对总承包施工图勘察设计、工程质量、施工安全、进度、环保、计量支付和缺陷责任期工程修复等进行监理，对总承包单位编制的勘察设计计划、采购与施工的组织实施计划、施工图设计文件、专项技术方案、项目实施进度计划、质量安全保障措施、计量支付、工程变更等进行审核。

第二十条 总承包工程应当按照批准的施工图设计组织施工。总承包单位应当根据工程特点和合同约定，细化设计施工组织计划，拟定设计施工进度安排、工程质量和施工安全目标、环境保护措施、投资完成计划。

第二十一条 总承包单位应当加强设计与施工的协调，建立工程管理与协调制度，根据工程实际及时完善、优化设计，改进施工方案，合理调配设计和施工力量，完善质量保证体系。

第二十二条 工程永久使用的大宗材料、关键设备和主要构件可由项目法人依法招标采购，也可由总承包单位按规定采购。招标人在招标文件中应当明确采购责任。由总承包单位采购的，应当采取集中采购的方式，采购方案应当经项目法人同意，并接受项目法人的监督。

第二十三条 总承包单位应当加强对分包工程的管理。选择的分包单位应当具备相应资格条件，并经项目法人同意，分包合同应当送项目法人。

第二十四条 总承包工程应当按照招标文件明确的计量支付办法与程序进行计量支付。

当采用工程量清单方式进行管理时，总承包单位应当依据交通运输主管部门批准的施工图设计文件，按照各分项工程合计总价与合同总价一致的原则，调整工程量清单，经项目法人审定后作为支付依据；工程实施中，按照清单及合同条款约定进行计量支付；项目完成后，总承包单位应当根据调整后最终的工程量清单编制竣工文件和工程决算。

第二十五条 总承包工程实施过程中需要设计变更的，较大变更或者重大变更应当依据有关规定报交通运输主管部门审批。一般变更应当在实施前告知监理单位和项目法人，项目法人认为变更不合理的有权予以否定。任何设计变更不得降低初步设计批复的质量安全标准，不得降低工程质量、耐久性和安全度。

设计变更引起的工程费用变化，按照风险划分原则处理。其中，属于总承包单位风险范围的设计变更（含完善设计），超出原报价部分由总承包单位自付，低于原报价部分，按第二十四条规定支付。属于项目法人风险范围的设计变更，工程量清单与合同总价均调整，按规定报批后执行。

项目法人应当根据设计变更管理规定，制定鼓励总承包单位优化设计、节省造价的管理制度。

第二十六条 总承包单位应当按照有关规定和合同要求，负责缺陷责任期的工程修复等工作,确保公路技术状况符合规定要求。

第二十七条 总承包单位完成合同约定的全部工程,符合质量安全标准,在缺陷责任期内履行规定义务后,项目法人应当按照合同完成全部支付。

第二十八条 总承包单位应当按照交、竣工验收的有关规定,编制和提交竣工图纸和相关文件资料。

第四章 附 则

第二十九条 本办法自2015年8月1日起施行。

公路建设市场管理办法

(2004年12月21日交通部令2004年第14号公布 根据2011年11月30日交通运输部令2011年第11号《关于修改〈公路建设市场管理办法〉的决定》第一次修正 根据2015年6月26日交通运输部令2015年第11号《关于修改〈公路建设市场管理办法〉的决定》第二次修正)

第一章 总 则

第一条 为加强公路建设市场管理,规范公路建设市场秩序,保证公路工程质量,促进公路建设市场健康发展,根据《中华人民共和国公路法》、《中华人民共和国招标投标法》、《建设工程质量管理条例》,制定本办法。

第二条 本办法适用于各级交通运输主管部门对公路建设市场的监督管理活动。

第三条 公路建设市场遵循公平、公正、公开、诚信的原则。

第四条 国家建立和完善统一、开放、竞争、有序的公路建设市场,禁止任何形式的地区封锁。

第五条 本办法中下列用语的含义是指:

公路建设市场主体是指公路建设的从业单位和从业人员。

从业单位是指从事公路建设的项目法人,项目建设管理单位,咨询、勘察、设计、施工、监理、试验检测单位,提供相关服务的社会中介机构以及设备和材料的供应单位。

从业人员是指从事公路建设活动的人员。

第二章 管 理 职 责

第六条 公路建设市场管理实行统一管理、分级负责。

第七条 国务院交通运输主管部门负责全国公路建设市场的监督管理工作,主要职责是:

(一)贯彻执行国家有关法律、法规,制定全国公路建设市场管理的规章制度;

(二)组织制定和监督执行公路建设的技术标准、规范和规程;

(三)依法实施公路建设市场准入管理、市场动态管理,并依法对全国公路建设市场进行监督检查;

(四)建立公路建设行业评标专家库,加强评标专家管理;

(五)发布全国公路建设市场信息;

(六)指导和监督省级地方人民政府交通运输主管部门的公路建设市场管理工作;

(七)依法受理举报和投诉,依法查处公路建设市场违法行为;

(八)法律、行政法规规定的其他职责。

第八条 省级人民政府交通运输主管部门负责本行政区域内公路建设市场的监督管理工作,主要职责是:

(一)贯彻执行国家有关法律、法规、规章和公路建设技术标准、规范和规程,结合本行政区

域内的实际情况,制定具体的管理制度;

(二)依法实施公路建设市场准入管理,对本行政区域内公路建设市场实施动态管理和监督检查;

(三)建立本地区公路建设招标评标专家库,加强评标专家管理;

(四)发布本行政区域公路建设市场信息,并按规定向国务院交通运输主管部门报送本行政区域公路建设市场的信息;

(五)指导和监督下级交通运输主管部门的公路建设市场管理工作;

(六)依法受理举报和投诉,依法查处本行政区域内公路建设市场违法行为;

(七)法律、法规、规章规定的其他职责。

第九条 省级以下地方人民政府交通运输主管部门负责本行政区域内公路建设市场的监督管理工作,主要职责是:

(一)贯彻执行国家有关法律、法规、规章和公路建设技术标准、规范和规程;

(二)配合省级地方人民政府交通运输主管部门进行公路建设市场准入管理和动态管理;

(三)对本行政区域内公路建设市场进行监督检查;

(四)依法受理举报和投诉,依法查处本行政区域内公路建设市场违法行为;

(五)法律、法规、规章规定的其他职责。

第三章 市场准入管理

第十条 凡符合法律、法规规定的市场准入条件的从业单位和从业人员均可进入公路建设市场,任何单位和个人不得对公路建设市场实行地方保护,不得对符合市场准入条件的从业单位和从业人员实行歧视待遇。

第十一条 公路建设项目依法实行项目法人负责制。项目法人可自行管理公路建设项目,也可委托具备法人资格的项目建设管理单位进行项目管理。

项目法人或者其委托的项目建设管理单位的组织机构、主要负责人的技术和管理能力应当满足拟建项目的管理需要,符合国务院交通运输主管部门有关规定的要求。

第十二条 收费公路建设项目法人和项目建设管理单位进入公路建设市场实行备案制度。

收费公路建设项目可行性研究报告批准或依法核准后,项目投资主体应当成立或者明确项目法人。项目法人应当按照项目管理的隶属关系将其或者其委托的项目建设管理单位的有关情况报交通运输主管部门备案。

对不符合规定要求的项目法人或者项目建设管理单位,交通运输主管部门应当提出整改要求。

第十三条 公路工程勘察、设计、施工、监理、试验检测等从业单位应当按照法律、法规的规定,取得有关管理部门颁发的相应资质后,方可进入公路建设市场。

第十四条 法律、法规对公路建设从业人员的执业资格作出规定的,从业人员应当依法取得相应的执业资格后,方可进入公路建设市场。

第四章 市场主体行为管理

第十五条 公路建设从业单位和从业人员在公路建设市场中必须严格遵守国家有关法律、法规和规章,严格执行公路建设行业的强制性标准、各类技术规范及规程的要求。

第十六条 公路建设项目法人必须严格执行国家规定的基本建设程序,不得违反或者擅自简化基本建设程序。

第十七条 公路建设项目法人负责组织有关专家或者委托有相应工程咨询或者设计资质的单位,对施工图设计文件进行审查。施工图设计文件审查的主要内容包括:

(一)是否采纳工程可行性研究报告、初步设计批复意见;

(二)是否符合公路工程强制性标准、有关技术规范和规程要求;

(三)施工图设计文件是否齐全,是否达到规定的技术深度要求;

（四）工程结构设计是否符合安全和稳定性要求。

第十八条 公路建设项目法人应当按照项目管理隶属关系将施工图设计文件报交通运输主管部门审批。施工图设计文件未经审批的，不得使用。

第十九条 申请施工图设计文件审批应当向相关的交通运输主管部门提交以下材料：

（一）施工图设计的全套文件；

（二）专家或者委托的审查单位对施工图设计文件的审查意见；

（三）项目法人认为需要提交的其他说明材料。

第二十条 交通运输主管部门应当自收到完整齐备的申请材料之日起20日内审查完毕。经审查合格的，批准使用，并将许可决定及时通知申请人。审查不合格的，不予批准使用，应当书面通知申请人并说明理由。

第二十一条 公路建设项目法人应当按照公开、公平、公正的原则，依法组织公路建设项目的招标投标工作。不得规避招标，不得对潜在投标人和投标人实行歧视政策，不得实行地方保护和暗箱操作。

第二十二条 公路工程的勘察、设计、施工、监理单位和设备、材料供应单位应当依法投标，不得弄虚作假，不得串通投标，不得以行贿等不合法手段谋取中标。

第二十三条 公路建设项目法人与中标人应当根据招标文件和投标文件签订合同，不得附加不合理、不公正条款，不得签订虚假合同。

国家投资的公路建设项目，项目法人与施工、监理单位应当按照国务院交通运输主管部门的规定，签订廉政合同。

第二十四条 公路建设项目依法实行施工许可制度。国家和国务院交通运输主管部门确定的重点公路建设项目的施工许可由省级人民政府交通运输主管部门实施，其他公路建设项目的施工许可按照项目管理权限由县级以上地方人民政府交通运输主管部门实施。

第二十五条 项目施工应当具备以下条件：

（一）项目已列入公路建设年度计划；

（二）施工图设计文件已经完成并经审批同意；

（三）建设资金已经落实，并经交通运输主管部门审计；

（四）征地手续已办理，拆迁基本完成；

（五）施工、监理单位已依法确定；

（六）已办理质量监督手续，已落实保证质量和安全的措施。

第二十六条 项目法人在申请施工许可时应当向相关的交通运输主管部门提交以下材料：

（一）施工图设计文件批复；

（二）交通运输主管部门对建设资金落实情况的审计意见；

（三）国土资源部门关于征地的批复或者控制性用地的批复；

（四）建设项目各合同段的施工单位和监理单位名单、合同价情况；

（五）应当报备的资格预审报告、招标文件和评标报告；

（六）已办理的质量监督手续材料；

（七）保证工程质量和安全措施的材料。

第二十七条 交通运输主管部门应当自收到完整齐备的申请材料之日起20日内作出行政许可决定。予以许可的，应当将许可决定及时通知申请人；不予许可的，应当书面通知申请人并说明理由。

第二十八条 公路建设从业单位应当按照合同约定全面履行义务：

（一）项目法人应当按照合同约定履行相应的职责，为项目实施创造良好的条件；

（二）勘察、设计单位应当按照合同约定，按期提供勘察设计资料和设计文件。工程实施过程中，应当按照合同约定派驻设计代表，提供设计后续服务；

（三）施工单位应当按照合同约定组织施工，管理和技术人员及施工设备应当及时到位，以满足工程需要。要均衡组织生产，加强现场管理，确保工程质量和进度，做到文明施工和安全生产；

（四）监理单位应当按照合同约定配备人员和设备，建立相应的现场监理机构，健全监理管理制度，保持监理人员稳定，确保对工程的有效监理；

（五）设备和材料供应单位应当按照合同约定，确保供货质量和时间，做好售后服务工作；

（六）试验检测单位应当按照试验规程和合同约定进行取样、试验和检测，提供真实、完整的试验检测资料。

第二十九条 公路工程实行政府监督、法人管理、社会监理、企业自检的质量保证体系。交通运输主管部门及其所属的质量监督机构对工程质量负监督责任，项目法人对工程质量负管理责任，勘察设计单位对勘察设计质量负责，施工单位对施工质量负责，监理单位对工程质量负现场管理责任，试验检测单位对试验检测结果负责，其他从业单位和从业人员按照有关规定对其产品或者服务质量负相应责任。

第三十条 各级交通运输主管部门及其所属的质量监督机构对工程建设项目进行监督检查时，公路建设从业单位和从业人员应当积极配合，不得拒绝和阻挠。

第三十一条 公路建设从业单位和从业人员应当严格执行国家有关安全生产的法律、法规、国家标准及行业标准，建立健全安全生产的各项规章制度，明确安全责任，落实安全措施，履行安全管理的职责。

第三十二条 发生工程质量、安全事故后，从业单位应当按照有关规定及时报有关主管部门，不得拖延和隐瞒。

第三十三条 公路建设项目法人应当合理确定建设工期，严格按照合同工期组织项目建设。项目法人不得随意要求更改合同工期。如遇特殊情况，确需缩短合同工期的，经合同双方协商一致，可以缩短合同工期，但应当采取措施，确保工程质量，并按照合同规定给予经济补偿。

第三十四条 公路建设项目法人应当按照国家有关规定管理和使用公路建设资金，做到专款专用，专户储存；按照工程进度，及时支付工程款；按照规定的期限及时退还保证金、办理工程结算。不得拖欠工程款和征地拆迁款，不得挤占挪用建设资金。

施工单位应当加强工程款管理，做到专款专用，不得拖欠分包人的工程款和农民工工资；项目法人对工程款使用情况进行监督检查时，施工单位应当积极配合，不得阻挠和拒绝。

第三十五条 公路建设从业单位和从业人员应当严格执行国家和地方有关环境保护和土地管理的规定，采取有效措施保护环境和节约用地。

第三十六条 公路建设项目法人、监理单位和施工单位对勘察设计中存在的问题应当及时提出设计变更的意见，并依法履行审批手续。设计变更应当符合国家制定的技术标准和设计规范要求。

任何单位和个人不得借设计变更虚报工程量或者提高单价。

重大工程变更设计应当按有关规定报原初步设计审批部门批准。

第三十七条 勘察、设计单位经项目法人批准，可以将工程设计中跨专业或者有特殊要求的勘察、设计工作委托给有相应资质条件的单位，但不得转包或者二次分包。

监理工作不得分包或者转包。

第三十八条 施工单位可以将非关键性工程或者适合专业化队伍施工的工程分包给具有相应资格条件的单位，并对分包工程负连带责任。允许分包的工程范围应当在招标文件中规定。分包工程不得再次分包，严禁转包。

任何单位和个人不得违反规定指定分包、指定采购或者分割工程。

项目法人应当加强对施工单位工程分包的管理，所有分包合同须经监理审查，并报项目法人备案。

第三十九条 施工单位可以直接招用农民工或者将劳务作业发包给具有劳务分包资质的劳务分包人。施工单位招用农民工的，应当依法签订劳动合同，并将劳动合同报项目监理工程师和项目法人备案。

施工单位和劳务分包人应当按照合同按时支付劳务工资，落实各项劳动保护措施，确保农民工安全。

劳务分包人应当接受施工单位的管理,按照技术规范要求进行劳务作业。劳务分包人不得将其分包的劳务作业再次分包。

第四十条 项目法人和监理单位应当加强对施工单位使用农民工的管理,对不签订劳动合同、非法使用农民工的,或者拖延和克扣农民工工资的,要予以纠正。拒不纠正的,项目法人要及时将有关情况报交通运输主管部门调查处理。

第四十一条 项目法人应当按照交通部《公路工程竣(交)工验收办法》的规定及时组织项目的交工验收,并报请交通运输主管部门进行竣工验收。

第五章 动态管理

第四十二条 各级交通运输主管部门应当加强对公路建设从业单位和从业人员的市场行为的动态管理。应当建立举报投诉制度,查处违法行为,对有关责任单位和责任人依法进行处理。

第四十三条 国务院交通运输主管部门和省级地方人民政府交通运输主管部门应当建立公路建设市场的信用管理体系,对进入公路建设市场的从业单位和主要从业人员在招投标活动、签订合同和履行合同中的信用情况进行记录并向社会公布。

第四十四条 公路工程勘察、设计、施工、监理等从业单位应当按照项目管理的隶属关系,向交通运输主管部门提供本单位的基本情况、承接任务情况和其他动态信息,并对所提供信息的真实性、准确性和完整性负责。项目法人应当将其他从业单位在建设项目中的履约情况,按照项目管理的隶属关系报交通运输主管部门,由交通运输主管部门核实后记入从业单位信用记录中。

第四十五条 从业单位和主要从业人员的信用记录应当作为公路建设项目招标资格审查和评标工作的重要依据。

第六章 法律责任

第四十六条 对公路建设从业单位和从业人员违反本办法规定进行的处罚,国家有关法律、法规和交通运输部规章已有规定的,适用其规定;没有规定的,由交通运输主管部门根据各自的职责按照本办法规定进行处罚。

第四十七条 项目法人违反本办法规定,实行地方保护的或者对公路建设从业单位和从业人员实行歧视待遇的,由交通运输主管部门责令改正。

第四十八条 从业单位违反本办法规定,在申请公路建设从业许可时,隐瞒有关情况或者提供虚假材料的,行政机关不予受理或者不予行政许可,并给予警告;行政许可申请人在1年内不得再次申请该行政许可。

被许可人以欺骗、贿赂等不正当手段取得从业许可的,行政机关应当依照法律、法规给予行政处罚;申请人在3年内不得再次申请该行政许可;构成犯罪的,依法追究刑事责任。

第四十九条 投标人相互串通投标或者与招标人串通投标的,投标人以向招标人或者评标委员会成员行贿的手段谋取中标的,中标无效,处中标项目金额5‰以上10‰以下的罚款,对单位直接负责的主管人员和其他直接责任人员处单位罚款数额5%以上10%以下的罚款;有违法所得的,并处没收违法所得;情节严重的,取消其1年至2年内参加依法必须进行招标的项目的投标资格并予以公告;构成犯罪的,依法追究刑事责任。给他人造成损失的,依法承担赔偿责任。

第五十条 投标人以他人名义投标或者以其他方式弄虚作假,骗取中标的,中标无效,给招标人造成损失的,依法承担赔偿责任;构成犯罪的,依法追究刑事责任。

依法必须进行招标的项目的投标人有前款所列行为尚未构成犯罪的,处中标项目金额5‰以上10‰以下的罚款,对单位直接负责的主管人员和其他直接责任人员处单位罚款数额5%以上10%以下的罚款;有违法所得的,并处没收违法所得;情节严重的,取消其1年至3年内参加依法必须进行招标的项目的投标资格并予以公告。

第五十一条 项目法人违反本办法规定，拖欠工程款和征地拆迁款的，由交通运输主管部门责令改正，并由有关部门依法对有关责任人员给予行政处分。

第五十二条 除因不可抗力不能履行合同的，中标人不按照与招标人订立的合同履行施工质量、施工工期等义务，造成重大或者特大质量和安全事故，或者造成工期延误的，取消其2年至5年内参加依法必须进行招标的项目的投标资格并予以公告。

第五十三条 施工单位有以下违法违规行为的，由交通运输主管部门责令改正，并由有关部门依法对有关责任人员给予行政处分：

（一）违反本办法规定，拖欠分包人工程款和农民工工资的；

（二）违反本办法规定，造成生态环境破坏和乱占土地的；

（三）违反本办法规定，在变更设计中弄虚作假的；

（四）违反本办法规定，不按规定签订劳动合同的。

第五十四条 违反本办法规定，承包单位将承包的工程转包或者违法分包的，责令改正，没收违法所得，对勘察、设计单位处合同约定的勘察费、设计费25%以上50%以下的罚款；对施工单位处工程合同价款5‰以上10‰以下的罚款；可以责令停业整顿，降低资质等级；情节严重的，吊销资质证书。

工程监理单位转让工程监理业务的，责令改正，没收违法所得，处合同约定的监理酬金25%以上50%以下的罚款；可以责令停业整顿，降低资质等级；情节严重的，吊销资质证书。

第五十五条 公路建设从业单位违反本办法规定，在向交通运输主管部门填报有关市场信息时弄虚作假的，由交通运输主管部门责令改正。

第五十六条 各级交通运输主管部门和其所属的质量监督机构的工作人员违反本办法规定，在建设市场管理中徇私舞弊、滥用职权或者玩忽职守的，按照国家有关规定处理。构成犯罪的，由司法部门依法追究刑事责任。

第七章 附 则

第五十七条 本办法由交通运输部负责解释。

第五十八条 本办法自2005年3月1日起施行。交通部1996年7月11日公布的《公路建设市场管理办法》同时废止。

公路建设项目代建管理办法

（2015年5月7日交通运输部令2015年第3号公布 自2015年7月1日起施行）

第一章 总 则

第一条 为提高公路建设项目专业化管理水平，推进现代工程管理，根据《公路法》等有关法律、行政法规，制定本办法。

第二条 公路建设项目的代建活动，适用本办法。

本办法所称代建，是指受公路建设项目的项目法人（以下简称“项目法人”）委托，由专业化的项目管理单位（以下简称“代建单位”）承担项目建设管理及相关工作的建设管理模式。

第三条 交通运输部负责指导全国公路代建工作并对公路代建市场进行监督管理。

省级交通运输主管部门负责本行政区域内公路代建工作和代建市场的监督管理。

第四条 项目法人具备交通运输主管部门规定的能力要求的，可以自行进行项目建设管理。项目法人不具备规定的相应项目建设管理能力的，应当按照本办法规定，委托符合要求的代建单位进行项目建设管理。

代建单位依合同承担项目质量、安全、投资及工期等管理责任。

第五条 公路建设项目代建可以从施工阶段开始，也可以从初步设计或者施工图设计阶段开始。

第六条 公路建设项目代建应当遵循择优选择，责权一致，界面清晰，目标管理的原则。

第七条 各级交通运输主管部门应当依法加强代建市场管理，将代建单位和代建管理人员纳入公路建设市场信用体系，促进代建市场健康发展。

第二章 代建单位选择及代建合同

第八条 高速公路、一级公路及独立桥梁、隧道建设项目的项目法人，需要委托代建时，应当选择满足以下要求的项目管理单位为代建单位：

（一）具有法人资格，有满足公路工程项目建设需要的组织机构和质量、安全、环境保护等方面的管理制度；

（二）承担过5个以上高速公路、一级公路或者独立桥梁、隧道工程的建设项目管理相关工作，具有良好的履约评价和市场信誉；

（三）拥有专业齐全、结构合理的专业技术人才队伍，工程技术系列中级以上职称人员不少于50人，其中具有高级职称人员不少于15人。

高速公路、一级公路及独立桥梁、隧道以外的其他公路建设项目，其代建单位的选择，可由省级交通运输主管部门根据本地区的实际进行规范。

项目法人选择代建单位时，应当从符合要求的代建单位中，优先选择业绩和信用良好、管理能力强的代建单位。

省级交通运输主管部门可以根据本地公路建设的具体需要，细化代建单位的要求。鼓励符合代建条件的公路建设管理单位及公路工程监理企业、勘察设计企业进入代建市场，开展代建工作。

第九条 代建单位派驻工程现场的建设管理机构、专职管理人员应当满足项目建设管理工作需要。代建项目现场负责人、技术负责人、工程管理部门负责人应当在代建单位工作3年以上，且具有10年以上的公路建设行业从业经验、高级以上专业技术职称，以及至少2个同类项目建设管理经历。

代建单位派驻现场的管理人员和技术人员不得在其他公路建设项目中兼职。

第十条 代建单位应当依法通过招标等方式选择。采用招标方式的，应当使用交通运输部统一制定的标准招标文件。

代建单位在递交投标文件时，应当按照要求列明本单位在资格、能力、业绩、信誉等方面的情况以及拟任现场管理人员、技术人员及备选人员的情况。

评标可以采用固定标价评分法、技术评分合理标价法、综合评标法以及法律、法规允许的其他评标方法，并应当重点评价代建单位的建设管理能力。

第十一条 项目法人应当与所选择的代建单位签订代建合同。

代建合同应当包括以下内容：

（一）代建工作内容；

（二）项目法人和代建单位的职责、权利与义务；

（三）对其他参建单位的管理方式；

（四）代建管理目标；

（五）代建工作条件；

（六）代建组织机构；

（七）代建单位服务标准；

（八）代建服务费及支付方式；

（九）履约担保要求及方式、利益分享办法；

（十）绩效考核办法及奖励办法、违约责任、合同争议的解决方式等。

第十二条 代建服务费应当根据代建工作内容、代建单位投入、项目特点及风险分担等因素合理约定。

第十三条 代建项目实行目标管理。代建单位依据代建合同及其他参建单位签订的合同中约定的管理目标,细化、分解工程质量、安全、进度、投资、环保等目标责任,开展建设管理工作,制定代建管理的各项制度,确保目标实现。

第十四条 项目法人依据代建合同对代建单位的管理和目标控制进行考核和奖惩,督促代建单位严格履行合同。代建服务费宜按照工程进度和目标考核情况分期支付。

第十五条 由于征地拆迁或者资金到位不及时等非代建单位原因造成工期延误等管理目标无法实现的,项目法人和代建单位应当依据合同约定,合理调整代建管理目标。

第三章 代建管理

第十六条 项目法人依据代建合同对项目实施过程进行监督。

项目法人的主要职责包括:

(一)依法承担公路建设项目的工程质量和安全等管理责任;

(二)严格执行国家基本建设程序和有关规定,依法组织办理相关审批手续,督促相关参建单位落实相关要求;

(三)审定代建单位工作方案、项目管理目标和主要工作计划,定期组织检查与考核;

(四)可以授权代建单位依法选定勘察设计、施工、材料设备供应等单位,代表项目法人与上述单位签订合同,明确项目法人、代建单位与上述单位的权利义务。项目法人直接与勘察设计、施工、材料设备供应等单位签订合同的,应当在合同中明确代建单位对上述单位的管理职责;

(五)配合地方人民政府和有关部门完成征地拆迁工作;

(六)筹措建设资金,及时支付工程建设各项费用;

(七)检查项目质量、安全管理及强制性标准执行等情况,审核代建单位报送的一般、较大及重大设计变更方案,依法办理相关变更手续,督促代建单位依据概算严格控制工程投资;

(八)组织项目交工验收、竣工决算并做好竣工验收准备工作;

(九)其他法定职责。

第十七条 订立、变更、终止代建合同,项目法人应当向省级交通运输主管部门备案。

项目法人发现代建单位在建设管理中存在过失或者偏差行为,可能造成重大损失或者严重影响代建管理目标实现的,应当对代建单位法人代表进行约谈,必要时可以依据代建合同的约定终止代建合同。

第十八条 项目法人不得有以下行为:

(一)干预代建单位正常的建设管理行为;

(二)无故拖欠工程款和代建服务费;

(三)违反合同约定要求代建单位和施工单位指定分包或者指定材料、设备供应商;

(四)擅自调整工期、质量、投资等代建管理目标;

(五)国家规定和合同约定的其他禁止性行为。

第十九条 代建单位依据合同开展代建工作。主要职责包括:

(一)严格执行国家基本建设程序和有关规定,协助项目法人办理相关审批手续并落实相关要求,配合国家有关部门依法组织检查、考核等,负责落实整改;

(二)协助项目法人或者受项目法人委托,组织编制招标文件,完成勘察设计、施工、监理、材料设备供应等招标工作;

(三)对勘察设计、施工、监理、材料设备供应、技术咨询等单位进行合同管理,根据合同约定,细化、分解项目管理目标,落实目标责任;

(四)依据相关法规和合同,履行工程质量、安全、进度、计量、资金支付、环境保护等相关责任,审核、签发项目建设管理有关文件;

(五)依据合同协助完成征地拆迁工作;

(六)拟定项目进度计划、资金使用计划、工程质量和安全保障措施等,并报经项目法人同意;

（七）审定一般设计变更并报送项目法人，协助项目法人办理较大及重大设计变更报批手续；

（八）组织中间验收，协助项目法人组织交工验收；

（九）承担项目档案及有关技术资料的收集、整理、归档等工作，组织有关单位编制竣工文件；

（十）负责质量缺陷责任期内的缺陷维修工作管理，配合项目法人准备竣工验收相关工作；

（十一）代建合同约定的其他职责。

第二十条 代建单位不得有以下行为：

（一）以围标、串标等非法行为谋取中标；

（二）将代建管理业务转包或者分包；

（三）在所代建的项目中同时承担勘察设计、施工、供应材料设备，或者与以上单位有隶属关系及其他直接利益关系；

（四）擅自调整建设内容、建设规模、建设标准及代建管理目标；

（五）与勘察设计、施工、材料设备供应单位等串通，谋取不正当利益或者降低工程质量和标准，损害项目法人的利益；

（六）国家规定和合同约定的其他禁止性行为。

第二十一条 代建单位应当依法接受交通运输主管部门及其他有关部门的监督、检查和审计部门的审计。

第二十二条 代建单位具有监理能力的，其代建项目的工程监理可以由代建单位负责，承担监理相应责任。代建单位相关人员应当依法具备监理资格要求和相应工作经验。代建单位不具备监理能力的，应当依法招标选择监理单位。

第二十三条 勘察设计、施工、监理、材料设备供应等单位应当按照相关法规和合同约定，接受代建单位管理，依法承担相应职责和工程质量终身责任。

第二十四条 各级交通运输主管部门及所属监督机构应当依法加强公路代建项目的监督管理，重点对国家法律、法规、政策落实情况，基本建设程序及强制性标准执行情况，代建合同履约情况等进行监督检查，发现问题及时通知项目法人和代建单位进行整改。

第二十五条 交通运输部建立公路建设项目代建单位信用评估制度，在全国统一的公路建设市场信用信息平台上及时发布代建单位的信用信息。对违法违规、扰乱代建市场秩序或者违反本办法第二十条规定的代建单位，列入黑名单。

省级交通运输主管部门应当及时收集并记录代建单位的信用情况，建立代建单位信用等级评估机制。

第二十六条 项目法人和代建单位违反本办法及相关法规，由交通运输主管部门或者其他相关部门依法给予相应处罚。

第四章 附 则

第二十七条 本办法自 2015 年 7 月 1 日起施行。

公路建设项目评标专家库管理办法

（2011 年 12 月 29 日交通运输部发布 交公路发〔2011〕797 号）

第一条 为加强对公路建设项目评标专家和评标专家库的管理，保证评标活动的公平、公正，根据《中华人民共和国招标投标法》、《评标委员会和评标方法暂行规定》以及《公路建设市场管理办法》等规定，制定本办法。

第二条 本办法适用于公路建设项目评标专家库的更新、维护、使用、管理等活动。

第三条 公路建设项目评标专家库管理实行统一管理、分级负责。

第四条 国务院交通运输主管部门负责全国公路建设项目评标专家库的监督管理工作，主要职责是：

（一）贯彻执行国家有关法律、法规，制定全国公路建设项目评标专家库管理的规章制度；

（二）更新、维护并管理国家公路建设项目评标专家库及专家库管理系统；

（三）指导和监督省级公路建设项目评标专家库管理工作；

（四）依法受理投诉，查处相关违法行为；

（五）法律、法规、规章规定的其他职责。

第五条 省级交通运输主管部门负责本行政区域内公路建设项目评标专家库的监督管理工作，主要职责是：

（一）贯彻执行国家有关法律、法规、规章，结合实际情况，制定本行政区域内公路建设项目评标专家库管理制度，并报国务院交通运输主管部门备案；

（二）更新、维护并管理省级公路建设项目评标专家库及专家库管理系统；

（三）监督管理国家公路建设项目评标专家库的专家抽取活动；

（四）依法受理投诉，查处本行政区域内相关违法行为；

（五）法律、法规、规章规定的其他职责。

第六条 国家公路建设项目评标专家库专业分类标准如下：

类别	设计类（A04）	监理类（A05）	施工类（A08）	货物类（B）
专业	路线（A040301）	路基路面（A050301）	路基路面（A080301）	机械设备（B01）
	路基路面（A040302）	桥梁（A050302）	桥梁（A080302）	建筑材料（B07）
	桥梁（A040303）	隧道（A050303）	隧道（A080303）	商务合同（B10）
	隧道（A040304）	公路机电工程（A050304）	公路机电工程（A080304）	
	交通工程（A040305）	公路安全设施（A050305）	公路安全设施（A080305）	
	概预算（A040306）	商务合同（A050306）	商务合同（A080306）	
	勘察（A040307）		房建（A080307）	
	商务合同（A040308）		环保（含绿化等）（A080308）	

省级交通运输主管部门可根据实际需要，对省级公路建设项目评标专家库的专业分类进行补充和细化。

第七条 国家公路建设项目评标专家采用个人申请、单位推荐、国务院交通运输主管部门审查的方式确定，其程序为：

（一）申请人填写“公路建设项目评标专家库评标专家申报表”（见附件），报申请人所在工作单位。

（二）申请人所在工作单位同意推荐后报有关单位初审。

（三）推荐单位所在地省级交通运输主管部门对申报材料进行初审；推荐单位为部属事业单位或中央管理企业及其所属单位的，由部属事业单位或中央管理企业负责初审。

（四）省级交通运输主管部门和部属事业单位或中央管理企业通过“全国公路建设市场信用信息管理系统”将初审合格的人员报国务院交通运输主管部门。

（五）国务院交通运输主管部门组织对申报材料进行审查，符合条件的，经培训考核合格后，纳入国家公路建设项目评标专家库。

省级公路建设项目评标专家库申报程序由省级交通运输主管部门确定。

第八条 推荐的公路建设项目评标专家应具备下列基本条件：

（一）具有良好的政治素质和职业道德，能够依法履行职责，维护招投标双方的合法权益；

（二）熟悉有关公路建设招标投标的法律、法规和规章；

（三）从事公路行业相关专业领域工作且满 8 年，具有高级职称或同等专业水平；

(四)年龄不超过65周岁,身体健康状况能够胜任评标工作;

(五)未曾受到刑事处罚或行政处罚;

(六)省级交通运输主管部门报送的申报国家公路建设项目评标专家库人员一般应为省级公路建设项目评标专家库专家。

第九条 评标专家的主要权利:

(一)接受招标人聘请,担任招标项目评标委员会成员;

(二)依法独立评标,不受任何单位和个人的非法干预和影响;

(三)向交通运输主管部门举报评标活动存在的违法、违规或不公正行为;

(四)依法获取劳动报酬;

(五)法律、法规、规章规定的其他权利。

第十条 评标专家的主要义务:

(一)准时参加评标活动;

(二)遵守职业道德,依法履行职责;

(三)接受交通运输主管部门的监督管理,协助配合有关投诉处理;

(四)国家公路建设项目评标专家库评标专家,及时登录"全国公路建设市场信用信息管理系统"维护个人信息;

(五)法律、法规、规章规定的其他义务。

第十一条 评标专家所在单位应当对评标专家参加评标活动和继续教育的培训给予支持。

第十二条 国家公路建设项目评标专家库评标专家,因故无法参加某一时段评标时,可事先登录"全国公路建设市场信用信息管理系统"进行自主屏蔽,1年之内自主屏蔽次数不得超过5次,总时间不得超过30天。

第十三条 国家审批(核准)公路建设项目的勘察、设计、施工、监理以及与工程建设有关的重要设备、材料采购等依法必须招标的,应当从国家公路建设项目评标专家库中确定资格审查委员会和评标委员会专家;其他公路招标项目,从省级公路建设项目评标专家库或国家公路建设项目评标专家库中确定资格审查委员会和评标委员会专家。

第十四条 评标专家的确定,应当采取随机抽取方式。对于技术复杂、专业性强,采取随机抽取方式确定的评标专家难以胜任评标工作的特殊招标项目,可以由招标人采取人工选择方式直接确定,并按照项目管理权限报交通运输主管部门备案。

第十五条 招标人应按照资格审查或评标项目招标类型和所含专业确定评标专家类别和专业,商务合同专业和招标所含主要专业均需抽取至少1名专家,不得抽取项目招标类型和所含专业以外的专家。施工招标可根据工程特点和评标需要,从设计类概预算专业抽取1名专家,房建或环保(含绿化等)工程单独开展设计或监理招标的,所含专业专家从施工类相应专业中抽取。

第十六条 有下列情形之一的,不得担任资格审查委员会和评标委员会成员:

(一)投标人的工作人员或退休人员;

(二)投标人主要负责人和具体负责人的近亲属;

(三)负责招标项目监督管理的交通运输主管部门的工作人员;

(四)其他与投标人有利害关系、可能影响评标活动公正性的人员。

招标人应按前款规定设定回避条件,禁止以其他各种理由排斥或限制评标专家参加评标。评标专家有前款规定情形之一的,应当主动提出回避;未提出回避的,招标人或者有关交通运输主管部门发现后,应当立即停止其参加评标。

第十七条 国家公路建设项目评标专家库抽取使用程序如下:

(一)招标人向省级交通运输主管部门提出书面申请,明确抽取方式、类别、专业、数量和回避条件;

(二)在省级交通运输主管部门监督下,招标人通过"全国公路建设市场信用信息管理系统"抽取评标专家;

(三)省级交通运输主管部门登录"全国公路建设市场信用信息管理系统"确认评标结束;

(四)招标人和评标专家登录“全国公路建设市场信用信息管理系统”进行相互评价。

省级公路建设项目评标专家库抽取使用程序由省级交通运输主管部门确定。

第十八条 评标专家确定后,发生不能到场或需要回避等特殊情况的,应当从原评标专家库中按原抽取方式补选确定,也可在符合规定的前提下相应减少招标人代表数量。

第十九条 评标专家有下列情形之一的,注销其评标专家资格:

(一)本人申请不再担任;

(二)健康等原因不能胜任;

(三)工作调动不再适宜继续担任;

(四)年龄超过70周岁(不含院士、勘察设计大师)。

第二十条 评标专家有下列情形之一的,暂停其评标专家资格半年:

(一)连续5次被抽中均未参加;

(二)1年之内被抽中3次以上,参加次数少于被抽中次数2/3;

(三)承诺参加但没有参加;

(四)有关行政监督部门依法对投诉进行调查时,不予配合;

(五)国家公路建设项目评标专家库专家,在评标结束一周内未对招标人进行评价,或未及时维护个人信息。

第二十一条 评标专家有下列情形之一的,取消其评标专家资格:

(一)以虚假材料骗取评标专家资格;

(二)未按要求参加培训或考核不合格;

(三)评标出现重大疏漏或错误;

(四)被暂停评标专家资格的处罚期满后,再次出现本办法第二十条规定情形之一;

(五)受到刑事处罚或行政处罚;

(六)违反招标投标法律、法规和规章。

被取消评标专家资格的,5年内不得再次申请入选公路建设项目评标专家库,有违法违规行为的,终身不得入选公路建设项目评标专家库。

第二十二条 公路建设项目评标专家库实行动态管理。评标专家有违反招标投标法律、法规、规章和本办法规定行为,以及存在其他不适宜继续担任专家情形的,交通运输主管部门应当及时作出处理,暂停、取消或注销其评标专家资格。根据需要,可适时补充评标专家。

第二十三条 本办法由交通运输部负责解释。

第二十四条 本办法自发布之日起施行,2001年6月11日实施的《公路建设项目评标专家库管理办法》(交公路发〔2001〕300号)同时废止。

附件:公路建设项目评标专家库评标专家申报表(略)

公路工程施工分包管理办法

(2011年11月22日交通运输部发布 根据2021年7月27日《交通运输部关于修订〈公路工程施工分包管理办法〉的通知》修订)

第一章 总 则

第一条 为规范公路工程施工分包活动,加强公路建设市场管理,保证工程质量,保障施工安全,根据《中华人民共和国公路法》《中华人民共和国招标投标法》《建设工程质量管理条例》《建设工程安全生产管理条例》等法律、法规,结合公路工程建设实际情况,制定本办法。

第二条 在中华人民共和国境内从事新建、改(扩)建的国省道公路工程施工分包活动,适用本办法。

第三条 公路工程施工分包活动实行统一管理、分级负责。

第四条 鼓励公路工程施工进行专业化分包,但必须依法进行。禁止承包人以劳务合作的名义进行施工分包。

第二章 管理职责

第五条 国务院交通运输主管部门负责制定全国公路工程施工分包管理的规章制度,对省级人民政府交通运输主管部门的公路工程施工分包活动进行指导和监督检查。

第六条 省级人民政府交通运输主管部门负责本行政区域内公路工程施工分包活动的监督与管理工作;制定本行政区域公路工程施工分包管理的实施细则、分包专项类别以及相应的资格条件、统一的分包合同格式和劳务合作合同格式等。

第七条 发包人应当按照本办法规定和合同约定加强对施工分包活动的管理,建立健全分包管理制度,负责对分包的合同签订与履行、质量与安全管理、计量支付等活动监督检查,并建立台帐,及时制止承包人的违法分包行为。

第八条 除承包人设定的项目管理机构外,分包人也应当分别设立项目管理机构,对所承包或者分包工程的施工活动实施管理。

项目管理机构应当具有与承包或者分包工程的规模、技术复杂程度相适应的技术、经济管理人员,其中项目负责人和技术、财务、计量、质量、安全等主要管理人员必须是本单位人员。

第三章 分包条件

第九条 承包人可以将适合专业化队伍施工的专项工程分包给具有相应资格的单位。不得分包的专项工程,发包人应当在招标文件中予以明确。

分包人不得将承接的分包工程再进行分包。

第十条 分包人应当具备如下条件:

(一)具有经工商登记的法人资格;

(二)具有与分包工程相适应的注册资金;

(三)具有从事类似工程经验的管理与技术人员;

(四)具有(自有或租赁)分包工程所需的施工设备。

第十一条 承包人对拟分包的专项工程及规模,应当在投标文件中予以明确。

未列入投标文件的专项工程,承包人不得分包。但因工程变更增加了有特殊性技术要求、特殊工艺或者涉及专利保护等的专项工程,且按规定无须再进行招标的,由承包人提出书面申请,经发包人书面同意,可以分包。

第四章 合同管理

第十二条 承包人有权依据承包合同自主选择符合资格的分包人。任何单位和个人不得违规指定分包。

第十三条 承包人和分包人应当按照交通运输主管部门制定的统一格式依法签订分包合同,并履行合同约定的义务。分包合同必须遵循承包合同的各项原则,满足承包合同中的质量、安全、进度、环保以及其他技术、经济等要求。承包人应在工程实施前,将经监理审查同意后的分包合同报发包人备案。

第十四条 承包人应当建立健全相关分包管理制度和台账,对分包工程的质量、安全、进度和分包人的行为等实施全过程管理,按照本办法规定和合同约定对分包工程的实施向发包人负责,并承担赔偿责任。分包合同不免除承包合同中规定的承包人的责任或者义务。

第十五条 分包人应当依据分包合同的约定,组织分包工程的施工,并对分包工程的质量、安全和进度等实施有效控制。分包人对其分包的工程向承包人负责,并就所分包的工程向发包人承担连带责任。

第五章 行为管理

第十六条 禁止将承包的公路工程进行转包。

承包人未在施工现场设立项目管理机构和派驻相应人员对分包工程的施工活动实施有效管理,并且有下列情形之一的,属于转包:

(一)承包人将承包的全部工程发包给他人的;

(二)承包人将承包的全部工程肢解后以分包的名义分别发包给他人的;

(三)法律、法规规定的其他转包行为。

第十七条 禁止违法分包公路工程。

有下列情形之一的,属于违法分包:

(一)承包人未在施工现场设立项目管理机构和派驻相应人员对分包工程的施工活动实施有效管理的;

(二)承包人将工程分包给不具备相应资格的企业或者个人的;

(三)分包人以他人名义承揽分包工程的;

(四)承包人将合同文件中明确不得分包的专项工程进行分包的;

(五)承包人未与分包人依法签订分包合同或者分包合同未遵循承包合同的各项原则,不满足承包合同中相应要求的;

(六)分包合同未报发包人备案的;

(七)分包人将分包工程再进行分包的;

(八)法律、法规规定的其他违法分包行为。

第十八条 按照信用评价的有关规定,承包人和分包人应当互相开展信用评价,并向发包人提交信用评价结果。

发包人应当对承包人和分包人提交的信用评价结果进行核定,并且报送相关交通运输主管部门。

交通运输主管部门应当将发包人报送的承包人和分包人的信用评价结果纳入信用评价体系,对其进行信用管理。

第十九条 发包人应当在招标文件中明确统一采购的主要材料及构、配件等的采购主体及方式。承包人授权分包人进行相关采购时,必须经发包人书面同意。

第二十条 为确保分包合同的履行,承包人可以要求分包人提供履约担保。分包人提供担保后,如要求承包人同时提供分包工程付款担保的,承包人也应当予以提供。

第二十一条 承包人与分包人应当依法纳税。承包人因为税收抵扣向发包人申请出具相关手续的,发包人应当予以办理。

第二十二条 分包人有权与承包人共同享有分包工程业绩。分包人业绩证明由承包人与发包人共同出具。

分包人以分包业绩证明承接工程的,发包人应当予以认可。分包人以分包业绩证明申报资质的,相关交通运输主管部门应当予以认可。

劳务合作不属于施工分包。劳务合作企业以分包人名义申请业绩证明的,承包人与发包人不得出具。

第六章 附 则

第二十三条 发包人、承包人或者分包人违反本办法有关条款规定的,依照有关法律、行政法规、部门规章的规定执行。

第二十四条 本办法所称施工分包,是指承包人将其所承包工程中的专项工程发包给其他专业施工企业完成的活动。

本办法所称发包人,是指公路工程建设的项目法人或者受其委托的建设管理单位。

本办法所称监理人,是指受发包人委托对发包工程实施监理的法人或者其他组织。

本办法所称承包人,是指由发包人授标,并与发包人签署正式合同的施工企业。

本办法所称分包人,是指从承包人处分包专项工程的专业施工企业。

本办法所称本单位人员,是指与本单位签订了合法的劳动合同,并为其办理了人事、工资及社会保险关系的人员。

本办法所称专项工程是指省级人民政府交通运输主管部门制定的分包资格中的相应工程内容。

第二十五条 除施工分包以外，承包人与他人合作完成的其他以劳务活动为主的施工活动统称为劳务合作。

第二十六条 承包人应当按照合同约定对劳务合作企业的劳务作业人员进行管理。承包人对其所管理的劳务作业人员行为向发包人承担全部责任。劳务作业人员应当具备相应资格，经培训后上岗。

第二十七条 本办法由交通运输部负责解释。

第二十八条 本办法自发布之日起施行。

交通运输部关于部属单位工程建设项目进入公共资源交易市场交易的指导意见

（2012 年 9 月 17 日　交水发〔2012〕466 号）

部属各单位：

为贯彻落实中央工程建设领域突出问题专项治理工作部署和国务院第五次廉政工作会议精神，根据部《关于交通运输工程建设项目进入公共资源交易市场集中交易的通知》（交监察发〔2012〕224 号），现就推进部属单位工程建设项目进入公共资源交易市场进行集中交易工作，提出如下意见：

一、统一思想，全面推进项目进场交易

推进工程建设项目进入公共资源交易市场进行集中交易，符合社会主义市场经济体制改革的方向，是中央工程建设领域突出问题专项治理工作的一项重要任务。推进使用财政性资金的部属单位工程建设项目进入公共资源交易市场进行集中交易，是贯彻落实党中央、国务院决策部署的重要举措，有利于规范部属单位招标行为，有利于提高工程建设管理水平，有利于加强廉政建设。部属各单位要增强大局意识和责任意识，充分认识建设项目进场交易的重要性，切实做好建设项目进场交易工作。

二、总体要求和进场原则

（一）总体要求。使用财政性资金且依法必须进行招标的部属单位工程建设项目（长江干线航道整治工程建设项目除外），应于 2012 年 12 月底前全部进入统一规范的公共资源交易市场进行集中交易。鉴于航道整治工程专业性强、技术要求高、时效性明显，可先选取部分项目试点进场交易，2013 年 6 月底前所有长江干线航道整治工程建设项目进场交易。进口机电设备国际招标项目及政府采购项目暂仍按国务院有关部门的规定执行。

（二）进场原则。按照属地或授权原则选择交易场所。属地原则，即项目或建设单位所在省（区、市）或设区市已经建立了统一规范的公共资源交易市场，且管理制度健全、管理行为规范、收费标准合理，能够满足招标投标信息发布、封闭评标、现场监控、隔夜评标等要求的，项目优先进入所在省（区、市）或设区市公共资源交易市场进行集中交易。授权原则，即项目或建设单位所在省（区、市）或设区市尚未建立统一规范的公共资源交易市场或已建立市场但不能满足项目招标要求的，在向上级部门报备后可以选择其他地区规范的公共资源交易市场或其他交易市场，其中海事、救捞和长航系统所属建设单位报部海事局、救助打捞局和长江航务管理局；部海事局、救助打捞局和长江航务管理局本级及部其他直属单位报部水运局。

三、主要工作措施

（一）制定完善的进场交易工作方案。承担工程建设任务的部属单位要按照《关于交通运输工程建设项目进入公共资源交易市场集中交易的通知》要求，对拟进入的交易市场建设和运营情况进行充分的调研，结合工作实际，尽快制定切实可行的工作方案，主要内容应包括所要进入的交易市场基本情况、进场交易的业务流程和操作程序、项目进场交易工作安排、组织保障措施等。

海事、救捞、长航系统所属建设单位，将工作方案分别报部海事局、救助打捞局、长江航务管理局，统一归口报部水运局；部海事局、救助打捞局和长江航务管理局本级及部其他直属单位报部水运局。

（二）在收费标准方面加强与交易市场的协商。部属各单位可以按照《国家计委、财政部关于整顿和规范招投标收费的通知》（计价格〔2002〕520号）和国家有关规定，参照其他部门的做法，在保证交易市场基本运转费用的基础上，与交易市场协商收费标准和收费上限，并签订协议。进场交易费用可以列入建设项目投资估算和概算。

（三）做好评标专家抽取和进场评标工作。房建类建设项目在交易市场提供的专家库中抽取，其余项目的评标专家在部综合评标专家库中抽取。项目进场后，在交易市场人员的监督下由项目建设单位或由交易市场人员通过远程异地抽取的方式从部综合评标专家库中确定评标专家。项目建设单位要加强与交易市场的协调沟通，做好部评标专家的进场评标工作。部将继续做好评标专家的监督管理和考核工作。

（四）建立进场交易报告制度。部属各单位要建立进场交易报告制度，按要求将进场交易情况每季度末向上级主管部门报告，其中海事、救捞、长航系统所属的建设项目，分别报部海事局、救助打捞局、长江航务管理局，统一归口报部水运局；部海事局、救助打捞局和长江航务管理局本级及部其他直属单位报部水运局。报告主要内容包括进场交易项目标段主要建设内容、交易市场名称、工作开展情况、中标额等。

四、强化部门行政监管

（一）各单位应认真履行招标投标监管程序。房建类招标项目按照住房建设系统的有关规定执行，招标结束后将评标结果报部备案；其余项目执行部招标投标监管规定，由部负责招标投标活动各个阶段的监管。需要报部备案的建设项目，建设单位应根据招标工作进度，分别将招标文件、资格审查结果、评标结果等报部。交易市场负责提供交易场所、现场服务和见证服务等。

（二）落实项目建设单位招标主体责任。项目建设单位应当根据国家法律法规，认真落实招标主体责任，自主选择符合资质要求的招标代理机构，依法派代表参加评标委员会及确定中标人等。任何单位和个人不得以任何方式非法干预正当的招标投标活动。

五、工作要求

（一）加强组织领导。部属各单位要高度重视建设项目进场交易工作，增强责任感、紧迫感，把思想和行动统一到中央和部的决策部署上来，加强组织领导，明确工作分工，落实工作责任，健全工作机制，全面推进部属单位建设项目进场交易工作。

（二）加强沟通协调。部属各单位要主动加强与公共资源交易市场或其他交易市场的沟通与协调，相互配合，细化进场交易各个环节的任务，共同研究制定进场交易具体措施，确保部属单位工程建设项目平稳、有序进场交易。

（三）及时总结反馈。部属各单位要认真总结本单位、本系统工程建设项目进场交易工作开展情况，分析存在的问题和不足，研究提出改进措施。对于进场交易中遇到的重要问题，要及时向部报告。

铁路工程建设项目招标投标管理办法

（2018年8月31日交通运输部令2018年第13号公布 自2019年1月1日起施行）

第一章 总 则

第一条 为了规范铁路工程建设项目招标投标活动，保护国家利益、社会公共利益和招标投标活动当事人的合法权益，根据《中华人民共和国招标投标法》《中华人民共和国招标投标法实施条例》等法律、行政法规,制定本办法。

第二条 在中华人民共和国境内从事铁路工程建设项目的招标投标活动适用本办法。前款所称铁路工程建设项目是指铁路工程以及与铁路工程建设有关的货物、服务。

第三条 依法必须进行招标的铁路工程建设项目的招标投标,应当依照《公共资源交易平台管理暂行办法》等国家规定纳入公共资源交易平台。

依法必须进行招标的铁路工程建设项目的具体范围和规模标准,依照《中华人民共和国招标投标法》《中华人民共和国招标投标法实施条例》《必须招标的工程项目规定》等确定。

第四条 国家铁路局负责全国铁路工程建设项目招标投标活动的监督管理工作。

地区铁路监督管理局负责辖区内铁路工程建设项目招标投标活动的监督管理工作。

国家铁路局、地区铁路监督管理局以下统称铁路工程建设项目招标投标行政监管部门。

第五条 铁路工程建设项目的招标人和交易场所应当按照国家有关规定推行电子招标投标。

国家铁路局建立铁路工程建设行政监督平台,对铁路工程建设项目招标投标活动实行信息化监督管理。

第二章　招　　标

第六条 铁路工程建设项目的招标人是指提出招标项目、进行招标的法人或者其他组织。

招标人组织开展的铁路工程建设项目招标活动,应当具备《中华人民共和国招标投标法》《中华人民共和国招标投标法实施条例》《工程建设项目勘察设计招标投标办法》《工程建设项目施工招标投标办法》《工程建设项目货物招标投标办法》等规定的有关条件。

第七条 招标人委托招标代理机构进行招标的,应当与被委托的招标代理机构签订书面委托合同。招标人授权项目管理机构进行招标或者由项目代建人承担招标工作的,招标人或者代建项目的委托人应当出具包括委托授权招标范围、招标工作权限等内容的委托授权书。多个招标人就相同或者类似的招标项目进行联合招标的,可以委托招标代理机构或者其中一个招标人牵头组织招标工作。

第八条 依法必须进行招标的铁路工程建设项目,招标人应当根据国务院发展改革部门会同有关行政监督部门制定的《标准施工招标资格预审文件》《标准施工招标文件》《标准设备采购招标文件》《标准材料采购招标文件》《标准勘察招标文件》《标准设计招标文件》《标准监理招标文件》等标准文本以及铁路行业补充文本,结合招标项目具体特点和实际需要,编制资格预审文件和招标文件。

第九条 采用公开招标方式的铁路工程建设项目,招标人应当依法发布资格预审公告或者招标公告。

依法必须进行招标的铁路工程建设项目的资格预审公告或者招标公告应当至少载明下列内容:

(一)招标项目名称、内容、范围、规模、资金来源;

(二)投标资格能力要求,以及是否接受联合体投标;

(三)获取资格预审文件或者招标文件的时间、方式;

(四)递交资格预审文件或者投标文件的截止时间、方式;

(五)招标人及其招标代理机构的名称、地址、联系人及联系方式;

(六)采用电子招标投标方式的,潜在投标人访问电子招标投标交易平台的网址和方法;

(七)对具有行贿犯罪记录、失信被执行人等失信情形潜在投标人的依法限制要求;

(八)其他依法应当载明的内容。

第十条 采用邀请招标方式的铁路工程建设项目,招标人应当向3家以上具备相应资质能力、资信良好的特定的法人或者其他组织发出投标邀请书。

第十一条 依法必须进行招标的铁路工程建设项目,招标人应当在发布资格预审公告或者招标公告前7个工作日内向铁路工程建设项目招标投标行政监管部门备案。鼓励采用电子方式进行备案。

第十二条 资格预审应当按照资格预审文件载明的标准和方法进行。

第十三条 国有资金占控股或者主导地位的依法必须进行招标的铁路工程建设项目资格预审结束后,资格审查委员会应当编制资格审查报告。资格审查报告应当载明下列内容,如果有评分情况,在资格审查报告中一并列明:

(一)招标项目基本情况;

(二)资格审查委员会成员名单;

(三)资格预审申请文件递交情况;

(四)通过资格审查的申请人名单;

(五)未通过资格审查的申请人名单,以及未通过审查的具体理由、依据(应当指明不符合资格预审文件的具体条款序号);

(六)澄清、说明事项;

(七)需要说明的其他事项。

资格审查委员会所有成员应当在资格审查报告上签字。对审查结果有不同意见的资格审查委员会成员应当以书面形式说明其不同意见和理由,资格审查报告应当注明该不同意见。资格审查委员会成员拒绝在资格审查报告上签字又不书面说明其不同意见和理由的,视为同意资格审查结果。

第十四条 招标人应当及时向资格预审合格的潜在投标人发出资格预审合格通知书或者投标邀请书,告知获取招标文件的时间、地点和方法;同时向资格预审不合格的潜在投标人发出资格预审结果通知书,注明未通过资格预审的具体理由。

通过资格预审的申请人少于 3 个的,应当重新招标。

第十五条 资格预审申请人对资格预审结果有异议的,可以自收到或者应当收到资格预审结果通知书后 3 日内提出。招标人应当自收到异议之日起 3 日内作出答复,异议答复应当列明事实和依据;作出答复前,应当暂停招标投标活动。

第十六条 招标人应当依照国家有关法律法规规定,在招标文件中载明招标项目是否允许分包,以及允许分包或者不得分包的范围。

第十七条 招标人应当在招标文件或者资格预审文件中集中载明评标办法、评审标准和否决情形。否决情形应当以醒目方式标注。资格审查委员会或者评标委员会不得以未集中载明的评审标准和否决情形限制、排斥潜在投标人或者否决投标。

第十八条 招标人不得以不合理的条件限制或者排斥潜在投标人,不得对潜在投标人实行歧视待遇。

除《中华人民共和国招标投标法实施条例》第三十二条规定的情形外,招标人有下列行为之一的,视为以不合理的条件限制或者排斥潜在投标人:

(一)对符合国家关于铁路建设市场开放规定的设计、施工、监理企业,不接受其参加有关招标项目的投标;

(二)设定的企业资质、个人执业资格条件违反国家有关规定,或者与招标项目实际内容无关;

(三)招标文件或者资格预审文件中设定的投标人资格要求高于招标公告载明的投标人资格要求;

(四)对企业或者项目负责人的业绩指标要求,超出招标项目对应的工程实际需要。

第十九条 招标人以暂估价形式包括在总承包范围内的工程、货物、服务属于依法必须进行招标的项目范围且达到国家规定规模标准的,应当依法进行招标。暂估价部分招标的实施主体应当在总承包项目的合同条款中约定。

第二十条 招标人在发布招标公告、发出投标邀请书、售出招标文件或者资格预审文件后,除不可抗力、国家政策变化等原因外,不得擅自终止招标。

招标人终止招标的,应当及时发布公告,或者以书面形式通知被邀请的或者已经获取资格预审文件、招标文件的潜在投标人。已经发售资格预审文件、招标文件或者已经收取投标保证金的,招标人应当及时退还所收取的资格预审文件、招标文件的费用,以及所收取的投标保证金及银行同期存款利息。

第三章 投 标

第二十一条 铁路工程建设项目的投标人是指响应招标、参加投标竞争的法人或者其他组织。

投标人应当具备承担招标项目的能力,并具备招标文件规定和国家规定的资格条件。

第二十二条 投标人应当按照招标文件的要求编制投标文件。投标文件应当对招标文件提出的实质性要求和条件予以响应。

第二十三条 投标人可以银行保函方式提交投标保证金。招标人不得拒绝投标人以银行保函形式提交的投标保证金,评标委员会也不得以此理由否决其投标。

第二十四条 根据招标文件载明的项目实际情况和工程分包的有关规定,投标人应当在投标文件中载明中标后拟分包的工程内容等事项。

第二十五条 投标人在投标文件中填报的资质、业绩、主要人员资历和目前在岗情况、信用等信息,应当与其在铁路工程建设行政监督平台上填报、发布的一致。

第二十六条 投标人不得有下列行为:

(一)串通投标;

(二)向招标人、招标代理机构或者评标委员会成员行贿;

(三)采取挂靠、转让、租借等方式从其他法人、组织获取资格或者资质证书进行投标,或者以其他方式弄虚作假进行投标;

(四)排挤其他投标人公平竞争的行为。

第四章 开标、评标和中标

第二十七条 招标人应当按照招标文件规定的时间、地点开标,并邀请所有投标人参加。

递交投标文件的投标人少于3个的标段或者包件,招标人不得开标,应当将相应标段或者包件的投标文件当场退还给投标人,并依法重新组织招标。

重新招标后投标人仍少于3个,属于按照国家规定需要政府审批、核准的铁路工程建设项目的,报经原审批、核准部门审批、核准后可以不再进行招标;其他铁路工程建设项目,招标人可以自行决定不再进行招标。

依照本条规定不再进行招标的,招标人可以邀请已提交资格预审申请文件的申请人或者已提交投标文件的投标人进行谈判,确定项目承担单位,并将谈判报告报对该项目具有招标监督职责的铁路工程建设项目招标投标行政监管部门备案。

第二十八条 招标人应当记录关于开标过程的下列内容并存档备查:

(一)开标时间和地点;

(二)投标文件密封检查情况;

(三)投标人名称、投标价格和招标文件规定的其他主要内容;

(四)投标人提出的异议及当场答复情况。

第二十九条 评标由招标人依法组建的评标委员会负责。评标委员会成员的确定和更换应当遵守《中华人民共和国招标投标法》《中华人民共和国招标投标法实施条例》《评标委员会和评标方法暂行规定》等规定。

依法必须进行招标的铁路工程建设项目的评标委员会中,除招标人代表外,招标人及与该工程建设项目有监督管理关系的人员不得以技术、经济专家身份等名义参加评审。

第三十条 招标人应当向评标委员会提供评标所必需的信息和材料,但不得明示或者暗示其倾向或者排斥特定投标人。提供评标所必需的信息和材料主要包括招标文件、招标文件的澄清或者修改、开标记录、投标文件、资格预审相关文件、投标人信用信息等。

第三十一条 评标委员会设负责人的,评标委员会负责人应当由评标委员会成员推举产生或者由招标人确定。评标委员会负责人负责组织并与评标委员会成员一起开展评标工作,其与评标委员会的其他成员享有同等权利与义务。

第三十二条 评标委员会认为投标人的报价明显低于其他投标报价,有可能影响工程质量或者不能诚信履约的,可以要求其澄清、说明是否低于成本价投标,必要时应当要求其一并提交相关证明材料。投标人不能证明其报价合理性的,评标委员会应当认定其以低于成本价竞标,并否决其投标。

第三十三条 评标委员会经评审,否决投标的,应当在评标报告中列明否决投标人的原因及依据;认为所有投标都不符合招标文件要求,或者符合招标文件要求的投标人不足3家使得投标明显缺乏竞争性的,可以否决所有投标。评标委员会作出否决投标或者否决所有投标意见的,应当有三分之二及以上评标委员会成员同意。

第三十四条 评标委员会成员应当客观、公正地履行职务,恪守职业道德,对所提出的评审意见承担个人责任。

评标委员会成员不得私下接触投标人,不得收受投标人的财物或者其他好处,不得向招标人征询确定中标人的意向,不得接受任何单位或者个人明示或者暗示提出的倾向或者排斥特定投标人的要求。

评标委员会成员和参与评标的有关工作人员不得透露对投标文件的评审和比较、中标候选人的推荐情况以及与评标有关的其他情况。

第三十五条 评标完成后,评标委员会应当向招标人提交书面评标报告和中标候选人名单。中标候选人应当不超过3个,并标明排序。

评标报告应当如实记载下列内容:

(一)基本情况和数据表;

(二)评标委员会成员名单,评标委员会设有负责人的一并注明;

(三)开标记录;

(四)符合要求的投标人名单;

(五)否决投标的情况说明,包括具体理由及招标文件中的相应否决条款;

(六)评标标准、评标方法或者评标因素一览表;

(七)经评审的价格或者评分比较一览表;

(八)经评审的投标人排序;

(九)推荐的中标候选人名单与签订合同前要处理的事宜;

(十)澄清、说明、补正事项纪要。

评标报告应当由评标委员会全体成员签字;设立评标委员会负责人的,评标委员会负责人应当在评标报告上逐页签字。对评标结果有不同意见的评标委员会成员应当以书面形式说明其不同意见和理由,评标报告应当注明该不同意见。评标委员会成员拒绝在评标报告上签字又不书面说明其不同意见和理由的,视为同意评标结果。评标委员会提交的评标报告内容不符合前款要求的,应当补充完善。

第三十六条 依法必须进行招标的铁路工程建设项目的招标人,应当对评标委员会成员履职情况如实记录并按规定对铁路建设工程评标专家予以评价。

第三十七条 招标人根据评标委员会提出的书面评标报告和推荐的中标候选人确定中标人。招标人也可以授权评标委员会直接确定中标人。依法必须进行招标的铁路工程建设项目,招标人应当自收到评标报告之日起3日内在规定的媒介上公示中标候选人,公示期不得少于3日。

对中标候选人的公示信息应当包括:招标项目名称,标段或者包件编号,中标候选人排序、名称、投标报价、工期或者交货期承诺,评分或者经评审的投标报价情况,项目负责人姓名及其相关证书名称和编号,中标候选人在投标文件中填报的企业和项目负责人的工程业绩,异议受理部门及联系方式等。

第三十八条 依法必须进行招标的铁路工程建设项目的投标人或者其他利害关系人对评标结果有异议的,应当在中标候选人公示期间提出。招标人应当自收到异议之日起3日内作出答复,异议答复应当列明事实、依据;作出答复前,应当暂停招标投标活动。

招标人经核查发现异议成立并对中标结果产生实质性影响的,应当组织原评标委员会按照招标文件规定的标准和方法审查确认。若异议事项涉嫌弄虚作假等违法行为或者原评标委员会无法根据招标文件和投标文件审查确认的,以及招标人发现评标结果有明显错误的,招标人应当向铁路工程建设项目招标投标行政监管部门反映或者投诉。

第三十九条 中标候选人的经营、财务状况发生较大变化或者存在违法行为,招标人认为可能影响其履约能力的,应当在发出中标通知书前由原评标委员会按照招标文件规定的标准和方法审查确认。

非因本办法第三十八条第二款及本条第一款规定的事由,招标人不得擅自组织原评标委员会或者另行组建评标委员会审查确认。

第四十条 中标人确定后,招标人应当向中标人发出中标通知书,并同时将中标结果通知所有未中标的投标人。依法必须进行招标项目的中标结果还应当按规定在有关媒介公示中标人名称。

所有投标均被否决的,招标人应当书面通知所有投标人,并说明具体原因。

第四十一条 依法必须进行招标的铁路工程建设项目,招标人应当自确定中标人之日起15日内,向铁路工程建设项目招标投标行政监管部门提交招标投标情况书面报告。鼓励采用电子方式报告。

招标投标情况书面报告应当包括下列主要内容:

(一)招标范围;

(二)招标方式和发布招标公告的媒介;

(三)招标文件中投标人须知、技术条款、评标标准和方法、合同主要条款等内容;

(四)评标委员会的组成、成员遵守评标纪律和履职情况,对评标专家的评价意见;

(五)评标报告;

(六)中标结果;

(七)其他需提交的问题说明和资料。

第四十二条 招标人和中标人应当在投标有效期内并自中标通知书发出之日起30日内,按照招标文件和中标人的投标文件订立书面合同。招标人和中标人不得再行订立背离合同实质性内容的其他协议。

第四十三条 招标文件要求中标人提交履约保证金的,中标人应当提交。履约保证金可以银行保函、支票、现金等方式提交。

中标人提交履约保证金的,在工程项目竣工前,招标人不得再同时预留工程质量保证金。

第四十四条 中标人应当按照合同约定履行义务,完成中标项目。

招标人应当加强对合同履行的管理,建立对中标人合同履约的考核制度。依法必须进行招标的铁路工程建设项目,招标人、中标人应当按规定向铁路工程建设项目招标投标行政监管部门提交合同履约信息。

第四十五条 铁路工程建设项目的施工中标人对已包含在中标工程内的货物再次通过招标方式采购的,招标人应当依据承包合同约定对再次招标活动进行监督,对施工中标人再次招标选定的货物进场质量验收情况进行检查。

第五章 监督管理

第四十六条 铁路工程建设项目招标投标行政监管部门应当依法加强对铁路工程建设项目招标投标活动的监督管理。

国家铁路局组建、管理铁路建设工程评标专家库,指导、协调地区铁路监督管理局开展铁路工程建设项目招标投标监督管理工作。

地区铁路监督管理局应当按规定通报或者报告辖区内的铁路工程建设项目招标投标违法违规行为和相关监督管理信息,分析铁路工程建设项目招标投标相关情况。

第四十七条 铁路工程建设项目招标投标监督管理方式主要包括监督抽查、投诉处理、办理备案、接收书面报告、行政处罚、记录公告等方式。

第四十八条 投标人或者其他利害关系人(以下简称投诉人)认为铁路工程建设项目招标投标活动不符合法律、行政法规规定的,可以自知道或者应当知道之日起10日内向铁路工程建设项目招标投标行政监管部门投诉。

第四十九条 投诉人投诉时,应当提交投诉书。投诉书应当包括下列内容:

(一)投诉人的名称、地址及有效联系方式;

(二)被投诉人的名称、地址及有效联系方式;

(三)投诉事项的基本事实;

(四)相关请求及主张;

(五)有效线索和相关证明材料。

对按规定应当先向招标人提出异议的事项进行投诉的,还应当提交已提出异议的证明文件。如果已向有关行政监督部门投诉的,应当一并说明。

投诉人是法人的,投诉书必须由其法定代表人或者授权代表签字并盖章;其他组织或者自然人投诉的,投诉书必须由其主要负责人或者投诉人本人签字,并附有效身份证明复印件。

投诉书有关材料是外文的,投诉人应当同时提供其中文译本。

第五十条 有下列情形之一的投诉,铁路工程建设项目招标投标行政监管部门不予受理:

(一)投诉人不是所投诉招标投标活动的参与者,或者与投诉项目无任何利害关系;

(二)投诉事项不具体,且未提供有效线索,难以查证的;

(三)投诉书未署具投诉人真实姓名、签字和有效联系方式的;以法人名义投诉的,投诉书未经法定代表人或者授权代表签字并加盖公章的;

(四)超过投诉时效的;

(五)已经作出处理决定,并且投诉人没有提出新的证据的;

(六)投诉事项应当先提出异议没有提出异议的,或者已进入行政复议或者行政诉讼程序的。

第五十一条 铁路工程建设项目招标投标行政监管部门受理投诉后,应当调取、查阅有关文件,调查、核实有关情况,根据调查和取证情况,对投诉事项进行审查,按照下列规定做出处理决定:

(一)投诉缺乏事实根据或者法律依据的,驳回投诉;

(二)投诉情况属实,招标投标活动确实存在违法行为的,依照《中华人民共和国招标投标法》及其他有关法规、规章进行处理。

第五十二条 铁路工程建设项目招标投标行政监管部门积极推进铁路建设工程招标投标信用体系建设,建立健全守信激励和失信惩戒机制,维护公平公正的市场竞争秩序。

鼓励和支持招标人优先选择信用良好的从业企业。招标人可以对信用良好的投标人或者中标人,减免投标保证金,减少履约保证金或者质量保证金。招标人采用相关信用优惠措施的,应当在招标文件中载明。

第五十三条 铁路工程建设项目招标投标行政监管部门对招标人、招标代理机构、投标人以及评标委员会成员等的违法违规行为依法作出行政处理决定的,应当按规定予以公告,并记入相应当事人的不良行为记录。

对于列入不良行为记录、行贿犯罪档案、失信被执行人名录的市场主体,依法按规定在招标投标活动中对其予以限制。

第五十四条 铁路工程建设项目招标投标行政监管部门履行监督管理职责过程中,有权查阅、复制招标投标活动的有关文件、资料和数据;在投诉调查处理中,发现有违反法律、法规、规章规定的,应当要求相关当事人整改,必要时可以责令暂停招标投标活动。招标投标活动交易服务机构及市场主体应当如实提供相关情况和材料。

第五十五条 铁路工程建设项目招标投标行政监管部门的工作人员对监督过程中知悉的国家秘密、商业秘密，应当依法予以保密。

第六章 法律责任

第五十六条 招标人有下列情形之一的，由铁路工程建设项目招标投标行政监管部门责令改正，给予警告；情节严重的，可以并处3万元以下的罚款：

（一）不按本办法规定编制资格预审文件或者招标文件的；

（二）拒绝以银行保函方式提交的投标保证金或者履约保证金的，或者违规在招标文件中增设保证金的；

（三）向评标委员会提供的评标所需信息不符合本办法规定的；

（四）不按本办法规定公示中标候选人的；

（五）不按本办法规定进行招标备案或者提交招标投标情况书面报告的；

（六）否决所有投标未按本办法规定告知的；

（七）擅自终止招标活动的，或者终止招标未按规定告知有关潜在投标人的；

（八）非因本办法第三十八条第二款和第三十九条第一款规定的事由，擅自组织原评标委员会或者另行组建评标委员会审查确认的。

第五十七条 投标人或者其他利害关系人捏造事实、伪造材料或者以非法手段取得证明材料进行投诉，尚未构成犯罪的，由铁路工程建设项目招标投标行政监管部门责令改正，给予警告；情节严重的，可以并处3万元以下的罚款。

第五十八条 评标委员会成员、资格审查委员会成员有下列情形之一的，由铁路工程建设项目招标投标行政监管部门责令改正，给予警告；情节严重的，禁止其在6个月至1年内参加依法必须进行招标的铁路工程建设项目的评审；情节特别严重的，取消担任评标委员会、资格审查委员会成员资格，并从专家库中除名，不再接受其评标专家入库申请：

（一）应当回避而不回避；

（二）擅离职守；

（三）不按照招标文件规定的评标标准和方法评标；

（四）私下接触投标人；

（五）向招标人征询确定中标人的意向，或者接受任何单位或者个人明示或者暗示提出的倾向或者排斥特定投标人的要求；

（六）对依法应当否决的投标不提出否决意见；

（七）暗示或者诱导投标人作出澄清、说明或者接受投标人主动提出的澄清、说明；

（八）评审活动中其他不客观、不公正的行为。

第七章 附　　则

第五十九条 采用电子方式进行招标投标的，应当符合本办法和国家有关电子招标投标的规定。

第六十条 本办法自2019年1月1日起施行。

铁路建设工程评标专家库及评标专家管理办法

（2017年4月20日国家铁路局发布
国铁工程监〔2017〕27号　自2017年6月1日起施行）

第一章 总　　则

第一条 为规范铁路建设工程评标专家库管理，加强对评标专家的监督管理，保证评标活动公平公正,根据《中华人民共和国招标投标法》《中华人民共和国招标投标法实施条例》《评标专家和评标专家库管理暂行办法》《评标专家专业分类标准》等,制定本办法。

第二条 本办法适用于铁路建设工程评标专家库的组建、使用、管理,以及对评标专家参与铁路工程建设项目评标活动的监督管理。

第三条 国家铁路局负责组建、管理铁路建设工程评标专家库。国家铁路局工程质量监督中心受国家铁路局委托具体负责铁路建设工程评标专家库日常管理工作。

地区铁路监督管理局(含北京铁路督察室,下同)负责监督铁路建设工程评标专家参与辖区内铁路工程建设项目评标的活动,与地方政府有关部门协调涉及评标专家管理和使用的有关事项。

第四条 铁路建设工程评标专家库按招标项目类别,分为施工监理货物服务评标专家库和勘察设计评标专家库两个子库。铁路建设工程评标专家的专业分类执行国家统一的分类标准。

第二章 专家入库

第五条 评标专家应具备以下基本条件:

1. 拥护中国共产党的路线、方针、政策,遵纪守法,具有良好的职业道德,能够依法、认真、公正、诚实、廉洁履行职责,维护招标投标双方的合法权益;

2. 熟悉有关招标投标的法律、法规、规章和铁路建设工程招标投标规定;

3. 从事铁路建设工程专业领域工作满8年并具有高级职称或同等专业水平;

4. 熟悉主评专业的专业技术要求和发展状况,了解兼评专业的专业技术要求和发展状况;

5. 在国家联合惩戒机制范围内没有失信记录;

6. 新入库专家年龄不超过65周岁,在库专家年龄不超过68周岁,身体健康,能够承担异地评标工作;

7. 能熟练使用计算机常用办公软件,适应电子评标需要;

8. 法律法规规定的其他条件。

前款第3项中“同等专业水平”是指本科毕业满12年、硕士毕业满6年、博士毕业满3年。

第六条 铁路建设工程评标专家采用单位推荐和个人申请方式,按下列程序进行:

1. 国家铁路局根据评标专家库中专业人员数量及实际需求,发布更新、增补评标专家通知。

2. 参与铁路工程建设活动的建设、勘察、设计、施工、监理、咨询、科研、院校等单位均可向国家铁路局推荐本单位符合评标专家条件的人选,推荐时应事先征得本人同意。符合评标专家条件的个人可以自行申请,但应经所在单位人事部门审核同意。

3. 所在单位人事部门对评标专家人选的有关证明材料进行初审并出具初审意见。单位推荐书或个人申请书应附本办法第五条规定条件的证明材料及本人签字的评标承诺书(见附件1)。

4. 国家铁路局组织对申报材料进行审核,并组织对审核合格专家人选进行业务培训。

5. 经培训考核合格的专家人选,纳入国家铁路局铁路建设工程评标专家库进行统一管理。

第七条 评标专家人选应根据所学专业和从业经历申报评标专业。每位评标专家人选只能申报施工监理货物服务评标专家子库或勘察设计评标专家子库中的一个专业作为主评专业,同时可以选择另一个熟悉的专业作为兼评专业。

施工监理货物服务评标专家子库和勘察设计评标专家子库中专业名称相同的专家,必要时可以互为备选专业专家。

第八条 根据招标项目评标需要,施工监理货物服务评标专家子库和勘察设计评标专家子库各设全国库、区域库、应急库三个级别。

按照地区铁路监督管理局的监管辖区,设沈阳、北京、上海、广州、成都、武汉、西安、兰州八个区域库;根据交易中心(或交易平台,以下简称交易中心)和铁路建设工程实际,可设立应急库。所有入库专家均为全国库的评标专家(年龄65周岁以上的专家原则上不再入全国库),并同时纳入工作单位所在地(或常驻地)相对应的区域库。能在3小时内自工作单位所在地或常驻地抵达交易中心评标场所的评标专家,可自主申请加入与该交易中心相对应的应急库。

评标专家工作单位所在地或常驻地发生较大变动的,应主动申请退出原地点对应的区域库或应急库,并重新申请加入新地点对应的区域库或应急库。

第三章 专 家 使 用

第九条 依法必须进行招标的铁路工程建设项目,除招标投标法第三十七条第三款规定的特殊招标项目外,其评标委员会中的铁路工程专业评标专家(含资格预审委员会中的铁路工程专业评审专家,下同)应当从铁路建设工程评标专家库及其他依法组建的评标专家库中以随机抽取方式确定。

政府投资的铁路工程建设项目评标专家,必须从铁路建设工程评标专家库和其他政府有关部门组建的评标专家库中抽取。

除招标人代表外,招标人的其他人员不得另以评标专家身份参加资格审查或评标。

第十条 铁路工程建设项目施工、监理、勘察设计招标项目的评标专家一般应从全国库中抽取,物资(货物)、其他服务类招标项目的评标专家可从交易中心对应的区域库或全国库中抽取。因故需要临时补抽且从全国库或区域库中抽取专家难以满足评标时间要求的,可从应急库中抽取评标专家。

第十一条 招标人(或招标代理机构,下同)通过交易中心抽取铁路工程某一具体专业的评标专家时,应依次从主评专业、兼评专业、备选专业为该专业的评标专家中抽取。

第十二条 专家抽取完成后,一般不得更换。确需更换的,应依法补抽,并将有关情况纳入招标投标情况书面报告。

评标专家信息在中标结果确定前应当保密。

第十三条 招标人使用全国库抽取铁路建设工程评标专家的,应在开标前的48小时内抽取;使用区域库抽取的,应在开标前24小时内抽取;开标前4小时内或开标后需要临时补抽评标专家的,方可使用应急库。

第四章 专家权利和义务

第十四条 评标专家享有下列权利:

1. 接受聘请担任评标委员会成员;
2. 依法对投标文件进行独立评审,提出公正评审意见,不受任何单位或者个人的干预;
3. 接受参加评标活动的劳务报酬;
4. 对本人违规行为的处理有权提出异议;
5. 法律法规规定的其他权利。

第十五条 评标专家负有下列义务:

1. 具有法定回避情形的,应主动提出回避;
2. 遵守有关法律、法规和规章规定,遵守评标工作纪律,客观公正进行评审;
3. 及时更新个人信息、参加业务培训,接受评价和考核;
4. 协助、配合有关行政监督部门的监督、检查及投诉调查;
5. 法律法规规章规定的其他义务。

第十六条 有下列情形之一的,不得担任招标项目的评标专家:

1. 投标人或投标人主要负责人的近亲属;
2. 项目主管部门或者行政监督部门的人员;
3. 与投标人有经济利益关系,可能影响对投标公正评审的;
4. 曾因在招标、评标以及其他与招标投标有关活动中从事违法行为而受过行政处罚或刑事处罚的;
5. 法律法规规定的其他应当回避的情形。

评标专家有前款规定情形之一的,应当主动提出回避;未提出回避的,招标人或行政监督部门发现后,应立即停止其参加评审;已完成评审的,该专家的评审结论无效。

第十七条 评标专家应当遵守下列评标工作纪律：

1. 按时参加评标，不迟到、不早退，不无故缺席；
2. 评标时应携带有效身份证明，接受核验和监督；
3. 不委托他人代替评标；
4. 遵守交易中心评标区相关规定。

第十八条 评标专家的评审费，以及因参加评标所发生的交通、食宿等费用由招标人承担，相关费用标准可参考国家和省级人民政府财政部门有关规定。

第五章 专家考评

第十九条 国家铁路局对评标专家实行动态管理，通过“铁路建设工程评标专家库管理系统”建立包括记录评标专家基本信息、教育培训、评标记录、年度考核等内容的专家个人档案。

评标专家的单位、住址、联系电话等个人基本信息发生变更，或因故无法参加某一时段内评标的，应当及时登录“铁路建设工程评标专家库管理系统”进行信息申报。

第二十条 招标人在招标活动结束后应对评标专家进行评价（评价内容见附件2），有关评价意见纳入招标投标情况书面报告。

第二十一条 国家铁路局建立铁路建设工程评标专家年度考核制度，对评标专家实施记分管理，考核内容和记分分值详见《铁路建设工程评标专家动态考核分值表》（附件3）。

记分周期为12个月，对在记分周期内记分累计满6分的，暂停6个月参与依法必须进行招标的铁路工程建设项目的评标资格；记分满10分的，暂停12个月参与依法必须进行招标的铁路工程建设项目的评标资格。一个记分周期期满后，记分清零，不计入下一周期。

相关各方反映评标专家履职情况的信息经地区铁路监督管理局核实后予以记录，并纳入“铁路建设工程评标专家库管理系统”。

第二十二条 评标专家有下列违法违规行为之一的责令改正，记3分；情节严重的，记6分；情节特别严重的，取消担任评标委员会成员资格，从专家库中除名，不再接受其评标专家入库申请：

1. 应当回避而不回避；
2. 擅离职守；
3. 不按照招标文件规定的评标标准和方法评标；
4. 私下接触投标人；
5. 向招标人征询确定中标人的意向或者接受任何单位或者个人明示或者暗示提出的倾向或者排斥特定投标人的要求；
6. 对依法应当否决的投标不提出否决意见；
7. 暗示或者诱导投标人作出澄清、说明或者接受投标人主动提出的澄清、说明；
8. 其他不客观、不公正履行职责的行为。

对收受投标人财物或者其他好处的，向他人透露对投标文件的评审和比较意见、中标候选人的推荐情况以及与评标有关的其他情况的评标专家，直接从评标专家库中除名，不再接受其评标专家入库申请，并按《评标专家和评标专家库管理暂行办法》第十五条处理。

第二十三条 评标专家有下列情形之一的，停止担任评标委员会成员资格，并从铁路建设工程评标专家库中除名：

1. 以虚假材料骗取入库的；
2. 连续两个记分周期内考核满10分的；
3. “信用中国”网站公布的失信被执行人；
4. 其他违反法律、法规规定不再适宜担任评标专家的。

第二十四条 评标专家有下列情形之一的，停止担任评标委员会成员资格，并从铁路建设工程评标专家库中移出：

1. 年龄满68周岁；

2. 健康状况等原因不能胜任评标工作的;
3. 因工作调动等原因不适宜继续参加评标的;
4. 经本人申请不再担任评标专家的;
5. 连续5年未从事铁路工程建设或管理工作的。

第二十五条 招标人、交易中心以及相关当事人发现在专家抽取、专家评标等活动中存在违法违规和违反评标工作纪律行为的,应当及时向地区铁路监督管理局书面反映。地区铁路监督管理局收到相关反映的,应按规定依法处理。

第二十六条 评标专家对因自身违法违规受到处理持有异议的,可向作出处理的部门提出书面申诉。确属处理不当的,应当及时更正。

第二十七条 地区铁路监督管理局应及时协调交易中心使用的综合评标专家库同"铁路建设工程评标专家库管理系统"进行数据交换,动态更新铁路工程专业评标专家基本信息、抽取及参评记录、违法行为记录、惩戒等信息。

第六章 附 则

第二十八条 评标专家所在单位对评标专家参加铁路工程建设项目评标及相关教育培训活动应给予支持。

第二十九条 省级人民政府组织实施的地方政府审批(核准)铁路工程建设项目的评标专家监督工作,可参照本办法执行。

第三十条 本办法由国家铁路局工程监督管理司负责解释。

第三十一条 本办法自2017年6月1日起实施,《铁道部关于印发〈铁路建设工程评标专家库及评标专家管理办法〉的通知》(铁建设〔2012〕152号)同时废止。

附件:1. 评标承诺书(略)
　　2. 评标专家评价意见(略)
　　3. 铁路建设工程评标专家动态考核分值表(略)

铁路建设工程招标投标监管暂行办法

(2016年2月25日国家铁路局发布
国铁工程监〔2016〕8号 自2016年3月15日起施行)

第一章 总 则

第一条 为加强和规范铁路建设工程招标投标监督管理工作,依据《中华人民共和国招标投标法》、《中华人民共和国招标投标法实施条例》、《铁路安全管理条例》等有关法律法规和规章,制定本办法。

第二条 本办法适用于国家铁路局、地区铁路监督管理局(含北京铁路督察室,下同)依法实施的铁路建设工程招标投标监督管理工作。

第三条 铁路建设工程招标投标监督管理应依法、公平、公正进行,并接受社会监督。

第二章 监 督 管 理

第四条 国家铁路局负责铁路建设工程招标投标行业监督管理,指导、协调地区铁路监督管理局铁路建设工程招标投标监督管理工作,管理铁路建设工程评标专家库,对地方政府有关部门铁路建设工程招标投标监管工作予以行业指导。

第五条 地区铁路监督管理局负责辖区内铁路建设工程招标投标行业监督管理工作,监督国务院投资主管部门审批(核准、备案)的铁路建设项目招标投标,通报或报告辖区内铁路建设工程招标投标违法违规行为和相关监管信息,分析铁路建设工程招标投标相关情况;联系地方政府有关部门并提供行业指导。

第六条 涉及跨越地区铁路监督管理局监管辖区的铁路建设项目的招标投标监督，原则上由项目法人注册地所在的地区铁路监督管理局承担；情况特殊的，由国家铁路局指定。

第三章 监管方式

第七条 铁路建设工程招标投标监管方式主要包括监督检查、投诉处理、办理备案、行政处罚、记录公告等方式。

第八条 监督检查包括专项检查、抽查，并以抽查方式为主。地区铁路监督管理局应制定监督检查计划，合理确定抽查比例和频次，随机确定检查人员和检查对象，依法开展监督检查工作。

第九条 地区铁路监督管理局开展监督检查可以联合有关行政监管部门共同进行，必要时可聘请有关专家、邀请建设项目上级管理部门参加。

第十条 地区铁路监督管理局应为依法必须进行招标的铁路建设项目招标人办理自行招标备案手续、提交招标投标情况书面报告提供便利条件，并告知所需提交的有关材料清单及相关事项。

第十一条 铁路建设工程招标投标投诉受理及调查，执行《工程建设项目招标投标活动投诉处理办法》（发改委等七部委令第11号）和国家铁路局有关规定。地区铁路监督管理局应当向社会公布受理铁路建设工程招标投标投诉的联系方式，并按规定受理、调查、处理投诉。

第十二条 地区铁路监督管理局依法开展监督检查及调查，监督人员应主动出示证件，并有权要求招标人、投标人、投诉人、被投诉人和评标委员会成员等有关当事人予以配合，如实提供相关资料及情况。

第十三条 地区铁路监督管理局应按规定对招标投标违法行为予以处罚，并按《招标投标违法行为记录公告暂行办法》（发改法规〔2008〕1531号）及国家铁路局有关规定进行记录公告。

第十四条 监督人员应严格履行监管职责，不得非法干涉招标投标活动，对监督工作中知悉的招标投标信息和投诉信息等应依法予以保密。

第四章 监管内容

第十五条 重点监督以下内容是否符合相关法律法规规章的规定：

1. 招标范围、招标方式、招标组织形式。
2. 资格预审文件、招标文件及公告。
3. 资格预审文件和招标文件发售。
4. 评标委员会（资格预审委员会）组成、专家抽取过程。
5. 开标时间、开标地点、开标程序、异议处理等。
6. 中标候选人公示、中标人确定及发放中标通知书、签订合同。

第十六条 首次办理自行招标备案接收的材料主要如下：

1. 项目法人营业执照、法人证书或者项目法人组建文件；设立项目管理机构具体负责建设管理的，还应一并报送项目管理机构组建文件及其职责权限的证明文件。
2. 具有与招标项目规模和复杂程度相适应的工程技术、概预算、财务和工程管理等方面专业技术人员的证明材料（职称证书、执业证书复印件和个人履历等）。
3. 取得招标职业资格的专职招标业务人员的证明材料（3名以上招标师职业资格证件和个人招投标工作业绩）。
4. 项目可研批复文件。
5. 初步设计及概算批复文件。
6. 各招标批次初步安排（时间、地点）。

后续备案只需接受前述所涉事项变化的有关材料。

第十七条 招标投标情况书面报告应包括以下主要内容：

1. 招标范围。
2. 招标方式和发布招标公告的媒介。

3. 招标文件中投标人须知、技术条款、评标标准和方法、合同主要条款等内容。
4. 评标委员会的组成和评标报告。
5. 中标结果。

第五章　附　　则

第十八条　省级地方人民政府按《国务院办公厅关于创新投资管理方式建立协同监管机制的若干意见》（国办发〔2015〕12 号）组织实施的地方政府审批（核准）铁路建设项目招标投标监管工作，可参照本办法执行。

第十九条　本办法由国家铁路局工程监督管理司负责解释。

第二十条　本办法自 2016 年 3 月 15 日起施行，《铁路建设工程招标投标监管暂行办法》（国铁工程监〔2014〕6 号）同时废止。

铁路工程建设项目招标投标活动监督办法

（2012 年 5 月 22 日铁道部印发　铁建设〔2012〕105 号　自 2012 年 6 月 1 日起施行）

第一章　总　　则

第一条　为维护铁路工程建设招标投标秩序，加强招标投标工作监督，依据《行政监察法》、《招标投标法实施条例》、《关于印发国务院有关部门实施招标投标活动行政监督的职责分工意见的通知》等有关法律法规及相关规定，制定本办法。

第二条　本办法适用于铁路工程建设项目招标投标活动的监督。

第三条　铁道部对铁道行业建设工程招标投标活动实施监督，监督工作分标前、标中和标后三个阶段。

第四条　铁路工程建设项目招标投标监督应依法进行，监督人员应严格履行监督职责，铁路工程建设招标投标活动及其当事人应当接受监督部门依法实施的监督。

第二章　监 督 内 容

第五条　铁道部建设司归口监督铁路工程建设招标投标活动，对铁路工程建设招标投标活动进行监督抽查，受理并组织调查涉及违反招标投标法律、法规、规定和程序的投诉举报。

第六条　监察部驻铁道部监察局（简称驻部监察局）依法对铁路工程建设项目招标投标监督工作和监察对象实施监察，对铁路工程建设招标投标监督工作进行抽查，受理并组织调查涉及人员违纪行为的投诉举报。

第七条　铁道部计划司负责监督铁路建设项目勘察设计招标投标活动，受理并组织调查涉及相关内容的投诉举报。

第八条　铁道部建设司和驻部监察局对铁路工程建设招标投标活动进行抽查，每年对组织招标的铁路局和部管铁路公司抽查比例不低于 30%。

第九条　铁路建设工程招标计划审批、招标人招标投标情况的书面报告备案等招标管理工作以及投标人投标活动等，均属于招标投标监督工作内容。

第三章　标 前 监 督

第十条　标前监督是指对铁路建设项目入场前招标投标活动进行的监督，重点监督是否执行可研报告批复中的招标方式，是否具备招标条件，资格预审公告、招标公告、交易场所、评标办法选用、评标委员会组成方案、招标文件等是否符合法律法规和铁道部相关规定。

第十一条　铁道部计划司、建设司等部门按照职责负责在建设项目入场前，抽查铁路建设项目招标条件执行国家、铁道部相关规定情况，审查铁路大中型建设项目勘察设计、施工、监理、甲供物资设备招标计划。

第十二条 铁道部建设司、驻部监察局、计划司等部门按照职责分工受理并组织调查入场前招标投标活动投诉举报,查处招标投标活动中存在的问题。

第四章 标中监督

第十三条 标中监督是指铁路建设项目入场至定标期间对招标投标活动进行的监督,重点监督招标人按批准事项办理入场手续、资格预审公告和招标公告的发布、开标过程;监督招标投标活动现场等。

第十四条 铁道部建设司、驻部监察局、计划司等部门对铁路建设项目入场后至定标期间招标投标活动实施监督抽查,主要包括:

1. 抽查建设项目资格预审公告、招标公告等是否执行招标计划批复;
2. 抽查资格预审文件和招标文件发售情况;
3. 抽查资格预审结果备案情况;
4. 抽查招标项目资格审查委员会和评标委员会组成方案合规性,对专家抽取过程进行抽查;
5. 抽查开标时间、开标地点、开标程序、异议答复等情况;
6. 通过监控系统对评标过程进行抽查;
7. 抽查中标候选人公示、招标人对异议的答复、中标通知书发出等情况;
8. 对招标人、投标人、评委专家等有关人员在交易场所中违反交易规则的行为责令改正,对发现的违法违规行为进行处理。

第十五条 铁道部建设司、驻部监察局、计划司等部门按照职责分工受理并组织调查入场至定标期间招标投标活动投诉举报,查处招标投标活动中存在的问题。

第五章 标后监督

第十六条 标后监督是指对铁路建设项目招标人确定中标人后的招标投标活动进行的监督。

第十七条 铁道部建设司负责监督检查铁道部批复招标计划的施工、监理等招标项目招标投标情况书面报告备案情况。

第十八条 铁道部建设司等相关部门负责抽查部管项目和铁路局管理大中型建设项目施工、监理合同签订的时间、合同条款的合规性以及合同备案办理情况,并查处违法分包、转包行为。合同条款存在违规情形的,应责令招标投标双方予以改正并监督其按规定重新办理备案手续。

第十九条 铁道部建设司、驻部监察局、计划司等相关部门按照职责分工受理并组织调查定标后招标投标活动投诉举报,查处招标投标活动中存在的问题。

第六章 项目实施

第二十条 部管项目在铁道部招标投标管理办公室指导下由铁道部工程管理中心负责对招标投标活动实施驻场监督,对监督过程中发现的违规行为及时纠正并提出处理建议,受委托组织或协助铁道部建设司、驻部监察局进行投诉举报调查。

1. 对部管项目入场后至开标前招标投标活动实施驻场监督,主要包括检查建设项目资格预审公告、招标公告、资格预审文件和招标文件等合规性;检查资格预审文件和招标文件发售情况;检查资格预审结果备案情况;检查招标项目资格审查委员会和评标委员会组成方案合规性,对专家抽取过程进行现场监督等。
2. 对部管项目开标至定标期间招标投标活动实施驻场监督,主要包括检查开标时间、开标地点、开标程序、开标现场、异议答复等情况;通过监控系统对评标过程进行驻场监督;检查中标候选人公示、招标人对异议的答复、中标通知书发出等情况。
3. 对招标人、评委专家等有关人员在交易场所中违反交易规则的行为予以纠正,对拒不改正的以及依法应当予以处罚的行为,应及时向铁道部建设司、驻部监察局等相关部门报告,并提出处罚建议。

第二十一条 局管项目在铁道部招标投标管理办公室指导下由铁路局负责对招标投标全过程实施监督工作,对招标投标违规行为及时纠正并提出处理建议,受委托组织或协助铁道部建设司、驻部监察局、计划司进行投诉举报调查。

1. 在局管项目入场前,检查招标条件和国家、铁道部相关规定执行等情况。

2. 对局管项目入场后至定标前招标投标活动实施驻场监督,主要工作包括:检查建设项目资格预审公告、招标公告、资格预审文件和招标文件等合规性;检查资格预审文件和招标文件发售情况;检查资格预审结果备案情况;检查招标项目资格审查委员会和评标委员会组成方案合规性,对专家抽取过程进行现场监督;驻场监督检查开标时间、开标地点、开标程序、开标现场、异议答复等情况;对评标过程进行现场监督;检查中标候选人公示、招标人对异议的答复、中标通知书发出等情况。

3. 对招标人、评委专家等有关人员在交易场所中违反交易规则的行为予以纠正,对拒不改正的以及依法应当予以处罚的行为,应及时向铁道部建设司、驻部监察局、计划司等相关部门报告,并提出处罚建议。

铁路局应细化明确建设管理和纪检监察等相关部门的监督职责及内容。

第七章 附 则

第二十二条 监督工作应按照事事有标准、事事有程序、事事有责任人的要求,制定实施细则,细化监督办法,明确责任追究事项,明确监督记录格式及记录保管要求,明确监督岗位及责任,落实监督人员,切实保证监督工作有效进行。

第二十三条 监督工作人员应当严格遵守有关保密规定,对监督检查过程中知悉的国家机密、商业秘密、招标投标信息和投诉信息等,依法予以保密。

第二十四条 监督工作人员不依法履行职责,存在失职渎职行为的,由纪检监察部门组织调查处理。

第二十五条 本办法由铁道部建设管理司组织解释。

第二十六条 本办法自 2012 年 6 月 1 日起施行。铁道部前发《铁路有形建设市场交易规则》(铁建设〔2008〕56 号)、《铁路有形建设市场管理办法》(铁建设〔2010〕39 号)同时废止。

铁路建设项目物资设备管理办法

(2012 年 9 月 12 日铁道部发布 铁建设〔2012〕216 号 自 2012 年 10 月 1 日起施行)

第一章 总 则

第一条 为规范铁路建设物资设备管理,保证建设工程质量和生产安全,根据《建设工程质量管理条例》等相关规定,制定本办法。

第二条 本办法适用于铁路大中型建设项目,其他铁路建设项目可参照执行。

第三条 本办法所称铁路建设物资设备是指批准设计文件内的形成工程和实现工程功能所必需的物资、设备。

第四条 铁路建设物资设备分为建设单位采购和承包方采购两类,以下简称甲供、自购物资设备。

第五条 铁路建设采用列入国家实行生产许可证制度的工业产品目录、铁道部行政许可目录、铁路产品认证采信目录内的铁路专用设备,必须选用通过许可认证的物资设备。

第二章 物资设备管理

第六条 铁道部建设管理司负责铁路建设物资设备的监督、管理和指导；铁道部工程管理中心（以下简称工管中心）可组织建设单位进行物资设备采购，对现场物资设备管理进行检查。

第七条 建设单位作为建设项目的责任主体，对建设项目物资设备进行管理，组织对各种物资设备质量进行检查，采购或在工管中心组织下采购甲供物资设备。

第八条 勘察设计单位是建设项目的设计主体，应在设计文件中明确物资设备的标准、规格、性能等技术指标以及物资设备费用等经济指标，对设计文件载明的数量、技术指标和经济指标负责。

第九条 承包单位作为自购物资设备的责任主体，应严格按照合同约定的技术标准和质量要求采购物资设备，对采购的物资设备负责；对用于工程的甲供物资设备质量承担责任。

第十条 监理单位是物资设备进场、使用的监理主体，按规定承担监理检测责任。

第三章 甲供物资设备

第十一条 甲供物资设备包括工程物资设备和运输生产设备，分建设单位招标采购和工管中心组织建设单位招标采购两类（甲供物资设备目录附后）。

第十二条 甲供物资设备由建设单位或建设单位在工管中心组织下进行公开招标采购，建设单位签订采购合同并负责组织供应、检查和资金结算等。

甲供物资设备必须符合国家和铁道部有关规定，以及设计文件要求。

第十三条 建设单位在施工图审核合格后组织编制甲供物资设备招标清单，包括采购数量、技术标准以及供应时间、地点等。

建设单位应将甲供物资设备中的工程物资设备的品名、数量、供应时间地点，以及保管要求等纳入工程招标文件，并对其准确性负责。

第十四条 甲供物资设备费用一般为施工图预算内相应物资设备的费用，包括物资设备本身费用以及运费等费用。甲供物资设备中工程物资设备在供应地点移交承包单位，移交后的搬运保管费用纳入工程承包合同。

第十五条 甲供物资设备招标采购，节余费纳入建设项目招标结余费。

甲供物资设备拟中标价超出施工图预算价格的，建设单位组织分析原因；确属物价上涨等原因的，在不因此突破批准初步设计总概算的情况下，由建设单位确定进入公示定标程序或重新招标；属于围标串标等人为原因的，依据规定重新招标；合同价超出施工图预算价格的，价差按铁道部规定办理。突破批准初步设计总概算的，按规定程序报铁道部批准。

第十六条 承包单位和监理单位依据合同约定对进场甲供物资设备的品名、规格、型号、数量、外观、检测报告、合格证书、质量保证承诺（包括产品质量保证期和产品缺陷召回、经济损失责任赔偿的承诺等）进行检查验收，并按规定检测；未经检验或检验检测不合格的物资设备不得使用。不合格的甲供物资设备由建设单位负责处理。

第十七条 运输生产设备由建设单位商运营单位招标采购。建设项目建成后实施委托运输管理的，建设单位应会同委托协议相关方共同对采购的运输生产设备进行检查验收，并按规定进行检测，在动态验收前移交委托运营单位；未经检验或检验检测不合格的由建设单位负责处理。

第十八条 甲供物资设备中的工程物资设备验收合格后由承包单位保管，因搬运保管不善造成丢失、损坏的，由承包单位赔偿。

第十九条 建设单位应保证甲供物资设备满足工程建设和开通运营需要，并根据施工组织变化、变更设计、运输安排等及时调整物资设备供应。可委托具有相应能力的中介机构协助进行物资设备管理。

第四章 自购物资设备

第二十条 自购物资设备是指用于工程的除甲供物资设备外的其他由承包方采购的物资

设备。

第二十一条 自购物资设备由承包单位自主采购,采购行为应符合国家招标规定和其他相关规定。对于宜统一规格型号或制式的物资设备,提倡承包单位联合采购。

第二十二条 自购物资设备的技术和质量要求必须符合国家和铁道部有关规定,以及设计文件和承包合同要求,承包单位承担价格风险;主材价差调整执行铁道部相关规定,在工程承包合同中约定。

第二十三条 承包单位应对自购物资设备的检测报告、合格证书、质量保证承诺(包括产品质量保证期和产品缺陷召回、经济损失责任赔偿的承诺等)、外观质量进行检查,并按规定进行检验检测;未经检验检测或检验检测不合格的物资设备不得进入施工现场。

第二十四条 监理单位应在承包单位对自购物资设备检查合格的基础上,按照验收标准规定进行检查检测。检查不合格的物资设备不得使用,由承包单位运离工地。

第二十五条 建设单位应依据《标准施工招标文件》和《补充文本》,将对工程质量、安全有直接影响的物资设备进行检查的内容纳入施工承包合同,按合同约定组织检查。

第五章 许可认证物资设备

第二十六条 设计单位在铁路工程设计中必须严格执行铁道部关于铁路专用物资设备管理的相关规定。需要采用列入国家实行生产许可证制度的工业产品目录、铁道部行政许可目录和铁路产品认证采信目录内的铁路专用设备(以下简称许可认证物资设备)的,必须采用经许可认证的物资设备并在设计文件中明确标明,严禁采用未经许可认证的物资设备。

第二十七条 甲供物资设备招标时,属于许可认证物资设备的,建设单位必须将企业通过许可或产品通过认证作为招标的资格条件。

甲供物资设备进场验收时,除规定检查检测质量外,还必须检查许可认证物资设备的许可认证文件。

第二十八条 建设单位必须在工程施工招标文件中载明,由承包单位采购的许可认证物资设备,必须从通过行政许可的企业和认证的产品中采购,通用物资设备应在符合相关行业标准或认证的产品中采购。

承包单位必须按照铁道部规定和合同约定采购通过许可认证的产品,并妥善保管许可认证文件,许可认证文件不全的物资设备不得进入施工现场。

第二十九条 建设单位应组织监理单位对承包单位自采入场物资设备的许可认证文件进行检查,许可认证文件不全的,应责成承包单位运离工地。

第六章 新型物资设备

第三十条 设计阶段采用新型物资设备的,必须在设计文件中说明采用新型物资设备的必要性和依据,并注明新型物资设备的规格、性能等技术指标和验收标准,以及使用注意事项等内容。

第三十一条 建设单位采购新型物资设备时,必须检查新型物资设备的技术评审报告、产品质量检验报告和产品验收标准,不得采购缺少上述文件的物资设备。

第三十二条 承包单位采购新型物资设备时,必须检查新型物资设备的技术评审报告、产品质量检验报告和产品验收标准等,不得采购缺少上述文件的物资设备。

承包单位应在新型物资设备入场前将上述证明文件报建设单位,建设单位应组织对新型物资设备及证明文件进行抽查。

第三十三条 实施阶段增加使用新型物资设备的,应比照变更设计进行审查,严禁违反审查程序使用未经评审的新型物资设备。

第七章 物资设备质量

第三十四条 铁路建设物资设备实施采购、运输、施工、使用全过程管理,建设单位、承包单位应建立健全物资设备质量跟踪追溯制度,落实物资设备采购、供应单位的质量责任。

第三十五条 设计单位必须选用符合铁路主要技术政策、装备政策的物资设备，注明标准、规格、性能等技术指标，以及是否属于许可认证范围，其质量必须符合国家和行业有关标准。但不得要求或注明某一特定的专利技术、商标、名称、设计、原产地或供应者等。

第三十六条 物资设备采购单位要建立健全质量责任制，明确物资设备采购供应管理中各环节的责任人及其责任，把好采购、生产、运输、验收等关键环节，杜绝不合格物资设备进入施工现场。

第三十七条 建设单位和承包单位只能使用检验合格的物资设备，未经检验或检验检测不合格的不得使用，严禁使用被清出铁路市场的物资设备。

第三十八条 监理单位必须按规定对进场物资设备进行检验、见证取样或平行检验，发现问题及时向建设单位和监督机构报告。

第三十九条 物资设备供应商应保证所生产、供应的物资设备符合供货合同要求，对提供物资设备的质量负责。工管中心按照《铁路建设项目物资设备供应商信用评价办法》组织信用评价，公布不良行为记录。被取消或暂停投标资格的供应商，在处罚期内不得参与物资设备投标。

第四十条 建设、设计、监理单位不得指定或向承包单位推荐物资设备的供应商和生产厂家，也不得向承包单位和物资设备供应商违规收取任何费用。

第八章 附　　则

第四十一条 高速铁路站后系统集成采用施工总承包方式，施工总承包范围内的物资设备纳入施工总承包合同，由承包单位采购。

第四十二条 物资设备管理违反本办法的，责令改正，并按国家和铁道部规定追究责任单位和责任人员的责任。

第四十三条 本办法由铁道部建设管理司负责解释。

第四十四条 本办法自 2012 年 10 月 1 日起施行。铁道部原发《铁路建设项目物资设备管理办法》(铁建设〔2006〕83 号)、《关于铁路建设项目甲供甲控物资设备招标有关工作的指导意见》(铁建设函〔2007〕495 号)、《关于重新印发〈铁路建设项目甲供甲控物资设备目录〉的通知》(铁建设〔2010〕163 号)同时废止，其他涉及铁路建设物资设备文件与本办法相悖的，以本办法为准。

附件：

铁路建设项目甲供物资设备目录(一)
(铁道部工程管理中心组织建设单位采购)

序号	种类	细　　目
1	桥梁	通用桥梁支座、特殊桥梁支座
2	接触网	接触网导线
		承力索
3	轨道结构材料	道岔
		厂制轨枕(板)(含岔枕，木枕、电容枕、绝缘枕除外)
		钢轨伸缩调节器
		钢轨扣配件
4	轨道车辆	重型轨道车、接触网综合检修作业车、接触网专用平车、起重轨道车

注：1. 钢轨采购执行铁道部相关规定。
2. 铁路通信骨干网建设时，光纤传输设备、数据通信设备、时钟同步设备和 GSM－R 核心网共用设备纳入本目录，由工管中心组织建设单位统一采购。

铁路建设项目甲供物资设备目录(二)
(建设单位采购)

序号	种类	细　目
1	电力变电设备	高压开关柜、电容器柜、变压器、箱式变电站、无功补偿装置、高压网环柜
		交直流电源屏、微机保护综合自动化设备
		远动系统主机设备
		有源滤波器
2	牵引变电设备	牵引变压器、自耦变压器
		牵引变电所所用变压器(AT 所、分区亭、开闭所)
		单极、双极、三极隔离开关
		110kV 及以上断路器、电气化铁路专用真空断路器
		微机保护综合自动化设备、交直流电源屏
		GIS、AIS 气体绝缘开关柜及组合电器、电流、电压互感器
		并联电容电抗器(含无功补偿装置)
		负荷隔离开关、氧化锌避雷器、抗雷圈
		安全监控系统、远动装置、高压电缆监测装置
3	电缆	高压电缆(10kV 及以上、含 27.5kV 电缆头)
		钢芯铝绞线及铝包钢芯铝绞线
		通信光、电缆
		信号电缆
		综合接地电缆(含压接件)
4	接触网设备器材	接触网关键零部件(含腕臂支撑装置,腕臂底座本体,限位及非限位定位装置,终端锚固线夹,中心锚结装置,整体吊弦及吊弦线夹,电连接装置,滑轮、棘轮及弹簧补偿装置,弹性吊弦、索线夹,隧道内支撑及定位装置)
		自动过分相装置,接触网绝缘子,分相、分段绝缘器
		接触网钢支柱(含硬横梁)、混凝土支柱
5	机车车辆检测试验、维修、运营维护设备	安全监控 5T 设备、电动试风装备
		金属切削机床、加工中心、板材加工设备、焊接设备
		铁路救援设备、机车清洗机、部件清洗设备、机车整备设备、机车运用安全设备、安全监控系统、卸污设备
		移车台、起重机、架车机、公铁两用车、运输车、AGV 小车、工艺转向架
		整车试验台、水阻试验台、轮对及受电弓检测设备、检测及测量仪器、探伤设备、部件试验台
		车轮加工设备、不落轮车床、部件拆解及组装设备、立体仓库、检修专用工装
		锅炉、空压机、专用空调、环保设备

续表

序号	种类	细 目
6	动车组运用、检修、检测设备	公铁两用车、地面电源、洗车机、牵车机、真空卸污设备、三层作业平台、轨道桥、安全监控系统、作业监控评价管理系统设备
		不落轮车床、转向架更换设备、轮对及受电弓检测系统、位置追踪系统、立体库
		轮对故障动态检测系统、便携式空心轴探伤系统、空心轴探伤设备、在线移动式轮辋轮辐探伤设备、轮对轮辋超声波探伤仪
		信息系统设备
7	信号设备	列控中心、应答器、LEU 等主要地面设备、RBC(无线闭塞中心)、临时限速服务器
		ZPW－2000(UM)系列自动闭塞和电码化发送设备
		TDCS、CTC 系统设备
		计算机联锁设备
		点灯单元
		驼峰控制系统
		信号微机监测设备
		智能电源屏
		安全型继电器、计轴设备、防雷设备、控制台
		驼峰自动化设备及车辆减速器
		转辙机及安装设备,外锁闭装置
		无线调车机车信号和监控系统
		专用空调
		道岔融雪系统
		信号变压器、断路器、道口信号设备
		25HZ 轨道电路设备、电码化隔离盒、ZPW－2000(UM)系列轨道电路补偿电容
8	通信设备	铁路 GSM－R 数字移动通信系统网络设备(含弱场设备)、手持台、SIM 卡及管理设备
		光纤传输设备
		数据通信设备
		时钟同步设备
		有线调度通信设备、无线列调通信设备
		铁路应急通信设备
		客运、客服信息系统设备
		程控交换设备
		通信电源设备
		车载无线通信设备、站场无线通信便携台
		动力及环境监控设备、光纤监测设备
		综合视频监控系统设备
		综合网管设备

续表

序号	种类	细　目
		会议电视设备
		通信仪器仪表
		专用空调
9	养路机械检测试验、维修及运营维护设备	移动及固定作业(升降)平台、架车机、落轮机、液压机、滤油机、焊机、移车台、转车盘、起重机、不落轮车床
		充放电设备、电源、砂轮机、光谱仪、铁谱仪、颗粒计数器
		发动机测试检修设备、翻转架、存放架、组装台
		制动机检修流水线、钩缓拆装修理设备、研磨机、除锈机、注倒氟机
		立体仓库、喷漆设备、油库、屏蔽室
		机加工设备、各类清洗设备、干燥箱
		工作台、弯管机、专用检修工装、剪板机、折叠机、空压机、储气罐、复轨器
		叉车、搬运车
		各种检测测试设备、试验台、内窥镜、探伤设备、石油产品试验器、油类测试测定仪、硬度计、专用空调
10	客用专线检测试验、维修及运营维护设备	电动道岔控制装置、信息系统设备
		综合检测车专用设备
		地质雷达、无缝线路应力检测仪、桥梁检定仪器、全站仪、电子分析设备、轨道几何状态测量仪
		桥梁检查车、隧道检查车、公铁两用车
11	站前工程	桥梁防水层材料
		桥梁伸缩调节器
		隧道防水板、止水带
		轨道无粘接预应力钢棒
12	站房工程	中央空调主机(含多联机)
		电梯
13	声屏障	含风屏障

注:1. 不需要安装的运输生产设备(含建管甲供目录中未列出的),由建设与运营协商,根据初步设计批复,在概算范围内委托运营单位招标采购。
2. 未签订施工合同的项目应严格执行修订后的甲供物资设备目录,已签订施工合同的项目仍执行原合同确定的甲供物资供应范围与方式。
3. 在建项目已签订合同中尚未采购的原甲控物资设备改由承包单位自主采购,建设单位按标准施工招标文本通用条款第5.1.2条补充合同,并做好进场物资检验工作。

铁路建设工程施工招标投标实施细则

(2010年10月31日铁道部发布　铁建设〔2010〕205号　自2010年12月1日起施行)

第一章　总　　则

第一条　为规范铁路建设工程招标投标工作,维护招标投标各方合法权益,保证铁路建设顺利实施，依据《中华人民共和国招标投标法》、《工程建设项目施工招标投标办法》等有关规定，制订本实施细则。

第二条 本实施细则适用于铁路大中型建设项目的施工招标投标活动，其他建设项目的施工招标投标可参照执行。

第三条 工程建设项目符合《工程建设项目招标范围和规模标准规定》要求的，必须通过招标选择施工单位。任何单位和个人不得将依法必须进行招标的项目化整为零或者以其他任何方式规避招标。

第四条 铁路建设招标投标必须遵循公开、公平、公正和诚实信用的原则。

第五条 铁路建设工程施工招标由建设单位负责，并依法组织实施。任何单位和个人不得非法干涉正常开展的招标投标活动。

第六条 铁道部建设管理司和监察部驻铁道部监察局（以下简称监察局）对铁路建设工程施工招标投标活动实施监督，依法查处铁路建设工程施工招标投标活动中的违法违规行为。

第二章 招标条件

第七条 施工招标应具备下列条件：

（一）建设单位（或项目管理机构）依法成立。

（二）有相应的资金或资金来源已经落实。

（三）施工图已经审核合格。

（四）施工图预算已经核备或批准。

（五）指导性施工组织设计已经完成审查。

建设项目的特殊重点控制工程可以分段实施。

非经济补偿的"三电"迁改、电磁防护和管线迁改等工程（含征地拆迁协助工作），在初步设计批复后即可招标。

第八条 工程施工招标分为公开招标和邀请招标。采用邀请招标的须按规定经批准后实施。

第九条 招标人可自行招标或委托招标，任何单位和个人不得强制其委托招标代理机构办理招标事宜。

第三章 招标计划

第十条 建设项目具备招标条件后，建设单位应向招投标管理办公室上报招标计划。招标计划应包括：工程概况、招标依据、招标范围、承包方式、标段划分（含标段起讫里程、长度、主要工程内容、重点控制工程、招标概算）、时间安排、资格审查方式、评委会组成方案、潜在投标人资质要求、交易场所等。

建设项目分期分批招标的，建设单位应在招标计划中说明已招标内容、本次招标内容以及剩余招标安排。委托代建工程应在代建协议签订后，由代建单位上报招标计划。

第十一条 标段划分原则

（一）科学合理原则。按照质量、安全、工期、投资、环保、技术创新"六位一体"要求，坚持项目整体安排最优，合理确定标段，实现建设项目系统效果最优。

（二）大标段原则。充分考虑施工企业技术管理、队伍、工装（包括制运架梁、铺轨等重要施工机械）和构件经济运距等资源配置优势，发挥规模效益，确保铁路建设顺利展开。

（三）施组优化原则。结合施工组织设计工期安排、工程特点，兼顾行政区域、设计里程分界、土石方调配、材料运输组织，以及大型临时设施、过渡工程和辅助工程施工组织，促进资源合理配置和均衡利用，确保工程质量、施工安全和工程进度。

（四）安全第一原则。充分考虑营业线施工特点，发挥长期从事营业线施工企业的经验优势，确保营业线施工安全。

（五）效能优先原则。有利于分段施工、分期投产，尽早发挥投资效益；有利于减少招标工作量，降低招标成本。

(六)专业优先原则。充分考虑大型站房、特长隧道、特大桥梁、"四电"集成等专业特点,积极推进专业化施工,促进铁路建设技术水平提高。

第十二条 标段划分标准

(一)高速铁路

1. 站前工程:包括路基、桥涵、隧道、轨道等工程,标段招标额为 50 亿元左右,涉及营业线施工的标段可结合里程长度适当减少;项目招标额少于 50 亿元的应设 1 个标段;独立由具有公路、港口与航道、水利水电、矿山、市政公用工程施工总承包特级资质之一的施工企业参加投标的标段,标段招标额为 30 亿元左右。综合接地、接触网立柱基础、声屏障基础、电缆沟槽、连通管道等有关接口工程内容,一并划入站前工程标段。

2. 站后工程:采用"四电"系统集成方式的,原则上应按"四电"、信息、客服、防灾等工程进行系统集成招标,配套房屋纳入招标范围。

(二)其他新建铁路

1. 站前工程:标段招标额为 30 亿元左右;独立由具有公路、港口与航道、水利水电、矿山、市政公用工程施工总承包特级资质之一的施工企业参加投标的标段,标段招标额为 20 亿元左右。

2. 站后工程:原则上按线路里程划分标段,也可按通信、信号、电力、电气化等工程分专业划分标段,但标段招标额原则上为 7 亿元,配套房屋纳入招标范围。

3. 项目招标额在 30 亿元及以下的,可设 1 个综合施工标段,也可分站前、站后各设 1 个标段。

(三)改建铁路

站前工程标段招标额为 18 亿元左右,站后工程标段招标额原则上为 5 亿元;站前站后工程关系密切的,应将站前站后工程按里程划分综合标段,标段招标额为 18 亿元左右。

(四)特长隧道、极高风险隧道或隧道群、技术复杂的特大桥或桥梁群、单座建筑面积 3 万平方米及以上的站房,可单独划分标段,站台雨棚纳入站房标段。其他站房工程应按专业化施工的要求划分标段,集中招标。

(五)集装箱中心站采用工程总承包招标方式,原则上按一个标段考虑。

(六)非经济补偿的"三电"迁改、电磁防护和管线迁改等工程(含征地拆迁协助工作),应结合行政区域划分标段。

第十三条 招标人应根据项目特点合理设定潜在投标人资质要求。仅有上跨营业线施工的新线标段,对潜在投标人资质要求应符合铁路建设市场开放的原则;站房工程应根据站房建筑面积、结构特点及地理位置合理设定潜在投标人资质条件;三电迁改、电磁防护和管线迁改等工程(含征地拆迁协助工作)潜在投标人资质要求原则上应为铁路工程施工总承包特级资质,同时具备铁路电务、电气化工程专业承包一级资质(子公司具备也可)。

站前工程长大标段,允许 2 个施工总承包特级资质企业组成联合体投标,其中 1 个为牵头单位。牵头单位承担任务应不少于投标额的 2/3,非牵头单位仅允许其下属 1 个公司承担施工任务。

第十四条 铁路基建大中型项目原则上在铁路一级交易市场招标,更新改造项目在铁路二级交易市场招标。投资额 5000 万元以上的招标项目,招标计划上报铁道部招标办,由铁道部招标办批复,其他报铁路局招标办,由铁路局招标办批复。

第四章 招 标 公 告

第十五条 采用公开招标方式的,招标人应当发布招标公告,邀请不特定的潜在投标人投标。

经批准采用邀请招标方式的,招标人应当向 3 家及以上具备承担施工招标项目的资质条件、能力、资信良好的特定的法人或者其他组织发出投标邀请书。

第十六条 实行资格预审的建设项目发布资格预审公告,资格后审的建设项目发布招标公告。

资格预审公告、招标公告通过铁道工程交易中心在规定的媒体上发布。

第十七条 资格预审文件和招标文件应按照批准的招标计划和铁道部《关于印发铁路建设

项目单价承包等标准施工招标文件补充文本的通知》(以下简称《补充文本》)编制,空白部分根据项目的实际情况和有关要求填写,分别与国家发展改革委等9部委《标准施工招标资格预审文件》和《标准施工招标文件》构成完整的招标资格预审文件和招标文件。确需修改《补充文本》的,应书面报铁道部建设管理司批准后修改。

资格预审文件和招标文件报招标办备案。

第十八条 应根据项目具体特点在资格审查文件中载明资格审查的条件、标准和方法,对涉及营业线安全的施工标段应在资格审查文件中明确要求潜在投标人具有营业线施工经验,其他站前工程不得以铁路施工业绩或人员具有铁路施工经验作为条件限制潜在投标人投标。不得以不合理的条件限制或排斥潜在投标人。

第十九条 建设项目1个批次招标只编制1套资格预审文件,招标人应根据标段工程特点对标段进行分类,将类似工程的标段分为一类(如含有铺架、特殊结构或重点桥隧等工程内容的标段应分为一类),在资格预审文件中载明各类别标段的资审条件。

招标人无正当理由,不得拒绝符合公告资质要求的潜在投标人购买资格预审文件或招标文件,也不得向不满足公告资质要求的投标人发售资格预审文件或招标文件。

第五章 资格审查

第二十条 资格审查原则上采用资格预审方式,确需进行资格后审的,建设单位应在招标计划中提出申请,经招标办批准。

第二十一条 招标人应当按招标公告或者投标邀请书规定的时间、地点出售资格预审文件或招标文件。自资格预审文件或者招标文件出售之日起至停止出售之日止,最短不得少于5个工作日。

招标人可以通过信息网络或者其他媒介发布招标文件,通过信息网络或者其他媒介发布的招标文件与书面招标文件具有同等法律效力,但出现不一致时以书面招标文件为准。招标人应当保持书面招标文件原始正本的完好。

第二十二条 资格预审文件或招标文件的收费不得以营利为目的,对于所附的设计文件可以向投标人酌收押金。

资格预审文件或招标文件售出后不予退还。除因不可抗力或者其他非招标人原因,招标人不得在发布资格预审公告、招标公告后或者发出投标邀请书后擅自终止招标;终止招标的应向投标人退还购买资格预审文件或招标文件的费用。

第二十三条 资格预审原则上采用合格制,符合资格预审文件规定条件的均为合格。通过资格预审且内容没有变化的内容不再作为投标文件内容,也不得作为评标时的废标条件。

资格审查应当按照资格审查文件规定的标准和方法进行。资格审查文件未规定的标准和方法,不得作为资格审查的依据。

第二十四条 实行资格预审的,招标人应依法组建资格预审评审委员会,资格预审评审委员会成员不少于5人,其中专家数量不少于三分之二,专家由招标人在所在地铁路局建设工程招标投标办公室和监察部门的监督下,按就近原则通过办公网从铁道部专家库中随机抽取,并严格执行回避政策。

第二十五条 两个以上施工企业可以组成一个联合体参加投标,在资格预审申请文件中应向招标人提交联合体协议;协议中应明确联合体组建原则、牵头单位和各成员单位拟承担的工作内容或投标报价比例和责任等。

联合体各方签订联合体协议后,不得再以自己名义单独投标,也不得与其他单位组成新的联合体在同一标段中投标。

第二十六条 有下列情况之一,不能通过资格审查:

(一)投标人资质不满足要求。

(二)企业正处于停止投标状态。

(三)安全生产许可证被暂扣或没有安全生产许可证的。

(四)资格预审申请文件或投标文件无单位盖章,无法定代表人或法定代表人授权的代理人签字或盖章的。

(五)招标人可将半年内在本铁路局管辖范围内发生较严重质量安全问题或运营安全事故作为不能通过资格审查的条件,在资格审查文件中载明。

第二十七条 资格预审评审(或评标)委员会可以书面方式要求对下列内容作必要的澄清、说明,澄清、说明应以书面方式进行并不得改变资格预审申请文件或投标文件的实质性内容:

(一)近3年平均营业收入。

(二)施工业绩。

(三)项目经理和总工程师工作年限或资格。

(四)投标人对招标人提出的专用设备,如对运梁车、架桥机、超前水平地质钻机、混凝土模板衬砌台车、铺轨机、混凝土搅拌站、无砟轨道铺设设备、接触网作业车等设备要求的承诺不明确的。

投标人拒绝澄清,或不能对存在问题作出合理解释的,资格审查不通过。

第二十八条 除第二十六条、第二十七条所列条件外,资格预审评审(评标)委员会不得以其他内容不满足作为投标人不能通过资格审查的依据。

对于同属1个企业集团公司的2个及以上子公司在同一标段提交资格预审申请的,通过资格预审的投标人在6个及以下时,最多只允许1个通过资格预审;通过资格预审的投标人超过6个时最多只允许2个通过资格预审。

母子公司在同一标段不能同时通过资格预审。

第二十九条 资格预审完成后,资格预审评审委员会应比照评标报告向招标人提交资格预审报告。资格预审评审委员会成员对资格预审结论持有异议的,可以书面方式阐述其不同意见和理由。资格预审评审委员会成员拒绝在资格预审报告上签字且不阐述其不同意见和理由的,视为同意资格预审结论,资格预审评审委员会应对此作出书面说明并记录在案。

通过资格预审申请人的数量不足3个的,招标人应重新组织资格预审。

第三十条 资格预审结束后,招标人应以书面形式向未通过资格预审的投标人说明其资格预审未通过原因。投标人有异议时,应在收到后2个工作日内向招标人提出书面质疑,招标人应在收到质疑后2个工作日内予以答复;对招标人的答复仍有异议的可向铁道部建设管理司或监察局提出申诉。

资格预审结果报招标办备案。

第三十一条 投标人按标段类别提交资格预审申请文件,具体投标标段在其通过资格预审后抽签确定。

资格预审时,按类对提交的资格预审申请文件进行评审;资格预审完成后,通过某一类标段资格预审的潜在投标人方可参加本类各标段抽签。抽签前,先按类设定每一类的签数(为本类内标段数量与通过本类资格预审潜在投标人数量的乘积),每根签代表通过本类资格预审的1个潜在投标人,每个潜在投标人在本类内的签数与本类内的标段数相等。抽签时,按类逐标段抽签;每个标段抽取与通过本类资格预审潜在投标人数量相等的签,抽出的签不再放回,各标段根据抽出的签来确定相应投标人。若某标段抽出的投标人数少于3个时,可从通过本类资格预审的其余潜在投标人中追加抽取,直至达到规定的有效投标人数。仅有1个标段的不进行抽签;1类标段仅有3个通过资格预审投标人的,重新进行资格预审。

抽签工作于发售招标文件第一天在工程交易中心进行,具体时间由招标人在投标邀请书或招标公告中载明。没有按时参加抽签的,视为放弃投标资格。招投标各方应做好标段投标人信息保密工作。

第三十二条 除政策原因外,通过资格预审的潜在投标人不购买招标文件,或购买招标文件后不提交投标文件,或不交投标保证金的,视为一般不良行为,发生1次在当期施工企业信用评价总分中扣0.3分。招标结束后,建设单位在招标结果备案的同时将不良行为情况和扣分报铁道部建设管理司。

第六章 招标文件

第三十三条 招标文件规定的各项技术标准应符合国家强制性标准，且均不得要求或标明某一特定的专利、商标、名称、设计、原产地或生产供应者，不得含有倾向或者排斥潜在投标人的其他内容。

第三十四条 招标人应在招标文件中载明廉政要求，明确双方的责任和义务，在签订合同的同时签订廉政协议，互相监督并接受相关部门的监督。

第三十五条 招标人对招标文件的补遗比照本细则第十七条规定的要求和程序办理，涉及有关技术标准和技术条件的补遗，按照经批复的设计文件执行。

招标人对已发出的招标文件进行澄清或者修改的，应当在招标文件要求提交投标文件截止时间至少15日前，以书面形式通知所有招标文件收受人。该澄清或者修改的内容为招标文件的组成部分。补遗、澄清时间距投标文件提交截止时间不足15日的，招标人应当顺延投标文件提交截止时间。

第三十六条 采用施工总价承包方式的，总承包风险费总额不得超过已公布的本标段招标预算（不含甲供材料设备费）的1.5%，由招标人根据项目情况自行确定，并在招标文件中载明具体数额。投标人对总承包风险费自主报价，但不得超过招标人公布的总承包风险费。

招标人应按国家规定在招标文件内载明安全生产费的比例，投标人应按招标文件进行安全生产费报价。

第三十七条 铁路建设项目招标评标办法有综合评估法（一）、综合评估法（二）和经评审的最低投标价法3种（以下简称为评标办法一、评标办法二、评标办法三）。招标人应在招标文件内同时载明3种评标办法，由投标人代表在开标会上通过抽签确定。

特殊情况，招标人须在发售招标文件前向铁道部招标办和监察局提交书面报告，经同意后可在招标文件只载明1种评标办法。

第三十八条 采用评标办法一或评标办法二的，招标人应在4.5%～8.5%的范围内设定3个差值为0.3%的系数并在招标文件中载明，在开标会上当众随机抽取1个作为招标降造系数。

投标人报价不得超过有效报价上限，有效报价上限按下述公式计算。

$M = (B - J) \times (1 - C) + J$

M—有效报价上限；

B—招标人公布的招标预算（含总承包风险费、甲供材料设备费、安全生产费）；

C—招标降造系数；

J—招标预算中甲供材料设备费、安全生产费等不降造费用。

采用评标办法三的，不设有效报价上、下限，但投标人的投标报价超过招标预算的为废标。

第三十九条 采用评标办法一或评标办法二时，设定报价评标基准。

评标基准 Z = D平均 − (Dmax − Dmin) × T

其中：D平均—全部有效报价的算术平均值；

Dmax—全部有效报价中的最高报价；

Dmin—全部有效报价中的最低报价；

T—调整系数，在开标会上从−0.1、0.0、0.1、0.2、0.3中随机抽取。

第四十条 信用评价A级企业投标加分执行以下规定：

（一）A级企业的第1次加分为信用评价结果适用期内其参加的第1次投标项目中的1个标段，但不能用于独立桥、隧道、铺架等专业工程和营业线施工标段。

A级企业的第2、3次加分以及因连续3次信用评价第1名而增加的1次加分，在公布信用评价结果适用期内由其自行选择标段使用。

（二）联合体投标时，牵头方为A级企业的，可按上述规定对所投标项目中的1个标段申请加分，计A级企业使用加分权1次；但联合体成员有C级企业的，不允许对联合体加分，且计A级企业使用加分权1次。

A 级企业参加的联合体,牵头方不是 A 级企业的,对联合体不加分,计联合体中 A 级企业使用加分权 1 次。

联合体成员有 A 级企业所属子公司时,视为 A 级企业加分 1 次。

(三)A 级企业通过资格预审后,不购买招标文件或不提交投标文件,均视为已使用 1 次信用评价加分权,因政策原因不购买招标文件或不提交投标文件的除外。

(四)A 级企业使用加分权时,应随投标文件提交"施工企业信用评价加分声明函",同投标函密封在一起,在开报价标时宣读。

第四十一条 招标人确定投标文件提交截止时间时,应充分考虑投标人编制投标文件所需要的时间,自招标文件开始发出之日起至投标人提交投标文件截止之日止,最短不得少于 20 日。

第四十二条 招标文件应当规定投标有效期,以保证招标人有足够的时间完成评标和与中标人签订合同。投标有效期从投标人提交投标文件截止之日起计算。

在原投标有效期结束前,出现特殊情况的,招标人可以书面形式要求所有投标人延长投标有效期。投标人同意延长的,不得要求或被允许修改其投标文件的实质性内容,但应当相应延长其投标保证金的有效期;投标人拒绝延长的,其投标失效,但投标人有权收回其投标保证金。因延长投标有效期造成投标人损失的,招标人应当给予补偿,但因不可抗力需要延长投标有效期的除外。

第七章 投 标

第四十三条 投标人应当按照招标文件要求编制投标文件,投标文件应当对招标文件提出的质量、安全、工期、造价、标准化管理、上场机械设备类型、架子队组建、合同条款、环保、水保、土地复垦等实质性要求和条件作出响应。

投标人根据招标文件载明的项目实际情况,拟在中标后将中标项目的部分非主体、非关键性工程进行分包的,应当在投标文件中载明。

第四十四条 招标人可以在招标文件中要求投标人提交投标保证金。投标保证金为银行出具的银行保函、保兑支票、银行汇票或现金支票,不得以现金形式提交投标保证金。

投标人应当按照招标文件要求的方式和金额,将投标保证金随投标文件提交给招标人。投标人不按招标文件要求提交投标保证金的,招标人应当拒收其投标文件。

第四十五条 投标人应当在招标文件要求提交投标文件的截止时间前,将投标文件密封送达招标文件指定的地点。招标人收到投标文件后,应当向投标人出具标明签收人和签收时间的凭证,妥善保管好已接收的投标文件、修改或撤回通知、备选投标方案等投标资料,在开标前不得开启投标文件。

在招标文件载明的提交投标文件截止时间后送达的投标文件,招标人应当拒收。

提交投标文件的投标人少于 3 个的,招标人应当依法重新招标。重新招标后投标人仍少于 3 个的,按有关规定执行。

第四十六条 投标人在招标文件要求提交投标文件的截止时间前,可以补充、修改、替代或者撤回已提交的投标文件,并书面通知招标人。补充、修改的内容为投标文件的组成部分。

第四十七条 在提交投标文件截止时间后,投标人不得补充、修改、替代或者撤回其投标文件;投标人补充、修改、替代投标文件的,招标人不得接受;投标人撤回投标文件的,其投标保证金不予退还。

第四十八条 联合体资格预审通过后,联合体组成不允许发生变化,如有变化招标人有权拒绝其投标。

第四十九条 联合体各方必须指定牵头人,授权其代表所有联合体成员负责投标和合同实施阶段的主办、协调工作,并应当向招标人提交由所有联合体成员法定代表人签署的授权书。

第五十条 联合体投标的,应随投标文件提交明确约定各成员拟承担的工作内容和报价的联合体协议书,以联合体各方或者联合体中牵头人的名义提交投标保证金。以联合体中牵头人名义投标的,投标文件对联合体各成员具有约束力。

第五十一条 招标人与投标人之间不得有串标行为,投标人之间也不得有围标、串标行为,围标、串标行为认定执行有关规定。

投标人不得以他人名义投标。

第五十二条 投标文件出现下列情况之一,直接按废标处理:

(一)无单位盖章,无法定代表人或法定代表人授权的代理人签字或盖章的。

(二)未按规定格式填写,内容不全或关键字迹模糊、无法辨认的。

(三)投标人 1 个标段提交两份或多份内容不同的投标文件,或在 1 份投标文件中对同一招标项目 1 个标段报有 2 个或多个报价,且未声明哪一个有效的。

(四)投标人名称或组织结构与资格预审时不一致的。投标过程中名称发生变化并经工商部门办理变更手续的除外。

(五)投标担保内容不齐全的。

(六)联合体投标未附联合体投标协议的,或联合体协议未按招标文件明确约定联合体成员承担工作内容和报价的。

(七)未按招标文件规定对总承包风险费、甲供材料费、安全生产费等进行报价的。

(八)采用评标办法一或评标办法二评标时,报价超过有效报价上限的;采用评标办法三评标时,投标人投标报价超过招标文件中载明招标预算的。

(九)评标委员会对报价合理性评审后,发现投标人报价明显低于其他投标报价的,应当要求该投标人作出书面说明并提供相应的证明材料。投标人不能合理说明或者不能提供相应证明材料的。

(十)在评标过程中,评标委员会发现投标人以他人名义投标、串通投标、以行贿手段谋取中标或者以其他弄虚作假方式投标的。

(十一)投标文件载明的招标项目工期超过招标文件规定的期限。

(十二)明显不符合技术规格、技术标准的。

(十三)投标文件附有招标人不能接受的条件。

除上述情况外,原则上其他因素不得作为废标条件。

第八章 开标、评标与定标

第五十三条 开标应当在招标文件确定的提交投标文件截止时间的同一时间公开进行,开标地点应为招标文件中确定的地点,开标时间和开标地点不得随意更改。

以联合体形式投标的投标人,须在开标会上宣读联合体投标总价和各联合体成员拟承担工作部分的报价,否则按废标处理;有 A 级企业使用加分权时,还应宣读“施工企业信用评价加分声明函”。

第五十四条 开标会上,先由投标人代表抽签确定评标办法,抽取评标办法一或评标办法二的,继续由投标人代表抽取降造系数和调整系数。

第五十五条 招标人应依法组建评标委员会,评标委员会中专家数量不少于三分之二,评标专家由招标人在铁道部招标办和监察局监督下,从铁道部专家库中随机抽取。

在二级交易市场招标的,评标专家由招标人在所在地铁路局建设工程招标投标办公室和监察部门的监督下,按就近原则通过办公网从铁道部专家库中随机抽取,并严格执行回避政策。

第五十六条 采用评标办法一的,评标委员会先对技术标、商务标和报价标按评审标准进行评审,对技术标、商务标进行综合评分,根据有效标的报价及抽取的有关系数按本细则第三十九条规定计算评标基准,然后计算各投标人的报价分数。技术标、商务标和报价标的合计得分为投标人的综合评分。当 A 级企业符合加分条件并申请加分时,在综合评分的基础上加 3 分,然后按总分由高到低推荐中标候选人。

第五十七条 采用评标办法二的,技术标和商务标采用通过制。评标委员会先按评标办法对技术标、商务标和报价标进行评审,根据有效标的报价及抽取的有关系数按本细则第三十九条规定计算评标基准,然后计算各投标人得分。当 A 级企业符合加分条件并申请加分时,在计算出投标人得分基础上对A级企业加3分,然后按总分由高到低推荐中标候选人。

第五十八条 采用评标办法三的,技术标和商务标采用通过制。评标委员会先对技术标、商务标和报价标进行评审,之后核查有无信用评价A级企业申请加分,技术标、商务标通过的,按投标价由低到高进行排序。当A级企业符合加分条件并申请加分时,1个标段内仅有1个A级企业,其报价与经评审后的最低投标价的差值在1.5%之内,首先推荐其为第一中标候选人;1个标段有2个及以上A级企业,其报价与经评审后的最低投标价的差值均在1.5%之内,则信用评价结果排位靠前者优先推荐。

第五十九条 采用评标办法一或评标办法二的,所有评分在计算过程中不进行取舍,最终评标分数计算结果保留三位小数,小数点后第四位四舍五入;如最终评标分数出现相等,信用评价排序在前的排名在前。采用评标办法三的,若经评审的最低投标价相同,信用评价排序在前的排名在前。

第六十条 评标委员会可以书面方式要求投标人对投标文件中含义不明确、对同类问题表述不一致或者有明显文字和计算错误的内容作必要的澄清、说明或补正。评标委员会不得向投标人提出带有暗示性或诱导性的问题,或向其明确投标文件中的遗漏和错误。

澄清、说明或补正应以书面方式进行并不得超出投标文件的范围或者改变投标文件的实质性内容(算术性错误修正除外)。

第六十一条 评标委员会在对实质上响应招标文件要求的投标进行报价评价时,按下述原则进行修正:

(一)用数字表示的数额与用文字表示的数额不一致时,以文字数额为准;

(二)单价与工程量的乘积与总价之间不一致时,以单价为准。若单价有明显的小数点错位,应以总价为准,并修改单价。

调整后的报价经投标人确认后产生约束力。

投标文件中没有列入的价格和优惠条件在评标时不予考虑。

第六十二条 评标委员会评标前,应集中学习《招标投标法》以及招投标管理的相关规定、招标文件、评标办法、招标补遗,严格按照抽取的评标办法进行评标,对所有投标人的投标文件按照公平、公正的原则进行评审,形成独立的评审意见。

评审意见如有涂改应旁签,严禁使用铅笔打分、签署意见或签名。

第六十三条 评标期间,除依法履行监督责任的监督人员,其他人员不得私下接触评标委员会成员,不得进入评标现场,不得干涉和影响评标委员会评标。

第六十四条 评标结束后,评标委员会应向招标人出具由全体成员签字的评标报告。评标委员会成员对评标结论持有异议的,可以采用书面方式阐述其不同意见和理由。评标委员会成员拒绝在评标报告上签字且不陈述其不同意见和理由的,视为同意评标结论,评标委员会应当对此做出书面说明并记录在案。

第六十五条 评标报告应包括:基本情况和数据表、评标委员会成员名单、开标记录、符合要求的投标人一览表、废标情况详细说明(包括废标依据)、评标标准、评标方法或者评标因素一览表(包括详细的评审过程,评标办法和招标降造系数等有关数据的确定,对一些重大偏差的评审意见和扣分依据等)、经评审的价格一览表、经评审的投标人排序、推荐的中标候选人名单或根据授权推荐的中标人名单、A级企业使用信用评价加分情况、签订合同前要处理的事宜以及澄清、说明或补正事项纪要。

第六十六条 招标文件、投标文件以及评标过程的资料(包括对重大偏差的评判、对投标文件评分和扣分理由、相关的澄清、说明或补正、评委的评审意见等内容)应纳入工程档案按有关要求进行保管。

第六十七条 招标人应将A级企业使用信用评价加分情况报铁道部招标办,抄送铁道工程交易中心。

铁道部招标办对A级企业使用加分情况及时统计,在铁道工程交易中心网上公布。

第六十八条 评标委员会推荐的中标候选人应当限定在1至3人,并标明排列顺序。

招标人可以授权评标委员会直接确定中标人,但不得在评标委员会推荐的中标候选人之外确定中标人。

第六十九条 招标人应当接受评标委员会推荐的中标候选人,确定排名第一的中标候选人为中标人。

排名第一的中标候选人放弃中标、因不可抗力提出不能履行合同,或者招标文件规定应当提交履约保证金而在规定的期限内未能提交或者被有关部门查实存在影响中标结果的违法违规行为,或因安全、质量问题、事故被停止投标的,招标人可以确定排名第二的中标候选人为中标人。

排名第二的中标候选人因前款规定的同样原因不能签订合同的,招标人可以确定排名第三的中标候选人为中标人。

中标候选人均存在前述情形的,应当重新招标。

第七十条 评标委员会提出书面评标报告后,招标人一般应当在 3 日内将中标候选人在铁道工程交易中心网站上公示,公示时间不少于 3 天,同时以书面形式向被废标的投标人说明废标原因。

公示没有异议或异议不成立且招标人将招标结果报招标办备案(包括应提报的有关数据和表格)后,即可发中标通知书或中标结果通知书。

第七十一条 在公示期间,投标人对评标结果有异议的,可向铁道部建设管理司或监察局申诉。招标人应在有关部门对申诉处理完成后发中标通知书。

第七十二条 对于涉及营业线施工的标段,招标人必须在招标文件中明确要求潜在投标人项目经理进行营业线施工安全知识培训、考试的时间。营业线施工安全知识培训、考试由招标人组织,考试内容按现行规定确定,时间应安排在定标后,参加人员为中标人投标文件中提供的项目经理和有关部门负责人。考试不合格人员应进行补考,补考不合格人员由招标人责成中标人进行更换;更换人员也应按前述规定参加考试。

第七十三条 招标人和中标人应当自中标通知书发出之日起30 日内,按照招标文件和中标人的投标文件订立书面合同。招标人和中标人不得再行订立背离合同实质性内容的其他协议。

第七十四条 中标通知书对招标人和中标人具有法律效力。中标通知书发出后,招标人改变中标结果的,或者中标人放弃中标项目的,应当依法承担违约责任。

第七十五条 招标文件要求中标人提交履约保证金或者其他形式履约担保的,中标人应当提交;拒绝提交的视为放弃中标项目。

履约保证金按以下公式计算:

(一)$(A-D)/A\leqslant 9\%$,提供合同价 10% 的银行保函。

(二)$9\%<(A-D)/A\leqslant 12\%$,除提供合同价 10% 的银行保函外,另外提供金额为$[(A-D)/A-9\%]\times A$的现金担保。

(三)$(A-D)/A>12\%$,除提供合同价 10% 的银行保函外,另外提供金额为$[(A-D)/A-9\%]\times 1.5\times A$的现金担保。

其中,A 为招标预算扣除甲供材料设备费、安全生产费后的费用,D 为扣除甲供材料设备费、安全生产费后中标合同价。

第七十六条 招标人与中标人签订合同后 5 个工作日内,未中标的投标人应当退回施工图纸,招标人向中标人和未中标的投标人退还图纸押金。中标人的施工图纸直接作为工程施工用图,份数不足的由招标人按合同约定的时间补齐。

第九章 罚　　则

第七十七条 招标人有下列行为之一的,给予单位通报批评;情节严重的,按《铁路建设责任追究暂行办法》追究招标人主要领导、分管领导和责任人的责任。

(一)违背招标计划批复原则进行招标,或擅自修改《标准文本》和《补充文本》中不属于招标人修改内容的。

(二)不按本办法进行资格预审,资格预审结束后未在规定时间内向未通过资格预审投标人说明未通过原因的。无正当理由，拒绝向符合要求的潜在投标人发售资格预审文件或招标文件的。

（三）违背有关规定在工程量清单中规定暂估价的。

（四）招标文件的补遗未按本细则第三十五条规定办理的。

（五）向他人透露已获取招标文件的投标人的名称、数量或者可能影响公平竞争其他情况的。

（六）与投标人串标或事前指定中标人的。

（七）在评标过程中诱导或胁迫评标委员的。

（八）无故终止招标的。

（九）其他违法违规行为。

第七十八条 投标人有下列行为之一的，投标文件按废标处理；情节特别严重的，按有关规定取消其一定期限的投标资格。

（一）经确认与招标人或与其他投标人串标、围标的。

（二）经确认在评标过程中与评标委员私下接触的。

（三）以他人名义投标或者投标中弄虚作假的。

（四）其他违法违规行为。

第七十九条 评标委员会成员有下列行为之一的，予以警告；情节严重的，取消评标专家资格，并通知推荐单位；触犯法律的，依法追究责任。

（一）评标期间与招投标利益相关人私下接触，或接受利益相关人礼品的。

（二）经确认评标过程中不能客观公正地履行职责的。

（三）违反保密纪律透露评标相关情况的。

（四）连续2次接到评标通知无故不参加评标的。

（五）其他违法违规行为。

第八十条 铁路工程建设招标监管人员徇私舞弊、玩忽职守的，依据《铁路建设责任追究暂行办法》追究个人责任。

第八十一条 任何人均有权向铁道部建设管理司和监察局举报招标人、投标人和评标委员会成员的违规违纪问题。

第十章　附　　则

第八十二条 本细则第二十八条中所指的"同属1个企业集团公司的2个及以上子公司"不包括总公司所属的局级施工企业。

第八十三条 本实施细则未尽事宜执行国家有关规定；铁道部已发布的施工招标相关规定与本实施细则相悖的，以本实施细则为准。

第八十四条 本实施细则由铁道部建设管理司负责解释。

第八十五条 本实施细则自2010年12月1日起施行。

铁道部前发《关于优化建设项目管理改进评标方式提高工程质量的指导意见》（铁建设〔2004〕89号）、《关于进一步改进和加强铁路建设项目招标投标工作的通知》（铁建设〔2008〕240号）、《关于进一步加强铁路建设有形市场管理和招标投标工作的通知》（铁建设〔2009〕119号）、《关于进一步规范铁路施工招标投标工作的通知》（铁建设电〔2010〕6号），以及铁道部建设管理司原发《关于铁路建设项目招标投标若干问题处理意见的通知》（建工〔2000〕55号）、《关于铁路建设项目施工招标中进行投标人项目经理答辩的通知》（建工〔2002〕58号）、《关于铁路大中型建设项目施工招标投标有关问题的通知》（建工〔2003〕28号）、《关于进一步规范铁路建设项目招标投标工作的通知》（建工〔2005〕28号）、《关于〈加强和改进铁路施工招投标管理工作的暂行规定〉有关问题的解释说明》（建建〔2005〕54号）、《关于进一步完善铁路工程招标投标工作的通知》（建建〔2009〕275号）、《关于铁路大中型建设项目中的大临等工程进行招投标的通知》（2002年铁路电报400号）同时废止。

铁路建设工程质量安全事故与招投标挂钩办法

（2009 年 9 月 22 日铁道部建设管理司、铁道部安全监察司发布 建建〔2009〕273 号）

第一条 为加强铁路建设项目工程质量安全管理，提高铁路建设管理水平，根据国务院《建设工程质量管理条例》、《建设工程安全生产管理条例》、《铁路运输安全保护条例》及铁道部有关规定，制定本办法。

第二条 铁路建设工程质量事故，按照铁道部《铁路建设工程质量事故调查处理规定》分为特别重大事故、重大事故、较大事故、一般事故和工程质量问题。

第三条 铁路建设工程安全事故，按照国务院《生产安全事故报告和调查处理条例》分为生产安全特别重大事故、重大事故、较大事故及一般事故。

第四条 铁路交通事故，按照国务院《铁路交通事故应急救援和调查处理条例》分为铁路交通特别重大事故、重大事故、较大事故和一般事故。

第五条 对造成铁路建设工程质量事故、安全事故以及铁路交通事故的责任单位，除按国家和铁道部有关规定处理外，对施工（工程局及以下企业）、监理企业参加铁路大中型建设项目的投标做出限制，对设计单位在施工图考核中给予降低等级或停止投标的处理。

因全国性或区域性不可抗拒自然灾害造成的事故除外。

第六条 发生铁路建设工程质量事故的，在事故责任认定之日起，对事故责任单位进行如下处罚：

（一）特别重大事故，根据情节，取消施工企业 6 个月及以上投标资格；取消监理企业 4 个月及以上投标资格。

（二）重大事故，根据情节，取消施工企业 4 个月及以上投标资格；取消监理企业 2 个月及以上投标资格。

（三）较大事故，根据情节，取消施工企业 2 个月及以上投标资格；取消监理企业 1 个月及以上投标资格。

（四）一般事故，根据情节，取消施工企业 1 个月及以上投标资格；取消监理企业 20 天及以上投标资格。

（五）工程质量问题，根据情节，给予相应处罚。

对于偷工减料、内业资料弄虚作假等情节严重、影响恶劣的质量事故或工程质量问题加重处理。

第七条 发生生产安全特别重大事故、重大事故的，自事故发生之日起，进行如下处罚：

（一）特别重大事故，根据情节，取消施工企业 6 个月及以上投标资格；取消监理企业 4 个月及以上投标资格。

（二）重大事故，根据情节，取消施工企业 4 个月及以上投标资格；取消监理企业 2 个月及以上投标资格。

被吊销或暂扣安全生产许可证的施工企业一律不准参加铁路建设项目投标。

第八条 发生生产安全较大事故的，进行如下处罚。

（一）造成人员死亡的，自事故发生之日起：

1. 死亡 7 ~ 9 人的，取消施工企业 10 次投标资格；取消监理企业 6 次投标资格。

2. 死亡 5 ~ 6 人的，取消施工企业 7 次投标资格；取消监理企业 4 次投标资格。

3. 死亡 3 ~ 4 人的，取消施工企业 4 次投标资格；取消监理企业 2 次投标资格。

（二）未造成人员死亡的，自事故责任认定之日起，停止投标次数比照本条第一款第 3 项进行处罚。

第九条 发生生产安全一般事故的，进行如下处罚。

（一）造成人员死亡的，自事故发生之日起：

1. 死亡 2 人的，取消施工企业 2 次投标资格；取消监理企业 1 次投标资格。

2. 死亡 1 人的，取消施工企业 1 次投标资格。

（二）未造成人员死亡的，自事故责任认定之日起，比照本条第一款第 2 项进行处罚。

第十条 由于工程建设引起铁路交通事故的，自事故责任认定之日起，对事故责任单位进行如下处罚：

（一）特别重大事故，负有全部或主要责任的，取消施工企业 6 个月及以上投标资格；取消监理企业 4 个月及以上投标资格。负有重要责任的，取消施工企业 4 个月及以上投标资格；取消监理企业 2 个月及以上投标资格。

（二）重大事故，负有全部或主要责任的，取消施工企业 4 个月及以上投标资格；取消监理企业 2 个月及以上投标资格。负有重要责任的，取消施工企业 2 个月及以上投标资格；取消监理企业 1 个月及以上投标资格。

（三）较大事故，负有全部或主要责任的，取消施工企业 2 个月及以上投标资格；取消监理企业 1 个月及以上投标资格。负有重要责任的，取消施工企业 1 个月及以上投标资格；取消监理企业 20 天及以上投标资格。

（四）一般事故：

1. A、B 类事故，取消施工企业 1～2 次投标资格，取消监理企业 1 次投标资格。

2. C 类事故，一个季度内发生二次，自第二起事故责任认定之日起，取消施工企业 1 次投标资格。

3. D 类事故，一个季度内发生三次，自第三起事故责任认定之日起，取消施工企业 1 次投标资格。

第十一条 五年内（自第一起事故发生之日起）连续发生二起特别重大事故的、一年内（自第一起事故发生之日起）连续发生二起重大事故的、六个月内（自第一起事故发生之日起）连续发生二起较大事故的或三个月内（自第一起事故发生之日起）连续发生一般事故（不含 C、D 类）的，第二起事故及以后事故的停止投标时间或次数加倍。

第十二条 事故发生后不按规定上报的，或影响项目总工期的，按照事故等级对应停止投标时间或次数的 1.5 倍处罚；对隐瞒不报的，发现后按事故等级加倍处理。

第十三条 事故情节严重、社会影响恶劣的，招投标监管部门在进行招投标处罚时可加重处理。

第十四条 在停止投标期间再次发生事故的，停止投标时间和次数按本办法累计后顺延。

第十五条 向铁道部递交年度《铁路建设项目安全质量承诺书》的，发生事故后应按其承诺进行处罚，承诺书中没有相应处罚内容的按照本办法相应条款办理。

第十六条 本办法自印发之日起实行。《铁路建设工程安全质量事故与招投标挂钩办法》（建建〔2007〕64 号）同时废止。

铁路建设管理办法

（2003 年 7 月 31 日铁道部令第 11 号公布　自 2003 年 10 月 1 日起施行）

第一章　总　　则

第一条 为加强铁路建设管理，规范铁路建设行为，提高铁路建设水平，根据《中华人民共和国铁路法》、《中华人民共和国招标投标法》、《建设工程质量管理条例》、《建设工程勘察设计管理条例》等有关法律、法规，制定本办法。

第二条 本办法所称铁路建设是指新建、改建铁路建设项目的立项决策、勘察设计、工程实施、竣工验收等全部建设活动。

第三条 本办法适用于中华人民共和国境内的铁路建设活动。

第四条 铁路建设必须贯彻执行国家有关方针政策，严格执行国家法律、法规和国务院铁路主管部门的规章及工程建设强制性标准，严格执行国家规定的建设程序。

第五条 铁路建设应坚持科技创新，积极采用现代管理方法，推广使用先进技术、先进设备、先进工艺、新型建筑材料，不断提高建设水平。

第六条 铁路建设应高度重视环境保护、水土保持和防灾减灾工作，节约能源和土地，做好文物保护。

第七条 铁路建设实行招标投标制、工程监理制、合同管理制、质量监督制。

第八条 铁路建设必须加强质量、安全管理，保证工程质量，保护人民生命和财产安全。

第九条 从事铁路建设的项目管理、勘察设计、工程施工和监理、咨询等活动的企业和主要从业人员，必须按规定取得相应专业资质和个人执业资格，在批准的资质和资格范围内从业，接受国务院铁路主管部门依法进行的监督、检查。

第十条 国务院铁路主管部门负责全国铁路建设工作的监督管理。

第二章 建设程序

第十一条 铁路建设程序包括立项决策、设计、工程实施和竣工验收。

第十二条 立项决策阶段。依据铁路建设规划，对拟建项目进行预可行性研究，编制项目建议书；根据批准的铁路中长期规划或项目建议书，在初测基础上进行可行性研究，编制可行性研究报告。项目建议书和可行性研究报告按国家规定报批。

工程简易的建设项目，可直接进行可行性研究，编制可行性研究报告。

第十三条 设计阶段。根据批准的可行性研究报告，在定测基础上开展初步设计。初步设计经审查批准后，开展施工图设计。

工程简易的建设项目，可根据批准的可行性研究报告，直接进行施工图设计。

第十四条 工程实施阶段。在初步设计文件审查批准后，组织工程招标投标、编制开工报告。开工报告批准后，依据批准的建设规模、技术标准、建设工期和投资，按照施工图和施工组织设计文件组织建设。

第十五条 竣工验收阶段。铁路建设项目按批准的设计文件全部竣工或分期、分段完成后，按规定组织竣工验收，办理资产移交。

第三章 项目管理机构及职责

第十六条 铁路建设项目的建设管理单位是建设项目的组织实施机构，是实现建设目标的直接责任者。建设管理单位由建设项目投资人选择或组建。建设项目投资人按权力和责任统一的原则，明确建设管理单位的职责和权限，并监督其完成建设工作。

第十七条 中央政府直接投资的铁路建设项目，由国务院铁路主管部门根据建设项目的特点，选择建设管理单位。

实行项目法人责任制的铁路建设项目，由项目法人选择或组建建设管理单位。

其他铁路建设项目，按国家规定并参照本办法选择或组建建设管理单位。

第十八条 铁路建设管理单位必须是依法设立、从事铁路建设业务的企业或具有独立法人资格的事业单位，并满足下列条件：

（一）具有管理同类建设项目的工作业绩，其负责建设的项目工程质量合格、投资控制良好，经运输检验，没有质量隐患。

（二）具有与建设项目相适应、专业齐全的技术、经济管理人员。其中：单位负责人、技术负责人、财务负责人，必须具有大专以上学历，熟悉国家和国务院铁路主管部门有关铁路建设的方针、政策、法规和规定，有较高的政策水平。

单位负责人必须有较强的组织能力，具有建设项目管理工作的经验，或担任过同类建设项目施工现场高级管理职务，并经实践证明是称职的项目高级管理人员。

主要技术负责人必须熟悉铁路建设的规程规范，具有建设项目技术管理的实践经验，或担任过同类建设项目的技术负责人,并经实践证明是称职的。

主要财务负责人必须熟悉铁路建设的财务规定,具有建设项目投资控制和财务管理的实践经验,或担任过同类建设项目财务负责人,并经实践证明是称职的。

(三)具有与建设项目建设管理相适应的技术、质量和经济管理机构,能够确保建设项目的质量、安全等符合国家规定,良好地控制工程投资,依法进行财务管理和会计核算。

第十九条 建设管理单位的主要职责:

(一)贯彻国家和国务院铁路主管部门的有关工程建设的方针、政策、法规和规定,按照批准的建设规模、技术标准、建设工期和投资,组织铁路工程项目建设,就工程质量、安全、工期、投资等全过程对委托方负责;

(二)组织勘察设计招标,组织实施勘察设计、工程地质勘察监理和设计咨询工作;

(三)组织施工、监理、物资设备采购招标,与中标企业签订合同;

(四)办理工程质量监督手续;

(五)负责项目的征地、拆迁工作,负责审批建设项目中单项工程开工(复工)报告;

(六)组织编制工程项目施工组织设计;

(七)负责审核施工图,供应设计文件,组织工程设计现场技术交底;

(八)编报工程项目年度建设计划及建设资金预算建议;

(九)组织、协调工程建设中出现的问题,负责统计、报告工程进度;

(十)按规定办理变更设计;

(十一)按规定组织或参与对工程质量、人身伤亡和行车安全等事故的调查和处理;

(十二)负责工程项目的财务管理工作,按规定使用建设资金,办理与工程项目有关的各种结算业务;

(十三)负责验工计价,及时办理工程价款等资金的拨付与结算;

(十四)负责工程竣工验收前期工作,组织编制工程竣工文件和竣工决算,组织编写工程总结。

第四章 招标投标与合同管理

第二十条 铁路建设必须按照社会主义市场经济体制的要求,构建统一、开放、有序的铁路建设市场。

第二十一条 铁路建设项目工程勘察设计、施工、监理以及工程建设有关的重要物资、设备等采购,应当依法进行招标投标。

第二十二条 铁路建设工程招标投标活动应当遵循公开、公平、公正和诚实信用的原则。

第二十三条 铁路建设工程招标投标活动不受地区或部门限制,任何单位和个人不得违法限制或排斥本地区、本系统以外的具备相应资格的企业或其他组织参加投标,不得以任何方式非法干涉招标投标活动。

任何单位和个人不得将依法必须招标的铁路建设项目化整为零或以其他任何理由规避招标。

第二十四条 铁路建设工程招标投标活动受国家法律保护,招标投标活动及其当事人应当接受国务院铁路主管部门及其委托部门的监督。

第二十五条 建设管理单位不得要求中标企业分割标段;勘察设计、施工企业不得转包或违法分包承接的铁路建设工程业务;监理企业不得转让承接的铁路建设工程监理业务。

第二十六条 招标确定中标人后,建设管理单位和中标人必须在规定的时限内,按照招标投标文件约定的合同条款,签订书面合同,明确当事人双方的权利和义务。当事人应严格履行合同约定,违约方必须承担相应的经济、法律责任。

第二十七条 铁路建设勘察设计、施工、监理承包实行履约担保制度,积极推行保险制度。

第二十八条 铁路建设实行合同备案制度,合同签定 15 日内,建设管理单位应向国务院铁路主管部门或其指定单位备案。

第五章 勘察设计管理

第二十九条 铁路建设工程勘察设计应当与社会、经济发展水平及铁路发展目标相适应,遵循经济效益、社会效益和环境效益统一的原则。

第三十条 铁路建设工程勘察设计应认真贯彻执行国家和国务院铁路主管部门颁布的技术政策、工程建设强制性标准和国家有关部门关于项目建议书、可行性研究报告和初步设计审查批复意见。

第三十一条 铁路建设工程勘察设计按有关规定实行招标投标制度、工程地质勘察监理制度、设计咨询制度和设计文件审查制度。

第三十二条 承担铁路建设工程勘察设计的企业必须加强技术管理和质量管理。工程地质勘察资料必须真实、准确;设计工作应认真做好经济社会调查,运用系统工程理论,综合考虑运输能力、运输质量、建设规模和投资,推荐先进适宜的技术标准。在充分进行方案论证和经济技术比较的基础上,推荐最佳设计方案。

第三十三条 铁路建设工程设计文件必须达到规定的深度,初步设计概算静态投资与批复可行性研究报告静态投资的差额一般不得大于批复可行性研究报告静态投资的10%。

第三十四条 铁路建设工程设计选用的材料、设备,应当注明其规格、型号、性能等技术指标,其质量要求必须符合国家规定的标准。

除有特殊要求的建筑材料、专用设备和工艺生产线等外,设计单位不得指定生产厂、供应商。

第三十五条 铁路建设项目开工前,勘察设计企业必须按勘察设计合同约定,向施工、监理企业说明设计意图,解释设计文件,并选派设计代表机构与人员常驻现场,及时解决施工中出现的勘察设计问题,完善和优化勘察设计,并按规定进行变更设计。

第三十六条 铁路建设工程勘察、设计取费,按国家和国务院铁路主管部门有关规定实行优质优价。

第六章 施工管理

第三十七条 承担铁路建设项目的工程施工承包企业必须执行国家有关质量、安全、环境保护等法律、法规,接受相关部门依法进行的监督、检查。

第三十八条 工程施工承包企业必须履行合同,按照合同约定,组建现场管理机构,配备相应的工程技术人员、施工力量和机械设备。

第三十九条 工程施工承包企业必须详细核对设计文件,依据施工图和施工组织设计施工。对设计文件存在的问题以及施工中发现的勘察设计问题,必须及时以书面形式通知设计、监理和建设管理单位。

第四十条 工程施工承包企业必须建立质量责任制,强化质量、安全管理,建立健全质量、安全保证体系,开展文明施工,推行标准化工地建设。

第四十一条 工程施工承包企业对工程施工的关键岗位、关键工种,必须严格执行先培训后上岗的制度。

第四十二条 工程施工承包企业必须对建筑材料、混凝土、构配件、设备等按规定进行检查和检验,严禁使用不合格的材料、产品和设备。

第四十三条 工程施工承包企业不得转包和违法分包工程。确需分包的工程,应在投标文件中载明,并在签定合同中约定。工程施工承包企业对分包工程的质量、安全负责。

第四十四条 工程施工承包企业在工程施工中应准确填写各种检验表格,按规定编制竣工文件。

第七章 监理管理

第四十五条 铁路建设工程监理实行总监理工程师负责制和监理执业人员持证上岗制。

第四十六条 工程监理必须执行铁路建设有关规程规范,依据设计文件、工程质量检验评定标准进行监理。

第四十七条 监理企业必须按照监理合同和投标承诺,设置现场监理机构,配备总监理工程师、专业监理工程师以及必需的检测设备。

第四十八条 施工现场应建立总监理工程师、监理工程师、监理员各负其责的工程监理体系,现场监理人员的配置必须满足监理工作需要,涉及工程结构安全的关键工序和隐蔽工程,必须实行旁站监理。

第四十九条 监理人员必须认真审阅、检查设计文件,依据设计文件和施工组织设计实施监理,对发现的勘察设计问题,必须及时以书面形式通知设计和建设管理单位。

第五十条 建筑材料、构配件和设备必须经监理工程师检查签字后方可使用或安装,涉及工程结构安全的关键工序和隐蔽工程,必须经监理工程师签字后方可进行下一道工序作业。

第五十一条 建设管理单位拨付工程款之前,验工计价文件应经总监理工程师签认。

第八章 质量管理

第五十二条 铁路建设应严格遵守《建设工程质量管理条例》,建设管理单位和勘察设计、施工、监理企业依法承担相应的质量责任。

第五十三条 铁路建设实行工程质量监督制度,铁路工程质量监督机构及派出单位依法对铁路建设工程质量实施监督。建设管理单位必须在工程项目开工前,按规定办理质量监督手续。

第五十四条 铁路建设工程质量事故的报告、调查和处理,执行国家和国务院铁路主管部门的有关规定。发生工程质量事故,建设管理单位和施工、监理企业必须按规定及时报告,并组织或协助调查处理。严禁延误报告或隐瞒不报。

工程质量事故处理资料应作为竣工资料移交接管单位。

第五十五条 铁路建设实行工程质量保修制度。工程施工承包企业应对保修范围和保修期限内发生的质量问题,按规定履行保修义务,并对造成的损失承担赔偿责任。

第九章 安全管理

第五十六条 铁路建设必须严格执行《中华人民共和国安全生产法》和其他有关安全生产的法律、法规,严格执行保障安全生产的国家标准和国务院铁路主管部门制定的有关安全规定。

第五十七条 铁路建设的建设管理、勘察设计、施工、监理企业,应当建立健全劳动安全教育培训制度,加强对职工安全生产的教育培训,未经安全生产培训的人员,不得上岗作业。

第五十八条 铁路建设实行安全责任制和事故责任追究制度,依法追究事故责任人员的法律责任。

第五十九条 铁路建设项目安全设施必须与主体工程同时设计、同时施工、同时竣工,经验收合格后方可投入正式运营。

第六十条 严格安全事故报告、调查和处理制度,发生安全事故的工程施工承包企业、建设管理单位及监理企业等均必须按规定及时报告,并协助调查和处理。严禁延误报告和隐瞒不报。

第六十一条 承担既有线改建的建设管理单位和勘察设计、施工、监理企业,必须严格执行国务院铁路主管部门关于既有线施工的规章制度,接受运营单位的指导和监督,确保运输和施工安全。

既有线改造过渡工程必须经验收合格后方可开通运营。

第十章 建设资金管理

第六十二条 铁路建设应合理确定建设项目投资,建设项目初步设计批准概算静态投资超出批复可行性研究报告静态投资的部分不应大于批复可行性研究报告静态投资的10%,因特殊情况而超出者,须报原可行性研究报告批准单位批准。

第六十三条 铁路建设必须严格控制工程投资,避免损失和浪费,提高投资效益。除政策和特殊原因外，不得调增建设项目初步设计批准概算。

第六十四条 铁路建设必须严格执行国家有关财务管理制度，加强资金管理。

第六十五条 铁路建设项目的财政投资，必须按规定编制建设资金预算，严格执行批准预算。

第六十六条 铁路建设必须严格执行有关建设资金支付规定，严格按照合同约定拨付工程价款，不得超拨，也不得拖欠。严禁挤占、截留或挪用建设资金。

第六十七条 铁路建设资金的使用和管理，依法接受审计和监督检查。

第十一章 竣工验收

第六十八条 铁路建设项目按批准的设计文件建成后，必须按国家规定验收。未经验收或验收不合格的，不得交付使用。

第六十九条 铁路建设项目由验收机构组织验收，验收机构按国家规定设立。验收包括初验、正式验收和固定资产移交。限额以下项目和小型项目可一次验收。

第七十条 建设管理单位确认建设项目达到初验条件后提出申请初验报告，验收机构认为达到初验标准后，组织对项目进行初验；初验合格后，方可交付临管运营。

第七十一条 正式验收原则上在初验一年后进行。验收机构认为建设项目达到正式验收标准后，组织验收。验收合格后交付正式运营。

第七十二条 建设项目正式验收合格后，按规定办理固定资产移交工作。

第十二章 罚 则

第七十三条 参与铁路建设活动的单位和个人，在铁路建设中发生违规违法行为的，依法承担相应的行政、经济和法律责任。

国务院铁路主管部门及其委托部门对违反本办法的行为进行行政处罚。

第七十四条 铁路建设管理单位违反本办法规定，有下列行为之一者，责令改正；情节严重的，降低资质等级；对直接责任人员依法给予行政处罚；构成犯罪的，依法追究刑事责任。

（一）必须招标的建设工程项目不进行招标，或违法、违规进行招标，或将工程项目发包给不具有相应资质条件的承包单位；

（二）不履行建设管理单位职责，造成延误工期、工程质量低劣或发生重大质量、安全事故；

（三）未按规定办理工程质量监督手续擅自开工；

（四）建设项目未经验收或验收不合格，擅自交付使用；

（五）擅自扩大建设项目规模、提高或降低建设标准；

（六）挤占、截留或挪用建设资金；

（七）未按批准的工期组织建设，盲目压缩工期，造成工程质量低劣，发生重大质量、安全事故；

（八）其他违法违规行为。

第七十五条 勘察设计企业承担铁路工程勘察设计业务违反本办法规定，有下列行为之一者，责令改正；情节严重的，暂停投标资格，由资质审批部门降低铁路专业资质等级直至撤销资质；对直接责任人员依法给予行政处罚；构成犯罪的，依法追究刑事责任。

（一）超越资质等级许可的范围承揽铁路工程勘察设计业务，允许其他单位或者个人以本单位名义承揽铁路勘察设计业务，将所承揽的铁路勘察设计业务进行转包或违法分包；

（二）未按照工程建设强制性标准进行设计，或未根据勘察成果资料进行工程设计；

（三）设计失误，造成严重经济损失；

（四）未按规定进行变更设计；

（五）其他违法违规行为。

第七十六条 工程施工承包企业承担铁路建设项目工程施工业务违反本办法规定，有下列行为之一者，责令改正；情节严重的，暂停投标资格，由资质审批部门降低铁路专业资质等级直至撤销资质；构成犯罪的，依法追究刑事责任。

（一）违法、违规参加工程投标，以非法手段中标；允许其他单位或者个人以本单位名义承揽铁路工程施工业务，转包或违法分包工程；

（二）未按照设计文件、施工技术标准施工；施工中偷工减料，使用不合格的建筑材料、建筑构配件和设备；施工现场管理混乱，造成工程质量低劣和安全隐患；

（三）不履行合同和投标承诺，不履行保修义务；

（四）不接受工程质量监督机构监督，不接受监理单位检查；

（五）发生重大工程质量事故或重大安全事故隐瞒不报、谎报或拖延报告；

（六）发现设计文件错误不报，造成工程质量低劣和安全隐患；

（七）其他违法违规行为。

第七十七条　工程监理企业承担铁路工程监理业务违反本办法规定，有下列行为之一者，责令改正；情节严重的，暂停投标资格，由资质审批部门降低铁路专业资质等级直至撤销资质；构成犯罪的，依法追究刑事责任。

（一）违法、违规参加工程监理投标，采用非法手段中标，转让监理业务；

（二）与建设管理、设计、施工企业串通，弄虚作假；

（三）不认真履行委托监理合同和投标承诺，监理人员因过错或失职造成质量事故；

（四）监理人员收受贿赂，接收礼品，索要钱物；

（五）发现设计文件错误不报，或接到施工单位关于设计文件错误的报告而未及时向建设管理单位报告，造成工程质量低劣和事故隐患；

（六）其他违法违规行为。

第七十八条　铁路建设管理部门的工作人员有徇私舞弊、滥用职权、玩忽职守行为的，依法给予纪律或行政处分；构成犯罪的，依法追究刑事责任。

第十三章　附　　则

第七十九条　利用外资（含国外贷款）的铁路建设项目，国家另有规定的，执行国家规定。

第八十条　已发布的铁路建设管理方面的规定、办法与本办法相悖的，以本办法为准。

第八十一条　本办法由国务院铁路主管部门负责解释。

第八十二条　本办法自2003年10月1日起施行。铁道部发布的《铁路基本建设管理暂行办法》（铁建〔1990〕191号）同时废止。

关于进一步鼓励和扩大社会资本投资建设铁路的实施意见

（2015年7月10日国家发展和改革委员会、财政部、国土资源部、
中国银行业监督管理委员会、国家铁路局发布　发改基础〔2015〕1610号）

各省、自治区、直辖市、新疆生产建设兵团发展改革委、财政厅、国土资源厅、中国铁路总公司、有关计划单列企业：

铁路是国民经济大动脉和关键基础设施，加快推进铁路建设，对稳增长、调结构、惠民生具有重要意义。吸引社会资本进入是深化铁路投融资体制改革、加快铁路建设的重要举措。为贯彻落实党的十八大和十八届三中、四中全会精神，按照《国务院关于改革铁路投融资体制加快推进铁路建设的意见》（国发〔2013〕33号）、《国务院关于创新重点领域投融资机制鼓励社会投资的指导意见》（国发〔2014〕60号）及《国家发展改革委关于当前更好发挥交通运输支撑引领经济社会发展作用的意见》（发改基础〔2015〕969号）的有关要求，进一步鼓励和扩大社会资本对铁路的投资，拓宽投融资渠道，完善投资环境，合理配置资源，促进市场竞争，推动体制机制创新，促进铁路事业加快发展，现提出以下实施意见：

一、全面开放铁路投资与运营市场

（一）积极鼓励社会资本全面进入铁路领域，列入中长期铁路网规划、国家批准的专项规划和区域规划的各类铁路项目，除法律法规明确禁止的外，均向社会资本开放。

（二）重点鼓励社会资本投资建设和运营城际铁路、市域（郊）铁路、资源开发性铁路以及支线铁路，鼓励社会资本参与投资铁路客货运输服务业务和铁路“走出去”项目。支持有实力的企业按照国家相关规定投资建设和运营干线铁路。

二、推进投融资方式多样化

（三）支持社会资本以独资、合资等多种投资方式建设和运营铁路，向社会资本开放铁路所有权和经营权。

（四）推广政府和社会资本合作（PPP）模式，运用特许经营、股权合作等方式，通过运输收益、相关开发收益等方式获取合理收益。

（五）支持铁路总公司以股权转让、股权置换、资产并购、重组改制等资本运作方式盘活铁路资产，广泛吸引社会资本参与，扩大铁路建设资金筹集渠道，优化存量资产结构。

（六）拓宽铁路发展基金吸引社会资本的渠道，扩大基金募集规模。按照特事特办的原则，支持通过设立专项信托计划和公募基金产品募集铁路发展基金，各类社会资金和基金投资铁路发展基金，按照约定获得合理稳定回报。

三、完善社会资本投资的实施机制

（七）做好项目遴选和公布。根据经济社会发展需要和规划要求，各级发展改革部门做好项目储备和筛选工作，及时向社会公开发布项目信息，优先推荐市场前景较好、投资预期收益较稳定的铁路项目。对社会资本提出的规划外项目，在科学论证的基础上，积极推进项目前期工作，并研究纳入相关规划。

（八）公开透明选择投资主体。通过招标、竞争性谈判等多种竞争方式，公平择优确定融资实力较强、信用状况良好、具备相关专业能力的投资主体。各地向社会公开发布投资主体选择公告，按照相关法律法规，依法确定投资主体。社会资本投资铁路项目根据国务院投融资体制改革的相关规定，按国家基本建设程序组织建设。

（九）明确实施机构及责任。地方引进社会资本的实施机构应是省级人民政府授权的相关部门、事业单位等机构，在授权范围内负责工程前期研究、项目实施方案编制、投资主体选择、项目合同签订、项目组织实施等工作。跨省（区、市）项目由相关省（区、市）协商确定实施机构。项目实施方案重点包括社会资本投资形式、投资主体基本条件、建设运营标准、监管要求、项目投资回报机制、投资主体选择方式、项目合同条款、项目风险、退出机制等内容。实施方案经过评估和批准后，作为投资主体选择和项目实施的重要依据，必要时应充分听取社会公众和专家意见。

（十）健全风险防范和监督机制。省级政府相关部门和投资者要对项目可能产生的政策风险、商业风险、环境风险、法律风险等进行充分分析，完善合同设计，建立健全纠纷解决、风险防范和监督机制。各地要根据财力状况，合理确定政府参与方式，防范政府债务风险。

（十一）完善退出机制。明确社会资本退出条件，按照有关法律和约定，为社会资本提供多元化、规范化、市场化的退出渠道，保障社会公共利益和经营者合法权益不受侵害。对涉及资产移交的政府和社会资本合作（PPP）项目在合作期满后，要按照合同约定的移交形式、移交内容和移交标准，及时组织开展项目验收、资产交割等工作，妥善做好项目移交。

（十二）加强后评价和绩效评价。实施机构定期组织开展社会资本投资铁路项目后评价和绩效评价，从安全、服务、效率等方面建立健全评价体系。评价结果可以作为政府加大支持和完善监管的依据，激励社会资本不断改善管理，推进技术创新，提高服务水平。

四、进一步改善社会资本投资环境

（十三）切实保障社会资本合法权益。按照相关法律法规，维护企业平等的市场主体地位。依法保障企业自主决策权，不干预企业在勘察设计、工程招投标、项目施工、设备采购等建设过程中的正常活动。支持企业自主选择合适的运输管理方式，有条件的可实行管内自主运输调度。鼓励不同投资主体按照平等互利的原则相互开放各类铁路资源，实现路网资源共享。对按规定实行市场调节价的铁路项目,由企业根据市场供求和竞争状况自主制定具体运价水平。

(十四)依法履行投资经营权利和义务。社会资本应按现代企业制度要求,完善企业法人治理结构。严格按照基本建设程序,履行项目法人责任。依法承担安全、质量和环境责任,按照国家关于铁路运输服务、运输调度等相关规定,切实履行运输企业社会责任和公共服务义务,服从国家应急调度和管理。

(十五)进一步改善国铁服务。铁路总公司要抓紧完善清算体系,公开清算规则,健全清算平台,向社会资本开放相关设施,积极提供技术支持、人才培养和管理服务,实现线路使用、车站服务、技术作业、设施设备维护、委托运输等各类铁路社会化服务项目的内容和收费标准公开透明,切实维护社会资本合法权益。

(十六)规范和简化国铁接轨手续。铁路总公司要进一步规范和简化接轨审核相关程序和手续,明确办理时限,积极支持社会资本投资铁路与国铁接轨。要按照公开公平的原则,在项目实施前与接轨企业及时协商确定接轨相关工程技术方案,签订接轨意向协议,明确接轨验收标准。合理界定接轨工程范围和资产界面,因接轨引起的相关改造工程投资,应明确分担标准,由双方平等协商,合理分担。

(十七)加强市场监管。国家铁路局加强对运输秩序的监管,探索建立市场化清算和争议协调、仲裁机制。各企业要按照合法、公平、诚信的原则,合理收取服务费用,自觉规范价格行为。各级价格主管部门加强对各类社会化服务项目和收费标准的监管,规范收费行为,依法查处价格违法行为,维护市场正常价格秩序。

五、加大对社会资本投资的政策支持

(十八)推动实施土地综合开发。社会资本投资铁路享受国家有关支持铁路建设实施土地综合开发的政策,通过开发铁路用地及站场毗邻区域土地、物业、商业、广告等资源提高收益。支持盘活既有铁路用地,在符合土地利用总体规划的前提下,鼓励新建项目按照一体规划、联动供应、立体开发、统筹建设的原则实施土地综合开发。各地要统筹做好铁路站场及毗邻地区相关规划,及时办理用地、规划许可等手续。

(十九)积极做好征地拆迁等工作。对社会资本投资的铁路项目,各地要切实负起征地拆迁主体责任,做好群众补偿安置工作,为项目建设创造良好条件。在保障被征地拆迁群众合法权益的基础上,允许地方政府以国有土地入股参与铁路项目建设。社会资本投资的铁路项目用地,在用地政策上与政府投资的铁路项目实行同等政策。

(二十)加强政府资金引导。对社会资本控股的城际铁路和中西部干线铁路项目,中央预算内投资可以视情况通过贷款贴息、投资补助等方式给予支持。对社会资本承担的公益性运输,按照事权与支出责任相适应的原则,建立合理的补偿制度。鼓励各地研究建立相应的政府资金支持政策。

(二十一)创新金融服务。鼓励金融机构按照商业可持续、风险可控原则支持社会资本投资铁路项目建设。鼓励金融机构为社会资本投资铁路项目创新担保方式,支持利用采矿权、特许经营权等进行担保贷款,积极探索利用铁路运输、土地综合开发等预期收益进行质押贷款。发挥政策性和开发性金融机构的作用,加大对符合条件的政府和社会资本合作(PPP)项目的信贷支持力度,为项目提供长期、稳定、低成本的资金支持。

(二十二)促进债权和股权融资。支持符合条件的企业通过发行企业债券、公司债券和债务融资工具等方式筹措铁路建设资金。允许符合条件的、以新建项目设立的企业为主体发行项目收益债,支持重大项目发行可续期债券。鼓励社会资本投资铁路的企业通过IPO(首次公开发行股票并上市)、增发、资产证券化等方式筹集资金用于铁路建设。

(二十三)实行税收优惠。社会资本投资的铁路项目符合《公共基础设施项目企业所得税优惠目录》规定条件的,自项目取得第一笔生产经营收入所属纳税年度起,第一年至第三年免征企业所得税,第四年至第六年减半征收企业所得税。

(二十四)加大配套外部电源建设。电网企业要积极支持社会资本投资的铁路建设,参照国家铁路配套外部电源建设的办法,通过电气化铁路还贷电价政策补偿电网投资。

六、建立健全工作机制

（二十五）进一步加快项目核准。深化行政审批制度改革，优化审核流程，推进建立并联审批机制和在线审批平台，明确咨询评估和核准时限，开辟绿色通道，加快核准进度。对于法律、法规没有明确规定作为项目审批前置条件的行政审批事项，一律不再作为前置审批。

（二十六）加强事中事后监管。国家铁路局要强化安全、质量等监督管理，依法开展检查、验收和责任追究，切实维护公众利益和公共安全。各有关部门要加强对项目建设、运营和相关经营活动的监督管理，规范行政许可，维护公平竞争秩序，建立健全社会资本投资铁路市场信用记录。

（二十七）充分发挥协商机制作用。国家发展改革委会同相关部门依托铁路投融资改革和建设项目前期工作协商会议制度，形成工作合力，及时研究推动社会资本投资铁路建设工作。近期重点推进蒙西至华中、长春至西巴彦花铁路等引进社会资本的示范项目实施。

（二十八）做好项目跟踪服务。各级发展改革部门要进一步增强对社会资本投资铁路项目的服务意识，协调矛盾解决问题。要建立信息平台，加强跟踪指导，掌握项目进展，及时沟通信息。做好舆论引导，营造良好氛围。

关于加强铁路建设项目“四电”工程招标管理的通知

（2014 年 7 月 21 日中国铁路总公司发布 铁总建设〔2014〕203 号）

各铁路局、各铁路公司（筹备组）：

为进一步加强铁路建设项目招标管理工作，落实工程质量安全责任，保证铁路通信、信号、电力、牵引供电工程（以下统称“四电”工程）招标活动有序进行，现就有关事项通知如下。

一、组织模式

高速铁路（含客运专线）继续实行“四电”系统集成招标模式。建设单位应选择信用良好、具有“四电”系统集成施工业绩的施工企业承担“四电”系统集成任务。

时速 200 公里客货共线铁路，建设单位应优先采用“四电”系统集成招标模式，也可分牵引供电、电力专业（下称强电）和通信、信号专业（下称弱电）进行集成招标。

时速 160 公里及以下普速铁路建设项目，建设单位可采用“四电”分专业施工总承包模式招标，也可分强电、弱电进行集成招标，也可采用“四电”系统集成模式招标。鼓励跨铁路局长大干线采用系统集成模式招标。

二、资质要求

高速铁路（含客运专线）和时速 200 公里客货共线铁路，潜在投标人须具备铁路电务、电气化专业承包一级资质。

时速 160 公里及以下普速铁路建设项目，原则上要求潜在投标人具备铁路电务、电气化专业承包一级资质。为进一步开放铁路建设市场，在满足住建部《建筑业企业资质等级标准》规定的承包工程范围前提下，非长大干线项目允许具备铁路电务、电气化专业承包二、三级资质的潜在投标人参与投标。

三、业绩要求

高速铁路（含客运专线），潜在投标人须具备相应的高速铁路（含客运专线）“四电”系统集成施工业绩。

时速 200 公里客货共线铁路采用“四电”系统集成招标模式时，潜在投标人应具备时速 200 公里及以上铁路“四电”系统集成施工业绩。采用强电、弱电分开集成招标模式时，潜在投标人应具备时速 200 公里及以上铁路强电或弱电集成施工业绩；投标人为联合体时，联合体牵头方应具备时速 200 公里及以上铁路强电或弱电集成施工业绩，联合体其他成员应具备普速及以上铁路相应施工业绩。

时速 160 公里及以下普速铁路建设项目，长大干线应要求潜在投标人具备普速及以上铁路“四电”施工业绩，其他建设项目由建设单位根据项目实际情况确定业绩要求。

四、标段划分

高速铁路（含客运专线）“四电”系统集成招标标段划分应以全线技术标准、制式、设备接口统一为原则，由建设单位结合项目具体情况，综合考虑线路长度、联调联试段落、开通时间、运营管理等因素，合理划分标段。由 1 家建设单位管理的项目，原则上按 1 个标段招标，线路长度大于 1000 公里的，可划分为 2 个标段。由多家建设单位管理的长大客专项目，可按铁路局管界划分标段。

时速 200 公里客货共线铁路采用“四电”系统集成招标时，原则上划分为 1 个标段；强电、弱电分开集成招标时，应按强电、弱电各划分为 1 个标段；跨铁路局项目也可按铁路局管界划分标段。

时速 160 公里及以下普速铁路建设项目，原则上按《铁路建设项目施工招标投标实施细则》（铁总建设〔2014〕59 号）规定划分标段，强电、弱电分开招标时可分别划分标段。但对于长大干线以外的其他普速建设项目，建设单位可划分适合铁路电务、电气化专业承包二、三级资质的潜在投标人参与投标的标段。

枢纽“四电”工程宜纳入相关高速铁路（客运专线）的“四电”系统集成联合招标；未采用联合招标的，“四电”关键设备采购时，应保证枢纽与接入高速铁路（客运专线）采用一致的设备类型和参数。

客运服务系统工程可按独立系统进行单独招标，也可纳入“四电”工程一并招标；防灾监控工程具备条件的应纳入“四电”系统集成一并招标；配套房屋应纳入“四电”工程招标范围。

五、编标时限

高速铁路（含客运专线）“四电”系统集成招标时，招标人应为投标人编制投标文件预留足够的时间，一般情况下，自招标文件发售之日起至投标文件递交截止日的时限要求不少于 40 天。其他建设项目编标时限执行国家和总公司相关规定。

六、物资监管

建设项目采用系统集成模式的，集成商对“四电”物资设备质量负责，建设单位要督促集成商依法合规进行“四电”物资设备采购，把好采购、调试、验收等关键环节，确保物资设备质量。建设项目采用施工总承包模式的，建设单位要按照总公司相关规定做好“四电”甲供物资设备采购供应工作。为满足系统全程全网组网要求，保证与既有系统的互联互通，由多家建设单位管理的长大干线项目或由 1 家建设单位管理但划分为多个标段的项目，建设单位应指导各标段集成商统一采购设备类型和参数一致的设备。建设单位要组织相关单位加强“四电”物资设备进场检验，未经检验或检验检测不合格的物资设备不得使用，严禁使用被清出铁路市场的物资设备。

为保证“四电”工程主要物资设备质量，加强“四电”物资设备管理，由总公司物资部会同运输局、工程管理中心等部门和单位按程序逐步建立铁路建设项目“四电”工程重要物资设备合格供应商目录，并实施动态管理。建设单位和集成商必须按发布的合格供应商目录采购相关物资设备。

铁路建设项目“四电”工程重要物资设备供应商纳入总公司物资供应商信用评价管理，建设单位必须按程序上报“四电”工程重要物资设备供应商信用评价信息，总公司定期公布信用评价结果，对信用评价不合格的供应商按规定进行处理。

七、相关要求

建设单位要按照国家法律法规和总公司相关规定，做好“四电”工程施工图审核工作，对全线技术标准、制式、设备接口统一等提出明确要求；要合理设置资格和划分施工标段，严格审查投标人资质业绩等条件；应根据施工合同、中标通知书、运营单位证明等材料认定投标人业绩。总公司和铁路局相关部门应加强对资格条件设置的管理，及时发现并纠正存在的问题。

本通知自印发之日起执行。前发《中国铁路总公司关于客运专线“四电”系统集成招标的指导意见》（铁总办〔2013〕4 号）同时废止。前发其他有关文件与本通知不一致的，以本通知为准。

关于调整铁路建设项目施工招标条件等事项的通知

（2013 年 9 月 10 日中国铁路总公司发布 铁总建设〔2013〕85 号）

为进一步规范铁路建设项目招投标活动，结合铁路建设实际，经总公司研究，对铁路基建大中型项目施工招标及相关工作要求如下，请遵照执行。

一、施工招标条件。严格按照原铁道部《铁路建设工程施工招标投标实施细则》（铁建设〔2012〕92 号）执行。

施工招标应具备下列条件：

1. 建设单位（或项目管理机构）依法成立；

2. 有相应的资金或资金来源已经落实；

3. 施工图已经审核合格；

4. 施工图预算已经核备或批准；

5. 指导性施工组织设计已经编制完毕。

建设单位要按有关规定全面落实开工条件，加快完成环评及补充环评、建设用地或先期用地手续、社会稳定风险评价等工作，及时上报开工报告，依法合规加快推进铁路建设。

建设单位可根据建设项目的具体情况和实际需要，对符合招标条件的特殊重点控制工程先行进行招标。

二、迁改工程招标。迁改工程（包括“三电”迁改、电磁防护和管线迁改等）应优先采取经济补偿方式，建设单位与产权单位签订经济补偿协议，由产权单位按约定的时间拆除既有设施并组织建设。对外发包的“三电”迁改、电磁防护和管线迁改等工程（含征地拆迁协助工作），可在初步设计批复后招标，招标应具备下列条件：

1. 建设单位（或项目管理机构）已经依法成立；

2. 有相应资金或资金来源已经落实；

3. 有招标所需的设计图纸及技术资料。

迁改工程潜在投标人资质要求由招标人根据国家和行业有关规定，结合项目实际情况确定，不得排斥潜在投标人。

三、第三方检测及服务类招标。第三方检测为原铁道部《关于开展隧道衬砌等铁路工程质量第三方检测的通知》（铁建设〔2011〕172 号）规定的检测内容，建设单位要合理划分检测标段，严禁利用标段划分规避招标。招标文件由建设单位参照《铁路建设项目监理招标资格预审文件示范文本》和《铁路建设项目监理招标文件示范文本》编制。

第三方检测及服务类的招标项目在建设单位确认符合招标条件后，即可进入地方交易市场进行招标；评标办法由建设单位根据《招标投标法实施条例》的有关规定确定，并在招标文件中载明。

原铁道部《关于迁改、工程咨询和第三方检测招标投标有关问题的通知》（铁建设函〔2007〕580 号）自即日起废止。

四、同时开标项目。将原铁道部《关于进一步规范铁路建设项目招投标活动的通知》（铁建设函〔2012〕1024 号）规定的“凡在北京市建设工程承包发包中心招标的铁路项目（含部管项目和局管项目），应有 3 个及以上项目同日开、评标（或资格预审），即同时有 3 组及以上评标委员会进场评标”，调整为“凡在北京市建设工程承包发包中心招标的铁路项目（含部管项目和局管项目），应有 2 个及以上项目同日开、评标（或资格预审），即同时有 2 组及以上评标委员会进场评标”。

关于鼓励和引导民间资本投资铁路的实施意见

(2012年5月16日铁道部发布　铁政法〔2012〕97号)

铁路作为国民经济大动脉、国家重要基础设施和大众化交通工具,在我国经济社会发展中具有至关重要的地位和作用。鼓励和引导民间资本投资铁路,是实现铁路投资主体多元化,深化铁路体制改革,加快转变铁路发展方式,促进铁路科学发展,更好地服务于国民经济和社会发展的需要。为此,就贯彻落实《国务院关于鼓励和引导民间投资健康发展的若干意见》(国发〔2010〕13号),结合铁路行业特点,提出如下实施意见:

一、鼓励和引导民间资本依法合规进入铁路领域。规范设置投资准入门槛,创造公平竞争、平等准入的市场环境。市场准入标准和优惠扶持政策要公开透明,对各类投资主体同等对待,对民间资本不单独设置附加条件。

二、深入推进铁路投融资体制改革,探索建立铁路产业投资基金,积极支持铁路企业股改上市,创新铁路债券发行方式,鼓励保险基金扩大投资铁路的范围和力度,探索利用项目融资、融资租赁、信托计划等多种融资工具,为民间资本投资铁路提供投融资平台,拓宽民间资本投资参与铁路建设的渠道和途径。

三、鼓励民间资本投资参与建设铁路干线、客运专线、城际铁路、煤运通道和地方铁路、铁路支线、专用铁路、企业专用线、铁路轮渡及其场站设施等项目。

四、鼓励民间资本进入铁路工程建设领域,凡符合国家规定资质条件的民营企业,允许参与铁路工程勘察设计、施工、监理、咨询以及建设物资设备采购投标。对民营企业和其他各类所有制企业采用统一的招标条件,确保公平竞争。

五、鼓励民间资本投资参与铁路客货运输服务业务。鼓励民营企业和国铁企业开展多种方式的物流合作,提高铁路物流运输服务水平。

六、鼓励民间资本参与铁路技术创新,投资铁路新型运输设备、轨道桥梁设备、电气化铁路设备器材、节能环保设备器材、安全检验检测设备及其他铁路专用设备的研发、设计、制造和维修,平等参与设备采购投标。

七、鼓励民间资本通过参股、控股、资产收购等多种形式,参与铁路非运输企业改制重组,推动企业转换经营机制,提高市场竞争能力。

八、鼓励民间资本投资参与铁路"走出去"项目。支持民营企业与国铁企业组成联合体,发挥各自优势,开展多种形式的境外投资和经济合作,开拓国际市场。

九、鼓励民间资本投资参与铁路产品认证、质量检验检测、安全评估、专业培训、合同能源管理及其他相关技术服务活动。

十、完善相关政策措施,按照平等准入、公平待遇原则,在铁路市场准入条件、财务清算办法、运输管理、项目审批、接轨许可及公益性运输负担等方面,建立健全相应的规章制度,保护各类投资者的合法权益。

十一、加强铁路行业管理和政府监管,统一铁路网建设规划,完善铁路技术标准体系和规章制度,推进铁路法制建设,严格依法履行铁路安全监管和市场监管职责,为民间资本投资铁路提供良好环境。

十二、进一步减少和规范铁路行政审批事项,凡市场机制能够有效调节的,公民、法人及其他组织能够自主决定的,可采用事后监管和间接管理方式的,一律不再实行行政审批。完善行政许可"一个窗口对外"工作机制,提高行政服务效率,推动许可管理内容、标准、程序的公开化、规范化,做到依法行政。

十三、加强政务公开与政府信息公开工作,及时向社会提供发布有关铁路政策法规、规划、标准、市场准入、建设、运输、投资等方面的信息和规定,积极向民营企业提供铁路技术、管理和人才支持,引导民间投资主体强化铁路安全质量意识、诚信自律意识和社会责任意识,做到依法合规经营。

十四、切实转变铁道部职能。按照政企分开、政资分开的要求，加大铁路经营管理体制机制改革创新力度，确立铁路运输企业市场主体地位，创造良好市场环境，促进民营企业及各类所有制企业公平竞争、共同发展。

关于铁路工程项目进入地方公共资源交易市场招投标工作的指导意见

（2012年5月12日中央治理工程建设领域突出问题工作领导小组办公室、铁道部发布 中治工办发〔2012〕3号）

为贯彻落实第十七届中央纪委第七次全会和国务院第五次廉政工作会议精神，按照2012年工程建设领域突出问题专项治理工作有关要求，现就做好铁路工程项目进入地方公共资源交易市场招投标有关事宜，提出如下意见。

一、充分认识铁路工程项目进入地方公共资源交易市场招投标的重要意义和应把握的基本原则

党的十七大对加快形成统一开放竞争有序的现代市场体系作出重要部署。十七届四中全会指出，要按照加快形成统一开放竞争有序市场体系要求推进相关改革。第十七届中央纪委第七次全会和国务院第五次廉政工作会议强调，深入推进工程建设领域突出问题专项治理，建设统一规范的公共资源交易市场，推动政府投资和使用国有资金的工程项目、土地使用权和矿业权进场交易。铁路工程项目进入地方公共资源交易市场招投标，是铁路工程招投标管理体制的重大改革，是铁路系统反腐倡廉建设的重要举措，是2012年工程建设领域突出问题专项治理工作的重要任务。铁路系统和有关地方要充分认识这项改革的重要意义，按照完善社会主义市场经济体制的要求，以《中华人民共和国招标投标法实施条例》出台为契机，以地方公共资源交易市场建设为基础，改革铁路工程招投标管理体制机制，推动铁路工程项目按照属地或授权原则，进入地方公共资源交易市场招投标，保障铁路建设市场主体平等、充分竞争，防范领导干部违规插手干预招投标、明招暗定、权钱交易等突出问题，促进铁路建设市场持续健康发展。

（一）市场调节、行政监管。坚持完善社会主义市场经济体制的根本方向，通过市场机制提高铁路建设资源配置的效率和质量。发挥行业主管部门、监管部门职能作用，加强和改进铁路工程招投标的管理和监督。

（二）积极稳妥、确保质量。在抓紧推进铁路工程进入地方公共资源交易市场的同时，从铁路工程项目交易的实际出发，审慎选择设施完备、管理规范的公共资源交易市场，细化工作方案，完善政策规定，扎实稳妥地做好相关工作。

（三）管办分离、分工协作。按照决策权、操作权、监督权既相互制约、又相互协调的要求，铁路工程项目进入地方公共资源交易市场招投标，铁路部门集中精力履行好项目审批、行业监管等职责，保证铁路工程招投标依法有序开展。

二、扎实有序做好铁路工程项目进入地方公共资源交易市场招投标工作

2011年底，铁道部管理的大中型建设项目已一次性全部进入北京市建设工程发包承包交易中心招标。2012年，18个铁路局（公司）管理的项目要按照属地或授权原则，进入地方公共资源交易市场招投标。

（一）5月底前，8个铁路局（公司）管理的工程项目一次性进入地方公共资源交易市场招投标。北京、济南、南昌、昆明铁路局和广铁集团公司管理的铁路项目（含大中型、更新改造及小型建设项目）按照属地原则，分别进入北京市建设工程发包承包交易中心、济南公共资源交易中心、江西省南昌公共资源交易中心、云南省公共资源交易中心和广州建设工程交易中心招投标。铁道部同意上海铁路局按照授权原则，将其管理的铁路项目进入南京市公共资源交易中心，太原、西安铁路局将其管理的铁路项目进入北京市建设工程发包承包交易中心。同时取消上述7个铁路局和广铁集团公司原有的铁路二级建设交易市场。

（二）6月底前，10个铁路局（公司）管理的工程项目分别进入地方公共资源交易市场招投标。鉴于一些地方公共资源交易市场目前不具备隔夜评标条件，哈尔滨、沈阳、呼和浩特、郑州、武汉、南宁、成都、兰州、乌鲁木齐等9个铁路局管理的大中型铁路项目，进入北京市建设工程发包承包交易中心招投标；更新改造和小型项目按照属地原则，分别进入哈尔滨市建设工程交易中心、沈阳市公共资源交易中心、内蒙古自治区建设工程招投标服务中心、郑州市建设工程交易中心、湖北省综合招投标中心、广西自治区公共资源招投标服务中心、四川省人民政府政务服务中心招投标中心、甘肃省机电设备交易中心和新疆自治区建设工程交易中心招投标。铁道部同意青藏铁路公司按照授权原则，将其管理的大中型建设项目进入北京建设工程发包承包交易中心招投标，更新改造和小型项目进入甘肃省机电设备交易中心招投标。同时取消上述9个铁路局和青藏铁路公司原有的铁路二级建设交易市场。有关地方公共资源交易市场达到隔夜评标等条件后，上述铁路局工程项目可返回属地公共资源交易市场招投标。

（三）按照市场规则，签订铁路工程进入地方公共资源交易市场招投标服务协议。铁路部门和地方公共资源交易市场要本着平等自愿原则，协商签订《铁路工程进入地方公共资源交易市场招投标服务协议书》（见附件），约定铁路工程项目进入地方公共资源交易市场招投标的业务流程和操作环节、工作内容和具体要求、各自的责任和义务等，并报铁道部和地方公共资源交易市场管理机构、监管部门备案。在积极推动政府采购法实施条例出台的基础上，探索利用地方公共资源交易市场平台开展政府采购招投标活动，逐步将铁路机车、车辆等设备采购纳入地方公共资源交易市场。

三、切实加强铁路工程进入地方公共资源交易市场后的管理和监督

充分发挥铁路行业主管部门、地方公共资源交易市场及相关管理机构的职能作用，加强铁路工程招投标全过程的监管，保证铁路工程招投标活动按照法律法规和铁道部、地方公共资源交易市场有关规定，依法有序开展。

（一）强化铁路部门对铁路工程招投标的行业监管。铁路部门要制定铁路工程招投标行业监管的内部分工制度，明确铁路工程招投标各环节的监管内容、方式和责任主体。招标前，重点监管招标方式核准、招标人自主招标的专业人员配备、标段划分、资格预审公告、招标公告、交易场所、评标办法选用、评委会组成方案、招标文件等是否符合法律法规。招标过程中，重点监管招标人按批准事项办理入场手续、资格预审公告和招标公告的发布、开标过程，协助地方公共资源交易市场办理铁路专家入场手续、监控招投标活动现场等。招标结束后，重点抓好投诉举报受理、违规违纪问题核查。

（二）提高有关地方公共资源交易市场服务水平。地方各有关公共资源交易市场要进一步完善开标区、封闭评标区等硬件设施和视频监控、电子评标等软件设施，健全各项管理制度，根据铁路工程招投标工作需求，对现有交易平台进行优化调整，提供公开、公平、公正的交易平台和优质服务。协助铁路部门核验招标方是否采用经核准的招标方式、市场主体及进场交易项目资料是否完整；配合招标方按照有关规定抽取评标专家、为开标评标提供场所和服务；现场监控招投标交易活动，整理、保存交易过程的相关资料备查；及时发现和制止场内交易活动中的违法违规行为，及时报告铁路部门并协助调查；通过地方公共资源交易市场平台，向社会发布招投标信息、过程和结果。各有关地方要按照《国家计委、财政部关于整顿和规范招投标收费的通知》（计价格〔2002〕520号）“保本微利”的要求，在保证交易中心基本运转费用的基础上，参照铁道部原交易服务费标准收费，每个招标批次上限封顶为10万元。

（三）加强铁路工程评标专家库建设和管理。铁路部门要按照国家评标专家专业分类标准，对铁路专业评标专家库进行扩容调整，建立健全评标专家动态管理、考核和退出等机制。将铁路专业评标专家库纳入国家综合评标专家库，并与接收铁路工程进场地方的省级专家库实现平台对接、兼容共享。扩大评标专家抽取的覆盖面，铁路专业工程评标专家要从全国抽取，通用工程属地、跨行业抽取，铁路局更新改造及小型项目从本地区和邻近区域铁路专业评标专家库中抽取。

（四）探索推行铁路工程电子招投标。研究制定铁路工程电子招投标规则，争取今年第三季度前完成铁路工程电子评标模块及软件系统的研发和试运行。四季度，在北京、南京、南昌三个公共资源交易市场进行电子招投标试点，探索三个区域互相连通的铁路工程远程异地评标。

（五）深化铁路工程信息公开和诚信体系建设。进一步健全铁路行业信用等级评价、信用信息采集发布、失信惩戒等制度规范，实现与其他相关行业间的信用信息互认共享、成果运用。严格诚信标准，认真记录铁路建设从业企业的不良行为信息，及时在铁路部门信息公开专栏和地方公共资源交易市场平台上公开，探索将信用信息与企业资质资格认定、招投标市场准入等挂钩，营造铁路工程建设讲诚实、守信用的市场秩序。

四、明确有关工作要求

（一）加强组织领导，形成工作合力。各地各有关部门和铁路部门要增强政治意识和大局意识，把思想统一到中央工程治理领导小组的决策部署上来，加强领导、密切配合，落实责任、协调行动。地方相关主管部门要与相应的铁路局建立沟通协作机制，共同研究制定具体方案，定期研究分析进场交易情况，协调解决工作中遇到的问题，确保铁路工程项目平稳进入地方公共资源交易市场招投标。

（二）采取有力措施，狠抓任务落实。铁路部门和地方公共资源交易市场要按照有关法律法规和进场协议，履行好各自的职责和义务，细化各环节的责任单位、责任人员、工作内容和操作性规定。有关地方公共资源交易市场监管部门和监察机关要加强监督检查，对不认真履行职责、违规为招标人指定招标代理机构、违规收取交易费用、干预操纵铁路工程招投标的，要严肃查处，并追究有关人员的责任。

（三）及时总结经验，巩固改革成果。2012 年底，铁路部门和有关地方公共资源交易市场要提交阶段性报告，总结铁路工程进入地方公共资源交易市场招投标工作，查找存在的问题，提出改进建议。有关地方工程治理领导小组办公室要加强组织协调和政策研究，及时总结铁路工程进场交易、地方公共资源交易市场提供服务的做法、成效和经验，加强宣传引导，发挥导向和示范作用。重要政策问题及时报告中央工程治理领导小组办公室和国家有关业务主管部门。

附件：铁路工程进入地方公共资源交易市场招投标服务协议书（参照样本）（略）

关于铁路建设项目施工招标标段划分工作的指导意见

（2011 年 12 月 1 日铁道部发布　铁建设〔2011〕182 号）

各铁路局，各铁路公司（筹备组）：

为贯彻落实部党组关于科学有序推进铁路建设的要求，现结合铁路建设实际，对铁路建设项目施工招标标段划分工作提出以下指导意见，请按照执行。

一、施工招标标段划分原则

（一）坚持科学合理原则。在保证项目整体安排最优的前提下，合理确定标段，实现建设项目系统效果最优。

（二）坚持施组优化原则。结合施工组织设计工期安排、工程特点，兼顾行政区域、设计里程分界、土石方调配、材料运输组织，以及大型临时设施、过渡工程和辅助工程施工组织，促进资源合理配置和均衡利用，确保工程质量、施工安全和工程进度。

（三）坚持安全第一原则。充分考虑营业线施工特点，发挥长期从事营业线施工企业的经验优势，确保营业线施工安全。

（四）坚持效能优先原则。有利于分段施工、分期投产，尽早发挥投资效益；有利于减少招标工作量，降低招标成本。

（五）坚持专业优先原则。充分考虑大型站房、特长隧道、特大桥梁、“四电”集成等专业特点，积极推进专业化施工，确保工程质量和施工安全，提升铁路建设技术水平。

二、施工招标标段划分标准

(一)高速铁路和长大干线

1. 站前工程:包括路基、桥涵、隧道、轨道等工程,标段招标额一般不少于25亿元,项目招标额少于25亿元的应划为1个标段。综合接地、接触网立柱基础、声屏障、电缆沟槽、连通管道等有关接口工程内容,一并划入站前工程标段。

2. 站后工程:采用"四电"系统集成方式,原则上应按"四电"、信息、客服、防灾等工程进行系统集成招标,配套房屋纳入招标范围。

(二)其他新建铁路

1. 站前工程:标段招标额一般不少于15亿元。项目招标额少于15亿元的应划为1个标段。

2. 站后工程:提倡采用系统集成模式。不采用系统集成模式的,原则上按线路里程划分标段,一个建设项目或一个建设单位的标段数宜为1~2个,配套房屋纳入招标范围。

3. 项目招标额在15亿元以下的,可设1个综合施工(含站前、站后)标段,也可分站前、站后各设1个标段。

(三)改建铁路。鼓励将站前站后按里程划分综合标段,综合标段招标额一般不少于10亿元或线路长度不少于100千米。站前、站后工程分别招标的,站前工程标段招标额一般不少于10亿元或线路长度不少于100千米,站后工程标段个数为1~2个。

(四)特长隧道、极高风险隧道或隧道群、技术复杂的特大桥或桥梁群、单座建筑面积3万平方米及以上的站房、大型枢纽(区段站)可单独划分标段,其他站房工程应按专业化施工的要求划分标段集中招标,集装箱中心站(采用工程总承包方式)原则上按1个标段考虑,其他工点不得单独划分标段。

(五)采用非经济补偿方式的"三电"迁改、电磁防护和管线迁改等工程,应结合行政区域划分标段。

三、有关要求

(一)各建设单位在提报招标计划时,应明确本项目的标段划分情况,包括标段划分依据及数量,每个标段需注明主要工程量和投资。

(二)自2012年1月1日起发布招标公告(资格预审公告)的大中型铁路建设项目均应按此执行。铁道部前发《铁路建设工程施工招标投标实施细则》(铁建设〔2010〕205号)第十一条、第十二条和第十三条第二款同时废止。

关于进一步加强铁路建设管理的若干意见

(2011年6月9日铁道部发布　铁办〔2011〕68号)

部属各单位,各铁路公司(筹备组):

为推进铁路建设科学发展、协调发展、和谐发展、可持续发展,使铁路建设更好地为经济社会发展服务,为广大人民群众服务,铁道部党组研究决定,以贯彻落实科学发展观为主题,以转变铁路发展方式为主线,进一步发挥铁道部铁路建设管理的主体责任,优化铁路局建设管理责任,落实铁路建设项目法人责任,依法科学有序推进铁路建设,确保实现"十二五"铁路建设目标,对进一步加强铁路建设管理提出如下意见。

一、理顺关系,落实责任

按照部党组关于铁道部主要行使政府监管、国有资产出资人代表和行业管理三项职能的要求,进一步明确铁道部建设管理主体责任,科学界定铁道部与建设单位的权责,落实建设单位的管理职权,有利于落实铁路局经营主体责任,形成行为规范、运转协调、廉洁高效的建设管理机制。

1. 进一步落实铁路建设管理主体责任。铁道部相关部门和单位要按照铁道部的总体要求和部署,转变理念,切实履行政府监督、行业管理和国有资产出资人代表职能,做好铁路建设规划、政策、行业法律法规拟订，建设标准和规章制定，合理确定建设项目组织实施方式，加强建设市场管理、建设项目资金管理，建设过程协调、服务，建设项目组织管理等工作；建立完善监管体系及相关规章，完善项目决策报批审批、初步设计审批、项目变更审批制度，建立项目管理考核机制，完善责任追究制度和处罚办法，开展建设项目审计，加强建设项目安全质量监督检查、建设项目执法监察等；做好建设项目安全、稳定、投资风险评估，合理安排建设项目投资，确定出资人代表及股权结构，行使出资人权力，组建合资公司筹备组，审定资金预算，管理施工图审核，安排年度投资计划，推荐合资公司高层管理人选等；加强快速铁路网项目、跨局路网主骨架长大干线项目以及难度大项目的管理。

2. *科学界定铁道部与建设单位的权责*。铁道部依法确定建设项目的建设标准、建设规模、建设总工期和工程总投资，提出环境保护要求，对实施过程中发生的重大变化，依法按程序进行调整，并对上述事项负责。建设单位按照铁道部确定的建设目标负责具体项目的组织实施，对具体项目的实施结果负责；在建设项目条件发生变化，对上述目标实施有重大影响时，建设单位应按职权和程序，及时提出修改建议，或进行变更设计；铁道部对建设单位的实施过程进行监督、考核。

3. *落实建设单位的建设管理责任*。建设单位是铁路建设项目管理的实施主体，铁道部按照责权对等原则赋予建设单位相应的权利和责任。建设单位应加强建设项目管理，按照规定处理相关事宜并承担责任，定期向铁道部报告工作，就建设项目的工程质量、安全、工期、投资等对铁道部和各投资方负责。

铁路局受铁道部委托管理组织实施铁路局管内既有线、枢纽、中小项目，接受其他建设单位委托代建涉及既有线安全部分的工程，同时负责协调管内铁路建设与地方的关系，为铁道部管理的建设项目提供工程建设保障。铁路局作为建设单位的建设项目，要认真履行建设单位职责，切实做好项目建设管理工作；中小合资项目，可由合资公司委托铁路局建设或自行组织建设。

合资公司要认真履行管理职责，按照国家和铁道部审定的规模标准投资组织建设或委托建设；批准事项下一般事项由公司依据程序办理；对重大变更设计、重大工期调整、超批准概算调整，以及其他超出批准的事项，依据公司章程履行公司决策程序后，按照国家和铁道部确定的报批程序进行报批，对建设全过程负责。

4. *切实履行出资人代表职责*。铁路建设项目出资人代表要牢固树立依法管理和产权管理理念，按照法律法规和铁道部相关规定，通过法定程序行使股东权利，履行股东义务，切实维护出资人的合法权利，通过合法渠道将出资人的合理主张贯彻到公司工作中，帮助公司协调建设中存在的问题，对建设工作进行监督检查。

二、坚持程序，依法建设

解决铁路建设工作中存在的不科学、不和谐和不可持续的问题，必须实行依法建设，严格执行建设程序，提高决策水平，严格执行标准，依法组织建设。

1. *严格执行程序*。铁路建设必须坚持先勘察、后设计、再施工的基本程序，按照立项、勘察设计、工程实施和工程验收的基本建设程序组织建设，各阶段工作必须达到规定要求和深度，不得将本阶段工作转入下阶段。批准的项目建议书、可行性研究报告和初步设计文件是开展下一阶段工作的依据，可研报告未经审查不得开放定测、初步设计；初步设计及总概算未经审查不能开放补充定测、施工图设计；初步设计及总概算未批复，征地拆迁、三电迁改（含征地拆迁协助工作）不能招标；施工图（含施工图预算）审核未完成，不得开展施工招标；施工招标未完成，不得组织施工单位进场；没有批准开工报告的，不能开工建设；极高风险及高风险工点专项施工方案未批准、稳定风险未评估，不得开工；质量检验不合格的工程，不得计价拨款；变更设计未经批准，对应工程不得施工。

2. *提高决策水平*。铁路建设项目决策水平直接影响建设项目实施，要按照路网规划科学合理确定项目功能定位、建设标准、规模、方案、工期、投资，确保勘察设计深度和质量，合理确定施组方案、建设工期和工程数量，充分做好经济调查工作，严格按照造价标准编制项目投资预估算、估算、设计概（预）算，全面提高铁路建设项目决策水平，尽可能减少建设项目标准、规模、方案、投资、工期等重大调整，为项目顺利实施创造有利条件。

3. 严格执行标准。要严格执行可研批复的铁路项目建设范围、功能定位、主要技术标准、重大建设方案、投资估算及资金筹措、建设工期，以及初步设计批复的各项工程设计原则和施组方案、总概算等。下阶段应严格执行上阶段审批确定的标准、规模、工期、投资等，确有重大原因需要调整时，必须严格依据有关规定和程序履行相应审批手续。

4. 依法合规组织建设。铁路建设实现科学、和谐、可持续发展，必须严格执行法律法规和相关规定。建设单位和参建单位，尤其是各级领导和管理、技术人员，必须认真学习掌握铁路建设必须遵守的法律法规规定，正确认识依法建设与加快建设的内在关系，在勘察设计、建设实施工作中严格执行法律法规和铁道部规章制度，依法有序开展工作，不得损害人民群众的利益。

三、合理工期，有序推进

工期是保证工程质量和施工安全的重要因素，必须以工程质量和施工安全为核心，尊重工程建设客观规律，科学合理地确定工期，保证建设项目有序推进。

1. 合理确定勘察设计周期。铁路勘察设计是保证铁路建设符合经济社会发展和广大人民需求、符合铁路自身发展规律的基础，关系着工程质量和施工安全，必须为勘察设计工作安排充分的时间。定测、初步设计周期由原3～8个月调整为4～12个月，特殊项目还应进一步放宽时限，应完成70%～75%以上勘探工作；完成建材、土源、弃渣场调查以及相关意向协议等工作；站前、站后工程初步设计同精度完成。施工图设计、施工图预算及施工图审核周期由原2～6个月调整为3～8个月。建设单位应提前介入，在勘察设计单位协助下，按要求完成相关协议签订工作。

2. 合理确定施工工期。勘察设计单位在进行施工组织设计时，应根据工程内容、施工方法等内容，按照保证工程安全和质量的要求，科学合理提出施工工期建议；相关部门审查时，应结合建设外部环境对勘察设计单位提出的建议进行评估和论证，合理确定工期，施工总工期为铁道部批准工期。对于运输生产急需的一些铁路项目，在确保安全质量的前提下，采取有效措施，科学组织，加快推进。

3. 规范施工工期调整。建设单位应将合理的工期安排作为招标文件实质性要求和条件，严格按合同组织实施。要严格工期调整管理，任何单位和个人不得随意压缩工期。确需调整工期的，必须经过充分论证，并采取相应措施，通过优化施工组织等，确保工程质量安全，确保有序推进。

四、强化质量，确保安全

铁路建设工程质量是铁路建设的核心，铁路建设应始终坚持把安全质量放在最关键、最核心、最重要的位置。

1. 落实质量安全责任。建设单位要健全内部质量安全保证体系，督促参建单位建立安全质量管理体系，落实质量安全管理责任，落实管理人员和作业人员的质量安全责任。要明确质量安全管理重点，全面实施安全风险分级分类管理，以原材料控制、施工工艺等为重点，加强质量安全管理。

2. 实行“红线”管理。要将结构物沉降评估达标、桥梁收缩徐变达标、锁定轨温达标、联调联试达标、工序达标（上一道工序未验收签认不得进入下一道工序）等作为质量“红线”，将高风险工点安全专项方案未经批准不得开工、既有线施工方案未经批准各种程序未履行不得开工、隧道安全步距超标和擅自改变开挖方法的必须停工作为安全“红线”，对纳入“红线”的工作要从严进行管理，突破“红线”的要坚决停工，严肃处理，并赔偿经济损失。

3. 严肃处理违规行为。对铁路建设中的违法违规行为，要严格按国家和铁道部规定进行处理；对参建单位要采用行政和市场手段进行处罚，对工程质量安全、转包及违法分包、弄虚作假、偷工减料、转移挪用建设资金等问题严肃处理，对违规企业及人员要坚决清出铁路建设市场，依法追究责任。

五、管理先进，推进有效

又好又快推进铁路建设，必须以铁路建设项目标准化管理为抓手，全面提高工程质量、施工安全和建设管理总体水平。当前，要重点抓好以下几项工作。

1. 要加强政策引导和统筹规划。铁道部有关部门单位协会要按照职责及分工，进一步清理完善技术标准、管理标准和作业标准；要统筹规划，按照铁道部确定的工作思路，切实加强政策引导和组织指导工作；要以机械化、工厂化、专业化、信息化为主要支撑，组织制订建设单位现场检查标准，补充完善单位工程（单体工程）开工条件，形成全路统一的参建单位考核标准；组织制订首件工程认可制度，提高施工作业指导书编制水平；对标准化管理工作进行指导、检查、考核。

2. 深入推进建设单位标准化管理。推进建设项目标准化管理，建设单位处于核心位置，必须按照“事事有流程、事事有标准、事事有责任人”细化完善管理制度，实现闭环管理；要选择配备热心铁路建设，有经验、会管理，有事业心的管理技术人员，按岗位配置人员；要完善现场管理，严格执行单位工程开工审查制度，规范现场检查，以过程管理标准化保证质量、安全、工期、投资、环保，确保建设队伍稳定和廉洁，全面实现建设目标。

3. 全面推进建设项目标准化管理。要在建设单位标准化管理的基础上，推进勘察设计、施工、监理工作标准化管理，全面推进标准化项目部、标准化监理部、标准化配合组建设；要将施工作业指导书作为现场作业的依据，将标准化管理落实在现场，落实到作业层，落实到作业面，落实到作业人员，全面实施标准化作业，建设标准化工地；要推行标准化设计，实现现场配合标准化；要提高监理工作质量，实现监理工作标准化，实现项目标准化管理目标。

4. 加快推行架子队管理。架子队是标准化管理的重要内容，是保证工程质量、保证施工安全、维护稳定、提高施工企业素质的重要措施，建设单位必须提高对实施架子队管理的认识，要在施工组织设计文件中明确必须使用架子队的范围，并纳入招标文件；要在审查单位工程（单体工程）开工条件时审查架子队的组建情况，需要架子队施工而没有组建架子队的，不得批准开工；要对架子队作业情况进行检查，指导施工单位完善架子队管理，将架子队使用情况纳入施工单位考核，通过推行架子队劳动组织模式，切实提高现场作业控制水平。

六、维护稳定，保证廉洁

实现铁路建设稳定、廉洁是铁路建设顺利实施的基础，建设单位及参建单位要将稳定、廉洁作为建设综合控制目标的重要内容，切实加强管理，做好预防和防范工作。

1. 认真做好维稳工作。各单位要认真贯彻落实铁道部关于做好维护稳定工作的文件要求，切实落实维稳工作责任。关心职工生产生活和职工利益，妥善处理单位内部问题；依法合规做好征地拆迁工作以及其他涉及人民群众利益的事宜，维护承建单位和农民工的合法权益。做好不稳定因素排查工作，妥善处置和化解各种矛盾，从源头上预防和减少矛盾纠纷，防止群体性、突发性事件发生，形成良好的环境。

2. 切实搞好廉政建设。各单位要认真贯彻部党组的工作部署，切实抓好反腐倡廉建设和领导干部廉洁从政各项规定的落实，深入开展工程建设重点领域专项治理工作，做好招投标监管工作，从源头上防治腐败问题发生。要认真做好重点环节廉政风险防范工作，建立以“岗位为点、程序为线、制度为面”的廉政风险防控机制，完善廉政制度，细化防控措施，明确岗位职责，加强廉政教育。要加大案件以及违规违纪、失信行为查处惩罚力度，实施对监督者的再监督。

关于做好施工图招标前期工作的通知

（2010 年 10 月 12 日铁道部发布 铁建设〔2010〕187 号）

各铁路局，各铁路公司（筹备组）：

为贯彻国家发展改革委、铁道部等七部委《关于加强重大工程安全质量保证措施的通知》（发改投资〔2009〕3183 号）和铁道部《关于实施施工图招标有关问题的通知》（铁建设〔2010〕87 号）要求，切实做好施工图招标工作，现就有关事宜通知如下：

一、提高勘察设计质量

1. 确保勘察设计深度。勘察设计工作是保证施工安全和工程质量的基础，是施工图招标顺利实施的保证，勘察设计、建设等单位要进一步提高对保证初步设计和施工图设计深度的认识，认真履行主体责任,确保初步设计和施工图设计达到规定的深度。

2. 按时完成勘探工作。勘察设计单位应在初步设计完成前基本完成定测阶段的地质勘察工作。除特殊情况并经批准,客运专线地质钻探量一般应不少于计划量的70%,其他铁路地质钻探量应不小于计划量的75%。施工图设计前,原则上要完成全部勘察工作。对受拆迁等影响难以实施钻探的地方,要充分利用既有地质资料,没有地质资料的应在邻近地质条件相似的地方通过勘察获取地质资料。利用既有地质资料或采用邻近地质资料的应在初步设计文件和施工图中注明,拆迁完成后要及时补钻。

3. 改进隧道勘察工作。要加强隧道区域的地质调绘工作,地质条件复杂隧道、浅埋隧道、长大隧道必须实行综合勘探,通过遥感地质、大地电磁深层物探等手段查明隧道的基本地质情况,深孔钻探及综合测井试验工作必须在定测阶段完成;隧道进出口、浅埋段、断层破碎带、地下水富集区、不整合接触带、特殊地层和岩性段应合理布置地质钻探孔,地质异常点、有松散堆积物覆盖的洞口位置、大规模断层破碎带和可能的突水突泥地段均应布设控制性钻孔;实施阶段勘察设计单位要利用超前地质预报技术,详细查明隧道地质情况。

4. 加强现场调查工作。初步设计阶段,勘察设计单位应对地类、房屋、水井、坟墓、通信、电力、地下管线等进行详细调查,全面摸清拆迁数量和所需投资,并在1/2000地形图上明确标注。要提出“三电”及管道迁改初步方案、工程数量和对应投资。要确定改移道路及立交的准确位置、既有标准和规划情况,提出改移及立交方案、工程数量、投资及投资划分建议。

5. 做好大临工程设计。铺轨基地、制存梁场、轨道板厂等大型临时设施和山区施工便道要达到初步设计深度要求,并提出铺轨基地、制存梁场等的复垦方案;对深水、大跨、特殊结构桥梁等工程的施工措施也要进行设计。

6. 做好外部协调工作。建设单位应按国家规定,在设计单位协助下,及时与有关部门签订相关协议。迁改工作要优先采用经济补偿方式,由产权单位按约定的费用和时间完成拆迁工作。改移等级以上公路、城市道路(含规划道路)及立交,应签订包含经济补偿的实施协议。对高压线(110kV以上)、干线通信、输气(油)、干渠、管道等迁改工程,要签订实施性协议。乡村道路可签订确定标准和投资的原则协议。同时,要组织做好地质灾害危险性评估、压覆矿产资源评估、地震安全性评价、防洪影响评价和通航论证工作,尽早稳定设计方案,基本确定相关投资。

二、落实管理责任

1. 勘察设计。勘察设计单位是保证勘察设计深度和勘察设计质量的责任主体,对工程地质勘察质量、现场调查质量负责,对初步设计和施工图必须达到的深度和质量负责。

2. 建设协调。建设单位是对外协调、设计文件初审、审核的牵头和组织单位,要严格履行职责,在勘察设计单位的配合下,切实做好对外协调和各种协议签订工作;做好初步设计文件初审工作,上报的初步设计文件必须达到规定的深度;做好施工图审核工作,在施工图审核报告中,应对外部协议、地质勘察、设计深度予以说明,未经施工图审核或审核不合格的施工图,不得上报施工图审核报告和施工招标计划;组织做好“三电”、管线迁改,以及放地界桩、挖地界沟等工作。

3. 初步设计审查。初步设计文件深度由鉴定中心把关。在审查技术方案、经济指标的同时,要重点审查地质勘察工作是否已经按计划完成,钻探量是否达到规定的最低比例,勘察资料是否全部采用,利用既有地质资料或采用邻近地质资料的是否在设计文件中注明;要认真检查设计深度是否达到规定的深度,各种协议特别是影响方案的协议是否齐全,是否影响方案。确保设计深度和方案的稳定。

4. 施工图审核。特殊工点施工图审核工作由工管中心把关,站房施工图审核工作由鉴定中心把关。要通过施工图审核,为提高勘察设计质量、落实安全措施、加快建设进度和节约工程投资提供重要保障。

客运专线“四电”系统集成采用施工总承包方式,在施工图基础上招标;与“四电”系统设备关系密切的部分接配线图可待设备确定后另行出图,其施工图设计必须确保施工图预算的完整性和准确性;施工图设计原则和实施方案应统一纳入施工图审核,由建设单位组织,工管中心归口管理,客专技术部技术把关。

三、其他

铁道部有关部门和单位要加强对施工图招标工作的指导和检查，及时解决施工图招标和实施过程中存在的问题，进一步规范施工图招标工作，确保实现保证安全质量、节约投资的目标。

关于客运专线系统集成物资设备招标采购有关事宜的通知

（2007年7月5日铁道部发布　铁建设函〔2007〕723号）

各铁路局，各客运专线公司（筹备组）：

为适应客运专线系统集成建设需要，根据铁道部《铁路建设项目物资设备管理办法》（铁建设〔2006〕83号）、《铁路客运专线技术系统集成管理办法》（铁建设〔2007〕16号），现就客运专线系统集成物资设备招标采购有关事宜通知如下，请按照执行。

一、系统集成物资设备是指涉及通信信号、牵引供电、运营调度、旅客服务、动车组检修等系统集成范畴内的物资设备。客运专线系统集成采用总承包方式组织建设的，系统集成物资设备分为专用物资设备和通用物资设备。具体划分原则由铁道部运输局提出报部领导确定。

二、系统集成专用物资设备、通用物资设备（不含甲供物资设备）纳入系统集成总承包招标范围，与系统集成总承包一并招标，系统集成专用物资设备品名、技术规格等，由铁道部运输局根据批准的系统集成专用、通用物资设备划分原则研究确定。

三、系统集成总承包招标文件应严格按铁道部《铁路建设项目施工总价承包招标文件示范文本》（铁建设〔2007〕107号）编制，建设单位应在铁道部运输局指导下，在招标文件中提出详细的专用物资设备技术规格、技术条件或技术要求以及对生产供应厂家的资质、业绩、授权等方面的要求；投标人应在投标文件中明确系统集成专用物资设备的品名、规格、型号、价格、生产厂家及其授权等。

四、系统集成总承包评标时，应对投标人的技术方案、系统集成主要设备的配置、专用物资设备技术规格、施工安装、系统集成、价格及商务条件等方面进行综合评价；当投标文件中同一专用物资设备的生产厂家多于一个时，该设备由招标人即建设单位综合考虑质量、价格、服务等因素后确定。系统集成总承包合同中应明确约定专用物资设备的具体名称、规格、型号、生产供应厂家及供货价格等。

五、系统集成专用物资设备进场时，建设单位应组织监理等单位按照合同规定进行检验及监控。

六、系统集成通用物资设备采购，执行铁道部《铁路建设项目物资设备管理办法》（铁建设〔2006〕83号）等相关规定，招标采购工作在铁道部运输局客专技术部组织指导下进行。

水运工程建设项目招标投标管理办法

（2012年12月20日交通运输部发布　根据2021年8月11日交通运输部《关于修改〈水运工程建设项目招标投标管理办法〉的决定》修正）

第一章　总　　则

第一条　为了规范水运工程建设项目招标投标活动，保护招标投标活动当事人的合法权益，保证水运工程建设项目的质量，根据《中华人民共和国招标投标法》《中华人民共和国招标投标法实施条例》等法律法规，制定本办法。

第二条　在中华人民共和国境内依法必须进行的水运工程建设项目招标投标活动适用本办法。

水运工程建设项目是指水运工程以及与水运工程建设有关的货物、服务。

前款所称水运工程包括港口工程、航道整治、航道疏浚、航运枢纽、过船建筑物、修造船水工建筑物等及其附属建筑物和设施的新建、改建、扩建及其相关的装修、拆除、修缮等工程；货物是指构成水运工程不可分割的组成部分，且为实现工程基本功能所必需的设备、材料等；服务是指为完成水运工程所需的勘察、设计、监理等服务。

第三条 水运工程建设项目招标投标活动，应遵循公开、公平、公正和诚实信用的原则。

第四条 水运工程建设项目招标投标活动不受地区或者部门的限制。

任何单位和个人不得以任何方式非法干涉招标投标活动，不得将依法必须进行招标的项目化整为零或者以其他任何方式规避招标。

第五条 水运工程建设项目招标投标工作实行统一领导、分级管理。

交通运输部主管全国水运工程建设项目招标投标活动，并具体负责经国家发展和改革委员会等部门审批、核准和经交通运输部审批的水运工程建设项目招标投标活动的监督管理工作。

省级交通运输主管部门主管本行政区域内的水运工程建设项目招标投标活动，并具体负责省级人民政府有关部门审批、核准的水运工程建设项目招标投标活动的监督管理工作。

省级以下交通运输主管部门按照各自职责对水运工程建设项目招标投标活动实施监督管理。

第六条 水运工程建设项目应当按照国家有关规定，进入项目所在地设区的市级以上人民政府设立的公共资源交易场所或者授权的其他招标投标交易场所开展招标投标活动。

鼓励利用依法建立的招标投标网络服务平台及现代信息技术进行水运工程建设项目电子招标投标。

第二章 招　　标

第七条 水运工程建设项目招标的具体范围及规模标准执行国务院的有关规定。

鼓励水运工程建设项目的招标代理机构、专项科学试验研究项目、监测等承担单位的选取采用招标或者竞争性谈判等其他竞争性方式确定。

第八条 水运工程建设项目招标人是指提出招标项目并进行招标的水运工程建设项目法人。

第九条 按照国家有关规定需要履行项目立项审批、核准手续的水运工程建设项目，在取得批准后方可开展勘察、设计招标。

水运工程建设项目通过初步设计审批后，方可开展监理、施工、设备、材料等招标。

第十条 水运工程建设项目招标分为公开招标和邀请招标。

按照国家有关规定需要履行项目立项审批、核准手续的水运工程建设项目，招标人应当按照项目审批、核准时确定的招标范围、招标方式、招标组织形式开展招标；没有确定招标范围、招标方式、招标组织形式的，依据国家有关规定确定。

不需要履行项目立项审批、核准手续的水运工程建设项目，其招标范围、招标方式、招标组织形式，依据国家有关规定确定。

第十一条 招标人应当合理划分标段、确定工期，并在招标文件中载明。不得利用划分标段规避招标、虚假招标、限制或者排斥潜在投标人。

第十二条 国有资金占控股或者主导地位的水运工程建设项目，应当公开招标。但有下列情形之一的，可以进行邀请招标：

（一）技术复杂、有特殊要求或者受自然环境限制，只有少量潜在投标人可供选择；

（二）采用公开招标方式的费用占项目合同金额的比例过大。

本条所规定的水运工程建设项目，需要按照国家有关规定履行项目审批、核准手续的，由项目审批、核准部门对该项目是否具有前款第（二）项所列情形予以认定；其他项目由招标人向对项目负有监管职责的交通运输主管部门申请作出认定。

第十三条 有下列情形之一的水运工程建设项目，可以不进行招标：

(一)涉及国家安全、国家秘密、抢险救灾或者属于利用扶贫资金实行以工代赈、需要使用农民工等特殊情况,不适宜进行招标的;

(二)需要采用不可替代的专利或者专有技术的;

(三)采购人自身具有工程建设、货物生产或者服务提供的资格和能力,且符合法定要求的;

(四)已通过招标方式选定的特许经营项目投资人依法能够自行建设、生产或者提供的;

(五)需要向原中标人采购工程、货物或者服务,否则将影响施工或者功能配套要求的;

(六)国家规定的其他特殊情形。

招标人为适用前款规定弄虚作假的,属于招标投标法第四条规定的规避招标。

第十四条 水运工程建设项目设计招标可采用设计方案招标或设计组织招标。

第十五条 招标人可以依法对工程以及与工程建设有关的货物、服务全部或者部分实行总承包招标。

以暂估价形式包括在总承包范围内的工程、货物、服务,属于依法必须进行招标的项目范围且达到国家规定规模标准的,应当依法进行招标,其招标实施主体应当在总承包合同中约定,并统一由总承包发包的招标人按照第十八条的规定履行招标及备案手续。

前款所称暂估价,是指总承包招标时不能确定价格而由招标人在招标文件中暂时估定的工程、货物、服务的金额。

第十六条 招标人自行办理招标事宜的,应当具备下列条件:

(一)招标人应当是该水运工程建设项目的项目法人;

(二)具有与招标项目规模和复杂程度相适应的水运工程建设项目技术、经济等方面的专业人员;

(三)具有能够承担编制招标文件和组织评标的组织机构或者专职业务人员;

(四)熟悉和掌握招标投标的程序及相关法规。

招标人自行办理招标事宜的,应当向具有监督管理职责的交通运输主管部门备案。

招标人不具备本条前款规定条件的,应当委托招标代理机构办理水运工程建设项目招标事宜。任何单位和个人不得为招标人指定招标代理机构。

第十七条 招标人采用招标或其他竞争性方式选择招标代理机构的,应当从业绩、信誉、从业人员素质、服务方案等方面进行考查。招标人与招标代理机构应当签订书面委托合同。合同约定的收费标准应当符合国家有关规定。

招标代理机构在其资格许可和招标人委托的范围内开展招标代理业务,不受任何单位、个人的非法干预或者限制。

第十八条 水运工程建设项目采用资格预审方式公开招标的,招标人应当按下列程序开展招标投标活动:

(一)编制资格预审文件和招标文件,报交通运输主管部门备案;

(二)发布资格预审公告并发售资格预审文件;

(三)对提出投标申请的潜在投标人进行资格预审,资格审查结果报交通运输主管部门备案;

国有资金占控股或者主导地位的依法必须进行招标的水运工程建设项目,招标人应当组建资格审查委员会审查资格预审申请文件;

(四)向通过资格预审的潜在投标人发出投标邀请书;向未通过资格预审的潜在投标人发出资格预审结果通知书;

(五)发售招标文件;

(六)需要时组织潜在投标人踏勘现场,并进行答疑;

(七)接收投标人的投标文件,公开开标;

(八)组建评标委员会评标,推荐中标候选人;

(九)公示中标候选人,确定中标人;

(十)编制招标投标情况书面报告报交通运输主管部门备案;

(十一)发出中标通知书;

(十二)与中标人签订合同。

第十九条 水运工程建设项目采用资格后审方式公开招标的,应当参照第十八条规定的程序进行,并应当在开标后由评标委员会按照招标文件规定的标准和方法对投标人的资格进行审查。

第二十条 水运工程建设项目实行邀请招标的,招标文件应当报有监督管理权限的交通运输主管部门备案。

第二十一条 招标人编制的资格预审文件、招标文件的内容违反法律、行政法规的强制性规定,违反公开、公平、公正和诚实信用原则,影响资格预审结果或者潜在投标人投标的,依法必须进行招标的项目的招标人应当在修改资格预审文件或者招标文件后重新招标。

依法必须进行招标的水运工程建设项目的资格预审文件和招标文件的编制,应当使用国务院发展改革部门会同有关行政监督部门制定的标准文本以及交通运输部发布的行业标准文本。

招标人在制定资格审查条件、评标标准和方法时,应利用水运工程建设市场信用信息成果以及招标投标违法行为记录公告平台发布的信息,对潜在投标人或投标人进行综合评价。

第二十二条 资格预审公告和招标公告除按照规定在指定的媒体发布外,招标人可以同时在交通运输行业主流媒体或者建设等相关单位的门户网站发布。

资格预审公告和招标公告的发布应当充分公开,任何单位和个人不得非法干涉、限制发布地点、发布范围或发布方式。

在网络上发布的资格预审公告和招标公告,至少应当持续到资格预审文件和招标文件发售截止时间为止。

第二十三条 招标人应当按资格预审公告、招标公告或者投标邀请书规定的时间、地点发售资格预审文件或者招标文件。资格预审文件或者招标文件的发售期不得少于 5 日。资格预审文件或者招标文件售出后,不予退还。

第二十四条 自资格预审文件停止发售之日起至提交资格预审申请文件截止之日止,不得少于 5 日。

对资格预审文件的澄清或修改可能影响资格预审申请文件编制的,应当在提交资格预审申请文件截止时间至少 3 日前以书面形式通知所有获取资格预审文件的潜在投标人。不足 3 日的,招标人应当顺延提交资格预审申请文件的截止时间。

依法必须招标的项目在资格预审文件停止发售之日止,获取资格预审文件的潜在投标人少于 3 个的,应当重新招标。

第二十五条 潜在投标人或者其他利害关系人对资格预审文件有异议的,应当在提交资格预审申请文件截止时间 2 日前提出。招标人应当自收到异议之日起 3 日内作出答复;作出答复前,应当暂停招标投标活动。对异议作出的答复如果实质性影响资格预审申请文件的编制,则相应顺延提交资格预审申请文件的截止时间。

第二十六条 资格预审审查方法分为合格制和有限数量制。一般情况下应当采用合格制,凡符合资格预审文件规定资格条件的资格预审申请人,均通过资格预审。潜在投标人过多的,可采用有限数量制,但该数额不得少于 7 个;符合资格条件的申请人不足该数额的,均视为通过资格预审。

通过资格预审的申请人少于 3 个的,应当重新招标。

资格预审应当按照资格预审文件载明的标准和方法进行。资格预审文件未载明的标准和方法,不得作为资格审查的依据。

第二十七条 自招标文件开始发售之日起至潜在投标人提交投标文件截止之日止,最短不得少于 20 日。

对招标文件的澄清或修改可能影响投标文件编制的,应当在提交投标文件截止时间至少 15 日前,以书面形式通知所有获取招标文件的潜在投标人;不足 15 日的,招标人应当顺延提交投标文件的截止时间。

获取招标文件的潜在投标人少于3个的,应当重新招标。

第二十八条 潜在投标人或者其他利害关系人对招标文件有异议的,应当在提交投标文件截止时间10日前提出;招标人应当自收到异议之日起3日内作出答复;作出答复前,应当暂停招标投标活动。对异议作出的答复如果实质性影响投标文件的编制,则相应顺延提交投标文件截止时间。

第二十九条 招标人应当在招标文件中载明投标有效期。投标有效期从提交投标文件的截止之日起算。

第三十条 招标人在招标文件中要求投标人提交投标保证金的,投标保证金不得超过招标项目估算价的2%,投标保证金有效期应当与投标有效期一致。

投标保证金的额度和支付形式应当在招标文件中确定。境内投标单位如果采用现金或者支票形式提交投标保证金的,应当从投标人的基本账户转出。

投标保证金不得挪用。

第三十一条 招标人可以自行决定是否编制标底。一个招标项目只能有一个标底。开标前标底必须保密。

接受委托编制标底的中介机构不得参加受托编制标底项目的投标,也不得为该项目的投标人编制投标文件或者提供咨询等相关的服务。

招标人设有最高投标限价的,应当在招标文件中明确最高投标限价或者最高投标限价的计算方法。招标人不得规定最低投标限价。

第三十二条 招标人组织踏勘项目现场的,应通知所有潜在投标人参与,不得组织单个或者部分潜在投标人踏勘项目现场。潜在投标人因自身原因不参与踏勘现场的,不得提出异议。

第三十三条 招标人在发布资格预审公告、招标公告、发出投标邀请书或者售出资格预审文件、招标文件后,无正当理由不得随意终止招标。招标人因特殊原因需要终止招标的,应当及时发布公告,或者以书面形式通知被邀请的或者已经获取资格预审文件、招标文件的潜在投标人。已经发售资格预审文件、招标文件或者已经收取投标保证金的,招标人应当及时退还所收取的购买资格预审文件、招标文件的费用,以及所收取的投标保证金及银行同期存款利息。利息的计算方法应当在招标文件中载明。

第三十四条 招标人不得以不合理的条件限制、排斥潜在投标人或者投标人。招标人有下列行为之一的,属于以不合理条件限制、排斥潜在投标人或者投标人:

(一)就同一招标项目向潜在投标人或者投标人提供有差别的项目信息;

(二)设定的资格、技术、商务条件与招标项目的具体特点和实际需要不相适应或者与合同履行无关;

(三)依法必须进行招标的项目以特定行政区域或者特定行业的业绩、奖项作为加分条件或者中标条件;

(四)对潜在投标人或者投标人采取不同的资格审查或者评标标准;

(五)限定或者指定特定的专利、商标、品牌、原产地或者供应商;

(六)依法必须进行招标的项目非法限定潜在投标人或者投标人的所有制形式或者组织形式;

(七)以其他不合理条件限制、排斥潜在投标人或者投标人。

第三章 投　　标

第三十五条 与招标人存在利害关系可能影响招标公正性的法人、其他组织或者个人,不得参加投标。

单位负责人为同一人或者存在控股、管理关系的不同单位,不得参加同一标段投标或者未划分标段的同一招标项目投标。

施工投标人与本标段的设计人、监理人、代建人或招标代理机构不得为同一个法定代表人、存在相互控股或参股或法定代表人相互任职、工作。

违反上述规定的,相关投标均无效。

第三十六条 投标人可以按照招标文件的要求由两个以上法人或者其他组织组成一个联合体,以一个投标人的身份共同投标。国家有关规定或者招标文件对投标人资格条件有规定的,联合体各方均应当具备规定的相应资格条件,资格条件考核以联合体协议书中约定的分工为依据。由同一专业的单位组成的联合体,按照资质等级较低的单位确定资质等级。

联合体成员间应签订共同投标协议,明确牵头人以及各方的责任、权利和义务,并将协议连同资格预审申请文件、投标文件一并提交招标人。联合体各方签署联合体协议后,不得再以自己名义单独或者参加其他联合体在同一招标项目中投标。联合体中标的,联合体各方应当共同与招标人签订合同,就中标项目向招标人承担连带责任。

招标人不得强制投标人组成联合体共同投标。

第三十七条 投标人发生合并、分立、破产等重大变化的,应当及时书面告知招标人。投标人不再具备资格预审文件、招标文件规定的资格条件或者投标影响公正性的,其投标无效。

招标人接受联合体投标并进行资格预审的,联合体应当在提交资格预审申请文件前组成。资格预审后联合体增减、更换成员的,其投标无效。

第三十八条 资格预审申请文件或投标文件按要求送达后,在资格预审文件、招标文件规定的截止时间前,招标人应允许潜在投标人或投标人对已提交的资格预审申请文件、投标文件进行撤回或补充、修改。潜在投标人或投标人如需撤回或者补充、修改资格预审申请文件、投标文件,应当以正式函件向招标人提出并做出说明。

修改资格预审申请文件、投标文件的函件是资格预审申请文件、投标文件的组成部分,其形式要求、密封方式、送达时间,适用本办法有关投标文件的规定。

第三十九条 招标人接收资格预审申请文件和投标文件,应当如实记载送达时间和密封情况,签收保存,不得开启。

资格预审申请文件、投标文件有下列情形之一的,招标人应当拒收:

(一)逾期送达的;

(二)未送达指定地点的;

(三)未按资格预审文件、招标文件要求密封的。

招标人拒收资格预审申请文件、投标文件的,应当如实记载送达时间和拒收情况,并将该记录签字存档。

第四十条 投标人在投标截止时间之前撤回已提交投标文件的,招标人应当自收到投标人书面撤回通知之日起5日内退还已收取的投标保证金。

投标截止后投标人撤销投标文件的,招标人可以不退还投标保证金。

出现特殊情况需要延长投标有效期的,招标人以书面形式通知所有投标人延长投标有效期。投标人同意延长的,应当延长其投标保证金的有效期,但不得要求或被允许修改其投标文件;投标人拒绝延长的,其投标失效,投标人有权撤销其投标文件,并收回投标保证金。

第四十一条 禁止投标人相互串通投标、招标人与投标人串通投标、以他人名义投标以及以其他方式弄虚作假的行为,认定标准执行《中华人民共和国招标投标法实施条例》有关规定。

第四章 开标、评标和定标

第四十二条 招标人应当按照招标文件中规定的时间、地点开标。

投标人少于3个的,不得开标,招标人应当重新招标。

第四十三条 开标由招标人或招标代理组织并主持。

开标应按照招标文件确定的程序进行,开标过程应当场记录,招标人、招标代理机构、投标人、参加开标的公证和监督机构等单位的代表应签字,并存档备查。开标记录应包括投标人名称、投标保证金、投标报价、工期、密封情况以及招标文件确定的其他内容。

投标人对开标有异议的,应当在开标现场提出,招标人或招标代理应当场作出答复,并制作记录。

第四十四条 招标人开标时,邀请所有投标人的法定代表人或其委托代理人准时参加。投标人未参加开标的,视为承认开标记录,事后对开标结果提出的任何异议无效。

第四十五条 评标由招标人依法组建的评标委员会负责。

依法必须进行招标的水运工程建设项目,其评标委员会成员由招标人的代表及有关技术、经济等方面的专家组成,人数为五人以上单数,其中技术、经济等方面的专家不得少于成员总数的三分之二。招标人的代表应具有相关专业知识和工程管理经验。

与投标人有利害关系的人员不得进入评标委员会。任何单位和个人不得以明示、暗示等任何方式指定或者变相指定参加评标委员会的专家成员。行政监督部门的工作人员不得担任本部门负责监督项目的评标委员会成员。

交通运输部具体负责监督管理的水运工程建设项目,其评标专家从交通运输部水运工程和交通支持系统综合评标专家库中随机抽取确定,其他水运工程建设项目的评标专家从省级交通运输主管部门建立的评标专家库或其他依法组建的综合评标专家库中随机抽取确定。

评标委员会成员名单在中标结果确定前应当保密。评标结束后,招标人应当按照交通运输主管部门的要求及时对评标专家的能力、履行职责等进行评价。

第四十六条 招标人设有标底的,应在开标时公布。标底只能作为评标的参考,不得以投标报价是否接近标底作为中标条件,也不得以投标报价超过标底上下浮动范围作为否决投标的条件。

第四十七条 招标人应当向评标委员会提供评标所必需的信息和数据,并根据项目规模和技术复杂程度等确定合理的评标时间;必要时可向评标委员会说明招标文件有关内容,但不得明示或者暗示其倾向或者排斥特定投标人。

在评标过程中,评标委员会成员因存在回避事由、健康等原因不能继续评标,或者擅离职守的,应当及时更换。被更换的评标委员会成员已作出的评审结论无效,由更换后的评标专家重新进行评审。已形成评标报告的,应当作相应修改。

第四十八条 有下列情形之一的,评标委员会应当否决其投标:

(一)投标文件未按招标文件要求盖章并由法定代表人或其书面授权的代理人签字的;

(二)投标联合体没有提交共同投标协议的;

(三)未按照招标文件要求提交投标保证金的;

(四)投标函未按照招标文件规定的格式填写,内容不全或者关键字迹模糊无法辨认的;

(五)投标人不符合国家或者招标文件规定的资格条件的;

(六)投标人名称或者组织结构与资格预审时不一致且未提供有效证明的;

(七)投标人提交两份或者多份内容不同的投标文件,或者在同一份投标文件中对同一招标项目有两个或者多个报价,且未声明哪一个为最终报价的,但按招标文件要求提交备选投标的除外;

(八)串通投标、以行贿手段谋取中标、以他人名义或者其他弄虚作假方式投标的;

(九)报价明显低于成本或者高于招标文件中设定的最高限价的;

(十)无正当理由不按照评标委员会的要求对投标文件进行澄清或说明的;

(十一)没有对招标文件提出的实质性要求和条件做出响应的;

(十二)招标文件明确规定废标的其他情形。

第四十九条 投标文件在实质上响应招标文件要求,但存在含义不明确的内容、明显文字或者计算错误,评标委员会不得随意否决投标,评标委员会认为需要投标人做出必要澄清、说明的,应当书面通知该投标人。投标人的澄清、说明应当采用书面形式,并不得超出投标文件的范围或者改变投标文件的实质性内容。

评标委员会不得暗示或者诱导投标人做出澄清、说明,不得接受投标人主动提出的澄清、说明。

第五十条 评标委员会经评审,认为所有投标都不符合招标文件要求的,或者否决不合格投标后,因有效投标不足 3 个使得投标明显缺乏竞争的,可以否决全部投标。

所有投标被否决的,招标人应当依法重新招标。

第五十一条 评标委员会应当遵循公平、公正、科学、择优的原则,按照招标文件规定的标准和方法,对投标文件进行评审和比较。

招标文件没有规定的评标标准和方法,不得作为评标的依据。

第五十二条 根据本办法第二十四条、第二十六条、第二十七条、第四十二条、第五十条规定重新进行了资格预审或招标,再次出现了需要重新资格预审或者重新招标的情形之一的,经书面报告交通运输主管部门后,招标人可不再招标,并可通过与已提交资格预审申请文件或投标文件的潜在投标人进行谈判确定中标人,将谈判情况书面报告交通运输主管部门备案。

第五十三条 中标人的投标应当符合下列条件之一:

(一)能够最大限度地满足招标文件规定的各项综合评价标准;

(二)能够满足招标文件的实质性要求,并且经评审的投标价格最低,但是投标价格低于成本的除外。

第五十四条 评标委员会完成评标后,应当向招标人提交书面评标报告并推荐中标候选人。中标候选人应当不超过三个,并标明排序。

评标报告由评标委员会全体成员签字。对评标结论持有异议的评标委员会成员可以书面方式阐述其不同意见和理由,评标报告应当注明该不同意见。评标委员会成员拒绝在评标报告上签字又不书面说明其不同意见和理由的,视为同意评标结论,评标委员会应当对此做出书面说明并记录。

第五十五条 评标报告应包括以下内容:

(一)评标委员会成员名单;

(二)对投标文件的符合性评审情况;

(三)否决投标情况;

(四)评标标准、评标方法或者评标因素一览表;

(五)经评审的投标价格或者评分比较一览表;

(六)经评审的投标人排序;

(七)推荐的中标候选人名单与签订合同前需要处理的事宜;

(八)澄清、说明、补正事项纪要。

第五十六条 依法必须进行招标的项目,招标人应当自收到书面评标报告之日起 3 日内按照国家有关规定公示中标候选人,公示期不得少于 3 日。

投标人或者其他利害关系人对评标结果有异议的,应当在中标候选人公示期间提出。招标人应当自收到异议之日起 3 日内作出答复;作出答复前,应当暂停招标投标活动。

第五十七条 公示期间没有异议、异议不成立、没有投诉或者投诉处理后没有发现问题的,招标人应当从评标委员会推荐的中标候选人中确定中标人。异议成立或者投诉发现问题的,应当及时更正。

国有资金占控股或者主导地位的水运工程建设项目,招标人应当确定排名第一的中标候选人为中标人。排名第一的中标候选人放弃中标、因不可抗力不能履行合同、不按照招标文件要求提交履约保证金,或者被查实存在影响中标结果的违法行为等情形,不符合中标条件的,招标人可以按照评标委员会提出的中标候选人名单排序依次确定其他中标候选人为中标人,也可以重新招标。

第五十八条 中标人确定后,招标人应当及时向中标人发出中标通知书,并同时将中标结果通知所有未中标的投标人。

第五十九条 招标人和中标人应当自中标通知书发出之日起 30 日内,按照招标文件和中标人的投标文件订立书面合同,合同的标的、价款、质量、履行期限等主要条款应当与招标文件和中标人的投标文件的内容一致。招标人和中标人不得再行订立背离合同实质性内容的其他协议。

招标文件要求中标人提交履约保证金的,中标人应当按照招标文件的要求提交。履约保证金不得超过中标金额的 10%。

招标人最迟应当在书面合同签订后 5 日内向中标人和未中标的投标人退还投标保证金及银行同期存款利息。

第六十条　中标候选人的经营、财务状况发生较大变化或者存在违法行为，招标人认为可能影响其履约能力的，应当在发出中标通知书前由原评标委员会按照招标文件规定的标准和方法审查确认。

第六十一条　招标人应当自确定中标人之日起 15 日内，向具体负责本项目招标活动监督管理的交通运输主管部门提交招标投标情况的书面报告。

招标投标情况书面报告主要内容包括：招标项目基本情况、投标人开标签到表、开标记录、监督人员名单、评标标准和方法、评标委员会评分表和汇总表、评标委员会推荐的中标候选人名单、中标人、经评标委员会签字的评标报告、评标结果公示、投诉处理情况等。

第六十二条　中标人应当按照合同约定履行义务，完成中标项目。中标人不得向他人转让中标项目，也不得将中标项目肢解后分别向他人转让。

中标人按照合同约定或者经招标人同意，可以将中标项目的部分非主体、非关键性工作分包给他人完成。接受分包的人应当具备相应的资格条件，并不得再次分包。

中标人应当就分包项目向招标人负责，接受分包的人就分包项目承担连带责任。

第五章　投诉与处理

第六十三条　投标人或者其他利害关系人认为招标投标活动不符合法律、行政法规规定的，可以自知道或者应当知道之日起 10 日内向交通运输主管部门投诉。投诉应当有明确的请求和必要的证明材料。

就本办法第二十五条、第二十八条、第四十三条、第五十六条规定事项投诉的，应当先向招标人提出异议，异议答复期间不计算在前款规定的期限内。

第六十四条　投诉人就同一招标事项向两个以上交通运输主管部门投诉的，由具体承担该项目招标活动监督管理职责的交通运输主管部门负责处理。

交通运输主管部门应当自收到投诉之日起 3 个工作日内决定是否受理投诉，并自受理投诉之日起 30 个工作日内作出书面处理决定；需要检验、检测、鉴定、专家评审的，所需时间不计算在内。

投诉人捏造事实、伪造材料或者以非法手段取得证明材料进行投诉的，交通运输主管部门应当予以驳回。

第六十五条　交通运输主管部门处理投诉，有权查阅、复制有关文件、资料，调查有关情况，相关单位和人员应当予以配合。必要时，交通运输主管部门责令暂停该项目的招标投标活动。

交通运输主管部门的工作人员对监督检查过程中知悉的国家秘密、商业秘密，应当依法予以保密。

第六章　法律责任

第六十六条　违反本办法第九条规定，水运工程建设项目未履行相关审批、核准手续开展招标活动的，由交通运输主管部门责令改正，可处三万元以下罚款。

第六十七条　违反本办法第十六条规定，招标人不具备自行招标条件而自行招标的，由交通运输主管部门责令改正。

第六十八条　违反本办法第二十一条规定，资格预审文件和招标文件的编制，未使用国务院发展改革部门会同有关行政监督部门制定的标准文本或者交通运输部发布的行业标准文本的，由交通运输主管部门责令改正。

第六十九条　交通运输主管部门应当按照《中华人民共和国招标投标法》、《中华人民共和国招标投标法实施条例》等规定，对水运工程建设项目招标投标活动中的违法行为进行处理。

第七十条　交通运输主管部门应当建立健全水运工程建设项目招标投标信用制度，并应当对招标人、招标代理机构、投标人、评标委员会成员等当事人的违法行为及处理情况予以公告。

第七章 附 则

第七十一条 使用国际金融组织或者外国政府贷款、援助资金的项目进行招标,贷款方、资金提供方对招标投标的具体条件和程序有特殊要求的,可以适用其要求,但有损我国社会公共利益的除外。

第七十二条 水运工程建设项目机电产品国际招标投标活动,依照国家相关规定办理。

第七十三条 交通支持系统建设项目招标投标活动参照本办法执行。

第七十四条 本办法自2013年2月1日起施行,《水运工程施工招标投标管理办法》(交通部令2000年第4号)、《水运工程施工监理招标投标管理办法》(交通部令2002年第3号)、《水运工程勘察设计招标投标管理办法》(交通部令2003年第4号)、《水运工程机电设备招标投标管理办法》(交通部令2004年第9号)同时废止。

交通运输部水运工程和交通支持系统工程综合评标专家库管理办法

(2012年10月26日交通运输部发布 交水发〔2012〕554号)

第一条 为加强对水运工程和交通支持系统工程综合评标专家库的管理,规范专家评标行为,维护招标投标活动当事人的合法权益,根据《中华人民共和国招标投标法》、《中华人民共和国招标投标法实施条例》,制定本办法。

第二条 交通运输部负责水运工程和交通支持系统工程综合评标专家(以下简称评标专家)的资格认定、培训、入库、管理等活动。

第三条 经国家发展改革委等部门审批、核准和经交通运输部审批的水运工程和交通支持系统工程招标活动的评标专家,原则上从交通运输部水运工程和交通支持系统工程综合评标专家库(以下简称综合评标专家库)中随机抽取确定,其他水运工程招标活动的评标专家也可从综合评标专家库中随机抽取确定。

第四条 入选综合评标专家库的专家,必须具备以下基本条件:

(一)熟悉国家有关工程招标投标方面的法律法规,工作业绩突出,工程实践经验丰富,具有独立判断和分析问题的能力;

(二)具有良好的职业道德和保密意识,能够认真、公正、诚实、廉洁地履行职责,自觉接受监督管理,无不良信用记录等;

(三)从事水运工程或交通支持系统工程建设、勘察设计、施工、监理、质量监督、科研等领域工作满15年,并具有高级技术职称;

(四)每申报一个专业(《水运工程和交通支持系统工程综合评标专家库专业分类表》见附件1)应承担过3个以上(含3个)大中型水运工程或交通支持系统工程建设项目相应的业务工作(《水运工程和交通支持系统工程大中型业绩认定标准表》见附件2),且应担任以下职务之一:

1. 设计专业负责人以上;
2. 施工项目经理部总工、副经理以上;
3. 监理项目总监代表、副总监以上;
4. 建设管理项目部门负责人以上;
5. 质量监督项目负责人以上;
6. 前期工作、科研等项目负责人以上。

(五)年龄在65周岁以下,身体健康,能够承担评标工作。两院院士、勘察设计大师(含水运行业)、交通运输部专家委员会委员可不受年龄限制。

凡具备前款规定条件的专业人员，均可申请进入综合评标专家库，经交通运输部审查通过后取得评标专家资格。

第五条 评标专家由本人申请和单位推荐方式产生。申请程序如下：

（一）申请人填写《水运工程和交通支持系统工程综合评标专家库入库申请表》（见附件3）并附相关证明材料后报所在单位，申报材料要求如下：

1. 两院院士、勘察设计大师（含水运行业）、交通运输部专家委员会委员不需附证明材料；

2. 原入库专家只需提供原专家资格证书复印件，专家所在单位、职务、学历等个人信息如有变动的，需要提供相应证明材料；

3. 具有甲级以上设计资质、一级以上施工资质及甲级监理资质企业的总工程师、副总工程师、总经济师、副总经济师只需提供任职文件；

4. 获得国家职业资质证书（指咨询工程师、勘察设计工程师、建造师、监理工程师等）与正高级职称人员只需提供身份证、职业资格证书（或职称证书）和毕业证书复印件；

5. 其他人员应提供身份证、毕业证书、职称证书复印件，并提供所承担项目的规模证书（如设计批复文件、合同文件、交竣工验收证书等复印件）和在项目中的任职证明（如设计文件扉页、图签、聘任文件等复印件）。

（二）所在单位与上级单位审核同意后，填写《水运工程和交通支持系统工程综合评标专家库入库申请汇总表》（见附件4），按以下渠道上报：

1. 海事、救捞、船级社、长航系统所属单位，分别报部海事局、部救助打捞局，中国船级社，长江航务管理局；

2. 中央企业所属单位，分别报主管集团公司；

3. 其他单位按属地管理原则，报当地省级交通运输主管部门。

（三）省级交通运输主管部门或部海事局、救助打捞局、中国船级社、长江航务管理局、中央企业集团公司审核同意后，填写《水运工程和交通支持系统工程综合评标专家库入库审核汇总表》（见附件5），连同申报材料一起报交通运输部；

（四）除海事、救捞、船级社、长航系统外，部其他直属单位直接报交通运输部；

（五）交通运输部将根据申报材料组织评审，确定申请人是否具备评标专家资格，并对符合评标专家资格的人员进行统一培训，培训合格后颁发资格证书，并向社会公布。

第六条 抽取评标专家应实行回避制度。有下列情形之一的，不得进入评标委员会或资格审查委员会。

（一）投标人主要负责人的近亲属；

（二）项目主管部门或者行政监督部门的人员；

（三）与投标人有经济利益关系，可能影响公正评审的；

（四）暂停评标专家资格的；

（五）曾因在招标、评标以及其他与招标投标有关活动中从事违法行为而受过行政处罚或刑事处罚的。

第七条 由招标人或公共资源交易市场人员通过远程异地的方式从部综合评标专家库中抽取评标专家，并按以下程序进行：

（一）根据评标工作安排，提前4天向交通运输部提出书面申请（《水运工程和交通支持系统工程评标专家抽取申请表》见附件6）；

（二）符合抽取条件的，综合评标专家库管理系统（以下简称系统）提前2天自动随机产生口令密码，发送到招标人提供的邮箱；

（三）招标人或公共资源交易市场人员在行政主管部门或纪检监察部门的监督下，输入口令密码登陆系统后进行随机抽取；

（四）招标人或公共资源交易市场人员根据系统随机抽取的评标专家及联系方式，及时与评标专家联系确认，系统将同时通过短信自动将有关信息通知评标专家；

（五）将评标专家抽取结果打印并签字归档。

第八条 招标人或公共资源交易市场人员在抽取评标专家时,不得利用各种借口拒绝评标专家参加评标,禁止违规挑选评标专家。评标专家抽取过程及专家名单应当保密。

第九条 招标人或公共资源交易市场人员应在评标工作结束后,重新登陆系统对评标专家的评标活动进行评价(《水运工程和交通支持系统工程评标专家综合评价表》见附件7)。未完成上一次评标专家评定的,不得再次抽取评标专家。

第十条 评标专家所在单位应积极支持评标专家的工作,优先安排其参加评标活动。

第十一条 评标专家享受以下权利:

(一)进入资格审查委员会或评标委员会,参加资格审查或评标活动;

(二)对资格申请文件或投标文件进行独立评审,不受任何单位和个人的非法干预和影响;

(三)按照资格审查委员会或评标委员会的统一安排,要求资格申请人或投标人对资格申请文件或投标文件作出必要的澄清、说明;

(四)如招标人、招标代理机构、资格审查委员会或评标委员会其他成员有违法、违规或不公正行为,有权向交通运输部报告。

第十二条 评标专家承担以下义务:

(一)严格执行国家有关招标投标的法律、法规、规章和招标文件的有关规定,并接受交通运输部等有关部门的监督管理;

(二)客观、公正地对资格申请文件或投标文件进行评审,遵守职业道德,不徇私舞弊,对所提出的评审意见承担责任;

(三)遵守保密规定,不泄露资格审查、投标文件的评审、评标委员会成员组成等有关情况;

(四)参加交通运输部组织的培训。

第十三条 招标人应负担评标专家在评标工作期间的食宿、交通等费用,并按有关规定支付评标专家报酬。

第十四条 评标专家有下列情况之一的,交通运输部核实后将暂停其评标专家资格六个月:

(一)一年之内连续三次被抽取但拒绝参加评标活动的;

(二)无正当理由,承诺参加但不参加评标活动的。

评标专家在一定时期内因客观原因不能参加评标活动的,应向交通运输部提出书面申请,并附有关证明材料。

第十五条 评标专家有下列情况之一的,交通运输部核实后将取消其评标专家资格:

(一)无正当理由,中途退出评标活动的;

(二)评标期间私下接触投标人的;

(三)收受投标人的财物或其他好处的;

(四)违反保密规定,泄露资格审查或评标情况的;

(五)接受任何单位或者个人明示或者暗示提出的倾向或者排斥特定资格审查申请人或投标人要求的;

(六)暗示或者诱导投标人对投标文件中含义不明确的内容、明显文字或者计算错误等作出澄清、说明,影响评审公正性的;

(七)不参加培训的;

(八)由于健康等原因,不能胜任评标工作的;

(九)曾因在招标、评标以及其他与招标有关活动中从事违法行为而受过行政处罚或刑事处罚的。

第十六条 交通运输部定期对评标专家进行培训。

第十七条 综合评标专家库实行动态管理。根据工作需要,交通运输部可对专业分类和业绩认定标准进行调整,并补充符合资格要求的评标专家进入综合评标专家库。交通运输部每年将对评标专家的评标工作进行评价。

第十八条 本办法由交通运输部负责解释。

第十九条　本办法自发布之日起施行。原交通部《水运工程评标专家和评标专家库管理办法》(交水发〔2006〕333号)同时废止。

附件:(略)

关于进一步规范水运工程招标投标活动的若干意见

(2012年2月7日交通运输部发布　交水发〔2012〕48号)

各省(区、市)交通运输厅(委),天津市、上海市交通运输和港口管理局:

为全面落实《中华人民共和国招标投标法实施条例》(国务院令第613号,以下简称《实施条例》),深入贯彻中央工程建设领域突出问题专项治理工作有关要求,进一步加强水运工程建设项目招标投标管理,规范招标投标活动,现提出如下意见:

一、充分认识规范水运工程招标投标活动的重要意义

水运建设行业是最早全面开放、最先实行招标投标制度的行业之一。随着水运工程招标投标实践活动的全面推行和招标投标制度的不断完善,招标投标已经成为水运工程建设活动的重要内容,对保证工程质量和控制工程投资发挥了重要作用,水运工程招标投标活动总体情况良好。但是,由于社会主义市场经济体制还处于不断完善的过程中,水运基本建设投资规模大、建设任务重,水运建设市场信用体系还不健全等原因,水运工程招标投标活动仍然存在一些不容忽视的问题,如未批先招、规避招标、虚假招标、围标串标、不合理低价中标等违法违规现象依然没有得到有效遏制。整顿和规范水运建设市场秩序,创造公开、公平、公正的市场环境,进一步规范招标投标活动,促进水运建设事业健康发展是非常必要的。

二、认真清理招标投标规章和规范性文件,确保招标投标制度协调统一

各级交通运输主管部门要加快清理有关水运工程招标投标管理的各类规范性文件,推动修订与《实施条例》等法律法规相抵触的地方性法规和规章,并及时向社会公布。

三、严格执行招标投标制度

建设单位必须按照国家有关法律法规规定,开展水运工程建设项目勘察、设计、施工、监理以及与工程建设有关的设备、材料等的招标活动,除有关法律法规规定不进行招标和经主管部门批准同意采用邀请招标方式外,一律采用公开招标方式。在招标过程中,要切实贯彻有关规定,坚持“合理标段、合理标价、合理周期”的原则,依照规定程序科学有效地进行,必须按照交通运输部关于水运工程招标备案管理的要求,严格履行招标备案手续。对不履行备案手续的,交通运输主管部门应责令限期改正,拒不改正的,可依据国家有关规定作出相应的行政处罚决定。

四、严格落实招标公告公示制度

为保证潜在投标人及时、便捷地获取水运工程招标信息,依法必须招标的水运工程建设项目资格预审公告和招标公告,应当在依法指定的报刊、信息网络或者其他媒介发布。在招标人自愿的前提下,为扩大招标公告影响力,创造公开、公平、公正的市场环境,可以同时在交通运输行业主流媒体或交通运输主管部门、建设单位等门户网站发布。建设单位不得通过违规发布招标信息等方式搞虚假招标。评标结果应在依法发布招标公告的报刊、信息网络或其他媒体上及时公示,公示期不少于三日,主要内容包括招标项目名称、评标结果、举报受理方式等。

五、严格规范招标文件编制

建设单位应当认真落实国家和行业有关招标文件的编写要求,按照公平、公正、科学、合理的原则,认真组织编写水运工程勘察、设计、施工、监理以及与工程建设有关的设备、材料等标段的资格预审文件和招标文件,切实提高文件的编制质量。其中,水运工程施工招标资格预审文件和招标文件的编制应当符合《标准施工招标资格预审文件》、《标准施工招标文件》和《水运工程标准施工招标文件》的有关规定和要求。

严禁在资格预审文件和招标文件中以不合理条件或歧视性条款排斥潜在投标人,或设置特别条款倾向潜在投标人。资格预审文件或者招标文件经备案后如需对关键条款或重要内容进行变更,应重新办理备案手续;招标人可以对出售之后的资格预审文件或者招标文件进行必要的澄清或者修改,澄清或者修改的内容可能影响资格预审申请文件或者投标文件编制的,应当在提交资格预审申请文件截止时间至少3日前或者提交投标文件截止时间至少15日前,以书面形式通知所有获取资格预审文件或者招标文件的潜在投标人,并经所有潜在投标人签字确认,潜在投标人不以书面签字确认的,招标人有权拒绝该潜在投标人的资格预审申请文件或者投标文件。不足3日或者15日的,招标人应当顺延提交资格预审申请文件或者投标文件的截止时间。该澄清或者修改的内容为资格预审文件或者招标文件的组成部分,需在评标报告中作出说明。招标文件中设定的废标条款要依法、严谨,没有列明的因素和标准不得作为资格审查或评标的依据。

六、完善资格审查制度

资格审查分为资格预审和资格后审。建设单位应坚持公平、公正、公开的原则,按照预先设置的资格审查条件认真做好资格审查工作,禁止通过资格审查排斥潜在投标人。采用资格预审的,资格审查方法可采用合格制和有限数量制。一般情况下应当采用合格制,凡符合资格预审文件规定的资格条件的资格预审申请人,都可通过资格预审。潜在投标人过多的,可采用有限数量制,招标人应当在资格预审文件中载明允许通过资格预审的申请人数额,但该数额不得少于7个,符合资格条件的申请人不足该数额的,不再进行量化,所有符合资格条件的申请人均视为通过资格预审。

七、进一步完善评标办法

建设单位应根据相关规定科学、合理设定评标办法。评标办法可采用综合评估法和经评审的最低评标价法,一般采用综合评估法。在采用综合评估法作为评标办法时,应在充分考虑工程建设技术和质量需要的基础上,合理设定标价所占评分比例,水运工程施工招标标价所占比例一般不高于50~60%(其中政府投资项目一般不高于50%),水运工程勘察设计的标价所占评分比例一般不高于25%、水运工程监理招标的标价所占评分比例一般不高于15%。对技术含量低、规模较小的工程可采用经评审的最低评标价法,但要适当通过提高履约保证金的形式,防止恶性竞争、以低于成本的报价竞标等。

八、严格监管招标代理行为

招标代理机构应按照资质允许的范围从事水运工程招标代理活动,禁止无资质或者超越资质范围承担招标代理业务。鼓励建设单位通过适当的竞争方式择优选择招标代理机构。招标代理机构应当依法经营,平等竞争,对严重违法违规的招标代理机构,要严格限制其进入水运建设市场。

九、严格规范投标行为

投标人要严格遵守国家有关规定,依法合规地进行投标活动,严禁围标串标、恶意低价中标、挂靠借用资质等违法违规行为。各级交通运输主管部门应采取切实可行的办法加大查处和打击力度,对围标串标、弄虚作假骗取中标、向招标人或者评标委员会成员行贿等手段谋取中标以及随意放弃中标的投标人,要按照有关信用信息管理办法的规定对其不良行为进行认定。对无正当理由放弃中标的投标人,招标人不予退还投标保证金。

十、加强评标专家管理

建设单位应从依法设立的水运工程评标专家库中抽取专家,在交通运输部进行备案的招标项目应当在交通运输部水运工程评标专家库中抽取;在省级交通运输主管部门备案的招标项目应当在省级水运工程评标专家库中抽取,也可在交通运输部水运工程评标专家库中抽取。使用交通运输部水运工程评标专家库时,应提前4天提出书面申请,明确抽取专家的人数、专业及投标人等,提前2天在纪检监察部门的监督下随机抽取专家,禁止建设单位违规挑选评标专家,不得利用各种借口拒绝评标专家参加评标,在评标结束后应及时对评标专家进行网上评价。

各级交通运输主管部门应强化对评标专家的动态监管,建立评标专家准入、诫勉、清退制度,健全对评标专家的评价机制,对评标专家的工作态度、业务水平、职业道德等方面进行考核。加大对评标专家的培训力度,加强对评标专家违法、违规行为的惩罚力度。

十一、加强招标投标监管

各级交通运输主管部门要高度重视,加强对招标投标活动的监督管理。监督建设单位严格按照有关部门批复或核准的招标方式、招标组织形式、招标范围开展招标活动，禁止建设单位将公开招标擅自改为邀请招标；对不按相关规定招标和应招而不招的项目要严格查处；加大对各级招标投标监管人员的业务培训力度，提高其思想政治素质和依法行政意识。

十二、大力推进信用体系建设

各级交通运输主管部门要重视水运建设市场信用体系建设，把信用体系建设作为规范招标投标行为、规范市场秩序的重要抓手和关键突破口，切实按照我部水运工程建设市场信用信息管理的有关规定，坚持“激励诚信、惩戒失信”的原则，不断加快水运建设市场信用体系建设步伐，积极研究探索水运工程建设信用评价的方式方法，充分发挥各级水运建设市场信用信息管理系统的功能，及时公布不良信用信息，加大对市场违法违规行为的处罚力度。水运工程招标投标活动的市场责任主体，应当按规定及时完成信用信息的录入及更新等工作。

十三、应用现代信息技术，提高招标投标工作效率

各级交通运输主管部门要重视现代电子信息技术在招标投标工作中的应用，要与建设水运工程建设市场信用信息系统相结合，不断提高招标投标工作效率，节约招标投标工作成本。有条件的地区，应积极探索推进电子招标投标和网络远程评标。

各级交通运输主管部门要认真执行《实施条例》等法律法规和本意见，不断完善招标投标规章制度，狠抓制度落实，切实加强对水运工程招标投标活动的监管，不断规范招标投标行为，促进水运建设事业科学发展。

民航专业工程及货物招标投标评标专家和专家库管理办法

（2013 年 11 月 25 日中国民用航空局机场司发布 MD－CA－2013－2－R2）

第一章 总 则

第一条 为加强民航专业工程及货物招标评标专家和专家库（以下分别简称评标专家、专家库）的管理，提高民航专业工程项目评标的科学性、公正性，进一步规范评标活动，依据《中华人民共和国招标投标法》、《中华人民共和国招标投标法实施条例》、国家发展和改革委员会《评标专家和评标专家库管理暂行办法》、民航局机场司《民航专业工程及货物招标投标管理办法》，制定本办法。

第二条 本办法适用于评标专家的资格认定、入库及专家库的建立、使用、更新、维护等管理活动。

第三条 评标专家的管理实行“统一聘用、集中管理、随机选取、管用分离”的原则。

第四条 民航局机场司负责：

（一）制定评标专家及专家库管理的规章制度；

（二）指导评标专家的资格认定、入库及专家库的组建；

（三）指导评标专家及专家库的管理；

（四）依法受理与评标专家有关的投诉，查处相关违法行为；

（五）法律、法规、规章规定的其他职责。

第五条 民航地区管理局负责：

（一）对辖区内评标专家的申报材料进行初审；

（二）依法受理辖区内招标投标活动中与评标专家有关的投诉，查处相关违法行为；

（三）就评标专家及专家库管理提出意见和建议；

（四）法律、法规、规章规定的其他职责。

第六条 民航专业工程质量监督总站（以下简称质监总站）负责：

（一）评标专家的资格认定及证书颁发，参与对评标专家的监督管理；

（二）专家库的建立、使用、更新、维护等工作；

（三）建立入选评标专家档案，记载评标专家评标的具体情况；

（四）根据项目需求随机抽取评标专家；

（五）专家库管理系统的运行、维护工作；

（六）建立入选评标专家培训与考核制度，组织有关招标投标法律、法规、规章的培训及考核；

（七）其他有关评标专家及专家库管理事宜。

第二章　评标专家的资格认定

第七条　评标专家应当具备以下条件：

（一）从事相关工作满八年，并具有高级职称；特种车辆专业，从事相关专业满十年，具有中级职称；

（二）熟悉国家和民航有关招标投标的法律、法规和规章要求；

（三）能够认真、公正、诚实、廉洁地履行职责；

（四）身体健康，能够承担项目评标工作，年龄不超过70周岁；

（五）无违纪违法等行为。

第八条　评标专家入库的申请及审批程序为：

（一）申请人填写“民航专业工程及货物评标专家申请表”（见附件1），并提供如下纸质和电子版个人材料：

1.本人有效身份证件、学历、职称以及其他有关资格证书的复印件，所有复印件均应加盖单位人事部门公章；

2.个人研究或工作成就简况，包括学术论文、科研成果和发明创造等；

3.电子版个人资料应将有关证照的扫描件粘贴在申请表背面。

（二）经申请人所在单位（或退休前原单位）审核同意后，将纸质及电子版资料报所在地民航地区管理局初审；

（三）民航地区管理局将初审合格的申请材料（包括“申报民航专业工程评标专家信息汇总表”，见附件3）提交质监总站；

（四）质监总站于每年四月、九月对通过初审的材料进行资格认定，并视情组织开展评标专家的培训和考核工作；

（五）质监总站将考核合格的专家名单报民航局机场司备案后，录入评标专家库，并颁发《民航专业工程及货物评标专家证书》。

第九条　评标专家每届聘期5年，届满后续聘程序如下：

（一）填写“民航专业工程及货物评标专家信息复核登记表”（见附件2），经申请人所在单位审核后，随同电子版资料一并报质监总站；

（二）质监总站每年四月、九月对续聘专家进行资格认定，并视情组织开展评标专家的培训和考核工作；

（三）质监总站将考核合格的专家名单报民航局机场司备案后，确认评标专家资格，并对《民航专业工程及货物评标专家证书》进行签注。

第十条　因故不再担任评标专家的，由质监总站办理有关手续，并收回《民航专业工程及货物评标专家证书》。

第三章　评标专家的权利和义务

第十一条　评标专家在评标活动中享有以下权利：

（一）根据随机抽取结果，担任民航专业工程招标项目的评标委员会成员；

（二）依法对投标文件进行独立评审，提出评审意见；

（三）接受参加评标活动的合法劳务报酬；

（四）向民航管理部门举报评标活动中存在的违法、违规或不公正行为；

（五）法律、法规和规章规定的其他权利。

第十二条 评标专家在评标活动中承担以下义务：

（一）遵守评标工作纪律，不得私下接触投标人，不得收受投标人、中间人、利益相关人的财物或者其他好处，不得透露对投标文件的评审、中标候选人的推荐情况以及与评标有关的其他情况；

（二）准时出席评标活动，依法客观公正地进行评标；

（三）积极协助和配合有关行政监督部门的监督检查和投诉调查；

（四）存在应回避的情形时，应当主动提出回避；

（五）定期或及时更新个人变更信息；

（六）因故不能参加评标活动时，应于评标前 24 小时告知招标人；

（七）法律、法规、规章规定的其他义务。

第四章 评标专家的使用与管理

第十三条 依法必须招标的民航专业工程项目，由招标人或者其委托的招标代理机构，填写"民航专业工程项目及货物评标专家抽取申请表"（见附件 4），提出专家使用申请。

第十四条 有下列情形之一者，不得担任评标委员会成员：

（一）投标人或者投标人主要负责人的近亲属；

（二）项目主管部门（即项目的批复部门）或者行政监督部门的人员；

（三）与投标人有经济利益关系，可能影响公正评审的；

（四）曾因在招标、评标以及其他与招标投标有关活动中从事违法行为而受过行政处罚或刑事处罚的；

（五）退休或者离职前为投标人员工，并且退休或者离职不满三年的。

第十五条 评标专家名单通常应在开标前 44 小时内尽晚确定，特别情况下可延长至 48 小时内确定。

第十六条 对于技术复杂、专业性强、要求特别高或者国家有特殊要求的招标项目，采取随机抽取方式确定的评标专家难以胜任时，招标人可直接确定。

第十七条 评标专家有下列情形之一的，由质监总站注销其评标专家资格：

（一）本人申请不再担任；

（二）由于健康等原因不能胜任；

（三）因工作调动不再适宜继续担任；

（四）年龄超过 70 周岁；

（五）无故不参加有关培训无法对其进行考核的。

第十八条 评标专家有下列情形之一的，由质监总站予以记录，暂停其评标专家资格半年：

（一）连续 6 次被抽中但均未参加；

（二）承诺参加但没有参加（提前告知招标人者除外）。

第十九条 评标专家有下列情形之一的，经民航局机场司同意，由质监总站取消其评标专家资格：

（一）评标专家申请材料弄虚作假；

（二）连续两次被暂停评标专家资格的；

（三）拒绝协助、配合民航管理部门监督、检查的；

（四）受到刑事处罚或与招标投标活动有关的行政处罚的；

（五）其他违反招标投标法律、法规和规章的。

第二十条 评标专家有下列情形之一的，由有关民航管理部门责令改正；情节严重的，一年内不得参加评标活动；情节特别严重的，取消其评标专家资格：

（一）应当回避而不回避；

（二）擅离职守；

（三）不按照招标文件规定的评标标准和方法评标，评标过程中出现影响到评标结果的重大疏漏或错误；

（四）在评标期间接触投标人；

（五）向招标人征询确定中标人的意向或者接受任何单位或者个人明示或者暗示提出的倾向或者排斥特定投标人的要求；

（六）对依法应当否决的投标不提出否决意见；

（七）暗示或者诱导投标人作出澄清、说明或者接受投标人主动提出的澄清、说明；

（八）其他不客观、不公正履行职务的行为。

第二十一条 被取消评标专家资格者，五年内不得再次申请入选民航专业工程评标专家库。

第五章 附 则

第二十二条 民航局直属行政事业单位开展民航专业工程中货物和服务的采购活动，应按照《政府采购评审专家管理办法》（财库〔2003〕119 号）、《财政部关于中央单位政府采购专家库管理使用有关问题的通知》（财办库〔2004〕80 号）及政府采购招投标管理相关规定执行。

第二十三条 本办法由民航局机场司负责解释。

第二十四条 本办法自发布之日起实施，2007 年发布实施的《民航专业工程专家库管理办法》（MD – CA – 2007 – 1 – R1）废止。

附件：1. 民航专业工程及货物评标专家申请表（略）

2. 民航专业工程及货物评标专家信息复核登记表（略）

3. 申报民航专业工程及货物评标专家信息汇总表（略）

4. 民航专业工程项目及货物评标专家抽取申请表（略）

民航专业工程建设项目招标投标管理办法

（2018 年 1 月 8 日民航局机场司发布 AP – 158 – CA – 2018 – 01 – R2）

第一章 总 则

第一条 为规范民航专业工程建设项目招标投标活动，加强监督管理，根据《中华人民共和国招标投标法》、《中华人民共和国招标投标法实施条例》等法律、法规以及有关的规章和规范性文件，制定本办法。

第二条 本办法适用于民航专业工程建设项目的招标投标管理，机电产品的国际招标投标除外。

本办法所称工程建设项目，是指工程以及与工程建设有关的货物、服务。工程是指建设工程，建设工程是指土木工程、建筑工程、线路管道和设备安装工程及装修工程，包括建筑物和构筑物的新建、改建、扩建及其相关的装修、拆除、修缮等；与工程建设有关的货物，是指构成工程不可分割的组成部分，且为实现工程基本功能所必需的设备、材料等；与工程建设有关的服务，是指为完成工程所需的勘察、设计、监理等服务。

本办法所称民航专业工程包括：

（一）机场场道工程，包括：

1. 飞行区土石方（不含填海工程）、地基处理、基础、道面工程；

2. 飞行区排水、桥梁、涵隧、消防管网、管沟（廊）工程；

3. 飞行区服务车道、巡场路、围界（含监控系统）工程。

（二）民航空管工程，包括：

1. 区域管制中心、终端（进近）管制中心和塔台建设工程；

2. 通信（包括地空通信和地地通信）工程、导航（包括地基导航和星基导航）工程、监视（包括

雷达和自动相关监视系统)工程;

3. 航空气象(包括观测系统、卫星云图接收系统等)工程;

4. 航行情报工程。

(三)机场目视助航工程,包括:

1. 机场助航灯光及其监控系统工程;

2. 飞行区标记牌和标志工程;

3. 助航灯光变电站和飞行区供电工程;

4. 泊位引导系统及目视助航辅助设施工程。

(四)航站楼、货运站的工艺流程及民航专业弱电系统工程。其中,民航专业弱电系统包括:信息集成系统、航班信息显示系统、离港控制系统、泊位引导系统、安检信息管理系统、标识引导系统、行李处理系统、安全检查系统、值机引导系统、登机门显示系统、旅客问讯系统、网络交换系统、公共广播系统、安全防范系统、主时钟系统、内部通讯系统、呼叫中心(含电话自动问讯系统),以及飞行区内各类专业弱电系统。

(五)航空供油工程,包括:

1. 航空加油站、机坪输油管线系统工程;

2. 机场油库、中转油库工程(不含土建工程);

3. 场外输油管线工程、卸油站工程(不含码头水工工程和铁路专用线工程);

4. 飞行区内地面设备加油站工程。

第三条 依法必须招标的民航专业工程建设项目的范围和规模标准,按照国家发改委有关规定执行。

任何单位和个人不得将依法必须进行招标的项目化整为零或者以其他任何方式规避招标。

第四条 民航局机场司负责:

(一)贯彻执行国家有关招标投标管理的法律、法规、规章和规范性文件,制定民航专业工程建设项目招标投标管理的有关规定;

(二)全国民航专业工程建设项目招标投标活动的监督管理,对委托民航专业工程质量监督总站(以下简称质监总站)的承办事项进行指导,并监督办理情况;

(三)依法查处招标投标活动中的重大违法违规行为;

(四)其他与招标投标活动管理有关的事宜。

第五条 民航地区管理局负责:

(一)贯彻执行国家及民航有关招标投标管理的法律、法规、规章和规范性文件;

(二)辖区民航专业工程建设项目招标投标活动的监督管理;

(三)受理并备案审核辖区招标人提交的招标方案、资格预审文件、招标文件和抽取评标专家申请表;

(四)认定省级或者市级地方公共资源交易市场(以下简称地方交易市场),与地方交易市场制定工作方案,约定业务流程,明确有关责任义务;

(五)受理并备案审核招标人提交的评标报告和评标结果公示报告,对招标人提供的合同副本进行备案;

(六)受理辖区内有关招标投标活动的投诉,依法查处招标投标活动中的违法违规行为。

第六条 质监总站负责:

(一)贯彻执行国家及民航有关招标投标管理的法律、法规、规章和规范性文件;

(二)承担民航专业工程评标专家及专家库的管理和评标专家的抽取工作;

(三)受委托承担民航专业工程建设项目进入地方交易市场进行开标评标的驻场服务工作;

(四)招标投标活动各当事人的信用体系建设;

(五)受委托的其它招标投标管理的有关工作。

第七条 民航专业工程建设项目招标投标活动应当遵循公平、公正、公开、诚实信用原则,项目当事人及相关工作人员应当严格遵守保密原则,禁止以任何方式非法干涉民航专业工程建设项目招标投标活动。

第八条 鼓励利用信息网络进行电子招标投标。

第二章 招　　标

第九条 民航专业工程建设项目的招标人是提出招标项目、进行招标的项目法人或者其他组织。

第十条 按照国家有关规定需要履行项目审批、核准手续的依法必须进行招标的民航专业工程建设项目,其招标范围、招标方式、招标组织形式应当报送项目审批、核准部门审批、核准。

招标人应当按照项目审批、核准部门确定的招标范围、招标方式、招标组织形式开展招标。

第十一条 依法必须招标的工程建设项目,应当具备下列条件才能进行招标:

(一)招标人已经依法成立;

(二)取得项目审批、核准部门审批、核准的文件;

(三)工程建设项目初步设计按照有关规定要求已获批准(勘察、设计招标除外);

(四)有相应资金或者资金来源已经落实;

(五)能够提出招标技术要求,施工项目有招标所需的设计图纸及技术资料。

第十二条 招标人可以自行招标或委托招标。招标人自行办理招标事宜的,应当符合国家发改委《工程建设项目自行招标试行办法》要求,经批准后,按规定程序办理。

招标人不具备自行办理招标条件的,应当委托符合要求的招标代理机构办理招标事宜。确定委托前,应当查询相关招标代理机构失信被执行人信息,鼓励优先选择无失信记录的招标代理机构。

第十三条 招标人采用资格预审办法对潜在投标人进行资格审查的,应当发布资格预审公告、编制资格预审文件。

资格预审公告视同为招标公告,其发布要求、载明内容应当与招标公告的要求一致。

依法必须进行招标的项目的资格预审公告,应当在国家发改委依法指定的媒介发布。在不同媒介发布的同一招标项目的资格预审公告的内容应当一致。资格预审文件的发售期不得少于5日。发售期最后一天应当回避节假日。

第十四条 民航专业工程建设项目的施工招标文件和施工招标资格预审文件的编制应当按照《民航专业工程标准施工招标资格预审文件》和《民航专业工程标准施工招标文件》要求编制。设备、材料、勘察、设计、监理招标文件的编制应当按照《标准设备采购招标文件》《标准材料采购招标文件》《标准勘察招标文件》《标准设计招标文件》《标准监理招标文件》要求编制。

第十五条 招标人应当在民航地区管理局认定的省级或市级地方交易市场进行资格审查、开标、评标。

民航地区管理局认定的地方交易市场应当管理制度健全、管理规范、收费合理,且具备资格审查、开标、评标过程现场监视、录音录像并存档备查等条件,能够保证资格审查、开标、评标过程保密、封闭、有序地进行,并接受民航行政管理部门的监督管理。

第十六条 依法必须招标的民航专业工程建设项目,在发布资格预审公告、招标公告或发出投标邀请书前,招标人应当将招标方案报民航地区管理局备案。

招标方案备案材料应当包括:

(一)项目批准(或核准)文件;按规定获得的初步设计批准文件,初步设计批准文件由民航管理部门以外的部门或单位批准的,需附民航行业审查意见;

(二)《民航专业工程建设项目招标方案备案表》(见附表一);

(三)资格预审公告、招标公告或投标邀请书;

(四)招标文件或资格预审文件;

(五)招标代理委托书或委托合同复印件;

(六)其他有必要说明的事项。

招标公告、投标邀请书、招标文件及资格预审文件的编写应当符合相关规定,其中招标文件中的评标委员会组成方案、评标办法、否决投标条件应当予以明确。

第十七条 民航地区管理局自收到招标方案备案材料后，应当及时审核，如有异议，应当在7个工作日内提出书面意见；如无异议，则应当在7个工作日内予以备案。

第十八条 招标方案经民航地区管理局备案后，招标人方可发布资格预审公告、招标公告或投标邀请书，并按招标公告或者投标邀请书规定的时间、地点发出招标文件或者资格预审文件。招标文件的发售期不得少于5日，发售期的最后一天应当回避节假日。

第十九条 招标人应当在资格预审公告、招标公告或者投标邀请书中载明是否接受联合体投标。

第二十条 招标人应当在资格预审公告、招标公告、投标邀请书及资格预审文件、招标文件中明确规定对失信被执行人的处理方法和评标标准，对其投标活动依法予以限制。

招标人接受联合体投标的，联合体中有一个或一个以上成员属于失信被执行人的，联合体视为失信被执行人。

第二十一条 招标人应当在招标文件中载明投标有效期。投标有效期从提交投标文件的截止之日起算。

第二十二条 招标人在招标文件中要求投标人提交投标保证金的，投标保证金不得超过招标项目估算价的2%，最高不得超过80万元。投标保证金有效期应当与投标有效期一致。

境内投标单位以现金或者支票形式提交的投标保证金应当从其基本账户转出。

招标人不得挪用投标保证金。

投标保证金鼓励采用银行保函形式收取。

第二十三条 招标人设有最高投标限价的，应当在招标文件中明确最高投标限价或者最高投标限价的计算方法。招标人不得规定最低投标限价。

第二十四条 招标人可以对已发出的资格预审文件或者招标文件进行必要的澄清或者修改，但有关澄清或者修改应当报原备案单位备案。澄清或者修改的内容可能影响资格预审申请文件或者投标文件编制的，招标人应当在提交资格预审申请文件截止时间至少3日前，或者投标截止时间至少15日前，以书面形式通知所有获取资格预审文件或者招标文件的潜在投标人；不足3日或者15日的，招标人应当顺延提交资格预审申请文件或者投标文件的截止时间。

第二十五条 招标失败的，招标人应当在分析原因并采取相应措施后，重新进行招标。对招标文件中的招标范围、资格要求、评标办法等重点内容进行修改的，应当重新报民航地区管理局备案审核。

重新招标后投标人仍少于三个的，属于必须审批、核准的工程建设项目，报经原审批、核准部门审批、核准后可以不再进行招标。

第二十六条 招标人终止招标的，应当及时发布公告，或者以书面形式通知被邀请的或者已经获取资格预审文件、招标文件的潜在投标人。已经发售资格预审文件、招标文件或者已经收取投标保证金的，招标人应当及时退还所收取的资格预审文件、招标文件的费用，以及所收取的投标保证金及银行同期存款利息。

第二十七条 招标人应当在资格预审公告中载明资格预审后投标人的数量，一般不得少于7个投标人，且应当采用专家评审的办法，由专家综合评分排序，按得分高低顺序确定投标人。

资格预审合格的潜在投标人不足三个的，招标人应当重新进行招标。

第三章 投　标

第二十八条 投标人是响应招标、参加投标竞争的法人或者其他组织。

与招标人存在利害关系可能影响招标公正性的法人、其他组织或者个人，不得参加投标。

单位负责人为同一人或者存在控股、管理关系的不同单位，不得参加同一标段投标或者未划分标段的同一招标项目投标。

违反前两款规定的，相关投标均无效。

一个制造商对同一品牌同一型号的货物，仅能委托一个代理商参加投标。

第二十九条 投标人应当具备招标文件规定的资格条件，具有承担所投标项目的相应能力。其中，勘察设计企业、建筑业企业、工程监理企业应当按照住建部有关规定取得相应资质证书。

第三十条 招标人接受联合体投标并进行资格预审的，联合体应当在提交资格预审申请文件前组成。资格预审后联合体增减、更换成员的，其投标无效。

联合体各方在同一招标项目中以自己名义单独投标或者参加其他联合体投标的，相关投标均无效。

投标人组织投标联合体的，应当划分联合体各成员的专业职责，联合体各成员应当具备相应的专业工程资质。联合体成员中同一专业的最低资质为投标联合体该专业的资质。

第三十一条 投标人撤回已提交的投标文件，应当在投标截止时间前书面通知招标人。招标人已收取投标保证金的，应当自收到投标人书面撤回通知之日起5日内退还。

投标截止后投标人撤销投标文件的，招标人可以不退还投标保证金。

第四章 开标、评标和定标

第三十二条 开标应当程序规范，符合相关规定要求。

第三十三条 招标投标项目可以由地区管理局指定的招标投标活动主体以外的单位（以下简称驻场服务单位）提供驻场服务，负责有关进入地方交易市场开标评标活动的协调、对接、日常管理和其他服务保障。

第三十四条 招标人应当按照招标文件规定的时间、地点开标。

投标人少于3个的，不得开标，招标人应当重新招标。

投标人对开标有异议的，应当在开标现场提出，招标人应当当场做出答复，并制作记录。

第三十五条 评标应当由招标人依法组建的评标委员会负责。评标委员会人数应当为五人及以上单数，其中从专家库中抽取的专家人数不得少于评标委员会人员总数的三分之二。

评标委员会的专家成员应当从专家库内相关专业的专家名单中以随机抽取的方式确定。任何单位和个人不得以明示、暗示等任何方式指定或者变相指定参加评标委员会的专家成员。

当招标项目需要民航以外专业的专家参与评标时，经民航地区管理局批准，可采取在其他专业省部级或国家级评标专家库抽取的方式选择部分专家共同组成评标委员会。

第三十六条 对于技术特别复杂、专业性要求特别高或者国家有特殊要求的招标项目，采取随机抽取方式确定的专家难以胜任时，可以经民航地区管理局特别批准后由招标人在民航专业工程专家库中直接选择确定。

第三十七条 评标委员会成员与投标人有利害关系的，应当主动回避。

有下列情形之一者，不得担任评标委员会成员：

（一）投标人或者投标人主要负责人的近亲属；

（二）项目主管部门（即项目的批复部门）或者行政监督部门的人员；

（三）与投标人有经济利益关系，可能影响公正评审的；

（四）曾因在招标、评标以及其他与招标投标有关活动中从事违法行为而受过行政处罚或刑事处罚的；

（五）退休或者离职前为投标人职工，并且退休或者离职不满三年的；

（六）属于失信被执行人的。

第三十八条 招标人拟申请在民航专业工程专家库中抽取专家时，应当填写《民航专业工程建设项目抽取评标专家申请表》（见附表二），并提前3个工作日报民航地区管理局审核。

第三十九条 民航地区管理局收到招标人提交的抽取评标专家申请表后，应当对其符合相关规定的情况进行审查，有异议的，应当及时告知招标人修改、补充后，重新申请；无异议的，则将申请表与招标方案备案表提前2个工作日一并发至质监总站。

第四十条 质监总站收到专家申请表与招标方案备案表后，利用专家抽取系统随机盲抽评标专家，系统自动短信通知专家报到时间、地点和应急请假电话等信息。通知专家时间原则上不得早于评标开始时间前44小时。

质监总站在专家抽取和通知过程中应当操作规范，所有评标项目及专家信息均须保密。

第四十一条　在评标前30分钟，由抽取系统将评标专家信息发送至地区管理局指定的有关驻场服务单位或者工作人员。有关服务单位或者工作人员应当对评标专家信息严格保密。

第四十二条　评标专家和招标人代表应当自行安排参加评标活动的交通食宿，在指定时间到达评标场所。交通和食宿标准参照财政部《中央和国家机关差旅费管理办法》其余人员类执行。

第四十三条　评标专家无法正常参加评标时应当拨打24小时应急请假电话进行请假。

第四十四条　评标委员会成员报到后，评标专家凭身份证、招标人代表凭介绍信和身份证进入封闭评标区域，评标活动结束前不得与评标无关的人员进行接触。

第四十五条　评标委员会成员应当遵守地方交易市场的有关规定。

第四十六条　评标委员会成员应当按照招标文件规定的评标标准和方法，客观、公正地对投标文件提出评审意见。招标文件没有规定的评标标准和方法不得作为评标的依据。

第四十七条　评标委员会成员应当客观、公正地履行职责，遵守职业道德，对所提出的评审意见承担个人责任，并接受监督。

评标委员会成员不得私下接触投标人，不得收受投标人给予的财物或者其他好处，不得向招标人征询确定中标人的意向，不得接受任何单位或者个人明示或者暗示提出的倾向或者排斥特定投标人的要求。

第四十八条　任何单位和个人不得非法干预、影响评标的过程和结果。

评标委员会成员和与评标有关的工作人员不得透露对投标文件的评审、中标候选人的推荐情况以及与评标有关的其他情况。

第四十九条　资格预审应当采取专家评审的方式，其专家抽取过程及评审要求按本办法评标规定执行。

第五十条　招标人采用资格后审办法对投标人进行资格审查的，应当在开标后由评标委员会按照招标文件规定的标准和方法对投标人的资格进行审查。

第五十一条　投标人的投标报价超出最高投标限价的，其投标文件按否决投标处理。

第五十二条　评标委员会成员评审计分工作实行实名制。每位评委的评分应当予以记录。

采用综合评分法时，应当将所有评委评分在去掉一个最高分和一个最低分之后的算术平均值作为评委算术平均分。对于评委的打分超出评委算术平均分±30%时（技术部分总评分和商务部分总评分应当分别计算），该评委应当就打分情况向评标委员会提供书面说明，并将该书面说明附在评标报告中。

第五十三条　评标委员会完成评标后，应当向招标人提出书面评标报告。评标报告应当如实记载以下内容：

（一）基本情况和数据表；

（二）评标委员会成员名单；

（三）开标记录；

（四）符合要求的投标一览表；

（五）否决投标情况说明；

（六）评标标准、评标方法或者评标因素一览表；

（七）经评审的价格或者评分比较一览表；

（八）经评审的投标人排序；

（九）推荐的中标候选人名单与签订合同前要处理的事宜；

（十）澄清、说明、补正事项纪要。

第五十四条　评标报告由评标委员会全体成员签字。对评标结论持有异议的评标委员会成员可以书面方式阐述其不同意见和理由。评标委员会成员拒绝在评标报告上签字且不陈述其不同意见和理由的，视为同意评标结论。评标委员会应当对此做出书面说明并记录在案。

评标结论以评标委员会全体成员三分之二以上人数签署同意意见，方为有效。

第五十五条 招标人应当自收到评标报告之日起3日内在与发布招标公告相同的媒体上对中标候选人进行公示。公示期不得少于3日,公示期最后一天应当回避节假日。

招标人发现评标委员会成员未按照招标文件规定的评标标准和方法评标的,应当将相关情况报民航地区管理局。情况属实的,民航地区管理局应当责令评标委员会进行改正,并对评标专家提出处理意见。

评标报告存在的问题对中标结果造成实质性影响,且不能采取补救措施予以纠正的,招标、投标、中标无效,应当依法重新招标或者评标。

第五十六条 招标人应当自公示期满及确定中标人之日起3个工作日内,向民航地区管理局提交评标报告、《民航专业工程建设项目评标结果备案表》(见附表三)和中标通知书(见附表四)。

第五十七条 民航地区管理局在收到评标报告后应当进行备案审核,对符合规定要求且中标候选人公示期间无异议的应当在5个工作日内对《民航专业工程建设项目评标结果备案表》予以备案,并对中标通知书进行确认;对不符合规定要求的,应当在5个工作日内书面通知招标人责令其重新评标或重新招标;对受理了投诉人投诉的,应当在5个工作日内书面告知招标人,必要时可以责令暂停招标投标活动。

第五十八条 招标人在获得民航地区管理局对评标结果的备案后方可发布中标通知书,并以书面形式通知其他未中标的投标人。

第五十九条 招标人和中标人应当依法签订书面合同,合同的标的、价款、质量、履行期限等主要条款应当与招标文件和中标人的投标文件的内容一致。招标人和中标人不得再行订立背离合同实质性内容的其他协议。

招标人最迟应当在书面合同签订后5日内向中标人和未中标的投标人退还投标保证金及银行同期存款利息。

第六十条 依法必须招标的项目,招标人应当自订立书面合同之日起十五日内,向民航地区管理局提交合同订立情况的书面报告及合同副本。

第五章 监督管理

第六十一条 民航地区管理局应当依据有关法律、法规、规章和规范性文件,加强对招标投标活动的监督管理。

项目法人或其授权项目建设实施单位及其上级有关部门应当加强招标投标活动的管理,可以对评标过程进行现场监督。

第六十二条 民航局、民航地区管理局对招标投标活动中发现的违法违规行为,应当立即责令改正,依法做出暂停开标或评标的决定,并依据《招标投标法》、《招标投标法实施条例》和有关规章做出处理。

第六十三条 民航专业工程建设项目的招标公告、资格预审文件、资格预审评审报告、招标文件、评标报告、中标通知书、合同等文件,招标人应当按照国家有关要求妥善保存,以备核查。

第六章 附则

第六十四条 招标人、招标代理机构、有关单位应当通过“信用中国”网站(www.creditchina.gov.cn)或各级信用信息共享平台查询相关主体是否为失信被执行人,并采取必要措施做好失信被执行人信息查询记录和证据留存。投标人可通过“信用中国”网站查询相关主体是否为失信被执行人。

第六十五条 民航专业工程建设项目招标投标活动除应当符合本办法外,还应当符合工程建设项目招标投标相关法律、法规、规章和其他规范性文件的要求。

第六十六条 政府采购法律、行政法规对民航专业工程建设项目及与工程建设有关的货物和服务采购另有规定的,从其规定。

第六十七条 本办法由民航局机场司负责解释。

第六十八条 本办法自印发之日起施行。2009 年 2 月 5 日发布的《民航专业工程及货物招标投标管理办法》(AP－129－CA－2009－01－R1)同时废止。

附件:(略)

交通运输部关于做好公路养护工程招标投标工作进一步推动优化营商环境政策落实的通知

(2020 年 4 月 29 日 交公路规〔2020〕4 号)

各省、自治区、直辖市、新疆生产建设兵团交通运输厅(局、委):

为全面贯彻落实党中央、国务院关于优化营商环境的决策部署,推动各项政策措施在公路养护工程招投标活动中落地,营造公平竞争公路养护市场环境,现就有关事项通知如下:

一、高度重视优化营商环境

优化营商环境是当前我国全面深化改革、建设开放型经济新体制、促进经济高质量发展的重要举措。公路行业是我国最早全面开放市场、最先实行招标投标制度的行业之一,2003 年,原交通部颁布实施《公路养护工程施工招标投标管理暂行规定》,对加强公路养护工程施工招标投标管理,规范公路养护工程施工招投标活动发挥了积极作用。但随着我国经济社会发展,公路养护工程招标投标活动的外部环境和内在要素发生重大变化,市场竞争不充分不平衡的矛盾日益凸显,与市场化、法治化、国际化的营商环境要求存在一定差距。各级交通运输主管部门要高度重视优化营商环境工作,查找公路养护工程招标投标活动中存在的各类不合理限制和市场壁垒,深入分析原因,通过健全制度、完善机制、强化监督等措施,扎实推进公路养护市场化水平,规范公路养护工程招标投标行为,优化养护工程项目管理,推动公路养护高质量发展。

二、进一步规范公路养护工程招标投标活动

(一)促进公路养护市场公平竞争。地方各级交通运输主管部门要督促招标人严格按照《中华人民共和国招标投标法》、《中华人民共和国政府采购法》等相关法律法规的要求,有序开展公路养护工程招标投标活动,严禁尚不具备法定招标条件的项目开展招标投标。各级交通运输主管部门要按照《优化营商环境条例》、《工程项目招投标领域营商环境专项整治工作方案》(发改办法规〔2019〕862 号)和《财政部关于促进政府采购公平竞争优化营商环境的通知》(财库〔2019〕38 号)要求,依法纠正非法限制、排斥潜在投标人等现象,确保各类市场主体平等参与招标投标活动。

(二)简化招标投标流程和证明材料。公路养护工程招标原则上不在招标前对投标人进行资格审查,可以采用资格后审。要合理缩短招标投标周期,便利投标人投标,对于施工技术方案简单、工期较短且季节性较强的公路养护工程项目,可进一步缩短投标截止期限。要进一步简化投标文件的格式和形式要求,不得因装订、纸张、非关键内容的文字错误等否决投标人投标。对营业执照、资质证书等可通过国家企业信用信息公示系统等政府网站进行查询的事项,不得另行要求投标人提供相关证明材料。

(三)全面实施招标投标信息公开。地方各级交通运输主管部门要督促招标人根据公路养护工程项目的具体性质和预算安排,通过发布招标公告的法定媒介和招标监督管理机构网站,按照年度或分阶段或逐个项目提前公布招标计划,并根据项目进展情况进行动态更新,供潜在投标人知悉和进行投标准备。逐个项目发布的招标计划,要包括拟招标项目概况、标段划分、预计招标时间、项目预计投资等内容,并于招标公告发布至少 10 日前公布。要增加招投标活动透明度,全面公开招标文件的关键内容(投标人资格条件全文和评标办法全文)、中标候选人关键信息、否决投标信息、投诉处理决定、招投标当事人不良行为等信息。对于投标符合招标文件要求但未中标的投标人,要书面告知未中标原因。

(四)合理划分标段。根据公路养护工程项目特点,可采取按整条路线或片、区域捆绑的方式划分标段,也可按年度周期、路段里程和工程类别划分标段。养护工程项目可以实行设计施工总承包招标。鼓励开展公路技术状况评定、设计咨询、养护施工及质量控制一体化招标,增强市场竞争力度,提高养护资金使用效率。

(五)合理分担合同风险。地方各级交通运输主管部门要督促招标人在招标文件中合理划分合同双方风险,不得设置将应由招标人承担的风险转嫁给投标人的不合理条款。要明确约定合同双方的违约责任,对于因招标人原因导致变更、中止或者终止合同的,招标人应当依照合同约定对投标人受到的损失予以赔偿或补偿。

(六)规范保证金收取和退还。地方各级交通运输主管部门要督促招标人严格依法规范各类保证金的收取,对需要收取的保证金,要在招标文件中严格载明收取的形式和金额、返还时间、不予退还的情形以及逾期退还的违约责任;允许投标人自主选择以支票、银行汇票、银行本票、银行保函等非现金形式交纳或提交保证金。

(七)畅通异议和投诉处理渠道。地方各级交通运输主管部门要督促招标人在招标公告、招标文件中公布受理异议的联系人和联系方式,及时答复和处理潜在投标人或者其他利害关系人提出的异议。各级交通运输主管部门要依法及时对投标人提出的投诉进行处理,并公告投诉处理结果。

(八)加速推进电子招标投标。地方各级交通运输主管部门要积极会同发展改革等有关部门,加快建设并运行包括交易平台、公共服务平台和行政监督平台在内的电子招投标系统,积极推行全过程电子招标投标,逐步实现在线发布招标公告、提供招标文件、提供招标答疑、提交投标保证金、提交投标文件、抽取评标专家、电子开标、电子评标、网上异议投诉、公示中标候选人、公告中标结果、发出中标通知书、提交履约保证金、签订合同等全部功能。要加强电子招标投标网络安全保障,注意防控相关风险。

三、进一步加强公路养护工程履约管理

(一)全面披露合同履约信息。地方各级交通运输主管部门要督促招标人在合同签订后10日内,在发布招标公告的法定媒介或招标监督管理机构的网站,公开合同的关键性内容(包括项目名称、合同双方名称、合同价款、签约时间、合同期限),并定期通过招标监督管理机构网站,及时公开包括项目重大变动、合同重大变更、主要人员变更、合同中止和解除、重大违约行为处理结果、交竣工验收、价款结算等在内的履约信息。涉及国家秘密、商业秘密的内容除外。

(二)提高项目开工效率。地方各级交通运输主管部门要根据实际情况,商公安交管等部门简化开工前置条件,对于关系安全确需保留的工作手续,要合理压缩时限,确保合同签订后项目能够及时开工。

(三)加强工程款支付监管。公路养护工程项目合同应当约定合同款(包括月进度款、交工结算款、合同最终结清款等)支付的方式、时间和条件,明确逾期支付合同款的违约责任。地方各级交通运输主管部门要加强对工程款支付的履约监管,督促招标人按照合同约定及时支付合同款。对使用财政性资金的公路养护工程项目,满足合同约定的工程质量、档案管理等支付条件的,招标人必须在收到发票后30日内(其他资金来源的项目参照执行)将资金支付到投标人账户,不得以机构变动、人员更替、政策调整等为由延迟付款,不得将合同中未规定的义务作为向投标人付款的条件。

四、进一步加强招标投标活动监管

(一)加强事中事后监管。各级交通运输主管部门要切实转变监管方式,强化建设单位主体责任,简化或取消事前审核或审批环节,加强事中事后监管。

(二)建立健全信用管理体系。各级交通运输主管部门要积极推进公路养护从业单位及从业人员履约信用评价体系建设,逐步完善信用评价标准,严格信用评价机制,建立电子化信用档案。强化失信联合惩戒,对信用等级高的企业给予减免保证金等优惠措施。

五、工作要求

(一)各省级交通运输主管部门要高度重视公路养护工程招标投标营商环境优化工作,加强组织领导,落实责任机构和人员,明确工作措施和工作时限,周密安排部署,强化监督检查,确保各项要求落实到位。

（二）各省级交通运输主管部门要根据本《通知》要求，结合实际，研究具体落实措施，及时跟进解读，准确传递政策导向，合理引导预期。

（三）各省级交通运输主管部门要在2020年7月底前，向社会公布落实具体措施，完善公路养护工程招标投标营商环境投诉举报和回应制度，接受社会监督，及时纠正发现的问题。各地公路养护工程招标投标营商环境评价情况将纳入“十三五”全国公路养护管理评价工作。

(五)商　　务

机电产品国际招标投标"双随机一公开"监管工作细则

(2017年8月17日商务部办公厅发布　商办贸函〔2017〕345号)

第一条　为进一步规范机电产品国际招标投标监督检查行为,全面推行"双随机、一公开",根据《中华人民共和国招标投标法》《中华人民共和国招标投标法实施条例》,以及《机电产品国际招标投标实施办法(试行)》(商务部令2014年第1号)、《机电产品国际招标代理机构监督管理办法(试行)》(商务部令2016年第5号)等有关规定,制定本细则。

第二条　商务部负责组织和指导对全国机电产品国际招标投标活动和全国机电产品国际招标代理机构(以下简称招标机构)的监督检查工作。各省、自治区、直辖市、计划单列市、新疆生产建设兵团、沿海开放城市及经济特区商务主管部门、国务院有关部门机电产品进出口管理机构负责本地区、本部门所属机电产品国际招标投标活动和招标机构的监督检查工作。各级机电产品进出口管理机构(以下简称主管部门)对机电产品国际招标投标活动和招标机构实施监督检查时,适用本细则。

第三条　本细则所称"双随机、一公开"工作,是指主管部门依法实施机电产品国际招标投标监督检查时,采取随机抽取检查对象、随机选派执法检查人员,及时公开抽查情况和查处结果的活动。

第四条　机电产品国际招标投标监督检查按照本细则开展,坚持监管规范高效、公平公正、公开透明的原则。

第五条　商务部在中国国际招标网(以下简称招标网,网址:www.chinabidding.com)建立执法检查人员名录库和检查对象名录库。执法检查人员应为主管部门正式在编的工作人员,以机电产品国际招标投标业务主管工作人员为主。执法检查人员名录库由各主管部门负责各自执法检查人员信息录入和维护。检查对象为机电产品国际招标项目和招标机构,招标项目名录库、招标机构名录库由商务部负责信息录入和维护。招标项目名录库、招标机构名录库和执法检查人员名录库根据变动情况动态调整。

第六条　商务部根据法律法规规章修订情况和工作实际,制定并动态调整机电产品国际招标投标随机抽查事项清单(见附件),及时在招标网向社会公布。主管部门按照随机抽查事项清单,对机电产品国际招标投标活动和招标机构合法合规情况依法实施检查。

第七条　主管部门实施检查前,从招标网上的招标机构名录库中随机抽取被检查机构,从招标项目名录库中随机抽取被检查项目,从执法检查人员名录库中随机选派执法检查人员,抽取过程在招标网全程记录。主管部门可以设定招标时间、招标环节、招标行业、被投诉数量、错误操作数量等类别条件定向抽取被检查项目或被检查机构。

第八条　主管部门可以根据本地区、本行业招标机构和招标项目实际情况,合理确定随机抽查的比例和频次。对所属招标机构的随机抽查,年度检查率应当不低于所属招标机构数量的10%。每年随机抽查的所属招标项目数量,应当不少于5个或者上一年度所属招标项目数量的1%(两者以高者为准);上一年度所属招标项目数量低于5个的,应当至少随机抽查1个项目。近三年内检查过的招标项目,在抽取时可以排除。对投诉举报多、错误操作记录多或有严重违法记录等情况的招标机构,可增加抽查频次。商务部可以组织实施对全国范围内招标机构及项目进行"双随机"抽查。

第九条　主管部门开展"双随机"抽查工作,执法检查人员的抽取数量根据检查工作需要确定,同一检查组执法检查人员不得少于二人。出现随机抽取的执法检查人员因实际困难不能参加检查工作或需要回避等情形,应从执法检查人员名录库中及时随机抽取,补齐执法检查人员。

第十条 主管部门实施检查时,可以依法查阅、复制有关文件、资料,调查有关情况,被检查机构应当予以配合。

第十一条 执法检查人员应当填写检查记录表,如实记录检查情况,根据检查情况形成检查结果记录。随机抽取的检查对象名单和检查结果记录,由执法检查人员签字后存档并在招标网公布。任何单位和个人对公布的检查对象名单和检查结果记录信息有异议的,可以在招标网或通过其他书面形式向实施检查的主管部门或商务部提出,并提供相关证明材料。经核实,异议情况属实的,由主管部门更正相关信息后重新公布。

第十二条 主管部门应当依法履行监管职责,对检查发现的违法行为,要依法处理,依法公告处罚结果。对不属于主管部门职权范围的事项,依法依纪移送其他部门处理。

第十三条 主管部门实施检查不得妨碍被检查机构正常的经营活动,不得收受被检查机构给予的财物或者其他好处。

第十四条 各主管部门应当及时就当年开展"双随机、一公开"监管工作情况进行总结,并于当年12月5日前将总结报告通过招标网报商务部,同时于次年1月15日前将加盖单位公章的书面材料报商务部。

第十五条 商务部建立全国机电产品国际招标投标信用档案,"双随机"抽查结果纳入信用档案。

第十六条 本细则自发布之日起施行。

附件:机电产品国际招标投标随机抽查事项清单

附件:

机电产品国际招标投标随机抽查事项清单

<table>
<tr><th>序号</th><th>事项名称</th><th colspan="2">抽查内容</th><th>抽查依据</th></tr>
<tr><td>1</td><td>招标代理机构检查</td><td colspan="2">1. 从事招标代理业务的营业场所和相应资金情况。
2. 招标代理专业人员情况。
3. 招标代理机构注册及注册信息变更情况。
4. 招标代理行为。</td><td>1. 招标投标法第二章。
2. 条例第二章。
3. 1号令第三章。
4. 5号令。</td></tr>
<tr><td rowspan="3">2</td><td rowspan="3">招标投标活动检查</td><td>招标</td><td>1. 招标方式。
2. 招标组织形式。
3. 招标委托合同。
4. 资格预审公告、招标公告或投标邀请书。
5. 资格预审文件、招标文件。</td><td>1. 招标投标法第二章。
2. 条例第二章。
3. 1号令第三章。</td></tr>
<tr><td>投标</td><td>1. 投标人资格。
2. 资格预审文件或招标文件异议提出及答复情况。
3. 投标文件包装、密封和送达情况。
4. 联合体组成情况。
5. 投标保证金提交情况。
6. 有无串通投标、以他人名义投标或者以其他方式弄虚作假的行为。</td><td>1. 招标投标法第三章。
2. 条例第三章。
3. 1号令第四章。</td></tr>
<tr><td>开标和评标</td><td>1. 开标情况。
2. 开标异议提出及答复情况。
3. 评标委员会组建情况。
4. 评标专家选取情况。
5. 评标情况。</td><td>1. 招标投标法第四章。
2. 条例第四章。
3. 1号令第五章。</td></tr>
</table>

续表

序号	事项名称		抽查内容	抽查依据
2	招标投标活动检查	评标结果公示和中标	1. 评标结果公示。 2. 评标结果异议提出及答复情况。 3. 确定中标人。 4. 中标结果公告。 5. 中标通知书。 6. 合同签订和履行情况。 7. 招标、投标、评标情况依法上报及存档情况。	1. 招标投标法第四章。 2. 条例第四章。 3. 1 号令第六章。

注:《中华人民共和国招标投标法》简称招标投标法,《中华人民共和国招标投标法实施条例》简称条例,《机电产品国际招标投标实施办法(试行)》(商务部令 2014 年第 1 号)简称 1 号令,《机电产品国际招标代理机构监督管理办法(试行)》(商务部令 2016 年第 5 号)简称 5 号令

机电产品国际招标代理机构监督管理办法(试行)

(2016 年 11 月 16 日商务部令 2016 年第 5 号公布　自 2017 年 1 月 1 日起施行)

第一章　总　　则

第一条　为加强机电产品国际招标代理机构(以下简称招标机构)监督管理,依据《中华人民共和国招标投标法》(以下简称招标投标法)、《中华人民共和国招标投标法实施条例》(以下简称招标投标法实施条例)等法律、行政法规以及国务院对有关部门实施招标投标活动行政监督的职责分工,制定本办法。

第二条　本办法适用于对在中华人民共和国境内从事机电产品国际招标代理业务的招标机构的监督管理。

第三条　招标机构是依法设立、从事机电产品国际招标代理业务并提供相关服务的社会中介组织。

招标机构应当具备从事招标代理业务的营业场所和相应资金;具备能够编制招标文件(中、英文)和组织评标的相应专业力量;拥有一定数量的招标专业人员。

第四条　商务部负责全国招标机构的监督管理工作;负责组织和指导对全国招标机构的监督检查工作;负责建立全国招标机构信用档案,发布招标机构信用信息;负责指导机电产品国际招标投标有关行业协会开展工作。

各省、自治区、直辖市、计划单列市、新疆生产建设兵团、沿海开放城市及经济特区商务主管部门、国务院有关部门机电产品进出口管理机构负责本地区、本部门所属招标机构的监督管理工作;负责在本地区、本行业从事机电产品国际招标代理行为的监督检查工作。

各级机电产品进出口管理机构(以下简称主管部门)及其工作人员应当依法履行职责。

第二章　招标机构注册办法

第五条　招标机构从事机电产品国际招标代理业务,应当在中国国际招标网(网址:www.chinabidding.com,以下简称招标网)免费注册,注册前应当在招标网作出诚信承诺;注册时应当在招标网如实填写《机电产品国际招标代理机构注册登记表》(以下简称《注册登记表》,附件 1)和《机电产品国际招标专职从业人员名单》(以下简称《人员名单》,附件 2)。

第六条　招标机构对《注册登记表》所填写的登记信息的真实性、合法性负责。因招标机构填写信息错误、遗漏、虚假,以及提供虚假证明材料引起的法律责任由其自行承担。

第七条　注册信息发生变更的,招标机构应当在相关信息变更后 30 日内在招标网修改相关信息。

因合并、分立而续存的招标机构,其注册信息发生变化的,应当依照前款规定办理注册信息

变更;因合并、分立而解散的招标机构,应当及时在招标网办理注销;因合并、分立而新设立的招标机构,应当依照本办法在招标网重新注册。

第八条 不再从事机电产品国际招标代理业务的招标机构,应当及时在招标网注销。

招标机构已在工商部门办理注销手续或被吊销营业执照的,自营业执照注销或被吊销之日起,其招标网注册自动失效。

第三章 招标机构代理行为规范

第九条 招标机构应当遵守招标投标法、招标投标法实施条例、机电产品国际招标投标实施办法和本办法的规定;在招标代理活动中,应当依法经营、公平竞争、诚实守信,不得弄虚作假,不得损害国家利益、社会公共利益或者他人合法权益。

第十条 招标机构应当与招标人签订书面委托合同,载明委托事项和代理权限。招标机构应当在招标人委托的范围内开展招标代理业务,不得接受招标人违法的委托内容和要求;不得在所代理的招标项目中投标或者代理投标,也不得为所代理的招标项目的投标人提供咨询。

第十一条 招标机构从事机电产品国际招标代理业务的人员应当为与本机构依法存在劳动合同关系的员工,应当熟练掌握机电产品国际招标相关法律规定和政策。招标机构代理机电产品国际招标项目的负责人应当由招标专业人员担任。

第十二条 招标机构应当受招标人委托依法组织招标投标活动,协助招标人及时对异议作出答复。在招标项目所属主管部门处理投诉期间,招标机构应当按照招标项目所属主管部门要求积极予以配合。

招标机构应当按照规定及时向招标项目所属主管部门报送招标投标相关材料,并在规定的时间内将招标投标情况及其相关数据上传招标网,在招标网上发布、公示或存档的内容应当与相应书面材料一致。

招标机构应当按照有关规定妥善保存招标投标相关资料,并对评标情况和资料严格保密。

第十三条 招标机构应当积极开展招标投标相关法律规定、政策和业务培训,加强行业自律和内部管理。

第四章 信用监督管理

第十四条 商务部在招标网设立招标机构信息发布栏,公布以下信息:

(一)机构信息:招标机构名称、注册地址、企业性质、联系方式、法定代表人姓名、从事机电产品国际招标代理业务时间、人员、场所等;

(二)人员信息:机电产品国际招标专职从业人员姓名、学历、专业、职称、英语水平、劳动合同关系、从事机电产品国际招标代理业务时间、学术成果、机电产品国际招标代理主要业绩等;

(三)其他信息:招标机构职业教育培训、学术交流成果、参加社会公益活动、纳税额等;

(四)业绩记录:招标机构代理项目当年机电产品国际招标中标金额、历史年度机电产品国际招标中标金额、特定行业机电产品国际招标中标金额等;

(五)异议和投诉记录:招标机构当年及历史年度代理项目异议数量、异议率、异议结果,以及投诉数量、投诉率和投诉处理结果等;

(六)检查结果记录:本办法第十九条规定的监督检查记录;

(七)错误操作记录:招标机构在机电产品国际招标代理过程中的错误操作行为,及直接责任人员和项目名称等(招标机构主动纠正,并且未对招标项目产生实质性影响的错误操作不记录在内);

(八)违法记录:当年及历史年度在从事机电产品国际招标代理业务过程中违法的招标机构名称、法定代表人姓名、直接责任人员姓名、项目名称、违法情况和行政处理决定等。

前款第一项至第三项由招标机构填报,由招标机构所属主管部门核实;第四项、第五项由商务部公布;第六项、第七项由招标机构或招标项目所属主管部门填写;第八项由作出行政处理决定的主管部门填写。

商务部建立全国招标机构信用档案，纳入第一款所列信息。

第十五条　任何单位和个人发现招标机构信息存在不实的，可以在招标网或通过其他书面形式向该招标机构所属主管部门提出，并提供相关证明材料。经核实，招标机构信息确实存在不实的，由招标机构所属主管部门责令限期改正。

第十六条　推动建立机电产品国际招标代理行业诚信自律体系，倡导招标机构签署行业诚信自律公约，承诺依法经营、诚实守信，共同维护公平竞争的招投标市场秩序。

第五章　行政监督管理

第十七条　招标机构在招标网完成注册登记后，应当向招标机构所属主管部门提交下列材料存档：

（一）由招标机构法定代表人签字并加盖单位公章的《注册登记表》原件；

（二）企业法人营业执照（复印件）、公司章程（复印件）并加盖单位公章；

（三）《人员名单》及相关证明材料（复印件）并加盖单位公章：身份证、劳动合同、学历（或学位）证书、职称证书、英语水平证明、注册前三个月的社会保险缴费凭证等；

（四）营业场所和资金证明材料（复印件）并加盖单位公章：房产证明（自有产权的提供房屋产权证书，非自有产权的提供房屋租赁合同和出租方房屋产权证书）、上一年度由会计师事务所出具的审计报告等（设立不满一年的企业可在下一年度补充提交）。

招标机构名称、法定代表人、营业场所发生变更的，应当在相关信息变更后30日内将变更后的由法定代表人签字并加盖单位公章的《注册登记表》及相关证明材料报送招标机构所属主管部门。机电产品国际招标专职从业人员发生变更的，应当在每年1月份将变更后的由法定代表人签字并加盖单位公章的《人员名单》及相关补充证明材料报送招标机构所属主管部门。

招标机构所属主管部门应当妥善保存招标机构的相关注册材料。

第十八条　主管部门应当加强招标机构在本地区、本行业从事机电产品国际招标代理行为的事中事后监督检查。主管部门开展监督检查工作，可以采取书面抽查、网络监测、实地检查等方式。各主管部门上年度监督检查情况，应当通过招标网于次年1月15日前报商务部。

第十九条　商务部建立随机抽取检查对象、随机选派检查人员的“双随机”抽查机制，在招标网建立招标机构名录库、招标项目库和招标检查人员名录库，根据法律法规规章修订情况和工作实际动态调整随机抽查事项清单，并及时在招标网向社会公布。

实地检查应当采用“双随机”抽查方式。实施实地检查的主管部门从招标机构名录库中随机抽取检查机构，从招标项目库中随机抽取检查项目，从招标检查人员名录库中随机选派检查人员，按照随机抽查事项清单依法实施检查。

主管部门可根据本地区、本行业招标机构和招标项目实际情况，合理确定随机抽查的比例和频次。对所属招标机构的实地检查，年度检查率应当不低于所属招标机构数量的10%。每年实地检查的所属招标项目数量，应当不少于5个或者上一年度所属招标项目数量的1%（两者以高者为准）；上一年度所属招标项目数量低于5个的，应当至少实地检查1个项目。对投诉举报多、错误操作记录多或有严重违法记录等情况的招标机构，可增加抽查频次。

主管部门开展实地检查工作，检查人员不得少于二人。检查时，主管部门可以依法查阅、复制有关文件、资料，调查有关情况，被检查机构应当予以配合。检查人员应当填写实地检查记录表，如实记录检查情况。主管部门根据检查情况形成检查结果记录，由检查人员签字后存档并在招标网公布。

商务部可以组织对全国范围内招标机构及项目进行“双随机”抽查。

第二十条　主管部门应当对招标机构是否存在下列行为依法进行监督：

（一）与招标人、投标人串通损害国家利益、社会公共利益或者他人合法权益的；

（二）在所代理的招标项目中投标、代理投标或者向该项目投标人提供咨询的；

（三）参加受托编制标底项目的投标或者为该项目的投标人编制投标文件、提供咨询的；

（四）泄露应当保密的与招标投标活动有关的情况和资料的；

（五）与招标人、投标人相互串通、搞虚假招标投标的；

（六）在进行招标机构注册登记时填写虚假信息或提供虚假证明材料的；

（七）无故废弃随机抽取的评审专家的；

（八）不按照规定及时向主管部门报送材料或者向主管部门提供虚假材料的；

（九）未在规定的时间内将招标投标情况及其相关数据上传招标网，或者在招标网上发布、公示或存档的内容与招标公告、招标文件、投标文件、评标报告等相应书面内容存在实质性不符的；

（十）不按照规定对异议作出答复，或者在投诉处理的过程中未按照主管部门要求予以配合的；

（十一）因招标机构的过失，投诉处理结果为招标无效或中标无效的；

（十二）不按照规定发出中标通知书或者擅自变更中标结果的；

（十三）未按照本办法规定及时主动办理注册信息变更的；

（十四）招标网注册失效的招标机构，或者被暂停机电产品国际招标代理业务的招标机构，继续开展新的机电产品国际招标代理业务的；

（十五）从事机电产品国际招标代理业务未在招标网注册的；

（十六）其他违反招标投标法、招标投标法实施条例、机电产品国际招标投标实施办法和本办法的行为。

第二十一条 主管部门可以责成招标机构自查，可以依法利用其他政府部门作出的检查、核查结果或者专业机构作出的专业结论。

第二十二条 主管部门应当依法履行监管职责，对检查发现的违法行为，要依法处理。

主管部门实施检查不得妨碍被检查机构正常的经营活动，不得收受被检查机构给予的财物或者其他好处。

第二十三条 主管部门应当对本地区、本部门所属招标机构进行培训和指导，组织开展机电产品国际招标法律规定、政策和业务的交流和培训。

第六章 法律责任

第二十四条 招标机构有本办法第二十条第一项至第十二项所列的行为或者其他违反招标投标法、招标投标法实施条例、机电产品国际招标投标实施办法的行为的，依照招标投标法、招标投标法实施条例、机电产品国际招标投标实施办法的有关规定处罚。

第二十五条 招标机构有本办法第二十条第十三项至第十五项所列的行为或者其他违反本办法的行为的，责令改正，可以给予警告，并处3万元以下罚款。

第二十六条 招标机构有本办法第二十条第一项至第四项行为之一，情节严重的，商务部或招标机构所属主管部门可暂停其机电产品国际招标代理业务，并在招标网上公布。

在暂停机电产品国际招标代理业务期间，招标机构不得开展新的机电产品国际招标代理业务；同一单位法定代表人和直接责任人员不得作为法定代表人在招标网另行注册招标机构。

第二十七条 本章规定的行政处罚，由相应的招标机构所属主管部门或招标项目所属主管部门决定。招标投标法、招标投标法实施条例已对实施行政处罚的机关作出规定的除外。

第二十八条 主管部门应当依法履行职责，依法查处违反招标投标法、招标投标法实施条例、机电产品国际招标投标实施办法和本办法规定的行为，依法公告对招标机构当事人违法行为的行政处理决定。

第七章 附 则

第二十九条 机电产品国际招标投标有关行业协会按照依法制定的章程开展活动，加强行业自律和服务。

第三十条 本办法所称“日”为日历日，期限的最后一日是国家法定节假日的，顺延到节假日后的次日为期限的最后一日。

第三十一条 本办法由商务部负责解释。

第三十二条　本办法自2017年1月1日起施行。《机电产品国际招标机构资格管理办法》（商务部令2012年第3号）同时废止。

附件：1. 机电产品国际招标代理机构注册登记表（略）

2. 机电产品国际招标专职从业人员名单（略）

机电产品国际招标投标实施办法（试行）

（2014年2月21日商务部令2014年第1号公布　自2014年4月1日起施行）

第一章　总　　则

第一条　为了规范机电产品国际招标投标活动，保护国家利益、社会公共利益和招标投标活动当事人的合法权益，提高经济效益，保证项目质量，根据《中华人民共和国招标投标法》（以下简称招标投标法）、《中华人民共和国招标投标法实施条例》（以下简称招标投标法实施条例）等法律、行政法规以及国务院对有关部门实施招标投标活动行政监督的职责分工，制定本办法。

第二条　在中华人民共和国境内进行机电产品国际招标投标活动，适用本办法。

本办法所称机电产品国际招标投标活动，是指中华人民共和国境内的招标人根据采购机电产品的条件和要求，在全球范围内以招标方式邀请潜在投标人参加投标，并按照规定程序从投标人中确定中标人的一种采购行为。

本办法所称机电产品，是指机械设备、电气设备、交通运输工具、电子产品、电器产品、仪器仪表、金属制品等及其零部件、元器件。机电产品的具体范围见附件1。

第三条　机电产品国际招标投标活动应当遵循公开、公平、公正、诚实信用和择优原则。机电产品国际招标投标活动不受地区或者部门的限制。

第四条　商务部负责管理和协调全国机电产品的国际招标投标工作，制定相关规定；根据国家有关规定，负责调整、公布机电产品国际招标范围；负责监督管理全国机电产品国际招标代理机构（以下简称招标机构）；负责利用国际组织和外国政府贷款、援助资金（以下简称国外贷款、援助资金）项目机电产品国际招标投标活动的行政监督；负责组建和管理机电产品国际招标评标专家库；负责建设和管理机电产品国际招标投标电子公共服务和行政监督平台。

各省、自治区、直辖市、计划单列市、新疆生产建设兵团、沿海开放城市及经济特区商务主管部门、国务院有关部门机电产品进出口管理机构负责本地区、本部门的机电产品国际招标投标活动的行政监督和协调；负责本地区、本部门所属招标机构的监督和管理；负责本地区、本部门机电产品国际招标评标专家的日常管理。

各级机电产品进出口管理机构（以下简称主管部门）及其工作人员应当依法履行职责，不得以任何方式非法干涉招标投标活动。主管部门的工作人员对监督检查过程中知悉的国家秘密、商业秘密，应当依法予以保密。

第五条　商务部委托专门网站为机电产品国际招标投标活动提供公共服务和行政监督的平台（以下简称招标网）。机电产品国际招标投标应当在招标网上完成招标项目建档、招标过程文件存档和备案、资格预审公告发布、招标公告发布、评审专家抽取、评标结果公示、异议投诉、中标结果公告等招标投标活动的相关程序，但涉及国家秘密的招标项目除外。

招标网承办单位应当在商务部委托的范围内提供网络服务，应当遵守法律、行政法规以及本办法的规定，不得损害国家利益、社会公共利益和招投标活动当事人的合法权益，不得泄露应当保密的信息，不得拒绝或者拖延办理委托范围内事项，不得利用委托范围内事项向有关当事人收取费用。

第二章　招 标 范 围

第六条　通过招标方式采购原产地为中国关境外的机电产品，属于下列情形的必须进行国际招标：

（一）关系社会公共利益、公众安全的基础设施、公用事业等项目中进行国际采购的机电产品；

（二）全部或者部分使用国有资金投资项目中进行国际采购的机电产品；

（三）全部或者部分使用国家融资项目中进行国际采购的机电产品；

（四）使用国外贷款、援助资金项目中进行国际采购的机电产品；

（五）政府采购项目中进行国际采购的机电产品；

（六）其他依照法律、行政法规的规定需要国际招标采购的机电产品。

已经明确采购产品的原产地在中国关境内的，可以不进行国际招标。必须通过国际招标方式采购的，任何单位和个人不得将前款项目化整为零或者以国内招标等其他任何方式规避国际招标。

商务部制定、调整并公布本条第一项所列项目包含主要产品的国际招标范围。

第七条 有下列情形之一的，可以不进行国际招标：

（一）国（境）外赠送或无偿援助的机电产品；

（二）采购供生产企业及科研机构研究开发用的样品样机；

（三）单项合同估算价在国务院规定的必须进行招标的标准以下的；

（四）采购旧机电产品；

（五）采购供生产配套、维修用零件、部件；

（六）采购供生产企业生产需要的专用模具；

（七）根据法律、行政法规的规定，其他不适宜进行国际招标采购的机电产品。

招标人不得为适用前款规定弄虚作假规避招标。

第八条 鼓励采购人采用国际招标方式采购不属于依法必须进行国际招标项目范围内的机电产品。

第三章 招　　标

第九条 招标人应当在所招标项目确立、资金到位或资金来源落实并具备招标所需的技术资料和其他条件后开展国际招标活动。

按照国家有关规定需要履行项目审批、核准手续的依法必须进行招标的项目，其招标范围、招标方式、招标组织形式应当先获得项目审批、核准部门的审批、核准。

第十条 国有资金占控股或者主导地位的依法必须进行机电产品国际招标的项目，应当公开招标；但有下列情形之一的，可以邀请招标：

（一）技术复杂、有特殊要求或者受自然环境限制，只有少量潜在投标人可供选择；

（二）采用公开招标方式的费用占项目合同金额的比例过大。

有前款第二项所列情形，属于本办法第九条第二款规定的项目，招标人应当在招标前向相应的主管部门提交项目审批、核准部门审批、核准邀请招标方式的文件；其他项目采用邀请招标方式应当由招标人申请相应的主管部门作出认定。

第十一条 招标人采用委托招标的，有权自行选择招标机构为其办理招标事宜。任何单位和个人不得以任何方式为招标人指定招标机构。

招标人自行办理招标事宜的，应当具有与招标项目规模和复杂程度相适应的技术、经济等方面专业人员，具备编制国际招标文件（中、英文）和组织评标的能力。依法必须进行招标的项目，招标人自行办理招标事宜的，应当向相应主管部门备案。

第十二条 招标机构应当具备从事招标代理业务的营业场所和相应资金；具备能够编制招标文件（中、英文）和组织评标的相应专业力量；拥有一定数量的取得招标职业资格的专业人员。

招标机构从事机电产品国际招标代理业务，应当在招标网免费注册，注册时应当在招标网在线填写机电产品国际招标机构登记表。

招标机构应当在招标人委托的范围内开展招标代理业务，任何单位和个人不得非法干涉。

招标机构从事机电产品国际招标业务的人员应当为与本机构依法存在劳动合同关系的员工。招标机构可以依法跨区域开展业务，任何地区和部门不得以登记备案等方式加以限制。

招标机构代理招标业务，应当遵守招标投标法、招标投标法实施条例和本办法关于招标人的规定；在招标活动中，不得弄虚作假，损害国家利益、社会公共利益和招标人、投标人的合法权益。

招标人应当与被委托的招标机构签订书面委托合同，载明委托事项和代理权限，合同约定的收费标准应当符合国家有关规定。

招标机构不得接受招标人违法的委托内容和要求；不得在所代理的招标项目中投标或者代理投标，也不得为所代理的招标项目的投标人提供咨询。

招标机构管理办法由商务部另行制定。

第十三条　发布资格预审公告、招标公告或发出投标邀请书前，招标人或招标机构应当在招标网上进行项目建档，建档内容包括项目名称、招标人名称及性质、招标方式、招标组织形式、招标机构名称、资金来源及性质、委托招标金额、项目审批或核准部门、主管部门等。

第十四条　招标人采用公开招标方式的，应当发布招标公告。

招标人采用邀请招标方式的，应当向3个以上具备承担招标项目能力、资信良好的特定法人或者其他组织发出投标邀请书。

第十五条　资格预审公告、招标公告或者投标邀请书应当载明下列内容：

（一）招标项目名称、资金到位或资金来源落实情况；

（二）招标人或招标机构名称、地址和联系方式；

（三）招标产品名称、数量、简要技术规格；

（四）获取资格预审文件或者招标文件的地点、时间、方式和费用；

（五）提交资格预审申请文件或者投标文件的地点和截止时间；

（六）开标地点和时间；

（七）对资格预审申请人或者投标人的资格要求。

第十六条　招标人不得以招标投标法实施条例第三十二条规定的情形限制、排斥潜在投标人或者投标人。

第十七条　公开招标的项目，招标人可以对潜在投标人进行资格预审。资格预审按照招标投标法实施条例的有关规定执行。国有资金占控股或者主导地位的依法必须进行招标的项目，资格审查委员会及其成员应当遵守本办法有关评标委员会及其成员的规定。

第十八条　编制依法必须进行机电产品国际招标的项目的资格预审文件和招标文件，应当使用机电产品国际招标标准文本。

第十九条　招标人根据所采购机电产品的特点和需要编制招标文件。招标文件主要包括下列内容：

（一）招标公告或投标邀请书；

（二）投标人须知及投标资料表；

（三）招标产品的名称、数量、技术要求及其他要求；

（四）评标方法和标准；

（五）合同条款；

（六）合同格式；

（七）投标文件格式及其他材料要求：

1. 投标书；

2. 开标一览表；

3. 投标分项报价表；

4. 产品说明一览表；

5. 技术规格响应/偏离表；

6. 商务条款响应/偏离表；

7. 投标保证金银行保函；

8. 单位负责人授权书；
9. 资格证明文件；
10. 履约保证金银行保函；
11. 预付款银行保函；
12. 信用证样本；
13. 要求投标人提供的其他材料。

第二十条 招标文件中应当明确评标方法和标准。机电产品国际招标的评标一般采用最低评标价法。技术含量高、工艺或技术方案复杂的大型或成套设备招标项目可采用综合评价法进行评标。所有评标方法和标准应当作为招标文件不可分割的一部分并对潜在投标人公开。招标文件中没有规定的评标方法和标准不得作为评标依据。

最低评标价法，是指在投标满足招标文件商务、技术等实质性要求的前提下，按照招标文件中规定的价格评价因素和方法进行评价，确定各投标人的评标价格，并按投标人评标价格由低到高的顺序确定中标候选人的评标方法。

综合评价法，是指在投标满足招标文件实质性要求的前提下，按照招标文件中规定的各项评价因素和方法对投标进行综合评价后，按投标人综合评价的结果由优到劣的顺序确定中标候选人的评标方法。

综合评价法应当由评价内容、评价标准、评价程序及推荐中标候选人原则等组成。综合评价法应当根据招标项目的具体需求，设定商务、技术、价格、服务及其他评价内容的标准，并对每一项评价内容赋予相应的权重。

机电产品国际招标投标综合评价法实施规范由商务部另行制定。

第二十一条 招标文件的技术、商务等条款应当清晰、明确、无歧义，不得设立歧视性条款或不合理的要求排斥潜在投标人。招标文件编制内容原则上应当满足3个以上潜在投标人能够参与竞争。招标文件的编制应当符合下列规定：

（一）对招标文件中的重要条款（参数）应当加注星号（“＊”），并注明如不满足任一带星号（“＊”）的条款（参数）将被视为不满足招标文件实质性要求，并导致投标被否决。

构成投标被否决的评标依据除重要条款（参数）不满足外，还可以包括超过一般条款（参数）中允许偏离的最大范围、最多项数。

采用最低评标价法评标的，评标依据中应当包括：一般商务和技术条款（参数）在允许偏离范围和条款数内进行评标价格调整的计算方法，每个一般技术条款（参数）的偏离加价一般为该设备投标价格的0.5%，最高不得超过该设备投标价格的1%，投标文件中没有单独列出该设备分项报价的，评标价格调整时按投标总价计算；交货期、付款条件等商务条款的偏离加价计算方法在招标文件中可以另行规定。

采用综合评价法的，应当集中列明招标文件中所有加注星号（“＊”）的重要条款（参数）。

（二）招标文件应当明确规定在实质性响应招标文件要求的前提下投标文件分项报价允许缺漏项的最大范围或比重，并注明如缺漏项超过允许的最大范围或比重，该投标将被视为实质性不满足招标文件要求，并将导致投标被否决。

（三）招标文件应当明确规定投标文件中投标人应当小签的相应内容，其中投标文件的报价部分、重要商务和技术条款（参数）响应等相应内容应当逐页小签。

（四）招标文件应当明确规定允许的投标货币和报价方式，并注明该条款是否为重要商务条款。招标文件应当明确规定不接受选择性报价或者附加条件的报价。

（五）招标人设有最高投标限价的，应当在招标文件中明确最高投标限价或者最高投标限价的计算方法。招标人不得规定最低投标限价。

（六）招标文件应当明确规定评标依据以及对投标人的业绩、财务、资信等商务条款和技术参数要求，不得使用模糊的、无明确界定的术语或指标作为重要商务或技术条款（参数）或以此作为价格调整的依据。招标文件对投标人资质提出要求的，应当列明所要求资质的名称及其认定机构和提交证明文件的形式，并要求相应资质在规定的期限内真实有效。

(七)招标人可以在招标文件中将有关行政监督部门公布的信用信息作为对投标人的资格要求的依据。

(八)招标文件内容应当符合国家有关安全、卫生、环保、质量、能耗、标准、社会责任等法律法规的规定。

(九)招标文件允许联合体投标的,应当明确规定对联合体牵头人和联合体各成员的资格条件及其他相应要求。

(十)招标文件允许投标人提供备选方案的,应当明确规定投标人在投标文件中只能提供一个备选方案并注明主选方案,且备选方案的投标价格不得高于主选方案。

(十一)招标文件应当明确计算评标总价时关境内、外产品的计算方法,并应当明确指定到货地点。除国外贷款、援助资金项目外,评标总价应当包含货物到达招标人指定到货地点之前的所有成本及费用。其中:

关境外产品为:CIF 价 + 进口环节税 + 国内运输、保险费等(采用 CIP、DDP 等其他报价方式的,参照此方法计算评标总价);其中投标截止时间前已经进口的产品为:销售价(含进口环节税、销售环节增值税) + 国内运输、保险费等。关境内制造的产品为:出厂价(含增值税) + 消费税(如适用) + 国内运输、保险费等。有价格调整的,计算评标总价时,应当包含偏离加价。

(十二)招标文件应当明确投标文件的大写金额和小写金额不一致的,以大写金额为准;投标总价金额与按分项报价汇总金额不一致的,以分项报价金额计算结果为准;分项报价金额小数点有明显错位的,应以投标总价为准,并修改分项报价;应当明确招标文件、投标文件和评标报告使用语言的种类;使用两种以上语言的,应当明确当出现表述内容不一致时以何种语言文本为准。

第二十二条　招标文件应当载明投标有效期,以保证招标人有足够的时间完成组织评标、定标以及签订合同。投标有效期从招标文件规定的提交投标文件的截止之日起算。

第二十三条　招标人在招标文件中要求投标人提交投标保证金的,投标保证金不得超过招标项目估算价的 2%。投标保证金有效期应当与投标有效期一致。

依法必须进行招标的项目的境内投标单位,以现金或者支票形式提交的投标保证金应当从其基本账户转出。

投标保证金可以是银行出具的银行保函或不可撤销信用证、转账支票、银行即期汇票,也可以是招标文件要求的其他合法担保形式。

联合体投标的,应当以联合体共同投标协议中约定的投标保证金缴纳方式予以提交,可以是联合体中的一方或者共同提交投标保证金,以一方名义提交投标保证金的,对联合体各方均具有约束力。

招标人不得挪用投标保证金。

第二十四条　招标人或招标机构应当在资格预审文件或招标文件开始发售之日前将资格预审文件或招标文件发售稿上传招标网存档。

第二十五条　依法必须进行招标的项目的资格预审公告和招标公告应当在符合法律规定的媒体和招标网上发布。

第二十六条　招标人应当确定投标人编制投标文件所需的合理时间。依法必须进行招标的项目,自招标文件开始发售之日起至投标截止之日止,不得少于 20 日。

招标文件的发售期不得少于 5 个工作日。

招标人发售的纸质招标文件和电子介质的招标文件具有同等法律效力,除另有约定的,出现不一致时以纸质招标文件为准。

第二十七条　招标公告规定未领购招标文件不得参加投标的,招标文件发售期截止后,购买招标文件的潜在投标人少于 3 个的,招标人可以依照本办法重新招标。重新招标后潜在投标人或投标人仍少于 3 个的,可以依照本办法第四十六条第二款有关规定执行。

第二十八条　开标前,招标人、招标机构和有关工作人员不得向他人透露已获取招标文件的潜在投标人的名称、数量以及可能影响公平竞争的有关招标投标的其他信息。

第二十九条 招标人可以对已发出的资格预审文件或者招标文件进行必要的澄清或者修改。澄清或者修改的内容可能影响资格预审申请文件或者投标文件编制的,招标人或招标机构应当在提交资格预审文件截止时间至少3日前,或者投标截止时间至少15日前,以书面形式通知所有获取资格预审文件或者招标文件的潜在投标人,并上传招标网存档;不足3日或者15日的,招标人或招标机构应当顺延提交资格预审申请文件或者投标文件的截止时间。该澄清或者修改内容为资格预审文件或者招标文件的组成部分。澄清或者修改的内容涉及到与资格预审公告或者招标公告内容不一致的,应当在原资格预审公告或者招标公告发布的媒体和招标网上发布变更公告。

因异议或投诉处理而导致对资格预审文件或者招标文件澄清或者修改的,应当按照前款规定执行。

第三十条 招标人顺延投标截止时间的,至少应当在招标文件要求提交投标文件的截止时间3日前,将变更时间书面通知所有获取招标文件的潜在投标人,并在招标网上发布变更公告。

第三十一条 除不可抗力原因外,招标文件或者资格预审文件发出后,不予退还;招标人在发布招标公告、发出投标邀请书后或者发出招标文件或资格预审文件后不得终止招标。

招标人终止招标的,应当及时发布公告,或者以书面形式通知被邀请的或者已经获取资格预审文件、招标文件的潜在投标人。已经发售资格预审文件、招标文件或者已经收取投标保证金的,招标人应当及时退还所收取的资格预审文件、招标文件的费用,以及所收取的投标保证金及银行同期存款利息。

第四章 投 标

第三十二条 投标人是响应招标、参加投标竞争的法人或其他组织。

与招标人存在利害关系可能影响招标公正性的法人或其他组织不得参加投标;接受委托参与项目前期咨询和招标文件编制的法人或其他组织不得参加受托项目的投标,也不得为该项目的投标人编制投标文件或者提供咨询。

单位负责人为同一人或者存在控股、管理关系的不同单位,不得参加同一招标项目包投标,共同组成联合体投标的除外。

违反前三款规定的,相关投标均无效。

第三十三条 投标人应当根据招标文件要求编制投标文件,并根据自己的商务能力、技术水平对招标文件提出的要求和条件在投标文件中作出真实的响应。投标文件的所有内容在投标有效期内应当有效。

第三十四条 投标人对加注星号("＊")的重要技术条款(参数)应当在投标文件中提供技术支持资料。

技术支持资料以制造商公开发布的印刷资料、检测机构出具的检测报告或招标文件中允许的其他形式为准,凡不符合上述要求的,应当视为无效技术支持资料。

第三十五条 投标人应当提供在开标日前3个月内由其开立基本账户的银行开具的银行资信证明的原件或复印件。

第三十六条 潜在投标人或者其他利害关系人对资格预审文件有异议的,应当在提交资格预审申请文件截止时间2日前向招标人或招标机构提出,并将异议内容上传招标网;对招标文件有异议的,应当在投标截止时间10日前向招标人或招标机构提出,并将异议内容上传招标网。招标人或招标机构应当自收到异议之日起3日内作出答复,并将答复内容上传招标网;作出答复前,应当暂停招标投标活动。

第三十七条 招标人编制的资格预审文件、招标文件的内容违反法律、行政法规的强制性规定,违反公开、公平、公正和诚实信用原则,影响资格预审结果或者潜在投标人投标的,依法必须进行招标的项目的招标人应当在修改资格预审文件或者招标文件后重新招标。

第三十八条 投标人在招标文件要求的投标截止时间前,应当在招标网免费注册,注册时应当在招标网在线填写招投标注册登记表,并将由投标人加盖公章的招投标注册登记表及工商营业执照（复印件）提交至招标网；境外投标人提交所在地登记证明材料（复印件），投标人无印章的，提交由单位负责人签字的招投标注册登记表。投标截止时间前，投标人未在招标网完成注册的不得参加投标，有特殊原因的除外。

第三十九条　投标人在招标文件要求的投标截止时间前，应当将投标文件送达招标文件规定的投标地点。投标人可以在规定的投标截止时间前书面通知招标人，对已提交的投标文件进行补充、修改或撤回。补充、修改的内容应当作为投标文件的组成部分。投标人不得在投标截止时间后对投标文件进行补充、修改。

第四十条　投标人应当按照招标文件要求对投标文件进行包装和密封。投标人在投标截止时间前提交价格变更等相关内容的投标声明的，应与开标一览表一并或者单独密封，并加施明显标记，以便在开标时一并唱出。

第四十一条　未通过资格预审的申请人提交的投标文件，以及逾期送达或者不按照招标文件要求密封的投标文件，招标人应当拒收。

招标人或招标机构应当如实记载投标文件的送达时间和密封情况，并存档备查。

第四十二条　招标文件允许联合体投标的，两个以上法人或者其他组织可以组成一个联合体，以一个投标人的身份共同投标。

联合体各方均应当具备承担招标项目的相应能力；国家有关规定或者招标文件对投标人资格条件有规定的，联合体各方均应当具备规定的相应资格条件。由同一专业的单位组成的联合体，按照资质等级较低的单位确定资质等级。

联合体各方应当签订共同投标协议，明确约定各方拟承担的工作和责任，并将共同投标协议连同投标文件一并提交招标人。联合体中标的，联合体各方应当共同与招标人签订合同，就中标项目向招标人承担连带责任。

联合体各方在同一招标项目包中以自己名义单独投标或者参加其他联合体投标的，相关投标均无效。

第四十三条　投标人应当按照招标文件的要求，在提交投标文件截止时间前将投标保证金提交给招标人或招标机构。

投标人在投标截止时间前撤回已提交的投标文件，招标人或招标机构已收取投标保证金的，应当自收到投标人书面撤回通知之日起 5 日内退还。

投标截止后投标人撤销投标文件的，招标人可以不退还投标保证金。招标人主动要求延长投标有效期但投标人拒绝的，招标人应当退还投标保证金。

第四十四条　投标人发生合并、分立、破产等重大变化的，应当及时书面告知招标人。投标人不再具备资格预审文件、招标文件规定的资格条件或者其投标影响招标公正性的，其投标无效。

第四十五条　禁止招标投标法实施条例第三十九条、第四十条、第四十一条、第四十二条所规定的投标人相互串通投标、招标人与投标人串通投标、投标人以他人名义投标或者以其他方式弄虚作假的行为。

第五章　开标和评标

第四十六条　开标应当在招标文件确定的提交投标文件截止时间的同一时间公开进行；开标地点应当为招标文件中预先确定的地点。开标由招标人或招标机构主持，邀请所有投标人参加。

投标人少于 3 个的，不得开标，招标人应当依照本办法重新招标；开标后认定投标人少于 3 个的应当停止评标，招标人应当依照本办法重新招标。重新招标后投标人仍少于 3 个的，可以进入两家或一家开标评标；按国家有关规定需要履行审批、核准手续的依法必须进行招标的项目，报项目审批、核准部门审批、核准后可以不再进行招标。

认定投标人数量时，两家以上投标人的投标产品为同一家制造商或集成商生产的，按一家投标人认定。对两家以上集成商或代理商使用相同制造商产品作为其项目包的一部分，且相同产品的价格总和均超过该项目包各自投标总价60%的，按一家投标人认定。

对于国外贷款、援助资金项目，资金提供方规定当投标截止时间到达时，投标人少于3个可直接进入开标程序的，可以适用其规定。

第四十七条 开标时，由投标人或者其推选的代表检查投标文件的密封情况，也可以由招标人委托的公证机构检查并公证；经确认无误后，由工作人员当众拆封，宣读投标人名称、投标价格和投标文件的其他主要内容。

招标人在招标文件要求提交投标文件的截止时间前收到的所有投标文件，开标时都应当当众予以拆封、宣读。

投标人的开标一览表、投标声明（价格变更或其他声明）都应当在开标时一并唱出，否则在评标时不予认可。投标总价中不应当包含招标文件要求以外的产品或服务的价格。

第四十八条 投标人对开标有异议的，应当在开标现场提出，招标人或招标机构应当当场作出答复，并制作记录。

第四十九条 招标人或招标机构应当在开标时制作开标记录，并在开标后3个工作日内上传招标网存档。

第五十条 评标由招标人依照本办法组建的评标委员会负责。依法必须进行招标的项目，其评标委员会由招标人的代表和从事相关领域工作满8年并具有高级职称或者具有同等专业水平的技术、经济等相关领域专家组成，成员人数为5人以上单数，其中技术、经济等方面专家人数不得少于成员总数的2/3。

第五十一条 依法必须进行招标的项目，机电产品国际招标评标所需专家原则上由招标人或招标机构在招标网上从国家、地方两级专家库内相关专业类别中采用随机抽取的方式产生。任何单位和个人不得以明示、暗示等任何方式指定或者变相指定参加评标委员会的专家成员。但技术复杂、专业性强或者国家有特殊要求，采取随机抽取方式确定的专家难以保证其胜任评标工作的特殊招标项目，报相应主管部门后，可以由招标人直接确定评标专家。

抽取评标所需的评标专家的时间不得早于开标时间3个工作日；同一项目包评标中，来自同一法人单位的评标专家不得超过评标委员会总人数的1/3。

随机抽取专家人数为实际所需专家人数。一次招标金额在1000万美元以上的国际招标项目包，所需专家的1/2以上应当从国家级专家库中抽取。

抽取工作应当使用招标网评标专家随机抽取自动通知系统。除专家不能参加和应当回避的情形外，不得废弃随机抽取的专家。

机电产品国际招标评标专家及专家库管理办法由商务部另行制定。

第五十二条 与投标人或其制造商有利害关系的人不得进入相关项目的评标委员会，评标专家不得参加与自己有利害关系的项目评标，且应当主动回避；已经进入的应当更换。主管部门的工作人员不得担任本机构负责监督项目的评标委员会成员。

依法必须进行招标的项目的招标人非因招标投标法、招标投标法实施条例和本办法规定的事由，不得更换依法确定的评标委员会成员。更换评标委员会的专家成员应当依照本办法第五十一条规定进行。

第五十三条 评标委员会成员名单在中标结果确定前应当保密，如有泄密，除追究当事人责任外，还应当报相应主管部门后及时更换。

评标前，任何人不得向评标专家透露其即将参与的评标项目招标人、投标人的有关情况及其他应当保密的信息。

招标人和招标机构应当采取必要的措施保证评标在严格保密的情况下进行。任何单位和个人不得非法干预、影响评标的过程和结果。

泄密影响中标结果的，中标无效。

第五十四条 招标人应当向评标委员会提供评标所必需的信息，但不得向评标委员会成员明示或者暗示其倾向或者排斥特定投标人。

招标人应当根据项目规模和技术复杂程度等因素合理确定评标时间。超过1/3的评标委员会成员认为评标时间不够的，招标人应当适当延长。

评标过程中，评标委员会成员有回避事由、擅离职守或者因健康等原因不能继续评标的，应当于评标当日报相应主管部门后按照所缺专家的人数重新随机抽取，及时更换。被更换的评标委员会成员作出的评审结论无效，由更换后的评标委员会成员重新进行评审。

第五十五条　评标委员会应当在开标当日开始进行评标。有特殊原因当天不能评标的，应当将投标文件封存，并在开标后48小时内开始进行评标。评标委员会成员应当依照招标投标法、招标投标法实施条例和本办法的规定，按照招标文件规定的评标方法和标准，独立、客观、公正地对投标文件提出评审意见。招标文件没有规定的评标方法和标准不得作为评标的依据。

评标委员会成员不得私下接触投标人，不得收受投标人给予的财物或者其他好处，不得向招标人征询确定中标人的意向，不得接受任何单位或者个人明示或者暗示提出的倾向或者排斥特定投标人的要求，不得有其他不客观、不公正履行职务的行为。

第五十六条　采用最低评标价法评标的，在商务、技术条款均实质性满足招标文件要求时，评标价格最低者为排名第一的中标候选人；采用综合评价法评标的，在商务、技术条款均实质性满足招标文件要求时，综合评价最优者为排名第一的中标候选人。

第五十七条　在商务评议过程中，有下列情形之一者，应予否决投标：

（一）投标人或其制造商与招标人有利害关系可能影响招标公正性的；

（二）投标人参与项目前期咨询或招标文件编制的；

（三）不同投标人单位负责人为同一人或者存在控股、管理关系的；

（四）投标文件未按招标文件的要求签署的；

（五）投标联合体没有提交共同投标协议的；

（六）投标人的投标书、资格证明材料未提供，或不符合国家规定或者招标文件要求的；

（七）同一投标人提交两个以上不同的投标方案或者投标报价的，但招标文件要求提交备选方案的除外；

（八）投标人未按招标文件要求提交投标保证金或保证金金额不足、保函有效期不足、投标保证金形式或出具投标保函的银行不符合招标文件要求的；

（九）投标文件不满足招标文件加注星号（“＊”）的重要商务条款要求的；

（十）投标报价高于招标文件设定的最高投标限价的；

（十一）投标有效期不足的；

（十二）投标人有串通投标、弄虚作假、行贿等违法行为的；

（十三）存在招标文件中规定的否决投标的其他商务条款的。

前款所列材料在开标后不得澄清、后补；招标文件要求提供原件的，应当提供原件，否则将否决其投标。

第五十八条　对经资格预审合格、且商务评议合格的投标人不能再因其资格不合格否决其投标，但在招标周期内该投标人的资格发生了实质性变化不再满足原有资格要求的除外。

第五十九条　技术评议过程中，有下列情形之一者，应予否决投标：

（一）投标文件不满足招标文件技术规格中加注星号（“＊”）的重要条款（参数）要求，或加注星号（“＊”）的重要条款（参数）无符合招标文件要求的技术资料支持的；

（二）投标文件技术规格中一般参数超出允许偏离的最大范围或最多项数的；

（三）投标文件技术规格中的响应与事实不符或虚假投标的；

（四）投标人复制招标文件的技术规格相关部分内容作为其投标文件中一部分的；

（五）存在招标文件中规定的否决投标的其他技术条款的。

第六十条　采用最低评标价法评标的，价格评议按下列原则进行：

（一）按招标文件中的评标依据进行评标。计算评标价格时，对需要进行价格调整的部分，要依据招标文件和投标文件的内容加以调整并说明。投标总价中包含的招标文件要求以外的产品或服务，在评标时不予核减；

（二）除国外贷款、援助资金项目外，计算评标总价时，以货物到达招标人指定到货地点为依据；

(三)招标文件允许以多种货币投标的,在进行价格评标时,应当以开标当日中国银行总行首次发布的外币对人民币的现汇卖出价进行投标货币对评标货币的转换以计算评标价格。

第六十一条 采用综合评价法评标时,按下列原则进行:

(一)评标办法应当充分考虑每个评价指标所有可能的投标响应,且每一种可能的投标响应应当对应一个明确的评价值,不得对应多个评价值或评价值区间,采用两步评价方法的除外。

对于总体设计、总体方案等难以量化比较的评价内容,可以采取两步评价方法:第一步,评标委员会成员独立确定投标人该项评价内容的优劣等级,根据优劣等级对应的评价值算术平均后确定该投标人该项评价内容的平均等级;第二步,评标委员会成员根据投标人的平均等级,在对应的分值区间内给出评价值。

(二)价格评价应当符合低价优先、经济节约的原则,并明确规定评议价格最低的有效投标人将获得价格评价的最高评价值,价格评价的最大可能评价值和最小可能评价值应当分别为价格最高评价值和零评价值。

(三)评标委员会应当根据综合评价值对各投标人进行排名。综合评价值相同的,依照价格、技术、商务、服务及其他评价内容的优先次序,根据分项评价值进行排名。

第六十二条 招标文件允许备选方案的,评标委员会对有备选方案的投标人进行评审时,应当以主选方案为准进行评标。备选方案应当实质性响应招标文件要求。凡提供两个以上备选方案或者未按要求注明主选方案的,该投标应当被否决。凡备选方案的投标价格高于主选方案的,该备选方案将不予采纳。

第六十三条 投标人应当根据招标文件要求和产品技术要求列出供货产品清单和分项报价。投标人投标报价缺漏项超出招标文件允许的范围或比重的,为实质性偏离招标文件要求,评标委员会应当否决其投标。缺漏项在招标文件允许的范围或比重内的,评标时应当要求投标人确认缺漏项是否包含在投标价中,确认包含的,将其他有效投标中该项的最高价计入其评标总价,并依据此评标总价对其一般商务和技术条款(参数)偏离进行价格调整;确认不包含的,评标委员会应当否决其投标;签订合同时以投标价为准。

第六十四条 投标文件中有含义不明确的内容、明显文字或者计算错误,评标委员会认为需要投标人作出必要澄清、说明的,应当书面通知该投标人。投标人的澄清、说明应当采用书面形式在评标委员会规定的时间内提交,并不得超出投标文件的范围或者改变投标文件的实质性内容。

投标人的投标文件不响应招标文件加注星号(“*”)的重要商务和技术条款(参数),或加注星号(“*”)的重要技术条款(参数)未提供符合招标文件要求的技术支持资料的,评标委员会不得要求其进行澄清或后补。

评标委员会不得暗示或者诱导投标人作出澄清、说明,不得接受投标人主动提出的澄清、说明。

第六十五条 评标委员会经评审,认为所有投标都不符合招标文件要求的,可以否决所有投标。

依法必须进行招标的项目的所有投标被否决的,招标人应当依照本办法重新招标。

第六十六条 评标完成后,评标委员会应当向招标人提交书面评标报告和中标候选人名单。中标候选人应当不超过3个,并标明排序。

评标委员会的每位成员应当分别填写评标委员会成员评标意见表(见附件2),评标意见表是评标报告必不可少的一部分。评标报告应当由评标委员会全体成员签字。对评标结果有不同意见的评标委员会成员应当以书面形式说明其不同意见和理由,评标报告应当注明该不同意见。评标委员会成员拒绝在评标报告上签字又不说明其不同意见和理由的,视为同意评标结果。

专家受聘承担的具体项目评审工作结束后,招标人或者招标机构应当在招标网对专家的能力、水平、履行职责等方面进行评价,评价结果分为优秀、称职和不称职。

第六章 评标结果公示和中标

第六十七条 依法必须进行招标的项目,招标人或招标机构应当依据评标报告填写《评标结果公示表》，并自收到评标委员会提交的书面评标报告之日起3日内在招标网上进行评标结果公示。评标结果应当一次性公示，公示期不得少于3日。

采用最低评标价法评标的，《评标结果公示表》中的内容包括“中标候选人排名”、“投标人及制造商名称”、“评标价格”和“评议情况”等。每个投标人的评议情况应当按商务、技术和价格评议三个方面在《评标结果公示表》中分别填写，填写的内容应当明确说明招标文件的要求和投标人的响应内容。对一般商务和技术条款（参数）偏离进行价格调整的，在评标结果公示时，招标人或招标机构应当明确公示价格调整的依据、计算方法、投标文件偏离内容及相应的调整金额。

采用综合评价法评标的，《评标结果公示表》中的内容包括“中标候选人排名”、“投标人及制造商名称”、“综合评价值”、“商务、技术、价格、服务及其他等大类评价项目的评价值”和“评议情况”等。每个投标人的评议情况应当明确说明招标文件的要求和投标人的响应内容。

使用国外贷款、援助资金的项目，招标人或招标机构应当自收到评标委员会提交的书面评标报告之日起3日内向资金提供方报送评标报告，并自获其出具不反对意见之日起3日内在招标网上进行评标结果公示。资金提供方对评标报告有反对意见的，招标人或招标机构应当及时将资金提供方的意见报相应的主管部门，并依照本办法重新招标或者重新评标。

第六十八条 评标结果进行公示后，各方当事人可以通过招标网查看评标结果公示的内容。招标人或招标机构应当应投标人的要求解释公示内容。

第六十九条 投标人或者其他利害关系人对依法必须进行招标的项目的评标结果有异议的，应当于公示期内向招标人或招标机构提出，并将异议内容上传招标网。招标人或招标机构应当在收到异议之日起3日内作出答复，并将答复内容上传招标网；作出答复前，应当暂停招标投标活动。

异议答复应当对异议问题逐项说明，但不得涉及其他投标人的投标秘密。未在评标报告中体现的不满足招标文件要求的其他方面的偏离不能作为答复异议的依据。

经原评标委员会按照招标文件规定的方法和标准审查确认，变更原评标结果的，变更后的评标结果应当依照本办法进行公示。

第七十条 招标人根据评标委员会提出的书面评标报告和推荐的中标候选人确定中标人。招标人也可以授权评标委员会直接确定中标人。国有资金占控股或者主导地位的依法必须进行招标的项目，以及使用国外贷款、援助资金的项目，招标人应当确定排名第一的中标候选人为中标人。排名第一的中标候选人放弃中标、因不可抗力不能履行合同、不按招标文件要求提交履约保证金，或者被查实存在影响中标结果的违法行为等情形，不符合中标条件的，招标人可以按照评标委员会提出的中标候选人名单排序依次确定其他中标候选人为中标人，也可以重新招标。

第七十一条 评标结果公示无异议的，公示期结束后该评标结果自动生效并进行中标结果公告；评标结果公示有异议，但是异议答复后10日内无投诉的，异议答复10日后按照异议处理结果进行公告；评标结果公示有投诉的，相应主管部门做出投诉处理决定后，按照投诉处理决定进行公告。

第七十二条 依法必须进行招标的项目，中标人确定后，招标人应当在中标结果公告后20日内向中标人发出中标通知书，并在中标结果公告后15日内将评标情况的报告（见附件3）提交至相应的主管部门。中标通知书也可以由招标人委托其招标机构发出。

使用国外贷款、援助资金的项目，异议或投诉的结果与报送资金提供方的评标报告不一致的，招标人或招标机构应当按照异议或投诉的结果修改评标报告，并将修改后的评标报告报送资金提供方，获其不反对意见后向中标人发出中标通知书。

第七十三条 中标结果公告后15日内，招标人或招标机构应当在招标网完成该项目包招标投标情况及其相关数据的存档。存档的内容应当与招标投标实际情况一致。

第七十四条 中标候选人的经营、财务状况发生较大变化或者存在违法行为，招标人认为可能影响其履约能力的，应当在发出中标通知书前由原评标委员会按照招标文件规定的方法和标准审查确认。

第七十五条 中标通知书对招标人和中标人具有法律效力。中标通知书发出后，招标人改变中标结果的，或者中标人放弃中标项目的，应当依法承担法律责任。

第七十六条 招标人和中标人应当自中标通知书发出之日起30日内，依照招标投标法、招标投标法实施条例和本办法的规定签订书面合同，合同的标的、价款、质量、履行期限等主要条款应当与招标文件和中标人的投标文件的内容一致。招标人或中标人不得拒绝或拖延与另一方签订合同。招标人和中标人不得再行订立背离合同实质性内容的其他协议。

招标人最迟应当在书面合同签订后5日内向中标人和未中标的投标人退还投标保证金及银行同期存款利息。

第七十七条 招标文件要求中标人提交履约保证金的，中标人应当按照招标文件的要求提交。履约保证金不得超过中标合同金额的10%。

第七十八条 中标产品来自关境外的，由招标人按照国家有关规定办理进口手续。

第七十九条 中标人应当按照合同约定履行义务，完成中标项目。中标人不得向他人转让中标项目，也不得将中标项目肢解后分别向他人转让。

第八十条 依法必须进行招标的项目，在国际招标过程中，因招标人的采购计划发生重大变更等原因，经项目主管部门批准，报相应的主管部门后，招标人可以重新组织招标。

第八十一条 招标人或招标机构应当按照有关规定妥善保存招标委托协议、资格预审公告、招标公告、资格预审文件、招标文件、资格预审申请文件、投标文件、异议及答复等相关资料，以及与评标相关的评标报告、专家评标意见、综合评价法评价原始记录表等资料，并对评标情况和资料严格保密。

第七章 投诉与处理

第八十二条 投标人或者其他利害关系人认为招标投标活动不符合法律、行政法规及本办法规定的，可以自知道或者应当知道之日起10日内向相应主管部门投诉。就本办法第三十六条规定事项进行投诉的，潜在投标人或者其他利害关系人应当在自领购资格预审文件或招标文件10日内向相应的主管部门提出；就本办法第四十八条规定事项进行投诉的，投标人或者其他利害关系人应当在自开标10日内向相应的主管部门提出；就本办法第六十九条规定事项进行投诉的，投标人或者其他利害关系人应当在自评标结果公示结束10日内向相应的主管部门提出。

就本办法第三十六条、第四十八条、第六十九条规定事项投诉的，应当先向招标人提出异议，异议答复期间不计算在前款规定的期限内。就异议事项投诉的，招标人或招标机构应当在该项目被网上投诉后3日内，将异议相关材料提交相应的主管部门。

第八十三条 投诉人应当于投诉期内在招标网上填写《投诉书》（见附件4）（就异议事项进行投诉的，应当提供异议和异议答复情况及相关证明材料），并将由投诉人单位负责人或单位负责人授权的人签字并盖章的《投诉书》、单位负责人证明文件及相关材料在投诉期内送达相应的主管部门。境外投诉人所在企业无印章的，以单位负责人或单位负责人授权的人签字为准。

投诉应当有明确的请求和必要的证明材料。投诉有关材料是外文的，投诉人应当同时提供其中文译本，并以中文译本为准。

投诉人应保证其提出投诉内容及相应证明材料的真实性及来源的合法性，并承担相应的法律责任。

第八十四条 主管部门应当自收到书面投诉书之日起3个工作日内决定是否受理投诉，并将是否受理的决定在招标网上告知投诉人。主管部门应当自受理投诉之日起30个工作日内作出书面处理决定（见附件5），并将书面处理决定在招标网上告知投诉人；需要检验、检测、鉴定、专家评审的，以及监察机关依法对与招标投标活动有关的监察对象实施调查并可能影响投诉处理决定的，所需时间不计算在内。使用国外贷款、援助资金的项目，需征求资金提供方意见的，所需时间不计算在内。

主管部门在处理投诉时，有权查阅、复制有关文件、资料，调查有关情况，相关单位和人员应当予以配合。必要时，主管部门可以责令暂停招标投标活动。

主管部门在处理投诉期间，招标人或招标机构应当就投诉的事项协助调查。

第八十五条　有下列情形之一的投诉,不予受理:

(一)就本办法第三十六条、第四十八条、第六十九条规定事项投诉,其投诉内容在提起投诉前未按照本办法的规定提出异议的;

(二)投诉人不是投标人或者其他利害关系人的;

(三)《投诉书》未按本办法有关规定签字或盖章,或者未提供单位负责人证明文件的;

(四)没有明确请求的,或者未按本办法提供相应证明材料的;

(五)涉及招标评标过程具体细节、其他投标人的商业秘密或其他投标人的投标文件具体内容但未能说明内容真实性和来源合法性的;

(六)未在规定期限内在招标网上提出的;

(七)未在规定期限内将投诉书及相关证明材料送达相应主管部门的。

第八十六条　在评标结果投诉处理过程中,发现招标文件重要商务或技术条款(参数)出现内容错误、前后矛盾或与国家相关法律法规不一致的情形,影响评标结果公正性的,当次招标无效,主管部门将在招标网上予以公布。

第八十七条　招标人对投诉的内容无法提供充分解释和说明的,主管部门可以自行组织或者责成招标人、招标机构组织专家就投诉的内容进行评审。

就本办法第三十六条规定事项投诉的,招标人或招标机构应当从专家库中随机抽取3人以上单数评审专家。评审专家不得作为同一项目包的评标专家。

就本办法第六十九条规定事项投诉的,招标人或招标机构应当从国家级专家库中随机抽取评审专家,国家级专家不足时,可由地方级专家库中补充,但国家级专家不得少于2/3。评审专家不得包含参与该项目包评标的专家,并且专家人数不得少于评标专家人数。

第八十八条　投诉人拒绝配合主管部门依法进行调查的,被投诉人不提交相关证据、依据和其他有关材料的,主管部门按照现有可获得的材料对相关投诉依法作出处理。

第八十九条　投诉处理决定作出前,经主管部门同意,投诉人可以撤回投诉。投诉人申请撤回投诉的,应当以书面形式提交给主管部门,并同时在网上提出撤回投诉申请。已经查实投诉内容成立的,投诉人撤回投诉的行为不影响投诉处理决定。投诉人撤回投诉的,不得以同一的事实和理由再次进行投诉。

第九十条　主管部门经审查,对投诉事项可作出下列处理决定:

(一)投诉内容未经查实前,投诉人撤回投诉的,终止投诉处理;

(二)投诉缺乏事实根据或者法律依据的,以及投诉人捏造事实、伪造材料或者以非法手段取得证明材料进行投诉的,驳回投诉;

(三)投诉情况属实,招标投标活动确实存在不符合法律、行政法规和本办法规定的,依法作出招标无效、投标无效、中标无效、修改资格预审文件或者招标文件等决定。

第九十一条　商务部在招标网设立信息发布栏,包括下列内容:

(一)投诉汇总统计,包括年度内受到投诉的项目、招标人、招标机构名称和投诉处理结果等;

(二)招标机构代理项目投诉情况统计,包括年度内项目投诉数量、投诉率及投诉处理结果等;

(三)投标人及其他利害关系人投诉情况统计,包括年度内项目投诉数量、投诉率及不予受理投诉、驳回投诉、不良投诉(本办法第九十六条第四项的投诉行为)等;

(四)违法统计,包括年度内在招标投标活动过程中违反相关法律、行政法规和本办法的当事人、项目名称、违法情况和处罚结果。

第九十二条　主管部门应当建立投诉处理档案,并妥善保存。

第八章　法律责任

第九十三条　招标人对依法必须进行招标的项目不招标或化整为零以及以其他任何方式规避国际招标的,由相应主管部门责令限期改正,可以处项目合同金额0.5%以上1%以下的罚款;

对全部或者部分使用国有资金的项目,可以通告项目主管机构暂停项目执行或者暂停资金拨付;对单位直接负责的主管人员和其他直接责任人员依法给予处分。

第九十四条 招标人有下列行为之一的,依照招标投标法、招标投标法实施条例的有关规定处罚:

(一)依法应当公开招标而采用邀请招标的;

(二)以不合理的条件限制、排斥潜在投标人的,对潜在投标人实行歧视待遇的,强制要求投标人组成联合体共同投标的,或者限制投标人之间竞争的;

(三)招标文件、资格预审文件的发售、澄清、修改的时限,或者确定的提交资格预审申请文件、投标文件的时限不符合规定的;

(四)不按照规定组建评标委员会,或者确定、更换评标委员会成员违反规定的;

(五)接受未通过资格预审的单位或者个人参加投标,或者接受应当拒收的投标文件的;

(六)违反规定,在确定中标人前与投标人就投标价格、投标方案等实质性内容进行谈判的;

(七)不按照规定确定中标人的;

(八)不按照规定对异议作出答复,继续进行招标投标活动的;

(九)无正当理由不发出中标通知书,或者中标通知书发出后无正当理由改变中标结果的;

(十)无正当理由不与中标人订立合同,或者在订立合同时向中标人提出附加条件的;

(十一)不按照招标文件和中标人的投标文件与中标人订立合同,或者与中标人订立背离合同实质性内容的协议的;

(十二)向他人透露已获取招标文件的潜在投标人的名称、数量或者可能影响公平竞争的有关招标投标的其他情况的,或者泄露标底的。

第九十五条 招标人有下列行为之一的,给予警告,并处 3 万元以下罚款;该行为影响到评标结果的公正性的,当次招标无效:

(一)与投标人相互串通、虚假招标投标的;

(二)以不正当手段干扰招标投标活动的;

(三)不履行与中标人订立的合同的;

(四)除本办法第九十四条第十二项所列行为外,其他泄露应当保密的与招标投标活动有关的情况、材料或信息的;

(五)对主管部门的投诉处理决定拒不执行的;

(六)其他违反招标投标法、招标投标法实施条例和本办法的行为。

第九十六条 投标人有下列行为之一的,依照招标投标法、招标投标法实施条例的有关规定处罚:

(一)与其他投标人或者与招标人相互串通投标的;

(二)以向招标人或者评标委员会成员行贿的手段谋取中标的;

(三)以他人名义投标或者以其他方式弄虚作假,骗取中标的;

(四)捏造事实、伪造材料或者以非法手段取得证明材料进行投诉的。

有前款所列行为的投标人不得参与该项目的重新招标。

第九十七条 投标人有下列行为之一的,当次投标无效,并给予警告,并处 3 万元以下罚款:

(一)虚假招标投标的;

(二)以不正当手段干扰招标、评标工作的;

(三)投标文件及澄清资料与事实不符,弄虚作假的;

(四)在投诉处理过程中,提供虚假证明材料的;

(五)中标通知书发出之前与招标人签订合同的;

(六)中标的投标人不按照其投标文件和招标文件与招标人签订合同的或提供的产品不符合投标文件的;

(七)其他违反招标投标法、招标投标法实施条例和本办法的行为。

有前款所列行为的投标人不得参与该项目的重新招标。

第九十八条　中标人有下列行为之一的，依照招标投标法、招标投标法实施条例的有关规定处罚：

（一）无正当理由不与招标人订立合同的，或者在签订合同时向招标人提出附加条件的；

（二）不按照招标文件要求提交履约保证金的；

（三）不履行与招标人订立的合同的。

有前款所列行为的投标人不得参与该项目的重新招标。

第九十九条　招标机构有下列行为之一的，依照招标投标法、招标投标法实施条例的有关规定处罚：

（一）与招标人、投标人串通损害国家利益、社会公共利益或者他人合法权益的；

（二）在所代理的招标项目中投标、代理投标或者向该项目投标人提供咨询的；

（三）参加受托编制标底项目的投标或者为该项目的投标人编制投标文件、提供咨询的；

（四）泄露应当保密的与招标投标活动有关的情况和资料的。

第一百条　招标机构有下列行为之一的，给予警告，并处3万元以下罚款；该行为影响到整个招标公正性的，当次招标无效：

（一）与招标人、投标人相互串通、搞虚假招标投标的；

（二）在进行机电产品国际招标机构登记时填写虚假信息或提供虚假证明材料的；

（三）无故废弃随机抽取的评审专家的；

（四）不按照规定及时向主管部门报送材料或者向主管部门提供虚假材料的；

（五）未在规定的时间内将招标投标情况及其相关数据上传招标网，或者在招标网上发布、公示或存档的内容与招标公告、招标文件、投标文件、评标报告等相应书面内容存在实质性不符的；

（六）不按照本办法规定对异议作出答复的，或者在投诉处理的过程中未按照主管部门要求予以配合的；

（七）因招标机构的过失，投诉处理结果为招标无效或中标无效，6个月内累计2次，或一年内累计3次的；

（八）不按照本办法规定发出中标通知书或者擅自变更中标结果的；

（九）其他违反招标投标法、招标投标法实施条例和本办法的行为。

第一百零一条　评标委员会成员有下列行为之一的，依照招标投标法、招标投标法实施条例的有关规定处罚：

（一）应当回避而不回避的；

（二）擅离职守的；

（三）不按照招标文件规定的评标方法和标准评标的；

（四）私下接触投标人的；

（五）向招标人征询确定中标人的意向或者接受任何单位或者个人明示或者暗示提出的倾向或者排斥特定投标人的要求的；

（六）暗示或者诱导投标人作出澄清、说明或者接受投标人主动提出的澄清、说明的；

（七）对依法应当否决的投标不提出否决意见的；

（八）向他人透露对投标文件的评审和比较、中标候选人的推荐以及与评标有关的其他情况的。

第一百零二条　评标委员会成员有下列行为之一的，将被从专家库名单中除名，同时在招标网上予以公告：

（一）弄虚作假，谋取私利的；

（二）在评标时拒绝出具明确书面意见的；

（三）除本办法第一百零一条第八项所列行为外，其他泄露应当保密的与招标投标活动有关的情况和资料的；

（四）与投标人、招标人、招标机构串通的；

（五）专家1年内2次被评价为不称职的；

（六）专家无正当理由拒绝参加评标的；

（七）其他不客观公正地履行职责的行为，或违反招标投标法、招标投标法实施条例和本办法的行为。

前款所列行为影响中标结果的，中标无效。

第一百零三条　除评标委员会成员之外的其他评审专家有本办法第一百零一条和第一百零二条所列行为之一的，将被从专家库名单中除名，同时在招标网上予以公告。

第一百零四条　招标网承办单位有下列行为之一的，商务部予以警告并责令改正；情节严重的或拒不改正的，商务部可以中止或终止其委托服务协议；给招标投标活动当事人造成损失的，应当承担赔偿责任；构成犯罪的，依法追究刑事责任：

（一）超出商务部委托范围从事与委托事项相关活动的；

（二）利用承办商务部委托范围内事项向有关当事人收取费用的；

（三）无正当理由拒绝或者延误潜在投标人于投标截止时间前在招标网免费注册的；

（四）泄露应当保密的与招标投标活动有关情况和资料的；

（五）在委托范围内，利用有关当事人的信息非法获取利益的；

（六）擅自修改招标人、投标人或招标机构上传资料的；

（七）与招标人、投标人、招标机构相互串通、搞虚假招标投标的；

（八）其他违反招标投标法、招标投标法实施条例及本办法的。

第一百零五条　主管部门在处理投诉过程中，发现被投诉人单位直接负责的主管人员和其他直接责任人员有违法、违规或者违纪行为的，应当建议其行政主管机关、纪检监察部门给予处分；情节严重构成犯罪的，移送司法机关处理。

第一百零六条　主管部门不依法履行职责，对违反招标投标法、招标投标法实施条例和本办法规定的行为不依法查处，或者不按照规定处理投诉、不依法公告对招标投标当事人违法行为的行政处理决定的，对直接负责的主管人员和其他直接责任人员依法给予处分。

主管部门工作人员在招标投标活动监督过程中徇私舞弊、滥用职权、玩忽职守，构成犯罪的，依法追究刑事责任。

第一百零七条　出让或者出租资格、资质证书供他人投标的，依照法律、行政法规的规定给予行政处罚；构成犯罪的，依法追究刑事责任。

第一百零八条　依法必须进行招标的项目的招标投标活动违反招标投标法、招标投标法实施条例和本办法的规定，对中标结果造成实质性影响，且不能采取补救措施予以纠正的，招标、投标、中标无效，应当依照本办法重新招标或者重新评标。

重新评标应当由招标人依照本办法组建新的评标委员会负责。前一次参与评标的专家不得参与重新招标或者重新评标。依法必须进行招标的项目，重新评标的结果应当依照本办法进行公示。

除法律、行政法规和本办法规定外，招标人不得擅自决定重新招标或重新评标。

第一百零九条　本章规定的行政处罚，由相应的主管部门决定。招标投标法、招标投标法实施条例已对实施行政处罚的机关作出规定的除外。

第九章　附　　则

第一百一十条　不属于工程建设项目，但属于固定资产投资项目的机电产品国际招标投标活动，按照本办法执行。

第一百一十一条　与机电产品有关的设计、方案、技术等国际招标投标，可参照本办法执行。

第一百一十二条　使用国外贷款、援助资金进行机电产品国际招标的，应当按照本办法的有关规定执行。贷款方、资金提供方对招标投标的具体条件和程序有不同规定的，可以适用其规定，但违背中华人民共和国的国家安全或社会公共利益的除外。

第一百一十三条　机电产品国际招标投标活动采用电子招标投标方式的，应当按照本办法和国家有关电子招标投标的规定执行。

第一百一十四条 本办法所称"单位负责人",是指单位法定代表人或者法律、行政法规规定代表单位行使职权的主要负责人。

第一百一十五条 本办法所称"日"为日历日,期限的最后一日是国家法定节假日的,顺延到节假日后的次日为期限的最后一日。

第一百一十六条 本办法中CIF、CIP、DDP等贸易术语,应当根据国际商会(ICC)现行最新版本的《国际贸易术语解释通则》的规定解释。

第一百一十七条 本办法由商务部负责解释。

第一百一十八条 本办法自2014年4月1日起施行。《机电产品国际招标投标实施办法》(商务部2004年第13号令)同时废止。

附件1:

机电产品范围

商品类别	海关商品编号
一、金属制品	7307—7326、7412—7419、75072、7508、7609—7616、7806、7907、8007、
	810192—810199、810292—810299、
	81039、81043、81049、81059、
	8106009、81079、81089、81099、
	8110009、8111009、811219、811299、
	82—83章
二、机械及设备	84章
三、电器及电子产品	85章
四、运输工具	86—89章(8710除外)
五、仪器仪表	90章
六、其他	
(含磨削工具用磨具、玻壳、钟表及其零件、电子乐器、运动枪支、飞机及车辆用坐具、医用家具、办公室用金属家具、各种灯具及照明装置、儿童带轮玩具、带动力装置的玩具及模型、健身器械及游艺设备、打火机等)	680421、6804221、6804301、6805、7011、91章、9207、93031—93033、9304、93052、93059、93061—93063、94011—94013、9402、94031、94032、9405、9501、95031、95038、95041、95043、95049、95069、9508、9613

附件2:(招标机构名称)评标委员会成员评标意见表(略)

附件3:评标情况的报告(略)

附件4:投诉书(略)

附件5:投诉处理决定书(略)

机电产品国际招标综合评价法实施规范(试行)

(2008年8月15日商务部发布 商产发〔2008〕311号)

第一章 总 则

第一条 为进一步规范机电产品国际招标投标活动,提高评标工作的科学性,鼓励采购先进技术和设备,根据《中华人民共和国招标投标法》和《机电产品国际招标投标实施办法》(商务部令〔2004〕第13号,以下称“13号令”),制定本规范。

第二条 本规范所称综合评价法,是指根据机电产品国际招标项目(以下称“招标项目”)的具体需求,设定商务、技术、价格、服务及其他评价内容的标准和权重,并由评标委员会对投标人的投标文件进行综合评价以确定中标人的一种评标方法。

第三条 使用国际组织或者外国政府贷款、援助资金的招标项目采用综合评价法的,应当将综合评价法相关材料报商务部备案;使用国内资金及其他资金的招标项目采用综合评价法的,应当将综合评价法相关材料经相应的主管部门转报商务部备案。

第二章 适用范围及原则

第四条 综合评价法适用于技术含量高、工艺或技术方案复杂的大型或成套设备招标项目。

第五条 采用综合评价法应当遵循公开公平、科学合理、量化择优的原则。

第三章 内容与要求

第六条 综合评价法方案应当由评价内容、评价标准、评价程序及定标原则等组成,并作为招标文件不可分割的一部分对所有投标人公开。

第七条 综合评价法的评价内容应当包括投标文件的商务、技术、价格、服务及其他方面。

商务、技术、服务及其他评价内容可以包括但不限于以下方面:

(一)商务评价内容可以包括:资质、业绩、财务、交货期、付款条件及方式、质保期、其他商务合同条款等。

(二)技术评价内容可以包括:方案设计、工艺配置、功能要求、性能指标、项目管理、专业能力、项目实施计划、质量保证体系及交货、安装、调试和验收方案等。

(三)服务及其他评价内容可以包括:服务流程、故障维修、零配件供应、技术支持、培训方案等。

第八条 综合评价法应当对每一项评价内容赋予相应的权重,其中价格权重不得低于30%,技术权重不得高于60%。

第九条 综合评价法应当集中列明招标文件中所有的重要条款(参数)(加注星号“*”的条款或参数,下同),并明确规定投标人对招标文件中的重要条款(参数)的任何一条偏离将被视为实质性偏离,并导致废标。

第十条 对于已进行资格预审的招标项目,综合评价法不得再将资格预审的相关标准和要求作为评价内容;对于未进行资格预审的招标项目,综合评价法应当明确规定资质、业绩和财务的相关指标获得最高评价分值的具体标准。

第十一条 综合评价法对投标文件的商务和技术内容的评价可以采用以下方法:

(一)对只需要判定是否符合招标文件要求或是否具有某项功能的指标,可以规定符合要求或具有功能即获得相应分值,反之则不得分。

(二)对可以明确量化的指标,可以规定各区间的对应分值,并根据投标人的投标响应情况进行对照打分。

(三)对可以在投标人之间具体比较的指标,可以规定不同名次的对应分值,并根据投标人的投标响应情况进行优劣排序后依次打分。

(四)对需要根据投标人的投标响应情况进行计算打分的指标,应当规定相应的计算公式和方法。

(五)对总体设计、总体方案等无法量化比较的评价内容,可以采取两步评价方法:第一步,评标委员会成员独立确定投标人该项评价内容的优劣等级,根据优劣等级对应的分值算术平均后确定该投标人该项评价内容的平均等级;第二步,评标委员会成员根据投标人的平均等级,在对应的分值区间内打分。

评价方法应充分考虑每个评价指标所有可能的投标响应,且每一种可能的投标响应应当对应一个明确的分值,不得对应多个分值或分值区间,采用本条第(五)项所列方法的除外。

第十二条 综合评价法的价格评价应当符合低价优先、经济节约的原则,并明确规定评标价格最低的有效投标人将获得价格评价的最高分值,价格评价的最大可能分值和最小可能分值应当分别为价格满分和0分。

第十三条 综合评价法应当明确规定评标委员会成员对评价过程及结果产生较大分歧时的处理原则与方法,包括:

(一)评标委员会成员对同一投标人的商务、技术、服务及其他评价内容的分项评分结果出现差距时,应遵循以下调整原则:

评标委员会成员的分项评分偏离超过评标委员会全体成员的评分均值±20%,该成员的该项分值将被剔除,以其他未超出偏离范围的评标委员会成员的评分均值(称为“评分修正值”)替代;评标委员会成员的分项评分偏离均超过评标委员会全体成员的评分均值±20%,则以评标委员会全体成员的评分均值作为该投标人的分项得分。

(二)评标委员会成员对综合排名及推荐中标结果存在分歧时的处理原则与方法。

第十四条 综合评价法应当明确规定投标人出现下列情形之一的,将不得被确定为推荐中标人:

(一)该投标人的评标价格超过全体有效投标人的评标价格平均值一定比例以上的;

(二)该投标人的技术得分低于全体有效投标人的技术得分平均值一定比例以上的。

本条第(一)、(二)项中所列的比例由招标文件具体规定,且第(一)项中所列的比例不得高于40%,第(二)项中所列的比例不得高于30%。

第四章 评价程序与规则

第十五条 评标委员会应当首先对投标文件进行初步评审(见附表1),判定并拒绝无效的和存在实质性偏离的投标文件。通过初步评审的投标文件进入综合评价阶段。

第十六条 评标委员会成员应当根据综合评价法的规定对投标人的投标文件独立打分,并分别计算各投标人的商务、技术、服务及其他评价内容的分项得分,凡招标文件未规定的标准不得作为加分或者减分的依据。

第十七条 价格评价应当遵循以下步骤依次进行:(1)算术修正;(2)计算投标声明(折扣/升降价)后的价格;(3)价格调整;(4)价格评分。

第十八条 评标委员会应当对每位成员的评分进行汇总;每位成员在提交其独立出具的评价记录表(见附表2-1,2-2,2-3)后不得重新打分。

第十九条 评标委员会应当按照本规范第十三条第(一)项的规定,对每位成员的评分结果进行调整和修正。

第二十条 投标人的综合得分等于其商务、技术、价格、服务及其它评价内容的分项得分之和。

第二十一条 评标委员会应当根据综合得分对各投标人进行排名。综合得分相同的,价格得分高者排名优先;价格得分相同的,技术得分高者排名优先,并依照商务、服务及其他评价内容的分项得分优先次序类推。

第二十二条 评标委员会应当推荐综合排名第一的投标人为推荐中标人。如综合排名第一的投标人出现本规范第十四条列明情形之一的,评标委员会应推荐综合排名第二的投标人为推荐中标人。如所有投标人均不符合推荐条件的,则当次招标无效。

第二十三条 评标报告应当按照13号令等有关规定制定,并详细载明综合评价得分的计算过程,包括但不限于以下表格:评标委员会成员评价记录表、商务最终评分汇总表(见附表3-1)、技术最终评分汇总表(见附表3-2)、服务及其他评价内容最终评分汇总表(见附表3-3)、价格最终评分记录表(见附表4)、投标人最终评分汇总及排名表(见附表5)和评审意见表(见附表6)。

第二十四条 投标文件、评标委员会评分记录表、汇总表等所有与评标相关的资料应当严格保密,并由招标人和招标机构及时存档。

第五章 附 则

第二十五条 本规范所称相应的主管部门，是指各省、自治区、直辖市、计划单列市、经济特区、新疆建设兵团、各部门机电产品进出口管理机构；所称有效投标人，是指通过初步评审，且商务和技术均实质性满足招标文件要求的投标人；所称均值，是指算术平均值。

第二十六条 重大装备自主化依托工程设备招标项目采用综合评价法的，参照本规范执行。

第二十七条 本规范由商务部负责解释。

第二十八条 本规范自发布之日起30日后施行。

附表：（略）

进一步规范机电产品国际招标投标活动有关规定

（2007年10月10日商务部发布 商产发〔2007〕395号）

第一章 招标文件

第一条 招标文件应当明确规定投标人必须进行小签的相应内容，其中投标文件的报价部分、重要商务和技术条款（参数）（加注“*”的条款或参数，下同）响应等相应内容必须逐页小签。

第二条 招标文件应当明确规定允许的投标货币和报价方式，并注明该条款是否为重要商务条款。招标文件应当明确规定不接受选择性报价或者具有附加条件的报价。

第三条 招标文件应当明确规定对投标人的业绩、财务、资信和技术参数等要求，不得使用模糊的、无明确界定的术语或指标作为重要商务或技术条款（参数）或以此作为价格调整的依据。

招标文件内容应当符合国家有关法律法规、强制性认证标准、国家关于安全、卫生、环保、质量、能耗、社会责任等有关规定以及公认的科学理论。违反上述规定的，招标文件相应部分无效。

第四条 招标文件如允许联合体投标，应当明确规定对联合体牵头方和组成方的资格条件及其他相应要求。

招标文件如允许投标人提供备选方案，应当明确规定投标人在投标文件中只能提供一个备选方案并注明主选方案，且备选方案的投标价格不得高于主选方案。凡提供两个以上备选方案或未注明主选方案的，该投标将被视为实质性偏离而被拒绝。

第五条 《机电产品国际招标投标实施办法》（商务部令〔2004〕第13号，以下简称13号令）第二十一条规定的一般参数偏离加价最高不得超过1%，是指每个一般参数的累计偏离加价最高不得超过该设备投标价格的1%。交货期、付款条件的偏离加价原则招标文件可以另行规定。

第六条 招标文件不得设立歧视性条款或不合理的要求排斥潜在的投标人，其中重要商务和技术条款（参数）原则上应当同时满足三个以上潜在投标人能够参与竞争的条件。

第七条 对于利用国际金融组织和外国政府贷款项目（以下称国外贷款项目），招标人、招标机构和招标文件审核专家就招标文件全部内容达成一致意见后，招标机构应当按照13号令第二十五条规定将招标文件通过招标网报送商务部备案，招标网将生成“招标文件备案复函”。

第八条 投标人认为招标文件存在歧视性条款或不合理要求的，应当在规定时间内一次性全部提出，并将书面质疑及有关证明材料一并递交主管部门。

第九条 国外贷款项目的招标文件如需要修改的，包括条款或指标要求放宽、文字或单位错误纠正、设备数量变更、采购范围缩小等，招标机构可在网上提交“招标文件修改备案申请”，招标网将生成“招标文件修改备案复函”；除上述情况外，其他对招标文件内容的修改应当在得到招标文件审核专家的复审意见或贷款机构的书面意见后，招标机构方可在网上提交“招标文件修改备案申请”，并详细注明专家复审意见或贷款机构的意见，招标网将生成“招标文件修改备案复函”。

第二章　招标投标程序

第十条　对于国外贷款项目，当投标截止时间到达时，投标人少于三个的可直接进入两家开标或直接采购程序；招标机构应当于开标当日在招标网上递交“两家开标备案申请”（投标人为两个）或“直接采购备案申请”（投标人为一个），招标网将生成备案复函。

第十一条　对于利用国内资金机电产品国际招标项目，当投标截止时间到达时，投标人少于三个的应当立即停止开标或评标。招标机构应当发布开标时间变更公告，第一次投标截止日与变更公告注明的第二次投标截止日间隔不得少于七日。如需对招标文件进行修改，应按照13号令第二十六条执行。第二次投标截止时间到达时，投标人仍少于三个的，报经主管部门审核同意后，参照本规定第十条执行。

第三章　评 标 程 序

第十二条　评标委员会评标前，招标人和招标机构等任何人不得进行查询投标文件、整理投标信息等活动，不得要求或组织投标人介绍投标方案。

第十三条　如招标文件允许以多种货币投标，评标委员会应当以开标当日中国人民银行公布的投标货币对评标货币的卖出价的中间价进行转换以计算评标价格。

第十四条　投标人的投标文件不响应招标文件规定的重要商务和技术条款（参数），或重要技术条款（参数）未提供技术支持资料的，评标委员会不得要求其进行澄清或后补。

技术支持资料以制造商公开发布的印刷资料或检测机构出具的检测报告为准，凡不符合上述要求的，应当视为无效技术支持资料。属于国家首台（套）采购或国内首次建设项目所需的特殊机电产品，招标文件可以对技术支持资料作另行规定。

第十五条　评标委员会对有备选方案的投标人进行评审时，应当以主选方案为准进行评标。凡未按要求注明主选方案的，应予以废标。如考虑备选方案的，备选方案必须实质性响应招标文件要求且评标价格不高于主选方案的评标价格。

第十六条　评标委员会在评标过程中有下列行为之一，影响评标结果公正性的，当次评标结果无效：

（一）擅自增加、放宽或取消重要商务和技术条款（参数）的；

（二）要求并接受投标人对投标文件实质性内容进行补充、更改、替换或其他形式的改变的；

（三）对采用综合评价法评标的项目，在综合分数计算汇总后重新打分的；

（四）故意隐瞒或擅自修改可能影响评标结果公正性的信息的。

第十七条　招标人和招标机构应当妥善保管投标文件、评标意见表、综合打分原始记录表等所有与评标相关的资料，并对评标情况和资料严格保密。

第四章　评审专家管理

第十八条　招标机构应当按照13号令有关规定推荐评审专家入库，被推荐的专家原则上年龄不宜超过七十岁，专业领域不得超过三个二级分类。推荐表应当经过专家本人签字确认。对确有特殊专长、年龄超过七十岁且身体健康的专家，应报主管部门备案后入库。

凡参加重大装备自主化依托工程等国家重大项目评审工作的专家，需经国务院有关主管部门审核后入库。

第十九条　专家信息发生变更的（包括联系方式、专业领域、工作单位等），推荐单位或专家本人应当及时更新招标网上的相应信息。招标机构在专家抽取过程中发现专家信息错误或变更的，应当及时通知主管部门和招标网。

第二十条　招标文件审核专家应当严格按照13号令第二十四条规定开展工作。对于未能如实填写专家审核招标文件意见表的，主管部门将在招标网上予以公布；上述行为超过两次的，主管部门将依法取消其评审专家资格。

第二十一条　抽取评标所需的评审专家的时间不得早于开标时间48小时，如抽取外省专家的，不得早于开标时间72小时，遇节假日向前顺延；同一项目评标中，来自同一法人单位的评审专家不得超过评标委员会总数的1/3。

招标机构和招标人在专家抽取工作中如出现违规操作或对外泄露被抽取的评审专家相关信息的，主管部门将在招标网上予以公布；招标机构出现上述行为超过两次的，将依法暂停或取消其国际招标代理资格。

第二十二条 随机抽取的评审专家不得参加与自己有利害关系的项目评标。如与招标人、投标人、制造商或评审项目有利害关系的，专家应当主动申请回避。本款所称的利害关系包括但不限于以下情况：

（一）评审专家在某投标人单位或制造商单位任职、兼职或者持有股份的；

（二）评审专家任职单位与招标人单位为同一法人代表的；

（三）评审专家的近亲属在某投标人单位或制造商单位担任领导职务的；

（四）有其他经济利害关系的。

评审专家理应知晓本人与招标人、投标人、制造商或评审项目存在利害关系但不主动回避的，主管部门将依法取消其评审专家资格，且当次评标结果无效。

评审专家曾因在招标、评标以及其他与招标投标有关活动中从事违法违规行为而受过行政处罚或刑事处罚且在处罚有效期内的，应主动申请回避。对于不主动回避的，主管部门将依法取消其评审专家资格，且当次评标结果无效。

第二十三条 评审专家未按规定时间到场参与评标，或不能保证合理评标时间，或在评标过程中不认真负责的，将在招标网上予以公布；上述行为超过两次的，主管部门将依法取消其评审专家资格。

第二十四条 评审专家未按照13号令及招标文件有关要求进行评标、泄露评标秘密、违反公平公正原则的，主管部门将在招标网上进行公布，取消其评审专家资格，并向国家其他招投标行政监督主管部门和政府采购主管部门进行通报。

第五章 评标结果公示

第二十五条 评标结果公示应当一次性公示各投标人在商务、技术方面存在的实质性偏离内容，并与评标报告相关内容一致。如有质疑，未在评标报告中体现的不满足招标文件要求的其它方面的偏离不能作为答复质疑的依据。

第二十六条 对一般商务和技术条款（参数）偏离进行价格调整的，在评标结果公示时，招标人和招标机构应当明确公示价格调整的依据、计算方法、投标文件偏离内容及相应的调整金额。

第二十七条 采用综合评价法评标的，评标结果公示应包含各投标人的废标理由或在商务、技术、价格、服务及其他等大类评价项目的得分。

第二十八条 评标结果公示开始日不得选择在国家法定长假的前二日。

第六章 评标结果质疑处理

第二十九条 自评标结果公示结束后第四日起，招标人和招标机构应当在七日内组织评标委员会或受评标委员会的委托，向质疑人提供质疑答复意见，该意见应当包括对投标人质疑问题的逐项说明及相关证明文件，但不得涉及其他投标人的投标秘密。如有特殊理由，经主管部门同意后可以延期答复，但延期时间不得超过七日。

第三十条 除13号令第四十七条所列各款外，有下列情况之一的质疑，视为无效质疑，主管部门将不予受理：

（一）涉及招标评标过程具体细节、其他投标人的商业秘密或其他投标人的投标文件具体内容但未能说明内容真实性和来源合法性的质疑；

（二）未能按照主管部门要求在规定期限内补充质疑问题说明材料的质疑；

（三）针对招标文件内容提出的质疑。

第三十一条　质疑人的质疑内容和相应证明材料与事实不符的，将被视为不良质疑行为，主管部门将在招标网上予以公布。

第三十二条　在主管部门作出质疑处理决定之前，投标人申请撤回质疑的，应当以书面形式提交给主管部门。已经查实质疑内容成立的，质疑人撤回质疑的行为不影响质疑处理结果。

第三十三条　在质疑处理过程中，如发现招标文件重要商务或技术条款（参数）出现内容错误、前后矛盾或与国家相关法律法规不一致的情况，影响评标结果公正性的，当次招标视为无效，主管部门将在招标网上予以公布。

第三十四条　经主管部门审核，要求重新评标的招标项目，重新评标专家不得包含前一次参与评标和审核招标文件的专家。

第三十五条　招标网设立信息发布栏，包括下列内容：

（一）受到质疑的项目、招标人和招标机构名称；

（二）招标机构质疑情况统计，包括本年度内项目质疑数量、质疑率及质疑处理结果等；

（三）投标人质疑情况统计，包括本年度内项目质疑数量、质疑率及有效质疑、无效质疑、不良质疑等；

（四）招标文件重要商务或技术条款（参数）出现内容错误、前后矛盾或与国家相关法律法规不一致的情况；

（五）质疑处理结果。如该结果为招标无效或变更中标人，则公布评标委员会成员名单；

（六）经核实，投标文件有关材料与事实不符的投标人或制造商名称。

第三十六条　投标人无效质疑六个月内累计超过两次、一年内累计超过三次的，主管部门将在招标网上予以公布。

招标人和招标机构可以在招标文件中将主管部门公布的质疑信息作为对投标人的资格要求。

第三十七条　因招标机构的过失，质疑项目的处理结果为招标无效或变更中标人，六个月累计两次或一年内累计三次的，主管部门将依法对该招标机构进行通报批评，并暂停其六个月到一年的招标资格；情节严重的，将取消其招标资格。

第七章　招标机构管理

第三十八条　招标机构不得以串通其他招标机构投标等不正当方式承接招标代理业务。违反规定的，主管部门将依法暂停其招标资格六个月以上；情节严重的，将取消其招标资格。

第三十九条　招标机构从事国际招标项目的人员必须为与本公司签订劳动合同的正式员工。违反规定的，主管部门将依法暂停其招标资格六个月以上；情节严重的，将取消其招标资格。

第八章　附　　则

第四十条　本规定由商务部负责解释。

第四十一条　本规定自发布之日起30日后施行。

重大装备自主化依托工程设备招标采购活动的有关规定

（2007年8月14日商务部、国家发展和改革委员会发布　商产发〔2007〕331号）

第一条　为进一步规范重大装备自主化依托工程设备招标采购活动，建立公开、公平、公正和诚信择优的招标采购竞争机制和评审原则，保护国家利益、社会公共利益和有关当事人的合法权益，加快推进重大装备自主化，促进产业结构调整和优化升级，根据《招标投标法》和《国务院关于加快振兴装备制造业的若干意见》（国发〔2006〕8号）等有关规定，特制定本规定。

第二条　凡在中华人民共和国境内从事本规定第三条所规定的设备招标采购活动，适用本规定。

第三条 重大装备自主化依托工程设备招标采购范围:

一、大型清洁高效发电装备(包括百万千瓦级核电机组、超临界火电机组、燃气-蒸气联合循环机组、整体煤气化燃气-蒸气联合循环机组、大型循环流化床锅炉、大型水电机组及抽水蓄能水电站机组、大型空冷电站机组及大功率风力发电机等新型能源装备);

二、750千伏、1000千伏特高压交流和±500千伏及以上直流输变电成套设备;

三、百万吨级大型乙烯成套设备和对二甲苯(PX)、对苯二甲酸(PTA)、聚酯成套设备;

四、大型煤化工成套设备;

五、大型薄板冷热连轧成套设备及涂镀层加工成套设备;

六、大型煤炭井下综合采掘、提升和洗选设备以及大型露天矿设备;

七、大型海洋石油工程装备、30万吨矿石和原油运输船、海上浮动生产储油轮(FPSO)、8000-10000箱以上集装箱船、液化天然气(LNG)运输船等大型高技术、高附加值船舶及大功率柴油机等配套装备;

八、时速200公里及以上高速铁路列车、新型地铁车辆、磁悬浮列车等装备;

九、大气治理、城市及工业污水处理、固体废弃物处理等大型环保装备,以及海水淡化、报废汽车处理等资源综合利用设备;

十、大断面岩石掘进机等大型施工机械;

十一、重大工程自动化控制系统和关键精密测试仪器;

十二、大型、精密、高速数控装备和数控系统及功能部件;

十三、日产200吨以上涤纶短纤维成套设备、高速粘胶长丝连续纺丝机、高效现代化成套棉纺设备、机电一体化剑杆织机和喷气织机等新型纺织机械成套设备;

十四、新型、大马力农业装备;

十五、集成电路关键设备、新型平板显示器件生产设备、电子元器件生产设备、无铅工艺的整机装联设备、数字化医疗影像设备、生物工程和医药生产专用设备。

第四条 重大装备自主化依托工程设备招标采购活动一般应采用招标(包括公开招标、邀请招标)或竞争性谈判等方式进行,招标采购方式的选择应按程序向国家发展改革委申请批准,并向商务部备案;如因特殊情况需采用其他采购方式的,由国家发展改革委商有关部门批准决定。

第五条 凡采用招标方式进行的设备招标投标活动,应按照《机电产品国际招标投标实施办法》(商务部令〔2004〕第13号)规定的程序和重大装备自主化依托工程要求进行,商务部和国家发展改革委负责指导、协调和监督有关招标投标活动。

第六条 凡采用邀请招标的,投标邀请对象应为具有消化吸收能力、研发创新能力和实施产业化等基本条件的装备制造企业。

第七条 凡采用竞争性谈判方式进行的设备采购活动,应按照国家发展改革委批复的程序方案进行,同时将竞争性谈判公告、竞争性谈判文件、竞争性谈判结果、涉及的进口设备清单等有关材料通过"中国国际招标网"报送商务部备案。

竞争性谈判结果经有关主管部门批准后应在"中国国际招标网"上公布。

第八条 招标采购文件主要内容的编制应按照《机电产品国际招标投标实施办法》和重大装备自主化依托工程要求进行;招标采购文件还应从节约资源能源和保护环境等基本国策出发,明确规定关于质量、安全、耗能、环保等方面的标准和要求,上述标准和要求应达到国内领先或国际先进水平。

第九条 招标采购活动中所需要的有关评审专家原则上应由招标机构和业主单位从"中国国际招标网"的国家级专家库中随机抽取产生;考虑到重大装备自主化依托工程需要,必要时可由有关主管部门推荐。

商务部、国家发展改革委负责维护和管理相关领域的国家级专家库。

第十条 招标活动一般采用综合评价法进行评标。综合评价法应包括技术、商务、售后服务和价格等方面的评价标准和方法,并作为招标文件的组成部分。

为顺利推进重大装备自主化进程,涉及重大装备自主化要求的部分具体评价标准和方法可以不作为招标文件的组成部分，但应在开标前予以公布。

第十一条　本规定未明确的内容应按照《机电产品国际招标投标实施办法》有关规定执行。

第十二条　本规定自发布之日起30日后实施。

出口商品配额管理办法

（2001年12月20日对外贸易经济合作部令2001年第12号公布
自2002年1月1日起施行）

第一章　总　　则

第一条　为规范出口商品配额管理，保证出口商品配额管理工作符合效益、公正、公开和透明的原则，维护配额管理商品的正常出口，根据《中华人民共和国对外贸易法》（以下简称《对外贸易法》）和《中华人民共和国货物进出口管理条例》（以下简称《货物进出口条例》）的有关规定，制定本办法。

第二条　对外贸易经济合作部（以下简称外经贸部）负责全国出口商品配额管理工作。各省、自治区、直辖市及计划单列市外经贸委（厅、局）（以下简称地方外经贸主管部门）根据外经贸部的授权，负责本地区出口商品配额管理工作。

第三条　根据《货物进出口条例》第三十五条、第三十六条的规定，外经贸部对部分国家限制出口的商品实行出口配额管理。

第四条　下列出口配额管理商品不适用本办法：

（一）实行配额招标或有偿使用管理的出口商品；

（二）根据多、双边协议的规定，实行被动配额管理的出口商品；

（三）本办法附件中所列商品。

第五条　本办法适用于各种贸易方式下配额管理商品的出口。

第六条　出口商品配额有效期截止到当年12月31日。

第二章　出口配额商品目录

第七条　实行配额管理的出口商品目录，由外经贸部制定、调整并公布。

第八条　实行配额管理的出口商品目录，应当至少在实施前21天公布；在紧急情况下，应当不迟于实施之日公布。

第三章　出口配额总量

第九条　出口商品配额总量，由外经贸部确定并公布。

第十条　外经贸部确定出口商品配额总量时，应当考虑以下因素：

（一）保障国家经济安全的需要；

（二）保护国内有限资源的需要；

（三）国家对有关产业的发展规划、目标和政策；

（四）国际、国内市场的需求及产销状况。

第十一条　外经贸部应当于每年10月31日前公布下一年度出口配额总量。

第十二条　外经贸部可以根据实际需要对本年度出口商品配额总量作出调整，但有关调整应当不晚于当年9月30日完成并公布。

第四章　出口配额的申请

第十三条　依法享有进出口经营许可或资格，并且近三年内在经济活动中无违法、违规行为的出口企业可以申请出口商品配额。

第十四条 地方管理企业向地方外经贸主管部门提出配额申请;地方外经贸主管部门对本地区企业的申请审核、汇总后,按外经贸部的要求,上报外经贸部。中央管理企业直接向外经贸部申请出口商品配额。

第十五条 出口企业应当以正式书面方式提出配额申请,并按要求提交相关文件和资料。

第十六条 外经贸部于每年11月1日至11月15日受理各地方外经贸主管部门和中央管理企业提出的下一年度出口商品配额的申请;其他时间申请的,不予受理。

第五章 出口配额的分配、调整和管理

第十七条 外经贸部将出口商品配额分配给各地方外经贸主管部门和中央管理企业;各地方外经贸主管部门在外经贸部分配给本地区的配额数量内,按本办法及国家关于货物出口经营管理的有关规定,及时将配额分配给本地区提出申请的出口企业。

第十八条 外经贸部应当于每年12月15日前将下一年度的出口配额分配给各地方外经贸主管部门和中央管理企业;各地方外经贸主管部门应当及时将外经贸部下达的配额分配给本地区的申请企业。

当国际市场存在不稳定因素时,外经贸部可将下一年度出口配额分两次分配。第一次分配应当于每年12月15日前将下一年度不少于总量70%的配额下达分配;剩余部分将不晚于当年6月30日下达。

第十九条 外经贸部和各地方外经贸主管部门进行配额分配时,应当充分考虑申请企业或地区最近三年内该项商品的出口业绩、配额使用率、经营能力、生产规模、资源状况等。

第二十条 如发生下列情况时,外经贸部可以对已分配给各地方外经贸主管部门或中央管理企业的配额进行增加或减少的调整:

(一)国际市场发生重大变化;

(二)国内资源状况发生重大变化;

(三)各地区或中央管理企业配额使用进度明显不均衡。

第二十一条 各地方外经贸主管部门应当本着提高配额使用率的原则,定期对本地区出口商品配额执行情况进行核查,对配额使用率达不到规定要求的,应当及时收回已分配的配额并重新分配。

第二十二条 地方企业应当及时将其无法使用的年度配额交还地方外经贸主管部门,地方外经贸主管部门可将其在本地区内重新分配或于当年10月31日前上交外经贸部。

中央管理企业应当于当年10月31日前将无法使用的年度配额直接交还外经贸部。

第二十三条 地方外经贸主管部门或中央管理企业未按本办法第二十二条规定交还配额,并且未能在当年年底前将本企业或本地区配额全部执行完的,外经贸部可以在下一年度扣减其相应的配额。

第二十四条 外经贸部和各地方外经贸主管部门应当将配额分配及调整结果同时通知有关出口许可证发证机构;各地方外经贸主管部门的分配结果及调整方案应当于该决定公布之日起30天内上报外经贸部备案。

第二十五条 出口企业凭外经贸部或地方外经贸主管部门发放的配额证明文件,按照有关出口许可证管理规定,向外经贸部授权的许可证发证机构申领出口配额许可证,凭出口配额许可证向海关办理报关验放手续。

第六章 法律责任

第二十六条 出口经营者以伪报商品名称、少报出口数量等方式超出批准、许可的范围或未经批准出口实行配额管理的出口商品的,依照《货物进出口条例》第六十五条规定处罚,外经贸部并可以取消其已获得的出口商品配额。

第二十七条 伪造、变造或者买卖出口商品配额证明、批准文件或出口配额许可证的,依照《货物进出口条例》第六十六条规定处罚,外经贸部并可以取消其已获得的出口商品配额。

第二十八条　出口经营者以欺骗或者其他不正当手段获取出口商品配额、批准文件或者出口配额许可证的,依照《货物进出口条例》第六十七条规定处罚,外经贸部并可以取消其已获得的出口商品配额。

第二十九条　各地方外经贸主管部门的配额分配违反本办法规定或国家关于实行国营贸易管理或指定经营管理规定的,依照《行政处罚法》的有关规定处罚,外经贸部可以通知其纠正并给予警告。

第三十条　对外经贸部作出的配额分配决定或处罚决定有异议的,可以依照《行政复议法》提起行政复议,也可以依法向人民法院提起诉讼。

第七章　附　　则

第三十一条　外商投资企业的出口商品配额按有关规定办理。

第三十二条　本办法由外经贸部负责解释。

第三十三条　本办法自2002年1月1日起施行。1998年10月6日外经贸部发布的《对外贸易经济合作部关于出口商品配额编报下达和组织实施的暂行办法》、1999年1月2日外经贸部发布的《关于出口商品配额编报、下达和组织实施暂行办法的实施细则》同时废止。

附件:

不适用本办法的出口配额管理商品

一、农产品

大米、玉米、小麦、棉花、食糖

二、工业品

原油、成品油、煤炭、焦炭、稀土

出口商品配额招标办法

(2001年12月20日对外贸易经济合作部令2001年第11号发布
根据2018年10月10日商务部令2018年第7号《关于修改部分规章的决定》修订)

第一章　总　　则

第一条　为了完善出口商品配额管理制度,建立公平竞争机制,保障国家的整体利益和出口企业的合法权益,维护对外贸易的正常秩序,根据《中华人民共和国对外贸易法》和《中华人民共和国货物进出口管理条例》,制定本办法。

第二条　对于实行配额管理的出口商品,可以实行招标。出口企业通过自主投标竞价,有偿取得和使用国家确定的出口商品配额。

第三条　商务部统一管理出口商品配额招标工作,负责确定并公布招标商品种类及招标商品的配额总量。

商务部对申请、使用出口招标配额的活动进行监督检查。

第四条　出口商品配额招标遵循"效益、公正、公开、公平竞争"的原则。

第五条　本办法适用于对全球市场以各种贸易方式出口的招标商品,包括通过一般贸易、进料加工、来料加工、易货贸易、边境贸易、补偿贸易等贸易方式出口以及通过承包工程和劳务输出带出的招标商品。但国务院另有规定者除外。

第六条　确定招标商品的原则是:

(一)属不可再生的大宗资源性商品；

(二)属在国际市场上占主导地位且价格变化对出口量影响较小的商品；

(三)属供大于求，经营相对分散，易于发生低价竞销，招致国外反倾销诉讼的商品；

(四)属我国与设限国家签订的多、双边协议中规定需要实行出口配额管理的商品。

第二章 招标管理机构

第七条 商务部通过出口商品配额招标委员会(以下简称招标委员会)负责对招标工作的领导和监督，招标委员会对商务部负责。招标委员会由商务部有关司局组成。

第八条 招标委员会履行下列职责：

(一)根据不同商品的情况确定具体商品招标次数、每次招标的配额数量、招标方式以及各招标方式占招标总量的比例；

(二)审定具体出口商品配额招标方案，主持开标及评标工作，并审定配额招标的中标结果；

(三)发布配额招标的各类通知、公告、决定等；

(四)受理企业上交配额以及配额转受让备案；

(五)审查中标保证金和中标金的收取及配额使用情况；

(六)根据投标资格标准核定投标企业名单；

(七)有关出口配额招标投标的其他事务。

招标委员会根据工作需要，可以委托进出口商会或相关行业组织等有关单位(以下简称委托服务单位)承担出口配额招标投标服务相关事务。

商务部主管业务司负责招标委员会的日常工作。

第三章 投标资格

第九条 投标资格

出口商品配额招标采取公开招标、协议招标等方式。对于不同的商品可采取不同的招标方式。

凡具有进出口经营资格、在工商行政管理部门登记注册、办理对外贸易经营者备案登记、相关商品的出口额或出口供货额达到一定规模的各类出口企业(含外商投资企业)，符合招标条件，可参加投标。具体办法由商务部另行规定。

第十条 投标资格审查

各省、自治区、直辖市、计划单列市及新疆生产建设兵团商务主管部门(以下简称地方商务主管部门)负责对本地区投标企业资格进行核查并向商务部报送有关材料。

第十一条 投标企业的出口实绩以海关统计数为基准。

第四章 评标规则及程序

第十二条 出口商品配额招标工作由招标委员会主持。

第十三条 电子标书出现下列情况之一者即作为废标处理：

(一)在开标前企业自动向招标委员会申请废标的标书；

(二)超过规定的截标时间送达的标书；

(三)同一企业在规定的时点前成功送达两份(含两份)以上的标书，不论内容相同与否；

(四)其他根据本办法应被确认为废标的情况。

第十四条 公开招标时，投标企业自主决定投标价格。招标委员会可视具体情况事先确定并公布最低投标价格。

企业投标价格过高，明显背离价格规律的，标书作为废标处理。

对于协议招标的最低投标价格，招标委员会可参考具体商品出口的平均利润、出口商品市场情况、往年配额中标价格及其它因素来确定。

第十五条 为了防止中标配额过分集中或分散，招标委员会根据具体商品情况设定最高投标数量和最低投标数量。高于最高投标量或低于最低投标量的标书视为废标。

第十六条　企业须在规定的时点前以电子标书的方式投标,投标时以电子数据为准。对于同一商品的同一种招标方式只能投标一次。企业无法在规定的时点前发出电子标书,视为自动放弃投标资格。

第十七条　中标企业的确定。

公开招标:将所有合格投标企业的投标价格由高到低进行排列,按照排序先后累计投标企业的投标数量,当累计投标数量与招标总量相等时,计入累计投标总量(即招标总量)的企业,即为中标企业。

如果在最低中标价位的企业投标数量之和超过剩余配额数量时,此价位的企业全部中标。

协议招标:投标价格不低于招标委员会规定的最低投标价格水平的企业均为中标企业。

第十八条　中标价格和中标数量的确定

(一)公开招标企业的中标价格为其投标价格。协议招标的中标价格由招标委员会根据不同商品的具体情况另行确定。

(二)中标数量的确定

1. 在公开招标中,中标企业的中标数量为其投标数量。如果在最低中标价位的企业投标数量之和超过剩余配额数量时,在此价位上的企业按其投标数量比例分配剩余配额。企业中标数量低于最低投标数量的,按未中标处理;

2. 协议招标中标数量:

(1)企业中标数量按照下列公式计算:

企业中标数量 = 招标总量 × 该企业投标金额(投标配额价格 × 投标数量)各中标企业投标金额(投标配额价格 × 投标数量)总和

(2)企业的最高中标数量为其投标数量。

第十九条　商务部按照规定发布招标公告。

第二十条　招标委员会应在评标结束后规定的时间内公布初步中标结果。投标企业如有疑问,可于公布初步中标结果日起 2 个工作日内向招标委员会提出。

第二十一条　招标委员会审定中标结果后,公布中标企业名单。

第五章　中　标　金

第二十二条　中标金的交纳

根据评标规则确定的中标企业须按照规定交纳中标保证金和中标金。招标收入纳入一般公共预算管理并上缴中央国库。

收取中标保证金和中标金的有关事务可委托委托服务单位办理,按规定上缴中央国库。

委托服务单位须在中标保证金收取截止日后五个工作日内向招标委员会报告收取情况。

第二十三条　中标企业须按下列规定交纳中标保证金和中标金,且不得由其他企业代交:

(一)中标企业须在规定时间内以支票、汇票、汇款等形式将中标保证金汇到指定银行帐户。中标保证金的具体比例由招标委员会根据具体商品的情况另行确定。无论中标配额使用情况如何,中标保证金不予退还。

(二)在每次申领出口许可证前,中标企业应按领证配额数量到指定银行帐户交纳相应配额的中标金余额。

第二十四条　在收到企业交纳的中标金后,招标委员会向企业发放用于申领《中华人民共和国出口许可证》(简称为出口许可证)的出口商品配额招标中标证明文件(以下简称中标证明文件)。

第六章　配额上交、转让、受让及收回

第二十五条　中标企业无法使用中标配额或配额使用不完时,应按规定程序将其上交或转让。

第二十六条　出口商品招标配额上交的时间由招标委员会根据不同的商品具体确定。

第二十七条 中标企业对于出口商品招标配额的转让，须按招标委员会规定的比例向指定银行帐户交纳中标金后方可提出申请。转受让企业必须将双方同意进行配额转受让的申请报招标委员会审批。受让企业必须具有投标资格。对不同商品的中标配额转受让的鼓励或限制办法，由招标委员会另行确定。

第二十八条 对于逾期未交纳全部中标金的中标配额，招标委员会可视为无法使用予以收回，且不退还已缴纳的中标保证金。收回配额的具体日期由招标委员会另行规定，收回配额的一定比例作为浪费配额计入浪费率。

第二十九条 对于收回的、上交的配额以及其他剩余配额，招标委员会可以根据其数量大小决定实行再次招标，或采取经商务部批准的其他方式进行处置。

第七章 出口许可证

第三十条 中标配额当年有效。企业获得配额后应在配额有效期内到指定的发证机构申领出口许可证。

配额招标的中标企业名单及其中标数量，由商务部核准并转发各有关许可证发证机构及各地方商务主管部门。

第三十一条 各有关许可证发证机构按照有关规定和中标证明文件核发出口许可证。

第八章 罚　　则

第三十二条 对违反本办法扰乱招标工作的个人、团体或企业，商务部视情节轻重予以行政处罚；对触犯刑律的，移交司法部门追究其刑事责任。

第三十三条 任何企业或个人都有权利检举、投诉配额招标过程中发生的违反本办法的作弊行为。对于上述行为，一经查实，商务部有权否决该次招标结果。

第三十四条 对于违反本办法的招标委员会和招标办公室的成员，商务部视情节轻重予以处分，直至移交司法部门追究其刑事责任。

第三十五条 对串标、虚报投标资格条件及以其它手段扰乱配额招标工作的企业，招标委员会将收回其中标配额，并取消其一至三年的该商品配额投标资格。

第三十六条 对已中标而不按规定交纳中标保证金的企业，招标委员会将收回其中标配额，并取消其一至两年有关商品的投标资格。

第三十七条 对于企业未按规定上交、转让，又未在配额有效期截止日前领取的配额，以及虽领取但实际未使用的配额，视为被浪费的配额。对浪费中标配额超过一定比例的企业，按浪费情节的轻重予以取消其一至三年该项出口商品配额投标资格的处罚。具体由招标委员会视不同商品的具体情况确定。

第三十八条 对于有本章以上各条所列情形的违规企业，如果其行为构成故意破坏招标工作且情节严重，招标委员会可取消其单项直至所有招标商品的永久投标资格，并移交司法部门处理。

第三十九条 如因不可抗力事件而未能按规定交纳中标金（包括中标保证金）的，中标企业应在合理的时间内及时提供有关机构出具的证明，经招标委员会核准，可免除其部分或者全部责任。

第四十条 如因国际市场等原因出现某商品中标配额领证率普遍较低的情况，经招标委员会核准，可免除相关中标企业的部分乃至全部责任。

第九章 附　　则

第四十一条 商务部、招标委员会、招标办公室及各地方商务主管部门因出口配额招标工作本身而发生的开支，按收支两条线的管理原则，每年由商务部审核汇总编报预算，由财政部从外经贸发展专项资金中核拨，年终清算。

第四十二条 未经商务部或招标委员会批准，任何单位、组织或个人均不得发布与出口商品配额招标有关的规定、公告或通知等。

第四十三条　本办法由商务部负责解释。

第四十四条　本办法自2002年1月1日起实施。原《出口商品配额招标办法》及《出口商品配额招标办法实施细则》（〔1998〕外经贸管发第974号）同时废止。

国家技术创新项目招标投标管理办法

（2002年10月29日国家经济贸易委员会令第40号公布　自2002年12月1日起施行）

第一条　为规范国家技术创新项目招标投标工作，保证项目实施质量，提高投资效益，依据《中华人民共和国招标投标法》等有关法律法规，制定本办法。

第二条　本办法所称国家技术创新项目招标投标，是指运用招标投标方式为重大国家技术创新项目选择、确定项目承担单位的活动。

第三条　国家技术创新项目招标投标工作应当遵循公开、公平、公正的原则。任何单位和个人不得以任何方式非法干预国家技术创新项目的招标投标工作。

第四条　国家经济贸易委员会（以下简称国家经贸委）负责国家技术创新项目招标投标管理工作，各省、自治区、直辖市、计划单列市及新疆生产建设兵团经贸委（经委）负责本地区的技术创新项目招标投标管理工作。

第五条　国家经贸委根据国家产业技术政策，围绕国民经济发展急需解决的产业共性、关键性和前瞻性的重大技术问题在国家技术创新项目和装备研制项目选项范围内确定招标项目。

第六条　国家技术创新项目的招标工作应当委托国家有关部门认可资格的招标机构进行。

第七条　招标分为公开招标和邀请招标。公开招标，是指以招标公告方式邀请不特定的法人或其他组织投标。邀请招标，是指以投标邀请书的方式邀请特定的法人或其他组织投标。

有下列情形之一的，可以进行邀请招标：

（一）项目内容涉及项目单位知识产权和商业秘密的；

（二）涉及国家安全、秘密，不宜公开招标的；

（三）投标人数有限，不宜公开招标的；

（四）国家规定其他可以进行邀请招标的。

第八条　采取公开招标方式的，招标机构应当根据国家经贸委出具的《招标委托书》，在《中国招标》周刊、中国技术创新信息网等媒体上发布招标公告。

招标公告应当载明下列事项：

（一）招标项目名称；

（二）招标项目的性质和主要实施目标；

（三）对拟投标企业资格要求；

（四）招标机构的名称、地址及联系方式；

（五）获取招标文件的办法；

（六）投标及开标的时间和地点。

从招标公告发出之日起到开标之日止，一般为45个工作日。

第九条　采取邀请招标形式的，应当向3个以上具备承担招标项目能力、资信良好的企业发出投标邀请书。邀请书应载明第八条第二款规定的事项。

第十条　招标机构应当参照《国家技术创新计划项目立项建议书》编制招标文件，并组织有关专家或机构进行审查，招标文件经国家经贸委审定后发出。对专业性强的国家技术创新项目，招标机构应当对有投标意向的企业进行资格预审后发出招标文件。

招标文件应当载明下列事项：

（一）投标邀请；
（二）投标人所应具备的技术条件、资格和业绩；
（三）项目名称；
（四）项目实施的内容和目标；
（五）国家经贸委对项目实施提供的政策支持和资金；
（六）中标方对项目应当承担的义务和责任；
（七）项目进度、时间要求；
（八）投标文件的格式、内容要求；
（九）提交投标文件的方式、地点和截止日期。

第十一条 根据招标项目的实际需要，招标可以分两个阶段进行：第一阶段招标主要是取得投标者对招标项目的技术经济指标、技术方案和标底的建议；第二阶段招标按本办法第二十、第二十一、第二十二条规定确定中标人。

第十二条 国家经贸委与招标机构综合考虑有关因素，共同商定标底。

第十三条 招标机构对招标文件所作的澄清或修改应当在投标截止日期15日以前，以书面形式通知所有招标文件收受人。该澄清或修改的内容为招标文件的组成部分。

第十四条 国家经贸委决定撤销招标委托，终止招标活动的，应当以书面形式向社会公开说明；因招标机构的原因取消招标，导致招标终止的，招标机构应当以书面形式报国家经贸委批准，并向社会公开说明。

第十五条 投标人应当是具有法人资格、在国内注册的企业或其他组织。投标人参加投标应当具备下列条件：
（一）与招标文件要求相适应的技术条件；
（二）招标文件要求的资格和相应业绩；
（三）良好的资信情况；
（四）法律法规规定的其他条件。

第十六条 符合招标公告要求的投标人，均可参加投标。鼓励企业或高等院校、科研院所联合投标。

第十七条 投标人应履行招标文件的各项规定，严格按照招标文件编写投标文件，并在规定期限内向招标机构提交投标文件。

投标人在招标文件要求提交投标文件的截止时间前，可以补充、修改或者撤回已提交的投标文件，并书面通知招标机构。补充、修改的内容为招标文件的组成部分。

第十八条 开标由招标机构主持，邀请所有投标人参加，并公开进行。

第十九条 评标委员会应当由国家经贸委和招标机构的代表及技术、经济、法律等方面的专家组成，人数不少于9人，人选须经国家经贸委审定。技术、经济、法律等方面的外聘专家人数不得少于评标委员会成员总数的三分之一。

与投标人有利害关系的人不得进入相关项目的评标委员会；已经进入的应当更换。

评标委员会成员不得泄露与评标有关的情况，不得与投标人串通，损害国家利益或他人的合法权益。

第二十条 评标委员会应当按照招标文件确定的评标标准和办法确定2至3个拟中标方，形成评标报告提交国家经贸委。

第二十一条 国家经贸委接到评标报告后7个工作日内，审查评标报告和定标结论，确定中标方，并通知招标机构。

第二十二条 招标机构接到国家经贸委确定中标方的通知后3个工作日内，向中标人发出《中标通知书》，同时向落标的投标方发出《落标通知书》。

第二十三条 经招标投标确定的国家技术创新项目承担单位，应当以招标文件和评标报告为依据，由国家经贸委委托项目主持单位与承担单位签订项目目标责任书。经招标确定的国家技术创新项目纳入国家技术创新计划管理，享受相关政策。未按招标文件和评标报告签订项目目标责任书的,国家经贸委依照国家有关法律法规进行处理。

第二十四条　招标项目的实施管理、资金使用、鉴定验收、项目调整等按《国家技术创新计划管理办法》和《新产品新技术鉴定验收管理办法》的有关规定执行。

第二十五条　各省、自治区、直辖市、计划单列市及新疆生产建设兵团经贸委(经委)可依据本办法制定本地区的技术创新项目招标投标管理办法。

第二十六条　本办法由国家经贸委负责解释。

第二十七条　本办法自 2002 年 12 月 1 日起施行。

商务部政府采购管理办法

(2013 年 11 月 19 日商务部公布施行)

第一章　总　　则

第一条　为加强商务部政府采购管理,规范政府采购行为,促进廉政建设,提高财政资金使用效益,根据《中华人民共和国政府采购法》(以下简称《政府采购法》)和财政部《中央单位政府采购管理实施办法》等有关规定,结合商务部实际情况,制定本办法。

第二条　本办法适用于商务部机关各单位、各特派员办事处、本部各直属事业单位(以下简称本部各直属单位)在中华人民共和国境内的政府采购活动。

第三条　本办法所称商务部政府采购,是指本部各直属单位按政府采购法律、行政法规和部门规章等规定的方式和程序,使用财政性资金和与之配套的自筹资金,采购国务院办公厅公布的政府集中采购目录内或者采购限额标准以上的货物、工程和服务的行为。

第四条　商务部政府采购应当遵循公开透明、公平竞争、公正、诚实信用原则。

第二章　组 织 形 式

第五条　商务部政府采购的组织形式分为政府集中采购、部门集中采购和单位分散采购。

第六条　政府集中采购,也称集中采购机构采购,是指商务部将属于政府集中采购目录内的集中采购机构采购项目,委托中央政府设立的集中采购机构代理的采购活动。

政府集中采购范围,按国务院办公厅公布的《中央预算单位政府集中采购目录及标准》执行(以下简称《中央目录及标准》)。

第七条　部门集中采购,是指商务部组织实施《中央目录及标准》中《商务部部门集中采购目录》项目的采购活动。

商务部按《中央目录及标准》的要求,编制《商务部部门集中采购目录》上报财政部批准列入《中央目录及标准》。

商务部根据预算项目管理需要,确定商务部部门需要实施集中政府采购的货物、工程及服务项目;需要实施公开招标的限额标准。

第八条　分散采购,是指本部各直属单位在政府集中采购和部门集中采购的范围之外、且在采购限额标准以上的政府采购活动。

第三章　政府采购方式

第九条　商务部政府采购依法应采用以下方式:公开招标、邀请招标、竞争性谈判、单一来源采购、询价和财政部认定的其他采购方式。

公开招标应为主要采购方式。

第十条　公开招标,是指本部各直属单位依法自行或委托采购代理机构,以招标公告的方式,邀请不特定供应商投标。

政府采购货物、工程或服务,单项或批量金额达到规定公开招标数额标准的,必须采用公开招标方式。

第十一条 邀请招标，是指本部各直属单位依法从符合相应资格条件的供应商中随机邀请3个以上供应商，并以投标邀请书的方式，邀请其参加投标的采购方式。符合下列情形之一的货物或者服务，可以采用邀请招标采购：

（一）具有特殊性，只能从有限范围的供应商处采购的；

（二）采用公开招标方式的费用占政府采购项目总价值的比例过大的。

第十二条 政府采购工程进行招标投标的，适用《招标投标法》。

第十三条 竞争性谈判，是指本部各直属单位直接邀请3家以上符合相应资格的供应商，就采购事宜进行谈判的采购方式。符合下列情形之一的货物或者服务，可以采用竞争性谈判方式采购：

（一）招标后没有供应商投标或者没有合格标的或者重新招标未能成立的；

（二）技术复杂或者性质特殊，不能确定详细规格或者具体要求的；

（三）采用招标所需时间不能满足用户紧急需求的；

（四）不能事先计算出价格总额的。

第十四条 单一来源采购，是指本部各直属单位可以直接与供应商谈判并购买的采购。符合下列情形之一的货物或者服务，可以采用单一来源方式采购：

（一）只能从唯一供应商处采购的；

（二）发生了不可预见的紧急情况不能从其他供应商处采购的；

（三）必须保证原有采购项目一致性或者服务配套的要求，需要继续从原供应商处添购，且采购资金总额不超过原合同采购金额10%的。

第十五条 询价采购，是指对3家以上供应商提供的报价进行比较，以确保价格具有竞争性的采购方式。采购的货物规格、标准统一、现货源充足且价格变化幅度小的政府采购项目，可以采用询价方式采购。

第十六条 对于达到国务院办公厅规定公开招标限额标准，应当采取公开招标方式的项目，因特殊情况，确需采用公开招标以外采购方式的货物及服务项目，应按规定程序报财政部批准后方可组织实施。

对于未达到规定公开招标限额标准的项目，需要采取公开招标以外采购方式的，部直属单位应依据本办法规定采购方式的适用条件，确定政府采购方式。

第十七条 本部各直属单位不得将应当以公开招标方式采购的货物或者服务，化整为零或者以其他任何方式，规避公开招标采购，也不得将应当政府采购的货物或者服务，化整为零或者以其他任何方式，规避政府采购。

第四章 采购单位及职责

第十八条 财务司是商务部政府采购的主管部门，其主要职责是：

（一）拟订部政府采购管理制度；

（二）审核、汇总、编报政府采购预算和实施计划；

（三）指导政府集中采购项目的具体实施；

（四）会同相关单位拟订《商务部部门集中采购目录》；

（五）拟订商务部公开招标限额标准；

（六）规范选择商务部政府采购代理机构；

（七）管理、指导、监督本部各直属单位政府采购工作；

（八）审核、汇总、编报商务部政府采购备案和审批事项，以及政府采购执行情况和统计信息；

（九）参与修改完善政府采购法律法规和管理制度；

（十）组织实施促进商务发展的政府采购政策研究。

第十九条 商务部内部政府采购监督由机关纪委牵头负责，主要职责是：

(一)牵头负责政府采购活动中各环节,主要是评审专家抽取、开标、评标、定标等环节的程序监督,必要时可以请专业机构协助监督。

(二)规范商务部各相关单位的监督行为。

第二十条　本部各直属单位是商务部政府采购的采购人,应严格执行各项政府采购法律法规和有关管理规定。其主要职责是:

(一)提出本单位政府采购预算(或建议,下同);

(二)编制并报送政府采购实施计划;

(三)具体实施本单位政府集中采购范围的项目;

(四)具体实施本单位部门集中采购范围的项目;

(五)具体组织实施本单位分散采购工作;

(六)受托组织实施商务部归口业务的分散采购工作;

(七)负责部门集中采购范围内需要统一实施项目需求文本编制、解释、采购质疑处理等工作;

(八)根据授权,签订政府采购合同和代理合同;

(九)编报本单位政府采购执行情况及统计等信息;

(十)保存本单位政府采购档案;

(十一)其他属于本单位的政府采购工作。

第二十一条　本部各直属事业单位的政府采购工作应实行内部统一管理,明确职责分工,完善制约机制,加强基础管理,建立健全采购文件档案管理制度。

第二十二条　采购代理机构是受托从事政府采购活动的中介组织,包括集中采购机构和社会采购机构。

集中采购机构是指属于《中央目录及标准》范围内集中采购机构采购项目的法定代理机构。

社会采购机构是经财政部门认定,有资格接受本部各直属单位委托,从事政府采购的采购代理业务,以及政府采购咨询、培训等相关专业服务的社会中介机构。

本部各直属单位应将《中央目录及标准》中的集中采购机构采购项目,委托集中采购机构代理采购;对于部门集中采购和分散采购,可以委托集中采购机构代理,也可以委托社会采购机构代理。

第二十三条　供应商是指依照签订的政府采购合同,向本部各直属单位提供合同约定的货物、工程或服务的法人、社会其他组织或者自然人。

第五章　政府采购预算及计划管理

第二十四条　本部各直属单位在提出下一年度财政预算时,应根据需求情况,按政府采购预算确定的要求,将该年度政府采购项目及资金预算在部门预算中单列,按预算管理程序上报。财务司在审核汇总后上报财政部。

第二十五条　财务司在收到财政部批复的部门预算 15 日内,批复本部各直属单位,政府采购预算一并批复。本部各直属单位在收到年度政府采购预算批复 15 日内,编制年度采购实施计划,包括:集中采购实施计划、分散采购实施计划,送财务司。

集中采购实施计划,是指本部各直属单位将本单位属于政府集中采购范围、部门集中采购范围的项目,按照项目构成、使用单位、采购数量、要求(技术规格)、使用时间等内容分别编制的具体采购计划。

第二十六条　财务司汇总编制部年度实施计划,提请部领导专题办公会议研究通过后,报财政部备案,其中政府集中采购实施计划抄送集中采购机构。

第二十七条　本部各直属单位在年度预算执行过程中,应严格按政府采购预算和计划进行政府采购。

第二十八条　本部各直属单位根据部预算管理规定,上报业务请示中涉及政府采购项目的,应将相关事项一并上报。

第二十九条 因未报、漏报和预算变动等涉及调整政府采购预算的，应在采购活动开始前，向财务司补报政府采购预算申请，财务司按规定程序上报财政部批准。涉及集中采购事项的，将相应调整集中采购实施计划，报财政部备案。

第三十条 集中采购实施计划一经上报，不得随意撤销和改变。

第三十一条 未列入当年政府采购预算、或未办理预算调整报批或补报手续、或未列入集中采购实施计划的采购项目，不得实施采购。

第六章 政府集中采购

第三十二条 本部各直属单位根据财政部和集中采购机构制定的政府集中采购规定和程序，实施政府集中采购项目。

第三十三条 集中采购机构在政府集中采购范围内的项目采购时，货物采购一般采用协议供货、定点采购和其他方式货物采购三种方式；服务采购以定点采购为主；公开招标限额标准以上的工程施工和工程监理项目采购采用公开招标方式；公开招标限额标准以下的工程施工和工程监理采购项目采购主要采用邀请招标方式。其他方式的货物采购，由集中采购机构根据本部各直属单位的采购需求，按集中采购机构的操作规程，确定合理的采购方式。对于协议供货采购的货物，财政部规定采取批量集中采购的，应实施批量集中采购。

第三十四条 本部各直属单位执行协议供货或定点采购时，未达到集中采购项目公开招标限额标准的，应当与意向供应商就价格再次谈判或采取询价方式，也可委托集中采购机构组织集中竞价，或参加电子竞价系统竞价。一次性采购金额达到集中招标项目公开招标限额标准的，应单独委托集中采购机构另行组织公开招标采购。

第三十五条 本部各直属单位在实施《中央目录及标准》内的项目时，因特别原因确需转为分散采购的，应向财务司提出申请，按规定程序报财政部批准。

第七章 部门集中采购和单位分散采购

第三十六条 财务司根据商务部实际需要，拟订《商务部部门集中采购目录》，报请财政部列入国务院办公厅公布的《中央目录及标准》后实施。

第三十七条 部门集中采购项目由本部各直属单位组织实施，必要时可由部业务归口单位统一组织实施。

第三十八条 部业务归口单位及本部各直属单位，应依法选择相应的采购方式组织部门集中采购。

第三十九条 本部各直属单位实施部门集中采购和分散采购，原则上应委托采购代理机构。

采购预算低于120万元的货物和服务项目，且采取单一来源采购方式的，可以不委托采购代理机构。

适用《招标投标法》采购工程项目委托招标代理机构的，按照建设主管部门有关规定办理。

本部各直属事业单位具备财政部规定的资质条件的，可以自行组织招标采购。

第四十条 部门集中采购、分散采购应当按照政府采购法律、行政法规和部门规章等相关规定的采购方式和程序实施。

第四十一条 本部各直属单位或委托的代理机构，应从财政部建立的中央单位政府采购评审专家库中抽取评审专家。

第四十二条 本部各直属单位的工作人员可以采购人代表身份，参加政府采购项目评审、谈判或询价工作，但不得以评审专家身份参加。

第八章 政府采购合同及代理合同

第四十三条 政府采购合同及代理合同适用合同法，并应采用书面形式。

第四十四条 本部各直属单位委托采购代理机构进行采购的，应签订委托代理合同，约定双方的权利与义务，确保采购人的合法权益。本部各直属单位应当自政府采购代理合同签订之日起7日内,将合同副本送财务司备查。

第四十五条　本部各直属单位或委托的代理机构,应在所委托事项结束5个工作日内,确定中标或成交供应商并发出中标或成交通知书和公告。

第四十六条　本部各直属单位应在中标或成交通知书发出30日内,按照中标(成交)的规模、数量和金额,与中标或成交供应商签订采购合同,约定双方的权利与义务,确保采购人的合法权益。

第四十七条　政府采购合同应当明确采购商品或服务的名称、数量、规格、质量、性能、价格(酬金)以及履行合同的时间、地点、方式和违约责任等内容。

第四十八条　本部各直属单位应当自政府采购合同签订之日起7日内,将合同副本送财务司备查。

第四十九条　政府采购合同履行中,本部各直属单位需追加与合同标的相同的货物或者服务的,在不改变合同其他条款的前提下,可以与供应商签订补充合同,但所有补充合同的采购金额不得超过原采购合同金额的10%。补充合同金额超过120万元的,须按规定程序报财政部批准。

第五十条　政府采购合同签订后,不得擅自变更、中止或者终止。

第五十一条　在供应商履约后,本部各直属单位根据合同约定,应当组织对供应商提供的货物、工程或服务的履约情况进行验收。

第五十二条　本部各直属单位应按合同约定,及时提出拨付资金申请或支付资金。

第九章　政府采购审批及备案

第五十三条　政府采购实行备案和审批管理方式。本部各直属单位应按照本办法规定,以文件形式将需要备案或审批的有关政府采购文件及采购活动事项,送财务司备案或审核。财务司根据财政部的要求,将需要报送备案或审批的项目,审核汇总后报财政部。

第五十四条　除财政部另有规定外,备案事项不需要回复意见。应报送财务司备案事项及报送时限为:

(一)本部各直属事业单位有关政府采购的管理办法、实施细则、工作流程等相关管理文件。文件印发后7日内。

(二)集中采购实施计划。本部各直属单位收到预算批复后15日内。

(三)集中采购实施计划的变更或补报。活动实施前。

(四)代理服务结束后应填报的采购代理机构服务评价表。项目政府采购中标公告后5日内。

(五)采购方式变更经财政部批准,采用公开招标以外采购方式的执行情况。在采用公开招标以外采购方式项目执行结束后10日内。

(六)代理合同和采购合同。在合同签订后7日内。

(七)政府采购法律、行政法规和部门规章规定的其他需要备案的事项。

第五十五条　审批事项应当依法经财政部批准后方可实施。本部各直属单位以正式文件形式报送财务司以下审批事项:

(一)达到公开招标数额标准的采购项目,因特殊情况需要采用公开招标以外采购方式的;

(二)对当年部门预算中的政府采购预算提出变更,在申请部门预算变更时一并上报,或直接就政府采购预算变更上报;

(三)因特殊情况需要采购非本国货物、工程或服务的;

(四)财政直接支付项目因采购合同变更而涉及支付金额的;

(五)政府集中采购项目因特殊情况,需要由其他采购代理机构代理采购的,或需要自行采购的;

(六)实施《中央目录及标准》内的项目时,因特别原因确需转为其他采购组织形式的;

(七)政府采购法律、行政法规、部门规章规定的其他需要审批的事项。

第五十六条 上述报批事项,本部各直属单位应当将采购项目及变更事项详细报财务司,上报材料包括变更事项、拟采用的采购方式、理由和法律依据,以及相关证明材料。

第五十七条 财务司可根据财政部的授权,对本部各直属单位实施备案或审批管理。

第十章 政府采购信息公开

第五十八条 除涉及国家秘密、供应商的商业秘密,以及政府采购法律、行政法规、和部门规章规定应予保密的政府采购信息以外,下列政府采购信息必须公开:

(一)商务部政府采购的部门规定;

(二)商务部公开招标的限额标准;

(三)本部各直属单位的招标投标信息,包括公开招标公告、邀请招标资格预审公告、中标公告、成交结果及更正事项等;

(四)政府采购法律、行政法规和部门规章规定应当公告的政府采购信息。

第五十九条 本部各直属单位公告政府采购信息必须做到内容真实完整、准确可靠,不得有虚假和误导性陈述,不得遗漏依法必须公告的事项。

第六十条 本部各直属单位对于法定公开的内容,应当在财政部指定的政府采购信息发布媒体上公开。

第十一章 政府采购信息统计及档案管理

第六十一条 政府采购信息统计是指根据财政部规定要求和格式,本部各直属单位将政府采购活动如实统计汇总并按时上报的工作。

第六十二条 政府采购信息统计工作分季报和年报,本部各直属单位应于每个季度终了后5个工作日内上报季报,于年度终了后10个工作日内上报年报。上报年报时,应将年报的纸质和统计分析报告加盖单位公章后报送财务司。

第六十三条 本部各直属单位应健全政府采购基础管理工作,建立采购文件档案管理制度,及时收集、整理政府采购各环节的资料,按照国家档案管理规定保存,不得伪造、变造、隐匿或者销毁。采购文件的保存期限为从采购结束之日起至少保存十五年。

第十二章 政府采购监督及检查

第六十四条 国家财政、监察、审计机关以及部机关相关单位在各自职权范围内,对商务部政府采购实施监督检查。对本部各直属单位在政府采购活动中的违法违纪行为,按照各自职权依法予以处理。

第六十五条 商务部实施政府采购监督检查的主要内容包括:

(一)政府采购法律、行政法规、部门规章的执行情况;

(二)政府采购预算和实施计划的编制、执行情况;

(三)政府采购备案或审批事项的落实情况;

(四)政府集中采购项目、部门集中采购项目和分散采购项目的执行情况;

(五)政府采购文件的编制情况;

(六)政府采购信息在相关指定媒体上的发布情况;

(七)内部政府采购制度和监督制约机制建设情况;

(八)政府采购合同签订、履行、验收和资金支付情况;

(九)对供应商询问和质疑的处理情况;

(十)对其他需要监督检查的情况。

第六十六条 任何组织和个人均有权对政府采购过程中的违法违纪行为,向有关管理机构检举和控告。

第六十七条 本部各直属单位或个人在政府采购过程中违反政府采购法律、行政法规和部门规章的,依法追究有关人员或单位的法律责任。

第十三章　附　　则

第六十八条　政府采购应当采购本国货物、工程和服务。因特殊情况,需要采购非本国货物、工程或服务的,按财政部相关规定执行。

第六十九条　对因严重自然灾害和其他不可抗力事件所实施的紧急采购和涉及国家安全和秘密的采购,不适用《政府采购法》。

第七十条　对外援助、驻外经商机构馆舍建设及部律师选聘等有另行规定和办法的,在符合政府采购的相关法律法规基本原则的前提下,适用相关专门管理规定。

第七十一条　本部各直属事业单位应根据本办法制定本单位政府采购实施细则,明确各方权责关系和工作程序。

第七十二条　各特派员办事处涉及政府采购的,执行本办法相关条款。

驻外甲类经商机构在境内购置纳入政府采购范围的货物或服务,应依法实施政府采购。

第七十三条　商务部管理的商会、协会、学会参照本办法执行。

第七十四条　本办法未尽事宜,按照政府采购的法律、法规、规章和财政部有关规定办理。

第七十五条　本办法由财务司负责解释。

第七十六条　本办法自2013年11月19日起施行,《商务部政府采购管理办法》(商财字[2013]12号)同时废止。

(六)科 教 文 卫

交通运输部科技项目招标投标管理(暂行)办法

(2013年8月5日交通运输部发布 交科技发〔2013〕463号)

第一章 总 则

第一条 为优化科技资源配置,提高科研经费的使用效率,促进公平竞争,保障科技项目招标投标活动当事人的合法权益,加强对交通运输部科技项目招标投标活动的监督和管理,依据《中华人民共和国政府采购法》、《政府采购货物和服务招标投标管理办法》和《科技项目招标投标管理暂行办法》,制订本办法。

第二条 对列入交通运输部科技计划,获得部经费支持,以科学技术研究开发活动为主要内容的科技项目,应按本办法招标确定承担单位。

第三条 具备下列条件之一的科技项目,可以不实行招标投标:

(一)涉及国家安全和国家秘密的;

(二)法律法规规定的其他情况。

第四条 招标投标工作应严格遵循公开、公正、公平、择优和信用的原则。

第二章 招 标

第五条 交通运输部是依照本办法提出招标需求的科技项目招标人(以下简称"招标人"),具体招标工作授权部科技主管部门负责。

第六条 科技项目的招标分为公开招标和邀请招标。

达到公开招标限额标准的科技项目一般应采取公开招标。采用公开招标方式的,须在财政部门制定的政府采购信息媒体上发布招标公告。

对满足下列情形之一的科技项目,可邀请招标:

(一)专业性强、有特殊要求或者受自然条件限制,只有少量潜在投标人可供选择的;

(二)采用公开招标方式的费用占项目合同金额比例过大的。

第七条 科技项目招标具体事宜可由招标人自行组织或委托招标代理机构负责。

第八条 委托招标代理机构招标的,招标人应当与招标代理机构签订委托协议,确定委托代理的事项,约定双方的权利和义务。

第九条 招标公告或投标邀请书至少包括下列内容:

(一)招标人的名称和地址;

(二)招标项目的类别和名称;

(三)招标项目的主要目标;

(四)获取招标文件的办法、地点和时间;

(五)对招标文件收取的费用。

第十条 招标人可以根据招标项目本身的特点,在招标公告和投标邀请书中要求潜在投标人填报投标报名单(附件1),提供有关证明文件和业绩情况,并对潜在投标人进行资格审查,公布符合资格的投标人名单。符合资格的投标人向招标人或招标代理机构购买招标文件。

证明文件包括:

(一)既往业绩;

(二)研究人员素质和技术能力;

（三）研究所需的技术设施和设备条件；

（四）如有匹配资金，提供匹配资金的筹措情况及证明；

（五）相关的资质证明。

第十一条 在招标中，投标人不足3家的应予废标。废标后，招标人应当将废标理由通知所有投标人。

第十二条 废标后，招标人应当重新组织招标，直至投标人达到3家及以上；需采取其他方式确定承担单位的，应获得财政部批准。

第十三条 招标人根据招标项目的要求组织编制招标文件（附件2）。除国家有关法律法规规定以外，招标文件不得有针对或排斥某一潜在投标人的内容。

第十四条 招标人制定综合评标标准时，应考虑技术路线的可行性、先进性和承担单位的研究开发条件、人员素质、资信等级、管理能力等因素，并考虑经费使用的合理性。

第十五条 招标人按招标公告或招标邀请书规定的时间、地点发售招标文件。招标文件发售后不予退还。在招标文件售出后，招标人如对招标文件进行修改、补充或澄清，应在招标文件要求提交投标文件截止时间至少15日前再次发布公告或以书面形式告之投标人，并作为招标文件的组成部分；不足15日的，招标人应当顺延提交投标文件的截止时间。对招标文件有重大修改的，应当适当延长投标文件截止日期。

第十六条 潜在投标人对招标文件有疑义的，应当在投标截止时间10日前以书面形式提出。招标人自收到疑义之日起3日内作出答复。

第十七条 招标人必须对获取招标文件的潜在投标人的名称、数量以及可能影响公平竞争的其他情况进行保密。

第十八条 从招标公告发布或招标邀请书发出之日到提交投标文件截止之日，不得少于30日。

第三章 投　　标

第十九条 投标人是指按照招标文件的要求参加投标竞争的法人和其它社会组织。投标人参加投标必须按照招标公告要求填报投标报名单（附件1），并具备下列条件：

（一）与招标文件要求相适应的研究人员、设备和经费；

（二）招标文件要求的资格和相应的科研经验与业绩；

（三）资信情况良好；

（四）法律法规规定的其他条件。

第二十条 投标人应向招标人提供投标文件（见附件3）一式2份，投标文件必须加盖依托单位公章及其法定代表人的签字或印章，并对招标文件提出的实质性要求和条件作出响应。

第二十一条 对于有依托工程要求的科技项目，应由研究单位与建设方或施工单位联合投标，联合投标时应明确第一承担单位。联合体投标的应向招标人提交联合协议，载明联合体各方承担的工作和义务。联合体各方应当共同与招标人签订合同，并就合同约定的事项对招标人承担连带责任。

第二十二条 投标人应在招标文件要求提交投标文件的截止时间前将投标文件密封送达指定地点。招标人或招标代理机构应对收到的投标文件签收备案。投标人有权要求招标人或招标代理机构提供签收证明。对在规定提交投标文件截止时间后收到的投标文件，招标人或招标代理机构应不予开启并退还。

第二十三条 投标人可以对已提交的投标文件进行补充和修改，必须在招标文件要求提交投标文件截止时间前以书面形式送达招标人或招标代理机构，作为投标文件的组成部分，否则不予受理。

第二十四条 招标人或招标代理机构必须对投标人的投标文件内容保密，不得泄露给其他投标人。

第四章 开　　标

第二十五条 开标由招标人主持，按招标文件规定的时间、地点和方式公开进行，并邀请有关单位代表和投标人参加。

第二十六条 开标时，投标人或其代表检查投标文件的密封情况，确认无误后，由工作人员当众启封并宣读投标人名称、技术方案及其他主要内容。开标过程应记录在案，招标人和投标人代表在开标记录上签字或盖章。

第二十七条 投标文件出现下列情况之一者视为无效：

（一）投标文件未加盖投标人公章或法定代表人未签字或盖章；

（二）投标文件未按规定格式填写，字迹模糊，辨认不清或者内容不全的；

（三）投标文件与招标文件规定的实质性要求不符；

（四）投标人未在规定时间内参加开标会议的。

第二十八条 无效投标文件应当在开标会当场确认并公布。

第五章 评　　标

第二十九条 招标人负责组建评标委员会。评标委员会由招标人和邀请的技术、经济等方面具有高级技术职称的专家组成，总人数为7人以上的单数，专家不得少于成员总人数的三分之二，其中经济专家占专家人数的比例不少于三分之一。投标人或与投标人有利益关系的人员不得进入评标委员会，评标委员会成员名单在中标结果确定前必须保密。

第三十条 评标专家应当熟悉政府采购、招标投标的相关政策法规，有良好的职业道德，遵守招标纪律，从事相关领域工作满8年并具有高级职称或者具有同等专业水平。

第三十一条 招标人应当采取必要的措施，保证评标工作在严格保密的情况下进行，任何单位和个人不得非法干预、影响评标过程和结果。

第三十二条 评标委员会可以要求投标人对投标文件中不明确的地方进行必要的澄清、说明或答辩，但不得超过投标文件的范围，不得改变投标文件的实质性内容，不得阐述与问题无关的内容，未经允许投标人不得向评标委员会提供新的材料。

第三十三条 评标委员会按照招标文件中规定的综合评标标准和方法，采用综合评分法开展评标工作。

第三十四条 评标委员会依据评标结果，提出书面评标报告，向招标人推荐中标候选人名单并注明排序。中标候选人应不超过3个。评标报告包括以下主要内容：

（一）对投标人的技术方案评价，技术、经济风险进行分析；

（二）对投标人承担能力与工作基础评价；

（三）推荐满足综合评标标准的中标候选人；

（四）需进一步协商的问题和其他要求；

（五）对投标人进行综合排名。

第三十五条 招标人应当自收到评标报告之日起3日内公示中标候选人，公示期不得少于3日。

投标人或者其他利害关系人对招标项目的评标结果有异议的，应当在中标候选人公示期间提出。招标人应当自收到异议之日起3日内作出答复；作出答复前，应当暂停招标投标活动。

第六章 定　　标

第三十六条 招标人根据评标委员会的书面评标报告和经公示无问题的中标候选人，进行综合评定后，确定中标人。招标人也可授权评标委员会直接确定中标人。

第三十七条 招标人应在开标之日后10日内完成定标工作，特殊情况可延长至15日。

第三十八条 定标后，招标人应发布中标公告。中标公告至少包含下列内容：

（一）招标人、招标人代理机构的名称、地址和联系方式；

（二）招标项目的类别及名称；

（三）中标人名称。

第三十九条 招标人向中标人发出中标通知书，并据此与中标人签订科技项目合同，同时将中标结果通知所有未中标的投标人。中标通知书（附件4）对招标人和中标人具有同等法律效力。

第四十条 招标人和评标委员会成员应当遵守招标纪律，不得扩散审查、澄清、答辩、评价比较投标人的有关情节、资料等情况，不得泄露投标人的技术秘密。

第七章 附 则

第四十一条 对于违反本办法的行为，可向有关行政监督部门投诉，一经查实，将根据有关规定进行处理。情节严重并构成犯罪的，将依法追究刑事责任。

第四十二条 地方各类交通运输科技项目的招标投标工作可参照本办法管理。

第四十三条 本办法由部科技主管部门负责解释。

第四十四条 本办法自颁布之日起施行。

附件：（略）

关于完善中央单位政府采购预算管理和中央高校、科研院所科研仪器设备采购管理有关事项的通知

（2016年11月10日财政部发布 财库〔2016〕194号）

党中央有关部门，国务院各部委、各直属机构，全国人大常委会办公厅，全国政协办公厅，高法院，高检院，各民主党派中央，有关人民团体，中央国家机关政府采购中心，中共中央直属机关采购中心，全国人大机关采购中心，各省、自治区、直辖市、计划单列市财政厅（局）：

为进一步完善中央单位政府采购预算管理，落实中共中央办公厅、国务院办公厅《关于进一步完善中央财政科研项目资金管理等政策的有关意见》有关中央高校、科研院所科研仪器设备采购管理的要求，现将有关事项通知如下：

一、完善中央单位政府采购预算管理

全面完整编制政府采购预算是加强政府采购管理的重要基础。中央单位应随部门预算编制一并编制政府采购预算。预算执行中部门预算资金调剂（包括追加、追减或调整结构）需要明确政府采购预算的，应按部门预算调剂的有关程序和规定一并办理，由主管预算单位报财政部（部门预算管理司）审核批复。

除部门预算资金调剂情形外，中央单位预算执行中预算支出总金额不变但需要单独调剂政府采购预算的类别（货物、工程、服务）和金额，以及使用非财政拨款资金采购需要明确政府采购预算的，由主管预算单位报财政部（国库司）备案。备案文件中应当载明中央单位名称、预算项目名称及编码、采购项目名称以及政府采购预算的类别、金额和调剂原因等项目基本情况说明。备案由主管预算单位组织在现行的“政府采购计划管理系统”（以下简称采购计划系统）中录入政府采购预算，并上传备案文件的电子扫描件。录入的政府采购预算作为中央单位编报政府采购计划、申请变更政府采购方式和采购进口产品的依据。

中央单位应准确区分不同类型，根据采购项目情况据实进行政府采购预算的报批和备案管理，不得随意调减政府采购预算以规避政府采购和公开招标。

二、完善中央高校、科研院所科研仪器设备采购管理

（一）中央高校、科研院所可自行采购科研仪器设备。

中央高校、科研院所可自行组织或委托采购代理机构采购各类科研仪器设备，采购活动应按照政府采购法律制度规定执行。

(二)对中央高校、科研院所采购进口科研仪器设备实行备案制管理。

中央高校、科研院所采购进口科研仪器设备,应按规定做好专家论证工作,参与论证的专家可自行选定,专家论证意见随采购文件存档备查。中央高校、科研院所通过采购计划系统对采购进口科研仪器设备进行备案,可单次或分次批量在采购计划系统"中央高校、科研院所科研仪器设备进口"模块中编报采购计划。

(三)简化中央高校、科研院所科研仪器设备变更政府采购方式审批流程。

中央高校、科研院所达到公开招标数额标准的科研仪器设备采购项目需要采用公开招标以外采购方式的,申请变更政府采购方式时可不再提供单位内部会商意见,但应将单位内部会商意见随采购文件存档备查。中央高校、科研院所申请变更政府采购方式时可注明"科研仪器设备",财政部将予以优先审批。申请变更为单一来源采购方式的专业人员论证和审核前公示,以及提交一揽子变更申请等工作,按《中央预算单位变更政府采购方式审批管理办法》(财库〔2015〕36号)的规定执行。

(四)中央高校、科研院所可自行选择科研仪器设备评审专家。

中央高校、科研院所科研仪器设备采购,可在政府采购评审专家库外自行选择评审专家。自行选择的评审专家与供应商有利害关系的,应严格执行回避有关规定。评审活动完成后,中央高校、科研院所应在评审专家名单中对自行选定的评审专家进行标注,并随同中标、成交结果一并公告。

(五)加强对科研仪器设备采购的内部控制管理。

中央高校、科研院所应按照《财政部关于加强政府采购活动内部管理的指导意见》(财库〔2016〕99号)的规定,进一步完善内部管理规定,加强科研仪器设备采购的内控管理,严格执行政府采购相关规定,主动公开政府采购相关信息,做到科研仪器设备采购的全程公开、透明、可追溯。

本通知自2017年1月1日起开始执行。

各地区可参照本通知精神,结合实际,完善相关管理规定。

农村中小学现代远程教育工程设备及教学资源招标采购管理办法

(2005年5月17日教育部办公厅、国家发展和改革委员会办公厅、
财政部办公厅发布　教基厅〔2005〕9号)

根据国务院批准的《农村中小学现代远程教育工程总体实施方案》精神,结合农村中小学现代远程教育工程建设要求,特制定农村中小学现代远程教育工程设备及教学资源(以下简称设备及资源)招标采购管理办法。

一、总　　则

第一条　农村中小学现代远程教育工程设备及资源采购依照《中华人民共和国政府采购法》、《中华人民共和国招标投标法》及有关规定执行,主要采用招投标方式。

第二条　教育部国家发展改革委、财政部负责组织设备及资源供应商的资格预审。各项目省(自治区、直辖市)负责设备及资源的采购执行。

第三条　教育部、国家发展改革委、财政部负责对各项目省(自治区、直辖市)的招标工作进行指导、检查和监督。

二、管理与职责

第四条　各项目省(自治区、直辖市)成立设备及资源采购工作领导小组。领导小组职责:

1. 审批采购计划(包括邀请招标和竞争性谈判)及实施方案,包括采购内容、分配方案、经费预算等;

2. 确定招标代理机构;

3. 审批设备及资源邀请招标采购招标文件或竞争性谈判方案;

4. 审批设备及资源邀请招标采购评标结果或谈判结果,确定中标人;

5. 讨论重大事项并做出决定。

第五条 设备及资源采购的招标人为省(自治区、直辖市)教育厅(教委)。招标人应委托合格的招标代理机构具体实施设备及资源采购。

第六条 招标人在设备及资源采购工作领导小组领导下,负责本省(自治区、直辖市)设备及资源采购的组织与实施工作。招标人具体职责:

1. 在"中国政府采购网"(WWW. CCGP. GOV. CN)公布的获准登记备案的政府采购业务代理机构名单中选取设备及资源招标采购代理机构,并报设备及资源采购工作领导小组批准;

2. 作为招标人与所确定的招标代理机构签订委托招标代理协议;

3. 对招标代理机构下达采购任务,并提出相关要求;

4. 协助招标代理机构组织有关技术专家编制采购品目,编写邀请招标文件(包括技术和商务两部分);

5. 审核邀请招标文件或竞争性谈判方案并报送设备及资源采购工作领导小组审批;

6. 通过随机抽取的方式,选取评审专家,并组建评标委员会;

7. 协助招标代理机构开展评标工作,监督评标活动按有关规定及招标文件执行;

8. 审核招标代理机构提交的评标报告或竞争性谈判结果并报送设备及资源采购工作领导小组审批;

9. 协助招标代理机构授标,签订合同。

第七条 招标代理机构职责:

1. 根据招标人要求及工程所需设备及资源的类型、用途及项目目标等,组织有关技术专家编制采购品目,编写邀请招标文件(包括技术和商务两部分),或竞争性谈判方案;

2. 向招标人报送招标文件或竞争性谈判方案;

3. 向被确定邀请的供应商发售邀请招标文件或竞争性谈判邀请;

4. 组织开标;

5. 组织评标;

6. 向招标人报送评标报告;

7. 公告招标结果;

8. 授标;

9. 按规定向政府采购主管部门报审(备案)有关采购文件等。

三、招标与投标

第八条 为保证工程实施的统一性和设备及资源的稳定可靠性,设备及资源采购采用招投标方式。教育部、国家发展改革委、财政部负责组织对有投标意向的产品供应商的资格(包括具体产品的规格性能指标等)公开进行资格预审,并公布各产品供应商资格预审合格名单。各项目省(自治区、直辖市)集中组织设备及资源采购,采购主要采用邀请招标方式进行。

第九条 各项目省(自治区、直辖市)进行邀请招标时,获得邀请的供应商只能是资格预审合格者及其通过预审合格的产品。

1. 设备:邀请的合格供应商的数量不得少于六家。在公布的合格供应商名单中,凡少于(等于)六家供应商的,各项目省(自治区、直辖市)必须全部邀请;对名单中大于六家的,可随机邀请六家以上供应商。

2. 教学资源:采购相同或类似内容教学资源的,应至少邀请三家供应商参加。

资格预审合格供应商名单之外的厂家及其产品一律无资格参加各项目省(自治区、直辖市)的邀请招标(或竞争性谈判)采购。

第十条 各项目省(自治区、直辖市)如有捆包采购,各资格预审合格供应商可以联合体投标方式(投标时须出标联合体声明)参加,或委托其中一家供应商参加。如与计算机教室(NC、无盘站和PC计算机教室)捆包,必须以计算机教室合格供应商为投标人参加投标。

第十一条 一次性采购40万元以上的设备或服务,必须采用邀请招标的方式进行;40万元以下设备或服务可采用竞争性谈判方式采购。

四、评 标

第十二条 由招标人组建评标委员会,招标评标委员会由招标人代表和有关技术、经济等方面的专家组成,成员数为7人以上单数,其中技术、经济等方面的专家不少于三分之二。评标专家应符合下列条件:

1. 从事相关专业领域工作满8年并具有高级职称或者同等专业水平;
2. 熟悉有关招标投标的法律法规,并具有与招标项目相关的实践经验;
3. 能够认真、公正、诚实、廉洁地履行职责;
4. 与投标人无利害关系。

第十三条 评标专家的选取。评标专家由招标人和招标代理机构在有关部门的监督下从正规评标专家库中随机抽取。抽取结果应当场记录备案,以备后审。评标专家的抽取时间应在开标前一天进行,参加抽取的人员应对抽取的所有内容负有保密责任,在中标结果公布前不得对外透露参加评标人员。抽取专家人选时,应依次多抽取两名以上的替补评标专家。

第十四条 评标过程应在保密的情况下进行,参与评标人员不得对外透露评标情况,在公布评标结果之前不得透露推荐的中标人。

第十五条 评标委员会完成评标后,向招标人提出书面评标报告和推荐中标候选人。评标报告包括以下内容:

1. 基本情况和数据表;
2. 评标委员会成员名单;
3. 开标记录;
4. 符合要求的开标一览表;
5. 评标标准、评标方法和评标因素一览表;
6. 评估价一览表或综合评分一览表;
7. 合格的投标人排序表;
8. 推荐的中标候选人名单及有关技术谈判事宜;
9. 澄清、说明等事项。

第十六条 评标结果在有关媒体上公告。

第十七条 中标人一旦确定,由招标代理机构向中标人发出中标通知书,同时将中标结果通知所有未中标的投标人。中标通知书对招标人(或招标代理机构)和中标人具有同等法律效力。招标人(或招标代理机构)与中标人在中标通知书发出30日内,按照招标文件和中标人的投标文件签订书面合同。

五、其 它

第十八条 纪检监察部门对招标采购全过程实施监督检查。工程建设专项资金的使用,接受审计部门的审计。

第十九条 在邀请招标投标或竞争性谈判过程中,如发现有泄露保密信息、不按规定邀请资格预审合格供应商、不合理排斥投标人、投标人串标和评标委员会成员收受投标人好处等违规行为的,依照有关法规条款予以追究。

免费教科书政府采购工作暂行办法

（2005年1月28日教育部、财政部发布　教财〔2005〕6号）

中央对西部农村义务教育阶段贫困家庭学生实行免费提供教科书的制度，是切实减轻农民经济负担，保证农村贫困学生接受义务教育，保障农村义务教育持续健康发展的重大战略举措。对免费教科书实施政府采购，是确保免费提供教科书工作顺利进行的重要措施。为加强免费教科书采购工作的管理，根据《国务院体制改革意见的通知》精神和《中华人民共和国政府采购法》，特制定本办法。

一、中央财政免费提供的教科书实行政府采购。这项规定在2004年秋季学期试行，从2005年开始正式实施。

二、各地教育、财政部门要在当地党委、政府的领导下，从实践“三个代表”重要思想，以人为本、执政为民的高度，统一思想，高度重视，通力合作，周密组织，作为一项政治任务来完成好免费教科书的采购工作。

地方县级以上教育、财政等部门应成立由分管领导参加的免费提供教科书工作领导小组。省级教育、财政部门联合成立免费教科书采购办公室（设在省级教育部门），要抽调精干人员办理免费教科书的采购工作，按时完成采购任务，确保“课前到书，免费用书”。

三、免费教科书由省（自治区、直辖市）教育、财政部门按照本地政府采购管理办法规定的程序、方法统一进行采购，其具体采购事宜应当委托经省级以上财政部门登记备案的政府采购业务代理机构办理。

各地市、县级教育、财政部门必须按要求配合上级部门做好免费教科书采购的有关工作，包括确定、统计上报享受免费教科书资助的学生数，汇总上报教材选用的情况。县级教育、财政部门负责组织验收、发放免费教科书。

四、免费教科书政府采购的对象（即供应商）是符合教材出版发行资质的出版发行机构和出版发行联营机构或若干出版发行单位组成的联合体。教科书是特殊商品，为保证教材使用的连续性，确定的免费教科书供应商有效期应在1年以上。免费教科书政府采购最终确定的供应商必须通过适当途径和方法，按照合同约定将教科书运送到有关学校。

教育部、财政部组织省级教育、财政部门每年对免费教科书供应商提供的图书质量、销售价格、服务水平进行综合评比，公布获得优秀等次的供应商名单。

五、免费教科书政府采购应充分引入和培育竞争机制，严格遵循公开、公平、公正的原则，实行公开招标；对暂不具备公开招标备件的省份，可采用邀请招标、竞争性谈判、单一来源采购、询价的方式。免费教科书政府采购打破省界区域限制，面向全国进行。

六、为保证免费教科书采购工作的顺利实施，对中西部农村地区，省级教育行政部门要加大对教科书选用工作的指导，选用的教科书尽量集中，避免因选用教科书过于分散，影响到省级教育、财政部门统一组织的政府采购。免费教科书政府采购既要适应中小学教材多样化的要求，又要在本省份范围内相对统一农村中小学教学用书，优先选用质量好、价格低的教科书。省级教育、财政部门可通过公开招标的方式对免费教科书的供应商进行资格预审，对评审合格的供应商通过竞争性谈判的方式确定几家信誉好、实力强、价格低的供应商，然后再要求各学校从中选用教科书。

七、中央财政对农村义务教育阶段贫困家庭学生免费提供国家课程必设科目的教科书。对小学生免费提供品德与生活（品德与社会）、语文、数学、外语、科学、艺术（或选择音乐、美术）、综合实践活动（信息技术等）科目的教科书；对初中生免费提供思想品德、语文、数学、外语、科学（或选择生物、物理、化学）、历史与社会（或选择历史、地理）、艺术（或选择音乐、美术）、体育与健康、综合实践活动（信息技术等）科目的教科书。

免费提供的教科书均应从教育部和省级教育行政部门颁布的《中小学教学用书目录》中选

用。免费教科书的扉页上须以适当方式标明“本书由国家免费提供”字样。

地方如要编写地方课程的教材,应限页数,限价格,同时地方财政也必须对这些学生免费提供。学校不得再以其他名目向受资助的贫困学生收取涉及教科书的任何费用。

八、免费教科书政府采购的指导标准是,每生每学期小学生35元、初中生70元,特教学生35元。各地应制订分年级分学科的采购价格指导标准。免费教科书政府采购原则上不得突破指导价标准,超出指导价标准的经费必须由省级财政承担。

对经论证无法按指导价标准采购的省份,可由省级教育、财政部门提出书面申请,由教育部、财政部委托教育部教育政府采购中心代为采购,并由教育部指导该省份选用教科书。

九、政府采购的免费教科书印刷质量必须符合《中华人民共和国质量法》和《图书质量管理规定》的有关规定,必须具有出版单位的质量保证书。

十、财政部、教育部将提前向有关省份下达下一个学期免费教科书中央专项资金预算控制数。中央财政下达的免费教科书专项资金要统一纳入省级财政国库管理,实行分账核算集中支付,确保专款专用,不得下拨到下级财政。省级财政部门要根据省级教育行政部门逐级汇总上报的免费教科书验收等情况,审核无误后,根据合同约定,将免费教科书经费直接支付给供应商。免费教科书政府采购节约下来的资金仍用于资助农村义务教育阶段贫困家庭学生。

十一、免费教科书政府采购价包括出版、发行、包装、保险、运输等费用,严禁向学生收取与免费教科书有关的任何费用。禁止任何部门和单位在采购免费教科书时搭售教辅用书及其他资料。

十二、各地应加强对免费教科书政府采购工作的管理,建立有效的监督检查工作机制,坚决防止发生腐败等违法违纪问题。省级教育、财政纪检监察部门负责对免费教科书采购活动进行监督。教材选用结果、政府采购和免费教科书供应商的服务等情况必须以有效的方式向社会公告。教育部、财政部将对各地免费教科书政府采购工作的实施情况进行严格检查,对玩忽职守,违反采购程序,徇私舞弊的,依法依纪严肃处理。对工作不力、出现严重问题的省份,中央将取消其免费教科书政府采购的资格,并予以通报批评。

每年年底,省级教育、财政部门应将当年免费教科书政府采购情况联合上报教育部、财政部。

十三、本办法由教育部、财政部负责解释。以往有关规定与本办法不一致的,以本办法为准。各地应根据本办法,制定本地区免费教科书政府采购工作的具体实施办法。

国家广播电影电视总局工程建设项目招标暂行办法

(2002年2月28日国家广播电影电视总局发布
广发计字〔2002〕140号　自2002年4月1日起施行)

第一章　总　　则

第一条　为规范总局所属工程建设项目招标投标活动,保护国家利益、社会公共利益和当事人的合法权益,保证工程质量,提高投资效益,依据《中华人民共和国招标投标法》(以下简称《招投标法》)及有关法规,制定本办法。

第二条　总局所属企、事业单位新建、改扩建、技术改造和维修工程建设项目的招标活动,适用本办法。

第三条　总局所属企、事业单位各类工程建设项目的勘察、设计、施工、监理以及与工程建设有关的重要设备、材料等的采购发包,达到下列标准之一的,必须进行招标:

(一)工程施工单项合同估算价在200万元以上的;

(二)重要设备、材料等货物单项合同估算价在100万元以上的;

(三)勘察、设计、监理等服务单项合同估算价在50万元以上的;

(四)单项合同估算价虽低于以上三项规定的标准,但项目投资总额在3000万元以上的(不含工程拆迁费)。

第四条 任何单位和个人不得将依法必须进行招标的项目化整为零或以其他任何方式规避招标。

第五条 招标投标活动应遵循公开、公平、公正、择优和诚实信用的原则,遵守国家有关的法律法规。

第六条 招标投标活动及其当事人,应当接受各级有关项目审批部门和总局主管司局的监督管理。

第二章 招 标

第七条 招标人是指依照本办法提出招标项目、进行工程招标的总局所属各项目建设单位。

第八条 招标人对其所进行的招标活动负责。

第九条 招标项目必须事先按照国家和总局规定,履行工程建设项目审批手续并落实招标项目的资金来源。

第十条 必须进行招标的工程建设项目,在申报可行性研究报告时,应同时报送该项目的招标范围、招标组织形式、招标方式、招标项目投资估算及其他有关内容,由项目审批部门在批准可行性研究报告时提出核准或者不予核准的意见(报表格式见附件一)。

第十一条 属于本办法第十五条规定的工程建设项目,须在报送可行性研究报告时,提出不招标申请,并说明其理由,由项目审批部门批准后执行。

第十二条 招标人应严格按照已核准的招标范围、招标组织形式、招标方式进行招标活动;凡因情况变化需对已核准的招标方案做出改变的,应向原审批部门重新办理有关核准手续。

第十三条 招标分公开招标和邀请招标两种方式。

公开招标,指招标人以招标公告的方式邀请不特定的法人或其他组织投标。招标公告活动应严格按照《招标公告发布暂行办法》(国家计委4号令)进行。

邀请招标,指招标人以投标邀请书的方式邀请三个以上特定的法人或其他组织投标。

国家重点项目或者全部使用国有资金投资以及国有资金投资占控股或主要地位的建设项目,应当公开招标。

有下列情形之一的,经项目审批部门批准,可以采用邀请招标方式:

(一)项目技术复杂或有特殊要求,只有少数潜在投标人可供选择的;

(二)涉及国家安全、国家秘密或者抢险救灾,适宜招标但不宜公开招标的;

(三)受自然资源或环境限制,不宜公开招标的;

(四)法律、法规规定其他不宜公开招标的。

第十四条 招标公告或招标邀请书的内容以及对投标人的要求,应符合《招投标法》及相关配套法规的规定。招标人可组织投标人踏勘招标项目现场。

第十五条 有下列情形之一的,经总局或其他项目审批部门批准,可不进行招标:

(一)涉及国家安全、国家秘密的;

(二)由不可抗力造成紧急情况的;

(三)采用特定专利、专有技术或对建筑艺术造型有特殊要求的;

(四)潜在投标人少于三家不能形成有效竞争的;

(五)法律、法规规定的其他不适宜招标的。

第十六条 招标人可采用自行办理或委托招标代理机构办理招标事宜两种组织形式;招标组织形式的核准按第十条的规定执行。

第十七条 招标人自行办理招标事宜,应当具备下列资格条件:

(一)具有项目法人资格(或法人资格);

(二)主要负责人应具有建设项目招标工作经历或曾接受招标业务培训,熟悉基本建设和建设工程招标工作程序及有关的法律法规、方针、政策,具有组织招标工作的业务能力;

(三)具有与招标项目规模和复杂程序相适应的工程技术、概预算、财务和工程管理方面专

业技术力量(按照《广播电影电视总局建设项目管理办法》第37条、38条规定执行);

(四)具有同类工程建设项目招标的经验,并具有组织编制招标文件和标底的能力;

(五)设有专门的招标机构或拥有3名以上专职招标业务人员;

(六)具有审查投标单位资质状况的能力;有组织开标、评标、定标的能力(包括组织审核投标人技术、商务应标情况与投标工程量清单及标价合理性的能力);

(七)符合法律法规规定的其他条件。

第十八条 招标人采用自行招标形式的,项目法人应当在申报可行性研究报告时,同时报送以下书面材料:

(一)法人证书或项目法人组建文件;

(二)与招标项目相适应的专业技术力量情况;

(三)内设的招标机构或专职招标业务人员情况;

(四)拟使用的专家库情况或评标委员会组建方案;

(五)以往编制的同类工程建设项目招标文件和评标报告,以及招标业绩的证明材料;

(六)其他应报送的材料。

第十九条 招标人自行招标的,须自确定中标人之日起十五日内,向项目审批部门提交招标投标情况的书面报告。报告应包括以下内容:

(一)招标方式和发布招标公告的媒介;

(二)招标文件中投标人须知、技术规格、评标标准和方法、合同主要条款等内容;

(三)评标委员会的组成和评标报告;

(四)中标结果。

第二十条 如招标人不符合第十七条规定的自行招标条件,项目审批部门应在批复可行性研究报告时,要求招标人委托代理机构办理招标事宜。招标人有权自行选择依法设立的、具备招标代理资格、从事招标代理业务并提供相关服务的社会中介组织代理招标事宜。招标代理机构的确定应考虑招标业绩与代理费用等因素。

第三章 招标文件

第二十一条 招标文件由招标人或其委托的招标代理机构负责编制。

第二十二条 招标文件的编制应符合公平公正的原则,内容应严谨明确,注重招标文件条款与合同条款的对应统一,要有利于公平竞争、控制投资和保证工程质量;招标文件不得含有特定投标人倾向或排斥、歧视潜在投标人的内容。

第二十三条 招标人或招标代理机构编制招标文件应当符合《招投标法》第十九条规定的所有实质性要求和条件;并满足招标项目的特点和需要,至少应包括以下内容:

(一)招标项目范围与技术、使用要求(包括招标项目适用的技术标准、规范);

(二)招标项目要求的投标企业技术资质等级(依据《总局建设项目管理办法》第37条、38条确定的广电工程等级,一至二等广电工程的设计、监理投标人应具备甲级资质,施工投标人应具备一级施工资质;三等及以下等级的广电工程,投标人应至少具备乙级设计、监理资质或二级施工资质);

(三)投标报价要求及招标项目规定采用的概(预)算定额、费用定额;价格调整因素和双方共同遵循的价格调整文件类别;参考价格、暂估价格的价差处理办法,补充单价的确认方式;

(四)设计变更以及其他技术、经济洽商的可调整种类、限额及其确认方式、处理办法;对特殊情况或不可预见因素的处理方式;

(五)建设材料、设备的供应方式与计价、结算方法以及采购、运输、保管责任;

(六)工程质量标准与质量责任及补偿办法;

(七)工期要求;

(八)工程款拨付、工程结算规则与方式;

(九)标段划分情况;

(十)评标标准与评标方法;

(十一)有关投标文件编制、提交、修改、撤回的要求,投标有效期及开标的时间地点;

(十二)合同的主要条款。

第二十四条 招标人设有标底的,建设工程项目招标标底的编制应按有关规定执行,并遵循以下原则:

(一)一个招标项目只能编制一个标底价格;

(二)标底工程量清单、标底价格应力求科学、合理、准确;

(三)标底价格应控制在批准的概算或投资包干限额内。如因扩大建设规模、增加工程内容、提高建设标准、价格上涨或原概算不足等原因,造成标底价格超出批复概算时,必须事先获得原审批部门批准;

(四)标底的工程量计算、价格构成、计价依据应与招标文件的规定完全一致。

第二十五条 招标人及相关工作人员对潜在投标人的情况与标底承担保密责任,不得泄密。

第四章 资格审查与开标

第二十六条 招标人应根据招标项目的具体情况和要求,对潜在投标人进行资格审查或综合考察;投标资格审查工作由招标人负责组织,并接受总局和有关项目审批部门的监督。

第二十七条 各类建设项目投标资格审查和综合考察应于发标前进行,招标人可根据需要采取审查资料以及实地考察、走访以往业主的方式进行。

第二十八条 总局直属建设工程投标资格审查内容应按国家有关法规执行,并结合招标项目的特殊需要,按招标文件的资格审查标准和条件要求,对潜在投标人的以下情况进行资格预审:

(一)资质状况的真实性与可靠性;

(二)以往同类工程业绩与评价;

(三)是否具有与承担本标的工程内容相配套的技术实力与机械装备;

(四)拟承担本工程的项目经理、技术负责人的管理、技术素质,以往业绩与评价;

(五)近年经营状况和资金状况以及在履约、债务与依法经营方面是否存在法律纠纷;

(六)是否具备资格预审文件中规定的必备条件和附加条件;

(七)法律法规规定的其他情况。

第二十九条 完成投标资格审查和综合考察后,招标人应编制“投标单位资格审查报告”,内容包括各潜在投标人资格状况分析及对拟确定“短名单”的意见。

第三十条 对潜在投标人的资格审查工作应严谨认真,严禁参与资格审查的工作人员收受潜在投标人财物等违法乱纪行为。

第三十一条 经资格审查合格的独立法人单位可参加总局工程建设项目投标。

第三十二条 投标人应对招标文件提出的各项实质性要求和条件做出响应;建设工程投标文件的格式与内容应符合有关规定,并包括投标工程量清单和投标价格构成附件。

第三十三条 依法必须进行招标的建设项目,自招标文件发出至提交投标文件的截止日期,最短不得少于二十日。投标人应于招标文件规定的时间内将投标文件密封送达投标地点;投标人在截止日期前,可对已送达的投标文件用正式函件进行修改、补充;逾期送达的投标文件及其修改、补充均视为无效。

第三十四条 总局建设工程招标的开标活动由招标人按国家规定的程序负责组织并主持;并依法接受有关部门的监督。

第五章 评标与定标

第三十五条 评标活动应遵循公平、公正、科学、择优的原则,维护招投标活动当事人的合法权益,遵守《招投标法》,并接受依法实施的监督。

第三十六条 评标活动应在严格保密的情况下依法进行,任何单位和个人不得非法干预、影响评标过程和结果。

第三十七条 评标标准与办法必须在招标文件中明确,任何人不得修改已在招标文件中确认的评标标准与办法。

第三十八条 评标委员会负责评标活动,负责向招标人推荐中标候选人,并列明中标人推荐顺序。

第三十九条 评标委员会由招标人负责依法组建:评标委员会由招标人或招标代理机构代表和有关技术经济方面的专家组成,委员会人数应为五人以上单数,其中技术、经济方面的专家不得少于成员总数的三分之二,招标人和招标机构以外的专家不得少于成员总数的三分之二;委员会负责人可由其成员推举产生或由招标人确定。

第四十条 一般工程建设项目的评标专家应从省级以上政府有关部门或招标代理机构的专家库中以随机抽取的方式确定;广播影视专业工程等有特殊要求建设项目的评标专家可从总局主管部门设立的专家库中以随机抽取或直接确定的方式确定。评标委员会名单应于开标前确定,并应在中标结果确定前保密。

第四十一条 评标专家应符合下列条件:

(一)从事相关专业领域工作满八年,具有高级职称或同等专业水平;

(二)熟悉有关招标投标的法律法规,并具有与招标项目相关的实践经验;

(三)能够认真严谨、公正廉洁、客观诚实的履行职责。

第四十二条 下列人员不得担任评标委员会成员:

(一)建设项目主管部门或监督部门的人员;

(二)与投标人有近亲属或经济利益等其他利害关系的人员;

(三)曾在招标投标活动中因违法违纪行为受过处罚的人员;

(四)有可能影响公正评标的其他人员。

评标成员具有本条规定情形之一的,应主动提出回避。

第四十三条 评标委员会成员应当客观公正的履行职责,遵守职业道德,对所提出的评审意见承担个人责任。评标成员不得私下接触投标人及其关系人,不得接受投标人及其他利害关系人的财物或其他好处。评标成员及相关工作人员不得透露对投标的评审、比较及中标推荐等评标活动的任何情况。

第四十四条 评标成员应当认真研究招标文件,熟悉以下内容:

(一)招标的方式与目标;

(二)招标项目的范围和性质;

(三)招标文件规定的主要技术要求、相关技术标准;

(四)招标文件规定的商务条款及相关合同范本条款;

(五)招标文件规定的评标标准、方法和评标应考虑的相关因素。

第四十五条 评标委员会应当根据招标文件规定的评标标准和方法,对投标文件进行系统的评审和比较。招标文件中没有规定的标准和方法不得作为评标的依据。

第四十六条 评标委员会可以书面方式要求投标人对投标文件中含义不明确、同类问题表达不一致或有明显文字和计算错误的内容以书面方式作必要的澄清或补正,但投标人的澄清或补正不得超出投标文件的范围或改变投标文件的实质性内容。

第四十七条 评标委员会负责逐项审查投标文件存在的全部投标偏差(投标偏差的具体规定见附件二);并负责审查以下与投标有关的内容,具有以下情节之一的,应作废标处理:

(一)投标人以他人名义投标、串通投标以行贿手段谋取中标或者以其他弄虚作假方式投标的;

(二)投标人资格条件不符合国家规定和招标文件要求的;

(三)投标人对明显低报价不能合理说明或不能提供相关证明材料,认定其竞标低于成本报价的;

(四)投标人或投标文件未能对招标文件确定的实质性要求和条件做出响应的;

（五）投标文件存在重大偏差之一的；

（六）其他应作废标处理的。

第四十八条 必须招标的项目，投标人少于三个或所有投标被否决的，招标人应当重新招标。评标委员会根据第四十七条的规定否决不合格投标或界定为废标后，因有效投标不足三个使得投标明显缺乏竞争的，评标委员会可以否决全部投标。

第四十九条 建设项目评标的初步评审与详细评审方法以及推荐中标候选人与定标办法，按照《评标委员会和评标方法暂行规定》（七部委〔2001〕12号令）的具体规定执行。

第五十条 在确定中标人前，招标人不得与投标人就投标价格、投标方案等实质内容进行谈判。招标人应从评标委员会推荐的1~3个中标候选人中确定1个中标人，对使用国有资产投资或者国家融资的项目，应按国家规定，确定排名第一的中标候选人为中标人。

第五十一条 中标人确定后，招标人应向中标人发中标通知书，同时通知未中标人。并与中标人在三十日内签订合同。

第六章 罚 则

第五十二条 总局建设主管部门、建设项目招标人及其工作人员违反本办法，根据情节，可给予责令改正、暂停拨付资金。中止招标活动、废除中标结果、取消招标资格等处理，对其直接负责的主管人员和其他直接责任人员给予行政处分；违反国家有关招投标法法律法规的，按其规定处理；构成犯罪的，依法追究刑事责任。

第五十三条 对于评标委员会成员在招评标过程中发生擅离职守、泄密串标、受贿等违反职业道德、违规违法行为的处罚，按照《招投标法》和《评标委员会和评标方法暂行规定》等规定执行。

第七章 附 则

第五十四条 各级地方政府对建设工程招标做出规定的，按其规定执行。

第五十五条 本办法由总局计划财务司负责解释。

第五十六条 本办法自2002年4月1日起执行。

附件：（略）

国家体育总局政府采购管理实施办法

（2005年3月10日国家体育总局发布 体经济字〔2005〕98号）

第一章 总 则

第一条 为了加强国家体育总局（以下简称“总局”）政府采购管理，建立和完善总局政府采购运行机制，根据《中华人民共和国政府采购法》等法律法规，制定本办法。

第二条 本办法适用于国家体育总局机关及直属单位（以下统称“单位”）。

第三条 政府采购是指单位按照政府采购法律、行政法规和制度规定的方式和程序，使用财政性资金（预算资金、政府性基金和预算外资金）和与之配套的自筹资金，采购国务院公布的政府集中采购目录内或者采购限额标准以上的货物、工程和服务的行为。

单位使用自筹资金采购单项或批量达到5000元以上的政府集中采购目录内货物类项目，及总局规定的政府采购项目均属于政府采购范围。

第四条 总局政府采购管理的主要内容是：负责贯彻落实国家政府采购的各项规章制度，组织实施政府集中采购目录和部门集中采购项目及采购限额标准内的各项采购活动；政府采购预算的编制；政府采购实施计划的制定；采购活动的实施；中标或成交供应商的确定；采购合同的签订和履约验收；采购资金的支付与结算；采购文件的保存以及采购统计的编报等。

第五条 总局政府采购分为政府集中采购、部门集中采购和单位自行采购。

（一）政府集中采购，是指总局将属于政府集中采购目录内的项目委托中央国家机关政府采购中心（以下简称“采购中心”）实施的采购活动。

（二）部门集中采购，是指总局将属于部门集中采购目录内的项目，委托部门集中采购代理单位实施的采购活动。

（三）单位自行采购，也称为分散采购，是指单位实施政府集中采购和部门集中采购范围以外、采购限额标准以上、部门集中采购代理单位无法实施的采购活动。

第六条 体育经济司是总局政府采购的主管部门。授权财务管理和审计中心代行总局政府采购行政管理职能。体育器材装备中心、科学学会、体育彩票管理中心是总局部门集中采购代理单位。各单位是采购人，负责本单位的政府采购工作。

第七条 采购项目达到公开招标数额标准的，应当采用公开招标采购方式。因特殊情况需要采取公开招标以外的邀请招标、竞争性谈判、询价和单一来源等采购方式的，应当在采购活动前报财务管理和审计中心审核，经财政部批准后实施。

第八条 单位政府采购作息应当按照法律、行政法规和财政部有关规定，在财政部指定的政府采购信息媒体上发布公告。公告内容包括：招标公告、中标或成交结果，主管部门制定的政府采购政策和制度，部门集中采购代理单位承办的招标公告、中标或成交结果和有关操作性文件。

第九条 政府采购评审专家应从财政部建立的中央单位政府采购评审专家库中抽取。

第二章 职　　责

第十条 体育经济司职责

（一）宣传贯彻国家政府采购有的关政策。

（二）制定总局政府采购的有关规定。

（三）负责制定总局政府采购规划。

（四）负责总局系统政府采购监督管理。

（五）编制总局政府采购预算。

（六）制定总局部门采购目录及标准。

（七）确定部门集中采购目录及标准。

第十一条 财务管理和审计中心职责

（一）拟定总局政府采购的相关办法及实施细则。

（二）负责政府采购计划及资金的审核、汇总、上报。

（三）监督检查各单位政府采购的执行情况，考核部门集中采购代理单位工作业绩，并对其工作提出改进措施及建议。

（四）处理采购单位及供应商对部门集中采购代理单位政府采购活动质疑等事宜。

（五）负责总局政府集中采购政策咨询、宣传及政府采购管理人员的培训。

（六）负责向财政部报送总局有关政府采购的审批或备案文件、执行情况和统计报表信息。

第十二条 部门集中采购代理单位职责

（一）接受单位委托，承办部门集中采购目录内的项目采购。

（二）按照国家有关法律、法规组织招标活动。

（三）负责制定部门集中采购操作规程，建立健全内部监督制约机制。

（四）负责本单位采购人员业务培训。

（五）维护采购委托人、投标人的合法权益。

（六）对政府采购活动中不宜公开的资料、信息、商业秘密负有保密责任。

（七）接受并答复供应商的质疑。

（八）在政府采购活动中，接受财政和政府采购监督部门的监督检查。

（九）每季度末将政府采购信息统计报表报送财务管理和审计中心。

第十三条 单位职责

(一)严格执行政府采购的各项规定。

(二)指定本单位政府采购归口部门和人员负责与体育经济司、财务管理和审计中心、部门集中采购代理单位联系。

(三)每年11月份负责将本单位下一年度政府采购计划和经费预算分别报送体育经济司和财务管理和审计中心。

(四)每年11月20日前将下年第一季度本单位政府采购计划及有关资料报送财务管理和审计中心。每年2月20日、5月20日、8月20日前分别向财务管理和审计中心报送第二季度、第三季度、第四季度本单位政府采购计划及有关资料。

(五)负责本单位自行采购工作。

(六)依法签订和履行政府采购合同。

(七)每年6月份、12月份向财务管理和审计中心报送政府采购信息。

(八)接受财政和政府采购监督部门的监督检查。

第三章 政府采购预算

第十四条 单位在编制下一财政年度部门预算时,应当将政府采购项目及资金预算在政府采购预算表中单列,按程序上报体育经济司。

第十五条 财务管理和审计中心接到体育经济司批复的部门预算之日起40个工作日内,将政府集中采购和部门集中采购的实施计划报财政部备案,并将政府集中采购实施计划抄送采购中心组织采购。

第十六条 单位按照预算管理程序调整或补报政府采购预算的,经批准后,应当及时调整政府集中采购实施计划或部门集中采购实施计划。

第四章 政府采购审批和备案

第十七条 政府采购审批和备案管理,是指各单位依照财政部和总局的有关规定,以文件形式将本单位政府采购文件或采购活动事项报送财务管理和审计中心审批或备案的管理行为。

第十八条 下列事项须经财务管理和审计中心审核后,按有关程序报财政部审批后实施。

(一)因特殊情况对达到公开招标数额标准的采购项目,需要采用公开招标以外采购方式的。

(二)因特殊情况需要采购非本国货物、工程或服务的。

(三)政府集中采购协议供货协议书、定点采购协议书和财政直接支付项目采购合同的变更,涉及支付金额的。

(四)法律、行政法规规定其他需要审批的事项。

第十九条 下列事项须经财务管理和审计中心审批后,按有关程序报财政部备案。

(一)财政部批准的采用公开招标以外方式采购的事项。

(二)部门集中采购招标公告、部门集中采购代理单位制定的采购项目操作方案。

(三)政府采购项目的合同副本。

(四)法律、法规规定其他需要备案的事项。

第二十条 下列事项由财务管理和审计中心报财政部备案。

(一)总局政府采购的实施办法。

(二)单位预算追加应当补报的政府采购预算、已经批复政府采购预算的变更。

(三)政府采购实施计划、总局增加的部门集中采购项目。

(四)法律、法规规定其他需要备案的事项。

第五章 政府集中采购

第二十一条 在政府集中采购前,财务管理和审计中心应与采购中心签订委托代理协议,明确委托的事项、双方的权利与义务等。

第二十二条 单位采购协议供货或定点采购项目,一次性采购批量较大的,应当与中标供应商就价格再次谈判或询价。

第二十三条 政府集中采购应当遵循以下工作程序:

(一)单位应根据主管部门批复的部门预算和政府采购计划,在规定时间内制定本单位政府采购计划,报财务管理和审计中心。财务管理和审计中心审核后,委托采购中心实施采购。

(二)属协议供货方式进行采购的项目及属定点采购方式进行采购的货物类项目,经财务管理和审计中心批复后,各单位可在采购中心确定的中标供应商范围内进行采购,具体办法和程序可上中国政府采购网(www.ccgp.gov.cn)查询。

(三)属定点采购方式进行采购的服务类项目,单位在采购中心确定的定点供应商范围内进行采购,具体办法和程序可上中国政府采购网(www.ccgp.gov.cn)查询。

(四)确定中标、成交结果。单位授权采购中心确定中标或成交结果的,采购中心应在集中采购完成后的3个工作日内,将中标结果通知委托方,并发出中标或成交通知书,同时发布中标或成交公告。

如采购中心不承办确定中标或成交结果的,应在评标、谈判或询价工作完成后,将采购结果报委托方,由委托方自行确定中标或成交供应商,并发中标或成交通知书和公告。

(五)单位应当自中标、成交通知书发出30日内,与中标、成交供应商签订采购合同。

第六章 部门集中采购

第二十四条 财务管理和审计中心将审核后的属于部门集中采购计划(项目),转交总局部门集中采购代理单位具体办理。

第二十五条 体育器材装备中心负责采购属部门集中采购目录中货物类项目、国家队专项器材、体育装备、体育彩票公益金配建的全民健身工程所需的物资及装备、属单位自行采购的货物类项目、使用自筹资金采购单项或批量达到5000元以上的属政府集中采购目录中的货物类项目。

第二十六条 科学学会负责采购国家队的运动营养补品。

第二十七条 体育彩票管理中心负责采购用于销售电脑体育彩票的终端设备。

第二十八条 单位与部门集中采购代理单位应当在采购前签订委托代理协议,明确委托的事项、双方的权利与义务等。部门集中采购委托代理协议或以按项目签订,也可以按年度签订一揽子协议,执行中如有特殊要求的,也可以签订补充协议。

第二十九条 部门集中采购代理单位应当在接到单位委托项目后40日内确定中标、成交供应商。经财政部批准,采用非招标采购方式进行的紧急采购,应当在15日内确定中标、成交供应商。

第三十条 部门集中采购代理单位的工作人员不得以评审专家身份参加政府采购项目的评标、谈判或询价工作。

第三十一条 部门集中采购应当遵循以下工作程序:

(一)编制计划。单位根据工作要求,在规定的时间内编制部门集中采购实施计划报财务管理和审计中心。

(二)制定方案。财务管理和审计中心汇总单位上报的部门集中采购实施计划,并制定具体实施方案。

(三)实施采购。财务管理和审计中心将审批后的采购计划,分别转交相关部门集中采购代理单位办理。

(四)部门集中采购代理单位接到采购计划后,应当及时确定中标、成交供应商,并向其发出中标或成交通知书,同时发布中标、成交公告。

(五)单位应在中标、成交通知书发出30日内,与中标、成交供应商签订采购合同,并组织采购合同履行及验收工作。

第三十二条 部门集中采购代理单位代理政府采购发生的相关费用由总局统一支付。

第七章 单位自行采购

第三十三条 在政府集中采购和部门集中采购范围以外，采购限额标准以上，部门集中采购代理单位无法采购的项目，经批准后，可由本单位自行采购，也可以委托采购中心或其他政府采购代理机构代理采购。

第三十四条 单位自行采购应当依据法定的采购方式和程序开展采购活动，并完整保存采购文件。

第三十五条 单位自行采购应当按照本办法规定实行备案和审批管理。

第八章 政府采购合同

第三十六条 政府采购合同应当由项目使用单位与中标、成交供应商签订书面合同，也可以委托采购中心、部门集中采购代理单位或其他政府采购代理机构与中标、成交供应商签订书面合同。

由采购中心、部门集中采购代理单位和其他政府采购代理机构与中标、成交供应商签订合同的，应当在合同条款中明确各自的权利和义务。

第三十七条 达到财政部备案要求的政府采购合同，单位应当自签订之日起5个工作日内，将合同副本一式二份报财务管理和审计中心备案。

第三十八条 在中标、成交通知书发出时间超过30日后，单位拒绝签订合同的，按照国家相关规定承担相应的责任。

第三十九条 单位、采购中心、部门集中采购代理单位和其他政府采购代理机构应当按照合同约定，对履约情况进行验收。重大采购项目应当委托国家专业检测机构进行验收。

第四十条 政府采购合同订立后，不得擅自变更、中止或者终止。经合同双方当事人协商一致的，可以依法变更合同。

第四十一条 单位应当按合同约定及时支付采购资金。

第九章 监督检查

第四十二条 体育经济司、财务管理和审计中心及纪检监察部门依法对各单位执行政府采购法、行政法规、规章制度及采购活动进行监督检查。

（一）政府采购有关法规、制度和政策的执行情况。

（二）政府采购预算和政府采购实施计划的编制和执行情况。

（三）政府集中采购目录和部门集中采购项目的执行情况。

（四）政府采购审批或备案事项的落实情况。

（五）政府采购信息在财政部指定媒体上的发布情况。

（六）政府采购合同的订立、履行、验收和资金支付情况。

（七）对供应商询问和质疑的处理情况。

（八）财政部授权事项落实情况。

（九）法律、法规和制度规定的其他事项。

第四十三条 体育经济司、财务管理和审计中心及纪检监察部门依法对部门集中采购代理单位政府采购活动进行监督检查。

（一）有关政府集中采购规定和政策执行情况。

（二）内部制度建设和监督制约机制落实情况。

（三）部门集中采购目录执行情况。

（四）政府采购备案、审批事项落实情况。

（五）政府采购评审专家抽取和使用情况。

（六）政府采购信息在财政部指定发布媒体上的公告情况。

(七)政府采购工作效率、采购价格和资金节约率情况。

(八)服务质量和信誉状况。

(九)对供应商询问、质疑处理情况。

(十)法律、法规和制度规定的其他事项。

第四十四条 接受国务院有关部门对总局政府采购工作的审计和监督。

第十章 附 则

第四十五条 国家队在国外比赛训练时,确属急需而又无法通地上述规定的渠道进行采购的器材、体育设备或体育器材,可先行购置,但必须在回国后15日内将采购情况报财务管理和审计中心备案。

第四十六条 各单位应当加强政府采购基础管理工作,建立健全采购文件档案管理制度。

第四十七条 京外直属单位政府采购可参照本办法,并结合当地有关规定执行。

第四十八条 政府采购工程,按《中华人民共和国政府采购法》、《中华人民共和国招标投标法》及其他相关规定执行。

第四十九条 本办法发布之前有关总局政府采购规定与本法不一致的,以本办法为准。

《关于进一步做好政府采购工作的通知》(体经济字〔2003〕232号)、《关于下发〈大宗货物、装备公开采购暂行办法〉的通知》(体经济字〔2001〕120号)同时废止。

第五十条 本办法由体育经济司负责解释。

第五十一条 本办法自发布之日起执行。

关于进一步加强室外健身器材招标采购及配建管理工作的意见

(2012年9月28日国家体育总局发布 体群字〔2012〕172号)

各省、自治区、直辖市体育局,新疆生产建设兵团体育局:

为进一步规范室外健身器材招标采购及配建管理工作,切实保障器材质量和人民群众的健身权益,营造室外健身器材生产行业的公平竞争环境,根据国家有关法律法规提出以下意见。

一、充分认识做好室外健身器材招标采购及配建管理工作的必要性和重要意义

(一)近年来,在“农民体育健身工程”、“全民健身路径工程”等体育基本公共服务建设工程的实施中,各地招标采购和配建了大量室外健身器材。对此类器材的配建工作,国家有关法规和文件提出了明确要求:《全民健身条例》第29条规定,在公园、绿地等公共场所“县级以上地方人民政府体育主管部门根据实际情况免费提供健身器材”;《国家基本公共服务体系“十二五”规划》把“免费提供公园、绿地等公共场所全民健身器材”作为“十二五”全民健身服务方面的国家基本标准之一。随着《全民健身条例》和《国家基本公共服务体系“十二五”规划》的深入落实,各地配建的室外健身器材数量不断增多。这些器材大大改善了群众的健身条件,成为群众身边一种重要的公共体育产品。与之同时,由于一些地方在招标采购中工作不规范、片面追求低价产品、推行地方保护政策、器材配建与管理维护不到位等原因,致使部分器材不同程度地存在质量问题,威胁了群众的健身安全,损害了政府的为民服务形象。加强对室外健身器材招标采购及配建管理的监督指导,改进器材招标采购及配建管理工作,是切实解决好此类问题的必要措施,也是各级政府及其体育行政部门更好地履行公共体育服务职责的要求,有利于推进体育基本公共服务工程建设,实现好、维护好广大人民群众的体育健身权益。

二、依法组织开展室外健身器材招标采购工作

(二)室外健身器材招标采购要严格按《中华人民共和国政府采购法》、《中华人民共和国招标投标法》、《中华人民共和国产品质量法》、《中华人民共和国标准化法》、《国务院办公厅关于进一步加强政府采购管理工作的意见》(国办发〔2009〕35号)等有关法律、法规和政策文件的规定进行,确保公开、公平、公正。

强制性国家标准GB 19272－2011《室外健身器材的安全　通用要求》对器材的安全使用寿命、使用材料、结构等做出了规定,所招标采购的器材应符合这些规定,并通过经国家认可的室外健身器材质量认证机构的产品质量认证。

三、加强对室外健身器材招标采购过程中招标文件制定和评标工作的监督指导

(三)地方各级体育行政部门要切实担负起对本行政区域内器材招标采购工作的监督指导职责。要协同本级政府招标采购主管部门,建立和完善具备室外健身器材制造、质量管理等专业技术知识的专家数据库,监督指导器材采购代理机构在评标时从数据库中随机抽取评标专家,优化、完善器材招标和评标工作方案。

(四)要根据室外健身器材采购的实际需求,指导器材采购代理机构重点对投标企业的生产与产品质量控制能力(包括生产设备情况、检测设备情况、质量检验人员资质)、产品质量、资金状况、售后服务能力进行审查和评估,将审查和评估结果作为评标打分的重要依据。

(五)为避免因低价恶性竞争而影响中标产品的质量、安全和使用寿命,评标中应谨慎使用最低价评标法;采用最低价评标法的,应对中标者的技术水平、投标企业的质量控制及售后服务能力等进行严格审核。要加大投标产品的技术水平、投标企业的质量控制及售后服务能力在评分中的权重,对在生产工艺、使用材料、结构与功能方面具有创新的产品给予适当加分。

(六)所购器材应投保产品质量险和第三者责任险。

(七)应优先采购通过ISO 9001质量管理体系、ISO 14000环境管理体系和OHSAS 18000职业健康安全体系认证的企业产品。

四、严格执行室外健身器材采购合同

(八)器材采购合同要包含以下有关内容:

注明中标企业全称及中标器材的详细生产地址;

严禁中标企业将中标器材分包给其他企业生产,或从其他企业购买器材代替本企业生产器材;

要求中标企业向采购人明示中标器材可能存在的易损件,提供足够数量的中标器材易损部件备品并说明部件名称及部件数量;

要求中标企业对售后服务做出详细承诺;

要求中标企业按国家体育总局有关要求,在使用彩票公益金购买的器材上喷绘或镌刻彩票公益金资助标识。

五、加强对中标室外健身器材安装前后质量的监控

(九)器材招标工作结束后,采购人和采购代理机构应封存中标器材样品。

在器材交付和安装前,采购人和采购代理机构应委托经国家认可的、具有体育产品认证或检测资质的专业技术机构,依据招标文件、中标企业的投标文件、采购合同及中标器材样品,对中标产品进行验货并出具验货报告,验货合格后方可接受产品。

(十)器材采购人和采购代理机构应要求中标企业派专业技术人员安装器材。

待安装器材须随附详实的安装图纸、安装说明、使用说明、安装注意事项等资料。所安装器材应配有注明以下内容的标志牌:器材名称、器材型号、功能介绍、使用方法、注意事项和必要的警示标志以及企业名称、生产地址、安装日期、安全使用年限、执行标准、服务电话、产品认证标志等。

(十一)器材安装完毕后,采购人和采购代理机构要委托国家认可的质量检测机构,根据GB 19272－2011《室外健身器材的安全　通用要求》有关规定,对器材安装进行合格验收并出具安装验收报告。

六、加强对室外健身器材管理维护和售后服务的监管

(十二)器材安装前,采购人要与器材用户签订协议,明确器材的归属和管理维护责任单位,由责任单位对器材进行定期检查、报修等日常维护管理。对超过安全使用寿命的器材,器材管理维护责任单位要及时进行更换或拆除。

（十三）地方各级体育行政部门要逐步建立和完善室外健身器材安装备案制，督促中标企业建立并向本部门报送本行政区域内已安装器材电子档案（内容包括器材生产厂家、器材名称、具体安装地址、安装时间、安装件数、用户单位管理人员姓名及联系方式等），以备有关部门检查。

（十四）为督促中标企业认真履行售后服务承诺，采购中应加大售后服务保证金的留存额度。售后服务保证金管理方可根据中标企业落实售后服务承诺的情况，将保证金分期返还给中标企业。

若中标企业履行售后服务责任有困难、售后服务不到位，售后服务保证金管理方可引入具有承担此项售后服务能力的第三方企业，将售后服务保证金支付给该企业，由其代行售后服务职责。

（十五）国家体育总局将健全室外健身器材质量监督检查机构，派遣工作人员监督检查各地的器材质量及器材维护管理工作，对器材质量及器材配建管理情况进行通报，并督促有关室外健身器材质量认证机构加大对获证企业及其获证产品的监督检查力度。

地方各级体育行政部门要结合当地实际，建立健全室外健身器材质量监管机制，组织专业技术人员定期对器材安装、售后服务及其维护管理情况进行监督检查，公布检查结果，并根据体育总局的有关要求向体育总局有关部门反馈检查数据和检查结果。

附件：1. GB 19272－2011《室外健身器材的安全通用要求》技术要点（略）

2. 关于室外健身器材质量认证的情况说明（略）

国务院办公厅关于完善公立医院药品集中采购工作的指导意见

（2015 年 2 月 9 日　国办发〔2015〕7 号）

各省、自治区、直辖市人民政府，国务院各部委、各直属机构：

完善公立医院药品集中采购工作是深化医药卫生体制改革的重要内容和关键环节，对于加快公立医院改革，规范药品流通秩序，建立健全以基本药物制度为基础的药品供应保障体系具有重要意义。经国务院同意，现就完善公立医院药品集中采购工作提出以下指导意见。

一、总体思路

全面贯彻落实党的十八大和十八届二中、三中、四中全会精神，按照市场在资源配置中起决定性作用和更好发挥政府作用的总要求，借鉴国际药品采购通行做法，充分吸收基本药物采购经验，坚持以省（区、市）为单位的网上药品集中采购方向，实行一个平台、上下联动、公开透明、分类采购，采取招生产企业、招采合一、量价挂钩、双信封制、全程监控等措施，加强药品采购全过程综合监管，切实保障药品质量和供应。鼓励地方结合实际探索创新，进一步提高医院在药品采购中的参与度。

药品集中采购要有利于破除以药补医机制，加快公立医院特别是县级公立医院改革；有利于降低药品虚高价格，减轻人民群众用药负担；有利于预防和遏制药品购销领域腐败行为，抵制商业贿赂；有利于推动药品生产流通企业整合重组、公平竞争，促进医药产业健康发展。

二、实行药品分类采购

（一）对临床用量大、采购金额高、多家企业生产的基本药物和非专利药品，发挥省级集中批量采购优势，由省级药品采购机构采取双信封制公开招标采购，医院作为采购主体，按中标价格采购药品。

落实带量采购。医院按照不低于上年度药品实际使用量的 80% 制定采购计划和预算，并具体到品种、剂型和规格，每种药品采购的剂型原则上不超过 3 种，每种剂型对应的规格原则上不超过 2 种，兼顾成人和儿童用药需要。省级药品采购机构应根据医院用药需求汇总情况，编制公开招标采购的药品清单，合理确定每个竞价分组的药品采购数量，并向社会公布。

进一步完善双信封评价办法。投标的药品生产企业须同时编制经济技术标书和商务标书。

经济技术标书主要对企业的药品生产质量管理规范（GMP）资质认证、药品质量抽验抽查情况、生产规模、配送能力、销售额、市场信誉、电子监管能力等指标进行评审，并将通过《药品生产质量管理规范（2010年修订）》认证情况，在欧盟、美国、日本等发达国家（地区）上市销售情况，标准化的剂型、规格、包装等作为重要指标。通过经济技术标书评审的企业方可进入商务标书评审。在商务标书评审中，同一个竞价分组按报价由低到高选择中标企业和候选中标企业。对竞标价格明显偏低、可能存在质量和供应风险的药品，必须进行综合评估，避免恶性竞争。优先采购达到国际水平的仿制药。

在公立医院改革试点城市，允许以市为单位在省级药品集中采购平台上自行采购。试点城市成交价格不得高于省级中标价格。试点城市成交价格明显低于省级中标价格的，省级中标价格应按试点城市成交价格进行调整，具体办法由各省（区、市）制定。

（二）对部分专利药品、独家生产药品，建立公开透明、多方参与的价格谈判机制。谈判结果在国家药品供应保障综合管理信息平台上公布，医院按谈判结果采购药品。

（三）对妇儿专科非专利药品、急（抢）救药品、基础输液、临床用量小的药品（上述药品的具体范围由各省区市确定）和常用低价药品，实行集中挂网，由医院直接采购。

（四）对临床必需、用量小、市场供应短缺的药品，由国家招标定点生产、议价采购。

（五）对麻醉药品、精神药品、防治传染病和寄生虫病的免费用药、国家免疫规划疫苗、计划生育药品及中药饮片，按国家现行规定采购，确保公开透明。

医院使用的所有药品（不含中药饮片）均应通过省级药品集中采购平台采购。省级药品采购机构应汇总医院上报的采购计划和预算，依据国家基本药物目录、医疗保险药品报销目录、基本药物临床应用指南和处方集等，按照上述原则合理编制本行政区域医院药品采购目录，分类列明招标采购药品、谈判采购药品、医院直接采购药品、定点生产药品等。鼓励省际跨区域、专科医院等联合采购。采购周期原则上一年一次。对采购周期内新批准上市的药品，各地可根据疾病防治需要，经过药物经济学和循证医学评价，另行组织以省（区、市）为单位的集中采购。

三、改进药款结算方式

（一）加强药品购销合同管理。医院签订药品采购合同时应当明确采购品种、剂型、规格、价格、数量、配送批量和时限、结算方式和结算时间等内容。合同约定的采购数量应是采购计划申报的一个采购周期的全部采购量。

（二）规范药品货款支付。医院应将药品收支纳入预算管理，严格按照合同约定的时间支付货款，从交货验收合格到付款不得超过30天。依托和发挥省级药品集中采购平台集中支付结算的优势，鼓励医院与药品生产企业直接结算药品货款、药品生产企业与配送企业结算配送费用。

四、加强药品配送管理

（一）药品生产企业是保障药品质量和供应的第一责任人。药品可由中标生产企业直接配送或委托有配送能力的药品经营企业配送到指定医院。药品生产企业委托的药品经营企业应在省级药品集中采购平台上备案，备案情况向社会公开。省级药品采购机构应及时公布每家医院的配送企业名单，接受社会监督。

（二）对偏远、交通不便地区的药品配送，各级卫生计生部门要加强组织协调，按照远近结合、城乡联动的原则，提高采购、配送集中度，统筹做好医院与基层医疗卫生机构的药品供应配送管理工作。鼓励各地结合实际探索县乡村一体化配送。发挥邮政等物流行业服务网络优势，支持其在符合规定的条件下参与药品配送。

（三）对因配送不及时影响临床用药或拒绝提供偏远地区配送服务的企业，省级药品采购机构应及时纠正，并督促其限期整改。对逾期不改的企业取消其中标资格，医院因此被迫使用其他企业药品替代的，超支费用由原中标企业承担，具体办法由各省（区、市）制定。

五、规范采购平台建设

（一）省级药品采购机构负责省级药品集中采购平台的使用、管理和维护，省（区、市）人民政府要给予必要的人力、财力、物力支持，保证其工作正常运行。

（二）建立药品采购数据共享机制，统一省级药品集中采购平台规范化建设标准，推动药品采购编码标准化，实现国家药品供应保障综合管理信息平台、省级药品集中采购平台、医院、医保经办机构、价格主管部门等信息数据互联互通、资源共享。

（三）省级药品集中采购平台要面向各级医院和药品生产经营企业提供服务，提高药品招标采购、配送管理、评价、统计分析、动态监管等能力，及时收集分析医院药品采购价格、数量、回款时间及药品生产经营企业配送到位率、不良记录等情况，定期向社会公布。鼓励有条件的地方开展电子交易，采取通过药品集中采购平台签订电子合同、在线支付等多种方式，节约交易成本，提高交易透明度。

六、强化综合监督管理

（一）加强医务人员合理用药培训和考核，发挥药师的用药指导作用，规范医生处方行为，切实减少不合理用药。建立处方点评和医师约谈制度，重点跟踪监控辅助用药、医院超常使用的药品。建立健全以基本药物为重点的临床用药综合评价体系，推进药品剂型、规格、包装标准化。

（二）以省（区、市）为单位，选择若干医院和基层医疗卫生机构作为短缺药品监测点，及时收集分析药品供求信息，强化短缺药品监测和预警。

（三）将药品集中采购情况作为医院及其负责人的重要考核内容，纳入目标管理及医院评审评价工作。对违规网下采购、拖延货款的医院，视情节轻重给予通报批评、限期整改、责令支付违约金、降低等级等处理。涉及商业贿赂等腐败行为的，依法严肃查处。

（四）加强对药品价格执行情况的监督检查，强化药品成本调查和市场购销价格监测，规范价格行为，保护患者合法权益。依法严肃查处价格违法和垄断行为，以及伪造或虚开发票、挂靠经营、"走票"等违法行为。强化重点药品质量追踪和全程质量监管，严厉打击制售假冒伪劣药品行为。

（五）严格执行诚信记录和市场清退制度。各省（区、市）要建立健全检查督导制度，建立药品生产经营企业诚信记录并及时向社会公布。对列入不良记录名单的企业，医院两年内不得购入其药品。加强对医院、药品生产经营企业履行《医疗卫生机构医药产品廉洁购销合同》情况的监督。

（六）全面推进信息公开，确保药品采购各环节在阳光下运行。建立有奖举报制度，自觉接受人大、政协和社会各界监督。坚持全国统一市场，维护公平竞争环境，反对各种形式的地方保护。

七、切实加强组织领导

（一）落实各方责任。各省（区、市）人民政府要加强组织领导和督导评估，及时研究解决药品集中采购工作中的重大问题。卫生计生、发展改革、人力资源社会保障、财政、商务、工业和信息化、工商、食品药品监管、保险监管等有关部门要各司其职，密切配合，形成工作合力。医保经办机构、商业保险机构要按规定与医疗机构及时、足额结算医疗费用。

（二）精心组织实施。各省（区、市）要按照本意见精神，抓紧研究制定本地公立医院药品集中采购实施方案，2015 年全面启动新一轮药品采购。省级药品采购机构要切实做好本地药品集中采购的组织管理和具体实施。地方可结合实际，按照本意见总体思路中明确的"四个有利于"原则，探索跨区域联合采购的多种形式。军队医院药品集中采购办法由军队卫生主管部门研究制定。

（三）加强廉政风险防范。加强对省级药品采购机构的监管，健全省级药品采购机构内部制约和外部监督机制，坚持用制度管权管事管人，加强廉洁从业教育，不断提高业务能力和廉洁意识。建立权力运行监控机制，实现权力的相互制约与协调，实行重要岗位人员定期轮岗制度。

（四）做好舆论宣传引导。药品集中采购工作涉及多方利益调整，各地区、各有关部门要坚持正确导向，加强政策解读和舆论引导，充分宣传药品集中采购工作的政策方向、意义、措施和成效，妥善回应社会关切，营造良好社会氛围。

国家食品药品监督管理总局采购与招标管理办法

（2014 年 6 月 23 日国家食品药品监督管理总局办公厅发布　食药监办财〔2014〕120 号）

第一章　总　　则

第一条　为规范总局采购与招标行为，加强监督管理，提高资金使用效益，促进廉政建设，依据《中华人民共和国政府采购法》和《中华人民共和国招标投标法》等法律法规，制定本办法。

第二条　本办法适用于总局机关及直属单位使用财政性资金从事包括信息化建设项目在内的各类工程、货物和服务的采购与招标活动。

第三条　采购与招标活动遵循公开、公平、公正和诚实、守信、高效的原则。

第二章　职 责 分 工

第四条　采购与招标具体工作由提出建设和采购任务的项目司局或直属单位（下称项目单位）负责。项目单位可根据项目内容、项目特点等实际情况，组成采购或招标工作小组。项目单位根据实际工作需要，可委托总局信息中心组织信息化建设项目采购和招标工作。规划财务司按照政府采购有关要求，承担总局机关固定资产及办公用品的采购工作。项目单位纪检监察部门对采购与招标活动实施全程监督。

第五条　采购与招标一般应当委托采购或招标代理机构进行。代理机构由项目单位根据实际情况采用直接委托、比较选择等方式确定，并签订委托代理协议。任何单位和个人不得为项目指定采购或招标代理机构。

纳入国家集中采购目录的采购项目，应当按规定委托集中采购机构代理采购。采取网上询价、协议供货以及定点采购等方式的，按有关规定办理。

第六条　代理机构需具备以下条件：

（一）具有与采购或招标项目相应的代理资质和相关业绩；

（二）具有一定数量的专业技术人员；

（三）在过去 3 年内，没有因违法行为而受过行政处罚的不良记录；

（四）具备采购或招标项目所需要的其他条件。

第七条　项目单位主要职责：研究确定代理机构，组织相关司局（直属单位）提出采购需求或编制招标文件技术部分，审核确认招标文件，通知代理机构发布采购或招标公告，参加采购评审或开标、评标工作，审核确认评审结果（评标报告），通知代理机构公告（公示）评审结果，向有关行政监督部门提交招标投标情况的书面报告，审定采购合同并组织签订，协调解决合同执行中的有关问题等。

第八条　代理机构主要职责：协助项目单位制定招标方案、分包建议和实施进度，编制招标文件商务部分，整合招标文件技术部分和商务部分并组织专家进行论证，将招标文件报项目单位审核，发布采购或招标公告，印制和发售招标文件，组织开标、评标、编制评标报告并将评标报告送项目单位审核，公告（公示）评审结果，发出中标通知，协助合同签订和执行等。

第九条　纪检监察部门主要职责：监督代理机构选择，监督审查招标文件，监督评标委员抽取，监督开标、评标全过程，监督合同签订等程序的合法合规。

第三章　采购与招标管理

第十条　采购与招标方式分为公开招标、邀请招标、竞争性谈判、单一来源采购、询价或国家采购监督管理部门认定的其他采购方式，以公开招标为主。

达到有关法律法规规定的限额以上的各类工程建设项目、货物和服务的采购，必须按照法律法规进行招标。

项目单位不得将应当公开招标的项目化整为零或者以其他任何方式规避公开招标。

第十一条 采购与招标活动应当严格按照相关法律法规及有关规定明确的程序进行。工程建设项目的采购与招标适用《中华人民共和国招标投标法》,其他项目的采购与招标适用《中华人民共和国政府采购法》。

第十二条 因特殊情况需采用公开招标以外的方式,适用于《中华人民共和国招标投标法》的,其招标范围、招标方式、招标组织形式应当报项目审批部门审批或在项目批复中明确;适用于《中华人民共和国政府采购法》的,经总局规划财务司报财政部批准后实施。

第十三条 依照《中华人民共和国政府采购法》有关规定采购进口产品的,项目单位应当按有关规定组织专家论证,经总局规划财务司报财政部批准后实施。

第十四条 采购与招标工作完成后,项目单位应当将有关文件、材料等存档备案。

第四章 附 则

第十五条 采购与招标过程中,有关单位和个人应当严格遵守《中华人民共和国政府采购法》和《中华人民共和国招标投标法》有关规定,存在违法违纪行为的,根据有关法律条款予以追究。

第十六条 项目单位可以依据本办法,结合采购和招标项目实际制定实施细则。

第十七条 本办法由国家食品药品监督管理总局规划财务司负责解释。

第十八条 本办法自发布之日起执行。《国家食品药品监督管理局招标采购项目管理办法(试行)》(国食药监办〔2006〕547号)同时废止。

药品集中采购监督管理办法

(2010年6月2日国务院纠正行业不正之风办公室、卫生部、国家发展和改革委员会、监察部、财政部、国家工商行政管理总局、国家食品药品监督管理局发布 国纠办发〔2010〕6号)

第一章 总 则

第一条 为加强对以政府为主导,以省、自治区、直辖市为单位的网上药品集中采购工作的监督管理,规范药品集中采购行为,依据有关法律法规,制定本办法。

第二条 药品集中采购监督管理工作遵循实事求是、依法办事、惩防结合、预防为主的原则,坚持加强监督与规范管理相结合。

第三条 药品集中采购监督管理工作实行分级负责、以省级为主,相关职能部门按照法定权限各负其责、密切配合的领导体制和工作机制。

第四条 药品集中采购监督管理机构应当公开监督管理制度,明确办事程序,自觉接受社会监督。

第二章 监督管理机构及职责

第五条 纠正医药购销和医疗服务中不正之风部际联席会议负责全国药品集中采购监督管理的组织协调,依法监督药品集中采购工作联席会议成员单位正确履行职责,督促下级人民政府及相关部门认真落实上级关于药品集中采购的决策部署,检查药品集中采购政策和规章制度的贯彻落实情况,调查处理药品集中采购中的违法违规问题。各省、自治区、直辖市可根据本地区实际,确定药品集中采购监督管理机构的组织形式和基本职责。

第六条 监察机关和纠风办负责对药品集中采购工作参与部门履行职责的情况进行监察,对药品集中采购工作中的行政机关公务员以及由国家行政机关任命或选聘的其他人员的行为进行监督,对违反行政纪律的行为进行查处。

第七条 卫生行政部门负责监督管理医疗机构执行入围结果、采购用药及履行合同等行为。

第八条 价格管理部门负责监督管理药品集中采购过程中的价格、收费行为。

第九条 财政部门负责组织实施相应的财政监督。

第十条 工商行政管理部门负责查处药品集中采购中的商业贿赂、非法促销、虚假宣传等不正当竞争行为。

第十一条 食品药品监督管理部门负责审查参与药品集中采购的药品生产经营企业资质,依法对集中采购的药品质量进行监督管理。

第三章 监督管理的对象、内容和方式

第十二条 药品集中采购监督管理的对象是:

(一)组织药品集中采购的政府部门和公务员;

(二)实施药品集中采购的单位及其工作人员和选聘人员;

(三)参与药品集中采购的医疗机构、药品生产经营企业及其工作人员。

第十三条 药品集中采购监督管理的主要内容是:

(一)相关部门依法履行职责、执行上级部署、相互协作配合的情况;

(二)执行医疗机构药品集中采购有关规定的情况;

(三)坚持公开、公平、公正和“质量优先、价格合理”原则的情况;

(四)相关单位和个人遵纪守法和廉洁从政从业的情况;

(五)医疗机构参与药品集中采购并按照合同约定使用入围药品的情况;

(六)药品生产经营企业依法参与竞标和履行采购配送合同的情况。

第十四条 药品集中采购监督管理的主要方式是:

(一)组织网上监管、专项检查和重点督查;

(二)受理投诉、申诉和举报;

(三)纠正、查处违法违规行为和问题,通报典型案件;

(四)推动有关部门建立健全监督管理有关规章制度。

药品集中采购监督管理机构在履行监督管理职责时,可以依法查阅、复制相关文件、资料、账目、电子信息数据等,要求有关单位或人员就相关问题作出解释说明,商请有关职能部门或者专业机构给予协助。

第四章 违法违规问题的处理

第十五条 负责组织药品集中采购的政府部门、公务员及工作人员,有下列行为之一的,由监察机关和纠风办会同有关部门依法给予处理:

(一)拒不执行上级机关依法作出的决策部署的;

(二)违反以政府为主导,以省、自治区、直辖市为单位规定组织开展药品集中采购的;

(三)违反决策程序和规定,决定药品集中采购重大事项的;

(四)违法违规进行行政委托,或者设置歧视性规定、条款的;

(五)违反回避规定,或者操纵、干预药品集中采购的;

(六)泄露药品集中采购工作秘密,或者误导、欺骗领导和公众的;

(七)违规设定收费项目、收费标准或者摊派的;

(八)索取或收受钱物,谋取单位或个人不正当利益的;

(九)其他违法违规行为。

第十六条 负责实施药品集中采购的政府部门、单位及其工作人员和选聘人员,有下列行为之一的,由监察机关和纠风办督促有关部门依法给予处理:

(一)违反药品集中采购方式、程序、时限要求和信息发布等有关规定实施药品集中采购的;

(二)在文件材料审核、药品评审遴选等方面疏于监管或设置歧视性条件的;

(三)违反规定建设、管理和使用专家库的;

(四)违反有关信息维护和安全保障规定,或者谎报、瞒报、擅自更改药品采购数据信息的;

(五)对医疗机构和药品生产经营企业的违约情况调查处理不及时的;

（六）接受可能有碍公正的参观、考察、学术研讨交流等，索取或收受钱物，谋取单位或个人不正当利益的；

（七）其他违法违规行为。

第十七条 参与药品集中采购的医疗机构及其工作人员有下列行为之一的，由卫生行政、工商行政管理等部门依法给予处理：

（一）规避药品集中采购，擅自采购非入围药品，或者不按规定程序组织选购药品的；

（二）提供虚假药品采购信息的；

（三）不按规定签订采购合同，或者不按时回款的；

（四）不执行集中采购药品价格，二次议价、变相压价，或者与企业再签订背离合同实质性内容的补充性条款和协议的；

（五）在药品采购、销售、使用和回款等过程中收受回扣或者谋取不正当利益的；

（六）其他违法违规行为。

第十八条 参与药品集中采购的药品生产经营企业及其工作人员有下列行为之一的，由价格管理、工商行政管理、食品药品监督管理等部门依法给予处理：

（一）提供虚假证明文件或者以其他方式弄虚作假的；

（二）采取串通报价、操纵价格等手段妨碍公平竞争，或者以非法促销、商业贿赂、虚假宣传等手段进行不正当竞争的；

（三）公布药品采购品种后，非因不可抗力撤标或拒绝与医疗机构签订采购合同的；

（四）不通过药品集中采购平台交易的；

（五）在采购周期内，擅自涨价或者变相涨价的；

（六）擅自配送非入围药品，不按合同约定配送药品，或者违反有关规定配送的；

（七）其他违法违规行为。

第十九条 政府部门、单位和医疗机构违反本办法的，应当责令其纠正错误并通报批评，情节严重的依纪依法对有关领导和责任人进行责任追究。

行政机关公务员、由国家行政机关任命或选聘的相关人员、医务人员违反本办法的，依照有关规定给予批评教育、组织处理、党纪政纪处分，涉嫌犯罪的，移送司法机关处理。

药品生产经营企业及其工作人员违反本办法的，依照有关规定给予行政处罚，涉嫌犯罪的，移送司法机关处理。

第五章 附 则

第二十条 各省、自治区、直辖市药品集中采购监督管理机构可以依据本办法，结合本地区实际，制定实施细则。

第二十一条 本办法由国务院纠正行业不正之风办公室会同有关部门负责解释。

第二十二条 本办法自发布之日起施行。《医疗机构药品集中招标采购监督管理暂行办法》（国纠办发〔2001〕17号）同时废止。

医疗机构药品集中采购工作规范

（2010年7月7日卫生部、国务院纠正行业不正之风办公室、
国家发展和改革委员会、监察部、财政部、国家工商行政管理总局、
国家食品药品监督管理局发布 卫规财发〔2010〕64号）

第一章 总 则

第一条 为进一步规范药品集中采购工作，明确药品集中采购当事人的行为规范，依据有关法律法规，制定本规范。

第二条 本规范适用于参加医疗机构药品集中采购活动的药品集中采购机构、医疗机构和药品生产经营企业。

第三条 县级及县级以上人民政府、国有企业(含国有控股企业)等举办的非营利性医疗机构必须参加医疗机构药品集中采购工作。鼓励其他医疗机构参加药品集中采购活动。

第四条 实行以政府主导、以省(区、市)为单位的医疗机构网上药品集中采购工作。医疗机构和药品生产经营企业购销药品必须通过各省(区、市)政府建立的非营利性药品集中采购平台开展采购,实行统一组织、统一平台和统一监管。执行国家基本药物政策药品的采购规范性文件另行制定。

第五条 医疗机构药品集中采购必须坚持质量优先、价格合理的原则,做好药品的评价工作。

第六条 坚持公开、公平、公正的原则,确保不同地区、不同所有制的药品生产经营企业平等参与,公平竞争,禁止任何形式的地方保护。

第七条 药品集中采购机构、医疗机构和药品生产经营企业等各方当事人,在医疗机构药品集中采购活动中享有平等权利并承担相应义务。

第八条 依照本规范必须进行集中采购的药品,有下列情形之一的,不实行集中采购:

(一)因战争、自然灾害等,需进行紧急采购的;

(二)发生重大疫情、重大事故等,需进行紧急采购的;

(三)卫生部和省级人民政府认定的其他情形。

第二章 药品集中采购机构

第九条 各省(区、市)人民政府负责成立由相关部门组成的药品集中采购工作领导机构、管理机构和工作机构,建立非营利性药品集中采购平台。

第十条 药品集中采购工作领导机构由省(区、市)人民政府分管领导牵头,卫生、纠风、发展改革(物价)、财政、监察、工商行政管理、食品药品监督管理等部门组成。药品集中采购工作领导机构负责制定本省(区、市)医疗机构药品集中采购工作的实施意见和监督管理办法,并监督执行,研究药品集中采购工作的重大问题,协调并督促各部门按照各自职责做好集中采购相关工作。

第十一条 卫生行政部门牵头组织药品集中采购工作,汇总并提出本地区有关医疗机构集中采购药品的品种、规格和数量,负责对医疗机构执行集中采购结果和履行采购合同情况进行监督检查。

第十二条 纠风、监察部门负责对药品集中采购工作的监督,受理有关药品集中采购的检举和投诉,对违纪违规行为及时进行调查处理。具体办法另行制定。

第十三条 价格管理部门负责对企业递交的价格文件、按集中采购价格和规定加价政策确定的集中采购药品零售价格进行审核,并对价格执行情况进行监督检查。

第十四条 工商行政管理部门负责对参加药品集中采购的药品生产经营企业提供的营业执照信息进行核对,对药品集中采购过程中的不正当竞争行为进行调查处理。

第十五条 食品药品监督管理部门负责对参加药品集中采购的药品生产经营企业及其申报药品的资质及有关证明文件进行审核,对入围药品的质量进行监督检查,提供药品质量和药品生产经营企业不良记录等信息,加大对明显低于成本投标药品质量的监督检查力度。

第十六条 财政部门负责安排药品集中采购工作所需必要的工作经费。

第十七条 药品集中采购工作管理机构设在卫生行政部门,要明确承办日常事务的处室。纠风、物价、药监等相关部门可确定专人参加管理机构工作,具体组成由各省(区、市)确定。其主要职责是制定规则、组织管理、监督检查。

(一)按照药品集中采购工作领导机构的要求,编制采购目录,确定采购方式;

(二)组织、协调、推动全省(区、市)的药品集中采购工作;

(三)依据实施意见制定实施细则、工作制度、工作程序和工作纪律等,并组织实施;

（四）组建并管理全省（区、市）药品集中采购专家库；

（五）指导、管理并监督集中采购工作机构按照规定程序，公开、公平、公正地开展药品集中采购工作；

（六）指导并监督各市（地）集中采购管理部门开展集中采购相关工作，加强对各市（地）执行情况的督促检查，将各项指标完成情况作为对市（地）目标考核的重要内容；

（七）审核药品集中采购工作机构报送的采购文件及集中采购结果等；

（八）组织对医疗机构和药品生产经营企业的履约情况进行监督检查；

（九）负责调查、处理相关投诉和举报；

（十）在集中采购工作结束后15个工作日内，将集中采购结果上传至卫生部全国药品集中采购信息交流平台；

（十一）向药品集中采购工作领导机构负责并报告工作；

（十二）承办药品集中采购工作领导机构交办的其他事项。

第十八条 药品集中采购工作机构原则上设在卫生行政部门，也可根据本地实际依托政府采购工作机构，接受药品集中采购工作管理机构的领导，负责全省（区、市）药品集中采购工作的具体实施。其主要职责是具体操作、提供服务、维护平台。

（一）依据实施细则，编制药品集中采购工作文件（须使用国家药品编码），报药品集中采购工作管理机构审核并公布；

（二）受理企业及药品相关资质证明文件、工商资质证明材料和价格文件等，并提请有关部门进行审核；

（三）具体协助组织实施药品评价、品种遴选等工作；

（四）提请药品集中采购工作管理机构审定并公告集中采购结果；

（五）组织医疗机构与药品生产经营企业按集中采购结果签订药品购销合同，并协助药品集中采购工作管理机构监督合同的执行；

（六）负责本省（区、市）医疗机构药品集中采购平台的技术管理、网络安全、数据和设备的维护，提供相关的服务和技术支持；

（七）为医疗机构和药品生产经营企业提供咨询服务；

（八）定期统计分析本省（区、市）医疗机构和药品生产经营企业网上药品采购、配送、回款情况，做好网上监控；

（九）及时维护和管理药品生产经营企业及集中采购药品的基础信息；

（十）根据食品药品监督管理部门提供的药品质量、药品不良反应、企业不良记录等信息，按规定及时作出相应处理；

（十一）及时报送药品集中采购工作管理机构要求的信息和统计资料，组织相关的业务技术培训；

（十二）协助调查和处理相关申投诉和举报；

（十三）向本省（区、市）药品集中采购工作管理机构负责并报告工作；

（十四）承办药品集中采购工作管理机构交办的其他事项。

第十九条 药品集中采购平台是政府建立的非营利性药品集中采购、监督管理平台。政府拥有平台的所有权和使用权。采购平台要做到安全可靠、功能完善、数据齐全、监管严密。采购平台设置在药品集中采购工作机构内，不得单独设置。

第二十条 药品集中采购平台应当具备以下功能：

（一）进行药品集中采购各个环节、各类信息的公示；

（二）开展网上药品评价；

（三）提供药品采购载体和网络技术支持；

（四）向采购双方提供与集中采购相关的信息查询和服务；

（五）准确汇总动态采购数据和统计分析数据；

（六）实现网上采购动态监管；

(七)药品集中采购工作管理机构的其他要求。

第二十一条 市(地)、县级人民政府负责本级药品集中采购的监督管理工作。

(一)建立健全药品集中采购工作的管理体制,确定专门人员、落实工作经费;

(二)负责组织本辖区内医疗机构与药品生产经营企业按照互惠互利的原则签订购销合同;

(三)加强对本辖区内医疗机构药品集中采购的指导、督促、现场检查和处理;

(四)负责收集上报本地区医疗机构集中采购药品的相关信息;

(五)承办上级药品集中采购工作领导机构和管理机构交办的其他事项。

第三章 制度建设

第二十二条 药品集中采购工作领导机构组成部门要按照职责分工,认真履行职能,及时沟通联系,主动协调配合,不得相互推诿,共同推动药品集中采购工作。

第二十三条 药品集中采购工作管理机构和工作机构要加强自身建设,为医疗机构和药品生产经营企业提供服务。

第二十四条 健全和完善各项规章制度。建立健全药品集中采购工作领导机构工作制度、联席会议制度和药品集中采购工作管理机构、工作机构的监督管理制度和关键岗位定期轮换制度。

第二十五条 建立药品集中采购各环节特别是关键环节的工作流程、监督制度和多重复核制度,使每个环节和程序都处于监督之下。

第二十六条 加强药品集中采购网络管理,建立药品集中采购平台监督管理的各项规章制度,落实责任制,确保网络数据的安全。

第二十七条 加强对药品集中采购工作人员的廉洁自律教育和日常管理。严肃工作纪律,严禁以权谋私。参加药品集中采购工作的所有工作人员,不得以任何理由和方式收取生产经营企业的财物或牟取其他不正当利益;不得进行任何形式的违规操作;不得参加任何医药企业、社会团体以任何名义组织的有关药品采购管理的活动和成立的相关组织;不得从事代理药品销售。

第二十八条 药品集中采购工作管理机构要设立举报电话、开通电子邮箱等并向社会公布,保证医疗机构、药品生产经营企业以及社会公众对工作人员履行职责的情况进行监督。

第四章 医疗机构

第二十九条 医疗机构应当按照卫生行政部门规定建立药物与治疗学委员会(组)。医院药物与治疗学委员会(组)要根据有关规定,在省级集中采购入围药品目录范围内组织遴选本院使用的药品目录。

第三十条 医疗机构必须通过政府建立的非营利性药品集中采购平台采购药品。

第三十一条 医疗机构应当在规定时间内,根据本单位的药品使用目录,编制采购计划,签订采购合同,明确采购品种和数量。

第三十二条 医疗机构原则上不得购买药品集中采购入围药品目录外的药品。有特殊需要的,须经省级药品集中采购工作管理机构审批同意。

第三十三条 医疗机构应当执行价格主管部门公布的集中采购药品零售价格。

第三十四条 医疗机构应当按照不低于上年度药品实际使用量的80%,向省级药品集中采购工作管理部门申报当年采购数量。

第三十五条 医疗机构应当严格按照《合同法》的规定签订药品购销合同,明确品种、规格、数量、价格、回款时间、履约方式、违约责任等内容,合同周期一般至少一年。合同采购数量应当与医疗机构上报的计划采购数量相符。如合同采购数量不能满足临床用药需要,可以签订追加合同。有条件的省(区、市)可同时签订电子合同备查,接受社会和有关部门监督。

第三十六条 医疗机构按照合同购销药品,不得进行“二次议价”。严格对药品采购发票进行审核,防止标外采购、违价采购或从非规定渠道采购药品。

第三十七条 医疗机构应当严格按照合同约定的时间回款,回款时间从货到之日起最长不超过60天。无正当理由未按合同规定时间回款的，应当支付一定比例的违约金，具体由省级药品集中采购工作管理机构确定。

第三十八条 医疗机构在药品集中采购活动中，不得有下列行为：

（一）不参加药品集中采购活动，或以其他任何方式规避集中采购活动；

（二）提供虚假的药品采购历史资料；

（三）不按照规定要求同药品生产经营企业签订药品购销合同；

（四）不按购销合同采购药品，擅自采购非入围药品替代入围药品，不按时结算货款或者其他不履行合同义务的行为；

（五）药品购销合同签订后，再同企业订立背离合同实质性内容的其他协议，牟取其他不正当利益；

（六）不执行价格主管部门制定的集中采购药品零售价格；

（七）不按照规定向卫生行政部门报送集中采购履约情况报表；

（八）其他违反法律法规的行为。

第五章 药品生产经营企业

第三十九条 药品集中采购实行药品生产企业直接投标。药品生产企业设立的仅销售本公司产品的商业公司、境外产品国内总代理可视同生产企业。集团公司所属全资及控股子公司的产品参加投标的，应当允许以集团公司名义进行，并提供相应证明材料。

药品生产企业必须委托本企业的工作人员，持法人委托书在内的生产企业证明文件等材料办理相关集中采购手续。对委托其他企业人员（或个人）办理集中采购相关手续的，由此而产生的一切法律责任由生产企业承担。

第四十条 参加药品集中采购活动的药品生产经营企业应当具备以下基本条件：

（一）药品生产经营企业必须依法取得相应的资质证书，参加集中采购的产品必须具备相应的资质证书；

（二）信誉良好；

（三）具有履行合同必须具备的药品供应保障能力；

（四）参加集中采购活动近两年内，在生产或经营活动中无严重违法违规记录；

（五）法律法规规定的其他条件。

各省（区、市）不得以不合理的条件加大企业负担，对生产经营企业实行差别待遇或者歧视。

第四十一条 参加药品集中采购活动的生产企业应当按照集中采购文件的要求，按时提供真实、有效、合法的委托书、药品和企业资质证明文件及保证供应承诺函，在药品集中采购平台上如实申报相关信息。

第四十二条 负责配送的药品生产经营企业应当具备在药品集中采购平台上进行销售的条件，按规定和要求进行订单确认、备货、配送，保证上网医疗机构的用药需要。

第四十三条 药品生产经营企业必须提供合法生产的药品，并按照药品购销合同规定的通用名、剂型、规格、包装、品牌、价格和效期等及时供货，不得提供集中采购入围药品目录外的药品。药品生产经营企业未按合同生产、供应药品的，应当支付一定比例的违约金，具体由省级药品集中采购工作管理机构确定。

第四十四条 集中采购药品的配送费用包含在集中采购价格之内。

第四十五条 入围药品可以由生产企业直接配送，也可以委托药品经营企业配送。生产企业委托配送的，应当充分考虑配送企业的实际配送能力和配送业绩以及医疗机构对其服务质量、服务信誉的认同程度等。

第四十六条 原则上每种药品只允许委托配送一次，但在一个地区可以委托多家进行配送。如果被委托企业不能直接完成配送任务，可再委托另一家药品经营企业配送，并报省级药品集中采购工作管理机构备案，但不得提高药品的采购价格。

第四十七条 药品生产经营企业在药品集中采购活动中，不得有下列行为：

（一）进行虚假宣传、商业贿赂等不正当竞争行为；
（二）以低于成本的价格恶意投标，扰乱市场秩序；
（三）相互串通报价，妨碍公平竞争；
（四）向集中采购机构、医疗机构或者个人行贿，牟取不正当利益；
（五）提供虚假证明文件，或者以其他方式弄虚作假；
（六）在规定期限内不签订药品购销合同或者不履行合同义务；
（七）其他违反法律法规及有关规定的行为。

第六章　药品集中采购目录和采购方式

第四十八条　各省（区、市）集中采购管理机构负责编制本行政区域内医疗机构药品集中采购目录。

纳入目录的药品均使用通用名，并应当包括该通用名下的相关剂型、规格。

第四十九条　国家实行特殊管理的麻醉药品和第一类精神药品不纳入药品集中采购目录。第二类精神药品、医疗放射药品、医疗毒性药品、原料药、中药材和中药饮片等药品可不纳入药品集中采购目录。

医疗机构使用上述药品以外的其他药品必须全部纳入集中采购目录。

第五十条　对纳入集中采购目录的药品，实行公开招标、邀请招标和直接采购等方式进行采购。各省（区、市）可结合实际情况，确定药品集中采购方式。

公开招标，是指以招标公告的方式，邀请不特定的药品生产企业投标的采购方式。

邀请招标，是指以投标邀请书的方式，邀请特定的药品生产企业投标的采购方式。

直接采购，是指医疗机构按照价格部门规定的价格或历史成交价格直接向符合资质的药品生产企业购买药品的采购方式。

第五十一条　对通过公开招标采购能够成交的药品，原则上不得进行邀请招标采购。对采购量较小、潜在投标人较少或者无投标的，可以进行邀请招标采购。部分廉价常用药，经多次集中采购价格已基本稳定，可以进行直接采购。直接采购具体品种和办法由省级药品集中采购工作管理机构确定。

第七章　药品集中采购程序

第五十二条　药品集中采购主要按以下程序实施：

（一）制定药品集中采购实施细则和集中采购文件等，并公开征求意见；
（二）发布药品集中采购公告和集中采购文件；
（三）接受企业咨询，企业准备并提交相关资质证明文件，企业同时提供国家食品药品监督管理局为所申报药品赋予的编码；
（四）相关部门对企业递交的材料进行审核；
（五）公示审核结果，接受企业咨询和申诉，并及时回复；
（六）组织药品评价和遴选，确定入围企业及其产品；
（七）将集中采购结果报药品集中采购工作管理机构审核；
（八）对药品集中采购结果进行公示；
（九）受理企业申诉并及时处理；
（十）价格主管部门按照集中采购价格审核入围药品零售价格；
（十一）公布入围品种、药品采购价格及零售价格；
（十二）医疗机构确认纳入本单位药品购销合同的品种及采购数量；
（十三）医疗机构与药品生产企业或受委托的药品经营企业签订药品购销合同并开展采购活动。

第五十三条　药品集中采购文件主要包括集中采购药品目录（范围）、药品评价办法、企业应当提交的资质证明文件、药品配送方法、网上药品采购与使用原则、药品质量要求、采购工作监督等内容。

第五十四条 药品集中采购公告应当通过网络或报刊等媒介发布。公告应当载明药品集中采购工作机构、地址、采购范围以及获取集中采购文件的办法等。

第五十五条 省级药品集中采购工作机构应当合理确定药品生产企业准备资质证明文件和网上申报所需要的时间。自公告发布之日起至提交资质证明文件的截止之日止,原则上不得少于15个工作日。

第五十六条 药品生产企业应当按照公告要求,在截止时间前将申报文件送达指定地点。在截止时间前,可以补充、修改或者撤回已提交的申报文件。补充修改的内容为申报文件的组成部分。

第五十七条 药品生产企业必须如实在药品集中采购平台上申报企业和药品的资质证明材料,并提交纸质资质证明材料。网上申报信息与递交的纸质资质证明材料必须一致,不一致的以递交的纸质材料为准。相关部门审核通过的材料,提交药品集中采购工作机构,作为实施集中采购的依据。

第五十八条 资质审核完成后,在药品集中采购平台上公示,并接受企业咨询和书面申诉,公示期一般不少于3个工作日。

第五十九条 对企业的书面申诉,药品集中采购工作机构应当做好登记、回执、分类汇总,提请相关部门按照有关规定处理,并将有关情况报送管理机构。对合理的申诉要及时予以采信。对于实施细则中不能解决的问题,应当提交药品集中采购工作管理机构或组织专家进行研究,处理及研究结果应当及时回复。

第六十条 药品集中采购的周期原则上不少于一年。对在采购期内新上市的产品,可建立增补或备案采购流程,具体由各省(区、市)药品集中采购管理部门确定。

第六十一条 价格主管部门应当在药品集中采购价格上报后的20个工作日内,审核集中采购品种的零售价格并向社会公布。

医疗机构自价格主管部门公布药品零售价格之日起,30个工作日内执行新的采购价格和零售价格。

第八章 药品集中采购评价方法

第六十二条 药品评价可参考价格主管部门按质论价的原则进行。按照上述原则评价药品时,不同类别药品之间价格可有合理的差别。

第六十三条 建立科学的药品集中采购评价方法。

(一)坚持"质量优先、价格合理"的原则,科学开展药品评价;

(二)加大质量分权重,并考虑临床疗效、质量和科技水平等因素;

(三)鼓励药品研发创新,药品价格要有利于促进企业提高创新力,研究开发新产品和新技术;

(四)以循证原则综合评价药品的质量、价格、服务和信誉等,择优选择入围药品;

(五)坚持为满足各级各类医疗机构临床用药需要服务,充分考虑各级各类医疗机构的用药差异,满足人民群众多样化的用药需求。

第六十四条 在确定入围率时,应当全面分析投标品种数量,并考虑本地社会经济发展差异,以及本省(区、市)地域范围等因素。评审时,应当充分考虑临床常用剂型规格和合理用药的需要。

第六十五条 集中采购时应当充分考虑药品的临床疗效、药品的质量和科技水平,对申报药品实行综合评价。

(一)综合评价要素应当包括药品质量、药品价格、服务和信誉等。将每个评价要素量化为若干个评价指标并形成指标体系,根据各项指标的重要程度进行百分制定量加权。

(二)评价要素量化后形成的指标体系,应当全面反映医疗机构对药品集中采购的要求,对社会和企业公开。

综合评价的指标体系按照以上要求由各省(区、市)药品集中采购工作管理机构确定。

第六十六条 综合评价时,确定评分权重应当遵循以下原则:

（一）质量要素实际权重一般不应当低于总分的 50%；

（二）价格要素实际权重不应当低于总分的 30%；

（三）服务和信誉要素实际权重应当不超过总分权重的 20%。

在以上评价中，主观分权重不超过总分的 25%。

第六十七条 根据药品集中采购的方式，按照国家差比价规则确定药品集中采购价格。各省（区、市）要制定并公布确定药品集中采购价格的标准、方法和程序，整个过程应当公开、透明，接受各方监督。

第九章 专家库建设和管理

第六十八条 建立药品集中采购专家库，并按照专业实行分类管理。

专家库应当包括药学和不同级别医疗机构的医学专家等。医学专家包括临床医学各学科及亚专业的专家，药学专家包括西药学、中药学和药品管理专家。

进入专家库的专家应当具备以下基本条件：

（一）熟悉国家有关法律、法规、政策；

（二）有良好的政治素质和职业道德，遵纪守法；

（三）具有大学本科或同等以上学历；

（四）具有副高级专业技术职称或同等专业水平，并从事相关领域工作 3 年以上；

（五）熟悉本专业领域国内外技术水平和发展动向。

第六十九条 专家库专家承担药品集中采购评标、议价和对企业申诉的讨论等工作。专家应当客观公正地履行职责，遵守职业道德，对所提出的评审意见负责，并承担相应的责任。

评审意见应当以药品疗效和安全性为依据，并记录在案，严禁以专家个人意愿确定入围品种。专家不得私下接触企业，不得收受企业的财物或者其他好处。

第七十条 根据药品的类别，由药品集中采购工作管理机构从专家库中按照专家类别随机抽取产生，并组成专家委员会。药学和医学专家原则上按照 32 的比例确定，同时考虑不同级别医疗机构的专家参与。

从抽取专家到开始工作的时间一般不得超过 24 小时。在抽取专家的同时，应当抽取足够数量的备选专家，在专家因故缺席时及时予以替补。

专家名单一经抽取确定，必须严格保密。如有泄密，除追究当事人责任外，应当报告监督机构并重新在专家库中抽取专家。

第七十一条 实行公开招标采购的专家委员会人数应当为 13 人以上单数，实行邀请招标和直接采购的专家委员会人数应当为 7 人以上单数。

第七十二条 专家委员会的专家不得参加与本人有利害关系的项目评标。如与药品生产经营企业有利害关系的专家应当主动申请回避。有下列情形之一的应当回避：

（一）专家在药品生产经营企业任职、兼职或者持有股份的；

（二）专家任职单位与药品生产经营企业为同一法人代表的；

（三）专家近亲属在药品生产经营企业担任领导职务的；

（四）有其他利害关系，可能影响公正参与药品集中采购工作的。

专家知晓本人与药品生产经营企业存在利害关系但不主动回避的，药品集中采购工作管理机构应当取消其专家资格，通报专家所在单位，且当次评审结果无效。

第七十三条 药品集中采购监督部门应当采取必要措施，保证评标过程在严格保密的情况下进行。任何单位和个人不得非法干预、影响评标的过程和结果。

第十章 监督管理与申诉

第七十四条 药品集中采购工作管理机构要通过药品集中采购平台提供的网上监管系统，对采购双方的购销行为实行实时监控，对医疗机构采购药品的品种、数量、价格、加价率、回款、使用和药品生产经营企业参与投标、配送等情况进行动态监管。定期或不定期现场检查分析医疗机构实际药品采购、使用和回款情况，并与网上采购情况进行对比分析，使药品采购全过程公开透明、真实有效。

第七十五条 各级卫生行政部门对医疗机构药品集中采购的执行情况实行定期考核，纳入目标管理及医疗机构等级评审和复查工作中，并向社会公布，接受社会监督。

第七十六条 建立药品生产经营企业不良记录公示制度。对在药品购销活动中存在的不正当竞争、商业贿赂行为，以及提供虚假、过期资质证明材料、不按合同提供药品的行为进行不良记录公示，规范企业行为。

第七十七条 建立健全信息安全保障措施、管理制度和突发事件应急预案，确保网上药品集中采购数据安全和完整。严格遵守保密制度，杜绝涉密文件、资料、数据在平台上运行。设定专人负责，严格权限管理。严格密码、口令管理。建立严格的数据备份制度，数据保存期限不得少于3年。

第七十八条 建立健全企业申诉机制，通过多种渠道听取企业意见，及时解决企业合理诉求，不断改进和完善药品集中采购办法。制定企业申诉、受理管理办法和程序。

建立专人接待和接受企业书面申诉、多部门专人定期负责处理企业申诉机制。按照申诉内容，如有必要的，由药品集中采购管理机构分层分类随机抽取专家进行讨论。企业当面陈述理由，专家现场讨论投票，可邀请人大代表、政协委员和消费者代表全程参与和监督。

第十一章 不良记录管理

第七十九条 实行药品生产经营企业不良记录动态管理制度。药品生产经营企业有下列行为之一的，列入不良记录并网上公示，取消该企业所有产品的入围资格，药品集中采购管理机构自取消之日起两年内不得接受其任何产品集中采购申请，全省（区、市）医疗机构两年内不得以任何形式采购其产品，原签订的购销合同终止。

（一）经执法执纪机关认定，在药品购销活动中存在商业贿赂行为的；

（二）提供虚假、无效文件的；

（三）以其他方式弄虚作假，骗取入围的。

第八十条 药品生产经营企业有下列行为之一的，列入不良记录并网上公示，取消该企业所有产品的入围资格，药品集中采购管理机构自取消之日起两年内不得接受其任何产品集中采购申请，全省（区、市）医疗机构两年内不得以任何形式采购其产品，原签订的购销合同终止。

（一）以低于成本的价格恶意投标，扰乱市场秩序的；

（二）对入围产品擅自涨价或变相涨价的；

（三）不配送或不按时配送入围药品，造成医疗机构临床用药短缺的；

（四）经医疗机构验收确认，配送的药品规格、包装与入围规格、包装不一致并不同意更换的；

（五）以其他非入围药品取代入围药品进行配送的；

（六）药品集中采购工作管理机构规定的其他情形。

第八十一条 医疗机构有下列行为之一的，除追究当事人的责任外，视其情节追究主管领导的责任。涉嫌犯罪的，移交司法机关依法处理。

（一）不参加药品集中采购活动，以其他任何方式规避集中采购活动的；

（二）提供虚假的药品采购历史资料的；

（三）不按照规定同药品企业签订药品购销合同的；

（四）不按购销合同采购药品，擅自采购非入围药品替代入围药品，不按时结算货款或者其他不履行合同义务的行为的；

（五）药品购销合同签订后，再同企业订立背离合同实质性内容的其他协议，牟取其他不正当利益的；

（六）不执行价格主管部门审核的集中采购药品临时零售价的；

（七）收受药品生产经营企业钱物或其他利益的；

（八）其他违反法律法规的行为。

第十二章 附 则

第八十二条 军队、武警部队医疗机构药品集中采购办法,由中国人民解放军卫生主管部门制定。

第八十三条 本规范由卫生部会同相关部门负责解释。

第八十四条 本规范自发布之日起施行。《医疗机构药品集中招标采购工作规范(试行)》(卫规财发〔2001〕308号)同时废止。以前所发药品集中采购文件与本规范不一致的,按照本规范规定执行。

关于进一步规范医疗机构药品集中采购工作的意见

(2009年1月17日卫生部、国务院纠正行业不正之风办公室、
国家发展和改革委员会、国家工商行政管理总局、国家食品药品
监督管理局、国家中医药管理局发布 卫规财发〔2009〕7号)

近几年来,各地结合实际,积极推行医疗机构药品集中采购工作,进行了有益探索,取得了明显成效,但也存在各地发展不平衡、采购政策不统一、采购办法不完善、中介服务成本高等突出问题。为进一步规范医疗机构药品集中采购工作,使其在保证药品质量、控制虚高药价、整顿购销秩序、治理商业贿赂、纠正不正之风、减轻人民群众医药费用负担等方面发挥重要作用,根据中央纪委第十七届三次全会精神和国务院对纠风工作的要求,现提出以下意见:

一、全面实行政府主导、以省(自治区、直辖市)为单位的网上药品集中采购工作

药品是维护人民健康的特殊商品,与群众利益密切相关。各级政府对药品集中采购工作要切实加强领导,积极发挥主导作用。各省(区、市)人民政府负责组织建立药品集中采购工作领导机构、工作机构和非营利性的药品集中采购平台,确保采购平台功能完善、设施齐全,并对药品集中采购工作机构的人员编制、经费补助等给予积极支持。有条件的地区可建立财政全额补助的集中采购机构,具体负责药品集中采购的实施工作,形成政府组织推动、医疗机构和药品生产流通企业通过采购平台直接免费交易的购销方式。

医疗机构药品集中采购工作,要以省(区、市)为单位组织开展。县及县以上人民政府、国有企业(含国有控股企业)等所属的非营利性医疗机构,必须全部参加药品集中采购。鼓励其他医疗机构参加药品集中采购活动。药品集中采购要充分考虑各级各类医疗机构的临床用药需求特点。集中采购周期原则上一年一次。

全面推行网上集中采购,提高医疗机构药品采购透明度。医疗机构按申报集中采购药品的品种、规格、数量,通过药品采购平台采购所需的药品。

二、规范集中采购药品目录和采购方式

各省(区、市)要制定药品集中采购目录。列入国家基本药物目录的药品,按照国家基本药物制度规定执行。国家实行特殊管理的第二类精神药品、医疗用毒性药品和放射性药品等少数品种以及中药材和中药饮片等可不纳入药品集中采购目录,麻醉药品和第一类精神药品不纳入药品集中采购目录。除上述药品外,医疗机构使用的其他药品原则上必须全部纳入集中采购目录。

对纳入集中采购目录的药品,实行公开招标、网上竞价、集中议价和直接挂网(包括直接执行政府定价)采购。对经过多次集中采购、价格已基本稳定的药品,可采取直接挂网采购的办法,具体品种由省级集中采购管理部门确定。

三、建立科学的药品采购评价办法

集中采购药品要建立科学的评价办法,坚持"质量优先、价格合理"的原则,合理划分药品类别,加大质量分权重,并考虑临床疗效、质量标准、科技水平等因素,对药品的质量、价格、服务和信誉等进行综合评价。省级卫生行政部门要汇总提出本地区有关医疗机构集中采购药品的品种、规格和数量,保证医疗机构的临床用药,满足人民群众多样化的用药需求。进一步做好专家

库建设和专业分类管理工作。

四、减少药品流通环节

药品集中采购由批发企业投标改为药品生产企业直接投标。由生产企业或委托具有现代物流能力的药品经营企业向医疗机构直接配送，原则上只允许委托一次。如被委托企业无法向医疗机构直接配送时，经省级药品集中采购管理部门批准，可委托其他企业配送。

五、认真履行药品购销合同

医疗机构要与中标（入围）药品生产企业或其委托的批发企业签订药品购销合同，明确品种、规格、数量、价格、回款时间、履约方式、违约责任等内容。合同采购数量要以医疗机构上年度的实际药品使用数量为基础，适当增减调整后确定。

药品企业和医疗机构必须严格按照《合同法》等规定，履行药品购销合同规定的责任和义务，合同周期一般不低于1年。医疗机构必须按照药品购销合同确定的品种、数量、价格和供货渠道采购使用药品，不得擅自采购非中标（入围）药品；必须严格按照合同约定的时间及时回款，回款时间从货到之日起最长不超过60天。药品企业未按合同生产供应药品或医疗机构未按合同规定采购药品以及逾期不能回款的，都应支付一定比例的违约金（具体比例由省级药品集中采购机构确定）。情节严重的要公示警告并依法追究责任。积极探索采用银行承兑汇票等多种方式规范医疗机构货款结算。

六、规范医疗机构合理用药

医疗机构要加强处方开具和药品使用的规范化管理，提高处方质量，规范医务人员用药行为，纠正为追求经济利益而滥用药物的问题。强化监督检查，推行医疗机构药品用量动态监测、超常预警、处方点评等制度，坚决查处大处方等损害群众利益的行为，保障患者用药安全。

对于部分常用药、廉价药，医疗机构可按照政府规定的最高零售价格销售，具体品种由省级集中采购管理部门确定。

七、落实部门责任，严格监督管理

各地区有关部门要密切协作，加大监管力度。卫生行政部门牵头组织药品集中采购工作，并负责对医疗机构执行中标（入围）结果和履行合同情况进行监督检查；物价管理部门负责对收费行为、中标（入围）药品零售价格的核定及执行情况进行监督检查；工商行政管理部门负责对药品集中采购及招投标过程中的商业贿赂等不正当竞争行为进行监督检查；药监部门负责药品企业的资质认定，并对中标（入围）药品的质量和配送情况进行监督检查；纠风部门负责对药品集中采购的全过程进行监督，受理有关药品集中采购的检举和投诉，并对违纪违法行为进行调查处理。各部门要加强协调配合，及时研究解决药品集中采购工作中出现的重大问题。

各地区有关部门要通过采购平台，对医疗机构采购药品的品种、数量、价格、加价率、回款、使用和药品企业参与投标、供应药品等情况进行动态监管，使药品采购全过程公开透明。要定期检查，发现问题及时解决。要及时受理并认真调查处理有关投诉。对在药品集中采购中违反有关政策和规定的机构和有关人员，一经发现，要严肃追究责任。

本意见自印发之日起施行。以前所发药品集中采购文件与本意见不一致的，按本意见规定执行。

关于进一步加强医疗器械集中采购管理的通知

（2007年6月21日卫生部发布 卫规财发〔2007〕208号）

各省、自治区、直辖市卫生厅局，新疆生产建设兵团卫生局：

为完善医疗器械采购制度，规范采购行为，现就进一步加强医疗器械集中采购管理有关工作通知如下：

一、进一步提高对医疗器械集中采购工作的认识

医疗器械集中采购是规范采购行为，降低采购价格，保障医疗器械质量的有效手段，也是改进和加强医疗机构管理工作,促进医疗机构进一步降低医疗成本,减轻患者医疗费用负担,改善医疗服务质量,提高医疗服务水平的重要措施。实行医疗器械集中采购,杜绝暗箱操作,纠正医疗器械购销中的不正之风,关系到人民群众的切身利益,也关系到卫生行业的形象和声誉。

各地要统一思想,高度重视医疗器械集中采购工作,将其作为加强党风廉政建设和防治医药购销领域商业贿赂的一项长效机制抓紧抓好。各级卫生行政部门要在当地政府的领导下,与各有关部门相互配合,健全组织机构,明确各方责任,认真组织实施,全面推进医疗器械集中采购工作。

二、规范推进医疗器械集中采购

各地卫生行政部门要在认真总结药品和高值医用耗材集中采购工作经验基础上,针对当前医疗器械采购工作中存在的突出问题,研究制定和完善有关制度、实施办法,从制度上、机制上进一步规范医疗器械采购行为,确保医疗器械集中采购工作顺利实施,取得实效。

(一)集中采购的组织原则

医疗器械集中采购按属地化管理原则,以政府为主导,分中央、省和地市三级,以省级为主组织实施。各级政府、行业和国有企业举办的所有非营利性医疗机构,均应参加医疗器械集中采购。任何医疗机构不得规避集中采购。

(二)集中采购的品目与范围

本通知所指医疗器械包括医疗设备和医用耗材。

卫生部负责的政府项目医疗器械集中采购,由卫生部负责组织。《大型医用设备配置与使用管理办法》(卫规财发〔2004〕474号)管理品目中的甲类大型医用设备配置工作由卫生部审批,其集中采购由卫生部统一负责组织。心脏起搏器、心脏介入类等高值医用耗材临床应用的医疗机构少,各地采购价格差异大,价格虚高问题较为突出,由卫生部统一负责组织。

大型医用设备管理品目中的乙类大型医用设备,以及除心脏起搏器、心脏介入类等以外的高值医用耗材,应纳入省级集中采购范围,由省级负责组织集中采购。

其他医疗设备和耗材,由省级卫生行政部门根据实际情况,具体研究制定本地区省级和地市级集中采购目录。

未列入集中采购目录但单批次采购金额较大的,也应实行集中采购,具体采购限额标准由省级卫生行政部门确定。

各地要按照《大型医用设备配置与使用管理办法》的规定,加强大型医用设备配置规划管理,大型医用设备必须先取得配置许可证,方可列入集中采购计划。要严格控制医疗机构利用贷款、融资、集资等形式,负债购置大型医用设备。

(三)集中采购的方式

医疗器械集中采购必须遵循公开、公平、公正和诚实信用的基本准则,采购方式以公开招标为主。高值医用耗材可采取邀请招标、竞争性谈判等方式进行,要积极借鉴以政府为主导的药品网上集中采购办法和经验,规范和完善集中采购工作。鼓励资质合格、产品优良的企业直接参与竞标。具体采购方式应经集中采购主管部门批准。

(四)严格程序和措施

各地要按照有关法律法规,结合当地实际情况,制定和完善医疗器械集中采购程序和实施办法,确保程序公正、环节透明。严格实行招标采购信息提前公告、评标办法公布和招标结果公示。招标结果确认后,要及时组织医疗机构签订合同,并监督履行。

(五)加强评标专家管理

各地要按照财政部、监察部《政府采购评审专家管理办法》(财库〔2003〕119号),规范评标专家的管理与使用。各级卫生行政部门要积极协调有关部门,广泛吸纳相关领域专家,建立和充实医疗器械集中采购专家库。本地区专家来源不足的,要从全国有关学会、协会补充专家,确保专家数量满足有关法律法规的要求。要建立专家库维护管理与专家抽取使用相互分离的管理制度,评标专家应以随机方式抽取确定。实行专家回避与监督评价制度,与采购项目存在利害关系的专家一律不得参与评审工作;对不能公正、廉洁履行职责的专家应坚决取消其评标资格并从专家库中清除。

（六）医疗器械应用评价与选型

各地要积极开展医疗器械应用评价，建立、完善供应商和产品信息库，切实做好资格预审工作，优选出技术成熟、应用广泛的产品。卫生部将组织开展医疗器械评估选型工作，适时发布评估选型结果，并组织集中展示，以指导各地集中采购工作。

（七）控制采购成本

各地应充分利用现有的集中采购平台开展医疗器械集中采购工作，努力降低采购成本。各级卫生行政部门应组织医疗机构做好医疗器械采购年度计划编制工作，集中采购批次不宜过多。

三、着力加强医疗器械集中采购的监督管理

各地卫生行政部门要主动协调纪检监察、财政、药监、工商、审计等部门，建立起齐抓共管、各司其职的联合监管工作机制，对医疗器械集中采购实行全过程监督管理。要对社会公布投诉电话，主动接受社会公众、舆论监督，及时受理集中采购过程中发生的质疑、投诉，并及时查处违法违纪行为，向社会公布处理结果。

四、疾病预防控制中心、卫生执法监督等政府举办的卫生机构的设备采购工作也应按照本通知要求实行集中采购

各地要根据上述要求抓紧研究制定实施细则，加快推进本地区医疗器械集中采购工作，并将本地区开展医疗器械集中采购工作情况以及下一步工作计划和实施方案于今年7月底前报送我部。

关于进一步规范医疗机构药品集中招标采购的若干规定

（2004年9月23日卫生部、国家发展和改革委员会、国家工商行政管理总局、国家食品药品监督管理局、国家中医药管理局、国务院纠正行业不正之风办公室发布　卫规财发〔2004〕320号）

为进一步完善药品集中招标采购政策，规范药品集中招标采购行为，对医疗机构药品集中招标采购工作作出如下规定：

一、规范药品集中招标采购活动。县及县以上人民政府、国有企业（含国有控股企业）等所属的非营利性医疗机构，必须全部参加医疗机构药品集中招标采购活动。医疗机构药品集中招标采购以省或市（地）为组织单位，县（市）或单一医疗机构不得单独组织招标采购活动。省或市（地）组织的集中招标采购活动应充分考虑各级各类医疗机构的用药特点。鼓励市（地）进一步联合组织集中招标采购活动或者参加省统一组织的集中招标采购活动。每一个集中招标采购组织单位每年实施集中招标采购活动不得超过两次，以减轻医疗机构和企业负担。

二、扩大药品集中招标采购范围。将医疗机构药品采购支出中80%以上的品种（中药饮片除外）纳入集中招标采购。具备网上交易和监管条件的地区，应将医疗机构广泛应用、采购量大、价格高的药品全部纳入招标采购目录，实行公开招标和集中议价采购，对其它药品实行网上竞价采购。不具备网上交易和监管条件的地区，仍按药品类别将采购量大、价格高的药品纳入集中招标采购目录，防止中标药品被其它同类品种替代。按药品类别编制集中招标采购目录的地区，对价格低廉、采购数量少、临床不易滥用的药品是否纳入集中招标采购目录，由省级卫生行政部门会同有关部门规定。

三、医疗机构与中标企业签订药品购销合同时，必须明确采购数量，并严格执行。在合同采购期内，实际采购数量与合同采购数量之间允许确定合理的浮动幅度。一个品种有几家企业中标的，必须在合同中明确向每家中标企业采购药品的数量。

四、合理确定中标药品零售价格，切实做到让利于民。中标药品的零售价格，实行以中标价为基础顺加规定流通差价率的作价方法，由医疗机构按省级价格主管部门规定的作价办法自行核定执行，并报价格主管部门备案。

五、简化药品集中招标采购程序，减轻投标企业负担。严格执行卫生部制订的《医疗机构药品集中招标采购和集中议价文件范本（试行）》对投标文件的规定。不得要求投标企业提交上述规定以外的证明文件，如荣誉证书、商标注册证、税务登记证、年检机构代码证、生产工艺证明、近期省级三批药检报告等。对投标企业在上一期招标中已经提交、尚在有效期内的资质证明文件和资料，不得要求重复提交；对政府有关部门的药品基础数据库和药品价格信息库等发布的企业资质、产品认证数据和价格信息，各地在药品招标时可以直接采用，不得再向企业索取。原则上不要求投标企业提交样品。

在不违背有关法律法规以及公开、公平、公正和诚实信用原则的基础上，各地要按照统一、规范、简化、高效的要求，积极探索切实减轻企业负担的有效措施。

药品生产企业可以直接参加投标，以减少药品流通中间环节，降低药品投标价格。药品批发企业投标，必须持有药品生产企业的合法授权。

六、规范药品集中招标采购代理机构行为。药品招标代理机构必须在招标人授权范围内办理集中招标采购事宜，不得越权进行资格预审；不得要求投标企业重复提供资质证明文件；不得对资质证明文件进行重复认证；不得利用潜在投标企业的资质信息和其他招标、投标、评标信息牟取不正当利益；不得收取价格主管部门规定的标书费、代理服务费以外的任何费用；不得与行政机关、医疗机构和药品生产经营企业存在隶属关系、产权关系和其他经济利益关系，以确保招标代理机构的中立和公正。

遴选药品招标代理机构要引进竞争机制，由医疗机构通过公开竞争的方式自主选择招标代理机构。禁止行政机关为医疗机构指定招标代理机构，禁止招标代理机构以不正当方式获取集中招标采购项目的代理权。招标代理机构应确保招标过程中涉及数据的准确性、安全性，并承担相应责任。

七、严格按照《合同法》规定，履行中标药品购销合同。市（地）级以上人民政府、国有企业（含国有控股企业）等所属的非营利性医疗机构，药品回款时间从货到之日起最长不得超过60天，其他医疗机构的回款时间严格按双方签订的合同执行。对于纳入集中招标采购目录的药品，医疗机构必须按药品购销合同明确的品种、价格和供货渠道采购药品，不得再同中标企业进行价格谈判以扩大折扣让利幅度，不得擅自采购非中标企业的药品。中标企业要保证药品的及时配送，不得转让或者分包药品购销合同，不得以任何方式对中标药品进行回扣促销。

八、以剂型为单位进行招标、投标、评标，防止投标企业以奇异规格规避药品集中招标采购。同时要避免投标企业不合理减少投标药品的规格而影响临床用药。

九、积极发展医药电子商务、物流配送等现代流通方式。鼓励有条件的地区充分利用现代信息网络技术，进行网上招标、投标、竞价和交易，实现药品采购全过程的信息公开，便于政府和社会监督。

十、加大对药品集中招标采购的监督管理力度。实行纠风与价格、社保、卫生、工商、药监、中医药等部门各司其职、齐抓共管的联合监督工作机制。各地应根据当地实际情况设立监督机构，公布投诉电话，及时受理、依法查处违法违规行为。各相关部门要根据各自职责，切实建立不良记录登记公布制度。各地纠风部门负责协调、督促各相关部门开展经常性的监督检查工作，通过定期开展抽查和互查，发现问题，并及时予以纠正和处理。监督检查结果要及时上报，并向社会通报有关情况。

十一、进一步强化政府对药品集中招标采购的组织领导。各级政府和有关部门要从立党为公、执政为民的高度，充分认识规范药品集中招标采购工作对于纠正药品购销中的不正之风、减轻群众不合理医药费用负担的重要意义和作用。要统一思想，提高认识，加强对药品集中招标采购工作的组织、领导。有关部门要建立联席会议制度，及时协调、确定药品集中招标采购的具体实施政策，研究、处理出现的重大问题，对药品集中招标采购工作及时进行督导，确保药品集中招标采购工作的规范进行。

十二、本规定自下发之日起实行。《医疗机构药品集中招标采购工作规范（试行）》及《医疗机构药品集中招标采购和集中议价文件范本（试行）》与本规定有抵触的，以本规定为准。各地区要按照本规定的要求，尽快制订具体实施办法，切实抓好药品集中招标采购工作。

(七)财　　政

政务信息系统政府采购管理暂行办法

(2017年12月26日财政部发布 财库〔2017〕210号 自2018年1月1日起施行)

第一条 为了推进政务信息系统政府采购工作规范高效开展,根据国家电子政务总体部署和《国务院办公厅关于印发政务信息系统整合共享实施方案的通知》(国办发〔2017〕39号)有关要求,制定本办法。

第二条 本办法所称政务信息系统是指由政府投资建设、政府和社会企业联合建设、政府向社会购买服务或需要政府运行维护的,用于支撑政务部门履行管理和服务职能的各类信息系统,包括执行政务信息处理的计算机、软件和外围设备等货物和服务。

前款所称政务部门是指中共中央、全国人大、国务院、全国政协、最高法院、最高检察院及中央和国家机关各部门,各级地方党委、人大、政府、政协、法院、检察院及其直属各部门(单位)。

第三条 政务信息系统政府采购工作由各相关政务部门(以下简称采购人)负责统一规划和具体实施,各级财政部门依法履行政府采购监管职责。

第四条 采购人应当按照可行性研究报告、初步设计报告、预算审批时核准的内容和实际工作需要确定政务信息系统采购需求(以下简称采购需求)并组织采购。

采购需求应当科学合理、明确细化,包括项目名称、采购人、预算金额、经费渠道、运行维护要求、数据共享要求、安全审查和保密要求、等级保护要求、分级保护要求、需落实的政府采购政策和履约验收方案等内容。

第五条 采购需求应当符合法律法规,满足国家、行业相关标准的要求,鼓励使用市场自主制定的团体标准。

专业性强、技术要求较高的政务信息系统,可以邀请行业专家或者第三方专业机构参与需求制定工作。采购人和实际使用者或受益者分离的项目,在制定需求时,应当征求实际使用者或受益者的意见。

第六条 采购需求应当落实政务信息系统整合共享要求,符合政务信息共享标准体系,确保相关系统能够按照规定接入国家共享数据交换平台。采购需求要与现有系统功能协调一致,避免重复建设。

采购需求应当体现公共数据开放有关要求,推动原始性、可机器读取、可供社会化再利用的数据集向社会开放。

第七条 采购需求应当落实国家支持云计算的政策要求,推动政务服务平台集约化建设管理。不含国家秘密、面向社会主体提供服务的政务信息系统,原则上应当采用云计算模式进行建设,

采购需求应当包括相关设备、系统和服务支持互联网协议第六版(IPv6)的技术要求。

第八条 采购需求应当落实国家密码管理有关法律法规、政策和标准规范的要求,同步规划、同步建设、同步运行密码保障系统并定期进行评估。

第九条 政务信息系统采用招标方式采购的,应当采用综合评分法;采用非招标方式采购的,应当采用竞争性磋商或单一来源采购方式。

除单一来源采购方式外,政务信息系统采购货物的,价格分值占总分值比重应当为30%;采购服务的,价格分值占总分值比重应当为10%。无法确定项目属于货物或服务的,由采购人按照有利于采购项目实施的原则确定项目属性。

第十条 采购人应当指派熟悉情况的工作人员作为采购人代表参加评标委员会或者竞争性

磋商小组，参与政务信息系统采购活动的评审。

第十一条　政务信息系统采购评审中，评标委员会或者竞争性磋商小组认为供应商报价明显低于其他合格供应商的报价，有可能影响产品质量或者不能诚信履约的，应当要求其在评审现场合理时间内提供书面说明，必要时提供相关证明材料；供应商不能证明其报价合理性的，评标委员会或竞争性磋商小组应当将其作为无效投标或者无效响应处理。

第十二条　采购人应当按照国家有关规定组织政务信息系统项目验收，根据项目特点制定完整的项目验收方案。验收方案应当包括项目所有功能的实现情况、密码应用和安全审查情况、信息系统共享情况、维保服务等采购文件和采购合同规定的内容，必要时可以邀请行业专家、第三方机构或相关主管部门参与验收。

第十三条　采购人可以聘请第三方专业机构制定针对政务信息系统的质量保障方案，对相关供应商的进度计划、阶段成果和服务质量进行监督，形成项目整改报告和绩效评估报告，必要时邀请行业专家或相关主管部门评审论证。质量保障相关情况应当作为项目验收的依据。

第十四条　具有多个服务期的政务信息系统，可以根据每期工作目标进行分期验收。为社会公众服务的政务信息系统，应当将公众意见或者使用反馈情况作为验收的重要参考依据。采购人和实际使用者或受益者分离的政务信息系统，履约验收时应当征求实际使用者或受益者的意见。

第十五条　政务信息系统的项目验收结果应当作为选择本项目后续运行维护供应商的重要参考。

第十六条　在年度预算能够保障的前提下，采购人可以与政务信息系统运行维护供应商签订不超过三年履行期限的政府采购合同。

第十七条　本办法从2018年1月1日起施行。

委托会计师事务所审计招标规范

（2006年1月26日财政部发布　财会〔2006〕2号　自2006年3月1日起施行）

第一条　为了规范招标委托会计师事务所（以下简称事务所）从事审计业务的活动，促进注册会计师行业的公平竞争，保护招标单位和投标事务所的合法权益，根据《中华人民共和国招标投标法》、《中华人民共和国注册会计师法》及相关法律，制定本规范。

第二条　招标单位采用招标方式委托事务所从事审计业务的，应当遵守《中华人民共和国招标投标法》，并符合本规范的规定。

第三条　招标投标活动应当遵循公开、公平、公正和诚实信用的原则。

任何单位和个人不得违反法律、行政法规规定，限制或者排斥事务所参加投标，不得以任何方式非法干涉招标投标活动。

事务所通过投标承接和执行审计业务的，应当遵守审计准则和职业道德规范，严格按照业务约定书履行义务、完成中标项目。

第四条　招标委托事务所从事审计业务，按照下列程序进行：

（一）招标，包括确定招标方式、发布招标公告（公开招标方式下）或发出投标邀请书（邀请招标方式下）、编制招标文件、向潜在投标事务所发出招标文件；

（二）开标；

（三）评标；

（四）确定中标事务所，发出中标通知书，与中标事务所签订业务约定书。

第五条　招标单位一般应当采用公开招标方式委托事务所。

对于符合下列情形之一的招标项目，可以采用邀请招标方式：

（一）具有特殊性，只能从有限范围的事务所中选择的；

（二）具有突发性，按公开招标程序无法在规定时间内完成委托事宜的。

第六条 采用公开招标方式的，应当发布招标公告。采用邀请招标方式的，应当向3家以上事务所发出投标邀请书。

招标公告和投标邀请书应当载明招标单位的名称和地址、招标项目的性质、数量、实施地点和时间以及获取招标文件的办法等事项。

第七条 招标单位可以根据招标项目本身的要求，在招标公告或者投标邀请书中，要求潜在投标事务所提供有关资质证明文件和业绩情况，并对潜在投标事务所进行资格审查。

在资格审查过程中，招标单位应当充分利用财政部门和注册会计师协会公开的行业信息，并执行财政部有关审计的管理规定。

第八条 招标单位应当根据招标项目的特点和需要编制招标文件。招标文件应当包括下列内容：

（一）招标项目介绍；

（二）对投标事务所资格审查的标准；

（三）投标报价要求；

（四）评标标准；

（五）拟签订业务约定书的主要条款。

第九条 招标单位应当在招标文件中详细披露便于投标事务所确定工作量、制定工作方案、提出合理报价、编制投标文件的招标项目信息，包括被审计单位的组织架构、所处行业、业务类型、地域分布、财务信息（如资产规模及结构、负债水平、年业务收入水平、其他相关财务指标）等。

第十条 招标单位应当根据招标项目要求，综合考虑投标事务所的工作方案、人员配备、相关工作经验、职业道德记录和质量控制水平、商务响应程度、报价等方面，合理确定评审内容、设定评审标准、设计各项评审内容分值占总分值的权重。投标事务所报价分值的权重不应高于20%。

评标标准的具体设计可以参考所附《评审内容及其权重设计参考表》。

第十一条 招标项目需要确定工期的，招标单位应当考虑注册会计师行业服务的特殊性，合理确定事务所完成相应工作的工期，并在招标文件中载明。

第十二条 招标单位可以根据招标项目的具体情况，组织潜在投标事务所座谈、答疑。潜在投标事务所需要查询招标项目详细资料的，招标单位应当在可能的情况下提供便利。

第十三条 招标单位在做出投标事务所编制投标文件的时限要求时，应当考虑注册会计师行业服务的特殊性，自招标文件开始发出之日起至投标事务所提交投标文件截止之日止，一般不得少于20日。

第十四条 招标单位应当公开进行开标，并邀请所有投标事务所参加。

第十五条 招标单位应当组建评标委员会，由评标委员会负责评标。

评标委员会由招标单位的代表和熟悉注册会计师行业的专家组成，与投标单位有利害关系的人不得进入相关项目的评标委员会。

评标委员会成员（以下简称评委）人数应当为5人以上单数，其中熟悉注册会计师行业的专家一般不应少于成员总数的2/3。

评委名单在中标结果确定前应当保密。

第十六条 招标单位应当采取必要的措施，保证评标在严格保密的情况下进行。任何单位和个人不得非法干预、影响评标的过程和结果。

第十七条 评委应当依据评标标准对投标事务所进行评分。

评标委员会应当按照各投标事务所得分高低次序排出名次，并根据名次推荐中标候选事务所。

第十八条 评标委员会完成评标后，应当向招标单位提出书面评标报告。

招标单位应当根据评标委员会提出的书面评标报告和推荐的中标候选事务所确定中标事务所。招标单位也可以授权评标委员会直接确定中标事务所。

第十九条　中标事务所确定后,招标单位应当向中标事务所发出中标通知书,同时将中标结果通知所有未中标的投标事务所。

第二十条　招标单位应当自中标通知书发出之日起30日内,以招标文件和中标事务所投标文件的内容为依据,与中标事务所签订业务约定书。

招标单位不得向中标事务所提出改变招标项目实质性内容、提高招标项目的技术要求、降低支付委托费用等要求,不得以各种名目向中标事务所索要回扣。

招标单位不得与中标事务所再行订立背离业务约定书实质性内容的其他协议。

第二十一条　财政部和各省、自治区、直辖市财政部门应当对审计招标投标活动进行监督,对审计招标投标活动中的违法违规行为予以制止并依法进行处理。

第二十二条　招标单位招标委托事务所从事其他鉴证业务和相关服务业务的,参照执行本规范。

第二十三条　本规范由财政部负责解释。

第二十四条　本规范自2006年3月1日起施行。

附表:

评审内容及其权重设计参考表

评审内容	权重范围
工作方案	20% ~30%
人员配备	20% ~30%
相关工作经验	15% ~25%
职业道德记录和质量控制水平	10% ~15%
商务响应程度	5%
报价	10% ~20%

注:对于报价的评审,应当以报价与平均报价差异的绝对值作为评审标准,差异绝对值越小,所得分值越高。

国际金融组织和外国政府贷款赠款项目采购管理工作指南

(2017年12月22日财政部发布　财办国合〔2017〕25号)

为了加强国际金融组织和外国政府贷款赠款(以下简称贷款赠款)采购管理,规范采购行为,保证采购质量,提高贷款赠款资金使用效益,根据《国际金融组织和外国政府贷款赠款管理办法》(财政部令第85号)及相关法律法规,制定本指南。

一、适用范围、原则及定义

(一)全部及部分使用贷款赠款进行的采购,均应遵照贷款赠款方与中方达成的法律文件开展项目采购活动(参见《中华人民共和国政府采购法》第八十四条和《中华人民共和国招标投标法》第六十七条)。

本指南所称贷款赠款法律文件,是指政府协定、贷款赠款协定、项目协议、贷款赠款评估备忘录等贷款赠款方与中方达成的协议。

(二)贷款赠款采购管理应当遵循权责对等、程序合法、公开透明、防范风险以及促进采购活动公平竞争、高效开展的原则。

(三)贷款赠款采购方式是指根据贷款赠款法律文件规定,确定货物、工程和服务的供应商时所采用的招标和其他采购方式。

（四）贷款赠款采购程序一般包括前期准备、采购组织、合同签订和执行三个阶段。

二、关于前期准备

（一）项目实施单位应按贷款赠款方要求及国内有关规定编报可行性研究报告、资金申请报告和采购清单、采购计划等文件。采购清单、采购计划如需变更或调整，项目实施单位应当履行国内相关审批手续。

（二）采购清单及采购清单变更或调整需经贷款赠款方审批或备案的，项目实施单位应办理相关手续。

（三）项目实施单位应当依据采购清单并结合项目实施进度编制年度贷款赠款采购计划，主要包括采购方式、采购内容、采购预算、执行周期等。

（四）项目实施单位需要采购代理机构办理采购事宜或提供采购相关服务的，应按照政府采购法律制度及《贷款赠款项目采购代理机构选聘指南》，选择确定采购代理机构。

项目实施单位可委托项目协调机构，按照贷款赠款采购代理机构选聘相关管理规定，代为选择确定采购代理机构。

（五）项目实施单位应当保证项目采购的资金落实到位，并在招标文件等采购文件中如实载明。

（六）项目实施单位应当在贷款赠款协议生效后开展贷款赠款采购活动。贷款赠款法律文件规定可使用追溯贷款赠款进行提前采购的，从其规定。

在项目采购活动开展前，项目实施单位应当完成国内外相关审批手续，并保证按照项目执行进度实施采购计划。

三、关于采购组织

（一）项目实施单位应当按照贷款赠款法律文件的相关规定选择合适的采购方式。

（二）项目实施单位通过招标开展项目采购的，应当按照贷款赠款方指定的招标文件范本编制贷款赠款项目招标文件。

招标文件，是指贷款赠款法律文件规定的招标文件。其主要内容应当包括：商务部分、技术部分和拟签订的合同文本等。贷款赠款法律文件对投标人资格条件另有规定的，从其规定。

招标文件编制完成后，由项目实施单位按照国家相关法律规定报送国内有关部门审批或备案（如需要）。贷款赠款法律文件另有规定的，招标文件应当报送贷款赠款方审批或备案。

（三）项目实施单位应当按照国家相关法律规定、贷款赠款法律文件的规定编写招标公告，并通过规定的媒介发布招标公告。贷款赠款法律文件规定招标公告应当报送贷款赠款方审批或备案的，项目实施单位应及时办理。

（四）项目实施单位根据国内有关部门要求，进入中国国际招标网、中国采购与招标网、中国招标投标公共服务平台、省级电子招标投标公共服务平台或公共资源交易平台等开展贷款赠款采购的，具体的采购程序、条件、评审要求等应当符合贷款赠款法律文件规定。

（五）评标由项目实施单位依法组建的评标委员会负责。评标委员会由项目实施单位代表、评审专家组成。

评审专家应当熟悉相关贷款赠款方采购政策、采购程序和条件以及贷款赠款方的招标采购文件范本，具备具体采购项目评审所必备的经验和能力。

项目实施单位难以在现有专家库中选定合适评审专家的，可以自行选定符合贷款赠款采购要求的评审专家。

（六）评标委员会成员应当按照客观、公正、审慎的原则，根据招标文件确定的评标程序、评标方法和评标标准进行独立评审。贷款赠款法律文件另有规定的，从其规定。

（七）项目实施单位根据评标委员会的评标报告确定中标人，并按规定报送国家有关主管部门审批或备案（如需要）。贷款赠款法律文件另有规定的，评标报告应当报贷款赠款方审批或备案。

（八）项目实施单位应对评标结果进行公示。贷款赠款法律文件对评标结果公示另有规定的，从其规定。

（九）投标人、供应商、贷款赠款方或国家有关部门对评标结果、成交结果提出疑问、质疑或异议的，项目实施单位应当及时组织、协调作出妥善处理和答复。贷款赠款法律文件对于评标、中标和成交结果及疑问、质疑或异议处理另有规定的，从其规定。

四、关于合同签订和执行

（一）招标方式确定中标人后，项目实施单位应当按照招标文件有关规定与中标人签订合同。合同内容应当与招标文件和投标文件相关内容一致，不得有实质性变更。

其他采购方式确定供应商后，项目实施单位应当按照采购文件确定的事项与成交供应商签订合同。合同内容应当与采购文件和响应文件相关内容一致，不得有实质性变更。

项目实施单位根据贷款赠款法律文件规定，将合同报贷款赠款方审批或备案。

（二）合同当事人应当按照合同约定履行义务。中标人应当严格履行合同的约定，确保提供的工程、货物、服务等与合同约定相一致。项目实施单位应当如实签署货物签收等验收证明。

（三）合同执行过程中，合同需要变更或调整（如数量、型号、规格、价格等发生变化）的，项目实施单位应当与中标人依规依约妥善处理；需要办理报批或备案手续的，项目实施单位应及时办理相关手续。

（四）工程竣工或货物、服务采购完成后，项目实施单位应当按照合同约定和国家相关法律规定进行验收，办理财务决算，做好资产债务移交和登记等工作。

（五）项目实施单位应当及时总结在技术、管理、制度、理念等方面的采购经验和创新成果，并进行推广宣传。

（六）合同履行过程中发生索赔和争议的，合同当事人应当按照合同约定依法处理索赔和争议。

五、其他

本指南自发布之日起施行。

国际金融组织和外国政府贷款赠款项目采购代理机构选聘指南

（2017 年 12 月 22 日财政部发布 财办国合〔2017〕25 号）

为了规范国际金融组织和外国政府贷款赠款（以下简称贷款赠款）项目采购代理机构的选聘，根据《国际金融组织和外国政府贷款赠款管理办法》（财政部令第 85 号）及相关法律法规，制定本指南。

一、适用范围及定义

（一）贷款赠款项目采购代理机构的选聘适用本指南。

（二）本指南所称采购代理机构，是指接受项目实施单位委托，根据贷款赠款项目需求，提供采购代理以及相关咨询服务的供应商。

（三）采购代理机构应当具备以下条件：

1. 符合《中华人民共和国政府采购法》等法律规定的有关要求；

2. 熟悉贷款赠款方和我国采购管理政策及工作程序，具有负责贷款赠款采购代理业务的专业部门和人员。

二、选聘组织

（一）项目实施单位应当根据贷款赠款项目的特点和需求，本着公开公正、竞争择优的原则，依法依规选聘采购代理机构。自身具备采购能力的项目实施单位可自行组织开展贷款赠款采购活动。

（二）跨省、自治区、直辖市、计划单列市的联合执行项目，项目实施单位可以委托项目协调机构统一选聘一家采购代理机构；也可由各省、自治区、直辖市、计划单列市分别选聘采购代理机构。

（三）国际金融组织贷款赠款项目，应当在谈判前完成采购代理机构选聘工作；外国政府及欧佩克发展基金、北欧投资银行贷款项目,应当在项目列入备选规划之日起三个月内完成选聘工作。

三、选聘方式及程序

(一)项目实施单位使用财政性资金支付采购代理费用的,应当按照政府采购法律制度规定选聘采购代理机构。项目实施单位使用非财政性资金支付采购代理费用的,可参照政府采购法律制度规定选聘采购代理机构。

(二)项目实施单位使用贷款赠款资金支付采购代理费用且贷款赠款方对选聘程序另有规定的,从其规定。

(三)项目实施单位采用招标方式选聘采购代理机构的,可参照本指南所附《采购代理机构评审内容与标准》(附1)确定具体评审方案在招标文件中列明,并采用综合评分法确定中标的采购代理机构。

四、合同执行及管理

(一)项目实施单位应当根据招标文件、谈判文件或磋商文件中确定的代理服务范围和内容(附2)与中标、成交的采购代理机构签订《委托代理合同》。

《委托代理合同》主要包括:代理权限和事项、委托方和受托方权利和义务、代理服务费以及违约责任等内容。

(二)项目实施单位应当按照《委托代理合同》约定向采购代理机构支付代理服务费。

(三)采购代理机构与项目实施单位应当遵循诚实守信、平等互惠的原则认真履行《委托代理合同》。

《委托代理合同》签订后,除合同约定的有关情形外,不得更换采购代理机构。

《委托代理合同》尚未履约完毕须终止的,项目实施单位应当按照本指南的规定于《委托代理合同》终止前三个月内重新选定采购代理机构。《委托代理合同》终止前,原代理机构应当继续履行相关代理业务,不得中断服务。

五、其他

本指南自发布之日起施行。

附:1. 采购代理机构评审内容与标准

2. 采购代理机构的服务范围和内容

附1:

采购代理机构评审内容与标准

贷款赠款项目采用招标方式选聘采购代理机构,采用综合评分法,满分为100分。评审内容与标准如下:

一、机构经验(权重占10%-20%)

是指根据采购代理机构近5年来承担国际金融组织和外国政府贷款赠款项目采购代理活动的数量和规模设置分值。

项目单位应当要求采购代理机构在投标文件中提供下列证明材料:(一)代理项目的《代理合同(或协议)》复印件;(二)贷款赠款方就该项目采购合同包的相关采购过程的回复文(函)件的复印件。项目实施单位可以在招标文件中规定:根据需要查验原件。

说明:1. 统计时间以项目实施单位与采购代理机构签订《代理合同(或协议)》的日期为准;2. 同一个贷款赠款协议下不同子项目、不同采购合同的代理只能被认定为一个代理活动。

二、专业能力(权重占30%-50%)

是指根据采购代理机构为特定项目建立的服务团队人员的专业能力,以及保证服务质量和体现服务水平的支持性或后台机构和设施等的专业能力设置分值。

项目实施单位应当要求采购代理机构在投标文件中明确为特定项目提供服务的团队的主要

和辅助人员的名单和他们担当的岗位;并要求采购代理机构提供能证明团队人员专业能力的相关证明文件的复印件,包括经本人签字的人员履历、从业经验(业绩)、服务过的项目实施单位或者相关管理部门的评价文件(函)等。项目实施单位可以在招标文件中规定:根据需要查验原件。

三、服务方案(权重20%－30%)

是指根据采购代理机构为特定项目提出的专门服务方案对项目需求的响应性、可行性,以及满足服务质量要求的针对性、创新性等设置分值。

项目实施单位应当要求采购代理机构在专门服务方案中至少包括:服务团队人员的各自岗位职责、服务内容及流程(包括进度计划)、质量保障体系和措施、针对本项目的专门安排、创新或合理化建议等。

四、代理服务费(权重10%－20%)

是指根据采购代理机构的代理服务费报价水平和对项目单位设定的代理服务费付款进度安排的响应程度设置分值。代理服务费报价得分应当按下列方法设置:满足招标文件要求且报价最低的为计算基准价,其价格得分为最高分;其他采购代理机构的价格得分按照下列公式计算:

报价得分=(计算基准价/代理服务费报价)×价格得分最高分

评标委员会认为投标人的报价明显低于其他通过符合性审查投标人的报价,有可能影响服务质量或者不能诚信履约的,应当要求其在评标现场合理的时间内提供书面说明,必要时提交相关证明材料;投标人不能证明其报价合理性的,评标委员会应当将其作为无效投标处理。

附2:

采购代理机构的服务范围和内容

以下服务的范围和内容均为可选项,项目实施单位应当根据贷款赠款项目特点和需求,确定选择或补充相应的代理服务范围和内容。

一、前期准备阶段

(一)参与编制贷款赠款项目采购计划或采购清单。

(二)参与贷款赠款方对项目的评估、谈判。

(三)参与制定贷款赠款项目采购战略。

(四)就贷款赠款方采购政策、采购程序和条件、采购流程和周期、采购安排等提供咨询或培训。

二、采购组织阶段

(一)编写资格预审文件和(或者)招标文件的商务部分,并将由项目实施单位负责编写的技术部分与商务部分汇总后,送项目实施单位审定。

(二)将资格预审文件和(或者)招标文件报送贷款赠款方和(或者)国内主管部门审批,答复贷款赠款方和(或者)国内主管部门就这些文件商务部分提出的问题并做出相应修改。

(三)根据贷款赠款方和(或者)国内主管部门的规定,拟定并在指定媒介上发布资格预审公告和(或者)招标公告,并支付相关费用。

印制、发售资格预审文件和(或者)招标文件,制作发售记录并报送项目实施单位。

(四)邀请投标人参加标前会和(或者)考察踏勘现场并解答投标人提出的商务问题。

(五)对资格预审文件和(或者)招标文件商务部分进行澄清和(或者)修改,在报经项目实施单位、贷款赠款方和(或者)国内主管部门审查同意后,将澄清和(或者)修改文件以书面形式通知投标人。

(六)接收资格预审申请文件和(或者)投标文件,负责做相应记录。

(七)组织和主持开标工作,并做相应记录。根据贷款赠款方和(或者)国内主管部门的要求将开标记录报送贷款赠款方和(或者)国内主管部门备案。

（八）协助项目实施单位选定或聘请资格预审评审和（或者）评标专家，并支付评审专家相关劳务费用。

（九）在资格预审评审和（或者）评标过程中按照评审委员会或评标委员会要求通知投标人进行书面澄清。

（十）根据评标情况通知投标人延长投标和投标保证金的有效期。

（十一）协助资格预审评审和（或者）评标工作。协助编写资格预审评审报告和（或者）评标报告的商务部分，汇总技术部分后编制成完整的资格预审评审报告和（或者）评标报告交评标委员会签字确认。

（十二）将资格预审评审报告和（或者）评标报告报贷款赠款方和（或者）国内主管部门审批。

（十三）按照贷款赠款方和（或者）国内主管部门有关规定进行评标结果公示或中标结果公告。

（十四）对贷款赠款方和（或者）国内主管部门就资格预审评审报告和（或者）评标报告提出的问题，与项目实施单位商定意见并作出答复。

（十五）根据评审结果和（或者）评标结果，向资格预审合格的申请人发出资格预审合格通知，邀请资格预审合格的申请人购买招标文件；向中标人发出中标通知。

（十六）在贷款赠款方和（或者）国内主管部门指定的网站或采购管理信息系统上完成采购涉及的建档、备案、公告发布、结果公示或公告等。

（十七）协助答复采购涉及的询问、质疑、异议、投诉、举报等。

（十八）根据贷款赠款方的规定和要求，提供资格预审文件、招标文件（商务部分）、澄清文件、评标报告（商务部分）等采购文件的英文文本。提供贷款赠款方有关采购文件的中文翻译。

（十九）整理并妥善保管采购过程的有关文件，并根据需要向项目实施单位移交。

三、合同执行阶段

（一）组织并参与对采购合同商务条款的非实质性修改的谈判，整理采购合同文本（商务部分）；协助项目实施单位对技术部分的非实质性调整进行谈判；汇总合同文本。

（二）以买方代理名义与甲方共同签订采购合同。代缴合同印花税，该费用按国家法律规定向项目实施单位收取。

（三）按照规定将采购合同报送国家主管部门备案、登记或审批。

（四）向贷款赠款方办理采购合同申报和批准手续。

（五）协助办理贷款赠款方、银行等提出的与合同生效相关的手续，审核银行预付款保函和履约保函。

（六）协助项目实施单位向国家主管部门申办采购合同项下进口设备（货物）的进口手续和（或者）减免税手续。

（七）根据采购合同执行的需要，协助项目实施单位与供应商进行合同修改谈判并办理向贷款赠款方和国内主管部门报批或备案手续。

（八）办理对外申请开立、修改信用证（如需要）、审核单据等有关支付手续。

（九）承担并支付采购合同项下买方银行费用，该费用按照采购合同总金额千分之____的标准向项目实施单位在对外支付前收取。

（十）办理邀请供应商来华的函件并协助甲方办理中方订货小组及执行合同小组的出国（出境）审批、报批及签证事宜。

（十一）对项目实施单位指定的报关企业办理委托手续，并由被委托的报关企业办理采购合同项下进口设备（货物）的报关、提货手续。

（十二）协助处理采购合同涉及的索赔和反索赔事宜。

（十三）协助进行采购合同验收工作。

（十四）整理并妥善保管有关合同文件，并根据需要向项目实施单位移交。

四、项目实施单位要求的其他代理服务内容

由项目实施单位根据需要规定。

政府采购代理机构管理暂行办法

（2018年1月4日财政部发布 财库〔2018〕2号 自2018年3月1日起施行）

第一章 总 则

第一条 为加强政府采购代理机构监督管理，促进政府采购代理机构规范发展，根据《中华人民共和国政府采购法》《中华人民共和国政府采购法实施条例》等法律法规，制定本办法。

第二条 本办法所称政府采购代理机构（以下简称代理机构）是指集中采购机构以外、受采购人委托从事政府采购代理业务的社会中介机构。

第三条 代理机构的名录登记、从业管理、信用评价及监督检查适用本办法。

第四条 各级人民政府财政部门（以下简称财政部门）依法对代理机构从事政府采购代理业务进行监督管理。

第五条 财政部门应当加强对代理机构的政府采购业务培训，不断提高代理机构专业化水平。鼓励社会力量开展培训，增强代理机构业务能力。

第二章 名录登记

第六条 代理机构实行名录登记管理。省级财政部门依托中国政府采购网省级分网（以下简称省级分网）建立政府采购代理机构名录（以下简称名录）。名录信息全国共享并向社会公开。

第七条 代理机构应当通过工商登记注册地（以下简称注册地）省级分网填报以下信息申请进入名录，并承诺对信息真实性负责：

（一）代理机构名称、统一社会信用代码、办公场所地址、联系电话等机构信息；

（二）法定代表人及专职从业人员有效身份证明等个人信息；

（三）内部监督管理制度；

（四）在自有场所组织评审工作的，应当提供评审场所地址、监控设备设施情况；

（五）省级财政部门要求提供的其他材料。

登记信息发生变更的，代理机构应当在信息变更之日起10个工作日内自行更新。

第八条 代理机构登记信息不完整的，财政部门应当及时告知其完善登记资料；代理机构登记信息完整清晰的，财政部门应当及时为其开通相关政府采购管理交易系统信息发布、专家抽取等操作权限。

第九条 代理机构在其注册地省级行政区划以外从业的，应当向从业地财政部门申请开通政府采购管理交易系统相关操作权限，从业地财政部门不得要求其重复提交登记材料，不得强制要求其在从业地设立分支机构。

第十条 代理机构注销时，应当向相关采购人移交档案，并及时向注册地所在省级财政部门办理名录注销手续。

第三章 从业管理

第十一条 代理机构代理政府采购业务应当具备以下条件：

（一）具有独立承担民事责任的能力；

（二）建立完善的政府采购内部监督管理制度；

（三）拥有不少于5名熟悉政府采购法律法规、具备编制采购文件和组织采购活动等相应能力的专职从业人员；

（四）具备独立办公场所和代理政府采购业务所必需的办公条件；

（五）在自有场所组织评审工作的，应当具备必要的评审场地和录音录像等监控设备设施并符合省级人民政府规定的标准。

第十二条 采购人应当根据项目特点、代理机构专业领域和综合信用评价结果，从名录中自主择优选择代理机构。

任何单位和个人不得以摇号、抽签、遴选等方式干预采购人自行选择代理机构。

第十三条 代理机构受采购人委托办理采购事宜，应当与采购人签订委托代理协议，明确采购代理范围、权限、期限、档案保存、代理费用收取方式及标准、协议解除及终止、违约责任等具体事项，约定双方权利义务。

第十四条 代理机构应当严格按照委托代理协议的约定依法依规开展政府采购代理业务，相关开标及评审活动应当全程录音录像，录音录像应当清晰可辨，音像资料作为采购文件一并存档。

第十五条 代理费用可以由中标、成交供应商支付，也可由采购人支付。由中标、成交供应商支付的，供应商报价应当包含代理费用。代理费用超过分散采购限额标准的，原则上由中标、成交供应商支付。

代理机构应当在采购文件中明示代理费用收取方式及标准，随中标、成交结果一并公开本项目收费情况，包括具体收费标准及收费金额等。

第十六条 采购人和代理机构在委托代理协议中约定由代理机构负责保存采购文件的，代理机构应当妥善保存采购文件，不得伪造、变造、隐匿或者销毁采购文件。采购文件的保存期限为从采购结束之日起至少十五年。

采购文件可以采用电子档案方式保存。采用电子档案方式保存采购文件的，相关电子档案应当符合《中华人民共和国档案法》《中华人民共和国电子签名法》等法律法规的要求。

第四章 信用评价及监督检查

第十七条 财政部门负责组织开展代理机构综合信用评价工作。采购人、供应商和评审专家根据代理机构的从业情况对代理机构的代理活动进行综合信用评价。综合信用评价结果应当全国共享。

第十八条 采购人、评审专家应当在采购活动或评审活动结束后 5 个工作日内，在政府采购信用评价系统中记录代理机构的职责履行情况。

供应商可以在采购活动结束后 5 个工作日内，在政府采购信用评价系统中记录代理机构的职责履行情况。

代理机构可以在政府采购信用评价系统中查询本机构的职责履行情况，并就有关情况作出说明。

第十九条 财政部门应当建立健全定向抽查和不定向抽查相结合的随机抽查机制。对存在违法违规线索的政府采购项目开展定向检查；对日常监管事项，通过随机抽取检查对象、随机选派执法检查人员等方式开展不定向检查。

财政部门可以根据综合信用评价结果合理优化对代理机构的监督检查频次。

第二十条 财政部门应当依法加强对代理机构的监督检查，监督检查包括以下内容：

（一）代理机构名录信息的真实性；

（二）委托代理协议的签订和执行情况；

（三）采购文件编制与发售、评审组织、信息公告发布、评审专家抽取及评价情况；

（四）保证金收取及退还情况，中标或者成交供应商的通知情况；

（五）受托签订政府采购合同、协助采购人组织验收情况；

（六）答复供应商质疑、配合财政部门处理投诉情况；

（七）档案管理情况；

（八）其他政府采购从业情况。

第二十一条 对代理机构的监督检查结果应当在省级以上财政部门指定的政府采购信息发布媒体向社会公开。

第二十二条　受到财政部门禁止代理政府采购业务处罚的代理机构，应当及时停止代理业务，已经签订委托代理协议的项目，按下列情况分别处理：

（一）尚未开始执行的项目，应当及时终止委托代理协议；

（二）已经开始执行的项目，可以终止的应当及时终止，确因客观原因无法终止的应当妥善做好善后工作。

第二十三条　代理机构及其工作人员违反政府采购法律法规的行为，依照政府采购法律法规进行处理；涉嫌犯罪的，依法移送司法机关处理。

代理机构的违法行为给他人造成损失的，依法承担民事责任。

第二十四条　财政部门工作人员在代理机构管理中存在滥用职权、玩忽职守、徇私舞弊等违法违纪行为的，依照《中华人民共和国政府采购法》《中华人民共和国公务员法》《中华人民共和国行政监察法》《中华人民共和国政府采购法实施条例》等国家有关规定追究相关责任；涉嫌犯罪的，依法移送司法机关处理。

第五章　附　　则

第二十五条　政府采购行业协会按照依法制定的章程开展活动，加强代理机构行业自律。

第二十六条　省级财政部门可根据本办法规定制定具体实施办法。

第二十七条　本办法自2018年3月1日施行。

国有金融企业集中采购管理暂行规定

（2018年2月5日财政部发布　财金〔2018〕9号　自2018年3月1日起施行）

第一章　总　　则

第一条　为规范国有金融企业集中采购行为，加强对采购支出的管理，提高采购资金的使用效益，根据国家有关法律、行政法规和部门规章，制定本规定。

第二条　国有金融企业实施集中采购适用本规定。

本规定所称国有金融企业，包括所有获得金融业务许可证的国有企业，以及国有金融控股公司、国有担保公司和其他金融类国有企业。按现行法律法规实行会员制的金融交易场所参照本规定执行。

本规定所称集中采购，是指国有金融企业以合同方式有偿取得纳入集中采购范围的货物、工程和服务的行为。

第三条　国有金融企业集中采购应当遵循公开、公平、公正、诚实信用和效益原则。

第四条　国有金融企业开展集中采购活动应符合国家有关规定，建立统一管理、分级授权、相互制约的内部管理体制，切实维护企业和国家整体利益。

第五条　国有金融企业集中采购应优先采购节能环保产品。

第二章　组 织 管 理

第六条　国有金融企业应建立健全集中采购决策管理职能与操作执行职能相分离的管理体制。

第七条　国有金融企业应成立集中采购管理委员会，成员由企业相关负责人以及财务、法律等相关业务部门负责人组成，负责对公司集中采购活动进行决策管理。国有金融企业纪检、监察、审计等部门人员可列席集中采购管理委员会会议。

国有金融企业集中采购管理委员会的主要职责包括：

（一）审定企业内部集中采购管理办法等制度规定；

（二）确定企业集中采购目录及限额标准；

（三）审定采购计划并审查采购计划的执行情况；

（四）审议对业务活动和发展有较大影响的采购事项；

（五）采购活动中涉及的其他重要管理和监督事宜。

第八条 国有金融企业可指定具体业务部门或根据实际设立集中采购日常管理机构，具体实施集中采购活动。根据集中采购项目具体情况，国有金融企业可自行采购或委托外部代理机构办理采购事宜。

第九条 国有金融企业采用公开招标、邀请招标方式采购的，应依法组建评标委员会负责采购项目评审。采用竞争性谈判、竞争性磋商、询价等非招标方式采购的，应参照政府采购的相关要求并结合本单位实际，成立谈判、磋商或询价小组。

第十条 国有金融企业总部可建立或联合建立集中采购项目评审专家库。评审专家成员由国有金融企业财务、技术等内部专业人员，以及相关技术、经济等方面的外部专家组成。如不具备上述建库条件的企业，应合理使用招标代理机构等外部的评审专家库。

第十一条 一般采购项目从评审专家库中随机抽取选定评审专家，对技术复杂、专业性强或者有特殊要求的采购项目，通过随机抽取方式难以确定合适评审专家的，可由国有金融企业按程序自行选定。

第三章 制度建设

第十二条 国有金融企业可参考省级以上人民政府定期发布的集中采购目录及标准，结合企业实际情况，制定本企业的集中采购目录及限额标准。

第十三条 国有金融企业应依据国家有关法律法规和本规定，制定企业内部集中采购管理办法。

第十四条 国有金融企业内部集中采购管理办法，应至少包括以下内容：

（一）明确公司集中采购范围，以及不同采购方式的具体适用情形；

（二）实施集中采购的具体程序，包括编制采购计划、采购项目立项、编制采购需求、实施采购、签订合同、采购验收、资金结算、档案管理等；

（三）明确集中采购活动的内部监督检查主体及职责；

（四）对违法违规和违反职业道德等人员和单位的处理处罚措施等。

第十五条 国有金融企业应当建立健全内部监督管理制度，加强对集中采购的内部控制和监督检查，切实防范采购过程中的差错和舞弊行为。

第十六条 国有金融企业应建立相互监督、相互制约的采购活动决策和执行程序，并明确具体采购项目经办人员与负责采购合同审核、验收人员的职责权限，做到相互分离。

第十七条 国有金融企业应对分支机构的集中采购行为做好业务指导和管理。

第四章 采购方式

第十八条 国有金融企业集中采购可以采用公开招标、邀请招标、竞争性谈判、竞争性磋商、单一来源采购、询价，以及有关管理部门认定的其他采购方式。

第十九条 对纳入集中采购范围的采购项目，国有金融企业原则上应优先采用公开招标或邀请招标的方式。需要采用非招标采购方式的，应符合本规定要求，并在采购活动开始前，按企业内部集中采购管理规定报批。

第二十条 符合下列情形之一的集中采购项目，可以采用邀请招标方式采购：

（一）具有特殊性，只能从有限范围的供应商处采购的；

（二）采用公开招标方式的费用占该采购项目总价值的比例过大的；

（三）企业内部集中采购管理办法列明的其他适用情形。

第二十一条 符合下列情形之一的集中采购项目，可以采用竞争性谈判方式采购：

（一）招标后没有供应商投标或者没有合格标的或者重新招标未能成立的；

（二）技术复杂或者性质特殊，不能确定详细规格或者具体要求的；

(三)采用招标所需时间不能满足用户紧急需要的;

(四)不能事先计算出价格总额的;

(五)企业内部集中采购管理办法列明的其他适用情形。

第二十二条　符合下列情形之一的集中采购项目,可以采用竞争性磋商方式采购:

(一)购买服务项目;

(二)技术复杂或者性质特殊,不能确定详细规格或者具体要求的;

(三)因专利、专有技术或者服务的时间、数量事先不能确定等原因不能事先计算出价格总额的;

(四)市场竞争不充分的科研项目;

(五)按照招标投标法及其实施条例必须进行招标的工程建设项目以外的工程建设项目;

(六)企业内部集中采购管理办法列明的其他适用情形。

第二十三条　符合下列情形之一的集中采购项目,可以采用单一来源方式采购:

(一)只能从唯一供应商处采购的;

(二)发生了不可预见的紧急情况不能从其他供应商处采购的;

(三)必须保证原有采购项目一致性或者服务配套的要求,需要再次向原供应商采购的;

(四)企业内部集中采购管理办法列明的其他适用情形。

第二十四条　集中采购项目符合货物规格、标准统一,现货货源充足且价格变化幅度小等条件的,经企业内部集中采购管理办法列明,可以采用询价方式采购。

第五章　采购管理

第二十五条　国有金融企业应按采购计划实施集中采购,并纳入年度预算管理。计划外的集中采购事项,应按企业内部相关规定报批。采购计划的重大调整,应按程序报集中采购管理委员会审议。

第二十六条　国有金融企业不得将应当以公开招标方式采购的项目化整为零或者以其他任何方式规避公开招标采购。

第二十七条　国有金融企业根据中标或成交结果签订采购合同,采购合同应经内部法律部门或法律中介机构审核。

第二十八条　国有金融企业要做好集中采购信息公开工作,通过企业网站、招标代理机构网站或省级以上人民政府财政部门指定的政府采购信息公开媒体等公开渠道,向社会披露公开招标和非公开招标的采购项目信息,涉及国家秘密、商业秘密的内容除外。

采用公开招标方式的,应当按规定发布招标公告、资格预审公告,公示中标候选人、中标结果等全流程信息。中标结果公示内容包括但不限于招标项目名称、招标人、招标代理机构、招标公告日期、中标人、中标内容及价格等基本要素。招标公告及中标结果应在同一渠道公开。

采用非公开招标方式的,应在采购合同签订之日起 3 个工作日内,公告成交结果,包括但不限于采购内容、采购方式、候选供应商、中选供应商、合同确定的采购数量、采购价格等基本要素。

第六章　监督检查

第二十九条　国有金融企业应认真执行本规定,在年度财务报告中披露对企业成本、费用影响重大的集中采购事项,自觉接受财政、审计等相关部门的监督检查。

第三十条　对国有金融企业实施的招标等集中采购活动,投标商及相关方认为有任何违法违规问题的,可按规定向国有金融企业的主管财政机关以及国家有关部门投诉。

第三十一条　企业采购当事人不得互相串通损害企业利益、国家利益、社会公共利益和其他当事人的合法权益。

第三十二条　对采购当事人泄露标底等应当保密的与采购活动有关的情况和资料以及其他违反有关法律、行政法规和本规定的行为,依法追究责任。

第七章 附 则

第三十三条 国有金融企业使用国际组织、外国政府、外国法人、以及其他组织和个人的贷款或者赠款进行采购，贷款或赠款人对采购方式有约定的，可从其约定，但不得损害国家利益和社会公共利益。

第三十四条 本规定自2018年3月1日起施行。《关于加强国有金融企业集中采购管理的若干规定》（财金〔2001〕209号）同时废止。

财政部关于推进政府和社会资本合作规范发展的实施意见

（2019年3月7日 财金〔2019〕10号）

各省、自治区、直辖市、计划单列市财政厅（局），新疆生产建设兵团财政局，财政部驻各省、自治区、直辖市、计划单列市财政监察专员办事处：

在公共服务领域推广运用政府和社会资本合作（PPP）模式，引入社会力量参与公共服务供给，提升供给质量和效率，是党中央、国务院作出的一项重大决策部署。为贯彻落实中央经济工作会议和全国财政工作会议精神，有效防控地方政府隐性债务风险，充分发挥PPP模式积极作用，落实好“六稳”工作要求，补齐基础设施短板，推动经济高质量发展，现提出如下意见：

一、牢牢把握推动PPP规范发展的总体要求

近年来，各级财政部门会同有关方面大力推进PPP工作，在稳增长、促改革、惠民生方面发挥了积极作用，但也存在超出自身财力、固化政府支出责任、泛化运用范围等问题。各级财政部门要进一步提高认识，遵循“规范运行、严格监管、公开透明、诚信履约”的原则，切实防控地方政府隐性债务风险，坚决打好防范化解重大风险攻坚战，扎实推进PPP规范发展。

（一）*规范运行*。健全制度体系，明确“正负面”清单，明确全生命周期管理要求，严格项目入库，完善“能进能出”动态调整机制，落实项目绩效激励考核。

（二）*严格监管*。坚持必要、可承受的财政投入原则，审慎科学决策，健全财政支出责任监测和风险预警机制，防止政府支出责任过多、过重加大财政支出压力，切实防控假借PPP名义增加地方政府隐性债务。

（三）*公开透明*。公平、公正、公开择优采购社会资本方。用好全国PPP综合信息平台，充分披露PPP项目全生命周期信息，保障公众知情权，对参与各方形成有效监督和约束。

（四）*诚信履约*。加强地方政府诚信建设，增强契约理念，充分体现平等合作原则，保障社会资本合法权益。依法依规将符合条件的PPP项目财政支出责任纳入预算管理，按照合同约定及时履约，增强社会资本长期投资信心。

二、规范推进PPP项目实施

（一）规范的PPP项目应当符合以下条件：

1. 属于公共服务领域的公益性项目，合作期限原则上在10年以上，按规定履行物有所值评价、财政承受能力论证程序；

2. 社会资本负责项目投资、建设、运营并承担相应风险，政府承担政策、法律等风险；

3. 建立完全与项目产出绩效相挂钩的付费机制，不得通过降低考核标准等方式，提前锁定、固化政府支出责任；

4. 项目资本金符合国家规定比例，项目公司股东以自有资金按时足额缴纳资本金；

5. 政府方签约主体应为县级及县级以上人民政府或其授权的机关或事业单位；

6. 按规定纳入全国PPP综合信息平台项目库，及时充分披露项目信息，主动接受社会监督。

（二）在符合上述条件的同时，新上政府付费项目原则上还应符合以下审慎要求：

1. 财政支出责任占比超过5%的地区，不得新上政府付费项目。按照“实质重于形式”原则，污水、垃圾处理等依照收支两条线管理、表现为政府付费形式的PPP项目除外；

2. 采用公开招标、邀请招标、竞争性磋商、竞争性谈判等竞争性方式选择社会资本方；

3. 严格控制项目投资、建设、运营成本，加强跟踪审计。

对于规避上述限制条件，将新上政府付费项目打捆、包装为少量使用者付费项目，项目内容无实质关联、使用者付费比例低于10%的，不予入库。

（三）强化财政支出责任监管。确保每一年度本级全部PPP项目从一般公共预算列支的财政支出责任，不超过当年本级一般公共预算支出的10%。新签约项目不得从政府性基金预算、国有资本经营预算安排PPP项目运营补贴支出。建立PPP项目支出责任预警机制，对财政支出责任占比超过7%的地区进行风险提示，对超过10%的地区严禁新项目入库。

三、加强项目规范管理

各级财政部门要将规范运作放在首位，严格按照要求实施规范的PPP项目，不得出现以下行为：

（一）存在政府方或政府方出资代表向社会资本回购投资本金、承诺固定回报或保障最低收益的。通过签订阴阳合同，或由政府方或政府方出资代表为项目融资提供各种形式的担保、还款承诺等方式，由政府实际兜底项目投资建设运营风险的。

（二）本级政府所属的各类融资平台公司、融资平台公司参股并能对其经营活动构成实质性影响的国有企业作为社会资本参与本级PPP项目的。社会资本方实际只承担项目建设、不承担项目运营责任，或政府支出事项与项目产出绩效脱钩的。

（三）未经法定程序选择社会资本方的。未按规定通过物有所值评价、财政承受能力论证或规避财政承受能力10%红线，自行以PPP名义实施的。

（四）以债务性资金充当项目资本金，虚假出资或出资不实的。

（五）未按规定及时充分披露项目信息或披露虚假项目信息，严重影响行使公众知情权和社会监督权的。

对于存在本条（一）项情形，已入库项目应当予以清退，项目形成的财政支出责任，应当认定为地方政府隐性债务，依法依规提请有关部门对相关单位及个人予以严肃问责。

对于存在本条（二）至（五）项情形的，应在限期内进行整改。无法整改或逾期整改不到位的，已入库项目应当予以清退，涉及增加地方政府隐性债务的，依法依规提请有关部门予以问责和妥善处置。

四、营造规范发展的良好环境

各级财政部门要会同有关部门，多措并举，加强规范管理和分类指导，对重点领域、重点项目加大政策支持力度。

（一）鼓励民资和外资参与。加大对民营企业、外资企业参与PPP项目的支持力度，向民营企业推介政府信用良好、项目收益稳定的优质项目，并在同等条件下对民营企业参与项目给予优先支持。中央财政公共服务领域相关专项转移支付资金优先支持符合条件的民营企业参与的PPP项目。研究完善中国PPP基金绩效考核办法，将投资民营企业参与项目作为重要考核指标，引导中国PPP基金加大支持力度。各地在开展PPP项目时，不得对外资企业、中资境外分支机构参与设置歧视性条款或附加条件。提倡优质优价采购，应当根据采购项目需求特点，合理选择采购方式，进一步加强采购需求和履约验收管理，提高采购质量。

（二）加大融资支持。结合自身财力状况，因地制宜采取注入资本金、运营补贴等方式支持规范的PPP项目。引导保险资金、中国PPP基金加大项目股权投资力度，拓宽项目资本金来源。鼓励通过股权转让、资产交易、资产证券化等方式，盘活项目存量资产，丰富社会资本进入和退出渠道。

（三）聚焦重点领域。优先支持基础设施补短板以及健康、养老、文化、体育、旅游等基本公共服务均等化领域有一定收益的公益性项目。加快实施符合经济社会发展需要、决策程序完备、回报机制清晰、融资结构合理的项目。

（四）保障合理支出。符合条件的PPP项目形成的政府支出事项，以公众享受符合约定条件的公共服务为支付依据，是政府为公众享受公共服务提供运营补贴形成的经常性支出。各地要依法依规将规范的PPP项目财政支出纳入预算管理,重诺守约,稳定市场预期。

(五)加强信息披露。依托全国PPP综合信息平台,对PPP项目信息进行全流程公开披露、汇总统计和分析监测,完善项目库"能进能出"的动态调整机制,不以入库为项目合规"背书",不以入库作为商业银行贷款条件。

(六)加强分类指导。对于在建项目,督促各方严格履约,保障出资到位,推动项目按期完工,避免出现"半拉子"项目。对于尚未开工的项目,督促各方严格按照要求加强合同条款审核,规范融资安排。对于进入采购阶段的项目,加强宣传推介和信息披露,吸引各类市场主体特别是民营企业和外资企业平等参与。同时,加强重大项目储备,扎实做好项目前期论证,推动形成远近结合、梯次接续的项目开发格局。

(七)强化PPP咨询机构库和专家库管理。咨询机构和专家要发挥专业作用,遵守职业操守,依法合规提供PPP项目咨询服务。对于包装不规范PPP项目增加隐性债务风险、出具咨询意见违反相关政策规定、收费标准偏离市场合理水平、对PPP项目实施造成消极影响和严重后果的咨询机构和专家,要按照规定严肃追究责任。

五、协同配合抓好落实

各级财政部门要提高站位,主动作为,加快推动建立协同配合、保障有力、措施到位的工作机制。

(一)加强部门协作,强化项目前期识别、论证和入库等环节的沟通协调与信息共享,扎实做好项目前期准备工作,夯实项目实施基础,推进科学决策。

(二)强化跟踪监测。加强对项目全生命周期的跟踪指导和监督检查,建立健全政策落实和项目实施督查机制。加大信息公开力度,主动接受审计监督和社会监督,推动项目规范有序实施。

(三)鼓励地方和部门因地制宜创新工作机制、加大政策扶持力度,加强经验总结和案例推广,工作推进中形成的经验做法和发现的重大问题,及时向财政部报告。

(八)其　　他

公安部政府采购管理办法

(2002年12月25日公安部办公厅发布
公装财〔2002〕450号　自2003年1月1日起施行)

第一章　总　　则

第一条　为了加强对公安部机关政府采购工作的管理,规范政府采购行为,根据《中华人民共和国政府采购法》、《中华人民共和国招标投标法》(以下简称《政府采购法》和《招标投标法》)、《中央国家机关全面推行政府采购制度实施方案》和财政部有关规章制度,结合我部实际情况,制定本办法。

第二条　本办法适用于部机关、部直属行政事业单位和部属学会、协会、基金会(以下简称各单位),使用财政资金(预算内资金、预算外资金和自筹资金)在国内采购货物、工程和服务,应按照本办法执行。

第三条　各单位政府采购工作应遵循公开透明、公平竞争、公正诚实的原则,自觉接受财政、审计、纪检部门的检查和监督。

第四条　装备财务局负责公安部政府采购工作的管理和指导工作。履行下列职责:

(一)根据国家的政策规定,拟定公安部政府采购的规章制度;

(二)编制公安部政府采购预算,编报政府采购有关报表;

(三)收集、发布有关政府采购信息;

(四)负责部机关各种货物、工程和服务项目的政府采购;

(五)管理和指导部属各单位的政府采购工作,下达集中采购目录,并根据情况组织部属单位部分技术装备的集中采购;

(六)根据预算安排,组织为地方公安机关统一配发的有关装备和材料的采购工作;

(七)负责各单位政府采购人员的培训;

(八)办理其他有关政府采购事务。

第五条　各单位按照财政部要求编制政府采购预算,制定政府采购计划,并按照《政府采购法》和有关规定组织本单位的政府采购工作。

第二章　政府采购方式

第六条　政府采购采用以下方式:

(一)公开招标;

(二)邀请招标;

(三)竞争性谈判;

(四)单一来源采购;

(五)询价;

(六)财政部确定的其他采购方式。

公开招标是政府采购的主要方式,公开招标要执行有关法律、法规和部门规章的规定。

第七条　各单位采购货物或服务,一般应采取公开招标方式;凡达到公开招标数额标准的,必须实行公开招标。采用公开招标以外的采购方式,应符合《政府采购法》和财政部的有关规定。凡列入财政部或公安部集中采购目录的项目,各单位不得自行采购;确需自行采购的,报装备财务局批准后，方可执行。

第八条 各单位工程建设项目（含维修、装修、拆除等工程），达到国家规定公开招标数额标准的，必须按《招标投标法》规定的程序进行招标投标。

第三章 政府采购工作程序

第九条 各单位在编制年度部门预算时，应当按照财政部有关文件和装备财务局的要求认真编报政府采购预算，经装备财务局审核后报财政部审批。

第十条 装备财务局根据财政部批复的部门预算和政府采购计划，制定公安部政府采购计划，并下达给部属单位执行。

第十一条 各单位应根据装备财务局批复的部门预算和政府采购计划，制定本单位政府采购计划，经本单位办公会议审议通过后，方可组织实施。

第十二条 凡纳入财政部或公安部集中采购的项目，各单位应根据装备财务局的通知要求，按时上报采购清单，其内容包括采购项目名称、技术规格、数量、使用要求和交货时间等。属于财政部集中采购目录中的通用采购项目，经装备财务局审核汇总后，报中央国家机关政府采购中心组织采购；属于公安部集中采购的项目，由装备财务局组织采购。

第十三条 凡纳入财政部或公安部协议采购的项目，各单位应按有关通知要求与有关供应商联系，在指定的范围内进行采购。

第十四条 各单位采购货物或服务项目，要按照法定的采购方式组织采购。采购前应根据法定要求组成采购小组，由采购小组开展招标、谈判、询价、签定合同等工作。有关采购文件按规定至少要保存十五年。

第十五条 各单位采购小组在签定合同时应写出专题报告，经单位财务部门认可，单位领导审批后，方可签定合同。

第十六条 各单位应按照《政府采购法》的规定办理合同事项，在报销所采购物品时应附采购合同原件。

第十七条 属于财政部直接支付的采购资金，由采购部门填报申请书报装备财务局。装备财务局审核无误后，报财政部审批。财政部按合同将资金支付给供应商。属于装备财务局直接支付的采购资金，由装备财务局按合同将资金支付给供应商。属于各单位支付的采购资金，按合同规定付款。

第四章 监督检查

第十八条 各单位政府采购部门和政府采购人员，应自觉接受审计部门的审计监督。

第十九条 各单位纪检监察部门要加强对政府采购活动的监督检查，对政府采购活动，要指派专人实施监察。

第二十条 任何单位和个人对政府采购活动中的违法行为，有权检举和控告，有关单位应及时处理。

第二十一条 在政府采购活动中，凡有违反政府采购法行为的，依法给予行政处分；情节严重，构成犯罪的，依法追究刑事责任。

第五章 附 则

第二十二条 各单位可根据本办法制定具体的政府采购实施细则，报装备财务局备案。

第二十三条 本办法由装备财务局负责解释。

第二十四条 本办法自2003年1月1日起施行，《公安部机关政府采购管理试行办法》（公办〔2000〕75号）同时废止。

农业部政府采购管理办法

(2017 年 3 月 1 日农业部发布　农财发〔2017〕4 号)

第一章　总　　则

第一条　为了规范农业部政府采购行为,加强政府采购管理,提高政府采购资金的使用效益,根据《中华人民共和国政府采购法》和《中华人民共和国政府采购法实施条例》等有关规定,结合我部工作实际,制定本办法。

第二条　本办法所称政府采购,是指部机关各司局、派出机构、部属各单位(不含企业,以下简称各单位)按照政府采购法律、行政法规和制度规定的方式和程序,使用财政性资金采购国务院确定并公布的中央预算单位政府集中采购目录(以下简称集中采购目录)以内或者采购限额标准以上的货物、工程和服务的行为。

财政性资金是指纳入预算管理的资金。以财政性资金作为还款来源的借贷资金,视同财政性资金。

第三条　政府采购应当遵循公开透明、公平竞争、公正和诚实信用原则。

第四条　农业部财务司负责农业部政府采购的监督管理,主要职责是:

(一)根据国家政府采购法律、法规及规章制度,制定农业部政府采购管理制度并组织实施;

(二)编报农业部政府采购预算,汇总政府采购实施计划、执行情况和统计信息;

(三)指导各单位开展政府采购工作;

(四)办理农业部系统有关政府采购审批或备案事项;

(五)监督、检查各单位政府采购工作;

(六)负责组织各单位政府采购管理人员培训。

第五条　各单位负责本单位政府采购的组织和实施工作,主要职责是:

(一)严格执行政府采购有关规定,制定本单位政府采购管理办法;

(二)编制本单位政府采购预算、计划、执行情况和信息统计;

(三)向农业部财务司报送政府采购有关审批审核或备案文件;

(四)组织实施本单位的政府采购活动,并实施归口管理;

(五)依法签订本单位政府采购合同并负责合同履行验收;

(六)依法公开本单位政府采购项目信息;

(七)接受上级有关部门和单位监督检查。

第六条　各单位政府采购应遵循以下工作程序:

(一)确定采购需求,编报政府采购预算;

(二)确定组织形式,编报政府采购计划;

(三)确定采购方式,制定政府采购方案;

(四)组织实施政府采购活动;

(五)政府采购合同履行及验收;

(六)申请支付资金;

(七)采购文件归档。

第七条　各单位应当加强对政府采购预算与计划的管理,做到无预算不采购、无计划不执行采购、不超预算采购。

第八条　各单位应认真落实国家有关政府采购政策,推动实现节约能源、保护环境、扶持不发达地区和少数民族地区、促进中小企业发展等国家经济和社会发展政策目标。

第九条　政府采购应当采购本国货物、工程和服务。特殊情况需要采购非本国货物、工程和服务的,应当按规定报批。

第十条　部机关各司局、派出机构和参照公务员法管理的事业单位，应按照政府购买服务有关规定，积极推进政府购买服务工作。

第二章　政府采购预算和计划管理

第十一条　政府采购预算是部门预算的重要组成部分，各单位在编制年度部门预算时，应当同时编制政府采购预算。有明确配置标准的采购项目，如通用办公设备家具等，应按照规定的标准编制政府采购预算；其他项目应按照厉行节约的原则，结合同类项目历史成交结果编制政府采购预算。

第十二条　预算执行中因部门预算资金调剂（包括追加、追减或调整结构）需要明确政府采购预算的，应按部门预算管理有关规定报财政部审批。

第十三条　政府采购计划是指由各单位依据政府采购预算编制的，反映各单位详细采购需求及实施要求的采购计划。各单位全部使用或部分使用财政性资金开展的采购活动，都应当编制政府采购计划。涉密采购项目暂不编制采购计划，但预算涉密采购不涉密的项目仍应编制采购计划。

第十四条　政府采购计划中的采购项目、数量和采购资金来源等内容应与政府采购预算相一致。

第十五条　各单位在年度预算执行中，追加或调整政府采购预算进行的采购，以及预算涉密采购不涉密的项目，应在政府采购计划管理系统（以下简称计划管理系统）中录入相关预算金额后编制采购计划，并上传财政部批复文件或资金来源情况进行说明（涉密项目相关文件除外）。

第十六条　各单位在编制采购计划时，应结合实际采购需要，将预算项目细化为可执行的采购项目，但不得将同一预算年度内同一预算项目下的同一品目或者类别的项目，拆分为多个采购限额或公开招标数额标准以下的项目，规避政府采购和公开招标。

第十七条　各单位对于采购需求具有相对固定性、延续性且价格变化幅度小的服务项目，在年度预算能保障的前提下，可实行采购合同"一签三年"管理方式。

第十八条　各单位应于每季度结束后，依据政府采购合同，及时按要求通过计划管理系统，报送季度执行情况和信息统计报表数据。无法取得采购合同的，可依据发票、验收单等凭证，报送有关数据。

第三章　政府采购组织形式

第十九条　政府采购组织形式分为集中采购和分散采购。

第二十条　集中采购范围由集中采购目录确定，采购形式主要有批量集中采购、协议供货采购、定点采购等形式。集中采购机构采购项目必须按规定委托集中采购机构代理采购，不得将集中采购机构采购项目委托社会代理机构采购或者自行采购。

第二十一条　按照财政部要求须实施批量集中采购的项目，各单位应严格按照以下要求执行：

（一）认真填写并按时报送批量集中采购计划，保证品目名称、配置标准、采购数量、配送地点和最终用户联系方式等内容准确完整。

（二）因时间紧急或特殊原因不能批量集中采购，申请采取协议供货的项目，应填制一式两份《协议供货采购备案表》（附件1），经农业部财务司审批备案后，方可采取协议供货方式购买。

第二十二条　协议供货采购、定点采购项目应按照集中采购机构公布的中标结果和要求进行采购。其中，一次性采购批量较大的，应当与中标供应商就价格再次谈判或询价。

第二十三条　各单位单独委托集中采购机构实施的采购项目，应当在政府集中采购开始前签订委托代理协议，明确委托事项、双方的权利和义务等。

各单位根据情况，可委托政府集中采购机构办理采购信息发布、确定中标人、签订合同、验收等事项。

第二十四条　政府采购合同文本是政府集中采购活动合法有效的证明文件和采购资金支付报销的有效凭证。

第二十五条　采购集中采购目录以外、限额标准以上的政府采购项目，实行分散采购，由预算单位按规定自行采购或者委托采购代理机构采购。各单位应当与采购代理机构签订委托代理协议，依法确定委托代理的事项，约定双方的权利义务。

第四章　政府采购方式

第二十六条　政府采购采用以下方式：

（一）公开招标；

（二）邀请招标；

（三）竞争性谈判；

（四）单一来源采购；

（五）询价；

（六）竞争性磋商；

（七）国务院政府采购监督管理部门认定的其他采购方式。

公开招标应作为政府采购的主要采购方式。

第二十七条　采购金额达到国务院规定的公开招标数额标准以上的货物、工程或服务项目应当采用公开招标方式。

各单位不得将应当以公开招标方式采购的货物或服务化整为零或者以其他任何方式规避公开招标采购。

第二十八条　政府采购工程以及与工程建设有关的货物、服务，采用招标方式采购的，适用于《中华人民共和国招投标法》及其实施条例；采用其他方式采购的，适用于《中华人民共和国政府采购法》及其实施条例。

第二十九条　符合下列情形之一的采购项目，可以采用邀请招标方式采购：

（一）具有特殊性，只能从有限范围的供应商处采购的；

（二）采用公开招标的费用占政府采购项目总价值的比例过大的。

第三十条　各单位采购以下货物、工程和服务之一的，可以采用竞争性谈判、竞争性磋商、单一来源采购方式采购；采购货物的，还可以采用询价采购方式：

（一）依法制定的集中采购目录以外、采购限额标准以上，且未达到公开招标数额标准的货物、服务；

（二）达到公开招标数额标准、经批准采用非公开招标方式的货物、服务；

（三）按照招标投标法及其实施条例必须进行招标的工程建设项目以外的政府采购工程。

第三十一条　符合下列情形之一的采购项目，可以采用竞争性谈判方式采购：

（一）招标后没有供应商投标或者没有合格标的或者重新招标未能成立的；

（二）技术复杂或者性质特殊，不能确定详细规格或者具体要求的；

（三）因采购人不可预见的原因或者非因采购人拖延，导致招标所需时间不能满足用户紧急需要的；

（四）因专利、专有技术或者因服务的时间、数量事先不能确定，导致不能事先计算出价格总额的。

第三十二条　符合下列情形之一的采购项目，可以采用单一来源方式采购：

（一）只能从唯一供应商处采购的；

（二）发生不可预见的紧急情况不能从其他供应商处采购的；

（三）必须保证原有采购项目一致性或者服务配套的要求，需要继续从原供应商处添购，且添购资金总额不超过原合同采购金额10%的；

（四）财政部规定的其他可以采取单一来源方式采购的项目。

第三十三条　采购的货物规格、标准统一，现货货物充足且价格变化幅度小的政府采购项目，可以采用询价方式采购。

第三十四条　符合下列情形之一的项目，可以采用竞争性磋商方式采购：

（一）政府购买服务项目；

（二）技术复杂或者性质特殊，不能确定详细规格或者具体要求的；

（三）因艺术品采购、专利、专有技术或者服务的时间、数量事先不能确定等原因不能事先计算出价格总额的；

（四）市场竞争不充分的科研项目，以及需要扶持的科技成果转化项目；

（五）按照招标投标法及其实施条例规定必须进行招标的工程建设项目以外的工程建设项目。

第五章 政府采购程序

第三十五条 招标采购的主要程序：

（一）编制标书。各单位应向招标代理机构提交采购项目的技术要求等，审定招标代理机构编制的招标文件和招标公告。

（二）发布招标公告。在财政部指定媒体发布招标公告或发出招标邀请。

（三）开标。建立评标委员会进行专家评审，确定中标、成交供应商。

（四）签订、履行合同。各单位根据招标结果，与中标、成交供应商签订合同，在规定的时间内支付合同款项，验收合同标的。

第三十六条 采用邀请招标方式采购货物和服务的，应当在财政部指定的政府采购信息媒体发布资格预审公告，公布投标人资格条件，资格预审公告的期限不得少于 7 个工作日。招标人从评审合格的投标人中通过随机方式选择 3 家以上的投标人，并向其发出投标邀请书。

第三十七条 在招标采购中，出现下列情形之一的，应予废标：

（一）符合专业条件的供应商或对招标文件作实质响应的供应商不足 3 家的；

（二）出现影响采购公正的违法、违规行为的；

（三）投标人的报价均超过了采购预算，采购人不能支付的；

（四）因重大变故，采购任务取消的。

废标后，采购人应当将废标理由通知所有投标人。

第三十八条 投标截止时间结束后，参加投标的供应商不足 3 家的，除采购任务取消情形外，按照以下原则处理：

（一）招标文件没有不合理条款、招标公告时间及程序符合规定的，预算单位可提出变更采购方式申请；

（二）招标文件存在不合理条款的，招标公告时间及程序不符合规定的，应予废标，并重新组织招标。

在评标期间，出现符合专业条件的供应商或对招标文件作实质响应的供应商不足 3 家的，可以比照前款规定执行。

第三十九条 采用竞争性谈判采购方式采购的，应当遵循下列程序：

（一）成立谈判小组。谈判小组由各单位的代表和评审专家 3 人以上的单数组成，其中评审专家的人数不得少于谈判小组成员总数的三分之二。

（二）制定谈判文件。谈判文件应当明确谈判程序、谈判内容、合同草案的条款、评定成交的标准等事项。

（三）确定邀请参加谈判的供应商名单。谈判小组应从符合相应资格条件的供应商名单中随机确定不少于 3 家的供应商参加谈判，并向其提供谈判文件。

（四）谈判。谈判小组应当通过随机方式确定参加谈判供应商的谈判顺序，谈判小组所有成员集中与单一供应商按照顺序分别就相同的内容进行谈判。

（五）确定成交供应商。谈判结束后，谈判小组应当要求所有参加谈判的供应商在规定时间内进行最后报价，采购人从谈判小组提出的成交候选人中根据符合采购需求、质量和服务相等且报价最低的原则确定成交供应商，并将结果通知所有参加谈判的未成交的供应商。

（六）签订、履行采购合同。各单位应和中标供应商签订合同，并在规定的时间内支付合同款项,验收合同标的。

第四十条　采取单一来源方式采购的,各单位应当按照法律法规规定的原则,在保证采购项目质量和双方商定合理价格的基础上进行采购。

第四十一条　采取询价方式采购的,应当遵循下列程序:

(一)成立询价小组。询价小组应由预算单位的代表和评审专家3人以上单数组成。其中专家的人数不得少于成员总数的三分之二。询价小组应当对采购项目的价格构成和评定成交的标准等事项作出规定。

(二)确定被询价的供应商名单。询价小组根据所采购的产品和服务的特点及对供应商的要求,从符合相应资格条件的供应商名单中,随机确定不少于3家的供应商。

(三)发出询价通知书。对选定的供应商分别发出统一的询价通知书让其报价,询价通知书应当根据采购需求确定政府采购合同条款。在询价过程中,询价小组不得改变询价通知书所确定的政府采购合同条款。

(四)确定成交供应商。采购人根据符合采购需求、质量和服务相等且报价最低的原则确定成交供应商,并将结果通知所有被询价的未成交的供应商。

(五)签订、履行采购合同。各单位应和中标供应商签订合同,并在规定的时间内支付货款,提取货物。

第四十二条　采用竞争性磋商方式采购的,应当遵循下列程序:

(一)组建竞争性磋商小组。竞争性磋商小组应由预算单位的代表和评审专家共3人以上单数组成,其中评审专家人数不得少于磋商小组成员总数的三分之二。

(二)确定被磋商的供应商名单。通过下列3种方式邀请不少于3家符合相应资格条件的供应商参与竞争性磋商采购活动:

公告方式。各单位或采购代理机构应当在财政部指定的政府采购信息发布媒体和农业部门户网站发布竞争性磋商公告;

随机抽取方式。从财政部门建立的供应商库中随机抽取供应商;

书面推荐方式。各单位和评审专家各自出具书面推荐意见,各单位推荐供应商的比例不得高于推荐供应商总数的50%。

(三)发出竞争性磋商文件。对选定的供应商分别发出统一的竞争性磋商文件,竞争性磋商文件应包括供应商资格条件、采购邀请、采购方式、采购预算、采购需求、政府采购政策要求、评审程序、评审方法、评审标准、价格构成或者报价要求、响应文件编制要求、保证金交纳数额和形式以及不予退还保证金的情形、磋商过程中可能实质性变动的内容、响应文件提交的截止时间、开启时间及地点以及合同草案条款等。

(四)磋商比较。磋商小组所有成员应当集中与单一供应商分别进行磋商,并给予所有参加磋商的供应商平等的磋商机会。经磋商确定最终采购需求和提交最后报价的供应商后,由磋商小组采用综合评分法对提交最后报价的供应商的响应文件和最后报价进行综合评分。磋商小组应当根据综合评分情况,按照评审得分由高到低顺序推荐成交候选供应商。

(五)磋商结果公告。各单位或者采购代理机构应当在成交供应商确定后2个工作日内,在财政部门指定的政府采购信息发布媒体和农业部门户网站上公告成交结果。

(六)签订、履行采购合同。各单位应在成交通知书发出之日起30日内,按照磋商文件确定的合同文本以及采购标的、规格型号、采购金额、采购数量、技术和服务要求等事项签订政府采购合同,并在规定的时间内支付合同款项,验收合同标的。

第四十三条　采用竞争性磋商方式采购的政府购买服务项目,采购过程中符合要求的供应商只有2家的,采购活动可以继续进行;符合要求的供应商只有1家的,应终止竞争性磋商采购活动,重新组织采购。

第四十四条　达到公开招标数额标准的货物或者服务采购项目,或者达到招标规模标准的政府采购工程,经批准采用竞争性谈判(磋商)方式采购的,竞争性谈判(磋商)小组或者询价小组应当由5人以上单数组成。

第四十五条 除财政部规定的情形外，评标委员会、竞争性谈判小组、询价小组或者竞争性磋商小组的评审专家应当从政府采购评审专家库中随机抽取。

市场竞争不充分的科研项目，需要扶持的科技成果转化项目，或技术复杂、专业性强的竞争性谈判（磋商）采购项目，通过随机方式难以确定合适的评审专家的，经农业部财务司同意，可以自行选定评审专家。技术复杂、专业性强的竞争性谈判（磋商）采购项目，评审专家中应当包含1名法律专家。

部属科研院所采购科研仪器设备的，可在政府采购评审专家库外自行选择评审专家。自行选择的评审专家与供应商有利害关系的，应严格执行回避有关规定。评审专家名单要随同中标、成交结果一并公告。

第四十六条 各单位的工作人员不得以专家身份参加本单位政府采购项目的评标、谈判（磋商）或询价工作。各单位就招标文件征询过意见的专家，不得再作为评标专家参加评标。

第四十七条 在政府采购活动中，各单位采购人员及相关人员与供应商有利害关系的，必须回避。所称相关人员，包括招标采购中评标委员会的组成人员，竞争性谈判（磋商）采购中谈判（磋商）小组的组成人员，询价采购中询价小组的组成人员等。

第四十八条 谈判（磋商）文件、询价通知书应当根据采购项目的特点和本单位的实际需求制定，不得擅自提高经费预算和资产配置等采购标准。谈判文件、询价通知书不得要求或者标明供应商名称或者特定货物的品牌，不得含有指向特定供应商的技术、服务等条件，不得以不合理条件对供应商实行差别待遇或歧视待遇。

第四十九条 谈判（磋商）小组、询价小组应当根据评审记录和评审结果编写评审报告，其主要内容包括：

（一）邀请供应商参加采购活动的具体方式和相关情况，以及参加采购活动的供应商名单；

（二）评审日期和地点，响应文件开启日期和地点，谈判（磋商）小组、询价小组成员名单；

（三）评审情况记录和说明，包括对供应商的资格审查情况、供应商响应文件评审情况、谈判（磋商）情况、报价情况等；

（四）提出的成交候选人的名单及理由。

评审报告应当由谈判（磋商）小组、询价小组全体人员签字认可。谈判（磋商）小组、询价小组成员对评审报告有异议的，谈判（磋商）小组、询价小组按照少数服从多数的原则推荐成交候选人，采购程序继续进行。对评审报告有异议的谈判（磋商）小组、询价小组成员，应当在报告上签署不同意见并说明理由，由谈判（磋商）小组、询价小组书面记录相关情况。谈判（磋商）小组、询价小组成员拒绝在报告上签字又不书面说明其不同意见和理由的，视为同意评审报告。

第五十条 评标委员会、谈判（磋商）小组、询价小组成员以及与评审工作有关的人员不得泄露评审情况以及评审过程中获悉的国家秘密、商业秘密。

第五十一条 任何单位和个人不得非法干预、影响评审过程和结果。

第五十二条 在采购活动中因重大变故，采购任务取消的，各单位应当终止采购活动，通知所有参加采购活动的供应商，并将项目实施情况和采购任务取消原因报送农业部财务司。

第六章 变更政府采购方式管理

第五十三条 各单位达到公开招标数额标准的货物和服务采购项目，因特殊情况需要采取公开招标以外采购方式的，应当在采购活动开始前提出变更政府采购方式申请，经农业部财务司审核报财政部批准后实施。

第五十四条 各单位申请变更政府采购方式的，应提交以下材料：

（一）变更采购方式书面申请。申请中应当载明以下内容：单位名称、采购项目名称、项目概况等项目基本情况说明，拟申请采用的采购方式和理由，联系人及联系电话等。申请变更为单一来源采购方式的，还需提供拟定的唯一供应商名称、地址；

（二）项目预算金额、预算批复文件或者资金来源证明；

（三）单位采购、财务、业务等相关部门（岗位）的内部会商意见。申请变更为单一来源采购方式的,只能从唯一供应商处采购的,还需提供3名以上专业人员论证意见。

第五十五条　各单位招标后没有供应商投标或者没有合格标的,采购项目技术复杂或者性质特殊,不能确定详细规格或者具体要求的,申请采用竞争性谈判采购方式的;公开招标过程中提交投标文件或者经评审实质性响应招标文件要求的供应商只有一家时,申请单一来源采购方式的,除按照本办法第五十四条第一项和第二项要求提供有关申请材料外,还应当提供以下材料:

(一)在中国政府采购网发布招标公告的证明材料;

(二)各单位、采购代理机构出具的对招标文件和招标过程没有供应商质疑的说明材料;

(三)评标委员会或3名以上评审专家出具的招标文件没有不合理条款的论证意见。

第五十六条　达到公开招标数额的采购项目,申请采用单一来源采购方式,只能从唯一供应商处采购的,在报农业部财务司审核之前,应当在中国政府采购网上公示,公示期不得少于5个工作日,并将公示情况一并报农业部财务司。因采购任务涉及国家秘密需要变更为单一来源采购方式的,可不进行公示。

第五十七条　申请变更为单一来源采购方式的公示材料,为单一来源采购征求意见公示文书和专业人员论证意见。因公开招标过程中提交投标文件或者经评审实质性响应招标文件要求的供应商只有一家时,申请采用单一来源采购方式的,公示材料还包括评审专家和代理机构分别出具的招标文件无歧视性条款、招标过程未受质疑相关意见材料。

单一来源采购征求意见公示文书内容应包括:单位名称、采购项目名称和内容;公示的期限;拟采购的唯一供应商名称;农业部、财政部政府采购监管部门的联系地址、联系人和联系电话。

第五十八条　未达到公开招标数额标准的采购项目,只能从唯一供应商处采购的,各单位可以依法采用单一来源采购方式自行采购。此类项目的采购无需在财政部门指定媒体上公示。

第五十九条　部属科研院所达到公开招标数额标准的科研仪器设备采购项目需要采取公开招标以外的采购方式的,申请变更政府采购方式时可不再提供单位内部会商意见,但应将单位内部会商意见随采购文件存档备查。

第六十条　各单位需要申请变更采购方式的,应通过计划管理系统报送,因采购任务涉及国家秘密需要变更采购方式的,应当提供由国家保密机关出具的本项目为涉密采购项目的证明文件,并通过纸制文件报送。

第七章　进口产品采购管理

第六十一条　本办法所称进口产品是指通过中国海关报关验放进入中国境内且产自关境外的产品。

第六十二条　各单位采购进口产品时,应当坚持有利于本国企业自主创新或消化吸收核心技术的原则,优先购买向我方转让技术、提供培训服务及其他补偿贸易措施的产品。

第六十三条　部属科研院所采购进口科研仪器设备实行备案管理,通过计划管理系统进行备案。除此之外,各单位采购进口产品时,必须在采购活动开始向财政部提出申请并获得财政部审核同意后,才能开展采购活动。

第六十四条　各单位需要申请采购进口产品,或部属科研院所采购进口科研仪器设备进行备案的,应提交以下材料:

(一)《政府采购进口产品申请表》(格式详见附件2);

(二)关于鼓励进口产品的国家法律法规政策文件复印件;

(三)专家组出具《政府采购进口产品专家论证意见》(格式详见附件3);

(四)各单位需要采购50万元以上进口通用设备或100万元以上进口专用设备的,需同时报送经财政部批复的当年新增资产配置预算录入表。

上述材料除采购任务涉及国家秘密的通过纸制文件报送外,其他应通过计划管理系统报送。

第六十五条　进口产品论证专家组应当由5人以上的单数组成,其中必须包括一名法律专家,产品技术专家应当为非本单位并熟悉该产品的专家。论证专家应当是熟悉该产品,并且与各单位或采购代理机构没有经济和行政隶属等关系。采购人代表不得作为专家组成员参与论证。

部属科研院所采购进口科研仪器设备应按规定做好专家论证工作,参与论证的专家可自行选定,专家论证意见随采购文件存档备查。

参与论证的专家不得作为采购评审专家参与同一项目的采购评审工作。

第六十六条 各单位办理政府采购进口产品资金支付手续时,应当提供财政部审核同意文件、采购合同和产品报关单等材料,以确保所采购的产品规格、数量金额等与审批或采购文件规定的一致。

第八章 政府采购合同和验收管理

第六十七条 政府采购合同适用合同法。政府采购应当签订书面合同。采购合同应当由各单位与成交供应商签订,在合同条款中应当明确各自的权利和义务。

第六十八条 各单位与中标、成交供应商应当在中标、成交通知书发出之日起30日内,按照采购文件确定的合同文本以及采购标的、规格型号、采购金额、采购数量、技术和服务要求等事项签订政府采购合同。

各单位不得向中标、成交供应商提出超出采购文件以外的任何要求作为签订合同的条件,不得与中标、成交供应商订立背离采购文件确定的合同文本以及采购标的、规格型号、采购金额、采购数量、技术和服务要求等实质性内容的协议。

第六十九条 除不可抗力等因素外,中标或者成交通知书发出后,单位改变成交结果,或者中标、成交供应商拒绝签订政府采购合同的,应当承担或追究相应的法律责任。

第七十条 政府采购合同订立后,不得擅自变更、中止或者终止。政府采购合同继续履行将损害国家利益和社会公共利益的,双方当事人应当变更、中止或者终止合同。有过错的一方应当承担赔偿责任,双方都有过错的,各自承担相应的责任。

第七十一条 中标或者成交供应商拒绝签订合同的,各单位可以按照评审报告推荐的中标或者成交候选人名单排序,确定下一候选人为中标或者成交供应商,也可以重新开展政府采购活动。

第七十二条 政府采购合同履行中,各单位需追加与合同标的相同的货物、工程或者服务的,在不改变合同其他条款的前提下,可以与供应商协商签订补充合同,但所有补充合同的采购金额不得超过原合同采购金额的10%。

第七十三条 各单位应当指定部门或专人按照采购合同规定的技术、服务等要求组织对供应商履约验收,并出具验收书。验收书应当包括每一项技术、服务等要求的履约情况。大型或者复杂的项目,应当委托国家认可的质量检测机构参加验收。验收方成员应当在验收书上签字,并承担相应的法律责任。

各单位无正当理由拒绝接受或验收其采购项目的,依法承担赔偿责任。

第七十四条 各单位应当按合同约定及时向中标或者成交供应商支付采购资金。支付采购资金应当使用转账(包括汇款)或公务卡方式支付,不得使用现金支付。

第七十五条 各单位应当加强对合同的登记管理,定期对合同进行统计、分类和归档,详细登记合同的订立、履行和变更情况,实行对合同的全过程管理。与单位经济活动相关的合同应当同时提交财会部门作为账务处理的依据。

第七十六条 各单位对政府采购项目每项采购活动的采购文件应当妥善保存,不得伪造、变造、隐匿或者销毁。采购文件的保存期限为从采购结束之日起至少保存15年。

采购文件包括采购活动记录、采购预算、招标文件、谈判文件、询价通知书、响应文件、推荐供应商的意见、评审报告、成交供应商确定文件、单一来源采购协商情况记录、合同文本、验收证明、质疑答复、投诉处理决定以及其他有关文件、资料。采购文件可以电子档案方式保存。

第九章 监督检查

第七十七条 各单位应当按照本办法实施政府采购,并主动接受财政、财务、计划、审计、纪检监察等部门的监督检查,如实提供有关材料。

黑龙江农垦总局、广东省农垦总局和中国农业科学院、中国水产科学研究院、中国热带农业科学院,负责所属单位政府采购工作的监督管理。

第七十八条　各单位应当结合自身特点,认真梳理政府采购工作中不同业务、环节、岗位需要重点控制的风险事项,合理确定岗位的职责权限,建立岗位间的制衡机制,政府采购需求制定与内部审核、采购文件编制与复核、合同签订与验收等不相容岗位应当分开设置,并建立定期轮岗交流制度。

第七十九条　各单位应当按照法律、行政法规和有关规定公开政府采购信息,政府采购信息应当在财政部指定的媒体上及时向社会公开发布,但涉及国家秘密、商业秘密的除外。指定媒体包括中国政府采购网、《中国财经报》(《中国政府采购报》)、《中国政府采购杂志》、《中国财政杂志》等。公开的采购项目信息包括:采购项目公告、采购文件、采购项目预算金额、采购结果、采购合同等。

第八十条　各单位应加强对本单位政府采购活动的动态监管,积极配合有关部门对动态监管中发现疑点问题的核实处理,对违法违规问题及时进行整改。

第八十一条　农业部财务司要与部内有关司局及审计、纪检监察等部门密切配合,加强对政府采购行为的监督,定期组织检查,发现问题按有关法律法规处理。

第八十二条　任何单位和个人对政府采购活动中的违法行为,有权向有关部门控告和检举。

第八十三条　各单位要加强资产管理,及时办理资产入账登记手续。

第十章　附　　则

第八十四条　黑龙江农垦总局、广东省农垦总局和中国农业科学院、中国水产科学研究院、中国热带农业科学院可根据本办法制定本单位政府采购管理的实施细则。

第八十五条　本办法由农业部财务司负责解释,未尽事宜按照国家有关政府采购法律、法规、制度执行。国家相关规定进行修订调整的,按照修订调整后的规定执行。

第八十六条　本办法自印发之日起施行,《农业部政府采购管理办法》(农财发〔2003〕39号)同时废止。

附件:(略)

农业基本建设项目招标投标管理规定

(2004年7月14日农业部发布　农计发〔2004〕10号　自2004年9月1日起施行)

第一章　总　　则

第一条　为加强农业基本建设项目招标投标管理,确保工程质量,提高投资效益,保护当事人的合法权益,根据《中华人民共和国招标投标法》等规定,制定本规定。

第二条　本规定适用于农业部管理的基本建设项目的勘察、设计、施工、监理招标,仪器、设备、材料招标以及与工程建设相关的其他招标活动。

第三条　招标投标活动必须遵循公开、公平、公正和诚实信用的原则。

第四条　招标投标活动一般应按照以下程序进行:

(一)有明确的招标范围、招标组织形式和招标方式,并在项目立项审批时经农业部批准。

(二)自行招标的应组建招标办事机构,委托招标的应选择由代理资质的招标代理机构。

(三)编写招标文件。

(四)发布招标公告或招标邀请书,进行资格审查,发放或出售招标文件,组织投标人现场踏勘。

(五)接受投标文件。

(六)制订具体评标方法或细则。

（七）成立评标委员会。
（八）组织开标、评标。
（九）确定中标人。
（十）向项目审批部门提交招标投标的书面总结报告。
（十一）发中标通知书，并将中标结果通知所有投标人。
（十二）签订合同。

第二章 行政管理

第五条 农业部发展计划司归口管理农业基本建设项目的招标投标工作，主要职责是：
（一）依据国家有关招标投标法律、法规和政策，研究制定农业基本建设项目招标投标管理规定；
（二）审核、报批项目招标方案；
（三）指导、监督、检查农业基本建设项目招标投标活动的实施；
（四）受理对农业建设项目招标投标活动的投诉并依法做出处理决定；督办农业基本建设项目招标投标活动中的违法违规行为的查处工作；
（五）组建和管理农业基本建设项目评标专家库；
（六）组织重大农业基本建设项目招标活动。
第六条 农业部行业司局负责本行业农业基本建设项目招标投标管理工作，主要职责是：
（一）贯彻执行有关招标投标的法律、法规、规章和政策；
（二）指导、监督、检查本行业基本建设项目招标投标活动的实施；
（三）推荐农业基本建设项目评标专家库专家人选。
第七条 省级人民政府农业行政主管部门管理本辖区内农业基本建设项目招标投标工作，主要职责是：
（一）贯彻执行有关招标投标的法律、法规、规章和政策；
（二）受理本行政区域内对农业基本建设项目招标投标活动的投诉，依法查处违法违规行为；
（三）组建和管理本辖区内农业基本建设项目评标专家库；
（四）指导、监督、检查本辖区内农业基本建设项目招标投标活动的实施，并向农业部发展计划司和行业司局报送农业基本建设项目招标投标情况书面报告；
（五）组织本辖区内重大农业工程建设项目招标活动。

第三章 招 标

第八条 符合下列条件之一的农业基本建设项目必须进行公开招标：
（一）施工单项合同估算价在200万元人民币以上的；
（二）仪器、设备、材料采购单项合同估算价在100万元人民币以上的；
（三）勘察、设计、监理等服务的采购，单项合同估算价在50万元人民币以上的；
（四）单项合同估算低于第（一）、（二）、（三）项规定的标准，但项目总投资额在3000万元人民币以上的。
第九条 第八条规定必须公开招标的项目，有下列情形之一的，经批准可以采用邀请招标：
（一）项目技术性、专业性较强，环境资源条件特殊，符合条件的潜在投标人有限的；
（二）受自然、地域等因素限制，实行公开招标影响项目实施时机的；
（三）公开招标所需费用占项目总投资比例过大的；
（四）法律法规规定的其他特殊项目。
第十条 符合第八条规定必须公开招标的项目，有下列情况之一的，经批准可以不进行招标：
（一）涉及国家安全或者国家秘密不适宜招标的；
（二）勘察、设计采用特定专利或者专有技术的，或者其建筑艺术造型有特殊要求不宜进行招标的；

（三）潜在投标人为三家以下，无法进行招标的；

（四）抢险救灾及法律法规规定的其他特殊项目。

第十一条　任何单位和个人不得将依法必须招标的项目化整为零或者以其他任何方式规避招标。

第十二条　必须进行招标的农业基本建设项目应在报批的可行性研究报告（项目建议书）中提出招标方案。符合第十条规定不进行招标的项目应在报批可行性研究报告时提出申请并说明理由。

招标方案包括以下主要内容：

（一）招标范围。说明拟招标的内容及估算金额。

（二）招标组织形式。说明拟采用自行招标或委托招标形式，自行招标的应说明理由。

（三）招标方式。说明拟采用公开招标或邀请招标方式，邀请招标的应说明理由。

第十三条　农业基本建设项目的招标人是提出招标项目、进行招标的农业系统法人或其他组织。

招标人应按审批部门批准的招标方案组织招标工作。确需变更的，应报原审批部门批准。

第十四条　农业基本建设项目招标应当具备以下条件：

（一）勘察、设计招标条件

1. 可行性研究报告（项目建议书）已批准；

2. 具备必要的勘察设计基础资料。

（二）监理招标条件

初步设计已经批准。

（三）施工招标条件

1. 初步设计已经批准；

2. 施工图设计已经完成；

3. 建设资金已落实；

4. 建设用地已落实，拆迁等工作已有明确安排。

（四）仪器、设备、材料招标条件

1. 初步设计已经批准；

2. 施工图设计已经完成；

3. 技术经济指标已基本确定；

4. 所需资金已经落实。

第十五条　自行招标的招标人应具备编制招标文件和组织评标的能力。招标人自行招标应具备的条件：

（一）具有与招标项目规模和复杂程度相应的工程技术、概预算、财务和工程管理等方面专业技术力量；

（二）有从事同类工程建设项目招标的经验；

（三）设有专门的招标机构或者拥有三名以上专职招标业务人员；

（四）熟悉和掌握招标投标法及有关法规规章。

第十六条　委托招标是指委托有资质的招标代理机构办理招标事宜。招标人不具备第十五条规定条件的，应当委托招标。

承担农业基本建设项目招标的代理机构必须是国务院建设行政主管部门认定的招标代理机构，其资质等级应与所承担招标项目相适应。

招标代理机构收费标准按国家规定执行。

第十七条　采用公开招标的项目，招标人应当在国家发展和改革委员会指定的媒介或建设行政主管部门认定的有形建筑市场发布招标公告。招标公告不得限制潜在投标人的数量。

采用邀请招标的项目，招标人应当向三个以上单位发出投标邀请书。

第十八条 招标公告或投标邀请书应当载明招标人名称和地址、招标项目的基本要求、投标人的资格要求以及获取招标文件的方法等事项。招标人应当对招标公告或投标邀请书的真实性负责。

第十九条 招标人可以对潜在投标人进行资格审查，并提出资格审查报告，经参审人员签字后存档备查，并将审查结果告知潜在投标人。

在一个项目中，招标人应当以相同条件对所有潜在投标人的资格进行审查，不得以任何理由限制或者排斥部分潜在投标人。

第二十条 招标人或招标代理机构应当按照国家有关规定和项目的批复编制招标文件。

（一）勘察、设计招标文件主要内容包括：

1. 工程基本情况。包括工程名称、性质、地址、占地面积、建筑面积等；

2. 投标人须知。主要应包括接受投标报名、投标人资格审查、发售招标文件、组织招标答疑、踏勘工程现场、接受投标、开标等招标程序的规定和日程安排，投标人资格的要求，投标文件的签署和密封要求，投标保证金（保函）、履约保证金（保函）等方面的规定；

3. 已获批准的可行性研究报告（项目建议书）；

4. 工程经济技术要求；

5. 有关部门确定的规划控制条件和用地红线图；

6. 可供参考的工程地质、水文地质、工程测量等建设场地勘察成果报告；

7. 供水、供电、供气、供热、环保、市政道路等方面的基础资料；

8. 招标答疑、踏勘现场的时间和地点；

9. 投标文件内容和编制要求；

10. 评标标准和方法；

11. 投标文件送达的截止时间；

12. 拟签订合同的主要条款；

13. 未中标方案的补偿办法。

（二）监理招标文件主要内容包括：

1. 工程基本情况。包括工程建设项目名称、性质、地点、规模、用地、资金等；

2. 投标人须知。主要包括接受投标报名、投标人资格审查、发售招标文件、组织招标答疑、踏勘工程现场、接受投标、开标等招标程序的规定和日程安排，投标人资格的要求，投标文件的签署和密封要求，投标保证金（保函）、履约保证金（保函）等；

3. 施工图纸；

4. 投标文件内容和编制要求；

5. 评标标准和方法；

6. 拟签订合同的主要条款及合同格式；

7. 工程监理技术规范或技术要求。

（三）施工招标文件主要内容包括：

1. 工程基本情况。包括工程建设项目名称、性质、地点、规模、用地、资金等方面的情况；

2. 投标人须知。主要包括接受投标报名、投标人资格审查、发售招标文件、组织招标答疑、踏勘工程现场、接受投标、开标等招标程序的规定和日程安排，投标人资格的要求，投标文件的签署和密封要求，投标保证金（保函）、履约保证金（保函）等方面的规定；

3. 招标内容和施工图纸；

4. 投标文件内容和编制要求；

5. 工程造价计算方法和工程结算办法；

6. 评标标准和方法；

7. 拟签订合同的主要条款及合同格式。

（四）仪器、设备、材料招标文件应与主管部门批复的设备清单和概算一致，包括的主要内容有：

1. 项目基本情况。包括工程建设项目名称、性质、资金来源等方面的情况；

2. 投标人须知。主要包括接受投标报名、投标人资格审查、发售招标文件、组织招标答疑、澄清或修改招标文件、接受投标、开标等招标程序的规定和日程安排，投标人资格、投标文件的签署和密封、投标有效期，投标保证金（保函）、履约保证金（保函）等方面的规定；

3. 招标内容及货物需求表；

4. 投标文件内容和编制要求。应包括投标文件组成和格式、投标报价及使用货币，投标使用语言及计量单位、投标人资格证明文件、商务或技术响应性文件等方面内容和规定；

5. 拟签署合同的主要条款和合同格式；

6. 投标文件格式，包括投标书、开标报价表、投标货物说明表、技术响应表、投标人资格证明、授权书、履约保函等投标文件的格式；

7. 评标标准和方法；

8. 招标人对拟采购仪器（设备、材料）的技术要求；

9. 仪器（设备、材料）招标文件一般应按照商务部分、技术部分分别编制。

第二十一条　农业部直属单位重点项目的招标文件，须经农业部发展计划司委托有关工程咨询单位进行技术审核后方可发出。

第二十二条　招标人对已发出的招标文件进行必要澄清或者修改的，应当在招标文件要求提交投标文件截止时间至少 15 日前，以书面形式通知所有招标文件收受人。该澄清或者修改的内容为招标文件的组成部分。

第二十三条　依法必须进行招标的项目，自招标文件发售之日至停止发售之日，最短不得少于 5 个工作日。自招标文件停止发出之日至投标人提交投标文件截止日，最短不应少于 20 个工作日。

第二十四条　招标文件应按其制作成本确定售价，一般应控制在 2000 元以内。

第二十五条　招标文件应当明确投标保证金金额，一般不超过合同估算价的千分之五，但最低不得少于 1 万元人民币。

第四章　投标和开标

第二十六条　投标人是响应招标、参加投标竞争的法人或者其他组织。农业基本建设项目的投标人应当具备相应资质或能力。

第二十七条　投标人应当按照招标文件的要求编制投标文件，并在招标文件规定的投标截止时间之前密封送达招标人。在投标截止时间之前，投标人可以撤回已递交的投标文件或进行修改和补充，但应当符合招标文件的要求。

第二十八条　两个或两个以上单位联合投标的，应当按资质等级较低的单位确定联合体资质（资格）等级。招标人不得强制投标人组成联合体共同投标。

第二十九条　投标人应当对递交的投标文件中资料的真实性负责。投标人在递交投标文件的同时，应当缴纳投标保证金。招标人收到投标文件后，应当签收保存，不得开启。

第三十条　开标应当在招标文件确定的提交投标文件截止时间的同一时间公开进行；开标地点应当为招标文件中预先确定的地点。

在投标截止时间前提交投标文件的投标人少于三个的，不予开标。

第三十一条　开标由招标人主持，邀请所有投标人参加。开标人员至少由主持人、监标人、开标人、唱标人、记录人组成，上述人员对开标负责。

第三十二条　开标一般按以下程序进行：

（一）主持人在招标文件确定的时间停止接收投标文件，开始开标；

（二）宣布开标人员名单；

（三）确认投标人法定代表人或授权代表人是否在场；

（四）宣布投标文件开启顺序；

（五）依开标顺序，先检查投标文件密封是否完好，再启封投标文件；

（六）宣布投标要素，并作记录，同时由投标人代表签字确认；

（七）对上述工作进行记录，存档备查。

第五章 评标和中标

第三十三条 评标由招标人依法组建的评标委员会负责。

评标委员会应由招标人代表和有关技术、经济方面的专家组成；成员人数为五人以上单数，其中技术、经济等方面的专家不得少于成员总数的三分之二。

第三十四条 评标委员会专家应从评标专家库中随机抽取。技术特别复杂、专业性要求特别高或者国家有特殊要求的招标项目，采取随机抽取方式确定的专家难以胜任的，经农业部发展计划司同意可以直接确定。

评标委员会成员名单在中标结果确定前应当保密。

第三十五条 仪器、设备、材料招标中，参与制定招标文件的专家一般不再推选为同一项目的评标委员会成员。

第三十六条 评标委员会设主任委员1名，副主任委员1－2名。主任委员应由具有丰富评标经验的经济或技术专家担任，副主任委员可由专家或招标人代表担任。评标委员会在主任委员领导下开展评标工作。

第三十七条 评标工作按以下程序进行：

（一）招标人宣布评标委员会成员名单并确定主任委员；

（二）招标人宣布评标纪律；

（三）在主任委员主持下，根据需要成立有关专业组和工作组；

（四）招标人介绍招标文件；

（五）评标人员熟悉评标标准和方法；

（六）评标委员会对投标文件进行形式审查；

（七）经评标委员会初步评审，提出需投标人澄清的问题，经二分之一以上委员同意后，通知投标人；

（八）需要书面澄清的问题，投标人应当在规定的时间内，以书面形式送达评标委员会；

（九）评标委员会按招标文件确定的评标标准和方法，对投标文件进行详细评审，确定中标候选人推荐顺序；

（十）经评标委员会三分之二以上委员同意并签字，通过评标委员会工作报告，并附往来澄清函、评标资料及推荐意见等，报招标人。

第三十八条 设计、施工、监理评标之前应由评标委员会以外的工作人员将投标文件中的投标人名称、标识等进行隐蔽。

第三十九条 评标委员会对各投标文件进行形式审查，确认投标文件是否有效。对有下列情况之一的投标文件，可以拒绝或按无效标处理：

（一）投标文件密封不符合招标文件要求；

（二）逾期送达；

（三）未按招标文件要求加盖单位公章和法定代表人（或其授权人）的签字（或印鉴）；

（四）招标文件要求不得标明投标人名称，但投标文件上标明投标人名称或有任何可能透露投标人名称信息的；

（五）未按招标文件要求编写或字迹模糊导致无法确认关键技术方案、关键工期、关键工程质量保证措施、投标价格；

（六）未按规定交纳投标保证金；

（七）招标文件载明的招标项目完成期限超过招标文件规定的期限；

（八）明显不符合技术规格、技术标准要求；

（九）投标文件载明的货物包装方式、检验标准和方法不符合招标文件要求；

（十）不符合招标文件规定的其它实质性要求或违反国家有关规定；

（十一）投标人提供虚假资料。

第四十条　评标委员会应按照招标文件中载明的评标标准和方法进行评标。在同一个项目中，对所有投标人采用的评标标准和方法必须相同。

第四十一条　评标委员会应从技术、商务方面对投标文件进行评审，包括以下主要内容：

（一）勘察、设计评标

1. 投标人的业绩和资信；
2. 人力资源配备；
3. 项目主要承担人员的经历；
4. 技术方案和技术创新；
5. 质量标准及质量管理措施；
6. 技术支持与保障；
7. 投标价格；
8. 财务状况；
9. 组织实施方案及进度安排。

（二）监理评标

1. 投标人的业绩和资信；
2. 项目总监理工程师及主要监理人员经历；
3. 监理规划（大纲）；
4. 投标价格；
5. 财务状况。

（三）施工评标

1. 施工方案（或施工组织设计）与工期；
2. 投标价格；
3. 施工项目经理及技术负责人的经历；
4. 组织机构及主要管理人员；
5. 主要施工设备；
6. 质量标准、质量和安全管理措施；
7. 投标人的业绩和资信；
8. 财务状况。

（四）仪器、设备、材料评标

1. 投标价格；
2. 质量标准及质量管理措施；
3. 组织供应计划；
4. 售后服务；
5. 投标人的业绩和资信；
6. 财务状况。

第四十二条　评标方法可采用综合评估法或经评审的最低投标价法。

第四十三条　中标人的投标应当符合下列条件之一：

（一）能够最大限度地满足招标文件中规定的各项综合评价标准；

（二）能够满足招标文件的实质性要求，并且经评审的投标价格最低；但是投标价格低于成本的除外。

第四十四条　评标委员会经评审，认为所有投标都不符合招标文件要求的，可以否决所有投标。

所有投标被否决的，招标人应当重新组织招标。

第四十五条　评标委员会应向招标人推荐中标候选人，并明确排序。招标人也可以授权评标委员会直接确定中标人。

第四十六条 招标人在确定中标人时,必须选择评标委员会排名第一的中标候选人作为中标人。排名第一的中标候选人放弃中标,因不可抗力提出不能履行合同,或者未在招标文件规定期限内提交履约保证金的,招标人可以按次序选择后续中标候选人作为中标人。

第四十七条 依法必须进行招标的项目,招标人应当自确定中标人之日起7个工作日内向省级农业行政主管部门(地方和直属直供垦区承担的项目)、农业部有关行业司局(农业部直属单位承担的行业项目)或农业部发展计划司(农业部直属单位承担的基础设施建设项目)提交招标投标情况的书面报告。书面报告一般应包括以下内容:

(一)招标项目基本情况;

(二)投标人情况;

(三)评标委员会成员名单;

(四)开标情况;

(五)评标标准和方法;

(六)废标情况;

(七)评标委员会推荐的经排序的中标候选人名单;

(八)中标结果;

(九)未确定排名第一的中标候选人为中标人的原因;

(十)其它需说明的问题。

第四十八条 农业行政主管部门接到报告7个工作日无不同意见,招标人应向中标人发出中标通知书,并同时将中标结果通知所有未中标的投标人。

中标通知书发出后,招标人改变中标结果的,或者中标人放弃中标项目的,应当依法承担法律责任。

第四十九条 招标文件要求中标人提交履约保证金或其他形式履约担保的,中标人应当按规定提交;拒绝提交的,视为放弃中标项目。

第五十条 招标人和中标人应当自中标通知书发出之日起三十日内,按照招标文件和中标人的投标文件订立书面合同。招标人和中标人不得再行订立背离合同实质性内容的其它协议。

第五十一条 招标人与中标人签订合同后五个工作日内,应当向中标人和未中标人一次性退还投标保证金。勘察设计招标文件中规定给予未中标人经济补偿的,也应在此期限内一并给付。

第五十二条 定标工作应当在投标有效期结束日三十个工作日前完成。不能如期完成的,招标人应当通知所有投标人延长投标有效期。同意延长投标有效期的投标人应当相应延长其投标担保的有效期,但不得修改投标文件的实质性内容。拒绝延长投标有效期的投标人有权收回投标保证金。招标文件中规定给予未中标人补偿的,拒绝延长的投标人有权获得补偿。

第五十三条 有下列情形之一的,招标人应当依照本办法重新招标:

(一)在投标截止时间前提交投标文件的投标人少于三个的;

(二)资格审查合格的投标人不足三个的;

(三)所有投标均被作废标处理或被否决的;

(四)评标委员会否决不合格投标或者界定为废标后,有效投标不足三个的;

(五)根据第五十二条规定,同意延长投标有效期的投标人少于三个的;

(六)评标委员会推荐的所有中标候选人均放弃中标的。

第五十四条 因发生本规定第五十三条第(一)、(二)项情形之一重新招标后,仍出现同样情形,经审批同意,可以不再进行招标。

第六章 附 则

第五十五条 各级农业行政主管部门按照规定的权限受理对农业基本建设项目招标投标活动的投诉,并按照国家发展和改革委员会等部门发布的《工程建设项目招标投标活动投诉处理办法》,处理或会同有关部门处理农业建设项目招投标过程中的违法活动。

对于农业基本建设项目招标投标活动中出现的违法违规行为,依照《中华人民共和国招标投标法》和国务院的有关规定进行处罚。

第五十六条　本规定所称勘察、设计招标，是指招标人通过招标方式选择承担该建设工程的勘察任务或工程设计任务的勘察、设计单位的行为。

本规定所称监理招标，是指招标人通过招标方式选择承担建设工程施工监理任务的建设监理单位的行为。

本规定所称施工招标，是指招标人通过招标方式选择承担建设工程的土建、田间设施、设备安装、管线敷设等施工任务的施工单位的行为。

本规定所称仪器、设备、材料招标，是指招标人通过招标方式选择承担建设工程所需的仪器、设备、建筑材料等的供应单位的行为。

第五十七条　农业部直属单位自筹资金建设项目参照本规定执行。

第五十八条　本规定自2004年9月1日起施行。

企业债券招标发行业务指引

（2019年9月24日国家发展改革委发布　发改财金规〔2019〕1547号）

第一章　总　　则

第一条　为规范企业债券招标发行行为，保护参与各方的合法权益，依据《公司法》《证券法》《企业债券管理条例》（国务院第121号令）和有关规范性文件，制定本指引。

第二条　获得国家发展和改革委员会（以下简称“国家发展改革委”）核准，在中华人民共和国境内以招标方式发行的企业债券，适用本指引。

本指引所称招标发行，是指企业债券发行人（以下简称“发行人”）根据市场情况，经与主承销商协商确定招标方式、中标方式等发行规则，按照参与各方签订的相关协议规定，通过企业债券招标发行系统（以下简称“招标系统”）向投标人公开发行债券，投标人按照各自中标额度承购债券的方式。

第三条　企业债券招标发行参与人包括发行人、承销团成员、直接投资人及其他投资人。投标人包括承销团成员及直接投资人。承销团成员包括主承销商和承销团其他成员。

第四条　企业债券招标发行过程中，参与人应遵循“公开、公平、公正”原则，遵守相关管理规定，接受国家发展改革委的监督管理。不得有不正当利益输送、破坏市场秩序等行为。

第五条　招标发行应使用中央国债登记结算有限责任公司（以下简称“中央结算公司”）的专用场所。

第六条　企业债券招标发行应使用由中央结算公司提供的招标系统进行，投标人应办理系统联网和开通投标相关权限。

第七条　中央结算公司应做好企业债券发行支持、总登记托管、结算、代理本息兑付及信息披露等相关服务工作。

第二章　承销团成员有关要求

第八条　承销团成员应按照其他投资人委托进行投标，并做好分销及缴款工作。

第九条　承销团其他成员应尽职配合主承销商的询价工作，及时将其他投资人的需求真实、准确地反馈给主承销商。

第三章　直接投资人有关要求

第十条　直接投资人是指承销团成员以外，须具备一定资格，可直接通过招标系统参与企业债券投标的投资人。直接投资人可根据自身投资需求，参与所有企业债券的招标发行。

第十一条　直接投资人应积极配合主承销商的询价工作，及时、准确地反馈投资需求。

第十二条　上年度综合表现良好，且上一年度末 AA + 级（含）以上的企业债券持有量排名前 30 名的投资人和全部企业债券持有量排名前 50 名的投资人，可自愿申请成为直接投资人。

第四章　其他投资人有关要求

第十三条　其他投资人应积极配合企业债券发行的询价工作，及时、准确地将自身的投资需求反馈给承销团成员。

第十四条　其他投资人如对当期企业债券有投资意愿，应与承销团成员签订代理投标协议并委托其代理投标。

第十五条　其他投资人通过代理投标方式获得债券后，应签订分销协议，完成分销过户，并履行缴款义务。

第五章　内控制度有关要求

第十六条　企业债券招标发行参与人应建立健全完善的内控制度，制定并完善相关业务操作规程，防控企业债券发行过程中的潜在风险。其中，承销团成员及直接投资人的内控部门应每六个月向其机构法人代表提交招标发行工作的合规性报告。

第十七条　承销团成员及直接投资人应将企业债券发行业务与投资交易业务、资产管理业务等进行分离，在业务流程和人员设置两个方面实现有效隔离，并符合有关法律、法规的要求。

第六章　招标现场管理

第十八条　招标现场应符合安全、保密要求。招标现场应提供招标发行专用设备，包括但不限于录音电话、电脑、传真机、打印机、发行系统终端等。

第十九条　国家发展改革委或委托机构派出观察员，对招标发行进行现场监督。观察员应切实履行招标现场监督职责，督导招标现场人员依照相关规定开展招标发行工作，保障招标发行有序进行。

第二十条　在招标发行前，发行人应提交企业债券招标现场工作人员名单，名单中的相关工作人员和观察员应于招标发行开始前，在专门区域统一存放所有具有通讯功能的电子设备，并登记进入招标现场。

第二十一条　在招标发行期间，现场参与人员与外界沟通应全部使用招标现场内所提供的专用通讯设备。

第二十二条　在招标发行期间，现场参与人员不得离开招标现场，任何人不得以任何方式向外界泄露或暗示与招标发行有关的信息。

第二十三条　在招标发行期间，中央结算公司相关工作人员原则上不得进入招标现场，如确需进入现场提供技术支持的，应征得观察员同意并履行登记手续，直至招标结束后方可离开招标现场。

第七章　招 标 规 则

第二十四条　发行人应根据发行文件和相关协议要求，通过招标系统发送招标书。投标人应在规定的招标时间内通过招标系统投标。

第二十五条　发行人原则上应于招标发行日前 3 – 5 个工作日（优质企业债券发行人应于招标发行日前 1 – 5 个工作日）在中国债券信息网披露发行时间和募集说明书等发行材料。合格的发行材料应于信息披露日的 11:00 之前提交，晚于 11:00 提交的发行日期相应顺延。

发行人应于招标发行日前 1 个工作日在中国债券信息网披露债券招标书等招投标文件。

第二十六条　招标发行方式包括定价招标和数量招标。定价招标标的包括利率、利差和价格。数量招标标的为投标人的承销量。

第二十七条　定价招标的中标方式包括统一价位中标、多重价位中标。招标标的为利差时，中标方式只能采用统一价位中标。

第二十八条 中标分配原则。定价招标时，招标系统按照利率（利差）由低至高或价格由高至低原则，对有效投标逐笔累计，直到募满计划招标额为止。如果没有募满，剩余发行量按照事先签订的相关协议处理。

第二十九条 中标方式为统一价位时，所有中标机构统一按照最高中标利率（利差）或最低中标价格进行认购，最高中标利率（利差）或最低中标价格为票面利率（利差）或票面价格。

中标方式为多重价位时，若标的为利率，则全场加权平均中标利率为票面利率，中标机构按照各自实际中标利率与票面利率折算的价格认购；若标的为价格，则全场加权平均中标价格为票面价格，中标机构按照各自中标价格认购并计算相应的缴款金额。

第三十条 在发行条款充分披露、招标各参与方充分识别相关风险的前提下，发行人可在招标发行中使用弹性配售选择权、当期追加发行选择权等定价方式。相关规则由国家发展改革委指导中央结算公司制定。

第三十一条 如投标总量未达到计划发行额且当期债券有余额包销的约定，则负有包销义务的承销机构，应按照协议约定的价格，将剩余的本期债券全部自行购入。

第三十二条 发行人应不迟于招标结束后1个工作日在中国债券信息网公告发行结果，并在发行结束后20个工作日内向国家发展改革委报告发行情况。

第八章 异常情况和应急处理

第三十三条 招标发行前，如出现政策调整或市场大幅波动等异常情况，发行人经与主承销商协商决定取消、推迟发行或调整招标发行利率（价格）区间的，应及时通过中国债券信息网向市场公告。

第三十四条 中央结算公司应密切监控招标系统与通讯线路等各方面的运行情况。

第三十五条 投标人应熟练掌握招标系统投标、应急投标等相关业务操作，加强投标客户端的日常维护，保证网络连接通畅和设备正常。在以下两种情况下，投标人可通过应急方式进行投标：

（一）尚未与招标系统联网；

（二）已与招标系统联网，但出现系统通讯中断或设备故障。

第三十六条 采用应急方式投标的投标人应在发行人公告的投标截止时间前将带有密押的应急投标书传至招标现场。招标系统或通讯线路等出现故障时，发行人经商观察员同意后，可根据具体情况适当延长应急投标时间。

第三十七条 投标人一旦采用应急方式投标，在该场次企业债券投标中即不能再通过招标系统客户端修改或撤销投标书。如确有必要修改或撤销的，仍应通过应急方式进行。

第三十八条 发行人应审核确认应急投标书中各要素准确、有效、完整，中央结算公司工作人员应核对密押无误。应急投标书经发行人和观察员签字确认后，发行人可输入应急投标数据。

第三十九条 通过应急方式投标的投标人，须在招标结束后3个工作日内向中央结算公司提供加盖单位法人公章的应急投标原因说明书。原因说明书应具体列明尚未联网、系统通讯中断或设备故障等情况。

第九章 企业债券分销和缴款

第四十条 企业债券分销必须签订书面分销协议。

企业债券通过证券交易所网上销售，应按照证券交易所有关规定办理。

第四十一条 招标发行确定结果后，承销团成员在分销期内开展分销工作。承销团成员应确保企业债券的分销对象符合法律法规、部门规章及其他有关规定。承销团成员应对与其签订代理投标协议的其他投资人办理分销、缴款工作，分销期结束后如未完成分销的，应对上述投资人的中标额度负有包销义务。相关协议对包销义务另有约定的除外。

第四十二条 中标人应按照有关协议约定在缴款日按时向发行人缴款。若出现未能及时缴款的情况，按有关规定处理。

第十章 附 则

第四十三条 发行人应妥善保存招标发行各个环节的相关文件和资料。中央结算公司应保存电话录音、出入登记等招标现场相关文件,保存期至当期企业债券付息兑付结束后的五年止。

第四十四条 对直接投资人比照承销团成员管理。在企业债券招标发行过程中,发行人、承销团成员发现异常情况应及时向国家发展改革委报告。

第四十五条 国家发展改革委对企业债券招标发行业务实施监督管理,接受招标发行参与人的举报,国家发展改革委视情节轻重予以诫勉谈话、通报批评、警告处分并责令改正。

第四十六条 企业债券招标发行参与人应依据有关规定或协议履行相关义务。如未履行的,相关行为记入信用记录,并按照国家有关规定纳入信用信息系统,实施失信联合惩戒。

第四十七条 本指引未尽事宜应按照国家发展改革委的相关规定处理。

第四十八条 本指引由国家发展改革委负责解释。

第四十九条 本指引自2019年11月1日起执行,有效期5年。《企业债券招标发行业务指引(暂行)》同时废止。

气象部门招标工作纪律及责任追究的规定

(2012年8月2日中国气象局发布 气发〔2012〕61号)

第一章 总 则

第一条 为进一步规范政府采购工作,促进政府采购相关单位及人员正确行使职权,履行职责,廉洁高效地组织开展政府采购活动,预防和制止政府采购活动中违法违规行为,根据《中华人民共和国政府采购法》、《中华人民共和国招标投标法》、《中华人民共和国招标投标法实施条例》、《政府采购货物和服务招标投标管理办法》、《中央单位政府采购管理实施办法》等有关法律法规,结合我局实际,特制定本规定。

第二条 本规定适用于气象部门各级预算单位及其所属企业、计财机构、监察审计机构、中国气象局政府采购中心、政府采购社会代理机构(不含集中采购机构)、评审委员、技术评审委员会、供应商,以及监督人员。

第三条 本规定中所称的政府采购项目是指达到公开招标限额标准的项目,以及经财政部门审批同意采用邀请招标、竞争性谈判、询价或单一来源等非公开招标采购方式的项目。

第四条 政府采购相关单位及人员应自觉维护国家利益、社会公共利益和部门合法利益,坚持公开透明、公平竞争、公正和诚实信用原则,不断提高政府采购业务水平和政府采购效果。

第二章 招标工作纪律

第五条 采购单位应遵守以下工作纪律:

(一)应严格按照《中华人民共和国政府采购法》、《中华人民共和国招标投标法》及国家、部门其他相关规定的采购方式和采购程序进行采购。

(二)属于集中采购目录内的或达到公开招标限额标准以上的政府采购项目,必须依法进行公开招标。采购单位不得将应当以公开招标方式采购的项目化整为零或者以其他方式规避公开招标采购。因特殊情况需要采取公开招标以外采购方式的,应在采购活动开始前,逐级报送中国气象局并经财政部批准后实施。

(三)应加强内部控制管理,完善决策、监督流程。建立采购项目责任人制度,每个采购项目都应确定一名责任人,授权其在职责范围内全面负责该项目的采购事宜,并承担相应责任。

(四)工作人员与供应商有利害关系的,必须回避。供应商认为上述人员与其他供应商有利害关系的,可以向采购单位或采购代理机构申请其回避。

与供应商有利害关系的,主要是指三年内曾在参加该采购项目供应商中任职(包括一般工作)或担任顾问,配偶或直系亲属在参加该采购项目的供应商中任职(包括一般工作)或担任顾问,与参加该采购项目供应商发生过法律纠纷,以及其他可能影响公正评标的情况。

(五)应按照招标项目的组织形式分别委托中央国家机关政府采购中心、地方集中采购机构、中国气象局政府采购中心或政府采购社会代理机构进行招标(以下统称采购代理机构),就委托代理事项签订书面委托协议。

(六)委托协议中应明确委托代理的内容、范围、双方的权利与义务,明确服务收费项目、收费标准和支付时间,明确采购项目的责任人和联系人。

(七)不得与供应商或者采购代理机构串通,损害国家利益、社会公共利益和其他当事人的合法权益。在采购过程中不得接受贿赂或者获取其他不正当利益。

(八)不得违规操纵或干扰采购代理机构的采购活动。

(九)应在充分调研采购标的物的基础上编制采购文件。采购文件(含招标文件以及经财政部门批准同意变更采购方式的竞争性谈判文件、询价文件和单一来源商务谈判文件)规定的各项技术标准应符合国家强制性标准。采购文件中不得要求或者标明特定的供应商或者产品(单一来源商务谈判文件除外),以及含倾向性或者排斥潜在供应商的其他内容。

(十)可以根据采购项目的特殊要求,规定供应商的特定条件,但不得以不合理的条件对供应商实行差别待遇或者歧视待遇。

(十一)部门集中采购项目和中国气象局园区采购项目的采购文件必须经过技术评审委员会的审查。

(十二)不得在开标前向他人透露已获取采购文件的潜在供应商的名称、数量、标底以及可能影响公平竞争的有关采购项目的其他情况。

(十三)工作人员不得以专家身份参与本单位采购项目的评标。

(十四)评审代表应持采购单位的授权书参加采购项目的评审,不得在评审过程中干扰和影响其他评审委员的评审。

(十五)评审代表应遵守保密纪律,不得向参与采购的任何供应商透露其他供应商的商业秘密和依法应当保密的采购信息;不得透露有关评审的情况。

(十六)应在政府采购评审委员会(包括评标委员会、竞争性谈判小组、询价小组,以下简称评审委员会)推荐的中标候选人中按照排名顺序确定中标人。

(十七)在公开招标、邀请招标、竞争性谈判、询价或单一来源结束后依法订立的合同主要条款应当与采购文件、中标人投标文件内容一致,不得与中标人再行订立背离合同实质性内容的其他协议。

(十八)应协同采购代理机构,及时处理、答复供应商的质疑,不得敷衍、推诿、拖延或者不予处理。

(十九)应建立真实完整的采购档案,妥善保管每项采购活动的采购文件,不得伪造、变造、隐匿或者销毁。

(二十)应自觉接受计财机构、监察审计机构的监督、检查,不得拒绝相关部门依法实施的监督检查,或在检查中隐瞒真实情况、提供虚假材料。

第六条　采购代理机构应遵守以下工作纪律:

(一)应按《中华人民共和国政府采购法》、《中华人民共和国招标投标法》等法律规定以及气象部门相关规定,组织政府采购活动。

(二)应在书面委托协议规定的范围内开展采购代理业务,提供采购代理服务。

(三)应在代理气象部门采购项目时实行项目经理负责制。不得在项目采购过程中更换项目经理。特殊情况下需要更换时,需征得采购单位的同意。

(四)不得承接应公开招标而不采用公开招标方式进行采购的项目,经财政部审批同意的除外。

(五)应遵守回避制度,不得与供应商相互串通,损害国家利益、社会公共利益和其他当事人的合法权益;不得以任何手段排斥其他供应商参与公平竞争。

（六）货物类和服务类采购时,采购代理机构应从财政部专家库中抽取评审专家;工程类采购时,采购代理机构应从各级政府建设工程招标投标管理办公室专家库中抽取评审专家。财政部专家库中无当地的货物类、服务类专家时,采购代理机构可在其专家库中抽取,抽取时由监督人员在现场进行全程监督并签字确认;抽取完成后,抽取的专家名单应交给监督人员封存;至开标前半小时方可由监督人员拆封。

（七）应对评审过程保密。开标前,不得向他人透露已获取采购文件的潜在供应商的名称、数量、评审委员会组成情况以及可能影响公平竞争的有关采购项目的其他情况。

（八）应保证评审在封闭的环境下进行。评审前,由监督人员宣布评审纪律;在监督人员监督下,收取评审委员的对外联系工具交由监督人员集中保管,并切断与外部的网络连接。

（九）中国气象局政府采购中心和政府采购甲级代理机构,应当对评审工作现场进行全过程录音录像,录音录像资料作为采购项目文件随其他文件一并存档。

（十）在评审结束后至中标、成交通知书发出前,采购代理机构应在监督人员监督下对投标文件、谈判响应文件或者报价文件正本、副本进行封存,保存在采购代理机构。如因特殊原因,需要查阅的,应在监督人员监督下进行。中标、成交通知书发出后,在监督人员监督下,采购代理机构启封并将投标文件、谈判响应文件或报价文件副本交采购单位存档。

（十一）应自觉接受、配合计财机构、监察审计机构进行的监督检查,不得提供虚假材料。

第七条 技术评审委员会应遵守以下工作纪律:

（一）应对采购文件的技术条款进行详细审查,确保采购文件规定的各项技术标准符合国家强制性标准,确保采购文件中不存在要求或者标明特定的供应商或者产品等情况,以及含倾向性或者排斥潜在供应商的其他内容。

（二）不得向外界泄露技术指标等情况（不包括在必要的情况下,技术评审委员会采取的向社会公开征集技术指标意见的情况）,包括泄露有关技术指标的设立、实质性条款的确定等以及与评审活动有关的其他情况。

第八条 评审委员应遵守以下工作纪律:

（一）不得参加与自己有利害关系的政府采购项目的评审活动。对与自己有利害关系的评审项目,应主动提出回避。

（二）应自觉遵守职业道德和国家有关廉洁自律规定,不得与供应商串通、私下接触或收受参与政府采购活动的供应商及有关业务单位的财物或者其他好处。

（三）应按时参加采购项目评审会议,不得无故缺席、迟到,或在评审过程中擅离职守。

（四）在评审期间不得对外联系,自觉关闭对外联系工具,交由监督人员保管。拒绝关闭和上交对外联系工具的,监督人员或采购代理机构有权拒绝其参加评审会议。

（五）应以科学、公正的态度参加政府采购的评审工作,在评审过程中不受任何干扰,独立、负责地提出评审意见,并对自己的评审意见承担责任。在评标工作中,不得有不合理倾向或歧视现象。

（六）在评审中不得改变采购文件中规定的评审标准、方法和中标或成交条件。

（七）对需要评审委员会共同认定的事项存在争议的,按照少数服从多数的原则做出结论。持不同意见的评审委员应当在评审报告上签署不同意见并说明理由,否则视为同意。

（八）在评审中不得征询或者诱导采购单位提出对采购标的或者预中标供应商的倾向性意见。

（九）不得违背公平、公正原则,私下达成一致意见,影响和干预评审结果。

（十）不得向外界泄露评审情况,包括泄露有关投标文件、谈判响应文件或者报价文件的评审和比较、中标成交候选人的推荐以及与评审活动有关的其它情况。

（十一）应自觉接受计财机构、监察审计机构的监督、管理。

第九条 监督人员（由计财机构会同监察审计机构指定相关人员担任）应遵守以下工作纪律:

(一)必须到现场全过程监督采购活动,监督采购文件的封存。

(二)在评标会开始时应向评审委员会宣读评审纪律,并负责保管评审委员对外联系工具。

(三)监督期间,发现问题要及时纠正并记录备案;同时及时向计财和监察审计机构报告。

第十条　供应商应遵守以下工作纪律:

(一)不得向采购单位、采购代理机构、评审委员会的组成人员行贿或者采取其他不正当手段谋取中标或者成交。

(二)不得相互串通报价;不得妨碍其他供应商的公平竞争;不得损害采购单位或者其他供应商的合法权益。

(三)不得在投标文件、谈判响应文件或者报价文件中以及其他任何时候提供虚假材料,以谋求中标、成交。

(四)不得将中标项目转让给他人,不得将中标项目肢解后分别转让给他人,不得违反规定将中标项目的部分主体关键性工作分包给他人。

(五)不得捏造事实或者提供虚假材料,进行虚假、恶意质疑、投诉,扰乱政府采购工作。

(六)应自觉接受和配合计财机构、监察审计机构的监督检查,不得拒绝检查或在检查中提供虚假材料。

第三章　责任认定与追究

第十一条　采购单位、采购代理机构、供应商涉嫌触犯相关法律的,由司法机关进行处理。

第十二条　采购单位有下列情形之一的,由中国气象局在全国气象部门范围内通报批评、责令改正,并由中国气象局计划财务司扣除其当年目标考核中政府采购全部分值:

(一)未按照《中华人民共和国政府采购法》、《中华人民共和国招标投标法》等法律规定的采购方式和采购程序进行采购。

(二)应采用公开招标方式而擅自采用其他方式采购的。

(三)以不合理条件对供应商实行差别待遇或者歧视待遇的。

(四)工作人员与供应商有利害关系应当回避而未予回避的。

(五)与供应商或者采购代理机构串通,在采购过程中接受贿赂或者获取其他不正当利益的。

(六)违规操纵或者干扰采购代理机构采购活动的。

(七)采购文件含倾向性或者排斥潜在供应商的。

(八)部门集中采购项目和中国气象局园区采购项目的采购文件未经技术评审委员会审查的。

(九)在开标前向他人透露已获取采购文件的潜在供应商的名称、数量、标底以及可能影响公平竞争的有关采购项目其他情况的。

(十)工作人员以专家身份参与本单位采购项目评标的。

(十一)在评审委员会推荐的中标候选人外或不按照排名顺序确定中标人的。

(十二)在招标(邀请招标、竞争性谈判、询价、单一来源)结束后依法订立合同主要条款与采购文件、中标人投标文件内容不一致的。

(十三)评审代表向参与采购的任一供应商透露其他供应商的商业秘密和依法应当保密的采购信息以及透露有关评审情况的。

(十四)不接受计财机构、监察审计机构的监督、检查,或在检查中隐瞒真实情况,提供虚假材料的。

第十三条　采购单位有下列情形之一的,由中国气象局在全国气象部门内通报批评、责令改正,并由中国气象局计划财务司扣除其当年目标考核中政府采购总分值中的1/3分值:

(一)未建立采购项目责任人制度,未对每个采购项目确定责任人的。

(二)未与采购代理机构签订书面委托协议,委托协议中未明确双方的权利与义务的。

(三)评审代表未持采购单位的授权书参加采购项目评审的,以及在评审过程中干扰和影响其他评审专家评审的。

（四）未在法律规定的期限内处理、答复供应商质疑的。

（五）未建立真实完整的采购档案并妥善保管采购活动记录的。

第十四条 政府采购社会代理机构有违反本规定第六条的，由中国气象局在全国气象部门内通报，并自通报之日起三年内禁止其代理全国气象部门政府采购项目；中国气象局政府采购中心有违反本规定第六条的，由中国气象局计划财务司扣除当年目标考核中政府采购全部分值，并由中国气象局人事司根据违法违规后果的轻重、责任人过错大小等情节，依照《中华人民共和国公务员法》、《中华人民共和国行政监察法》等提出处理（或处分）建议，由中国气象局作出处理决定。

第十五条 供应商有违反本规定第十条的，一经查实，由中国气象局向财政部举报；同时在气象部门内列入不良行为记录名单，在全国气象部门内通报，并从通报之日起三年内禁止其参加全国气象部门政府采购活动。

第十六条 技术评审委员会人员有违反本规定第七条的，由中国气象局在全国气象部门内通报，并将其从技术评审委员会专家库中除名。评审委员有违反本规定第八条的，由中国气象局向财政部举报，由财政部进行处理。

第十七条 采购单位相关人员、监督人员违反上述有关规定的，中国气象局人事司根据违法违规后果的轻重、责任人过错大小等情节，依照《中华人民共和国公务员法》、《中华人民共和国行政监察法》等提出处理（或处分）建议，由中国气象局作出处理决定：

（一）情节轻微，后果和影响较小，或者尚未造成实际后果的，对责任人予以批评教育。

（二）情节较重，影响较大并造成较重后果的，责令责任人作出书面检讨，对责任人给予警告或者记过处分。

（三）情节严重，影响重大，给国家造成严重损失的，对责任人分别情况给予记大过、降级、撤职或者开除处分。

第十八条 采购单位相关人员、监督人员有违反采购规定的行为，按下列原则确定所承担责任：

（一）未经审核批准作出的行为，直接经办人员承担全部责任。

（二）经审核批准作出的行为，由于直接经办人员的故意导致审核人、批准人失误而造成违反规定的，直接经办人员承担主要责任；因审核人的原因导致批准人失误而造成违反规定的，审核人承担主要责任，批准人承担次要责任；由于批准人的原因造成违反规定的，批准人承担主要责任；直接经办人员和审核人、批准人均有过错的，三者均承担责任，但应根据具体情况区分各自责任的大小。

（三）经集体讨论作出的行为，决策人承担主要责任，提出并坚持或者未提出但坚持错误意见的承担次要责任，提出并坚持或者未提出但坚持正确意见的不承担责任。

第四章 附 则

第十九条 本规定自下发之日起30日后施行。

烤房设备招标采购管理办法

（2009年11月3日国家烟草专卖局办公室发布 国烟办综〔2009〕418号）

第一章 总 则

第一条 为规范烤房设备招标采购行为，维护国家和烟农利益，根据《中华人民共和国招标投标法》及相关法律、法规，特制订本办法。

第二条 烤房设备招标必须在中国烟草总公司公布的烤房设备合格供应商名录范围内进

行，不得排斥本地区以外烤房设备合格供应商参加投标并依法接受监督。

第三条　所招标的烤房设备必须严格按照《密集烤房技术规范（试行）修订版》的相关要求设计加工。

鼓励供应商积极开展技术创新与新型设备研发。新型设备须报经中国烟草总公司受理，检测认定合格后，可参与投标。

第四条　烤房设备招标投标活动遵循公开、公平、公正和诚实信用原则。

第五条　本办法适用于各烟叶产区烤房设备招标采购工作。

第二章　计划与预算管理

第六条　年度招标采购计划。各有关省级烟草专卖局（公司）要围绕建设现代烟草农业，科学制订烤房建设规划及年度计划并依据中国烟草总公司审核批准的年度计划，确定烤房设备招标采购数量。

第七条　烤房建设资金预算。根据中国烟草总公司审核批准的烤房建设年度计划，编制烤房建设资金预算，报中国烟草总公司审核批准，预算不得突破。

第三章　招投标管理

第八条　烤房设备招标投标工作以省（区、市）为单位进行，受烤房项目建设主体委托，由有关省级烟草专卖局（公司）自行组织招标或委托招投标专业代理机构进行招标。标的在1000台（套）以下的省级烟草专卖局（公司）不再单独组织招标，采取委托大省招标或联合招标办法，必要时可提请国家烟草专卖局、中国烟草总公司予以协调。年度烤房设备招标采购计划原则上一次性招标完成。

第九条　各有关省级烟草专卖局（公司）要设立烤房设备招标采购工作小组（以下简称工作小组），成员由发展计划、财务审计、政策法规、纪检监察、烟叶及基础设施建设办公室等部门负责人和有关人员组成，具体负责烤房设备招标工作组织以及招标实施方案、招标文件、评标办法和采购合同文本等材料编印。

第十条　工作小组要建立由行业内外烟草技术、经济、管理等相关方面人员组成的评标专家库。专家库人数要达到评标人数的5倍以上，人员以地市级公司人员为主。省级烟草专卖局（公司）机关人员以及与烤房设备合格供应商存在利害关系的专家人员不得作为评标专家库成员。评标专家库成员要报中国烟草总公司备案并接受监督。

第十一条　充分保证招标信息公开。各有关省级烟草专卖局（公司）烤房设备招标信息必须同时在中国烟草总公司行业网站公布。烤房设备招标文书要符合法律规范要求，同时必须具备以下内容：

（一）招标内容。明确拟招标的烤房设备种类、具体数量以及主要技术参数并根据各地实际情况可设定若干标段。有需要的烟叶产区，发电机等备用动力及烤房门窗等配套设备可一并招标，但必须分别报价。

（二）投标人资格。各投标人必须是中国烟草总公司公布的烤房设备合格供应商名录内的供应商。所提供的设备必须符合《密集烤房技术规范（试行）修订版》相关要求，投标时一并提供书面质量承诺书。

（三）投标文件递交截止时间及开标时间。

（四）供货要求。明确供货地点及到货安装时间等具体要求。

（五）公布中国烟草总公司和省级烟草专卖局（公司）的专项举报电话。

第十二条　实行最高限价与拦标价制度。要严格控制烤房设备招标采购价格，每年在烤房设备招标前，由中国烟草总公司根据市场情况从原材料成本、加工成本、管理费用、税收、合理利润、售后技术服务费和运输费等七个方面，测算制订全国统一最高限价。各有关省级烟草专卖局（公司）要在全国统一最高限价下结合本省（区、市）实际情况比质比价制订拦标价，严格控制设备采购成本。

最高限价与拦标价要严格保密,开标时公布。

第十三条 严格规范招标程序。省级烟草专卖局(公司)纪检监察部门按规定从评标专家库中抽取评标人员组成评标专家组,评标专家组按照设备加工工艺及产品质量、价格及性价比、售后服务能力、产能等方面对参与投标的烤房设备供应商进行综合评价,最终确定中标对象。

在招标过程中要采取切实措施,防止供应商围标、串标行为的发生,一经发现,一律作废标处理。凡因供应商投标价均高于栏标价造成流标的,必须重新组织招标,原供应商不得再参与本项目投标。

第十四条 实行中标对象数量控制制度。招标采购设备数量在2万台(套)以上的省份中标供应商数量不超过7家;1-2万台(套)的不超过5家;1万台(套)以下的不超过3家。要逐步形成相对稳定的生产供应渠道和售后服务体系。

第十五条 各有关省级烟草专卖局(公司)招标结果必须在中国烟草总公司行业网站进行同步公示并报中国烟草总公司备案。招标过程资料要归档保存。公示内容需包含以下内容:

(一)各中标对象的设备数量、中标价格(含运输费用)。

(二)各中标对象中标的烤房设备详细信息。包括供热设备各部位材质与厚度及加工地点;风机品牌、规格、效率、生产商及产地;电机品牌、电容耐温、绝缘等级、生产商及产地;自控设备品牌、型号、配套执行器名称与数量、生产商及产地;其他设备信息。

第十六条 实行投标保证金制度。参与烤房设备投标活动的供应商,投标前必须按标的1%交纳投标保证金。无串通投标、弄虚作假骗取中标等违规行为的,开标后退还。

第十七条 实行中标设备样品保存制度。供应商在投标时需向招标方提供整套投标设备样品并出具专业检测机构提供的耐酸钢全成分分析报告,开标前由双方依据《密集烤房技术规范(试行)修订版》共同查验,产品设计、加工质量等各项技术参数必须符合技术规范要求,同时作为评标依据。中标后由采购方封存一年,用作后期验货参照及质量纠纷仲裁等。一年后,无质量纠纷或质量纠纷已解决,由供应商自行收回。

第四章 采 购 管 理

第十八条 地市级公司受烤房项目建设主体委托,严格按照省级烟草专卖局(公司)的招标结果,在工作小组监督下集中一次性完成与烤房设备供应商签订烤房设备采购合同。

第十九条 烤房设备采购合同以省(区、市)为单位统一文本。采购合同文本除一般性法律条款外,必须具备以下内容:

(一)设备信息。必须在合同中明确供热设备各部位材质类型及厚度,配套风机、电机与自控设备的型号、规格及生产厂家等详细信息。

(二)保证金制度。明确履约保证金和质量保证金制度。

(三)责任义务。要在合同中明确双方责任义务,细化违约责任,明确经济责任追究制度和质量纠纷仲裁制度。

(四)售后服务。要在合同中明确售后服务条款,对委托加工产品要制订相关约束条款,事先指定加工地点,不得进行加工转包,确保设备供应质量。

第二十条 实行履约保证金制度。中标的烤房设备供应商,在签订烤房设备采购合同前,必须交纳合同金额5%的履约保证金。合同履行、产品验收合格并在运行一个烤季无重大质量问题后予以无息退还。

第二十一条 实行质量保证金制度。已签订烤房设备采购合同的供应商,必须交纳不少于合同金额的5%作为质量保证金。质保期为两年,期满后如无质量问题无息退还。延长质保期由双方在合同中加以约定。质保期间供应商提供免费维修及相关质量服务。

第二十二条 采购合同履行过程中,在招标后一年内,地市级公司若需增加与原合同相同的设备,在不改变原采购合同条款和不突破当年烤房预算资金的前提下,报请省级烟草专卖局(公司)批准后,实行单一来源方式采购,即与成交供应商协商签订补充合同,但补充合同金额不得超过原采购合同金额的10%。

第五章　质量管理

第二十三条　加强设备质量管理,严格设备质量检验。

(一)在供应商中标后,工作小组要对中标供应设备生产地点、设备加工工艺、实际产能和人员组织情况进行实地考察,发现供应商没有按照技术规范和中标设备样品加工生产设备、加工工艺落后、技术人员缺乏、实际生产能力不足的,要及时采取调整措施并追究供应商相应责任。

(二)地市级烟草公司要通过配备便携检测设备,或与专业检测机构合作,加强对设备生产环节的质量监督以及验货、验收环节的质量检验工作。检验内容主要包括:1. 设备材质与厚度;2. 设备焊接、表面防腐处理等加工质量;3. 风机材质、设计及专业检测机构出具的效率大于70%的检测证明;4. 电机与自控设备设计及主要技术参数;5. 查验企业标志与铭牌标识。

(三)严格履行两年免费维修承诺并全面建立备用设备制度。两年质保期内,一般质量问题或运行故障要做及时维修、限时排障。安装或烘烤期间供热设备出现焊缝开裂、炉顶变形、内衬或表面防腐层破损或脱落的,供应商必须及时免费维护处理,严重的要更换设备,确保设备正常使用。除供热设备外,其他设备供应商要免费提供一定数量的备用设备,备急更换,备用设备数量由双方在合同中加以约定。

(四)要完善质量控制体系,设置产品序列号,建立产品质量追踪制度,供应商要建立完善原材料采购、产品销售和服务档案。

第二十四条　实行逐台到货检验制度,坚决杜绝不合格产品进入安装环节。严格按照技术规范、中标设备样品、采购合同进行逐台到货检验。在验货环节发现设备材质与厚度、表面防腐处理或自控、风机、电机技术参数、规格型号不相符,或者存在加工质量问题的,必须进行无条件退换货,退换货的一切费用及由此造成的损失由供应商承担。

验货人员要由烤房建设管理人员、烤房技术人员和纪检监察部门人员联合组成。验货结论须由双方人员在场并签字确认。各种验货单据要妥善保管,作为烤房建设项目的必备档案,在项目验收时进行查验。

第二十五条　严格执行密集烤房建设项目验收制度。密集烤房建设要严格执行烟叶生产基础设施建设项目验收制度,验收人员要按规定比例抽检设备数量,发现问题要依据采购合同追究相关责任。

第二十六条　建立设备抽样检验制度。中国烟草总公司和省级烟草专卖局(公司)开展烤房设备质量抽样检验工作。抽检工作要在烘烤运行两烤以上的设备上进行。

第六章　监督与罚则

第二十七条　各级纪检监察部门要严格执行《烟草行业招标采购活动廉政监督工作暂行规定(试行)》(国烟监〔2008〕127号)相关规定,全程监督烤房设备的招标采购工作,监督内容主要包括:

(一)招标采购活动中执行相关法律法规情况;

(二)招标采购的设备数量及资金预算是否与审批的年度计划相符;

(三)招标采购方式和程序;

(四)签约供应商是否为中国烟草总公司公布的烤房设备合格供应商;

(五)招标采购的烤房设备是否符合《密集烤房技术规范(试行)修订版》。

第二十八条　烟叶产区责任追究。有下列情形之一的,对相关单位责令限期整改,对相关责任人进行纪律处分。触犯法律的,移交司法机关,追究法律责任。

(一)违反本办法擅自采购的;

(二)与供应商恶意串通的;

(三)泄露标底或以暗示、授意、递条子、打招呼等形式影响招标采购工作,或以行政权力指定产品,干预招标采购工作正常进行,影响公平竞争的;

(四)采购过程中收受贿赂或获取不正当利益的;

（五）采购过程中提供虚假情况的；

（六）与非中标供应商签订采购合同的；

（七）擅自提高采购价格签订合同的。

第二十九条 供应商责任追究。供应商有下列情形之一的，立即取消其合格供应商资格并追究相关经济责任以及由此造成的一切损失，必要时处以相应的经济处罚措施。触犯法律的，移交司法机关，追究法律责任。

（一）与其他供应商恶意围标、串标的；

（二）从事贿赂或不正当手段影响公平竞争的；

（三）不执行《密集烤房技术规范（试行）修订版》，在材质和厚度等设备技术参数上弄虚作假、以次充好或出现重大质量问题的；

（四）提供虚假情况的；

（五）与行业相关人员勾结，供应安装不合格产品的；

（六）拒不执行采购合同的；

（七）不履行售后技术服务的。

第三十条 各有关省级烟草专卖局（公司）组织的烤房设备采购招标工作的其他具体事项，按照《中华人民共和国招标投标法》等相关法律法规以及中国烟草总公司有关规定执行。

第七章 附 则

第三十一条 各有关省级烟草专卖局（公司）根据本办法以及中国烟草总公司其他相关规定，制订具体实施办法。

第三十二条 本办法由中国烟草总公司负责解释。

第三十三条 本办法自印发之日起施行。2008 年 3 月 20 日印发的《烤房设备招标采购管理若干规定（试行）》（中烟办〔2008〕84 号）同时废止。

民政部工程建设项目招标投标管理办法

（2007 年 12 月 13 日民政部发布）

第一条 为规范民政部工程建设项目招标投标活动，确保工程质量和投资效益，促进廉政建设，根据《中华人民共和国招标投标法》、《中华人民共和国政府采购法》及有关法规，制定本办法。

第二条 部财务和机关事务司为工程建设项目招标投标管理部门，负责贯彻执行国家有关招标投标政策，拟订招标投标制度、办法，会同驻民政部监察局（以下简称监察局）监督各项招标投标工作。

第三条 本办法所称工程建设项目包括项目勘察、设计、施工、监理以及与工程建设有关的咨询服务、重要设备、材料的采购。

第四条 部机关、直属事业单位及代管单位组织实施的使用全部或者部分使用国有资金投资或者国家融资的工程建设项目，凡达到下列规模的，必须进行招标：

（一）施工单项合同估算价在 200 万元人民币以上的；

（二）重要设备、材料等货物的采购，单项合同估算价在 100 万元人民币以上的；

（三）勘察、设计、监理等服务的采购，单项合同估算价在 50 万元人民币以上的；

（四）单项合同估算价低于第（一）、（二）、（三）项标准，但项目总投资在 1000 万元人民币以上的。

第五条 招标应采用以下方式：

（一）必须进行招标的项目中全部使用国有资金或者国有资金占控股或者主导地位的；货物或者服务项目单项或批量采购金额一次性达到 120 万元以上的，必须采用公开招标方式；但国务

院发展改革部门确定的国家重点项目不适宜公开招标的,经国务院发展改革部门批准,可以进行邀请招标;

(二)未达到第(一)项金额标准但列入政府集中采购目录的项目,必须委托集中采购机构代理采购;

(三)法律规定允许采用邀请招标方式的,应当向3个以上具备承担招标项目能力的、资信良好的特定法人或者其他组织发出投标邀请。

第六条　金额达到50万元以上的与工程建设有关的咨询服务项目,可以采用邀请招标方式。

第七条　招标投标活动应当符合下列要求:

(一)严格依照《中华人民共和国招标投标法》和有关主管部门规定的程序、办法、要求组织实施,并遵循公开、公平、公正和诚实信用的原则;

(二)建设单位组织的招标投标活动,必须接受部招标投标管理部门和监察局的监督指导,依法向当地主管部门或者政府采购主管部门申报、办理有关审批手续;

(三)招标投标活动,不受地区或者部门的限制,任何单位和个人不得违法限制或者排斥任何法人或者其他组织参加投标,不得以任何方式非法干涉招标投标活动。

第八条　招标投标活动应当符合下列程序:

(一)成立项目招标工作组。建设单位法人代表、负责人或者其授权委托代表任招标工作组组长,成员由基建专职人员及有关人员组成;

(二)招标工作组委托具有相应资质的招标代理机构组织招标投标工作和招标文件的编制工作;

(三)招标工作组依据有关法规,提出投标准入条件和资格初审办法,审核资格预审文件及招标文件;

(四)需要进行资格预审的,应当组建资格预审评审委员会,资格预审评审委员会由招标人代表和有关技术、经济等方面的专家组成;

(五)资格预审文件应包括投标人资质情况、财务信用状况、近年工作业绩、参与本项目的项目经理的资历及业绩、项目团队及专业配备等情况;

(六)资格预审评审委员会按照资格预审文件,对投标人进行资格预审,并将预审合格的投标人名单报部招标投标管理部门备案;

(七)成立评标委员会。评标委员会由招标人或招标管理机构按有关规定组建,成员由有关技术、经济等方面的专家组成。评标专家应当通过招投标管理机构指定的专家库随机抽取。

全部使用政府投资或者政府投资占控股地位的工程、设备及服务的招标,资格预审评审委员会及评标委员会的所有成员应当从专家库中随机抽取确定。

抽取专家的工作,应当在监察局监督下进行。与投标人有利益关联人员不得进入资格预审评审委员会和评标委员会。

邀请招标可直接由邀标人组织,程序比照公开招标但可适当简化。投标人的资格准入条件及投标候选人需由邀标单位负责人召开会议,集体研究确定;

(八)开标会由委托的招标投标代理机构主持,监察局负责监督开标、评标工作。各投标人的投标书和招标的工程标底,应当经监察局核实密封完整后,才能启封、宣读;

(九)评标委员会依据制定的评分标准,对投标人进行打分排序,推荐前1-3名为中标候选人,并提出书面评标报告。

第九条　项目招标工作组按国家有关规定确定中标人,使用国有资金或国家融资的项目,应当确定排名第一的中标候选人为中标人。

如对评标结果有争议或异议,由有关负责人召集会议,集体研究并报有关部门和上级领导确定。

第十条　中标人产生后,由招标人依据投标报价、招标文件及中标人的承诺,与中标人签订合同,并将合同报部招标投标管理部门备案。招标人和中标人不得再行订立背离合同实质性内容、损害发包方利益的其他协议。

第十一条 对违纪违法行为依照以下原则进行处理

（一）部机关的项目，凡违反本办法情节较轻的，可责令限期改正；情节严重造成不良影响的，部招投标管理部门和监察局可依据有关规定采取相应措施并对有关责任人进行处分；构成犯罪的，依法追究刑事责任。

（二）部直属事业单位及代管单位组织的项目，凡违反本办法情节较轻的，部招标投标管理部门和监察局可责令其限期改正；情节严重造成不良影响的，部招标投标管理部门可按照国家有关规定采取相应措施，并依据有关规定对有关责任人进行处分；构成犯罪的，依法追究刑事责任。

第十二条 未达到本办法第四条及第六条规定的投资金额标准的工程建设项目，发包的程序可以简化，但须遵循公开、公平、公正的原则，符合市场运行机制，进行工程发包和采购活动。

第十三条 部机关、直属事业单位及代管单位组织实施的使用全部或者部分使用国有资金投资或者国家融资的工程建设项目，适用本办法。部直管民间组织及民政部代管单位所属机构实施的工程建设项目参照执行。

探矿权采矿权招标拍卖挂牌管理办法（试行）

（2003年6月11日国土资源部发布 国土资发〔2003〕197号 自2003年8月1日起施行）

第一章 总 则

第一条 为完善探矿权采矿权有偿取得制度，规范探矿权采矿权招标拍卖挂牌活动，维护国家对矿产资源的所有权，保护探矿权人、采矿权人合法权益，根据《中华人民共和国矿产资源法》、《矿产资源勘查区块登记管理办法》和《矿产资源开采登记管理办法》，制定本办法。

第二条 探矿权采矿权招标拍卖挂牌活动，按照颁发勘查许可证、采矿许可证的法定权限，由县级以上人民政府国土资源行政主管部门（以下简称主管部门）负责组织实施。

第三条 本办法所称探矿权采矿权招标，是指主管部门发布招标公告，邀请特定或者不特定的投标人参加投标，根据投标结果确定探矿权采矿权中标人的活动。

本办法所称探矿权采矿权拍卖，是指主管部门发布拍卖公告，由竞买人在指定的时间、地点进行公开竞价，根据出价结果确定探矿权采矿权竞得人的活动。

本办法所称探矿权采矿权挂牌，是指主管部门发布挂牌公告，在挂牌公告规定的期限和场所接受竞买人的报价申请并更新挂牌价格，根据挂牌期限截止时的出价结果确定探矿权采矿权竞得人的活动。

第四条 探矿权采矿权招标拍卖挂牌活动，应当遵循公开、公平、公正和诚实信用的原则。

第五条 国土资源部负责全国探矿权采矿权招标拍卖挂牌活动的监督管理。

上级主管部门负责监督下级主管部门的探矿权采矿权招标拍卖挂牌活动。

第六条 主管部门工作人员在探矿权采矿权招标拍卖挂牌活动中玩忽职守、滥用职权、徇私舞弊的，依法给予行政处分。

第二章 范 围

第七条 新设探矿权有下列情形之一的，主管部门应当以招标拍卖挂牌的方式授予：

（一）国家出资勘查并已探明可供进一步勘查的矿产地；

（二）探矿权灭失的矿产地；

（三）国家和省两级矿产资源勘查专项规划划定的勘查区块；

（四）主管部门规定的其他情形。

第八条 新设采矿权有下列情形之一的，主管部门应当以招标拍卖挂牌的方式授予：

（一）国家出资勘查并已探明可供开采的矿产地；

（二）采矿权灭失的矿产地；
（三）探矿权灭失的可供开采的矿产地；
（四）主管部门规定无需勘查即可直接开采的矿产；
（五）国土资源部、省级主管部门规定的其他情形。

第九条 符合本办法第七条、第八条规定的范围，有下列情形之一的，主管部门应当以招标的方式授予探矿权采矿权：
（一）国家出资的勘查项目；
（二）矿产资源储量规模为大型的能源、金属矿产地；
（三）共伴生组分多、综合利用技术水平要求高的矿产地；
（四）对国民经济具有重要价值的矿区；
（五）根据法律法规、国家政策规定可以新设探矿权采矿权的环境敏感地区和未达到国家规定的环境质量标准的地区。

第十条 有下列情形之一的，主管部门不得以招标拍卖挂牌的方式授予：
（一）探矿权人依法申请其勘查区块范围内的采矿权；
（二）符合矿产资源规划或者矿区总体规划的矿山企业的接续矿区、已设采矿权的矿区范围上下部需要统一开采的区域；
（三）为国家重点基础设施建设项目提供建筑用矿产；
（四）探矿权采矿权权属有争议；
（五）法律法规另有规定以及主管部门规定因特殊情形不适于以招标拍卖挂牌方式授予的。

第十一条 违反本办法第七条、第八条、第九条和第十条的规定授予探矿权采矿权的，由上级主管部门责令限期改正；逾期不改正的，对直接负责的主管人员和其他直接责任人员依法给予行政处分。

第三章 实 施

第一节 一般规定

第十二条 探矿权采矿权招标拍卖挂牌活动，应当有计划地进行。

主管部门应当根据矿产资源规划、矿产资源勘查专项规划、矿区总体规划、国家产业政策以及市场供需情况，按照颁发勘查许可证、采矿许可证的法定权限，编制探矿权采矿权招标拍卖挂牌年度计划，报上级主管部门备案。

第十三条 上级主管部门可以委托下级主管部门组织探矿权采矿权招标拍卖挂牌的具体工作，勘查许可证、采矿许可证由委托机关审核颁发。

受委托的主管部门不得再委托下级主管部门组织探矿权采矿权招标拍卖挂牌的具体工作。

第十四条 主管部门应当根据探矿权采矿权招标拍卖挂牌年度计划和《外商投资产业指导目录》，编制招标拍卖挂牌方案；招标拍卖挂牌方案，县级以上地方主管部门可以根据实际情况报同级人民政府组织审定。

第十五条 主管部门应当根据招标拍卖挂牌方案，编制招标拍卖挂牌文件。

招标拍卖挂牌文件，应当包括招标拍卖挂牌公告、标书、竞买申请书、报价单、矿产地的地质报告、矿产资源开发利用和矿山环境保护要求、成交确认书等。

第十六条 招标标底、拍卖挂牌底价，由主管部门依规定委托有探矿权采矿权评估资质的评估机构或者采取询价、类比等方式进行评估，并根据评估结果和国家产业政策等综合因素集体决定。

在招标拍卖挂牌活动结束之前，招标标底、拍卖挂牌底价须保密，且不得变更。

第十七条 招标拍卖挂牌公告应当包括下列内容：
（一）主管部门的名称和地址；
（二）拟招标拍卖挂牌的勘查区块、开采矿区的简要情况；
（三）申请探矿权采矿权的资质条件以及取得投标人、竞买人资格的要求；
（四）获取招标拍卖挂牌文件的办法；

（五）招标拍卖挂牌的时间、地点；

（六）投标或者竞价方式；

（七）确定中标人或者竞得人的标准和方法；

（八）投标、竞买保证金及其缴纳方式和处置方式；

（九）其他需要公告的事项。

第十八条 主管部门应当依规定对投标人、竞买人进行资格审查。对符合资质条件和资格要求的，应当通知投标人、竞买人参加招标拍卖挂牌活动以及缴纳投标、竞买保证金的时间和地点。

第十九条 投标人、竞买人按照通知要求的时间和地点缴纳投标、竞买保证金后，方可参加探矿权采矿权招标拍卖挂牌活动；逾期未缴纳的，视为放弃。

第二十条 以招标拍卖挂牌方式确定中标人、竞得人后，主管部门应当与中标人、竞得人签订成交确认书。中标人、竞得人逾期不签订的，中标、竞得结果无效，所缴纳的投标、竞买保证金不予退还。

成交确认书应当包括下列内容：

（一）主管部门和中标人、竞得人的名称、地址；

（二）成交时间、地点；

（三）中标、竞得的勘查区块、开采矿区的简要情况；

（四）探矿权采矿权价款；

（五）探矿权采矿权价款的缴纳时间、方式；

（六）矿产资源开发利用和矿山环境保护要求；

（七）办理登记时间；

（八）主管部门和中标人、竞得人约定的其他事项。

成交确认书具有合同效力。

第二十一条 主管部门应当在颁发勘查许可证、采矿许可证前一次性收取探矿权采矿权价款。探矿权采矿权价款数额较大的，经上级主管部门同意可以分期收取。

探矿权采矿权价款的使用和管理按照有关规定执行。

第二十二条 中标人、竞得人缴纳的投标、竞买保证金，可以抵作价款。其他投标人、竞买人缴纳的投标、竞买保证金，主管部门须在招标拍卖挂牌活动结束后5个工作日内予以退还，不计利息。

第二十三条 招标拍卖挂牌活动结束后，主管部门应当在10个工作日内将中标、竞得结果在指定的场所、媒介公布。

第二十四条 中标人、竞得人提供虚假文件隐瞒事实、恶意串通、向主管部门或者评标委员会及其成员行贿或者采取其他非法手段中标或者竞得的，中标、竞得结果无效，所缴纳的投标、竞买保证金不予退还。

第二十五条 主管部门应当按照成交确认书所约定的时间为中标人、竞得人办理登记，颁发勘查许可证、采矿许可证，并依法保护中标人、竞得人的合法权益。

第二十六条 主管部门在签订成交确认书后，改变中标、竞得结果或者未依法办理勘查许可证、采矿许可证的，由上级主管部门责令限期改正，对直接负责的主管人员和其他直接责任人员依法给予行政处分；给中标人、竞得人造成损失的，中标人、竞得人可以依法申请行政赔偿。

第二十七条 主管部门负责建立招标拍卖挂牌的档案，档案包括投标人、评标委员会、中标人、竞买人和竞得人的基本情况、招标拍卖挂牌过程、中标、竞得结果等。

第二节 招 标

第二十八条 探矿权采矿权招标的，投标人不得少于三人。

投标人少于三人，属采矿权招标的，主管部门应当依照本办法重新组织招标；属探矿权招标的，主管部门可以以挂牌方式授予探矿权。

第二十九条　主管部门应当确定投标人编制投标文件所需的合理时间；但是自招标文件发出之日起至投标人提交投标文件截止之日，最短不得少于30日。

第三十条　投标、开标依照下列程序进行：

（一）投标人按照招标文件的要求编制投标文件，在提交投标文件截止之日前，将投标文件密封后送达指定地点，并附具对投标文件承担责任的书面承诺。

在提交投标文件截止之日前，投标人可以补充、修改但不得撤回投标文件。补充、修改的内容作为投标文件的组成部分。

（二）主管部门签收投标文件后，在开标之前不得开启；对在提交投标文件的截止之日后送达的，不予受理。

（三）开标应当在招标文件确定的时间、地点公开进行。开标由主管部门主持，邀请全部投标人参加。

开标时，由投标人或者其推选的代表检查投标文件的密封情况，当众拆封，宣读投标人名称、投标价格和投标文件的主要内容。

（四）评标由主管部门组建的评标委员会负责。评标委员会应当按照招标文件确定的评标标准和方法，对投标文件进行评审。评审时，可以要求投标人对投标文件作出必要的澄清或者说明，但该澄清或者说明不得超出投标文件的范围或者改变投标文件的实质内容。

评标委员会完成评标后，应当提出书面评标报告和中标候选人，报主管部门确定中标人；主管部门也可委托评标委员会直接确定中标人。

评标委员会经评审，认为所有的投标文件都不符合招标文件要求的，可以否决所有的投标。

第三十一条　评标委员会成员人数为五人以上单数，由主管部门根据拟招标的探矿权采矿权确定，有关技术、经济方面的专家不得少于成员总数的三分之二。

在中标结果公布前，评标委员会成员名单须保密。

第三十二条　评标委员会成员收受投标人的财物或其他好处的，或者向他人透露标底或有关其他情况的，主管部门应当取消其担任评标委员会成员的资格。

第三十三条　确定的中标人应当符合下列条件之一：

（一）能够最大限度地满足招标文件中规定的各项综合评价标准；

（二）能够满足招标文件的实质性要求，并且经评审的投标价格最高，但投标价格低于标底的除外。

第三十四条　中标人确定后，主管部门应当通知中标人在接到通知之日起5日内签订成交确认书，并同时将中标结果通知所有投标人。

第三节　拍　　卖

第三十五条　探矿权采矿权拍卖的，竞买人不得少于三人。少于三人的，主管部门应当停止拍卖。

第三十六条　探矿权采矿权拍卖的，主管部门应当于拍卖日20日前发布拍卖公告。

第三十七条　拍卖会依照下列程序进行：

（一）拍卖主持人点算竞买人；

（二）拍卖主持人介绍探矿权采矿权的简要情况；

（三）宣布拍卖规则和注意事项；

（四）主持人报出起叫价；

（五）竞买人应价。

第三十八条　无底价的，拍卖主持人应当在拍卖前予以说明；有底价的，竞买人的最高应价未达到底价的，该应价不发生效力，拍卖主持人应当停止拍卖。

第三十九条　竞买人的最高应价经拍卖主持人落槌表示拍卖成交，拍卖主持人宣布该最高应价的竞买人为竞得人。

主管部门和竞得人应当当场签订成交确认书。

第四节 挂 牌

第四十条 探矿权采矿权挂牌的,主管部门应当于挂牌起始日 20 日前发布挂牌公告。

第四十一条 探矿权采矿权挂牌的,主管部门应当在挂牌起始日,将起始价、增价规则、增价幅度、挂牌时间等,在挂牌公告指定的场所挂牌公布。

挂牌时间不得少于 10 个工作日。

第四十二条 竞买人的竞买保证金在挂牌期限截止前缴纳的,方可填写报价单报价。主管部门受理其报价并确认后,更新挂牌价格。

第四十三条 挂牌期间,主管部门可以根据竞买人的竞价情况调整增价幅度。

第四十四条 挂牌期限届满,主管部门按照下列规定确定是否成交:

(一)在挂牌期限内只有一个竞买人报价,且报价高于底价的,挂牌成交;

(二)在挂牌期限内有两个或者两个以上的竞买人报价的,出价最高者为竞得人;报价相同的,先提交报价单者为竞得人,但报价低于底价者除外;

(三)在挂牌期限内无人竞买或者竞买人的报价低于底价的,挂牌不成交。

在挂牌期限截止前 30 分钟仍有竞买人要求报价的,主管部门应当以当时挂牌价为起始价进行现场竞价,出价最高且高于底价的竞买人为竞得人。

第四十五条 挂牌成交的,主管部门和竞得人应当当场签订成交确认书。

第四章 附 则

第四十六条 本办法自 2003 年 8 月 1 日施行。

本办法发布前制定的有关文件的内容与本办法的规定不一致的,按照本办法规定执行。

关于进一步规范南水北调工程招标投标活动的意见

(2005 年 11 月 23 日国务院南水北调工程建设委员会办公室发布
国调办建管〔2005〕103 号)

各项目法人、各有关省(直辖市)南水北调办事机构:

为全面贯彻落实《国务院办公厅关于进一步规范招标投标活动的若干意见》(国办发〔2004〕56 号),现提出以下意见。

一、监督管理

(一)国务院南水北调工程建设委员会办公室(以下简称"南水北调办")依法对南水北调主体工程项目招标投标活动实施监督管理,对重大项目的招标、投标、开标、评标、中标过程进行监督检查,组建并管理南水北调工程评标专家库,受理有关南水北调工程建设项目招标投标活动的投诉和举报,依法查处招标投标活动中的违法违规行为。

有关省(直辖市)南水北调办事机构根据南水北调办的委托,对委托范围内的项目招标投标活动进行监督管理并向南水北调办负责,接受南水北调办的指导和检查,对发现的重大事项应当及时报告。每半年向南水北调办报告一次行政监督管理情况。

(二)行政监督管理工作内容包括:接受并按规定核准(或受委托初步核准)招标人在招标前提交的分标方案;对招标投标活动进行监督;对招标投标活动中出现的严重违法违规行为提出处理意见和建议;接受招标人的招标投标情况书面总结报告。

(三)对开标和评标活动监督的工作方式主要为:检查招标投标有关文件,核查投标单位的资质等级和资信情况等;监督标底(或成本价)形成、招标、投标、开标、评标、中标等与招标投标有关的活动;向有关单位调查了解情况;现场查验,调查、核实招标结果执行情况;受理投诉和举报。

(四)行政监督人员在监督检查过程中不得非法干预或影响正常评标,不得作为评标委员会成员直接参与评标,不得泄露应当保密的事项。

(五)招标人作为项目招标投标管理的责任主体,应当严格执行国家有关法律法规和南水北调工程建设关于招标投标的有关规定,建立健全内部管理和监督的体制、机制及制度,落实责任,精心组织,严格管理,规范招标活动,确保招标质量。

二、招标

(六)南水北调主体工程勘测设计、监理、施工、货物(包括重要设备、材料等,以下简称"货物")等项目符合国家规定的范围和标准的,应当依法招标选择承包单位。推行项目代建管理模式的,应当按照南水北调办的有关规定招标选择项目管理单位。

勘测设计(勘察、测量、初步设计、技施设计)招标应当具备的条件:按照国家有关规定需要履行项目审批手续的,已履行审批手续,取得批准;勘测设计所需资金已有明确安排;所必需的勘测设计基础资料已经收集完成;勘测设计分标方案已经核准;法律法规规定的其他条件已经具备。

监理招标应当具备的条件:初步设计已经批准(或已通过技术审查且初步设计概算已经核定);监理所需资金已有明确安排;监理分标方案已经核准;有招标所需的设计图纸及技术资料。监理工作一般应包括设计监理和施工监理,对工程设计和工程建设的质量、进度和投资等进行监督、控制管理,协调业主、设计单位、施工单位的关系。监理内容的具体要求可根据工程具体情况,由招标人在招标文件中明确。

施工招标应当具备的条件:初步设计已经批准;建设资金来源已落实或年度投资计划已经安排;满足招标要求的设计文件已经具备,施工图纸交付已有明确安排;施工分标方案已经核准;有关建设项目永久征地、临时用地和移民搬迁的实施、安置工作已有明确安排。

货物招标应当具备的条件:初步设计已经批准;货物技术经济指标已基本确定;货物分标方案已经核准;货物所需资金已有明确安排。

项目代建管理招标应当具备的条件:初步设计已经批准(或已通过技术审查且初步设计概算已经核定);项目代建管理方案已经核准。

其他招标应当具备法律法规和国家关于南水北调工程建设有关规定要求的相应条件。

(七)南水北调主体工程项目招标工作的程序:向行政监督管理单位提交分标方案申请核准;编制招标文件;发布招标信息(招标公告或投标邀请书);发售资格预审文件(实行资格预审的,下同);按规定日期接受潜在投标人递交的资格预审文件;组织对潜在投标人资格预审文件进行审核;发售招标文件;组织购买招标文件的潜在投标人现场踏勘;接受投标人对招标文件有关问题要求澄清的函件,对问题进行澄清,并书面通知所有潜在投标人;组织成立评标委员会;在规定时间和地点,接受符合招标文件要求的投标文件;组织开标评标会;确定中标人;发中标通知书;向行政监督管理单位提交招标投标情况的书面总结报告;进行合同谈判,与中标人订立书面合同。

(八)南水北调主体工程项目分标方案必须在招标公告发布前20日报经南水北调办核准。分标方案主要应包括项目概况、标段划分原则、标段划分理由、分标情况(含标段内容、工期、相应概算等)、必要的图纸等内容。

(九)采用代理招标的,招标人一般宜采用竞争方式选择招标代理机构,并在委托合同中明确须遵守的南水北调工程招标投标有关规定。招标代理机构不得与被代理招标项目的投标人有隶属关系或者其他利益关系。

招标人拟自行招标的,须具有自行招标条件和能力,并按有关规定和管理权限经核准后才能办理自行招标事宜。

(十)南水北调主体工程项目的招标公告和中标结果,应当依照法律法规和《南水北调工程建设管理的若干意见》有关规定进行公告。

招标公告应当载明招标人及招标代理机构的名称和地址、招标项目的性质、内容、数量、实施地点和工期(供货、服务、时间)要求、对投标人的资格和经历(业绩)要求、开标时间和地点以及获取投标文件的办法等事项,但不得限制潜在投标人的数量。

招标人对招标公告内容的真实性、准确性和完整性负责。

招标人在南水北调办网站发布招标公告,应当在预定发布招标公告日期前3个工作日将招标公告及相关材料报南水北调办。相关材料应包括招标项目名称及概况、招标已具备的条件、招标计划安排、评标委员会组建方案、招标文件(含评标方法和标准);代理机构名称及联系人、联系方式;发布公告的时间和其他必要内容。

(十一)对投标人的资格审查分为资格预审和资格后审,一般应采用资格预审方式,由招标人或受委托的招标代理机构负责实施,资格预审前应告知有关行政监督管理单位,并接受依法实施的行政监督。

招标人应当根据工程的性质和特点编制资格审查文件,资格审查文件应详述审查条件、方法和标准。资格审查应当以相同条件对所有潜在投标人进行审查,审查前不得以任何理由限制或者排斥潜在投标人,并提出资格审查报告,经审查人员签字确认。

(十二)招标人应当根据国家法律法规和南水北调工程建设的有关规定,结合项目特点和需要组织编制招标文件并负责审查。

招标文件应当载明详细的评标方法和标准,评标标准中的评价因素均应根据招标项目的特点进行科学、合理的量化。在评标时不得另行制定或修改、补充任何评标方法和标准。

招标文件应当规定实质性要求和条件,说明不满足其中任何一项实质性要求和条件的投标将被拒绝,并用醒目方式标明;没有标明的要求和条件在评标时不得作为实质性要求和条件。对标的物的技术、标准和质量有特殊要求的,招标文件中应当提出相应要求,并将其作为实质性要求和条件。

(十三)招标人对已发出的招标文件进行必要澄清或者修改的,应当在招标文件要求提交投标文件截止日期至少15日前,以书面形式通知到所有投标人。投标人对招标文件如有疑问,应当在投标截止时间10日前向招标人提出;招标人对投标人疑问进行回复的,应当在投标截止时间5日前以书面形式向所有投标人进行一致的解答。

招标人的澄清、修改或解答的内容为招标文件的组成部分。

(十四)南水北调主体工程项目招标鼓励推行无标底招标。

南水北调主体工程项目招标采用标底或成本价的,招标人应按照有利于工程建设和投资控制的原则,根据批准的设计、概算(估算),依据有关规定,结合市场供求状况,综合考虑工期、质量等方面的因素合理确定。标底或成本价编制过程和结果在开标前必须严格保密,在开标时予以公布。

(十五)招标公告在正式媒介发布至发售招标文件或资格预审文件的时间间隔不少于5日;招标文件或资格预审文件发售期限,最短不应当少于5个工作日。

招标文件应当按其制作成本确定售价,监理招标文件每套售价不超过1000元人民币,其他招标文件每套售价不超过3000元人民币。

(十六)招标文件中应当明确投标保证金金额,一般不超过合同估算价的7‰,但勘测设计招标最高不应超过10万元人民币,其他招标最高不应超过80万元人民币,最低不应低于3万元人民币。

三、投标

(十七)招标人要按照国家有关规定和南水北调办的有关要求,认真核验招标代理、勘测设计、监理、施工、货物供应等单位的资质(资格)和经历(业绩),确保资质和业绩一致,不得让无资质(资格)或资质(资格)等级不够、无相应经历(业绩)的单位参与招标投标活动。

(十八)投标人应当按照招标文件的要求编制投标文件。投标文件应对招标文件提出的实质性要求和条件作出响应。拟在中标后将中标项目的部分非主体、非关键性工作进行分包的,应当在投标文件中载明。

(十九)投标人应当在投标截止时间前,将投标文件密封送达投标地点。招标人收到投标文件后,应当向投标人出具标明签收人和签收时间的凭证,在开标前任何单位和个人不得开启投标文件。

招标人对逾期送达的或者未送达投标地点的或者未按招标文件要求密封的投标文件不予接收。

(二十)投标人在投标截止时间前,可以按照招标文件的规定补充、修改、替代或者撤回已提交的投标文件,并书面通知招标人。

在提交投标文件截止时间后,投标人不得补充、修改、替代或者撤回其投标文件。投标人补充、修改、替代投标文件的,招标人不得接受。

(二十一)2 个以上法人或者其他组织可以组成 1 个联合体,以 1 个投标人的身份共同投标。联合体各方签订共同投标协议后,不得再单独投标,也不得组成新的联合体或参加其他联合体在同一标段中投标。联合体投标的资质、责任等方面的管理按国家有关规定执行。

(二十二)禁止任何投标人串通投标或招标人与投标人串通投标的行为。

(二十三)提交投标文件的投标人少于 3 个的,招标人应当依法重新招标。重新招标后投标人仍少于 3 个的,经批准后可以不再进行招标,或者仅对合格投标人进行开标和评标。

评标委员会根据国家有关规定和招标文件否决不合格投标或者界定为废标后,有效投标不足 3 个的,由评标委员会决定是否继续进行评标或重新招标。决定重新招标的,招标人应当自决定之时起 2 日内将有关情况报南水北调办。

四、开标

(二十四)开标由招标人或其委托的招标代理机构主持,在招标文件确定的地点和提交投标文件截止时间的同一时间公开进行。开标时,由投标人代表检查投标文件的密封情况,也可以由招标人委托的公证机构检查并公证;经确认无误后,由工作人员当众拆封,宣读投标人名称、投标价格和投标文件的其他主要内容。

招标人或其委托的招标代理机构应与投标人确认投标文件的完整性。

开标过程应当记录,并由有关各方签字确认。

五、评标

(二十五)评标委员会由招标人组建,负责评标活动,向招标人推荐中标候选人或者根据招标人的授权直接确定中标人。

评标委员会的人数为 5 人以上单数,其中技术、经济等方面的专家不得少于成员总数的 2/3,并按照《南水北调工程评标专家和评标专家库管理办法》确定。

评标委员会设负责人的,评标委员会负责人由评标委员会成员推举产生或者由招标人确定。评标需要分组的,如评标委员会负责人是招标人代表,则招标人代表不再担任各组负责人。评标委员会负责人、各组负责人与评标委员会的其他成员有同等的表决权。

评标委员会成员不得与投标人有利害关系。所指利害关系包括:是投标人负责人的近亲属;在 5 年内与投标人曾有工作关系;或与投标人有其他社会关系或经济利益关系。评标专家的回避性检查在评标专家抽取时进行;招标人评标代表的回避性检查在开标前进行,招标人应向行政监督管理单位提供其评标代表近 5 年的简历。评标委员会成员发现需要回避时,应当主动回避。

南水北调工程评标专家库评标专家抽取程序为:招标人在抽取评标专家前确定抽取评标专家的人数、专业分布。开标前 3 至 4 日,招标人代表经单位介绍,提供已获取招标文件的潜在投标人名单,在南水北调工程评标专家库抽取评标专家。原则上同一单位、同一地区抽取的评标专家不超过 1 人(同一地区不同主管部门的单位除外),尽可能来自不同类型(性质)的单位(如建设管理、招标代理、设计、监理、施工等)。招标人按规定指定专家作为其代表进入评标委员会的,专家所在单位的入库评标专家不再抽取作为该项目的评标专家。

(二十六)评标委员会成员应在开标前集中,并在开标前开始进行不少于半天的评标培训。培训工作由南水北调办或各省市南水北调办事机构负责。培训内容应包括有关招标投标法律法规、所评标项目背景和概况、评标工作程序及赋分要求、评标工作纪律要求等。评标培训内容不得有妨碍评标公正性的任何倾向性意见或暗示。评标委员会成员应签署遵守评标工作纪律、承担评标工作相应职责、与投标人无利害关系的书面承诺。

招标人应当给予评标专家合理的劳务报酬,并负责评标专家参加评标工作时的交通、食宿等费用。

（二十七）评标委员会成员应当严格遵守评标纪律，认真细致全面地审阅投标文件，客观、公正、独立地开展评标工作，不受包括招标人在内的任何单位和个人的制约、影响，对所提出的评审意见承担责任。

评标委员会成员不得与任何投标人或者与招标结果有利害关系的人进行私下接触，不得收受投标人、中介人、其他利害关系人的财物或者其他好处。评标委员会成员和与评标活动有关的工作人员不得透露对投标文件的评审、中标候选人的推荐情况以及与评标有关的其他情况。

（二十八）评标委员会应当根据招标文件规定的评标方法和标准，对投标文件进行系统地评审和比较。招标文件中没有规定的方法和标准不得作为评标的依据。

评标委员会应当审查每一投标文件是否对招标文件提出的所有实质性要求和条件作出响应。未能在实质上响应的投标，应作废标处理。对投标人提交的经历（业绩）证明等材料，必要时应进行查证、核实。

评标委员会可以书面方式要求投标人对投标文件中含义不明确、对同类问题表述不一致或者有明显文字和计算错误的内容作必要的澄清、说明或补正，但不得向投标人提出带有暗示性或诱导性的问题，或向其明确投标文件中的遗漏和其他错误。投标人的澄清、说明或补正不能改变投标文件的实质性内容。

评标委员会推荐的中标候选人应当限定在1至3名，并标明排列顺序。

（二十九）评标委员会完成评标后，应当在评标会议结束前向招标人提出书面评标报告。

评标报告由评标委员会全体成员签字。对评标结论持有异议的评标委员可以书面方式阐述其不同意见和理由。评标委员会成员拒绝在评标报告上签字且不陈述其不同意见和理由的，视为同意评标结论。评标委员会应当对此作出书面说明并记录在案。

评标报告的内容应当包括：基本情况；评标委员会成员名单；开标记录；符合要求的投标一览表；废标情况说明（如有）；评标标准、方法；经评审的价格或者评分比较一览表；经评审的投标人排序；推荐的中标候选人名单与签订合同前要处理的事宜；澄清、说明、补正事项纪要。

（三十）评标过程记录应当纳入档案管理。

六、中标

（三十一）招标人应当在评标结束后的1个工作日内在中国南水北调网站公示评标结果（格式见附件1）。

（三十二）招标人应按照国家有关规定确定中标人。中标人确定后，招标人应当向中标人发出中标通知书，并同时将中标结果通知所有未中标的投标人。中标通知书对招标人和中标人具有法律约束力。中标通知书发出后，招标人改变中标结果或者中标人放弃中标的，应当承担法律责任。

（三十三）招标人和中标人应当自中标通知书发出之日起30日内，按照招标文件和中标人的投标文件订立书面合同。招标人与中标人不得再行订立背离招标实质性内容的其他协议。中标人应严格按照合同约定投入投标时承诺的人员和设备等资源参加南水北调工程建设。

招标人应当在签订合同后5个工作日内，向中标人和未中标的投标人退还投标保证金，并通知有关媒体发布中标信息。

（三十四）招标人应自确定中标人之日起15日内向南水北调办提交招标投标情况的书面报告，代建、委托项目招标人经项目法人向南水北调办报告，委托项目招标人和东线项目招标人同时向有关省（直辖市）南水北调办事机构报告。书面报告应当包括的内容有：招标范围；招标方式和发布招标公告的媒介；评标委员会的组成和评标报告；中标结果（中标信息表格式见附件2）。

（三十五）合同中确定的建设规模、建设标准、建设内容应当严格控制在批准的初步设计及概算文件范围内；合同价格确需超出批准的初步设计及概算文件范围的，招标人应当在招标前或中标合同签订前，报南水北调办审查同意。

（三十六）招标人不得指定分包人。

中标人不得转包或违法分包，一经发现，可要求其改正；拒不改正的，可终止合同，并报请有关行政监督管理单位查处。

七、其他

（三十七）经批准需要进行国际招标的，按照国家有关规定执行。

（三十八）违反招标投标有关规定的，必须依照有关规定进行处理；违反法律的，依法追究法律责任。

附件：1. 评标结果公示表（略）

2. 项目（项目建设管理、勘测设计、监理、施工、货物）中标信息表（略）

关于促进残疾人就业政府采购政策的通知

（2017 年 8 月 22 日财政部、民政部、中国残疾人联合会发布　财库〔2017〕141 号）

党中央有关部门，国务院各部委、各直属机构，全国人大常委会办公厅，全国政协办公厅，高法院，高检院，各民主党派中央，有关人民团体，各省、自治区、直辖市、计划单列市财政厅（局）、民政厅（局）、残疾人联合会，新疆生产建设兵团财务局、民政局、残疾人联合会：

为了发挥政府采购促进残疾人就业的作用，进一步保障残疾人权益，依照《政府采购法》、《残疾人保障法》等法律法规及相关规定，现就促进残疾人就业政府采购政策通知如下：

一、享受政府采购支持政策的残疾人福利性单位应当同时满足以下条件：

（一）安置的残疾人占本单位在职职工人数的比例不低于 25%（含 25%），并且安置的残疾人人数不少于 10 人（含 10 人）；

（二）依法与安置的每位残疾人签订了一年以上（含一年）的劳动合同或服务协议；

（三）为安置的每位残疾人按月足额缴纳了基本养老保险、基本医疗保险、失业保险、工伤保险和生育保险等社会保险费；

（四）通过银行等金融机构向安置的每位残疾人，按月支付了不低于单位所在区县适用的经省级人民政府批准的月最低工资标准的工资；

（五）提供本单位制造的货物、承担的工程或者服务（以下简称产品），或者提供其他残疾人福利性单位制造的货物（不包括使用非残疾人福利性单位注册商标的货物）。

前款所称残疾人是指法定劳动年龄内，持有《中华人民共和国残疾人证》或者《中华人民共和国残疾军人证（1 至 8 级）》的自然人，包括具有劳动条件和劳动意愿的精神残疾人。在职职工人数是指与残疾人福利性单位建立劳动关系并依法签订劳动合同或者服务协议的雇员人数。

二、符合条件的残疾人福利性单位在参加政府采购活动时，应当提供本通知规定的《残疾人福利性单位声明函》（见附件），并对声明的真实性负责。任何单位或者个人在政府采购活动中均不得要求残疾人福利性单位提供其他证明声明函内容的材料。

中标、成交供应商为残疾人福利性单位的，采购人或者其委托的采购代理机构应当随中标、成交结果同时公告其《残疾人福利性单位声明函》，接受社会监督。

供应商提供的《残疾人福利性单位声明函》与事实不符的，依照《政府采购法》第七十七条第一款的规定追究法律责任。

三、在政府采购活动中，残疾人福利性单位视同小型、微型企业，享受预留份额、评审中价格扣除等促进中小企业发展的政府采购政策。向残疾人福利性单位采购的金额，计入面向中小企业采购的统计数据。残疾人福利性单位属于小型、微型企业的，不重复享受政策。

四、采购人采购公开招标数额标准以上的货物或者服务，因落实促进残疾人就业政策的需要，依法履行有关报批程序后，可采用公开招标以外的采购方式。

五、对于满足要求的残疾人福利性单位产品，集中采购机构可直接纳入协议供货或者定点采购范围。各地区建设的政府采购电子卖场、电子商城、网上超市等应当设立残疾人福利性单位产品专栏。鼓励采购人优先选择残疾人福利性单位的产品。

六、省级财政部门可以结合本地区残疾人生产、经营的实际情况，细化政府采购支持措施。对符合国家有关部门规定条件的残疾人辅助性就业机构，可通过上述措施予以支持。各地制定的有关文件应当报财政部备案。

七、本通知自 2017 年 10 月 1 日起执行。

附件：残疾人福利性单位声明函（略）

第四部分　政府和社会资本合作(PPP)

(一)法规性文件

国务院办公厅关于政府向社会力量购买服务的指导意见

(2013年9月26日　国办发〔2013〕96号)

各省、自治区、直辖市人民政府,国务院各部委、各直属机构:

党的十八大强调,要加强和创新社会管理,改进政府提供公共服务方式。新一届国务院对进一步转变政府职能、改善公共服务作出重大部署,明确要求在公共服务领域更多利用社会力量,加大政府购买服务力度。经国务院同意,现就政府向社会力量购买服务提出以下指导意见。

一、充分认识政府向社会力量购买服务的重要性

改革开放以来,我国公共服务体系和制度建设不断推进,公共服务提供主体和提供方式逐步多样化,初步形成了政府主导、社会参与、公办民办并举的公共服务供给模式。同时,与人民群众日益增长的公共服务需求相比,不少领域的公共服务存在质量效率不高、规模不足和发展不平衡等突出问题,迫切需要政府进一步强化公共服务职能,创新公共服务供给模式,有效动员社会力量,构建多层次、多方式的公共服务供给体系,提供更加方便、快捷、优质、高效的公共服务。政府向社会力量购买服务,就是通过发挥市场机制作用,把政府直接向社会公众提供的一部分公共服务事项,按照一定的方式和程序,交由具备条件的社会力量承担,并由政府根据服务数量和质量向其支付费用。近年来,一些地方立足实际,积极开展向社会力量购买服务的探索,取得了良好效果,在政策指导、经费保障、工作机制等方面积累了不少好的做法和经验。

实践证明,推行政府向社会力量购买服务是创新公共服务提供方式、加快服务业发展、引导有效需求的重要途径,对于深化社会领域改革,推动政府职能转变,整合利用社会资源,增强公众参与意识,激发经济社会活力,增加公共服务供给,提高公共服务水平和效率,都具有重要意义。地方各级人民政府要结合当地经济社会发展状况和人民群众的实际需求,因地制宜、积极稳妥地推进政府向社会力量购买服务工作,不断创新和完善公共服务供给模式,加快建设服务型政府。

二、正确把握政府向社会力量购买服务的总体方向

(一)指导思想。

以邓小平理论、"三个代表"重要思想、科学发展观为指导,深入贯彻落实党的十八大精神,牢牢把握加快转变政府职能、推进政事分开和政社分开、在改善民生和创新管理中加强社会建设的要求,进一步放开公共服务市场准入,改革创新公共服务提供机制和方式,推动中国特色公共服务体系建设和发展,努力为广大人民群众提供优质高效的公共服务。

(二)基本原则。

——积极稳妥,有序实施。立足社会主义初级阶段基本国情,从各地实际出发,准确把握社会公共服务需求,充分发挥政府主导作用,有序引导社会力量参与服务供给,形成改善公共服务的合力。

——科学安排,注重实效。坚持精打细算,明确权利义务,切实提高财政资金使用效率,把有限的资金用在刀刃上,用到人民群众最需要的地方,确保取得实实在在的成效。

——公开择优,以事定费。按照公开、公平、公正原则,坚持费随事转,通过竞争择优的方式选择承接政府购买服务的社会力量,确保具备条件的社会力量平等参与竞争。加强监督检查和科学评估,建立优胜劣汰的动态调整机制。

——改革创新,完善机制。坚持与事业单位改革相衔接,推进政事分开、政社分开,放开市场准入,释放改革红利,凡社会能办好的,尽可能交给社会力量承担,有效解决一些领域公共服务产品短缺、质量和效率不高等问题。及时总结改革实践经验,借鉴国外有益成果,积极推动政府向社会力量购买服务的健康发展,加快形成公共服务提供新机制。

(三)目标任务。

“十二五”时期,政府向社会力量购买服务工作在各地逐步推开,统一有效的购买服务平台和机制初步形成,相关制度法规建设取得明显进展。到2020年,在全国基本建立比较完善的政府向社会力量购买服务制度,形成与经济社会发展相适应、高效合理的公共服务资源配置体系和供给体系,公共服务水平和质量显著提高。

三、规范有序开展政府向社会力量购买服务工作

(一)购买主体。

政府向社会力量购买服务的主体是各级行政机关和参照公务员法管理、具有行政管理职能的事业单位。纳入行政编制管理且经费由财政负担的群团组织,也可根据实际需要,通过购买服务方式提供公共服务。

(二)承接主体。

承接政府购买服务的主体包括依法在民政部门登记成立或经国务院批准免予登记的社会组织,以及依法在工商管理或行业主管部门登记成立的企业、机构等社会力量。承接政府购买服务的主体应具有独立承担民事责任的能力,具备提供服务所必需的设施、人员和专业技术的能力,具有健全的内部治理结构、财务会计和资产管理制度,具有良好的社会和商业信誉,具有依法缴纳税收和社会保险的良好记录,并符合登记管理部门依法认定的其他条件。承接主体的具体条件由购买主体会同财政部门根据购买服务项目的性质和质量要求确定。

(三)购买内容。

政府向社会力量购买服务的内容为适合采取市场化方式提供、社会力量能够承担的公共服务,突出公共性和公益性。教育、就业、社保、医疗卫生、住房保障、文化体育及残疾人服务等基本公共服务领域,要逐步加大政府向社会力量购买服务的力度。非基本公共服务领域,要更多更好地发挥社会力量的作用,凡适合社会力量承担的,都可以通过委托、承包、采购等方式交给社会力量承担。对应当由政府直接提供、不适合社会力量承担的公共服务,以及不属于政府职责范围的服务项目,政府不得向社会力量购买。各地区、各有关部门要按照有利于转变政府职能,有利于降低服务成本,有利于提升服务质量水平和资金效益的原则,在充分听取社会各界意见基础上,研究制定政府向社会力量购买服务的指导性目录,明确政府购买的服务种类、性质和内容,并在总结试点经验基础上,及时进行动态调整。

(四)购买机制。

各地要按照公开、公平、公正原则,建立健全政府向社会力量购买服务机制,及时、充分向社会公布购买的服务项目、内容以及对承接主体的要求和绩效评价标准等信息,建立健全项目申报、预算编报、组织采购、项目监管、绩效评价的规范化流程。购买工作应按照政府采购法的有关规定,采用公开招标、邀请招标、竞争性谈判、单一来源、询价等方式确定承接主体,严禁转包行为。购买主体要按照合同管理要求,与承接主体签订合同,明确所购买服务的范围、标的、数量、质量要求,以及服务期限、资金支付方式、权利义务和违约责任等,按照合同要求支付资金,并加强对服务提供全过程的跟踪监管和对服务成果的检查验收。承接主体要严格履行合同义务,按时完成服务项目任务,保证服务数量、质量和效果。

(五)资金管理。

政府向社会力量购买服务所需资金在既有财政预算安排中统筹考虑。随着政府提供公共服务的发展所需增加的资金,应按照预算管理要求列入财政预算。要严格资金管理,确保公开、透明、规范、有效。

(六)绩效管理。

加强政府向社会力量购买服务的绩效管理,严格绩效评价机制。建立健全由购买主体、服务对象及第三方组成的综合性评审机制,对购买服务项目数量、质量和资金使用绩效等进行考核评价。评价结果向社会公布,并作为以后年度编制政府向社会力量购买服务预算和选择政府购买服务承接主体的重要参考依据。

四、扎实推进政府向社会力量购买服务工作

(一)加强组织领导。

推进政府向社会力量购买服务,事关人民群众切身利益,是保障和改善民生的一项重要工作。地方各级人民政府要把这项工作列入重要议事日程,加强统筹协调,立足当地实际认真制定并逐步完善政府向社会力量购买服务的政策措施和实施办法,并抄送上一级政府财政部门。财政部要会同有关部门加强对各地开展政府向社会力量购买服务工作的指导和监督,总结推广成功经验,积极推动相关制度法规建设。

(二)健全工作机制。

政府向社会力量购买服务,要按照政府主导、部门负责、社会参与、共同监督的要求,确保工作规范有序开展。地方各级人民政府可根据本地区实际情况,建立“政府统一领导,财政部门牵头,民政、工商管理以及行业主管部门协同,职能部门履职,监督部门保障”的工作机制,拟定购买服务目录,确定购买服务计划,指导监督购买服务工作。相关职能部门要加强协调沟通,做到各负其责、齐抓共管。

(三)严格监督管理。

各地区、各部门要严格遵守相关财政财务管理规定,确保政府向社会力量购买服务资金规范管理和使用,不得截留、挪用和滞留资金。购买主体应建立健全内部监督管理制度,按规定公开购买服务相关信息,自觉接受社会监督。承接主体应当健全财务报告制度,并由具有合法资质的注册会计师对财务报告进行审计。财政部门要加强对政府向社会力量购买服务实施工作的组织指导,严格资金监管,监察、审计等部门要加强监督,民政、工商管理以及行业主管部门要按照职能分工将承接政府购买服务行为纳入年检、评估、执法等监管体系。

(四)做好宣传引导。

地方各级人民政府和国务院有关部门要广泛宣传政府向社会力量购买服务工作的目的、意义、目标任务和相关要求,做好政策解读,加强舆论引导,主动回应群众关切,充分调动社会参与的积极性。

国务院关于加强地方政府性债务管理的意见

(2014年9月21日　国发〔2014〕43号)

各省、自治区、直辖市人民政府,国务院各部委、各直属机构:

为加强地方政府性债务管理,促进国民经济持续健康发展,根据党的十八大、十八届三中全会精神,现提出以下意见:

一、总体要求

(一)指导思想。以邓小平理论、“三个代表”重要思想、科学发展观为指导,全面贯彻落实党的十八大、十八届三中全会精神,按照党中央、国务院决策部署,建立“借、用、还”相统一的地方政府性债务管理机制,有效发挥地方政府规范举债的积极作用,切实防范化解财政金融风险,促进国民经济持续健康发展。

(二)基本原则。

疏堵结合。修明渠、堵暗道,赋予地方政府依法适度举债融资权限,加快建立规范的地方政府举债融资机制。同时,坚决制止地方政府违法违规举债。

分清责任。明确政府和企业的责任,政府债务不得通过企业举借,企业债务不得推给政府偿还,切实做到谁借谁还、风险自担。政府与社会资本合作的,按约定规则依法承担相关责任。

规范管理。对地方政府债务实行规模控制,严格限定政府举债程序和资金用途,把地方政府债务分门别类纳入全口径预算管理,实现“借、用、还”相统一。

防范风险。牢牢守住不发生区域性和系统性风险的底线,切实防范和化解财政金融风险。

稳步推进。加强债务管理,既要积极推进,又要谨慎稳健。在规范管理的同时,要妥善处理存量债务,确保在建项目有序推进。

二、加快建立规范的地方政府举债融资机制

(一)赋予地方政府依法适度举债权限。经国务院批准,省、自治区、直辖市政府可以适度举借债务,市县级政府确需举借债务的由省、自治区、直辖市政府代为举借。明确划清政府与企业界限,政府债务只能通过政府及其部门举借,不得通过企事业单位等举借。

(二)建立规范的地方政府举债融资机制。地方政府举债采取政府债券方式。没有收益的公益性事业发展确需政府举借一般债务的,由地方政府发行一般债券融资,主要以一般公共预算收入偿还。有一定收益的公益性事业发展确需政府举借专项债务的,由地方政府通过发行专项债券融资,以对应的政府性基金或专项收入偿还。

(三)推广使用政府与社会资本合作模式。鼓励社会资本通过特许经营等方式,参与城市基础设施等有一定收益的公益性事业投资和运营。政府通过特许经营权、合理定价、财政补贴等事先公开的收益约定规则,使投资者有长期稳定收益。投资者按照市场化原则出资,按约定规则独自或与政府共同成立特别目的公司建设和运营合作项目。投资者或特别目的公司可以通过银行贷款、企业债、项目收益债券、资产证券化等市场化方式举债并承担偿债责任。政府对投资者或特别目的公司按约定规则依法承担特许经营权、合理定价、财政补贴等相关责任,不承担投资者或特别目的公司的偿债责任。

(四)加强政府或有债务监管。剥离融资平台公司政府融资职能,融资平台公司不得新增政府债务。地方政府新发生或有债务,要严格限定在依法担保的范围内,并根据担保合同依法承担相关责任。地方政府要加强对或有债务的统计分析和风险防控,做好相关监管工作。

三、对地方政府债务实行规模控制和预算管理

(一)对地方政府债务实行规模控制。地方政府债务规模实行限额管理,地方政府举债不得突破批准的限额。地方政府一般债务和专项债务规模纳入限额管理,由国务院确定并报全国人大或其常委会批准,分地区限额由财政部在全国人大或其常委会批准的地方政府债务规模内根据各地区债务风险、财力状况等因素测算并报国务院批准。

(二)严格限定地方政府举债程序和资金用途。地方政府在国务院批准的分地区限额内举借债务,必须报本级人大或其常委会批准。地方政府不得通过企事业单位等举借债务。地方政府举借债务要遵循市场化原则。建立地方政府信用评级制度,逐步完善地方政府债券市场。地方政府举借的债务,只能用于公益性资本支出和适度归还存量债务,不得用于经常性支出。

(三)把地方政府债务分门别类纳入全口径预算管理。地方政府要将一般债务收支纳入一般公共预算管理,将专项债务收支纳入政府性基金预算管理,将政府与社会资本合作项目中的财政补贴等支出按性质纳入相应政府预算管理。地方政府各部门、各单位要将债务收支纳入部门和单位预算管理。或有债务确需地方政府或其部门、单位依法承担偿债责任的,偿债资金要纳入相应预算管理。

四、控制和化解地方政府性债务风险

(一)建立地方政府性债务风险预警机制。财政部根据各地区一般债务、专项债务、或有债务等情况,测算债务率、新增债务率、偿债率、逾期债务率等指标,评估各地区债务风险状况,对债务高风险地区进行风险预警。列入风险预警范围的债务高风险地区,要积极采取措施,逐步降低风险。债务风险相对较低的地区,要合理控制债务余额的规模和增长速度。

(二)建立债务风险应急处置机制。要硬化预算约束,防范道德风险,地方政府对其举借的债务负有偿还责任,中央政府实行不救助原则。各级政府要制定应急处置预案,建立责任追究机制。地方政府出现偿债困难时,要通过控制项目规模、压缩公用经费、处置存量资产等方式,多渠道筹集资金偿还债务。地方政府难以自行偿还债务时,要及时上报,本级和上级政府要启动债务风险应急处置预案和责任追究机制,切实化解债务风险,并追究相关人员责任。

(三)严肃财经纪律。建立对违法违规融资和违规使用政府性债务资金的惩罚机制,加大对地方政府性债务管理的监督检查力度。地方政府及其所属部门不得在预算之外违法违规举借债务,不得以支持公益性事业发展名义举借债务用于经常性支出或楼堂馆所建设,不得挪用债务资金或改变既定资金用途;对企业的注资、财政补贴等行为必须依法合规,不得违法为任何单位和个人的债务以任何方式提供担保;不得违规干预金融机构等正常经营活动,不得强制金融机构等提供政府性融资。地方政府要进一步规范土地出让管理,坚决制止违法违规出让土地及融资行为。

五、完善配套制度

(一)完善债务报告和公开制度。完善地方政府性债务统计报告制度,加快建立权责发生制的政府综合财务报告制度,全面反映政府的资产负债情况。对于中央出台的重大政策措施如棚户区改造等形成的政府性债务,应当单独统计、单独核算、单独检查、单独考核。建立地方政府性债务公开制度,加强政府信用体系建设。各地区要定期向社会公开政府性债务及其项目建设情况,自觉接受社会监督。

(二)建立考核问责机制。把政府性债务作为一个硬指标纳入政绩考核。明确责任落实,各省、自治区、直辖市政府要对本地区地方政府性债务负责任。强化教育和考核,纠正不正确的政绩导向。对脱离实际过度举债、违法违规举债或担保、违规使用债务资金、恶意逃废债务等行为,要追究相关责任人责任。

(三)强化债权人约束。金融机构等不得违法违规向地方政府提供融资,不得要求地方政府违法违规提供担保。金融机构等购买地方政府债券要符合监管规定,向属于政府或有债务举借主体的企业法人等提供融资要严格规范信贷管理,切实加强风险识别和风险管理。金融机构等违法违规提供政府性融资的,应自行承担相应损失,并按照商业银行法、银行业监督管理法等法律法规追究相关机构和人员的责任。

六、妥善处理存量债务和在建项目后续融资

(一)抓紧将存量债务纳入预算管理。以2013年政府性债务审计结果为基础,结合审计后债务增减变化情况,经债权人与债务人共同协商确认,对地方政府性债务存量进行甄别。对地方政府及其部门举借的债务,相应纳入一般债务和专项债务。对企事业单位举借的债务,凡属于政府应当偿还的债务,相应纳入一般债务和专项债务。地方政府将甄别后的政府存量债务逐级汇总上报国务院批准后,分类纳入预算管理。纳入预算管理的债务原有债权债务关系不变,偿债资金要按照预算管理要求规范管理。

(二)积极降低存量债务利息负担。对甄别后纳入预算管理的地方政府存量债务,各地区可申请发行地方政府债券置换,以降低利息负担,优化期限结构,腾出更多资金用于重点项目建设。

(三)妥善偿还存量债务。处置到期存量债务要遵循市场规则,减少行政干预。对项目自身运营收入能够按时还本付息的债务,应继续通过项目收入偿还。对项目自身运营收入不足以还本付息的债务,可以通过依法注入优质资产、加强经营管理、加大改革力度等措施,提高项目盈利能力,增强偿债能力。地方政府应指导和督促有关债务举借单位加强财务管理、拓宽偿债资金渠道、统筹安排偿债资金。对确需地方政府偿还的债务,地方政府要切实履行偿债责任,必要时可以处置政府资产偿还债务。对确需地方政府履行担保或救助责任的债务,地方政府要切实依法履行协议约定,作出妥善安排。有关债务举借单位和连带责任人要按照协议认真落实偿债责任,明确偿债时限,按时还本付息,不得单方面改变原有债权债务关系,不得转嫁偿债责任和逃废债务。对确已形成损失的存量债务,债权人应按照商业化原则承担相应责任和损失。

(四)确保在建项目后续融资。地方政府要统筹各类资金,优先保障在建项目续建和收尾。对使用债务资金的在建项目,原贷款银行等要重新进行审核,凡符合国家有关规定的项目,要继续按协议提供贷款,推进项目建设;对在建项目确实没有其他建设资金来源的,应主要通过政府与社会资本合作模式和地方政府债券解决后续融资。

七、加强组织领导

各地区、各部门要高度重视,把思想和行动统一到党中央、国务院决策部署上来。地方政府要切实担负起加强地方政府性债务管理、防范化解财政金融风险的责任,结合实际制定具体方案,政府主要负责人要作为第一责任人,认真抓好政策落实。要建立地方政府性债务协调机制,统筹加强地方政府性债务管理。财政部门作为地方政府性债务归口管理部门,要完善债务管理制度,充实债务管理力量,做好债务规模控制、债券发行、预算管理、统计分析和风险监控等工作;发展改革部门要加强政府投资计划管理和项目审批,从严审批债务风险较高地区的新开工项目;金融监管部门要加强监管、正确引导,制止金融机构等违法违规提供融资;审计部门要依法加强对地方政府性债务的审计监督,促进完善债务管理制度,防范风险,规范管理,提高资金使用效益。各地区、各部门要切实履行职责,加强协调配合,全面做好加强地方政府性债务管理各项工作,确保政策贯彻落实到位。

国务院关于创新重点领域投融资机制鼓励社会投资的指导意见

(2014 年 11 月 16 日 国发〔2014〕60 号)

各省、自治区、直辖市人民政府,国务院各部委、各直属机构:

为推进经济结构战略性调整,加强薄弱环节建设,促进经济持续健康发展,迫切需要在公共服务、资源环境、生态建设、基础设施等重点领域进一步创新投融资机制,充分发挥社会资本特别是民间资本的积极作用。为此,特提出以下意见。

一、总体要求

(一)指导思想。全面贯彻落实党的十八大和十八届三中、四中全会精神,按照党中央、国务院决策部署,使市场在资源配置中起决定性作用和更好发挥政府作用,打破行业垄断和市场壁垒,切实降低准入门槛,建立公平开放透明的市场规则,营造权利平等、机会平等、规则平等的投资环境,进一步鼓励社会投资特别是民间投资,盘活存量、用好增量,调结构、补短板,服务国家生产力布局,促进重点领域建设,增加公共产品有效供给。

(二)基本原则。实行统一市场准入,创造平等投资机会;创新投资运营机制,扩大社会资本投资途径;优化政府投资使用方向和方式,发挥引导带动作用;创新融资方式,拓宽融资渠道;完善价格形成机制,发挥价格杠杆作用。

二、创新生态环保投资运营机制

(三)深化林业管理体制改革。推进国有林区和国有林场管理体制改革,完善森林经营和采伐管理制度,开展森林科学经营。深化集体林权制度改革,稳定林权承包关系,放活林地经营权,鼓励林权依法规范流转。鼓励荒山荒地造林和退耕还林林地林权依法流转。减免林权流转税费,有效降低流转成本。

(四)推进生态建设主体多元化。在严格保护森林资源的前提下,鼓励社会资本积极参与生态建设和保护,支持符合条件的农民合作社、家庭农场(林场)、专业大户、林业企业等新型经营主体投资生态建设项目。对社会资本利用荒山荒地进行植树造林的,在保障生态效益、符合土地用途管制要求的前提下,允许发展林下经济、森林旅游等生态产业。

(五)推动环境污染治理市场化。在电力、钢铁等重点行业以及开发区(工业园区)污染治理等领域,大力推行环境污染第三方治理,通过委托治理服务、托管运营服务等方式,由排污企业付费购买专业环境服务公司的治污减排服务,提高污染治理的产业化、专业化程度。稳妥推进政府向社会购买环境监测服务。建立重点行业第三方治污企业推荐制度。

（六）积极开展排污权、碳排放权交易试点。推进排污权有偿使用和交易试点，建立排污权有偿使用制度，规范排污权交易市场，鼓励社会资本参与污染减排和排污权交易。加快调整主要污染物排污费征收标准，实行差别化排污收费政策。加快在国内试行碳排放权交易制度，探索森林碳汇交易，发展碳排放权交易市场，鼓励和支持社会投资者参与碳配额交易，通过金融市场发现价格的功能，调整不同经济主体利益，有效促进环保和节能减排。

三、鼓励社会资本投资运营农业和水利工程

（七）培育农业、水利工程多元化投资主体。支持农民合作社、家庭农场、专业大户、农业企业等新型经营主体投资建设农田水利和水土保持设施。允许财政补助形成的小型农田水利和水土保持工程资产由农业用水合作组织持有和管护。鼓励社会资本以特许经营、参股控股等多种形式参与具有一定收益的节水供水重大水利工程建设运营。社会资本愿意投入的重大水利工程，要积极鼓励社会资本投资建设。

（八）保障农业、水利工程投资合理收益。社会资本投资建设或运营管理农田水利、水土保持设施和节水供水重大水利工程的，与国有、集体投资项目享有同等政策待遇，可以依法获取供水水费等经营收益；承担公益性任务的，政府可对工程建设投资、维修养护和管护经费等给予适当补助，并落实优惠政策。社会资本投资建设或运营管理农田水利设施、重大水利工程等，可依法继承、转让、转租、抵押其相关权益；征收、征用或占用的，要按照国家有关规定给予补偿或者赔偿。

（九）通过水权制度改革吸引社会资本参与水资源开发利用和保护。加快建立水权制度，培育和规范水权交易市场，积极探索多种形式的水权交易流转方式，允许各地通过水权交易满足新增合理用水需求。鼓励社会资本通过参与节水供水重大水利工程投资建设等方式优先获得新增水资源使用权。

（十）完善水利工程水价形成机制。深入开展农业水价综合改革试点，进一步促进农业节水。水利工程供非农业用水价格按照补偿成本、合理收益、优质优价、公平负担的原则合理制定，并根据供水成本变化及社会承受能力等适时调整，推行两部制水利工程水价和丰枯季节水价。价格调整不到位时，地方政府可根据实际情况安排财政性资金，对运营单位进行合理补偿。

四、推进市政基础设施投资运营市场化

（十一）改革市政基础设施建设运营模式。推动市政基础设施建设运营事业单位向独立核算、自主经营的企业化管理转变。鼓励打破以项目为单位的分散运营模式，实行规模化经营，降低建设和运营成本，提高投资效益。推进市县、乡镇和村级污水收集和处理、垃圾处理项目按行业“打包”投资和运营，鼓励实行城乡供水一体化、厂网一体投资和运营。

（十二）积极推动社会资本参与市政基础设施建设运营。通过特许经营、投资补助、政府购买服务等多种方式，鼓励社会资本投资城镇供水、供热、燃气、污水垃圾处理、建筑垃圾资源化利用和处理、城市综合管廊、公园配套服务、公共交通、停车设施等市政基础设施项目，政府依法选择符合要求的经营者。政府可采用委托经营或转让—经营—转让（TOT）等方式，将已经建成的市政基础设施项目转交给社会资本运营管理。

（十三）加强县城基础设施建设。按照新型城镇化发展的要求，把有条件的县城和重点镇发展为中小城市，支持基础设施建设，增强吸纳农业转移人口的能力。选择若干具有产业基础、特色资源和区位优势的县城和重点镇推行试点，加大对市政基础设施建设运营引入市场机制的政策支持力度。

（十四）完善市政基础设施价格机制。加快改进市政基础设施价格形成、调整和补偿机制，使经营者能够获得合理收益。实行上下游价格调整联动机制，价格调整不到位时，地方政府可根据实际情况安排财政性资金对企业运营进行合理补偿。

五、改革完善交通投融资机制

（十五）加快推进铁路投融资体制改革。用好铁路发展基金平台，吸引社会资本参与，扩大基金规模。充分利用铁路土地综合开发政策，以开发收益支持铁路发展。按照市场化方向，不断完善铁路运价形成机制。向地方政府和社会资本放开城际铁路、市域（郊）铁路、资源开发性铁路和支线铁路的所有权、经营权。按照构建现代企业制度的要求,保障投资者权益,推进蒙西至华中、长春至西巴彦花铁路等引进民间资本的示范项目实施。鼓励按照“多式衔接、立体开发、功能融合、节约集约”的原则,对城市轨道交通站点周边、车辆段上盖进行土地综合开发,吸引社会资本参与城市轨道交通建设。

(十六)完善公路投融资模式。建立完善政府主导、分级负责、多元筹资的公路投融资模式,完善收费公路政策,吸引社会资本投入,多渠道筹措建设和维护资金。逐步建立高速公路与普通公路统筹发展机制,促进普通公路持续健康发展。

(十七)鼓励社会资本参与水运、民航基础设施建设。探索发展“航电结合”等投融资模式,按相关政策给予投资补助,鼓励社会资本投资建设航电枢纽。鼓励社会资本投资建设港口、内河航运设施等。积极吸引社会资本参与盈利状况较好的枢纽机场、干线机场以及机场配套服务设施等投资建设,拓宽机场建设资金来源。

六、鼓励社会资本加强能源设施投资

(十八)鼓励社会资本参与电力建设。在做好生态环境保护、移民安置和确保工程安全的前提下,通过业主招标等方式,鼓励社会资本投资常规水电站和抽水蓄能电站。在确保具备核电控股资质主体承担核安全责任的前提下,引入社会资本参与核电项目投资,鼓励民间资本进入核电设备研制和核电服务领域。鼓励社会资本投资建设风光电、生物质能等清洁能源项目和背压式热电联产机组,进入清洁高效煤电项目建设、燃煤电厂节能减排升级改造领域。

(十九)鼓励社会资本参与电网建设。积极吸引社会资本投资建设跨区输电通道、区域主干电网完善工程和大中城市配电网工程。将海南联网Ⅱ回线路和滇西北送广东特高压直流输电工程等项目作为试点,引入社会资本。鼓励社会资本投资建设分布式电源并网工程、储能装置和电动汽车充换电设施。

(二十)鼓励社会资本参与油气管网、储存设施和煤炭储运建设运营。支持民营企业、地方国有企业等参股建设油气管网主干线、沿海液化天然气(LNG)接收站、地下储气库、城市配气管网和城市储气设施,控股建设油气管网支线、原油和成品油商业储备库。鼓励社会资本参与铁路运煤干线和煤炭储配体系建设。国家规划确定的石化基地炼化一体化项目向社会资本开放。

(二十一)理顺能源价格机制。进一步推进天然气价格改革,2015年实现存量气和增量气价格并轨,逐步放开非居民用天然气气源价格,落实页岩气、煤层气等非常规天然气价格市场化政策。尽快出台天然气管道运输价格政策。按照合理成本加合理利润的原则,适时调整煤层气发电、余热余压发电上网标杆电价。推进天然气分布式能源冷、热、电价格市场化。完善可再生能源发电价格政策,研究建立流域梯级效益补偿机制,适时调整完善燃煤发电机组环保电价政策。

七、推进信息和民用空间基础设施投资主体多元化

(二十二)鼓励电信业进一步向民间资本开放。进一步完善法律法规,尽快修订电信业务分类目录。研究出台具体试点办法,鼓励和引导民间资本投资宽带接入网络建设和业务运营,大力发展宽带用户。推进民营企业开展移动通信转售业务试点工作,促进业务创新发展。

(二十三)吸引民间资本加大信息基础设施投资力度。支持基础电信企业引入民间战略投资者。推动中国铁塔股份有限公司引入民间资本,实现混合所有制发展。

(二十四)鼓励民间资本参与国家民用空间基础设施建设。完善民用遥感卫星数据政策,加强政府采购服务,鼓励民间资本研制、发射和运营商业遥感卫星,提供市场化、专业化服务。引导民间资本参与卫星导航地面应用系统建设。

八、鼓励社会资本加大社会事业投资力度

(二十五)加快社会事业公立机构分类改革。积极推进养老、文化、旅游、体育等领域符合条件的事业单位,以及公立医院资源丰富地区符合条件的医疗事业单位改制,为社会资本进入创造条件,鼓励社会资本参与公立机构改革。将符合条件的国有单位培训疗养机构转变为养老机构。

(二十六)鼓励社会资本加大社会事业投资力度。通过独资、合资、合作、联营、租赁等途径,采取特许经营、公建民营、民办公助等方式,鼓励社会资本参与教育、医疗、养老、体育健身、文化设施建设。尽快出台鼓励社会力量兴办教育、促进民办教育健康发展的意见。各地在编制城市总体规划、控制性详细规划以及有关专项规划时,要统筹规划、科学布局各类公共服务设施。各级政府逐步扩大教育、医疗、养老、体育健身、文化等政府购买服务范围,各类经营主体平等参与。将符合条件的各类医疗机构纳入医疗保险定点范围。

(二十七)完善落实社会事业建设运营税费优惠政策。进一步完善落实非营利性教育、医疗、养老、体育健身、文化机构税收优惠政策。对非营利性医疗、养老机构建设一律免征有关行政事业性收费,对营利性医疗、养老机构建设一律减半征收有关行政事业性收费。

(二十八)改进社会事业价格管理政策。民办教育、医疗机构用电、用水、用气、用热,执行与公办教育、医疗机构相同的价格政策。养老机构用电、用水、用气、用热,按居民生活类价格执行。除公立医疗、养老机构提供的基本服务按照政府规定的价格政策执行外,其他医疗、养老服务实行经营者自主定价。营利性民办学校收费实行自主定价,非营利性民办学校收费政策由地方政府按照市场化方向根据当地实际情况确定。

九、建立健全政府和社会资本合作(PPP)机制

(二十九)推广政府和社会资本合作(PPP)模式。认真总结经验,加强政策引导,在公共服务、资源环境、生态保护、基础设施等领域,积极推广PPP模式,规范选择项目合作伙伴,引入社会资本,增强公共产品供给能力。政府有关部门要严格按照预算管理有关法律法规,完善财政补贴制度,切实控制和防范财政风险。健全PPP模式的法规体系,保障项目顺利运行。鼓励通过PPP方式盘活存量资源,变现资金要用于重点领域建设。

(三十)规范合作关系保障各方利益。政府有关部门要制定管理办法,尽快发布标准合同范本,对PPP项目的业主选择、价格管理、回报方式、服务标准、信息披露、违约处罚、政府接管以及评估论证等进行详细规定,规范合作关系。平衡好社会公众与投资者利益关系,既要保障社会公众利益不受损害,又要保障经营者合法权益。

(三十一)健全风险防范和监督机制。政府和投资者应对PPP项目可能产生的政策风险、商业风险、环境风险、法律风险等进行充分论证,完善合同设计,健全纠纷解决和风险防范机制。建立独立、透明、可问责、专业化的PPP项目监管体系,形成由政府监管部门、投资者、社会公众、专家、媒体等共同参与的监督机制。

(三十二)健全退出机制。政府要与投资者明确PPP项目的退出路径,保障项目持续稳定运行。项目合作结束后,政府应组织做好接管工作,妥善处理投资回收、资产处理等事宜。

十、充分发挥政府投资的引导带动作用

(三十三)优化政府投资使用方向。政府投资主要投向公益性和基础性建设。对鼓励社会资本参与的生态环保、农林水利、市政基础设施、社会事业等重点领域,政府投资可根据实际情况给予支持,充分发挥政府投资"四两拨千斤"的引导带动作用。

(三十四)改进政府投资使用方式。在同等条件下,政府投资优先支持引入社会资本的项目,根据不同项目情况,通过投资补助、基金注资、担保补贴、贷款贴息等方式,支持社会资本参与重点领域建设。抓紧制定政府投资支持社会投资项目的管理办法,规范政府投资安排行为。

十一、创新融资方式拓宽融资渠道

(三十五)探索创新信贷服务。支持开展排污权、收费权、集体林权、特许经营权、购买服务协议预期收益、集体土地承包经营权质押贷款等担保创新类贷款业务。探索利用工程供水、供热、发电、污水垃圾处理等预期收益质押贷款,允许利用相关收益作为还款来源。鼓励金融机构对民间资本举办的社会事业提供融资支持。

(三十六)推进农业金融改革。探索采取信用担保和贴息、业务奖励、风险补偿、费用补贴、投资基金,以及互助信用、农业保险等方式,增强农民合作社、家庭农场(林场)、专业大户、农林业企业的贷款融资能力和风险抵御能力。

(三十七)充分发挥政策性金融机构的积极作用。在国家批准的业务范围内,加大对公共服务、生态环保、基础设施建设项目的支持力度。努力为生态环保、农林水利、中西部铁路和公路、城市基础设施等重大工程提供长期稳定、低成本的资金支持。

(三十八)鼓励发展支持重点领域建设的投资基金。大力发展股权投资基金和创业投资基金,鼓励民间资本采取私募等方式发起设立主要投资于公共服务、生态环保、基础设施、区域开发、战略性新兴产业、先进制造业等领域的产业投资基金。政府可以使用包括中央预算内投资在内的财政性资金,通过认购基金份额等方式予以支持。

(三十九)支持重点领域建设项目开展股权和债权融资。大力发展债权投资计划、股权投资计划、资产支持计划等融资工具,延长投资期限,引导社保资金、保险资金等用于收益稳定、回收期长的基础设施和基础产业项目。支持重点领域建设项目采用企业债券、项目收益债券、公司债券、中期票据等方式通过债券市场筹措投资资金。推动铁路、公路、机场等交通项目建设企业应收账款证券化。建立规范的地方政府举债融资机制,支持地方政府依法依规发行债券,用于重点领域建设。

创新重点领域投融资机制对稳增长、促改革、调结构、惠民生具有重要作用。各地区、各有关部门要从大局出发,进一步提高认识,加强组织领导,健全工作机制,协调推动重点领域投融资机制创新。各地政府要结合本地实际,抓紧制定具体实施细则,确保各项措施落到实处。国务院各有关部门要严格按照分工,抓紧制定相关配套措施,加快重点领域建设,同时要加强宣传解读,让社会资本了解参与方式、运营方式、盈利模式、投资回报等相关政策,进一步稳定市场预期,充分调动社会投资积极性,切实发挥好投资对经济增长的关键作用。发展改革委要会同有关部门加强对本指导意见落实情况的督促检查,重大问题及时向国务院报告。

附件:重点政策措施文件分工方案(略)

国务院办公厅关于推行环境污染第三方治理的意见

(2014 年 12 月 27 日 国办发〔2014〕69 号)

各省、自治区、直辖市人民政府,国务院各部委、各直属机构:

环境污染第三方治理(以下简称第三方治理)是排污者通过缴纳或按合同约定支付费用,委托环境服务公司进行污染治理的新模式。第三方治理是推进环保设施建设和运营专业化、产业化的重要途径,是促进环境服务业发展的有效措施。近年来,各地区、有关部门在第三方治理方面进行了积极探索,取得初步成效,但还存在体制机制不健全,法律、政策有待完善等问题。为推行第三方治理,经国务院同意,现提出以下意见:

一、总体要求

(一)指导思想。全面贯彻落实党的十八大和十八届二中、三中、四中全会精神,坚持社会主义市场经济改革方向,按照党中央、国务院的决策部署,以环境公用设施、工业园区等领域为重点,以市场化、专业化、产业化为导向,营造有利的市场和政策环境,改进政府管理和服务,健全统一规范、竞争有序、监管有力的第三方治理市场,吸引和扩大社会资本投入,推动建立排污者付费、第三方治理的治污新机制,不断提升我国污染治理水平。

(二)基本原则。

1. 坚持排污者付费。根据污染物种类、数量和浓度,排污者承担治理费用,受委托的第三方治理企业按照合同约定进行专业化治理。

2. 坚持市场化运作。充分发挥市场配置资源的决定性作用,尊重企业主体地位,营造良好的市场环境,积极培育可持续的商业模式,避免违背企业意愿的“拉郎配”。

3. 坚持政府引导推动。更好地发挥政府作用,创新投资运营机制,加强政策扶持和激励,强化市场监管和环保执法,为社会资本进入创造平等机会。

(三)主要目标。到 2020 年,环境公用设施、工业园区等重点领域第三方治理取得显著进展,污染治理效率和专业化水平明显提高,社会资本进入污染治理市场的活力进一步激发。环境公用设施投资运营体制改革基本完成,高效、优质、可持续的环境公共服务市场化供给体系基本形成;第三方治理业态和模式趋于成熟,涌现一批技术能力强、运营管理水平高、综合信用好、具有国际竞争力的环境服务公司。

二、推进环境公用设施投资运营市场化

(四)改革投资运营模式。推动环境公用设施管理向独立核算、自主经营的企业化模式转变,实行投资、建设、运营和监管分开,形成权责明确、制约有效、管理专业的市场化运行机制。对可经营性好的城市污水、垃圾处理设施,采取特许经营、委托运营等方式引入社会资本,通过资产租赁、转让产权、资产证券化等方式盘活存量资产。鼓励打破以项目为单位的分散运营模式,采取打捆方式引入第三方进行整体式设计、模块化建设、一体化运营。对以政府为责任主体的城镇污染场地治理和区域性环境整治等,采用环境绩效合同服务等方式引入第三方治理。鼓励地方政府引入环境服务公司开展综合环境服务。

(五)推进审批便利化。对政府和社会资本合作开展的第三方治理项目,要认真编制实施方案,从项目可行性、财政负担能力、公众意愿和接受程度等方面进行科学评估和充分论证,相关部门要依法依规加快规划选址、土地利用、节能、环评等前期建设条件的审查。各地区要改进审批方式,提高审批效率。有条件的地区要建立联合审查制度,在政府统一的政务审批平台上实行并联审批。

(六)合理确定收益。对特许经营、委托运营类项目,要参考本行业平均利润、银行存贷款利率等因素,科学确定投资收益水平,并逐步向约定公共服务质量下的风险收益转变,政府不得承诺不合理的高额固定收益回报。对环境绩效合同服务类项目,要建立公平、合理的绩效考核和评价机制,公共财政支付水平与治理绩效挂钩。完善价格调整机制,明确约定中标价的调整周期、调整因素和启动条件等。

(七)保障公共环境权益。统筹好公益性和经营性关系,对项目经营者处置相关的特许经营权、土地使用权、设施和企业股权等资产及其权益作出限制性约定,不得随意转让。建立退出机制,制定临时接管预案,在项目经营者发生危害公共利益和公共安全情形时,及时启动临时接管预案。

三、创新企业第三方治理机制

(八)明确相关方责任。排污企业承担污染治理的主体责任,第三方治理企业按照有关法律法规和标准以及排污企业的委托要求,承担约定的污染治理责任。抓紧出台第三方治理的规章制度,对相关方的责任边界、处罚对象、处罚措施等作出规定。

(九)规范合作关系。研究制定第三方治理管理办法,发布标准合同范本,保障相关方合法权益。排污企业和第三方治理企业应按照有关法律法规和市场规则,签订委托治理合同,约定治理标准、内容、费用;通过履约保证金(保函)、担保、调解、仲裁等方式,建立健全履约保障和监督机制。

(十)培育企业污染治理新模式。在工业园区等工业集聚区,引入环境服务公司,对园区企业污染进行集中式、专业化治理,开展环境诊断、生态设计、清洁生产审核和技术改造等;组织实施园区循环化改造,合理构建企业间产业链,提高资源利用效率,降低污染治理综合成本。在电力、钢铁等行业和中小企业,鼓励推行环境绩效合同服务等方式引入第三方治理。

(十一)探索实施限期第三方治理。选择若干有条件地区的高污染、高环境风险行业,对因污染物超过排放标准或总量控制要求,被环境保护主管部门责令限制生产、停产整治且拒不自行治理污染的企业,列出企业清单向社会公布,督促相关企业在规定期限内委托环境服务公司进行污染治理。

四、健全第三方治理市场

(十二)扩大市场规模。各级政府要增加环境基本公共服务有效供给,加大环保投入,大力推动环保产业发展;严格执行环保法律法规和标准,强化环保执法,增强排污企业委托第三方治理的内生动力。鼓励政府投融资平台和社会资本建立混合所有制企业,参与第三方治理。第三方治理取得的污染物减排量,计入排污企业的排污权账户,由排污企业作为排污权的交易和收益主体。

(十三)加快创新发展。支持第三方治理企业加强科技创新、服务创新、商业模式创新,通过兼并、联合、重组等方式,实行规模化、品牌化、网络化经营。以国家级环保产业园区、骨干环境服务公司等为载体,建设一批产学研用紧密结合的环保技术创新和成果转化平台。

(十四)发挥行业组织作用。相关行业组织要积极借鉴国内外先进经验和做法,加强对第三方治理的跟踪研究;开展业务培训和案例分析,及时总结推广成功的商业模式;组织开展技术咨询、绩效评估等。建立健全行业自律机制,提高行业整体素质。

(十五)规范市场秩序。对环境公用设施,一律采用公开招标或竞争性谈判方式确定特许经营方或委托运营方。实施综合评标制度,将服务能力与质量、运营方案、业绩信用等列为招投标条件,不得设定地域歧视性条件,避免低价低质中标。推动建立企业诚信档案和信用累积制度,第三方治理企业要如实向社会公开污染治理设施建设、运行和污染排放情况。

(十六)完善监管体系。健全政府、投资者、公众等共同参与的监督机制,实行准入、运营、退出全过程监管,探索综合监管模式。探索实施黑名单制度,将技术服务能力弱、运营管理水平低、综合信用差的环境服务公司列入黑名单,定期向社会公布。依法公开第三方治理项目环境监管信息。

五、强化政策引导和支持

(十七)完善价格和收费政策。加大差别电价、水价实施力度。提高排污费征收标准,实行差别化排污收费。完善污水、垃圾处理收费政策,适当提高收费标准,逐步覆盖全处理成本。严格落实垃圾发电价格政策。建立健全鼓励使用再生水、促进垃圾资源化的价格机制。全面落实燃煤发电机组脱硫、脱硝、除尘等环保电价政策。

(十八)加大财税支持力度。对符合条件的第三方治理项目给予中央资金支持,有条件的地区也要对第三方治理项目投资和运营给予补贴或奖励。积极探索以市场化的基金运作等方式引导社会资本投入,健全多元化投入机制。研究明确第三方治理税收优惠政策。

(十九)创新金融服务模式。鼓励银行业金融机构创新金融产品和服务,开展节能环保信贷资产证券化,研究推进能效贷款、绿色金融租赁、碳金融产品、节能减排收益权和排污权质押融资;对国家鼓励发展的第三方治理重大项目,在贷款额度、贷款利率、还贷条件等方面给予优惠。加快推行绿色银行评级制度。鼓励保险公司开发相关环境保险产品,引导高污染、高环境风险企业投保。

(二十)发展环保资本市场。对符合条件的第三方治理企业,上市融资、发行企业债券实行优先审批;支持发行中小企业集合债券、公司债、中期票据等债务融资工具;支持适度发展融资租赁业务,引入低成本外资。选择综合信用好的环境服务公司,开展非公开发行企业债券试点。探索发展债券信用保险。

六、加强组织实施

(二十一)强化组织协调。发展改革委、财政部要加强统筹协调,制定推进第三方治理的投融资、财税等政策。环境保护部要健全环保标准和政策,强化执法监督。住房城乡建设部要深化城镇环境公共基础设施领域改革,加强建设和运营管理。人民银行、银监会、证监会、保监会要会同有关部门研究支持环境服务业发展的金融政策。各省(区、市)政府要加强组织领导,健全工作机制,结合本地区实际,制定推行第三方治理的实施细则。

(二十二)总结推广经验。选择有条件的地区和行业,就第三方治理制度和模式进行改革示范。发展改革委、财政部要会同环境保护部、住房城乡建设部等部门,密切跟踪改革进展情况,协调解决工作中的困难和问题,及时总结推广各地成熟的经验和做法,重大情况向国务院报告。

国务院办公厅关于创新投资管理方式建立协同监管机制的若干意见

(2015年3月10日　国办发〔2015〕12号)

各省、自治区、直辖市人民政府,国务院各部委、各直属机构:

党中央、国务院高度重视行政审批制度改革和政府职能转变工作。新一届政府组成以来,已取消和下放一大批投资项目核准事项,以行政审批制度改革为突破口的简政放权等工作取得重要阶段性成果。各地区、各部门认真贯彻落实党中央、国务院部署,按照放管结合的要求,积极探索加强事中事后监管的措施,取得了一定成效。随着简政放权的深入推进,对投资项目接住管好和协同监管亟待加强,迫切需要加快建立投资项目纵横联动协同监管机制,着力解决部门放权不同步、基层承接能力不足、监管机制不健全、监管手段不完善等突出问题。为加强投资项目事中事后监管,规范投资行为和市场秩序,经国务院同意,现就建立投资项目纵横联动协同监管机制提出以下意见。

一、总体要求

全面贯彻党的十八大和十八届二中、三中、四中全会精神,按照党中央、国务院的决策部署,坚持依法行政、简政放权、放管并重,进一步转变政府投资管理职能,创新投资管理方式。依托互联网和大数据技术,建设信息共享、覆盖全国的在线审批监管平台,建立透明、规范、高效的投资项目纵横联动协同监管机制,实现"制度+技术"的有效监管,确保既放权到位、接住管好,又服务到位、监管有效,促进市场秩序更加规范,市场活力充分释放。

二、基本原则

为做好创新投资管理方式、建立协同监管机制有关工作,需把握以下原则:

(一)同步放权,接住管好。有关部门要同步下放审批权限,便于项目单位就近办理和地方政府贴近服务,使简政放权的政策效应得到充分发挥。各省级政府要坚持权力下放与基层承接能力相匹配,合理确定下放层级,进一步提升基层政府能力素质,确保顺利承接。实行限时办结制度,切实提高工作效率。

(二)各负其责,依法监管。各地区、各部门要依法履行职责,坚持放管结合,切实加强对项目建设全过程特别是开工建设和竣工投产环节的监管,依法纠正和查处违法违规建设行为。

(三)纵横联动,协同监管。建立部门之间协同配合、有关部门和地方各级政府上下联动的监管机制,注重发挥地方政府就近就便监管的作用和有关行业管理部门的专业优势,形成整体监管合力。

(四)依托平台,高效监管。加快建设"横向到边"联通发展改革、国土(海洋)资源、城乡规划、环境保护、安全监管、金融监管、审计及行业管理等部门,"纵向到底"联通有关部门到地方各级政府的投资项目在线审批监管平台,依托平台实现监管信息互联互通,做到全透明、可核查,提高监管效率和水平。

(五)立足服务,信用监管。推行网上受理、办理、监管"一条龙"服务,将监管工作的落脚点放到为项目单位做好服务上,寓监管于服务,不断提高服务意识和质量。充分发挥项目信息和信用记录在监管工作中的重要作用,完善守信激励、失信惩戒机制,促进形成健康有序的市场秩序。

三、切实接住管好

通过合理划分管理权限、部门主动协同放权和进一步提升地方政府特别是基层政府承接能力,切实做到接得住管得好。

(一)合理划分管理权限。各省级政府要根据本地实际情况,具体划分地方各级政府管理权限,要将基层政府承接能力作为重要考虑因素,不宜简单地"一放到底"。对于涉及本地区重大规划布局、重要资源开发配置的项目,应充分发挥省级部门在政策把握、技术力量等方面的优势。

(二)部门主动协同放权。投资项目审批、核准事项取消或下放后,有关部门要相应调整用地(用海)预审、规划选址、环评(海洋环评)审批、节能审查等审批权限,尽快做到同步下放。暂时不能同步下放的,相关部门要采取委托与核准机关同级的审批部门审批,或者建立同级受理机制等方式,切实提高工作效率。

(三)提升基层承接能力。有关部门要通过汇编指南、集中培训、研讨交流等多种形式,加强业务指导与培训,提高地方政府特别是基层政府的业务水平和综合服务管理能力。

(四)实行限时办结制度。有关部门要按照职责分工,尽快公布权力清单和责任清单,根据投资项目不同类别,明确项目审批、核准、备案以及规划许可、环评(海洋环评)审批、用地(用海)审批、取水许可、施工许可等的具体办理流程和时限,合理缩短办理时间,提高工作效率。

四、突出监管重点

各级项目审批、核准、备案机关和国土(海洋)资源、城乡规划、环境保护、安全监管、建设、审计及行业管理等有关部门,要重点围绕开工建设环节和竣工投产环节,加强项目建设全过程监管,实现项目合法开工、建设过程合规有序。

(一)开工建设环节。在项目开工前,要按照项目审批、核准、备案基本程序和规定,依托投资项目在线审批监管平台,指导并服务项目单位及时办理项目开工前的各项手续,保证程序合法、手续齐全、限时办结,提高行政效能。

(二)竣工投产环节。在项目开工后到竣工投产前,要强化对项目建设过程的监督检查,确保项目按照相关规定建设实施,保障项目建设规范有序。项目竣工后有关部门要依法及时进行验收,验收通过后方能投入使用。

五、落实监管责任

进一步明确有关部门、地方政府的监管职责,加强监管能力建设,把监管责任落到实处。

(一)落实部门监管责任。项目审批、核准、备案机关要根据法律法规和发展规划、产业政策、总量控制目标、技术政策、准入标准等,对投资项目进行监管。国土(海洋)资源、城乡规划、环境保护、安全监管、行业管理等部门,要严格履行法律法规赋予的监管职责,加强后续监管。金融监管部门要加强指导和监督,引导金融机构依据法律法规并按照商业原则独立审贷,不得违规发放贷款或仅以项目审批、核准、备案机关的层级较低为由否决企业贷款申请。审计部门要加强对政府投资项目、国有企业投资项目以及以政府和社会资本合作等方式建设的其他公共工程项目的审计监督,持续组织对贯彻落实国家重大政策措施,特别是重大项目落地、重点资金保障等情况进行跟踪审计。各有关部门要建立年度监管报告发布制度,并加强对下级机关的指导和监督,及时总结、推广地方先进经验。

(二)明确地方监管责任。在下放行政审批事项同时,地方各级政府及其有关部门,要按照"权力与责任同步下放"、"谁承接、谁监管"的要求,强化权力下放后的监管意识,积极探索创新监管方式方法,切实承担起监管责任。各省级政府要加强指导监督,逐级明确承接方的监管责任及监管措施。

(三)加强监管能力建设。有关部门要进一步完善相关规章制度、发展规划、产业政策、总量控制目标、区域污染物行业排放总量、技术政策、准入标准等,将其作为监管的依据和重要内容。有关部门要加强监管能力建设,并通过开展监管标准化、规范化工作,加强培训和经验交流,强化对基层监管部门的指导和规范。地方各级政府要进一步整合基层监管力量,加强基层监管队伍建设,保障监管经费,提高监管技术水平和能力。

六、创新监管方式

运用互联网和大数据技术,依托在线审批监管平台,实现"制度+技术"的有效监管。

(一)加快建设投资项目在线审批监管平台。依托国家电子政务外网,在平台上建设项目申报、在线办理、监督管理、电子监察等四类应用系统,实现有关部门的横向联通,以及有关部门到地方各级政府的纵向贯通,逐步实现非涉密投资项目"平台受理、在线办理、限时办结、依法监管、全程监察”。

(二)建立项目统一代码制度。对申请办理审批、核准、备案相关手续的投资项目,由在线审批监管平台受理,即时生成作为该项目整个建设周期身份标识的唯一项目代码,有关部门办理相关手续的信息、监管(处罚)信息,以及工程实施过程中的重要信息,统一汇集至项目代码,并与社会信用体系对接,作为后续监管的基础条件。

(三)建立监管联动机制。有关部门要通过在线审批监管平台实时交换项目信息,实现部门间网络联通和信息共享。有关部门要主动加强服务,指导项目单位在项目开工前依法依规完成项目审批、核准、备案以及规划许可、环评(海洋环评)审批、用地(用海)审批、取水许可等手续。对于违法违规建设的项目,在线审批监管平台要及时提醒项目单位和相关监管部门。在线审批监管平台应与审计、统计等部门做好对接,实现平台信息与统计信息相互衔接和共享。

(四)建立投资项目信息在线备案制度。项目开工前,项目单位登录在线审批监管平台,通过项目代码报备项目开工基本信息。项目开工后,项目单位按年度在线报备项目建设动态进度基本信息。项目竣工验收后,项目单位在线报备项目竣工基本信息。发展改革部门要制定项目开工、建设动态进度、竣工验收等基本信息的内容指引和通用格式,便于项目单位在线报备。有关部门要依据项目单位在线报备的项目信息,主动提供相关政策支持和大数据信息等服务。对于未及时报备信息的,在线审批监管平台要以适当方式提醒项目单位和有关部门。

七、健全约束惩戒机制

利用多种渠道和手段,及时发现违法违规行为,充分发挥信用记录在监管中的作用,健全守信激励和失信惩戒机制。

(一)强化监督执法和信息公开。项目审批、核准、备案机关和国土(海洋)资源、城乡规划、环境保护、安全监管、建设、审计及行业管理等有关部门,要强化在线监测、项目稽察、执法检查等执法手段,充分利用企业信息公示系统,鼓励公众和新闻媒体等社会力量以投诉、举报、曝光等方式参与监督,不断扩大发现违法违规行为的有效渠道,并将监管信息和处罚结果通过在线审批监管平台共享,便于其他部门及时跟进监管。做好项目信息公开工作,除涉密信息外,相关部门的审批信息、监管信息、处罚结果等要及时向社会公开,方便公众查询和社会监督。

(二)建立异常信用记录制度。对违反法律法规擅自开工建设的、不按照经批准的内容组织实施的、未通过竣工验收擅自投入生产运营的,以及其他违法违规行为,要列入在线审批监管平台项目异常信用记录,并根据违法违规行为的严重程度将异常信用记录分为一般异常信用记录和重大异常信用记录。在线审批监管平台要对发生异常信用记录的项目单位及时予以提醒或警告。

(三)建立“黑名单”制度。项目单位出现多次一般异常信用记录或一次重大异常信用记录且未按规定整改的,在线审批监管平台要将项目单位纳入“黑名单”并向社会公布。项目异常信用记录和“黑名单”信息纳入国家统一的信用信息平台,供有关方面查询使用。有关部门对守信项目单位要建立项目服务快速通道,形成守信激励机制;对失信项目单位要采取联合惩戒措施,形成“一处失信,处处受制”的失信惩戒长效机制。

八、加强组织实施

各地区、各部门要高度重视创新投资管理方式、建立投资项目纵横联动协同监管机制相关工作,做好组织实施。

(一)强化组织领导。发展改革委要会同有关部门和地方政府加快建设全国统一的投资项目在线审批监管平台,制定标准和规范,加强对各地区开展投资项目纵横联动协同监管工作的指导。各省级政府要加强对本地区相关工作的统筹指导,抓紧制定细化可操作的工作方案和配套措施。各级项目审批、核准、备案机关要及时掌握和研究改革过程中出现的新情况、新问题,加强协调指导和督促检查。国土(海洋)资源、城乡规划、环境保护、安全监管、金融监管、建设、审计及行业管理等有关部门要各司其职、各负其责,密切配合,共同推动相关工作。

(二)保障监管平稳过渡。在投资项目在线审批监管平台正式运行前,有关方面要建立能够有效运转的线下联动机制以及项目台账、信息即时相互抄告等制度,对审批、核准、备案的项目进行全程跟踪管理,相关部门的审批信息、监管信息、处罚结果等要及时相互抄告,并抄送同级审计部门。发展改革、国土(海洋)资源、城乡规划、环境保护、安全监管、金融监管、建设和行业管理等有关部门可依托现有本系统信息平台,先行构建“纵向贯通”的监管系统和机制。地方各级政府要根据实际情况开展工作,有条件的可率先与投资项目在线审批监管平台进行对接,暂时不具备条件的要加快信息化建设,为下一步工作奠定基础。过渡期内,项目单位要按照要求报备项目开工、建设动态进度、竣工验收的基本信息。在线审批监管平台要为企业报备相关信息、有关部门和地方政府实现纵横联动协同监管以及联网审计预留接口,各项信息的内容和格式要提前做好衔接。

(三)加强舆论宣传。各地区、各部门要采取多种形式,加大宣传力度,让社会公众特别是广大企业全面准确了解简政放权、放管结合的相关要求,引导和督促相关单位增强自律意识和法制意识,自觉规范自身行为,共同维护良好的市场秩序。

国务院办公厅转发文化部等部门关于做好政府向社会力量购买公共文化服务工作意见的通知

(2015 年 5 月 5 日 国办发〔2015〕37 号)

各省、自治区、直辖市人民政府,国务院各部委、各直属机构:

文化部、财政部、新闻出版广电总局、体育总局《关于做好政府向社会力量购买公共文化服务工作的意见》已经国务院同意,现转发给你们,请结合实际,认真贯彻执行。

关于做好政府向社会力量购买公共文化服务工作的意见

(文化部 财政部 新闻出版广电总局 体育总局)

党的十八届三中全会提出,要完善文化管理体制,推动公共文化服务社会化发展。十八届四中全会提出,要深入推进依法行政,加快建设法治政府,依法加强和规范公共服务,规范和引导各类社会组织健康发展。今年《政府工作报告》对深化文化体制改革、逐步推进基本公共文化服务标准化均等化作出明确部署。政府向社会力量购买公共文化服务,既是深入推进依法行政、转变政府职能、建设服务型政府的重要环节,也是规范和引导社会组织健康发展、推动公共文化服务社会化发展的重要途径,对于进一步深化文化体制改革,丰富公共文化服务供给,提高公共文化服务效能,满足人民群众精神文化和体育健身需求具有重要意义。根据《国务院办公厅关于政府向社会力量购买服务的指导意见》(国办发〔2013〕96 号)有关要求,为加快推进政府向社会力量购买公共文化服务工作,现提出以下意见:

一、指导思想、基本原则和目标任务

(一)指导思想。以邓小平理论、“三个代表”重要思想、科学发展观为指导,深入贯彻习近平总书记系列重要讲话精神,按照党中央、国务院决策部署,以社会主义核心价值观为引领,按照深入推进依法行政、深化文化体制改革和构建现代公共文化服务体系的目标和要求,转变政府职能,推动公共文化服务社会化发展,逐步建立起适应社会主义市场经济的公共文化服务供给机制,为人民群众提供更加方便、快捷、优质、高效的公共文化服务。

(二)基本原则。

坚持正确导向,发挥引领作用。以人民为中心,坚持社会主义先进文化前进方向,将政府向社会力量购买的公共文化服务与培育践行社会主义核心价值观相结合、与传承弘扬中华优秀传统文化相融合,发挥文化引领风尚、教育人民、服务社会、推动发展的作用。

明确政府主导,完善政策体系。加强对政府向社会力量购买公共文化服务工作的组织领导、政策支持、财政投入和监督管理,按照相关法律法规要求,坚持与文化、体育事业单位改革相衔接,坚持与完善文化、体育管理体制相衔接,制定中央与地方协同配套、操作性强的政府向社会力量购买公共文化服务政策体系和管理规范。

培育市场主体,丰富服务供给。进一步发挥市场在文化资源配置中的积极作用,推进政府向社会力量购买公共文化服务与培育社会化公共文化服务力量相结合,规范和引导社会组织健康发展,逐步构建多层次、多方式的公共文化服务供给体系。

立足群众需求,创新购买方式。以满足人民群众基本公共文化需求为目标,突出公共性和公益性,不断创新政府向社会力量购买公共文化服务模式,建立“自下而上、以需定供”的互动式、菜单式服务方式,推动公共文化服务供给与人民群众文化需求有效对接。

规范管理程序,注重服务实效。按照公开、公平、公正原则,建立健全政府向社会力量购买公共文化服务的工作机制,规范购买流程,稳步有序开展工作。坚持风险和责任对等原则,规范政府和社会力量合作关系,严格价格管理。加强绩效管理,完善群众评价和反馈机制,切实提高政府向社会力量购买公共文化服务的针对性和有效性。

(三)目标任务。到2020年,在全国基本建立比较完善的政府向社会力量购买公共文化服务体系,形成与经济社会发展水平相适应、与人民群众精神文化和体育健身需求相符合的公共文化资源配置机制和供给机制,社会力量参与和提供公共文化服务的氛围更加浓厚,公共文化服务内容日益丰富,公共文化服务质量和效率显著提高。

二、积极有序推进政府向社会力量购买公共文化服务工作

(一)明确购买主体。政府向社会力量购买公共文化服务的主体是承担提供公共文化与体育服务的各级行政机关。纳入行政编制管理且经费由财政负担的文化与体育群团组织,也可根据实际需要,通过购买服务方式提供公共文化服务。

(二)科学选定承接主体。承接政府向社会力量购买公共文化服务的主体主要为具备提供公共文化服务能力,且依法在登记管理部门登记或经国务院批准免予登记的社会组织和符合条件的事业单位,以及依法在工商管理或行业主管部门登记成立的企业、机构等社会力量。各地要结合本地实际和拟购买公共文化服务的内容、特点,明确具体条件,秉持公开、公平、公正的遴选原则,科学选定承接主体。

(三)明确购买内容。政府向社会力量购买公共文化服务的内容为符合先进文化前进方向、健康积极向上的,适合采取市场化方式提供、社会力量能够承担的公共文化服务,突出公共性和公益性并主动向社会公开。主要包括:公益性文化体育产品的创作与传播,公益性文化体育活动的组织与承办,中华优秀传统文化与民族民间传统体育的保护、传承与展示,公共文化体育设施的运营和管理,民办文化体育机构提供的免费或低收费服务等内容。

(四)制定指导性目录。文化部、财政部、新闻出版广电总局、体育总局制定面向全国的政府向社会力量购买公共文化服务指导性目录。各地要按照转变政府职能的要求,结合本地经济社会发展水平、公共文化服务需求状况和财政预算安排情况,制定本地区政府向社会力量购买公共文化服务的指导性目录或具体购买目录。指导性目录和具体购买目录,应在总结经验的基础上,及时进行动态调整。

(五)完善购买机制。各地要建立健全方式灵活、程序规范、标准明确、结果评价、动态调整的购买机制。结合公共文化服务的具体内容、特点和地方实际,按照政府采购有关规定,采用公开招标、邀请招标、竞争性谈判、竞争性磋商、单一来源等方式确定承接主体,采取购买、委托、租赁、特许经营、战略合作等各种合同方式。建立以项目选定、信息发布、组织采购、项目监管、绩效评价为主要内容的规范化购买流程。根据所购买公共文化服务特点,分类制定内容明确、操作性强、便于考核的公共文化服务标准,方便承接主体掌握,便于购买主体监管。加强对服务提供全过程的跟踪监管和对服务成果的检查验收,检查验收结果应结合服务对象满意度调查,作为付款的重要依据。建立购买价格或财政补贴的动态调整机制,根据承接主体服务内容和质量,合理确定价格,避免获取暴利。

(六)提供资金保障。政府向社会力量购买公共文化服务所需资金列入财政预算,从部门预算经费或经批准的专项资金等既有预算中统筹安排。逐步加大现有财政资金向社会力量购买公共文化服务的投入力度。对新增的公共文化服务内容,凡适于以购买服务实现的,原则上都要通过政府购买服务方式实施。

(七)健全监管机制。加强对政府向社会力量购买公共文化服务的监督管理,建立健全政府购买的法律监督、行政监督、审计监督、纪检监督、社会监督、舆论监督制度,完善事前、事中和事后监管体系,严格遵守相关财政财务管理规定,确保购买行为公开透明、规范有效,坚决遏制和预防腐败现象。财政部门要加强对政府向社会力量购买公共文化服务资金的监管,监察、审计等部门要加强监督,文化、新闻出版广电、体育部门要按照职能分工将承接政府购买服务行为纳入监管体系。购买主体与承接主体应按照权责明确、规范高效的原则签订合同,严格遵照合同约定,避免出现行政干预行为。购买主体应建立健全内部监督管理制度,按规定公开购买服务的相关信息,自觉接受审计监督、社会监督和舆论监督。承接主体应主动接受购买主体的监管,健全财务报告制度,严格按照服务合同履行服务任务,保证服务数量、质量和效果,严禁服务转包行为。

(八)加强绩效评价。健全由购买主体、公共文化服务对象以及第三方共同参与的综合评审机制;加强对购买公共文化服务项目的绩效评价,建立长效跟踪机制。在绩效评价体系中,要侧重服务对象对公共文化服务的满意度评价。政府向社会力量购买公共文化服务的绩效评价结果要向社会公布,并作为以后年度编制政府向社会力量购买公共文化服务预算和选择政府向社会力量购买公共文化服务承接主体的重要参考依据。

三、营造政府向社会力量购买公共文化服务的良好环境

(一)加强组织领导。政府向社会力量购买公共文化服务,是保障和改善民生的一项重要工作,事关人民群众切身利益,也是进一步转变政府职能、创新文化与体育管理方式的重要抓手。各地要高度重视,切实加强组织领导,建立健全政府统一领导,文化、财政、新闻出版广电、体育部门负责,社会力量广泛参与的工作机制,逐步使政府向社会力量购买公共文化服务工作制度化、规范化和科学化。

(二)强化沟通协调。各地要建立健全政府向社会力量购买公共文化服务的协调机制,文化、财政、新闻出版广电、体育部门要密切配合,注重协调沟通,整合资源,共同研究政府向社会力量购买公共文化服务有关重要事项,及时发现和解决工作中出现的问题,统筹推进政府向社会力量购买公共文化服务工作。

(三)注重宣传引导。各地要充分利用各种媒体,广泛宣传实施政府向社会力量购买公共文化服务工作的重要意义、主要内容、政策措施和流程安排,精心做好政策解读,加强正面舆论引导,主动回应社会关切,充分调动社会参与的积极性,为推进政府向社会力量购买公共文化服务营造良好的工作环境和舆论氛围。

(四)严格监督管理。建立政府向社会力量购买公共文化服务信用档案。对在购买服务实施过程中,发现承接主体不符合资质要求、歪曲服务主旨、弄虚作假、冒领财政资金等违法违规行为的,记入信用档案,并按照相关法律法规进行处罚,对造成社会重大恶劣影响的,禁止再次参与政府购买公共文化服务工作。

附件

政府向社会力量购买
公共文化服务指导性目录

一、公益性文化体育产品的创作与传播

(一)公益性舞台艺术作品的创作、演出与宣传

(二)公益性广播影视作品的制作与宣传

(三)公益性出版物的编辑、印刷、复制与发行

(四)公益性数字文化产品的制作与传播

(五)公益性广告的制作与传播

(六)公益性少数民族文化产品的创作、译制与传播

(七)全民健身和公益性运动训练竞赛的宣传与推广
(八)面向特殊群体的公益性文化体育产品的创作与传播
(九)其他公益性文化体育产品的创作与传播
二、公益性文化体育活动的组织与承办
(一)公益性文化艺术活动(含戏曲)的组织与承办
(二)公益性电影放映活动的组织与承办
(三)全民阅读活动的组织与承办
(四)公益性文化艺术培训(含讲座)的组织与承办
(五)公益性体育竞赛活动的组织与承办
(六)全民健身活动的组织与承办
(七)公益性体育培训、健身指导、国民体质监测与体育锻炼标准测验达标活动的组织与承办
(八)公益性青少年体育活动的组织与承办
(九)面向特殊群体的公益性文化体育活动的组织与承办
(十)其他公益性文化体育活动的组织与承办
三、中华优秀传统文化与民族民间传统体育的保护、传承与展示
(一)文化遗产保护、传承与展示
(二)优秀民间文化艺术的普及推广与交流展示
(三)民族民间传统体育项目的保护、传承与展示
(四)其他优秀传统文化和传统体育的保护、传承与展示
四、公共文化体育设施的运营和管理
(一)公共图书馆(室)、文化馆(站)、村(社区)综合文化服务中心(含农家书屋)等运营和管理
(二)公共美术馆、博物馆等运营和管理
(三)公共剧场(院)等运营和管理
(四)广播电视村村通、户户通等接收设备的维修维护
(五)公共电子阅览室、数字农家书屋等公共数字文化设施的运营和管理
(六)面向特殊群体提供的有线电视免费或低收费服务
(七)公共体育设施、户外营地的运营和管理
(八)公共体育健身器材的维修维护和监管
(九)其他公共文化体育设施的运营和管理
五、民办文化体育机构提供的免费或低收费服务
(一)民办图书馆、美术馆、博物馆等面向社会提供的免费或低收费服务
(二)民办演艺机构面向社会提供的免费或低票价演出
(三)互联网上网服务场所面向社会提供的免费或低收费上网服务
(四)民办农村(社区)文化服务中心(含书屋)面向社会提供的免费或低收费服务
(五)民办体育场馆设施、民办健身机构面向社会提供的免费或低收费服务
(六)其他民办文化体育机构面向社会提供的免费或低收费服务

国务院办公厅转发财政部、人民银行、银监会关于妥善解决地方政府融资平台公司在建项目后续融资问题意见的通知

(2015年5月11日　国办发〔2015〕40号)

各省、自治区、直辖市人民政府,国务院各部委、各直属机构:

财政部、人民银行、银监会《关于妥善解决地方政府融资平台公司在建项目后续融资问题的

意见》已经国务院同意,现转发给你们,请认真贯彻执行。

关于妥善解决地方政府融资平台公司在建项目后续融资问题的意见

(财政部 人民银行 银监会)

为全面落实《国务院关于加强地方政府性债务管理的意见》(国发〔2014〕43 号)要求,依法合规积极支持融资平台公司在建项目后续融资,确保在建项目有序推进,切实满足实体经济的合理融资需求,有效防范和化解财政金融风险,现就妥善解决地方政府融资平台公司在建项目后续融资问题提出以下意见。

一、总体要求和适用范围

(一)总体要求。地方各级政府和银行业金融机构要妥善处理融资平台公司在建项目后续融资问题,区分存量和增量实施分类管理,依法合规进行融资,切实满足促进经济发展和防范财政金融风险的需要。

(二)适用范围。融资平台公司是指由地方政府及其部门和机构等通过财政拨款或注入土地、股权等资产设立,承担政府投资项目融资功能,并拥有独立法人资格的经济实体。在建项目是指在国发〔2014〕43 号文件成文日期(2014 年 9 月 21 日)之前,经相关投资主管部门依照有关规定完成审批、核准或备案手续,并已开工建设的项目。

二、重点任务

(三)支持在建项目的存量融资需求。地方各级政府和银行业金融机构要按照总量控制、区别对待的原则,支持融资平台公司在建项目的存量融资需求,确保在建项目有序推进。对于在 2014 年 12 月 31 日前已签订具有法律效力的借款合同并已放款,但合同尚未到期的融资平台公司在建项目贷款,银行业金融机构要在全面把控风险、落实信贷条件的前提下,继续按照合同约定发放贷款,不得盲目抽贷、压贷、停贷。对于在 2014 年 12 月 31 日前已签订具有法律效力的借款合同,且合同到期的融资平台公司在建项目贷款,如果项目自身运营收入不足以还本付息,银行业金融机构可与地方政府、融资平台公司协商,在后续借款与前期借款合同约定的责任一致,且确保借款合同金额不增加的前提下,重新修订借款合同,合理确定贷款期限,补充合格有效抵质押品。

(四)规范实施在建项目的增量融资。地方各级政府要密切关注融资平台公司在建项目中应由财政支持的增量融资需求,在依法合规、规范管理的前提下,统筹财政资金和社会资本等各类资金,保障在建项目续建和收尾。对于已签合同贷款额不能满足建设需要,且适宜采取政府和社会资本合作模式的融资平台公司在建项目,优先采取政府和社会资本合作模式,弥补在建项目增量融资需求。对于已签合同贷款额不能满足建设需要,且符合国家有关规定并确实没有其他建设资金来源,但又暂时不宜转为政府和社会资本合作模式的融资平台公司在建项目,增量融资需求纳入政府预算管理,由地方政府按法律要求和有关规定发行政府债券解决。

(五)切实做好在建项目后续融资管理工作。银行业金融机构要兼顾促发展和防风险,严格规范信贷管理,切实加强风险识别和风险控制。对于融资平台公司在建项目贷款,银行业金融机构要在审慎测算融资平台公司还款能力和在建项目收益、综合考虑地方政府偿债能力的基础上,自主决策、自担风险,切实做好后续融资管理工作。银行业金融机构要认真审查贷款投向,重点支持农田水利设施、保障性安居工程、城市轨道交通等领域的融资平台公司在建项目,确保贷款符合产业发展需要和产业园区发展规划。

(六)完善配套措施。对地方政府按法律要求和有关规定发行政府债券解决的在建项目后续融资,在保障财政支出需要的前提下,对于有相应政府债券发行额度,且本地区国库库款余额超过一个半月库款支付保障水平的地区,允许地方财政部门在政府债券发行额度内,加大盘活以前年度存量财政资金力度,利用超出部分的国库库款用于政府债券发行之前的资金周转,以解决在建项目融资与政府债券发行之间的时间差问题。地方财政部门在动用国库库款用于资金周转前,须报经本级人民政府批准,并抄送同级人大有关机构和有关单位。地方财政部门在完成政府债券发行之后，要及时将资金全部收回国库。财政部、发展改革委、人民银行、银监会等有关部门要加强地方政府性债务信息共享，密切监测债务变化。

三、组织实施

（七）加强组织领导。地方各级人民政府、各有关部门要从大局出发，充分认识做好融资平台公司在建项目后续融资工作的重要性，统一思想，加强领导，结合本地区、本部门实际认真抓好落实。

（八）密切协同推进。财政部、人民银行要加强财政政策和货币政策的协调配合，为地方政府发行债券创造良好的市场环境。财政部要制定出台地方政府债券配套管理办法，加强对地方政府债券发行和使用工作的组织领导。银监会要加强监管、正确引导，推动银行业金融机构在依法合规、有效防范风险的前提下，做好融资平台公司在建项目后续融资工作，并将本意见传达至各银行业金融机构。各有关部门要切实履行职责，强化政策协同，共同做好融资平台公司在建项目后续融资相关工作，确保政策及时落实到位。

（九）关于地方政府融资平台公司在建项目后续融资问题，国务院另有规定的，从其规定。

国务院办公厅转发财政部、发展改革委、人民银行关于在公共服务领域推广政府和社会资本合作模式指导意见的通知

（2015年5月19日　国办发〔2015〕42号）

各省、自治区、直辖市人民政府，国务院各部委、各直属机构：

财政部、发展改革委、人民银行《关于在公共服务领域推广政府和社会资本合作模式的指导意见》已经国务院同意，现转发给你们，请认真贯彻执行。

在公共服务领域推广政府和社会资本合作模式，是转变政府职能、激发市场活力、打造经济新增长点的重要改革举措。围绕增加公共产品和公共服务供给，在能源、交通运输、水利、环境保护、农业、林业、科技、保障性安居工程、医疗、卫生、养老、教育、文化等公共服务领域，广泛采用政府和社会资本合作模式，对统筹做好稳增长、促改革、调结构、惠民生、防风险工作具有战略意义。

各地区、各部门要按照简政放权、放管结合、优化服务的要求，简化行政审批程序，推进立法工作，进一步完善制度，规范流程，加强监管，多措并举，在财税、价格、土地、金融等方面加大支持力度，保证社会资本和公众共同受益，通过资本市场和开发性、政策性金融等多元融资渠道，吸引社会资本参与公共产品和公共服务项目的投资、运营管理，提高公共产品和公共服务供给能力与效率。

各地区、各部门要高度重视，精心组织实施，加强协调配合，形成工作合力，切实履行职责，共同抓好落实。

关于在公共服务领域推广政府和社会资本合作模式的指导意见

（财政部　发展改革委　人民银行）

为打造大众创业、万众创新和增加公共产品、公共服务"双引擎"，让广大人民群众享受到优质高效的公共服务，在改善民生中培育经济增长新动力，现就改革创新公共服务供给机制，大力推广政府和社会资本合作（Public - Private Partnership，PPP）模式，提出以下意见：

一、充分认识推广政府和社会资本合作模式的重大意义

政府和社会资本合作模式是公共服务供给机制的重大创新，即政府采取竞争性方式择优选择具有投资、运营管理能力的社会资本，双方按照平等协商原则订立合同，明确责权利关系，由社会资本提供公共服务，政府依据公共服务绩效评价结果向社会资本支付相应对价，保证社会资本获得合理收益。政府和社会资本合作模式有利于充分发挥市场机制作用，提升公共服务的供给质量和效率，实现公共利益最大化。

(一)有利于加快转变政府职能,实现政企分开、政事分开。作为社会资本的境内外企业、社会组织和中介机构承担公共服务涉及的设计、建设、投资、融资、运营和维护等责任,政府作为监督者和合作者,减少对微观事务的直接参与,加强发展战略制定、社会管理、市场监管、绩效考核等职责,有助于解决政府职能错位、越位和缺位的问题,深化投融资体制改革,推进国家治理体系和治理能力现代化。

(二)有利于打破行业准入限制,激发经济活力和创造力。政府和社会资本合作模式可以有效打破社会资本进入公共服务领域的各种不合理限制,鼓励国有控股企业、民营企业、混合所有制企业等各类型企业积极参与提供公共服务,给予中小企业更多参与机会,大幅拓展社会资本特别是民营资本的发展空间,激发市场主体活力和发展潜力,有利于盘活社会存量资本,形成多元化、可持续的公共服务资金投入渠道,打造新的经济增长点,增强经济增长动力。

(三)有利于完善财政投入和管理方式,提高财政资金使用效益。在政府和社会资本合作模式下,政府以运营补贴等作为社会资本提供公共服务的对价,以绩效评价结果作为对价支付依据,并纳入预算管理、财政中期规划和政府财务报告,能够在当代人和后代人之间公平地分担公共资金投入,符合代际公平原则,有效弥补当期财政投入不足,有利于减轻当期财政支出压力,平滑年度间财政支出波动,防范和化解政府性债务风险。

二、总体要求

(四)指导思想。贯彻落实党的十八大和十八届二中、三中、四中全会精神,按照党中央、国务院决策部署,借鉴国际成熟经验,立足国内实际情况,改革创新公共服务供给机制和投入方式,发挥市场在资源配置中的决定性作用,更好发挥政府作用,引导和鼓励社会资本积极参与公共服务供给,为广大人民群众提供优质高效的公共服务。

(五)基本原则。

依法合规。将政府和社会资本合作纳入法制化轨道,建立健全制度体系,保护参与各方的合法权益,明确全生命周期管理要求,确保项目规范实施。

重诺履约。政府和社会资本法律地位平等、权利义务对等,必须树立契约理念,坚持平等协商、互利互惠、诚实守信、严格履约。

公开透明。实行阳光化运作,依法充分披露政府和社会资本合作项目重要信息,保障公众知情权,对参与各方形成有效监督和约束。

公众受益。加强政府监管,将政府的政策目标、社会目标和社会资本的运营效率、技术进步有机结合,促进社会资本竞争和创新,确保公共利益最大化。

积极稳妥。鼓励地方各级人民政府和行业主管部门因地制宜,探索符合当地实际和行业特点的做法,总结提炼经验,形成适合我国国情的发展模式。坚持必要、合理、可持续的财政投入原则,有序推进项目实施,控制项目的政府支付责任,防止政府支付责任过重加剧财政收支矛盾,带来支出压力。

(六)发展目标。立足于加强和改善公共服务,形成有效促进政府和社会资本合作模式规范健康发展的制度体系,培育统一规范、公开透明、竞争有序、监管有力的政府和社会资本合作市场。着力化解地方政府性债务风险,积极引进社会资本参与地方融资平台公司存量项目改造,争取通过政府和社会资本合作模式减少地方政府性债务。在新建公共服务项目中,逐步增加使用政府和社会资本合作模式的比例。

三、构建保障政府和社会资本合作模式持续健康发展的制度体系

(七)明确项目实施的管理框架。建立健全制度规范体系,实施全生命周期管理,保证项目实施质量。进一步完善操作指南,规范项目识别、准备、采购、执行、移交各环节操作流程,明确操作要求,指导社会资本参与实施。制定合同指南,推动共性问题处理方式标准化。制定分行业、分领域的标准化合同文本,提高合同编制效率和谈判效率。按照预算法、合同法、政府采购法及其实施条例、《国务院办公厅关于政府向社会力量购买服务的指导意见》(国办发〔2013〕96号)等要求,建立完善管理细则,规范选择合作伙伴的程序和方法,维护国家利益、社会公共利益和社会资本的合法权益。

（八）健全财政管理制度。开展财政承受能力论证，统筹评估和控制项目的财政支出责任，促进中长期财政可持续发展。建立完善公共服务成本财政管理和会计制度，创新资源组合开发模式，针对政府付费、使用者付费、可行性缺口补助等不同支付机制，将项目涉及的运营补贴、经营收费权和其他支付对价等，按照国家统一的会计制度进行核算，纳入年度预算、中期财政规划，在政府财务报告中进行反映和管理，并向本级人大或其常委会报告。存量公共服务项目转型为政府和社会资本合作项目过程中，应依法进行资产评估，合理确定价值，防止公共资产流失和贱卖。项目实施过程中政府依法获得的国有资本收益、约定的超额收益分成等公共收入应上缴国库。

（九）建立多层次监督管理体系。行业主管部门根据经济社会发展规划及专项规划发起政府和社会资本合作项目，社会资本也可根据当地经济社会发展需求建议发起。行业主管部门应制定不同领域的行业技术标准、公共产品或服务技术规范，加强对公共服务质量和价格的监管。建立政府、公众共同参与的综合性评价体系，建立事前设定绩效目标、事中进行绩效跟踪、事后进行绩效评价的全生命周期绩效管理机制，将政府付费、使用者付费与绩效评价挂钩，并将绩效评价结果作为调价的重要依据，确保实现公共利益最大化。依法充分披露项目实施相关信息，切实保障公众知情权，接受社会监督。

（十）完善公共服务价格调整机制。积极推进公共服务领域价格改革，按照补偿成本、合理收益、节约资源、优质优价、公平负担的原则，加快理顺公共服务价格。依据项目运行情况和绩效评价结果，健全公共服务价格调整机制，完善政府价格决策听证制度，广泛听取社会资本、公众和有关部门意见，确保定价调价的科学性。及时披露项目运行过程中的成本变化、公共服务质量等信息，提高定价调价的透明度。

（十一）完善法律法规体系。推进相关立法，填补政府和社会资本合作领域立法空白，着力解决政府和社会资本合作项目运作与现行法律之间的衔接协调问题，明确政府出资的法律依据和出资性质，规范政府和社会资本的责权利关系，明确政府相关部门的监督管理责任，为政府和社会资本合作模式健康发展提供良好的法律环境和稳定的政策预期。鼓励有条件的地方立足当地实际，依据立法法相关规定，出台地方性法规或规章，进一步有针对性地规范政府和社会资本合作模式的运用。

四、规范推进政府和社会资本合作项目实施

（十二）广泛采用政府和社会资本合作模式提供公共服务。在能源、交通运输、水利、环境保护、农业、林业、科技、保障性安居工程、医疗、卫生、养老、教育、文化等公共服务领域，鼓励采用政府和社会资本合作模式，吸引社会资本参与。其中，在能源、交通运输、水利、环境保护、市政工程等特定领域需要实施特许经营的，按《基础设施和公用事业特许经营管理办法》执行。

（十三）化解地方政府性债务风险。积极运用转让—运营—移交（TOT）、改建—运营—移交（ROT）等方式，将融资平台公司存量公共服务项目转型为政府和社会资本合作项目，引入社会资本参与改造和运营，在征得债权人同意的前提下，将政府性债务转换为非政府性债务，减轻地方政府的债务压力，腾出资金用于重点民生项目建设。大力推动融资平台公司与政府脱钩，进行市场化改制，健全完善公司治理结构，对已经建立现代企业制度、实现市场化运营的，在其承担的地方政府债务已纳入政府财政预算、得到妥善处置并明确公告今后不再承担地方政府举债融资职能的前提下，可作为社会资本参与当地政府和社会资本合作项目，通过与政府签订合同方式，明确责权利关系。严禁融资平台公司通过保底承诺等方式参与政府和社会资本合作项目，进行变相融资。

（十四）提高新建项目决策的科学性。地方政府根据当地经济社会发展需要，结合财政收支平衡状况，统筹论证新建项目的经济效益和社会效益，并进行财政承受能力论证，保证决策质量。根据项目实施周期、收费定价机制、投资收益水平、风险分配基本框架和所需要的政府投入等因素，合理选择建设—运营—移交（BOT）、建设—拥有—运营（BOO）等运作方式。

（十五）择优选择项目合作伙伴。对使用财政性资金作为社会资本提供公共服务对价的项目，地方政府应当根据预算法、合同法、政府采购法及其实施条例等法律法规规定，选择项目合作伙伴。依托政府采购信息平台,及时、充分向社会公布项目采购信息。综合评估项目合作伙伴的专业资质、技术能力、管理经验、财务实力和信用状况等因素,依法择优选择诚实守信的合作伙伴。加强项目政府采购环节的监督管理,保证采购过程公平、公正、公开。

(十六)合理确定合作双方的权利与义务。树立平等协商的理念,按照权责对等原则合理分配项目风险,按照激励相容原则科学设计合同条款,明确项目的产出说明和绩效要求、收益回报机制、退出安排、应急和临时接管预案等关键环节,实现责权利对等。引入价格和补贴动态调整机制,充分考虑社会资本获得合理收益。如单方面构成违约的,违约方应当给予对方相应赔偿。建立投资、补贴与价格的协同机制,为社会资本获得合理回报创造条件。

(十七)增强责任意识和履约能力。社会资本要将自身经济利益诉求与政府政策目标、社会目标相结合,不断加强管理和创新,提升运营效率,在实现经济价值的同时,履行好企业社会责任,严格按照约定保质保量提供服务,维护公众利益;要积极进行业务转型和升级,从工程承包商、建设施工方向运营商转变,实现跨不同领域、多元化发展;要不断提升运营实力和管理经验,增强提供公共服务的能力。咨询、法律、会计等中介机构要提供质优价廉的服务,促进项目增效升级。

(十八)保障公共服务持续有效。按照合同约定,对项目建设情况和公共服务质量进行验收,逾期未完成或不符合标准的,社会资本要限期完工或整改,并采取补救措施或赔偿损失。健全合同争议解决机制,依法积极协调解决争议。确需变更合同内容、延长合同期限以及变更社会资本方的,由政府和社会资本方协商解决,但应当保持公共服务的持续性和稳定性。项目资产移交时,要对移交资产进行性能测试、资产评估和登记入账,并按照国家统一的会计制度进行核算,在政府财务报告中进行反映和管理。

五、政策保障

(十九)简化项目审核流程。进一步减少审批环节,建立项目实施方案联评联审机制,提高审查工作效率。项目合同签署后,可并行办理必要的审批手续,有关部门要简化办理手续,优化办理程序,主动加强服务,对实施方案中已经明确的内容不再作实质性审查。

(二十)多种方式保障项目用地。实行多样化土地供应,保障项目建设用地。对符合划拨用地目录的项目,可按划拨方式供地,划拨土地不得改变土地用途。建成的项目经依法批准可以抵押,土地使用权性质不变,待合同经营期满后,连同公共设施一并移交政府;实现抵押权后改变项目性质应该以有偿方式取得土地使用权的,应依法办理土地有偿使用手续。不符合划拨用地目录的项目,以租赁方式取得土地使用权的,租金收入参照土地出让收入纳入政府性基金预算管理。以作价出资或者入股方式取得土地使用权的,应当以市、县人民政府作为出资人,制定作价出资或者入股方案,经市、县人民政府批准后实施。

(二十一)完善财税支持政策。积极探索财政资金撬动社会资金和金融资本参与政府和社会资本合作项目的有效方式。中央财政出资引导设立中国政府和社会资本合作融资支持基金,作为社会资本方参与项目,提高项目融资的可获得性。探索通过以奖代补等措施,引导和鼓励地方融资平台存量项目转型为政府和社会资本合作项目。落实和完善国家支持公共服务事业的税收优惠政策,公共服务项目采取政府和社会资本合作模式的,可按规定享受相关税收优惠政策。鼓励地方政府在承担有限损失的前提下,与具有投资管理经验的金融机构共同发起设立基金,并通过引入结构化设计,吸引更多社会资本参与。

(二十二)做好金融服务。金融机构应创新符合政府和社会资本合作模式特点的金融服务,优化信贷评审方式,积极为政府和社会资本合作项目提供融资支持。鼓励开发性金融机构发挥中长期贷款优势,参与改造政府和社会资本合作项目,引导商业性金融机构拓宽项目融资渠道。鼓励符合条件的项目运营主体在资本市场通过发行公司债券、企业债券、中期票据、定向票据等市场化方式进行融资。鼓励项目公司发行项目收益债券、项目收益票据、资产支持票据等。鼓励社保资金和保险资金按照市场化原则,创新运用债权投资计划、股权投资计划、项目资产支持计划等多种方式参与项目。对符合条件的"走出去"项目,鼓励政策性金融机构给予中长期信贷支持。依托各类产权、股权交易市场,为社会资本提供多元化、规范化、市场化的退出渠道。金融监管部门应加强监督管理,引导金融机构正确识别、计量和控制风险,按照风险可控、商业可持续原则支持政府和社会资本合作项目融资。

六、组织实施

（二十三）加强组织领导。国务院各有关部门要按照职能分工，负责相关领域具体工作，加强对地方推广政府和社会资本合作模式的指导和监督。财政部要会同有关部门，加强政策沟通协调和信息交流，完善体制机制。教育、科技、民政、人力资源社会保障、国土资源、环境保护、住房城乡建设、交通运输、水利、农业、商务、文化、卫生计生等行业主管部门，要结合本行业特点，积极运用政府和社会资本合作模式提供公共服务，探索完善相关监管制度体系。地方各级人民政府要结合已有规划和各地实际，出台具体政策措施并抓好落实；可根据本地区实际情况，建立工作协调机制，推动政府和社会资本合作项目落地实施。

（二十四）加强人才培养。大力培养专业人才，加快形成政府部门、高校、企业、专业咨询机构联合培养人才的机制。鼓励各类市场主体加大人才培训力度，开展业务人员培训，建设一支高素质的专业人才队伍。鼓励有条件的地方政府统筹内部机构改革需要，进一步整合专门力量，承担政府和社会资本合作模式推广职责，提高专业水平和能力。

（二十五）搭建信息平台。地方各级人民政府要切实履行规划指导、识别评估、咨询服务、宣传培训、绩效评价、信息统计、专家库和项目库建设等职责，建立统一信息发布平台，及时向社会公开项目实施情况等相关信息，确保项目实施公开透明、有序推进。

在公共服务领域推广政府和社会资本合作模式，事关人民群众切身利益，是保障和改善民生的一项重要工作。各地区、各部门要充分认识推广政府和社会资本合作模式的重要意义，把思想和行动统一到党中央、国务院的决策部署上来，精心组织实施，加强协调配合，形成工作合力，切实履行职责，共同抓好落实。财政部要强化统筹协调，会同有关部门对本意见落实情况进行督促检查和跟踪分析，重大事项及时向国务院报告。

国务院办公厅关于鼓励和支持社会资本参与生态保护修复的意见

（2021年10月25日　国办发〔2021〕40号）

各省、自治区、直辖市人民政府，国务院各部委、各直属机构：

生态保护修复是守住自然生态安全边界、促进自然生态系统质量整体改善的重要保障。长期以来，我国一些地区生态系统受损退化问题突出、历史欠账较多，生态保护修复任务量大面广，需要动员全社会力量参与。为进一步促进社会资本参与生态建设，加快推进山水林田湖草沙一体化保护和修复，经国务院同意，现提出以下意见。

一、总体要求

（一）指导思想。以习近平新时代中国特色社会主义思想为指导，全面贯彻党的十九大和十九届二中、三中、四中、五中全会精神，深入贯彻习近平生态文明思想，认真落实党中央、国务院决策部署，牢固树立绿水青山就是金山银山理念，充分发挥市场在资源配置中的决定性作用，更好发挥政府作用，聚焦重点领域，激发市场活力，推动生态保护修复高质量发展，增加优质生态产品供给，维护国家生态安全，构建生态文明体系，推动美丽中国建设。

（二）工作原则。

坚持保护优先、系统修复。遵循自然规律，统筹自然生态各要素，以自然恢复为主，辅以必要的人工措施，增强各项举措的关联性和耦合性，推进山水林田湖草沙整体保护、系统修复、综合治理，提升生态系统质量和稳定性。

坚持政府主导、市场运作。发挥政府规划管控、政策扶持、监管服务、风险防范等作用，统一市场准入，规范市场秩序，建立公开透明的市场规则，为社会资本营造公平公正公开的投资环境，构建持续回报和合理退出机制，实现社会资本进得去、退得出、有收益。严禁借生态保护修复之名行开发之实，严禁突破耕地保护和生态保护等红线，严禁各类违反法律法规规定的行为。

坚持目标导向、问题导向。围绕构建“谁修复、谁受益”的生态保护修复市场机制，聚焦解决信息缺失、融资困难、政策分散、鼓励和支持措施不明确、交易机制和回报机制不健全等问题,推动实现生态效益和经济社会效益相统一。

坚持改革创新、协调推进。加强与自然资源资产产权制度、生态产品价值实现机制、生态保护补偿机制等改革协同,统筹必要投入与合理回报,畅通社会资本参与和获益渠道,创新激励机制、支持政策和投融资模式,激发社会资本投资潜力和创新动力。

二、参与机制

(三)参与内容。鼓励和支持社会资本参与生态保护修复项目投资、设计、修复、管护等全过程,围绕生态保护修复开展生态产品开发、产业发展、科技创新、技术服务等活动,对区域生态保护修复进行全生命周期运营管护。重点鼓励和支持社会资本参与以政府支出责任为主(包括责任人灭失、自然灾害造成等)的生态保护修复。对有明确责任人的生态保护修复,由其依法履行义务,承担修复或赔偿责任。

(四)参与方式。

1. 自主投资模式。社会资本单独或以联合体、产业联盟等形式出资开展生态保护修复。

2. 与政府合作模式。社会资本可按照市场化原则设立基金,投资生态保护修复项目。对有稳定经营性收入的项目,可以采用政府和社会资本合作(PPP)等模式,地方政府可按规定通过投资补助、运营补贴、资本金注入等方式支持社会资本获得合理回报。

3. 公益参与模式。鼓励公益组织、个人等与政府及其部门合作,参与生态保护修复,共同建设生态文明。

社会资本可通过以下方式在生态保护修复中获得收益:采取"生态保护修复 + 产业导入"方式,利用获得的自然资源资产使用权或特许经营权发展适宜产业;对投资形成的具有碳汇能力且符合相关要求的生态系统,申请核证碳汇增量并进行交易;通过经政府批准的资源综合利用获得收益等。

(五)参与程序。结合实际积极探索灵活高效的工作程序,充分调动社会资本参与生态保护修复的积极性。一般可以采取如下程序:

1. 科学设立生态保护修复项目。坚持问题导向,依据各级国土空间规划、生态保护修复规划等规划和有关标准要求,确定生态保护修复任务和重点项目。

2. 合理制定生态保护修复方案。在广泛征求社会意见的基础上,合理确定项目生态保护修复方案,明确生态保护修复目标或核心指标、自然资源(其中矿产资源仅限于因项目需要采挖的只能用作普通建筑材料的砂、石、粘土)资产配置及后续产业发展要求等。涉及相关主体利益的,应当协商一致。

3. 公开竞争引入生态保护修复主体。将生态保护修复方案、相应的自然资源资产配置方案、各类指标转让及支持政策等一并公开,通过竞争方式确定生态保护修复主体暨自然资源资产使用权人,并签订生态保护修复协议和土地出让合同等自然资源资产配置协议,明确修复要求、各方权利义务和违约责任。

4. 规范开展生态保护修复产品市场化交易。探索建立自然资源资产与生态保护修复产品的交易渠道,公开发布产品交易规则、企业信用评级等信息,依托公共资源交易平台体系,规范开展市场化交易。

三、重点领域

(六)自然生态系统保护修复。针对受损、退化、功能下降的森林、草原、湿地、荒漠、河流、湖泊、沙漠等自然生态系统,开展防沙治沙、石漠化防治、水土流失治理、河道保护治理、野生动植物种群保护恢复、生物多样性保护、国土绿化、人工商品林建设等。全面提升生态系统碳汇能力,增加碳汇增量,鼓励开发碳汇项目。科学评估界定自然保护地保护和建设范围,引导当地居民和公益组织等参与科普宣教、自然体验、科学实验等活动和特许经营项目。

(七)农田生态系统保护修复。针对生态功能减弱、生物多样性减少、开发利用与生态保护矛盾突出的农田生态系统,开展全域土地综合整治,实施农用地整理、建设用地整理、乡村生态保护修复、土地复垦、生物多样性保护等,改善农田生境和条件。

（八）城镇生态系统保护修复。针对城镇生态系统连通不畅、生态空间不足等问题，实施生态廊道、生态清洁小流域、生态基础设施和生态网络建设，提升城镇生态系统质量和稳定性。

（九）矿山生态保护修复。针对历史遗留矿山存在的突出生态环境问题，实施地质灾害隐患治理、矿山损毁土地植被恢复、破损生态单元修复等，重建生态系统，合理开展修复后的生态化利用；参与绿色矿山建设，提高矿产资源节约集约利用水平。

（十）海洋生态保护修复。针对海洋生境退化、外来物种入侵等问题，实施退围还滩还海、岸线岸滩整治修复、入海口海湾综合治理、海岸带重要生态廊道维护、水生生物资源增殖、栖息地保护等。探索在不改变海岛自然资源、自然景观和历史人文遗迹的前提下，对生态受损的无居民海岛开展生态保护修复，允许适度生态化利用。

（十一）探索发展生态产业。鼓励和支持投入循环农（林）业、生态旅游、休闲康养、自然教育、清洁能源及水资源利用、海洋生态牧场等；发展经济林产业和草、沙、竹、油茶、生物质能源等特色产业；参与河道保护和治理，在水资源利用等产业中依法优先享有权益；参与外来入侵物种防治、生物遗传资源可持续利用，推广应用高效诱捕、生物天敌等实用技术；开展产品认证、生态标识、品牌建设等工作。

四、支持政策

（十二）规划管控。市、县级政府应将生态保护修复和相关产业发展的空间需求纳入国土空间规划。鼓励社会资本参与生态保护修复方案编制，在符合法律法规政策和规划约束条件的前提下，合理安排生态保护修复区域内各类空间用地的规模、结构、布局和时序。项目范围内涉及零散耕地、园地、林地、其他农用地需要空间置换和布局优化的，可纳入生态保护修复方案一并依法审批；涉及永久基本农田调整等法定审批事项的，依法办理审批手续。落实好最严格的耕地保护制度，坚决守住耕地红线，坚决遏制耕地“非农化”、防止“非粮化”。项目完成后，通过年度土地变更调查统一调整土地用途，不动产登记机构依据调整土地用途文件办理相关不动产登记。

（十三）产权激励。对集中连片开展生态修复达到一定规模和预期目标的生态保护修复主体，允许依法依规取得一定份额的自然资源资产使用权，从事旅游、康养、体育、设施农业等产业开发；其中以林草地修复为主的项目，可利用不超过3%的修复面积，从事生态产业开发。对社会资本投入并完成修复的国有建设用地，拟用于经营性建设项目的，在同等条件下，该生态保护修复主体在公开竞争中具有优先权；涉及海域使用权的，可以依法依规比照上述政策办理。修复后新增的集体农用地，鼓励农村集体经济组织将经营权依法流转给生态保护修复主体。修复后的集体建设用地，符合规划的，可根据国家统一部署稳妥有序推进农村集体经营性建设用地入市，生态保护修复主体可在同等条件下优先取得使用权。社会资本投资修复并依法获得的土地、海域使用权等相关权益，在完成修复任务后，可依法依规流转并获得相应收益。

释放产权关联权益。社会资本将修复区域内的建设用地修复为农用地并验收合格后，腾退的建设用地指标可以优先用于相关产业发展，节余指标可以按照城乡建设用地增减挂钩政策，在省域范围内流转使用。生态保护修复主体将自身依法取得的存量建设用地修复为农用地的，经验收合格后，腾退的建设用地指标可用于其在省域范围内占用同地类的农用地。

建立健全自然、农田、城镇等生态系统保护修复激励机制。研究制定生态系统碳汇项目参与全国碳排放权交易相关规则，逐步提高生态系统碳汇交易量。健全以社会捐赠方式参与生态保护修复的制度，鼓励参与自然保护地等生态保护修复。创新林木采伐管理机制，开展人工商品林自主采伐试点，引导社会资本科学编制简易森林经营方案，对具有一定经营规模的企业可单独编制森林采伐限额，经审批可依法依规自主采伐；采伐经济林、能源林、竹林以及非林地上的林木，可依据森林经营方案或规划自行设计，依法依规自主决定采伐林龄和方式。

（十四）资源利用。按照生态保护修复方案及其工程设计，对于合理削坡减荷、消除地质灾害隐患等新产生的土石料及原地遗留的土石料，河道疏浚产生的淤泥、泥沙，以及优质表土和乡土植物，允许生态保护修复主体无偿用于本修复工程，纳入成本管理；如有剩余的，由县级以上地方政府依托公共资源交易平台体系处置，并保障生态保护修复主体合理收益。

（十五）财税支持。发挥政府投入的带动作用，探索通过PPP等模式引入社会资本开展生态保护修复,符合条件的可按规定享受环境保护、节能节水等相应税收优惠政策。社会资本投资建设的公益林,符合条件并按规定纳入公益林区划的,可以同等享受相关政府补助政策。

(十六)金融扶持。在不新增地方政府隐性债务的前提下,支持金融机构参与生态保护修复项目,拓宽投融资渠道,优化信贷评审方式,积极开发适合的金融产品,按市场化原则为项目提供中长期资金支持。推动绿色基金、绿色债券、绿色信贷、绿色保险等加大对生态保护修复的投资力度。积极支持符合条件的企业发行绿色债券,用于生态保护修复工程。支持技术领先、综合服务能力强的骨干企业上市融资。允许具备条件的企业发行绿色资产证券化产品,盘活资源资产。健全森林保险制度,鼓励保险机构和有条件的地方探索开展保价值、保产量、保收入的特色经济林和林木种苗保险试点,推进草原保险试点,加大保险产品创新力度,完善灾害风险防控和分散机制。

五、保障机制

(十七)加强组织领导。各地区要将鼓励和支持社会资本参与生态保护修复纳入经济社会发展规划,建立健全统筹协调机制。要畅通渠道、听取诉求,保障社会资本合法权益,增强长期投资信心。各级自然资源主管部门要强化工作统筹,制定生态保护修复规划,明确修复任务,设立项目并确定生态保护修复目标及自然资源资产配置要求。各有关部门和单位要按职责分工,制定完善相关配套政策措施,细化操作程序,形成协同推进的工作合力。

(十八)强化示范引领。发挥骨干企业的带头引领作用,搭建混合所有制企业等合作平台,促进各类资本和产业协同。鼓励开展生态保护修复理论和方法等基础研究、关键技术研发和集成示范推广,探索导向明确、路径清晰、投入持久、回报稳定的资源导向型可持续发展模式。加强科研人才梯队建设,构建产学研用相结合的良性发展机制。

(十九)优化监管服务。建立投资促进机制,搭建信息服务平台,汇总发布各类生态保护修复项目及投资需求、政策法规标准等信息。加强督察和执法,全程全面依法监管,严格规范行为,建立信用监管机制,实现跨地区跨部门奖惩联动。生态保护修复过程中涉及地理、生态、生物等方面敏感信息采集、处理和使用的,严格按照相关规定执行。

(二十)做好宣传引导。加强法律法规政策宣传。开展生态保护修复品牌建设,充分利用各类媒体平台,提升传播力和影响力,增强社会资本参与的获得感和荣誉感,促进全社会关心支持生态保护修复事业,共同推进美丽中国建设。

国务院办公厅转发国家发展改革委等部门关于加快推进城镇环境基础设施建设指导意见的通知

(2022年1月12日 国办函〔2022〕7号)

各省、自治区、直辖市人民政府,国务院各部委、各直属机构:

国家发展改革委、生态环境部、住房城乡建设部、国家卫生健康委《关于加快推进城镇环境基础设施建设的指导意见》已经国务院同意,现转发给你们,请认真贯彻执行。

关于加快推进城镇环境基础设施建设的指导意见

(国家发展改革委 生态环境部 住房城乡建设部 国家卫生健康委)

环境基础设施是基础设施的重要组成部分,是深入打好污染防治攻坚战、改善生态环境质量、增进民生福祉的基础保障,是完善现代环境治理体系的重要支撑。为加快推进城镇环境基础设施建设,提升基础设施现代化水平,推动生态文明建设和绿色发展,按照党中央、国务院决策部署,根据《中华人民共和国国民经济和社会发展第十四个五年规划和2035年远景目标纲要》,现提出如下意见。

一、总体要求

（一）指导思想。以习近平新时代中国特色社会主义思想为指导，全面贯彻党的十九大和十九届历次全会精神，深入贯彻习近平生态文明思想，立足新发展阶段，完整、准确、全面贯彻新发展理念，构建新发展格局，推动高质量发展，深化体制机制改革创新，加快转变发展方式，着力补短板、强弱项，优布局、提品质，全面提高城镇环境基础设施供给质量和运行效率，推进环境基础设施一体化、智能化、绿色化发展，逐步形成由城市向建制镇和乡村延伸覆盖的环境基础设施网络，推动减污降碳协同增效，促进生态环境质量持续改善，助力实现碳达峰、碳中和目标。

（二）工作原则。

坚持系统观念。注重系统谋划、统筹推进，适度超前投资建设，提升城镇环境基础设施供给能力，推动共建共享、协同处置，以城带乡提高环境基础设施水平。

坚持因地制宜。根据不同地区经济社会发展现状以及环境基础设施建设情况，分类施策，精准发力，加快补齐短板弱项，有序推进城镇环境基础设施转型升级。

坚持科技赋能。加强城镇环境基础设施关键核心技术攻关，突破技术瓶颈。加快环境污染治理技术创新和科技成果转化，推广先进适用技术装备，提升技术和管理水平。

坚持市场导向。发挥市场配置资源的决定性作用，规范市场秩序，营造公平公正的市场环境，激活各类主体活力。创新城镇环境基础设施投资运营模式，引导社会资本广泛参与，形成权责明确、制约有效、管理专业的市场化运行机制。

（三）总体目标。到2025年，城镇环境基础设施供给能力和水平显著提升，加快补齐重点地区、重点领域短板弱项，构建集污水、垃圾、固体废物、危险废物、医疗废物处理处置设施和监测监管能力于一体的环境基础设施体系。到2030年，基本建立系统完备、高效实用、智能绿色、安全可靠的现代化环境基础设施体系。

2025年城镇环境基础设施建设主要目标：

污水处理及资源化利用。新增污水处理能力2000万立方米/日，新增和改造污水收集管网8万公里，新建、改建和扩建再生水生产能力不少于1500万立方米/日，县城污水处理率达到95%以上，地级及以上缺水城市污水资源化利用率超过25%，城市污泥无害化处置率达到90%。

生活垃圾处理。生活垃圾分类收运能力达到70万吨/日左右，城镇生活垃圾焚烧处理能力达到80万吨/日左右。城市生活垃圾资源化利用率达到60%左右，城市生活垃圾焚烧处理能力占无害化处理能力比重达到65%左右。

固体废物处置。固体废物处置及综合利用能力显著提升，利用规模不断扩大，新增大宗固体废物综合利用率达到60%。

危险废物、医疗废物处置。基本补齐危险废物、医疗废物收集处理设施短板，危险废物处置能力充分保障，技术和运营水平进一步提升，县级以上城市建成区医疗废物全部实现无害化处置。

二、加快补齐能力短板

（四）健全污水收集处理及资源化利用设施。推进城镇污水管网全覆盖，推动生活污水收集处理设施"厂网一体化"。加快建设完善城中村、老旧城区、城乡结合部、建制镇和易地扶贫搬迁安置区生活污水收集管网。加大污水管网排查力度，推动老旧管网修复更新。长江干流沿线地级及以上城市基本解决市政污水管网混错接问题，黄河干流沿线城市建成区大力推进管网混错接改造，基本消除污水直排。统筹优化污水处理设施布局和规模，大中型城市可按照适度超前的原则推进建设，建制镇适当预留发展空间。京津冀、长三角、粤港澳大湾区、南水北调东线工程沿线、海南自由贸易港、长江经济带城市和县城、黄河干流沿线城市实现生活污水集中处理能力全覆盖。因地制宜稳步推进雨污分流改造。加快推进污水资源化利用，结合现有污水处理设施提标升级、扩能改造，系统规划建设污水再生利用设施。

（五）逐步提升生活垃圾分类和处理能力。建设分类投放、分类收集、分类运输、分类处理的生活垃圾处理系统。合理布局生活垃圾分类收集站点，完善分类运输系统，加快补齐分类收集转运设施能力短板。城市建成区生活垃圾日清运量超过300吨地区加快建设垃圾焚烧处理设施。

不具备建设规模化垃圾焚烧处理设施条件的地区，鼓励通过跨区域共建共享方式建设。按照科学评估、适度超前的原则，稳妥有序推进厨余垃圾处理设施建设。加强可回收物回收、分拣、处置设施建设，提高可回收物再生利用和资源化水平。

（六）持续推进固体废物处置设施建设。推进工业园区工业固体废物处置及综合利用设施建设，提升处置及综合利用能力。加强建筑垃圾精细化分类及资源化利用，提高建筑垃圾资源化再生利用产品质量，扩大使用范围，规范建筑垃圾收集、贮存、运输、利用、处置行为。健全区域性再生资源回收利用体系，推进废钢铁、废有色金属、报废机动车、退役光伏组件和风电机组叶片、废旧家电、废旧电池、废旧轮胎、废旧木制品、废旧纺织品、废塑料、废纸、废玻璃等废弃物分类利用和集中处置。开展100个大宗固体废弃物综合利用示范。

（七）强化提升危险废物、医疗废物处置能力。全面摸排各类危险废物产生量、地域分布及利用处置能力现状，科学布局建设与产废情况总体匹配的危险废物集中处置设施。加强特殊类别危险废物处置能力，对需要特殊处置及具有地域分布特征的危险废物，按照全国统筹、相对集中的原则，以主要产业基地为重点，因地制宜建设一批处置能力强、技术水平高的区域性集中处置基地。建设国家和6个区域性危险废物风险防控技术中心、20个区域性特殊危险废物集中处置中心。积极推进地级及以上城市医疗废物应急处置能力建设，健全县域医疗废物收集转运处置体系，推动现有医疗废物集中处置设施提质升级。

三、着力构建一体化城镇环境基础设施

（八）推动环境基础设施体系统筹规划。突出规划先行，按照绿色低碳、集约高效、循环发展的原则，统筹推进城镇环境基础设施规划布局，依据城市基础设施建设规划、生态环境保护规划，做好环境基础设施选址工作。鼓励建设污水、垃圾、固体废物、危险废物、医疗废物处理处置及资源化利用"多位一体"的综合处置基地，推广静脉产业园建设模式，推进再生资源加工利用基地（园区）建设，加强基地（园区）产业循环链接，促进各类处理设施工艺设备共用、资源能源共享、环境污染共治、责任风险共担，实现资源合理利用、污染物有效处置、环境风险可防可控。持续推进县域生活垃圾和污水统筹治理，支持有条件的地方垃圾污水处理设施和服务向农村延伸。

（九）强化设施协同高效衔接。发挥环境基础设施协同处置功能，打破跨领域协同处置机制障碍，重点推动市政污泥处置与垃圾焚烧、渗滤液与污水处理、焚烧炉渣与固体废物综合利用、焚烧飞灰与危险废物处置、危险废物与医疗废物处置等有效衔接，提升协同处置效果。推动生活垃圾焚烧设施掺烧市政污泥、沼渣、浓缩液等废弃物，实现焚烧处理能力共用共享。对于具备纳管排放条件的地区或设施，探索在渗滤液经预处理后达到环保和纳管标准的前提下，开展达标渗滤液纳管排放。在沿海缺水地区建设海水淡化工程，推广浓盐水综合利用。

四、推动智能绿色升级

（十）推进数字化融合。充分运用大数据、物联网、云计算等技术，推动城镇环境基础设施智能升级，鼓励开展城镇废弃物收集、贮存、交接、运输、处置全过程智能化处理体系建设。以数字化助推运营和监管模式创新，充分利用现有设施建设集中统一的监测服务平台，强化信息收集、共享、分析、评估及预警，将污水、垃圾、固体废物、危险废物、医疗废物处理处置纳入统一监管，加大要素监测覆盖范围，逐步建立完善环境基础设施智能管理体系。加快建立全国医疗废物信息化管理平台，提高医疗废物处置现代化管理水平。加强污染物排放和环境质量在线实时监测，加大设施设备功能定期排查力度，增强环境风险防控能力。

（十一）提升绿色底色。采用先进节能低碳环保技术设备和工艺，推动城镇环境基础设施绿色高质量发展。对技术水平不高、运行不稳定的环境基础设施，采取优化处理工艺、加强运行管理等措施推动稳定达标排放。强化环境基础设施二次污染防治能力建设。加强污泥无害化资源化处理。规范有序开展库容已满生活垃圾填埋设施封场治理，加快提高焚烧飞灰、渗滤液、浓缩液、填埋气、沼渣、沼液处理和资源化利用能力。提升再生资源利用设施水平，推动再生资源利用行业集约绿色发展。

五、提升建设运营市场化水平

（十二）积极营造规范开放市场环境。健全城镇环境基础设施市场化运行机制，平等对待各类市场主体,营造高效规范、公平竞争、公正开放的市场环境。鼓励技术能力强、运营管理水平高、信誉度良好、有社会责任感的市场主体公平进入环境基础设施领域,吸引各类社会资本积极参与建设和运营。完善市场监管机制,规范市场秩序,避免恶性竞争。健全市场主体信用体系,加强信用信息归集、共享、公开和应用。

(十三)深入推行环境污染第三方治理。鼓励第三方治理模式和体制机制创新,按照排污者付费、市场化运作、政府引导推动的原则,以园区、产业基地等工业集聚区为重点,推动第三方治理企业开展专业化污染治理,提升设施运行水平和污染治理效果。建设100家左右深入推行环境污染第三方治理示范园区。遴选一批环境污染第三方治理典型案例,总结推广成熟有效的治理模式。

(十四)探索开展环境综合治理托管服务。鼓励大型环保集团、具有专业能力的环境污染治理企业组建联合体,按照统筹规划建设、系统协同运营、多领域专业化治理的原则,对区域污水、垃圾、固体废物、危险废物、医疗废物处理处置提供环境综合治理托管服务。重点结合120个县城建设示范地区开展环境综合治理托管服务试点,积极探索区域整体环境托管服务长效运营模式和监管机制。继续开展生态环境导向的开发模式项目试点。

六、健全保障体系

(十五)加强科技支撑。完善技术创新市场导向机制,强化企业技术创新主体地位,加大关键环境治理技术与装备自主创新力度,围绕厨余垃圾、污泥、焚烧飞灰、渗滤液、磷石膏、锰渣、富集重金属废物等固体废物处置和小型垃圾焚烧等领域存在的技术短板,征集遴选一批掌握关键核心技术、具备较强创新能力的单位进行集中攻关。完善技术创新成果转化机制,推动产学研用深度融合,支持首台(套)重大技术装备示范应用,强化重点技术与装备创新转化和应用示范,着力提高环保产业技术与装备水平。

(十六)健全价格收费制度。完善污水、生活垃圾、危险废物、医疗废物处置价格形成和收费机制。对市场化发展比较成熟、通过市场能够调节价费的细分领域,按照市场化方式确定价格和收费标准。对市场化发展不够充分、依靠市场暂时难以充分调节价费的细分领域,兼顾环境基础设施的公益属性,按照覆盖成本、合理收益的原则,完善价格和收费标准。积极推行差别化排污收费,建立收费动态调整机制,确保环境基础设施可持续运营。有序推进建制镇生活污水处理收费。推广按照污水处理厂进水污染物浓度、污染物削减量等支付运营服务费。放开再生水政府定价,由再生水供应企业和用户按照优质优价的原则自主协商定价。全面落实生活垃圾收费制度,推行非居民用户垃圾计量收费,探索居民用户按量收费,鼓励各地创新生活垃圾处理收费模式,不断提高收缴率。统筹考虑区域医疗机构特点、医疗废物产生情况及处理成本等因素,合理核定医疗废物处置收费标准,鼓励采取按重量计费方式,具备竞争条件的,收费标准可由医疗废物处置单位和医疗机构协商确定。医疗机构按照规定支付的医疗废物处置费用作为医疗成本,在调整医疗服务价格时予以合理补偿。

(十七)加大财税金融政策支持力度。落实环境治理、环境服务、环保技术与装备有关财政税收优惠政策。对符合条件的城镇环境基础设施项目,通过中央预算内投资等渠道予以支持,将符合条件的项目纳入地方政府专项债券支持范围。引导各类金融机构创新金融服务模式,鼓励开发性、政策性金融机构发挥中长期贷款优势,按照市场化原则加大城镇环境基础设施项目融资支持力度。在不新增地方政府隐性债务的前提下,支持符合条件的企业通过发行企业债券、资产支持证券募集资金用于项目建设,鼓励具备条件的项目稳妥开展基础设施领域不动产投资信托基金(REITs)试点。

(十八)完善统计制度。充分运用现有污水、垃圾、固体废物、危险废物、医疗废物统计体系,加强统计管理和数据整合,进一步完善环境基础设施统计指标体系。加强统计能力建设,提高统计数据质量。强化统计数据运用和信息共享。对工作量大、技术要求高、时效性强的有关统计工作,鼓励采取政府购买服务方式,委托第三方机构开展。

七、强化组织实施

(十九)加强组织领导。国家发展改革委、生态环境部、住房城乡建设部、国家卫生健康委等有关部门加强统筹协调,强化政策联动,按照职责分工协同推进城镇环境基础设施建设工作。地方人民政府要细化目标任务,明确责任分工,制定工作措施,推动工作有效落实。

(二十)强化要素保障。加强城镇环境基础设施项目谋划与储备,将符合条件的项目纳入国家重大建设项目库。坚持“资金、要素跟着项目走”,优先安排环境基础设施用地指标,加大资金多元投入,优化审批流程,提高审批效率,加快办理项目前期手续,确保各项工程按时顺利落地。

(二十一)建立评估机制。建立城镇环境基础设施评估机制,完善评估标准体系,通过自评、第三方评估等方式,适时开展各地情况评估。对城镇环境基础设施存在短板弱项的地方,加强指导督促,加快推进环境基础设施建设。

(二)综合规定

财政部政府和社会资本合作(PPP)专家库管理办法

(2016年12月30日财政部发布 财金〔2016〕144号)

第一条 为加强政府和社会资本合作(PPP)专家信息共享,规范PPP专家库的组建、管理,充分发挥专家智力支持作用,保证PPP相关项目评审、课题研究、督导调研等活动的公平、公正、科学开展,根据《财政部关于规范政府和社会资本合作(PPP)综合信息平台运行的通知》(财金〔2015〕166号),制定本办法。

第二条 本办法适用于PPP专家的遴选、入库及PPP专家库的组建、使用、管理活动。

第三条 PPP专家库管理遵循公开透明、绩效导向、动态调整的原则。PPP专家库信息供全社会公开查询和使用。

第四条 财政部PPP中心(下称"PPP中心")在财政部PPP工作领导小组办公室指导下,负责PPP专家库的日常运行管理工作,主要包括:

(一)PPP专家库的建设、维护与管理;

(二)PPP专家库专家个人信息的收集、管理和保密;

(三)PPP专家库专家的日常管理、联络服务与绩效评价;

(四)PPP专家库信息的汇总、审核、更新、发布;

(五)其他相关工作。

第五条 基础专家库由国务院各部委推荐专家和PPP中心定向邀请专家两部分组成。基础专家库中专家可作为今后申请入库专家的推荐人和评委。

第六条 PPP专家库实行开放申请制。在基础专家库的基础上,通过个人申请和定向邀请的方式扩展。

专家个人可在征得所在工作单位同意的前提下,自愿提出入库申请,经一位在库专家推荐和另外三位在库专家的匿名评审后,成为入库专家。申请人、推荐专家、各匿名评审专家应分属不同机构或单位。

PPP中心可直接向目标专家发出邀请,受邀专家填写个人信息后并经PPP中心审核后成为入库专家。

第七条 入库专家应当具备以下基本条件:

(一)具备良好的职业道德和敬业精神,能够科学严谨、客观公正、廉洁自律、遵纪守法地履行职责,积极、独立地开展相关工作;

(二)大学本科(含)以上学历,本科学历工作满13年,研究生学历工作满10年;

(三)从事PPP领域相关工作满五年,具有高级专业技术职称或注册会计师、执业律师等相关资质或同等专业技术水平,熟悉PPP相关的法律、法规、规章及政策,具有较强的理论水平、实践经验和综合分析能力;

(四)无违法违纪或不良从业记录;

(五)原则上年龄在65周岁以下,身体健康,有时间和精力承担相应工作;

(六)法律法规规定的其他条件。

第八条 经审核符合本办法第七条规定的个人申请专家具有以下条件之一的,可以优先入库:

(一)在专业领域高水平期刊公开发表过PPP相关论文;

(二)在经济管理类高水平出版机构出版过PPP相关著作;

(三)深度参与或组织管理过2个以上PPP相关课题或项目;
(四)参与过财政部示范项目运作、评审或其他相关活动。

第九条 入库专家承担以下工作职责:
(一)受财政部及其直属单位委托,参与PPP相关政策制定、课题研究、示范项目评审、督导调研、案例编撰、宣传培训活动。
(二)受地方政府、社会资本方等委托,参与PPP项目相关方案设计、评估论证、人员培训等工作。
(三)审核个人申请专家的入库申请。

第十条 入库专家享有以下权利:
(一)决定是否接受本办法第九条规定的相关工作委托;
(二)获取开展相关工作所需的有关信息和材料;
(三)独立开展相关工作,独立提出专家意见;
(四)依法依约获取劳动报酬;
(五)对PPP工作及PPP专家库管理提出意见和建议;
(六)推荐优秀专家进入PPP专家库。

第十一条 入库专家应当履行以下义务:
(一)接受PPP专家库运行管理机构的管理;
(二)认真遵守有关法律法规规定,坚持客观、中立原则,不得弄虚作假;
(三)受托开展相关工作时,应按时保质完成工作,不得无故中途退出;
(四)严格执行保密制度,不得擅自披露在开展相关工作时获取的任何信息;
(五)遵守专家回避制度,接受本办法第十五条规定的回避条件或具体工作中相关方提出的正当回避要求;
(六)不得以PPP专家库专家名义为自身或者其他第三方谋取不正当利益;
(七)及时填写和更新个人信息,记录和反馈参加工作或活动的情况。

第十二条 入库专家有下列情形之一的,经PPP中心核实,将从专家库中清退,并在PPP中心官网予以公示:
(一)不能廉洁自律,私下接触所参与工作的利益相关方,收取有关业务单位或个人财物,或谋取其他好处的;
(二)徇私舞弊、弄虚作假,不能客观公正履行专家职责的;
(三)违反有关保密规定,泄露参与相关工作所获得的任何信息的;
(四)违反本办法第十五条关于回避的规定的;
(五)按照本办法第十六条规定,未能通过绩效考核的;
(六)以入库专家名义从事有损财政部或PPP中心形象的其他活动的;
(七)在其他活动中从事违法行为而受到行政处罚或被追究刑事责任的。

第十三条 按照本办法第十二条规定,专家被清退出库的,三年内不得重新申请进入专家库。

第十四条 入库专家由于健康或其他自身原因,不能或不愿继续担任专家的,可以申请退出PPP专家库。

第十五条 存在下列情形之一的,入库专家应主动回避:
(一)相关工作涉及本人、配偶、直系亲属或本人所在单位直接参与或有其他利害关系的项目;
(二)本人、配偶、直系亲属与相关工作所涉及的单位发生过法律纠纷;
(三)其他可能影响公正评审的情况。

第十六条 PPP专家库实行动态调整。PPP中心根据入库专家的工作量、完成绩效、委托方评价等情况定期对入库专家进行绩效考核。考核结果作为是否清退出库的重要依据。

第十七条 专家入库期限一般为2年,专家入库期限届满后自动展期,每次展期为2年。因发生本办法第十二条规定的情形被清退出库的除外。

第十八条 专家库专家相关信息由PPP中心向社会公开。未经PPP中心许可，任何机构或个人不得泄露PPP专家库中非公开的信息。

第十九条 财政部PPP中心及其工作人员在专家库管理工作中，存在滥用职权、玩忽职守、徇私舞弊等违法违纪行为的，按照《公务员法》、《行政监察法》、《财政违法行为处罚处分条例》等国家有关规定追究相应责任；涉嫌犯罪的，依法移送司法机关处理。

第二十条 PPP专家库的组建、运行、管理以及专家参与相关工作的活动接受社会监督。任何单位和个人有权向有关行政监督部门和监察部门进行投诉和举报。

第二十一条 本办法由财政部负责解释。

第二十二条 本办法自印发之日起施行。

政府和社会资本合作（PPP）咨询机构库管理暂行办法

（2017年3月22日财政部发布 财金〔2017〕8号 自2017年5月1日起施行）

第一条 为规范政府和社会资本合作（PPP）咨询机构库的建立、维护与管理，促进PPP咨询服务信息公开和供需有效对接，推动PPP咨询服务市场规范有序发展，根据《国务院办公厅转发财政部 发展改革委 人民银行关于在公共服务领域推广政府和社会资本合作模式的指导意见》（国办发〔2015〕42号）、《财政部关于规范政府和社会资本合作（PPP）综合信息平台运行的通知》（财金〔2015〕166号），制定本办法。

第二条 本办法所称PPP咨询机构库（以下简称"机构库"）是指，依托全国PPP综合信息平台建立的，为PPP项目政府方提供咨询服务的咨询机构信息集合，包括但不限于咨询机构的名称、简介、主要人员、资质、业绩等。

第三条 本办法所称咨询服务是指与PPP项目相关的智力支持服务，包括但不限于PPP项目的实施方案编制、物有所值评价、财政承受能力论证、运营中期评估和绩效评价以及相关法律、投融资、财务、采购代理、资产评估服务等。

第四条 在财政部PPP工作领导小组办公室指导下，财政部政府和社会资本合作中心（以下简称PPP中心）负责机构库的建立、维护和管理，并通过全国PPP综合信息平台等指定渠道发布机构库信息。

第五条 机构库的建立、维护与管理遵循绩效导向、能进能出、动态调整、公开透明的原则。

第六条 纳入机构库的咨询机构应同时满足下列条件：

（一）为依法设立的，能够独立享有民事权利和承担民事义务的法人及其他组织，不包括分公司、办事处等；

（二）具备如下咨询服务业绩：作为独立或主要咨询方，已与全国PPP综合信息平台项目库（以下简称项目库）中至少1个项目的政府方签订咨询服务合同，实质性提供PPP咨询服务，且项目已进入准备、采购、执行或移交阶段；

（三）咨询机构有关信息已录入项目库；

（四）近两年内未发生本办法第十五条规定的行为。

第七条 各级财政部门应会同相关部门及时将本辖区内项目所涉咨询机构的统一社会信用代码等合法登记代码、名称、咨询服务内容、委托方、合同以及其他有关信息录入项目库。

第八条 PPP中心原则上每半年公告一次符合本办法第六条规定的咨询机构名单。公告之日起30日内，名单内咨询机构可在完成机构库在线注册和信息提交后，自动纳入机构库。30日内未完成在线注册和信息提交的咨询机构，纳入下一次公告。自第二次公告之日起30日内仍未完成在线注册和信息提交的咨询机构，不再纳入公告和机构库。

第九条 纳入机构库的咨询机构享有以下权利：

（一）应邀参与财政部及所属单位相关政策研究、宣传培训等活动；

(二)获得 PPP 中心的指导;

(三)提请项目库入库项目所属同级财政部门,在项目库内对本机构所服务项目的项目信息和机构信息进行更新完善。

第十条 纳入机构库的咨询机构应按本办法规定及时录入和更新机构库有关信息,同意机构库公开其中除国家秘密和商业秘密外的所有信息,并对信息的真实性、准确性、完整性和有效性负责。

咨询机构原则上应于每季度结束前,对上季度发生变化的信息进行更新。咨询机构名称、主要人员等重大信息发生变化的,应于发生变化之日起 30 日内进行更新。

第十一条 PPP 中心应逐步提升机构库信息采集和处理能力,及时公开机构库信息,完善咨询机构信息查询及检索功能,促进咨询服务供需双方有效对接。

第十二条 机构库信息仅供政府方选择咨询机构时参考。政府方选择咨询机构应当符合政府采购相关规定,可以选择未纳入机构库的咨询机构。

第十三条 委托纳入机构库的咨询机构提供咨询服务的政府方,在提交咨询服务合同并完成机构库实名注册后,可以对咨询机构的能力、服务质量等进行在线评价。

第十四条 PPP 中心负责定期检查机构库信息,要求已纳入机构库的咨询机构及时提交机构库管理和信息公开所需信息,并对信息存在问题的咨询机构进行质询。

第十五条 机构库实行动态管理。纳入机构库的咨询机构可向 PPP 中心提交书面申请自愿退出机构库。

纳入机构库的咨询机构有下列行为之一的,一经查实,PPP 中心将予以清退出机构库:

(一)通过捏造事实、隐瞒真相、提供虚假信息等不正当方式,骗取入库资格的;

(二)未经授权,擅自以财政部或者 PPP 中心名义开展虚假宣传,招揽、承接业务的;

(三)泄露国家秘密、商业秘密,以及未正式发布的法律法规规章草案、政策信息或研究成果的;

(四)连续 12 个月未在 PPP 综合信息平台更新 PPP 咨询服务业务开展情况的;

(五)同一项目中同时为政府和社会资本双方提供咨询服务的;

(六)为政府方提供咨询服务期间与潜在社会资本串通的;

(七)无相应能力承揽业务或未尽职履行造成重大失误、项目失败或搁置的;

(八)项目进入运营期后,由于咨询服务原因给公共服务供给带来不利影响的;

(九)拒绝接受 PPP 中心对机构库进行监督管理、对入库机构信息进行检查、质询的;

(十)其他违反法律、法规、规章和国家 PPP 政策,扰乱 PPP 咨询服务市场秩序的行为。

第十六条 对于自愿退出或经查实清退出机构库的咨询机构,PPP 中心应在收到书面退出申请或确认清退之日起 15 个工作日内予以公告。

退出机构库的咨询机构自公告之日起两年内,不得重新进入机构库。两年后提请再次入库的,本办法第六条所需咨询服务业绩应自退出公告之日起重新计算。

第十七条 已纳入机构库的咨询机构有本办法第十五条规定行为,且情节严重、影响恶劣或被追究法律责任的,PPP 中心应将其列入黑名单并予以公告,公告之日起五年内不得进入机构库。

第十八条 政府方与咨询机构可在咨询服务合同中明确咨询服务绩效考核要求,加强咨询服务质量管理。

鼓励咨询机构建立行业自律机制,明确服务标准,加强人员培训,开展绩效评价,共同维护咨询服务市场秩序,抵制行业内不正当竞争行为。

第十九条 PPP 中心、地方各级财政部门及相关工作人员在机构库管理过程中,存在违法违纪行为的,按照国家有关规定追究相应责任;涉嫌犯罪的,移送司法机关处理。

第二十条 本办法由财政部负责解释。

第二十一条 本办法自 2017 年 5 月 1 日起施行。

政府和社会资本合作项目财政管理暂行办法

(2016年9月24日财政部发布　财金〔2016〕92号)

第一章　总　　则

第一条　为加强政府和社会资本合作(简称PPP)项目财政管理,明确财政部门在PPP项目全生命周期内的工作要求,规范财政部门履职行为,保障合作各方合法权益,根据《预算法》、《政府采购法》、《企业国有资产法》等法律法规,制定本办法。

第二条　本办法适用于中华人民共和国境内能源、交通运输、市政公用、农业、林业、水利、环境保护、保障性安居工程、教育、科技、文化、体育、医疗卫生、养老、旅游等公共服务领域开展的各类PPP项目。

第三条　各级财政部门应当会同相关部门,统筹安排财政资金、国有资产等各类公共资产和资源与社会资本开展平等互惠的PPP项目合作,切实履行项目识别论证、政府采购、预算收支与绩效管理、资产负债管理、信息披露与监督检查等职责,保证项目全生命周期规范实施、高效运营。

第二章　项目识别论证

第四条　各级财政部门应当加强与行业主管部门的协同配合,共同做好项目前期的识别论证工作。

政府发起PPP项目的,应当由行业主管部门提出项目建议,由县级以上人民政府授权的项目实施机构编制项目实施方案,提请同级财政部门开展物有所值评价和财政承受能力论证。

社会资本发起PPP项目的,应当由社会资本向行业主管部门提交项目建议书,经行业主管部门审核同意后,由社会资本编制项目实施方案,由县级以上人民政府授权的项目实施机构提请同级财政部门开展物有所值评价和财政承受能力论证。

第五条　新建、改扩建项目的项目实施方案应当依据项目建议书、项目可行性研究报告等前期论证文件编制;存量项目实施方案的编制依据还应包括存量公共资产建设、运营维护的历史资料以及第三方出具的资产评估报告等。

项目实施方案应当包括项目基本情况、风险分配框架、运作方式、交易结构、合同体系、监管架构等内容。

第六条　项目实施机构可依法通过政府采购方式委托专家或第三方专业机构,编制项目物有所值评价报告。受托专家或第三方专业机构应独立、客观、科学地进行项目评价、论证,并对报告内容负责。

第七条　各级财政部门应当会同同级行业主管部门根据项目实施方案共同对物有所值评价报告进行审核。物有所值评价审核未通过的,项目实施机构可对实施方案进行调整后重新提请本级财政部门和行业主管部门审核。

第八条　经审核通过物有所值评价的项目,由同级财政部门依据项目实施方案和物有所值评价报告组织编制财政承受能力论证报告,统筹本级全部已实施和拟实施PPP项目的各年度支出责任,并综合考虑行业均衡性和PPP项目开发计划后,出具财政承受能力论证报告审核意见。

第九条　各级财政部门应当建立本地区PPP项目开发目录,将经审核通过物有所值评价和财政承受能力论证的项目纳入PPP项目开发目录管理。

第三章　项目政府采购管理

第十条　对于纳入PPP项目开发目录的项目,项目实施机构应根据物有所值评价和财政承受能力论证审核结果完善项目实施方案,报本级人民政府审核。本级人民政府审核同意后,由项目实施机构按照政府采购管理相关规定,依法组织开展社会资本方采购工作。

项目实施机构可以依法委托采购代理机构办理采购。

第十一条 项目实施机构应当优先采用公开招标、竞争性谈判、竞争性磋商等竞争性方式采购社会资本方,鼓励社会资本积极参与、充分竞争。根据项目需求必须采用单一来源采购方式的,应当严格符合法定条件和程序。

第十二条 项目实施机构应当根据项目特点和建设运营需求,综合考虑专业资质、技术能力、管理经验和财务实力等因素合理设置社会资本的资格条件,保证国有企业、民营企业、外资企业平等参与。

第十三条 项目实施机构应当综合考虑社会资本竞争者的技术方案、商务报价、融资能力等因素合理设置采购评审标准,确保项目的长期稳定运营和质量效益提升。

第十四条 参加采购评审的社会资本所提出的技术方案内容最终被全部或部分采纳,但经采购未中选的,财政部门应会同行业主管部门对其前期投入成本予以合理补偿。

第十五条 各级财政部门应当加强对 PPP 项目采购活动的支持服务和监督管理,依托政府采购平台和 PPP 综合信息平台,及时充分向社会公开 PPP 项目采购信息,包括资格预审文件及结果、采购文件、响应文件提交情况及评审结果等,确保采购过程和结果公开、透明。

第十六条 采购结果公示结束后、PPP 项目合同正式签订前,项目实施机构应将 PPP 项目合同提交行业主管部门、财政部门、法制部门等相关职能部门审核后,报本级人民政府批准。

第十七条 PPP 项目合同审核时,应当对照项目实施方案、物有所值评价报告、财政承受能力论证报告及采购文件,检查合同内容是否发生实质性变更,并重点审核合同是否满足以下要求:

(一)合同应当根据实施方案中的风险分配方案,在政府与社会资本双方之间合理分配项目风险,并确保应由社会资本方承担的风险实现了有效转移;

(二)合同应当约定项目具体产出标准和绩效考核指标,明确项目付费与绩效评价结果挂钩;

(三)合同应当综合考虑项目全生命周期内的成本核算范围和成本变动因素,设定项目基准成本;

(四)合同应当根据项目基准成本和项目资本金财务内部收益率,参照工程竣工决算合理测算确定项目的补贴或收费定价基准。项目收入基准以外的运营风险由项目公司承担;

(五)合同应当合理约定项目补贴或收费定价的调整周期、条件和程序,作为项目合作期限内行业主管部门和财政部门执行补贴或收费定价调整的依据。

第四章 项目财政预算管理

第十八条 行业主管部门应当根据预算管理要求,将 PPP 项目合同中约定的政府跨年度财政支出责任纳入中期财政规划,经财政部门审核汇总后,报本级人民政府审核,保障政府在项目全生命周期内的履约能力。

第十九条 本级人民政府同意纳入中期财政规划的 PPP 项目,由行业主管部门按照预算编制程序和要求,将合同中符合预算管理要求的下一年度财政资金收支纳入预算管理,报请财政部门审核后纳入预算草案,经本级政府同意后报本级人民代表大会审议。

第二十条 行业主管部门应按照预算编制要求,编报 PPP 项目收支预算:

(一)收支测算。每年 7 月底之前,行业主管部门应按照当年 PPP 项目合同约定,结合本年度预算执行情况、支出绩效评价结果等,测算下一年度应纳入预算的 PPP 项目收支数额。

(二)支出编制。行业主管部门应将需要从预算中安排的 PPP 项目支出责任,按照相关政府收支分类科目、预算支出标准和要求,列入支出预算。

(三)收入编制。行业主管部门应将政府在 PPP 项目中获得的收入列入预算。

(四)报送要求。行业主管部门应将包括所有 PPP 项目全部收支在内的预算,按照统一的时间要求报同级财政部门。

第二十一条 财政部门应对行业主管部门报送的PPP项目财政收支预算申请进行认真审核,充分考虑绩效评价、价格调整等因素,合理确定预算金额。

第二十二条 PPP项目中的政府收入,包括政府在PPP项目全生命周期过程中依据法律和合同约定取得的资产权益转让、特许经营权转让、股息、超额收益分成、社会资本违约赔偿和保险索赔等收入,以及上级财政拨付的PPP专项奖补资金收入等。

第二十三条 PPP项目中的政府支出,包括政府在PPP项目全生命周期过程中依据法律和合同约定需要从财政资金中安排的股权投资、运营补贴、配套投入、风险承担,以及上级财政对下级财政安排的PPP专项奖补资金支出。

第二十四条 行业主管部门应当会同各级财政部门做好项目全生命周期成本监测工作。每年一季度前,项目公司(或社会资本方)应向行业主管部门和财政部门报送上一年度经第三方审计的财务报告及项目建设运营成本说明材料。项目成本信息要通过PPP综合信息平台对外公示,接受社会监督。

第二十五条 各级财政部门应当会同行业主管部门开展PPP项目绩效运行监控,对绩效目标运行情况进行跟踪管理和定期检查,确保阶段性目标与资金支付相匹配,开展中期绩效评估,最终促进实现项目绩效目标。监控中发现绩效运行与原定绩效目标偏离时,应及时采取措施予以纠正。

第二十六条 社会资本方违反PPP项目合同约定,导致项目运行状况恶化,危及国家安全和重大公共利益,或严重影响公共产品和服务持续稳定供给的,本级人民政府有权指定项目实施机构或其他机构临时接管项目,直至项目恢复正常经营或提前终止。临时接管项目所产生的一切费用,根据合作协议约定,由违约方单独承担或由各责任方分担。

第二十七条 各级财政部门应当会同行业主管部门在PPP项目全生命周期内,按照事先约定的绩效目标,对项目产出、实际效果、成本收益、可持续性等方面进行绩效评价,也可委托第三方专业机构提出评价意见。

第二十八条 各级财政部门应依据绩效评价结果合理安排财政预算资金。

对于绩效评价达标的项目,财政部门应当按照合同约定,向项目公司或社会资本方及时足额安排相关支出。

对于绩效评价不达标的项目,财政部门应当按照合同约定扣减相应费用或补贴支出。

第五章 项目资产负债管理

第二十九条 各级财政部门应会同相关部门加强PPP项目涉及的国有资产管理,督促项目实施机构建立PPP项目资产管理台账。政府在PPP项目中通过存量国有资产或股权作价入股、现金出资入股或直接投资等方式形成的资产,应作为国有资产在政府综合财务报告中进行反映和管理。

第三十条 存量PPP项目中涉及存量国有资产、股权转让的,应由项目实施机构会同行业主管部门和财政部门按照国有资产管理相关办法,依法进行资产评估,防止国有资产流失。

第三十一条 PPP项目中涉及特许经营权授予或转让的,应由项目实施机构根据特许经营权未来带来的收入状况,参照市场同类标准,通过竞争性程序确定特许经营权的价值,以合理价值折价入股、授予或转让。

第三十二条 项目实施机构与社会资本方应当根据法律法规和PPP项目合同约定确定项目公司资产权属。对于归属项目公司的资产及权益的所有权和收益权,经行业主管部门和财政部门同意,可以依法设置抵押、质押等担保权益,或进行结构化融资,但应及时在财政部PPP综合信息平台上公示。项目建设完成进入稳定运营期后,社会资本方可以通过结构性融资实现部分或全部退出,但影响公共安全及公共服务持续稳定提供的除外。

第三十三条 各级财政部门应当会同行业主管部门做好项目资产移交工作。

项目合作期满移交的,政府和社会资本双方应按合同约定共同做好移交工作,确保移交过渡期内公共服务的持续稳定供给。项目合同期满前,项目实施机构或政府指定的其他机构应组建项目移交工作组,对移交资产进行性能测试、资产评估和登记入账,项目资产不符合合同约定移交标准的,社会资本应采取补救措施或赔偿损失。

项目因故提前终止的,除履行上述移交工作外,如因政府原因或不可抗力原因导致提前终止的,应当依据合同约定给予社会资本相应补偿,并妥善处置项目公司存续债务,保障债权人合法权益;如因社会资本原因导致提前终止的,应当依据合同约定要求社会资本承担相应赔偿责任。

第三十四条 各级财政部门应当会同行业主管部门加强对 PPP 项目债务的监控。PPP 项目执行过程中形成的负债,属于项目公司的债务,由项目公司独立承担偿付义务。项目期满移交时,项目公司的债务不得移交给政府。

第六章 监督管理

第三十五条 各级财政部门应当会同行业主管部门加强对 PPP 项目的监督管理,切实保障项目运行质量,严禁以 PPP 项目名义举借政府债务。

财政部门应当会同相关部门加强项目合规性审核,确保项目属于公共服务领域,并按法律法规和相关规定履行相关前期论证审查程序。项目实施不得采用建设—移交方式。

政府与社会资本合资设立项目公司的,应按照《公司法》等法律规定以及 PPP 项目合同约定规范运作,不得在股东协议中约定由政府股东或政府指定的其他机构对社会资本方股东的股权进行回购安排。

财政部门应根据财政承受能力论证结果和 PPP 项目合同约定,严格管控和执行项目支付责任,不得将当期政府购买服务支出代替 PPP 项目中长期的支付责任,规避 PPP 项目相关评价论证程序。

第三十六条 各级财政部门应依托 PPP 综合信息平台,建立 PPP 项目库,做好 PPP 项目全生命周期信息公开工作,保障公众知情权,接受社会监督。

项目准备、采购和建设阶段信息公开内容包括 PPP 项目的基础信息和项目采购信息,采购文件,采购成交结果,不涉及国家秘密、商业秘密的项目合同文本,开工及竣工投运日期,政府移交日期等。项目运营阶段信息公开内容包括 PPP 项目的成本监测和绩效评价结果等。

财政部门信息公开内容包括本级 PPP 项目目录、本级人大批准的政府对 PPP 项目的财政预算、执行及决算情况等。

第三十七条 财政部驻各地财政监察专员办事处应对 PPP 项目财政管理情况加强全程监督管理,重点关注 PPP 项目物有所值评价和财政承受能力论证、政府采购、预算管理、国有资产管理、债务管理、绩效评价等环节,切实防范财政风险。

第三十八条 对违反本办法规定实施 PPP 项目的,依据《预算法》、《政府采购法》及其实施条例、《财政违法行为处罚处分条例》等法律法规追究有关人员责任;涉嫌犯罪的,依法移交司法机关处理。

第七章 附 则

第三十九条 本办法由财政部负责解释。

第四十条 本办法自印发之日起施行。

政府和社会资本合作(PPP)综合信息平台运行规程

(2015 年 12 月 18 日财政部发布 财金〔2015〕166 号 自 2016 年 1 月 1 日起施行)

第一章 总 则

第一条 为贯彻落实《国务院办公厅转发财政部 发展改革委 人民银行关于在公共服务领

域推广政府和社会资本合作模式指导意见的通知》(国办发〔2015〕42 号)和《国务院办公厅关于运用大数据加强对市场主体服务和监管的若干意见》(国办发〔2015〕51 号)精神,提升全国政府和社会资本合作(Public - Private Partnership,PPP)工作管理信息化水平,财政部建立 PPP 综合信息发布平台,制定本规程。

第二条 PPP 综合信息平台用于收集、管理和发布国家 PPP 政策、工作动态、项目信息等内容,推动项目实施的公开透明、有序竞争,提高政府运用 PPP 大数据,增强政府服务和监管 PPP 工作的水平与效率。

第三条 中央、省、市、县级财政部门参与 PPP 综合信息平台进行的系统运行、维护和管理,适用本规程。

第二章 PPP 综合信息平台内容

第四条 PPP 综合信息平台应遵照《国务院办公厅转发财政部 发展改革委 人民银行关于在公共服务领域推广政府和社会资本合作模式指导意见的通知》(国办发〔2015〕42 号)、《财政部关于印发政府和社会资本合作模式操作指南(试行)的通知》(财金〔2014〕113 号)、《财政部关于印发政府和社会资本合作项目政府采购管理办法的通知》(财库〔2014〕215 号)、《财政部关于印发政府采购竞争性磋商采购方式管理暂行办法的通知》(财库〔2014〕214 号)、《财政部关于印发政府和社会资本合作项目财政承受能力论证指引的通知》(财金〔2015〕21 号)等政策要求,收集、管理和发布 PPP 项目信息,保证项目实施公开透明。

第五条 PPP 综合信息平台由财政部 PPP 工作领导小组办公室委托财政部 PPP 中心组织开发,由财政部 PPP 中心和信息网络中心共同承担运行和管理工作,共包括 PPP 信息发布平台和 PPP 信息管理平台两大部分。

PPP 信息发布平台以外网形式对社会发布 PPP 政策法规、工作动态、PPP 项目库、PPP 项目招商与采购公告以及知识分享等信息。网址为 http://www. cpppc. org。

PPP 信息管理平台为内部管理平台,用于对全国 PPP 项目进行跟踪、监督,为开展 PPP 工作或开发实施 PPP 项目提供技术支持,具体包括 PPP 项目库、机构库和资料库,具有录入、查询、统计和用户管理等功能。

第六条 财政部 PPP 中心负责 PPP 信息发布平台和 PPP 信息管理平台下的机构库(咨询服务机构与专家、金融机构等)和资料库的运行、维护和管理。

第七条 省、市、县级财政 PPP 业务部门和信息技术部门需配合财政部 PPP 中心维护和管理 PPP 信息管理平台下的项目库。项目库是 PPP 综合信息平台的核心组成部分,包含储备库、执行库和示范库三个子库。由各级财政部门会同相关部门评估、筛选的 PPP 项目,基本信息均应录入 PPP 综合信息平台。经省级财政部门审核满足上报要求的,列为储备项目。编制项目实施方案,通过物有所值评价、财政承受能力论证,并经本级政府审核同意的,列为执行项目。通过中央或省级财政部门评审并列为中央或省级示范项目的,列为示范项目。在项目开发实施过程中,有咨询服务机构、社会资本方采购需求的,可填写项目招商信息,经省级财政部门审核后上报。

所有 PPP 项目必须列入项目库。省、市、县级财政部门应与相关部门密切沟通,保证符合条件的项目及时、准确、规范、完整列入项目库。

第八条 省、市、县级财政部门要按照财政部 PPP 中心统一制定的数据规范与要求,录入本级 PPP 项目的基本信息、以及项目识别、准备、采购、执行和移交阶段的信息。中央部门拟作为实施机构的 PPP 项目,由财政部统一评审录入项目信息。

第九条 财政部 PPP 中心和信息网络中心应保障 PPP 综合信息平台的运行、推广和升级完善。省、市、县级财政部门可根据需要开发符合自身需求的个性化功能模块,建立地方 PPP 信息平台,但应当与 PPP 综合信息平台进行实时数据对接,保证数据规范一致。

PPP 综合信息平台应与预算管理、政府采购、政府债务管理等信息系统开放共享。

第十条 中央和省、市、县级财政 PPP 业务部门和信息技术部门应为 PPP 综合信息平台的应用、运行、维护和管理提供保障,建立健全内部管理制度,落实岗位责任制和领导负责制,合理安排岗位人员,加强管理和风险防范。

第三章 用户管理

第十一条 中央、省、市、县级财政部门、行业主管部门、实施机构、社会资本、咨询服务机构、金融机构、专家、公众等用户,可通过互联网在线访问、查询公开信息。

第十二条 在PPP综合信息平台初始阶段,财政部PPP中心为省、市、县级财政部门用户生成一个管理员账户。省、市、县级财政部门如需新增账户,可根据内部管理制度,给新增账户开设与其权限匹配的账户,以方便数据和资料上传。

第十三条 为增强PPP综合信息平台的系统安全性,系统将按照财政部统一安全防护体系进行升级。

第四章 信息管理与应用

第十四条 各级财政部门通过PPP信息管理平台,可以管理本级及下级财政部门的PPP项目信息,即中央级可以管理全国各省、市、县PPP项目信息,各省级财政部门可以管理本省(区、市)各市、县PPP项目信息,各市、县级财政部门可以管理本市县PPP项目信息。

中央和省、市、县级财政部门要通过PPP综合信息平台,及时了解国家PPP工作政策、发展动态,特别是跟踪、监督所辖行政区域内PPP项目开发、执行情况,进行全生命周期管理。

第十五条 省级财政部门应对所辖市、县财政部门上报的项目信息和拟在PPP综合信息平台上发布的PPP项目招商信息进行合规性审核。

第十六条 中央和省、市、县级财政部门应积极实现数据共享,除共享PPP项目库信息外,要逐步实现机构库中咨询服务机构与专家、社会资本、金融机构等信息资源的共享,实现对机构库信息的全系统可识别、可跟踪,为将来利用大数据评价服务质量、建立信用体系夯实基础。对有需求的行业主管部门和实施机构,逐步实现数据共享。

第五章 监督检查

第十七条 财政部PPP中心和信息网络中心要保障PPP综合信息平台的安全运行,不断完善系统功能。

第十八条 上级财政部门应每季度对行政区域内PPP综合信息平台建设情况进行检查和考核。对系统应用情况较好、数据填报及时、数据质量高的地区,在制定、执行相关奖励政策时应予以优先考虑。

第十九条 省、市、县级财政部门在项目库中上传的PPP项目信息不真实、不准确、不规范、不完整的,将不予采用。原则上,国家级和省级示范项目、各地PPP年度规划和中期规划项目均需从PPP综合信息平台的项目库中筛选和识别。未纳入PPP综合信息平台项目库的项目,不得列入各地PPP项目目录,原则上不得通过预算安排支出责任。

第六章 附 则

第二十条 本规程由财政部PPP工作领导小组办公室负责解释和修订。

本规程自2016年1月1日起实施。

政府和社会资本合作项目政府采购管理办法

(2014年12月31日财政部发布 财库〔2014〕215号)

第一章 总 则

第一条 为了规范政府和社会资本合作项目政府采购(以下简称PPP项目采购)行为,维护国家利益、社会公共利益和政府采购当事人的合法权益,依据《中华人民共和国政府采购法》(以下简称政府采购法)和有关法律、行政法规、部门规章,制定本办法。

第二条 本办法所称 PPP 项目采购,是指政府为达成权利义务平衡、物有所值的 PPP 项目合同,遵循公开、公平、公正和诚实信用原则,按照相关法规要求完成 PPP 项目识别和准备等前期工作后,依法选择社会资本合作者的过程。PPP 项目实施机构(采购人)在项目实施过程中选择合作社会资本(供应商),适用本办法。

第三条 PPP 项目实施机构可以委托政府采购代理机构办理 PPP 项目采购事宜。PPP 项目咨询服务机构从事 PPP 项目采购业务的,应当按照政府采购代理机构管理的有关要求及时进行网上登记。

第二章 采购程序

第四条 PPP 项目采购方式包括公开招标、邀请招标、竞争性谈判、竞争性磋商和单一来源采购。项目实施机构应当根据 PPP 项目的采购需求特点,依法选择适当的采购方式。公开招标主要适用于采购需求中核心边界条件和技术经济参数明确、完整、符合国家法律法规及政府采购政策,且采购过程中不作更改的项目。

第五条 PPP 项目采购应当实行资格预审。项目实施机构应当根据项目需要准备资格预审文件,发布资格预审公告,邀请社会资本和与其合作的金融机构参与资格预审,验证项目能否获得社会资本响应和实现充分竞争。

第六条 资格预审公告应当在省级以上人民政府财政部门指定的政府采购信息发布媒体上发布。资格预审合格的社会资本在签订 PPP 项目合同前资格发生变化的,应当通知项目实施机构。

资格预审公告应当包括项目授权主体、项目实施机构和项目名称、采购需求、对社会资本的资格要求、是否允许联合体参与采购活动、是否限定参与竞争的合格社会资本的数量及限定的方法和标准、以及社会资本提交资格预审申请文件的时间和地点。提交资格预审申请文件的时间自公告发布之日起不得少于 15 个工作日。

第七条 项目实施机构、采购代理机构应当成立评审小组,负责 PPP 项目采购的资格预审和评审工作。评审小组由项目实施机构代表和评审专家共 5 人以上单数组成,其中评审专家人数不得少于评审小组成员总数的 2/3。评审专家可以由项目实施机构自行选定,但评审专家中至少应当包含 1 名财务专家和 1 名法律专家。项目实施机构代表不得以评审专家身份参加项目的评审。

第八条 项目有 3 家以上社会资本通过资格预审的,项目实施机构可以继续开展采购文件准备工作;项目通过资格预审的社会资本不足 3 家的,项目实施机构应当在调整资格预审公告内容后重新组织资格预审;项目经重新资格预审后合格社会资本仍不够 3 家的,可以依法变更采购方式。

资格预审结果应当告知所有参与资格预审的社会资本,并将资格预审的评审报告提交财政部门(政府和社会资本合作中心)备案。

第九条 项目采购文件应当包括采购邀请、竞争者须知(包括密封、签署、盖章要求等)、竞争者应当提供的资格、资信及业绩证明文件、采购方式、政府对项目实施机构的授权、实施方案的批复和项目相关审批文件、采购程序、响应文件编制要求、提交响应文件截止时间、开启时间及地点、保证金交纳数额和形式、评审方法、评审标准、政府采购政策要求、PPP 项目合同草案及其他法律文本、采购结果确认谈判中项目合同可变的细节、以及是否允许未参加资格预审的供应商参与竞争并进行资格后审等内容。项目采购文件中还应当明确项目合同必须报请本级人民政府审核同意,在获得同意前项目合同不得生效。

采用竞争性谈判或者竞争性磋商采购方式的,项目采购文件除上款规定的内容外,还应当明确评审小组根据与社会资本谈判情况可能实质性变动的内容,包括采购需求中的技术、服务要求以及项目合同草案条款。

第十条 项目实施机构应当在资格预审公告、采购公告、采购文件、项目合同中列明采购本国货物和服务、技术引进和转让等政策要求,以及对社会资本参与采购活动和履约保证的担保要求。

第十一条 项目实施机构应当组织社会资本进行现场考察或者召开采购前答疑会,但不得单独或者分别组织只有一个社会资本参加的现场考察和答疑会。项目实施机构可以视项目的具体情况,组织对符合条件的社会资本的资格条件进行考察核实。

第十二条 评审小组成员应当按照客观、公正、审慎的原则,根据资格预审公告和采购文件规定的程序、方法和标准进行资格预审和独立评审。已进行资格预审的,评审小组在评审阶段可以不再对社会资本进行资格审查。允许进行资格后审的,由评审小组在响应文件评审环节对社会资本进行资格审查。

评审小组成员应当在资格预审报告和评审报告上签字,对自己的评审意见承担法律责任。对资格预审报告或者评审报告有异议的,应当在报告上签署不同意见,并说明理由,否则视为同意资格预审报告和评审报告。

评审小组发现采购文件内容违反国家有关强制性规定的,应当停止评审并向项目实施机构说明情况。

第十三条 评审专家应当遵守评审工作纪律,不得泄露评审情况和评审中获悉的国家秘密、商业秘密。

评审小组在评审过程中发现社会资本有行贿、提供虚假材料或者串通等违法行为的,应当及时向财政部门报告。

评审专家在评审过程中受到非法干涉的,应当及时向财政、监察等部门举报。

第十四条 PPP项目采购评审结束后,项目实施机构应当成立专门的采购结果确认谈判工作组,负责采购结果确认前的谈判和最终的采购结果确认工作。

采购结果确认谈判工作组成员及数量由项目实施机构确定,但应当至少包括财政预算管理部门、行业主管部门代表,以及财务、法律等方面的专家。涉及价格管理、环境保护的PPP项目,谈判工作组还应当包括价格管理、环境保护行政执法机关代表。评审小组成员可以作为采购结果确认谈判工作组成员参与采购结果确认谈判。

第十五条 采购结果确认谈判工作组应当按照评审报告推荐的候选社会资本排名,依次与候选社会资本及与其合作的金融机构就项目合同中可变的细节问题进行项目合同签署前的确认谈判,率先达成一致的候选社会资本即为预中标、成交社会资本。

第十六条 确认谈判不得涉及项目合同中不可谈判的核心条款,不得与排序在前但已终止谈判的社会资本进行重复谈判。

第十七条 项目实施机构应当在预中标、成交社会资本确定后10个工作日内,与预中标、成交社会资本签署确认谈判备忘录,并将预中标、成交结果和根据采购文件、响应文件及有关补遗文件和确认谈判备忘录拟定的项目合同文本在省级以上人民政府财政部门指定的政府采购信息发布媒体上进行公示,公示期不得少于5个工作日。项目合同文本应当将预中标、成交社会资本响应文件中的重要承诺和技术文件等作为附件。项目合同文本涉及国家秘密、商业秘密的内容可以不公示。

第十八条 项目实施机构应当在公示期满无异议后2个工作日内,将中标、成交结果在省级以上人民政府财政部门指定的政府采购信息发布媒体上进行公告,同时发出中标、成交通知书。

中标、成交结果公告内容应当包括:项目实施机构和采购代理机构的名称、地址和联系方式;项目名称和项目编号;中标或者成交社会资本的名称、地址、法人代表;中标或者成交标的名称、主要中标或者成交条件(包括但不限于合作期限、服务要求、项目概算、回报机制)等;评审小组和采购结果确认谈判工作组成员名单。

第十九条 项目实施机构应当在中标、成交通知书发出后30日内,与中标、成交社会资本签订经本级人民政府审核同意的PPP项目合同。

需要为PPP项目设立专门项目公司的,待项目公司成立后,由项目公司与项目实施机构重新签署PPP项目合同,或者签署关于继承PPP项目合同的补充合同。

第二十条 项目实施机构应当在PPP项目合同签订之日起2个工作日内,将PPP项目合同在省级以上人民政府财政部门指定的政府采购信息发布媒体上公告,但PPP项目合同中涉及国家秘密、商业秘密的内容除外。

第二十一条 项目实施机构应当在采购文件中要求社会资本交纳参加采购活动的保证金和履约保证金。社会资本应当以支票、汇票、本票或者金融机构、担保机构出具的保函等非现金形式交纳保证金。参加采购活动的保证金数额不得超过项目预算金额的2%。履约保证金的数额不得超过PPP项目初始投资总额或者资产评估值的10%,无固定资产投资或者投资额不大的服务型PPP项目,履约保证金的数额不得超过平均6个月服务收入额。

第三章 争议处理和监督检查

第二十二条 参加PPP项目采购活动的社会资本对采购活动的询问、质疑和投诉,依照有关政府采购法律制度规定执行。

项目实施机构和中标、成交社会资本在PPP项目合同履行中发生争议且无法协商一致的,可以依法申请仲裁或者提起民事诉讼。

第二十三条 各级人民政府财政部门应当加强对PPP项目采购活动的监督检查,依法处理采购活动中的违法违规行为。

第二十四条 PPP项目采购有关单位和人员在采购活动中出现违法违规行为的,依照政府采购法及有关法律法规追究法律责任。

第四章 附 则

第二十五条 本办法自发布之日起施行。

关于鼓励民间资本参与政府和社会资本合作(PPP)项目的指导意见

(2017年11月28日国家发展和改革委员会发布 发改投资〔2017〕2059号)

各省、自治区、直辖市及计划单列市、新疆生产建设兵团发展改革委:

按照党中央、国务院关于深化投融资体制改革的意见等文件精神,为贯彻落实《国务院办公厅关于进一步激发民间有效投资活力促进经济持续健康发展的指导意见》(国办发〔2017〕79号)要求,鼓励民间资本规范有序参与基础设施项目建设,促进政府和社会资本合作(PPP)模式更好发展,提高公共产品供给效率,加快补短板建设,充分发挥投资对优化供给结构的关键性作用,增强经济内生增长动力,现提出以下意见。

一、创造民间资本参与PPP项目的良好环境

不断加大基础设施领域开放力度,除国家法律法规明确禁止准入的行业和领域外,一律向民间资本开放,不得以任何名义、任何形式限制民间资本参与PPP项目。在制定PPP政策、编制PPP规划、确定PPP项目实施方案时,注重听取民营企业的意见,充分吸收采纳民营企业的合理建议。主动为民营企业服务,不断优化营商环境,构建"亲""清"新型政商关系,为民间资本参与PPP项目创造更加公平、规范、开放的市场环境。对民间资本主导或参与的PPP项目,鼓励开通前期工作办理等方面的"绿色通道"。鼓励结合本地区实际,依法依规出台更多的优惠政策。

二、分类施策支持民间资本参与PPP项目

针对不同PPP项目投资规模、合作期限、技术要求、运营管理等特点,采取多种方式积极支持民间资本参与,充分发挥民营企业创新、运营等方面的优势。对商业运营潜力大、投资规模适度、适合民间资本参与的PPP项目,积极支持民间资本控股,提高项目运营效率。对投资规模大、合作期限长、工程技术复杂的项目,鼓励民营企业相互合作,或与国有企业、外商投资企业等合作,通过组建投标联合体、成立混合所有制公司等方式参与,充分发挥不同企业比较优势。鼓励民间资本成立或参与投资基金,将分散的资金集中起来,由专业机构管理并投资 PPP 项目,获取长期稳定收益。

三、鼓励民营企业运用 PPP 模式盘活存量资产

积极采取转让—运营—移交(TOT)、改扩建—运营—移交(ROT)等多种运作方式,规范有序盘活存量资产,吸引民间资本参与,避免项目规划选址、征地拆迁等比较复杂的前期工作由民营企业承担。盘活资产回收的资金主要用于补短板项目建设,形成新的优质资产,实现投资良性循环。对适宜采取 PPP 模式的存量项目,鼓励多采用转让项目的经营权、收费权等方式盘活存量资产,降低转让难度,提高盘活效率。对已经采取 PPP 模式的存量项目,经与社会资本方协商一致,在保证有效监管的前提下,可通过股权转让等多种方式,将政府方持有的股权部分或全部转让给民营企业。对在建的政府投资项目,积极探索、规范有序推进 PPP 模式,吸引民间资本参与。

四、持续做好民营企业 PPP 项目推介工作

依托全国投资项目在线审批监管平台建立的 PPP 项目库,对入库项目定期进行梳理,规范有序开展推介工作,适时选择回报机制明确、运营收益潜力大、前期工作成熟的 PPP 项目,向民营企业推介。重点推介以使用者付费为主的特许经营类项目,审慎推介完全依靠政府付费的 PPP 项目,以降低地方政府支出压力,防范地方债务风险。各地发展改革部门要与当地行业主管部门、工商联、行业协会等加强合作,通过多种方式推介优质项目、介绍典型案例,加大政策宣传解读和业务培训力度,帮助民营企业更好参与 PPP 项目。

五、科学合理设定社会资本方选择标准

严格按照《中华人民共和国招标投标法》和《中华人民共和国政府采购法》规定,通过公开招标等竞争性方式选择 PPP 项目的社会资本方。合理确定社会资本方资格,不得设置超过项目实际需要的注册资本金、资产规模、银行存款证明或融资意向函等条件,不得设置与项目投融资、建设、运营无关的准入条件。规范投标保证金设置,除合法合规的投标保证金外,不得以任何其他名义设置投标担保要求,推行以银行保函方式缴纳保证金。科学设置评标标准,综合考虑投标人的工程技术、运营水平、投融资能力、投标报价等因素。鼓励通过组建高质量的 PPP 项目特殊目的载体(SPV)等方式,整合各方资源,完善项目治理结构,提高专业化运作能力。支持民间资本股权占比高的社会资本参与 PPP 项目,调动民间资本积极性。同等条件下,优先选择运营经验丰富、商业运作水平高、创新创造能力强的民营企业。

六、依法签订规范、有效、全面的 PPP 项目合同

在与民营企业充分协商、利益共享、风险共担的基础上,客观合理、全面详尽地订立 PPP 项目合同。明确各方责权利和争议解决方式,合理确定价格调整机制,科学设定运营服务绩效标准,有效设置排他性条款,保障项目顺利实施。PPP 项目合同既要规范民营企业投资行为,确保项目持续稳定运行,也要保证当政府方不依法履约时,民营企业可以及时获得合理补偿乃至合法退出。要依据相关法律法规和合同约定,对 PPP 项目进行全生命周期监管。禁止政府和投资人签订承诺回购投资本金、承诺最低收益等条款,严禁利用 PPP 模式违法违规变相举债,严防地方政府隐性债务风险。

七、加大民间资本 PPP 项目融资支持力度

鼓励政府投资通过资本金注入、投资补助、贷款贴息等方式支持民间资本 PPP 项目,鼓励各级政府出资的 PPP 基金投资民间资本 PPP 项目。鼓励各类金融机构发挥专业优势,大力开展 PPP 项目金融产品创新,支持开展基于项目本身现金流的有限追索融资,有针对性地为民间资本 PPP 项目提供优质金融服务。积极推进符合条件的民间资本 PPP 项目发行债券、开展资产证券化,拓宽项目融资渠道。按照统一标准对参与 PPP 项目的民营企业等各类社会资本方进行信用评级,引导金融市场和金融机构根据评级结果等加大对民营企业的融资支持力度。

八、提高咨询机构的 PPP 业务能力

咨询机构要坚持"合法、合规、专业、自律"的原则,深入研究民间资本参与 PPP 项目咨询服务新要求,加强 PPP 项目策划、论证、建设、运营阶段管理能力建设,准确把握民间资本参与 PPP

项目的商业诉求，提高项目全过程咨询服务能力。健全行业自律管理体系，通过PPP咨询机构论坛等多种形式，加强同业交流与合作。制定和完善PPP咨询业务操作标准规范，着力解决PPP项目工程技术、招投标、投融资、项目管理、法律和财务等方面难题，为民间资本PPP项目提供优质高效的咨询服务。

九、评选民间资本PPP项目典型案例

各地在已经引入民间资本的PPP项目中，适时评选在项目运作规范、交易结构合理、运营持续稳定、商业模式创新、回报机制明确等方面具有参考示范价值的典型案例，总结经验、加强宣传，发挥示范效应。国家发展改革委将会同有关行业主管部门组织专家对各地报送的案例进行评审和筛选，挑选出若干典型案例进行宣传，优先推荐发行PPP项目资产证券化产品。对支持和鼓励民间资本参与PPP项目工作积极主动、典型案例多的地区，在安排PPP项目前期工作中央预算内投资时予以倾斜支持。

十、加强政府和社会资本合作诚信体系建设

建立健全PPP项目守信践诺机制，准确记录并客观评价政府方和民营企业在PPP项目实施过程中的履约情况。政府方要严格履行各项约定义务，做出履约守信表率，坚决杜绝“新官不理旧账”现象。民营企业也要认真履行合同，持续稳定提供高质量且成本合理的公共产品和服务。将PPP项目各方信用记录，纳入全国信用信息共享平台供各部门、各地区共享，并依法通过“信用中国”网站公示。将严重失信责任主体纳入黑名单，并开展联合惩戒。

鼓励民间资本参与PPP项目是贯彻落实党中央、国务院关于激发民间有效投资活力、促进经济持续健康发展的重要措施，是充分发挥投资对优化供给结构关键性作用的重要抓手。各地发展改革部门要高度重视，加强组织领导，努力破除制约民间资本参与PPP项目的困难和障碍，切实保障民间资本合法权益，推动民间资本PPP项目规范有序发展。

关于进一步共同做好政府和社会资本合作（PPP）有关工作的通知

（2016年5月28日财政部、国家发展和改革委员会发布　财金〔2016〕32号）

各省、自治区、直辖市、计划单列市财政厅（局）、发展改革委，新疆生产建设兵团财务局、发展改革委：

《国务院关于创新重点领域投融资机制鼓励社会投资的指导意见》（国发〔2014〕60号）和《国务院办公厅转发财政部　发展改革委　人民银行关于在公共服务领域推广政府和社会资本合作模式指导意见的通知》（国办发〔2015〕42号）出台实施以来，各地认真落实党中央、国务院决策部署，大力推广政府和社会资本合作模式（Public-Private Partnership，以下简称PPP），取得了一定成效。为进一步做好PPP有关工作，现通知如下：

一、稳妥有序推进PPP工作

各地要进一步加强舆论宣传力度，引导各界树立正确的理念认识，制订切合实际的工作目标，建立科学合理的工作预期，积极稳妥地鼓励和引导社会资本参与公共产品和服务的供给，切实推动PPP模式持续健康发展。

二、进一步加强协调配合

各地要进一步加强部门间的协调配合，形成政策合力，积极推动政府和社会资本合作顺利实施。对于涉及多部门职能的政策，要联合发文；对于仅涉及本部门的政策，出台前要充分征求其他部门意见，确保政令统一、政策协同、组织高效、精准发力。

三、扎实做好PPP项目前期工作

要加强项目可行性研究，充分论证、科学决策，确保合理有效地提供公共产品和服务。项目决策后，选择条件成熟、适合采用PPP模式的项目，依法选择社会资本方，加快前期工作。

四、建立完善合理的投资回报机制

各地要通过合理确定价格和收费标准、运营年限，确保政府补贴适度，防范中长期财政风险。

要通过适当的资源配置、合适的融资模式等,降低融资成本,提高资金使用效率。要充分挖掘PPP项目后续运营的商业价值,鼓励社会资本创新管理模式,提高运营效率,降低项目成本,提高项目收益。要建立动态可调整的投资回报机制,根据条件、环境等变化及时调整完善,防范政府过度让利。

五、着力提高 PPP 项目融资效率

各地要与中国PPP融资支持基金积极做好项目对接,推动中央和地方联动,优化PPP项目融资环境,降低融资成本。要坚决杜绝各种非理性担保或承诺、过高补贴或定价,避免通过固定回报承诺、明股实债等方式进行变相融资。

六、强化监督管理

各地要对PPP项目有关执行法律、行政法规、行业标准、产品或服务技术规范等进行有效的监督管理,并依法加强项目合同审核与管理,加强成本监督审查。要杜绝固定回报和变相融资安排,在保障社会资本获得合理收益的同时,实现激励相容。

七、加强 PPP 项目信息公开

要实现项目信息的及时发布与投资需求的有效对接,推动市场信息对称和充分公平竞争。要依法及时、充分披露项目实施方案、招标投标、采购文件、项目合同、工程进展、运营绩效等相关信息,切实保障公众知情权,主动接受社会监督,维护公共利益。

关于规范政府和社会资本合作合同管理工作的通知

(2014年12月30日财政部发布 财金〔2014〕156号)

各省、自治区、直辖市、计划单列市财政厅(局),新疆生产建设兵团财务局:

根据《关于推广运用政府和社会资本合作模式有关问题的通知》(财金〔2014〕76号)和《关于印发政府和社会资本合作模式操作指南(试行)的通知》(财金〔2014〕113号),为科学规范推广运用政府和社会资本合作(Public-Private Partnership,以下简称PPP)模式,现就规范PPP合同管理工作通知如下:

一、高度重视 PPP 合同管理工作

PPP模式是在基础设施和公共服务领域政府和社会资本基于合同建立的一种合作关系。"按合同办事"不仅是PPP模式的精神实质,也是依法治国、依法行政的内在要求。加强对PPP合同的起草、谈判、履行、变更、解除、转让、终止直至失效的全过程管理,通过合同正确表达意愿、合理分配风险、妥善履行义务、有效主张权利,是政府和社会资本长期友好合作的重要基础,也是PPP项目顺利实施的重要保障。地方财政部门在推进PPP中要高度重视、充分认识合同管理的重要意义,会同行业主管部门加强PPP合同管理工作。

二、切实遵循 PPP 合同管理的核心原则

为规范PPP合同管理工作,财政部制定了《PPP项目合同指南(试行)》(见附件),后续还将研究制定标准化合同文本等。各级财政部门在推进PPP工作中,要切实遵循以下原则:

(一)*依法治理*。在依法治国、依法行政的框架下,充分发挥市场在资源配置中的决定性作用,允许政府和社会资本依法自由选择合作伙伴,充分尊重双方在合同订立和履行过程中的契约自由,依法保护PPP项目各参与方的合法权益,共同维护法律权威和公平正义。

(二)*平等合作*。在PPP模式下,政府与社会资本是基于PPP项目合同的平等法律主体,双方法律地位平等、权利义务对等,应在充分协商、互利互惠的基础上订立合同,并依法平等地主张合同权利、履行合同义务。

(三)*维护公益*。建立履约管理、行政监管和社会监督"三位一体"的监管架构,优先保障公共安全和公共利益。PPP项目合同中除应规定社会资本方的绩效监测和质量控制等义务外,还应保证政府方合理的监督权和介入权,以加强对社会资本的履约管理。与此同时,政府还应依法严格履行行政管理职能,建立健全及时有效的项目信息公开和公众监督机制。

(四)诚实守信。政府和社会资本应在PPP项目合同中明确界定双方在项目融资、建设、运营、移交等全生命周期内的权利义务,并在合同管理的全过程中真实表达意思表示,认真恪守合同约定,妥善履行合同义务,依法承担违约责任。

(五)公平效率。在PPP项目合同中要始终贯彻物有所值原则,在风险分担和利益分配方面兼顾公平与效率:既要通过在政府和社会资本之间合理分配项目风险,实现公共服务供给效率和资金使用效益的提升,又要在设置合作期限、方式和投资回报机制时,统筹考虑社会资本方的合理收益预期、政府方的财政承受能力以及使用者的支付能力,防止任何一方因此过分受损或超额获益。

(六)兼顾灵活。鉴于PPP项目的生命周期通常较长,在合同订立时既要充分考虑项目全生命周期内的实际需求,保证合同内容的完整性和相对稳定性,也要合理设置一些关于期限变更(展期和提前终止)、内容变更(产出标准调整、价格调整等)、主体变更(合同转让)的灵活调整机制,为未来可能长达20-30年的合同执行期预留调整和变更空间。

三、有效推进PPP合同管理工作

(一)加强组织协调,保障合同效力。在推进PPP的过程中,各级财政部门要会同行业主管部门做好合同审核和履约管理工作,确保合同内容真实反映各方意愿、合理分配项目风险、明确划分各方义务、有效保障合法权益,为PPP项目的顺利实施和全生命周期管理提供合法有效的合同依据。

(二)加强能力建设,防控项目风险。各级财政部门要组织加强对当地政府及相关部门、社会资本以及PPP项目其他参与方的法律和合同管理培训,使各方牢固树立法律意识和契约观念,逐步提升各参与方对PPP项目合同的精神主旨、核心内容和谈判要点的理解把握能力。在合同管理全过程中,要充分借助、积极运用法律、投资、财务、保险等专业咨询顾问机构的力量,提升PPP项目合同的科学性、规范性和操作性,充分识别、合理防控项目风险。

(三)总结项目经验,规范合同条款。各级财政部门要会同行业主管部门结合PPP项目试点工作,抓好合同管理的贯彻落实,不断细化、完善合同条款,及时总结经验,逐步形成一批科学合理、全面规范、切实可行的合同文本,以供参考示范。财政部将在总结各地实践的基础上,逐步出台主要行业领域和主要运作方式的PPP项目合同标准示范文本,以进一步规范合同内容、统一合同共识、缩短合同准备和谈判周期,加快PPP模式推广应用。

附件:PPP项目合同指南(试行)(略)

关于开展政府和社会资本合作的指导意见

(2014年12月2日国家发展和改革委员会发布　发改投资〔2014〕2724号)

各省、自治区、直辖市及计划单列市、新疆生产建设兵团发展改革委:

为贯彻落实《国务院关于创新重点领域投融资机制鼓励社会投资的指导意见》(国发〔2014〕60号)有关要求,鼓励和引导社会投资,增强公共产品供给能力,促进调结构、补短板、惠民生,现就开展政府和社会资本合作提出如下指导意见。

一、充分认识政府和社会资本合作的重要意义

政府和社会资本合作(PPP)模式是指政府为增强公共产品和服务供给能力、提高供给效率,通过特许经营、购买服务、股权合作等方式,与社会资本建立的利益共享、风险分担及长期合作关系。开展政府和社会资本合作,有利于创新投融资机制,拓宽社会资本投资渠道,增强经济增长内生动力;有利于推动各类资本相互融合、优势互补,促进投资主体多元化,发展混合所有制经济;有利于理顺政府与市场关系,加快政府职能转变,充分发挥市场配置资源的决定性作用。

二、准确把握政府和社会资本合作的主要原则

(一)转变职能,合理界定政府的职责定位。开展政府和社会资本合作,对转变政府职能、提高管理水平提出了更高要求。政府要牢固树立平等意识及合作观念,集中力量做好政策制定、发展规划、市场监管和指导服务,从公共产品的直接"提供者"转变为社会资本的"合作者"以及

PPP项目的"监管者"。

(二)因地制宜,建立合理的投资回报机制。根据各地实际,通过授予特许经营权、核定价费标准、给予财政补贴、明确排他性约定等,稳定社会资本收益预期。加强项目成本监测,既要充分调动社会资本积极性,又要防止不合理让利或利益输送。

(三)合理设计,构建有效的风险分担机制。按照风险收益对等原则,在政府和社会资本间合理分配项目风险。原则上,项目的建设、运营风险由社会资本承担,法律、政策调整风险由政府承担,自然灾害等不可抗力风险由双方共同承担。

(四)诚信守约,保证合作双方的合法权益。在平等协商、依法合规的基础上,按照权责明确、规范高效的原则订立项目合同。合同双方要牢固树立法律意识、契约意识和信用意识,项目合同一经签署必须严格执行,无故违约必须承担相应责任。

(五)完善机制,营造公开透明的政策环境。从项目选择、方案审查、伙伴确定、价格管理、退出机制、绩效评价等方面,完善制度设计,营造良好政策环境,确保项目实施决策科学、程序规范、过程公开、责任明确、稳妥推进。

三、合理确定政府和社会资本合作的项目范围及模式

(一)项目适用范围。PPP模式主要适用于政府负有提供责任又适宜市场化运作的公共服务、基础设施类项目。燃气、供电、供水、供热、污水及垃圾处理等市政设施,公路、铁路、机场、城市轨道交通等交通设施,医疗、旅游、教育培训、健康养老等公共服务项目,以及水利、资源环境和生态保护等项目均可推行PPP模式。各地的新建市政工程以及新型城镇化试点项目,应优先考虑采用PPP模式建设。

(二)操作模式选择。

1. 经营性项目。对于具有明确的收费基础,并且经营收费能够完全覆盖投资成本的项目,可通过政府授予特许经营权,采用建设—运营—移交(BOT)、建设—拥有—运营—移交(BOOT)等模式推进。要依法放开相关项目的建设、运营市场,积极推动自然垄断行业逐步实行特许经营。

2. 准经营性项目。对于经营收费不足以覆盖投资成本、需政府补贴部分资金或资源的项目,可通过政府授予特许经营权附加部分补贴或直接投资参股等措施,采用建设—运营—移交(BOT)、建设—拥有—运营(BOO)等模式推进。要建立投资、补贴与价格的协同机制,为投资者获得合理回报积极创造条件。

3. 非经营性项目。对于缺乏"使用者付费"基础、主要依靠"政府付费"回收投资成本的项目,可通过政府购买服务,采用建设—拥有—运营(BOO)、委托运营等市场化模式推进。要合理确定购买内容,把有限的资金用在刀刃上,切实提高资金使用效益。

(三)积极开展创新。各地可以根据当地实际及项目特点,积极探索、大胆创新,通过建立合理的"使用者付费"机制等方式,增强吸引社会资本能力,并灵活运用多种PPP模式,切实提高项目运作效率。

四、建立健全政府和社会资本合作的工作机制

(一)健全协调机制。按照部门联动、分工明确、协同推进等要求,与有关部门建立协调推进机制,推动规划、投资、价格、土地、金融等部门密切配合、形成合力,保障政府和社会资本合作积极稳妥推进。

(二)明确实施主体。按照地方政府的相关要求,明确相应的行业管理部门、事业单位、行业运营公司或其他相关机构,作为政府授权的项目实施机构,在授权范围内负责PPP项目的前期评估论证、实施方案编制、合作伙伴选择、项目合同签订、项目组织实施以及合作期满移交等工作。

(三)建立联审机制。为提高工作效率,可会同相关部门建立PPP项目的联审机制,从项目建设的必要性及合规性、PPP模式的适用性、财政承受能力以及价格的合理性等方面,对项目实施方案进行可行性评估,确保"物有所值"。审查结果作为项目决策的重要依据。

(四)规范价格管理。按照补偿成本、合理收益、节约资源以及社会可承受的原则,加强投资成本和服务成本监测,加快理顺价格水平。加强价格行为监管,既要防止项目法人随意提价损害公共利益、不合理获利,又要规范政府价格行为,提高政府定价、调价的科学性和透明度。

（五）提升专业能力。加强引导，积极发挥各类专业中介机构在PPP项目的资产评估、成本核算、经济补偿、决策论证、合同管理、项目融资等方面的积极作用，提高项目决策的科学性、项目管理的专业性以及项目实施效率。加强PPP相关业务培训，培养专业队伍和人才。

五、加强政府和社会资本合作项目的规范管理

（一）项目储备。根据经济社会发展需要，按照项目合理布局、政府投资有效配置等原则，切实做好PPP项目的总体规划、综合平衡和储备管理。从准备建设的公共服务、基础设施项目中，及时筛选PPP模式的适用项目，按照PPP模式进行培育开发。各省区市发展改革委要建立PPP项目库，并从2015年1月起，于每月5日前将项目进展情况按月报送国家发展改革委（具体要求见附件1）。

（二）项目遴选。会同行业管理部门、项目实施机构，及时从项目储备库或社会资本提出申请的潜在项目中筛选条件成熟的建设项目，编制实施方案并提交联审机制审查，明确经济技术指标、经营服务标准、投资概算构成、投资回报方式、价格确定及调价方式、财政补贴及财政承诺等核心事项。

（三）伙伴选择。实施方案审查通过后，配合行业管理部门、项目实施机构，按照《招标投标法》、《政府采购法》等法律法规，通过公开招标、邀请招标、竞争性谈判等多种方式，公平择优选择具有相应管理经验、专业能力、融资实力以及信用状况良好的社会资本作为合作伙伴。

（四）合同管理。项目实施机构和社会资本依法签订项目合同，明确服务标准、价格管理、回报方式、风险分担、信息披露、违约处罚、政府接管以及评估论证等内容。各地可参考《政府和社会资本合作项目通用合同指南》（见附件2），细化完善合同文本，确保合同内容全面、规范、有效。

（五）绩效评价。项目实施过程中，加强工程质量、运营标准的全程监督，确保公共产品和服务的质量、效率和延续性。鼓励推进第三方评价，对公共产品和服务的数量、质量以及资金使用效率等方面进行综合评价，评价结果向社会公示，作为价费标准、财政补贴以及合作期限等调整的参考依据。项目实施结束后，可对项目的成本效益、公众满意度、可持续性等进行后评价，评价结果作为完善PPP模式制度体系的参考依据。

（六）退出机制。政府和社会资本合作过程中，如遇不可抗力或违约事件导致项目提前终止时，项目实施机构要及时做好接管，保障项目设施持续运行，保证公共利益不受侵害。政府和社会资本合作期满后，要按照合同约定的移交形式、移交内容和移交标准，及时组织开展项目验收、资产交割等工作，妥善做好项目移交。依托各类产权、股权交易市场，为社会资本提供多元化、规范化、市场化的退出渠道。

六、强化政府和社会资本合作的政策保障

（一）完善投资回报机制。深化价格管理体制改革，对于涉及中央定价的PPP项目，可适当向地方下放价格管理权限。依法依规为准经营性、非经营性项目配置土地、物业、广告等经营资源，为稳定投资回报、吸引社会投资创造条件。

（二）加强政府投资引导。优化政府投资方向，通过投资补助、基金注资、担保补贴、贷款贴息等多种方式，优先支持引入社会资本的项目。合理分配政府投资资金，优先保障配套投入，确保PPP项目如期、高效投产运营。

（三）加快项目前期工作。联合有关部门建立并联审批机制，在科学论证、遵守程序的基础上，加快推进规划选址、用地预审、环评审批、审批核准等前期工作。协助项目单位解决前期工作中的问题和困难，协调落实建设条件，加快项目建设进度。

（四）做好综合金融服务。鼓励金融机构提供财务顾问、融资顾问、银团贷款等综合金融服务，全程参与PPP项目的策划、融资、建设和运营。鼓励项目公司或合作伙伴通过成立私募基金、引入战略投资者、发行债券等多种方式拓宽融资渠道。

七、扎实有序开展政府和社会资本合作

（一）做好示范推进。各地可选取市场发育程度高、政府负债水平低、社会资本相对充裕的市县，以及具有稳定收益和社会效益的项目，积极推进政府和社会资本合作，并及时总结经验、大力宣传，发挥好示范带动作用。国家发展改革委将选取部分推广效果显著的省区市和重点项目，总结典型案例,组织交流推广。

(二)推进信用建设。按照诚信践诺的要求,加强全社会信用体系建设,保障政府和社会资本合作顺利推进。政府要科学决策,保持政策的连续性和稳定性;依法行政,防止不当干预和地方保护;认真履约,及时兑现各类承诺和合同约定。社会资本要守信自律,提高诚信经营意识。

(三)搭建信息平台。充分利用并切实发挥好信息平台的桥梁纽带作用。可以利用现代信息技术,搭建信息服务平台,公开 PPP 项目的工作流程、评审标准、项目信息、实施情况、咨询服务等相关信息,保障信息发布准确及时、审批过程公正透明、建设运营全程监管。

(四)加强宣传引导。大力宣传政府和社会资本合作的重大意义,做好政策解读,总结典型案例,回应社会关切,通过舆论引导,培育积极的合作理念,建立规范的合作机制,营造良好的合作氛围,充分发挥政府、市场和社会资本的合力作用。

开展政府和社会资本合作是创新投融资机制的重要举措,各地要高度重视,切实加强组织领导,抓紧制定具体的政策措施和实施办法。各级发展改革部门要按照当地政府的统一部署,认真做好 PPP 项目的统筹规划、综合协调等工作,会同有关部门积极推动政府和社会资本合作顺利实施。

附件:1. PPP 项目进展情况按月报送制度

2. 政府和社会资本合作项目通用合同指南(略)

附件 1

PPP 项目进展情况按月报送制度

一、各省区市发展改革委要建立 PPP 项目库,及时跟踪调度、梳理汇总项目实施进展。从 2015 年 1 月起,于每月 5 日前将 PPP 项目进展情况,通过全国发展改革系统纵向网按月报送至国家发展改革委。

二、报送内容包括文字材料及进展情况表。文字材料主要包括 PPP 项目的推进措施、进展情况、存在问题及意见建议等内容。进展情况按下表要求填写。

PPP 项目进展情况表

填表单位: 填报日期: 单位:亿元

序号	项目名称	建设内容及规模	行业	项目总投资	PPP 操作模式	社会资本情况		项目进展情况(截至上月底)	备注
						主体名称	投资额		
一	在建项目								
1	×××项目								
2	×××项目								
	……								
二	拟建项目								
1	×××项目								
2	×××项目								
	……								

备注:PPP 操作模式指 BOT、BOO、BOOT 等,根据具体情况填写。

关于政府和社会资本合作示范项目实施有关问题的通知

(2014 年 11 月 30 日财政部发布 财金〔2014〕112 号)

各省、自治区、直辖市、计划单列市财政厅(局),新疆生产建设兵团财务局:

根据《财政部关于推广运用政府和社会资本合作模式有关问题的通知》(财金〔2014〕76 号,

以下简称《通知》),为规范地推广运用政府和社会资本合作模式(Public - Private Partnership,以下简称 PPP),保证 PPP 示范项目质量,形成可复制、可推广的实施范例,充分发挥示范效应,现就 PPP 示范项目实施有关问题通知如下:

一、经各省(自治区、直辖市、计划单列市)财政部门推荐,财政部政府和社会资本合作工作领导小组办公室组织专家评审,确定天津新能源汽车公共充电设施网络等 30 个 PPP 示范项目(名单见附件),其中,新建项目 8 个,地方融资平台公司存量项目 22 个。

二、根据《国务院关于加强地方政府性债务管理的意见》(国发〔2014〕43 号),各级财政部门要鼓励和引导地方融资平台公司存量项目,以 TOT(转让—运营—移交)等方式转型为 PPP 项目,积极引入社会资本参与存量项目的改造和运营,切实有效化解地方政府融资平台债务风险。

三、各级财政部门要切实承担责任,加强组织领导,严格按照《通知》等有关文件精神,认真履行财政管理职能,并与相关行业部门建立高效、顺畅的工作协调机制,形成工作合力,为项目实施质量提供有力保障。

(一)进一步完善实施方案,必要时可聘请专业机构协助,确保示范项目操作规范,符合《通知》、《政府和社会资本合作模式操作指南(试行)》和标准化合同文本等一系列制度要求。

(二)严格按照《政府采购法》等规定,采取竞争性采购方式,引入信誉好、有实力的运营商参与示范项目建设和运营。

(三)综合考虑项目风险等因素合理确定社会资本的收益水平,并通过特许经营权、合理定价、财政补贴等事先公开的收益约定规则,使社会资本获得长期稳定收益。

(四)对 PPP 示范项目实施全生命周期监管,定期组织绩效评价,评价结果应作为定价调价的重要依据,保证公共利益最大化。

(五)严格按照合同办事,切实履行政府合同责任,保障 PPP 项目顺利实施。

(六)依法公开充分披露项目实施的相关信息,保障公众知情权,接受社会监督。

四、对示范项目实施过程中遇到的难点和问题,各级财政部门要会同同级政府有关部门积极研究解决,重大情况应及时报告财政部。财政部及下属政府和社会资本合作中心(即中国清洁发展机制基金管理中心)将提供业务指导和政策支持,并适时组织对示范项目实施进行督导。

附件:

政府和社会资本合作示范项目名单

序号	项 目 名 称	省份	类型	行业领域
1	新能源汽车公共充电设施网络项目	天津	新建	新能源汽车
2	张家口市桥西区集中供热项目	河北	存量	供暖
3	石家庄正定新区综合管廊项目		存量	地下综合管廊
4	抚顺市三宝屯污水处理厂项目	辽宁	存量	污水处理
5	吉林市第六供水厂建设工程(一期)	吉林	存量	供水
6	国电吉林热电厂热源改造工程		存量	供暖
7	嘉定南翔污水处理厂一期工程	上海	新建	污水处理

续表

序号	项目名称	省份	类型	行业领域
8	昆山市现代有轨电车项目	江苏	新建	轨道交通
9	徐州市骆马湖水源地及原水管线项目		存量	供水
10	南京市城东污水处理厂和仙林污水处理厂项目		存量	污水处理
11	宿迁生态化工科技产业园污水处理项目		存量	污水处理
12	如皋市城市污水处理一、二期提标改造和三期扩建工程		存量	污水处理
13	南京市垃圾处理设施项目		存量	垃圾处理
14	徐州市城市轨道交通 1 号线一期工程项目		存量	轨道交通
15	苏州市轨道交通 1 号线工程项目		存量	轨道交通
16	如东县中医院整体迁建项目		存量	医疗
17	杭州市地铁 5 号线一期工程、6 号线一期工程项目	浙江	存量	轨道交通
18	杭州—海宁城市轻轨工程项目		存量	轨道交通
19	池州市污水处理及市政排水设施购买服务	安徽	新建	污水处理
20	马鞍山市东部污水处理厂		存量	污水处理
21	安庆市城市污水处理项目		存量	污水处理
22	合肥市轨道交通 2 号线		存量	轨道交通
23	东山海岛县引水工程(第二水源)	福建	存量	供水
24	九江市柘林湖湖泊生态环境保护项目	江西	新建	环境综合治理
25	胶州湾海底隧道一期项目	青岛	存量	交通
26	青岛体育中心项目		存量	体育
27	湘潭经济技术开发区污水处理一期工程	湖南	新建	污水处理
28	重庆市轨道交通三号线(含一期工程、二期工程、南延伸段工程)	重庆	存量	轨道交通
29	南明河水环境综合整治二期项目	贵州	新建	环境综合治理
30	渭南市主城区城市集中供热项目	陕西	新建	供暖

关于推广运用政府和社会资本合作模式有关问题的通知

(2014 年 9 月 23 日财政部发布 财金〔2014〕76 号)

各省、自治区、直辖市、计划单列市财政厅(局),新疆生产建设兵团财务局:

为贯彻落实党的十八届三中全会关于“允许社会资本通过特许经营等方式参与城市基础设施投资和运营”精神,拓宽城镇化建设融资渠道,促进政府职能加快转变,完善财政投入及管理方式,尽快形成有利于促进政府和社会资本合作模式(Public-Private Partnership,PPP)发展的制度体系,现就有关问题通知如下:

一、充分认识推广运用政府和社会资本合作模式的重要意义

政府和社会资本合作模式是在基础设施及公共服务领域建立的一种长期合作关系。通常模式是由社会资本承担设计、建设、运营、维护基础设施的大部分工作,并通过“使用者付费”及必要的“政府付费”获得合理投资回报;政府部门负责基础设施及公共服务价格和质量监管,以保证公共利益最大化。当前,我国正在实施新型城镇化发展战略。城镇化是现代化的要求,也是稳增长、促改革、调结构、惠民生的重要抓手。立足国内实践,借鉴国际成功经验,推广运用政府和社会资本合作模式,是国家确定的重大经济改革任务,对于加快新型城镇化建设、提升国家治理能力、构建现代财政制度具有重要意义。

(一)推广运用政府和社会资本合作模式,是促进经济转型升级、支持新型城镇化建设的必然要求。政府通过政府和社会资本合作模式向社会资本开放基础设施和公共服务项目,可以拓宽城镇化建设融资渠道,形成多元化、可持续的资金投入机制,有利于整合社会资源,盘活社会存量资本,激发民间投资活力,拓展企业发展空间,提升经济增长动力,促进经济结构调整和转型升级。

(二)推广运用政府和社会资本合作模式,是加快转变政府职能、提升国家治理能力的一次体制机制变革。规范的政府和社会资本合作模式能够将政府的发展规划、市场监管、公共服务职能,与社会资本的管理效率、技术创新动力有机结合,减少政府对微观事务的过度参与,提高公共服务的效率与质量。政府和社会资本合作模式要求平等参与、公开透明,政府和社会资本按照合同办事,有利于简政放权,更好地实现政府职能转变,弘扬契约文化,体现现代国家治理理念。

(三)推广运用政府和社会资本合作模式,是深化财税体制改革、构建现代财政制度的重要内容。根据财税体制改革要求,现代财政制度的重要内容之一是建立跨年度预算平衡机制、实行中期财政规划管理、编制完整体现政府资产负债状况的综合财务报告等。政府和社会资本合作模式的实质是政府购买服务,要求从以往单一年度的预算收支管理,逐步转向强化中长期财政规划,这与深化财税体制改革的方向和目标高度一致。

二、积极稳妥做好项目示范工作

当前推广运用政府和社会资本合作模式,首先要做好制度设计和政策安排,明确适用于政府和社会资本合作模式的项目类型、采购程序、融资管理、项目监管、绩效评价等事宜。

(一)开展项目示范。地方各级财政部门要向本级政府和相关行业主管部门大力宣传政府和社会资本合作模式的理念和方法,按照政府主导、社会参与、市场运作、平等协商、风险分担、互利共赢的原则,科学评估公共服务需求,探索运用规范的政府和社会资本合作模式新建或改造一批基础设施项目。财政部将统筹考虑项目成熟度、可示范程度等因素,在全国范围内选择一批以"使用者付费"为基础的项目进行示范,在实践的基础上不断总结、提炼、完善制度体系。

(二)确定示范项目范围。适宜采用政府和社会资本合作模式的项目,具有价格调整机制相对灵活、市场化程度相对较高、投资规模相对较大、需求长期稳定等特点。各级财政部门要重点关注城市基础设施及公共服务领域,如城市供水、供暖、供气、污水和垃圾处理、保障性安居工程、地下综合管廊、轨道交通、医疗和养老服务设施等,优先选择收费定价机制透明、有稳定现金流的项目。

(三)加强示范项目指导。财政部将通过建立政府和社会资本合作项目库为地方提供参考案例。对政府和社会资本合作示范项目,财政部将在项目论证、交易结构设计、采购和选择合作伙伴、融资安排、合同管理、运营监管、绩效评价等工作环节,为地方财政部门提供全方位的业务指导和技术支撑。

(四)完善项目支持政策。财政部将积极研究利用现有专项转移支付资金渠道,对示范项目提供资本投入支持。同时,积极引入信誉好、有实力的运营商参与示范项目建设和运营。鼓励和支持金融机构为示范项目提供融资、保险等金融服务。地方各级财政部门可以结合自身财力状况,因地制宜地给予示范项目前期费用补贴、资本补助等多种形式的资金支持。在与社会资本协商确定项目财政支出责任时,地方各级财政部门要对各种形式的资金支持给予统筹,综合考虑项目风险等因素合理确定资金支持方式和力度,切实考虑社会资本合理收益。

三、切实有效履行财政管理职能

政府和社会资本合作项目从明确投入方式、选择合作伙伴、确定运营补贴到提供公共服务,涉及预算管理、政府采购、政府性债务管理,以及财政支出绩效评价等财政职能。推广运用政府和社会资本合作模式对财政管理提出了更高要求。地方各级财政部门要提高认识,勇于担当,认真做好相关财政管理工作。

(一)着力提高财政管理能力。政府和社会资本合作项目建设周期长、涉及领域广、复杂程度高,不同行业的技术标准和管理要求差异大,专业性强。地方各级财政部门要根据财税体制改革总体方案要求,按照公开、公平、公正的原则,探索项目采购、预算管理、收费定价调整机制、绩效评价等有效管理方式,规范项目运作,实现中长期可持续发展,提升资金使用效益和公共服务水平。同时,注重体制机制创新,充分发挥市场在资源配置中的决定性作用,按照"风险由最适宜的一方来承担"的原则,合理分配项目风险,项目设计、建设、财务、运营维护等商业风险原则上由社会资本承担,政策、法律和最低需求风险等由政府承担。

(二)认真做好项目评估论证。地方各级财政部门要会同行业主管部门,根据有关政策法规要求,扎实做好项目前期论证工作。除传统的项目评估论证外,还要积极借鉴物有所值(Value for Money,VfM)评价理念和方法,对拟采用政府和社会资本合作模式的项目进行筛选,必要时可委托专业机构进行项目评估论证。评估论证时,要与传统政府采购模式进行比较分析,确保从项目全生命周期看,采用政府和社会资本合作模式后能够提高服务质量和运营效率,或者降低项目成本。项目评估时,要综合考虑公共服务需要、责任风险分担、产出标准、关键绩效指标、支付方式、融资方案和所需要的财政补贴等要素,平衡好项目财务效益和社会效益,确保实现激励相容。

(三)规范选择项目合作伙伴。地方各级财政部门要依托政府采购信息平台,加强政府和社会资本合作项目政府采购环节的规范与监督管理。财政部将围绕实现"物有所值"价值目标,探索创新适合政府和社会资本合作项目采购的政府采购方式。地方各级财政部门要会同行业主管部门,按照《政府采购法》及有关规定,依法选择项目合作伙伴。要综合评估项目合作伙伴的专业资质、技术能力、管理经验和财务实力等因素,择优选择诚实守信、安全可靠的合作伙伴,并按照平等协商原则明确政府和项目公司间的权利与义务。可邀请有意愿的金融机构及早进入项目磋商进程。

(四)细化完善项目合同文本。地方各级财政部门要会同行业主管部门协商订立合同,重点关注项目的功能和绩效要求、付款和调整机制、争议解决程序、退出安排等关键环节,积极探索明确合同条款内容。财政部将在结合国际经验、国内实践的基础上,制定政府和社会资本合作模式操作指南和标准化的政府和社会资本合作模式项目合同文本。在订立具体合同时,地方各级财政部门要会同行业主管部门、专业技术机构,因地制宜地研究完善合同条款,确保合同内容全面、规范、有效。

(五)完善项目财政补贴管理。对项目收入不能覆盖成本和收益,但社会效益较好的政府和社会资本合作项目,地方各级财政部门可给予适当补贴。财政补贴要以项目运营绩效评价结果为依据,综合考虑产品或服务价格、建造成本、运营费用、实际收益率、财政中长期承受能力等因素合理确定。地方各级财政部门要从"补建设"向"补运营"逐步转变,探索建立动态补贴机制,将财政补贴等支出分类纳入同级政府预算,并在中长期财政规划中予以统筹考虑。

(六)健全债务风险管理机制。地方各级财政部门要根据中长期财政规划和项目全生命周期内的财政支出,对政府付费或提供财政补贴等支持的项目进行财政承受能力论证。在明确项目收益与风险分担机制时,要综合考虑政府风险转移意向、支付方式和市场风险管理能力等要素,量力而行,减少政府不必要的财政负担。省级财政部门要建立统一的项目名录管理制度和财政补贴支出统计监测制度,按照政府性债务管理要求,指导下级财政部门合理确定补贴金额,依法严格控制政府或有债务,重点做好融资平台公司项目向政府和社会资本合作项目转型的风险控制工作,切实防范和控制财政风险。

(七)稳步开展项目绩效评价。省级财政部门要督促行业主管部门,加强对项目公共产品或服务质量和价格的监管,建立政府、服务使用者共同参与的综合性评价体系,对项目的绩效目标实现程度、运营管理、资金使用、公共服务质量、公众满意度等进行绩效评价。绩效评价结果应依法对外公开,接受社会监督。同时,要根据评价结果,依据合同约定对价格或补贴等进行调整,激励社会资本通过管理创新、技术创新提高公共服务质量。

四、加强组织和能力建设

(一)推动设立专门机构。省级财政部门要结合部门内部职能调整,积极研究设立专门机构，履行政府和社会资本合作政策制订、项目储备、业务指导、项目评估、信息管理、宣传培训等职责，强化组织保障。

（二）持续开展能力建设。地方各级财政部门要着力加强政府和社会资本合作模式实施能力建设，注重培育专业人才。同时，大力宣传培训政府和社会资本合作的工作理念和方法，增进政府、社会和市场主体共识，形成良好的社会氛围。

（三）强化工作组织领导。地方各级财政部门要进一步明确职责分工和工作目标要求。同时，要与有关部门建立高效、顺畅的工作协调机制，形成工作合力，确保顺利实施。对工作中出现的新情况、新问题，应及时报告财政部。

企业投资项目核准和备案管理办法

（2017年3月8日国家发展和改革委员会令第2号公布　根据2023年3月23日国家发展改革委令第1号《关于修订投资管理有关规章和行政规范性文件的决定》修订）

第一章　总　　则

第一条　为落实企业投资自主权，规范政府对企业投资项目的核准和备案行为，实现便利、高效服务和有效管理，依法保护企业合法权益，依据《行政许可法》、《企业投资项目核准和备案管理条例》等有关法律法规，制定本办法。

第二条　本办法所称企业投资项目（以下简称项目），是指企业在中国境内投资建设的固定资产投资项目，包括企业使用自己筹措资金的项目，以及使用自己筹措的资金并申请使用政府投资补助或贷款贴息等的项目。

项目申请使用政府投资补助、贷款贴息的，应在履行核准或备案手续后，提出资金申请报告。

第三条　县级以上人民政府投资主管部门对投资项目履行综合管理职责。

县级以上人民政府其他部门依照法律、法规规定，按照本级政府规定职责分工，对投资项目履行相应管理职责。

第四条　根据项目不同情况，分别实行核准管理或备案管理。

对关系国家安全、涉及全国重大生产力布局、战略性资源开发和重大公共利益等项目，实行核准管理。其他项目实行备案管理。

第五条　实行核准管理的具体项目范围以及核准机关、核准权限，由国务院颁布的《政府核准的投资项目目录》（以下简称《核准目录》）确定。法律、行政法规和国务院对项目核准的范围、权限有专门规定的，从其规定。

《核准目录》由国务院投资主管部门会同有关部门研究提出，报国务院批准后实施，并根据情况适时调整。

未经国务院批准，各部门、各地区不得擅自调整《核准目录》确定的核准范围和权限。

第六条　除国务院另有规定外，实行备案管理的项目按照属地原则备案。

各省级政府负责制定本行政区域内的项目备案管理办法，明确备案机关及其权限。

第七条　依据本办法第五条第一款规定具有项目核准权限的行政机关统称项目核准机关。《核准目录》所称国务院投资主管部门是指国家发展和改革委员会；《核准目录》规定由省级政府、地方政府核准的项目，其具体项目核准机关由省级政府确定。

项目核准机关对项目进行的核准是行政许可事项，实施行政许可所需经费应当由本级财政予以保障。

依据国务院专门规定和省级政府规定具有项目备案权限的行政机关统称项目备案机关。

第八条　项目的市场前景、经济效益、资金来源和产品技术方案等，应当依法由企业自主决策、自担风险，项目核准、备案机关及其他行政机关不得非法干预企业的投资自主权。

第九条　项目核准、备案机关及其工作人员应当依法对项目进行核准或者备案，不得擅自增减审查条件,不得超出办理时限。

第十条 项目核准、备案机关应当遵循便民、高效原则,提高办事效率,提供优质服务。

项目核准、备案机关应当制定并公开服务指南,列明项目核准的申报材料及所需附件、受理方式、审查条件、办理流程、办理时限等;列明项目备案所需信息内容、办理流程等,提高工作透明度,为企业提供指导和服务。

第十一条 县级以上地方人民政府有关部门应当依照相关法律法规和本级政府有关规定,建立健全对项目核准、备案机关的监督制度,加强对项目核准、备案行为的监督检查。

各级政府及其有关部门应当依照相关法律法规及规定对企业从事固定资产投资活动实施监督管理。

任何单位和个人都有权对项目核准、备案、建设实施过程中的违法违规行为向有关部门检举。有关部门应当及时核实、处理。

第十二条 除涉及国家秘密的项目外,项目核准、备案通过全国投资项目在线审批监管平台(以下简称在线平台)实行网上受理、办理、监管和服务,实现核准、备案过程和结果的可查询、可监督。

第十三条 项目核准、备案机关以及其他有关部门统一使用在线平台生成的项目代码办理相关手续。

项目通过在线平台申报时,生成作为该项目整个建设周期身份标识的唯一项目代码。项目的审批信息、监管(处罚)信息,以及工程实施过程中的重要信息,统一汇集至项目代码,并与社会信用体系对接,作为后续监管的基础条件。

第十四条 项目核准、备案机关及有关部门应当通过在线平台公开与项目有关的发展规划、产业政策和准入标准,公开项目核准、备案等事项的办理条件、办理流程、办理时限等。

项目核准、备案机关应根据《政府信息公开条例》有关规定将核准、备案结果予以公开,不得违法违规公开重大工程的关键信息。

第十五条 企业投资建设固定资产投资项目,应当遵守国家法律法规,符合国民经济和社会发展总体规划、专项规划、区域规划、产业政策、市场准入标准、资源开发、能耗与环境管理等要求,依法履行项目核准或者备案及其他相关手续,并依法办理城乡规划、土地(海域)使用、环境保护、能源资源利用、安全生产等相关手续,如实提供相关材料,报告相关信息。

第十六条 对项目核准、备案机关实施的项目核准、备案行为,相关利害关系人有权依法申请行政复议或者提起行政诉讼。

第二章 项目核准的申请文件

第十七条 企业办理项目核准手续,应当按照国家有关要求编制项目申请报告,取得第二十二条规定依法应当附具的有关文件后,按照本办法第二十三条规定报送。

第十八条 组织编制和报送项目申请报告的项目单位,应当对项目申请报告以及依法应当附具文件的真实性、合法性和完整性负责。

第十九条 项目申请报告应当主要包括以下内容:

(一)项目单位情况;

(二)拟建项目情况,包括项目名称、建设地点、建设规模、建设内容等;

(三)项目资源利用情况分析以及对生态环境的影响分析;

(四)项目对经济和社会的影响分析。

第二十条 项目申请报告通用文本由国务院投资主管部门会同有关部门制定,主要行业的项目申请报告示范文本由相应的项目核准机关参照项目申请报告通用文本制定,明确编制内容、深度要求等。

第二十一条 项目申请报告可以由项目单位自行编写,也可以由项目单位自主委托具有相关经验和能力的工程咨询单位编写。任何单位和个人不得强制项目单位委托中介服务机构编制项目申请报告。

项目单位或者其委托的工程咨询单位应当按照项目申请报告通用文本和行业示范文本的要求编写项目申请报告。

工程咨询单位接受委托编制有关文件,应当做到依法、独立、客观、公正,对其编制的文件负责。

第二十二条 项目单位在报送项目申请报告时,应当根据国家法律法规的规定附具以下文件:

(一)自然资源主管部门出具的用地(用海)预审与选址意见书;

(二)法律、行政法规规定需要办理的其他相关手续。

第三章 项目核准的基本程序

第二十三条 地方企业投资建设应当分别由国务院投资主管部门、国务院行业管理部门核准的项目,可以分别通过项目所在地省级政府投资主管部门、行业管理部门向国务院投资主管部门、国务院行业管理部门转送项目申请报告。属于国务院投资主管部门核准权限的项目,项目所在地省级政府规定由省级政府行业管理部门转送的,可以由省级政府投资主管部门与其联合报送。

国务院有关部门所属单位、计划单列企业集团、中央管理企业投资建设应当由国务院有关部门核准的项目,直接向相应的项目核准机关报送项目申请报告,并附行业管理部门的意见。

企业投资建设应当由国务院核准的项目,按照本条第一、二款规定向国务院投资主管部门报送项目申请报告,由国务院投资主管部门审核后报国务院核准。新建运输机场项目由相关省级政府直接向国务院、中央军委报送项目申请报告。

第二十四条 企业投资建设应当由地方政府核准的项目,应当按照地方政府的有关规定,向相应的项目核准机关报送项目申请报告。

第二十五条 项目申报材料齐全、符合法定形式的,项目核准机关应当予以受理。

申报材料不齐全或者不符合法定形式的,项目核准机关应当在收到项目申报材料之日起5个工作日内一次告知项目单位补充相关文件,或对相关内容进行调整。逾期不告知的,自收到项目申报材料之日起即为受理。

项目核准机关受理或者不予受理申报材料,都应当出具加盖本机关专用印章并注明日期的书面凭证。对于受理的申报材料,书面凭证应注明项目代码,项目单位可以根据项目代码在线查询、监督核准过程和结果。

第二十六条 项目核准机关在正式受理项目申请报告后,需要评估的,应在4个工作日内按照有关规定委托具有相应资质的工程咨询机构进行评估。项目核准机关在委托评估时,应当根据项目具体情况,提出评估重点,明确评估时限。

工程咨询机构与编制项目申请报告的工程咨询机构为同一单位、存在控股、管理关系或者负责人为同一人的,该工程咨询机构不得承担该项目的评估工作。工程咨询机构与项目单位存在控股、管理关系或者负责人为同一人的,该工程咨询机构不得承担该项目单位的项目评估工作。

除项目情况复杂的,评估时限不得超过30个工作日。接受委托的工程咨询机构应当在项目核准机关规定的时间内提出评估报告,并对评估结论承担责任。项目情况复杂的,履行批准程序后,可以延长评估时限,但延长的期限不得超过60个工作日。

项目核准机关应当将项目评估报告与核准文件一并存档备查。

评估费用由委托评估的项目核准机关承担,评估机构及其工作人员不得收取项目单位的任何费用。

第二十七条 项目涉及有关行业管理部门或者项目所在地地方政府职责的,项目核准机关应当商请有关行业管理部门或地方人民政府在7个工作日内出具书面审查意见。有关行业管理部门或地方人民政府逾期没有反馈书面审查意见的,视为同意。

第二十八条 项目建设可能对公众利益构成重大影响的,项目核准机关在作出核准决定前,应当采取适当方式征求公众意见。

相关部门对直接涉及群众切身利益的用地(用海)、环境影响、移民安置、社会稳定风险等事项已经进行实质性审查并出具了相关审批文件的,项目核准机关可不再就相关内容重复征求公众意见。

对于特别重大的项目,可以实行专家评议制度。除项目情况特别复杂外,专家评议时限原则上不得超过30个工作日。

第二十九条 项目核准机关可以根据评估意见、部门意见和公众意见等,要求项目单位对相关内容进行调整,或者对有关情况和文件做进一步澄清、补充。

第三十条 项目违反相关法律法规,或者不符合发展规划、产业政策和市场准入标准要求的,项目核准机关可以不经过委托评估、征求意见等程序,直接作出不予核准的决定。

第三十一条 项目核准机关应当在正式受理申报材料后20个工作日内作出是否予以核准的决定,或向上级项目核准机关提出审核意见。项目情况复杂或者需要征求有关单位意见的,经本行政机关主要负责人批准,可以延长核准时限,但延长的时限不得超过40个工作日,并应当将延长期限的理由告知项目单位。

项目核准机关需要委托评估或进行专家评议的,所需时间不计算在前款规定的期限内。项目核准机关应当将咨询评估或专家评议所需时间书面告知项目单位。

第三十二条 项目符合核准条件的,项目核准机关应当对项目予以核准并向项目单位出具项目核准文件。项目不符合核准条件的,项目核准机关应当出具不予核准的书面通知,并说明不予核准的理由。

属于国务院核准权限的项目,由国务院投资主管部门根据国务院的决定向项目单位出具项目核准文件或者不予核准的书面通知。

项目核准机关出具项目核准文件或者不予核准的书面通知应当抄送同级行业管理、城乡规划、国土资源、水行政管理、环境保护、节能审查等相关部门和下级机关。

第三十三条 项目核准文件和不予核准书面通知的格式文本,由国务院投资主管部门制定。

第三十四条 项目核准机关应制定内部工作规则,不断优化工作流程,提高核准工作效率。

第四章 项目核准的审查及效力

第三十五条 项目核准机关应当从以下方面对项目进行审查:

(一)是否危害经济安全、社会安全、生态安全等国家安全;

(二)是否符合相关发展建设规划、产业政策和技术标准;

(三)是否合理开发并有效利用资源;

(四)是否对重大公共利益产生不利影响。

项目核准机关应当制定审查工作细则,明确审查具体内容、审查标准、审查要点、注意事项及不当行为需要承担的后果等。

第三十六条 除本办法第二十二条要求提供的项目申请报告附送文件之外,项目单位还应在开工前依法办理其他相关手续。

第三十七条 取得项目核准文件的项目,有下列情形之一的,项目单位应当及时以书面形式向原项目核准机关提出变更申请。原项目核准机关应当自受理申请之日起20个工作日内作出是否同意变更的书面决定:

(一)建设地点发生变更的;

(二)投资规模、建设规模、建设内容发生较大变化的;

(三)项目变更可能对经济、社会、环境等产生重大不利影响的;

(四)需要对项目核准文件所规定的内容进行调整的其他重大情形。

第三十八条 项目自核准机关出具项目核准文件或同意项目变更决定2年内未开工建设,需要延期开工建设的,项目单位应当在2年期限届满的30个工作日前,向项目核准机关申请延期开工建设。项目核准机关应当自受理申请之日起20个工作日内,作出是否同意延期开工建设的决定,并出具相应文件。开工建设只能延期一次,期限最长不得超过1年。国家对项目延期开工建设另有规定的,依照其规定。

在2年期限内未开工建设也未按照规定向项目核准机关申请延期的,项目核准文件或同意项目变更决定自动失效。

第五章 项目备案

第三十九条 实行备案管理的项目,项目单位应当在开工建设前通过在线平台将相关信息告知项目备案机关,依法履行投资项目信息告知义务,并遵循诚信和规范原则。

第四十条 项目备案机关应当制定项目备案基本信息格式文本,具体包括以下内容:

(一)项目单位基本情况;

(二)项目名称、建设地点、建设规模、建设内容;

(三)项目总投资额;

(四)项目符合产业政策声明。

项目单位应当对备案项目信息的真实性、合法性和完整性负责。

第四十一条 项目备案机关收到本办法第四十条规定的全部信息即为备案。项目备案信息不完整的,备案机关应当及时以适当方式提醒和指导项目单位补正。

项目备案机关发现项目属产业政策禁止投资建设或者依法应实行核准管理,以及不属于固定资产投资项目、依法应实施审批管理、不属于本备案机关权限等情形的,应当通过在线平台及时告知企业予以纠正或者依法申请办理相关手续。

第四十二条 项目备案相关信息通过在线平台在相关部门之间实现互通共享。

项目单位需要备案证明的,可以通过在线平台自行打印或者要求备案机关出具。

第四十三条 项目备案后,项目法人发生变化,项目建设地点、规模、内容发生重大变更,或者放弃项目建设的,项目单位应当通过在线平台及时告知项目备案机关,并修改相关信息。

第四十四条 实行备案管理的项目,项目单位在开工建设前还应当根据相关法律法规规定办理其他相关手续。

第六章 监督管理

第四十五条 上级项目核准、备案机关应当加强对下级项目核准、备案机关的指导和监督,及时纠正项目管理中存在的违法违规行为。

第四十六条 项目核准和备案机关、行业管理、城乡规划(建设)、国家安全、国土(海洋)资源、环境保护、节能审查、金融监管、安全生产监管、审计等部门,应当按照谁审批谁监管、谁主管谁监管的原则,采取在线监测、现场核查等方式,依法加强对项目的事中事后监管。

项目核准、备案机关应当根据法律法规和发展规划、产业政策、总量控制目标、技术政策、准入标准及相关环保要求等,对项目进行监管。

城乡规划、国土(海洋)资源、环境保护、节能审查、安全监管、建设、行业管理等部门,应当履行法律法规赋予的监管职责,在各自职责范围内对项目进行监管。

金融监管部门应当加强指导和监督,引导金融机构按照商业原则,依法独立审贷。

审计部门应当依法加强对国有企业投资项目、申请使用政府投资资金的项目以及其他公共工程项目的审计监督。

第四十七条 各级地方政府有关部门应按照相关法律法规及职责分工,加强对本行政区域内项目的监督检查,发现违法违规行为的,应当依法予以处理,并通过在线平台登记相关违法违规信息。

第四十八条 对不符合法定条件的项目予以核准,或者超越法定职权予以核准的,应依法予以撤销。

第四十九条 各级项目核准、备案机关的项目核准或备案信息,以及国土(海洋)资源、城乡规划、水行政管理、环境保护、节能审查、安全监管、建设、工商等部门的相关手续办理信息、审批结果信息、监管(处罚)信息,应当通过在线平台实现互通共享。

第五十条 项目单位应当通过在线平台如实报送项目开工建设、建设进度、竣工的基本信息。

项目开工前,项目单位应当登录在线平台报备项目开工基本信息。项目开工后,项目单位应当按年度在线报备项目建设动态进度基本信息。项目竣工验收后,项目单位应当在线报备项目竣工基本信息。

第五十一条 项目单位有下列行为之一的,相关信息列入项目异常信用记录,并纳入全国信用信息共享平台:

(一)应申请办理项目核准但未依法取得核准文件的;

(二)提供虚假项目核准或备案信息,或者未依法将项目信息告知备案机关,或者已备案项目信息变更未告知备案机关的;

(三)违反法律法规擅自开工建设的;

(四)不按照批准内容组织实施的;

(五)项目单位未按本办法第五十条规定报送项目开工建设、建设进度、竣工等基本信息,或者报送虚假信息的;

(六)其他违法违规行为。

第七章 法律责任

第五十二条 项目核准、备案机关有下列情形之一的,由其上级行政机关责令改正,对负有责任的领导人员和直接责任人员由有关单位和部门依纪依法给予处分:

(一)超越法定职权予以核准或备案的;

(二)对不符合法定条件的项目予以核准的;

(三)对符合法定条件的项目不予核准的;

(四)擅自增减核准审查条件的,或者以备案名义变相审批、核准的;

(五)不在法定期限内作出核准决定的;

(六)不依法履行监管职责或者监督不力,造成严重后果的。

第五十三条 项目核准、备案机关及其工作人员,以及其他相关部门及其工作人员,在项目核准、备案以及相关审批手续办理过程中玩忽职守、滥用职权、徇私舞弊、索贿受贿的,对负有责任的领导人员和直接责任人员依法给予处分;构成犯罪的,依法追究刑事责任。

第五十四条 项目核准、备案机关,以及国土(海洋)资源、城乡规划、水行政管理、环境保护、节能审查、安全监管、建设等部门违反相关法律法规规定,未依法履行监管职责的,对直接负责的主管人员和其他直接责任人员,依法给予处分;构成犯罪的,依法追究刑事责任。

项目所在地的地方政府有关部门不履行企业投资监管职责的,对直接负责的主管人员和其他直接责任人员,依法给予处分。

第五十五条 企业以分拆项目、隐瞒有关情况或者提供虚假申报材料等不正当手段申请核准、备案的,项目核准机关不予受理或者不予核准、备案,并给予警告。

第五十六条 实行核准管理的项目,企业未依法办理核准手续开工建设或者未按照核准的建设地点、建设规模、建设内容等进行建设的,由核准机关责令停止建设或者责令停产,对企业处项目总投资额1‰以上5‰以下的罚款;对直接负责的主管人员和其他直接责任人员处2万元以上5万元以下的罚款,属于国家工作人员的,依法给予处分。项目应视情况予以拆除或者补办相关手续。

以欺骗、贿赂等不正当手段取得项目核准文件,尚未开工建设的,由核准机关撤销核准文件,处项目总投资额1‰以上5‰以下的罚款;已经开工建设的,依照前款规定予以处罚;构成犯罪的,依法追究刑事责任。

第五十七条 实行备案管理的项目,企业未依法将项目信息或者已备案项目信息变更情况告知备案机关，或者向备案机关提供虚假信息的，由备案机关责令限期改正；逾期不改正的，处2万元以上5万元以下的罚款。

第五十八条 企业投资建设产业政策禁止投资建设项目的，由县级以上人民政府投资主管部门责令停止建设或者责令停产并恢复原状，对企业处项目总投资额5‰以上10‰以下的罚款；对直接负责的主管人员和其他直接责任人员处5万元以上10万元以下的罚款，属于国家工作人员的，依法给予处分。法律、行政法规另有规定的，依照其规定。

第五十九条 项目单位在项目建设过程中不遵守国土（海洋）资源、城乡规划、环境保护、节能、安全监管、建设等方面法律法规和有关审批文件要求的，相关部门应依法予以处理。

第六十条 承担项目申请报告编写、评估任务的工程咨询评估机构及其人员、参与专家评议的专家，在编制项目申请报告、受项目核准机关委托开展评估或者参与专家评议过程中，违反从业规定，造成重大损失和恶劣影响的，依法降低或撤销工程咨询单位资格，取消主要责任人员的相关职业资格。

第八章 附　　则

第六十一条 本办法所称省级政府包括各省、自治区、直辖市及计划单列市人民政府和新疆生产建设兵团。

第六十二条 外商投资项目和境外投资项目的核准和备案管理办法另行制定。

第六十三条 省级政府和国务院行业管理部门，可以按照《企业投资项目核准和备案管理条例》和本办法的规定，制订具体实施办法。

第六十四条 事业单位、社会团体等非企业组织在中国境内利用自有资金、不申请政府投资建设的固定资产投资项目，按照企业投资项目进行管理。

个人投资建设项目参照本办法的相关规定执行。

第六十五条 本办法由国家发展和改革委员会负责解释。

第六十六条 本办法自2017年4月8日起施行。《政府核准投资项目管理办法》（国家发展改革委令第11号）同时废止。

中央预算内直接投资项目管理办法

（2014年1月29日国家发展改革委令第7号公布　根据2023年3月23日国家发展改革委令第1号《关于修订投资管理有关规章和行政规范性文件的决定》修订）

第一章 总　　则

第一条 为切实加强和进一步规范中央预算内直接投资项目管理，健全科学、民主的投资决策机制，提高投资效益，着力推动投资高质量发展，依据《中共中央、国务院关于深化投融资体制改革的意见》《国务院关于投资体制改革的决定》《政府投资条例》等，制定本办法。

第二条 本办法所称中央预算内直接投资项目（以下简称直接投资项目或者项目），是指国家发展改革委安排中央预算内投资建设的中央本级（包括中央部门及其派出机构、垂直管理单位、所属事业单位）非经营性固定资产投资项目。

党政机关办公楼建设项目按照党中央、国务院规定严格管理。

第三条 中央预算内直接投资应当遵循科学决策、规范管理、注重绩效、公开透明的原则，统筹兼顾国民经济社会发展各相关政策目标，争取获得经济和社会发展综合效益。

中央预算内直接投资应贯彻落实国家重大战略、重大规划和重大方针政策，并与经济社会发展水平和财政收支状况相适应。

第四条 直接投资项目实行审批制，包括审批项目建议书、可行性研究报告、初步设计。情况特殊、影响重大的项目，需要审批开工报告。

国务院、国家发展改革委批准的专项规划中已经明确、前期工作深度达到项目建议书要求、建设内容简单、投资规模较小的项目,可以直接编报可行性研究报告,或者合并编报项目建议书。

第五条 申请安排中央预算内投资3000万元及以上的项目,以及需要跨地区、跨部门、跨领域统筹的项目,由国家发展改革委审批或者由国家发展改革委委托中央有关部门审批,其中特别重大项目由国家发展改革委核报国务院批准;其余项目按照隶属关系,由中央有关部门审批后抄送国家发展改革委。

按照规定权限和程序批准的项目,国家发展改革委在编制年度计划时统筹安排中央预算内投资。

第六条 审批直接投资项目时,一般应当委托具备相应能力的工程咨询机构对项目建议书、可行性研究报告进行评估。特别重大的项目实行专家评议制度。

第七条 直接投资项目在可行性研究报告、初步设计及投资概算的编制、审批以及建设过程中,应当符合国家有关建设标准和规范。

第八条 发展改革委与财政、自然资源、生态环境、金融监管、行业管理等部门建立联动机制,实现信息共享。

凡不涉及国家安全和国家秘密、法律法规未禁止公开的直接投资项目,审批部门应当按照政府信息公开的有关规定,将项目审批情况向社会公开。

第二章 项目决策

第九条 适宜编制规划的领域,国家发展改革委和中央有关部门应当编制专项规划。按照规定权限和程序批准的专项规划,是项目决策的重要依据。

第十条 国家发展改革委会同有关部门建立项目储备库,作为项目决策和年度计划安排的重要依据。

第十一条 项目建议书要对项目建设的必要性、主要建设内容、拟建地点、拟建规模、投资匡算、资金筹措以及社会效益和经济效益等进行初步分析,并附相关文件资料。项目建议书的编制格式、内容和深度应当达到规定要求。

由国家发展改革委负责审批的项目,其项目建议书应当由具备相应资信的甲级工程咨询机构编制。

第十二条 项目建议书编制完成后,由项目单位按照规定程序报送项目审批部门审批。项目审批部门对符合有关规定、确有必要建设的项目,批准项目建议书,并将批复文件抄送自然资源、生态环境等部门。

项目审批部门可以在项目建议书批复文件中规定批复文件的有效期。

第十三条 项目单位依据项目建议书批复文件,组织开展可行性研究,并按照规定向自然资源、生态环境等部门申请办理用地(用海)预审与选址意见书、环境影响评价等审批手续。

第十四条 项目审批部门在批准项目建议书之后,应当按照有关规定进行公示。公示期间征集到的主要意见和建议,作为编制和审批项目可行性研究报告的重要参考。

第十五条 项目建议书批准后,项目单位应当委托工程咨询机构编制可行性研究报告,对项目在技术和经济上的可行性以及社会效益、节能、资源综合利用、生态环境影响、社会稳定风险等进行全面分析论证,落实各项建设和运行保障条件,并按照有关规定取得相关许可、审查意见。可行性研究报告的编制格式、内容和深度应当达到规定要求。

由国家发展改革委负责审批的项目,其可行性研究报告应当由具备相应资信的甲级工程咨询机构编制。

第十六条 项目可行性研究报告应当包含以下招标内容:

(一)项目的勘察、设计、施工、监理以及重要设备、材料等采购活动的具体招标范围(全部或者部分招标);

(二)项目的勘察、设计、施工、监理以及重要设备、材料等采购活动拟采用的招标组织形式(委托招标或者自行招标)。按照有关规定拟自行招标的,应当按照国家有关规定提交书面材料；

（三）项目的勘察、设计、施工、监理以及重要设备、材料等采购活动拟采用的招标方式（公开招标或者邀请招标）。按照有关规定拟邀请招标的，应当按照国家有关规定提交书面材料。

第十七条 可行性研究报告编制完成后，由项目单位按照规定程序报送项目审批部门审批，并应当按规定附送用地（用海）预审与选址意见书、节能审查意见以及其它应当提交的文件。

第十八条 项目审批部门对符合有关规定、具备建设条件的项目，批准可行性研究报告，并将批复文件抄送自然资源、生态环境等部门。

项目审批部门可以在可行性研究报告批复文件中规定批复文件的有效期。

对于情况特殊、影响重大的项目，需要审批开工报告的，应当在可行性研究报告批复文件中予以明确。

第十九条 经批准的可行性研究报告是确定建设项目的依据。项目单位可以依据可行性研究报告批复文件，按照规定向自然资源等部门申请办理规划许可、正式用地等手续，并委托具有相应资质的设计单位进行初步设计。

第二十条 初步设计应当符合国家有关规定和可行性研究报告批复文件的有关要求，明确各单项工程或者单位工程的建设内容、建设规模、建设标准、用地规模、主要材料、设备规格和技术参数等设计方案，并据此编制投资概算。投资概算应当包括国家规定的项目建设所需的全部费用。

由国家发展改革委负责审批的项目，其初步设计应当由具备相应资质的甲级设计单位编制。

第二十一条 投资概算超过可行性研究报告批准的投资估算百分之十的，或者项目单位、建设性质、建设地点、建设规模、技术方案等发生重大变更的，项目单位应当报告项目审批部门。项目审批部门可以要求项目单位重新组织编制和报批可行性研究报告。

第二十二条 初步设计编制完成后，由项目单位按照规定程序报送项目审批部门审批。法律法规对直接投资项目的初步设计审批权限另有规定的，从其规定。

对于由国家发展改革委审批项目建议书、可行性研究报告的项目，其初步设计经中央有关部门审核后，由国家发展改革委审批或者经国家发展改革委核定投资概算后由中央有关部门审批。

经批准的初步设计及投资概算应当作为项目建设实施和控制投资的依据。

第二十三条 直接投资项目应当符合规划、产业政策、环境保护、土地使用、节约能源、资源利用等方面的有关规定。

第三章 建设管理

第二十四条 对于项目单位缺乏相关专业技术人员和建设管理经验的直接投资项目，项目审批部门应当在批复可行性研究报告时要求实行代理建设制度（“代建制”），通过招标等方式选择具备工程项目管理资质的工程咨询机构，作为项目管理单位负责组织项目的建设实施。项目管理单位按照与项目单位签订的合同，承担项目建设实施的相关权利义务，严格执行项目的投资概算、质量标准和建设工期等要求，在项目竣工验收后将项目交付项目单位。

第二十五条 直接投资项目应当依法办理相关手续，在具备国家规定的各项开工条件后，方可开工建设。

对于按照可行性研究报告批复文件的规定需要审批开工报告的项目，应当在开工报告批准后方可开工建设。

第二十六条 直接投资项目的招标采购，按照《招标投标法》等有关法律法规规定办理。从事直接投资项目招标代理业务的招标代理机构，应当具备中央投资项目招标代理资格。

第二十七条 建立项目建设情况报告制度。项目单位应当按照规定向项目审批部门定期报告项目建设进展情况。

第二十八条 项目由于政策调整、价格上涨、地质条件发生重大变化等原因确需调整投资概算的，由项目单位提出调整方案，按照规定程序报原概算核定部门核定。概算调增幅度超过原批复概算百分之十的，概算核定部门应按照规定委托评审机构进行专业评审，并依据结论进行概算调整。

第二十九条 建立健全直接投资项目的工程保险和工程担保制度,加强直接投资项目的风险管理。

第三十条 直接投资项目应当遵守国家档案管理的有关规定,做好项目档案管理工作。项目档案验收不合格的,应当限期整改,经复查合格后,方可进行竣工验收。

第三十一条 直接投资项目竣工后,应当按照规定编制竣工决算。项目竣工决算具体审查和审批办法,按照国家有关规定执行。

第三十二条 直接投资项目建成后,项目单位应当按照国家有关规定报请项目可行性研究报告审批部门组织竣工验收。对于委托中央有关部门或者项目单位进行竣工验收的,中央有关部门或者项目单位应当在竣工验收完成后,将项目竣工验收报告报项目可行性研究报告审批部门。

第三十三条 直接投资项目建成运行后,项目审批部门可以依据有关规定,组织具备相应资质的工程咨询机构,对照项目可行性研究报告批复文件及批准的可行性研究报告的主要内容开展项目后评价,必要时应当参照初步设计文件的相关内容进行对比分析,进一步加强和改进项目管理,不断提高决策水平和投资效益。

第四章 监督检查和法律责任

第三十四条 发展改革、财政、审计、监察和其它有关部门,依据职能分工,对直接投资项目进行监督检查。

发展改革部门要严格落实属地监管责任,采取抽查等方式开展项目监管,并依托投资项目在线审批监管平台(国家重大项目库)加强对中央预算内直接投资项目的在线动态监管。

对未履行、不当履行或违法履行监管职责的,要依法依规严肃处理;涉嫌犯罪的,要移送有关机关依法处理。对严格依据抽查事项清单和相关工作要求开展监管,项目出现问题的,应结合执法检查人员工作态度、工作程序方法、客观条件等进行综合分析,该免责的依法依规免予追究相关责任。

第三十五条 国家发展改革委和有关部门应当依法接受单位、个人对直接投资项目在审批、建设过程中违法违规行为的投诉和举报,并按照有关规定进行查处。

第三十六条 项目审批部门和其它有关部门有下列行为之一的,责令限期改正,并对直接负责的主管人员和其它直接责任人员依法给予处分。

(一)违反本办法规定批准项目建议书、可行性研究报告、初步设计及核定投资概算的;

(二)强令或者授意项目单位违反本办法规定的;

(三)因故意或者重大过失造成重大损失或者严重损害公民、法人和其它组织合法权益的;

(四)其它违反本办法规定的行为。

第三十七条 国家机关及有关单位的工作人员在项目建设过程中滥用职权、玩忽职守、徇私舞弊、索贿受贿的,依法追究行政或者法律责任。

第三十八条 项目单位和项目管理单位有下列行为之一的,国家发展改革委和有关部门将其纳入不良信用记录,责令其限期整改、暂停项目建设或者暂停投资安排;对直接负责的主管人员和其它直接责任人员,依法追究行政或者法律责任。

(一)提供虚假情况骗取项目审批和中央预算内投资的;

(二)违反国家有关规定擅自开工建设的;

(三)未经批准擅自调整建设标准或者投资规模、改变建设地点或者建设内容的;

(四)转移、侵占或者挪用建设资金的;

(五)未及时办理竣工验收手续、未经竣工验收或者验收不合格即交付使用的;

(六)已经批准的项目,无正当理由未及时实施或者完成的;

(七)不按国家规定履行招标程序的;

(八)其它违反本办法规定的行为。

第三十九条 有关工程咨询机构或者设计单位在编制项目建议书、可行性研究报告、初步设计及投资概算以及开展咨询评估或者项目后评价时，弄虚作假或者咨询评估意见严重失实的，国家发展改革委和有关部门将其纳入不良信用记录，根据其情节轻重，依法给予警告、停业整顿、降低资质等级或者撤销资质等处罚；造成损失的，依法承担赔偿责任。相关责任人员涉嫌犯罪的，依法移送司法机关处理。

第四十条 直接投资项目发生重大质量安全事故的，按照国家有关规定，由有关部门依法追究项目单位、项目管理单位和勘察设计、施工、监理、招标代理等单位以及相关人员的法律责任。

第五章 附 则

第四十一条 中央有关部门可以根据本办法的规定及职能分工，制订本部门的具体管理办法。省级发展改革部门可以参照本办法制订本地区的管理办法。

第四十二条 本办法由国家发展改革委负责解释。

第四十三条 本办法自2014年3月1日起施行。

基础设施和公用事业特许经营管理办法

（2015年4月25日国家发展和改革委员会、财政部、住房和城乡建设部、交通运输部、水利部、中国人民银行令第25号公布 自2015年6月1日起施行）

第一章 总 则

第一条 为鼓励和引导社会资本参与基础设施和公用事业建设运营，提高公共服务质量和效率，保护特许经营者合法权益，保障社会公共利益和公共安全，促进经济社会持续健康发展，制定本办法。

第二条 中华人民共和国境内的能源、交通运输、水利、环境保护、市政工程等基础设施和公用事业领域的特许经营活动，适用本办法。

第三条 本办法所称基础设施和公用事业特许经营，是指政府采用竞争方式依法授权中华人民共和国境内外的法人或者其他组织，通过协议明确权利义务和风险分担，约定其在一定期限和范围内投资建设运营基础设施和公用事业并获得收益，提供公共产品或者公共服务。

第四条 基础设施和公用事业特许经营应当坚持公开、公平、公正，保护各方信赖利益，并遵循以下原则：

（一）发挥社会资本融资、专业、技术和管理优势，提高公共服务质量效率；

（二）转变政府职能，强化政府与社会资本协商合作；

（三）保护社会资本合法权益，保证特许经营持续性和稳定性；

（四）兼顾经营性和公益性平衡，维护公共利益。

第五条 基础设施和公用事业特许经营可以采取以下方式：

（一）在一定期限内，政府授予特许经营者投资新建或改扩建、运营基础设施和公用事业，期限届满移交政府；

（二）在一定期限内，政府授予特许经营者投资新建或改扩建、拥有并运营基础设施和公用事业，期限届满移交政府；

（三）特许经营者投资新建或改扩建基础设施和公用事业并移交政府后，由政府授予其在一定期限内运营；

（四）国家规定的其他方式。

第六条 基础设施和公用事业特许经营期限应当根据行业特点、所提供公共产品或服务需求、项目生命周期、投资回收期等综合因素确定，最长不超过30年。

对于投资规模大、回报周期长的基础设施和公用事业特许经营项目（以下简称特许经营项目)可以由政府或者其授权部门与特许经营者根据项目实际情况,约定超过前款规定的特许经营期限。

第七条 国务院发展改革、财政、国土、环保、住房城乡建设、交通运输、水利、能源、金融、安全监管等有关部门按照各自职责,负责相关领域基础设施和公用事业特许经营规章、政策制定和监督管理工作。

县级以上地方人民政府发展改革、财政、国土、环保、住房城乡建设、交通运输、水利、价格、能源、金融监管等有关部门根据职责分工,负责有关特许经营项目实施和监督管理工作。

第八条 县级以上地方人民政府应当建立各有关部门参加的基础设施和公用事业特许经营部门协调机制,负责统筹有关政策措施,并组织协调特许经营项目实施和监督管理工作。

第二章 特许经营协议订立

第九条 县级以上人民政府有关行业主管部门或政府授权部门(以下简称项目提出部门)可以根据经济社会发展需求,以及有关法人和其他组织提出的特许经营项目建议等,提出特许经营项目实施方案。

特许经营项目应当符合国民经济和社会发展总体规划、主体功能区规划、区域规划、环境保护规划和安全生产规划等专项规划、土地利用规划、城乡规划、中期财政规划等,并且建设运营标准和监管要求明确。

项目提出部门应当保证特许经营项目的完整性和连续性。

第十条 特许经营项目实施方案应当包括以下内容:

(一)项目名称;

(二)项目实施机构;

(三)项目建设规模、投资总额、实施进度,以及提供公共产品或公共服务的标准等基本经济技术指标;

(四)投资回报、价格及其测算;

(五)可行性分析,即降低全生命周期成本和提高公共服务质量效率的分析估算等;

(六)特许经营协议框架草案及特许经营期限;

(七)特许经营者应当具备的条件及选择方式;

(八)政府承诺和保障;

(九)特许经营期限届满后资产处置方式;

(十)应当明确的其他事项。

第十一条 项目提出部门可以委托具有相应能力和经验的第三方机构,开展特许经营可行性评估,完善特许经营项目实施方案。

需要政府提供可行性缺口补助或者开展物有所值评估的,由财政部门负责开展相关工作。具体办法由国务院财政部门另行制定。

第十二条 特许经营可行性评估应当主要包括以下内容:

(一)特许经营项目全生命周期成本、技术路线和工程方案的合理性,可能的融资方式、融资规模、资金成本,所提供公共服务的质量效率,建设运营标准和监管要求等;

(二)相关领域市场发育程度,市场主体建设运营能力状况和参与意愿;

(三)用户付费项目公众支付意愿和能力评估。

第十三条 项目提出部门依托本级人民政府根据本办法第八条规定建立的部门协调机制,会同发展改革、财政、城乡规划、国土、环保、水利等有关部门对特许经营项目实施方案进行审查。

经审查认为实施方案可行的,各部门应当根据职责分别出具书面审查意见。

项目提出部门综合各部门书面审查意见,报本级人民政府或其授权部门审定特许经营项目实施方案。

第十四条 县级以上人民政府应当授权有关部门或单位作为实施机构负责特许经营项目有关实施工作,并明确具体授权范围。

第十五条 实施机构根据经审定的特许经营项目实施方案,应当通过招标、竞争性谈判等竞争方式选择特许经营者。

特许经营项目建设运营标准和监管要求明确、有关领域市场竞争比较充分的,应当通过招标方式选择特许经营者。

第十六条 实施机构应当在招标或谈判文件中载明是否要求成立特许经营项目公司。

第十七条 实施机构应当公平择优选择具有相应管理经验、专业能力、融资实力以及信用状况良好的法人或者其他组织作为特许经营者。鼓励金融机构与参与竞争的法人或其他组织共同制定投融资方案。

特许经营者选择应当符合内外资准入等有关法律、行政法规规定。

依法选定的特许经营者,应当向社会公示。

第十八条 实施机构应当与依法选定的特许经营者签订特许经营协议。

需要成立项目公司的,实施机构应当与依法选定的投资人签订初步协议,约定其在规定期限内注册成立项目公司,并与项目公司签订特许经营协议。

特许经营协议应当主要包括以下内容:

(一)项目名称、内容;

(二)特许经营方式、区域、范围和期限;

(三)项目公司的经营范围、注册资本、股东出资方式、出资比例、股权转让等;

(四)所提供产品或者服务的数量、质量和标准;

(五)设施权属,以及相应的维护和更新改造;

(六)监测评估;

(七)投融资期限和方式;

(八)收益取得方式,价格和收费标准的确定方法以及调整程序;

(九)履约担保;

(十)特许经营期内的风险分担;

(十一)政府承诺和保障;

(十二)应急预案和临时接管预案;

(十三)特许经营期限届满后,项目及资产移交方式、程序和要求等;

(十四)变更、提前终止及补偿;

(十五)违约责任;

(十六)争议解决方式;

(十七)需要明确的其他事项。

第十九条 特许经营协议根据有关法律、行政法规和国家规定,可以约定特许经营者通过向用户收费等方式取得收益。

向用户收费不足以覆盖特许经营建设、运营成本及合理收益的,可由政府提供可行性缺口补助,包括政府授予特许经营项目相关的其它开发经营权益。

第二十条 特许经营协议应当明确价格或收费的确定和调整机制。特许经营项目价格或收费应当依据相关法律、行政法规规定和特许经营协议约定予以确定和调整。

第二十一条 政府可以在特许经营协议中就防止不必要的同类竞争性项目建设、必要合理的财政补贴、有关配套公共服务和基础设施的提供等内容作出承诺,但不得承诺固定投资回报和其他法律、行政法规禁止的事项。

第二十二条 特许经营者根据特许经营协议,需要依法办理规划选址、用地和项目核准或审批等手续的,有关部门在进行审核时,应当简化审核内容,优化办理流程,缩短办理时限,对于本部门根据本办法第十三条出具书面审查意见已经明确的事项,不再作重复审查。

实施机构应当协助特许经营者办理相关手续。

第二十三条 国家鼓励金融机构为特许经营项目提供财务顾问、融资顾问、银团贷款等金融服务。政策性、开发性金融机构可以给予特许经营项目差异化信贷支持,对符合条件的项目,贷款期限最长可达30年。探索利用特许经营项目预期收益质押贷款,支持利用相关收益作为还款来源。

第二十四条 国家鼓励通过设立产业基金等形式入股提供特许经营项目资本金。鼓励特许经营项目公司进行结构化融资,发行项目收益票据和资产支持票据等。

国家鼓励特许经营项目采用成立私募基金,引入战略投资者,发行企业债券、项目收益债券、公司债券、非金融企业债务融资工具等方式拓宽投融资渠道。

第二十五条 县级以上人民政府有关部门可以探索与金融机构设立基础设施和公用事业特许经营引导基金,并通过投资补助、财政补贴、贷款贴息等方式,支持有关特许经营项目建设运营。

第三章 特许经营协议履行

第二十六条 特许经营协议各方当事人应当遵循诚实信用原则,按照约定全面履行义务。

除法律、行政法规另有规定外,实施机构和特许经营者任何一方不履行特许经营协议约定义务或者履行义务不符合约定要求的,应当根据协议继续履行、采取补救措施或者赔偿损失。

第二十七条 依法保护特许经营者合法权益。任何单位或者个人不得违反法律、行政法规和本办法规定,干涉特许经营者合法经营活动。

第二十八条 特许经营者应当根据特许经营协议,执行有关特许经营项目投融资安排,确保相应资金或资金来源落实。

第二十九条 特许经营项目涉及新建或改扩建有关基础设施和公用事业的,应当符合城乡规划、土地管理、环境保护、质量管理、安全生产等有关法律、行政法规规定的建设条件和建设标准。

第三十条 特许经营者应当根据有关法律、行政法规、标准规范和特许经营协议,提供优质、持续、高效、安全的公共产品或者公共服务。

第三十一条 特许经营者应当按照技术规范,定期对特许经营项目设施进行检修和保养,保证设施运转正常及经营期限届满后资产按规定进行移交。

第三十二条 特许经营者对涉及国家安全的事项负有保密义务,并应当建立和落实相应保密管理制度。

实施机构、有关部门及其工作人员对在特许经营活动和监督管理工作中知悉的特许经营者商业秘密负有保密义务。

第三十三条 实施机构和特许经营者应当对特许经营项目建设、运营、维修、保养过程中有关资料,按照有关规定进行归档保存。

第三十四条 实施机构应当按照特许经营协议严格履行有关义务,为特许经营者建设运营特许经营项目提供便利和支持,提高公共服务水平。

行政区划调整,政府换届、部门调整和负责人变更,不得影响特许经营协议履行。

第三十五条 需要政府提供可行性缺口补助的特许经营项目,应当严格按照预算法规定,综合考虑政府财政承受能力和债务风险状况,合理确定财政付费总额和分年度数额,并与政府年度预算和中期财政规划相衔接,确保资金拨付需要。

第三十六条 因法律、行政法规修改,或者政策调整损害特许经营者预期利益,或者根据公共利益需要,要求特许经营者提供协议约定以外的产品或服务的,应当给予特许经营者相应补偿。

第四章 特许经营协议变更和终止

第三十七条 在特许经营协议有效期内,协议内容确需变更的,协议当事人应当在协商一致基础上签订补充协议。如协议可能对特许经营项目的存续债务产生重大影响的,应当事先征求债权人同意。特许经营项目涉及直接融资行为的,应当及时做好相关信息披露。

特许经营期限届满后确有必要延长的,按照有关规定经充分评估论证,协商一致并报批准后,可以延长。

第三十八条 在特许经营期限内,因特许经营协议一方严重违约或不可抗力等原因,导致特许经营者无法继续履行协议约定义务,或者出现特许经营协议约定的提前终止协议情形的,在与债权人协商一致后,可以提前终止协议。

特许经营协议提前终止的,政府应当收回特许经营项目,并根据实际情况和协议约定给予原特许经营者相应补偿。

第三十九条 特许经营期限届满终止或提前终止的,协议当事人应当按照特许经营协议约定,以及有关法律、行政法规和规定办理有关设施、资料、档案等的性能测试、评估、移交、接管、验收等手续。

第四十条 特许经营期限届满终止或者提前终止,对该基础设施和公用事业继续采用特许经营方式的,实施机构应当根据本办法规定重新选择特许经营者。

因特许经营期限届满重新选择特许经营者的,在同等条件下,原特许经营者优先获得特许经营。

新的特许经营者选定之前,实施机构和原特许经营者应当制定预案,保障公共产品或公共服务的持续稳定提供。

第五章 监督管理和公共利益保障

第四十一条 县级以上人民政府有关部门应当根据各自职责,对特许经营者执行法律、行政法规、行业标准、产品或服务技术规范,以及其他有关监管要求进行监督管理,并依法加强成本监督审查。

县级以上审计机关应当依法对特许经营活动进行审计。

第四十二条 县级以上人民政府及其有关部门应当根据法律、行政法规和国务院决定保留的行政审批项目对特许经营进行监督管理,不得以实施特许经营为名违法增设行政审批项目或审批环节。

第四十三条 实施机构应当根据特许经营协议,定期对特许经营项目建设运营情况进行监测分析,会同有关部门进行绩效评价,并建立根据绩效评价结果、按照特许经营协议约定对价格或财政补贴进行调整的机制,保障所提供公共产品或公共服务的质量和效率。

实施机构应当将社会公众意见作为监测分析和绩效评价的重要内容。

第四十四条 社会公众有权对特许经营活动进行监督,向有关监管部门投诉,或者向实施机构和特许经营者提出意见建议。

第四十五条 县级以上人民政府应当将特许经营有关政策措施、特许经营部门协调机制组成以及职责等信息向社会公开。

实施机构和特许经营者应当将特许经营项目实施方案、特许经营者选择、特许经营协议及其变更或终止、项目建设运营、所提供公共服务标准、监测分析和绩效评价、经过审计的上年度财务报表等有关信息按规定向社会公开。

特许经营者应当公开有关会计数据、财务核算和其他有关财务指标,并依法接受年度财务审计。

第四十六条 特许经营者应当对特许经营协议约定服务区域内所有用户普遍地、无歧视地提供公共产品或公共服务,不得对新增用户实行差别待遇。

第四十七条 实施机构和特许经营者应当制定突发事件应急预案,按规定报有关部门。突发事件发生后,及时启动应急预案,保障公共产品或公共服务的正常提供。

第四十八条 特许经营者因不可抗力等原因确实无法继续履行特许经营协议的,实施机构应当采取措施,保证持续稳定提供公共产品或公共服务。

第六章 争 议 解 决

第四十九条 实施机构和特许经营者就特许经营协议履行发生争议的,应当协商解决。协商达成一致的,应当签订补充协议并遵照执行。

第五十条 实施机构和特许经营者就特许经营协议中的专业技术问题发生争议的,可以共同聘请专家或第三方机构进行调解。调解达成一致的,应当签订补充协议并遵照执行。

第五十一条 特许经营者认为行政机关作出的具体行政行为侵犯其合法权益的,有陈述、申辩的权利,并可以依法提起行政复议或者行政诉讼。

第五十二条 特许经营协议存续期间发生争议,当事各方在争议解决过程中,应当继续履行特许经营协议义务,保证公共产品或公共服务的持续性和稳定性。

第七章 法律责任

第五十三条 特许经营者违反法律、行政法规和国家强制性标准,严重危害公共利益,或者造成重大质量、安全事故或者突发环境事件的,有关部门应当责令限期改正并依法予以行政处罚;拒不改正、情节严重的,可以终止特许经营协议;构成犯罪的,依法追究刑事责任。

第五十四条 以欺骗、贿赂等不正当手段取得特许经营项目的,应当依法收回特许经营项目,向社会公开。

第五十五条 实施机构、有关行政主管部门及其工作人员不履行法定职责、干预特许经营者正常经营活动、徇私舞弊、滥用职权、玩忽职守的,依法给予行政处分;构成犯罪的,依法追究刑事责任。

第五十六条 县级以上人民政府有关部门应当对特许经营者及其从业人员的不良行为建立信用记录,纳入全国统一的信用信息共享交换平台。对严重违法失信行为依法予以曝光,并会同有关部门实施联合惩戒。

第八章 附 则

第五十七条 基础设施和公用事业特许经营涉及国家安全审查的,按照国家有关规定执行。

第五十八条 法律、行政法规对基础设施和公用事业特许经营另有规定的,从其规定。

本办法实施之前依法已经订立特许经营协议的,按照协议约定执行。

第五十九条 本办法由国务院发展改革部门会同有关部门负责解释。

第六十条 本办法自 2015 年 6 月 1 日起施行。

财政部关于印发《政府会计准则第 10 号——政府和社会资本合作项目合同》的通知

(2019 年 12 月 17 日 财会〔2019〕23 号)

党中央有关部门,国务院各部委、各直属机构,全国人大常委会办公厅,全国政协办公厅,最高人民法院,最高人民检察院,各民主党派中央,有关人民团体,各省、自治区、直辖市、计划单列市财政厅(局),新疆生产建设兵团财政局:

为了适应权责发生制政府综合财务报告制度改革需要,规范政府方对政府和社会资本合作项目合同的确认、计量和相关信息的列报,提高会计信息质量,根据《政府会计准则——基本准则》,我部制定了《政府会计准则第 10 号——政府和社会资本合作项目合同》,现予印发,请遵照执行。

执行中有何问题,请及时反馈我部。

附件:政府会计准则第 10 号——政府和社会资本合作项目合同

政府会计准则第10号——政府和社会资本合作项目合同

第一章　总　　则

第一条　为了规范政府方对政府和社会资本合作（PPP）项目合同的确认、计量和相关信息的列报，根据《政府会计准则——基本准则》，制定本准则。

第二条　本准则所称PPP项目合同，是指政府方与社会资本方依法依规就PPP项目合作所订立的合同，该合同应当同时具有以下特征：

（一）社会资本方在合同约定的运营期间内代表政府方使用PPP项目资产提供公共产品和服务；

（二）社会资本方在合同约定的期间内就其提供的公共产品和服务获得补偿。

本准则所称政府方，是指政府授权或指定的PPP项目实施机构，通常为政府有关职能部门或事业单位。

本准则所称社会资本方，是指与政府方签署PPP项目合同的社会资本或项目公司。

本准则所称PPP项目资产，是指PPP项目合同中确定的用来提供公共产品和服务的资产。该资产有以下两方面来源：

（一）由社会资本方投资建造或者从第三方购买，或者是社会资本方的现有资产；

（二）政府方现有资产，或者对政府方现有资产进行改建、扩建。

第三条　本准则适用于同时满足以下条件的PPP项目合同：

（一）政府方控制或管制社会资本方使用PPP项目资产必须提供的公共产品和服务的类型、对象和价格；

（二）PPP项目合同终止时，政府方通过所有权、收益权或其他形式控制PPP项目资产的重大剩余权益。

第四条　通常情况下，采用建设—运营—移交（BOT）、转让—运营—移交（TOT）、改建—运营—移交（ROT）方式运作的PPP项目合同，满足本准则第三条规定的条件，应当适用本准则。

下列各项适用其他相关会计准则：

（一）不同时具有本准则第二条第一款规定的两个特征的合同，如建设—移交（BT）、租赁、无偿捐赠等，不属于本准则所称的PPP项目合同，不适用本准则，应当由政府方按照其他相关政府会计准则制度的规定进行会计处理。

（二）不同时满足本准则第三条规定的两个条件的PPP项目合同，如采用建设—拥有—运营（BOO）、转让—拥有—运营（TOO）等方式运作的PPP项目合同，不适用本准则，应当由政府方按照其他相关政府会计准则制度的规定进行会计处理。

（三）PPP项目合同中有关政府方对项目公司的直接投资，适用《政府会计准则第2号——投资》；有关代表政府出资的企业对项目公司的投资，适用相关企业会计准则。

（四）社会资本方对PPP项目合同的确认、计量和相关信息的披露，适用相关企业会计准则。

第二章　PPP项目资产的确认

第五条　符合本准则第二条、第三条规定的PPP项目资产，在同时满足以下条件时，应当由政府方予以确认：

（一）与该资产相关的服务潜力很可能实现或者经济利益很可能流入；

（二）该资产的成本或者价值能够可靠地计量。

第六条　PPP项目资产的各组成部分具有不同使用年限或者以不同方式提供公共产品和服务的，应当分别将各组成部分确认为一个单项PPP项目资产。

第七条　由社会资本方投资建造或从第三方购买形成的PPP项目资产，政府方应当在PPP项目资产验收合格交付使用时予以确认。

使用社会资本方现有资产形成的 PPP 项目资产,政府方应当在 PPP 项目开始运营日予以确认。

政府方使用其现有资产形成 PPP 项目资产的,应当在 PPP 项目开始运营日将其现有资产重分类为 PPP 项目资产。

社会资本方对政府方现有资产进行改建、扩建形成的 PPP 项目资产,政府方应当在 PPP 项目资产验收合格交付使用时予以确认,同时终止确认现有资产。

第八条 在 PPP 项目资产运营过程中发生的后续支出,满足本准则第五条规定的确认条件的,政府方应当计入 PPP 项目资产成本。

通常情况下,为增加 PPP 项目资产的使用效能或延长其使用年限而发生的改建、扩建等后续支出,政府方应当计入 PPP 项目资产的成本;为维护 PPP 项目资产的正常使用而发生的日常维修、养护等后续支出,不计入 PPP 项目资产的成本。

第九条 PPP 项目合同终止时,PPP 项目资产按规定移交至政府方的,政府方应当根据 PPP 项目资产的性质和用途,将其重分类为公共基础设施等资产。

第三章 PPP 项目资产的计量

第十条 政府方在取得 PPP 项目资产时一般应当按照成本进行初始计量;按规定需要进行资产评估的,应当按照评估价值进行初始计量。

第十一条 社会资本方投资建造形成的 PPP 项目资产,其成本包括该项资产至验收合格交付使用前所发生的全部必要支出,包括建筑安装工程投资、设备投资、待摊投资、其他投资等支出。

已交付使用但尚未办理竣工财务决算手续的 PPP 项目资产,应当按照估计价值入账,待办理竣工财务决算后再按照实际成本调整原来的暂估价值。

第十二条 社会资本方从第三方购买形成的 PPP 项目资产,其成本包括购买价款、相关税费以及验收合格交付使用前发生的可归属于该项资产的运输费、装卸费、安装费和专业人员服务费等。

第十三条 使用社会资本方现有资产形成的 PPP 项目资产,其成本按规定以该项资产的评估价值确定。

第十四条 政府方使用其现有资产形成的 PPP 项目资产,其成本按照 PPP 项目开始运营日该资产的账面价值确定;按照相关规定对现有资产进行资产评估的,其成本按照评估价值确定,资产评估价值与评估前资产账面价值的差额计入当期收入或当期费用。

第十五条 社会资本方对政府方现有资产进行改建、扩建形成的 PPP 项目资产,其成本按照该资产改建、扩建前的账面价值加上改建、扩建发生的支出,再扣除该资产被替换部分账面价值后的金额确定。

第十六条 除本准则第十七条和第二十三条规定外,政府方应当参照《政府会计准则第 3 号——固定资产》《政府会计准则第 5 号——公共基础设施》等,对 PPP 项目资产进行后续计量。

第十七条 PPP 项目合同终止时,PPP 项目资产按规定移交至政府方并进行资产评估的,政府方应当以评估价值作为重分类后资产的入账价值,评估价值与 PPP 项目资产账面价值的差额计入当期收入或当期费用;政府方按规定无需对移交的 PPP 项目资产进行资产评估的,应当以 PPP 项目资产的账面价值作为重分类后资产的入账价值。

第四章 PPP 项目净资产的确认和计量

第十八条 除本准则第十九条规定外,政府方在确认 PPP 项目资产时,应当同时确认一项 PPP 项目净资产,PPP 项目净资产的初始入账金额与 PPP 项目资产的初始入账金额相等。

第十九条 政府方使用其现有资产形成 PPP 项目资产的,在初始确认 PPP 项目资产时,应当同时终止确认现有资产,不确认 PPP 项目净资产。

社会资本方对政府方现有资产进行改建、扩建形成 PPP 项目资产的,政府方应当仅按照 PPP

项目资产初始入账金额与政府方现有资产账面价值的差额确认PPP项目净资产。

第二十条 按照PPP项目合同约定，政府方承担向社会资本方支付款项的义务的，相关义务应当按照《政府会计准则第8号——负债》有关规定进行会计处理，会计处理结果不影响PPP项目资产及净资产的账面价值。

政府方按照《政府会计准则第8号——负债》有关规定不确认负债的，应当在支付款项时计入当期费用。政府方按照《政府会计准则第8号——负债》有关规定确认负债的，应当同时确认当期费用；在以后期间支付款项时，相应冲减负债的账面余额。

第二十一条 在PPP项目合同约定的期间内，政府方从社会资本方收到款项的，应当按规定做应缴款项处理或计入当期收入。

第二十二条 在PPP项目运营过程中，政府方因PPP项目资产改建、扩建等后续支出增加PPP项目资产成本的，应当依据本准则第十八、十九条的规定同时增加PPP项目净资产的账面余额。

第二十三条 政府方按照本准则规定在确认PPP项目资产的同时确认PPP项目净资产的，在PPP项目运营期间内，按月对该PPP项目资产计提折旧（摊销）的，应当于计提折旧（摊销）时冲减PPP项目净资产的账面余额。

政府方初始确认的PPP项目净资产金额等于PPP项目资产初始入账金额的，应当按照计提的PPP项目资产折旧（摊销）金额，等额冲减PPP项目净资产的账面余额。

政府方初始确认的PPP项目净资产金额小于PPP项目资产初始入账金额的，应当按照计提的PPP项目资产折旧（摊销）金额的相应比例（即PPP项目净资产初始入账金额占PPP项目资产初始入账金额的比例），冲减PPP项目净资产的账面余额；当期计提的折旧（摊销）金额与所冲减的PPP项目净资产金额的差额，应当计入当期费用。

PPP项目合同终止时，政府方应当将尚未冲减完的PPP项目净资产账面余额转入累计盈余。

第五章　列　　报

第二十四条 政府方应当在资产负债表中单独列示PPP项目资产及相应的PPP项目净资产。

第二十五条 政府方应当在附注中披露与PPP项目合同有关的下列信息：

（一）对PPP项目合同的总体描述。

（二）PPP项目合同中的重要条款：

1. PPP项目合同主要参与方；
2. 合同生效日、建设完工日、运营开始日、合同终止日等关键时点；
3. PPP项目资产的来源；
4. PPP项目的付费方式；
5. 合同终止时资产移交的权利和义务；
6. 政府方和社会资本方其他重要权利和义务。

（三）报告期间所发生的PPP项目合同变更情况。

（四）相关会计信息：

1. 政府方确认的PPP项目资产及其类别；
2. PPP项目资产、PPP项目净资产初始入账金额及其确定依据；
3. 政府方确认的与PPP项目合同有关的负债金额及其确定依据；
4. 报告期内PPP项目资产折旧（摊销）冲减PPP项目净资产的金额；
5. 报告期内政府方向社会资本方支付的款项金额，或者从社会资本方收到的款项金额；
6. 其他需要披露的会计信息。

第二十六条 政府方除应遵循本准则第二十五条的披露要求外，还应遵循其他政府会计准则制度关于PPP项目合同的披露要求。

第六章 附 则

第二十七条 对于不满足本准则第三条规定条件的PPP项目合同,政府方应当按照本准则第二十五条(一)至(三)的规定披露与该合同相关的信息。

第二十八条 本准则自2021年1月1日起施行。政府方关于存量PPP项目合同会计处理的新旧衔接办法,由财政部另行规定。

政府和社会资本合作(PPP)项目绩效管理操作指引

(2020年3月16日财政部发布 财金〔2020〕13号)

第一章 总 则

第一条 为规范政府和社会资本合作项目(以下简称PPP项目)全生命周期绩效管理工作,提高公共服务供给质量和效率,保障合作各方合法权益,根据《中华人民共和国预算法》、《中共中央 国务院关于全面实施预算绩效管理的意见》、《国务院办公厅转发财政部发展改革委人民银行关于在公共服务领域推广政府和社会资本合作模式指导意见的通知》等有关规定,制定本指引。

第二条 PPP项目绩效管理是指在PPP项目全生命周期开展的绩效目标和指标管理、绩效监控、绩效评价及结果应用等项目管理活动。

第三条 项目实施机构应在项目所属行业主管部门的指导下开展PPP项目绩效管理工作,必要时可委托第三方机构协助。

各级财政部门负责PPP项目绩效管理制度建设、业务指导及再评价、后评价工作。

第四条 本指引适用于所有PPP项目,包括政府付费、可行性缺口补助和使用者付费项目。

第五条 各参与方应当按照科学规范、公开透明、物有所值、风险分担、诚信履约、按效付费等原则开展PPP项目全生命周期绩效管理。

第二章 PPP项目绩效目标与绩效指标管理

第六条 项目实施机构负责编制PPP项目绩效目标与绩效指标,报项目所属行业主管部门、财政部门审核。

第七条 PPP项目绩效目标包括总体绩效目标和年度绩效目标。总体绩效目标是PPP项目在全生命周期内预期达到的产出和效果;年度绩效目标是根据总体绩效目标和项目实际确定的具体年度预期达到的产出和效果,应当具体、可衡量、可实现。

PPP项目绩效目标编制应符合以下要求:

(一)指向明确。绩效目标应符合区域经济、社会与行业发展规划,与当地财政收支状况相适应,以结果为导向,反映项目应当提供的公共服务,体现环境—社会—公司治理责任(ESG)理念。

(二)细化量化。绩效目标应从产出、效果、管理等方面进行细化,尽量进行定量表述;不能以量化形式表述的,可采用定性表述,但应具有可衡量性。

(三)合理可行。绩效目标应经过调查研究和科学论证,符合客观实际,既具有前瞻性,又有可实现性。

(四)物有所值。绩效目标应符合物有所值的理念,体现成本效益的要求。

第八条 PPP项目绩效目标应包括预期产出、预期效果及项目管理等内容。

预期产出是指项目在一定期限内提供公共服务的数量、质量、时效等。

预期效果是指项目可能对经济、社会、生态环境等带来的影响情况,物有所值实现程度,可持续发展能力及各方满意程度等。

项目管理是指项目全生命周期内的预算、监督、组织、财务、制度、档案、信息公开等管理情况。

第九条 PPP项目绩效指标是衡量绩效目标实现程度的工具,应按照系统性、重要性、相关性、可比性和经济性的原则,结合预期产出、预期效果和项目管理等绩效目标细化量化后合理设定。

第十条 PPP项目绩效指标体系由绩效指标、指标解释、指标权重、数据来源、评价标准与评分方法构成。

指标权重是指标在评价体系中的相对重要程度。确定指标权重的方法通常包括专家调查法、层次分析法、主成分分析法、熵值法等。

数据来源是在具体指标评价过程中获得可靠和真实数据或信息的载体或途径。获取数据的方法通常包括案卷研究、资料收集与数据填报、实地调研、座谈会、问卷调查等。

评价标准是指衡量绩效目标完成程度的尺度。绩效评价标准具体包括计划标准、行业标准、历史标准或其他经相关主管部门确认的标准。

评分方法是结合指标权重,衡量实际绩效值与评价标准值偏离程度,对不同的等级赋予不同分值的方法。

第十一条 PPP项目绩效目标与绩效指标各阶段管理应符合以下要求:

(一)PPP项目准备阶段,项目实施机构应根据项目立项文件、历史资料,结合PPP模式特点,在项目实施方案中编制总体绩效目标和绩效指标体系并充分征求相关部门、潜在社会资本等相关方面的意见。财政部门应会同相关主管部门从依据充分性、设置合理性和目标实现保障度等方面进行审核。

(二)PPP项目采购阶段,项目实施机构可结合社会资本响应及合同谈判情况对绩效指标体系中非实质性内容进行合理调整。PPP项目绩效目标和指标体系应在项目合同中予以明确。

(三)PPP项目执行阶段,绩效目标和指标体系原则上不予调整。但因项目实施内容、相关政策、行业标准发生变化或突发事件、不可抗力等无法预见的重大变化影响绩效目标实现而确需调整的,由项目实施机构和项目公司(未设立项目公司时为社会资本,下同)协商确定,经财政部门及相关主管部门审核通过后报本级人民政府批准。

PPP项目移交完成后,财政部门应会同有关部门针对项目总体绩效目标实现情况,从全生命周期的项目产出、成本效益、物有所值实现情况、按效付费执行情况及对本地区财政承受能力的影响、监管成效、可持续性、PPP模式应用等方面编制绩效评价(即后评价)指标体系。

第十二条 项目公司(社会资本)对绩效目标或指标体系调整结果有异议的,可申请召开评审会,就调整结果的科学性、合理性、可行性等进行评审。双方对评审意见无异议的,按评审意见完善后履行报批程序;仍有异议的,按照合同约定的争议解决机制处理。

第十三条 编制政府付费和可行性缺口补助PPP项目年度支出预算时,应将年度绩效目标和指标连同编制的预算申报材料一并报送财政部门审核。使用者付费PPP项目参照执行。

第三章 PPP项目绩效监控

第十四条 项目实施机构应根据项目合同约定定期开展PPP项目绩效监控,项目公司(社会资本)负责日常绩效监控。

第十五条 PPP项目绩效监控是对项目日常运行情况及年度绩效目标实现程度进行的跟踪、监测和管理,通常包括目标实现程度、目标保障措施、目标偏差和纠偏情况等。

PPP项目绩效监控应符合以下要求:

(一)严格遵照国家规定、行业标准、项目合同约定,按照科学规范、真实客观、重点突出等原则开展绩效监控。重点关注最能代表和反映项目产出及效果的年度绩效目标与指标,客观反映项目运行情况和执行偏差,及时纠偏,改进绩效。

(二)项目实施机构应根据PPP项目特点,考虑绩效评价和付费时点,合理选择监控时间、设定监控计划,原则上每年至少开展一次绩效监控。

第十六条 PPP项目绩效监控工作通常按照以下程序进行:

(一)开展绩效监控。项目公司(社会资本)开展PPP项目日常绩效监控,按照项目实施机构要求,定期报送监控结果。项目实施机构应对照绩效监控目标,查找项目绩效运行偏差,分析偏差原因,结合项目实际,提出实施纠偏的路径和方法,并做好信息记录。

(二)反馈、纠偏与报告。项目实施机构应根据绩效监控发现的偏差情况及时向项目公司(社会资本)和相关部门反馈,并督促其纠偏;偏差原因涉及自身的,项目实施机构应及时纠偏;偏差较大的,应撰写《绩效监控报告》报送相关主管部门和财政部门。

第四章 PPP项目绩效评价

第十七条 项目实施机构应根据项目合同约定,在执行阶段结合年度绩效目标和指标体系开展PPP项目绩效评价。

财政部门应会同相关主管部门、项目实施机构等在项目移交完成后开展PPP项目后评价。

第十八条 PPP项目绩效评价应符合以下要求:

(一)严格按照规定程序,遵循真实、客观、公正的要求,采用定量与定性分析相结合的方法。

(二)结合PPP项目实施进度及按效付费的需要确定绩效评价时点。原则上项目建设期应结合竣工验收开展一次绩效评价,分期建设的项目应当结合各期子项目竣工验收开展绩效评价;项目运营期每年度应至少开展一次绩效评价,每3－5年应结合年度绩效评价情况对项目开展中期评估;移交完成后应开展一次后评价。

(三)绩效评价结果依法依规公开并接受监督。

第十九条 PPP项目绩效评价工作通常按照以下程序进行:

(一)下达绩效评价通知。项目实施机构确定绩效评价工作开展时间后,应至少提前5个工作日通知项目公司(社会资本)及相关部门做好准备和配合工作。

(二)制定绩效评价工作方案。项目实施机构应根据政策要求及项目实际组织编制绩效评价工作方案,内容通常包括项目基本情况、绩效目标和指标体系、评价目的和依据、评价对象和范围、评价方法、组织与实施计划、资料收集与调查等。项目实施机构应组织专家对项目建设期、运营期首次及移交完成后绩效评价工作方案进行评审。

(三)组织实施绩效评价。项目实施机构应根据绩效评价工作方案对PPP项目绩效情况进行客观、公正的评价。通过综合分析、意见征询,区分责任主体,形成客观、公正、全面的绩效评价结果。对于不属于项目公司或社会资本责任造成的绩效偏差,不应影响项目公司(社会资本)绩效评价结果。

(四)编制绩效评价报告。PPP项目绩效评价报告应当依据充分、真实完整、数据准确、客观公正,内容通常包括项目基本情况、绩效评价工作情况、评价结论和绩效分析、存在问题及原因分析、相关建议、其他需要说明的问题。

(五)资料归档。项目实施机构应将绩效评价过程中收集的全部有效资料,主要包括绩效评价工作方案、专家论证意见和建议、实地调研和座谈会记录、调查问卷、绩效评价报告等一并归档,并按照有关档案管理规定妥善管理。

(六)评价结果反馈。项目实施机构应及时向项目公司(社会资本)和相关部门反馈绩效评价结果。

第二十条 项目公司对绩效评价结果有异议的,应在5个工作日内明确提出并提供有效的佐证材料,向项目实施机构解释说明并达成一致意见。无法达成一致的,应组织召开评审会,双方对评审意见无异议的,根据评审意见确定最终评价结果;仍有异议的,按照合同约定的争议解决机制处理。

第二十一条 项目实施机构应将PPP项目绩效评价报告报送相关主管部门、财政部门复核,复核重点关注绩效评价工作方案是否落实、引用数据是否真实合理、揭示的问题是否客观公正、提出的改进措施是否有针对性和可操作性等。

第二十二条 PPP 项目绩效评价结果是按效付费、落实整改、监督问责的重要依据。

（一）按效付费。

政府付费和可行性缺口补助项目，政府承担的年度运营补贴支出应与当年项目公司（社会资本）绩效评价结果完全挂钩。财政部门应按照绩效评价结果安排相应支出，项目实施机构应按照项目合同约定及时支付。

使用者付费项目，项目公司（社会资本）获得的项目收益应与当年项目公司（社会资本）绩效评价结果挂钩。绩效评价结果优于约定标准的，项目实施机构应执行项目合同约定的奖励条款。绩效评价结果未达到约定标准的，项目实施机构应执行项目合同约定的违约条款，可通过设置影响项目收益的违约金、项目展期限制或影响调价机制等方式实现。

绩效评价结果可作为项目期满合同是否展期的考量因素。

（二）落实整改。

项目实施机构应根据绩效评价过程中发现的问题统筹开展整改工作，并将整改结果报送相关主管部门和财政部门。涉及自身问题的，项目实施机构应及时整改；涉及项目公司（社会资本）或其他相关部门问题的，项目实施机构应及时督促整改。

（三）监督问责。

项目实施机构应及时公开绩效评价结果并接受社会监督；项目实施机构绩效评价结果应纳入其工作考核范畴。

第五章 组织保障

第二十三条 各级财政部门应会同相关部门，建立健全 PPP 项目绩效管理工作相关制度和共性指标框架，加强项目识别论证、政府采购、预算收支与绩效管理及信息披露等业务指导，切实做好项目合规性审查，确保项目全生命周期规范实施、高效运营。

各级财政部门应结合预算绩效管理要求，认真审核 PPP 项目财政收支预算申请及 PPP 项目绩效目标和指标体系，充分考虑本级财政承受能力，合理安排财政预算，加强对财政资金使用合规性和有效性的监督。

各级财政部门可结合每年工作重点，选取重大 PPP 项目开展绩效再评价。

第二十四条 各级行业主管部门应按照绩效管理相关制度要求，建立健全本行业、本领域核心绩效指标体系，明确绩效标准；合规履行预算编制、申报和执行程序；加强与财政及其他相关部门的协调配合。

第二十五条 项目实施机构、项目公司（社会资本）应严格履行合同约定，确保各项工作合法合规。

项目实施机构应做好 PPP 项目绩效管理具体工作，并对 PPP 项目实施规范性、财政资金使用的合规性和有效性负责。

项目公司（社会资本）应做好项目投资、建设、运营、维护、移交等工作的日常管理和信息记录；积极配合开展 PPP 项目绩效管理工作，并对所提供资料和信息的真实性、完整性、有效性负责。

第二十六条 各级财政部门应会同相关主管部门依托 PPP 综合信息平台，加强 PPP 项目信息管理。项目实施机构、项目公司（社会资本）应根据项目实际进展及时提供和更新 PPP 项目绩效管理相关信息，做好信息公开，接受社会监督。

第六章 附 则

第二十七条 本指引自印发之日起 30 日后施行。

本指引施行前已发布中标通知书的项目，沿用采购文件或项目合同中约定的绩效评价指标及结果应用等条款，按照本指引开展绩效监控、绩效评价相关工作，绩效目标与绩效指标体系不完善的，可参照本指引进行补充完善。

(三)具体领域

政府和社会资本合作建设重大水利工程操作指南(试行)

(2017年12月7日国家发展改革委、水利部发布 发改农经〔2017〕2119号)

第一章 总 则

第一条 为进一步规范社会资本参与重大水利工程建设运营,提升政府和社会资本合作(PPP)质量和效果,根据《中共中央国务院关于深化投融资体制改革的意见》(中发〔2016〕18号)、《国务院关于创新重点领域投融资机制鼓励社会投资的指导意见》(国发〔2014〕60号)、《基础设施和公用事业特许经营管理办法》(国家发展改革委等部门令2015年第25号)、《国家发展改革委财政部水利部关于鼓励和引导社会资本参与重大水利工程建设运营的实施意见》(发改农经〔2015〕488号)等文件要求,结合重大水利工程建设运营实际,制定本指南。

第二条 本指南用于指引政府负有提供责任、需求长期稳定和较适宜市场化运作、采用PPP模式建设运营的重大水利工程项目(以下简称水利PPP项目)操作,包括重点水源工程、重大引调水工程、大型灌区工程、江河湖泊治理骨干工程等。采用PPP模式建设的其他水利工程可参照做好相关工作。

除特殊情形外,水利工程建设运营一律向社会资本开放,原则上优先考虑由社会资本参与建设运营。

第三条 水利PPP项目实施程序主要包括项目储备、项目论证、社会资本方选择、项目执行等。

第四条 各参与方按照依法合规、诚信守约、利益共享、风险共担、合理收益、公众受益的原则,规范、务实、高效实施水利PPP项目。

第五条 地方各级发展改革、水行政主管部门会同有关部门统筹做好水利PPP项目实施协调工作,包括加强规划引导、指导项目策划、组织PPP实施方案评估论证、给予政策支持、开展项目实施监督与绩效评价等。

国家发展改革委、水利部按职责加强指导和监督。

第二章 项目储备

第六条 水利PPP项目需具备相关规划依据。地方各级水行政主管部门汇总整理本地区水利PPP项目,并依托投资项目在线审批监管平台(国家重大项目库),建立本地统一、共享的PPP项目库,及时向社会发布相关信息,做好项目储备、动态管理、滚动推进、实施监测等工作。

项目合作期低于10年及没有现金流,或通过保底承诺、回购安排等方式违法违规融资、变相举债的项目,不纳入PPP项目库。

第七条 对列入PPP项目库的水利PPP项目,计划当年推进实施的,需纳入本地PPP项目年度实施计划。使用各类政府投资资金的水利PPP项目,需纳入三年滚动政府投资计划。

第八条 水利PPP项目由项目所在地县级以上人民政府授权的部门或单位作为实施机构。

项目实施机构在授权范围内负责水利PPP项目实施方案编制、社会资本方选择、项目合同签署、项目组织实施和合作期满项目移交等工作。

第三章 项目论证

第九条 水利PPP项目实施方式根据各项目情况合理选择,灵活运用。

对新建项目,其中经济效益较好,能够通过使用者付费方式平衡建设经营成本并获取合理收益的经营性水利工程,一般采用特许经营合作方式。社会效益和生态效益显著,向社会公众提供公共服务为主的公益性水利工程,可通过与经营性较强项目组合开发、授予与项目实施相关的资源开发收益权、按流域或区域统一规划项目实施等方式,提高项目综合盈利能力,吸引社会资本参与工程建设与管护。既有显著的社会效益和生态效益,又具有一定经济效益的准公益性水利工程,一般采用政府特许经营附加部分投资补助、运营补贴或直接投资参股的合作方式,也可按照模块化设计的思路,在保持项目完整性、连续性的前提下,将主体工程、配套工程等不同建设内容划分为单独的模块,根据各模块的主要功能和投资收益水平,相应采用适宜的合作方式。对已建成项目,可通过项目资产转让、改建、委托运营、股权合作等方式将项目资产所有权、股权、经营权、收费权等全部或部分转让给社会资本,规范有序盘活基础设施存量资产,提高项目运营管理效率和效益。对在建项目,也可积极探索引入社会资本负责项目投资、建设、运营和管理。

第十条 对拟采用PPP模式的政府或企业投资新建重大水利工程项目,要将项目是否适用PPP模式的论证纳入项目可行性研究或项目申请报告论证和决策。对拟采用PPP模式的已建成项目和在建项目,涉及新增投资建设的,应依法依规履行投资管理程序。要充分考虑项目的战略价值、功能定位、预期收益、可融资性以及管理要求,科学分析项目采用PPP模式的必要性和可行性。

当前,优先选择以使用者付费为主的特许经营项目和盘活存量资产的已建成项目,严格防范地方政府债务风险。

第十一条 政府采用直接投资、资本金注入方式参与的新建水利PPP项目,按政府投资项目进行审批,由具有相应审批权限的发展改革部门审批可行性研究报告。

企业使用自己筹措资金建设,以及使用自己筹措的资金并申请使用政府投资补助或贷款贴息等的新建水利PPP项目,按企业投资项目履行核准制,由相应的核准机关办理核准手续。

第十二条 纳入PPP项目库及年度实施计划的水利PPP项目,由实施机构组织编制PPP项目实施方案。实施方案可以单独编制,也可在项目可行性研究报告或项目申请报告中包括PPP项目实施专章。

第十三条 水利PPP项目实施方案编制需符合相关法律法规、技术标准和政策文件要求,与项目可行性研究报告或项目申请报告等相衔接,采用最新、统一的数据。主要包括以下内容:

1. 项目概况。工程主要任务、建设规模、经济技术指标、征地移民数量、项目投资以及其它需要说明的情况等。

2. 实施方式。根据项目类型、收费定价机制、投资收益水平、融资需求等情况,合理确定水利PPP项目合作方式和期限。

3. 社会资本方选择方案。根据项目合作方式,明确社会资本方在资质、资本金、企业信用、项目实施经验等方面的准入要求,以及遴选的原则、程序和方法。

4. 投融资和财务方案。分析项目的投融资结构、主要融资方式和财务方案,初步明确项目产品(供水、发电等)的议定价格,以及政府投资补助、运营补贴和其他承诺支持事项等。鼓励符合条件的项目建设运营主体通过IPO(首次公开发行股票并上市)、增发、资产证券化、企业债券、项目收益债券、公司债券、中期票据等市场化方式进行融资。鼓励各类投资基金、社保资金和保险资金按照市场化原则,创新运用债权投资计划、股权投资计划、项目资产支持计划等多种方式参与项目建设与运营。

5. 建设运营和移交方案。明确项目建设运营中的资产产权关系、责权利关系、建设运营要求、合作期限、服务标准和监管要求、收入来源及投资回报方式、项目移交安排等。

6. 合同体系和主要内容。提出政府和社会资本方合作的合同体系与主要内容,主要包括各方权利义务、资金投入与项目实施要求、投入回报机制、监管机制与违约责任等。

7. 风险识别与分担。分析识别合作周期内各阶段风险因素,遵循责权利对等和动态防控原则,在政府和社会资本方之间合理分配分担风险。原则上,项目建设、运营等商业风险由社会资本方承担,法律和政策调整风险由政府承担,自然灾害等不可抗力风险由双方共同承担。

8.保障措施与监管架构。包括合作期内合同履约管理、行政监管、公众监督、退出机制等。

第十四条 水利 PPP 项目实施方案编制过程中,可视情况以发布公告等方式征询潜在社会资本方的意见和建议,引导社会资本方形成合理的收益预期,建立主要依靠市场的投资回报机制。涉及政府定价管理、投资补助、政府付费等事项的,应当征求相关主管部门的意见。

第十五条 水利 PPP 项目实施方案编制完成后,可由项目所在地发展改革部门和同级水行政主管部门牵头,按照“多评合一、统一评审”的要求,会同项目涉及的同级财政、规划、国土、价格、国有资产管理、公共资源交易管理、审计、法制等政府相关部门,对 PPP 项目实施方案进行联合评审。项目可行性研究报告或项目申请报告中包含 PPP 项目实施专章的,可结合项目审批或核准一并审查。

初审未通过的水利 PPP 项目,可进一步优化调整实施方案,重新报审。经重新报审仍不能通过的,原则上不再采用 PPP 模式。通过审查的水利 PPP 项目实施方案,应按程序报项目所在地政府审批。

第十六条 水利 PPP 项目实施机构依据经批准的实施方案,组织起草 PPP 项目合同草案。

(一)项目实施机构拟与中选社会资本方签署的 PPP 项目合同。主要确认双方的合作意向、内容和方式,约定项目公司组建、投资及实施主要事项,并明确项目实施机构与项目公司后续签署的 PPP 项目合同生效后是否承继该合同。

政府参股项目公司的,需约定政府持有股份享有的分配权益和股东代表在公司法人治理结构中的安排,如是否享有与其他股东同等权益,是否在利润分配顺序上予以优先安排,是否在特定事项上拥有否决权等。

(二)项目实施机构拟与项目公司签署的 PPP 项目合同。约定各方的责任、权利和义务,明确政府和社会资本合作的内容、期限、履约担保、分年度投资计划及融资方案、风险分担、项目建设和运营管理、回报方式、项目移交、违约处理、信息披露等事项。

根据水利 PPP 项目特点,PPP 项目合同通常包括以下关键条款和内容:(1)项目股权和资产处置。在合作期内,未经项目公司董事会研究并经项目实施机构同意,项目公司不得变更公司股权及经营权,不得自行处置和出让、转让、拍卖、质押项目任何重要资产。为合作项目融资而抵押或担保项目资产的,对外抵押和担保期限不得超出合作期限。(2)风险管理。针对不同阶段的主要风险因素,明确防控措施,通过加强工程建设和运营管理、优化资本结构、多元融资、建立项目最低需求照付不议机制、投资包干机制、完工担保机制、保险和专业机构增信机制等方式,最大限度控制、缓释和降低风险发生,减少风险损失。(3)排他性约定。对区域供水项目,如有必要,可作出合作期间的排他性约定,同时,明确项目公司承担相应的供水普遍服务义务,保证向特许经营区域内所有愿意接受服务并愿意支付服务价格的人提供连续、充足和符合水质要求的供水服务。(4)回报机制。明确项目收入范围、计算及结算方法,项目收费定价或财政补贴的调整周期、条件、触发机制和程序等,约定项目具体产出标准和绩效考核指标,明确项目付费与绩效评价结果挂钩等要求。对有经营现金流的项目,区别风险情况,合理确定预期投资回报率,既保障社会资本合理收益,又要防止不合理让利或利益输送。相关财政支出事项,需足额纳入预算,按照规定程序批准后,及时支付资金。(5)债务性质。水利 PPP 项目融资及偿债责任由项目公司或社会资本方承担,当地政府及其相关部门不能违规提供担保。(6)退出机制。针对不可抗力、违约、主动退出等社会资本方各种中途退出情形,区别实行不同的退出方式,明确相应的预案和应急接管流程及赔偿、清算措施。(7)其他相关承诺。如政府承诺负责协调落实工程外部建设条件,保障项目无开发权争议,负责工程移民安置规划组织实施,依法进行监管等。项目公司承诺在合作期内服从政府有关部门的防汛抗旱调度、水资源统一管理,任何情况下均不得出现恶意停止运营服务、中断供水等重大违约和损害公众利益的行为等。

第四章 社会资本方选择

第十七条 项目实施机构可依法采用公开招标、邀请招标、竞争性谈判等方式,综合考虑投资能力、管理经验、专业水平、融资实力以及信用状况等因素，公开公平公正择优选择社会资本方作为水利PPP项目合作伙伴。其中，拟由社会资本方自行承担工程项目勘察、设计、施工、监理以及与工程建设有关的重要设备、材料等采购的，按照《中华人民共和国招标投标法》规定，必须通过招标的方式选择社会资本方。

第十八条 项目实施机构根据水利PPP项目实施方案和项目合同草案，准备社会资本方遴选的相关法律文本，包括资格预审文件、招标文件等。

在社会资本方资格要求及评标标准设定等方面，需客观、公正、详细、透明，禁止排斥、限制或歧视民间资本和外商投资。对于具有较好投资收益的项目，在招标约定收入计算及价格机制等条件下，可将不同投标人项目收益等利益分享承诺作为主要评标因素；对于需要政府投资补助或运营补贴等政策支持的项目，可将不同投标人对支持政策的需求要价作为主要评标因素。

第十九条 项目实施机构可根据需要组织资格预审，验证项目能否获得社会资本响应和实现充分竞争，并将资格预审结果提交项目主管部门。预审合格社会资本方数量不满足相关法律法规规定的，可依法调整实施方案确定的社会资本方选取方式。

第二十条 项目实施机构可根据需要，在招标文件中明确项目公司组建、投资及实施等主要事项，作为社会资本方投标时必须响应的内容。开标、评标后，实施机构可组织项目谈判小组，与评标委员会推荐排名第一的中标候选人，进行确认谈判；中标候选人提出的主要条款与招标文件、中标人的投标文件内容不一致的，可终止其谈判资格并没收投标保证金，然后与评标委员会推荐排名第二的中标候选人进行确认谈判，依次类推。

确认谈判完成后，项目实施机构与谈判确认的社会资本方签署确认谈判备忘录，并根据信息公开相关规定公示招标结果和拟与社会资本方签署的项目合同文本及相关文件，明确相关申诉渠道和方式。

第二十一条 项目实施机构按相关规定做好公示期间异议的解释、澄清和回复等工作。公示期满无异议的，由项目实施机构将项目合同报经当地政府或其授权的部门和单位审核同意后，与谈判确认的社会资本方正式签署水利PPP项目合同。

项目可行性研究报告或项目申请报告批复、核准时已明确项目法人的，可以根据社会资本方选择结果依法变更。

第五章 项目执行

第二十二条 社会资本方与项目实施机构签署水利PPP项目合同后，按约定在规定期限内成立项目公司，负责项目建设与运营管理。

项目公司可由社会资本方单独出资组建，也可由政府授权单位（不包括项目实施机构）与社会资本方共同出资组建，作为水利PPP项目的直接实施主体。

第二十三条 项目公司成立后，由项目实施机构与项目公司签署水利PPP项目合同，或签署关于承继此前PPP项目合同的补充合同。对项目合同与项目实施方案核心内容有重大变更的，项目实施机构需报项目实施方案批准机构审核同意后再签署。

第二十四条 项目公司按照项目合同，履行约定的义务和职责，依法开展项目建设、经营和管理活动，自主经营、自负盈亏。按约定和相关法律法规要求接受项目实施机构、政府相关部门的监管，定期报告项目进展情况。

项目实施机构、相关政府部门根据水利PPP项目合同和有关规定，对项目公司履行PPP项目建设与运行管理责任进行监管。

第二十五条 水利PPP项目合作期满后，如需继续合作的，原合作方有优先续约权。合同约定期满移交的，及时组织开展项目移交工作，由项目公司按照约定的形式、内容和标准，将项目资产无偿移交指定的政府部门。

除另有约定外，合同期满前12个月为项目公司向政府移交项目的过渡期，项目实施机构或政府指定的其他机构与社会资本方在过渡期内共同组建项目移交工作组，启动移交准备工作。移交工作组按合同约定的移交标准，组织进行资产评估和性能测试，确保项目处于良好状态。经评估和性能测试,项目状况符合约定的移交条件和标准的,项目公司按合同要求及有关规定完成移交工作并办理移交手续;项目状况不符合约定的移交条件和标准的,项目公司按要求出具移交维修保函,对相关设施进行恢复性修理、更新重置,在满足移交条件和标准后,及时办理移交手续。

第二十六条 水利 PPP 项目移交完成后,政府有关主管部门可组织对项目开展后评价,对项目全生命周期的效率、效果、影响和可持续性等进行评价。评价结果及时反馈给项目利益相关方,并按有关规定公开。

第二十七条 除涉及国家秘密、商业秘密外,地方政府相关部门依法公开水利 PPP 项目入库、社会资本方选择、项目合同订立、工程建设进展、运营绩效等信息。

第六章 附 则

第二十八条 本指南由国家发展改革委、水利部负责解释。

第二十九条 本指南自印发之日起试行。相关法律、行政法规另有规定的,依照其规定。

收费公路政府和社会资本合作操作指南

(2017 年 11 月 22 日交通运输部办公厅发布 交办财审〔2017〕173 号)

第一章 总 则

第一条 为推动收费公路领域开展政府和社会资本合作(Public-Private Partnership,简称PPP),规范收费公路 PPP 模式的操作流程,根据《中共中央 国务院关于深化投融资体制改革的意见》(中发〔2016〕18 号)、《国务院办公厅转发财政部 发展改革委 人民银行关于在公共服务领域推广政府和社会资本合作模式的意见》(国办发〔2015〕42 号)、《基础设施和公用事业特许经营管理办法》(国家发展改革委、财政部、住建部、交通运输部、水利部、人民银行令 2015 年第 25 号)、《财政部关于印发〈政府和社会资本合作项目财政管理暂行办法〉的通知》(财金〔2016〕92 号)、《国家发展改革委关于印发〈传统基础设施领域实施政府和社会资本合作项目工作导则〉的通知》(发改投资〔2016〕2231 号)、《财政部 交通运输部关于在收费公路领域推广运用政府和社会资本使用模式的实施意见》(财建〔2015〕111 号)等规定,编制本指南。

第二条 本指南所称社会资本方,是指已建立现代企业制度的各类国有企业、民营企业、外商投资企业、混合所有制企业,以及其他投资、经营主体。

第三条 本指南适用于规范新建、改扩建收费公路领域开展的政府和社会资本合作项目(以下简称收费公路 PPP 项目)的识别、准备、社会资本方选择、执行和移交等活动。

第四条 收费公路 PPP 项目,是指社会资本方按照市场化原则出资,独资或与政府指定机构共同成立项目公司,通过特许经营等方式,参与收费公路投资、建设、运营和维护。政府通过授予特许经营权、合理定价、财政补贴等事先约定的收益规则,使社会资本方获得合理回报,实现防范并化解政府性债务风险,激发市场活力,增加公路基础设施有效供给等目标。

第五条 收费公路 PPP 项目的实施应当遵循风险分担、收益共享、物有所值、公共利益最大化等原则,各方应当按照公平、公正、公开和诚实信用的原则参与。

第二章 项目识别和准备

第六条 各级交通运输主管部门应根据公路交通发展规划在项目前期研究论证阶段,根据项目的特点及 PPP 模式的有关要求,判断项目是否适合引入社会资本方,将确定采取 PPP 模式的潜在项目,纳入 PPP 项目库。

需要使用各类政府投资资金的收费公路 PPP 项目,应当纳入三年滚动政府投资计划。

第七条 收费公路 PPP 项目可由政府或社会资本方发起,以政府发起为主。

各级交通运输主管部门应配合财政、发展改革部门对纳入收费公路PPP项目库的潜在项目进行评估筛选，并根据公路交通发展规划提出收费公路PPP项目开发建议。

社会资本方可通过提交项目建议书的方式向交通运输主管部门或财政、发展改革等部门直接推荐潜在项目。

第八条 收费不足以满足社会资本方或项目公司成本回收和合理回报的，且政府对项目依法给予支持政策仍不能完全覆盖成本、实现合理回报的，可考虑给予合理的财政支持。对符合公路交通发展规划和车辆购置税支持政策的项目，可按照交通运输重点项目资金申请和审核规定，申请车辆购置税资金支持。

可以采取建设期投资补助、资本金注入、运营补贴、贷款贴息等一种或多种方式对收费公路PPP项目给予支持，其中建设期投资补助、运营补贴和贷款贴息等作为可行性缺口补助，不作为项目资本金。

政府采用资本金注入方式支持收费公路PPP项目的，应明确政府出资人代表。政府指定的出资人代表按照本指南第二十六条第三款中所述的方式与社会资本方共同设立项目公司。

第九条 经过本级人民政府授权，各级交通运输主管部门可作为项目实施机构或者指定有关单位作为项目实施机构，负责项目识别和准备、社会资本方选择、执行和移交等PPP模式全生命周期的管理工作。

第十条 项目实施机构在项目工程可行性研究完成专家预审查后，可组织开展项目推介，介绍项目情况、了解潜在社会资本方财务实力、投融资能力、投资意向和条件等信息，进一步评估项目开展PPP模式的可行性，设计PPP模式的基本框架。

第十一条 对于确定采用PPP模式的项目，在开展项目前期各项工作的同时，项目实施机构组织编制PPP项目实施方案。

实施方案主要内容包括：项目基本情况、项目运作方式、交易结构（包括投融资结构、财务测算和回报机制等）、建设运营和移交方案、风险分配方案、绩效评价、合同体系和主要内容、社会资本方应当具备的条件及选择方式、保障和监管措施以及应当明确的其他事项等。

在实施方案编制过程中，各级交通运输主管部门应积极依托本级人民政府建立的PPP项目部门联动协调机制，统筹考虑开展PPP项目政府可赋予的政策措施，包括征地拆迁、项目沿线土地开发使用、建设期投资补助或者运营补贴等，并在实施方案和社会资本方选择招标文件中予以明示。

对于申请车辆购置税资金的项目，还应当在实施方案中提出资金申请理由、支持额度和政府支持方式，有关政府支持方式参见本指南第八条。

实施方案可委托第三方进行编制，承担编制任务的第三方应尽量避免与潜在社会资本方存在关联关系，如存在关联关系，不得利用其关联关系损害社会资本方选择的公正性。

第十二条 项目实施机构在编制完成项目实施方案后，向发展改革部门提交项目可行性研究报告（含相关附件，下同）或项目申请报告履行项目审批（核准）程序。

政府采用建设期投资补助、运营补贴、贷款贴息方式参与收费公路PPP项目，按照核准制管理；政府采用资本金注入、或既有资本金注入又有建设期投资补助、运营补贴、贷款贴息一种或几种方式参与收费公路PPP项目，按照审批制管理。

对于需要交通运输部进行行业审查的项目，同步逐级向交通运输部报送可行性研究报告或项目申请报告等相关材料，并在上报文件中提出政府支持方式。

交通运输部按程序出具行业审查（核准）意见，对于符合国家公路发展规划、国家投资政策和车辆购置税资金安排规定的项目，将同时明确车辆购置税资金的安排上限和支持方式。

第十三条 项目审批（核准）后，项目实施机构根据项目审批或核准意见对项目实施方案进行完善。

各级交通运输主管部门或项目实施机构应重视项目初步设计方案的深化研究，细化工程技术方案和投资概算等内容，并作为确定项目实施方案的重要依据。

第十四条 项目实施机构可组织相关专家对项目实施方案进行评审。实施方案评审通过后,项目实施机构可委托专家或第三方编制项目物有所值评价报告。

项目实施机构应积极配合本级财政部门对物有所值评价报告进行审核。物有所值评价审核未通过的,项目实施机构可对实施方案进行调整后重新提请审核。

第十五条 经审核通过物有所值评价的项目,由交通运输主管部门协调本级财政部门,依据项目实施方案和物有所值评价报告,组织编制财政承受能力论证报告,并出具财政承受能力论证报告审核意见。财政承受能力论证审核未通过的,项目实施机构可对实施方案进行调整后重新提请审核。

第三章 社会资本方选择

第十六条 项目实施机构向本级人民政府上报项目实施方案申请联合评审。通过实施方案联合评审并经本级人民政府批准后,由项目实施机构按照相关规定组织开展社会资本方选择工作。

第十七条 项目实施机构应将上级或本级人民政府相关部门明确的支持政策作为选择社会资本方的基本条件对外公开发布。

第十八条 项目实施机构根据项目实施方案和项目特点,通过公开招标、竞争性谈判等竞争方式择优选择社会资本方。

第十九条 通过公开招标、竞争性谈判等竞争方式选择社会资本方的程序,按照现行法律法规和有关规定实施。

第二十条 项目实施机构应当根据项目的特点和需要,依据批准的实施方案编制招标文件和 PPP 合同草案。招标文件和 PPP 合同草案中各项承诺和保障等相关交易条件不得超出已批准的实施方案规定的范围。

第二十一条 项目实施机构应当根据收费公路 PPP 项目的特点和需要,对潜在社会资本方的财务状况、投融资能力、商业信誉、市场信用、项目建设管理经验和项目运营管理经验等资格条件作出要求,但不得以不合理的条件限制或者排斥潜在社会资本方,不得对不同所有制形式的潜在社会方实行歧视性待遇。

项目实施机构应当接受具备投融资能力的潜在社会资本方参与投标,不得将具备设计或施工资格能力作为参与投标的强制性条件。对于具备设计或施工资格能力的社会资本方,或者自身不具备设计或施工资格能力但联合了具有相应资格能力的设计或施工单位共同组成联合体投标的社会资本方,按照《中华人民共和国招标投标法实施条例》第九条规定,中标后可以不再对设计或施工任务进行招标。对于不具备设计或施工资格能力的社会资本方,应当允许其中标后依法对设计或施工任务进行招标。

第二十二条 收费公路 PPP 项目社会资本方招标的评标办法可以采用综合评估法或者法律、行政法规允许的其他评标办法。

采用综合评估法的,应当在招标文件中载明对竞价因素、管理经验、专业能力、投资能力、融资实力以及信用状况等评价内容的评分权重和评分方法,根据综合得分由高到低推荐中标候选人。

根据收费公路 PPP 项目的运作模式和特点,社会资本方招标的竞价因素可设置为项目合作期限、需要政府给予的财政补贴额度、社会资本方提出的合理投资回报率、通行费收入最低需求等一项或者多项因素。

第二十三条 采用公开招标方式的,项目实施机构应当在省级交通运输主管部门政府网站或者其他政府网站上公示前三名中标候选社会资本方名单及排名,公示期不得少于 3 个工作日。

第二十四条 公示结束后,项目实施机构可根据需要组织项目谈判小组,必要时邀请第三方提供专业支持。

谈判小组按照候选社会资本方的排名,依次与候选社会资本方进行合同确认谈判,率先达成一致的即为中选社会资本方。项目实施机构应与中选社会资本方签署确认谈判备忘录,并根据信息公开相关规定,公示相关信息。

第二十五条 谈判确定的合同文本及相关文件不能与实施方案、物有所值评价报告、财政承受能力论证报告及招标文件中已明确不得变动的核心条款发生实质性变更。

第二十六条 公示期满无异议的,由项目实施机构或交通运输主管部门会同投资主管部门将PPP项目合同提交本级人民政府批准。

经批准通过后,根据本级人民政府的授权由相关单位或项目实施机构与依法选定的社会资本方签订投资协议,约定其在规定期限内注册成立项目公司(项目法人),并与项目公司签订收费公路PPP项目合同。

项目公司可以由社会资本方单独设立,也可以由政府指定出资人代表采取出资入股或设立特殊股份的方式与社会资本方共同设立。

收费公路PPP项目合同应当主要包括以下内容:

(一)项目名称、内容;

(二)合作范围和期限;

(三)政府和项目公司的权利和义务;

(四)融资方案,投融资期限和方式;

(五)收费标准及其调整机制;

(六)项目建设标准及相关要求;

(七)养护管理和服务质量标准;

(八)合理投资回报确定及调整机制;

(九)履约保证金的有关要求;

(十)合作期内风险分担与保障;

(十一)建设运营服务监测和绩效评价;

(十二)安全质量保证金制度及其责任;

(十三)政府承诺和保障;

(十四)应急预案和临时接管预案;

(十五)合同期限届满后,项目移交方式、程序和要求等;

(十六)合同变更、提前终止及补偿;

(十七)监督检查;

(十八)违约责任;

(十九)争议解决方式;

(二十)需要明确的其他事项。

第二十七条 收费公路PPP项目法人确定后,如与审批或核准时的项目法人不一致,由项目实施机构或交通运输主管部门组织协调按照有关规定依法办理项目法人变更手续。

第二十八条 对于申请车辆购置税资金支持的收费公路PPP项目,在正式签署收费公路PPP项目合同后,由省级交通运输主管部门组织向交通运输部报送项目车辆购置税资金申请函、收费公路PPP项目合同及各项审批文件等相关材料。

其他收费公路PPP项目按照项目管理权限上报有关部门。

第二十九条 交通运输部收到省级交通运输主管部门上报的材料并确认符合条件后,对材料进行审查。通过审查的,交通运输部出具资金安排确认函,明确车辆购置税资金具体安排数额。

第四章 项目执行

第一节 项目财政预算管理

第三十条 各级交通运输主管部门应当根据预算管理要求,将收费公路PPP项目合同中约定的政府跨年度财政支出责任纳入中期财政规划,经财政部门审核汇总后,报本级人民政府审核,保障政府在项目全生命周期内的履约能力。

第三十一条 经本级人民政府同意纳入中期财政规划的收费公路PPP项目,由交通运输主管部门按照预算编制程序和要求,将合同中符合预算管理要求的下一年度财政资金支出纳入预算管理,报请财政部门审核后纳入预算草案,经本级人民政府同意后报本级人民代表大会审议。

第二节 项目建设

第三十二条 项目公司正式成立后,应尽快开展项目融资。项目实施机构应会同本级财政部门敦促和监督社会资本方或项目公司做好项目融资工作。

各级交通运输主管部门不得为项目公司或社会资本方的融资提供担保。项目公司或社会资本方未按照收费公路 PPP 项目合同约定完成融资的,项目实施机构可依法提出履约要求,必要时提出终止收费公路 PPP 项目合同的要求。

第三十三条 项目公司或社会资本方要按照合同约定统筹项目投入和产出,严格按照设计文件组织工程建设,加强施工管理,确保工程质量,并对工程质量负责。

第三十四条 项目实施机构可以采取聘请设计审查单位、对项目监理单位或者中心试验室试验检测服务进行直接招标等措施,对设计及工程质量进行监控;也可以聘请第三方中介机构对项目进行成本审计或者承担其他评估工作。

第三十五条 各级交通运输主管部门应根据收费公路 PPP 项目合同及有关规定,对项目公司或社会资本方履行 PPP 项目建设责任进行监督。

第三十六条 项目建成后至试运营通车前,项目实施机构应当对项目的建设规模、建设内容等合同约定和涉及公众服务的内容进行验收,并向交通运输主管部门出具验收意见,作为试运营通车收费的前置条件。

第三节 项目运营

第三十七条 项目公司或社会资本方要根据有关法律、行政法规、标准规范和收费公路 PPP 项目合同,对收费公路及其沿线设施进行日常检查、运营、维护,保证收费公路处于良好的技术状态,为社会公众提供安全便捷、畅通高效、绿色智能的公共服务。

第三十八条 交通运输主管部门或项目实施机构应当按照收费公路 PPP 项目合同严格履行有关义务,为项目公司建设运营收费公路 PPP 项目提供便利和支持,提高公共服务水平。

第三十九条 交通运输主管部门或项目实施机构应根据收费公路 PPP 项目合同中的运营服务绩效标准和考核办法,定期对项目运营服务进行绩效评价,绩效评价结果应作为项目公司或社会资本方取得项目回报的依据。

第四十条 交通运输主管部门或项目实施机构应每 3－5 年对项目进行中期评估,重点分析项目运行状况和项目合同的合规性、适应性和合理性;及时评估已发现问题的风险,制订应对措施,并报交通运输主管部门或者本级人民政府备案。

第四十一条 交通运输主管部门或项目实施机构、项目公司应依照《收费公路管理条例》的要求,公开披露项目相关信息,保障公众知情权,接受社会监督。

第四十二条 在收费公路 PPP 项目合同有效期内,合同内容确需变更的,协议当事人应当在协商一致的基础上签订补充合同,并报原审批机构审批。

第四十三条 在项目合作期内,因收费公路 PPP 项目合同一方严重违约或不可抗力等原因,导致社会资本方或项目公司无法继续履行合同约定义务,或者出现合同约定的提前终止合同情形的,在与债权人协商一致后,经原审批机构审批,可以提前终止合同。

收费公路 PPP 项目合同提前终止的,项目实施机构或交通运输主管部门指定的其他机构可以提前收回特许经营权,并根据实际情况和合同约定给予合理补偿或惩罚。

第五章 项目移交

第四十四条 在 PPP 合同期满后,社会资本方或项目公司应当以良好的运营和养护状态将收费公路 PPP 项目合同约定的项目及其附属设施、相关资料等无偿移交给政府有关部门或项目实施机构。

收费公路 PPP 项目合同中应当明确约定项目移交的过渡期、移交内容和标准、移交程序、质量保证及违约责任等。

第四十五条 项目移交应设置过渡期。过渡期宜为 PPP 合作期限届满前 1 年或 2 年，政府有关部门或项目实施机构和社会资本方或项目公司应当联合组建项目移交委员会，研究制定项目移交方案，共同做好项目移交过渡期的相关工作。

项目移交方案应当包括移交的资产、资料明细，双方委派的移交人员及移交程序等内容。

第四十六条 PPP 合同期满前 6 个月，原审批机构应当对收费公路进行鉴定和验收。经鉴定和验收，公路符合取得收费公路权益时核定的技术等级和标准的，社会资本方或项目公司方可按照国家有关规定向交通运输主管部门办理公路移交手续；不符合取得收费公路权益时核定的技术等级和标准的，社会资本方或项目公司应当在交通运输主管部门确定的期限内进行维修养护，达到要求后，方可按照规定办理公路移交手续。

第四十七条 项目移交完成后，交通运输主管部门应会同政府有关部门对项目运行养护状况、成本效益、监管成效等进行评估。

第六章 附 则

第四十八条 本指南由交通运输部财务审计司会同综合规划司、公路局负责解释。

第四十九条 本指南自印发之日起施行，有效期五年，《收费公路政府和社会资本合作操作指南（试行）》（交办财审〔2015〕192 号）同时废止。

关于加快运用 PPP 模式盘活基础设施存量资产有关工作的通知

（2017 年 7 月 3 日国家发展和改革委员会发布 发改投资〔2017〕1266 号）

各省、自治区、直辖市及计划单列市发展改革委，新疆生产建设兵团发展改革委：

按照党中央、国务院工作部署，我委会同相关部门加快推广政府和社会资本合作（PPP）模式，取得了较好成效，在加强基础设施建设、促进民间投资等方面发挥了积极作用。但是，已实施 PPP 项目中新建项目多、存量项目少，不利于盘活存量资产、提高基础设施运营效率。根据《国务院关于创新重点领域投融资机制鼓励社会投资的指导意见》（国发〔2014〕60 号）等文件精神，为更好运用 PPP 模式盘活基础设施存量资产、形成良性投资循环，现就有关事项通知如下。

一、充分认识运用 PPP 模式盘活基础设施存量资产的重要意义

改革开放以来，经过长期投资建设，我国在能源、交通运输、水利、环境保护、农业、林业、重大市政工程等基础设施领域形成了大量优质存量资产。积极推广 PPP 模式，加大存量基础设施盘活力度、形成良性投资循环，有利于拓宽基础设施建设资金来源，减轻地方政府债务负担；有利于化解民营企业融资能力不足问题，更好地吸引民间资本进入基础设施领域，丰富民营企业投资方式；有利于吸引具有较强运营能力的社会资本，提高基础设施项目运营效率，降低运营成本；有利于推进国有企业混合所有制改革，促进各种所有制经济共同发展；有利于加快补齐基础设施短板，推进供给侧结构性改革。

二、分类实施，规范有序盘活基础设施存量资产

各地要根据当地实际情况和项目特点，积极探索、大胆创新，灵活运用 PPP 模式，规范有序盘活基础设施存量资产。要精心编制项目实施方案，做好项目联审，提高决策水平。涉及新增投资建设的，应依法依规履行投资管理程序。项目决策后，应通过公开招标等竞争性方式公平择优选择具有相应运营能力和管理经验的社会资本方作为合作伙伴。项目运营期间，实施机构要加强绩效评价，切实提升运营效率。

对拟采取 PPP 模式的存量基础设施项目，根据项目特点和具体情况，可通过转让—运营—移交（TOT）、改建—运营—移交（ROT）、转让—拥有—运营（TOO）、委托运营、股权合作等多种方式，将项目的资产所有权、股权、经营权、收费权等转让给社会资本。

对已经采取PPP模式且政府方在项目公司中占有股份的存量基础设施项目,可通过股权转让等方式,将政府方持有的股权部分或全部转让给项目的社会资本方或其他投资人。

对在建的基础设施项目,也可积极探索推进PPP模式,引入社会资本负责项目的投资、建设、运营和管理,减少项目前期推进困难等障碍,更好地吸引社会资本特别是民间资本进入。

运用PPP模式盘活基础设施存量资产,要在符合国有资产管理等相关法律法规制度的前提下,解放思想、勇于创新,优先推出边界条件明确、商业模式清晰、现金流稳定的优质存量资产,提升社会资本参与的积极性。支持社会资本方创新运营管理模式,充分挖掘项目的商业价值,在确保公共利益的前提下,提高合理投资回报水平。

三、规范管理,实现投资良性循环

运用PPP模式盘活基础设施存量资产回收的资金,除按规定用于必要的职工安置、债权债务处置等支出外,应主要用于新的基础设施和公用事业建设,重点支持补短板项目,形成新的优质资产。对再投资形成的新优质资产,条件成熟时可再次运用PPP模式盘活,引入社会资本方参与运营和管理。由此实现以PPP模式盘活优质存量资产,转让所得用于新建基础设施和公用事业项目,通过再投资形成新优质资产的良性循环。

运用PPP模式盘活基础设施存量资产时,要规范与社会资本方的合作行为,严禁利用PPP模式违法违规变相举债。

四、加强协同合作,保障基础设施存量资产盘活工作顺利实施

建立基础设施存量资产盘活协同工作机制,强化组织领导和统筹协调。各地发展改革部门要按照政府统一部署和职责分工,主动与行业管理、国有资产管理、财税、国土、环保、人力资源社会保障等部门加强衔接,形成合力,共同推进运用PPP模式盘活基础设施存量资产工作。

在运用PPP模式盘活基础设施存量资产时,要做好尽职调查、清产核资等前期工作,合理确定国有资产公允价值,既要防止国有资产流失,也要保障社会资本方合法权益。积极推动相关事业单位和国有企业改制工作,努力解决国有产权核实与界定、债权债务处理、人员分流安置等问题,保障基础设施存量资产盘活工作顺利开展。

对采用PPP模式盘活存量资产的基础设施项目,支持通过资产证券化、发行PPP项目专项债券等方式开展市场化融资,提高资产流动性,拓宽资金来源,吸引更多社会资本以不同方式参与。

五、总结经验,发挥示范项目的引领带动作用

各省级发展改革委要对本地区运用PPP模式盘活基础设施存量资产的工作情况进行全面梳理,及时总结经验,改进完善相关制度,推进工作顺利开展。要筛选出操作规范、成效明显、经验可复制可推广的项目,加大宣传力度,发挥示范作用。

请各省级发展改革委推荐本地区3-5个运用PPP模式盘活基础设施存量资产效果好的项目,于2017年8月4日前报我委(相关要求详见附件)。我委将从中遴选若干示范项目,组织推广。

附件:1. 项目单行材料要求(略)

2. ________省(区、市)运用PPP模式盘活基础设施存量资产示范项目申报表(略)

关于规范开展政府和社会资本合作项目资产证券化有关事宜的通知

(2017年6月7日财政部、中国人民银行、
中国证券监督管理委员会发布 财金〔2017〕55号)

各省、自治区、直辖市、计划单列市财政厅(局),新疆生产建设兵团财务局,中国人民银行上海总部、各分行、营业管理部、各省会(首府)城市中心支行,中国证监会各派出机构,中国银行间市场交易商协会,上海证券交易所、深圳证券交易所,中国证券业协会,中国证券投资基金业协会:

为贯彻落实《国务院办公厅转发财政部 发展改革委 人民银行关于在公共服务领域推广政府和社会资本合作模式指导意见的通知》(国办发〔2015〕42号),规范推进政府和社会资本合

作（以下简称 PPP）项目资产证券化工作，现就有关事宜通知如下：

一、分类稳妥地推动 PPP 项目资产证券化

（一）鼓励项目公司开展资产证券化优化融资安排。在项目运营阶段，项目公司作为发起人（原始权益人），可以按照使用者付费、政府付费、可行性缺口补助等不同类型，以能够给项目带来现金流的收益权、合同债权作为基础资产，发行资产证券化产品。项目公司应统筹融资需求、项目收益等因素，合理确定资产证券化产品发行规模和期限，着力降低综合融资成本。积极探索项目公司在项目建设期依托 PPP 合同约定的未来收益权，发行资产证券化产品，进一步拓宽项目融资渠道。

（二）探索项目公司股东开展资产证券化盘活存量资产。除 PPP 合同对项目公司股东的股权转让质押等权利有限制性约定外，在项目建成运营 2 年后，项目公司的股东可以以能够带来现金流的股权作为基础资产，发行资产证券化产品，盘活存量股权资产，提高资产流动性。其中，控股股东发行规模不得超过股权带来现金流现值的 50%，其他股东发行规模不得超过股权带来现金流现值的 70%。

（三）支持项目公司其他相关主体开展资产证券化。在项目运营阶段，为项目公司提供融资支持的各类债权人，以及为项目公司提供建设支持的承包商等企业作为发起人（原始权益人），可以合同债权、收益权等作为基础资产，按监管规定发行资产证券化产品，盘活存量资产，多渠道筹集资金，支持 PPP 项目建设实施。

二、严格筛选开展资产证券化的 PPP 项目

（四）开展资产证券化的 PPP 项目应当运作规范、权属清晰。项目实施方案科学、合同体系完备、运作模式成熟、风险分配合理，并通过物有所值评价和财政承受能力论证。项目公司预期产生的现金流，能够覆盖项目的融资利息和股东的投资收益。拟作为基础资产的项目收益权、股权和合同债权等权属独立清晰，没有为其他融资提供质押或担保。

（五）发起人（原始权益人）应当分别符合相关要求。项目公司作为发起人（原始权益人）的，应当已落实融资方案，前期融资实际到账。项目公司、项目公司的股东作为发起人（原始权益人）申请通过发行主管部门绿色通道受理的，项目还应当成功运营 2 年以上，发起人（原始权益人）信用稳健，最近三年未发生重大违约或虚假信息披露，无不良信用记录。

三、完善 PPP 项目资产证券化工作程序

（六）依据合同约定自主开展资产证券化。政府方和社会资本方应在 PPP 合同中，通过适当的方式约定相关各方的资产证券化权利和义务，发起人（原始权益人）可按照合同约定自主决定开展资产证券化，向发行主管部门提交发行申请。PPP 项目相关各方应按合同约定，配合接受尽职调查，提供相关材料，协助开展资产证券化产品的方案设计和信用评级等工作。

（七）择优筛选 PPP 项目开展资产证券化。优先支持水务、环境保护、交通运输等市场化程度较高、公共服务需求稳定、现金流可预测性较强的行业开展资产证券化。优先支持政府偿付能力较好、信用水平较高，并严格履行 PPP 项目财政管理要求的地区开展资产证券化。重点支持符合雄安新区和京津冀协同发展、“一带一路”、长江经济带等国家战略的 PPP 项目开展资产证券化。鼓励作为项目公司控股股东的行业龙头企业开展资产证券化，盘活存量项目资产，提高公共服务供给能力。

（八）择优推荐 PPP 项目资产证券化。省级财政部门可会同行业主管部门择优推荐资产证券化项目。PPP 项目资产证券化发起人（原始权益人）可在向发行主管部门提交申请前，自主向省级财政部门和行业主管部门提出推荐申请。申请材料包括但不限于 PPP 项目实施方案、PPP 合同、物有所值评价报告和财政承受能力论证报告、项目运营年报，以及项目资产证券化方案说明书、交易结构图、法律意见书等。省级财政部门可会同行业主管部门，按照有关监管规定和本通知要求，出具推荐意见并抄报财政部。

（九）进一步优化 PPP 项目资产证券化审核程序。发行主管部门应根据资产证券化业务规定，对申报的 PPP 项目进行审核和监管。对于各省级财政部门推荐的项目和中国政企合作支持基金投资的项目，中国银行间市场交易商协会、证券交易所、中国证券投资基金业协会等单位要研究建立受理、审核及备案的绿色通道,专人专岗负责,提高注册、备案、审核、发行和挂牌的工作效率。要根据PPP项目证券化开展情况,进一步完善资产证券化制度体系,指导有关单位研究完善自律规则及负面清单。

四、着力加强PPP项目资产证券化监督管理

(十)切实做好风险隔离安排。PPP项目资产证券化的发起人(原始权益人),要严格按照资产证券化规则与相关方案、合同约定,合理设计资产证券化产品的发行交易结构,通过特殊目的载体(SPV)和必要的增信措施,坚持真实出售、破产隔离原则,在基础资产与发起人(原始权益人)资产之间做好风险隔离。发起人(原始权益人)要配合中介机构履行基础资产移交、现金流归集、信息披露、提供增信措施等相关义务,不得通过资产证券化改变控股股东对PPP项目公司的实际控制权和项目运营责任,实现变相"退出",影响公共服务供给的持续性和稳定性。资产证券化产品如出现偿付困难,发起人(原始权益人)应按照资产证券化合同约定与投资人妥善解决,发起人(原始权益人)不承担约定以外的连带偿付责任。

(十一)合理分担资产证券化的成本收益。PPP项目公司资产证券化的发行成本应当由项目公司按照合同约定承担,不得将发行成本转嫁给政府和社会资本方。鼓励PPP项目公司及其股东通过加强日常运营维护管理或者提供合理支持,为基础资产产生预期现金流提供必要的保障,PPP项目公司及其股东可综合采取担保、持有次级等多种方式进行增信,避免单一增信方式增加对项目公司或股东的负担。PPP项目公司通过发行资产证券化产品优化负债结构的,节省综合融资成本带来的超额收益,应按照合同约定进行分配。

(十二)切实防范刚性兑付风险。PPP项目所在地财政部门要会同行业主管部门加强项目全生命周期的合同履约管理,以PPP合同约定的支付责任为限,严格按照项目绩效评价结果进行支付(含使用者付费项目),保障社会资本方获得合理回报。资产证券化产品的偿付责任,由特殊目的载体(SPV)以其持有的基础资产和增信安排承担,不得将资产证券化产品的偿付责任转嫁给政府或公众,并影响公共服务的持续稳定供给。

(十三)充分披露资产证券化相关信息。金融机构、中介服务机构等应做好尽职调查,确保PPP项目资产证券化业务符合相关政策要求。PPP项目资产证券化的发起人(原始权益人)、管理人及其他信息披露义务人应当严格按照资产证券化业务相关规定,在PPP综合信息平台以及市场认可的信息披露网站,披露项目实施信息、资产证券化年度管理报告、收益分配报告等信息,确保项目实施和资产证券化业务公开透明、有序实施,接受社会和市场监督。

(十四)大力营造良好发展环境。建立多元化、可持续的资金保障机制,推动不动产投资信托基金(REITs)发展,鼓励各类市场资金投资PPP项目资产证券化产品。加大PPP项目资产证券化政策宣传培训力度,提高各方资产证券化业务操作能力。财政部、中国人民银行、中国证监会建立完善PPP项目资产证券化协同管理机制,加强沟通合作,实现PPP项目实施和风险监测信息共享。省级财政部门和中国人民银行、中国证监会当地派出机构要高度重视,认真组织实施,切实做好PPP项目资产证券化相关工作,推动PPP项目资产证券化持续健康发展。

关于运用政府和社会资本合作模式支持养老服务业发展的实施意见

(2017年8月14日财政部、民政部、人力资源和社会保障部发布 财金〔2017〕86号)

各省、自治区、直辖市、计划单列市财政厅(局)、民政厅(局)、人力资源社会保障厅(局),新疆生产建设兵团财务局、民政局、人力资源社会保障局:

为贯彻《国务院关于印发"十三五"国家老龄事业发展和养老体系建设规划的通知》(国发〔2017〕13号)、《国务院办公厅转发财政部发展改革委人民银行关于在公共服务领域推广政府和社会资本合作模式指导意见的通知》(国办发〔2015〕42号)精神,落实着力推进幸福产业服务消费提质扩容工作部署,鼓励运用政府和社会资本合作(PPP)模式推进养老服务业供给侧结构性改革,加快养老服务业培育与发展,形成多层次、多渠道、多样化的养老服务市场,推动老龄事业

发展,现提出以下意见:

一、总体要求

(一)指导思想。

全面贯彻党中央、国务院关于老龄事业、养老服务业发展的决策部署,践行新发展理念,着力推动政府和社会资本合作促进养老服务领域供给侧结构性改革,优化养老服务领域资金资源投入使用方式,发挥社会力量的主体作用,激发社会活力,提高养老服务供给效率和能力,促进多层次、多渠道、多样化的养老服务更加方便可及,努力使养老服务业成为扩大内需、增加就业、保障和改善民生、推动经济转型升级的重要力量。

(二)基本原则。

政府引导,市场驱动。坚持养老服务领域供给侧结构性改革方向,深入推广政府和社会资本合作科学理念,优化养老服务领域政府资金资源投入使用方向和方式,发挥引导带动作用,注重发挥市场在资源配置中的决定性作用,营造公平竞争的市场环境,鼓励各类市场主体参与养老服务 PPP 项目,充分调动社会资本特别是民间资本的积极性,逐步使社会力量成为养老服务领域的主体。

厘清边界,支持基础。针对养老服务的不同类型,坚持公共服务属性,合理界定政府和社会资本合作提供的养老服务边界,优先支持保障型基本养老和改善型中端养老服务发展,促进资源合理优化配置,加大投入力度,探索形成符合当前国情的养老服务供给模式,保障面向老年人的基础性养老服务供给。

强化监督,提质增效。完善运营监督机制,强化绩效评价和项目监管,推动养老服务行业标准化建设,严格执行财政 PPP 工作制度规范体系,促进养老服务业规范发展。坚持问题导向,强化薄弱环节,通过机制创新增加养老服务供给,提升养老服务水平,增进老年人福祉。

(三)工作目标。

政府和社会资本合作提供养老服务的供给能力大幅提高、质量明显改善、结构更加合理,市场活力和社会创造力得到充分激发,多层次、多样化的养老服务市场初步形成。政府职能转变、“放管服”改革成效显著,群众满意度显著提高,养老服务业成为推动经济社会发展的新动能。

二、优先支持的重点养老服务领域

重点引导和鼓励社会资本通过 PPP 模式,立足保障型基本养老服务和改善型中端养老服务,参与以下养老服务供给:

(四)养老机构。

鼓励政府将现有公办养老机构交由社会资本方运营管理。支持机关、企事业单位将所属的度假村、培训中心、招待所、疗养院等,通过 PPP 模式转型为养老机构,吸引社会资本运营管理。鼓励商业地产库存高、出租难的地方,通过 PPP 模式将闲置厂房、商业设施及其他可利用的社会资源改造成养老机构。

(五)社区养老体系建设。

鼓励政府和社会资本在城乡社区内建设运营居家养老服务网点、社区综合服务设施,兴办或运营老年供餐、社区日间照料、老年精神文化生活等形式多样的养老服务。支持政府将所辖区域内的社区养老服务打包,通过 PPP 模式交由社会资本方投资、建设或运营,实现区域内的社区养老服务项目统一标准、统一运营。

(六)医养健融合发展。

鼓励养老机构与医疗卫生机构、健康服务机构开展合作,支持打造“以健康管理为基础、以养老服务为核心、以医疗服务为支撑”的全生命周期养老服务链,兴建一批养老为主题,附加康养、体育健身、医疗、教育、文化娱乐、互联网等现代服务业的“养老+”综合新业态。

三、规范推进项目实施

(七)统筹论证养老服务项目可行性。

各级财政、民政、社会保障部门要加强合作,依托全国 PPP 综合信息平台,综合项目实施周期、收费定价机制、投资收益水平、风险分配基本框架、所需政府投入等因素,论证筛选出适宜采用 PPP 模式运作的养老服务项目,做好项目储备,确保工作有序推进。

(八)依法择优选择社会资本方。

合理设置参与条件,消除本地保护主义和隐形门槛。除本级政府所属尚未转型的融资平台公司、控股国有企业外,建立现代企业制度的境内外法人,均可作为养老服务项目的社会资本方。鼓励在养老服务项目建设、运营、管理等方面具有专业资质的社会资本方,通过兼并重组、输出服务技术和品牌等形式,发展跨区域、跨行业的综合性养老服务集团,推动养老服务向品牌化、连锁化、专业化和规模化方向发展。

(九)多渠道构建项目回报机制。

根据项目特点,建立政府付费、使用者付费和开发性资源补偿相结合的项目回报机制,鼓励政府统筹运用授权经营、资本金注入、土地入股、运营补贴、投资补助等方式,支持养老项目建设。允许社会资本配套建设符合规定的医院、康养中心、疗养院及附属设施等经营性项目,提高项目综合盈利能力。鼓励社会资本通过"互联网 +"等创新运营模式,降低项目成本,提高项目运营效率和投资回报水平。

(十)发挥示范引领带动作用。

鼓励各级财政、民政、社会保障部门优先选择一批有示范带动作用、需求长期稳定的养老服务项目开展试点,探索创新合作机制。推出一批养老服务业 PPP 示范项目,打造项目样板和标杆,有效发挥示范项目对全国养老服务项目的引领带动作用。加强案例总结和经验推广,探索养老服务业运用 PPP 模式的成熟路径。

四、积极提供政策保障

(十一)加强组织领导。

各级财政、民政、社会保障部门要切实提高思想认识,积极推动建立跨部门的工作协调机制,明确各自职责分工,抓好工作部署,落实工作责任,推动项目实施,及时研究解决合作项目建设运行中的重大问题。

(十二)落实现有优惠政策。

合理界定养老服务项目类型,PPP 项目依法登记为公益性或经营性养老机构,按规定享受现行投资、补贴、税收、土地等优惠政策,保障养老服务设施用地供应。严格执行养老服务领域行政事业性收费减免政策。

(十三)优化财政资金投入方式。

鼓励各级财政部门加大养老服务业财政资金投入,优化资金使用方式,推动财政资金支持重点从生产要素环节向终端服务环节转移,从补建设向补运营转变,支持养老领域 PPP 项目实施。对社会急需、项目发展前景好的养老服务项目,要通过中央基建投资等现有资金渠道予以积极扶持。鼓励各地建立养老服务业引导性基金,吸引民间资本参与,支持符合养老服务业发展方向的 PPP 项目。

(十四)创新金融服务方式。

鼓励金融机构通过债权、股权、设立养老服务产业基金等多种方式,支持养老领域 PPP 项目。积极支持社保资金、保险资金等用于收益稳定、回收期长的养老服务 PPP 项目。充分发挥中国 PPP 基金的引导带动作用,积极支持养老服务 PPP 项目。鼓励保险公司探索开发长期护理险、养老机构责任险等保险产品。

(十五)营造良好发展环境。

各级财政、民政、社会保障部门要因地制宜细化落实各项扶持政策,切实为社会资本进入养老领域,创造公平有序的市场环境和保障有力的政策支持体系。进一步加大对养老投入力度,加快养老资金整合,优化社会资本参与环境,提高社会资本进入养老领域的积极性。

关于深入推进农业领域政府和社会资本合作的实施意见

（2017 年 5 月 31 日财政部、农业部发布　财金〔2017〕50 号）

各省、自治区、直辖市、计划单列市财政厅（局）、农业（农牧、农机、畜牧、兽医、农垦、渔业）厅（局、委、办），新疆生产建设兵团财务局、农业局：

为贯彻落实《中共中央、国务院关于深入推进农业供给侧结构性改革　加快培育农业农村发展新动能的若干意见》、《国务院办公厅关于创新农村基础设施投融资体制机制的指导意见》（国办发〔2017〕17 号）、《国务院办公厅转发财政部　发展改革委　人民银行关于在公共服务领域推广政府和社会资本合作模式指导意见的通知》（国办发〔2015〕42 号）精神，深化农业供给侧结构性改革，引导社会资本积极参与农业领域政府和社会资本合作（PPP）项目投资、建设、运营，改善农业农村公共服务供给，现提出意见如下：

一、总体要求

（一）指导思想

全面贯彻落实党中央、国务院关于农业、农村、农民问题的决策部署，牢固树立和贯彻落实新发展理念，适应把握引领经济发展新常态，以加大农业领域 PPP 模式推广应用为主线，优化农业资金投入方式，加快农业产业结构调整，改善农业公共服务供给，切实推动农业供给侧结构性改革。

（二）基本原则

——政府引导，规范运作。坚持农业供给侧结构性改革方向，深化对 PPP 模式的理解认识，加快观念转变，厘清政府与市场的边界，加大对农业农村公共服务领域推广运用 PPP 模式的政策扶持力度，强化绩效评价和项目监管，严格执行财政 PPP 工作制度规范体系，确保顺利实施、规范运作，防止变相举借政府债务，防范财政金融风险。

——明确权责，合作共赢。注重发挥市场在资源配置中的决定性作用，鼓励各类市场主体通过公开竞争性方式参与农业 PPP 项目合作，破除社会资本进入农业公共服务领域的隐性壁垒，营造规范有序的市场环境。在平等协商基础上订立合同，平衡政府、社会资本、农民、农村集体经济组织、农民合作组织等各方利益，明确各参与主体的责任、权利关系和风险分担机制，推动实现改善公共服务供给，拓展企业发展空间，增加人民福祉的共赢局面。

——因地制宜，试点先行。各地根据国家“三农”工作统一部署，结合地区实际和工作重点，分阶段、分类型、分步骤推进农业领域 PPP 工作。鼓励选择重点领域、重点项目先行试点探索，及时总结经验，完善相关政策，形成可复制、可推广的合作模式。

（三）工作目标

探索农业领域推广 PPP 模式的实施路径、成熟模式和长效机制，创新农业公共产品和公共服务市场化供给机制，推动政府职能转变，提高农业投资有效性和公共资源使用效益，提升农业公共服务供给质量和效率。

二、聚焦重点领域

重点引导和鼓励社会资本参与以下领域农业公共产品和服务供给：

（一）农业绿色发展。支持畜禽粪污资源化利用、农作物秸秆综合利用、废旧农膜回收、病死畜禽无害化处理，支持规模化大型沼气工程。

（二）高标准农田建设。支持集中连片、旱涝保收、稳产高产、生态友好的高标准农田建设，支持开展土地平整、土壤改良与培肥、灌溉与排水、田间道路、农田防护与生态环境保持、农田输配电等工程建设，支持耕地治理修复。

（三）现代农业产业园。支持以规模化种养基地为基础，通过“生产 + 加工 + 科技”，聚集现代生产要素、创新体制机制的现代农业产业园。

（四）田园综合体。支持有条件的乡村建设以农民合作社为主要载体、让农民充分参与和受益,集循环农业、创意农业、农事体验于一体的田园综合体。

(五)农产品物流与交易平台。支持农产品交易中心(市场)、生产资料交易平台、仓储基地建设,支持区域农产品公用品牌创建。

(六)"互联网+"现代农业。支持信息进村入户工程、智慧农业工程、农村电子商务平台、智能物流设施等建设运营。

三、规范项目实施

(一)严格筛选项目。各级财政部门、农业部门要加强合作,依托全国PPP综合信息平台推进农业PPP项目库建设,明确入库标准,优先选择有经营性现金流、适宜市场化运作的农业公共设施及公共服务项目,做好项目储备,明确年度及中长期项目开发计划,确保农业PPP有序推进。

(二)合理分担风险。各地农业部门、财政部门要指导项目实施机构按照风险分担、利益共享的原则,充分识别、合理分配PPP项目风险。为保障政府知情权,政府可以参股项目公司,但应保障项目公司的经营独立性和风险隔离功能,不得干预企业日常经营决策,不得兜底项目建设运营风险。

(三)保障合理回报。各地农业部门、财政部门要指导项目实施机构根据项目特点构建合理的项目回报机制,依据项目合同约定将财政支出责任纳入年度预算和中期财政规划,按项目绩效考核结果向社会资本支付对价,保障社会资本获得稳定合理收益。鼓励农民专业合作社等新型农业经营主体参与PPP项目,并通过订单带动、利润返还、股份合作等模式进一步完善与农户的利益联结机制,建立长期稳定的合作关系,让更多农民分享农业PPP发展红利。

(四)确保公平竞争。各地农业部门、财政部门要指导项目实施机构依法通过公开、公平、竞争性方式,择优选择具备项目所需经营能力和履约能力的社会资本开展合作,保障各类市场主体平等参与农业PPP项目合作,消除本地保护主义和各类隐形门槛。鼓励金融机构早期介入项目前期准备,提高项目融资可获得性。

(五)严格债务管理。各地财政部门、农业部门要认真组织开展项目物有所值评价和财政承受能力论证,加强本辖区内PPP项目财政支出责任统计和超限预警,严格政府债务管理,严禁通过政府回购安排、承诺固定回报等方式进行变相举债,严禁项目公司债务向政府转移。

(六)强化信息公开。各地财政部门、农业部门要认真落实《政府和社会资本合作(PPP)综合信息平台信息公开管理暂行办法》(财金〔2017〕1号)有关要求,做好PPP项目全生命周期信息公开工作,及时、完整、准确地录入农业PPP项目信息,及时披露识别论证、政府采购及预算安排等关键信息,增强社会资本和金融机构信心,保障公众知情权,接受社会监督。

(七)严格绩效监管。各地财政部门、农业部门要构建农业PPP项目的绩效考核监管体系和监督问责机制,跟踪掌握项目实施和资金使用情况,推动形成项目监管与资金安排相衔接的激励制约机制。

四、加大政策保障

(一)强化组织领导责任。地方人民政府要积极探索建立跨部门PPP工作领导协调机制,加强政府统一领导,明确部门职责分工,确保形成工作合力,推动项目顺利实施。

(二)优化资金投入方式。各级财政部门、农业部门要探索创新农业公共服务领域资金投入机制,进一步改进和加强资金使用管理,发挥财政资金引导撬动作用,积极推动金融和社会资本更多投向农业农村,提高投资有效性和公共资金使用效益。

(三)发挥示范引领作用。财政部与农业部联合组织开展国家农业PPP示范区创建工作。各省(区、市)财政部门会同农业部门择优选择1个农业产业特点突出、PPP模式推广条件成熟的县级地区作为农业PPP示范区向财政部、农业部推荐。财政部、农业部将从中择优确定"国家农业PPP示范区"。国家农业PPP示范区所属PPP项目,将在PPP示范项目申报筛选和PPP以奖代补资金中获得优先支持。各地财政部门、农业部门要共同做好农业PPP示范区的申报工作,加强对示范区的经验总结和案例推广,推动形成一批可复制、可推广的成功模式。

(四)拓宽金融支持渠道。充分发挥中国PPP基金和各地PPP基金的引导作用,带动更多金融机构、保险资金加大对农业PPP项目的融资支持。加强与国家农业信贷担保体系的合作,鼓励各地设立农业PPP项目担保基金，为PPP项目融资提供增信支持。创新开发适合农业PPP项目的保险产品。开展农业PPP项目资产证券化试点，探索各类投资主体的合规退出渠道。

（五）完善定价调价机制。积极推进农业农村公共服务领域价格改革，探索建立污水垃圾处理农户缴费制度，综合考虑建设运营成本、财政承受能力、农村居民意愿，合理确定农业公共服务价格水平和补偿机制。建立健全价格动态调整和上下游联动机制，增强社会资本收益预期，提高社会资本参与积极性。

（六）加强项目用地保障。各地农业部门、财政部门要积极协调相关土地部门，在保障耕地占补平衡的基础上，在当地土地使用中长期规划中全面考虑农业PPP项目建设需求，并给予优先倾斜，为项目用地提供有效保障。

关于运用政府和社会资本合作模式推进林业建设的指导意见

（2016年11月21日国家发展和改革委员会、国家林业局发布　发改农经〔2016〕2455号）

各省、自治区、直辖市、新疆生产建设兵团发展改革委、林业厅（局）：

林业是重要的公益事业和基础产业，承担着生态产品供给和生态服务的重要任务。运用政府和社会资本合作（PPP）模式推进林业建设，有利于创新林业投融资机制，拓宽社会资本投资渠道，促进投资主体多元化；有利于转变政府职能，提高林业项目建设管理水平，加快林业供给侧结构性改革；有利于深化国有林区、国有林场改革，完善集体林权制度，加快林区经济转型发展。根据《中共中央国务院关于深化投融资体制改革的意见》（中发〔2016〕18号）、《国务院关于创新重点领域投融资机制鼓励社会投资的指导意见》（国发〔2014〕60号），以及国家发展改革委《关于切实做好传统基础设施领域政府和社会资本合作有关工作的通知》（发改投资〔2016〕1744号）、《关于印发〈传统基础设施领域实施政府和社会资本合作项目工作导则〉的通知》（发改投资〔2016〕2231号）等有关文件要求，现就运用政府和社会资本合作模式推进林业建设提出如下意见。

一、总体要求

（一）指导思想。全面贯彻落实党的十八大和十八届三中、四中、五中全会精神，坚持“五位一体”总体布局和“四个全面”战略布局，牢固树立创新、协调、绿色、开放、共享的发展理念，按照党中央、国务院决策部署，借鉴国内外成熟经验，立足林业发展实际，充分发挥市场在资源配置中的决定性作用和更好发挥政府作用，创新林业产权模式和投融资机制，引导鼓励社会资本积极参与林业建设，为广大人民群众提供优质高效的林业生态产品和服务，不断提升林业现代化水平。

（二）基本原则。

——坚持政府组织，诚信守约。转变政府职能，集中力量做好政策制定、项目审核、指导服务和监督管理等工作，并根据国家有关规定，公开择优选择社会资本开展项目建设和管理。要在平等协商、依法合规的基础上订立项目合同，保证合作双方的合法权益。项目合同一经签署必须严格执行，无故违约必须承担相应责任。

——坚持因地制宜，创新模式。在保护好自然生态系统的前提下，根据本地区林业发展实际，遴选前期工作成熟、具有长远盈利预期、较大规模的林业项目，通过授予特许经营权、给予投资补助、政府购买服务等稳定社会资本收益预期，开展社会资本参与林业建设合作试点。在总结试点经验基础上，形成可复制、可推广的经验模式，为向全国推广提供借鉴。

——坚持公开透明，规范运行。按照国家相关规定组织项目论证、选择合作伙伴，制定和履行各类项目合同，组织绩效评价，完善相关制度设计，营造良好政策环境，接受各方监督，确保项目实施决策科学、程序规范、过程公开、责任明确、稳妥推进。

二、重点实施领域

（一）林业重大生态工程。鼓励社会资本参与天然林资源保护、“三北”及长江流域等重点防护林体系建设、京津风沙源治理、岩溶地区石漠化治理等林业重大生态工程建设，以生产绿色生态林产品为导向,通过植树造林、防沙治沙、荒漠化和石漠化综合治理等多种措施,积极培育混交林,发展木本油料、特色经济林和林下经济,加快建成一批规范化生产基地,有效盘活森林资源等多种生态资产。

(二)国家储备林建设。鼓励社会资本根据国家储备林建设的布局重点和目标要求,通过新造林、森林抚育、更新改造、立体复合经营等措施,着力培育大径级材和珍贵树种,营造生态稳定、结构优良、长短结合、高效集约经营的国家木材储备基地,增强高品质木材等林产品和优质生态产品供给能力。

(三)林区基础设施建设。鼓励社会资本参与国有林区和国有林场的交通、教育、医疗卫生、供水供电、垃圾及污水处理等基础设施建设,鼓励社会资本参与兼并重组,充分发挥国有林区和国有林场各类自然资源和人力资源优势,通过规模化经营、市场化运作,推进林区经济转型发展。

(四)林业保护设施建设。在保持生态系统完整性和稳定性的前提下,鼓励社会资本参与森林公园、湿地公园、沙漠公园等园区保护站(点)、宣传教育设施,交通和旅游服务设施建设,采取使用权入股、联营、租赁等多种形式参与保护地的经营活动,提高保护和管理水平,为社会提供更好的生态服务。

(五)野生动植物保护及利用。鼓励社会资本参与林木种质资源保护、野生动植物野外资源保护公益事业,探索引入专业民间组织新建或托管自然保护小区,在政府监管下发展民间自然保护小区(地)。鼓励社会资本参与野生动物园、野生植物园的建设、运营和管理,增强生态保护宣传、科普、教育等功能。

三、规范项目管理

(一)加强项目储备。各地发展改革部门要会同林业主管部门,根据林业发展需要,按照项目合理布局、政府投资有效配置等原则,切实做好林业 PPP 项目的总体谋划,明确建设目标、重点任务、实施步骤。要在投资项目在线审批监管平台(重大建设项目库)基础上,建立和完善本地区林业 PPP 项目库,并统一纳入国家发展改革委传统基础设施 PPP 项目库,切实做好项目储备、动态管理、实施监测等各项工作。

(二)确定实施机构和政府出资人代表。林业 PPP 项目应根据项目性质和行业特点,由当地政府林业主管部门或其委托的相关单位作为 PPP 项目实施机构,负责项目准备及实施等工作。鼓励地方政府采用资本金注入方式投资林业 PPP 项目,并明确政府出资人代表,参与项目准备及实施工作。

(三)PPP 项目实施方案编制与审核。林业 PPP 项目应由实施机构组织编制实施方案。实行审批制的政府投资项目,林业 PPP 项目实施方案可在可行性研究报告编写专章,并结合可行性研究报告审批一并审查。实行核准制或备案制的企业投资项目,要单独编制实施方案,并在项目核准或备案后,依据相关要求完善和确定 PPP 项目实施方案。实施方案编制过程中,应重视征询潜在社会资本方的意见和建议,以及引导社会资本方形成合理的收益预期,建立主要依靠市场的投资回报机制。

(四)项目融资及建设。林业 PPP 项目融资责任由项目公司或社会资本方承担,当地政府及其相关部门不应提供融资担保。项目公司或社会资本方未按照合同约定完成融资的,政府方可依法提出履约要求,必要时可提出终止 PPP 项目合同。林业 PPP 项目建设应符合工程建设管理的相关规定。工程建设成本、质量、进度等风险应由项目公司或社会资本方承担。

(五)落实监管责任。政府方及政府相关部门应根据 PPP 项目合同及有关规定,对项目公司或社会资本方履行 PPP 项目融资及建设责任进行监督。发展改革和林业部门要加强沟通协调,督促社会资本完善法人治理结构和管理制度,认真履行投资经营权利义务,并由项目实施机构根据 PPP 项目合同约定,定期对项目运营服务进行绩效评价,加强项目运行有效监管,及时发现存在的问题,制订应对措施,保证项目实施效果。

四、完善扶持政策

(一)保障社会资本合法权益。除现有法律、法规、规章特殊规定的情形外,林业建设项目向社会资本开放,并优先考虑社会资本参与。社会资本投资建设或运营管理的项目,与政府投资项目享有同等政策待遇，不另设附加条件；可按协议约定依法转让、转租、抵押其相关权益；征收、征用或占用的，要按照国家有关规定或约定给予补偿或赔偿。

（二）加大政府扶持。允许社会资本投资建设或运营管理的项目，统筹利用中央和地方政府投资。对同类项目，中央和地方政府投资要积极支持引入社会资本的项目。对社会资本参与的项目，按政策规定予以贷款贴息、减免企业所得税、享受森林保险保费补贴，降低林业 PPP 项目风险，增强项目收益能力。鼓励社会资本在贫困地区、革命老区通过建立利益联结机制，逐步形成林业脱贫攻坚的长效机制。

（三）创新金融支持。加大开发性、政策性贷款支持力度，完善林业贷款贴息政策。鼓励社保基金、保险基金等大型机构投资者投资林业，探索利用信托融资、项目融资、融资租赁、绿色金融债券等多种融资方式和工具，搭建社会资本投资林业的投融资平台。鼓励有条件的地方政府和社会资本共同发起区域性林业绿色发展基金，支持地方林业生态保护和产业发展。

（四）深化林业改革。加快推进集体林地三权分置，稳定承包权、放活经营权；改革人工商品林采伐限额管理，放活对集体人工商品林的采伐管理，实行林木采伐审批公示制度，简化审批程序，提供便捷服务。加快林地、林木流转制度建设，鼓励流转和经营方式创新，建立健全产权交易平台，支持公开市场交易，保障林权有序流转。

（五）完善土地政策。社会资本投资建设生态林等连片面积达到一定规模的，允许在符合土地管理法律法规和土地利用总体规划、依法办理建设用地审批手续、坚持节约集约用地的前提下，利用一定比例的土地开展观光和休闲度假旅游、加工流通等经营活动。

五、抓好组织实施

（一）加强组织领导。各地要结合本地区实际情况，抓紧制订鼓励和引导社会资本参与林业建设生态项目的具体实施办法和配套政策措施，组织实施好林业建设 PPP 项目，确保国家相关政策措施落实。

（二）支持探索创新。国家林业局会同国家发展改革委在各地自愿报名的基础上，遴选 4－5 个省份，每个省份选择 1－2 个林业 PPP 项目，优先安排中央预算内投资支持创新工作，加强跟踪指导，及时总结经验，推动完善相关政策。同时，鼓励各地开展林业 PPP 项目创新工作，发挥示范带动作用，争取尽快探索形成一批可复制、可推广的典型经验。

（三）积极宣传引导。各地要大力宣传吸引社会资本参与林业建设项目的政策措施，宣传社会资本在促进生态修复、国土绿化，特别是在重大林业工程建设运营方面的积极作用，引导市场预期，为社会资本参与林业建设营造良好的社会环境和舆论氛围。

传统基础设施领域实施政府和社会资本合作项目工作导则

（2016 年 10 月 24 日国家发展和改革委员会发布　发改投资〔2016〕2231 号）

第一章　总　　则

第一条　目的和依据

为进一步规范传统基础设施领域政府和社会资本合作（PPP）项目操作流程，根据《中共中央　国务院关于深化投融资体制改革的意见》（中发〔2016〕18 号）、《国务院关于创新重点领域投融资机制鼓励社会投资的指导意见》（国发〔2014〕60 号）、《国务院办公厅转发财政部发展改革委人民银行关于在公共服务领域推广政府和社会资本合作模式指导意见的通知》（国办发〔2015〕42 号）、《基础设施和公用事业特许经营管理办法》（国家发展改革委等部门令 2015 年第 25 号）、《国家发展改革委关于开展政府和社会资本合作的指导意见》（发改投资〔2014〕2724 号）等文件要求，制定本导则。

第二条　适用范围

按照国务院确定的部门职责分工，本导则适用于在能源、交通运输、水利、环境保护、农业、林业以及重大市政工程等传统基础设施领域采用PPP模式的项目。具体项目范围参见《国家发展改革委关于切实做好传统基础设施领域政府和社会资本合作有关工作的通知》(发改投资〔2016〕1744号)。

第三条 实施方式

政府和社会资本合作模式主要包括特许经营和政府购买服务两类。新建项目优先采用建设—运营—移交(BOT)、建设—拥有—运营—移交(BOOT)、设计—建设—融资—运营—移交(DBFOT)、建设—拥有—运营(BOO)等方式。存量项目优先采用改建—运营—移交(ROT)方式。同时,各地区可根据当地实际情况及项目特点,积极探索、大胆创新,灵活运用多种方式,切实提高项目运作效率。

第四条 适用要求

各级发展改革部门应按照本导则明确的程序要求和工作内容,本着"简捷高效、科学规范、兼容并包、创新务实"原则,会同有关部门,加强协调配合,形成合力,共同促进本地区传统基础设施领域PPP模式规范健康发展。国家发展改革委将加强指导和监督,促进PPP工作稳步推进。

第二章 项目储备

第五条 加强规划政策引导

要重视发挥发展规划、投资政策的战略引领与统筹协调作用,按照国民经济和社会发展总体规划、区域规划、专项规划及相关政策,依据传统基础设施领域的建设目标、重点任务、实施步骤等,明确推广应用PPP模式的统一部署及具体要求。

第六条 建立PPP项目库

各级发展改革部门要会同有关行业主管部门,在投资项目在线审批监管平台(重大建设项目库)基础上,建立各地区各行业传统基础设施PPP项目库,并统一纳入国家发展改革委传统基础设施PPP项目库,建立贯通各地区各部门的传统基础设施PPP项目信息平台。入库情况将作为安排政府投资、确定与调整价格、发行企业债券及享受政府和社会资本合作专项政策的重要依据。

第七条 纳入年度实施计划

列入各地区各行业传统基础设施PPP项目库的项目,实行动态管理、滚动实施、分批推进。对于需要当年推进实施的PPP项目,应纳入各地区各行业PPP项目年度实施计划。需要使用各类政府投资资金的传统基础设施PPP项目,应当纳入三年滚动政府投资计划。

第八条 确定实施机构和政府出资人代表

对于列入年度实施计划的PPP项目,应根据项目性质和行业特点,由当地政府行业主管部门或其委托的相关单位作为PPP项目实施机构,负责项目准备及实施等工作。鼓励地方政府采用资本金注入方式投资传统基础设施PPP项目,并明确政府出资人代表,参与项目准备及实施工作。

第三章 项目论证

第九条 PPP项目实施方案编制

纳入年度实施计划的PPP项目,应编制PPP项目实施方案。PPP项目实施方案由实施机构组织编制,内容包括项目概况、运作方式、社会资本方遴选方案、投融资和财务方案、建设运营和移交方案、合同结构与主要内容、风险分担、保障与监管措施等。为提高工作效率,对于一般性政府投资项目,各地可在可行性研究报告中包括PPP项目实施专章,内容可以适当简化,不再单独编写PPP项目实施方案。

实施方案编制过程中,应重视征询潜在社会资本方的意见和建议。要重视引导社会资本方形成合理的收益预期,建立主要依靠市场的投资回报机制。如果项目涉及向使用者收取费用,要取得价格主管部门出具的相关意见。

第十条 项目审批、核准或备案

政府投资项目的可行性研究报告应由具有相应项目审批职能的投资主管部门等审批。可行性研究报告审批后，实施机构根据经批准的可行性研究报告有关要求，完善并确定PPP项目实施方案。重大基础设施政府投资项目，应重视项目初步设计方案的深化研究，细化工程技术方案和投资概算等内容，作为确定PPP项目实施方案的重要依据。

实行核准制或备案制的企业投资项目，应根据《政府核准的投资项目目录》及相关规定，由相应的核准或备案机关履行核准、备案手续。项目核准或备案后，实施机构依据相关要求完善和确定PPP项目实施方案。

纳入PPP项目库的投资项目，应在批复可行性研究报告或核准项目申请报告时，明确规定可以根据社会资本方选择结果依法变更项目法人。

第十一条　PPP项目实施方案审查审批

鼓励地方政府建立PPP项目实施方案联审机制。按照"多评合一，统一评审"的要求，由发展改革部门和有关行业主管部门牵头，会同项目涉及到的财政、规划、国土、价格、公共资源交易管理、审计、法制等政府相关部门，对PPP项目实施方案进行联合评审。必要时可先组织相关专家进行评议或委托第三方专业机构出具评估意见，然后再进行联合评审。

一般性政府投资项目可行性研究报告中的PPP项目实施专章，可结合可行性研究报告审批一并审查。

通过实施方案审查的PPP项目，可以开展下一步工作；按规定需报当地政府批准的，应报当地政府批准同意后开展下一步工作。未通过审查的，可在调整实施方案后重新审查；经重新审查仍不能通过的，不再采用PPP模式。

第十二条　合同草案起草

PPP项目实施机构依据审查批准的实施方案，组织起草PPP合同草案，包括PPP项目主合同和相关附属合同（如项目公司股东协议和章程、配套建设条件落实协议等）。PPP项目合同主要内容参考国家发展改革委发布的《政府和社会资本合作项目通用合同指南（2014年版）》。

第四章　社会资本方选择

第十三条　社会资本方遴选

依法通过公开招标、邀请招标、两阶段招标、竞争性谈判等方式，公平择优选择具有相应投资能力、管理经验、专业水平、融资实力以及信用状况良好的社会资本方作为合作伙伴。其中，拟由社会资本方自行承担工程项目勘察、设计、施工、监理以及与工程建设有关的重要设备、材料等采购的，必须按照《招标投标法》的规定，通过招标方式选择社会资本方。

在遴选社会资本方资格要求及评标标准设定等方面，要客观、公正、详细、透明，禁止排斥、限制或歧视民间资本和外商投资。鼓励社会资本方成立联合体投标。鼓励设立混合所有制项目公司。社会资本方遴选结果要及时公告或公示，并明确申诉渠道和方式。

各地要积极创造条件，采用多种方式保障PPP项目建设用地。如果项目建设用地涉及土地招拍挂，鼓励相关工作与社会资本方招标、评标等工作同时开展。

第十四条　PPP合同确认谈判

PPP项目实施机构根据需要组织项目谈判小组，必要时邀请第三方专业机构提供专业支持。

谈判小组按照候选社会资本方的排名，依次与候选社会资本方进行合同确认谈判，率先达成一致的即为中选社会资本方。项目实施机构应与中选社会资本方签署确认谈判备忘录，并根据信息公开相关规定，公示合同文本及相关文件。

第十五条　PPP项目合同签订

PPP项目实施机构应按相关规定做好公示期间异议的解释、澄清和回复等工作。公示期满无异议的，由项目实施机构会同当地投资主管部门将PPP项目合同报送当地政府审核。政府审核同意后，由项目实施机构与中选社会资本方正式签署PPP项目合同。

需要设立项目公司的，待项目公司正式设立后，由实施机构与项目公司正式签署PPP项目合同，或签署关于承继PPP项目合同的补充合同。

第五章　项目执行

第十六条　项目公司设立

社会资本方可依法设立项目公司。政府指定了出资人代表的,项目公司由政府出资人代表与社会资本方共同成立。项目公司应按照PPP合同中的股东协议、公司章程等设立。

项目公司负责按PPP项目合同承担设计、融资、建设、运营等责任,自主经营,自负盈亏。除PPP项目合同另有约定外,项目公司的股权及经营权未经政府同意不得变更。

第十七条　项目法人变更

PPP项目法人选择确定后,如与审批、核准、备案时的项目法人不一致,应按照有关规定依法办理项目法人变更手续。

第十八条　项目融资及建设

PPP项目融资责任由项目公司或社会资本方承担,当地政府及其相关部门不应为项目公司或社会资本方的融资提供担保。项目公司或社会资本方未按照PPP项目合同约定完成融资的,政府方可依法提出履约要求,必要时可提出终止PPP项目合同。

PPP项目建设应符合工程建设管理的相关规定。工程建设成本、质量、进度等风险应由项目公司或社会资本方承担。政府方及政府相关部门应根据PPP项目合同及有关规定,对项目公司或社会资本方履行PPP项目建设责任进行监督。

第十九条　运营绩效评价

PPP项目合同中应包含PPP项目运营服务绩效标准。项目实施机构应会同行业主管部门,根据PPP项目合同约定,定期对项目运营服务进行绩效评价,绩效评价结果应作为项目公司或社会资本方取得项目回报的依据。

项目实施机构应会同行业主管部门,自行组织或委托第三方专业机构对项目进行中期评估,及时发现存在的问题,制订应对措施,推动项目绩效目标顺利完成。

第二十条　项目临时接管和提前终止

在PPP项目合作期限内,如出现重大违约或者不可抗力导致项目运营持续恶化,危及公共安全或重大公共利益时,政府要及时采取应对措施,必要时可指定项目实施机构等临时接管项目,切实保障公共安全和重大公共利益,直至项目恢复正常运营。不能恢复正常运营的,要提前终止,并按PPP合同约定妥善做好后续工作。

第二十一条　项目移交

对于PPP项目合同约定期满移交的项目,政府应与项目公司或社会资本方在合作期结束前一段时间(过渡期)共同组织成立移交工作组,启动移交准备工作。

移交工作组按照PPP项目合同约定的移交标准,组织进行资产评估和性能测试,保证项目处于良好运营和维护状态。项目公司应按PPP项目合同要求及有关规定完成移交工作并办理移交手续。

第二十二条　PPP项目后评价

项目移交完成后,地方政府有关部门可组织开展PPP项目后评价,对PPP项目全生命周期的效率、效果、影响和可持续性等进行评价。评价结果应及时反馈给项目利益相关方,并按有关规定公开。

第二十三条　信息公开及社会监督

各地要建立PPP项目信息公开机制,依法及时、充分披露PPP项目基本信息、招标投标、采购文件、项目合同、工程进展、运营绩效等,切实保障公众知情权。涉及国家秘密的有关内容不得公开;涉及商业秘密的有关内容经申请可以不公开。

建立社会监督机制,鼓励公众对PPP项目实施情况进行监督,切实维护公共利益。

第六章　附　　则

第二十四条　本导则由国家发展改革委负责解释。

第二十五条　本导则自印发之日起施行。

关于切实做好传统基础设施领域政府和社会资本合作有关工作的通知

(2016年8月10日国家发展和改革委员会发布 发改投资〔2016〕1744号)

各省、自治区、直辖市及计划单列市发展改革委,新疆生产建设兵团发展改革委:

根据2016年7月7日国务院常务会议明确的政府和社会资本合作部门职责分工,按照《中共中央 国务院关于深化投融资体制改革的意见》(中发〔2016〕18号)、《国务院关于创新重点领域投融资机制鼓励社会投资的指导意见》(国发〔2014〕60号)等文件精神,现就进一步做好传统基础设施领域政府和社会资本合作(PPP)相关工作、积极鼓励和引导民间投资提出以下要求。

一、充分认识做好基础设施领域PPP工作的重要意义

上世纪80年代,我国就开始在基础设施领域引入PPP模式,经过30多年发展,为持续提高我国基础设施水平发挥了积极作用。经济新常态下,继续做好基础设施领域PPP有关工作,有利于推进结构性改革尤其是供给侧结构性改革,增加有效供给,实施创新驱动发展战略,促进稳增长、补短板、扩就业、惠民生;有利于打破基础设施领域准入限制,鼓励引导民间投资,提高基础设施项目建设、运营和管理效率,激发经济活力,增强发展动力;有利于创新投融资机制,推动各类资本相互融合、优势互补,积极发展混合所有制经济;有利于理顺政府与市场关系,加快政府职能转变,充分发挥市场配置资源的决定性作用和更好发挥政府作用。

各地发展改革部门要会同有关行业主管部门等,切实做好能源、交通运输、水利、环境保护、农业、林业以及重大市政工程等基础设施领域PPP推进工作,进一步加强协调配合,形成政策合力,确保政令统一、政策协同、组织高效、精准发力,共同推动政府和社会资本合作工作顺利开展。

二、加强项目储备

各地发展改革部门要会同有关行业主管部门,根据经济社会发展需要,按照项目合理布局、政府投资有效配置等原则,切实做好基础设施领域PPP项目的总体规划、综合平衡和储备管理等工作,充分掌握了解各行业PPP项目总体情况。要在投资项目在线审批监管平台及重大建设项目库基础上,建立基础设施PPP项目库,切实做好项目储备、动态管理、实施监测等各项工作。

三、推行项目联审

积极推行多评合一、统一评审的工作模式,提高审核效率。各地发展改革部门要会同相关部门建立PPP项目联审机制,积极引入第三方评估机构,从项目建设的必要性、合规性、规划衔接性、PPP模式适用性、财务可负担性以及价格和收费的合理性等方面,对项目进行综合评估。

四、做好项目决策

加强项目可行性研究,依法依规履行投资管理程序。对拟采用PPP模式的项目,要将项目是否适用PPP模式的论证纳入项目可行性研究论证和决策。充分考虑项目的战略价值、经济价值、商务模式、可融资性以及管理能力,科学分析项目采用PPP模式的必要性和可行性,不断优化工程建设规模、建设内容、建设标准、技术方案及工程投资等。

五、建立合理投资回报机制

积极探索优化基础设施项目的多种付费模式,采取资本金注入、直接投资、投资补助、贷款贴息,以及政府投资股权少分红、不分红等多种方式支持项目实施,提高社会资本投资回报,增强项目吸引力。鼓励加大项目前期资本金投入,减轻项目运营期间政府支出压力。鼓励社会资本创新商业模式及体制机制,提高运营效率,降低项目成本。

推进基础设施领域的价格改革,合理确定价格收费标准,依法适当延长特许经营年限,提供广告、土地等资源配置,充分挖掘项目运营商业价值,建立使用者付费和可行性缺口补贴类项目的合理投资回报机制,既要使社会资本获得合理投资回报,也要有效防止政府和使用者负担过重。

六、规范项目实施

对确定采用PPP模式的项目,要按照《招标投标法》等法律法规,通过公开招标、邀请招标等多种方式,公平择优选择具有相应管理经验、专业能力、融资实力以及信用状况良好的社会资本作为合作伙伴。依法签订规范的项目合同,明确服务标准、价格管理、回报方式、风险分担、履约监督、信息披露等内容,细化完善合同文本,确保合同内容全面、规范、有效。项目实施期间社会投资人出现重大违约,或发生重大不可抗力等事项,需要政府提前回购的,要合理划分各方责任,妥善做好项目移交。项目结束后,适时对项目效率、效果、影响和可持续性等进行后评价,科学评价项目绩效,不断完善 PPP 模式制度体系。

七、构建多元化退出机制

政府和社会资本合作期满后,按照合同约定的移交形式、移交内容和移交标准,及时组织开展项目验收、资产交割等工作。推动 PPP 项目与资本市场深化发展相结合,依托各类产权、股权交易市场,通过股权转让、资产证券化等方式,丰富 PPP 项目投资退出渠道。提高 PPP 项目收费权等未来收益变现能力,为社会资本提供多元化、规范化、市场化的退出机制,增强 PPP 项目的流动性,提升项目价值,吸引更多社会资本参与。

八、积极发挥金融机构作用

各地发展改革部门要会同有关部门,与金融机构加强合作对接,完善保险资金等参与 PPP 项目的投资机制,鼓励金融机构通过债权、股权、资产支持计划等多种方式,支持基础设施 PPP 项目建设。发挥各类金融机构专业优势,鼓励金融机构向政府提供规划咨询、融资顾问、财务顾问等服务,提前介入并帮助各地做好 PPP 项目策划、融资方案设计、融资风险控制、社会资本引荐等工作,切实提高 PPP 项目融资效率。

九、鼓励引导民间投资和外商投资

树立平等合作观念,多推介含金量高的项目,给予各类投资主体公平参与机会,鼓励和引导民营企业、外资企业参与 PPP 项目。招标选择社会资本方时,要合理设定投标资格和评标标准,消除隐性壁垒,确保一视同仁、公平竞争。探索在 PPP 项目中发展混合所有制,组建国有资本、民营资本、外商资本共同参与的项目公司,发挥各自优势,推动项目顺利实施。引导民间资本、外商资本参与 PPP 基金等,拓宽民间资本、外商资本参与 PPP 项目渠道。鼓励不同类型的民营企业、外资企业,通过组建联合体等方式共同参与 PPP 项目。

十、优化信用环境

各地发展改革部门要会同有关部门,加快推进社会信用体系建设,建立健全投融资领域相关主体信用记录,强化并提升政府和投资者的契约意识和诚信意识,规范履约行为,形成守信激励、失信惩戒的约束机制,促使相关主体切实强化责任,履行法定义务。加强政务诚信建设,提高政府履约能力,优化社会资本参与 PPP 项目的信用环境。

各地发展改革部门要高度重视,切实加强组织领导,认真做好统筹规划、综合协调等工作,形成合力,抓好落实。进一步推进简政放权、放管结合、优化服务,对各类社会资本一视同仁。加强 PPP 政策解读和宣传力度,提高各方对 PPP 的认知程度,培育积极的合作理念,建立规范的合作机制,营造良好的合作氛围,充分发挥政府、市场和社会资本的合力,保障基础设施领域政府和社会资本合作模式顺利推进。对其他领域的政府和社会资本合作项目,要积极配合有关部门开展相关工作。

附件:传统基础设施领域推广 PPP 模式重点项目

附件

传统基础设施领域推广 PPP 模式重点项目

一、能源领域

电力及新能源类:供电/城市配电网建设改造、农村电网改造升级、资产界面清晰的输电项目、充电基础设施建设运营、分布式能源发电项目、微电网建设改造、智能电网项目、储能项目、光伏扶贫项目、水电站项目、热电联产、电能替代项目等。

石油和天然气类:油气管网主干/支线、城市配气管网和城市储气设施、液化天然气(LNG)

接收站、石油和天然气储备设施等项目。

煤炭类:煤层气输气管网、压缩/液化站、储气库、瓦斯发电等项目。

二、交通运输领域

铁路运输类:列入中长期铁路网规划、国家批准的专项规划和区域规划的各类铁路项目。重点鼓励社会资本投资建设和运营城际铁路、市域(郊)铁路、资源开发性铁路以及支线铁路,鼓励社会资本参与投资铁路客货运输服务业务和铁路"走出去"项目。

道路运输类:公路建设、养护、运营和管理项目。城市地铁、轻轨、有轨电车等城市轨道交通项目。

水上运输类:港口码头、航道等水运基础设施建设、养护、运营和管理等项目。

航空运输类:民用运输机场、通用机场及配套基础设施建设等项目。

综合类:综合运输枢纽、物流园区、运输站场等建设、运营和管理项目,交通运输物流公共信息平台等项目。

三、水利领域

引调水工程、水生态治理工程、供水工程、江河湖泊治理工程、灌区工程、农业节水工程、水土保持等项目。

四、环境保护领域

水污染治理项目、大气污染治理项目、固体废物治理项目、危险废物治理项目、放射性废物治理项目、土壤污染治理项目。

湖泊、森林、海洋等生态建设、修复及保护项目。

五、农业领域

高标准农田、种子工程、易地扶贫搬迁、规模化大型沼气等三农基础设施建设项目。

现代渔港、农业废弃物资源化利用、示范园区、国家级农产品批发市场等项目。旅游农业、休闲农业基础设施建设等项目。

六、林业领域

京津风沙源治理工程、岩溶地区石漠化治理工程、重点防护林体系建设、国家储备林、湿地保护与修复工程、林木种质资源保护、森林公园等项目。

七、重大市政工程领域

采取特许经营方式建设的城市供水、供热、供气、污水垃圾处理、地下综合管廊、园区基础设施、道路桥梁以及公共停车场等项目。

关于在公共服务领域深入推进政府和社会资本合作工作的通知

(2016年10月11日财政部发布　财金〔2016〕90号)

各省、自治区、直辖市、计划单列市财政厅(局),新疆生产建设兵团财务局:

为进一步贯彻落实党中央、国务院工作部署,统筹推进公共服务领域深化政府和社会资本合作(PPP)改革工作,提升我国公共服务供给质量和效率,巩固和增强经济持续增长动力,现将有关事项通知如下:

一、大力践行公共服务领域供给侧结构性改革。各级财政部门要联合有关部门,继续坚持推广PPP模式"促改革、惠民生、稳增长"的定位,切实践行供给侧结构性改革的最新要求,进一步推动公共服务从政府供给向合作供给、从单一投入向多元投入、从短期平衡向中长期平衡转变。要以改革实现公共服务供给结构调整,扩大有效供给,提高公共服务的供给质量和效率。要以改革激发社会资本活力和创造力,形成经济增长的内生动力,推动经济社会持续健康发展。

二、进一步加大PPP模式推广应用力度。在中央财政给予支持的公共服务领域,可根据行业特点和成熟度,探索开展两个"强制"试点。在垃圾处理、污水处理等公共服务领域,项目一般有现金流,市场化程度较高,PPP 模式运用较为广泛,操作相对成熟,各地新建项目要“强制”应用 PPP 模式,中央财政将逐步减少并取消专项建设资金补助。在其他中央财政给予支持的公共服务领域,对于有现金流、具备运营条件的项目,要“强制”实施 PPP 模式识别论证,鼓励尝试运用 PPP 模式,注重项目运营,提高公共服务质量。

三、积极引导各类社会资本参与。各级财政部门要联合有关部门营造公平竞争环境,鼓励国有控股企业、民营企业、混合所有制企业、外商投资企业等各类型企业,按同等标准、同等待遇参与 PPP 项目。要会同有关行业部门合理设定采购标准和条件,确保采购过程公平、公正、公开,不得以不合理的采购条件(包括设置过高或无关的资格条件,过高的保证金等)对潜在合作方实行差别待遇或歧视性待遇,着力激发和促进民间投资。对民营资本设置差别条款和歧视性条款的 PPP 项目,各级财政部门将不再安排资金和政策支持。

四、扎实做好项目前期论证。在充分论证项目可行性的基础上,各级财政部门要及时会同行业主管部门开展物有所值评价和财政承受能力论证。各级财政部门要聚焦公共服务领域,根据《国务院办公厅转发财政部　发展改革委　人民银行关于在公共服务领域推广政府和社会资本合作模式指导意见的通知》(国办发〔2015〕42 号)规定,确保公共资金、资产和资源优先用于提升公共服务的质量和水平,按照政府采购法相关规定择优确定社会资本合作伙伴,切实防止无效投资和重复建设。要严格区分公共服务项目和产业发展项目,在能源、交通运输、市政工程、农业、林业、水利、环境保护、保障性安居工程、医疗卫生、养老、教育、科技、文化、体育、旅游等公共服务领域深化 PPP 改革工作,依托 PPP 综合信息平台,建立本地区 PPP 项目开发目录。

五、着力规范推进项目实施。各级财政部门要会同有关部门统筹论证项目合作周期、收费定价机制、投资收益水平、风险分配框架和政府补贴等因素,科学设计 PPP 项目实施方案,确保充分体现“风险分担、收益共享、激励相容”的内涵特征,防止政府以固定回报承诺、回购安排、明股实债等方式承担过度支出责任,避免将当期政府购买服务支出代替 PPP 项目中长期的支出责任,规避 PPP 相关评价论证程序,加剧地方政府财政债务风险隐患。要加强项目全生命周期的合同履约管理,确保政府和社会资本双方权利义务对等,政府支出责任与公共服务绩效挂钩。

六、充分发挥示范项目引领作用。各级财政部门要联合有关部门,按照“又快又实”、“能进能出”的原则,大力推动 PPP 示范项目规范实施。要积极为项目实施创造条件,加强示范项目定向辅导,指导项目单位科学编制实施方案,合理选择运作方式,择优选择社会资本,详细签订项目合同,加强项目实施监管,确保示范项目实施质量,充分发挥示范项目的引领性和带动性。要积极做好示范项目督导工作,推动项目加快实施,在一定期限内仍不具备签约条件的,将不再作为示范项目实施。

七、因地制宜完善管理制度机制。各级财政部门要根据财政部 PPP 相关制度政策,结合各地实际情况,进一步建立健全本地区推广实施 PPP 模式的制度政策体系,细化对地市及县域地区的政策指导。要结合内部职能调整,进一步整合和加强专门力量,健全机构建设,并研究建立部门间的 PPP 协同管理机制,进一步梳理 PPP 相关工作的流程环节,明确管理职责,强调按制度管理、按程序办事。

八、切实有效履行财政管理职能。各级财政部门要会同行业主管部门合理确定公共服务成本,统筹安排公共资金、资产和资源,平衡好公众负担和社会资本回报诉求,构建 PPP 项目合理回报机制。对于政府性基金预算,可在符合政策方向和相关规定的前提下,统筹用于支持 PPP 项目。对于使用者付费项目,涉及特许经营权的要依法定程序评估价值,合理折价入股或授予转让,切实防止国有资产流失。对于使用者付费完全覆盖成本和收益的项目,要依据合同将超额收益的政府方分成部分及时足额监缴入国库,并按照事先约定的价格调整机制,确保实现价格动态调整,切实减轻公众负担。

九、简政放权释放市场主体潜力。各级财政部门要联合有关部门,加强项目前期立项程序与 PPP 模式操作流程的优化与衔接,进一步减少行政审批环节。对于涉及工程建设、设备采购或服务外包的 PPP 项目,已经依据政府采购法选定社会资本合作方的,合作方依法能够自行建设、生产或者提供服务的,按照《招标投标法实施条例》第九条规定,合作方可以不再进行招标。

十、进一步加大财政扶持力度。各级财政部门要落实好国家支持公共服务领域 PPP 项目的财政税收优惠政策,加强政策解读和宣传,积极与中国政企合作投资基金做好项目对接,基金将优先支持符合条件的各级财政部门示范项目。鼓励各级财政部门因地制宜、主动作为,探索财政资金撬动社会资金和金融资本参与 PPP 项目的有效方式,通过前期费用补助、以奖代补等手段,为项目规范实施营造良好的政策环境。

十一、充分发挥 PPP 综合信息平台作用。各级财政部门要通过 PPP 综合信息平台加快项目库、专家库建设,增强监管能力和服务水平。要督促项目实施单位,依托 PPP 综合信息平台,及时向社会公开项目实施方案、合同、实施情况等信息。要加强信息共享,促进项目对接,确保项目实施公开透明、有序推进,保证项目实施质量。

各级财政部门要高度重视,切实发挥好统筹协调作用,主动与有关部门沟通合作,合力做好公共服务领域深化 PPP 改革工作,更好地汇聚社会力量增加公共服务供给。

关于运用政府和社会资本合作模式推进公共租赁住房投资建设和运营管理的通知

(2015 年 4 月 21 日财政部、国土资源部、住房和城乡建设部、中国人民银行、国家税务总局、中国银行业监督管理委员会发布　财综〔2015〕15 号)

各省、自治区、直辖市、计划单列市财政厅(局)、国土资源厅(局)、住房城乡建设厅(委、局),中国人民银行上海总部、各分行、营业管理部、省会(首府)城市中心支行、副省级城市中心支行,各省、自治区、直辖市、计划单列市国家税务局、地方税务局、银监局,新疆生产建设兵团财务局、国土资源局、建设局:

为贯彻落实党的十八届三中全会精神,提高公共租赁住房供给效率,按照《财政部关于推广运用政府和社会资本合作模式有关问题的通知》(财金〔2014〕76 号)和《财政部关于印发政府和社会资本合作模式操作指南(试行)的通知》(财金〔2014〕113 号)有关要求,现就运用政府和社会资本合作模式(Public-Private Partnership)推进公共租赁住房投资建设和运营管理的有关事宜通知如下:

一、充分认识运用政府和社会资本合作模式推进公共租赁住房投资建设和运营管理的重要意义

政府和社会资本合作模式是政府与社会资本在公共服务领域建立的一种长期合作关系,通过这种合作和管理过程,可以更有效率地为社会提供公共服务。运用这种模式推进公共租赁住房投资建设和运营管理,有利于转变政府职能,提升保障性住房资源配置效率;有利于消化库存商品住房,促进房地产市场平稳健康发展;有利于提升政府治理能力,改善住房保障服务。运用政府和社会资本合作模式推进公共租赁住房投资建设和运营管理,作为一项政策创新和制度创新,对于稳增长、调结构、惠民生具有十分重要意义,各地要充分认识这项工作的重要性,积极有序开展试点工作。

二、运用政府和社会资本合作模式推进公共租赁住房投资建设和运营管理的基本目标和原则

(一)基本目标。通过运用政府和社会资本合作模式,发挥政府与社会资本各自优势,把政府的政策意图、住房保障目标和社会资本的运营效率结合起来,逐步建立"企业建房、居民租房、政府补贴、社会管理"的新型公共租赁住房投资建设和运营管理模式,有效提高公共租赁住房服务质量和管理效率。

(二)基本原则。

1. 政府组织,社会参与。政府根据本地区公共租赁住房需求状况,制定公共租赁住房发展规划和年度计划,组织合适的公共租赁住房项目开展政府和社会资本合作试点,选择社会资本参与投资建设和运营管理公共租赁住房。

2. 权责清晰,各司其职。在公共租赁住房项目合同中,明确政府与社会资本的各自责任,按照合同约定承担相应的权利、义务、责任和风险。

3. 激励相容,提高效率。通过综合运用多种政策手段,建立动态调整的租金价格机制,确保社会资本具有稳定合理的投资回报;建立严格的绩效评价机制,对项目运作、住房保障服务质量和资金使用效率等进行综合考核评价,确保公共租赁住房项目建设运营达到预期效果。

三、公共租赁住房项目政府和社会资本合作模式和条件

(一)公共租赁住房政府和社会资本合作项目的基本模式。运用政府和社会资本合作模式推进公共租赁住房投资建设和运营管理,主要是政府选择社会资本组建公共租赁住房项目公司,项目公司与政府签订合同,负责承担设计、投资建设、运营、维护管理任务,在合同期内通过"承租人支付租金"及必要的"政府政策支持"获得合理投资回报,依法承担相应的风险;政府负责提供政策支持,定期调整公共租赁住房租金价格,加强公共租赁住房工程建设及运营维护质量监管。合同期满后,项目公司终结,并按合同约定作善后处理。政府对项目公司承担有限责任,不提供担保或承诺。

(二)公共租赁住房政府和社会资本合作项目的基本条件。适合运用政府和社会资本合作模式的公共租赁住房项目应当同时具备以下条件:1. 已纳入住房保障规划和年度计划。2. 项目规划所在区域交通便利,学校、医院等公共基础设施配套齐全。3. 户型建筑面积符合公共租赁住房条件。户型建筑面积以 40 平方米左右的小户型为主,单套建筑面积控制在 60 平方米以内。4. 承租公共租赁住房的保障对象数量稳定。5. 保障对象按市场租金水平向项目公司缴纳住房租金。6. 政府按保障对象支付能力给予分档补贴及其他政策支持。7. 公共租赁住房运营期限不少于 15 年。

四、公共租赁住房政府和社会资本合作项目的适用范围

适用政府和社会资本合作模式的公共租赁住房项目主要包括:(一)政府自建自管项目;(二)政府收购的符合公共租赁住房条件的存量商品住房项目;(三)符合公共租赁住房条件且手续完备、债务清晰的停工未完工程项目;(四)以企业为主建设管理的公共租赁住房项目。

对于存量和在建的项目,特别是债务规模比较大的政府融资平台公司持有的公共租赁住房,应当在科学评估的基础上,采取招投标、拍卖、挂牌等法律法规规定的方式将公共租赁住房资产整体转让给项目公司,实行规范的政府和社会资本合作模式运作,转让收入优先用于偿还对应的存量政府债务;对于拟新建和收购的项目,从规划、设计、投资建设、运营、管理全过程均可按政府和社会资本合作模式运作。

五、规范运用政府和社会资本合作模式推进公共租赁住房投资建设和运营管理

(一)建立公共租赁住房政府和社会资本合作项目库。各地应认真梳理、科学甄别适合政府和社会资本合作模式的公共租赁住房项目,建立项目储备库。政府和社会资本合作的公共租赁住房项目由市县财政部门会同同级住房保障部门从存量和新增项目中筛选。

(二)做好项目前期论证和准备工作。市县财政部门会同同级住房保障部门引入第三方中介机构和专家,对拟实施政府和社会资本合作的公共租赁住房项目进行必要性、可行性、经济性、合规性评估和物有所值评价,论证项目是否满足政府和社会资本合作项目的必要条件。在此基础上,财政部门应组织开展政府和社会资本合作项目财政承受能力论证工作,通过识别、测算项目的各项财政支出责任,科学评估项目实施对当前及今后年度财政支出的影响,为项目财政预算管理提供依据,以保障政府切实履行合同义务,有效防范和控制财政风险,促进项目可持续发展。

(三)选择合作伙伴。按照《中华人民共和国政府采购法》、《财政部关于印发〈政府和社会资本合作项目政府采购管理办法〉的通知》(财库〔2014〕215 号)等有关法律法规规定,综合考虑企业资质、经营业绩、技术和管理能力、资金实力、服务质量、信誉等因素,择优选择公共租赁住房项目合作伙伴。

(四)筹组项目公司。按照"政府引导、企业主导、市场运作、利益分享、风险分担"的原则,由合作企业组建项目公司,具体负责公共租赁住房项目的设计、投资、建设、运营、维护和管理。

（五）签订合作合同。合同的主要内容应当包括：公共租赁住房项目名称、建设规模、投资规模、资金筹集、合作期限、户型结构、运营期限、维修维护责任；住房保障服务的数量、质量和标准；公共租赁住房租金价格及调整机制；合同期满后项目移交的内容、方式、程序及验收标准，涉及资产处置的，应当事先约定政府与社会资本收益分享比例；建设和运营管理的风险分担机制；项目终止的条件、流程和终止补偿；违约责任；争议解决方式等内容。

（六）建立监管和绩效评价机制。政府对公共租赁住房政府和社会资本合作项目运作、服务质量和资金使用效率等进行全过程监管和综合考核评价，认真把握和确定服务价格和项目收益指标，加强成本监审、考核评估、价格调整审核，引入第三方进行社会评价，评价结果向社会公示，并作为项目价格、政府补贴、合作期限等调整的依据。

六、构建政府支持政府和社会资本合作模式公共租赁住房的政策体系

（一）财政政策。市县财政部门统筹运用各级政府安排用于公共租赁住房的资金，通过贷款贴息方式支持公共租赁住房政府和社会资本合作项目购建和运营管理，具体贴息办法按照财政部印发的《城镇保障性安居工程贷款贴息办法》（财综〔2014〕76 号）规定执行。同时，根据公共租赁住房保障对象的支付能力给予分档补贴，重点对城镇低收入住房困难家庭发放租赁补贴，配合同级住房保障部门督促保障对象按照合同约定的市场租金水平向项目公司缴纳住房租金。对于试行公共租赁住房政府和社会资本合作项目试点的地区，中央财政不改变城镇保障性安居工程资金分配方式。

（二）税费政策。对公共租赁住房建设按照国家现行有关规定免收各项行政事业性收费和政府性基金；落实现行有关公共租赁住房购建和运营管理税收优惠政策。

（三）土地政策。一是新建公共租赁住房建设用地可以租赁方式取得，租金收入作为土地出让收入纳入政府性基金预算管理。二是对于新建公共租赁住房项目，以及使用划拨建设用地的存量公共租赁住房项目，经市县人民政府批准，政府可以土地作价入股方式注入项目公司，支持公共租赁住房政府和社会资本合作项目，不参与公共租赁住房经营期间收益分享，但拥有对资产的处置收益权。三是在新建公共租赁住房政府和社会资本合作项目中，可以规划建设一定比例建筑面积的配套商业服务设施用于出租和经营，以实现资金平衡并有合理盈利，但不得用于销售和转让。

（四）收购政策。对于收购符合公共租赁住房条件的存量商品住房项目，按照政府搭桥、公司主导、双方自愿、保本不亏的原则确定收购价格；也可以按当地公共租赁住房建设成本及合理收益率确定收购价格。

（五）融资政策。一是银行业金融机构要在房地产开发贷款大项下建立公共租赁住房开发贷款的明细核算，对公共租赁住房贷款单独核算、单独管理、单独考核，根据自身实际，在依法合规、风险可控的前提下，加大对政府和社会资本合作模式公共租赁住房试点项目的信贷支持力度。二是鼓励社保基金、保险资金等公共基金通过债权、股权等多种方式支持项目公司融资。三是支持项目公司发行企业债券，适当降低中长期企业债券的发行门槛。四是支持以未来收益覆盖融资本息的公共租赁住房资产发行房地产投资信托基金（REITs），探索建立以市场机制为基础、可持续的公共租赁住房投融资模式。

七、扎实做好政府和社会资本合作模式公共租赁住房项目实施工作

（一）落实工作责任。财政部会同住房城乡建设部、国家税务总局等相关部门完善落实财税支持政策；国土资源部会同财政部完善落实土地供应支持政策；人民银行、银监会指导督促金融机构做好金融服务工作。地方各级财政、住房保障、国土、人民银行、银监会等部门，按照职责分工落实工作责任。同时，地方各级财政部门要会同住房保障部门结合本地区实际情况，制定政府和社会资本合作模式公共租赁住房项目试点方案，指导项目具体实施工作。

（二）建立工作机制。各级财政、住房保障、国土、人民银行、银监会等部门，要建立政府和社会资本合作模式公共租赁住房部门联席会议，专门研究解决运用政府和社会资本合作模式推进公共租赁住房投资建设和运营管理过程中出现的问题，联席会议各部门要加强协作，密切配合，确保各项政策措施落到实处，规范开展政府和社会资本合作模式公共租赁住房项目试点。

（三）开展项目试点。2015 年，各地区应当抓紧组织开展政府和社会资本合作模式公共租赁住房项目试点工作,政府和社会资本合作模式公共租赁住房试点项目由市县财政部门会同同级住房保障部门筛选,报省级财政部门会同住房保障部门共同审核确认后实施。对于市县筛选的公共租赁住房项目,每省可选择一定数量的项目开展试点。对于拟实施的试点项目,省级财政部门应当会同住房保障部门将项目区位、投资规模、建筑面积和套数、合作方式、合作期限、资金来源等情况报财政部、住房城乡建设部备案。

关于在收费公路领域推广运用政府和社会资本合作模式的实施意见

(2015 年 4 月 20 日财政部、交通运输部发布 财建〔2015〕111 号)

各省、自治区、直辖市、计划单列市财政厅(局)、交通运输厅(局、委),新疆生产建设兵团财务局、交通局:

为提高收费公路建管养运效率,促进公路可持续发展,依据《收费公路管理条例》、《国务院关于创新重点领域投融资机制鼓励社会投资的指导意见》(国发〔2014〕60 号)和《财政部关于推广运用政府和社会资本合作模式有关问题的通知》(财金〔2014〕76 号),财政部、交通运输部决定在收费公路领域鼓励推广政府和社会资本合作(Public – Private Partnership,以下简称 PPP)模式。现提出以下意见:

一、总体目标

(一)转变供给方式。

鼓励社会资本通过政府和社会资本合作(PPP)模式,参与收费公路投资、建设、运营和维护,与政府共同参与项目全周期管理,发挥政府和社会资本各自优势,提高收费公路服务供给的质量和效率。

(二)创新公路投融资模式。

社会投资者按照市场化原则出资,独自或与政府指定机构共同成立项目公司建设和运营收费公路项目,政府要逐步从"补建设"向"补运营"转变,以项目运营绩效评价结果为依据,适时对价格和补贴进行调整,支持社会资本参与收费公路建设运营,提高财政支出的引导和带动作用,拓宽社会资本发展空间,有效释放市场活力。

(三)完善收费公路建设管理养护长效机制。

建立健全合同约束、收费调节、信息公开、过程监管、绩效考核等一系列改革配套制度与机制,实现合作双方风险分担、权益融合、有限追索。

二、基本原则

(四)公开透明,规范运作。

PPP 项目推广工作应坚持"规范、公开、透明"的原则。在项目论证、选择合作伙伴、制定和履行各类合同、组织绩效评价等各个环节做到依法依规,并严格按照要求进行信息公开,接受各方监督;严格按照特许经营合同,规范运作,防止政府失信违约、合作伙伴获取不正当利益。

(五)循序渐进,逐步推广。

坚持盘活存量、用好增量、分类施策。对于社会效益突出但经营性收费不足以覆盖投资成本、需政府补贴部分资金或资源才能进行商业化运作的项目,鼓励按照 PPP 模式设计运作。鉴于目前全国公路网络正处于联网关键阶段,建设任务繁重,重点推进确需建设但投入较大且预期收益稳定的公路建设项目,鼓励按照 PPP 模式设计运作。按照政府性债务管理要求,做好融资平台公司项目向 PPP 项目转型的风险控制工作。

三、实施要求

(六)明晰 PPP 项目边界。

收费公路项目实施 PPP 模式所涉及的收费公路权益包括收费权、广告经营权和服务设施经营权。不同的项目可根据实际情况,将各项权益通过有效打包整合提升收益能力,以促进一体化经营、提高运营效率。

(七)规范 PPP 项目操作流程。

在项目发起、物有所值评价、财政承受能力论证、合作伙伴选择、收益补偿机制确立、项目公司组建、合作协议签署、绩效评价等操作过程中,应根据财政部关于 PPP 工作的统一指导和管理办法规范推进,地方各级财政部门会同交通运输部门抓紧研究制定符合当地实际情况的操作办法,实现规范化管理。

(八)编制完整的 PPP 项目实施方案。

实施方案应包含项目实施内容、产品及服务质量和标准、投融资结构、财务测算与风险分析、技术及经济可行性论证、合作伙伴要求、合同结构、政府组织方式、必要的配套措施等。

(九)加大评价及监管力度。

各地财政、交通运输部门要加强组织实施,积极统筹协调,研究建立议事协调及联审机制,有力有序推进 PPP 推广工作,建立对 PPP 项目的监督机制。

四、保障措施

(十)资金政策支持。

收费不足以满足社会资本或项目公司成本回收和合理回报的,在依法给予融资支持,项目沿线一定范围土地开发使用等支持措施仍不能完全覆盖成本的,可考虑给予合理的财政补贴。对符合《车辆购置税收入补助地方资金管理暂行办法》要求的项目,可按照交通运输重点项目资金申请和审核规定,申请投资补助。

(十一)相关配套政策。

地方各级财政、交通运输部门应当积极协调有关部门进一步完善公路收费、土地等政策,维护市场机制的决定性作用,在项目审批等相关方面为推进项目建立绿色通道。

关于鼓励和引导社会资本参与重大水利工程建设运营的实施意见

(2015 年 3 月 17 日国家发展和改革委员会、财政部、水利部发布　发改农经〔2015〕488 号)

各省、自治区、直辖市、新疆生产建设兵团发展改革委、财政厅(局)、水利(水务)厅(局):

水利是国民经济和社会发展的重要基础设施。对具备一定条件的重大水利工程,通过深化改革向社会投资敞开大门,建立权利平等、机会平等、规则平等的投资环境和合理的投资收益机制,放开增量,盘活存量,加强试点示范,鼓励和引导社会资本参与工程建设和运营,有利于优化投资结构,建立健全水利投入资金多渠道筹措机制;有利于引入市场竞争机制,提高水利管理效率和服务水平;有利于转变政府职能,促进政府与市场有机结合、两手发力;有利于加快完善水安全保障体系,支撑经济社会可持续发展。根据党的十八届三中、四中全会精神和《国务院关于创新重点领域投融资机制鼓励社会投资的指导意见》(国发〔2014〕60 号)有关要求,结合水利实际,提出如下实施意见。

一、明确参与范围和方式

(一)拓宽社会资本进入领域。除法律、法规、规章特殊规定的情形外,重大水利工程建设运营一律向社会资本开放。只要是社会资本,包括符合条件的各类国有企业、民营企业、外商投资企业、混合所有制企业,以及其他投资、经营主体愿意投入的重大水利工程,原则上应优先考虑由社会资本参与建设和运营。鼓励统筹城乡供水,实行水源工程、供水排水、污水处理、中水回用等一体化建设运营。

(二)合理确定项目参与方式。盘活现有重大水利工程国有资产,选择一批工程通过股权出让、委托运营、整合改制等方式,吸引社会资本参与,筹得的资金用于新工程建设。对新建项目,要建立健全政府和社会资本合作(PPP)机制,鼓励社会资本以特许经营、参股控股等多种形式参与重大水利工程建设运营。其中,综合水利枢纽、大城市供排水管网的建设经营需按规定由中方控股。对公益性较强、没有直接收益的河湖堤防整治等水利工程建设项目,可通过与经营性较强项目组合开发、按流域统一规划实施等方式,吸引社会资本参与。

(三)规范项目建设程序。重大水利工程按照国家基本建设程序组织建设。要及时向社会发布鼓励社会资本参与的项目公告和项目信息,按照公开、公平、公正的原则通过招标等方式择优选择投资方,确定投资经营主体,由其组织编制前期工作文件,报有关部门审查审批后实施。实行核准制的项目,按程序编制核准项目申请报告;实行审批制的项目,按程序编制审批项目建议书、可行性研究报告、初步设计,根据需要可适当合并简化审批环节。

(四)签订投资运营协议。社会资本参与重大水利工程建设运营,县级以上人民政府或其授权的有关部门应与投资经营主体通过签订合同等形式,对工程建设运营中的资产产权关系、责权利关系、建设运营标准和监管要求、收入和回报、合同解除、违约处理、争议解决等内容予以明确。政府和投资者应对项目可能产生的政策风险、商业风险、环境风险、法律风险等进行充分论证,完善合同设计,健全纠纷解决和风险防范机制。

二、完善优惠和扶持政策

(五)保障社会资本合法权益。社会资本投资建设或运营管理重大水利工程,与政府投资项目享有同等政策待遇,不另设附加条件。社会资本投资建设或运营管理的重大水利工程,可按协议约定依法转让、转租、抵押其相关权益;征收、征用或占用的,要按照国家有关规定或约定给予补偿或者赔偿。

(六)充分发挥政府投资的引导带动作用。重大水利工程建设投入,原则上按功能、效益进行合理分摊和筹措,并按规定安排政府投资。对同类项目,中央水利投资优先支持引入社会资本的项目。政府投资安排使用方式和额度,应根据不同项目情况、社会资本投资合理回报率等因素综合确定。公益性部分政府投入形成的资产归政府所有,同时可按规定不参与生产经营收益分配。鼓励发展支持重大水利工程的投资基金,政府可以通过认购基金份额、直接注资等方式予以支持。

(七)完善项目财政补贴管理。对承担一定公益性任务、项目收入不能覆盖成本和收益,但社会效益较好的政府和社会资本合作(PPP)重大水利项目,政府可对工程维修养护和管护经费等给予适当补贴。财政补贴的规模和方式要以项目运营绩效评价结果为依据,综合考虑产品或服务价格、建设成本、运营费用、实际收益率、财政中长期承受能力等因素合理确定、动态调整,并以适当方式向社会公示公开。

(八)完善价格形成机制。完善主要由市场决定价格的机制,对社会资本参与的重大水利工程供水、发电等产品价格,探索实行由项目投资经营主体与用户协商定价。鼓励通过招标、电力直接交易等市场竞争方式确定发电价格。需要由政府制定价格的,既要考虑社会资本的合理回报,又要考虑用户承受能力、社会公众利益等因素;价格调整不到位时,地方政府可根据实际情况安排财政性资金,对运营单位进行合理补偿。

(九)发挥政策性金融作用。加大重大水利工程信贷支持力度,完善贴息政策。允许水利建设贷款以项目自身收益、借款人其他经营性收入等作为还款来源,允许以水利、水电等资产作为合法抵押担保物,探索以水利项目收益相关的权利作为担保财产的可行性。积极拓展保险服务功能,探索形成“信贷+保险”合作模式,完善水利信贷风险分担机制以及融资担保体系。进一步研究制定支持从事水利工程建设项目的企业直接融资、债券融资的政策措施,鼓励符合条件的上述企业通过IPO(首次公开发行股票并上市)、增发、企业债券、项目收益债券、公司债券、中期票据等多种方式筹措资金。

(十)推进水权制度改革。开展水权确权登记试点,培育和规范水权交易市场,积极探索多种形式的水权交易流转方式,鼓励开展地区间、用水户间的水权交易,允许各地通过水权交易满足新增合理用水需求,通过水权制度改革吸引社会资本参与水资源开发利用和节约保护。依法取得取水权的单位或个人通过调整产品和产业结构、改革工艺、节水等措施节约水资源的,可在取水许可有效期和取水限额内，经原审批机关批准后，依法有偿转让其节约的水资源。在保障灌溉面积、灌溉保证率和农民利益的前提下，建立健全工农业用水水权转让机制。

（十一）实行税收优惠。社会资本参与的重大水利工程，符合《公共基础设施项目企业所得税优惠目录》、《环境保护、节能节水项目企业所得税优惠目录》规定条件的，自项目取得第一笔生产经营收入所属纳税年度起，第一年至第三年免征企业所得税，第四年至第六年减半征收企业所得税。

（十二）落实建设用地指标。国家和各省（自治区、直辖市）土地利用年度计划要适度向重大水利工程建设倾斜，予以优先保障和安排。项目库区（淹没区）等不改变用地性质的用地，可不占用地计划指标，但要落实耕地占补平衡。重大水利工程建设的征地补偿、耕地占补平衡实行与铁路等国家重大基础设施建设项目同等政策。

三、落实投资经营主体责任

（十三）完善法人治理结构。项目投资经营主体应依法完善企业法人治理结构，健全和规范企业运行管理、产品和服务质量控制、财务、用工等管理制度，不断提高企业经营管理和服务水平。改革完善项目国有资产管理和授权经营体制，以管资本为主加强国有资产监管，保障国有资产公益性、战略性功能的实现。

（十四）认真履行投资经营权利义务。项目投资经营主体应严格执行基本建设程序，落实项目法人责任制、招标投标制、建设监理制和合同管理制，对项目的质量、安全、进度和投资管理负总责。已通过招标方式选定的特许经营项目投资人依法能够自行建设、生产或者提供的，可以不进行招标。要建立健全质量安全管理体系和工程维修养护机制，按照协议约定的期限、数量、质量和标准提供产品或服务，依法承担防洪、抗旱、水资源节约保护等责任和义务，服从国家防汛抗旱、水资源统一调度。要严格执行工程建设运行管理的有关规章制度、技术标准，加强日常检查检修和维修养护，保障工程功能发挥和安全运行。

四、加强政府服务和监管

（十五）加强信息公开。发展改革、财政、水利等部门要及时向社会公开发布水利规划、行业政策、技术标准、建设项目等信息，保障社会资本投资主体及时享有相关信息。加强项目前期论证、征地移民、建设管理等方面的协调和指导，为工程建设和运营创造良好条件。积极培育和发展为社会投资提供咨询、技术、管理和市场信息等服务的市场中介组织。

（十六）加快项目审核审批。深化行政审批制度改革，建立健全重大水利项目审批部际协调机制，优化审核审批流程，创新审核审批方式，开辟绿色通道，加快审核审批进度。地方也要建立相应的协调机制和绿色通道。对于法律、法规没有明确规定作为项目审批前置条件的行政审批事项，一律放在审批后、开工前完成。

（十七）强化实施监管。水行政主管部门应依法加强对工程建设运营及相关活动的监督管理，维护公平竞争秩序，建立健全水利建设市场信用体系，强化质量、安全监督，依法开展检查、验收和责任追究，确保工程质量、安全和公益性效益的发挥。发展改革、财政、城乡规划、土地、环境等主管部门也要按职责依法加强投资、规划、用地、环保等监管。落实大中型水利水电工程移民安置工作责任，由移民区和移民安置区县级以上地方人民政府负责移民安置规划的组织实施。

（十八）落实应急预案。政府有关部门应加强对项目投资经营主体应对自然灾害等突发事件的指导，监督投资经营主体完善和落实各类应急预案。在发生危及或可能危及公共利益、公共安全等紧急情况时，政府可采取应急管制措施。

（十九）完善退出机制。政府有关部门应建立健全社会资本退出机制，在严格清产核资、落实项目资产处理和建设与运行后续方案的情况下，允许社会资本退出，妥善做好项目移交接管，确保水利工程的顺利实施和持续安全运行，维护社会资本的合法权益，保证公共利益不受侵害。

（二十）加强后评价和绩效评价。开展社会资本参与重大水利工程项目后评价和绩效评价，建立健全评价体系和方式方法，根据评价结果，依据合同约定对价格或补贴等进行调整，提高政府投资决策水平和投资效益,激励社会资本通过管理、技术创新提高公共服务质量和水平。

(二十一)加强风险管理。各级财政部门要做好财政承受能力论证,根据本地区财力状况、债务负担水平等合理确定财政补贴、政府付费等财政支出规模,项目全生命周期内的财政支出总额应控制在本级政府财政支出的一定比例内,减少政府不必要的财政负担。各省级发展改革委要将符合条件的水利项目纳入 PPP 项目库,及时跟踪调度、梳理汇总项目实施进展,并按月报送情况。各省级财政部门要建立 PPP 项目名录管理制度和财政补贴支出统计监测制度,对不符合条件的项目,各级财政部门不得纳入名录,不得安排各类形式的财政补贴等财政支出。

五、做好组织实施

(二十二)加强组织领导。各地要结合本地区实际情况,抓紧制订鼓励和引导社会资本参与重大水利工程建设运营的具体实施办法和配套政策措施。发展改革、财政、水利等部门要按照各自职责分工,认真做好落实工作。

(二十三)开展试点示范。国家发展改革委、财政部、水利部选择一批项目作为国家层面联系的试点,加强跟踪指导,及时总结经验,推动完善相关政策,发挥示范带动作用,争取尽快探索形成可复制、可推广的经验。各省(区、市)和新疆生产建设兵团也要因地制宜选择一批项目开展试点。

(二十四)搞好宣传引导。各地要大力宣传吸引社会资本参与重大水利工程建设的政策、方案和措施,宣传社会资本在促进水利发展,特别是在重大水利工程建设运营方面的积极作用,让社会资本了解参与方式、运营方式、盈利模式、投资回报等相关政策,稳定市场预期,为社会资本参与工程建设运营营造良好社会环境和舆论氛围。

关于发布首批基础设施等领域鼓励社会投资项目的通知

(2014 年 5 月 18 日国家发展和改革委员会发布 发改基础〔2014〕981 号)

工业和信息化部、交通运输部、国家能源局,各省、自治区、直辖市及计划单列市发展改革委,中国铁路总公司、中国石油天然气集团公司、中国石油化工集团公司、中国海洋石油总公司、国家电网公司、中国电信集团公司、中国联合网络通信集团有限公司、中国移动通信集团公司,有关单位:

经国务院同意,为加快投融资体制改革,推进投资主体多元化,进一步发挥社会资本作用,决定在基础设施等领域首批推出 80 个鼓励社会资本参与建设营运的示范项目。现将有关事项通知如下:

一、首批推出的基础设施等领域鼓励社会资本参与的 80 个项目涵盖铁路、公路、港口等交通基础设施,新一代信息基础设施,重大水电、风电、光伏发电等清洁能源工程,油气管网及储气设施,现代煤化工和石化产业基地等方面,鼓励和吸引社会资本特别是民间投资以合资、独资、特许经营等方式参与建设及营运。

二、80 个项目中,对于已开工建设和基本明确投资者的项目,应加快建设营运进程,或加快推进前期工作,尽快形成示范效应;对于尚未确定投资者的项目,应创造条件进一步落实鼓励和吸引社会资本参与投资、建设及营运,具备条件的要面向社会公开招标,并按照有关规定程序办理。有关项目业主要强化市场主体责任意识,依法经营,努力把项目建成社会资本参与建设和营运的样板工程。

此外,对于 80 个项目之外的符合规划布局要求、有利转型升级的基础设施等领域项目,也要加快推进向社会资本特别是民间投资开放。

三、在基础设施等领域实施鼓励社会资本投资的示范项目是落实今年政府工作报告的重要举措,有利于优化投资结构、激发市场活力、促进经济持续健康发展。各级地方政府、有关部门、有关单位要高度重视,共同做好 80 个示范项目的组织实施、宣传引导、服务监管工作,通过推动实施示范项目促进社会资本愿进来、进得来、留得住、可流动,切实激发社会资本进入基础设施等领域的积极性。要进一步完善配套政策,创新管理方式,简化审批程序,严格依法行政,加强有效监管，努力营造公平的竞争环境，深入推动相关领域扩大向社会资本开放。各省（区、市）发展改革委要密切跟踪，协调推动示范项目，并将项目实施进展情况及时总结报送我委。

附件

首批基础设施等领域鼓励社会投资项目表

领　　域	序号	项 目 名 称
一、交通基础设施	1	蒙西至华中地区铁路煤运通道
	2	长春至西巴彦花铁路
	3	广佛城际轨道交通环线广州南站至白云机场段
	4	北京地铁16号线
	5	深圳地铁6号线
	6	宁德港三都澳港区城澳作业区1号泊位工程
	7	上海国际航运中心洋山深水港区四期工程
	8	宁波—舟山港梅山港区6号－10号集装箱码头工程
	9	大连港大窑湾港区四期工程
	10	大连港长兴岛30万吨级原油码头工程
	11	苏州港太仓港区四期工程
	12	镇江港高资港区华电句容煤炭储运码头工程
	13	福州港罗源湾港区可门作业区1号－3号泊位扩能改造工程
	14	厦门港古雷港区古雷作业区南3号泊位工程
	15	深圳港盐田港区集装箱码头扩建工程
	16	青岛港董家口港区港投万邦矿石码头工程
	17	杭州至南京高速公路浙江段改扩建工程
	18	山东省东阿至聊城（鲁冀界）公路
	19	江西省南昌至九江高速公路改扩建工程
	20	山东省泰安至东阿公路
	21	湖北省嘉鱼长江公路大桥
	22	湖北省武汉青山长江公路大桥
	23	湖北省石首长江公路大桥
	24	湖北省赤壁长江公路大桥
二、信息基础设施	25	3G、4G移动网络、大容量传输网、下一代互联网等新一代信息基础设施建设工程
	26	民营企业宽带接入网、数据中心、移动虚拟运营试点项目

续表

领 域	序号	项 目 名 称
三、清洁能源工程	27	青海黄河上游玛尔挡水电站
	28	湖北清江姚家平水电站
	29	四川霍曲河雄美水电站
	30	哈密风电基地二期项目
	31	承德风电基地二期项目
	32	龙羊峡水光互补基地二期项目
	33 – 62	分布式光伏规模化应用示范区 30 个
四、油气管网及储气设施	63	西气东输三线中段工程
	64	陕京四线天然气管道工程
	65	如东—海门—崇明岛天然气管道工程
	66	庆铁线原油管道改造工程
	67	现有原油管道安全隐患改造项目
	68	现有天然气管网改造项目
	69	中石油深圳迭福北 LNG 调峰站项目
	70	中石化天津 LNG 接收站项目
	71	中石油陕 224 地下储气库工程
	72	中石油金坛地下储气库二期工程
五、现代煤化工和石化产业基地	73	新蒙能源鄂尔多斯煤炭清洁高效综合利用示范项目
	74	内蒙古华星煤制气项目
	75	新疆富蕴广汇喀木斯特煤制气项目
	76	内蒙古伊泰煤炭间接液化示范项目
	77	新疆庆华煤炭分质综合利用项目
	78	广东惠州百万吨级乙烯扩建工程
	79	福建古雷石化产业基地一期工程
	80	大连长兴岛(西中岛)石化产业基地一期工程

农业农村部办公厅关于印发《社会资本投资农业农村指引》的通知

(2020 年 4 月 13 日)

各省、自治区、直辖市及计划单列市农业农村(农牧)、畜牧兽医、海洋渔业厅(局、委),新疆生产建设兵团农业农村局,黑龙江省农垦总局、广东省农垦总局:

社会资本投资农业农村是巩固农业基础地位、推动农业农村优先发展的重要支撑,是应对新冠肺炎疫情影响和打赢脱贫攻坚战、全面建成小康社会的有效举措,也是实施乡村振兴战略的重要力量。为深入贯彻落实乡村振兴战略,激发社会资本的动力和活力,引导社会资本有序投入农业农村,健全多元投入保障机制,加快形成乡村振兴多元投入格局,我部制定了《社会资本投资农业农村指引》,现印发你们,请结合本地实际,充分发挥财政政策、产业政策的引导带动功能,不断调动强化社会资本投资农业农村的积极性、主动性,切实发挥好社会资本投资农业农村、服务乡村振兴战略实施的作用。

社会资本投资农业农村指引

一、总体要求

(一)指导思想

以习近平新时代中国特色社会主义思想和习近平总书记关于“三农”工作的重要论述为指导,按照“产业兴旺、生态宜居、乡风文明、治理有效、生活富裕”总要求,坚持农业农村优先发展总方针,以农业供给侧结构性改革为主线,聚焦乡村振兴重点领域,进一步扩大开放,创新投融资机制,降低准入门槛,营造良好营商环境,激发社会资本投资活力,更好满足乡村振兴多样化投融资需求,助力粮食、生猪等重要农产品稳产保供和农民收入持续稳定增长,为应对新冠肺炎疫情影响、打赢脱贫攻坚战和补齐全面小康“三农”短板重点任务提供有效支撑。

(二)基本原则

1. 尊重农民主体地位。充分尊重农民意愿,切实发挥农民在乡村振兴中的主体作用,引导社会资本与农民建立紧密利益联结机制,不断提升人民群众获得感。支持社会资本依法依规拓展业务,注重合作共赢,多办农民“办不了、办不好、办了不合算”的产业,把收益更多留在乡村;多办链条长、农民参与度高、受益面广的产业,把就业岗位更多留给农民;多办扶贫带贫、帮农带农的产业,带动农村同步发展、农民同步进步。

2. 遵循市场规律。充分发挥市场在资源配置中的决定性作用,更好发挥政府作用,引导社会资本将人才、技术、管理等现代生产要素注入农业农村,加快建成现代农业产业体系、生产体系和经营体系。坚持“放管服”改革方向,建立健全监管和风险防范机制,营造公平竞争的市场环境、政策环境、法治环境,降低制度性交易成本,创造良好稳定的市场预期,吸引社会资本进入农业农村重点领域。

3. 坚持开拓创新。鼓励社会资本与政府、金融机构开展合作,充分发挥社会资本市场化、专业化等优势,加快投融资模式创新应用,为社会资本投资农业农村开辟更多有效路径,探索更多典型模式。有效挖掘乡村服务领域投资潜力,拓宽社会资本投资渠道,保持农业农村投资稳定增长,培育经济发展新动能,增强经济增长内生动力。

二、投资的重点产业和领域

对标全面建成小康社会和实施乡村振兴战略必须完成的硬任务,立足当前农业农村新形势新要求,围绕农业供给侧结构性改革,聚焦农业农村现代化建设的重点产业和领域,促进农业农村经济转型升级。

(一)现代种养业。支持社会资本发展规模化、标准化、品牌化和绿色化种养业,巩固主产区粮棉油糖胶生产,大力发展设施农业,延伸拓展产业链,增加绿色优质产品供给。鼓励社会资本大力发展青贮玉米、高产优质苜蓿等饲草料生产,发展草食畜牧业。支持社会资本合理布局规模化养殖场,扩大生猪产能,加大生猪深加工投资,加快形成养殖与屠宰加工相匹配的产业布局;稳步推进禽肉、牛羊肉等产业发展,增加肉类市场总体供应。鼓励社会资本建设优质奶源基地,升级改造中小奶牛养殖场,做大做强民族奶业。鼓励社会资本发展集约化、工厂化循环水水产养殖、稻渔综合种养、盐碱水养殖和深远海智能网箱养殖,推进海洋牧场和深远海大型智能化养殖渔场建设,加大对远洋渔业的投资力度。

(二)现代种业。鼓励社会资本投资创新型种业企业,提升商业化育种创新能力,提升我国种业国际竞争力。引导社会资本参与现代种业自主创新能力提升,加强种质资源保存与利用、育种创新、品种检测测试与展示示范、良种繁育等能力建设,建立现代种业体系。支持社会资本参与国家南繁育种基地建设,推进甘肃、四川国家级制种基地建设与提档升级,加快制种大县和区域性良繁基地建设。鼓励社会资本投资畜禽保种场(保护区)、国家育种场、品种测定站建设,提升畜禽种业发展水平。

(三)乡土特色产业。鼓励社会资本在特色农产品优势区开发特色农业农村资源。发展“一村一品”“一县一业”乡土特色产业,建设标准化生产基地、集约化加工基地、仓储物流基地,完善科技支撑体系、生产服务体系、品牌与市场营销体系、质量控制体系,建立利益联结紧密的建设运行机制,形成特色农业产业集群。因地制宜发展具有民族、文化与地域特色的乡村手工业,发展一批家庭工厂、手工作坊、乡村车间,培育“土字号”“乡字号”特色产品品牌。支持社会资本投资建设规范化乡村工厂、生产车间,发展特色食品、制造、手工业和绿色建筑建材等乡土产业。

(四)农产品加工流通业。鼓励社会资本参与粮食主产区和特色农产品优势区发展农产品加工业,提升行业机械化、标准化水平,助力建设一批农产品精深加工基地和加工强县。鼓励社会资本联合农民合作社和家庭农场发展农产品初加工,建设一批专业村镇。统筹农产品产地、集散地、销地批发市场建设,加强农产品仓储保鲜冷链物流体系建设,建设一批贮藏保鲜、分级包装、冷链配送等设施设备,提高冷链物流服务效率和质量,打造农产品物流节点,发展农超、农社、农企、农校等产销对接的新型流通业态。支持社会资本参与现代农业产业园、农村产业融合发展示范园、农业产业强镇建设。

(五)乡村新型服务业。鼓励社会资本发展休闲农业、乡村旅游、餐饮民宿、创意农业、农耕体验、康养基地等产业,充分发掘农业农村生态、文化等各类资源优势,打造一批设施完备、功能多样、服务规范的乡村休闲旅游目的地。引导社会资本发展乡村特色文化产业,推动农商文旅体融合发展,挖掘和利用农耕文化遗产资源,打造特色优秀农耕文化产业集群。支持社会资本发展农业生产托管服务,提供市场信息、农技推广、农资供应、统防统治、深松整地、农产品营销等生产性服务,建设一批农业科技服务企业、服务型农民合作社。鼓励社会资本改造传统小商业、小门店、小集市等商业网点,积极发展批发零售、养老托幼、文化教育、环境卫生等生活性服务业,为乡村居民提供便捷周到的服务。

(六)生态循环农业。支持社会资本参与畜禽粪污资源化利用、秸秆综合利用、废旧农膜回收、农药化肥包装废弃物回收处理、病死畜禽无害化处理、废弃渔网具回收再利用,加大对收储运和处理体系、还田管网设施、准用渔具等方面的投入力度。鼓励社会资本投资农村可再生能源开发利用,加大对农村能源综合建设投入力度,推广农村可再生能源利用技术,探索秸秆打捆直燃和成型燃料供暖供热,沼气生物天然气供气供热新模式。支持社会资本参与长江黄河等流域生态保护、东北黑土地保护、耕地保护与质量提升、农业面源污染治理、重金属污染耕地治理修复、种植结构调整试点。

(七)农业科技创新。鼓励社会资本创办农业科技创新型企业,参与实施农业关键核心技术攻关行动,开展生物种业、重型农机、渔业装备、智慧农业、绿色投入品、渔具标识和玻璃钢等新材料渔船等领域的研发创新、成果转化与技术服务。鼓励社会资本牵头建设农业领域国家重点实验室等科技创新平台基地,参与农业科技创新联盟、国家现代农业产业科技创新中心等建设,打造产学研用深度融合平台。引导社会资本发展技术交易市场和服务机构,提供科技成果转化服务,加快先进实用技术集成创新与推广应用。

(八)农业农村人才培养。支持社会资本参与农村实用人才、农业科技人才、农村专业服务型人才培养,投资建设农业农村人才培训基地、孵化基地,为人才提供更好的培训、实训、实习平台。鼓励社会资本为优秀农业农村人才提供奖励资助、技术支持、管理服务,促进农业农村人才脱颖而出。

(九)农业农村基础设施建设。支持社会资本参与高标准农田建设、农田水利建设,参与实施区域化整体建设,推进田水林路电综合配套,同步发展高效节水灌溉。鼓励参与渔港和避风锚地建设。鼓励社会资本参与农产品产地追溯体系建设,提供产品分级和物流运输周转等服务。

(十)数字乡村建设。鼓励社会资本参与数字农业、数字乡村建设,推进农业遥感、物联网、5G、人工智能、区块链等应用,提高农业生产、乡村治理、社会服务等信息化水平;参与农业农村信息基础设施投资、基础数据资源体系和重要农产品全产业链大数据中心建设。鼓励社会资本参与“互联网+”农产品出村进城工程、信息进村入户工程建设,推进优质特色农产品网络销售,促进农产品产销对接。

(十一)农村创新创业。鼓励社会资本投资建设返乡创业园区、农村创新创业园区、农村创新创业孵化实训基地等平台载体，加强各类创新创业平台载体的基础设施、服务体系建设，推动产学研用合作，激发农村创新创业活力。鼓励社会资本联合普通高校、职业院校、优质教育培训机构等开展面向农村创新创业人员的创业能力、产业技术、经营管理培训，强化乡村振兴人才支撑。

（十二）农村人居环境整治。支持社会资本投资农村人居环境整治，参与农村厕所革命、农村生活垃圾治理、农村生活污水治理等项目建设运营，开展村庄清洁行动、美丽宜居村庄、文明渔港和最美庭院创建等活动，推进农村人居环境整治与发展乡村休闲旅游等有机结合。

三、创新投入方式

根据各地农业农村实际发展情况，因地制宜创新投融资模式，通过独资、合资、合作、联营、租赁等途径，采取特许经营、公建民营、民办公助等方式，健全联农带农有效激励机制，稳妥有序投入乡村振兴。

（一）完善全产业链开发模式。支持农业产业化龙头企业联合家庭农场、农民合作社等新型经营主体、小农户，加快全产业链开发和一体化经营，开展规模化种养，发展加工和流通，开创品牌、注重营销，推进产业链生产、加工、销售各环节有机衔接，推进种养业与农产品加工、流通和服务业等渗透交叉，强化农村一二三产业融合发展。鼓励社会资本聚焦比较优势突出的产业链条，补齐产业链条中的发展短板。支持龙头企业下乡进村建总部、建分支机构、建生产加工基地，发挥农业产业化龙头企业的示范带动作用。

（二）探索区域整体开发模式。支持有实力的社会资本在符合法律法规和相关规划、尊重农民意愿的前提下，因地制宜探索区域整体开发模式，统筹农业农村基础设施建设与公共服务、高标准农田建设、集中连片水产健康养殖示范建设、产业融合发展等进行整体化投资，建立完善合理的利益分配机制，为当地农业农村发展提供区域性、系统性解决方案，促进农业提质增效，带动农村人居环境显著改善、农民收入持续提升，实现社会资本与农户互惠共赢。

（三）创新政府和社会资本合作模式。积极探索农业农村领域有稳定收益的公益性项目，推广政府和社会资本合作（PPP）模式的实施路径和机制，让社会资本投资可预期、有回报、能持续，依法合规、有序推进政府和社会资本合作。鼓励各级农业农村部门按照农业领域政府和社会资本合作相关文件要求，对本地区农业投资项目进行系统性梳理，筛选并培育适于采取PPP模式的乡村振兴项目，优先支持农业农村基础设施建设等有一定收益的公益性项目。鼓励社会资本探索通过资产证券化、股权转让等方式，盘活项目存量资产，丰富资本进入退出渠道。鼓励信贷、保险机构加大金融产品和服务创新力度，开展投贷联动、投贷保贴一体化等投融资模式试点。

（四）探索设立各类乡村振兴基金。各级农业农村部门应结合当地发展实际，推动设立政府资金引导、金融机构大力支持、社会资本广泛参与、市场化运作的乡村振兴基金。鼓励有实力的社会资本结合地方农业产业发展和投资情况规范有序设立产业投资基金。充分发挥农业农村部门的行业优势，积极稳妥推进基金项目储备、项目推介等工作，鼓励相关基金通过直接股权投资和设立子基金等方式，充分发挥在乡村振兴产业发展等方面的引导和资金撬动作用，进一步推动农业产业整合和转型升级，加快推进乡村振兴战略实施。

（五）建立紧密合作的利益共赢机制。强化社会资本责任意识，引导围绕“米袋子”“菜篮子”、生猪生产等重点领域，做好疫情、灾害时期农产品稳产保供。鼓励农民以土地经营权、水域滩涂、劳动、技术等入股，农村集体经济组织通过股份合作、租赁等形式，参与村庄基础设施建设、农村人居环境整治和产业融合发展，创新村企合作模式，充分发挥产业化联合体等联农带农作用，激发和调动农民参与乡村振兴的积极性、主动性。鼓励社会资本采用“农民＋合作社＋龙头企业”“土地流转＋优先雇用＋社会保障”“农民入股＋保底收益＋按股分红”等利益联结方式，与农民建立稳定合作关系、形成稳定利益共同体，做大做强新型农业经营主体，提升小农户生产经营能力和组织化程度，让农民更多分享产业链增值收益，让社会资本和农民共享发展成果。

四、打造合作平台

打造一批社会资本投资农业农村的合作平台，为社会资本投向“三农”提供规划、项目信息、融资、土地、建设运营等一揽子、全方位投资服务,促进要素集聚、产业集中、企业集群,实现控风险、降成本、提效率。

(一)完善规划体系平台。统筹做好发展引导规划、专项规划、区域规划、建设规划等的管理制定、信息发布等工作,充分发挥以《乡村振兴战略规划(2018—2022年)》《全国农业现代化规划(2016—2020年)》等为总纲,以种植业、渔业、畜牧业、种业、乡村产业、农垦和农业科技、农业机械化、农田建设和农业国际合作等相关规划为指导,以地方农业农村发展有关规划为补充的农业农村规划体系作用,引导社会资本突出重点、科学决策,有序投向补短板、强弱项的重点领域和关键环节。

(二)构建农业园区平台。围绕以粮食生产功能区、重要农产品生产保护区、特色农产品优势区,以及国家现代农业产业园为核心的"三区一园",以及农业产业强镇、全国"一村一品"示范村镇、农村产业融合发展示范区、农业绿色发展先行区、农村创新创业园区、农业对外开放合作试验区和孵化实训基地、精深加工基地、南繁硅谷等重大农业园区,建立社会资本投资指导服务机构,发挥园区平台的信息汇集、投资对接作用。健全完善政策支持体系,加快园区公共服务设施和能力水平建设,增强各类园区对社会资本的引导和聚集功能,不断提升农业绿色化、优质化、特色化、品牌化水平。

(三)建设重大工程项目平台。依托高标准农田建设、优质粮食工程、大豆振兴计划,奶业振兴行动、畜禽种业振兴行动,优势特色产业集群建设,以及包括畜禽粪污资源化利用整县推进在内的绿色发展"五大行动"、农村人居环境整治、信息进村入户工程、国家现代种业提升工程等,建立项目征集和发布机制,引导各类资源要素互相融合。加强宣传和解读,让社会资本了解重大工程项目的参与方式、运营方式、盈利模式、投资回报等相关信息,提高项目透明度;充分发挥政府投资"四两拨千斤"的引导带动作用,稳定市场收益预期,调动社会投资积极性。

(四)推进项目数据信息共享。汇集农业领域基建项目、财政项目,以及各行各业重大项目,形成重点项目数据库,通过统一的信息共享平台集中向社会资本公开发布,发挥信息汇集、交流、对接等服务作用,引导各环节市场主体自主调节生产经营决策。推广大数据应用,引导整合线上线下企业的资源要素,推动业态创新、模式变革和效能提高。鼓励行业协会商会主动完善和提升行业服务标准,发布高标准的服务信息指引,发挥行业协会、开发区、孵化器的沟通桥梁作用,加强与资本市场对接。

五、营造良好环境

(一)加强组织领导。各级农业农村部门要把引导社会资本投资农业农村作为重要任务,加强与财政、发改、金融、自然资源等部门的沟通,推进信息互通共享,协调各有关部门立足职能、密切配合,形成合力。要建立规范的合作机制,引导社会资本积极参与相关规划编制、项目梳理,严格遵循乡村规划"三区三线"的空间管制,准确把握投资方向,积极探索具体方式,提高各类项目落地效率,充分发挥政府、市场和社会资本的合力作用。加强对外资的管理,推动外资依照《外商投资法》相关规定和要求,投资农业农村。

(二)强化政策激励。积极协调各部门完善激励引导政策,将农业种植养殖配建的保鲜冷藏、晾晒存贮、农机库房、分拣包装、废弃物处理、管理看护房等辅助设施用地纳入农用地管理,落实农业设施用地可以使用耕地政策,并对在农村建设的保鲜仓储设施用电实行农业生产用电价格。加快健全以农村产权交易政策、农村人才队伍建设等为重要内容的政策保障体系;加快推进以深化"放管服"改革、优化项目审批程序和招投标程序、建立政企常态化沟通机制和投资需求信息发布机制、健全社会资本进入退出渠道等为主要内容的配套服务体系;加快构建以农村土地流转风险防范制度、农村社会信用评价制度,以及农业保险"扩面、增品、提标"和农产品期货价格发现机制等为重要内容的风险防范体系;加快健全商业性、合作性和政策性、开发性金融,以及信贷担保等为重要内容的多层次农村金融服务体系,不断加大对社会资本投资农业农村的支持力度。

(三)广泛宣传引导。大力宣传社会资本投资农业农村的重大意义,做好政策解读,回应社会关切,稳定市场预期,培育合作理念,正确引导社会资本有序进入农业农村经济领域。各地要加强社会资本投资农业农村的成功经验和案例的总结，推介一批典型模式。充分利用报刊、广播、电视、互联网等媒体，全方位、多角度、立体式宣传社会资本投资建设成果，营造社会资本投资农业农村的良好氛围。

附件：（略）

关于推荐生态环境导向的开发模式试点项目的通知

（2020 年 9 月 16 日生态环境部办公厅、发展改革委办公厅、国家开发银行办公厅发布）

各省、自治区、直辖市生态环境厅（局）、发展改革委，新疆生产建设兵团生态环境局、发展改革委，国家开发银行各分行：

为贯彻落实《中共中央　国务院关于全面加强生态环境保护坚决打好污染防治攻坚战的意见》《关于构建现代环境治理体系的指导意见》等有关要求，创新环境治理模式，推动环保产业发展，根据开展环境服务业试点工作的安排，现向各地区征集生态环境导向的开发模式（Ecology - Oriented Development，简称 EOD 模式）备选项目，并将有关事项通知如下。

一、试点要求

（一）试点目标

坚持生态优先，践行绿色发展理念，开展 EOD 模式试点，探索将生态环境治理项目与资源、产业开发项目有效融合，解决生态环境治理缺乏资金来源渠道、总体投入不足、环境效益难以转化为经济收益等瓶颈问题，推动实现生态环境资源化、产业经济绿色化，提升环保产业可持续发展能力，促进生态环境高水平保护和区域经济高质量发展。

（二）试点内容

EOD 模式是以生态文明思想为引领，以可持续发展为目标，以生态保护和环境治理为基础，以特色产业运营为支撑，以区域综合开发为载体，采取产业链延伸、联合经营、组合开发等方式，推动公益性较强、收益性差的生态环境治理项目与收益较好的关联产业有效融合，统筹推进，一体化实施，将生态环境治理带来的经济价值内部化，是一种创新性的项目组织实施方式。

试点内容包括：

1. 发展理念创新。坚持生态环境优先，践行绿色发展理念，构建生态产业化、产业生态化的生态经济体系，将生态环境优势转化为发展优势。

2. 融合发展创新。围绕生态环境治理需求，着力推进生态环境领域重大工程建设，释放环保产业有效需求，推动生态环境治理市场化与产业化。同时，因地制宜，发展生态环境关联度高、经济发展带动力强的产业项目，探索建立产业收益补贴生态环境治理投入的良性机制，实现生态环境治理与产业经济发展的充分融合。

3. 实施路径创新。充分发挥市场配置资源的决定性作用，着力打造良好的营商环境，激发市场主体活力。打破行业、企业、所有制界限，积极引入综合实力强、专业化水平高的市场主体参与试点工作。充分调动市场主体的能动性，鼓励拓展产业链，提高开发效率，保障生态环境持续改善。

4. 投融资模式创新。探索政府债券、政府投资基金、政府与社会资本合作（PPP）、组建投资运营公司、开发性金融、环保贷等多种投融资模式推进试点项目实施，推动建立多元化生态环境治理投融资机制。

（三）试点申报与实施主体

EOD 模式试点申报主体和实施主体为市（县、区）人民政府、园区管委会等。

依托项目已落地实施的地区，鼓励政府或园区管委会与试点依托项目承担单位联合申报与实施，政府或园区管委会为联合体牵头方。

（四）申报条件

本次试点项目需同时符合以下条件：

1. 申报和实施主体为政府或园区管委会。为推进开展试点工作,成立政府或园区管委会主要负责人为组长、相关部门负责人为成员的领导小组,建立协同推进机制。

2. 申报试点必须具有可依托的试点项目。试点项目应以绿色化、系统性的发展思路,根据生态环境治理需求、区域产业培育重点、城乡可持续发展需要等,统筹确定。子项目间相互关联、有效融合。依托项目均须完成项目可研批复,采用政府和社会资本合作(PPP)模式的项目需纳入国家发展改革委或财政部 PPP 项目库。依托项目已完工的,侧重于 EOD 模式的经验总结。

3. 生态环境治理与关联产业一体化实施。公益性较强、收益性差的生态环境治理项目与收益较好的关联产业一体化实施,肥瘦搭配组合开发,实现关联产业收益补贴生态环境治理投入,创新生态环境治理投融资渠道。

4. 试点工作需注重建立推进长效机制、试点项目的长周期运营维护等,确保生态环境治理效果和产业持续发展。

二、试点实施程序

根据环境服务业试点工作的组织实施要求,试点按照申报、确定、实施、评估、总结的程序开展。

(一)试点申报

省级生态环境部门、发展改革部门通知本行政区域内相关市(县、区)政府或园区管委会自愿申报。试点申报市(县、区)政府或园区管委会组织开展申报工作,因地制宜制定试点实施方案(编制大纲见附件)。省级生态环境部门、发展改革部门审核同意后,汇总报送生态环境部和国家发展改革委。每个省份申报数量原则上不超过 3 个。

(二)试点评审

试点确定需经过形式校核、专家指导、现场调查三个环节。

形式校核。重点校核各地区申报试点实施方案的质量、依托项目的立项与论证批复情况等,与试点通知要求的符合性。

专家指导。组织专家就试点实施方案进行技术指导。从试点思路、目标的符合性、试点内容的合理性与必要性、试点实施主体或项目的可行性与可达性、试点产出与示范意义及组织实施保障措施等方面进行评价。优先支持依托项目已落地实施、由政府或园区管委会与依托项目承担单位联合申报实施的试点。

现场调查。组织专家赴试点申报项目所在地现场调查。重点核实现场实际情况与相关问题。

生态环境部、国家发展改革委本着择优原则,在专家意见的基础上,对实施效果好、示范效应显著的项目确定为试点。

(三)试点实施

试点申报和实施主体应依据试点实施方案,积极组织相关单位开展试点项目推进工作,做好过程管理,及时总结试点工作中好的经验和做法。

(四)试点评估

生态环境部、国家发展改革委对 EOD 模式试点开展中期评估。

(五)经验总结

试点正式实施三年后,由生态环境部、国家发展改革委组织开展试点总结,总结成效与经验,组织相应推广活动。

三、政策支持

国家开发银行对符合条件的试点项目,按照精准施策、市场化运作和风险可控的原则,发挥开发性金融大额中长期资金优势,统筹考虑经济效益和环境效益,在资源配置上予以倾斜,加大支持力度。

四、报送时间

请于 2020 年 11 月 30 日前将推荐的 EOD 模式备选项目清单、相关材料(一式两份)和电子版分别报送生态环境部(科财司)、国家发展改革委(环资司)。

联系人：生态环境部科财司　刘勇华、辛璐
电话：(010)65645390、84947860－908
联系人：国家发展改革委环资司　陈程
电话：(010)68505571
附件：《生态环境导向的开发(EOD)模式试点实施方案》编制提纲(略)

生态环保金融支持项目储备库入库指南(试行)

(2022年3月8日)

为积极引导金融资金投入，加强金融对深入打好污染防治攻坚战的精准支撑，推进适宜金融支持的重大生态环保项目谋划，建设生态环保金融支持项目储备库(以下简称项目储备库)，制定本指南。

一、总体要求

建设项目储备库是引导金融资金投向、实现供需有效结合的重要措施，对改善生态环境质量、解决突出生态环境问题、推动减污降碳协同增效、促进经济社会发展全面绿色转型发挥重要作用。

要贯彻落实党中央、国务院决策部署，与国家及地方生态环境保护规划重点任务相衔接。各级生态环境部门按照《中共中央 国务院关于深入打好污染防治攻坚战的意见》，结合本地区“十四五”生态环境保护重点任务，重点对支撑污染防治攻坚战的精准性、实施的必要性、内容的真实性进行把关，储备对污染防治攻坚战支撑作用大、实施必要性强、实施基础好、环境效益显著的重大工程项目，聚焦重点，避免泛化，提高项目储备质量。

要明确金融支持项目储备库与中央生态环境资金项目储备库的差异。入库项目应适宜金融资金支持，包括治理责任主体为企业的项目，采用生态环境导向的开发(EOD)模式、政府和社会资本合作(PPP)模式及其他市场化方式运作的项目。项目实施必须严格依法依规，严禁新增地方政府隐性债务。

二、入库范围

(一)大气污染防治。包括北方地区冬季清洁取暖、挥发性有机物综合治理、工业企业深度治理、工业企业燃煤设施清洁能源替代、重点行业超低排放改造、重点行业清洁生产改造、锅炉综合治理、涉气产业园区和集群大气环境综合整治、高排放机动车淘汰换新、船及非道路移动源排放治理、典型行业恶臭治理、重污染天气应对能力建设等。

(二)水生态环境保护。包括黑臭水体治理、污水处理设施与配套管网建设改造、污水处理厂污泥处理处置、污水再生及资源化利用、工矿企业和医疗机构水污染治理、工业园区水污染治理、船舶港口水污染治理、水体内源污染治理、流域水生态保护修复、流域水环境综合治理、河湖生态流量保障、重点湖库富营养化控制、河湖生态缓冲带修复、天然(人工)湿地生态系统保护与建设、水源涵养区保护、饮用水水源地保护、入河排污口整治及规范化建设等。

(三)重点海域综合治理。以渤海、长江口－杭州湾、珠江口邻近海域为重点，包括海水养殖环境整治、入海排污口及直排海污染源整治、船舶港口污染防治、亲海岸滩环境整治、海洋生态系统保护修复、美丽海湾示范建设等。

(四)土壤污染防治。包括建设用地土壤污染风险管控、建设用地土壤污染修复、农用地工矿污染源整治、工矿企业重金属治理、历史遗留重金属污染区域治理、化学品生产企业及工业集聚区地下水污染风险管控、矿山开采区及尾矿库地下水污染综合治理、危险废物处置场及垃圾填埋场地下水污染防治、依赖地下水的生态系统保护、地下水型饮用水水源地保护、重点污染源防渗改造、废弃井封井回填等。

(五)农业农村污染治理。包括农村污水处理和资源化利用、农村垃圾治理、农村黑臭水体整治、废弃农膜回收利用、秸秆综合利用、畜禽与水产养殖污染治理和粪污资源化利用、种植业面源污染治理、农村生态环境综合整治等。

(六)固废处理处置及资源综合利用。以"无废城市"建设项目为重点,包括城乡生活垃圾收集与处理处置、餐厨垃圾收集与资源化利用、危险废物及医疗废物收集与处理处置、矿产资源(含尾矿)综合利用、废旧资源再生利用、农业固体废物资源化利用、工业固体废物环境风险管控、工业固体废物无害化处理处置及综合利用、建筑垃圾和道路沥青资源化利用、包装废弃物回收处理等。

(七)生态保护修复。重要生态系统保护和修复、山水林田湖草沙冰一体化保护和修复、矿区生态保护修复、采煤沉陷区综合治理、生物多样性保护及荒漠化、石漠化、水土流失综合治理等。

(八)其他环境治理。生态环境风险防控、放射性污染防治、噪声与振动污染控制、生态环境监测与信息能力建设等。

三、申报条件

(一)入库项目申报主体应为已建立现代企业制度、经营状况和信用状况良好的市场化企业,或县级(含)以上政府及其有关部门等。

(二)项目融资主体应为市场化企业,且其环保信用评价不是最低等级。

(三)治理责任主体为企业的生态环境治理项目,单个项目融资需求原则上应超过5000万元;其他项目单个项目融资需求原则上应超过1亿元。

(四)应明确项目实施模式。PPP项目需满足国家有关管理要求,应适时纳入财政部、国家发展改革委PPP项目库。鼓励推广生态环境整体解决方案、托管服务和第三方治理。EOD项目要参考《关于推荐第二批生态环境导向的开发模式试点项目的通知》(环办科财函〔2021〕468号,以下简称《通知》)基本要求,确保生态环境治理与产业开发项目有效融合、收益反哺、一体化实施。

为稳步开展生态环境治理模式创新,规范有序推进EOD模式探索,EOD项目还需满足以下条件。

1. 地市级及以上政府作为申报主体和实施主体的EOD项目,原则上投资总额不高于50亿元;区县级政府作为申报和实施主体的项目,原则上投资总额不高于30亿元。

2. 项目边界清晰,生态环境治理与产业开发之间密切关联、充分融合,避免无关项目捆绑,组合实施的单体子项目数量不超过5个。

3. 除规范的PPP项目外,不涉及运营期间政府付费,不以土地出让收益、税收、预期新增财政收入等返还补助作为项目收益。加强重大项目谋划,优化项目建设内容,力争在不依靠政府投入的情况下实现项目整体收益与成本平衡。

4. EOD项目中生态环境治理内容需符合入库范围要求,且要有明确的生态环境改善目标。产业开发要符合国家和地方产业政策、空间管控等各项要求,项目实施中严格落实招投标、政府采购、投融资、土地、资源开发、政府债务风险管控、资产处置等各项法规政策要求,依法依规推进项目规范实施,不以任何形式增加地方政府隐性债务。

5. 各省(自治区、直辖市)每年入库EOD项目原则上不超过5个。

四、申报材料

(一)项目基本信息表(线上填报)。

(二)项目可行性研究报告或实施方案,应明确建设内容与规模、建设运营模式、融资金额、资金平衡方案等。

(三)省级生态环境部门项目论证评估意见(模板见附件1)。

(四)EOD项目应一并提交EOD项目实施方案(编制大纲见附件2)与承诺函(模板见附件3)。承诺函由项目申报主体和实施主体(市级及以下人民政府或园区管委会)盖章。

五、申报方式

按照"成熟一个,申报一个"的原则,由县级及以上生态环境部门通过生态环保金融支持项目管理系统线上申报,省级生态环境部门论证评估同意后由线上提交。

涉密项目要严格落实有关规定要求,不得通过生态环保金融支持项目管理系统申报。

本指南将视实施情况和有关要求适时进行修订。

附件：1. ________生态环境厅（局）关于________项目论证评估意见（模板）

2. 生态环境导向的开发（EOD）模式项目实施方案编制大纲

3. EOD 项目实施承诺函（模板）

附件 1

________生态环境厅（局）
关于________项目论证评估意见
（模板）

我厅（局）按照《生态环保金融支持项目储备库入库指南（试行）》等相关要求，紧密围绕深入打好污染防治攻坚战加强项目谋划，组织地方开展项目前期准备，并对地方提交的项目申报材料开展论证评估。经研究，____________项目申报材料和信息真实，项目实施对我省实现“十四五”生态环境保护目标具有重要的支撑作用，属于现阶段急需推进的重点任务。

________（公章）

年　　月　　日

附件 2

生态环境导向的开发（EOD）模式项目实施方案
编　制　大　纲

一、项目区域总体情况

（一）项目区域概况

包括项目区域范围、经济社会发展概况。

（二）生态环境现状与突出问题

（三）生态环境保护与产业融合发展思路

（四）项目实施目标

EOD 项目生态环境效益目标，明确项目实施前后生态环境质量改善定量、定性目标。

二、项目建设内容

（一）项目建设内容之间的关联性

明确生态环境治理与产业开发之间的关联关系，做到两者融合共生。

（二）项目主要建设内容

分别说明生态环境治理与关联产业开发等建设内容、工程措施等。

三、项目实施方式与计划

（一）项目组织实施方式

生态环境治理与关联产业须实现一体化实施，依法依规确定 EOD 项目实施主体的方式，引入社会资本。

（二）实施期限

明确项目建设期、运维期等。

（三）项目实施进展

明确项目立项、项目实施进度等情况。

（四）年度计划

四、投资估算与资金筹措

(一)投资估算

包括编制依据与投资估算等。

(二)资金筹措

包括资本金筹集方式和比例、项目融资来源及渠道。

五、项目财务分析

(一)项目预期收益与支出

明确项目层面的成本、收益及其测算依据,增强项目收益、支出的科学性与合理性。

不以土地出让收益、税收、预期新增财政收入等返还补助作为项目收益。

项目建设、运维成本均包括生态环境治理与产业开发等内容。

(二)项目资金平衡方案

以 EOD 项目为整体开展财务测算。

项目建设和运营期间需政府资金投入的,需明确政府资金投入额度和投入方式。

除规范的 PPP 项目外,不涉及运营期间政府付费。

优化项目内容,力争在不依靠政府投入的情况下实现项目整体收益与成本平衡。

六、实施保障

EOD 项目推进实施、长效机制建立等。

生态环境导向的开发模式项目基本情况表

<table>
<tr><td>项目名称</td><td colspan="4"></td></tr>
<tr><td colspan="2">申报单位名称</td><td>联系人</td><td>联系方式</td><td>通信地址</td></tr>
<tr><td colspan="2"></td><td></td><td></td><td></td></tr>
<tr><td colspan="2">实施主体名称</td><td>联系人</td><td>联系方式</td><td>通信地址</td></tr>
<tr><td colspan="2"></td><td></td><td></td><td></td></tr>
<tr><td colspan="5">一、项目内容</td></tr>
<tr><td>项目概况</td><td colspan="4"></td></tr>
<tr><td>项目实施目标</td><td colspan="4">1.
2.
……</td></tr>
<tr><td>项目实施主体确定方式</td><td colspan="4"></td></tr>
<tr><td rowspan="8">项目建设内容与投资</td><td colspan="2">建设内容</td><td>投资金额(万元)</td><td>实施进展</td></tr>
<tr><td>1</td><td></td><td></td><td></td></tr>
<tr><td>2</td><td></td><td></td><td></td></tr>
<tr><td>3</td><td></td><td></td><td></td></tr>
<tr><td>4</td><td></td><td></td><td></td></tr>
<tr><td>5</td><td></td><td></td><td></td></tr>
<tr><td>项目总投资(万元)</td><td>其中,生态环境治理投资</td><td colspan="2">产业开发项目投资</td></tr>
<tr><td></td><td></td><td colspan="2"></td></tr>
</table>

续表

<table>
<tr><td colspan="5">二、建设资金筹措情况</td></tr>
<tr><td rowspan="5">建设资金来源
（万元）</td><td colspan="4">其中：</td></tr>
<tr><td>中央财政资金</td><td>地方财政资金</td><td>专项债</td><td>企业自有资金</td></tr>
<tr><td></td><td></td><td></td><td></td></tr>
<tr><td>基金</td><td>银行贷款</td><td colspan="2">其它形式（说明具体融资方式）</td></tr>
<tr><td></td><td></td><td colspan="2"></td></tr>
<tr><td colspan="5">三、项目资金平衡情况</td></tr>
<tr><td>建设运维成本</td><td colspan="4">1. 建设成本
2. 运维成本</td></tr>
<tr><td>收益来源</td><td colspan="4">1.
2.
……</td></tr>
<tr><td colspan="5">主要财务指标</td></tr>
<tr><td colspan="2">项目投资所得税后财务内部收益率（%）</td><td>所得税后财务净现值（万元）</td><td>投资回收期（年）</td><td>偿债备付率</td></tr>
<tr><td colspan="2"></td><td></td><td></td><td></td></tr>
<tr><td colspan="5">四、保障措施</td></tr>
<tr><td colspan="5"></td></tr>
</table>

填表说明：

1. 项目申报单位为负责项目组织实施的政府或有关部门；项目实施主体为负责项目建设运维一体化实施的企业，尚未确定的可不填写。

2. 项目概况为项目区域范围，拟解决的突出环境问题，生态环境保护与产业融合发展思路、实施周期等。

3. 项目实施目标为项目经济、社会、环境目标，其中，生态环境目标涉及流域、湖泊水环境治理的，明确生态环境质量改善目标。

4. 项目实施主体确定方式为依法依规确定 EOD 项目实施主体的具体方式。

5. 实施进展为完成可研批复（或备案）、初步设计、招投标、在建、设备安装调试、竣工验收、投入运营。

附件 3

EOD 项目实施承诺函（模板）

本项目将按照 EOD 模式要求推进实施，并承诺如下：

1. 生态环境治理与产业项目在实施中作为一个整体项目，在项目层面实现产业开发项目对生态环境治理项目建设与运营的持续性收益反哺。

2. 采用合法合规方式选择具备较强产业投资运营能力的项目实施主体，由一个主体一体化实施,确保产业开发项目持续运营。

3. 项目符合国家和地方产业政策等各项要求,项目实施中严格落实招投标、政府采购、投融资、土地、资源开发、空间管控、政府债务风险管控、资产处置等各项法规政策,依法依规推进项目规范实施。

4. 不以任何形式增加地方政府隐性债务。

单位(签章)
年　　月　　日

第五部分　对外援助、国际组织及外国政府贷款

(一)对外援助

对外援助项目实施企业资格认定办法(试行)

(2015 年 10 月 29 日商务部令 2015 年第 1 号发布　根据 2019 年 11 月 30 日商务部令 2019 年第 1 号《关于废止和修改部分规章的决定》第一次修订　根据 2021 年 5 月 10 日商务部令 2021 年第 2 号《关于废止和修改部分规章的决定》第二次修订)

第一章　总　　则

第一条　为规范对外援助项目实施企业(以下简称援外项目实施企业)的资格认定,依据《行政许可法》和《国务院对确需保留的行政审批项目设定行政许可的决定》(国务院令 2004 年第 412 号),制定本办法。

第二条　本办法所称援外项目实施企业是指经资格认定,可承担中国政府对外援助项目实施任务的企业和其他组织。

前款所称的援外项目实施企业包括:

(一)对外援助成套项目(以下简称成套项目)总承包企业和项目管理企业;

(二)对外援助物资项目(以下简称物资项目)总承包企业;

(三)对外技术援助项目(以下简称技术援助项目)实施单位;

(四)对外人力资源开发合作项目(以下简称人力资源项目)实施单位;

(五)对外援助项目咨询服务单位。

第三条　商务部负责援外项目实施企业的资格认定和资格管理。

省、自治区、直辖市及新疆生产建设兵团商务主管部门(以下统称省级商务主管部门)协助商务部进行援外项目实施企业资格认定。

援外项目管理机构协助商务部对援外项目实施企业进行资格管理。

第四条　商务部根据援外项目实施企业的不同类别,分别采用资格审查或资格招标方式进行援外项目实施企业资格认定。

经资格认定的援外项目实施企业可在相应的资格类别范围内承担援外项目具体实施任务。

第二章　资格条件及认定方式

第五条　援外项目实施企业应具备以下基本资格条件:

(一)系依照中国法律在中国境内设立的法人;

(二)所有出资人均为中国投资者;

（三）前三个会计年度未出现亏损；

（四）前三年未受过刑事处罚、未因进行非法经营活动或违反有关援外管理规章受过行政处罚；

（五）依法纳税和缴纳社会保险费。

第六条 商务部通过资格审查方式认定成套项目总承包企业资格。

申请成套项目总承包企业资格的，除具备第五条规定的基本资格条件外，还应具备以下条件：

（一）具备特级施工总承包资质；或具备一级施工总承包或相应等级的技术资质，申请前三年均列入商务部统计对外承包工程营业额前一百强；

（二）通过质量管理体系、环境管理体系、职业健康安全管理体系认证且认证资格有效；

（三）具有良好的金融资信条件；

（四）具有良好的经营诚信表现。

第七条 商务部通过资格招标方式认定成套项目管理企业资格。

参与成套项目管理企业资格招标的，除具备第五条规定的基本资格条件外，还应具备以下条件：

（一）具备国务院建设主管部门颁发的可从事项目管理服务的工程设计甲级资质，或国务院发展改革主管部门颁发的工程项目管理（全过程管理或全过程策划和准备阶段管理类别）甲级资格；

（二）具备国务院建设主管部门颁发的工程监理甲级资质，或与具备工程监理甲级资质法人单位签订长期合作协议；

（三）具备在境外开展相关业务的业绩；

（四）具有工程项目的项目管理经验。

第八条 商务部通过资格审查方式认定物资项目总承包企业资格。

申请物资项目总承包企业资格的，除具备第五条规定的基本资格条件外，还应具备以下条件：

（一）系符合《对外贸易法》规定的对外贸易经营者；

（二）具有良好的金融资信条件；

（三）申请前三年在受援国有进出口业绩；

（四）具有良好的经营诚信表现。

第九条 商务部通过资格招标方式认定技术援助项目实施单位资格。

参与技术援助项目实施单位资格招标的，除具备第五条规定的基本资格条件外，还应具备以下条件：

（一）具备相关专业的技术能力；

（二）具备在境外开展相关业务的业绩；

（三）具备相关项目的实施经验。

第十条 商务部通过资格招标方式认定人力资源项目实施单位资格。

参与人力资源项目实施单位资格招标的，除具备第五条规定的基本资格条件外，还应具备以下条件：

（一）具备丰富的对外培训经验和较强的外事接待能力；

（二）具备开展培训所需的师资力量、培训场所和其他软硬件；

（三）在相关行业、专业或领域内，具有较高的科研能力和影响力。

第十一条 商务部通过资格招标方式认定咨询服务单位资格。

参与咨询服务单位资格招标的，除具备第五条规定的基本资格条件外，还应具备以下条件：

（一）具备国务院有关行政主管部门核准的咨询资质或其他技术资质；

（二）具备开展境外项目咨询服务的相关业绩；

（三）具备项目咨询服务经验。

第三章 资格审查

第十二条 采取资格审查方式认定资格的,申请人应提交以下文件:

(一)申请书;

(二)企业法人营业执照和法定代表人身份证明文件;

(三)出资人身份证明文件;

(四)企业出资情况的说明并承诺属实;

(五)前三个年度企业会计报表;

(六)本企业关于前三年未受过刑事处罚、未因进行非法经营活动或违反有关援外管理规章受过行政处罚的声明;

(七)税务机关出具的前三年完税证明;

(八)社会保险经办机构出具的前三年缴费证明。

除上述文件外,申请成套项目总承包企业资格还须提交技术资质证书、质量管理体系认证证书、环境管理体系认证证书、职业健康安全管理体系认证证书和具有良好的经营诚信表现说明;申请物资项目总承包企业资格还须提交海关统计信息部门出具的货物进出口业绩证明和具有良好的经营诚信表现说明及证明。

第十三条 中央企业和其他在国务院工商行政主管部门登记的企业直接向商务部提交申请,其他企业向所在地省级商务主管部门提交申请。

第十四条 企业向省级商务主管部门申请的,省级商务主管部门应当在收到企业提交的申请文件之日起五个工作日内完成初核,将企业申请文件连同初核意见一并报商务部审核。

第十五条 商务部应在收到企业提交的完备申请文件之日起二十个工作日内或收到省级商务主管部门初核意见之日起十五个工作日内完成审核,作出许可与否的决定。

准予许可的,商务部颁发有效期为三年的许可文件;不予许可的,商务部应当说明理由,并告知企业享有依法申请行政复议或者提起行政诉讼的权利。

第十六条 商务部应公布经资格审查取得资格的企业名单。

第十七条 取得资格的企业需要延续资格许可有效期的,应当在有效期届满六十日前按第十二条和第十三条向商务部或所在地省级商务主管部门提出申请。

省级商务主管部门和商务部按照第十四条和第十五条规定的期限对申请进行初核或审核,商务部在许可有效期届满前作出是否准予延期的决定。

准予延期的,商务部颁发准予延期三年的许可文件;不予延期的,商务部应当说明理由,并告知企业享有依法申请行政复议或者提起行政诉讼的权利。

第四章 资格招标

第十八条 采用资格招标方式认定资格的,商务部自本办法施行之日起每三年组织一次公开资格招标。

商务部依法委托招标代理机构组织招标。

第十九条 商务部应在组织资格招标前一个月发布招标公告,招标公告主要包括以下内容:

(一)招标代理机构的名称、地址和联系方式;

(二)援外项目实施企业资格招标的类别和数量;

(三)申请参与资格招标单位的资格要求;

(四)获取招标文件的时间、地点、方式;

(五)投标截止时间。

第二十条 招标文件开始发出之日起至投标单位提交投标文件截止之日止,应不少于二十日。

第二十一条 商务部对已发出的招标文件进行必要的澄清或修改的,应当在提交投标文件截止时间至少十五日前,以书面形式作出通知。该澄清或修改的内容为招标文件的组成部分。

第二十二条 申请参与资格招标的单位对招标文件有异议的，应当在投标截止时间十日前提出。商务部应当自收到异议之日起三日内作出答复；作出答复前，应当暂停招标投标活动。

第二十三条 申请参与资格招标的单位应按照招标文件要求编制投标文件，并在招标文件规定的截止时间前，将投标文件经单位法定代表人或其授权代表签字、加盖公章并密封后，送达指定地点。

逾期送达的、未送达至指定地点的或未按招标文件要求密封的投标文件无效，招标代理机构应当拒收。

第二十四条 商务部依法组建评标委员会。评标委员会应当按照招标文件规定的评标标准和方法，对投标文件进行评审。

评标委员会由商务部的代表和有关技术、经济等方面的专家组成，成员人数为五人以上单数，其中技术、经济等方面的专家不得少于成员总数的三分之二。

第二十五条 属下列情况之一的，评标委员会应当否决其投标：

（一）未按招标文件规定加盖公章的；

（二）未经单位法定代表人或其授权代表签字确认的；

（三）投标函与招标文件规定格式严重不符的；

（四）申请参与资格招标的单位不具备招标文件规定资格要求的。

第二十六条 评标委员会应自评标结束之日起两日内将评标报告提交商务部，评标报告主要包括评标结果和中标候选单位排序。

第二十七条 商务部自收到评标报告之日起五日内在评标报告推荐的中标候选单位中确定中标单位。

第二十八条 在正式授标前，商务部将中标单位名单公示五日，公示期满后公布通过资格招标的单位名单。

第二十九条 通过资格招标的，取得相应类别的援外项目实施企业资格，商务部颁发有效期为三年的许可文件。

第三十条 通过资格招标方式认定资格的援外项目实施企业，由于受到行政处罚或第三十四条规定等原因不能承担援外项目实施任务，且数量超出原定资格招标数量百分之三十的，商务部应及时组织补充资格招标，按原定资格招标数量补足援外项目实施企业。

第五章 资格管理

第三十一条 援外项目实施企业发生企业名称、企业类型、法定代表人、注册资本和出资人变更的，应在变更之日起一个月内向商务部备案，提供以下文件：

（一）变更申请表；

（二）工商行政管理机构出具的变更登记证明文件；

（三）变更后的相关证明文件。

第三十二条 援外项目实施企业发生改制、分立或合并情形的，改制、分立或合并后新成立的企业应按照本办法规定重新申请资格认定。原企业注销的，改制、合并或分立后的企业可继承原企业的援外业绩。

第三十三条 商务部建立援外项目实施企业诚信评价体系，根据企业遵守援外管理规章和履行项目实施合同情况将企业诚信状况分为良好、合格和不合格三个等级。

第三十四条 有下列情形之一的，商务部可依据职权或根据利害关系人的请求，撤销援外项目实施企业资格：

（一）行政机关工作人员滥用职权、玩忽职守作出援外项目实施企业资格许可决定的；

（二）违反法定程序作出援外项目实施企业资格许可决定的；

（三）对不具备申请资格或不符合法定条件的申请人准予援外项目实施企业资格许可的。

企业以欺骗、贿赂等不正当手段获得援外项目实施企业资格的，商务部应撤销其资格。

第三十五条 援外项目实施企业因有效期届满而丧失实施资格，不影响已中标项目的履行。

第六章　法律责任

第三十六条　有下列情形之一的，商务部给予警告，可以并处三万元人民币以下罚款；违反相关法律、行政法规规定的，依照相关法律、行政法规的规定给予行政处罚；构成犯罪的，依法追究刑事责任：

（一）企业以欺骗、贿赂等不正当手段获得援外项目实施企业资格的；

（二）企业以出租、出借等方式非法转让援外项目实施企业资格的。

第三十七条　商务部、省级商务主管部门和援外项目管理机构工作人员在援外项目实施企业资格管理过程中，违反有关法律法规和本办法规定的，视情节轻重给予相应处分；构成犯罪的，依法追究刑事责任。

第七章　附　　则

第三十八条　在采取资格招标方式认定资格的援外项目实施企业类别项下，部分技术类别、业务类别因行业特点或其他限制条件暂时不能组织资格招标的，该技术类别或业务类别援外项目实施企业的选定按照援外项目采购规定执行。

第三十九条　有关第六条第二款第（三）项、第（四）项、第（五）项和第八条第二款第（二）项、第（四）项涉及的细化条件及第八条第二款第（三）项规定的受援国名单，商务部以公告方式另行公布。

第四十条　本办法所称"中国投资者"不包括外商投资企业。

第四十一条　本办法所称的"中央企业"是指国务院国有资产监督管理机构履行出资人职责的企业。

第四十二条　本办法所称"以上"，包括本数。

第四十三条　本办法由商务部负责解释。

第四十四条　本办法自公布之日起施行。《对外援助成套项目施工任务实施企业资格认定办法（试行）》（商务部2004年第9号令）和《对外援助物资项目实施企业资格管理办法》（商务部2011年第2号令）同时废止。

对外技术援助项目管理办法（试行）

（2015年12月9日商务部令2015年第5号公布　自2016年1月8日起施行）

第一章　总　　则

第一条　为加强对外技术援助项目的管理，保证项目质量，提高援助效果，依据有关法律、行政法规的规定，制定本办法。

第二条　本办法所称技术援助项目，是指中方在援外资金项下，综合采用选派专家、技术工人或提供设备等手段，帮助受援方实现特定技术目标的援助项目。

第三条　技术援助项目一般由中方负责组织实施。如受援方有组织实施意愿，中方可结合项目实际情况与受援方商定，将技术援助项目交由受援方组织实施。

第四条　商务部负责技术援助项目的立项、管理和监督。

援外项目管理机构依据本办法规定具体组织、监督和管理技术援助项目的实施，并接受商务部的监督检查。

第五条　驻受援国使领馆经济商务机构协助商务部办理与技术援助项目有关的政府间事务，负责技术援助项目实施的境外监督管理。

第六条　各省级商务主管部门协助商务部处理对外技术援助管理事务。

第二章 项目采购管理

第七条 项目管理机构在经商务部认定资格的援外项目实施企业范围内根据援外项目采购规定选定技术援助项目实施单位。

商务部可根据国家区域发展政策选定对外技术援助项目实施单位。

中标的技术援助项目实施单位对所承担的技术援助项目任务实行企业承包责任制。

第八条 技术援助项目采购以技术援助方案的技术可靠性、方案成熟度和经济合理性作为主要选择标准。

技术援助方案是指根据技术援助项目可行性研究报告和立项建议书的要求,提出的要素整合方式、技术实现手段和标准,实现技术援助目标的规划、路径和程序等内容。其中,技术援助要素主要包括人力资源开发、智力支持、技术服务和转让、管理合作、提供物资设备和提供工程服务等不同类型。

对于技术实现路径简单明确的技术援助项目,项目管理机构可以在采购程序中确定统一的技术援助方案,并根据方案响应性和经济合理性依法选定实施单位;对于实现同一技术目标路径多元的技术援助项目,项目管理机构应当在采购程序中依法选定技术援助方案及实施单位。

第九条 对于技术援助项目内容较为复杂或有特殊安全性要求,所需主项技术资质为两项以上的,可由符合所有主项技术资质的单位单独投标,也可由投标单位组成联合体投标。联合体各方不得再单独或者与其他投标单位另外组成联合体参与投标。

联合体牵头单位应当具备技术援助项目实施单位资格。联合体各方在项目中标后应当共同与项目管理机构签订项目实施合同,并承担连带法律责任。

第十条 根据立项要求或实施管理实际情况,如技术援助项目涉及由唯一供货单位提供的物资或唯一服务单位提供的专利、专有技术服务,项目管理机构应根据援外项目采购规定,提前与相应物资或服务提供单位议定采购价格和条件,列入项目招标文件,并监督相应物资或服务提供单位向所有竞标单位落实议定采购价格和条件。

中标的技术援助项目实施单位应按招标文件列明的议定采购价格和条件与唯一供货企业和专利或专有技术服务提供单位签订内部分包合同,并将分包的物资或服务任务的进度、质量、安全和投资控制纳入技术援助总承包责任范围。

第十一条 项目管理机构代表商务部向中标的技术援助项目实施单位下达实施任务通知函。

技术援助项目实施单位凭实施任务通知函办理技术援助人员出入境以及设备物资的检验通关。

第十二条 中标单位不得将承包责任范围内的任务进行转包,也不得将承包责任范围内的关键性或主体性工作任务分包或分解成若干部分分包。

中标单位将本单位技术资质不能覆盖的非关键性或非主体性任务分包给其他专业技术单位的,其分包内容、分包单位选择和分包金额应当在技术援助项目投标书中载明,作为中标条件审定并写入合同约定。

分包方式一旦确定,不得变更。中标单位应当按投标文件中载明的分包方式签订分包合同并报项目管理机构备案。确需变更或新增分包的,应当按变更合同程序办理。

第十三条 合规分包不排除技术援助项目实施单位承包责任范围内的任何义务。

第三章 项目管理程序

第十四条 商务部负责审批技术援助项目的可行性研究报告和立项建议书,并办理立项。

立项后,项目管理机构在政府间立项协议以及商务部批准的可行性研究报告和立项建议书范围内组织项目实施和管理。

第十五条 技术援助项目政府间协议要求签订对外实施协议的,项目管理机构应当在实施单位与受援方正式确认技术援助方案的基础上,负责与受援方指定机构签订项目对外实施协议。

对外实施协议应当细化规定中、外双方的合作方式、管理程序和实施全过程的权利、义务。

第十六条 技术援助项目实施单位应当严格按照政府间协议、对外实施协议及与商务部订立的项目实施合同的规定,执行技术援助方案,确保整合提供人力、技术、管理、物资和工程服务等各项要素的质量和效率,在规定期限内实现技术援助目标,并在承包责任范围内承担全部的经济、技术和法律责任。

第十七条 技术援助项目实施单位应当成立技术援助专家组并指定组长,负责在受援国当地技术援助任务的组织实施和管理。

技术援助专家组接受驻受援国使领馆经济商务机构的监督管理。

第十八条 技术援助项目实施单位应当定期向项目管理机构报送工作简报,内容涵盖项目执行进展、遇到有关问题及解决措施、下阶段工作计划和实施方案等。遇有重大质量安全问题和可能影响项目实施的突发事件应当及时专题报告。

技术援助项目实施完毕后,实施单位应当向项目管理机构书面提交项目总结报告,内容涵盖项目总体实施情况、取得的援助效果和经济社会效益、受援方对项目实施的总体评价、项目执行过程中遇到的问题及解决措施、有关突发紧急情况的处理应对以及项目是否延续的有关建议等。

第十九条 项目管理机构在技术援助项目实施单位基本履行完毕政府间协议、对外实施协议和项目实施合同规定的义务后,可依法选定经商务部认定资格的顾问咨询单位组成专家组进行技术援助项目验收。

验收专家组的具体组成方式和人员资格由项目管理机构根据技术援助项目性质和特点决定。验收专家组成员不得与技术援助项目实施单位存在可能影响公正验收的利害关系。

技术援助项目验收以政府间协议、对外实施协议、项目实施合同规定以及技术援助方案为主要依据,对技术援助项目项下人力资源开发、智力支持、技术服务和转让、管理合作的实物工作量、智力成果和援助效果进行综合评估,对实施单位的履约情况和专家服务情况进行确认,对附带物资设备和工程服务进行核验和验收,最终对技术援助目标的实现作出结论。验收结论分为合格和不合格两个评定等级。

验收专家组应当根据验收结果向项目管理机构提交验收报告。验收报告经验收专家组全体成员签字后生效。

第二十条 技术援助项目实施单位应当对验收过程中发现的问题和验收报告提出的问题及时进行整改。

验收期间整改完毕的问题,由验收专家组作出整改结论并写入验收报告;无法在验收期间完成整改的问题,由实施单位在规定期限内进行整改,将整改结果报验收专家组补充作出整改结论。

第二十一条 技术援助项目验收合格后,项目管理机构代表商务部,应当及时通过外交渠道与受援方办理政府间移交手续。

项目管理机构应当在完成政府间移交手续后及时向商务部提交技术援助项目完成报告。

第二十二条 技术援助项目实施单位应当在承包责任范围内,负责归集、整理项目技术资料,并在项目完成验收且办理对外移交手续后六十日内向项目管理机构移交。

纳入管理和移交的技术援助项目技术资料是指项目实施过程中形成的、具有保存价值的各类技术文件和反映项目准备、实施过程情况的有关载体。

技术援助项目技术资料纳入商务部建立的对外援助成套项目技术资料库统一管理。附带工程的技术资料管理要求按照《对外援助成套项目管理办法(试行)》执行。

第四章 技术专家管理

第二十三条 对于技术援助项目项下需要派遣中方专家(以下简称技术援助专家)赴受援国执行人力资源开发、智力支持、技术服务和转让、管理合作等专业技术任务的,项目管理机构应当根据技术援助项目的实际需要,在项目采购时明确技术援助专家的专业资质或同等技术要求。

第二十四条 技术援助项目实施单位应当保证所派技术援助专家达到项目所要求的专业资

质或同等技术水平，具体人选由项目管理机构通过项目采购程序确定。

确定的技术援助专家人选非因特殊情况不得随意变更。确需变更的，技术援助项目实施单位应当将变更后的人员资质、条件等情况重新报项目管理机构确定。

第二十五条 技术援助项目实施单位应当主要选派本单位人员担任技术援助专家。因专业特殊或技术资质限制需要外聘人员担任技术援助专家的，应当对外聘人员进行必要的审查，并与外聘人员签订劳动合同，明确双方在执行项目期间的权利和义务。

第二十六条 项目管理机构应当在技术援助项目执行完毕前，提请驻受援国使领馆经济商务机构对技术援助专家的服务质量和效果出具履职评估意见。

驻受援国使领馆经济商务机构出具的技术援助专家履职评估意见应当如实反映中方专家在受援国工作期间的工作绩效及履职情况，并充分听取受援方意见。

技术援助专家履职评估意见应当作为项目验收时，验收专家组确认专家服务情况的重要依据。

第二十七条 技术援助项目实施单位应当切实保障技术援助专家的待遇，包括在受援国执行技术援助任务期间的国内职位、岗位、职称待遇、工作保障和社会福利待遇不变，充分享有技术援助专家的国外津贴、艰苦地区补贴、医疗费用、休假、境外人身意外伤害保险及食宿、办公、交通等在国外履行公务所必需的工作和生活条件等。

驻受援国使领馆经济商务机构应当协助技术援助项目实施单位，督促受援方根据政府间协议或对外实施协议的规定，为技术援助专家提供出入境、当地居留和执行援助任务的便利，并保障技术援助专家的人身和财产安全。

第五章 智力成果管理

第二十八条 技术援助项目的智力成果是指技术援助项目实施单位在技术援助项下开展人力资源开发、智力支持、技术服务和转让、管理合作等活动所形成的一切有价值的精神财富或智力产品，包括：

（一）技术建议书、规划报告、咨询报告、分析研究报告、论文、课程讲义等资料；

（二）专利、专有技术、实用技术、版权等知识产权成果；

（三）具有经济和技术价值的操作规程、工艺流程、工作程序、实施模式和管理经验等技术解决方案。

第二十九条 技术援助项目实施单位应当依据技术援助方案单独制定智力成果的工作方案，明确不同阶段具体技术任务及其配套智力成果完成的目标、时限、条件和程序，确保智力成果提供的质量。

项目实施单位应当将项目执行期间取得的智力成果进行系统整理，形成书面材料后提交项目管理机构和商务部。

第三十条 验收专家组应当在技术援助项目验收过程中，对技术援助项目项下形成的智力成果进行专业评审，确认智力成果的创新性、适用性和援助效果。

对智力成果的专业评审结果应当作为技术援助项目验收时，验收专家组确认实现技术援助目标的重要依据。

第三十一条 技术援助项目实施单位在执行技术援助任务过程中形成或创造的智力成果，应当归属中方和受援方共同所有。具体归属安排及后续成果使用由中方与受援方在政府间协议或对外实施协议中约定。

未经商务部批准，技术援助项目实施单位无权公开、转让技术援助项目的智力成果或许可其他单位和个人使用智力成果。

第六章 附带物资管理

第三十二条 技术援助项目项下提供的援助物资主要分为专家物资、零配件和技术物资三类。

第三十三条 技术援助项目项下附带物资,符合以下情形之一的,应当单独立项并按照《对外援助物资项目管理办法(试行)》组织实施:

(一)供货总额(含运、保费)在五百万元人民币以上;

(二)所占技术援助项目估算投资比重在50%以上;

(三)技术物资供货总额(含运、保费)在三百万元人民币以上;

(四)技术物资供货总额在一百万元人民币以上不足三百万元人民币,且所占技术援助项目投资估算比重在35%以上。

第三十四条 专家物资主要是为满足中方技术援助专家在受援国执行援助任务的工作和生活需要所提供的交通车辆、办公设备、耐用消费品和一般消费品等物资,按照固定资产和消耗品分别进行管理。

专家物资项下的消耗品由技术援助项目实施单位负责采购、使用、分配和管理。任务完成后仍有使用价值的消耗品由技术援助项目实施单位自行向受援方移交。

专家物资项下使用援款单独购置并按固定资产进行管理的交通车辆、办公设备以及耐用消费品的产权归受援方所有,由技术援助项目实施单位负责采购,在技术援助项目执行期间由中方专家使用和管理。

项目管理机构应当与技术援助项目实施单位明确约定列入管理范围的固定资产清单(作为合同附件),并将固定资产清单及时通报驻受援国使领馆经济商务机构。技术援助项目执行完毕后,驻受援国使领馆经济商务机构应当监督技术援助项目实施单位对固定资产进行盘点,及时移交受援方主管部门,并办理移交确认手续,有关书面交接材料报项目管理机构备案。

第三十五条 零配件主要是指技术援助项目项下为保证相关技术设备、装备恢复功能或长期使用所提供的合理数量的易损件、备件、配件或维修工器具等。

零配件由技术援助项目实施单位负责采购、使用和管理。技术援助项目执行完毕后,驻受援国使领馆经济商务机构应当监督技术援助项目实施单位对剩余零配件进行盘点,及时移交受援方主管部门,并办理移交确认手续,有关书面交接材料报项目管理机构备案。

第三十六条 技术物资是指技术援助项目项下使用援款单独购置且用于实现技术援助目标的各类技术设备、装备、器材及生产物资等。

技术物资的产权归受援方所有。除本办法另有规定外,技术物资由技术援助项目实施单位负责采购,在技术援助项目执行期间由中方专家使用和管理。项目管理机构应当与技术援助项目实施单位明确约定技术物资清单,并将技术物资清单及时通报驻受援国使领馆经济商务机构。技术援助项目执行完毕后,驻受援国使领馆经济商务机构应当监督技术援助项目实施单位对技术物资进行盘点,及时移交受援方主管部门,并办理相应移交确认手续,有关书面交接材料报项目管理机构备案。

第三十七条 技术援助项目项下专家物资、技术物资和零配件的供货企业应当依法承担所供物资的质量保证责任,对于在合同约定的质量保证期内出现的非受援国原因导致的产品质量问题,应当负责修理或更换,并承担所需费用。

第七章 附带工程管理

第三十八条 技术援助项目项下附带工程,符合以下情形之一的,应当单独立项并按照《对外援助成套项目管理办法(试行)》组织实施:

(一)投资规模在一千万元人民币以上;

(二)所占技术援助项目估算投资比重在50%以上。

第三十九条 除第三十八条规定情形外,技术援助项目附带工程由技术援助项目实施单位依法组织实施或委托受援国当地有技术能力的中资单位或当地工程承包商组织实施。

其中,对于技术援助项下一定规模以上附带工程,即投资规模在五百万元人民币以上不足一千万元人民币的附带新建工程,项目管理机构应依据援外项目采购规定的程序,从具备援外成套项目实施企业资格的单位中择优选定项目管理公司承担附带工程管理任务。

第四十条 技术援助项目项下附带工程应当坚持基本建设程序,按照“先勘察、后设计、再施工”的原则组织实施,具体承包模式、实施程序和管理要求参照《对外援助成套项目管理办法(试行)》的相关规定执行。

技术援助项目实施单位对附带工程的进度、质量、安全和投资控制承担总承包责任。如将附带工程整体或部分任务委托分包单位进行实施的,承担附带工程勘察设计任务的企业对勘察设计的质量、进度、安全生产及项目投资控制负连带责任;承担附带工程建设任务的企业对附带工程建设所涉及的质量、进度、安全生产以及工程建成后的质量保证和配套技术服务负连带责任。

承担附带工程管理任务的企业应当对附带工程勘察设计及工程建设全过程进行协调、控制和管理,并对涉及的质量、进度、安全生产及投资控制负连带责任。

第四十一条 技术援助项目项下一定规模以上附带工程的质量检查由项目管理公司会同技术援助项目实施单位共同负责组织。对于附带投资规模较小的零星土建工程和小型修缮工程的质量检查,由技术援助项目实施单位负责组织。

技术援助项目项下附带工程的验收由项目管理机构组织。

附带工程检查验收的程序和标准参照《对外援助成套项目管理办法(试行)》的相关规定执行。

第四十二条 除因受援方使用不当引致的质量问题外,对于技术援助项目项下附带工程,技术援助项目实施单位应当在合理使用期限内承担无缺陷质量保证责任。

技术援助项目实施单位应当在附带工程验收时向项目管理机构出具无缺陷质量保证书,明确附带工程各部分及设备材料的无缺陷质量保证范围、保证期限和相关的保修责任,自行制订并相应实施质量保修计划,至少在验收后两年内现场留驻质量保修团队,确保质量保证期限内返工、返修所需人力物资等配套资源提供和及时抵达现场,并自行承担质量保修所需全部费用。

第八章 风险管理

第四十三条 商务部按照市场化原则建立技术援助项目的风险承担机制,明确界定技术援助项目涉及的风险因素,规范风险承担主体责任。

第四十四条 技术援助项目涉及的风险因素主要包括政治外交风险、业主责任风险、不可抗力风险、技术方案变动风险和经营性风险等。

政治外交风险是指政治外交变动或政策性调整对技术援助项目实施造成的影响,主要包括:国与国战争和涉核战争;中国与受援方外交关系变化;受援方合法当局没收、征用;与项目实施相关的法律、法规变动或政策调整等,风险责任由商务部承担。

业主责任风险是指由于商务部的责任或商务部同意承担受援方责任对技术援助项目实施造成的影响,风险责任由商务部承担。

不可抗力风险是指不可预见、不可克服、不可避免的客观情况对技术援助项目造成的影响,主要包括:自然灾害;意外事故;受援方国内战乱、罢工、暴乱、民众骚乱等突发情况,风险责任由技术援助项目实施单位和商务部分担。

技术方案变动风险是指因原定技术援助方案的失误、缺陷、错漏等导致不能实现预定技术援助目标,应当相应调整技术援助方案造成的影响,风险责任由技术援助项目实施单位承担。

经营性风险是指因市场变动或实施单位自身经营管理责任对技术援助项目造成的影响,包括投标报价以外的物价和汇率波动、实物工作量差异等经营性意外,风险责任由技术援助项目实施单位承担。

第四十五条 商务部通过合同补款方式对于技术援助项目实施过程中发生的政治外交风险和业主责任风险承担责任。

第四十六条 商务部通过承担合同约定项目附带货物运输保险及其他必要的保险费用,以及将项目附带工程纳入商务部统一建立的成套项目工程保险制度范围投保并承担相关保险费用,合理分担总承包企业的不可抗力风险。超出约定保险以外的不可抗力风险由总承包企业承担。

第九章　受援方组织实施项目的管理程序

第四十七条　由受援方组织实施的技术援助项目,商务部应当在可行性研究阶段与受援方确认以下条件:

(一)受援方具备完备的招投标法律制度和管理体系;

(二)受援方具有独立组织实施的能力与经验,并愿意接受中方的外部监管;

(三)项目投资限额明确,中方和受援方的分工责任和费用承担划分清楚,风险可控。

受援方组织实施的技术援助项目原则上不附带工程。

第四十八条　对于受援方组织实施的技术援助项目,由受援方从中方推荐企业范围内依据其法律法规规定的招标程序选定实施企业。

项目管理机构负责与受援方商定推荐实施企业的范围和条件。项目管理机构在征求驻受援国使馆经济商务机构和行业组织意见后,根据企业技术资质、项目实施能力及诚信表现等条件确定向受援国推荐的中资企业名单。

推荐的中资企业可与受援方当地企业组成联合体或建立专业分包关系。

第四十九条　对于受援方组织实施的技术援助项目,项目管理机构负责与受援方签订项目实施纪要,约定双方权利义务。

项目管理机构应当按援外项目采购规定选定中方项目管理单位对受援方组织实施技术援助项目进行有限监管。

技术援助项目管理单位的职责主要包括:

(一)监督受援方的招投标程序,评估其招投标程序的合规性并对招投标结果予以确认;

(二)对项目合同执行情况进行监控,定期向项目管理机构提交专题报告;

(三)审核受援方提出的拨款申请;

(四)对受援方提交的项目实施内容变更申请进行初步审查,并向项目管理机构提出处理意见。

在实施监管过程中,技术援助项目管理单位发现正在或将要发生偏离技术援助目标的违约或违规事项,应当以书面形式向受援方提出整改建议。如受援方未及时采取有效措施,技术援助项目管理单位应当及时报告项目管理机构,项目管理机构可以暂停或终止对项目资金拨付申请的审核。

第五十条　对于受援方组织实施的技术援助项目,项目资金应当依据受援方与实施企业签订的合同和经技术援助项目管理单位审核签发的拨款申请直接拨付到实施企业账户。

第五十一条　受援方组织实施的技术援助项目完成后,技术援助项目管理单位负责对技术成果的内容完整性、深度的符合性及科技创新性进行预审核,并与受援方共同对技术援助项目进行成果验收。

技术援助项目管理单位应当及时促请受援方提交相关技术资料及成果文件,并报项目管理机构备案。

项目管理机构负责与受援方办理技术援助项目完成确认证书,并及时向商务部提交技术援助项目完成报告。

第五十二条　对于受援方组织实施的技术援助项目,项目管理机构依据立项确定的投资预估算对受援方进行投资目标控制。受援方与相关实施企业签订的实施合同总价应当控制在投资预估算范围内。

项目实施过程中,因合同变更、索赔等原因造成合同超支的,超出部分由受援方承担;调减合同价款的,按照调减后的合同价款进行资金拨付。

第十章　监 督 管 理

第五十三条　项目管理机构应当按照本办法规定的职责组织实施技术援助项目,并向商务部履行有关备案和报批手续;建立健全信息报告制度,按月向商务部报送项目执行情况;针对项目执行过程中出现的重大问题，及时向商务部专题报告。

商务部负责对项目管理机构组织实施的技术援助项目进行监督检查。

第五十四条　项目管理机构依据合同对技术援助项目实施单位境内境外资金进行监督管理，确保援外资金专款专用，单独核算，不挪作他用。

第五十五条　项目管理机构应当建立重大技术援助项目巡视检查制度，现场监督检查技术援助项目实施单位及其附带工程实施企业落实援外项目管理制度和合同约定的情况。

第十一章　法律责任

第五十六条　技术援助项目实施单位有以下行为之一的，除按合同规定承担赔偿责任外，商务部给予警告，可以并处三万元人民币以下罚款，并可以依法公布处罚决定；违反相关法律、行政法规规定的，依法给予行政处罚；构成犯罪的，依法追究刑事责任：

（一）违反本办法规定，将所承担的实施任务转包或违法分包的；

（二）违反本办法规定，挪用援外项目资金的；

（三）擅自改变经审定的技术专家、技术方案、工艺或实施流程，造成项目无法实现援助效果的；

（四）未按照合同履行或延迟履行义务，影响项目正常实施，对外造成不良影响的。

项目实施单位违反本条第一款规定受到行政、刑事处罚的，自行政处罚生效之日起二至六年内，不选定其参与技术援助项目。

第五十七条　技术援助项目实施单位在参与技术援助项目采购过程中，有下列情形之一的，商务部给予警告，可以并处三万元人民币以下罚款；违反相关法律、行政法规规定的，依法给予行政处罚；构成犯罪的，依法追究刑事责任：

（一）弄虚作假，获取不正当竞争优势的；

（二）与其他参与采购单位串通，谋取非法利益的；

（三）与采购代理机构恶意串通，或向采购代理机构、评审专家行贿或提供其他不正当利益的；

（四）在采购承诺有效期内实质性变更承诺的。

第五十八条　技术援助项目实施单位主要负责人、项目负责人及直接责任人未履行法律法规和对外援助管理有关规定，造成严重后果的，商务部给予警告，可以并处三万元人民币以下罚款；违反相关法律、行政法规规定的，依法给予行政处罚；构成犯罪的，依法追究刑事责任。

第五十九条　商务部和援外项目管理机构工作人员在项目管理和组织实施过程中有下列行为之一的，视情节轻重给予相应的行政处分；构成犯罪的，依法追究刑事责任：

（一）利用职务便利索取他人财物，或非法收受他人财物为他人谋取利益的；

（二）滥用职权、玩忽职守或徇私舞弊，致使国家利益遭受损失的；

（三）泄露国家秘密的。

第十二章　附　　则

第六十条　对优惠贷款项下的援外项目、因严重自然灾害或其他不可抗力事件所实施的紧急援助项目以及涉及国家安全和秘密的援助项目，另有规定的，从其规定。

第六十一条　本办法所称“以上”、“以下”包含本数。

第六十二条　本办法由商务部负责解释。

第六十三条　本办法自2016年1月8日起施行。

对外援助成套项目管理办法(试行)

(2015年12月9日商务部令2015年第3号公布　自2016年1月8日起施行)

第一章　总　　则

第一条　为加强对外援助成套项目的管理,保证项目质量,提高援助效果,依据有关法律、行政法规的规定,制定本办法。

第二条　本办法所称成套项目,是指中方在援外资金项下,通过组织或指导施工、安装和试生产等全部或部分阶段,向受援方提供用于生产生活、公共服务等成套设备和工程设施,并提供建成后长效质量保证和配套技术服务的援助项目。

第三条　成套项目采取“中方代建”或“受援方自建”的管理模式。

“中方代建”是指中国政府受受援方委托负责成套项目的勘察、设计、建设和调试运行全过程或其中部分阶段任务,以“交钥匙”形式交付受援方使用,并提供建成后长效质量保证和配套技术服务的管理模式。

“受援方自建”是指受援方在中国政府援助资金和技术支持下,负责成套项目的勘察、设计和建设全过程或其中主要阶段任务,并相应承担建成后运营、维护责任,中国政府对受援方自建项目实施外部监管的管理模式。

在中方代建和受援方自建管理模式下,中方可与受援方按照分工合作的原则合理界定成套项目具体任务分工。

第四条　商务部负责成套项目的立项、管理和监督。

援外项目管理机构依据本办法规定具体组织、管理和监督成套项目的实施,并接受商务部的监督。

第五条　驻受援国使领馆经济商务机构协助商务部办理与成套项目实施管理有关的政府间事务,负责成套项目实施的境外监管。

第六条　各省级商务主管部门协助商务部处理成套项目援助管理事务。

第二章　中方代建项目实施方式

第七条　中方代建项目实行“项目管理+工程总承包”的实施方式和企业承包责任制。

项目管理企业和工程总承包企业根据不同的项目承包方式分别承担项目的专业考察、工程勘察、各阶段设计、项目管理和工程建设任务,并承担相应法律责任。

第八条　成套项目一般采用“采购—施工”(以下简称P—C方式)承包方式,即项目管理企业承担成套项目的专业考察、工程勘察、方案设计、深化设计(以下合并简称勘察设计)和全过程项目管理任务;工程总承包企业承担施工详图设计和工程建设总承包任务。

第九条　成套项目同时符合以下规定条件的,可以采用“设计—采购—施工”(以下简称EPC方式)承包方式,即项目管理企业承担全过程项目管理任务;工程总承包企业承担勘察设计、施工详图设计和工程建设总承包任务:

(一)拟建项目技术指标明确,对交付成果和项目实施结果可以进行准确的技术描述;

(二)可以依据公布的技术标准或规程组织验收;

(三)项目进度计划可控,具有明确的开始和结束时间预测;

(四)投资限额明确,可依据经验数据及可行性研究报告直接估算;

(五)成本风险可控,实施企业可合理承担项目实施过程中的预期风险。

成套项目EPC承包方式主要适用于生产型项目、技术简单的基础设施项目或无需复杂设计的设备安装项目。

第十条　承担成套项目勘察设计任务的企业应对勘察设计及施工详图设计的质量、进度、安全生产及项目投资控制负责。

承担成套项目工程建设总承包任务的企业应对工程建设所涉及的质量、进度、安全生产以及工程建成后的长效质量保证和配套技术服务负责。

承担成套项目管理任务的企业应对成套项目勘察设计、施工详图设计及工程建设全过程进行协调、控制和管理,并对涉及的质量、进度、安全生产及投资控制承担连带责任。

第三章　中方代建项目采购管理

第十一条　项目管理机构应在经商务部认定的援外项目实施企业范围内根据援外项目采购规定选定工程总承包企业和项目管理企业。

商务部可根据国家区域发展政策选定成套项目工程总承包企业和项目管理企业。

第十二条　项目管理机构在选定项目管理企业时应同时确定项目设计方案或管理方案,必要时也可在设计方案确定后再选定项目管理企业。

中标的项目管理企业应在签订合同前向项目管理机构提交以商务部为受益人且覆盖其承包责任范围的职业责任保险,并承担保费。

第十三条　采用P—C承包方式的,项目管理机构在选定工程总承包企业时依据项目管理企业编制的深化设计文件组织采购。

采用EPC承包方式的,项目管理机构在选定工程总承包企业时依据项目管理企业编制的工程总承包招标方案组织采购。招标方案至少包括:工程技术方案(包括功能性、数量性指标以及配套的设计标准、质量等级、性能指标和实现方法)、验收技术标准或规程、项目进度要求、主要设备材料技术规范、工程量估算、投资估算以及工程建设阶段可能会出现的特殊风险因素。

中标的工程总承包企业应在签订合同前,向项目管理机构提交以商务部为受益人且覆盖其承包责任范围的职业责任保险和工程质量缺陷责任保险,并承担保费。

第十四条　在选定工程总承包企业时,项目管理企业应配合项目管理机构制定资格审查和招标方案并提供配套技术文件、对招标方案和配套技术文件进行技术性复核和澄清、组织推荐中标候选单位的承诺性答疑并就确定中标条件提出咨询意见。

项目管理企业应在履行配合招标职责过程中遵守关联回避、充分披露和合理谨慎的原则,对所提供的意见承担法律责任并纳入职业责任范围。

第十五条　成套项目所需主项技术资质为两项以上的,可由符合所有主项技术资质的企业单独投标,也可由投标企业组成联合体投标。联合体各方不得再单独或者与其他投标企业另外组成联合体参与投标。

项目管理机构应在项目招标文件中明确组成联合体的条件。其中,联合体牵头单位应具备援外项目实施企业资格。

第十六条　项目管理机构代表商务部向中标企业下达成套项目实施任务通知函。

成套项目实施任务通知函是企业办理项目相关工程技术人员出入境以及设备材料、施工机械机具和生活物资检验通关的依据。

第十七条　中标企业不得将承包责任范围内的任务转包,也不得将关键性工作或主体性工程分包或分解成若干部分分包。

中标企业将本单位技术资质不能覆盖的非关键性工作或非主体工程分包给其他单位的,其分包内容、分包单位和分包金额应在投标文件中载明,作为中标条件审定并写入合同约定。

分包方式一旦确定,不得变更。中标企业应按投标文件中载明的分包方式签订分包合同并报项目管理机构备案。确需变更或新增分包的,应按变更合同程序办理。

中标企业应与派赴项目的中方工程技术人员直接签订劳务合同,建立劳动合同关系,保障中方工程技术人员的合法权益,不得进行劳务分包。

鼓励中标企业将适合受援国当地实施的非主体性工程内容进行当地分包实施或雇佣受援方劳务承担,分包事项及分包合同应报项目管理机构备案。中标企业组织当地分包或雇佣当地劳务的,应遵从受援国有关法律法规,加强分包管理、技术指导和技术转让。

第四章　中方代建项目管理

第十八条　商务部负责审批中方代建项目的可行性研究报告和立项建议书,并办理立项。

立项后,项目管理机构在政府间立项协议以及商务部批准的可行性研究报告和立项建议书范围内组织项目实施和管理。

第十九条　中方代建项目的设计一般包括方案设计、深化设计和施工详图设计三个设计阶段,以及专业考察和工程勘察两个设计准备阶段。

第二十条　承担勘察设计任务的企业应事先配备专门团队,制定工作计划和保障措施,提交项目管理机构备案,并根据投标承诺和合同约定完成勘察设计任务。设计工作应遵循规范适用、整体规划、功能优先、投资匹配、技术创新、绿色环保、便利维护和持续发展的设计原则。

第二十一条　承担项目勘察设计任务的企业根据立项建议书的要求负责编制和完善方案设计。

方案设计应符合立项建议书的规定,其内容和范围、依据的技术规范标准及深度要求由项目管理机构在合同中规定。

方案设计文件经项目管理企业内审或审查确认后,应及时报项目管理机构备案。

第二十二条　承担项目勘察设计任务的企业负责组织专业考察,应做好专业考察前的各项准备工作,在专业考察过程中及时研究汇总受援方意见、提出相关工作建议,配合项目管理机构开展方案设计对外商谈,并接受项目管理机构的指导和监督。

承担勘察设计任务的企业应在考察结束后编报专业考察报告。对外需提交的专业考察阶段成果文件由项目管理机构规定。

第二十三条　在完成方案设计和专业考察并与受援方在技术层面充分做好技术沟通和准备的基础上,项目管理机构与受援方确认项目方案设计,并与受援方签订项目对外实施协议或纪要。

由于受援方原因不能在专业考察阶段签订对外实施协议的,项目管理机构可先与受援方签订勘察设计纪要,确定设计方案并约定勘察设计过程的职责分工,然后与受援方签订对外实施协议或纪要。

第二十四条　承担项目勘察设计任务的企业负责建设场址的工程勘察,并在启动项目后续设计前及时将工程勘察报告报项目管理机构备案。

承担项目勘察设计任务的企业应提前拟定项目建设场址和建设边界范围内的工程勘察方案,充分采用勘探、测量、试验等必要技术措施实施工程勘察,并按行业要求编制工程勘察报告,全面准确反映建设场址的地形、地貌、地质、水文情况,作为开展下一阶段项目设计工作的技术依据。

第二十五条　承担项目勘察设计任务的企业负责深化设计。

深化设计应符合方案设计的规定,满足项目管理机构组织工程总承包招标或能据以准确编制工程概算的要求,依据的技术规范和标准以及设计文件深度要求由项目管理机构在合同中规定。

第二十六条　项目管理企业应对项目深化设计进行自检或审查,重点包括:

(一)确认设计内容符合批准的立项建议书、对外商定的方案设计和工程勘察结果;

(二)确认设计深度达到合同约定,无重大缺漏项;

(三)确认设计技术规范、标准适用准确;

(四)确认配套工程量清单、投资概算满足后续实施或工程招投标要求;

(五)确认主要设备材料技术规范书内容完备、明确,可以据以进行设备材料选型,且无指定或变相指定产品的违规情况。

承担项目勘察设计任务的企业应根据项目管理企业的审查意见,对深化设计进行修改,并提交项目管理企业审查批准。

对外实施协议对受援方审查深化设计有规定的,项目管理企业应将经内审或审查批准的深化设计文件提交受援方审查,完成必需的对外审查确认手续。

项目管理企业应在完成上述深化设计内部审查和对外审查程序后,将最终审定的深化设计文件报项目管理机构备案。

第二十七条 工程总承包企业依据深化设计文件进行项目施工详图设计。

施工详图设计应符合深化设计的规定,能据以准确编制工程量清单和施工预算以及施工组织设计,满足设计材料选型采购以及非标准设备、构件制作需要,据以施工和安装以及进行工程检查验收,设计文件深度要求由项目管理企业与工程总承包企业明确。

施工详图设计可以根据工程进度分阶段编制,报项目管理企业审批后据以直接指导施工。

第二十八条 项目管理企业应成立项目现场管理组,对项目进行现场管理。现场管理组由负责设计管理、施工监管、质量安全控制以及对外协调的专业工程技术人员组成,具备现场审批施工图纸、全过程质量安全监理以及代表项目管理机构与受援方进行对外实施协议协调履约的能力。其中,组长应具备设计咨询高级专业技术职称、二级以上注册建造师资质或施工监理执业资格及工程项目管理经验。项目管理企业现场管理组的人员组派由项目管理企业提交项目管理机构批准,并报驻受援国使领馆经商机构备案。

工程总承包企业应成立国内后勤组和施工技术组分别负责对项目的国内支持服务和现场施工组织管理。施工技术组至少由组长、总工程师、质量员、安全员和其他相关专业工程技术人员组成,其中,施工技术组组长应具备二级以上项目注册建造师和工程项目管理经验,质量员和安全员应具备国内建设主管部门批准的岗位执行资格和从事相关工作经验。施工技术组组长及主要人员由工程总承包企业提交项目管理企业批准,并报项目管理机构和驻受援国使领馆经商机构备案。

项目现场管理组和施工技术组实行组长负责制。

第二十九条 在项目施工前准备阶段,项目管理企业应会同工程总承包企业组织施工前技术交底会,澄清技术问题、对接管理程序并部署施工准备。技术交底会由项目管理企业主持,主要设计人员、项目现场管理组、国内后勤组和施工技术组主要技术和管理负责人参加,项目管理机构派人监督。

技术交底会的会议纪要应报项目管理机构备案。

第三十条 工程总承包企业应根据施工前技术交底共识,在中标条件基础上修改完善施工组织设计以及后勤保障、采购供应和质量、进度、安全保证等专项计划,报项目管理企业批准。

项目管理企业根据施工前技术交底共识以及工程总承包企业编报的施工组织设计和各类专项计划,完善项目管理计划,连同最终批定的施工组织设计和各类专项计划报项目管理机构备案。

第三十一条 工程总承包企业负责组织施工所需机械机具和设备材料的采购和运输,并接受项目管理企业的监督。

从中国关税境内采购发运设备、材料的品质检验、口岸验放按照有关对外援助物资检验和验放管理规定执行。

项目管理企业根据项目管理计划采取见证抽样、见证检验以及驻厂监造等必要的监管措施。

第三十二条 项目管理企业与工程总承包企业应共同做好施工前现场准备工作。

工程总承包企业应及时完成与受援方的施工现场移交、临时设施建设和工程用市政条件联接,并组织首批工程技术人员、施工机械机具和设备材料抵达施工现场。

项目管理企业应做好配合工作,及时派驻现场管理组并监督检查工程总承包企业的施工现场准备情况。

第三十三条 项目管理企业应会同工程总承包企业促请受援方履行政府协议和对外实施协议规定的职责,并协助受援方解决有关技术问题。

受援方派遣工地代表的,项目管理企业应与受援方商定工地代表的职责,建立现场工作机制。

第三十四条 项目管理企业根据工程总承包企业提交的开工申请,确认所有施工前准备工作完成、开工所需人员、设备材料和施工机械、机具入场,满足开工条件后书面下达开工令并书面通知受援方,同时报项目管理机构和驻受援国使领馆经商机构备案。开工令是正式起算项目合同工期的依据。

第三十五条 项目管理企业对进入施工现场的一切设备材料和施工机械、机具进行监管。

所有进入施工现场的设备材料和施工机械、机具应由工程总承包企业报项目管理企业签认,并提供品质符合设计要求的证明。

已经签认进入施工现场的设备材料和施工机械、机具因合理理由需退场的,工程总承包企业应报项目管理企业批准。

所有设备材料应由工程总承包企业安全存放和有序管理,并在使用前按规定的试验规程或标准进行检测试验。涉及主体或结构安全的试块、试件以及材料应在项目管理企业现场监督下取样并送具有相应资质的检测单位进行检测。未经检测或检测不合格的不得使用。

因与设计要求和质量标准不符合或未经签认的设备材料和施工机械、机具,工程总承包企业应按项目管理企业要求运出施工现场。

第三十六条 项目管理企业应对工程总承包企业进入施工现场的所有人员进行监管。

工程总承包企业应将进入或退出现场的人员名单报项目管理企业审核。其中,施工技术组组长及主要管理人员、特种作业人员和高危作业人员应符合有关执业资格要求,并持证上岗;所有工程技术人员应与工程总承包企业具有劳动合同关系。

工程总承包企业应对进入施工现场的管理人员和工程技术人员进行管理,建立、健全岗位教育和培训制度,督促其遵守当地法律法规和外事纪律,维护其人身财产安全、生活保障、人格尊严、宗教信仰等合法权益,依法、合规处理劳务纠纷。

第三十七条 项目管理企业负责对工程总承包企业的施工全过程进行监管,并与工程总承包企业共同承担项目的质量、进度、安全和投资控制责任。

项目管理企业应及时审批工程总承包企业报送的施工组织设计及其他专项计划、专项施工调整方案,监督其按批准的计划或方案现场施工。

项目管理企业负责审批施工详图设计并监督工程总承包企业按图施工。

项目管理企业应监督工程总承包企业加强工序管理,落实各工序施工前技术交底、工序自检和交接检查程序,保证上道工序合格后才能进入下道工序,并对隐蔽工程和关键部位施工实施旁站监督。

项目管理企业应监督工程总承包企业做好分部分项工程的日常质量自检,及时审核办理分部分项工程质量验收、工程量测量核定和节点合同价款拨款申请。

项目管理企业应监督工程总承包企业贯彻 GB/T 19000 和 GB/T 50430 质量体系标准、GB/T 24000环境管理体系标准和 GB/T 28000 职业健康安全标准,提前制订和实施贯彻标准保证计划,建立健全贯彻标准体系,有效实施贯彻标准的阶段性审核和过程监控。

项目管理企业应监督工程总承包企业的分包管理,发现工程总承包企业有转包或违反本办法规定的分包行为的,应及时制止和纠正直至采取暂停施工措施,并报项目管理机构处理。

项目管理企业应建立健全与工程总承包企业和受援方工地代表的例会制度,及时研究解决在施工中出现的重大技术问题和涉外协调问题。

项目管理企业为履行过程监督管理职责,可以向工程总承包企业发出书面指令和通知,紧急情况下可以发出口头指令并在四十八小时内给予书面确认。对于项目管理企业作出的指令和通知,工程总承包企业应予执行,由此可能产生的争议和损失责任由双方事后另行通过项目管理机构建立的项目争议处理机制解决。

项目管理企业应定期向项目管理机构报送工作简报。遇有重大质量安全问题和可能影响项目实施的突发事件应及时专题报告。

第三十八条 施工过程中如发现已批准的设计文件、施工组织设计、专项计划、专项施工方案等存在错误或按原定技术路径不能达成技术目标的,项目管理企业和工程总承包企业可进行技术洽商与变更。

技术洽商方案由工程总承包企业提出，经项目管理企业批准后，双方签订技术洽商纪要予以确认。项目管理企业不得越权批准任何导致变更合同条件的洽商事项，也不得批准仅为简化施工或减少工程量、可能降低设计标准或影响使用功能、可能引起索赔或争议及其他缺乏技术必要性的洽商事项。项目管理企业应将技术洽商纪要及时报项目管理机构备案。

对于超出项目管理合同授权和工程总承包合同范围内的技术洽商事项，由项目管理企业出具审核意见，报项目管理机构处理。

第三十九条 工程总承包企业应在项目建设过程中对受援方指派的管理维护人员进行必要的技术指导和岗位培训，使其熟悉相关设备的操作，主要设备材料的维护保养要求，易损件的更换途径等，使受援方在项目建成后基本具备操作、维护和管理的能力。

项目管理企业应对工程总承包企业落实建设过程中的技术培训职责进行监督指导。

第四十条 施工过程中，项目管理企业应在项目管理机构的指导下代表项目管理机构与受援方沟通对外实施协议的执行事宜。

如遇对外实施协议的实质性变更或争议等重大问题，项目管理企业应根据现场情况制订应对方案，报项目管理机构审定后对外磋商。

项目管理企业对外磋商应采取书面形式并妥善保存。

工程总承包企业应配合项目管理企业与受援方对外磋商，并服从项目管理企业的协调。

第四十一条 项目管理企业应会同工程总承包企业提前一个月向项目管理机构提出中期验收申请并联名附交自检中期报告。

项目管理机构负责组织项目中期验收并由验收专家组出具中期验收报告。结论为合格的中期验收报告是确认项目阶段性实现合同约定目标并准予进入后续施工的依据。

在不影响中期验收的情况下，经项目管理企业批准，工程总承包企业可以提前适度进行后续施工。

第四十二条 项目管理企业应会同工程总承包企业提前一个月向项目管理机构提出竣工验收申请并联名附交自检总结报告。

项目管理机构负责组织项目竣工验收并由验收专家组出具竣工验收报告。结论为合格的竣工验收报告是确认项目全面实现合同约定目标并准予办理对外技术验收和移交手续的依据。

第四十三条 工程总承包企业应以经项目管理企业批准的施工详图为基础，结合施工过程的技术洽商和变更以及实际检查验收情况，编制项目竣工图，如实反映工程的最终实物结果。

竣工图应随施工过程使用中、外文及时编制，不得在工程竣工后补编。竣工图应由工程总承包企业加盖"竣工图"标识，施工技术组组长和竣工图编制人员签章，并经项目管理企业审核后由项目管理组长签字确认。

竣工图纳入项目管理机构的竣工验收范围。

第四十四条 工程总承包企业负责编制项目维护使用指导手册，项目管理企业对编制工作进行监督审核。维护使用指导手册应纳入项目管理机构的竣工验收范围。

维护使用指导手册须用中、外文对应编制，确保内容完整、准确，且不得以产品自带说明代替维护使用指导手册。

第四十五条 项目竣工验收合格后，项目管理机构应要求项目管理企业依据对外实施协议的约定与受援方共同组织项目的对外技术验收，在双方确认完成对外实施协议约定的项目建设内容后签订对外技术验收纪要。

对外技术验收后，项目管理机构代表商务部及时与受援方办理政府间移交手续。项目竣工图和维护使用指导手册应作为政府间移交手续的附件。

项目完成政府间移交手续后，项目管理机构应及时向商务部提交项目完成报告。

第四十六条 除受援方负责已建成项目的运营管理外，工程总承包企业应对已建成移交的项目提供长效技术支持。

对于受援方需要中方在项目建成后继续提供必要援助合作支持的，商务部可在立项阶段与受援方商定援助合作安排，在立项协议和对外实施协议中规定，由项目管理机构一并纳入工程总承包范围组织实施。

对于超出援助合作以外的长效技术支持,工程总承包企业应在项目竣工移交前与受援方就合作内容、服务期限、实施方案和费用承担通过商业合同予以确定。

第五章　中方代建项目质量管理

第四十七条　项目管理企业和工程总承包企业应按照本办法和合同约定承担项目的质量责任,项目管理机构负责对质量责任的落实进行监督管理。

第四十八条　商务部制定并发布《对外援助成套项目主要设备材料指导目录》(以下简称《主材目录》),根据市场声誉、供货保证、境外服务能力等要素明确对外提供成套项目主要设备材料的政策导向和推荐原则。

《主材目录》用于指导成套项目的可行性研究和立项工作。

第四十九条　承担项目工程勘察的企业应承担以下义务:

(一)在依法取得的技术资质许可范围内开展工程勘察,不转包和违法分包;

(二)按照国家有关技术规范和标准并结合受援方相关特殊技术要求实施工程勘察,对工程勘察成果的质量负责;

(三)在做好勘察、测量、现场原位测试和室内试验等技术工作的基础上,结合工程特点编制工程勘察成果文件;

(四)保证工程勘察成果文件全面、真实、准确,满足设计、施工和岩土治理的需要,并经注册执业资格人员签字确认。

第五十条　承担项目方案设计、深化设计和施工详图设计任务的企业应承担以下义务:

(一)在依法取得的技术资质许可范围内开展工程设计,不转包和违法分包;

(二)按照工程勘察成果文件和本办法规定的设计原则进行工程设计,保证设计文件由注册执业人员签字确认,对设计文件质量负责;

(三)在政府间立项协议规定和商务部批定的可行性研究报告、立项建议书范围内进行分阶段设计,确保分阶段设计文件符合上一阶段设计文件的规定,设计文件深度达到规定要求;

(四)保证设计文件完整、准确,不存在未设计内容或以规范、图册代替设计的内容;

(五)设计文件选用的设备、材料和构配件应注明规格、型号、性能等技术指标,质量应符合中国或受援国规定和合同约定的标准。除有特殊要求的材料、专用设备和工艺生产线等,不通过设计指定或变相指定产品或供应商。

第五十一条　工程总承包企业应承担以下义务:

(一)在依法取得的技术资质许可范围内承担项目施工任务,不转包和违法分包;

(二)按照批准的施工详图设计和施工组织设计以及合同约定的施工技术标准,并结合受援方特殊技术要求组织施工。在施工过程中发现设计文件和图纸有差错的,应及时提出修改建议报项目管理企业解决;

(三)在施工过程中全面贯彻 GB/T 19000、GB/T 50430 质量体系标准和 GB/T 24000 环境管理体系标准,建立健全贯彻标准的保证体系和质量责任制;

(四)按工程设计和合同约定采购供应工程所需设备材料和施工机械机具并保证其质量,依法办理援外物资检验和通关验放手续;

(五)建立、健全施工过程的检测试验制度,根据设计确定的技术标准和合同约定对设备材料等进行检验;

(六)严格施工过程的工序管理。对施工过程中出现的质量问题或检查验收不合格的工程及时予以返修。

第五十二条　除因受援方使用不当引致的质量问题外,工程总承包企业应对其承包责任范围内的建成项目,在合理使用期限内终身承担无缺陷质量保证责任。

项目的无缺陷质量保证期自项目管理机构完成竣工验收且办理完毕对外技术验收手续之日开始起算,在正常使用条件下的分部分项工程的质量保证最低年限执行中国国家标准或受援国当地法律法规的强制性规定(以期限长者为准),中国国家标准或受援国当地法律法规无规定的,由项目管理机构与工程总承包企业在合同中约定。

工程总承包企业应在提交项目竣工验收申请时一并向项目管理机构出具无缺陷质量保证书,明确项目各部分及设备材料的无缺陷质量保证范围、保证期限和相关的保修责任,制订并相应实施质量保修计划,至少在项目竣工后两年内现场留驻质量保修团队,确保质量保证期限内返工、返修所需人力物资等配套资源提供和及时抵达现场,并承担质量保修费用。

第六章　中方代建项目进度管理

第五十三条　商务部负责在立项阶段确定项目建设期限。项目建设期限一经确定,不得随意变动。

受援方对缩短项目建设期限有要求的,商务部应将设定特殊建设期限及由此产生的配套赶工措施和额外投资一并纳入立项范围与受援方商定。

商务部负责对项目管理机构组织实施项目全过程按项目建设期限进行目标管理;项目管理机构通过采购程序对项目管理企业和工程总承包企业承担勘察设计和施工建设任务的期限进行合同进度管理。

第五十四条　项目管理企业和承担项目勘察设计任务的企业应共同承担勘察设计进度控制责任。

承担勘察设计任务的企业应将可能影响勘察设计进度的外部因素一并纳入勘察设计进度控制范围,在出现受援方配合不力和风险因素等不利情况下,主动采取必要措施加强对外沟通协调和风险应对,保证按合同进度完成勘察设计任务。

项目管理企业应对勘察设计进度进行自检或监督控制,及时研究或帮助解决影响勘察设计进度的突出问题。

第五十五条　项目管理企业和工程总承包企业应共同承担项目工期进度控制责任。

工程总承包企业应将可能影响施工进度的外部因素一并纳入工期进度控制范围,在出现受援方配合不力和风险因素等情况下,主动采取必要措施加强对外沟通协调和风险应对,保证按合同进度完成施工任务。

项目管理企业应对工程总承包企业的工期进度进行监督控制,协助工程总承包企业解决影响工期进度的突出问题。

第五十六条　由于本办法规定的业主责任和不可抗力等原因,且相关责任企业已采取必要措施仍导致项目勘察设计和工程建设不能实现约定进度的,项目管理机构可与相关企业调整合同进度。

相关企业应提出合同进度调整方案,经项目管理企业审核后报项目管理机构。项目管理机构与企业签订补充合同进行合同进度调整。

合同进度调整超出项目对外实施协议规定期限的,项目管理机构应与受援方签订对外实施补充合同。

第五十七条　项目施工期间,除以下情况外,工程总承包企业不得自行暂停项目部分或全部的施工:

(一)由于本办法规定的业主责任或不可抗力风险导致不能继续施工的;

(二)为应对重大质量安全事故需要暂停项目某一部分或全部施工的;

(三)发现勘察设计或施工质量问题,继续施工可能会导致更大损失的。

工程总承包企业应及时向项目管理企业提出部分停工或停工申请,说明理由以及恢复施工时间或条件,经批准后暂停施工。

在暂停期间,工程总承包企业应进行保护、保管,保证该部分或全部工程不产生变质、损失或损害。

具备恢复施工条件后,工程总承包企业应及时向项目管理企业提出复工申请,经批准后恢复施工。

项目管理企业为履行项目管理职责,也可以主动向工程总承包企业下达停工令,明确停工理由及恢复施工时间或条件。

项目管理企业应将全部停工及超过七天以上的部分停工事项报项目管理机构备案。

第七章　中方代建项目投资管理

第五十八条　商务部和项目管理机构负责根据立项批准的项目投资限额,对项目投资全过程实施限额目标管理和逐级投资控制。

特殊情况下确需调整项目投资限额的,商务部应按原立项程序重新批准。

第五十九条　项目立项准备阶段,商务部依据项目可行性研究报告和立项建议书审定投资预估算,并以此为基准增列一定比例的风险准备金后确定投资限额。风险准备金用于补充在项目实施过程中非因项目管理企业或工程总承包企业责任导致的投资增加。商务部负责审批风险准备金的使用。

风险准备金的调整系数根据受援国和项目所在地政治安全形势、受援方履行中外分工的能力、项目技术复杂程度、项目实施方式等综合因素确定,具体确定办法详见附表1。

第六十条　承担项目方案设计的企业应以方案设计为基准编制项目投资估算,并报项目管理机构备案。投资估算应控制在投资预估算范围内。

项目投资估算应遵循以下原则:

(一)涵盖项目建设所需全部费用;

(二)保证投资与拟建项目内容相匹配;

(三)各类间接费费率符合商务部规定取费标准;

(四)合理预估项目实施过程中的不可预见因素和物价上涨风险。

第六十一条　采用P—C承包方式的项目,由项目管理企业按深化设计文件编制投资概算,报项目管理机构备案。采用EPC承包方式的项目,由工程总承包企业按深化设计文件和行业要求编制投资概算,报项目管理企业审查。

投资概算应控制在投资估算范围内,并与深化设计内容相匹配,科学设定项目单位造价、设备和材料总价、材料用量、单位用工量、国际和当地运保费、综合人工单价和工期等主要经济技术指标。

第六十二条　项目投资由勘察设计费、项目管理费、项目前期工程费、建筑安装工程费和工程独立费五部分组成,项目投资的具体费用构成详见附表2。

第六十三条　项目投资涉及的实物工程量或工作量应主要采取定额法编制,具体适用的投资编报定额根据工程设计阶段由项目管理机构确定。工程量或工作量单价根据对外援助有关规定或市场价格据实组价。

项目(修正)概算应以人民币、美元和当地货币分列,均以人民币为最终计价单位。人民币与美元的汇价,按编制(修正)概算时中国银行公布的美元卖出价计算,当地货币按受援国中央银行的美元对当地货币的美元买入价计算。

第八章　中方代建项目安全生产管理

第六十四条　项目管理企业和工程总承包企业按照本办法和合同约定承担项目的安全生产责任。项目管理机构负责对安全生产责任的落实进行监督管理。

项目的安全生产管理应遵守“安全第一、预防为主”的原则。

第六十五条　承担项目工程勘察任务的企业应依照中国有关工程勘察的强制性标准和受援国法律法规有关工程勘察的强制性规定进行工程勘察,确保所提供的工程勘察文件真实、准确,满足项目安全生产的需要。在进行勘察时,责任企业应遵守勘察作业操作规程,采取措施保证各类管线、设施和周边建筑物、构筑物的安全。

第六十六条　承担项目方案设计、深化设计和施工详图设计任务的企业应确保设计内容符合工程勘察结果和合同约定的技术规范标准,遵守中国国家标准和受援方法律法规有关工程安全的强制性规定,不存在可能导致安全事故的不合理设计内容。

对于项目设计采用的新技术、新工艺和新材料,责任企业应确保技术、工艺和材料的可靠性与安全性,并在设计中研究提出保障施工作业安全和预防安全生产事故的技术措施。

对于项目的隐蔽工程、主体结构等关键部位以及特殊结构,责任企业应在进行模型安全试验或严格计算的基础上确定设计方案。

对于项目涉及的维修、改扩建和拆除工程,责任企业应在对原建筑物或构筑物的结构安全性做出鉴定的基础上确定设计方案。

责任企业应在深化设计文件中制定安全专篇,重点阐明:针对施工现场和毗邻设施、管线的安全防护措施要求;针对安全施工所涉施工机械机具的特殊技术要求;针对分部分项工程内危险性较大部位和环节的安全技术措施等。

第六十七条 工程总承包企业应在项目施工建设过程中建立健全安全生产规章制度和操作规程,落实安全生产责任制。

工程总承包企业应在施工技术组设立安全生产管理机构,成立以施工技术组组长为首的安全生产领导小组,负责现场安全施工。

工程总承包企业应在施工技术组配备安全员。安全员应具有本办法规定的岗位资格,上岗前接受援外管理制度和贯彻职业健康安全管理体系标准的专业培训,履行监督安全生产制度执行、组织安全生产教育和定期专项安全检查等岗位职责。

工程总承包企业应在经项目管理企业批准的施工组织设计指导下,按照规定的施工规范和标准组织施工。涉及危险性较大的分部分项工程和施工现场易发生安全生产事故的部位、环节,应在施工前编制专项安全施工方案并附具安全验算结果,必要时,应组织专家对安全施工方案进行论证和审查。

工程总承包企业应在工序施工前组织安全施工技术交底,落实安全施工技术要求并做好技术交底记录。

工程总承包企业应建立健全特种施工作业人员管理制度,对于从事垂直运输、安装拆卸、登高架设等特种施工作业人员,核验其技术资质后方可准予上岗操作,并建立完善特种施工作业人员管理档案,完善日常岗位培训。

工程总承包企业应建立健全施工现场垂直运输、起重升降等特种作业设备的管理制度,严格特种作业设备的安全检测,规范安装调试后的验收程序,定期进行检查和维修保养并建立维护管理档案。

工程总承包企业应对施工现场作业人员采取妥善的安全防护措施,采购、租赁和使用符合安全标准的防护用具用品、施工机械、机具,严格安全防护用具用品发放和施工机械、机具的检查、维修、保养,规范施工现场安全警示标识。

工程总承包企业应完善施工现场的消防安全管理,制定和实施消防安全操作规程,设置消防通道、消防水源,配备消防设施和灭火器材,规范消防安全标识。

工程总承包企业应按安全性要求合理选址和设置临时生产生活设施,在施工过程中贯彻GB/T 28000职业健康安全标准,建立健全贯彻标准的保证体系,对职业健康安全危险源持续采取辨识、风险评估和风险控制措施。

第六十八条 项目管理企业和工程总承包企业应为本企业派赴境外执行项目任务的中方人员办理人身意外伤害保险,保险责任和保险条件以中国相关法律法规为准,应覆盖境外执行任务的主要风险,并承担保险费用。

项目管理企业和工程总承包企业应为本企业在境外雇佣承担项目任务的外方工程技术人员或劳务人员办理人身意外伤害保险,保险责任和保险条件以受援国当地相关法律法规为准,并承担保险费用。

第九章 中方代建项目风险管理

第六十九条 商务部按照市场化原则建立项目的风险承担机制,明确项目涉及的风险,规范风险承担主体责任,并配套完善相应的责任保险和工程保险制度。

第七十条 项目涉及的风险因素主要包括政治外交风险、业主责任风险、不可抗力风险、设计变更风险和经营性风险等五类。对于项目实施过程中发生的政治外交风险和业主责任风险,商务部通过合同补款方式承担责任;商务部以承担工程保险费用为限和相关企业分担不可抗力风险;设计变更风险和经营性风险,由相关企业承担。

第七十一条 商务部按照"政策性保障、市场化运作"的原则建立健全项目的配套工程保险和责任保险制度。

工程保险用于分担不可抗力风险,由责任企业作为投保主体,责任企业和商务部为保险共同受益人,保险费用由商务部承担。超出工程保险以外的不可抗力风险,由相关责任企业承担。

职业责任保险用于承担项目勘察设计和项目管理的职业责任,由责任企业作为投保主体,商务部为保险受益人,保险费用由责任企业承担。

工程质量缺陷保险用于承担项目工程质量的无缺陷保证责任,由责任企业作为投保主体,商务部为保险受益人,保险费用由责任企业承担。

具体保险方案由商务部另行规定。

第七十二条 项目实施过程中发生政治外交风险和业主责任风险的,责任企业应在出险后六十日内根据实际损失情况和合同约定及时提出合同价款和合同期限补偿申请,说明事由、责任方及报价依据,经项目管理企业审核后报项目管理机构。

项目管理机构应对材料的真实性、报价的合理性、理由的合规性进行复核后报商务部审批,并在商务部批准后与相关企业签订补充合同予以规定。必要时,项目管理机构应赴现场核实情况。

责任企业无正当理由,在出险后六十日内未及时提出补偿申请的,项目管理机构可不再受理,相关损失由责任企业承担。

第十章 中方代建项目技术资料管理

第七十三条 项目管理企业和工程总承包企业应在承包责任范围内,依据本办法和合同归集、整理项目技术资料,并将全套技术资料在项目完成竣工验收且办妥对外技术验收手续后六十日内向项目管理机构移交。

第七十四条 项目技术资料具体划分为勘察设计文件、施工建设文件、竣工文件、检查验收文件和项目管理文件五个部分。

其中,勘察设计文件由承担勘察设计任务的企业承担管理责任;施工建设文件、竣工文件由工程总承包企业承担管理责任;检查验收文件和项目管理文件由项目管理企业承担管理责任。

第七十五条 项目管理企业和工程总承包企业应随项目进度及时归集、整理项目技术资料,做到分类准确、资料齐全、字迹清楚、记录详实且无未了事项,真实、完整反映项目的实际情况,并具有可追溯性。

任何单位和个人不得伪造、变造、抽撤或故意损毁项目技术资料。

第七十六条 项目技术资料的保存期应按照工程设计的合理使用年限确定,其中,竣工文件应永久保存。

第七十七条 商务部建立项目技术资料库,委托相关项目管理机构负责技术资料库的具体管理。商务部负责保障技术资料库建设管理所需配套条件。

项目管理机构应加强技术资料库的规范化管理和安全防护,提高信息化水平,并按年度向商务部提交技术资料库管理的专题报告。

第十一章 中方代建项目检查和验收

第七十八条 项目的工程检查和验收分中期验收和竣工验收,由项目管理机构组织实施。

项目主体工程已按设计要求完工,自检并经项目管理企业检查合格,相关技术资料已按本办法规定整理完毕的,经项目管理企业会同工程总承包企业向项目管理机构正式提交申请,可以组织中期验收。

项目全部工程已按设计要求完工,主要工艺设备或配套装备经联运负荷试运行达到功能要求或形成生产能力,自检并经项目管理企业检查合格,相关技术资料已按本办法规定整理完毕的,经项目管理企业会同工程总承包企业向项目管理机构正式提交申请,可以组织竣工验收。

如提交验收申请的项目经现场核查实际不具备上述规定的中期验收或竣工验收条件,项目管理机构不得组织验收。

对于投资限额在五千万元人民币以下、技术较为简单的项目,项目管理机构可不从国内派组进行中期验收。

第七十九条 项目管理机构应依法选定经商务部认定资格的顾问咨询单位组成验收专家组赴现场对项目进行验收,具体专家组组成人选由项目管理机构审定。

验收专家组组长应具有相关技术专业的高级技术职称或执业资格和工程管理或质量管理经验,成员应具有中级技术职称或执业资格和从事本专业工作经验,熟悉有关工程验收标准或相关施工技术规范。验收专家组成员不得与项目管理企业或工程总承包企业存在可能影响公正验收的利害关系。

第八十条 在交付项目管理机构组织验收前,项目应按建设项目、单项工程、单位工程、分部工程和分项工程分为五个项目划分等级,完成质量检查并确认合格:

(一)建设项目是指按一个总体设计进行施工,由一个或几个单项工程组成的工程整体,由项目管理企业在工程总承包企业自检基础上进行质量检查并确认合格。

(二)单项工程是指具有独立的设计文件,竣工后可以独立发挥工程作用和效益的工程,由项目管理企业在工程总承包企业自检基础上进行质量检查并确认合格。

(三)单位工程是单项工程的组成部分,一般项目主要划分为土木工程和设备安装工程两个单位工程,由项目管理企业在工程总承包企业自检基础上进行质量检查并确认合格。

(四)分部工程是单位工程的组成部分,一般按不同工程部位或专业工程类别进行划分,由工程总承包企业自检合格,报项目管理企业复核确认。

(五)分项工程或检验批是分部工程的组成部分,主要按专业工种进行划分,由工程总承包企业自检合格,报项目管理企业抽检复核确认。

第八十一条 项目工程验收应依据政府立项协议、对外实施协议、内部承包合同和招投标承诺、工程设计文件和技术洽商以及合同约定的施工质量验收标准进行,按本办法规定的项目划分方式分级作出验收结果。

验收结果分为优良、合格和不合格三个评定等级:

(一)合格。分部工程以下评定等级按有关行业施工质量验收标准进行;所有分部工程合格,该单位工程方可评定为合格;所有单位工程合格,该单项工程方可评定为合格;所有单项工程合格,该建设项目方可评定为合格。

(二)优良。质量控制资料完整、有关安全和功能的检验和抽样检测数量应符合有关规定。

分项工程以下,质量检查项目每项抽样检验100%符合设计要求和有关行业施工质量验收规范规定,计数抽样检测项目每项抽验点中,90%以上(钢结构工程为95%以上)实测值在有关行业施工质量验收规范规定的允许偏差范围内,且其它实测值最大偏差不超过允许偏差的1.2倍(钢结构工程为1.1倍),该检验批可评定为优良。

分项工程所含检验批的抽样检测全部合格,60%以上评定为优良,该分项工程可评定为优良。分部工程所含分项工程的抽样检测全部合格,60%以上评定为优良,该分部工程可评为优良。

单位工程所含分部工程全部合格,60%以上评定为优良,且主体结构、装饰装修工程及项目管理机构在合同中指明的分部工程应达到优良,感观质量评定得分率应达到85%以上,该单位工程可评定为优良。

单项工程所含单位工程均为优良,该单项工程可评定为优良。

所有单项工程优良,无重大质量安全事故、无重大违反合同行为和违规审批行为,该建设项目方可评定为优良。

第八十二条 分项工程质量不符合有关行业质量验收标准合格的规定时,应进行及时处理,并按以下规定确定其质量等级:

(一)返工重做的可重新评定质量等级。

(二)经加固补强或经法定检测单位鉴定能够达到设计要求的,其质量仅应评定为合格。

(三)经法定检测单位鉴定达不到原设计要求,但经项目管理企业认可能够满足结构安全和使用功能要求可不加固补强的;或经加固补强改变外形尺寸或造成永久性缺陷的,其质量可定为合格,但所在分部工程不应评为优良。

第八十三条 项目工程验收应由验收专家组按以下规定程序进行:

(一)合同履约专项核查。

对项目管理企业和工程总承包企业履行合同规定的质量、进度、安全生产和投资控制责任包括现场技术洽商与变更审批、人员和劳务管理的合规性管理等进行专项评定。

合同履约存在严重缺陷或问题致使不能确认其工程质量结果的,应中止验收。

(二)施工技术资料核查。

全面审阅验收范围内工程的施工技术资料,主要包括:设备材料、构配件的质量合格证和检测试验报告;施工试验记录;施工记录;技术复核记录;隐蔽工程验收记录;分部分项工程质量自检和检查记录等。

施工技术资料管理存在严重缺陷或问题致使不能确定其工程质量结果的,应中止验收。

(三)复核确认。

对于已经工程已隐蔽部位或此前已经中期验收部分的验收结论予以复核确认,必要时,可进行破损检查和检测。

(四)实测检查。

通过抽查和核对、观感评定和实测实量相结合,按项目划分方式分级验收并评定等级。对于有特殊需要的项目,应提高抽查率。

(五)作出验收结论。

综合上述检查验收结果,依据本办法规定,按照“集体讨论、一致意见”的原则作出验收结论。特殊情况有保留意见但不影响作出验收结论的,应在验收结论中将保留意见予以充分披露。

(六)报告验收结果。

应向驻受援国使领馆经商机构全面汇报验收工作情况和验收结果。如在验收过程中发现重大问题,应及时会同驻受援国使领馆经商机构向项目管理机构专题报告。

第八十四条 验收专家组应根据验收结论现场编制中期或竣工验收报告,明确质量评定等级和专项评定结果,并对存在问题及后续工作提出处理意见和建议。

验收报告经验收专家组全体成员、现场管理组组长签字后生效。施工技术组组长或工程总承包企业现场负责人一般应对验收报告附署签字确认,未附署确认或拒绝附署确认的,不影响上述验收报告的效力。

第八十五条 工程总承包企业应对工程质量验收过程中所发现的问题和验收报告提出的问题及时进行整改。

验收期间整改完毕的问题,由验收专家组作出整改结论并写入验收报告;无法在工程质量验收期间完成整改的问题,由项目管理企业监督工程总承包企业在规定期限内进行整改,将整改结果报验收专家组补充作出整改结论。

第十二章 受援方自建项目管理

第八十六条 为提高受援方的自主发展能力,中方鼓励采取受援方自建模式组织实施成套项目或成套项目的主要任务阶段。在受援方有明确意愿或中方代建存在实际困难的情况下,对于符合以下条件的成套项目,经与受援方商定,可以采取受援方自建模式:

(一)受援方有完备的工程建设招投标法律法规制度和管理体系;

（二）受援方有独立承担工程勘察设计能力或接受认可中方已完成的可行性研究、勘察设计等前期工作，具备组织实施的经验，并愿意接受中方的外部监管；

（三）项目投资限额明确，中方和受援方的分工责任和费用承担划分清楚，风险可控。

第八十七条 采取受援方自建模式的项目，由受援方从中方推荐企业范围内依据其法律法规规定的招标程序选定实施企业；经双方协商，也可以由受援方在受援方企业范围内选定实施企业。

项目管理机构负责与受援方商定推荐实施企业的范围和条件。项目管理机构在征求驻受援国使馆经商机构和行业组织意见后，根据企业技术资质、项目实施能力及诚信表现等条件确定向受援国推荐的中资企业名单。

推荐的中资企业可与受援方当地企业组成联合体或建立专业分包关系。

第八十八条 采取受援方自建模式的成套项目，项目管理机构应与受援方签订项目实施纪要，具体约定受援方自建的项目内容、技术标准、投资控制、监管代表和监管程序以及中外双方权利义务等。

项目管理机构应依法选定项目管理企业对受援方自建项目实施进行有限监管，确保受援方按政府间立项协议和项目实施纪要完成项目。项目管理企业应编制并执行项目监管计划，主要包括：

（一）按中方评估的可行性研究报告和政府间立项协议监督受援方的招标准备技术工作；

（二）监督受援方的招投标程序，评估其招投标程序的合规性并对招投标结果予以确认；

（三）对项目合同执行情况及项目质量、进度、安全和投资控制进行监控，定期向项目管理机构提交专题报告；

（四）审核受援方提出的拨款申请；

（五）对受援方提交的项目变更申请进行初步审查并向项目管理机构提出处理意见。

在实施有限监管过程中，项目管理企业发现正在或将要发生对项目质量、安全、工期等造成重大危害的违约或违规事项，应当以书面形式向受援方提出整改建议。如受援方未及时采取有效措施，项目管理企业应及时报告项目管理机构，项目管理机构可以暂停或终止对项目资金拨付申请的审核。

第八十九条 采取受援方自建模式的项目，项目资金应依据受援方与实施企业签订的合同和经项目管理企业审核签发的拨款申请直接拨付到实施企业账户，并接受相关主管部门对资金使用情况的监督检查。

第九十条 采取受援方自建模式的项目结束后，项目管理企业和受援方共同对项目进行竣工验收。

项目管理企业应及时促请受援方提交项目验收报告和配套成果文件，并报项目管理机构备案。

项目管理机构负责与受援方办理项目完成确认证书。

第九十一条 对于采取受援方自建模式的项目，项目管理机构依据立项确定的投资预估算对受援方进行投资目标控制。受援方与相关实施企业签订的实施合同总价应控制在投资预估算范围内。

项目实施过程中，因合同变更、索赔等原因造成合同超支的，超出部分由受援方承担；调减合同价款的，按照调减后的合同价款进行资金拨付。

第九十二条 对于采取受援方自建模式的项目，符合以下情形之一的，项目管理机构可以不委派项目管理企业，采取资金审计、巡回检查等其他非派驻方式进行有限监管：

（一）因安全因素无法派遣项目管理企业赴受援国的；

（二）派遣项目管理企业费用占项目总成本过大的。

第十三章 监督管理

第九十三条 项目管理机构应按本办法组织实施项目，规范向商务部备案和报批的程序；建立健全信息报告制度,按月向商务部报送项目执行情况;针对项目执行过程中出现的重大质量、进度、安全生产和投资控制问题,及时向商务部专题报告。

商务部对项目管理机构组织实施项目进行监督检查。

第九十四条 项目管理机构应按本办法建立项目技术性监督审查制度,依法组织稳定的独立专家队伍对项目管理企业和工程总承包企业阶段性报送的成果文件进行全过程的专项技术监督,监督重点包括安全性、投资匹配性和立项意图一致性等,及时发现存在的重大技术、安全和投资失控问题,出具监督审查意见,并采取措施监督相关责任企业及时纠正。

第九十五条 项目管理机构建立重大项目巡视检查制度,现场监督检查项目管理企业和工程总承包企业落实项目各项管理制度和合同约定的情况。

第九十六条 项目管理机构依据合同对管理企业和工程总承包企业境内境外资金进行监督管理,确保援外资金专款专用,单独核算,不挪作他用。

第九十七条 项目管理机构应建立健全项目的技术争议处理机制,通过组建项目咨询专家委员会,规范专家委员会咨询、议事和仲裁规程,对项目实施过程中项目管理企业和工程总承包企业之间出现的合同争议、技术争议和重大质量安全争议进行第三方评审和仲裁,切实提高项目技术管理的质量和效率。

第九十八条 项目发生质量安全事故,造成人员伤亡和财产损失的,项目管理机构应统一指挥项目管理企业和工程总承包企业进行事故应急救援和现场处置,防止事故扩大,保护事故现场,进行初步调查取证,并及时向商务部报告。

项目质量安全事故按一般、重大、特大和特别重大四个等级进行处理。

发生一般质量安全事故的,项目管理机构应在事故发生后三个自然日内报告商务部。项目管理机构负责事故处理,并在三十个工作日内作出处理决定。

发生重大或特大质量安全事故的,项目管理机构应在事故发生后二十四小时内向商务部报告。商务部负责组织事故调查处理,并在六十日内作出处理决定。遇有特殊情况,可适当延长处理期限。

发生特别重大质量安全事故的,项目管理机构应在事故发生后二十四小时内向商务部报告。商务部应在接到事故报告后十二小时内报告国务院,并根据国务院决定会同国务院有关主管部门组成事故调查组进行调查处理,在九十日内完成事故调查并向国务院提交事故调查报告,经国务院批复后执行。

第十四章 法律责任

第九十九条 成套项目实施企业有以下行为之一的,除按合同规定承担赔偿责任外,商务部给予行政警告,可以并处三万元人民币以下罚款,并可以依法公布处罚决定;违反相关法律、行政法规规定的,依法给予行政处罚;构成犯罪的,依法追究刑事责任:

(一)违反本办法规定,将所承担的实施任务转包或违法分包的;

(二)违反安全生产规定,造成重大安全生产事故的;

(三)造成项目质量事故或形成项目质量隐患,商务部责令限期改正,逾期未改正的;

(四)导致项目投资失控并造成国家财政资金损失的;

(五)在设计文件中指定或变相指定产品的;

(六)越权批准设计变更导致项目建设偏离中方和受援方商定的立项内容的;

(七)未按照合同履行义务或延迟履行义务,影响项目正常实施,造成严重不良影响的;

(八)擅自变更相关人员的,商务部责令限期改正,逾期未改正的;

(九)未依法管理人员造成严重不良影响的;

(十)违反本办法规定挪用援外项目资金的。

项目实施企业违反本条第一款规定受到行政、刑事处罚的,自行政处罚生效之日起两至六年内,不选定其参与成套项目。

第一百条 成套项目实施企业在参与项目采购过程中,有下列情形之一的,商务部给予警

告,可以并处三万元人民币以下罚款;违反相关法律、行政法规规定的,依法给予行政处罚;构成犯罪的,依法追究刑事责任:

(一)弄虚作假,获取不正当竞争优势的;

(二)与其他参与采购单位串通,谋取非法利益的;

(三)与采购代理机构恶意串通,或向采购代理机构、评审专家行贿或提供其他不正当利益的;

(四)在采购承诺有效期内实质性变更承诺的。

第一百零一条 成套项目实施企业主要负责人或项目负责人及直接责任人未履行法律法规和本办法规定的,商务部责令限期改正;逾期未改正,或造成重大安全事故或重大质量事故等严重后果的,商务部给予警告,可以并处三万元人民币以下罚款;违反相关法律、行政法规规定的,依法给予行政处罚;构成犯罪的,依法追究刑事责任。

第一百零二条 国家机关和项目管理机构工作人员在项目管理过程中有下列行为之一,视情节轻重给予相应的行政处分;构成犯罪的,依法追究刑事责任:

(一)利用职务便利索取他人财物,或非法收受他人财物为他人谋取利益的;

(二)滥用职权、玩忽职守或徇私舞弊,致使国家利益遭受损失的;

(三)泄露国家秘密的。

第十五章 附 则

第一百零三条 对优惠贷款项下的援外项目、因严重自然灾害或其他不可抗力事件所实施的紧急援助项目以及涉及国家安全和秘密的成套项目,另有规定的,从其规定。

第一百零四条 本办法所称的"以上"和"以下"包含本数。

第一百零五条 本办法所涉及的术语解释见附件。

第一百零六条 本办法由商务部负责解释。

第一百零七条 本办法自2016年1月8日起施行。施行之日起,《对外援助成套项目管理办法(试行)》(商务部令2008年第18号)、《对外援助成套项目安全生产管理办法(试行)》(商务部令2006年第15号)同时废止。

附件:

《对外援助成套项目管理办法》术语解释

一、第四章

方案设计:是指在中、外双方确认的建设边界范围内系统性地确定项目整体布局、平面组合、空间形体、功能布置、建筑材料、主体结构等初步设计规划和内容,并在投资预估算范围内按投资匹配原则相应编制投资估算。

专业考察:是指在可行性研究报告的基础上,进一步汇集项目建设的经济、技术资料,详细了解受援国有关法律法规、设计规范、技术标准和常规做法;修改完善设计方案,并在技术层面与受援方明确建设场址和建设边界、设计方案、建设标准、双方分工、工作进度安排等设计事宜;协助项目管理机构与受援方具体商定方案设计。

深化设计:是指确定项目的详细建设规划,确定平面和立面设计,确定各分部分项工程的形状尺寸、材质要求、装饰装修效果,确定各配套系统及机电安装工程的系统布置、功能选型、安装要求,详细编制可供主要设备、材料具体选型、定型的技术规范书,明示施工阶段可能会出现的风险因素,并在投资估算范围内按投资匹配原则相应编制工程量清单和投资概算。

施工详图设计:是指在充分结合施工现场情况和施工技术措施的基础上明确深化设计各部分的详细施工做法。

维护使用指导手册:是指包含建成项目日常维护使用的各分部分项工程、主要设备材料的质量保证期限、维护保养要求、正常使用操作指南、异常情况处理、主要设备材料的厂商信息及维修联系方式等内容的项目维护使用说明。

长效技术支持:是指在项目建成后,由工程总承包企业提供操作和管理人员培训、长期零配件供应、技术指导和运营管理支持性服务工作,保证项目的持续有效运行。

项目的设计指导原则是指:

(一)规范适用设计原则。坚持将中国工程设计规范和技术标准与受援国当地实际相结合,对于中国规范和标准中明显脱离受援国社会经济发展水平的超前技术内容以及其他涉及舒适性及经济性的内容,不强制推行;对于与受援国当地市政配套、与当地自然条件相适应或涉及当地建设法规、职业安全和环境保护等强制性要求的内容,优先选用当地通用规范或习惯做法。

(二)整体规划设计原则。切实树立整体规划的设计指导思想,以受援国现有的基础设施能力和配套条件为主要依据,确保使用功能完善、配套设施齐全、技术先进适用,在整体上满足"交钥匙"和示范性要求。

(三)功能优先设计原则。将人性化功能设计放在优先位置,强化"以人为本"的设计理念,在保障内在功能设计的前提下兼顾装饰装修等外在表现效果,以提升项目设计的整体档次和水平。

(四)投资匹配设计原则。保证设计内容与投资安排相匹配,适当超前设定建设标准和提高投资规模,树立在受援国当地的援助示范形象。

(五)技术创新设计原则。充分鼓励设计创新,按照"可靠适用、经济合理"的原则积极引入能够体现工程建设发展水平的新技术和新材料。

(六)绿色环保设计原则。强调绿色环保设计,对于可能给环境造成重大影响的项目,全面引入环境评价和受援国自主环境评估;对于产生重大污染物的项目,妥善制订环保技术处理方案,实现无害排放;对于在人文和社会环境特色鲜明地区的项目,充分尊重当地人文环境风格和风俗习惯,实现与环境的和谐融合。

(七)便利维护设计原则。技术设备的选型应满足受援方长期承担维护保养和定期大修的可行性、便利性要求,保障大型技术设备在受援方当地的基本售后服务条件。

(八)持续发展设计原则。把项目的可持续发展问题纳入设计考虑范围,从设计方案、工艺技术措施、设备材料选型、投资控制等各个方面考虑项目全周期的维护管理和成本,为项目建成后实现可持续运行与发展创造有利条件。

二、第九章

政治外交风险:是指政治外交变动或政策性调整对项目实施造成的影响,主要包括:国与国战争和涉核战争;中国与受援国外交关系变化;受援国合法当局没收、征用;与项目实施相关的法律、法规变动或政策调整等。

业主责任风险:是指由于商务部的责任或经商务部同意承担的受援方责任对项目实施造成的影响,主要包括:商务部与受援方商定调整项目建设内容、建设标准、建设期限、中外双方职责分工等立项内容;商务部主动要求变动项目合同条件;商务部在项目管理中的违约责任及商务部同意承担受援方的违约责任等。

不可抗力风险:是指不可预见、不可克服、不可避免的客观情况对项目实施造成的影响,主要包括:自然灾害;意外事故;受援国国内战乱、罢工、暴乱、民众骚乱等突发情况。

设计变更风险:是指因勘察设计或勘察设计管理失误、缺陷、错漏等对项目实施造成的影响。

经营性风险:是指因市场变动或工程总承包企业自身经营管理责任对项目实施造成的影响,主要包括投标报价以外发生的物价和汇率波动、工程量差异以及施工现场零星变更等经营性意外。

三、第十章

技术资料:是指项目准备、勘察设计和组织实施过程中形成的具有保存价值的各类技术文件和反映项目准备和实施情况的有关载体的总称。

勘察设计文件:主要包括可行性研究报告、立项建议书(含投资预估算)及其审批文件、专业考察报告、方案设计文件和投资估算、工程勘察文件、深化设计文件和投资概算,以及分阶段设计自检或对内、对外审查批准文件等。

施工建设文件：主要包括项目采购约定文件、施工详图设计文件、施工组织设计、专项保证计划和专项技术方案，现场人员管理文件和劳动合同，设备材料、施工机械和机具的采购、运输、检验、签认资料，施工过程的检测、试验、检查、验收记录，施工日志，现场财务资料，定期报告和专题报告等。

竣工文件：主要包括竣工图、维护使用指导手册和无缺陷质量保证书等。

检查验收文件：主要包括中期检查申请及其附交资料、中期检查报告，竣工验收申请及其附交资料、竣工验收报告，对外技术验收纪要等。

项目管理文件：主要包括项目管理计划和项目管理实施细则，开工和停复工审批文件，入场分包单位核验记录，主要设备材料国内验货记录，入场人员、设备材料、施工机械和机具核验记录，施工过程检查验收记录，项目管理日志，技术洽商文件，管理通知和指令，项目管理例会纪要或记录，受援方工地代表签认的施工凭据、通知、会议纪要等对外协调磋商文件，现场财务资料，定期报告和专题报告等。

四、第十三章

一般质量安全事故：是指死亡2人（含）以下，或财产损失在10万元人民币（含）以上、30万元人民币（含）以下的质量安全事故。

重大质量安全事故：是指死亡3—9人，或财产损失在30万元人民币以上、100万元人民币以下的质量安全事故。

特大质量安全事故：是指死亡10人以上，或财产损失在100万元人民币以上、300万元人民币（含）以下的质量安全事故。

特别重大质量安全事故：是指死亡30人（含）以上，或财产损失在300万元人民币以上的质量安全事故。

附表1：

风险准备金系数取值参考表

投资预估算（人民币）	风险准备金系数（%）	
	主要系数	调整系数
预估算≤1亿元	11	0—4
1亿元<预估算≤3亿元	9	
3亿元<预估算≤5亿元	7	
5亿元<预估算	5	

1. 在计算投资限额时，风险准备金整体按投资（预）估算的5%—15%把握。

2. 根据项目本身的抗风险能力，确定项目的风险准备金主要系数。项目投资越大，抗风险能力越强，所需风险准备金越少，反之亦然。

3. 根据项目所在地实际情况、项目技术复杂程度、项目招标深度等确定风险准备金调整系数。

（1）项目所在地风险高，可能对实施造成影响的，调整系数取值增加1%，反之不增加；

（2）中外分工可能会调整的，调整系数取值增加1%，反之不增加；

（3）因项目技术复杂，招标深度等原因，可能造成项目重大变化的，调整系数增加2%，反之不增加。

4. 受援方自建项目的风险准备金，以派遣成套项目管理企业所需费用为基数计算。

附表2：

成套项目费用构成及取费参考表

费用名称	技术内容	主要取费方式	参考标准
一、勘察设计费			
专业考察费	赴受援国进行专业技术考察所需的出国团组费及筹组所需的其他必要的支出。	根据因公临时出国经费标准或援外人员待遇标准（三个月以上）据实计取。	

续表

<table>
<tr><th colspan="3">费用名称</th><th>技术内容</th><th>主要取费方式</th><th>参考标准</th></tr>
<tr><td colspan="3">工程勘察费</td><td>工程地质勘察、测绘的费用,包括勘察费、勘察机具使用费、出国团组费和其他专题研究费用。</td><td colspan="2">根据援外成套项目勘察取费标准、因公临时出国经费标准或援外人员待遇标准(三个月以上)及实际工作量计取。</td></tr>
<tr><td colspan="3">设计费</td><td>包括方案设计、深化设计服务,提供智力成果以及对外设计审查服务等费用。</td><td colspan="2">根据援外成套项目设计取费标准及承担具体设计任务内容计取,设计对外审查费用据实计取。</td></tr>
<tr><td colspan="6">二、项目管理费</td></tr>
<tr><td colspan="3">现场办公费</td><td>援外成套项目管理企业现场独立办公费。</td><td colspan="2">根据市场询价据实计取。</td></tr>
<tr><td colspan="3">现场人员费</td><td>援外成套项目管理企业现场管理人员费用。</td><td colspan="2">根据援外人员待遇标准、因公临时出国经费标准及市场询价计取。</td></tr>
<tr><td colspan="3">施工监理费</td><td>对施工质量、进度、投资、安全进行监督控制所需费用。</td><td colspan="2">根据援外成套项目施工监理取费标准计取。</td></tr>
<tr><td colspan="3">协调管理费</td><td>援外成套项目实施全过程总体规划、统筹、协调、管理所需费用。</td><td colspan="2">建筑安装工程费价格乘以管理费率。</td></tr>
<tr><td colspan="6">三、前期工程费</td></tr>
<tr><td colspan="3">场地准备费</td><td>场地平整、土石方平衡等所发生费用。</td><td colspan="2" rowspan="3">按定额法计取。无法采用定额法的,根据实物工程量计取。</td></tr>
<tr><td colspan="3">市政配套工程费</td><td>为施工而引入现场的给水、排水、供电、通讯、临时道路工程所发生费用。</td></tr>
<tr><td colspan="3">其他前期费</td><td>施工场地征地、建筑物拆迁、构筑物或障碍物拆除以及地下管线迁移所发生费用。</td></tr>
<tr><td colspan="6">四、建筑安装工程费</td></tr>
<tr><td colspan="3">施工详图设计费</td><td>在深化设计基础上进行施工详图设计和装饰装修二次深化设计所需费用。</td><td colspan="2">根据援外成套项目设计取费标准计取。</td></tr>
<tr><td rowspan="6">工程直接费</td><td colspan="2">人工费</td><td>包括中国人工费和当地人工费,工程总承包企业管理人员费用除外。</td><td colspan="2">按定额法计取,综合人工单价根据援外人员待遇标准、当地人工市场价格以及工效比和用工比综合计算(注1)。</td></tr>
<tr><td colspan="2">设备费</td><td>采购、运输、仓储、保管、安装设备所需费用。</td><td colspan="2" rowspan="2">按定额法计取,不能按定额计取的,根据实物工程量计取;设备材料价格以市场询价据实计取。</td></tr>
<tr><td colspan="2">材料费</td><td>采购、运输、仓储、保管工程建设使用材料所需费用,包括输运损耗。</td></tr>
<tr><td colspan="2">施工机械费</td><td>施工机械和小型机具使用费和租赁费。</td><td colspan="2">按定额法计取,施工机械工地价格和租赁费以市场询价据实计取;无法采用定额法的,根据项目类型按前期工程费、直接费一定比例计取。</td></tr>
<tr><td rowspan="2">施工措施费</td><td>其他措施费</td><td>冬季、雨季、夜间施工增加费、施工辅助费、二次搬运、施工降排水费用等施工过程中发生的直接用于工程的措施性费用。</td><td colspan="2">根据工程现场(自然)条件、运输条件、需采取的特殊施工方案等,据实计取。</td></tr>
<tr><td>临时设施费</td><td>施工所必需的生活和生产用临时建筑物、构筑物和其他临时设施费用等。</td><td>根据实物工程量按定额法计取;无法采用定额法的,按工程直接费一定比例计取。</td><td>按比例计取费率不超过2.5%。</td></tr>
<tr><td rowspan="2">间接费</td><td colspan="2">管理费</td><td>工程总承包企业管理人员费用,办公费、差旅交通费、固定资产、工器具使用费、劳动保护费、培训费、人员医疗及意外保险费、学习文娱费、外事活动费、安全保卫费、办理履约担保函费用以及其他管理费用。</td><td rowspan="2">前期工程费、工程直接费、临时设施费的一定比例。</td><td>一般为6－8%。</td></tr>
<tr><td colspan="2">计划利润</td><td>施工企业的预期利润。</td><td>一般不超过的5%。</td></tr>
</table>

续表

费用名称		技术内容	主要取费方式	参考标准
预备费	不可预见费	施工过程中根据现场实际情况必须进行设计变更导致的费用增加。	前期工程费、工程直接费、临时设施费的一定比例。	一般不超过5%。
	风险预涨费	因设备和材料价差、汇率变化、零星工程费用、工程报价错漏项、招标工程量与实际施工工程量差异以及施工现场的零星变更等造成的工程总承包企业成本增加。		一般不超过8%。
五、工程独立费				
检测试验费		自备检测仪器设备的使用费和委托检测试验费。	据实计取。	
生产技术资料费		工业性项目投产所需的技术资料费用,包括产品设计费和生产工艺技术资料费。	根据相关行业取费标准。	
工程保险费		投保工程一切险及第三者责任险的费用。	前期工程费、建筑安装工程费价格乘以保险费率。	
防恐措施费		在恐怖主义重点防范国家,加强防恐措施的费用。	根据商务部关于援外人员防范恐怖主义威胁的指导性意见据实计取。	
试生产费		按协议规定进行试生产所发生的费用,包括人员工资和有关福利待遇;原辅料、半成品、配件和水电燃料、管理和人员培训等。	按试生产期3-6个月据实计取。	
工艺装饰费		需单独委托专业艺术机构进行艺术美化的工艺装饰所需费用。	根据市场价格据实计取。	
咨询费用		包括中期验收和竣工验收费用等经济技术咨询费用。	根据咨询费用取费标准计取。	
技术服务费		项目建成后,由中方提供长效技术支持所需费用,包括人员工资、备件材料、办公、住宿、交通、通信、水电燃料等费用。	根据技术服务方案据实计取。	
其他独立费用		结合项目实际情况、中外双方分工及相关政策,中方承担的其他独立费用。	结合相关费用标准和市场询价计取费。	

注1:综合人工单价=(中国工人工日单价+当地工人工日单价×中、外用工比×中、外工效比)÷(1+中、外用工比)

(1)中国工人工日单价以现行援外人员待遇标准规定的国外平均月收入(按固定汇率1美元=8元人民币)为基准。可根据国别情况和项目类别进行一定比例上浮,最高上浮比例不超过20%。

(2)在充分考虑受援国工人的工作效率和项目进度要求的基础上确定中、外工效比和用工比。

工效比的控制幅度为1:1.5~1:2.0。中、外用工比按照综合用工比的原则确定。

中外综合用工比=Σ[推荐用工比×(工种定额工日/总工日)]

根据项目类型、地区差异和工种差异,推荐使用下列用工比指标,并可根据实际情况在±20%范围内浮动。

工种/地区	非洲(含西亚)	亚洲	美大
土建/土建设备	1:8	1:6	1:4
装饰装修	1:2	1:2	1:1.5
专业/工艺设备	1:1.5	1:1.5	1:1

注2:本表主要供立项和勘察设计阶段编制投资预估算、投资估算和(修正)概算时参考使用。

对外援助项目采购管理规定(试行)

(2015年12月18日商务部发布 商援发〔2015〕484号 自2016年1月8日起施行)

第一章 总 则

第一条 为规范对外援助项目(以下简称援外项目)采购行为,提高对外援助资金使用效益,商务部依据政府采购和招标投标有关法律法规,制定本规定。

第二条 本规定所称援外项目采购,是指商务部为组织实施各类对外援助项目,在中国政府援助资金项下择优选定各类援外项目实施企业和相应采购其所提供的工程、物资或服务的行为。

援外项目依据所采购工程、物资或服务的不同内容,以商务部与援外项目实施企业签订合同为单位,划分为具体的援外采购项目。

援外项目采购以援外采购项目为标的组织实施。

第三条 援外项目采购坚持公正、公平、公开、竞争和诚信的原则。

第四条 预算金额在政府采购限额标准以上的援外采购项目,依据本规定实行政府采购。

援外项目项下具体采购项目实行政府采购的预算限额标准按照国务院有关规定执行。

第二章 采 购 组 织

第五条 商务部负责组织援外项目采购工作,履行采购人职责,并对采购结果负责。

商务部将援外项目交由援外项目管理机构组织实施的,由援外项目管理机构代行采购人职责。

具体负责采购的商务部和援外项目管理机构以下统称为采购执行人。

第六条 对于依据本规定实施政府采购的援外采购项目,采购执行人应当委托具备国务院有关主管部门资格的采购代理机构承办援外项目采购业务。

采购执行人应当按照政府购买服务的方式每三年择优选定受托采购代理机构,并与采购代理机构签订有效期为三年的委托采购协议,约定双方的权利和义务。

对于依据本规定不实行政府采购的援外采购项目,采购执行人可以自行采购或委托采购代理机构采购。

第七条 援外采购项目应在经商务部认定资格的援外成套项目、援外物资项目、对外技术援助项目、对外人力资源项目、对外援助咨询服务项目等五类援外项目实施企业范围内采购。

对于商务部暂时未组织资格认定的部分技术类别或业务类别的援外采购项目,或经商务部认定资格的援外项目实施企业不能满足项目实施需要的,应依据本规定在全社会范围内采购。

商务部可根据国家区域发展政策选定援外项目实施企业。

第八条 商务部、采购执行人和采购代理机构工作人员,援外项目评审专家与投标或谈判单位,存在可能影响公正履行职责的个人利害关系或经济利益关系的,应主动提出回避。

投标企业认为上述人员与其他投标或谈判单位有利害关系的,可以申请该人员回避。

第九条 采购执行人应当在商务部指定的固定监管场所进行援外采购项目的评审工作。特殊情况下,指定场所不能满足评审需要的,经商务部批准,采购执行人可在其他符合条件的固定监管场所进行援外采购项目的评审工作。

第十条 采购执行人依据本规定和商务部有关援外管理规定制定援外采购项目的采购文件范本、援外项目实施合同范本和采购评审工作规则,作为指导和监督采购代理机构承办采购业务的依据。

第三章 政府采购预算和计划

第十一条 对于纳入政府采购实施的援外采购项目,由采购执行人结合商务部每年组织编制下一财政年度援外项目支出预算相应编报援外采购项目的政府采购预算。商务部汇总审核后,将援外项目支出预算和相关政府采购预算一并按程序报财政部审批。

援外项目支出预算执行过程中,需要调整或新增政府采购预算的,采购执行人应当在申请援外项目支出预算调整或新增的同时,申请调整或新增援外采购项目的政府采购预算,经商务部审核后报财政部审批。

第十二条 对于纳入政府采购实施的援外采购项目,采购执行人应当在每年年底前单独编报下一财政年度援外采购项目的政府采购计划,经商务部汇总审核后报财政部备案。

政府采购计划以援外采购项目为单位,主要包括项目名称、采购类别、采购金额、采购时间、采购方式等内容。

政府采购计划执行过程中,需要调整或增补政府采购计划的,采购执行人应在确定调整政府采购计划后五个工作日内及时报商务部备案。商务部于每年五月底前和十一月底前分两次汇总编报政府采购调整计划报财政部备案。

第四章 采 购 方 式

第十三条 援外采购项目采用公开招标、竞争性谈判、竞争性磋商或单一来源采购的采购方式。

第十四条 公开招标是援外采购项目的主要采购方式。援外采购项目采用公开招标的预算限额标准按照国务院有关规定执行。

采购执行人不得以拆分项目等方式规避公开招标。

第十五条 援外采购项目符合下列情形之一的,可采用竞争性谈判或竞争性磋商方式采购:

(一)采用公开招标所需时间不能满足实施需要的项目;

(二)因专业特点不能提前统一确定竞争性技术要求或实施方案的援外人力资源项目、对外技术援助项目和援外项目咨询服务任务;

(三)经公开招标,有效投标单位只有两家且履行采购方式变更程序的项目。

符合第一款第(一)项和第(二)项规定的,参与竞争性谈判或竞争性磋商的单位不得少于三家;符合第一款第(三)项情形规定的,参与竞争性谈判或竞争性磋商的单位可为两家。

第十六条 援外采购项目符合下列情形之一的,可以采用单一来源采购方式:

(一)使用了不可替代的专利或专有技术,只有一家单位可以承担的项目;

(二)属于原项目的延续性内容等情形,必须保证原有采购项目一致性或服务配套的要求,需要由原项目实施企业继续承担,否则将影响项目实施效果或功能配套要求的;

(三)政府采购预算限额标准以下的援外采购项目。

项目公开招标有效投标单位只有一家的,履行采购方式变更程序后可以采用单一来源采购方式。

第十七条 政府采购公开招标数额标准以上的援外采购项目依据本规定不采用公开招标方式的,采购执行人应在报送年度政府采购计划时具体列明拟申请采用的采购方式和变更采购方式的理由,经商务部汇总审核后报财政部审批。

政府采购计划执行过程中,采购执行人依据本规定需要变更政府采购计划列明的采购方式或对新增援外采购项目采用公开招标以外的其他采购方式的,采购执行人应在确定调整采购方式后五个工作日内及时报商务部。商务部每年五月底前和十一月底前分两次汇总编报政府采购调整计划时具体列明变更后的采购方式和变更采购方式的理由,报财政部审批。

采购执行人应当对临时变更采购方式的合规性负责。

第十八条 政府采购公开招标数额标准以上的援外采购项目依据本规定需要采用单一来源采购方式的,采购执行人应就采用单一来源采购方式的情况公示三个工作日,特殊紧急情况公示一个工作日。公示信息主要包括援外采购项目名称和概况、采用单一来源采购的原因及相关说明、拟定的单一来源采购单位名称和地址等。

其他援外项目实施企业对采用单一来源采购方式有异议的,可在公示期内向采购执行人提交书面意见。采购执行人收到公示异议后,应当在公示期满后三个工作日内及时进行补充论证,论证后认为异议成立的,应采用其他采购方式。

第十九条 采购执行人在完成援外采购项目的内部准备并依据本规定确定采购方式后,向采购代理机构发送援外采购项目采购通知。

援外采购项目采购通知至少包括以下基本内容:

(一)援外采购项目概况;

(二)采购需求;

(三)采购预算金额;

(四)采购方式和资格审查方式;

(五)采购时限;

(六)评审办法;

(七)其他特殊要求。

采用单一来源采购方式的,通知应列明单一来源采购单位的名称和联系方式。

采购过程中需对采购通知事项作出调整或补充的,采购执行人应及时向采购代理机构发送援外项目补充采购通知。

采购执行人应当对采购通知规定内容的完整性、合规性和准确性负责。

第二十条 援外采购项目接受以联合体参与投标的,应在采购通知中予以明确,并对联合体组成方式及其成员资格应当符合的资格审查条件作出规定。

联合体各方之间应签订共同投标协议,指定联合体牵头单位,明确约定联合体各方承担的工作和相应的责任,并将共同投标协议提交采购代理机构。联合体各方签订共同投标协议后,不得再以自己名义单独在同一援外采购项目中投标,也不得组成新的联合体参加同一援外采购项目投标。

第二十一条 采购执行人应依据援外项目立项协议、商务部批准的立项建议书和后续实施管理要求研究确定援外采购项目的采购需求。采购需求应准确反映和充分披露前期技术准备的各项成果,符合国家相关法律法规和援外政策。

除依据本规定设定具体援外采购项目的资格审查条件外,采购执行人不得以其他不合理方式对参与采购的援外项目实施企业实行差别待遇或歧视待遇。

第五章 公开招标程序

第二十二条 对于公开招标的援外采购项目,采购执行人应当根据援外采购项目的特点具体确定资格审查方式。

符合下列规定条件的,援外采购项目公开招标可以采用资格预审:

(一)投资规模在两亿元人民币以上、技术要求复杂且具有特殊政治外交意义的重大援外成套项目;

(二)中方或受援方相关法律法规对实施主体有明确资质限定的各类援外项目;

(三)政府间立项协议或相关协议对实施主体有特殊资质要求的各类援外项目。

第二十三条 采用资格后审方式的,采购代理机构应当根据援外采购项目采购通知要求拟定招标公告,确定资格审查条件,报采购执行人批准后公布。

第二十四条 采用资格预审方式的,采购代理机构应当根据援外采购项目采购通知要求拟定资格预审公告,确定资格审查条件,报采购执行人批准后公布。资格预审公告期一般为五个工作日。

其中,对于采用资格预审的重大援外成套项目,资格预审条件应当根据项目实际情况切实提高对投标企业资金技术能力、援外和境外项目业绩、综合诚信表现和履行社会责任的要求。

第二十五条 在资格后审情况下,有投标意向的候选单位可按招标公告要求自行与采购代理机构联系,领取招标文件,并连同投标文件一并提交资格后审申请材料;在资格预审情况下,有投标意向的候选单位应当在资格预审公告规定期限内提交资格预审申请材料。

第二十六条 在资格后审情况下,采购代理机构在投标评审阶段一并对候选单位提交的资格后审申请材料进行资格符合性审查和关联关系审查;在资格预审情况下,采购代理机构按资格预审公告规定单独对候选单位提交的资格预审申请材料进行资格符合性审查和关联关系审查。

候选单位存在下列情况之一的,视为存在关联关系:

(一)一家单位对另外一家单位的直接出资比例超过百分之五;

(二)几家单位有一共同出资人,且该出资人对各家单位的出资比例均超过百分之十。

对于通过资格符合性审查但存在关联关系的候选单位,可通过随机抽取方式确定通过资格审查的单位。

第二十七条 援外采购项目公开招标采用资格后审方式进行资格审查的,采购代理机构接受投标数量应为三家(含)以上,不设上限。

援外采购项目公开招标采用资格预审方式进行资格审查的,采购代理机构接受投标数量应为三家(含)以上,九家(含)以下,从资格审查合格的候选单位中随机抽取产生,并向其发出投标邀请书。

第二十八条 参与援外采购项目资格预审或通过资格审查的候选单位不足三家的,采购代理机构应当及时报告采购执行人,由采购执行人按照以下原则处理:

(一)资格预审条件设定合理,且资格预审公告时间及程序符合规定的,可按规定变更采购方式后,通知采购代理机构重新组织采购;

(二)资格预审条件设定不合理,或资格预审公告时间及程序不符合规定的,应当通知采购代理机构重新组织资格预审。

第二十九条 采购代理机构根据援外采购项目采购通知以及采购文件范本、援外项目实施合同范本和采购评审工作规则的各项规定,编制援外采购项目招标文件并报采购执行人批准。其中,援外采购项目的具体评标办法由采购执行人制订并在援外采购项目采购通知中明确规定,由采购代理机构在援外采购项目招标文件中予以公布。

援外采购项目招标文件应当规定并标明实质性要求和条件,至少包括下列内容:

(一)投标邀请;

(二)投标须知(包括密封、签署、盖章要求等);

(三)投标文件编制要求;

(四)援外采购项目的技术要求,包括附件、图纸等相关技术资料;

(五)投标保证金和履约保证金银行保函格式;

(六)合同范本;

(七)评标办法;

(八)投标截止时间、开标时间及地点。

在资格后审情况下,招标文件还应当规定资格后审申请材料的编制要求。

第三十条 采购代理机构可根据需要,在编制援外采购项目招标文件过程中征询有关专家意见,该专家不得再作为援外采购项目评标专家参加评标。

第三十一条 有投标意向且符合资格审查条件或通过资格预审的候选单位凭招标公告或投标邀请书与采购代理机构联系免费领取援外采购项目招标文件。

领取招标文件的候选单位正式成为援外采购项目的投标单位。

第三十二条 援外采购项目招标文件发出之日起至投标单位提交援外采购项目投标文件截止之日止,一般不少于二十日。

第三十三条 援外采购项目的投标单位标前要求赴受援方当地进行现场考察的,应当在开标前合理期限内提前经采购代理机构向采购执行人提出正式申请。

采购执行人同意投标单位进行现场考察的,应当通过驻在国使领国经商机构提前作出统一安排和协调,并给予投标单位以必要的便利和协助。必要时,采购执行人可派员参加投标单位的现场考察并予指导。

投标单位应当按驻在国使领馆经商机构确认的行程和日程进行现场考察,自觉接受驻在国使领馆经商机构的指导和监督,并自行承担全部费用。未经驻在国使领馆经商机构批准,不得擅自与受援方进行涉及投标内容的商谈或接触。

投标单位在标前现场考察中存在严重违规行为的,采购执行人有权拒绝其投标。

第三十四条 援外采购项目的投标单位对招标文件有疑问的,可在答疑截止时间之前以书面形式向采购代理机构提出答疑要求。

采购代理机构应当对投标单位的书面答疑要求逐项予以书面回复,采购执行人应予配合。必要时,采购代理机构还可组织所有投标单位召开开标前答疑会,采购执行人应当派人参加标前答疑会。

采购代理机构作出的书面答疑回复应当全面、准确、无歧义，书面答疑回复应在招标文件要求提交投标文件截止时间十五日前通知所有投标单位；不足十五日的，采购代理机构应顺延提交投标文件的截止时间。

采购代理机构作出的书面答疑回复对已发出的援外采购项目招标文件进行必要澄清或修改的，澄清或修改内容作为招标文件的组成部分。

第三十五条 采购代理机构可视采购具体情况，延长投标截止时间和开标时间，但应在援外采购项目招标文件要求提交投标文件的截止时间三日前，将变更时间书面通知所有投标单位。

采购代理机构无正当理由推迟开标或因自身工作责任导致推迟开标的，应当承担相应责任。

第三十六条 援外采购项目的投标单位应按照招标文件要求编制投标文件。投标文件由商务部分、技术部分、价格部分和其他部分组成，应对招标文件提出的实质性要求和条件做出全面、准确、无附加条件的响应。

投标单位应在投标文件中明确投标的有效期限，一般不短于6个月。

第三十七条 援外采购项目的投标单位应在招标文件规定的截止时间前，将投标文件经单位法定代表人或其授权代表签字、加盖公章并密封后，送达指定地点。

逾期送达的、未送达至指定地点的或未按招标文件要求密封的投标文件无效，采购代理机构应拒收。

第三十八条 在援外采购项目招标文件规定的截止时间前，投标单位可以补充、修改或者撤回已提交的投标文件，并书面通知采购代理机构。补充、修改的内容应按照招标文件要求经单位法定代表人或其授权代表签字、加盖公章并密封，作为投标单位提交的投标文件的正式组成部分。

第三十九条 投标单位根据援外采购项目实际情况，拟在中标后将项目的非主体、非关键性工作分包交由其他单位合作完成的，应在投标文件中载明。

第四十条 援外采购项目的投标单位应当按招标文件规定随投标文件一并提交投标保证金保函，保函金额为援外采购项目预算金额的2%，由全国性商业银行地市级以上分支机构开具。

以联合体形式参与投标的，可由联合体中的一方或者共同提交投标保证金保函，以一方名义提交的，对联合体各方均有约束力。

第四十一条 采购代理机构应按照援外采购项目招标文件规定的开标时间和地点召开开标会议，当众拆封投标文件，并宣读文件的主要内容。援外采购项目的投标单位可自愿派代表参加。

采购代理机构应指定专人记录开标过程，留取全过程影像资格，并存档备查。

第四十二条 投标截止时间后，有效送达投标文件的单位不足三家的，采购代理机构应立即报告采购执行人，由采购执行人依据本规定做出变更采购方式的决定。

采购代理机构应当按照变更后的采购方式继续组织后续评审。

第四十三条 采购代理机构应当依法组建五人以上、九人以下单数专家组成的评标委员会负责援外采购项目评标。评标委员会专家应当在政府采购专家库中随机抽取产生，设组长一名，评标时间原则上不超过十个工作日。

对于技术复杂或专业性强的援外采购项目，如政府采购评审专家库专家不能满足评标技术需要或抽取需要，采购代理机构经报采购执行人批准，可采取主管部门推荐、定向邀请等其他方式确定或补充确定评标委员会专家，并将专家名单报财政部（国库司）审核合格后加入专家库。

商务部、采购执行人所属工作人员不得以专家身份参与援外采购项目评标。采购代理机构工作人员不得参加由本机构代理的援外采购项目评标。

第四十四条 评标委员会专家应当在评标过程中履行以下职责：

（一）遵纪守法，客观、公正、廉洁地履行职责；

（二）按照招标文件规定的评标办法进行评标，对评标意见承担个人责任，按评标议事规则尊重集体决定；

（三）不得泄露投标文件、评标情况和评标中获悉的商业秘密；

（四）参与评标报告的起草；

（五）配合采购执行人和采购代理机构处理招标质疑和投诉。

第四十五条 对于资格后审的援外采购项目，采购代理机构应当首先对投标单位送达投标附交的资格后审申请材料进行资格审查，未通过资格审查的投标文件不再交付评标委员会参加后续评审。

对于通过资格审查的送达投标，采购代理机构应当继续对投标单位送达投标文件进行响应标验证，初步确认投标文件符合招标文件要求。经响应标验证存在下列情况之一的投标文件，应当判定为无效投标，不再交付评标委员会参加后续评审：

（一）未按规定加盖企业公章的；

（二）未经单位法定代表人或其授权代表签字确认的；

（三）投标函与招标文件规定格式严重不符，或载有不可接受的履约附加条件；

（四）未按招标文件要求提交投标保证金保函的；

（五）投标文件副本或空白本不符合招标文件规定的编制要求的；

（六）招标文件明确规定应判定无效的其他情况。

对于通过响应标验证的送达投标，采购代理机构应当将其投标文件空白本正式交付评标委员会评审。

第四十六条 实际交付评标委员会评审投标不足三家的，或评标委员会在后续评标过程中进一步确认对招标文件作出实质响应的投标不足三家的，采购代理机构应当及时报告采购执行人，由采购执行人依据本规定做出变更采购方式的决定。

采购代理机构应当按照变更后的采购方式继续组织后续评审。

第四十七条 在评标过程中，评标委员会对于提交评审的投标文件中含义不明确、同类问题表述不一致或有明显错误的问题，可以通过采购代理机构要求投标单位以书面形式作出及时、必要的澄清、说明或补充。

投标单位的澄清、说明或者补充应当采用书面形式，由其授权的代表签字，并不得超出投标文件的范围或者改变投标文件的实质性内容。

第四十八条 援外采购项目评标办法分为最低评标价法和综合评分法，具体评标办法在援外采购项目招标文件中公布。

评标委员会严格依据援外采购项目招标文件规定的评标办法，对提交评审的投标文件进行综合比较与评价。

评标过程中，采购代理机构和评标委员会不得改变招标文件中规定的评标办法。

第四十九条 最低评标价法，是指在全部满足招标文件实质性要求前提下，依据统一的价格要素评定最低报价，以提出最低报价的投标单位作为中标候选单位的评标方法。

在固定统一的技术方案或物资和服务清单基础上竞争的援外采购项目，应采用最低评标价法。

第五十条 综合评分法，是指在最大限度地满足招标文件实质性要求前提下，按照招标文件中规定的各项竞争因素进行综合定量评审后，以评标总得分最高的投标单位作为中标候选单位的评标方法。

综合评分的主要因素包括价格、技术、财务状况、业绩、对招标文件的响应程度，以及响应的比重或权值等。上述因素和权重应在招标文件中事先规定。

援外采购项目评标委员会专家应独立对每个有效响应的投标文件进行评价、打分，然后汇总每个投标单位每项评分因素的得分。

评分总得分 = $F1 * A1 + F2 * A2 + \cdots + Fn * An$，$F1, F2, \cdots, Fn$，其中：分别为各项评分因素的汇总得分；$A1, A2, \cdots, An$ 分别为各项评分因素所占的权重（$A1 + A2 + \cdots + An = 1$）。

第五十一条 评标委员会严格依据援外采购项目招标文件规定的评标办法确定推荐中标候选单位数量，并按顺序排列。

采用最低评标价法的，推荐中标候选单位按投标报价由低到高顺序排列。投标报价相同的，按技术指标优劣顺序排列。

采用综合评分法的,推荐中标候选单位按评审后得分由高到低顺序排列。得分相同的,按投标报价由低到高顺序排列。得分且投标报价相同的,按技术指标优劣顺序排列。

第五十二条 评标委员会应根据推荐中标候选单位的技术标和经济标评审情况,逐标确定各标的中标条件。采购代理机构将评标委员会确定的中标条件发送给相应的推荐中标候选单位进行承诺答疑。

评标委员会应对推荐中标候选单位的承诺答疑回复进行认真复核,在无条件承诺中标条件的基础上最终确认推荐中标候选单位及其顺序排列。

推荐中标候选单位拒绝承诺的,或逾期不予答复的,或提出不可接受的履约附加条件的,或半数以上评标委员会专家复核其承诺答疑不能通过的,应取消其推荐中标候选单位的资格,按顺序由排在后面的推荐中标候选单位递补。

第五十三条 评标结束后,评标委员会应根据原始评标记录和评标结果编制评标报告,至少包括以下内容:

(一)开标日期和地点;

(二)投标单位名单和评标委员会专家名单;

(三)评标办法;

(四)开标记录和评标情况及说明;

(五)技术标和经济标评审结果;

(六)推荐中标候选单位及其排序;

(七)复核承诺答疑情况;

(八)最终评标结果建议。

第五十四条 采购代理机构应在评标结束之日起两个工作日内将评标报告正式提交采购执行人。

采购执行人应自收到评标报告之日起三个工作日内审定中标单位,并通知采购代理机构。

第五十五条 在援外采购项目公开招标过程中,出现以下情形之一的,采购代理机构报采购执行人同意后可以决定终止招标程序,并通知所有投标单位:

(一)出现影响招标公正秩序的严重违法、违规行为;

(二)招标文件规定的截止时间前,无有效送达投标文件的;

(三)送达投标均未通过资格审查或响应标验证的;

(四)送达投标报价均超过采购预算;

(五)采购任务因故临时取消的。

第六章 竞争性谈判和竞争性磋商程序

第五十六条 对于竞争性谈判的援外采购项目,采购代理机构可通过以下三种方式确定邀请竞争性谈判单位(以下简称竞谈单位):

(一)属于本规定第十五条第(一)项规定的紧急情况的,采购代理机构应提前拟定资格报名条件,在相应类别经商务部认定资格的援外项目实施企业范围内通过限时公开报名及资格排序方式形成五家(含)以上候选单位名单,从中随机抽取确定三家(含)以上竞谈单位,报采购执行人批准后发出竞争性谈判邀请书。

(二)属于本规定第十五条第(二)项规定的专业性特点情况的,采购代理机构可直接委托具备行业代表性的相关行业主管部门、全国性商协会或其他公益性社会中介组织推荐形成五家(含)以上候选单位名单,从中随机抽取确定三家(含)以上竞谈单位,报采购执行人批准后发出竞争性谈判邀请书。

(三)属于本规定第十五条第(三)项规定的经公开招标有效投标单位只有两家情况的,采购代理机构可直接确定两家投标单位为竞谈单位,报采购执行人批准后发出竞争性谈判邀请书。

第五十七条 采购代理机构根据援外采购项目采购通知以及采购文件范本、援外项目实施合同范本和采购评审工作规则的各项规定编制援外采购项目竞争性谈判文件(以下简称竞谈文件),并报采购执行人批准。

援外采购项目竞谈文件应规定并标明实质性要求和条件,包括下列主要内容:

(一)竞争性谈判邀请;

(二)竞争性谈判须知(包括签署、盖章要求等);

(三)竞争性谈判响应文件编制要求;

(四)援外采购项目的技术要求,包括附件、图纸等相关技术资料;

(五)竞争性谈判保证金和履约保证金银行保函格式;

(六)合同范本;

(七)谈判程序和评审办法;

(八)提交竞谈响应文件截止时间、评审的时间及地点。

除上述外,援外采购项目竞谈文件还应明确谈判过程中可以实质性变动的内容,包括谈判项目的技术、服务要求以及合同范本相关条款。

第五十八条 竞谈单位凭竞争性谈判邀请书与采购代理机构联系免费领取援外采购项目竞谈文件。

第五十九条 援外采购项目竞谈文件发出之日起至谈判单位首次提交援外采购项目竞谈响应文件截止之日止,一般不少于三个工作日。

第六十条 援外采购项目的竞谈单位对竞谈文件有疑问的,可在答疑截止时间之前以书面形式向采购代理机构提出答疑要求。

采购代理机构应当对竞谈单位的书面答疑要求逐项予以书面回复,采购执行人应予配合。

采购代理机构作出的书面答疑回复应当全面、准确、无歧义,书面答疑回复应在竞谈文件要求提交竞谈响应文件截止时间三日前通知所有竞谈单位;不足三日的,采购代理机构应顺延提交竞谈响应文件的截止时间。

采购代理机构作出的书面答疑回复对已发出的援外采购项目竞谈文件进行必要澄清或修改的,澄清或修改内容作为竞谈文件的组成部分。

第六十一条 援外采购项目的竞谈单位应按照竞谈文件要求编制竞谈响应文件,并对竞谈文件提出的实质性要求和条件做出响应。

竞谈单位应在竞谈单位规定的截止时间前,将竞谈响应文件经单位法定代表人或其授权代表签字、加盖公章后,送达指定地点。

第六十二条 援外采购项目的竞争性谈判应按竞谈文件规定随竞谈响应文件一并提交采购保证金保函,具体提供方式参照投标保证金保函的有关规定执行。

第六十三条 采购代理机构应组成三至七人奇数专家组成的谈判小组负责援外采购项目竞争性谈判和评审。谈判小组专家应在政府采购专家库中随机抽取产生,设组长一名,谈判和评审时间原则上不超过五个工作日。

第六十四条 采购代理机构应首先对竞谈单位送达的竞谈响应文件的有效性、完整性和响应性进行审查,初步确认竞谈响应文件符合竞谈文件要求。经审查存在下列情况之一的竞谈响应文件,应判定为无效响应,不再交付谈判小组参加后续评审:

(一)未按规定加盖企业公章的;

(二)未经单位法定代表人或其授权代表签字确认的;

(三)竞谈响应文件与竞谈文件规定格式严重不符,或未对竞谈文件作出实质性响应的;

(四)未按竞谈文件要求提交竞谈保证金保函的;

(五)竞谈文件明确规定应判定无效的其他情况。

对于通过审查的竞谈响应文件,采购代理机构将其竞谈响应文件正式交付谈判小组进行谈判和评审。

第六十五条 除经公开招标有效投标单位只有两家的情况外,实际交付谈判小组谈判和评审的竞谈单位只有两家的,或谈判小组在后续谈判和评审过程中进一步确认对竞谈文件作出实质响应的竞谈单位只有两家的,采购代理机构报经采购执行人批准后,可与该两家单位继续进行谈判。

第六十六条 在援外采购项目竞争性谈判过程中,谈判小组对于提交评审的竞谈响应文件中含义不明确、同类问题表述不一致或有明显错误的问题,可以通过采购代理机构要求竞谈单位以书面形式作出必要的澄清、说明或纠正。

第六十七条 援外采购项目谈判小组应当集中与单一竞谈单位分别就援外采购项目的技术、服务要求以及合同范本的相关条款进行谈判。

在谈判过程中,谈判小组可以根据援外采购项目竞谈文件和谈判情况实质性变动项目的技术、服务要求以及合同范本的相关条款,但不得变动竞谈文件中的其他内容。采购代理机构应将实质性变动的内容报采购执行人批准。

对竞谈文件作出的实质性变动是竞谈文件的有效组成部分,采购代理机构应当及时以书面形式同时通知所有竞谈单位。

竞谈单位应根据竞谈文件的变动情况和谈判小组的要求重新提交竞谈响应文件。

第六十八条 援外采购项目竞谈文件已详细列明采购项目的技术、服务要求的,谈判结束后,援外采购项目谈判小组应当要求竞谈单位在规定时间内提交最后报价和相应承诺。最后报价是竞谈响应文件的有效组成部分。

援外采购项目竞谈文件不能详细列明采购项目的技术、服务要求的,谈判小组应先按照少数服从多数的原则投票推荐两家以上单位的设计方案或者解决方案,并要求其在规定时间内提交最后报价和相应承诺。

第六十九条 援外采购项目依法采用竞争性谈判方式的,采用最低评标价法进行评审,具体评审办法在竞谈文件中公布。

谈判小组严格依据援外采购项目竞谈文件规定的评审办法,对提交评审的竞谈响应文件进行综合比较与评价,按照评审结果推荐两至三名成交候选单位,并按顺序排列。

第七十条 评审结束后,谈判小组应根据原始评审记录和评审结果编制评审报告,至少包括以下内容:

(一)评审日期和地点;

(二)竞谈单位名单和谈判小组成员名单;

(三)谈判程序和评审办法;

(四)谈判和评审情况记录和说明;

(五)评审结果;

(六)推荐成交候选单位及其排序;

(七)最终评审结果建议。

第七十一条 采购代理机构应在评审结束后两个工作日内将评审报告正式提交采购执行人。

采购执行人应当在收到评审报告后三个工作日内审定援外采购项目竞争性谈判成交单位,并通知采购代理机构。

第七十二条 在竞争性谈判过程中,出现下列情形之一的,采购代理机构报采购执行人同意后终止竞争性谈判,并通知所有竞谈单位:

(一)出现影响竞争性谈判公正秩序的严重违法、违规行为;

(二)送达竞谈响应文件最后报价均超过采购预算;

(三)送达竞谈响应文件均未对竞谈文件作出实质性响应的;

(四)采购任务因故临时取消的。

第七十三条 援外采购项目依法采用竞争性磋商方式的,采用综合评分法进行评审,具体采购程序按照竞争性谈判程序执行。

第七章 单一来源采购程序

第七十四条 对于单一来源采购的援外采购项目,采购执行人代理机构应当根据援外采购项目采购通知以及采购文件范本、援外项目实施合同范本和采购评审工作规则的各项规定编制援外采购项目单一来源采购文件,并报采购执行人批准。其中,援外采购项目的具体评审办法由采购执行人制订并在援外采购项目采购通知中明确规定,由采购代理机构在援外采购项目招标文件中予以公布。

援外采购项目单一来源采购文件规定应标明实质性要求和条件,至少包括下列主要内容:

(一)单一来源采购邀请;

(二)单一来源采购须知(包括签署、盖章要求等);

(三)单一来源采购报价文件编制要求;

(四)援外采购项目的技术要求,包括附件、图纸等相关技术资料;

(五)采购保证金和履约保证金银行保函格式;

(六)合同范本;

(七)评审办法;

(八)提交报价文件截止时间、评审时间及地点。

第七十五条 采购代理机构按照采购执行人在援外采购项目采购通知中列明的联系方式,通知单一来源采购单位领取采购文件。

援外采购项目单一来源采购文件发出之日起至单一来源采购单位提交报价文件截止之日止,一般不少于三个工作日。

第七十六条 援外采购项目的单一来源采购单位应按照单一来源采购文件要求编制报价文件,并在规定送达截至时间前,将报价文件经单位法定代表人或其授权代表签字、加盖公章后,送达指定地点。

第七十七条 援外采购项目的单一来源采购单位应当按采购文件规定随报价文件一并提交采购保证金保函,具体提供方式参照投标保证金保函有关规定执行。

第七十八条 援外采购项目的单一来源采购的评审办法可分为标底制和市场询价两种方式,具体评审办法在援外采购项目单一来源采购文件中规定。

采用标底制的,采购执行人可事先委托一家具备相关资质的援外项目实施企业编制标底,作为采购代理机构对报价文件进行评审的价格依据。

采用市场询价的,采购代理机构可在评审过程中通过即时市场询价的方式确定援外采购项目的价格。

第七十九条 采购代理机构根据采购文件规定的评审办法对单一来源采购单位提交的报价文件进行逐项审定后确定最终实施方案和价格。单一来源采购的评审时间原则上不超过五个工作日。

第八十条 采购代理机构根据评审结果发出承诺答疑要求,单一来源采购单位应对采购文件提出的实质性要求和条件作出全面、准确、无附加条件的响应。

单一来源采购单位如不能全面响应采购文件提出的实质性要求和条件,应当详细说明理由,并出具相关证明材料。采购代理机构对单一来源采购单位的报价文件和相关证明材料进行复核后,发出补充承诺答疑要求。如单一来源采购单位仍不能全面响应承诺答疑要求且无合理理由,采购代理机构应报采购执行人同意后终止采购程序。

第八十一条 评审结束后,采购代理机构应根据评审结果编制评审报告,至少包括以下内容:

(一)评审日期和地点;

(二)评审人员名单;

(三)评审办法;

(四)评审情况及说明;

(五)复核承诺答疑情况;

(六)最终评审结果,包括合同主要条款及价格情况。

第八十二条 采购代理机构应自评审结束之日起两个工作日内将评审报告正式提交采购执

行人。

采购执行人应自收到评审报告之日起三个工作日内审定成交单位，并通知采购代理机构。

第八十三条 在援外采购项目单一来源采购过程中，出现下列情形之一的，采购代理机构应报采购执行人同意后终止采购程序，并通知单一来源采购单位：

（一）出现影响采购公正秩序的严重违法、违规行为；

（二）单一来源采购单位无合理理由拒绝承诺的；

（三）采购任务因故取消的。

第八章 采购信息公开

第八十四条 援外采购项目的招标公告、资格预审公告、采购结果公示和采购结果公告应当在财政部指定的政府采购信息发布媒体上统一发布，其中，涉及国家安全和秘密的援外采购项目不予发布。

第八十五条 援外采购项目招标公告应包括下列内容：

（一）采购执行人、采购代理机构的名称、地址和联系方式；

（二）招标项目概况；

（三）投标单位的资格审查条件；

（四）获取招标文件的时间、地点、方式；

（五）投标截止时间、开标时间及地点。

第八十六条 资格预审公告应包括以下内容：

（一）招标项目概况；

（二）资格预审条件；

（三）接受投标的企业数量；

（四）要求提交的资格预审申请材料；

（五）接受资格预审申请材料的截止时间。

第八十七条 采购代理机构应在采购执行人审定中标或成交单位后两个工作日内将援外采购项目的采购结果公示三至五个工作日，公示主要包括以下内容：

（一）采购代理机构的名称、地址和联系方式；

（二）援外采购项目名称；

（三）援外采购项目的中标或成交单位名称、地址。

第八十八条 采购执行人应在下达中标、成交通知书的同时，公告援外采购项目的采购结果，公告内容主要包括：

（一）援外采购项目名称；

（二）中标或成交单位名称；

（三）评审专家名单。

第八十九条 采购执行人公布上述援外采购项目信息不应涉及援外采购项目的涉密信息和敏感性内容。敏感性内容范围由商务部规定。

第九章 采购监督管理

第九十条 参与援外采购项目采购的投标单位、竞谈单位和单一来源采购单位对采购过程和结果有疑问的，可在采购结果公示期内以书面形式提出质疑，连同相关证据材料一并提交采购代理机构。

第九十一条 采购代理机构负责处理援外采购项目公示质疑，应在受理之日起五个工作日内作出处理结果，并提出处理建议后以书面形式报采购执行人审定。

对于以下情形的援外采购项目质疑，采购代理机构可不予受理，但应将书面质疑材料报采购执行人备案：

（一）未在公示期内有效送达的；

（二）参与采购活动以外其他单位提出的；

（三）质疑材料无质疑单位合法签章的；

（四）无明确内容、线索或相关证据材料的；

（五）未提供任何证据的。

第九十二条 采购执行人根据采购代理机构的质疑处理结果和处理建议，作出维持原采购结果、变更采购结果或重新组织采购的决定，以书面形式通知采购代理机构，并由采购代理机构将处理决定答复质疑单位。

第九十三条 采购结果公示期满无质疑或质疑已处理完毕的，采购执行人应向援外采购项目的中标、成交单位下达中标、成交通知书。

援外采购项目中标、成交通知书对采购执行人和中标、成交单位具有同等法律效力。通知书发出后，采购执行人改变采购结果，或者中标、成交单位放弃中标、成交的，应承担相应的法律责任。

第九十四条 采购执行人应在中标、成交通知书发出之日起三十日内，根据援外项目实施合同范本和承诺答疑结果与中标、成交单位签订援外项目实施合同。援外项目实施合同不得对承诺答疑结果作实质性修改。

除不可抗力等因素外，援外采购项目的中标、成交单位拒绝签订援外项目实施合同的，应承担相应法律责任。

中标、成交单位拒绝签订合同的，采购执行人应按确定候选单位的原则规定重新确定中标、成交单位，并签订合同。拒绝签订合同的中标、成交单位不得参加对该援外采购项目重新组织的采购活动。

第九十五条 因政治外交或不可抗力等因素，采购执行人不能在中标、成交通知书发出之日起三十日内与中标、成交单位签订援外项目实施合同的，可延至中标、成交单位承诺的投标有效期限内签订援外项目实施合同。

特殊情况下，采购执行人仍不能在投标有效期限内与中标、成交单位签订援外项目实施合同的，可以正式要求中标、成交单位适当延长投标有效期，最长不超过十二个月，并在约定的延长投标有效期限内与中标、成交单位签订援外项目实施合同；如中标、成交单位拒绝延长投标有效期的，采购执行人应当重新组织采购。

第九十六条 采购执行人应在下达援外采购项目中标、成交通知书后将采购保证金保函退还投标单位、竞谈单位和单一来源采购单位。未中标、成交单位的保函应在中标、成交通知书发出后五个工作日内退还，中标、成交单位的保函应在援外项目实施合同签订后五个工作日内退还。

投标单位、竞谈单位和单一来源采购单位在参与援外项目采购过程中有下列情形之一的，采购保证金保函不予退还：

（一）在规定提交采购响应文件的截止时间后撤回相关文件的；

（二）在采购响应文件中提供虚假材料的；

（三）除因不可抗力或采购文件认可的情形以外，中标或成交后拒绝签订援外项目实施合同的；

（四）与其他采购参与单位或采购代理机构相互串通的；

（五）采购文件规定的其他情形。

第九十七条 援外采购项目采购过程中，投标单位、竞谈单位不得相互串通，有下列情形之一的，属于相互串通：

（一）协商援外采购项目报价等采购响应文件的实质性内容；

（二）约定援外采购项目的中标、成交单位；

（三）约定部分参与单位放弃参与或放弃中标、成交；

（四）为谋取中标、成交或排斥特定参与单位而采取的其他联合行动。

第九十八条 采购执行人应建立援外采购项目采购档案，妥善保管每个采购项目的采购文件,不得伪造、编造、隐匿或销毁。援外采购项目采购文件保存期限为从采购结果公告之日起至少十五年,可以电子档案方式保存。

第九十九条 采购执行人、采购代理机构应采取必要措施,保证援外采购项目评审工作在严格保密的情况下进行。任何单位和个人不得非法干预、影响援外采购项目评审办法的确定,以及评审过程和结果。

第十章 附 则

第一百条 紧急援助项目以及涉及国家安全和秘密的特殊援助项目的采购,有特殊规定的按照特殊规定执行。

第一百零一条 本规定由商务部负责解释。

第一百零二条 本规定自2016年1月8日起施行。《对外援助成套项目招标管理规定》(商援发〔2008〕533号)、《对外援助物资项目采购管理规定》(商财发〔2011〕263号)、《商务部关于对外援助评标结果公示和质疑处理的规定(试行)》(商援发〔2006〕413号)同时废止。

对外援助管理办法

(2021年8月27日国家国际发展合作署、外交部、商务部令第1号公布
自2021年10月1日起施行)

第一章 总 则

第一条 为了加强对外援助的战略谋划和统筹协调,规范对外援助管理,提升对外援助效果,依据有关法律、行政法规制定本办法。

第二条 本办法所称对外援助是指使用政府对外援助资金向受援方提供经济、技术、物资、人才、管理等支持的活动。

第三条 对外援助的受援方主要包括与中华人民共和国已经建立外交关系且有接受援助需要的发展中国家,以及以发展中国家为主的国际组织。

在人道主义援助等紧急或者特殊情况下,发达国家或者与中华人民共和国无外交关系的发展中国家也可以作为受援方。

第四条 对外援助致力于帮助受援方减轻与消除贫困,改善受援方民生和生态环境,促进受援方经济发展和社会进步,增强受援方自主可持续发展能力,巩固和发展与受援方的友好合作关系,促进高质量共建"一带一路",推动构建新型国际关系,推动构建人类命运共同体。

第五条 对外援助应当坚持正确义利观和真实亲诚理念,相互尊重,平等相待,合作共赢;尊重受援国主权,不干涉他国内政,不附加任何政治条件;量力而行,尽力而为,重信守诺,善始善终;因国施策,共商共建,形式多样,注重实效。

第六条 国家国际发展合作署(以下简称国际发展合作署)负责拟订对外援助方针政策,推进对外援助方式改革,归口管理对外援助资金规模和使用方向,编制对外援助项目年度预决算,确定对外援助项目,监督评估对外援助项目实施情况,组织开展对外援助国际交流合作。

商务部等对外援助执行部门(以下简称援外执行部门)负责根据对外工作需要提出对外援助相关建议,承担对外援助具体执行工作,与受援方协商和办理对外援助项目实施具体事宜,负责项目组织管理,选定对外援助项目实施主体或者派出对外援助人员,管理本部门的对外援助资金。

外交部负责根据外交工作需要提出对外援助相关建议。驻外使领馆(团)统筹管理在驻在国(国际组织)的对外援助工作,协助办理对外援助有关事务,与受援方沟通援助需求并进行政策审核,负责对外援助项目实施的境外监督管理。

第七条 国际发展合作署会同有关部门建立对外援助部际协调机制,统筹协调对外援助重

大问题。

第八条 国际发展合作署制定统一的中国政府对外援助标识,负责标识使用的监督管理。

第二章 对外援助政策规划

第九条 国际发展合作署会同有关部门拟订对外援助的战略方针和中长期政策规划,按照程序报批后执行。

第十条 国际发展合作署会同有关部门制定分国别的对外援助政策,按照程序报批后执行。

第十一条 国际发展合作署会同有关部门拟订对外援助总体方案和年度计划,按照程序报批后执行。

第十二条 国际发展合作署会同有关部门研究对外援助方式的改革措施,并推动改革措施落实。

第十三条 国际发展合作署牵头推进对外援助法制化建设,与援外执行部门根据职责分工制定相应的对外援助管理制度。

第十四条 国际发展合作署建立对外援助项目储备制度,搜集、审核和确定具体国别的对外援助储备项目,并对储备项目实行动态管理。

对外援助储备项目是编制对外援助资金计划和预算,以及对外援助项目立项的主要依据。

第十五条 国际发展合作署拟订对外提供援助的援款协议草案,与受援方进行谈判,并以中国政府名义签署协议。

第三章 对外援助方式

第十六条 对外援助资金主要包括无偿援助、无息贷款和优惠贷款三种类型。

无偿援助主要用于受援方在减贫、减灾、民生、社会福利、公共服务、人道主义等方面的援助需求。

无息贷款主要用于受援方在公共基础设施、工农业生产等方面的援助需求。

优惠贷款主要用于受援方在具有经济效益的生产型项目、资源能源开发项目、较大规模的基础设施建设项目等方面的援助需求。

第十七条 国际发展合作署通过南南合作援助基金等方式创新对外援助形式。

第十八条 对外援助以项目援助为主。

在人道主义援助等紧急或者特殊情况下,可以向受援方提供现汇援助。

第十九条 对外援助项目主要包括以下类型:

(一)成套项目,即通过组织或者指导施工、安装和试生产全过程或者其中部分阶段,向受援方提供生产生活、公共服务等成套设备和工程设施,并提供长效质量保证和配套技术服务的项目;

(二)物资项目,即向受援方提供一般生产生活物资、技术性产品或者单项设备,并承担必要配套技术服务的项目;

(三)技术援助项目,即综合采用选派专家、技术工人或者提供政策和技术咨询、设备等手段帮助受援方实现某一特定政策、管理或者技术目标的项目;

(四)人力资源开发合作项目,即为受援方人员提供各种形式的学历学位教育、研修培训、人员交流以及高级专家服务的项目;

(五)志愿服务项目,即选派志愿者到受援方从事公益性服务的项目;

(六)援外医疗队项目,即选派医务服务人员,并无偿提供部分医疗设备和药品,在受援方进行定点或者巡回医疗服务的项目;

(七)紧急人道主义援助项目,即在有关国家遭受人道主义灾难的情况下,通过提供紧急救援物资、现汇或者派出救援人员等实施救助的项目;

(八)南南合作援助基金项目,即使用南南合作援助基金,支持国际组织、社会组织、智库等实施的项目。

第二十条 对外援助项目一般通过政府间援助方式实施,主要有以下方式:

(一)中方负责实施;

(二)中方与受援方按商定分工合作实施;

(三)在落实中方外部监督的前提下由受援方自主实施;

(四)中方也可以同其他国家、国际组织、非政府组织等合作实施。

第二十一条 加强对外援助资金管理、援外优惠贷款管理,有关规定另行制定。

第四章 对外援助项目立项

第二十二条 受援方有援助需求时,应当将项目建议通过驻外使领馆(团)向中方提出,驻外使领馆(团)对受援方提出的项目建议进行国别政策审核并形成明确意见后报外交部和国际发展合作署,并抄报援外执行部门。

援外执行部门可以根据工作需要向国际发展合作署提出项目建议。

第二十三条 对外援助项目在立项前应当经过可行性研究。

中方可以要求受援方提供拟立项项目的相关资料,作为进行可行性研究的前提。

第二十四条 国际发展合作署组织项目前期论证,根据可行性研究结果确定项目,并按照程序批准立项。

第二十五条 对外援助项目立项后,国际发展合作署一般应当与受援方商签政府间立项协议,明确协议各方的权利和义务,主要包括项目内容、资金安排、实施配套条件、相关税收减免、安全保障等。

第二十六条 对外援助项目实施过程中涉及立项协议内容重大调整的,国际发展合作署按照程序报批后可以进行调整并与外方签订补充立项协议。

援外执行部门可以向国际发展合作署提出调整的建议。

第二十七条 中方同其他国家、国际组织、非政府组织等合作实施的对外援助项目,国际发展合作署一般应当与合作方商签合作协议,明确各方权利义务。

第二十八条 优惠贷款项下的对外援助项目,国际发展合作署应当在承办金融机构出具评审意见后按照程序批准立项,并与受援方签署优惠贷款框架协议。

第二十九条 人道主义灾难发生后,国际发展合作署会同有关部门拟订紧急援助方案,并办理立项。

第五章 对外援助实施管理

第三十条 国际发展合作署根据现行部门分工统筹安排援外执行部门组织实施项目。

援外执行部门依据立项批准内容组织实施对外援助项目,对对外援助项目的安全、质量、进度、投资控制等负责,可以委托有关机构组织实施管理。

第三十一条 国际发展合作署会同有关部门推动重大项目实施,协调解决项目实施中的问题。

第三十二条 国际发展合作署和商务部按照职责分工对对外援助项目实施主体资格进行管理,制定有关管理制度。

第三十三条 对外援助项目由中方负责实施的,援外执行部门依照相关法律法规选定具体项目实施主体。

第三十四条 对外援助项目实施主体不得将所承担的任务转包或者违法分包。

第三十五条 对于无偿援助和无息贷款项下的援助项目,援外执行部门一般应当与受援方商签对外援助项目实施协议,明确规定对外援助项目实施的具体事宜和双方权利义务。

第三十六条 对于无偿援助和无息贷款项下的援助项目,援外执行部门一般应当与实施主体商签对外援助项目实施合同,明确规定对外援助项目实施的具体事宜和双方权利义务。

第三十七条 因外交、国家安全或者承担的国际义务等原因,或者因不可抗力导致对外援助项目无法实施时,国际发展合作署按照程序报批后可以中断或者终止对外援助项目。

援外执行部门可以向国际发展合作署提出中断或者终止对外援助项目的建议。

第三十八条 对外援助项目执行完毕后,中方一般应当与受援方办理政府间交接手续,商签政府间交接证书。

第三十九条 国际发展合作署、援外执行部门会同有关部门建立对外援助出口物资口岸验放机制。

除涉及国家实施出口管制的货物、技术、服务等物项外,对外援助物资出口不纳入配额和许可证管理。

第四十条 对外援助资金应当专款专用、单独核算,任何单位和个人不得挪作他用。

第四十一条 对外援助人员是指政府或者对外援助项目实施主体派遣执行对外援助任务的人员。对外援助人员在外执行对外援助任务期间享有国家规定的待遇保障。对外援助人员在受援方当地执行对外援助任务期间应当遵守中国和受援方的法律法规,尊重受援方的风俗习惯。

对外援助项目实施主体应当加强对对外援助人员的管理和监督,按照有关规定保证其派遣的对外援助人员在外执行对外援助任务期间享有相应的工作和生活待遇及人身意外伤害保障。

对外援助人员在执行对外援助任务期间作出突出贡献的,国际发展合作署和援外执行部门可以依法给予表彰。在执行对外援助任务期间牺牲的,国际发展合作署和援外执行部门可以依法报请有关部门评定为烈士。

第四十二条 对于对外援助项目实施主体的违法违规行为,任何单位和个人可以依法向国际发展合作署和援外执行部门投诉或者举报。

第六章 对外援助监督和评估

第四十三条 国际发展合作署会同援外执行部门建立对外援助项目监督制度,对对外援助项目的实施情况进行监督。

第四十四条 国际发展合作署会同援外执行部门建立对外援助项目评估制度,制定对外援助项目实施情况评估标准,组织开展评估。

第四十五条 国际发展合作署会同援外执行部门建立对外援助项目实施主体诚信评价体系,按照职责分工对实施主体参与对外援助项目过程中的行为进行信用评价和管理。

第四十六条 国际发展合作署会同援外执行部门建立对外援助项目信息报送制度。

援外执行部门向国际发展合作署报送对外援助项目组织实施情况,以及项目组织实施过程中出现的质量、安全、进度和投资控制等重大问题。

驻外使领馆(团)向国际发展合作署、外交部和援外执行部门报送对外援助项目境外监管中发现的质量、安全、进度和投资控制等重大问题。

第四十七条 国际发展合作署会同援外执行部门依法建立对外援助统计制度,收集、汇总和编制对外援助统计资料。

援外执行部门、省级人民政府有关部门、有关单位应当按照对外援助统计制度,定期向国际发展合作署报送统计数据及相关信息。

第七章 法律责任

第四十八条 对外援助项目实施主体有下列行为之一的,国际发展合作署、援外执行部门依职权给予警告或者通报批评,可以并处人民币 3 万元以下罚款,并依法公开处罚决定:

(一)将所承担的对外援助项目任务转包或者违法分包的;

(二)未按对外援助项目实施合同履行义务或者迟延履行义务,影响项目正常实施,造成严重不良影响的;

(三)挪用对外援助资金的;

(四)未按规定保证外派对外援助人员工作和生活待遇,未提供人身意外伤害保障的。

对外援助项目实施主体违反相关法律、行政法规规定的,依照规定给予行政处罚;构成犯罪的,依法追究刑事责任。

第四十九条 国际发展合作署、援外执行部门和驻外使领馆（团）的工作人员在对外援助管理中有下列行为之一的，视情节轻重给予相应处分；构成犯罪的，依法追究刑事责任：

（一）利用职务便利索取他人财物，或者非法收受他人财物为他人谋取利益的；

（二）滥用职权、玩忽职守或者徇私舞弊，致使国家利益遭受损失的；

（三）泄露国家秘密的。

第八章 附 则

第五十条 对外军事援助，按照国家和军队有关规定执行。

第五十一条 本办法自2021年10月1日起施行。商务部《对外援助管理办法（试行）》（商务部令2014年第5号）同时废止。

（二）国际组织及外国政府贷款

企业境外投资管理办法

（2017 年 12 月 26 日国家发展和改革委员会令 2017 年第 11 号公布
自 2018 年 3 月 1 日起施行）

第一章 总 则

第一条 为加强境外投资宏观指导，优化境外投资综合服务，完善境外投资全程监管，促进境外投资持续健康发展，维护我国国家利益和国家安全，根据《中华人民共和国行政许可法》《国务院关于投资体制改革的决定》《国务院对确需保留的行政审批项目设定行政许可的决定》等法律法规，制定本办法。

第二条 本办法所称境外投资，是指中华人民共和国境内企业（以下称“投资主体”）直接或通过其控制的境外企业，以投入资产、权益或提供融资、担保等方式，获得境外所有权、控制权、经营管理权及其他相关权益的投资活动。

前款所称投资活动，主要包括但不限于下列情形：

（一）获得境外土地所有权、使用权等权益；

（二）获得境外自然资源勘探、开发特许权等权益；

（三）获得境外基础设施所有权、经营管理权等权益；

（四）获得境外企业或资产所有权、经营管理权等权益；

（五）新建或改扩建境外固定资产；

（六）新建境外企业或向既有境外企业增加投资；

（七）新设或参股境外股权投资基金；

（八）通过协议、信托等方式控制境外企业或资产。

本办法所称企业，包括各种类型的非金融企业和金融企业。

本办法所称控制，是指直接或间接拥有企业半数以上表决权，或虽不拥有半数以上表决权，但能够支配企业的经营、财务、人事、技术等重要事项。

第三条 投资主体依法享有境外投资自主权，自主决策、自担风险。

第四条 投资主体开展境外投资，应当履行境外投资项目（以下称“项目”）核准、备案等手续，报告有关信息，配合监督检查。

第五条 投资主体开展境外投资，不得违反我国法律法规，不得威胁或损害我国国家利益和国家安全。

第六条 国家发展和改革委员会（以下称“国家发展改革委”）在国务院规定的职责范围内，履行境外投资主管部门职责，根据维护我国国家利益和国家安全的需要，对境外投资进行宏观指导、综合服务和全程监管。

第七条 国家发展改革委建立境外投资管理和服务网络系统（以下称“网络系统”）。投资主体可以通过网络系统履行核准和备案手续、报告有关信息；涉及国家秘 密或不适宜使用网络系统的事项，投资主体可以另行使用纸质材料提交。网络系统操作指南由国家发展改革委发布。

第二章 境外投资指导和服务

第八条 投资主体可以就境外投资向国家发展改革委咨询政策和信息、反映情况和问题、提出意见和建议。

第九条 国家发展改革委在国务院规定的职责范围内,会同有关部门根据国民经济和社会发展需要制定完善相关领域专项规划及产业政策,为投资主体开展境外投资提供宏观指导。

第十条 国家发展改革委在国务院规定的职责范围内,会同有关部门加强国际投资形势分析,发布境外投资有关数据、情况等信息,为投资主体提供信息服务。

第十一条 国家发展改革委在国务院规定的职责范围内,会同有关部门参与国际投资规则制定,建立健全投资合作机制,加强政策交流和协调,推动有关国家和地区为我国企业开展投资提供公平环境。

第十二条 国家发展改革委在国务院规定的职责范围内,推动海外利益安全保护体系和能力建设,指导投资主体防范和应对重大风险,维护我国企业合法权益。

第三章 境外投资项目核准和备案

第一节 核准、备案的范围

第十三条 实行核准管理的范围是投资主体直接或通过其控制的境外企业开展的敏感类项目。核准机关是国家发展改革委。

本办法所称敏感类项目包括:

(一)涉及敏感国家和地区的项目;

(二)涉及敏感行业的项目。

本办法所称敏感国家和地区包括:

(一)与我国未建交的国家和地区;

(二)发生战争、内乱的国家和地区;

(三)根据我国缔结或参加的国际条约、协定等,需要限制企业对其投资的国家和地区;

(四)其他敏感国家和地区。

本办法所称敏感行业包括:

(一)武器装备的研制生产维修;

(二)跨境水资源开发利用;

(三)新闻传媒;

(四)根据我国法律法规和有关调控政策,需要限制企业境外投资的行业。

敏感行业目录由国家发展改革委发布。

第十四条 实行备案管理的范围是投资主体直接开展的非敏感类项目,也即涉及投资主体直接投入资产、权益或提供融资、担保的非敏感类项目。

实行备案管理的项目中,投资主体是中央管理企业(含中央管理金融企业、国务院或国务院所属机构直接管理的企业,下同)的,备案机关是国家发展改革委;投资主体是地方企业,且中方投资额3亿美元及以上的,备案机关是国家发展改革委;投资主体是地方企业,且中方投资额3亿美元以下的,备案机关是投资主体注册地的省级政府发展改革部门。

本办法所称非敏感类项目,是指不涉及敏感国家和地区且不涉及敏感行业的项目。

本办法所称中方投资额,是指投资主体直接以及通过其控制的境外企业为项目投入的货币、证券、实物、技术、知识产权、股权、债权等资产、权益以及提供融资、担保的总额。

本办法所称省级政府发展改革部门,包括各省、自治区、直辖市及计划单列市人民政府发展改革部门和新疆生产建设兵团发展改革部门。

第十五条 投资主体可以向核准、备案机关咨询拟开展的项目是否属于核准、备案范围,核准、备案机关应当及时予以告知。

第十六条 两个以上投资主体共同开展的项目,应当由投资额较大一方在征求其他投资方书面同意后提出核准、备案申请。如各方投资额相等,应当协商一致后由其中一方提出核准、备案申请。

第十七条 对项目所需前期费用(包括履约保证金、保函手续费、中介服务费、资源勘探费等)规模较大的,投资主体可以参照本办法第十三条、第十四条规定对项目前期费用提出核准、备案申请。经核准或备案的项目前期费用计入项目中方投资额。

第二节　核准的程序和时限

第十八条　实行核准管理的项目,投资主体应当通过网络系统向核准机关提交项目申请报告并附具有关文件。其中,投资主体是中央管理企业的,由其集团公司或总公司向核准机关提交;投资主体是地方企业的,由其直接向核准机关提交。

第十九条　项目申请报告应当包括以下内容:

(一)投资主体情况;

(二)项目情况,包括项目名称、投资目的地、主要内容和规模、中方投资额等;

(三)项目对我国国家利益和国家安全的影响分析;

(四)投资主体关于项目真实性的声明。

项目申请报告的通用文本以及应当附具的文件(以下称"附件")清单由国家发展改革委发布。

第二十条　项目申请报告可以由投资主体自行编写,也可以由投资主体自主委托具有相关经验和能力的中介服务机构编写。

第二十一条　项目申请报告和附件齐全、符合法定形式的,核准机关应当予以受理。

项目申请报告或附件不齐全、不符合法定形式的,核准机关应当在收到项目申请报告之日起5个工作日内一次性告知投资主体需要补正的内容。逾期不告知的,自收到项目申请报告之日起即为受理。

核准机关受理或不予受理项目申请报告,都应当通过网络系统告知投资主体。投资主体需要受理或不予受理凭证的,可以通过网络系统自行打印或要求核准机关出具。

第二十二条　项目涉及有关部门职责的,核准机关应当商请有关部门在7个工作日内出具书面审查意见。有关部门逾期没有反馈书面审查意见的,视为同意。

第二十三条　核准机关在受理项目申请报告后,如确有必要,应当在4个工作日内委托咨询机构进行评估。除项目情况复杂的,评估时限不得超过30个工作日。项目情况复杂的,经核准机关同意,可以延长评估时限,但延长的时限不得超过60个工作日。

核准机关应当将咨询机构进行评估所需的时间告知投资主体。

接受委托的咨询机构应当在规定时限内提出评估报告,并对评估结论承担责任。

评估费用由核准机关承担,咨询机构及其工作人员不得收取投资主体任何费用。

第二十四条　核准机关可以结合有关单位意见、评估意见等,建议投资主体对项目申请报告有关内容进行调整,或要求投资主体对有关情况或材料作进一步澄清、补充。

第二十五条　核准机关应当在受理项目申请报告后20个工作日内作出是否予以核准的决定。项目情况复杂或需要征求有关单位意见的,经核准机关负责人批准,可以延长核准时限,但延长的核准时限不得超过10个工作日,并应当将延长时限的理由告知投资主体。

前款规定的核准时限,包括征求有关单位意见的时间,不包括咨询机构评估的时间。

第二十六条　核准机关对项目予以核准的条件为:

(一)不违反我国法律法规;

(二)不违反我国有关发展规划、宏观调控政策、产业政策和对外开放政策;

(三)不违反我国缔结或参加的国际条约、协定;

(四)不威胁、不损害我国国家利益和国家安全。

第二十七条　对符合核准条件的项目,核准机关应当予以核准,并向投资主体出具书面核准文件。

对不符合核准条件的项目,核准机关应当出具不予核准书面通知,并说明不予核准的理由。

第二十八条　项目违反有关法律法规、违反有关规划或政策、违反有关国际条约或协定、威胁或损害我国国家利益和国家安全的,核准机关可以不经过征求意见、委托评估等程序,直接作出不予核准的决定。

第三节 备案的程序和时限

第二十九条 实行备案管理的项目，投资主体应当通过网络系统向备案机关提交项目备案表并附具有关文件。其中，投资主体是中央管理企业的，由其集团公司或总公司向备案机关提交；投资主体是地方企业的，由其直接向备案机关提交。

项目备案表格式文本及附件清单由国家发展改革委发布。

第三十条 项目备案表和附件齐全、符合法定形式的，备案机关应当予以受理。

项目备案表或附件不齐全、项目备案表或附件不符合法定形式、项目不属于备案管理范围、项目不属于备案机关管理权限的，备案机关应当在收到项目备案表之日起5个工作日内一次性告知投资主体。逾期不告知的，自收到项目备案表之日起即为受理。

备案机关受理或不予受理项目备案表，都应当通过网络系统告知投资主体。投资主体需要受理或不予受理凭证的，可以通过网络系统自行打印或要求备案机关出具。

第三十一条 备案机关在受理项目备案表之日起7个工作日内向投资主体出具备案通知书。

备案机关发现项目违反有关法律法规、违反有关规划或政策、违反有关国际条约或协定、威胁或损害我国国家利益和国家安全的，应当在受理项目备案表之日起7个工作日内向投资主体出具不予备案书面通知，并说明不予备案的理由。

第四节 核准、备案的效力、变更和延期

第三十二条 属于核准、备案管理范围的项目，投资主体应当在项目实施前取得项目核准文件或备案通知书。

本办法所称项目实施前，是指投资主体或其控制的境外企业为项目投入资产、权益（已按照本办法第十七条办理核准、备案的项目前期费用除外）或提供融资、担保之前。

第三十三条 属于核准、备案管理范围的项目，投资主体未取得有效核准文件或备案通知书的，外汇管理、海关等有关部门依法不予办理相关手续，金融企业依法不予办理相关资金结算和融资业务。

第三十四条 已核准、备案的项目，发生下列情形之一的，投资主体应当在有关情形发生前向出具该项目核准文件或备案通知书的机关提出变更申请：

（一）投资主体增加或减少；

（二）投资地点发生重大变化；

（三）主要内容和规模发生重大变化；

（四）中方投资额变化幅度达到或超过原核准、备案金额的20%，或中方投资额变化1亿美元及以上；

（五）需要对项目核准文件或备案通知书有关内容进行重大调整的其他情形。

核准机关应当在受理变更申请之日起20个工作日内作出是否同意变更核准的书面决定。备案机关应当在受理变更申请之日起7个工作日内作出是否同意变更备案的书面决定。

第三十五条 核准文件、备案通知书有效期2年。确需延长有效期的，投资主体应当在有效期届满的30个工作日前向出具该项目核准文件或备案通知书的机关提出延长有效期的申请。

核准机关应当在受理延期申请之日起20个工作日内作出是否同意延长核准文件有效期的书面决定。备案机关应当在受理延期申请之日起7个工作日内作出是否同意延长备案通知书有效期的书面决定。

第三十六条 核准、备案机关应当依法履行职责，严格按照规定权限、程序、时限等要求实施核准、备案行为，提高行政效能，提供优质服务。

第三十七条 对核准、备案机关实施的核准、备案行为，相关利害关系人有权依法申请行政复议或提起行政诉讼。

第三十八条 对不符合本办法规定条件的项目予以核准、备案，或违反本办法规定权限和程

序予以核准、备案的，应当依法予以撤销。

第三十九条 核准、备案机关应当按照《政府信息公开条例》规定将核准、备案有关信息予以公开。

第四章 境外投资监管

第四十条 国家发展改革委和省级政府发展改革部门根据境外投资有关法律法规和政策，按照本办法第十三条、第十四条规定的分工，联合同级政府有关部门建立协同监管机制，通过在线监测、约谈函询、抽查核实等方式对境外投资进行监督检查，对违法违规行为予以处理。

第四十一条 倡导投资主体创新境外投资方式、坚持诚信经营原则、避免不当竞争行为、保障员工合法权益、尊重当地公序良俗、履行必要社会责任、注重生态环境保护、树立中国投资者良好形象。

第四十二条 投资主体通过其控制的境外企业开展大额非敏感类项目的，投资主体应当在项目实施前通过网络系统提交大额非敏感类项目情况报告表，将有关信息告知国家发展改革委。

投资主体提交的大额非敏感类项目情况报告表内容不完整的，国家发展改革委应当在收到之日起5个工作日内一次性告知投资主体需要补正的内容。逾期不告知的，视作内容完整。大额非敏感类项目情况报告表格式文本由国家发展改革委发布。

本办法所称大额非敏感类项目，是指中方投资额3亿美元及以上的非敏感类项目。

第四十三条 境外投资过程中发生外派人员重大伤亡、境外资产重大损失、损害我国与有关国家外交关系等重大不利情况的，投资主体应当在有关情况发生之日起5个工作日内通过网络系统提交重大不利情况报告表。重大不利情况报告表格式文本由国家发展改革委发布。

第四十四条 属于核准、备案管理范围的项目，投资主体应当在项目完成之日起20个工作日内通过网络系统提交项目完成情况报告表。项目完成情况报告表格式文本由国家发展改革委发布。

前款所称项目完成，是指项目所属的建设工程竣工、投资标的股权或资产交割、中方投资额支出完毕等情形。

第四十五条 国家发展改革委、省级政府发展改革部门可以就境外投资过程中的重大事项向投资主体发出重大事项问询函。投资主体应当按照重大事项问询函载明的问询事项和时限要求提交书面报告。

国家发展改革委、省级政府发展改革部门认为确有必要的，可以公示重大事项问询函及投资主体提交的书面报告。

第四十六条 投资主体按照本办法第四十二条、第四十三条、第四十四条、第四十五条规定提交有关报告表或书面报告后，需要凭证的，可以通过网络系统自行打印提交完成凭证。

第四十七条 国家发展改革委、省级政府发展改革部门可以根据其掌握的国际国内经济社会运行情况和风险状况，向投资主体或利益相关方发出风险提示，供投资主体或利益相关方参考。

第四十八条 投资主体应当对自身通过网络系统和线下提交的各类材料的真实性、合法性、完整性负责，不得有虚假、误导性陈述和重大遗漏。

第四十九条 有关部门和单位、驻外使领馆等发现企业违反本办法规定的，可以告知核准、备案机关。公民、法人或其他组织发现企业违反本办法规定的，可以据实向核准、备案机关举报。

国家发展改革委建立境外投资违法违规行为记录，公布并更新企业违反本办法规定的行为及相应的处罚措施，将有关信息纳入全国信用信息共享平台、国家企业信用信息公示系统、“信用中国”网站等进行公示，会同有关部门和单位实施联合惩戒。

第五章 法律责任

第五十条 国家发展改革委工作人员有下列行为之一的，责令其限期改正，并依法追究有关责任人的行政责任；构成犯罪的，依法追究刑事责任：

(一)滥用职权、玩忽职守、徇私舞弊、索贿受贿的;

(二)违反本办法规定程序和条件办理项目核准、备案的;

(三)其他违反本办法规定的行为。

第五十一条 投资主体通过恶意分拆项目、隐瞒有关情况或提供虚假材料等手段申请核准、备案的,核准、备案机关不予受理或不予核准、备案,对投资主体及主要责任人处以警告。

第五十二条 投资主体通过欺骗、贿赂等不正当手段取得项目核准文件或备案通知书的,核准、备案机关应当撤销该核准文件或备案通知书,对投资主体及主要责任人处以警告;构成犯罪的,依法追究刑事责任。

第五十三条 属于核准、备案管理范围的项目,投资主体有下列行为之一的,由核准、备案机关责令投资主体中止或停止实施该项目并限期改正,对投资主体及有关责任人处以警告;构成犯罪的,依法追究刑事责任:

(一)未取得核准文件或备案通知书而擅自实施的;

(二)应当履行核准、备案变更手续,但未经核准、备案机关同意而擅自实施变更的。

第五十四条 投资主体有下列行为之一的,由国家发展改革委或投资主体注册地的省级政府发展改革部门责令投资主体限期改正;情节严重或逾期不改正的,对投资主体及有关责任人处以警告:

(一)未按本办法第四十二条、第四十三条、第四十四条、第四十五条规定报告有关信息的;

(二)违反本办法第四十八条规定的。

第五十五条 投资主体在境外投资过程中实施不正当竞争行为、扰乱境外投资市场秩序的,由国家发展改革委或投资主体注册地的省级政府发展改革部门责令投资主体中止或停止开展该项目并限期改正,对投资主体及主要责任人处以警告。

第五十六条 境外投资威胁我国国家利益和国家安全的,由国家发展改革委或投资主体注册地的省级政府发展改革部门责令投资主体中止实施项目并限期改正。

境外投资损害我国国家利益和国家安全的,由国家发展改革委或投资主体注册地的省级政府发展改革部门责令投资主体停止实施项目、限期改正并采取补救措施,对投资主体及有关责任人处以警告;构成犯罪的,依法追究刑事责任。

投资主体按照本办法第四十三条规定及时提交重大不利情况报告表并主动改正的,可以减轻或免除本条规定的行政处罚。

第五十七条 金融企业为属于核准、备案管理范围但未取得核准文件或备案通知书的项目提供融资、担保的,由国家发展改革委通报该违规行为并商请有关金融监管部门依法依规处罚该金融企业及有关责任人。

第六章 附 则

第五十八条 各省级政府发展改革部门要加强对本地企业境外投资的指导、服务和监管,可以按照本办法的规定制定具体实施办法。

第五十九条 国家发展改革委对省级政府发展改革部门的境外投资管理工作进行指导和监督,对发现的问题及时予以纠正。

第六十条 核准、备案机关及其工作人员,以及被核准机关征求意见、受核准机关委托进行评估的单位及其工作人员,依法对投资主体根据本办法提交的材料负有保守商业秘 密的义务。

第六十一条 事业单位、社会团体等非企业组织对境外开展投资参照本办法执行。

第六十二条 投资主体直接或通过其控制的企业对香港、澳门、台湾地区开展投资的,参照本办法执行。

投资主体通过其控制的香港、澳门、台湾地区企业对境外开展投资的,参照本办法执行。

第六十三条 境内自然人通过其控制的境外企业或香港、澳门、台湾地区企业对境外开展投资的,参照本办法执行。

境内自然人直接对境外开展投资不适用本办法。境内自然人直接对香港、澳门、台湾地区开展投资不适用本办法。

第六十四条 法律、行政法规对境外投资管理有专门规定的,从其规定。

第六十五条 本办法由国家发展改革委负责解释。

第六十六条 本办法自2018年3月1日起施行。《境外投资项目核准和备案管理办法》(国家发展和改革委员会令第9号)同时废止。

外商投资项目核准和备案管理办法

(2014年5月17日国家发展和改革委员会令第12号公布
根据2014年12月27日国家发展和改革委员会令第20号《关于修改〈境外投资项目核准和备案管理办法〉和〈外商投资项目核准和备案管理办法〉有关条款的决定》修订)

第一章 总 则

第一条 为进一步深化外商投资管理体制改革,根据《中华人民共和国行政许可法》、《指导外商投资方向规定》、《国务院关于投资体制改革的决定》及《政府核准的投资项目目录》(以下简称《核准目录》),特制定本办法。

第二条 本办法适用于中外合资、中外合作、外商独资、外商投资合伙、外商并购境内企业、外商投资企业增资及再投资项目等各类外商投资项目。

第二章 项目管理方式

第三条 外商投资项目管理分为核准和备案两种方式。

第四条 外商投资项目核准权限、范围按照国务院发布的《核准目录》执行。

本办法所称项目核准机关,是指《核准目录》中规定的具有项目核准权限的行政机关。

第五条 本办法第四条范围以外的外商投资项目由地方政府投资主管部门备案。

第六条 外商投资企业增资项目总投资以新增投资额计算,并购项目总投资以交易额计算。

第七条 外商投资涉及国家安全的,应当按照国家有关规定进行安全审查。

第三章 项目核准

第八条 拟申请核准的外商投资项目应按国家有关要求编制项目申请报告。项目申请报告应包括以下内容:

(一)项目及投资方情况;

(二)资源利用和生态环境影响分析;

(三)经济和社会影响分析。

外国投资者并购境内企业项目申请报告应包括并购方情况、并购安排、融资方案和被并购方情况、被并购后经营方式、范围和股权结构、所得收入的使用安排等。

第九条 国家发展和改革委员会根据实际需要,编制并颁布项目申请报告通用文本、主要行业的项目申请报告示范文本、项目核准文件格式文本。

对于应当由国家发展和改革委员会核准或者审核后报国务院核准的项目,国家发展和改革委员会制定并颁布《服务指南》,列明项目核准的申报材料和所需附件、受理方式、办理流程、办理时限等内容,为项目申报单位提供指导和服务。

第十条 项目申请报告应附以下文件:

(一)中外投资各方的企业注册证明材料及经审计的最新企业财务报表(包括资产负债表、利润表和现金流量表)、开户银行出具的资金信用证明;

(二)投资意向书,增资、并购项目的公司董事会决议;

(三)城乡规划行政主管部门出具的选址意见书(仅指以划拨方式提供国有土地使用权的

项目）；

（四）国土资源行政主管部门出具的用地预审意见（不涉及新增用地，在已批准的建设用地范围内进行改扩建的项目，可以不进行用地预审）；

（五）环境保护行政主管部门出具的环境影响评价审批文件；

（六）节能审查机关出具的节能审查意见；

（七）以国有资产出资的，需由有关主管部门出具的确认文件；

（八）根据有关法律法规的规定应当提交的其他文件。

第十一条 按核准权限属于国家发展和改革委员会核准的项目，由项目所在地省级发展改革部门提出初审意见后，向国家发展和改革委员会报送项目申请报告；计划单列企业集团和中央管理企业可直接向国家发展和改革委员会报送项目申请报告，并附项目所在地省级发展改革部门的意见。

第十二条 项目申报材料不齐全或者不符合有关要求的，项目核准机关应当在收到申报材料后5个工作日内一次告知项目申报单位补正。

第十三条 对于涉及有关行业主管部门职能的项目，项目核准机关应当商请有关行业主管部门在7个工作日内出具书面审查意见。有关行业主管部门逾期没有反馈书面审查意见的，视为同意。

第十四条 项目核准机关在受理项目申请报告之日起4个工作日内，对需要进行评估论证的重点问题委托有资质的咨询机构进行评估论证，接受委托的咨询机构应在规定的时间内提出评估报告。

对于可能会对公共利益造成重大影响的项目，项目核准机关在进行核准时应采取适当方式征求公众意见。对于特别重大的项目，可以实行专家评议制度。

第十五条 项目核准机关自受理项目核准申请之日起20个工作日内，完成对项目申请报告的核准。如20个工作日内不能做出核准决定的，由本部门负责人批准延长10个工作日，并将延长期限的理由告知项目申报单位。

前款规定的核准期限，委托咨询评估和进行专家评议所需的时间不计算在内。

第十六条 对外商投资项目的核准条件是：

（一）符合国家有关法律法规和《外商投资产业指导目录》、《中西部地区外商投资优势产业目录》的规定；

（二）符合发展规划、产业政策及准入标准；

（三）合理开发并有效利用了资源；

（四）不影响国家安全和生态安全；

（五）对公众利益不产生重大不利影响；

（六）符合国家资本项目管理、外债管理的有关规定。

第十七条 对予以核准的项目，项目核准机关出具书面核准文件，并抄送同级行业管理、城乡规划、国土资源、环境保护、节能审查等相关部门；对不予核准的项目，应以书面说明理由，并告知项目申报单位享有依法申请行政复议或者提起行政诉讼的权利。

第四章 项目备案

第十八条 拟申请备案的外商投资项目需由项目申报单位提交项目和投资方基本情况等信息，并附中外投资各方的企业注册证明材料、投资意向书及增资、并购项目的公司董事会决议等其他相关材料。

第十九条 外商投资项目备案需符合国家有关法律法规、发展规划、产业政策及准入标准，符合《外商投资产业指导目录》、《中西部地区外商投资优势产业目录》。

第二十条 对不予备案的外商投资项目，地方投资主管部门应在7个工作日内出具书面意见并说明理由。

第五章 项目变更

第二十一条 经核准或备案的项目如出现下列情形之一的，需向原批准机关申请变更：

（一）项目地点发生变化；

（二）投资方或股权发生变化；

（三）项目主要建设内容发生变化；

（四）有关法律法规和产业政策规定需要变更的其他情况。

第二十二条 变更核准和备案的程序比照本办法前述有关规定执行。

第二十三条 经核准的项目若变更后属于备案管理范围的，应按备案程序办理；予以备案的项目若变更后属于核准管理范围的，应按核准程序办理。

第六章 监督管理

第二十四条 核准或备案文件应规定文件的有效期。在有效期内未开工建设的，项目申报单位应当在有效期届满前30个工作日向原核准和备案机关提出延期申请。在有效期内未开工建设且未提出延期申请的，原核准文件期满后自动失效。

第二十五条 对于未按规定权限和程序核准或者备案的项目，有关部门不得办理相关手续，金融机构不得提供信贷支持。

第二十六条 各级项目核准和备案机关要切实履行核准和备案职责，改进监督、管理和服务，提高行政效率，并按照相关规定做好项目核准及备案的信息公开工作。

第二十七条 各级发展改革部门应当会同同级行业管理、城乡规划、国土资源、环境保护、金融监管、安全生产监管等部门，对项目申报单位执行项目情况和外商投资项目核准或备案情况进行稽察和监督检查，加快完善信息系统，建立发展规划、产业政策、准入标准、诚信记录等信息的横向互通制度，严肃查处违法违规行为并纳入不良信用记录，实现行政审批和市场监管的信息共享。

第二十八条 国家发展和改革委员会要联合地方发展改革部门建立完善外商投资项目管理电子信息系统，实现外商投资项目可查询、可监督，提升事中事后监管水平。

第二十九条 省级发展改革部门每月10日前汇总整理上月本省项目核准及备案相关情况，包括项目名称、核准及备案文号、项目所在地、中外投资方、建设内容、资金来源（包括总投资、资本金等）等，报送国家发展和改革委员会。

第七章 法律责任

第三十条 项目核准和备案机关及其工作人员违反本办法有关规定的，由其上级行政机关或者监察机关责令改正；情节严重的，对直接负责的主管人员和其他直接责任人员依法给予行政处分。

第三十一条 项目核准和备案机关工作人员，在项目核准和备案过程中滥用职权谋取私利，构成犯罪的，依法追究刑事责任；尚不构成犯罪的，依法给予行政处分。

第三十二条 咨询评估机构及其人员、参与专家评议的专家，在编制项目申请报告、受项目核准机关委托开展评估或者参与专家评议过程中，不遵守国家法律法规和本办法规定的，依法追究相应责任。

第三十三条 项目申报单位以拆分项目或提供虚假材料等不正当手段申请核准或备案的，项目核准和备案机关不予受理或者不予核准及备案。已经取得项目核准或备案文件的，项目核准和备案机关应依法撤销该项目的核准或备案文件。已经开工建设的，依法责令其停止建设。相应的项目核准和备案机关及有关部门应当将其纳入不良信用记录，并依法追究有关责任人的法律责任。

第八章 附 则

第三十四条 具有项目核准职能的国务院行业管理部门和省级政府有关部门可以按照国家

有关法律法规和本办法的规定，制定外商投资项目核准具体实施办法和相应的《服务指南》。

第三十五条 香港特别行政区、澳门特别行政区和台湾地区的投资者在祖国大陆举办的投资项目，参照本办法执行。

外国投资者以人民币在境内投资的项目，按照本办法执行。

第三十六条 法律、行政法规和国家对外商投资项目管理有专门规定的，按照有关规定执行。

第三十七条 本办法由国家发展和改革委员会负责解释。

第三十八条 本办法自2014年6月17日起施行。国家发展和改革委员会2004年10月9日发布的《外商投资项目核准暂行管理办法》（国家发展和改革委员会令第22号）同时废止。

国际金融组织和外国政府贷款赠款管理办法

（2016年10月11日财政部令第85号公布　自2017年1月1日起施行）

第一章　总　　则

第一条 为了规范国际金融组织和外国政府贷款、赠款管理，防范政府债务风险，提高资金使用效益，根据《中华人民共和国预算法》等相关法律、行政法规，制定本办法。

第二条 国际金融组织和外国政府贷款、赠款的管理工作适用本办法。

第三条 本办法所称贷款是指财政部经国务院批准代表国家统一筹借并形成政府外债的贷款，以及与上述贷款搭配使用的联合融资。

本办法所称赠款是指财政部或者经国务院批准由财政部代表国家作为受赠方接受的、不以与贷款搭配使用为前提条件的国际赠款。

第四条 财政部作为政府外债的统一管理部门，负责全国贷款、赠款的统一管理工作。

地方财政部门作为地方政府性债务归口管理部门，负责本地区贷款、赠款的管理工作。

第五条 贷款、赠款的使用应当坚持创新、协调、绿色、开放、共享的发展理念，符合国民经济和社会发展战略，遵循中期财政规划，体现公共财政职能，促进可持续发展。

贷款、赠款的使用包括项目投融资、能力建设、政策咨询等多种形式。

第六条 贷款、赠款的管理应当遵循统一筹措、规模适度，分类管理、责权明晰，讲求绩效、风险可控的原则。

第七条 按照政府承担还款责任的不同，贷款分为政府负有偿还责任贷款和政府负有担保责任贷款。

政府负有偿还责任贷款，应当纳入本级政府的预算管理和债务限额管理，其收入、支出、还本付息纳入一般公共预算管理。

政府负有担保责任贷款，不纳入政府债务限额管理。政府依法承担并实际履行担保责任时，应当从本级政府预算安排还贷资金，纳入一般公共预算管理。

第八条 赠款纳入中央一般公共预算管理。其中：对于赠款方有指定用途的赠款，按预算管理程序审核后相应列入中央部门预算或中央对地方转移支付；对于赠款方无指定用途的赠款，由财政统筹安排使用。

第九条 财政部可以将贷款拨付给省级政府（包括计划单列市，下同）或国务院有关部门（含直属单位，下同）等使用。省级财政部门可以将财政部拨付的贷款逐级拨付给下级政府或者有关部门和单位使用。

财政部可以将贷款转贷给省级政府、国务院有关部门、中央企业、金融机构等使用。省级财政部门可以将转贷的贷款拨付给下级政府或者有关部门和单位使用；省级财政部门也可以将转贷的贷款逐级转贷给下级政府或者有关部门和单位使用。

财政部可以将接受的赠款拨付给省级政府、国务院有关部门、中央企业等机构使用。

第二章 机构职责

第十条 财政部履行下列职责：

（一）统一对外筹借贷款、接受赠款；

（二）制定贷款、赠款的管理制度；

（三）与国务院有关部门研究编制贷款规划；

（四）指导、协调、监督贷款和赠款的立项申报、前期准备、贷款划拨或转贷、赠款分配、资金使用、项目采购、统计监测、债务偿还、绩效管理、成果总结和推广等；

（五）统筹开展贷款、赠款的对外工作，协调推进项目准备，对外磋商谈判，签署相关法律文件，办理生效手续；

（六）将政府负有偿还责任贷款纳入预算管理和债务限额管理，加强对政府负有担保责任贷款的监控，建立债务风险预警和应急处置机制，防范和化解债务风险；

（七）财政部应当履行的其他职责。

第十一条 地方财政部门履行下列职责：

（一）制定本地区利用贷款、赠款的管理制度；

（二）组织、征集、评审本地区贷款、赠款申请，向上级财政部门申报备选项目；

（三）组织和协调本地区贷款、赠款对外工作，参与项目准备和磋商谈判，协助办理法律文件签署和生效手续；

（四）监督项目实施单位和有关机构按照贷款、赠款法律文件的规定履行相应职责，及时采取有效措施处理项目出现的问题，并报告上级财政部门；

（五）办理贷款、赠款资金的支付和提取，监督项目实施单位和有关机构贷款资金使用、项目采购等情况，保障资金使用的安全、规范、有效；

（六）确定转贷或担保机制，落实还款责任，督促并确保贷款按时足额偿还；

（七）将本地区政府负有偿还责任贷款纳入本级预算管理和债务限额管理，加强对本地区政府负有担保责任贷款的监控，建立风险应急处置机制和防控措施，防范和化解债务风险；

（八）组织和实施本地区贷款赠款项目的绩效管理工作，总结和推广本地区贷款赠款项目的成果经验；

（九）地方财政部门应当履行的其他职责。

第十二条 项目实施单位履行下列职责：

（一）按照贷款方或赠款方及国内相关制度要求，开展贷款和赠款项目的准备工作，办理相关审核、审批手续，并按照财政部门要求提供担保或反担保；

（二）按照贷款、赠款法律文件和国内相关规定，落实项目配套资金，组织项目采购，开展项目活动，推进项目进度，监测项目绩效等；

（三）制定并落实贷款、赠款项目的各项管理规定，安全、规范、有效地使用资金；

（四）及时编制和提交项目进度报告、财务报告和完工报告等，全面、客观、真实地反映项目进展情况；

（五）制定贷款偿还计划，筹措和落实还贷资金，按时足额偿还贷款；

（六）建立项目风险应急处置机制和防控措施，防范和化解债务风险；

（七）配合和协助贷款方或赠款方以及国内相关部门开展项目检查、绩效管理和审计等工作；

（八）项目实施单位应当履行的其他职责。

第十三条 跨省、自治区、直辖市、计划单列市的联合执行项目应当由国务院行业主管部门协商财政部等管理部门确定项目协调机构；省内跨地区、跨行业的联合执行项目应当由省级政府确定项目协调机构。

项目协调机构主要履行下列职责：

（一）参与项目立项研究论证，就项目内容、规模、技术、市场等为同级财政部门提供立项咨

询意见;

(二)按照贷款方或赠款方及国内相关制度要求,统一组织项目实施单位进行项目准备,协调解决有关问题,开展政策指导和专项业务培训;

(三)按照贷款方或赠款方及国内相关制度要求,协调推进项目执行,定期向同级财政部门汇总报送项目进度报告、财务报告和完工报告;

(四)组织开展项目绩效评价,总结推广项目先进技术、创新模式和管理经验;

(五)配合协助贷款方或赠款方及国内相关部门开展项目检查、绩效管理等工作;

(六)项目协调机构应当履行的其他职责。

贷款项目协调机构项目管理经费预算应当报同级财政部门审批并纳入同级预算管理。

第十四条 财政部门可以按照国内相关制度规定选择具有专业能力的机构提供项目评审、到货核查、绩效评价、监督检查等服务。

项目实施单位可以与财政部门共同选择具有专业能力和相关资质的金融机构,委托其办理贷款资金的提取支付,债务的分割、回收、偿还和统计等业务。

第三章 贷款管理

第一节 贷款筹借

第十五条 贷款筹借包括贷款申请、前期准备、对外磋商与谈判、法律文件签署与生效、执行或转贷及担保协议签署等。

第十六条 财政部定期发布贷款信息公告,公布贷款方提供贷款的规模、领域、条件等。

第十七条 省级财政部门和国务院有关部门、中央企业、金融机构应当根据本办法的规定以及贷款方的要求,组织、征集贷款备选项目。

省级财政部门应当组织专家或委托第三方机构对本地区贷款备选项目的投入领域、贷款方式、融资安排、执行机构能力、绩效目标、偿债机制和债务风险等进行评审,并会同相关部门向财政部报送项目贷款申请书以及具有项目建议书深度的项目文件、还款承诺函、评审报告等配套文件。

国务院有关部门、中央企业、金融机构申报项目的应当向财政部报送项目贷款申请书以及具有项目建议书深度的项目文件、还款承诺函等配套文件。

第十八条 财政部对贷款申请进行审查,并在中央政府和地方政府债务限额内,根据国家重大战略规划、优先发展和改革的重点领域、贷款方的资金使用政策、可用资金额度,结合有关项目绩效评价结果和项目所在地的债务风险情况等,与有关部门研究编制贷款备选项目规划。

第十九条 已列入贷款备选项目规划的,项目实施单位或者项目协调机构应当配合贷款方做好贷款项目前期准备工作并及时办理国内相关审批手续。

各级财政部门应当加强协调和指导,督促项目实施单位按照贷款方的要求完成各项准备工作。

第二十条 在贷款磋商谈判前,有关单位应当完成以下工作:

(一)对于项目贷款来源、金额、内容、实施主体等拟进行重大调整的,应当获得财政部与有关部门确认;对于本地区的项目,省级财政部门应当在报财政部审核确认前重新组织评审;

(二)对于贷款法律文件谈判草本,省级财政部门、中央项目实施单位或中央项目协调机构应当提出修改或确认意见;

(三)对于政府负有担保责任的贷款,项目实施单位应当以财政部门可接受的方式向财政部门提供反担保;

(四)财政部或贷款方要求的其他事项。

第二十一条 财政部根据贷款项目准备情况与贷款方开展贷款磋商谈判。

第二十二条 在贷款方批准贷款后,财政部组织签署贷款法律文件并办理生效事宜。

第二十三条 财政部拨付贷款时,应当与省级政府或者国务院有关部门等签署执行协议。

财政部转贷贷款时,应当与省级政府、国务院有关部门、中央企业或者金融机构等签署转贷协议。

第二十四条 对于财政部拨付的贷款,省级财政部门应当与下级政府或者有关部门和单位签署执行协议。

对于财政部转贷的贷款,省级政府负有偿还责任的,省级财政部门应当与下级政府或者有关部门和单位签署执行协议;省级政府负有担保责任的,省级财政部门应当与下级政府或者有关部门和单位签署转贷协议。

省级以下(不含省级)政府接受上级政府转贷,比照前款规定签署执行协议或者转贷协议。

第二节 贷款使用

第二十五条 贷款使用包括年度计划及预算编制、项目采购、资金支付、财务管理、项目调整、绩效监测及其相关的管理工作等。

第二十六条 项目实施单位或者项目协调机构应当按照有关规定将年度贷款资金和配套资金使用计划、采购计划、出国(境)团组计划等报同级财政部门审核确认或备案。

第二十七条 项目实施单位按照有关规定应当编制部门预算或者单位预算的,应当将其接受的贷款资金全额编入其部门预算或者单位预算管理。

各级财政部门、有关部门和单位应当按照预算管理有关规定做好贷款的预算编制、执行和决算工作。

第二十八条 项目实施单位负责采购代理机构的选择和开展项目采购活动,并接受同级财政部门的监督。

第二十九条 财政部门和中央项目实施单位应当按照贷款法律文件、财政专户和预算单位银行账户管理等有关规定开设和管理贷款指定账户,并按照贷款方要求及国内有关规定进行贷款资金支付和债务分割等。

第三十条 项目实施单位应当按照国家财务会计制度和具体的贷款项目财务会计管理规定,负责贷款项目的财务管理和会计核算,建立健全内部财务会计制度,定期直接向同级财政部门或者通过项目协调机构汇总报送项目进度报告、财务报告等。

第三十一条 贷款使用过程中,有关调整贷款规模、变更项目目标和内容、改变贷款资金用途和支付比例、延长贷款期限等涉及贷款法律文件内容变更的,项目实施单位或者项目协调机构应当通过同级财政部门逐级向财政部提出申请,由财政部与贷款方协商后办理贷款法律文件的变更手续。

第三十二条 贷款项目执行期间如需进行期中调整,省级财政部门、中央项目实施单位或者中央项目协调机构应当在调整前组织开展在建项目绩效评价,根据绩效评价结果提出期中调整方案建议和项目管理整改意见。

第三十三条 省级财政部门、中央项目实施单位或者中央项目协调机构应当在项目完工后适时开展完工项目绩效评价,并做好评价结果的公开与应用工作。

第三十四条 贷款项目完工后,项目实施单位或者项目协调机构应当对项目实施情况进行全面总结和评价,准备项目竣工验收、办理竣工财务决算、提交项目完工报告,明晰产权关系和债权债务关系,做好资产债务移交和登记等工作。

贷款形成国有资产的,其产权管理、核算、评估、处置、收益分配、统计、报告等工作应当按照有关规定进行。

第三十五条 财政部门、项目协调机构和项目实施单位应当及时总结技术、管理、制度、理念等方面的创新成果和经验,并进行推广宣传。

第三节 债务偿还

第三十六条 债务偿还包括还款计划制定、还款安排、欠款回收、还贷准备金管理、影响贷款偿还事项的处理等。

第三十七条 还款责任人应当制定还款计划,落实还款资金来源,保证按时足额还款。

第三十八条 政府负有偿还责任的贷款，财政部门应当按照预算安排及时足额履行还款责任。

第三十九条 政府负有担保责任的贷款，财政部门应当向上一级财政部门提供担保，并督促还款责任人制定还款计划，按时足额还款；必要时，财政部门可以要求企业还款责任人与金融机构就临时性垫付达成信贷服务协议，以确保按时足额还款。

还款责任人未按时还款的，财政部门应当从本级政府还贷准备金中调剂资金用于临时性垫款。

已确定还款责任人无法履行债务的，财政部门应当依法在本级一般公共预算中足额安排资金用于还款。

第四十条 未能履行还款义务的，财政部可以采取财政预算扣款、加收罚息等有效措施以保证欠款回收。地方财政部门可以按照转贷协议约定采取有效措施以保证欠款回收。

第四十一条 县级以上地方政府可以设立贷款还贷准备金，由同级财政部门管理。

第四十二条 还款责任人在遵循审慎原则和建立健全内部控制机制的基础上，可以运用金融工具保值避险。

第四十三条 在债务存续期间，还款责任人如因实行资产重组、企业改制等可能导致产权变更、债权变更或者债务转移等行为将会影响到贷款偿还的，应当事先征得同级财政部门的同意，并就有关债务偿还安排与同级财政部门达成书面协议，保证按时偿还贷款，防止债务逃废。

第四章 赠款管理

第四十四条 赠款管理包括赠款接受、赠款使用、绩效评价与总结、资产管理等。

第四十五条 省级财政部门、国务院有关部门和中央企业等机构应当根据财政部以及赠款方的要求，向财政部报送赠款申请及其项目概念书。

财政部对赠款申请进行审核，并与赠款方磋商制定赠款项目清单。

第四十六条 财政部负责与赠款方进行磋商谈判、组织签署赠款法律文件并办理生效等事宜。

赠款方有要求的，省级财政部门或中央项目实施单位应当在赠款磋商谈判前出具赠款联合融资承诺函。

财政部应当与省级政府、国务院有关部门和中央企业等机构签署赠款执行协议。

第四十七条 项目实施单位应当按照有关规定将赠款年度资金使用计划、采购计划、出国（境）团组计划等报同级财政部门审核确认或备案。

第四十八条 财政部门和中央项目实施单位应当按照赠款法律文件、财政专户和预算单位银行账户管理等有关规定开设和管理赠款指定账户，并按照赠款方要求及国内有关规定进行赠款资金支付。

第四十九条 项目实施单位应当按照国家财务会计制度和具体的赠款项目财务会计管理规定，负责赠款项目的财务管理和会计核算，建立健全内部财务会计制度，定期向同级财政部门报送项目进度报告、财务报告等。

第五十条 赠款使用过程中，有关调整赠款规模、变更项目内容、改变赠款资金用途和支付比例、延长赠款期限等涉及赠款法律文件内容变更的，项目实施单位应当通过同级财政部门逐级提出申请，由财政部与赠款方协商后办理赠款法律文件的变更手续。

第五十一条 省级财政部门和中央项目实施单位应当在项目完工后适时开展赠款项目绩效评价，并做好评价结果的公开与应用工作。

第五十二条 赠款项目完工前，财政部门应当根据有关规定与赠款法律文件的要求明确赠款形成资产的所有权归属。

赠款形成国有资产的，其产权管理、核算、评估、处置、收益分配、统计、报告等工作应当按照有关规定进行。

第五章 法律责任

第五十三条 各级财政部门应当对贷款、赠款项目执行情况实施监督。发现问题的,应当责令项目实施单位采取有效措施,限期加以解决和纠正。

第五十四条 地方财政部门未按本办法第十一条履行相应职责的,财政部可以予以通报批评,在有关问题得到妥善处理前暂停新的贷款赠款安排。

第五十五条 项目实施单位未按本办法第十二条履行相应职责的,财政部门可以采取暂停贷款赠款资金支付、加速未到期贷款债务的偿还、追回已支付资金及其形成的资产、收取贷款违约金等措施。

财政部门可以通过企业信用信息公示系统等平台公示项目实施单位、采购代理机构或者金融机构在贷款赠款使用过程中的失信、违约等行为。

第五十六条 项目实施单位、项目协调机构及财政部门和个人存在以虚报、冒领等手段骗取贷款赠款资金,或者滞留、截留、挪用等违反规定使用贷款赠款资金,或者从中非法获益等行为的,依照相关法律法规的规定处理。

第五十七条 各级财政部门、项目实施单位和项目协调机构的工作人员在贷款、赠款的管理、资金使用和偿还过程中,贪污受贿、滥用职权、玩忽职守、徇私舞弊的,依照相关法律法规的规定处理。

第六章 附 则

第五十八条 省级财政部门可以依照本办法制定本地区贷款、赠款管理的实施办法。

第五十九条 项目实施单位依法直接向国际金融组织和外国政府举借,并经国务院批准由财政部代表中央政府为其提供担保的贷款,参照本办法管理。

第六十条 本办法自2017年1月1日起施行。2006年9月1日发布的《国际金融组织和外国政府贷款赠款管理办法》同时废止。

国际金融组织和外国政府贷款投资项目管理暂行办法

(2005年2月28日国家发展和改革委员会令第28号公布 自2005年3月1日起施行)

第一章 总 则

第一条 为加强国际金融组织和外国政府贷款(以下简称国外贷款)投资项目管理,提高国外贷款使用效益,根据《国务院关于投资体制改革的决定》和国家有关外债管理规定,制定本办法。

第二条 借用世界银行、亚洲开发银行、国际农业发展基金会等国际金融组织贷款和外国政府贷款及与贷款混合使用的赠款、联合融资等投资项目的管理,适用本办法。

第三条 境内企业、机构、团体均可申请借用国外贷款。

第四条 国外贷款属于国家主权外债,按照政府投资资金进行管理。国外贷款主要用于公益性和公共基础设施建设,保护和改善生态环境,促进欠发达地区经济和社会发展。

第二章 国外贷款备选项目规划

第五条 国外贷款备选项目规划是项目对外开展工作的依据。借用国外贷款的项目必须纳入国外贷款备选项目规划。

未纳入国外贷款备选项目规划的项目,国务院各有关部门、地方各级政府和项目用款单位不得向国际金融组织或外国政府等国外贷款机构正式提出贷款申请。

第六条 国务院发展改革部门按照国民经济和社会发展规划、产业政策、外债管理及国外贷款使用原则和要求，编制国外贷款备选项目规划，并据此制定、下达年度项目签约计划。

世界银行、亚洲开发银行贷款和日本政府日元贷款备选项目规划由国务院发展改革部门提出，商国务院财政部门后报国务院批准。

第七条 国务院行业主管部门、省级发展改革部门、计划单列企业集团和中央管理企业向国务院发展改革部门申报纳入国外贷款规划的备选项目。

国务院行业主管部门申报的项目，由地方政府安排配套资金、承担贷款偿还责任或提供贷款担保的，应当同时出具省级发展改革部门及有关部门意见。

第八条 申报纳入国外贷款规划的备选项目材料包括以下内容：

（一）项目简要情况；

（二）项目建设必要性；

（三）拟申请借用国外贷款的类别或国别；

（四）贷款金额及用途；

（五）贷款偿还责任。

第九条 已纳入国际金融组织贷款、日本政府日元贷款备选项目规划的项目，如需调整贷款来源或撤销贷款的，应当将调整内容按照本办法第七条规定的程序报国务院发展改革部门。

纳入其他外国政府贷款备选项目规划的项目，如需调整贷款来源的，应当将调整内容在项目资金申请报告审批阶段一并报批。

第十条 原批准使用其他资金的项目，拟申请转用国外贷款；或已批准使用国外贷款的项目，拟申请转用其他资金的，应当按照本办法第七条规定的程序报国务院发展改革部门。

第十一条 国务院发展改革部门、省级发展改革部门参与项目的有关对外工作，指导和督促国外贷款规划及年度项目签约计划的落实。

第十二条 纳入国外贷款备选项目规划的项目，应当区别不同情况履行审批、核准或备案手续：

（一）由中央统借统还的项目，按照中央政府直接投资项目进行管理，其项目建议书、可行性研究报告由国务院发展改革部门审批或审核后报国务院审批。

（二）由省级政府负责偿还或提供还款担保的项目，按照省级政府直接投资项目进行管理，其项目审批权限，按国务院及国务院发展改革部门的有关规定执行。除应当报国务院及国务院发展改革部门审批的项目外，其他项目的可行性研究报告均由省级发展改革部门审批，审批权限不得下放。

（三）由项目用款单位自行偿还且不需政府担保的项目，参照《政府核准的投资项目目录》规定办理：凡《政府核准的投资项目目录》所列的项目，其项目申请报告分别由省级发展改革部门、国务院发展改革部门核准，或由国务院发展改革部门审核后报国务院核准；《政府核准的投资项目目录》之外的项目，报项目所在地省级发展改革部门备案。

第三章 项目资金申请报告

第十三条 项目纳入国外贷款备选项目规划并完成审批、核准或备案手续后，项目用款单位须向所在地省级发展改革部门提出项目资金申请报告。

项目资金申请报告由省级发展改革部门初审后，报国务院发展改革部门审批。

国务院行业主管部门、计划单列企业集团和中央管理企业的项目资金申请报告，直接报国务院发展改革部门审批。

第十四条 由国务院及国务院发展改革部门审批的项目可行性研究报告，可行性研究报告中应当包括项目资金申请报告内容，不再单独审批项目资金申请报告。

第十五条 项目资金申请报告应当具备以下内容：

（一）项目概况，包括项目建设规模及内容、总投资、资本金、国外贷款及其他资金、项目业主、项目执行机构、项目建设期；

（二）国外贷款来源及条件，包括国外贷款机构或贷款国别、还款期、宽限期、利率、承诺费等；

（三）项目对外工作进展情况；

（四）贷款使用范围，包括贷款用于土建、设备、材料、咨询和培训等的资金安排；

（五）设备和材料采购清单及采购方式，包括主要设备和材料规格、数量、单价；

（六）经济分析和财务评价结论；

（七）贷款偿还及担保责任、还款资金来源及还款计划。

第十六条 项目资金申请报告应当附以下文件：

（一）项目批准文件（项目可行性研究报告批准文件、项目申请报告核准文件或项目备案文件）。

（二）国际金融组织和日本国际协力银行贷款项目，提供国外贷款机构对项目的评估报告。

（三）国务院行业主管部门提出项目资金申请报告时，如项目需地方政府安排配套资金、承担贷款偿还责任或提供贷款担保的，出具省级发展改革部门及有关部门意见。

（四）申请使用限制性采购的国外贷款项目，出具对国外贷款条件、国内外采购比例、设备价格等比选结果报告。

第十七条 国务院发展改革部门审批项目资金申请报告的条件是：

（一）符合国家利用国外贷款的政策及使用规定；

（二）符合国外贷款备选项目规划；

（三）项目已按规定履行审批、核准或备案手续；

（四）国外贷款偿还和担保责任明确，还款资金来源及还款计划落实；

（五）国外贷款机构对项目贷款已初步承诺。

第十八条 项目资金申请报告批准后，项目建设内容、贷款金额及用途等发生变化的，须按本办法第十三条规定的程序将调整方案报国务院发展改革部门批准。

第十九条 国务院及国务院发展改革部门对项目可行性研究报告或资金申请报告的批准文件，是对外谈判、签约和对内办理转贷生效、外债登记、招标采购和免税手续的依据。

第二十条 未经国务院及国务院发展改革部门审批可行性研究报告或资金申请报告的项目，有关部门和单位不得对外签署贷款协定、协议和合同，外汇管理、税务、海关等部门及银行不予办理相关手续。

第二十一条 项目资金申请报告自批准之日起两年内，项目未签订国外贷款转贷协议的，该批准文件自动失效。

第四章 项目实施管理

第二十二条 国务院发展改革部门、省级发展改革部门指导和协调项目实施工作，监督有关招投标活动。

第二十三条 国外贷款项目出现余款时，项目用款单位应当及时办理有关余款取消手续，并按本办法第十三条规定的程序抄报国务院发展改革部门。

如将余款继续用于完善原项目建设的，应当参照项目资金申请报告的要求，编制余款使用方案，并按本办法第十三条规定的程序报国务院发展改革部门批准。

第二十四条 负责将国外贷款进行转贷的转贷机构，应当根据国务院及国务院发展改革部门对项目可行性研究报告或资金申请报告的批准文件，对项目的国外贷款进行转贷，并于每年六月底和十二月底向国务院发展改革部门报送国外贷款支付和偿还情况。

由各级政府负责偿还国外贷款或提供还款担保的项目，转贷机构原则上应当按贷款方提供的贷款条件进行转贷。如以规避外债风险为目的需对上述项目转贷条件进行调整的，转贷机构应当事先征得国务院发展改革部门同意。

第二十五条 项目用款单位要依法履行国外贷款偿还责任，及时进行外债登记，加强国外贷款债务风险管理。

项目用款单位要建立项目信息反馈制度，并于每年六月底和十二月底向批准项目的发展改革部门提交项目进度报告。

第二十六条 国务院发展改革部门应当对项目实施情况和省级发展改革部门批准及管理项目情况进行监督检查，并对查实的问题提出处理意见。

第二十七条 为确保对外还款，防止逃废债务，尚未偿还全部国外贷款的项目用款单位，在进行资产重组、产权变更或破产申请前，应当事先征得转贷机构对剩余债务偿还安排的书面认可，落实还贷责任，并将有关结果抄报国务院发展改革部门。

第五章 附 则

第二十八条 省级发展改革部门依据本办法的规定，制定相应的管理办法。

第二十九条 本办法由国家发展改革委负责解释。

第三十条 本办法自2005年3月1日起施行。此前有关国外贷款投资项目管理的规章和其他规范性文件，与本办法不一致的，按本办法规定执行。

国际金融组织和外国政府贷款还贷准备金管理暂行办法

（2008年1月4日财政部发布 财际〔2008〕3号 自2008年1月4日起施行）

第一章 总 则

第一条 为进一步规范和加强国际金融组织和外国政府贷款的债务管理工作，保证按时足额偿还贷款债务，维护国家信誉，根据《国际金融组织和外国政府贷款赠款管理办法》（财政部令第38号），制定本办法。

第二条 使用国际金融组织和外国政府贷款（以下简称贷款）的省、自治区、直辖市、计划单列市人民政府，以及新疆生产建设兵团（以下简称省级政府）还贷准备金的管理工作适用本办法。

第三条 使用贷款的省级政府应当建立还贷准备金。省级财政部门作为本级政府贷款的债权债务代表，负责设立并管理本地区贷款的还贷准备金。

第四条 本办法下列用语的含义：

（一）贷款，是指国际金融组织贷款和外国政府贷款中由省级财政部门承担还款责任或者提供还款保证的贷款；

（二）国际金融组织贷款，是指财政部经国务院批准代表国家向世界银行、亚洲开发银行、国际农业发展基金、欧洲投资银行等国际金融组织统一筹借并形成政府外债的贷款，以及与上述贷款搭配使用的联合融资；

（三）外国政府贷款，是指财政部经国务院批准代表国家向外国政府、北欧投资银行及日本国际协力银行等统一筹借并形成政府外债的贷款，国务院批准的参照外国政府贷款管理的其他国外贷款，以及与上述贷款搭配使用的联合融资；

（四）还贷准备金，是指省级政府为确保按时足额偿还贷款债务而筹集、运用、存储和管理的专项资金。

第二章 还贷准备金的来源和规模

第五条 还贷准备金可以包括以下资金来源：

（一）财政预算资金；

（二）提前回收的贷款资金；

（三）转贷利差收入；

（四）专用账户利息收入；

（五）还贷准备金的增值部分；

（六）其他来源。

第六条 还贷准备金的金额至少应当满足未来一年内到期贷款债务的周转垫付需要，其占本地区贷款债务余额的比例一般不低于5%。

第三章 还贷准备金的使用和管理

第七条 还贷准备金应当专项用于贷款到期债务的周转性垫付。任何单位和个人不得以任何理由挪用、挤占还贷准备金。

第八条 在不影响还款垫付能力的前提下，省级财政部门报经本级人民政府批准后，可以使用还贷准备金核销或减免因政策变动等特殊因素而无法回收的贷款债务。

第九条 省级财政部门在确保还贷准备金安全性和流动性的前提下，可以采取银行存款或者投资国债等措施实现其保值增值。

第十条 省级财政部门可以按照国家有关部门的管理规定，根据还款及防范风险的需要优化还贷准备金的币种、期限等结构。

第十一条 选择还贷准备金存款银行应当遵循竞争、透明原则，考察其实力、信誉和服务水平，避免存款账户过多、过于分散。

第十二条 省级财政部门应当按照有关规定对还贷准备金进行会计核算，确保会计信息真实、完整、准确。

第四章 还贷准备金的监督和检查

第十三条 财政部可以对还贷准备金的建立和使用情况进行监督和检查，并按照《财政违法行为处罚处分条例》（国务院令第427号）的有关规定对单位或者个人的违法行为进行处理。

第十四条 对于未按规定建立还贷准备金且不能按时足额还款的，财政部将依据《国际金融组织和外国政府贷款赠款管理办法》（财政部令第38号）第五十四条的规定进行处理。

第五章 附 则

第十五条 省级财政部门可以根据本办法并结合本地区利用贷款的实际情况，制定本地区的还贷准备金管理办法，并报财政部备案。

第十六条 使用贷款的国务院有关部门、计划单列企业集团以及中央管理企业，可以参照本办法的规定建立和使用还贷准备金，制定具体实施办法，并报财政部备案。

第十七条 本办法自2008年1月4日起施行。《世界银行贷款还贷准备金管理暂行规定》（财世字〔1995〕135号）、《世界银行贷款还贷准备金管理补充规定》（财世字〔1998〕93号）以及《财政部关于加强外国政府贷款第一二类项目地方还贷准备金管理的意见》（财金〔2006〕3号）同时废止。

国际金融组织和外国政府贷款赠款项目绩效评价管理办法

（2019年5月14日财政部发布 财国合〔2019〕18号 自2019年5月31日起施行）

第一章 总 则

第一条 为了客观、公正、科学地评价国际金融组织和外国政府贷款赠款项目的实施效果与影响，进一步规范加强国际金融组织和外国政府贷款赠款管理工作，完善绩效评价管理体系，根据《中华人民共和国预算法》、《国际金融组织和外国政府贷款赠款管理办法》（财政部令第85号）等有关规定，制定本办法。

第二条 各级财政部门、中央项目实施单位或协调机构（以下称中央单位）、地方项目实施单位，对国际金融组织和外国政府贷款赠款项目开展绩效评价工作，适用本办法。

第三条 本办法所称国际金融组织和外国政府贷款赠款项目绩效评价（以下称绩效评价），是指运用科学合理的评价准则、指标和方法，结合国际金融组织或外国政府贷款赠款项目预先设定的绩效目标，对项目绩效进行客观、公正、科学的评价。

第四条 绩效评价工作应当遵循以下基本原则：

（一）依法实施，科学规范。依据国家相关法律、法规和政策制度开展评价工作；评价指标要科学客观，评价方法要合理规范，基础数据要真实准确；

（二）客观公正，公开透明。坚持中立立场，从客观实际出发，以事实为依据，公平合理开展评价工作；评价结果要依法公开，接受监督；

（三）统一领导，分级管理。财政部负责总体指导绩效评价工作；中央单位和地方财政部门分别负责本部门、本地区的绩效评价的组织实施和总体管理工作；

（四）目标导向，各方参与。以项目绩效目标作为绩效评价工作的起点和评价标准；在评价过程中推动利益相关方积极参与。

第五条 绩效评价的基本依据主要包括下列内容：

（一）国家相关法律、法规和规章制度及各级政府制定的国民经济与社会发展规划、相关政策等；

（二）相关行业发展规划及政策、行业标准及专业技术规范；

（三）贷款方及赠款方有关政策、制度以及与贷款赠款项目绩效相关的报告或结论；

（四）政府各级职能部门对项目执行情况的检查或审计报告；

（五）项目建议书、可行性研究报告、立项审批文件、贷（赠）款协议、转贷（执行）协议、项目竣工验收报告等项目文件；

（六）其他可以作为评价依据的资料。

第六条 中央单位、地方各级财政部门应当为绩效评价工作提供必要的经费保障，根据年度绩效评价工作计划列入同级财政部门年度预算，确保该项工作的正常开展。

第二章　管理机构与职责

第七条 财政部负责总体指导绩效评价工作，履行下列工作职责：

（一）制定绩效评价管理制度；

（二）指导中央单位及省级财政部门的绩效评价工作，必要时组织开展再评价；

（三）综合分析项目绩效评价结果，提出改善项目管理的意见或建议，推动绩效评价结果应用；

（四）传播项目绩效评价信息与成果。

第八条 中央单位、地方各级财政部门分别负责本部门、本地区的绩效评价管理工作，履行下列工作职责：

（一）制定本部门、本地区的绩效评价实施细则；

（二）编制本部门、本地区绩效评价年度工作计划；

（三）向财政部报送项目绩效目标审核意见（在向财政部报送项目财政评审意见时将其作为其中一部分）；

（四）组织实施本部门、本地区的绩效评价工作，并将评价报告报送财政部备案；

（五）提出绩效评价结果应用建议，针对项目绩效评价中发现的问题，督促落实整改措施；

（六）依法公开绩效评价结果，提高绩效评价信息透明度；

（七）根据财政部要求提供与绩效评价工作相关的数据、材料等文件。

第九条 项目实施单位参与并配合相关项目的绩效评价工作，履行下列工作职责：

（一）配合并协助财政部门和上级主管部门组织实施的绩效评价工作；

（二）提供真实、有效、完整的项目基本信息、数据和资料；

（三）根据绩效评价结论，切实落实整改措施，整改结果报送同级财政部门和上级主管部门备案；

（四）按要求向同级财政部门和上级主管部门报送项目监测与评价的数据和资料。

第三章 评价对象和内容

第十条 绩效评价适用于国际金融组织和外国政府贷款赠款项目各阶段，实施时间应当符合下列要求：

在建贷赠款项目：处于实施期第2—3年且此前未开展绩效评价的项目，应当开展中期评价，并将评价结果作为项目后续实施的参考依据。

完工贷赠款项目：对于已完工2—3年内且完工后未开展过绩效评价的项目，应当开展事后绩效评价。

对于已完成还贷项目，除特殊需要外，一般不再进行绩效评价。

第十一条 绩效评价应当对国际金融组织和外国政府贷款赠款项目的相关性、效率、效果和可持续性四个方面进行评价：

（一）相关性，重点评价项目目标与国家、行业和所在区域的发展战略、政策重点以及需求的相符程度；

（二）效率，重点评价项目预期产出实现情况、项目资金按计划投入使用情况、项目管理及内部控制是否到位、项目资金投入是否经济有效等；

（三）效果，重点评价项目目标的实现程度、实际产生的效果以及相关目标群体的获益程度；

（四）可持续性，重点评价项目实施完工后，其独立运行的能力和产生效益的持续性。

对于完工项目，应当对上述四个方面进行全面评价并确定项目的综合绩效等级。对于在建项目，应当重点评价项目的相关性、效率和效果。

第四章 组织和实施

第十二条 中央单位、各级财政部门应当严格执行财政部关于绩效评价的管理制度，按照《国际金融组织贷款项目绩效评价操作指南》（可在财政部外网国际财金合作司子网站查询）中明确的操作规范，组织实施和管理本部门、本地区的绩效评价工作并负责质量控制，确保评价目的明确、评价框架科学完整、过程合规、方法合理、结论客观公正。

第十三条 绩效评价的组织实施一般分为评价准备、评价方案设计、评价实施和评价报告四个阶段。

第十四条 在评价准备阶段，制定评价工作计划，确定评价项目，成立评价小组：

（一）制定工作计划，确定评价项目。

中央单位、省级财政部门应根据本部门、本地区国际金融组织和外国政府贷款赠款项目实施情况，于每年3月底前制定绩效评价年度工作计划，确定评价项目，中央单位将电子版发送至财政部国际财金合作司，省级财政部门将电子版上传至财政部国际金融组织和外国政府贷款债务管理信息系统。

绩效评价工作计划包含四部分内容：项目概要；评价目的；评价实施主体；结果应用和公开计划。

（二）成立评价小组。

中央单位、地方各级财政部门可以成立评价小组直接开展项目绩效评价，也可以根据需要聘请符合条件的专业机构或外部专家实施绩效评价。

第十五条 在评价方案设计阶段，评价小组应当根据中央单位、各级财政部门要求，研究制定评价框架和实施方案。

评价框架主要包括评价准则、关键评价问题、评价指标、证据、证据来源及证据收集方法等（关键评价问题及评价指标可根据项目实际情况适当调整）。

评价实施方案主要包括评价背景和目的、项目基础信息、绩效评价框架、面访、座谈会或实地调研问题清单、评价任务分工和时间安排等。

第十六条 在评价实施阶段，评价小组应当按照评价框架和实施方案，收集、整理、审核相关数据资料,并在充分证据的基础上,运用一定的分析方法和评分标准对项目绩效进行综合评价,形成项目评价结论和项目绩效等级。

在建项目绩效评价等级包括:实施顺利、实施比较顺利、实施不太顺利、难以继续实施。

完工项目绩效评价等级包括:高度成功、成功、比较成功、不成功。

第十七条 绩效评价完成后,应当形成评价报告:

(一)撰写报告。评价小组应当按照财政部统一规定的格式和要求撰写项目绩效评价报告。报告内容应当依据充分,内容完整,数据准确,分析透彻,逻辑清晰;

(二)征求意见。报告初稿形成后,评价小组应当向项目实施机构、相关主管部门和利益相关方征求意见,并根据意见反馈情况对报告进行完善;

(三)提交报告。中央单位、省级财政部门应当在次年 3 月底前将项目绩效评价报告以及评价结果应用建议报送财政部备案,同时,各省级财政部门需将绩效评价报告中的"项目绩效评价结果""评价报告摘要"和"评价指标体系及打分标准"三部分以及评价结果应用信息上传至财政部国际金融组织和外国政府贷款债务管理信息系统。中央单位需将电子版发送至财政部国际财金合作司。

第五章 评价结果应用及法律责任

第十八条 财政部、中央单位及地方各级财政部门应当从下列方面加强对绩效评价结果的应用:

(一)及时归纳、分析、总结绩效评价结果,提出改善项目管理的意见或建议,并将其作为申报和审核新项目的重要参考;

(二)及时向项目实施机构及其主管部门反馈绩效评价结果,并督促其落实整改措施,改善项目管理,或调整项目内容。

第十九条 财政部、中央单位及地方各级财政部门应当按照政府信息公开有关规定公开绩效评价结果。

第二十条 中央单位、各级财政部门及其工作人员未按照本办法的规定履行相应职责造成不良影响的,以及存在滥用职权、玩忽职守、徇私舞弊等违纪行为的,按照《中华人民共和国公务员法》《中华人民共和国监察法》《财政违法行为处罚处分条例》等国家有关规定追究相应责任;涉嫌犯罪的,依法移送司法机关处理。

第六章 附 则

第二十一条 中央单位、地方各级财政部门可以依据本办法制定本部门、本地区的实施细则。

第二十二条 本办法自 2019 年 5 月 31 日起施行。《财政部关于印发〈外国政府贷款项目绩效评价暂行办法〉及有关评价指标的通知》(财金〔2008〕24 号)、《财政部关于印发〈国际金融组织贷款赠款项目绩效评价管理办法〉的通知》(财际〔2013〕5 号)同时废止。

附录　全国各省(自治区、直辖市)公共资源交易平台及政府采购网址

全国公共资源交易平台　http://www. ggzy. gov. cn/
中国政府采购网　http://www. ccgp. gov. cn/
北京市公共资源交易服务平台　https://ggzyfw. beijing. gov. cn/
北京市政府采购网　http://www. ccgp - beijing. gov. cn/
天津市公共资源交易网　http://60. 28. 163. 169/
天津市政府采购网　http://tjgp. cz. tj. gov. cn/
上海市政府采购网　http://www. zfcg. sh. gov. cn/
上海市公共资源交易网　https://www. shggzy. com/（新）
重庆市公共资源交易网　https://www. cqggzy. com/
重庆市政府采购网　https://www. ccgp - chongqing. gov. cn/
安徽省公共资源交易监管网　http://ggzy. ah. gov. cn/
安徽省政府采购网　http://www. ccgp - anhui. gov. cn/
福建省公共资源交易电子公共服务平台　https://ggzyfw. fujian. gov. cn
福建省政府采购网　http://www. ccgp - fujian. gov. cn/
甘肃省公共资源交易网　http://ggzyjy. gansu. gov. cn/
甘肃政府采购网　http://www. ccgp - gansu. gov. cn/
广东省公共资源交易中心　https://ygp. gdzwfw. gov. cn/（新）
广东省政府采购网　https://gdgpo. czt. gd. gov. cn(新)
广西壮族自治区公共资源交易中心　http://gxggzy. gxzf. gov. cn/
广西壮族自治区政府采购网　http://www. ccgp - guangxi. gov. cn/
贵州省公共资源交易中心　http://ggzy. guizhou. gov. cn/
贵州省政府采购网　http://www. ccgp - guizhou. gov. cn/
海南省公共资源交易服务中心　http://zw. hainan. gov. cn/ggzy/
海南省政府购买服务信息平台　http://www. ccgp - hainan. gov. cn/
河北省公共资源交易中心　http://ggzy. hebei. gov. cn/hbjyzx/
河北政府采购网　http://www. ccgp - hebei. gov. cn/
河南省公共资源交易中心　http://www. hnggzy. com/
河南省政府采购网　http://www. hngp. gov. cn/
黑龙江省公共资源交易网　https://ggzyjyw. hlj. gov. cn(新)
黑龙江省政府采购网　https://hljcg. hlj. gov. cn(新)
湖北省公共资源交易信息网　http://jycg. hubei. gov. cn/
湖北政府采购服务信息平台　http://www. ccgp - hubei. gov. cn/
湖南省公共资源交易中心　https://www. hnsggzy. com/

湖南政府采购网　http://www. ccgp - hunan. gov. cn/
吉林省公共资源交易中心网　http://www. ggzyzx. jl. gov. cn/
吉林省政府采购网　http://www. ccgp - jilin. gov. cn/
江西省公共资源交易网　http://www. jxsggzy. cn/
江西省政府采购网　http://www. ccgp - jiangxi. gov. cn/
江苏省公共资源交易中心　http://jsggzy. jszwfw. gov. cn/
江苏政府采购网　http://www. ccgp - jiangsu. gov. cn/
辽宁省公共资源交易平台　http://www. lnggzy. gov. cn
辽宁政府采购网　http://www. ccgp - liaoning. gov. cn/
内蒙古自治区公共资源交易网　http://ggzyjy. nmg. gov. cn/
内蒙古自治区政府采购网　www. ccgp - neimenggu. gov. cn（新）
宁夏回族自治区公共资源交易网　http://www. nxggzyjy. org/
宁夏回族自治区政府采购网　http://www. ccgp - ningxia. gov. cn/
青海省电子招标投标公共服务平台　http://www. qhggzyjy. gov. cn/fwpt/
青海政府采购网　http://www. ccgp - qinghai. gov. cn/
云南省公共资源交易信息网　http://ggzy. yn. gov. cn/
云南省政府采购网　http://www. yngp. com
山东省公共资源交易网　http://ggzyjyzx. shandong. gov. cn/
山东政府采购网　http://ccgp - shandong. gov. cn/
山西省公共资源交易中心　http://prec. sxzwfw. gov. cn/
山西政府采购网　http://www. ccgp - shanxi. gov. cn/
陕西省公共资源交易中心　http://www. sxggzyjy. cn/
陕西省政府采购网　http://www. ccgp - shaanxi. gov. cn/（新）
四川省公共资源交易信息网　http://ggzyjy. sc. gov. cn/
四川政府采购网　http://www. ccgp - sichuan. gov. cn/
西藏自治区公共资源交易网　http://ggzy. xizang. gov. cn/（新）
西藏自治区政府采购网　http://www. ccgp - xizang. gov. cn/
新疆生产建设兵团公共资源交易中心　http://ggzy. xjbt. gov. cn/
兵团政府采购网　http://ccgp - bingtuan. gov. cn(新)
新疆政府采购网　http://www. ccgp - xinjiang. gov. cn/
新疆公共资源交易网　https://ggzy. xinjiang. gov. cn/(新)
浙江省公共资源交易服务平台　http://www. zjpubservice. com/
浙江政府采购网　http://zfcg. czt. zj. gov. cn/